杭州市余杭区政协志

（2003—2022）

杭州市余杭区政协志编纂委员会 编

方志出版社
Publishing House of Local Records

图书在版编目（CIP）数据

杭州市余杭区政协志. 2003—2022 / 杭州市余杭区政协志编纂委员会编 — 北京： 方志出版社，2024.8
ISBN 978-7-5144-6224-1

Ⅰ. D628.554

中国国家版本馆 CIP 数据核字第 2024BJ6815 号

责任编辑：刘方圆
责任校对：张玉霞
责任印制：梅中英
出 版 者：方志出版社
地　　址：北京市朝阳区潘家园东里 9 号（国家方志馆4层）
邮　　编：100021
网　　址：http: //www. zgfzcb. cn
发　　行：方志出版社图书营销中心（010-67110500）
印　　刷：杭州余杭人民印刷有限公司
开　　本：889 毫米 × 1194 毫米　1/16
印　　张：48.75 印张
字　　数：1189 千字
版　　次：2024 年 8 月第 1 版
印　　次：2024 年 8 月第 1 次印刷
定　　价：300.00元

《杭州市余杭区政协志（2003—2022）》

编纂委员会

主　　任　沈　昱

副 主 任　李玉美　傅丽华　周忠诚

　　　　　斯建刚　张　瑾　吴忠云

委　　员　丁迎九　范文涛　倪大炜　陈宏萍

　　　　　郭青岭　李　宾

办公室主任　吴忠云（兼）

办公室成员　葛连福　王　琦　章海锋　沈彩虹

编辑部人员

主　　编　沈　昱

执行主编　王　庆

副 主 编　吴忠云　吕达飞　李学锋

编　　辑　吕伟刚　陶贤德

2022年10月9日，杭州市委常委、区委书记刘颖（右八），区委副书记、区人民政府区长王华（右七），区人大常委会主任阮文静（右九），区政协主席沈昱（右六）等区主要领导及艺术家代表参加区政协举办的“筑创新之境　弘文明之光”喜迎二十大书画摄影艺术展开幕式

文明之光

领导考察

2015年7月30日，省政协主席乔传秀（前排左二）到余杭区调研

2019年10月25日，省政协主席葛慧君（前排右三）调研余杭区海创园政协委员会客厅

2022年2月11日，省政协调研余杭数字政协建设工作座谈会召开，省政协主席黄莉新（左二）出席并讲话

2016年2月14日，杭州市政协主席叶明（前排右二）在径山镇调研中心镇建设

2020年11月5日，杭州市政协主席潘家玮（前排左三）调研余杭“加快县域医共体建设，推动‘健康杭州’升级发展”工作

2022年3月23日，杭州市政协主席马卫光（右二）到余杭区指导杭州亚运会筹备工作

2019年9月2日，全国政协调研组一行调研余杭区电影产业发展

2022年6月27日，全国政协调研组一行调研余杭“推动完善生态产品价值实现机制”工作

重要会议

2003年3月9日至13日，中国人民政治协商会议杭州市余杭区第八届委员会第一次会议召开，图为开幕式会场

2003年3月13日，杭州市余杭区政协八届一次会议选举产生的主席、副主席、秘书长和常务委员合影

2007年2月3日，中国人民政治协商会议杭州市余杭区第九届委员会第一次会议召开，图为大会主席台

2011年11月17日，区主要领导参加区政协九届五次全体委员会议开幕式

2012年2月11日，中国人民政治协商会议杭州市余杭区第十届委员会第一次会议召开，图为大会主席台

2015年2月9日至12日，中国人民政治协商会议杭州市余杭区第十届委员会第四次会议召开，图为开幕式会场

2017年2月6日至8日，中国人民政治协商会议杭州市余杭区第十一届委员会第一次会议召开，图为开幕式会场

2017年2月6日，委员们听取区政协常务委员会工作报告

2021年7月20日至23日，中国人民政治协商会议杭州市余杭区第十二届委员会第一次会议召开，图为开幕式会场

2021年7月23日，委员们鼓掌通过区政协十二届一次会议决议

2021年7月23日，中国人民政治协商会议杭州市余杭区第十二届委员会第一次会议选举产生的常务委员会成员合影

2021年7月23日，杭州市余杭区十二届政协领导班子合影

委员活动

2004年2月25日，区政协八届二次会议期间，委员向区社会福利中心捐款

2005年10月10日，区政协主席会议成员集体视察临平公园改造工程

2005年11月28日，区政协主席李小花（左二）等视察背街小巷改造工程

2006年3月30日，杭州市余杭区第八届政协之友联谊会第三次会议召开

2007年10月12日，余杭区政协艺术团举行长江三角洲十三县（市、区）政协工作研讨会文艺演出

2009年1月9日，区政协艺术团举行向重点工程建设者致敬慰问演出

2009年4月至5月，区政协文教卫体委组织委员调研视察食品安全工作

2010年8月16日，杭州市余杭区政协企业家协会成立大会召开

2010年10月26日，区政协组织委员试乘沪杭高铁

2010年10月29日，区政协组织举办“良渚情”全国书法名家大型笔会

2012年5月3日，区政协主席阮文静（右七）一行调研杭州诺贝尔陶瓷有限公司

2012年11月，区政协开展界别活动周送医进社区活动

2013年8月13日至15日，区政协与区人大联合开展考察活动

2014年10月11日，区政协领导集体视察“平安余杭”建设工作

2015年7月16日，区政协、区人大常委会党组成员联合赴深圳南山考察

2016年3月24日，区政协组织委员视察“两美浙江”示范区建设工作

2018年4月25日，区政协组织委员调研塘栖镇美丽乡村建设

2018年7月5日，区政协组织委员视察“最多跑一次”改革工作

2018年8月9日，区政协领导集体视察供水排水工作

2018年9月12日，区政协组织委员视察安置房建设工作

2018年9月29日，区政协召开存量土地盘活视察工作座谈会

2019年4月26日，区政协组织委员视察瓶窑南山摩崖石刻保护工作

2019年9月6日，区政协组织委员等视察打造一流营商环境工作

2019年9月18日，区政协举办庆祝人民政协成立70周年图片书画展

2019年9月26日，区政协艺术团举办“诗和远方 同心追梦”庆祝人民政协成立70周年文艺演出

2020年2月1日，区政协领导走访区总工会

2020年5月20日，区政协举行余杭政协书画院创作展示基地授牌仪式

2020年7月3日，区政协主席沈昱（前排右三）一行视察重大交通设施建设工作

2020年7月13日，余杭区政协领导接待济南市党政考察团

2020年8月27日，区政协领导陪同人力资源和社会保障部领导参观阿里巴巴总部

2020年9月27日，区政协接待南京市溧水区政协考察团

2020年10月14日，区政协领导集体视察良渚街道产业发展情况

2020年10月10日，区政协领导走访区红十字会，并学习心肺复苏术

2020年10月10日，区政协主席沈昱（右一）一行调研运河街道“美丽 经济”工作

2020年10月16日，区政协组织委员视察文体设施建设情况

2020年10月21日，区政协领导调研医保工作

2020年10月27日，区政协主席沈昱（左一）一行调研走访区人民法院

2020年10月29日，区政协领导视察老年食堂建设情况

2020年12月2日，区政协组织委员调研林水工作

2020年12月10日，区政协领导调研区工商联工作

2020年12月8日，区政协领导陪同中国作家参观团考察余杭未来乡村建设情况

2021年6月25日，区政协举办庆祝中国共产党成立100周年书画展

2021年1月14日，余杭区政协机关全体人员合影

2021年2月19日，区政协领导看望区各民主党派负责人并合影

2022年5月25日，余杭区第十二届政协之友联谊会第一次会议召开

2022年9月23日，区政协、稻城县政协工作交流座谈会召开

2023年1月29日，区政协组织委员考察余杭新变化

2023年12月27日，《杭州市余杭区政协志（2003—2022）》评审会召开

2023年12月27日，《杭州市余杭区政协志（2003—2022）》编辑部全体成员合影

序

《杭州市余杭区政协志（2003—2022）》编纂完成，行将出版。值此全区广大干部群众以高度的政治责任感和历史使命感，高举习近平新时代中国特色社会主义思想伟大旗帜，坚定不移深入实施“八八战略”，牢记嘱托，感恩奋进，拉高标杆，勇挑大梁，纵深推进杭州城市重要新中心建设，奋力展现中国式现代化城市范例头雁风采，努力在“两个先行”新征程上交出高分答卷之际，兴修志之业，载盛世之昌，可谓合时应运，可庆可贺！

“治天下者以史为鉴，治郡国者以志为鉴。”《杭州市余杭区政协志（2003—2022）》以马克思列宁主义、毛泽东思想、邓小平理论、“三个代表”重要思想、科学发展观、习近平新时代中国特色社会主义思想为指导，坚持辩证唯物主义和历史唯物主义的立场、观点和方法，循余杭区政协20年轨迹，记载了其发展和现状，尤其重视区政协发展变化进程和改革创新成果，以及地方党委、政府切实加强对政协工作的领导，保证各项中心工作完成的担当和举措。

共商国是同绘发展宏图，凝聚共识谱写时代华章。近20年是余杭经济社会发展最快、城乡面貌变化最大、人民生活改善最多的时期，也是各级党委更加重视人民政协工作、人民政协事业蓬勃发展的时期。余杭政协和广大政协委员坚定正确的政治方向，坚决贯彻落实区委决策部署，坚决扛起时代赋予人民政协的历史使命，为推动余杭各项事业高质量发展贡献了智慧和力量。我们始终在服务大局上奋发有为，坚持把围绕中心、服务大局作为履行职能的第一要务，有力助推了全区中心工作。围绕良渚古城遗址申遗、杭州城市新中心建设、特色小镇建设、产业平台提升、实体经济提振、数字经济发展、优质均衡教育、健康余杭、共同富裕、美丽乡村和未来乡村建设等重大课题开展协商议政，积极资政建言，为党委、政府科学决策提供了重要参考。我们始终在履职尽责上主动作为，坚持党政所需、群众所盼、政协所能的原则，围绕区委重要决策部署落地见效，找准切入点、把握精准度，切实发挥政协民主监督在服务党委、政府工作大局中钉钉子抓落实的重要作用。针对“清洁余杭”、“五水共治”、垃圾分类、养老事业、“最多跑一次”改革、优化营商环境等重点难点问题，连续多年开展持续监督、持续跟踪，成效显著。我们始终在凝聚力量上积极有为，充分发挥联系面广的特点，加强与各民主党派、工商联、人民团体、无党派代表人士的沟通合作，以调研视察为载体、委组活动为纽带，加强统战、增进团结，集中民智、汇聚民心，画出最大同心圆，凝聚最强正能量，为余杭改革发展事业添助力、增合力、蓄动力。

本志记述的20年，是余杭政协高举团结和民主两大旗帜，认真履行“政治协商、民主监督、参政议政”三大职能，践行全过程人民民主，为民履职，为民尽责，积极参与余杭改革发展、见证余杭日新月异的20年；是余杭政协工作继往开来、传承创新，制度化、规范化、程序化建设取得显著成效的20年；更是余杭政协事业紧贴新时代脉搏，紧跟新时代步伐，迈上高质量发展的20年。在这20年里，我们坚持党的领导，强化政治引领，切实加强政协系统党的建设，努力展现新时代人民政协新样子。在这20年里，我们充分发挥专门协商机构作用，依托“请你来协商”等平台，创新提案办理项目化管理，创新政协民主监督方式，围绕全区中心工作，积极履职尽责，在经济社会发展各方面凝聚共识、双向发力。在这20年里，我们切实发挥委员主体作用，加强委员队伍和履职能力建设，创设委员之家、委员工作室、委员会客室，探索政协工作向基层延伸，推进委员工作室、民生议事堂、社情民意信息联系点“三位一体”建设，创新做实新时代协商民主实践中心载体。在这20年里，我们顺应信息化、数字化大势，在全市、全省乃至全国率先创新实践，打造余杭数字政协“i履职”系统，重构政协工作运行体系，拓展政协履职方式和实效，开创政协工作高质量发展的良好局面。

志为信史，该志在编纂上继承地方志优良传统，有所创新。是一部集史志、资料等多种功能于一体的著述，具有较高的“资政、教化、存史”的作用。《杭州市余杭区政协志（2003—2022）》的编纂出版，赓续了延绵千年的余杭修志传统，实现了新时代方志编修的创新突破，具有内容体系完备、地域特色鲜明、质量标准严格、致用功能显著等特点，既为我们提供了丰富宝贵的现实经验，也为我们提供了可借鉴的历史启示。

方志乃经世致用辅治之作，亦为惠及子孙传世之本。当兹《杭州市余杭区政协志（2003—2022）》问世之际，希望广大政协委员用好该志，深刻领会做好新时代人民政协工作的重大意义，从全局和战略的高度，切实提高对人民政协工作的认识，坚持为国履职、为民尽责的情怀，认真履行委员职责。同时，加大对该志宣传推广力度，以获得党委、政府和人民群众广泛支持，确保政协政治有地位、建言有机会、出力有舞台。不断增强政协工作中的政治领导力、思想引领力、群众组织力、社会号召力，营造各方大力支持政协工作、重视关心政协工作的浓厚氛围，进一步为政协委员履职提供保障、创造良好条件。热切期望它能为读者所喜、所用，尤其激发广大政协委员的热情，为家乡改革开放和经济建设、社会发展再谱新篇章。

是为序。

杭州市余杭区政协主席、党组书记　沈　昱

2024年1月18日

凡　例

一、《杭州市余杭区政协志（2003—2022）》以马克思列宁主义、毛泽东思想、邓小平理论、“三个代表”重要思想、科学发展观、习近平新时代中国特色社会主义思想为指导，坚持辩证唯物主义和历史唯物主义的立场、观点和方法，客观、系统地记述2003—2022年余杭区政协的组织沿革，履行政治协商、民主监督、参政议政职能的活动和成果，展现区政协历届委员会为区经济发展和社会进步作出的贡献，达到存史、资政、育人的作用。

二、质量要求参照中国地方志指导小组印发的《地方志书质量规定》执行。在坚持志体的前提下，体裁运用、篇目设置、资料选择等作适当创新。根据余杭区政协的工作特点，有选择性地记述组织及其工作、活动的历史与现状，重在突出政协创新工作、特色工作的内涵，从而达到执简驭繁、文约事丰、易于阅读、利于普及的目的。

三、2004年12月曾出版的《杭州市余杭区政协志》，为通志。本次修志，主体部分续接前志，起于2003年，止于2022年，为续志。大事记至2023年。

四、记述地域范围，尊重余杭区建置的历史事实，叙事大部分为原余杭区境，并突出分区后的余杭区政协工作及特色。

五、志不越境，然反映与原行政区域内、今行政区域外的联系。

六、继承传统志书体例，并有所创新。采取章节体与条目体结合的方式，其体裁为述、记、志、图、表、录及注释等。以志体为主，各体兼用。

七、横排门类，纵叙发展，述而不论。志书主体大致按组织机构、重要会议、政治协商、民主监督、参政议政、提案工作、创新履职、专项工作与活动、名录设章，章下设节，节下设目结构，志首冠概述、大事记，章下设无题小序，志末为附录、后记。

八、采用现代语体文、记述体，力求准确、简明、生动。数字用法、标点符号用法分别采用国家标准《出版物上数字用法》(GB/T 15835—2011)、《标点符号用法》

（GB/T 15834—2011），计量单位采用国家技术监督局1993年12月发布的《量和单位》系列国家标准。

九、图体注重典型性，与志体相得益彰，力求图文并茂。表格设计力求科学、规范。

十、附录纂辑余杭区政协报告选、文件选、区政协委员自述等，以明政协工作文化内涵。

十一、事件一般以年、月记时，重大事件至日，用阿拉伯数字书写。世纪、年代表述均用阿拉伯数字书写。

十二、入志人物选取有较大影响的政协委员及相关人士。一般以事系人，人随事出。收录区政协第八届至第十二届委员会主席、副主席简介，以任职排序为准。凡涉及人物职务，在每节首次出现时标明职务，后一般直书人物姓名。

十三、凡未标明名称的“党”均指中国共产党；“区委”指中共杭州市余杭区委员会，“区人大常委会”指杭州市余杭区人民代表大会常务委员会，“区政府”指杭州市余杭区人民政府，“区政协”指政协杭州市余杭区委员会。机构、组织、单位等均用当时当地典章制度和约定俗成的称谓。使用频率较高的名称，首次出现用全称，括注简称，其后用简称。

十四、资料主要来源于档案及实际调查，资料一般不注出处。数据采自文献资料，以统计部门资料为准；统计部门缺载者，酌采工作部门统计数据。志中照片均由区政协办公室、文史和教文卫委员会提供，不再一一署名。

目　录

概　述 …………………………………………………………………… 1
大事记 …………………………………………………………………… 12

第一章　组织机构

第一节　历届委员会 …………………………………………………… 72
一、第八届委员会 …………………………………………………… 72
二、第九届委员会 …………………………………………………… 74
三、第十届委员会 …………………………………………………… 77
四、第十一届委员会 ………………………………………………… 79
五、区政协筹备组 …………………………………………………… 82
六、第十二届委员会 ………………………………………………… 82
第二节　历届常务委员会 ……………………………………………… 84
一、第八届常务委员会 ……………………………………………… 84
二、第九届常务委员会 ……………………………………………… 85
三、第十届常务委员会 ……………………………………………… 86
四、第十一届常务委员会 …………………………………………… 87
五、第十二届常务委员会 …………………………………………… 88
第三节　政协余杭区委员会中国共产党组织 ………………………… 89
一、中共政协余杭区委员会党组 …………………………………… 89
二、政协机关党组 …………………………………………………… 92
三、中共政协余杭区委员会机关总支部委员会 …………………… 95
第四节　政协委员会工作机构 ………………………………………… 96
一、机构沿革 ………………………………………………………… 96
二、主要职责 ………………………………………………………… 98
三、机构（委办）负责人 …………………………………………… 99
四、区政协十二届界别活动组 ……………………………………… 105
五、地区联络组、镇街（平台）联络工委 ………………………… 106
第五节　事业单位与社会团体 ………………………………………… 109
一、区政协事业发展中心 …………………………………………… 109
二、区政协之友联谊会 ……………………………………………… 110
三、区政协企业家协会 ……………………………………………… 110

四、区政协书画院 …… 111
五、区政协之友艺术团 …… 112

第二章　重要会议

第一节　政协工作会议 …… 115
一、全区政协工作会议 …… 115
二、区委政协工作会议 …… 116
第二节　全体委员会议 …… 117
一、第八届全体委员会议 …… 118
二、第九届全体委员会议 …… 123
三、第十届全体委员会议 …… 130
四、第十一届全体委员会议 …… 136
五、第十二届全体委员会议 …… 142
第三节　政协常务委员会会议 …… 146
一、第八届常务委员会会议 …… 146
二、第九届常务委员会会议 …… 152
三、第十届常务委员会会议 …… 159
四、第十一届常务委员会会议 …… 165
五、第十二届常务委员会会议 …… 169
第四节　政协主席会议 …… 171
一、第八届主席会议 …… 172
二、第九届主席会议 …… 177
三、第十届主席会议 …… 184
四、第十一届主席会议 …… 191
五、第十二届主席会议 …… 196
附：政协杭州市余杭区委员会全体会议、常委会会议、主席会议、委办主任会议工作规则 …… 199

第三章　政治协商

第一节　协商区委、区政府工作报告 …… 205
一、第八届政协协商议政 …… 205
二、第九届政协协商议政 …… 208
三、第十届政协协商议政 …… 212
四、第十一届政协协商议政 …… 215
五、第十二届政协协商议政 …… 218

第二节 协商区域重大举措 …… 220
一、协商余杭区国民经济和社会发展五年规划 …… 221
二、协商经济社会发展 …… 224
三、协商其他重大事项 …… 250
第三节 联席会议协商 …… 256
一、政府、政协工作协商联席会议 …… 256
二、专题会议协商 …… 263
附：协商意见选录 …… 268

第四章 民主监督

第一节 视察监督 …… 279
一、集体视察监督 …… 279
二、专项工作视察监督 …… 305
第二节 重点民主监督 …… 322
一、民主建言会 …… 322
二、重点工作监督 …… 325
第三节 特邀监督和选派监督 …… 333
一、特邀监督和行风评议 …… 334
二、选派民主监督员监督 …… 335

第五章 参政议政

第一节 建言献策 …… 345
一、常委会会议建议案 …… 345
二、主席会议建议案 …… 346
第二节 调查研究 …… 347
一、专项集体调研 …… 348
二、主席会议成员基层调研 …… 362
三、委组专题调研 …… 382
第三节 社情民意工作 …… 389
一、历届区政协社情民意工作 …… 389
二、社情民意信息选录 …… 395

第六章 提案工作

第一节 提案征集 …… 433

一、第八届委员会 …… 434
二、第九届委员会 …… 436
三、第十届委员会 …… 438
四、第十一届委员会 …… 440
五、第十二届委员会 …… 443
第二节　提案制度规则及办理 …… 444
一、提案的制度与规则 …… 444
二、提案办理 …… 446
第三节　重点提案督办 …… 455
一、领导督办的重点提案 …… 455
二、历年重点提案督办 …… 468
第四节　优秀提案表彰 …… 477
一、区政协八届委员会 …… 477
二、区政协九届委员会 …… 479
三、区政协十届委员会 …… 483
四、区政协十一届委员会 …… 487
五、区政协十二届委员会 …… 491
附：历年优秀提案选登 …… 494

第七章　创新履职

第一节　拓展履职载体 …… 527
一、数字政协“i 履职”平台 …… 528
二、“请你来协商”工作 …… 532
第二节　夯实履职基础 …… 541
一、委员工作室工作 …… 542
二、“民生议事堂”工作 …… 545
三、“界别活动周”工作 …… 547
四、提案项目化管理 …… 555
附：提案项目化办理的“余杭实践” …… 559

第八章　专项工作与活动

第一节　团结联谊与纪念、庆祝活动 …… 567
一、团结联谊 …… 567
二、纪念、庆祝活动 …… 579
第二节　文史资料和新闻宣传 …… 584

一、文史资料征编和出版 …… 585
二、文史资料成果选介 …… 588
三、新闻宣传工作 …… 591
第三节　自身建设 …… 595
一、自觉接受区委领导 …… 596
二、中共区政协党建工作 …… 597
三、学习培训 …… 625

第九章　名　录

一、历届领导简介 …… 631
二、省、市政协中的余杭委员名单（2003—2022 年）…… 637
三、政协“双好”（优秀）委员 …… 638

附　录

一、报告选 …… 643
二、文件选 …… 712
三、区政协委员自述 …… 757

后　记 …… 768

概　述

中国人民政治协商会议杭州市余杭区第八届至第十二届委员会工作时期，是进入21世纪以来余杭区政协事业发展的重要阶段。

这20年，在中共余杭区委的领导下，余杭区政协坚持以马克思列宁主义、毛泽东思想、邓小平理论、“三个代表”重要思想、科学发展观、习近平新时代中国特色社会主义思想为指导，团结各民主党派、工商联、无党派人士及其他各界爱国人士，始终坚持“长期共存、互相监督、肝胆相照、荣辱与共”的方针，高举团结、民主两大旗帜，积极履行“政治协商、民主监督、参政议政”职能，紧紧围绕区委、区政府的中心工作，协调关系、汇聚力量、建言献策、服务大局，协助党委、政府完成各个时期的中心任务，政协工作更加活跃有序，为余杭的改革开放、经济社会发展和社会主义物质文明、政治文明、精神文明建设，为深入实施“八八战略”①，为全面建设惠及全体人民的小康社会，建设物质富裕精神富有的社会主义余杭现代化，发挥了独特而重要的作用。自2021年区划调整以来，区政协常委会和全体委员，以务实高效的工作作风、奋发有为的精神状态，强定力、打基础、谋长远，在短短一年多时间内，平稳、有序、高效完成区政协机构建立和业务重塑，实现新一届政协各项工作的良好开局。

一

余杭区政协进入新的发展时期，政协组织不断壮大。2003年1月27日，余杭区政协第七届常务委员会第三十三次会议协商产生区第八届委员会委员234名，分别代表八届政协的22个界别。至2021年2月的政协杭州市余杭区第十二届委员会，委员规模达310名（安排279名），由中共余杭区委、共青团余杭区委、余杭区总工会、余杭区妇女联合会、余杭区工商业联合会、余杭区归国华侨联合会、余杭区台胞台属联谊会、余杭区科学技术协会、无

---

① “八八战略”指的是在2003年7月举行的省委第十一届四次全体（扩大）会议上，时任省委书记习近平提出的浙江面向未来发展的八项战略举措，即进一步发挥八个方面的优势、推进八个方面的举措。具体内容为：进一步发挥浙江的体制机制优势，大力推动以公有制为主体的多种所有制经济共同发展，不断完善社会主义市场经济体制；进一步发挥浙江的区位优势，主动接轨上海、积极参与长江三角洲地区交流与合作，不断提高对内对外开放水平；进一步发挥浙江的块状特色产业优势，加快先进制造业基地建设，走新型工业化道路；进一步发挥浙江的城乡协调发展优势，统筹城乡经济社会发展，加快推进城乡一体化；进一步发挥浙江的生态优势，创建生态省，打造“绿色浙江”；进一步发挥浙江的山海资源优势，大力发展海洋经济，推动欠发达地区跨越式发展，努力使海洋经济和欠发达地区的发展成为浙江省经济新的增长点；进一步发挥浙江的环境优势，积极推进基础设施建设，切实加强法治建设、信用建设和机关效能建设；进一步发挥浙江的人文优势，积极推进科教兴省、人才强省，加快建设文化大省。

党派人士、文化艺术界、科技界、社会科学界、经济界、农林界、教育界、体育和新闻出版界、医药卫生界、社会救济福利团体、少数民族和宗教界、特别邀请人士20个界别组成。随着政协工作的拓展，政协工作机构和办事机构也进行相应的调整。1999年1月，政协余杭市委员会设工作机构3个，即办公室、专门委员会综合局、学习文史研究室。2004年4月7日，政协杭州市余杭区委员会内设机构作了调整，原内设机构不再保留。调整后设办公室，提案委员会，经济科技和城建、人口资源环境委员会，社会法制和港澳台侨委员会，文史和教文卫体委员会。2005年，区政协机关设区政协办公室和提案委员会、经济科技和城建、人口资源环境委员会、社会法制和港澳台侨委员会、文史和教文卫体委员会等5个局级办事机构。

2006年12月，为进一步加强政协工作，促进政协履行职能的制度化、规范化和程序化建设，将政协余杭区委员会内设机构由原来的“一办四委”调整为“一办五委”，即将原经济科技和城建、人口资源环境委员会分设，调整后为办公室、提案委员会、经济科技委员会、城建和人口资源环境委员会、社会法制和港澳台侨委员会、文史和教文卫体委员会。2007年2月，根据中共杭州市委《关于杭政协党组〔2006〕1号文件的批复》和余杭区编制委员会〔2006〕35号文件精神，政协杭州市余杭区第九届委员会设5个专门委员会：提案委员会、经济科技委员会、城建和人口资源环境委员会、社会法制和港澳台侨委员会、文史和教文卫体委员会。2010年1月28日，经区政协九届常委会第十七次会议审议同意，增设委员学习和工作联络委员会。2017年4月，杭州市余杭区政协第十一届委员会设置6个专门委员会：提案委员会、委员工作委员会、经济科技委员会、城建和人口资源环境委员会、文史和教文卫体委员会、社会法制和港澳台侨委员会。2021年4月，撤销杭州市余杭区，设立新的杭州市余杭区，以原余杭区的余杭街道、仓前街道、闲林街道、五常街道、中泰街道、仁和街道、良渚街道、瓶窑镇、径山镇、黄湖镇、鸬鸟镇、百丈镇行政区域为新的余杭区行政区域。根据《中国人民政治协商会议章程》和《杭州市部分行政区划调整实施方案》要求，余杭区设立政协筹备组。2021年7月，杭州市余杭区政协第十二届委员会的工作机构设置为：办公室、提案委员会、经济科技委员会、城建和人口资源环境委员会、社会法制和港澳台侨委员会、文史和教文卫体委员会、委员工作委员会。办公室内设7个科室，机关行政编制15名（区政协主席、副主席、秘书长、专职常委编制单列），办公室中层职数7名。区政协机关有副处级及以上领导干部23人，办公室科级及以下工作人员8人。

政协余杭区委员会的中国共产党组织有政协余杭区委员会党组、政协余杭区委员会机关党组及总支部委员会，党总支下设3个支部委员会。2020年9月，以区政协专委会为基础，建立6个功能型党支部。余杭区政协历届委员会坚持把党的领导贯穿政协全部工作，把党的建设各项要求同政协履职紧密结合，构建政协党组、政协机关党组、机关党总支与党支部层层抓落实的政协党建工作格局，不断强化政协党组织在政协工作中的政治领导力、思想引领力、群众组织力、社会号召力。

中共余杭区委认真贯彻中央和省、市关于政协工作的一系列重要文件精神，切实加强对政协工作的领导，有力推进了政协工作制度化、规范化、程序化建设，形成了党委重视、政府支持、政协主动、各方配合的良好局面，进一步巩固和发展了最广泛的爱国统一战线；区政协历届委员会紧紧围绕区委、区政府的中心工作，聚焦人民群众关注的热点和难点，广泛凝聚各方面的智慧和力量，协调关系、汇聚力量、建言献策、服务大局，开展了很多富有成效的工作。区政协第十一届委员会以后，持续助推良渚文化保护、良渚古城遗址申遗工作，邀请省市政协委员和专家学者视察调研良渚遗址保护工作，举办主席会议集体视察和专题协商活动，主动编撰良渚遗址保护口述史等系列丛书，营造申遗氛围，凝聚申遗共识，为良渚古城遗址申遗成功作出积极贡献；持续助推创新平台建设，多次视察调研余杭经济技术开发区、未来科技城、钱江经济开发区、临平新城、良渚新城等产业平台和之江实验室、超重力大科学装置、中法航空大学、浙江理工大学时尚学院等重大项目，以及梦想小镇、艺尚小镇、梦栖小镇、人工智能小镇、区块链产业园等，为创新体制机制、提升经济活力资政建言；持续助推“五水共治”[①]、“三改一拆”[②]、城乡生活垃圾分类处理、海联热电厂搬迁等工作，积极开展三级政协联动专项集体民主监督、协商建言等活动，以扎实有效的监督方式促进问题整改落实；持续助推城乡面貌改善，围绕滨水绿道建设、老城区有机更新、小城镇环境综合整治、美丽乡村建设等主动作为，组织开展美丽乡村建设、美丽庭院创建集体视察，组织开展“三路一环”、高铁西站建设、沪杭高速余杭互通优化提升等调研视察，促进工作有效提升；持续助推优化服务环境，为余杭“最多跑一次”改革、打造国际一流营商环境、打造“热带雨林式”人才创新创业生态、全面实施数字化改革集智纳策。持续助推乡村振兴发展，为创建国家现代农业产业园、全省实施乡村振兴战略优秀单位献计出力；持续助推疫情防控工作，面对突如其来的新冠疫情，广大政协委员积极响应，在疫情防控、复工复产中发挥优势、贡献力量，在危难时刻尽显委员本色。为全区经济健康发展、社会和谐稳定和民主法治建设作出了重要贡献。

二

2003年3月，余杭区政协第八届委员会成立以后，尤其是人民政协工作进入新时代以后，区政协历届委员会始终把政治建设摆在首位，学深悟透习近平新时代中国特色社会主义思想，自觉筑牢思想根基，提高政治站位，坚决贯彻执行区委重大决策部署，始终与区委同心同德、同频共振、同向发力。发挥政协独特优势，积极履行政协职能；坚持以人民为中心的发展理念，牢记新时代人民政协新样子使命和担当，始终把促进民生改善，作为政协工作的出发点和落脚点，使“人民”和“政协”紧密相连，在为民履职中凝聚共识、发挥作用，积极助推民生事业发展。用真情反映民生，促进了一件又一件大事的解决，助推余杭全面发展取得历史性成就。

组织政协委员对党和政府的大政方针以及经济、政治、文化和社会生活中的重要问题，在决策之前和决策执行过程中开展协商议政，是政协履行职能的重要方面。协商议政既有利于党政部门集思广益，推进民主决策、科学决策，也有利于政协委员在协商中贡献才智、完善决策，增进共识、推动实施。自2003年区政协八届一次会议以来，继承往届政协的传统，继续将委员会全体会议、常务委员会会议、主席会议，作为协商议政的重要形式。在上

① “五水共治”：治污水、防洪水、排涝水、保供水、抓节水。

② “三改一拆”：2013年至2015年在全省开展旧住宅区、旧厂区、城中村改造和违法建筑三年行动。

述会议闭会期间，区政协常委会及时组织经常性的民主议政会、情况通报会、专题座谈会等，开展协商议政。将政协主席、副主席列席区委常委会会议、区长办公会议、区政府常务会议以及区政府、区政协工作协商联席会议，作为协商议政的重要方面；将委员会全体会议通过列席人大会议、小组讨论、大会发言等形式参加协商活动，作为委员履职的最高层面。区政协就区委、区政府工作报告，区域重大举措，重大改革方案，区划调整，人事安排等进行协商讨论；通过“请你来协商”平台、各专门委员会的对口联系会及提案交办、联办、督办等会议，就重大方针、政策的执行和地方法规制定颁布进行协商；根据委员意见，选择涉及经济社会发展以及事关群众切身利益的重要工作，提请区委、区政府领导来政协通报协商有关事项。在上述各类协商议政活动中，区政协营造和谐民主的氛围，鼓励和支持政协委员、各党派团体及其成员畅所欲言，围绕议题提出意见和建议，包括不同意见或反对意见。协商议政活动中提出的意见和建议，除在现场与党政部门领导直接交流外，会后由区政协办公室视情况以建议案、专题报告、政协简报、社情民意等形式报送。

民主监督是中国特色社会主义监督体系的重要组成部分。开展民主监督活动是政协履行职能的重要形式，也是各级政协对国家法律、法规和重大方针政策贯彻执行情况，国家机关及其工作人员的工作和作风，通过建议和批评进行监督的主要形式。余杭区历届政协重视并探索民主监督的渠道和形式，把监督活动融贯于整个政协工作之中。特别是自区政协八届委员会以来，在完善民主监督机制、加大民主监督力度方面进行积极有益的探索，组织视察、考察、座谈和调研等，了解实情，体察民意，资政建言，开展形式多样的民主监督活动，从而提高了政协民主监督的组织化程度，使民主监督工作制度化、规范化、程序化，成为政协履职工作中的特色和亮点。政协视察工作是人民政协的一项基础性工作，是委员建言献策、履行职责的重要渠道，是人民政协围绕团结和民主两大主题、发扬社会主义民主的重要形式。为加强政协视察工作规范化、制度化、程序化建设，区政协十二届委员会第1次主席会议通过新的《政协杭州市余杭区委员会视察工作实施办法》，规定视察的主要内容包括法律法规、重大方针政策贯彻执行情况，全区政治、经济、文化、社会、生态建设等情况，群众普遍关心的热点难点问题。形成的视察报告、视察意见以反映问题、提出建议为主，视情况报送主席会议审议，根据需要行文报送给区委、区政府或有关部门。区政协在全体会议闭会期间，组织委员开展集体视察、主席会议成员视察以及区政协专门委员会、界别活动组、镇（街道）联络工委的专题工作视察考察活动，派驻民主监督员，对国家重大方针贯彻落实情况和全区经济社会发展中重大项目建设情况进行巡视察看，咨询建言，民主监督。

参政议政是政治协商和民主监督职能的拓展和延伸，余杭区政协第八届至第十二届委员会运用大会发言、委员论坛、建议案、社情民意等形式，围绕党委、政府各个时期的中心工作，针对余杭区政治、经济、社会发展的重大问题及人民群众普遍关注的热点问题，深入实际，开展调查研究，反映社会不同阶层、不同群体的愿望和要求，立足全局，面向未来，聚众智、建睿言、献良策，为党委、政府科学决策提出对策和建议，体现政协组织为党政分忧、为发展尽责、为群众解难的作用和能力。

政协调查研究工作对于推进人民政协协商民主建设、提升协商议政质量、提高参政议政实效、增强委员履职能力意义重大。余杭区政协八届至十二届委员会将调研工作作为履行监督职能的一项经常性、基础性工作。不断拓展调查渠道、创新调研方式，在调查思路上求宽、求广，在研究方法上求深、求细，在调研效果上求多、求实。形成以政协委员为主体、以政协专委会为依托、以课题为纽带，联动党派、界别和上下级政协组织参加的工作模式。通过广泛深入、严谨细致、科学务实的专题调研，形成一批质量较高的调研成果，为区委、区政府决策提供有效的建言。区政协八届一次会议以来，坚持围绕中心服务大局、解放思想实事求是、把握趋势适度超前、突出重点量力而行的原则，精选调研课题，开展调查研究，并组织有相关专长的委员开展专题调研，提出有针对性、科学性和实用性强的建议。努力促进调研成果转化，为党委和政府科学民主决策起到积极的作用。重大调研一般由主席会议提出，常委会会议确定调研课题，由各有关委组组织力量进行，然后写出调研报告，报送党委、政府。政协的专题调研以各专门委员会为依托，组织委员围绕全区的中心工作，有重点地选择某一专题进行调查研究，并以专题报告、简报、社情民意、信息报送党委、政府，以供决策参考。区政协常委会十分重视专门委员会、联络组和界别组的工作，按照制订的工作计划，开展形式多样的参政议政活动。

区政协八届委员会十分重视反映社情民意工作，始终把了解、反映社情民意作为政协履行职能的重要工作来抓。一是健全反映社情民意工作网络，从区政协各个界别中聘请多位委员担任特约信息员。通过建立信息工作队伍，召开信息工作会议，评选信息工作积极分子等形式，组织、发动和激励广大委员深入实际，了解民意，体察民情，积极反映群众的呼声和要求。二是继续开展委员访谈活动，区政协领导不定期地与委员进行思想和工作交流，听取广大委员关于经济社会生活的意见和建议，并形成约谈会纪要，及时向有关部门反映。三是修订和完善反映社情民意工作的有关制度，进一步推进反映社情民意工作的规范化、制度化、程序化进程。四是加强社情民意的编报工作。区政协各专门委员会牵头聚焦稳进提质、共富示范、数字赋能、公共服务、文化兴区、教育奋进、健康余杭、喜迎亚运、平安稳定等重点专题开展视察调研活动，一大批成果得到转化应用。

三

余杭区历届政协把提案办理作为人民政协工作的重要形式，重视提案工作质量，积极推进规范化、制度化建设，从而增强了提案办理的实效。2003 年 6 月，在区政协第八届常委会第二次会议上通过《政协余杭区委员会提案工作规则》。该规则对政协提案的提出、审查和办理等工作内容做了较大的充实和完善。2004 年 3 月，余杭区政府制定《杭州市余杭区人民政府办理人大代表建议和政协提案工作规则》，进一步对区人大建议和政协提案工作作出规范和要求。2009 年 1 月，区政协第九届常务委员会第十二次会议协商通过《政协杭州市余杭区委员会提案审查立案实施细则》，并开始实施提案工作网上办理。2011 年 9 月，政协余杭区第九届委员会第 75 次主席会议讨论通过《政协余杭区委员会重点提案联合督办实施办法》。2014 年 3 月，区政府修改《杭州市余杭区人民政府办理人大代表建议和政协提案工作规则》，并在 4 月下发《关于区政府领导领办人大代表建议和政协提案的通知》。据此，区政协修改完善《政协杭州市余杭区委员会提案审查工作实施细则》，制定《政协杭州市余杭区委员会民主评议提案办理工作办法（试行）》，创新工作举措，探索开展提案办理民主评议。区政协十届三次会议后，重点提案督办，开始尝试由区委、区政府“一把手”领导领衔督办，逐步形成提案三级办理协商机制，即提案人、承办单位和政协组织共同参与，重点提案、集体提案和一般提案三级协商的提案办理工作平台，以扩大协商办理范围，推动提案办理从答复型向落实型转化。2016 年 4 月，区政协在互联网上建立提案工作平台——余杭区政协提案管理系统。同时，制定《关于进一步加强人民政协提案办理工作的实施意见》《政协杭州市余杭区委员会提案审查工作实施细则》《政协杭州市余杭区委员会民主评议提案办理工作办法（试行）》《政协杭州市余杭区委员会优秀提案评选办法》等有关提案办理工作制度、规则。2019 年 4 月，区政协制定《政协提案办理工作目标管理考核评分细则》，对主办提案、协办提案和上年度 B 类提案考核内容及计分标准，均作明确的规定，使提案综合考核评价有据可依，进而调动提案办理部门（单位）的积极性，加快提案办理进度。自区政协八届一次会议以来，共办理提案 6420 余件。这些提案批评监督有理有据，意见建议切实中肯，整体质量不断提高。经过承办单位的认真办理，实现办结率 100%，不少提案取得实效，委员满意和基本满意率保持在 95%以上。

为适应新形势发展的要求，区政协建立重点提案主席分工督办制度，逐步提高重点提案办理的运作层次和办理质量，促进了提案所提建议的较好落实；开展优秀提案评选活动，评出优秀提案，调动了委员参政议政的积极性；开展提案办理“三见面”活动，对委员提案关注较多的问题，采取承办单位、提案人和提案委共同参加的方式办理提案，取得较好效果；开展提案办理“回头看”活动，促进难点问题的解决；密切与区人大常委会、区政府的联系，加大提案办理督查力度，促进了提案办理质量的提高。与区人大常委会、区政府联合下发《余杭区人大代表议案和政协提案办理工作考核办法（试行）》，并举行办案业务培训会议，努力提高办案水平。完善办案情况反馈制度，每年一次邀请区政府办公室负责人向区政协常委会通报年度提案办理情况。自区政协十一届委员会以来，提案办理不断创新。2020 年，制定《关于提案办理项目化管理的实施意见（试行）》，提出区政协领导、委办负责人重点督办的具体要求，明确提案成果转化的具体目标，制定提案办理年终考评的具体办法。分管主席和专委会根据提案办理落实不同情况，开展多轮督办，营造“人人参与提案办理”的良好氛围。与此同时，持续优化实施提案办理项目化管理，围绕区委、区政府中心工作，结合余杭发展特点。在提案办理过程中，将提案分为若干个专题项目，通过同类提案集中面商，推动承办单位找出深层次、结构性的问题，提出带有普遍性、宏观性的政策措施，起到“解决一类、影响一片”的效果，提高了部门提案办理的工作效率，增强了部门的执行力。依托“请你来协商”“民生议事堂”和委员工作室等履职平台，开展集中面商，实施二轮督办，推进提案办理落地见效。优化评价办法，在数字政协平台建立全体委员随机抽样赋分评价机制，增强提案办理成果评价的客观性。完善提案办理机制，推动主办单位由“要我办理”转变为“我要办理”、由“被动回应”转变为“主动沟通”。通过以上措施，许多重要提案得到较好落实，委员们对办案的满意率不断提高，办理成效不断彰显，为全区经济社会高质量发展提供强有力保障。

余杭区政协提案办理项目化管理创新实践得到省、市政协充分肯定，得到了《人民日报》、新华社、人民网、《联谊报》等中央、省级媒体点赞报道。数字政协“i 履职”已被杭州市西湖区、滨江区、钱塘区，舟山市普陀区，山东省日照市岚山区等区县政协应用。还为对口支援的四川稻城县、苍溪县政协免费开发并上线符合县域特点的数字政协系统，为数字政协区县样本作出了应有的贡献。

四

余杭区政协高举团结、民主两大旗帜，加强上下沟通、强化横向交流，活跃政协工作氛围，加强与各民主党派、港澳台同胞及海外侨胞的联系交往，充分发挥爱国统一战线组织作用，广泛开展团结联谊工作。区历届政协注重发挥统战功能，促进大团结大联合，努力寻求最大公约数、画好最大同心圆，深化合作共事。努力为各民主党派、工商联和无党派人士在政协履职搭建平台、创造条件。各民主党派、工商联积极建言献策，仅余杭分区一年多来，就形成大会发言材料60余篇、集体提案80余件、社情民意信息300余件，彰显党派特色和界别优势。区历届政协注重加强同党外知识分子、非公有制经济人士、新的社会阶层人士的联系交流，让他们在政协的平台上献计出力、发挥作用；密切与港澳台同胞、海外侨胞的联系，扩大政协交往渠道，进一步凝聚港澳台同胞和海外侨胞力量；区政协之友联谊会、政协书画院、艺术团和企业家协会等政协社团组织发挥自身特色，广泛开展调研、视察、学习、交流等活动，为推动余杭经济建设和社会发展竭智尽力、作出贡献。此外，认真做好来自全国各地的学习考察团的接待工作，加强协作交流，讲好余杭故事，扩大余杭影响力。同时，有序推进政协之友联谊会、政协企业家协会和政协书画院、艺术团、茶文化研究会等工作，扎实开展系列重点工作。扩大文史宣传。挖掘整理政协成立以来的文史资料，2003年以来，政协先后编辑出版《杭州市余杭区政协志》《天堂绿洲》《余杭百事通》《纪念抗日战争胜利60周年专辑》《话说余杭》《余杭古桥》《天南地北余杭人名录》《佛缘福地》《何思敬史迹》以及《南湖文化》《运河文化》《径山禅茶文化》《余杭运河船民口述史》《下沙围垦实录》《余杭考略》《余杭抗战纪实》《余杭美食》等文史专辑，编辑出版《我们一起走过》图片集，组织政协书画院创作出版《不忘初心·同心圆梦》书画作品集；征集整理“三亲”口述资料，编撰出版《良渚遗址保护口述史》，扩大古城遗址影响力。2020年，重新编辑出版《余杭政协文史经典》《未来有你——余杭区人才发展纪实》，着手《杭州市余杭区政协志（2003—2022）》的编纂工作，有效发挥文史工作“存史、资政、团结、育人”功能，其中《良渚遗址保护口述史》和《余杭丝绸轻纺业口述史》分别荣获十一届杭州市政协优秀文史图书评选一等奖、三等奖。依托《余杭政协》杂志、余杭政协微信公众号、余杭政协网站，及时传播政协工作好声音，宣传委员履职好故事，不断扩大政协组织和委员的社会影响力。加大政协工作宣传力度，打造政协全方位传播矩阵，提高政协工作影响力。成功举办纪念抗战胜利70周年及庆祝余杭政协成立60周年、70周年等活动。

区政协八届委员会以来的各届政协常委会，重视拓展履职载体，夯实履职基础工作。

2021年，为推进数字政协[①]建设，余杭区政协会同区数据资源管理局等部门，多次进行改革创新，多方听取意见建议，完善建设方案，打造即时感知、融合协同、精准服务、智能

① 数字政协：以数字化改革赋能政协工作，推动政协工作理念、机制、工具、手段、方法的全面提升，构建完善政协协商民主体系，拓展政协协商民主的广度、深度和效度。

管控、高效运行、共建共享的余杭数字政协系统。区政协自主研发建设相对独立的“余杭区数字政协系统”，其中手机端“i 履职”和 PC 端“余杭数字政协驾驶舱”是该系统的两大特色应用。持续推动数字政协系统建设，“i 履职”不断迭代升级，先后发布上线 2.0 和 3.0 版本。作为综合性数字化政协履职平台，理顺“政协分管领导—专委会—界别活动组、镇街联络工委—委员工作室、委员”纵向组织架构，串联起“请你来协商”、提案项目化、调研视察、民主监督、社情民意等横向业务。政协各层级的组织化程度更高、业务流程更顺畅。对接省市“数字政协”系统，实现省市政协平台应用场景为我所用、重要信息实时传导。对接 IRS 系统，实现数据多跨协同、资源共享。各层级可通过“i 参与”“i 议政”“i 发布”等模块开启线上云会议、云参与、云履职、云议政，履职更加高效、成效更加明显。以钉钉、浙政钉和微信等社交平台为履职载体，创建网上“委员之家”，引导委员围绕党委政府工作的重点、群众生产生活的难点、社会治理的焦点问题开展网上协商。分别在界别活动组、镇街（平台）联络工委和委员中创建委员工作室 49 个，广大委员通过委员工作室开展民主协商活动，搭建政协密切联系群众的桥梁，扩大基层群众有序参与社会治理的途径，推动了协商民主向界别延伸、向基层延伸。在此基础上，完善协商成果办理机制，协商建议通过区委、区政府办公室分解任务，督促部门、镇街（平台）办理落实，协商成果得到有效转化。“i 履职”已上架 10 余个门类，900 多项资源。“i 议政”开展履职活动直播 31 次，吸引委员 5005 人次在线参与讨论议政。区政协高度关注委员在“i 履职”平台上发布的意见建议，将线上议政成果成功转化为政协提案 198 件，社情民意 57 篇，其余建议提交相关部门作为工作参考。

2019 年 4 月起，余杭区政协充分运用“请你来协商”平台[①]，有序推进提案人和承办单位的沟通协商。开展同类提案集中协商，由分管主席、副主席牵头、相关委办具体负责，召集提案项目相关提案人和提案承办部门进行面对面协商。对于难点提案，提升协商规格，邀请党政领导领办，和委员面对面协商。与相关部门负责人和相关委员在协商中寻求共识，有力促进相关提案建议的落实；针对专业性强的提案，依托“委员工作室”开展专题协商，主持“委员工作室”的提案人召集关注提案内容的委员、行业代表、专家学者等，扩大协商参与面，广泛凝聚共识。

余杭区政协按照章程规定，重视保障委员履职权利，做好委员履职服务，加强委员履职管理。通过“委员会客厅”“委员工作室”“民生议事堂”“界别活动周”及提案项目化管理等夯实履职基础。2019 年起，区政协就启动实施“提案办理项目化管理”[②]制定《关于提案办理项目化管理的实施意见（试行）》，绘制《提案办理项目化管理示意图》并上墙公示，挂图作战，构建提案办理项目化管理体系。根据管理原则，内容相近的提案被分为若干个专题，这些专题由区政协领导、相关委办牵头督办，通过明确任务、细化责任，形成了“一名领导、一个委办、一支队伍、一类提案、一抓到底”全程参与督办的工作格局。委员履职的

---

① “请你来协商”平台：在县级政协搭建的集协商、监督、参与、合作于一体的综合性、常态化、制度化的履职平台。

② “提案办理项目化管理”：以提案项目化管理为抓手，利用“请你来协商”“委员工作室”等载体和平台，通过提案督办全覆盖、评议评价全流程、提案办理全公开，形成提案办理工作合力，有效促进成果转化。

广泛的参与、开放的交流、活跃的互动，既是政协委员积极履职的生动表现，也是余杭区政协用数字赋能提案征集办理走向常态化的有效实践。

五

加强政协自身建设是推动政协工作高质量发展的重要保障。

余杭区政协扎实推进政协工作制度化、规范化、程序化建设，积极构建促进党派合作、体现界别特点、发挥委员主体作用、加强机关建设“四位一体”自身建设新格局。着力探索各民主党派和无党派人士参与政协活动的载体和形式，加强联系沟通，尽力支持参政议政，切实保障话语权，充分调动各民主党派和无党派人士服务全区中心工作的积极性和主动性；着力完善界别工作机制、考核机制，提高界别活动的质量和成效，体现界别的特点、优势和作用，并加强政协专门委员会与相关界别的联系，促进界别联动、委组联动，统筹协调好专委会、界别和镇街地区联络组工作，创新政协工作向基层延伸的新形式；着力完善委员管理服务工作，健全激励机制，做好组织委员、关心委员、服务委员的工作，为委员履行职责、发挥作用积极创造条件，鼓励委员深入基层、关注民生，提倡委员独立思考、敢讲真话，在履职实践中施展才华、建功立业；着力加强政协机关的思想、作风建设，建立健全各项工作规则和管理制度，保证机关工作协调统一、规范有序、精干高效地运行，并继续办好《余杭政协》《余杭政协动态》和余杭政协网站，在报刊、电视、广播、网络等媒体上办好特色栏目，切实加强政协工作宣传。

进行集中学习，组织集中教育，这是中国共产党加强思想政治工作的优良传统。区政协始终把习近平新时代中国特色社会主义思想作为统揽政协工作的总纲，坚持党的全面领导，广泛凝心聚力，提升履职能力，搭建协商平台，以新形象新担当新作为不断开创新时代政协工作新局面。健全以政协党组理论学习中心组为引领的学习体系，落实习近平新时代中国特色社会主义思想学习座谈会制度，在全面学习、全面把握、全面落实上下功夫。积极探索理论学习新形式，在数字政协“i履职”开设党建精神学习专栏；常态化开展“书香政协·我们读书”系列活动，掀起了读书热潮；发挥区政协党组把方向、管大局、保落实的领导作用，完善机关党组织学习制度，着力以“红领履职”打造政协党建定向引航生命线，开创政协工作新局面。

加强政协制度建设，对于有效激发政协委员工作主动性、积极性、创造性的潜能，规范有序做好政协各项工作，起到保障作用。区政协八届至十二届委员会期间，区政协党组、常务委员会按照上级政协要求，结合工作实际，高度重视制度建设，先后制定完善政协工作意见、规则、简则、通则、条例、办法等百余项制度性文件，为政协工作规范有序、扎实有效、创新发展提供制度保障。区政协根据履职能力现代化建设的新要求，着力健全履职制度，促进政协履职规范有序、特色彰显。健全协商制度和机制，坚持区政协党组向区委汇报重点协商计划和区政府区政协联席会议制度，区政府领导在政协常委会上通报经济社会发展情况制度，完善区委区政府领导出席政协会议和活动、领办重点提案等工作规范。听取区法院、检察院通报工作情况。落实党政部门与政协专委会对口联系制度。政协重点协商活动被纳入区委区政府工作总体部署，实施情况被列入督查事项，促进了协商成果的采纳、落实和反馈。发挥人民政协专门协商机构作用，突出协商主业，聚焦区委区政府中心任务，围绕“一府两院”工作报告、经济社会发展规划、财政收支情况及其他事关全局的重点工作和群众关心的热点问题开展协商。发挥政协全体会议这一协商履职最高形式的作用，举行大会发言，开展分组讨论，共商发展大计。完善以全体会议为龙头，以专题议政性常委会、专题协商会、提案办理集中面商为重点的政协协商议政格局。

区政协十一届委员会更加着力规范履职工作，提升委员履职水平，注重发挥委员主体作用。2017 年 4 月，为进一步规范区政协委员履职行为，树立政协委员良好形象，更好地发挥委员的主体作用，不断提高人民政协政治协商、民主监督、参政议政的水平，切实推进政协工作制度化、规范化、程序化建设，根据《中国人民政治协商会议章程》和省、市、区有关规定，结合实际，制定《政协杭州市余杭区委员会关于加强委员队伍建设的意见》。明确区政协委员的权利与职责，采用区政协委员的履职评价措施，出台区政协委员的评优激励办法。结合“不忘初心、牢记使命”主题教育，深入开展新时代人民政协新样子大讨论，制订实施大讨论方案，紧扣“守初心、担使命、找差距、抓落实”总要求，组织委员开展新样子笔谈、金点子征集等十个系列活动，巩固提升学习贯彻的理论成果、制度成果和实践成果，夯实打造新时代人民政协的思想基础，锤炼求真务实的工作作风，形成了蓬勃向上、活跃有序的生动局面。区政协始终把委员能力提升作为一项基础性工作，围绕“政治把握能力、调查研究能力、联系群众能力、合作共事能力”的要求，举办不同形式的委员培训活动；制定《余杭区政协关于践行“新时代人民政协新样子”履职考评办法》，考核委员履职情况；深入开展“争做余杭铁军先锋、争当重要窗口排头兵”活动，注重优秀年轻干部发现和培养选拔工作，努力营造政协机关讲担当、讲奉献、讲责任的浓厚氛围。按照“懂政协、会协商、善议政、守纪律、讲规范、重品行”的要求，切实加强委员履职管理和服务，充分发挥委员主体作用。每年召开政情通报会、常委读书会、委员培训会，及时传达学习中央、省、市、区各级重要会议精神，做到识大局、明大势。建立委员履职服务管理平台，创建委员钉钉群，实行履职申报制，仅 2017—2021 年的五年中共有 600 余人次自愿申报参加各类调研视察和协商监督活动，促进委员知情明政、有效履职。编发《政协委员手册》，健全考核评优激励机制，建立“三联系”制度，加强委员的走访联络沟通，帮助解决实际问题，增强政协组织的凝聚力和归属感。坚持联系走访民主党派、工商联制度，建立区政协区总工会工作联系制度，充分尊重民主党派、群众团体的民主权利，鼓励支持他们开展调研视察、积极协商议政，不断提高合作共事能力。提升履职服务效能。扎实开展党的群众路线教育实践活动、“三严三实”专题教育、“两学一做”学习教育，严明政治纪律、政治规矩，强化担当意识、责任意识。2021 年，深入践行习近平新时代中国特色社会主义思想，实施政协机关年轻干部“青春修炼手册”全程纪实工作，进一步加大政协机关年轻干部教育和培养力度，提高年轻干部综合素质和工作能力。认真贯彻执行中央八项规定和省市区有关要求，改进文风会风，厉行勤俭节约，切实转变工作作风。重视政协理论研究，办好《余杭政协》杂志，开通微信公众号，充分利用各级报刊、电视、网站和新媒体，支持委员参与市政协“我们圆桌会”等专题栏目，加强新形势下的政协新闻宣传工作。建立机关学习沙龙、学习月制度，加强信息技术在政协履职中的应用，加强统筹协调和服务保障，提升政协机关工作整体效能。区政协常委会全力在把牢工作方向上下深功夫，在发挥功能作用上做足文章，围绕发展大局，服务打造“新中心”，找准方向、深入调研、创新思路，努力当好杭州城市重要新中心的建设者、智囊团、宣传员，扎实推动专门协商机构建设向纵深推进。区政协常委会始终坚持眼睛向下、脚步向下，着力推动政协协商民主向基层延伸，深入基层一线，倾听民情民意。深入实施“民生议事堂”、委员工作室、社情民意信息联系点“三位一体”建设，积极搭建平台、完善机制、延伸触角。区政协常委会团结带领广大政协委员坚守初心担使命，勇担先锋作表率，树立起新时代人民政协的新样子。

站在新的历史起点，回望过去 20 年，余杭区政协始终坚持以习近平总书记加强和改进人民政协工作的重要思想为引领，在余杭区委的正确领导下，旗帜鲜明讲政治，助推全面发展取得历史性成就；围绕中心强履职，协商建言载体平台建设取得突破性进展；守正创新抓改革，提案项目化管理实现质效双提升；凝聚共识新样子，坚持履职为民取得新实效；汇集力量促和谐，团结民主两大主题更加鲜明；固本强基抓队伍，委员履职能力建设不断加强。

同心共筑中国梦，携手奋进新时代。余杭区政协将更加紧密地团结在以习近平同志为核心的党中央周围，在中共余杭区委的坚强领导下，全面贯彻落实党的二十大精神，深刻领会习近平总书记关于加强和改进新时代人民政协工作的重要思想，认真落实中共中央和省、市、区委决策部署，贯彻全过程人民民主，锐意进取，创新有为，奋力书写人民政协履职满意答卷，为建设杭州城市重要新中心、争当“两个先行”排头兵贡献政协力量。

大事记

2003年

1月10日　区政协表彰2002年度《关于加快建立我区企业信用工程的建议》等7件优秀提案和29名“双好”委员。

1月26日　区政协举办余杭区各界人士迎春茶话会。

1月27日　区政协七届常委会三十三次会议,协商通过区政协八届一次全体会议事项和区政协八届委员会委员名单。

1月　区政协编写的《委员风采》一书内部印发。

3月8日　区政协八届委员会对新委员进行培训，内容为“肩负历史使命,当好政协委员”。

3月9—13日　政协杭州市余杭区第八届委员会第一次会议在临平召开，会议听取并通过余杭区政协七届常委会工作报告、七届五次会议以来提案工作情况的报告。选举产生区政协八届委员会主席、副主席、常务委员，李小花当选为主席，丰章生、董建国、章福根、莫炳法、方加明、钱杭根为副主席，徐连子为秘书长，丁远达等31人为政协常委。

3月25日　区政协八届常委会第一次会议召开，审议通过区政协八届常委会工作规则等事项。

5月29日　区政协组织经济科技和城建、人口资源环境委员会委员对临平城区环境卫生状况进行视察。

6月4日　区政协召开信息工作会议。

6月6日　区政协召开政协之友联谊会第一次会议。

6月10日　区政协组织教文卫体委员会和社会法治委员会有关委员，对全区网吧经营管理情况开展视察活动。

6月25日　区政协八届常委会第二次会议召开，听取区政府关于加快推进工业园区建设情况通报，协商通过《政协杭州市余杭区委员会提案工作规则》等事项。

6月26日　区政协八届常委会对部分乡镇工业园区建设情况进行视察。

7月9日　区政协组织学习文史委员会成员对全区文物保护工作进行视察，视察瓶窑南山造像、小古城遗址和章太炎故居。

7月30—31日　区政协举办区政协委员培训班，提高政协委员参政议政能力。

8月11—15日　全省政协主席读书会在余杭举办。

9月11日　区政协召开对城建城管工作开展民主监督活动暨创建文明城区座谈会。

9月11—13日　区政协组织教育系统委员赴扬州学习考察课程改革评价工作。

9 月 25 日　区政协八届常委会召开第三次会议，听取区政府关于区高新农业园区发展情况通报，视察区高新农业园区和特色农业园区。

10 月 14—30 日　区政协组织社会法制委员会法制组、教文卫体委员会教育组部分委员及有关单位负责人，对全区青少年思想道德教育情况开展专题调研。

10 月 16 日　区政协召开对创建国家环境保护模范城市（简称“创模”）工作民主监督动员大会。

10 月 20—23 日　区政协分别召开区级有关部门、乡镇街道政府办事处、社区委员会和政协委员座谈会，对“创模”工作民主监督活动进行座谈交流。

11 月 7 日　区政协组织有关委员视察“创模”工作情况。

11 月 14 日　区政协主席李小花、副主席丰章生、方加明等区政协中共界别小组和妇女界别小组部分委员，就余杭区争创省级文明城区工作情况进行专项考察。

11 月 27 日　区政协召开对“创模”工作民主监督总结大会。

12 月 5 日　区政协组织工会界委员对贯彻实施《中华人民共和国工会法》情况暨基层工会规范化建设情况进行视察。

12 月 8 日　经区政协八届第 7 次主席会议协商通过，吴勇等 31 人为各界别小组组长、副组长。

12 月 9 日　区政协组织经济界委员视察临平工业区。

12 月 25 日　区政协组织科技界委员对崇杭集团进行视察。

12 月 26 日　区政协八届常委会召开第四次会议，听取区政府 2003 年度十件实事落实情况通报并进行现场视察，会议还听取区政协八届常委会工作报告起草情况的汇报等。

2004 年

1 月 14 日　区政协八届常委会召开第五次会议，协商区政协八届二次会议召开日期和区政协八届常委会工作报告等事项。

1 月 18 日　区政协召开余杭区各界人士迎春茶话会。

2 月 3 日　区政协八届常委会召开第六次会议，协商通过区政协八届有关人事事项等。

2 月 25—28 日　区政协八届二次全体会议召开，会议听取和审议区政协八届常务委员会工作报告、提案工作情况报告，审议通过区政协八届二次会议决议等事项，补选区政协八届常务委员会委员 3 人。其间，召开区政协八届常委会第七次、第八次会议。

4 月 22 日　区政协八届常委会召开第九次会议，协商通过委员增补等事项。是日，区政协八届常委会召开第十次会议，协商通过 4 个专委会组成人员等事项。

5 月 8 日　区政协召开“切实保护农民利益，推进征地拆迁工作”调研组成员会议。

5 月 13—15 日　区政协副主席钱杭根、章福根带队，组织文史和教文卫体育委员会部分委员就“加强普高师资队伍建设，提高教育质量”调研课题，赴江苏海门市、启东市学习考察。

5 月 25 日　区政协组织开展城市交通设施建设情况视察活动。

6 月 9—11 日　区政协开展《关于提速做大做强民营经济全会建议案》落实情况“回头

看”活动，督查建议案落实情况，并提出再建议。

6月24—25日　区政协八届常委会第十一次扩大会议暨读书会召开。会议协商通过《关于切实保护农民利益，依法推进征地拆迁工作的建议案》等事项。

7月13—14日　区政协组织经济科技和城建、人口资源环境委员会部分委员，对西部山区生态保护与开发进行调研。

7月26日　中共杭州市余杭区委制定《关于进一步推进人民政协履行职能制度化、规范化、程序化建设的若干意见》。

8月11日　区政协召开动员大会，对社会保障工作、开展民主监督活动进行部署，召开多次民主监督座谈会，就有关社会保险、农村合作医疗、社会救助等工作开展情况听取意见。

8月25日　区政协组织部分委员对全区专业市场现状及发展前景开展调研活动。

9月10日　区政协组织部分委员对全区社会保障工作进行视察，并召开座谈会。

9月23日　区政协八届第18次主席会议召开。会议学习《中国共产党第十六届中央委员会第四次全体会议公报》精神，协商讨论《关于加强普高师资队伍建设，提高教育质量的建议案(草案)》等事项。

9月24日　区政协召开提案办理工作交流会议。

9月27日　区政协召开社会保障工作民主监督活动总结大会，总结区政协对社会保障工作开展民主监督活动的情况。

9月29日　区政协八届常委会第十二次会议召开，听取区政府办公室关于2004年度提案办理情况汇报等事宜。

10月20日　部分政协委员视察杭州顿力实业公司、杭州钱江压缩机有限公司扩建项目和02省道扩建等重点建设项目。

11月25日　区政协召开作风监督座谈会，商讨政协委员在作风监督中的作用等事宜。

12月19日　区政协八届常委会第十三次会议召开，会议作出召开区政协八届三次会议的决定，协商通过区政协八届常委会工作报告等事项。

2005年

1月18日　《杭州市余杭区政协志》(中华书局，2004年12月第一版)首发仪式在临平举行。

1月21—24日　区政协八届三次会议在临平召开，会议听取和审议区政协八届常务委员会工作报告和八届二次会议以来提案工作情况的报告，补选区政协八届秘书长和常务委员各1人。其间，区政协八届常委会第十五次会议召开。

1月28日　区政协机关党总支制订保持共产党员先进性教育活动实施方案，教育活动分为学习动员、分析评议、整体提高三个阶段。

2月4日　区政协召开各界人士新春茶话会。

3月中旬至4月中旬　区政协组织开展“三农”问题系列调研。

3月29日　区政协八届常委会第十六次会议召开，通报区政协八届三次会议提案审议和重点提案情况，协商讨论2005年政治协商议题等事项。

4月25日　区政协八届第24次主席会议召开，协商讨论“三农”问题研讨会方案等事项，并视察余杭镇上汶山村和良渚遗址管理区金家渡新型社区建设情况。

4月26—28日　区政协组织工商联、各民主党派负责人赴江苏南通等地学习考察，区政协主席李小花参加考察活动。

6月7日　区政协组织经济科技和城建、人口资源环境委员会，就余杭区工业建设项目“三同时”工作开展专项视察活动。

6月29日　区政协八届常委会第十七次会议召开，协商通过《关于加强委员队伍建设等意见》等事项。

6月30日　区政协对城管执法工作开展专项视察活动，视察瓶窑镇城镇基础设施建设程序化管理情况，听取城市管理综合执法局工作情况介绍并进行座谈讨论。

7月5日　区政协组织开展宗教场所管理工作视察活动。

7月21—22日　区政协组织区科技局、科协、经发局、农业局分管领导赴江苏省常熟市开展科技工作学习考察活动。

8月10日　区政协举办纪念抗日战争、世界人民反法西斯战争胜利六十周年歌咏比赛。

8月26日　区政协召开对科技工作开展民主监督总结大会。

9月6日　区政协召开从事教育工作的政协委员座谈会，听取区教育局有关教育工作情况通报，围绕全区教育事业发展献计献策。

9月14—17日　区政协八届常委会第十八次会议召开，并赴江西省南昌市等地学习考察交流。

9月29日　区政协组织开展社会保障工作民主监督活动落实情况视察活动，视察区社会保险办事大厅、区社会帮扶救助中心等单位，区政府分管领导通报有关工作落实情况。

9月30日　区政协八届第27次主席会议召开，协商讨论“径山茶”调研方案，农村饮用水问题调研等事项。

10月10日　区政协对城区背街小巷改造工程开展视察活动，并召开座谈会，征求相关各方的意见和建议。

10月12日　区政协经济科技和城建、人口资源环境委员会组织开展径山茶发展现状专题调研，在径山镇召开有关部门和部分镇乡分管领导座谈会。

10月20日　区政协对全区拆违工作开展视察活动，实地视察南苑、乔司街道拆违工作，听取区政府领导情况通报。

10月25—26日　区政协提案承办工作交流会召开，交流提案承办情况和办理经验。

10月26日　区政协开展全区食品卫生监督视察活动，听取卫生监督部门关于食品卫生监督执法情况汇报，实地视察区卫生监督所等单位。

11月24日　中共杭州市余杭区委制定《关于进一步加强中国共产党领导的多党合作和政治协商制度建设实施意见》。

12月26日　区政协八届常委会第十九次会议召开，审议区政府2005年十件实事落实情况，听取区委关于制定余杭区“十一五”规划建设通报等。

2006年

1月11日　区政协八届主席会议召开，协商讨论政协八届四次会议方案（草案）等事项。

1月19日　区政协八届主席会议召开，协商余杭区国民经济和社会发展第十一个五年规划纲要（草案）等事项。

1月20日　区政协八届常委会第二十次会议召开，协商通过常委会工作报告和提案工作情况报告等事项。

1月23日　区政协召开余杭区各界人士迎春茶话会。

2月20日　区政协举办庆祝余杭政协成立50周年知识竞赛活动，区级机关、镇乡、民主党派、群众团体、政协联络组、街道等6支代表队参赛。

2月21日　区政协组织开展老委员看余杭新变化视察活动。

2月27日　余杭政协成立50周年庆祝大会召开，区政协主席李小花主持会议，区委书记何关新讲话。

2月28日至3月3日　区政协八届四次会议召开，会议听取、审议并通过区政协主席李小花所作的区政协八届常务委员会工作报告和副主席丰章生所作的八届三次会议以来提案工作情况的报告。

3月30日　杭州市余杭区政协八届之友联谊会第三次会议召开。

4月10日　区政协组织部分政协委员开展汛前水利工程建设情况视察活动。

4月18日　区政协组织社会法制和港澳台侨委员会全体成员，部分乡镇、街道政协委员及区有关部门领导，对基层人民调解工作开展视察活动，听取闲林镇、南苑街道关于2005年以来基层人民调解委员会的工作情况汇报。

5月16日　区政协组织部分政协委员对公共投资项目开展视察活动，视察区游泳馆、临平经济开发区基础设施等项目，听取区发改局关于公共投资项目管理情况介绍。

5月26日　区政协组织文体组、文史组全体委员，邀请有关部门负责人对部分文体设施开展视察活动。

6月23日　区政协八届常委会第二十一次会议召开，会议听取开展平安创建和社会治安综合治理工作情况通报等。

同日　经区委同意，区政协召开经济发展软环境建设民主监督动员大会，部署区政协开展经济发展软环境建设民主监督活动。

7月7日　区政协召集区行政服务中心、区发改局、经发局、建设局等相关职能部门，召开经济发展软环境建设民主监督座谈会，了解区行政服务中心所涉及的14个职能部门在软环境建设中履行职能等情况。

8月2—3日　区政协八届常委会第二十二次会议（常委读书会）召开，会议听取杭州市政协秘书长徐泉海学习《中共中央关于加强人民政协工作的意见》的辅导报告，通报关于加快农村多层住宅建设的调研情况等。

8 月 2 日　区政协召开经济发展软环境建设民主监督活动总结大会。

8 月 24 日　区政协对部分规模以上企业职工合法权益维护情况开展视察活动，听取区劳动和社会保障局、区总工会相关工作情况介绍。

8 月 31 日　区政府函复区政协提交的《对我区经济发展软环境建设开展民主监督情况的报告》的办理情况。

9 月 14 日　区政协组织部分政协委员对杭州农副产品物流园区建设开展视察活动。

9 月 26 日　区政协八届常委会第二十三次会议召开，协商通过区政协第九届委员会的规模和界别设置等事项。

10 月 19—20 日　区政协组织社会法制和港澳台侨委员会所属专业组赴台州进行学习交流活动。

12 月 16 日　区政府函复区政协提交的《关于发展山沟沟乡村旅游（农家乐）的建议案》、《关于加快推行农村多层住宅建设的建议案》的办理情况。

12 月 22 日　区政协八届常委会第二十四次会议召开，协商通过区政协八届常委会工作报告、提案工作报告和两个报告的报告人等事项。

12 月 28 日　中共余杭区委制定《关于贯彻〈中共中央关于加强人民政协工作的意见〉的实施意见》。

12 月 31 日　区政协八届常委会第二十五次会议召开，审议通过区政协九届委员会委员名单、区政协九届一次会议议程、日程（草案）等事项。

2007 年

1 月 10 日　区政协八届主席会议协商讨论政协机构设置、有关人事事项等。

2 月 3—6 日　区政协九届一次会议在临平召开，会议听取并通过区政协第八届委员会常务委员会工作报告和八届常委会提案工作的报告。选举产生区政协第九届委员会主席、副主席、秘书长和常委，汪宏儿为主席，方加明、章福根、钱杭根、黄莉、孔祥华、陈云水为副主席，陈梅乾为秘书长。

2 月 7 日　区政协九届常委会第一次会议召开，审议通过《余杭区政协第九届委员会有关工作规划》等事项。

3 月 16 日　区政协九届常委会第二次会议召开，听取 2007 年度主要工作安排情况汇报、关于政协九届一次会议重点提案情况汇报等。

3 月 28 日　区政协召开征求工业兴区若干政策意见座谈会，听取对区政府工业兴区若干的意见和建议。

3 月 30 日　区政协组织部分政协委员对东苕溪水利工程建设情况进行视察。

4 月 5 日　《余杭政协动态》创办，为区政协主办的工作简报。

4 月 9 日　区政协聘请周锋等 21 名委员、付勤等 9 名联谊会员为区政协九届委员会特约信息员。

4 月 19—20 日　区政协主席汪宏儿带队赴临安、富阳和西湖区学习考察。

5月14日　区政协开展打造生活品质之城好建议征集活动。

5月22日　区政协组织部分委员开展专项视察，委员们视察余杭画院、创意大厦，就艺术品创作、经营等方面进行座谈。

6月6日　区九届政协之友联谊会第一次会议召开。

6月8日　区政协九届主席会议协商讨论《政协杭州市余杭区委员会关于加强委员队伍建设的意见》和相关工作制度（草案）等事项。

6月12日　区政协九届常委会第三次会议召开，审议通过区政协4项工作制度等事项。

同日　区政协召开“盘活存量资产，推进项目建设”民主监督动员大会。

6月18—22日　区政协对部分重点项目建设开展视察活动。

6月28日　区政协召开建立完善彭公竹制品市场研讨会，对完善市场建设提出建议意见。

7月10—11日　区政协组织部分委员开展“清洁余杭”专题视察，视察报告送区委、区政府供决策参考。

7月13日　区政协召开公交一体化建设专题座谈会。

7月19日　区政协召开征求盘活存量资产、推进项目建设意见座谈会。

7月27日　区政协组织部分政协委员对全区社会养老工作进行专题视察，视察东湖街道梅苑社区居家养老服务站、华临山庄养老院和塘栖镇敬老院等。

8月7日　区政协对区公安局承办提案落实情况开展视察活动。

8月8日　区政协对前期开展的盘活存量资产、推进项目建设民主监督活动形成民主监督情况报告，供区委、区政府决策参考。

8月17日　区政协对区内“一网三通道”建设开展视察。区政协领导和部分委员视察02省道、鸬鸟隧道建设情况，听取区交通局有关“一网三通道”建设情况通报。

9月11日　区政协对区交通局承办提案落实情况开展视察活动。

9月17日　区政协召开“关心困难群体、共享品质生活”专题调研活动部署会议。

9月21日　区政协九届常委会第四次会议召开，听取和协商区政府有关良渚文化保护和利用工作情况等事项。

10月11—12日　长江三角洲十三县（市、区）政协工作研讨会第26次会议在余杭区召开。

10月24日　区政协将《关于加快生态区建设的建议案》报送区人民政府，供决策参考。

10月29日　区政协开展“盘活存量资产、推进项目建设”再督查活动。

11月6日　区政协召开提案承办工作交流会，交流2007年提案承办情况和办理经验。

11月22日　区政协组织部分政协委员视察山区农民饮用水工程，听取区林水局对山区农民饮用水工程建设情况通报，并组织座谈听取委员们的意见和建议。

11月23日　区政协组织部分委员视察企业自主创新工作情况。

12月18日　区政协组织教育、文体、医卫、文史旅游组联合视察卫生监督网点建设和广电工作。

12月21日　区政协九届常委会第五次会议召开，听取区政府关于2007年新农村建设工作情况通报，协商2008年度新农村建设工作等事项。

2008 年

1 月 17 日　区政协领导参加全区“送温暖”慰问活动。

1 月 18 日　区政协各界人士迎春茶话会召开。

1 月 24 日　区政协九届常委会第六次会议召开，会议协商通过关于召开区政协九届二次会议的决定等有关事项。

1 月 29 日　区政协领导分赴联系镇乡（街道）指挥抗雪救灾工作。

2 月 2—4 日　区政协领导再次分赴联系镇乡（街道）部署落实各项抗雪防灾措施。

2 月 22 日　区政协城建和人口资源委员会组织开展公交一体化建设情况视察活动，汪宏儿等参加视察活动。

2 月 25 日　区政协经济科技委员会召开余杭西北部生态保护和补偿机制座谈会，征求西部瓶窑等 5 个镇政协委员、农业界有关政协委员的意见和建议。

2 月 26 日　区政协召开征求工业产业空间布局规划意见座谈会，区经发局受区政府委托把《余杭区工业产业空间布局规划(草案)》提交给企业界有关委员征求意见。

3 月 2—6 日　区政协九届二次会议召开。会议听取和审议政协杭州市余杭区第九届委员会常务委员会工作报告，听取和审议区政协九届一次会议以来提案工作情况的报告。会议期间，区政协九届常委会第七次会议召开，协商通过界别活动组划分方案。

3 月 20 日　区政协召开界别活动组、地区联络组组长会议，就推进界别工作开展专题讨论。

3 月 25—27 日　区政协开展区内部分中小企业视察活动，区政协领导参加视察活动。

4 月 2 日　区人大常委会、区政府、区政协联合召开区人民代表建议、政协提案交办会。从 2008 年起，政协提案办理被列入部门目标责任制考核内容，同时建立重点提案区长领办，部门承办，主席督办制度。

4 月 9 日　“余杭南湖文化丛书”编委会成员会议在区南湖开发办召开，听取并讨论丛书编撰方案。区政协主席、编纂委员会主任汪宏儿参加会议。

4 月 12—13 日　区政协艺术团与区总工会联合开展文艺进企业活动。

4 月 18 日　区政协文史和教文卫体委员会组织部分政协委员开展“创建省级文明示范城区”和健康城区工作视察活动。

4 月 22 日　区政协召开信息工作会议，各界别、各党派的政协委员和政协之友联谊会会员共 32 人被聘为区政协特约信息员。

4 月 29 日　杭州市政协组织市、区（余杭、拱墅）两级政协委员对半山地区环境综合整治工作进行联动视察。市政协主席孙忠焕，余杭区政协主席汪宏儿等参加视察。

5 月 7 日　全国政协副主席阿不来提·阿不都热西提率全国政协经济委员会专题组到余杭区调研城乡社会经济一体化工作。调研组组长、全国政协常委、经济委员会副主任刘江等 20 名小组成员参加调研。调研小组成员听取区政协主席汪宏儿、常务副区长杨洪香有关情况介绍和汇报，视察仁和镇花园村等新农村建设情况。

同日　区政协副主席钱杭根带队，文史和教文卫体委员会组织实施并随后撰写《关于山沟沟古村落保护问题的情况反映》调研纪要。

5月15日　区政协向全体政协委员发出积极支持四川汶川地震灾区的号召，同时组织发动机关全体干部职工及离退休干部职工捐款抗震救灾，现场捐款1.87万元。

5月16日　区政协召开“创建省级示范文明城区”委员建言会，区领导汪宏儿、沈旭微等出席会议。

5月19—20日　汪宏儿赴江苏如皋参加长江三角洲十三县市区政协工作研讨会第27次会议。

5月21日　区政协组织开展高新技术产业发展工作视察活动，区科技局通报有关工作情况。

5月23日　区政协九届常委会第八次会议召开，听取和协商并实地考察就业与社会保障工作调研情况，审议《关于进一步发挥政协界别作用的意见》等事项。

5月28日　杭州市政协文史委主任会议在余杭区临平召开，研究庆祝改革开放30周年政协文史“三亲”史料有关工作。

6月5—6日　杭州市政协宣传通联会议在余杭召开，市政协副主席张鸿建、区政协主席汪宏儿看望与会人员，市政协研究室主任龚志南讲话，区政协副主席钱杭根在会上就宣传通联工作作交流发言。

6月6日　汪宏儿赴区民政局督办重点提案“新型农村养老制度的建议”办理情况。

6月19日　区政协组织部分政协委员视察余杭开发区基础建设视察活动。

6月29日　全国政协副主席、全国工商联主席黄孟复到余杭华立科技园进行调研视察。

7月3日　区政协举办全体委员中共十七大精神读书会。市委常委、区委书记朱金坤作题为《城市化、工业化“两轮驱动”战略抉择的思考与实践》的报告，区政协主席汪宏儿作总结性讲话。

同日　区政协九届常委会第九次会议召开，原则通过《政协杭州市余杭区委员会委员管理办法》。

7月8日　市政协主席孙忠焕一行，到余杭实地查看西溪湿地三期工程的建设进展情况，汪宏儿、陈云水等陪同。

7月16日　区政协召开《天南地北余杭人名录》编辑工作会议，次年1月该书出版发行。

同日　区政协开展“整合旅游资源，提升旅游水平”课题调研，并于9月底形成专题调研报告。

8月1日　区政府、区政协第一次工作协商联席会议召开，相互通报上半年工作情况。

8月14—15日　区人大常委会党组和区政协党组召开联组学习会。学习区委十二届六次全会精神，参观考察安吉县的生态建设和新农村建设。

8月19日　区政协九届常委会第十次会议召开，听取和讨论关于推进城市化进程中提升市民素质有关情况，撤村建居后社区管理体制和机制两个方面的工作通报等。

8月22日　省政协副主席徐辉在余杭区就省政协重点提案“公共植保体系建设”进行调研。

9月5日　区政协艺术团开展“一路一街”重点建设工程慰问演出，汪宏儿等参加活动。

9月9日　区政协书画院召开会议，研究书画院的组织机构、人员调整等事宜。钱杭根参加会议。

9月13—14日　区政协副主席方加明代表区四套班子领导赴北京看望余杭区杭州唯一织造厂员工、残奥会盲人门球主力运动员陈亮亮、蔡长贵等。

9月25—26日　汪宏儿等赴绍兴参加浙江省十三县（市、区）政协联谊会议。

9月28日　区政协组织开展余杭区“民主法治村（社区）”达标创建工作视察活动。

10月15—16日　区政协组织部分政协委员对区教育局、国土分局承办提案落实情况开展视察。

10月23日　杭州市各区、县（市）政协提案委员会主任联席会议在余杭召开。

10月30日　区政协九届常委会第十一次会议召开，听取讨论区政府关于小集镇管理和建设情况通报等事项。

10月31日　全国政协副主席罗富和一行到余杭区视察指导水库清淤工作。

11月2日　省政协副主席徐辉率民盟界在浙部分全国政协委员和省政协委员到余杭区视察良渚博物院和良渚文化古城遗址。

11月3—7日　区政协组织开展首个“界别活动周”活动，各界别组、地区联络组围绕环境立区战略开展学习调研和视察等各类活动20余次，参与委员300余人次。

11月12—13日　区政协召开2009年工作务虚会，研究探讨2009年政协工作大体思路。

11月25日　区政协召开首批特聘委员会议，为22名特聘委员颁发聘书。

12月3—5日　汪宏儿带领部分委办负责人赴黄岩区、天台县、北仑区、鄞州区、绍兴县等地政协学习考察。

12月7日　区政协召开“提案大户”交流座谈会，区政府办公室作提案工作办理情况通报，陈云水参加会议。

12月11日　区政协九届第22次主席（扩大）会议召开，区委常委、区纪委书记魏祖民应邀参加会议，会议听取区纪委反腐倡廉建设工作情况通报，协商讨论常委会工作报告、提案工作报告初稿等事项。

12月23—24日　杭州市政协联谊会在余杭召开区、县（市）政协原主席聚谈年会。市政协主席孙忠焕，市委常委、区委书记朱金坤看望与会人员。

12月25日　区政协城建委选派10余名委员参加区国土分局召开的区政协委员征地补偿标准调整征求意见会。

2009年

1月8日　区政协举办余杭区2009年各界人士迎春茶话会。

1月12日　区委召开十二届常委会第43次会议，听取和研究有关2009年政协工作思路及派驻民主监督员、设立组团政协工作联络组等工作。

同日　区政协九届常委会第十二次会议召开，会议作出召开区政协九届三次会议的决定，协商通过大会议程、日程（草案）、常委会工作报告、提案工作报告等事项。

1月14日　区政府、区政协协商联席会议第二次会议召开，围绕余杭经济社会发展和“项目建设三年行动计划”进行协商交流和探讨。

2月4日　区政协主席汪宏儿，区委常委、统战部部长白美玉一行走访慰问余杭区各民主党派，实地察看区各民主党派的办公场所，并与各党派负责人进行座谈。

2月9—12日　区政协九届三次会议召开，会议听取并审议区政协九届常委会工作报告和提案工作情况报告。其间，区政协九届常委会第十三次会议召开。

2月25日　省政协副主席王永昌率省政协社会法制和港澳台侨委员会部分成员，到余杭视察省法制教育基地——杨毕奇案陈列馆。区政协副主席方加明陪同视察。

2月26日　区政协领导汪宏儿、方加明、章福根、孔祥华、陈云水等，就全区项目建设安排和抓落实情况赴区发改局、区项目办开展调研。

3月14日　黑龙江省双鸭山市政协主席蔡炳仁带队到余杭区参观考察。汪宏儿等陪同考察。

3月17日　余杭区召开区人大代表建议、政协提案交办会，区委常委、常务副区长杨洪香参加会议。区政协九届三次会议提案共立案334件，由68个单位承办。

3月19日　区政协、区委统战部联合召开各民主党派支部负责人座谈会，听取关于学习实践科学发展观的意见建议。

3月20日　区政协召开界别活动组、地区联络组组长会议。汪宏儿等参加会议。

3月25日　区政协机关召开学习实践科学发展观活动动员大会，汪宏儿作动员讲话。

3月26—27日　汪宏儿率区政协班子成员及各委办负责人赴上海市浦东新区、杨浦区政协学习考察。

3月31日　杭州市政协联合余杭区、拱墅区政协视察半山地区环境整治和大气污染专项整治工作，实地视察崇贤污水处理厂和农村生活污水处理装置。杭州市政协主席孙忠焕等参加视察。

4月2日　区政协九届主席会议召开，听取和同意区政协和区总工会建立工作联系制度的请示，研究部署选派政协委员担任民主监督员工作等事项。

4月15日　全国政协常委、港澳台侨委员会副主任陈佐洱到余杭参观良渚博物院。

4月20日　区政协召开促进工业经济发展民主建言会。

4月22—23日　区政协汪宏儿、方加明、黄莉等一行赴海宁、桐乡学习考察政协履行民主监督职能，争取党委重视、政府支持方面的做法和经验。

4月28日　区政协组织部分政协委员视察区内公交一体化运营情况和城区单行线实施情况。

5月13—15日　区政协领导分别开展重点提案督办走访活动，了解重点提案办理进展情况。

5月14日　区政协组织开展塘栖枇杷保护和开发工作视察活动。

5月15—16日　方加明带队赴江苏启东参加长江三角洲部分县市区政协工作研讨会第29次会议。

5月27日　区政协九届常委会第十四次会议召开，听取和讨论区领导白美玉关于余杭区初级食用农产品质量安全管理等事宜。

6月5日　市、区政协联动开展“保民生、促就业——余杭区农村劳动力就业情况调研”活动。

6月12日　区政协组织部分委员开展“平安余杭”视察活动。

6月13日　区委理论学习中心组（扩大）暨“领导讲坛”专题报告会在区委党校举行，汪宏儿作“环境建设的实践与思考”的专题报告。

6月15日　区政协领导班子召开学习实践科学发展观活动专题民主生活会，汪宏儿主持会议。

6月16日　区政协组织部分委员视察杭州地铁一号线、沪杭高铁和宁杭高铁客运专线余杭段工程施工进展情况。

6月25日　余杭区召开统一选派民主监督员工作会议，首批选派的75名政协委员、民主党派和无党派人士担任25个区级部门的民主监督员。

7月13—14日　杭州市区、县（市）政协主席读书会在余杭召开。市政协主席孙忠焕出席并讲话，副主席朱报春、张鸿建分别主持会议，区政协主席汪宏儿参加会议。

7月22日　区政协副主席黄莉带队赴拱墅区、江干区学习考察村级留用地工作，城建委负责人和“村级留用地建设和管理”专题调研组成员参加考察。

7月31日　区政协组织部分委员就区农业局2009年政协委员提案办理落实情况进行视察。

8月4—5日　区政协召开常委读书会，学习贯彻区委十二届八次全体（扩大）会议精神，传达全省政协工作会议和全省政协主席读书会精神，部署下半年政协工作任务。

8月24日　区政协“界别活动周”正式启动。14个界别活动组以“三保一促”（保增长、保民生、保稳定、促转型）为主要内容，根据自身特点，以走访、调研、座谈会等形式，关注民生、关注发展，为余杭区的经济社会发展建言献策。

8月25日　《杭州日报》刊登汪宏儿《关注民生，真情履职》一文，并由此拉开庆祝人民政协成立60周年系列宣传活动的序幕。

8月26日　区政协主席会议学习传达区领导干部“三力提升”活动动员大会精神，研究部署政协机关“三力提升”活动措施等事项。

9月4日　区政协庆祝人民政协成立60周年座谈会召开，邀请历届老领导、退休干部、政协委员和各民主党派、无党派人士、各界代表参加座谈。汪宏儿、方加明、章福根、钱杭根等参加会议。

9月19日　上海杨浦区、浙江德清县和余杭区三地政协书画联展在余杭中国江南水乡博物馆举办。

9月21—23日　浙江省十三县市区政协联谊会会议分别在萧山区、临安市、余杭区召开，就新形势下如何做好政协工作进行交流，方加明等参加会议。

9月24日　由区政协主办的庆祝中华人民共和国暨人民政协成立60周年专场文艺晚会在人民广场举行。

10月10日　区委召开政协工作会议。市委常委、区委书记朱金坤讲话，市政协主席孙忠焕应邀参加会议并讲话，区委副书记、区长姜军主持会议。

同日　区政协九届常委会第十五次会议召开，听取和讨论区政府关于九届三次会议提案办理情况通报等事项。

10月22日　全国政协副主席、中央统战部部长杜青林到华立集团考察，中央统战部以及浙江省、杭州市有关部门的领导，汪宏儿等陪同考察。

同日　区政协组织部分委员视察百丈、颅鸟、黄湖、径山四镇社区卫生服务中心建设情况。

10月23日　汪宏儿出席在上海奉贤召开的长三角十三县（市、区）政协工作研讨会，并如何作发挥界别和委员作用的情况介绍。

11月13日　区政协召开“健康余杭”民主建言会，政协委员和市民代表围绕“打造健康余杭，建设品质之城”建言献策。

11月18日　区政协召开提案承办工作交流会，区发改局、公安分局、建设局等10家提案承办“大户”就提高提案办结率、满意率进行交流探讨。

11月24日　区政府、区政协联席会议召开，讨论2009年全区经济社会发展的各项工作进展情况，并就2010年政府与政协的重点工作深入交换了意见。

12月4日　区政协九届常委会第十六次会议召开，协商通过区政协常委述职、委员报告办法（试行）等事项。

12月9日　区政协召开主席会议，协商讨论区政协九届四次会议各项准备工作等事宜。

12月9—10日　区政协召开工作务虚会议，认真贯彻落实区委《关于进一步加强人民政协工作的意见》文件精神，谋划2010年工作思路。

12月10日　区机构编制委员会批复同意区政协增设机构“委员学习和工作联络委员会”。

12月15日　区委召开第63次常委会会议，听取区政协九届四次会议方案汇报。汪宏儿、方加明等参加会议。

12月16—23日　“政协提案落实情况拾萃”系列新闻片在余杭电视台连续播出。该片集中反映相关部门的提案办理工作，展示提案落实后取得的实际成果。

12月22日　区委召开政治协商会，就区委全委会报告中事关余杭经济社会发展的重大战略决策，专题与区政协进行协商沟通。

12月31日　区政协和区总工会联合视察企业职工民生保障工作。

2010年

1月8日　区政协召开会议，听取区委常委、区纪委书记魏祖民关于反腐倡廉建设工作情况通报，委办主任以上人员参加。

1月12日　区政协领导及各专委会主任到区人民法院就预防未成年人犯罪开展调研。

1月19日　区政协领导及各专委会主任到区财政局调研财税、国资工作。

1月26日　区政协举办各界人士迎春茶话会。

1月28日　区政协九届常委会第十七次会议召开，会议学习传达区委十二届九次全体会议精神，审议通过《区政协九届委员会关于增设委员学习和工作联络委员会的决议》等事项。

1 月 29 日　余杭区历史文化研究丛书之一《南湖文化》首发仪式举行。

2 月 20 日　根据区委统一安排，区政协领导分赴联系镇乡走访慰问，并听取春节期间有关经济社会情况汇报。

2 月 21 日　区政协主席汪宏儿，区委常委、统战部部长白美玉等一行走访慰问各民主党派、工商联负责人和文联、科协等部分政协参加单位。

2 月 27 日　汪宏儿做客余杭门户网站“在线访谈”，与网民实时互动。

3 月 1—5 日　区政协九届四次会议在临平召开。会议听取和审议汪宏儿所作的常务委员会工作报告和陈云水所作的提案工作情况报告。会议期间，区政协九届常委会第十八次、十九次会议召开，协商人事安排等事项。

3 月 23 日　区政协领导及各委办负责人到良渚组团、良渚镇政府、杭州农副产品物流中心（余杭高新农业示范中心）调研。

3 月 24 日　区政协领导及各专委会主任在区国资办调研国有资产监管工作。

3 月 26 日　区政协组织政协委员视察融资性担保业发展状况，汪宏儿等参加视察。

4 月 2 日　区政协领导及各委办负责人赴鸬鸟镇视察茅塘古村落保护工程。

4 月 15 日　区政协组织委员视察余杭区精神智障患者监管、护理工作情况。

4 月 15—16 日　汪宏儿赴江苏省南通市参加长江三角洲 13 个县（区、市）政协工作研讨会，并作题为《强化界别作用，推动政协工作新发展》的交流发言。

4 月 21—23 日　钱杭根率区政协文史委、区教育局和有关学校人员一行，赴江苏、上海学习考察高中段教育工作。

5 月 6—8 日　方加明赴宁波市鄞州区、象山县参加浙江省十三县市区政协联谊会会议。

5 月 7 日　区政协组织部分政协委员视察全区养老服务体系建设。

5 月 8 日　全国政协原副主席张怀西在区政协主席汪宏儿，良渚遗址管理区管委会副主任、塘栖镇党委书记杜永林的陪同下，先后视察良渚博物院、运河综保工程，出席塘栖中国盲人门球训练基地网站开通仪式。

5 月 10 日　区政协九届常委会第二十次会议召开，协商通过有关人事事项等。

5 月 17 日　区政协召开社情民意信息工作会议，表彰 2009 年度该项工作的先进集体、先进个人，交流工作经验，探讨进一步提升社情民意信息工作的途径。

5 月 20 日　区政协召开界别活动组、地区联络组组长会议，开展学习和交流。

5 月 25 日　区政协组织委员视察民主法治村创建工作。

6 月 2 日　杭州市政协和余杭区政协联合举办界别联络员培训会议。

6 月 18 日　人民政协报社党组书记、总编辑刘未鸣一行到余杭区考察基层政协工作情况。

6 月 23 日　区政协组织部分委员视察高新技术企业，区政协主席汪宏儿、良管委领导张俊杰参加活动。

6 月 25 日　区政协首个“委员民情联络点”在南苑街道新城社区、瓶窑镇里窑社区挂牌成立。

6 月 25—26 日　由全国政协委员、国家新闻出版总署副署长李东东带队的全国新闻出版界政协委员视察团到余杭区进行文创产业专题考察。

7月7日　余杭区委就十二届十次全体（扩大）会议报告，征求政协班子领导和各民主党派人士的意见和建议。

7月16日　钱杭根率队赴萧山区政协、绍兴县政协学习考察政协杂志编撰工作。

7月27日　杭州市政协副主席、致公党杭州市委会主委郁嘉玲到余杭专题调研城市管理工作，走访慰问城管临平东湖中队。区委常委、统战部部长白美玉，区政协副主席陈云水陪同调研。

7月29日　区政协九届常委会第二十一次会议召开，专题协商余杭区“十二五”规划基本思路，会后形成专题协商意见送区委、区政府。

7月29—30日　区政协召开2010年度常委读书会。会议学习传达区委十二届十次全体（扩大）会议精神，听取“信息化手段推进低碳经济发展”专题讲座。

8月9日　区政协机关召开全体工作人员会议，就深入开展“创先争优”“三力提升”活动进行再动员。汪宏儿出席会议并讲话。

8月16日　余杭区政协企业家协会成立，首批会员83名。

8月31日　区政协召开“低碳城区”建设民主建言会，11名政协委员进行发言。

9月2日　区政协开展环保工作专题调研，区政协主席汪宏儿，副主席章福根、钱杭根、黄莉、孔祥华、陈云水参加调研。

9月15日　区政协开展临平新城建设情况视察活动，汪宏儿等参加视察。

9月19日　区政协开展国土工作专题调研，汪宏儿、章福根、黄莉、陈云水、潘法高参加调研。

9月29日　区政协组织部分委员视察小城镇建设和公交一体化推进工作。

9月30日　《余杭政协》杂志复刊发行。

10月11日　汪宏儿走访部分政协企业家协会成员单位。

10月15日　区政协九届常委会第二十二次会议召开，审议通过《关于加快推进我区社会养老事业的建议案》，决定把“加快养老服务建设，推进养老事业发展”作为2010年常委会重要调研课题。

10月18日　市政协主席孙忠焕就贯彻落实市委政协工作会议和相关文件精神，到余杭区调研。市委常委、区委书记朱金坤和区政协主席汪宏儿等陪同调研。

10月29日　杭州市余杭区人民政府和浙江省书法家协会主办，余杭区政协、良渚遗址管委会承办的“文明之光”全国书法名家邀请展在良渚博物院开幕。

11月9日　区政协召集部分承担农居点管理工作的社区负责人，就大型农居点社区管理问题进行座谈。

11月16—17日　浙江省十三县（市、区）政协联谊会第五次会议先后在武义县、龙游县召开，汪宏儿参加会议。

11月18日　区政协领导及各委办负责人一行赴区行政服务中心调研“市民之家”启用后的运作情况及“两家两中心”建设进度。

11月18—19日　长江三角洲十三县（市、区）政协工作研讨会在上海市崇明县召开，孔祥华参加会议，并就建言“十二五”规划作交流发言。

11月19日　区政协举办委员培训会，届中增补的31名新委员进行集中培训。

11月24日　区政协组织部分委员视察余杭区保障性住房建设情况，区政协主席汪宏儿，区委常委、副区长楼建忠等参加视察。

11月25日　区委十二届常委会第82次会议研究区人大十三届五次会议、区政协九届五次会议初步方案，汪宏儿参加会议。

11月25—26日　杭州地区各区、县（市）政协工作研讨会在余杭区召开。

12月7日　区政协领导、各委办负责人赴区人民检察院视察工作。

12月9日　区政协组织区内部分文史专家，为超山综保三期（北园）园林建筑景点取名事宜提供意见。

12月13日　区委召开十二届常委会第83次会议，研究区政协2011年工作思路和区政协九届五次会议有关文件资料等，汪宏儿作汇报说明。

12月14日　区政协领导，各委办负责人，就余杭区旅游产业发展主题赴区旅游集团、超山综保三期工程进行视察。

12月16日　区政协召开各民主党派、区政协各参加单位负责人的座谈会，就区政协九届常委会工作报告、提案工作报告等征求意见建议。

12月17日　区政协与区广电台合作录制的“展望与思考——政协委员心中的美丽之洲”专题访谈节目开播。

12月21日　区委召开政治协商座谈会，征求政协委员和各民主党派负责人关于区委十二届十一次全体（扩大）会议主题报告和《区委关于制定余杭区国民经济和社会发展第十二个五年规划的建议(征求意见稿)》的意见建议。

同日　区政协九届常委会第二十三次会议召开，听取和审议区政协九届委员会有关人事事项、叶敏等18名常委述职和《关于召开区政协九届五次会议的决定》等事项。

2011年

1月4日　汪宏儿带队走访调研华立集团、杭州中艺实业有限公司、在建的沃尔玛城市综合体和五常农居多高层公寓。

1月12日　区政协、区总工会就全区职工劳动安全、职业病防治工作开展联合调研。汪宏儿等参加调研。

1月17日　余杭区统一选派民主监督员工作总结表彰大会在临平举行，区政协主席汪宏儿，区委副书记戚建国等参加会议。

1月17—21日　区政协九届五次会议在临平召开，会议听取和审议政协杭州市余杭区第九届委员会常务委员会工作报告和区政协九届四次会议以来提案工作情况的报告。会议期间，常委会召开第二十四次会议。

2月9日　区政协领导参加“争创浙江省森林城市万人签名”暨义务植树活动。

2月22日　区人大常委会、区政府、区政协联合举办人大代表建议和政协提案交办会。区政协九届五次会议提案经提案委员会二次审查，立案438件，分别由61个单位办理。

2月23日　区政协组织视察区中医院迁建项目进展情况，章福根、钱杭根等参加活动。

3月9日　区政府、政协召开工作联席会议，交流2011年重点工作。

3月16日　汪宏儿等在杭州宝鼎重工股份有限公司调研企业生产经营情况。

3月18日　杭州市政协信息工作会议召开，余杭区政协获评市政协反映社情民意信息工作先进集体。

3月25日　区政协举行《先驱者——何思敬史迹》首发仪式。中国人民大学法学院副院长郭禾、何思敬长女何理良、区政协主席汪宏儿等参加仪式。

3月31日　汪宏儿走访调研政协委员企业杭州早川电线有限公司、杭州吉星仪表机械有限公司以及江南茶叶市场。

4月7日　汪宏儿到南苑街道新城社区的政协委员民情联络点开展调研。

4月11日　由全国政协经济委员会主任张左己带队的“加强现代流通体系建设，促进市场平稳运行若干问题”专题调研组一行视察杭州农副产品物流中心。

4月12日　区政协组织开展全区水利工程规划与建设情况视察活动。此次视察活动形成专题视察报告呈送区委、区政府。

4月18日　区政协组织部分委员视察老旧小区改造和物业管理工作。

4月21日　全国政协文化文史和学习委员会主任陈福今，驻会副主任卞晋平，副主任、中央档案馆原馆长毛福平，副主任、浙江省政协原主席周国富带队的专题调研组，到余杭区实地考察良渚博物馆建设情况。

4月26日　区政协召开“人才兴区”民主建言会，区政协主席汪宏儿，区委常委、常务副区长沈昱等参加会议。

4月27—28日　长江三角洲十三县（市、区）第三十三次政协工作研讨会在江苏省海门市召开。余杭区政协副主席黄莉与会并发言。

4月29日　区政协组织部分委员视察区生活垃圾分类收集直运工作。

5月7日　省政协副主席陈艳华带领全省八大水系调研课题组，就“东苕溪水域水资源环境保护与利用情况”到余杭调研，汪宏儿等陪同调研。

5月10日　汪宏儿、钱杭根、黄莉、潘法高和政协各委办负责人，就全区劳动和社会保障工作到区劳保局开展调研。

5月16日　汪宏儿一行调研杭州美丽洲实业有限公司、良渚玉文化产业园。

5月19—25日　应台湾农业发展协会的邀请，区政协主席、区茶文化研究会会长汪宏儿率余杭茶文化研究会文化交流团一行赴台湾考察。

5月27日　区政协九届常委会第二十五次会议召开，专题协商余杭区部分镇乡行政区划调整方案。会议讨论同意方案，并就积极稳妥推进撤镇乡建街道工作提出意见建议。市委常委、区委书记朱金坤参加会议。

5月30日　区政协组织部分政协委员开展全区乡村公路养护与管理工作专项视察，汪宏儿、黄莉参加活动。

6月2日　《浙江省政协联谊报》《杭州日报》《杭州政协》记者一行到余杭区就基层政协特色工作专题采访汪宏儿。

6月14日　区政协九届主席（扩大）会议召开，协商余杭区新一轮政府机构改革方案等事项。

6月15日　区政协九届常委会第二十六次会议召开，听取和协商全区城市管理工作情况等事项。

6月20日　汪宏儿一行赴区项目办调研余杭区重大产业项目建设情况。

6月28日　区政协以“中国共产党与人民政协”为主题召开庆祝中国共产党成立90周年座谈会。区政协主席汪宏儿，区委常委、统战部部长白美玉等出席会议。

6月30日　市委常委、区委书记朱金坤主持召开政治协商座谈会，征求政协委员和民主党派负责人对区委十二届十二次全体（扩大）会议报告的意见建议。汪宏儿、白美玉等出席座谈会。

7月18日　区政协召开“城乡区域统筹发展”调研座谈会，征求有关职能部门的意见建议。

7月20日　全省政协主席读书会在义乌举行。汪宏儿参加读书会并作题为《立足“四个善于”，做好群众工作》的大会发言。

7月28日　区政协、区委统战部联合召开统一选派民主监督员半年度工作总结交流会。汪宏儿、白美玉等参加会议。

8月3日　区政协就2007年重点提案《要求尽快落实备用水源建设和保护的建议》、2010年重点提案《要求尽快落实撤村建居后续配套政策的提案》，开展政协九届重点提案“回头看”工作。

8月11日　区政协领导、各委办正职负责人就全区电力保障工作赴区供电局进行调研。

8月15日　区政协组织研讨政协九届第一个建议案《关于加快推进老城区物业管理暨实施成规模旧小区改善工程》落实情况。

8月17日　区政协召开“病有良医”民主建言会。汪宏儿、章福根、钱杭根、陈云水，副区长徐美娟等参加会议。

8月23—24日　区政协召开常委读书会，听取区长姜军关于区政府半年工作情况通报，学习中共中央关于加强人民政协的文件和区委工作会议精神，邀请良渚博物院院长蒋卫东主讲“玉文化”，中国佛教学会理事月真主讲“佛文化”。

9月14—15日　长江三角洲十三县（市、区）政协工作研讨会第三十四次会议在上海市嘉定区召开。副主席潘法高参加会议，并作题为《坚持“以人为本”的履职理念，大力助推社会管理创新》的交流发言。

9月26日　由区政协主办，区政协文史委、区文广新局、教育局、仓前街道办事处承办的“国学大师章太炎与辛亥革命”图片巡展，在杭师大附属仓前实验中学启动。

9月27日　区政协九届常委会第二十七次会议召开，专题协商“城乡区域统筹发展”等事项。

9月30日　由区政协主办、区政协书画院承办的余杭区纪念辛亥革命100周年书画展在江南水乡博物馆开幕。

10月17日　2011年度“界别活动周”启动，主题为“突出服务进企业、突出民生进社区、突出统筹进农村”。

10月24日　汪宏儿带领区政协企业家协会特邀理事单位及建设、国土、金融等相关部门负责人，到杭州金竹宝地板有限公司，就该企业流动资金紧缺问题举行银企协调会。

11月10日　区政协文史委会同民革余杭支部检查指导区档案馆工作。钱杭根参加视察活动。

11 月 22 日　省政协副主席斯鑫良一行，就 2012 年度政协工作思路问题到余杭开展调研。区委书记徐立毅，区委副书记朱华，区政协主席汪宏儿等参加。

11 月 25 日　区政协召开信息工作例会，召集信息骨干座谈研究社情民意，形成专报呈送区委、区政府。

12 月 14 日　区政协组织部分外贸企业政协委员，围绕促进余杭区外贸“优结构、稳增长”到海关余杭办事处开展视察。区政协领导阮文静等参加视察活动。

12 月 22 日　区政协与区总工会就新居民服务管理工作开展联合视察。区领导汪宏儿、阮文静等参加视察。

2012 年

1 月 4 日　区政协召开九届常委会工作报告、提案工作报告征求意见会，听取各民主党派、群众团体负责人和界别组、地区联络组组长的意见和建议。

1 月 11 日　区政协九届常委会第二十八次会议召开，会议审议通过《关于召开区政协十届一次会议的决定》等事项。

1 月 29 日　区政协领导参加在乔司街道永西村高铁北侧开展的义务植树活动。

1 月 30 日　区政协领导走访区残联、工商联、总工会、科协、文联、妇联、团区委等部门，看望慰问政协各参加单位及民主党派相关人士。

2 月 11—14 日　区政协十届一次会议在临平召开。会议听取并通过余杭区政协九届常委会工作报告、九届五次会议以来提案工作情况的报告。会议选举产生区政协新一届领导班子，阮文静当选为区政协十届委员会主席，黄莉、杜永林、孔祥华、陈云水、潘法高、戴桂香当选为副主席，陈梅乾为秘书长。

2 月 22 日　省政协副主席陈艳华参观考察良渚博物院，省委宣传部常务副部长胡坚，区政协主席阮文静，区委常委、宣传部部长王姝等陪同考察。

3 月 12 日　区政协主席阮文静参加在乔司街道和睦桥村举行的浙江省“关爱自然、义务植树”志愿服务大行动启动仪式。

3 月 12 日　区人大、区政府、区政协联合召开区人大代表建议、政协提案交办会，杜永林参加会议。

3 月 25 日　中国台湾新同盟会会长许历农在全国政协常委、民革中央副主席郑建邦的陪同下到余杭参观访问，民革杭州市主委叶鉴铭，区领导阮文静、沈旭微等陪同参观。

3 月 27 日　省政协副主席陈艳华到余杭视察运河流域水资源环境保护与利用情况。市政协副主席董建平，阮文静等陪同调研。

3 月 28 日　区政协十届常委会第一次会议召开，审议通过专委会人事任免、有关工作制度、专委会机构设置等事项。

4 月 5 日　区政协十届第 1 次党组会议召开，研究“发展实体经济，打造产业余杭”系列调研方案、特聘委员等事项。

4 月 12 日　区政协召开“提振实体经济，打造产业余杭”系列调研和“我为发展实体经济献一策”工作部署会议。

4月13日　区政府、区政协召开专题协商会，协商讨论基层财政体制及土地出让金收入分配方法。区领导阮文静、楼建忠等参加会议。

4月19日　区政协组织开展“提振实体经济，打造产业余杭”系列调研专题视察活动。

4月24—25日　阮文静出席在江苏省海安县召开的长三角十三县（市、区）政协工作研讨会第35次会议，并代表浙江地区政协作题为《四个坚持，助推和谐社会建设》的交流发言。副主席戴桂香参加会议。

4月27—28日　阮文静参加2012年第一次镇、街党（工）委书记例会，并赴宁波市镇海区、宁海县、鄞州区等地学习考察工业经济、城市建设与社会管理等方面的先进经验。

5月8日　区政协十届第2次党组会议召开，听取和协商区政协之友联谊会换届等事宜。

5月10日　区政协召开社情民意信息工作会议，总结部署信息工作，聘任28名区政协特约信息员。

5月11日　阮文静、杜永林赴区经信局督办区政协十届一次会议重点提案《关于切实发挥三区八园在工业经济转型升级中主平台作用的建议》。

5月16日　区政协召集部分规上企业和经济部门负责人，围绕“提振实体经济、打造产业余杭”系列调研进行座谈交流，阮文静等参加会议。

5月17日　区政协召开特聘委员工作会议，聘任27名特聘委员，并组织学习培训，阮文静等参加会议。

5月25日　市政协主席叶明到余杭走访调研政协工作，着重了解《中共杭州市委关于进一步加强人民政协工作的意见》贯彻落实情况。市区领导徐立毅、何关新、阮文静等陪同调研。

6月19日　余杭区政协十届之友联谊会召开第一次会议，协商产生政协十届之友联谊会领导机构，区政协主席阮文静，区委副书记沈昱等参加会议。

6月24日　省政协常委、省科协党组书记鲁善增带领省政协科协界别组到余杭考察科技创新工作情况。黄莉等陪同调研。

7月3日　区政协十届常委会第二次会议召开，专题协商“发展实体经济，打造产业余杭”。市委常委、区委书记徐立毅到会听取意见并作重要讲话。

7月5—12日　阮文静率余杭区茶文化研究会交流考察团赴台湾地区开展交流活动。

7月16日　组织部分政协委员赴民政局调研余杭区公益性社会组织。

7月23—26日　阮文静赴衢州市龙游县参加全省政协主席读书会。

8月7日　阮文静带领各帮扶单位负责人赴鸬鸟镇前庄村开展“联乡结村”活动。

8月10日　区政协、区人大联合举办2012年区政府上半年工作通报会，区长朱华到会通报工作情况。

8月21—22日　区政协十届常委会第三次会议暨2012年常委读书会召开，学习贯彻区委十三届二次全体会议精神，听取省政协副秘书长李火林所作的“委员履职”专题讲座，审议通过有关人事事项。

8月23日　区政协组织委员开展全区农村建房工作视察活动。

8 月 24 日　区政协组织委员开展现代农业园区建设视察活动，实地察看余杭街道香韵佳香草文化园和径山镇前溪村省级粮食生产功能区等项目。

8 月 29 日　区政协开展环保工作调研活动，重点建言饮用水源保护和大气污染治理工作。

8 月 31 日　区政协开展卫生工作调研活动，重点建言公共卫生和医院软硬件设施建设。

9 月 11 日　杭州市政协到余杭开展“提升公共文化惠民水平，促进公共文化服务均等化”课题调研，阮文静等陪同调研。

9 月 13 日　区政协组织政协委员参观地铁临平站、地铁七堡基地，与杭州地铁集团公司交流反映余杭市民关于地铁 1 号线临平站换乘问题的社情民意。

9 月 21 日　区政协开展余杭经济开发区科技型中小企业发展情况视察活动，区政协领导、委办正职、经科委负责人参加视察。

9 月 25 日　全国政协原副主席李蒙一行，到余杭出席多加国际外包服务基地奠基仪式并考察参观世导科技园与未来科技城，阮文静等陪同考察。

9 月 28 日　全国政协文史委专职副主任卞晋平一行到余杭参观考察径山寺、山沟沟景区等旅游景点建设，阮文静等陪同考察。

10 月 10 日　区政协开展农居多（高）层公寓建设管理相关政策协商建言活动。阮文静等参加活动。

10 月 18—19 日　副主席黄莉赴德清参加长江三角洲十三县（市、区）政协工作研讨会第 36 次会议。

10 月 22 日　区政协组织部分委员视察杭州立佳环境服务有限公司危险废物处置项目。

10 月 24 日　区政协十届党组第 4 次会议召开，研究区政协机关干部队伍建设等工作。

10 月 25 日　阮文静视察余杭区高中教育段工作，副主席杜永林、陈云水、潘法高、戴桂香等参加活动。

10 月 29 日　阮文静、副区长阮英等参加“深入推进社会养老事业”民主议政会。

10 月 31 日　区政协召开各界别活动组组长、区各民主党派负责人座谈会。

11 月 5 日　区委十三届常委会召开第 12 次书记办公会议，听取并原则同意区政协关于政协工作向基层延伸的汇报。阮文静参加会议。

11 月 5—11 日　区政协组织开展主题为“关注民生、服务发展”的界别活动周活动。

11 月 9 日　区政协视察良渚遗址申遗和良渚组团建设工作，阮文静等参加活动。

12 月 6 日　阮文静等视察区行政服务中心工作。

12 月 7 日　区政协视察仁和先进制造业基地，阮文静、黄莉、杜永林、陈云水、戴桂香等参加活动。

12 月 10 日　区政协与区总工会联合开展构建和谐劳动关系工作视察活动，阮文静等参加活动。

12 月 11 日　区政协听取全区反腐倡廉工作情况通报。区委常委、纪委书记方东晓到会通报关于全区反腐倡廉工作情况。阮文静、黄莉、杜永林、潘法高、戴桂香等参加会议。

12 月 17—18 日　全省政协社会法制委员会工作座谈会暨省政协社法委全体委员会议在

余杭召开。阮文静等参加会议。

2013 年

1月4日　阮文静参加余杭区科技型中小微企业扶持政策座谈会。

1月8日　区政府、区政协工作协商联席会议召开，相互通报2012年工作情况，协商2013年重点工作。

1月9日　区委十三届常委会第21次会议听取和研究区政协十届二次会议事项，阮文静等参加会议。

1月15日　区委十三届常委会第22次会议听取和审议区政协届中委员调整事项。

1月16日　区政协十届党组会议召开，研究区委关于落实改进作风、密切联系群众有关规定贯彻落实工作。通报区委常委会会议关于区政协十届二次会议有关事项、委员调整事项的审议意见等。

1月17日　区委十三届常委会第23次会议听取和审议区政协2013年工作思路，阮文静等参加会议。

1月22日　区政协十届常委会第四次会议暨委员培训会召开，听取和审议有关人事事项，作出召开区政协十届二次会议的决定，审议通过全会有关事项。

2月5日　区政协十届领导班子民主生活会召开。

2月16日　阮文静赴径山镇开展“深化双服务、助推开门红”走访调研活动。

2月23日　中华文化促进会主席、中国梅花协会名誉会长高占祥由市政协主席叶明陪同到超山风景区考察，市委常委、区委书记徐立毅，区政协主席阮文静等陪同考察。

2月24—26日　区政协十届二次会议在临平召开，会议听取审议通过区政协十届常务委员会工作报告、提案工作情况报告，补选产生政协秘书长和3名常务委员。会议期间召开区政协十届常委会第五次、第六次会议。

3月4日　阮文静走访调研超山村。

3月12日　市政协提案委员会会议在余杭区召开，市政协副主席张鸿建参加会议，区政协主席阮文静、副主席杜永林及提案委员会负责人参会。

3月19日　政协机关举行学习会，听取全国人大代表、区政协常委丁列明博士参加全国两会的经历和感受，阮文静等参加会议。

3月21日　区政协、区委统战部联合召开余杭区统一选派民主监督员工作会议，向12个区级部门统一选派60名民主监督员。

3月22日　区政协组织委员参加区政府土地开发整理工作调研活动。

3月26日　区委、区人大、区政府、区政协联合召开区人大代表建议和政协提案交办会议，区领导楼建忠、孙炳松、黄莉参加会议。

3月27日　省政协副主席蔡秀军带队到余杭区调研未来科技城。市政协副主席叶鉴铭，区领导阮文静、许宏球等参加调研。

3月28日　阮文静带队走访宗教界政协委员。

3月29日　区政协机关举办主题为“协商民主之基层探索”的首次学习沙龙活动。

4月1日　阮文静、戴桂香赴黄湖镇、仁和街道调研。

4月16日　阮文静赴瓶窑镇、五常街道调研科技型中小微企业发展工作。

4月25日　区政协开展推进垃圾分类处理工作专题视察。

5月3日　区政协主席会议审议通过《关于建立政协基层社情民意联系点的意见》。

5月7日　阮文静赴中泰街道走访调研，潘法高、戴桂香参加调研。

5月16日　区政协组织委员视察预防职务犯罪工作。

5月22日　区政协组织委员视察大径山旅游开发建设工作，阮文静等参加视察。

5月27日　区政协、区委组织部协商设立政协镇（街道）联络工作委员会方案。

5月28—29日　阮文静参加余杭区党政考察团赴衢州市柯城区、丽水市考察。

6月2日　全国政协常委、民革中央副主席田惠光一行到余杭区调研外来务工人员子女（流动青少年）成长发展问题。阮文静、陈云水，民革省、市、区相关负责人陪同调研。

6月8—9日　阮文静赴江苏东台参加长江三角洲十三县（市、区）政协工作研讨会第三十七次会议，在会上作题为《完善四种机制，提高统一选派民主监督员工作实效》的发言。

6月13日　阮文静赴区科技局督办重点提案，杜永林和有关单位负责人参加。

6月14日　区政协十届常委会第七次会议召开，专题协商助推科技型中小微企业发展，审议通过区政协专门委员会有关人事事项等。

6月18日　区政协组织部分政协委员视察区第一人民医院。

6月21日　区政协领导班子成员听取区委、区政府关于建立超山风景名胜区管委会方案。

6月26日　区政协举办主题为“中国梦”的机关学习沙龙活动。

7月10日　区政协组织视察运河综合保护开发建设和申遗工作。阮文静、黄莉、杜永林、孔祥华、潘法高、戴桂香参加视察。

7月23日　市政协主席叶明等到余杭区考察杭州崇贤港投资有限公司，徐立毅、阮文静等市区领导陪同考察。

7月30日　阮文静赴径山指导重点工作，区政协办、区农业局等有关部门负责人参加。

8月6—7日　区政协十届常委会第八次会议暨2013年常委读书会召开，审议通过有关人事事项，举办《群众路线、全球视野与党的领导》等专题辅导讲座。

8月16日　区政协召开统一选派民主监督员派驻单位工作会议。

8月23日　区政协组织委员视察仁和先进制造业基地建设情况，阮文静等参加视察活动。

8月26日　区政协调研全区财政工作，阮文静、杜永林、孔祥华、陈云水、潘法高、戴桂香参加。

8月29日　市政协特邀一组委员到余杭区考察杭州未来科技城、西溪国家湿地公园、良渚文化村。市政协主席叶明，市政协副主席、市委统战部部长董建平，市委常委、区委书记徐立毅，区政协主席阮文静，区委常委、统战部部长沈旭微参加考察。

8月30日　区政协组织委员视察杭州北部新城建设情况，阮文静、黄莉、杜永林、孔祥华、陈云水、潘法高参加。

9月6日　区政协企业家协会换届会议召开，选举产生第二届政协企业家协会理事会。

阮文静当选为会长。

9月13日　区政协组织委员视察“三改一拆”“清水治污”“美丽乡村”工作。

9月26日　余杭、桐乡、桐庐三地政协“美丽家园　放飞梦想”书画联展在余杭江南水乡文化博物馆开展。

9月29日　杭州市政协、余杭区政协联合制作的《我们圆桌会·政协视点》“良渚遗址”专题节目（杭州电视台）播出。

9月30日　区政协机关举办主题为“我的政协生活”的学习沙龙活动。

10月25日　阮文静参加市政协特邀一组活动，视察铁路东站枢纽综合管理工作和皋亭山风景区千桃园项目建设情况。

10月29日　区政协组织委员视察现代农业园区建设工作。

11月4日　区政协组织委员视察临平新城建设工作。阮文静等参加视察。

11月7日　阮文静调研国土余杭分局工作，黄莉及区政协办、城建委负责人参加调研。

11月8日　阮文静调研区内交通工作，黄莉及区政协办、城建委负责人参加调研。

11月11日　阮文静赴径山镇督查拆违工作，区农业局、国土分局、拆违办有关负责人参加。

11月14日　区政协召开“提升城市社区服务”民主议政会，视察临平、东湖街道星火社区和南苑街道水景社区。区政协主席阮文静，副区长阮英，区政协副主席杜永林、陈云水、潘法高、戴桂香参加会议及相关活动。

11月21日　阮文静牵头召开“交通治堵”调研座谈会，区委常委、公安分局局长方国伟，区政府副区长施建华，城市研究学会余杭分会副理事长张炳火参加会议。

12月5日　阮文静牵头召开“交通治堵”调研汇报会，黄莉及区相关部门负责人参加。

12月12日　区政协视察乔司国际商贸城建设工作，阮文静等区政协领导参加视察。

12月17日　市政协主席叶明一行到余杭调研2014年度政协工作思路，实地考察南苑街道新城社区社情民意联系点。区政协主席阮文静等参加调研。

12月19日　区政协、区总工会联合视察流动人口服务管理工作。

12月30日　区委召开十三届常委会第41次会议，研究区政协十届三次会议事项。阮文静、黄莉等参加会议。

2014年

1月7日　区政府、区政协工作协商联席会议召开，相互通报2013年工作情况，协商2014年重点工作。

1月14日　区政协十届常委会第九次会议暨委员培训会召开，会议审议区政协十届常委会工作报告、提案工作情况报告等事项，组织全体委员参加培训。

1月24日　区政协主席阮文静牵头研究京杭运河（余杭段）“河长制”工作，区交通运输局、区政协办负责人参加。

1月30日　区政协主席阮文静带领有关部门分赴各地，督查“五水共治·全民行动”开展后的河道垃圾集中清理进展情况。副主席杜永林参加督查。

2 月 17—20 日　区政协十届三次会议在临平召开。会议听取区政协常务会议工作报告及提案工作情况报告，会议补选 7 名常务委员。会议期间，召开区政协十届常委会第十次、第十一次会议。

3 月 3 日　区政协党组召开第 13 次会议，研究区政协党组党的群众路线教育实践活动实施方案。

3 月 5 日　区政协党组及区政协机关党的群众路线教育实践活动动员会议召开，阮文静作动员讲话。

3 月 11 日　阮文静调研区人口计生局工作，副主席黄莉及区政协办公室、城建委负责人参加。

3 月 17 日　区政协召开“五水共治”专项民主监督工作研究会。阮文静、黄莉及城建委、经科委、办公室负责人参加。

3 月 19 日　阮文静督查京杭运河余杭段治水情况，有关部门和沿线镇街负责人参加。

3 月 25 日　市政协主席叶明带队视察城西排水防涝工程，阮文静、黄莉参加。

4 月 15 日　叶明一行到余杭开展农村污水治理专项监督视察。

4 月 16 日　区政协组织委员开展“五水共治”专项视察监督活动。

4 月 18 日　阮文静召集京杭运河（余杭段）相关单位召开工作例会。

4 月 29 日　区政协组织委员视察区内社会治安立体防控体系建设情况。

5 月 6 日　阮文静赴径山镇蹲点调研农业企业和现代农业园区。

同日　阮文静参加经济界别一组、径山镇联络工委联合开展的“五水共治”视察监督活动。

5 月 21 日　市委副书记杨戌标，市政协副主席张鸿建、朱祖德一行到余杭督查调研政协工作。

5 月 22—23 日　长江三角洲十三县（市、区）政协工作研讨会第 39 次会议在余杭区召开。阮文静主持座谈会，杜永林作题为《加强政协群众工作的探索和实践》的交流发言。

5 月 27 日　区政协十届党组（扩大）会议召开，审议区政协党组教育实践活动对照检查材料。

同日　阮文静带队赴区城管局听取和讨论垃圾分类工作。

6 月 4 日　叶明一行到余杭调研现代服务业发展，视察未来科技城部分企业。阮文静等陪同调研。

6 月 6 日　阮文静、黄莉带队调研区内垃圾分类工作，督办重点提案“关于垃圾分类后续推进的建议”。

6 月 18 日　阮文静、杜永林带队督办重点提案“关于全民参与‘五水共治’的建议”。

6 月 20 日　区政协召开“提高公交分担率，缓解交通拥堵”民主议政会。阮文静，区委常委、副区长祝振伟等参加会议。

6 月 24 日　阮文静带队赴黄湖镇调研农村垃圾分类工作，黄莉等参加调研。

7 月 1 日　阮文静带队赴杭州农副物流中心调研垃圾分类处置工作。区委常委、良渚组团党工委书记张俊杰，区政协副主席黄莉，区有关部门负责人参加调研。

7 月 16 日　区政协十届常委会第十二次会议召开，围绕“助推余杭电子商务产业发展”

开展专题协商议政。

7月28日　省政协副主席陈小平一行到余杭区考察运河杭州段水资源环境保护与利用情况，阮文静等陪同考察。

7月30日　区政协组织委员视察丁山湖整治工作。

8月1日　区政协主席会议成员赴区林水局调研水利建设及“五水共治”工作。

8月12日　叶明一行到径山镇调研指导中心镇建设，并走访看望在余杭的部分市政协委员，阮文静、潘法高陪同调研。

8月19日　区政协组织委员视察良渚遗址保护及申遗工作，阮文静、黄莉、杜永林、陈云水、潘法高、戴桂香，良渚遗址管理区管委会副主任吴立炜、陈寿田等参加视察。

8月21日　区政协组织委员视察肉类、蔬菜流通追溯体系建设工作。

8月22日　省政协主席乔传秀一行到余杭区看望省政协委员陆财良，区政协主席阮文静、塘栖镇党委书记袁水良陪同走访。

8月26日　区政协组织委员视察宗教活动场所管理工作，阮文静等参加视察。

8月27—29日　区政协2014年常委读书会暨委员培训会在省委党校召开，区长朱华到会并作政情通报。会议还听取区政协“五水共治”民主监督情况通报，实地考察阿里巴巴淘宝城、海创园规划馆，举办专题辅导讲座。

8月29日　区委十三届常委会第56次会议研究区委政协工作会议方案，审议通过《关于进一步加强和改进人民政协政治协商的意见》《关于进一步加强和改进人民政协民主监督的意见》，阮文静、黄莉参加会议。

9月5日　区政协主席阮文静、良渚遗址管委会副主任姚文华带队赴杭州北部新城开展为企业“破难题”专项服务行动。

9月12日　区委召开政协工作会议，总结余杭政协工作实践经验，部署人民政协工作。市委常委、区委书记徐文光等参加会议。

10月9日　阮文静赴良渚遗址管理区管委会、良渚组团管委会调研北部新城机制体制。

10月11日　区政协组织委员视察“平安余杭”建设工作，阮文静等参加视察。

10月14日　全国政协副主席马飚率队到余杭区考察阿里巴巴，省政协副主席陈加元、姚克、蔡秀军，市政协主席叶明，阮文静陪同考察。

10月17日　区政协举办“践行社会主义核心价值观”学习沙龙活动，阮文静参加活动。

10月22日　区政协组织委员视察科技型中小微企业发展“523”计划实施情况，阮文静等参加视察。

10月23日　省政协副主席陈小平带队到余杭区考察现代生态循环农业发展工作，阮文静陪同考察。

10月27日　区政协十届第32次主席会议召开，学习中共十八届四中全会精神。

10月30日　区政协组织委员视察仁和先进制造业基地建设情况，阮文静等参加视察。

11月10日　区政协十届党组扩大会议召开，传达市委书记办公会议有关余杭区同城待遇的意见和精神。

11月11日　阮文静牵头召开京杭运河（余杭段）治水例会。

11月20—21日　阮文静参加人民政协报和杭州市政协举办的“国家治理和人民政协”

理论研讨会。

12月9日　阮文静走访调研仓前街道、瓶窑镇、良渚街道。

12月12日　组织委员视察居家养老服务发展工作。

12月29日　区政协十届党组召开会议，协商委员调整有关事项，研究区政协十届四次会议方案。

2015年

1月6日　阮文静调研中泰街道、闲林街道。

1月13日　区政府与区政协工作协商联席会议召开。

1月20—24日　阮文静参加省政协十一届三次会议。

1月23日　区政协十届常委会第十四次会议召开，听取关于召开区政协十届四次会议的决定（草案）和全会有关事项等。

1月28日　区委十三届常委会第65次会议研究区政协常委会工作报告及2015年主要工作安排，阮文静参加。

2月5日　市政协港澳海外委员到余杭参观考察阿里巴巴淘宝城西溪园区、杭州未来科技城，阮文静等陪同考察。

2月9—12日　区政协十届四次会议在临平召开，会议听取、审议并同意区政协十届常委会工作报告、提案工作情况报告。会议期间，区政协十届常委会第十五次、十六次会议召开。

2月27日　阮文静主持召开民主党派负责人座谈会。

3月19日　区政协召开界别组工作交流会，阮文静、潘法高参加会议。

4月1日　阮文静赴余杭街道走访委员企业，考察古建筑保护工作。

4月10日　阮文静牵头召开“投融资体制创新”调研会，杜永林参加。

4月17日　区政协组织委员视察政府投资项目。

4月20日　区政协组织委员视察城乡统筹发展工作。

4月23—24日　阮文静、秘书长吴忠云一行赴衢州柯城区、江山市，杭州建德市考察古村落保护工作，交流政协工作。

4月27日　宁波市政协主席唐一军一行到余杭区调研产业转型升级和大平台建设工作，市政协副主席张鸿建，阮文静等陪同调研。

5月4日　阮文静、潘法高赴东华链条公司调研，走访委员。

5月11日　阮文静、潘法高赴蓝翔轴承公司调研，走访委员。

5月12日　阮文静调研崇贤街道垃圾分类工作，黄莉等参加调研。

5月18日　区政协副主席杜永林、戴桂香带队督办重点提案“关于进一步加强司法公开的提案”。

5月22日　区政协组织委员视察老集镇提升改造工作。

同日　阮文静、杜永林参加经济界别组创业创新主题活动。

5月26日　区政协召开社情民意信息工作专题会议，阮文静等参加。

6月3日　区政协机关举办“三严三实”专题教育活动动员会暨第一次集中学习活动，阮文静讲专题党课。

6月5日　区政协组织委员开展生物医药高新园区和健康产业发展视察。

6月9日　阮文静带队赴区环保局督办重点提案“防控结合，全民参与共同治理大气污染”，区政协办、区委宣传部、区经信局、区交通运输局、区商务局负责人参加。

6月12日　叶明一行到径山镇调研指导中心镇建设，市委常委、区委书记徐文光，区长朱华，阮文静陪同调研。

6月17日　阮文静赴运河街道调研运河治水工作，区五水共治指挥部、区林水局等有关部门和运河街道负责人参加。

7月3日　阮文静赴义乌参加省政协部分县（市、区）政协“五水共治”长效机制建设民主监督工作座谈会。

7月8日　区政协十届主席会议召开，协商余杭区“十三五”总体空间发展规划等事项。

7月20日　省政协副主席王建满一行到余杭区走访省政协委员陆财良，阮文静等陪同。

7月22日　省政协副主席陈艳华一行到余杭区考察梦想小镇，调研中泰环境能源项目建设，市委常委、区委书记徐文光，区政协主席阮文静陪同考察。

7月23日　区政协十届常委会第十七次会议召开，专题协商“法治余杭”建设。

7月30日　省政协主席乔传秀一行到余杭区考察未来科技城、梦想小镇建设，市政协主席叶明，市委常委、区委书记徐文光，区政协主席阮文静等参加考察。

8月5日　区政协十届主席会议召开，学习传达区委十三届七次全体（扩大）会议精神，协商讨论“老集镇更新改造”“特色小镇建设”调研报告等事项。

8月21日　区政协召开政情通报会，区长朱华到会并通报2015年区政府上半年工作情况，区治水办通报“五水共治”推进情况。

8月27日　区政协组织委员视察《中华人民共和国道路交通安全法》贯彻执行情况。

8月31日　阮文静带队赴径山参加“醉美余杭一带一路”现代“民宿+”暨余杭旅游推介会。

9月8日　阮文静赴塘栖镇、仁和街道调研运河流域治理工作。

9月10日　阮文静参加运河流域水环境治理工作调研活动。

9月17日　全国政协常委、人口资源环境委员会副主任吴双战到余杭区考察农村环境污染治理工作，省政协副主席陈艳华、市政协副主席赵光育、区长朱华、区政协主席阮文静等陪同考察。

9月22日　阮文静赴区交通资产管理办公室（交通集团）调研“十三五”交通规划有关情况。

9月24—25日　长三角十三县（市、区）政协工作研讨会第41次会议在江苏昆山召开，阮文静参加会议，并作题为《拓展协商民主平台，推进基层民主协商的实践和思考》的交流发言。

9月29日　区政协十届主席会议召开，学习中共中央《关于加强人民政协协商民主建设的实施意见》和省纪委有关通报，专题协商“十三五”规划思路方案等事项。

10月9日　区政协组织委员视察教育资源布局优化工作。

10月16日　阮文静、黄莉参加余杭“问计　资政　服务”院士恳谈会。

10月20日　区政协组织委员视察金融支持产业发展工作。

10月28日　上海政协之友社到余杭区考察梦想小镇、未来科技城，区政协主席阮文静陪同考察。

10月29日　区政协开展余杭旅游工作和大径山项目推进情况调研活动。

11月2日　全国政协办公厅秘书局局长杨小波率中央党校“社会结构与政协界别设置”调研组到余杭区考察未来科技城，阮文静陪同考察。

11月4日　叶明一行到余杭区走访服务重点企业，朱华、阮文静陪同。

11月6日　区政协十届常委会第十八次会议召开，听取“十三五”规划基本思路情况。

11月16日　区政协党组（扩大）会议召开，研究区政协十届五次会议筹备有关事项。

11月17日　区政协调研农业农村工作，阮文静等参加。

11月20日　区政协调研文创产业工作，区政协主席阮文静，区委常委、宣传部部长王姝等参加。

11月24日　阮文静、王姝赴瓶窑镇、径山镇走访企业。

11月25日　省政协副主席陈小平到余杭区考察梦想小镇，阮文静等陪同考察。

12月17—18日　杭州市区、县（市）政协老主席联谊聚谈年会在余杭区召开，市政协主席叶明，市委常委、区委书记徐文光，区政协主席阮文静等参加。

12月30日　区政协十届主席会议召开，协商委员调整、区政协常委会工作报告、提案工作报告等有关事项。

2016年

1月7日　区政府与区政协工作协商联席会议召开，区长朱华、区政协主席阮文静等参加。

1月8日　区委十三届常委会第84次会议研究区政协常委会工作报告及2016年重点工作安排，阮文静等参加。

1月11日　区政协十届常委会第十九次会议召开，传达区委十三届八次全会精神，审议通过区政协十届常委会工作报告等。

1月18—20日　区政协十届第五次全体会议在临平召开，会议听取并同意区政协十届常委会工作报告、提案工作情况报告。会议期间，区政协十届常委会召开第二十次会议。

2月3日　阮文静等赴闲林参加第二届浙江农村文化礼堂“我们的村晚”活动。

2月5日　省政协副主席吴晶到余杭走访侨资企业，阮文静等陪同。

2月14日　叶明赴径山镇调研，市委常委、区委书记徐文光，区领导朱华、阮文静等陪同调研。

3月8日　阮文静等赴余杭街道、仓前街道调研。

3月11日　市政协副主席张鸿建、张必来率民主监督组到余杭专题督查“两路两侧”和“四边三化”整治工作。阮文静等参加督查。

3月16日　余杭区庆祝余杭政协成立60周年座谈会召开。阮文静，区委副书记张俊杰等参加。

同日　庆祝余杭政协成立60周年书画展开幕式举行。

3月22日　省、市、区政协同步启动“五水共治”民主监督“万千行”活动。市政协副主席张鸿建带领市政协第二民主监督组到余杭区实地查访。区政协民主监督组赴乔司街道、余杭经济技术开发区等地查访。阮文静等参加查访。

3月24日　区政协组织部分政协委员就打造“美丽杭州”建设“两美浙江”示范区进行专题视察。

3月31日　阮文静参加全省建设平安浙江工作会议暨G20杭州峰会维稳安保工作动员大会。

4月19日　市政协副主席何关新一行到余杭开展治污能力建设专项监督调研，阮文静、黄莉等参加调研。

4月26—27日　阮文静赴江苏启东参加长三角十三县市区政协工作研讨会，并作题为《加强三个保障，提升委员协商建言能力》的交流发言。

5月5日　阮文静赴省政协参加全国政协调研座谈会，作为杭州市各县（市）、区政协代表交流发言。

同日　区政协机关“两学一做”学习教育动员会召开，部署学习教育活动。阮文静上专题党课。

5月25日　叶明到余杭调研G20峰会环境整治工作。市委常委、区委书记徐文光，阮文静等参加调研。

5月26日　阮文静带队督办重点提案《关于金融支持经济创新转型的对策建议》，区政协副主席杜永林参加督办。

6月1日　省政协副主席王建满视察杭州北入城口整治工作，徐文光、阮文静参加调研。

6月2日　区政协组织部分政协委员视察“大径山旅游开发建设专项行动”。

6月13日　贵州全国政协委员考察团到余杭区考察阿里巴巴淘宝城和梦想小镇。省政协主席乔传秀、市委书记赵一德、市政协主席叶明参加调研，徐文光、阮文静等陪同调研。

6月22日　阮文静检查塘栖镇维稳安保工作。

7月6日　阮文静调研运河治水工作情况。区林水局等河长单位负责人参加调研。

7月7日　区政协组织部分政协委员视察未来科技城（海创园）高新产业发展情况，未来科技城（海创园）管委会主任陈夏林到会通报情况。

7月12日　区政协十届党组扩大会议召开，审议区政协十届领导班子工作总结，传达有关换届工作会议精神。

7月14日　中国侨联副主席、浙江省政协副主席吴晶一行到余杭区考察未来科技城欧美金融城（简称EFC）西溪展厅，阮文静等陪同考察。

7月19日　叶明带领市督查组一行到余杭督查维稳安保工作推进落实情况。市委常委、区委书记徐文光，区领导阮文静、张俊杰等以及市区相关部门主要负责人等参加督查。

同日　区政协组织部分委员视察余杭经济技术开发区（钱江经济开发区）产业转型升级情况。余杭经济技术开发区党工委书记、管委会主任沈昱到会通报情况。

7月21日　区政协十届第22次党组（扩大）会议暨“两学一做”专题学习会召开。

同日　区政协领导视察临平新城艺尚小镇建设情况。区人大常委会副主任、临平新城管委会党工委书记李敏华到会通报情况。

7月29日　区政协领导集体视察南苑街道、乔司街道、良渚街道等地“五水共治”工作。部分政协委员及相关部门、镇街有关负责人等参加视察。

8月12日　区政协常委读书会暨政情通报会召开。学习传达区委十三届九次全体会议精神，听取区政府半年度工作情况通报，书面通报“五水共治”推进情况、社会治理大联动工作情况，并就政协换届工作及如何进一步履行好政协职能进行部署。

8月24日　阮文静参加专题研究良渚文化国家公园概念性规划方案会议。

8月25日　区政协十届党组第23次（扩大）会议召开，学习《中国共产党问责条例》。

8月28日　叶明一行到余杭区走访慰问峰会保障一线工作人员。阮文静等参加慰问。

9月1—6日　阮文静在区维稳指挥部参加区有关工作会商会议。区政协副主席分别赴各自联系镇街检查指导G20杭州峰会维稳安保工作。

9月10日　区政协领导集体调研沈括遗产保护利用工作。杭州良渚遗址管理区管委会副主任吴立炜，区有关部门负责人和部分政协委员等参加调研。

9月13日　省政协副主席蔡秀军一行到余杭区视察“特色小镇建设情况”。市政协副主席叶鉴铭，区长朱华、区政协主席阮文静等参加视察。

9月23日　省政协农工界别组一行到余杭区考察健康特色小镇创建工作。阮文静、戴桂香等陪同考察。

9月29日　区政协集体视察仁爱家园工疗站工作开展情况。副区长林会友到会通报情况。部分政协委员及有关部门负责人等参加视察。

10月13日　区政协领导集体调研区住房保障办工作。

10月18日　区政协领导集体调研区城乡规划建设工作。

10月20日　省政协副主席王建满一行到余杭区调研“完善和落实农村生活污水治理设施运维机制”有关工作。徐文光、朱华、阮文静等陪同调研。

10月24—25日　全国政协副主席陈元考察阿里巴巴集团和梦想小镇。省政协副主席汤黎路、市政协副主席张必来、区政协主席阮文静等陪同考察。

11月1日　区政协十届党组第23次会议召开，研究有关换届工作。

同日　区政协十届主席会议召开，组织学习《中国共产党第十八届中央委员会第六次全体会议公报》，协商《关于工疗站建设工作的视察报告》等事项。

11月3日　全国政协副主席李海峰率文史和学习委员会调研组一行就“大运河申遗成功后的保护与利用”到塘栖镇调研考察运河保护利用情况。省政协副主席张泽熙，市政协副主席赵光育和阮文静等陪同调研。

11月4日　区政协领导集体调研大产业转型升级专项工作。

11月8日　省政协副主席姚克率住浙全国政协委员考察未来科技城、梦想小镇和阿里巴巴集团。徐文光、朱华、阮文静等陪同考察。

11月15日　区政协组织部分政协委员和区有关部门负责人视察社会养老事业。

11月18日　省政协副主席王建满一行到余杭区调研“小城镇环境综合整治行动”情况。阮文静等陪同考察。

11 月 19 日　区政协十届党组第 24 次会议召开，听取和研究换届工作。

11 月 24 日　阮文静参加市政协有关杭州世界文化遗产保护和管理专题视察。

12 月 5 日　阮文静参加全区“三改一拆”、城中村改造暨小城镇环境综合整治工作专题汇报会。

12 月 7 日　省政协副主席汤黎路一行到余杭区梦栖小镇调研工业设计工作。区领导戴建平、阮文静等参加调研。

12 月 8 日　政协机关举办“社会养老大家谈”学习沙龙活动。

12 月 20 日　区委十三届常委会召开第 119 次会议，听取关于召开政协杭州市余杭区第十一届委员会第一次会议有关事项的汇报。阮文静、黄莉参加。

2017 年

1 月 4 日　区政协十届主席会议召开，学习传达区第十四次党代会精神和区委十四届常委会第 2 次会议有关政协专委会人事安排的精神等事项。

1 月 5 日　区政协十届党组会议召开，研究有关换届工作。

1 月 6 日　省政协副主席陈加元一行到余杭考察梦栖小镇。区委书记戴建平、区政协主席阮文静等陪同考察。

1 月 12 日　区政协十届常委会第二十二次会议召开，审议区政协十一届委员会有关人事安排、区政协十一届一次会议有关事项。

1 月 17 日　区委十四届常委会第 4 次会议专题研究区政协十届常委会工作报告。阮文静、黄莉等参加。

1 月 24 日　区政府与区政协工作协商联席会议召开。区政府领导陈如根、祝振伟和区政协领导阮文静、黄莉等参加会议。

2 月 3 日　叶明一行到余杭调研径山镇中心镇建设情况。戴建平、阮文静等陪同调研。

2 月 6—8 日　区政协十一届一次会议在临平召开。会议审议通过阮文静所作的区政协十届常委会工作报告，戴桂香所作的区政协十届常委会　提案工作报告。选举产生政协杭州市余杭区第十一届委员会主席、副主席、秘书长和常务　委员，主席阮文静，副主席黄莉、孔祥华、陈云水、潘法高、戴桂香、赵喜凯，秘书长吴　忠云。

2 月 9 日　省政协副主席、民建浙江省委会主委陈小平一行到余杭专题调研网络监管和消费维权工作。阮文静、赵喜凯等陪同调研。

2 月 13 日　区政协十一届党组第 1 次扩大会议召开，明确区政协领导分工。

2 月 17 日　区政协十一届第 1 次主席会议召开，通报区政协十一届领导班子成员分工安排，听取和协商区政协常委会 2017 年工作要点和重点工作任务分解等事项。

2 月 23 日　省政协副主席王建满一行到余杭区调研剿灭劣 V 类水工作。戴建平、阮文静等参加调研。

2 月 24 日　阮文静调研仁和先进制造业基地体制机制调整工作。

3 月 14 日　省政协副主席陈艳华一行到余杭区调研梦想小镇建设及小镇环境综合整治情况。区政协主席阮文静、副区长於卫国等参加调研。

3月15日　阮文静调研走访崇贤街道，潘法高等参加。

3月21日　市政协党组书记潘家玮一行到余杭区调研指导政协工作。市委常委、区委书记毛溪浩，阮文静等参加调研。

3月23日　省政协副主席陈加元一行到余杭区督导“五水共治”工作，阮文静等陪同督导。

3月30日　阮文静，区人大常委会副主任、临平新城党工委书记李敏华等视察临平滨水廊道建设情况，对重点提案《关于规划建设生态廊道提升城市文明的建议》进行督办。

3月31日　省政协副主席张鸿铭一行到余杭区调研艺尚小镇。市委常委、区委书记毛溪浩，市政协副主席汪小玫，区政协主席阮文静等陪同考察。

4月5日　区政协十一届常委会第一次会议召开，审议通过区政协十一届委员会有关工作规则、专门委员会组织通则机构设置等事项。

4月6日　省政协副主席陈艳华率省政协华侨委员、港澳台侨和外事委特邀委员视察团一行到余杭区视察特色小镇建设情况。市委常委、区委书记毛溪浩，市政协副主席张鸿建，区领导阮文静等参加视察。

4月20日　全国政协副主席林文漪考察阿里巴巴和梦想小镇。阮文静参加接待。

4月22日　全国政协人口资源委员会副主任齐让一行到余杭区考察梦想小镇和阿里巴巴。省政协副主席张泽熙、市政协副主席胡伟、阮文静等陪同考察。

4月25日　黄莉、陈云水、潘法高等对《关于破解临平空气污染问题的建议》《关于加快推进良渚遗址申遗工作的建议》《对大数据时代下我区智慧政府服务体系建设的几点建议》重点提案进行督办。

4月27日　区政协组织政协委员视察北湖湿地保护利用情况，阮文静等参加视察。

5月10日　区政协组织政协委员视察快速路网规划建设，阮文静等参加。

6月7日　市政协主席潘家玮一行到余杭区调研小城镇环境综合整治工作。阮文静等陪同调研。

6月8日　阮文静赴区法院协商信访包案工作，此前，已在星桥街道、塘栖镇调研该项工作。

6月15日　区政协十一届政协之友联谊会第一次会议召开，阮文静，黄莉、陈云水、潘法高、戴桂香、赵喜凯等参加会议。

6月16日　区政协召开统一选派民主监督员工作会议，启动新一轮统一选派民主监督工作。区领导阮文静、袁水良等参加会议。

6月23日　区政协组织机关党员赴中共鸭兰村支部旧址、中共西镇区委旧址、西南山新四军烈士墓园开展红色文化教育活动。

6月28日　阮文静赴塘栖镇调研征迁清零工作，走访华城社区。

7月6日　区政协十一届常委会第二次会议暨良渚文化国家公园建设专题协商会召开，区领导阮文静、张俊杰等参加。

7月7日　阮文静调研东湖高新园区、玉架山考古遗址公园。

7月10日　全国政协副主席王正伟一行到余杭区调研阿里巴巴，省政协副主席陈艳华、区政协主席阮文静等陪同调研。

7月11日　阮文静调研仁和先进制造业基地，走访政协委员。

7月12日　省政协副主席郑继伟一行调研良渚遗址，就《关于助推良渚遗址申报世界文化遗产的建议》重点提案进行督办。市政协副主席周智林，区领导阮文静、张俊杰等陪同调研。

7月13日　省政协副主席张泽熙一行赴塘栖调研“万里绿道建设中的历史传承与保护”，市政协副主席叶鉴铭，阮文静等陪同调研。

7月14日　阮文静调研临平天主教堂、诺贝尔陶瓷公司，走访联系党外代表人士、科技人才。

7月20日　阮文静调研区文联、余杭画院，走访政协委员。

7月25日　阮文静赴塘栖镇调研宝鼎科技公司，走访西小河社区。

7月28日　全国政协副主席马培华一行到余杭区调研未来科技城，省政协副主席陈小平、市政协主席潘家玮、区政协主席阮文静等陪同调研。

8月3日　区政协十一届主席会议专题协商临平老城区有机更新项目和迎宾大道整治工程等事项。

8月8日　阮文静调研塘栖镇三文村“联乡结村”工作。

8月16日　潘家玮一行到余杭区调研“城东智造大走廊”，区领导毛溪浩、阮文静等参加。

8月18日　区政协召开政情通报会，实地考察阿里巴巴、人工智能小镇、梦想小镇，听取区长陈如根通报区政府上半年工作情况，学习传达区委十四届三次全体（扩大）会议精神。

8月23日　区政协组织部分政协委员视察互联网金融产业发展工作，阮文静等参加。

9月11日　全国政协常委、省政协副主席吴晶一行到余杭区就省政协重点提案《稳步推动跨国并购，提升企业国际竞争力》办理工作开展调研。省政协港澳台侨和外事委主任汤为平、省商务厅副厅长韩杰、区政协主席阮文静等参加。

9月14日　区政协组织部分委员视察城中村改造和小城镇环境综合整治工作。

9月19日　区政协组织部分政协委员视察临平街道社区照料中心、余杭康悦老年医院运行情况。

9月20日　区政协十一届常委会第三次会议召开，审议通过有关人事事项，专题协商“加快社区居家养老服务建设”。

9月26日　区政协组织部分政协委员视察区内重点孵化平台发展状况及成果转化情况。

10月12—13日　潘家玮一行到余杭区走访服务重点企业，调研良渚遗址申遗工作，阮文静、张俊杰等参加。

10月20日　省政协副主席孙文友一行到余杭区调研良渚遗址申遗工作，阮文静等参加调研。

10月27日　区政协十一届第7次主席会议召开，学习中共十九大精神，协商讨论调研视察报告、界别活动周方案等有关事项。

11月3日　阮文静主持召开京杭运河治水工作会议。

11月7日　区政协2017年度界别活动周启动仪式举行，各界别组在一周内分别开展活动。

11 月 14 日　阮文静调研上塘河游步道建设、运河二通道规划情况。

11 月 17 日　阮文静赴塘栖镇宏磻村宣讲中共十九大精神，调研该村发展情况。

11 月 20 日　区政协组织部分政协委员视察优质医疗资源合作与下沉情况。

12 月 20 日　区委十四届常委会第 30 次会议研究区政协十一届二次会议有关事项，阮文静参加。

12 月 22 日　区政协组织委员视察美丽乡村建设工作，区领导阮文静、葛建伟等参加。

12 月 26 日　阮文静调研中泰街道洞霄宫遗址、九峰环境能源项目，走访区政协委员。

2018 年

1 月 3 日　区政协十一届党组第 4 次会议召开，审议委员调整有关事项。

1 月 10—11 日　市政协特邀一组到余杭开展活动，考察梦栖小镇、养老项目等。市政协主席潘家玮，市委常委、区委书记毛溪浩，区政协主席阮文静参加。

1 月 17 日　区委十四届常委会第 32 次会议听取区政协党组工作和区政协全会有关情况。

1 月 19 日　区政协十一届常委会第四次（扩大）会议召开，会议学习传达区委全会精神，审议区政协十一届常委会工作报告、提案工作报告，关于召开区政协十一届二次会议的决定等事项。

1 月 31 日至 2 月 2 日　区政协十一届二次会议在临平召开，会议听取并同意区政协十一届常委会工作报告、提案工作情况报告。会议期间，区政协十一届常委会第五次、第六次会议召开。

2 月 11 日　阮文静赴塘栖镇慰问塘北村结对帮扶困难户，开展三文村“联乡结村”走访活动。

2 月 26 日　区政协十一届党组召开（扩大）学习会暨开展机关“主题党日”活动，参观“信仰的力量”图片展。

3 月 1 日　阮文静赴鸬鸟镇、黄湖镇调研，走访政协委员。陈云水、潘法高参加。

3 月 16 日　阮文静赴塘栖镇三星村开展“百千万”蹲点调研。

3 月 20 日　阮文静赴塘栖镇塘北村、邵家坝村、宏磻村、超山村开展“百千万”蹲点调研。

3 月 29 日　省政协副主席陈小平赴径山镇调研浙江茶产业发展，市委常委、区委书记毛溪浩，区政协主席阮文静等参加。

4 月 3 日　区政协赴区人社局调研“三个不让”救助对象（由于生活困难导致面临失学风险，以及由于重大疾病、年老等原因造成基本生活得不到保障的余杭区户籍人员）民生工作，区政协领导、各委办主任参加。

4 月 9—11 日　区政协领导分赴各镇街调研“三个不让”民生工作，走访困难家庭，各委办负责人参加。

4 月 18 日　区政协组织委员视察良渚遗址申遗推进情况，区领导阮文静、张俊杰等参加。

4 月 26 日　区政协组织委员视察“人才强区”建设工作。

5 月 3 日　省政协副主席周国辉一行到余杭区调研城乡生活垃圾分类处理工作，阮文静等参加调研。

5 月 10 日　阮文静分别主持召开“大运河余杭段文化带建设”调研课题座谈会及京杭运河治水工作会议，黄莉、陈云水参加。

5 月 15—16 日　余杭、青田政协“庆祝改革开放 40 周年”书画联展活动在青田县举行，阮文静、陈云水参加。

5 月 25 日　省政协副主席吴晶到余杭区参加浙江省侨商会科技创新委员会年会，阮文静等参加。

5 月 31 日　区政协十一届常委会第七次会议暨“既有住宅加装电梯”民主协商会召开，围绕如何顺利推进既有小区加装电梯工作，对工作机制、相关政策、法律法规、宣传方法等方面进行民主协商。

6 月 1 日　潘家玮一行到余杭区调研“城乡生活垃圾分类处理工作”，阮文静、黄莉参加。

6 月 4—9 日　区政协组织政协常委、委员赴延安参加“不忘初心、牢记使命”主题教育培训，阮文静、黄莉、潘法高参加。

6 月 13—15 日　阮文静带队赴河北省沧州市运河区、北京市通州区学习考察运河文化带建设，副主席戴桂香参加。

6 月 28 日　区政协组织委员视察小城镇环境综合整治和人工智能助力经济转型升级工作。

7 月 5 日　区政协组织委员视察“最多跑一次”改革工作。

7 月 11 日　区政协组织委员视察美丽乡村建设工作，阮文静等参加视察。

7 月 13 日　市政协区、县（市）政协系统党建工作调研座谈会在余杭区召开，市政协副主席汪小玫，区政协主席阮文静参加。

7 月 20 日　阮文静赴未来科技城走访委员，研究委员之家、委员工作站建设工作，副主席潘法高、赵喜凯参加。

7 月 24 日　阮文静主持研究政协宣传工作，副主席黄莉及办公室、委工委负责人参加。

7 月 25 日　省政协委员杭州联络组到余杭区调研“小城镇环境综合整治”工作，市领导潘家玮、佟桂莉等，区领导阮文静、潘法高参加。

7 月 30 日　区政协十一届党组第 12 次（扩大）会议召开，学习传达区委十四届五次全体（扩大）会议精神，机关全体人员参加。

7 月 31 日　省政协副主席马光明一行到余杭区调研委员会客厅创建工作，阮文静等参加调研。

8 月 1 日　杭州市市长徐立毅一行到余杭区督查加强和改进政协工作，实地调研区政协各界人士活动中心，听取余杭区加强和改进政协工作有关情况汇报。市领导毛溪浩、翁卫军，区领导阮文静、袁水良等参加。

8 月 8 日　省政协副主席吴晶一行到余杭区调研人民调解工作，区政协副主席戴桂香，区政协社法委、区司法局负责人参加调研活动。

8 月 9 日　省政协主席葛慧君、副主席马光明一行赴未来科技城参加省政协委员会客厅揭牌仪式，市政协主席潘家玮、副主席汪小玫，区政协主席阮文静等参加。

8月13—15日　阮文静参加2018年全省政协主席暑期读书会暨市、县（市、区）政协工作经验交流会，以《切实加强改进调研视察工作，促进政协协商民主提质增效》为题作书面交流。

8月21日　阮文静实地察看良渚遗址周边环境整治和瓶窑小城镇环境综合整治，调研塘埠村美丽乡村和民宿建设。

8月23日　区政协十一届常委会第八次（扩大）会议召开，听取区长陈如根关于区政府工作情况通报，举行政协委员会客厅、委员工作室授牌仪式，视察良渚博物院、梦栖小镇。

8月24日　阮文静赴崇贤街道调研征迁清零、小城镇环境综合整治、安置房建设工作，黄莉参加调研。

9月4日　省政协副主席郑继伟一行到余杭区调研大运河文化带建设工作，区领导许玲娣、陈云水参加调研。

9月13日　市委召开政协工作会议，阮文静以《着力“四个提高”　推动新时代政协工作提质增效》为题作交流发言。

9月17日　区政协十一届党组第14次党组（扩大）会议召开，传达学习全国宣传思想工作会议精神、市委政协工作会议精神，阮文静，潘法高、戴桂香、赵喜凯，各委办负责人等　参加。

9月30日　区政协十一届党组第15次（扩大）会议召开，传达学习全省政协系统党的建设工作会议精神、区委常委会会议精神。

10月8日　区政协组织委员视察大运河文化带保护开发建设工作。

10月16日　阮文静赴临平新城开展重大项目专项督查，区领导李敏华以及区有关部门负责人参加。

10月19日　区政协十一届党组第16次（扩大）会议召开，传达中共中央办公厅《关于加强新时代人民政协党的建设工作的若干意见》及全区组织工作会议精神。部署领导干部违规房产交易治理工作。

同日　区政协十一届常委会第九次会议召开，专题协商“大运河文化带建设”。

10月24日　区政协召开企业家协会第三届第一次会员大会暨换届会议，阮文静等政协领导参加。

10月31日　周国辉一行到余杭区调研城乡生活垃圾分类处理工作，市委常委、区委书记张振丰等参加调研活动。

11月5日　区政协十一届主席会议召开，专题协商沪杭高速余杭互通优化提升方案。

11月6—9日　余杭、青田政协“庆祝改革开放40周年”书画联展活动在临平举行。

11月13日　区政协十一届党组第18次（扩大）会议暨第18次主席会议召开，协商“低散乱”企业淘汰整治等事项。

11月19日　潘家玮一行到余杭区开展“走亲连心”服务企业活动，市委常委、区委书记张振丰等参加。

11月22日　十三届全国政协第十五次双周协商座谈会召开，专题协商“妥善解决特色小镇建设中存在的问题”。区政协副主席赵喜凯参加会议，介绍余杭区梦想小镇经验做法。

11 月 30 日　区政协组织委员视察学前教育工作和“三路一环”建设情况。

12 月 17 日　阮文静实地考察陆水湾港治水工作。

12 月 19 日　区政协十一届党组第 19 次（扩大）会议暨第 19 次主席会议召开，传达学习习近平总书记在庆祝改革开放 40 周年大会上的重要讲话精神，协商工业园区提升改造等事项。

12 月 27 日　区委十四届常委会第 61 次会议听取区政协十一届三次会议有关事项，区政协主席阮文静参加。

2019 年

1 月 4 日　区政协十一届党组第 20 次（扩大）会议暨第 20 次主席会议召开，审定 2018 年度区政协相关考核工作情况，协商区政协十一届常委会工作报告和提案工作报告等事项。

1 月 10 日　区政协召开各民主党派、界别活动组、镇街联络工委负责人座谈会，征求常委会工作报告和提案工作报告意见。

1 月 14 日　区委十四届常委会会议听取区政协党组工作和区政协十一届三次会议常委会工作报告，区政协党组书记沈昱参加。

同日　区政协十一届党组第 21 次（扩大）会议召开，研究区政协十一届三次会议部分人事调整事项、区政协常委会工作报告。

1 月 16 日　区政府、区政协工作协商联席会议召开。

同日　区政协十一届党组第 22 次（扩大）会议暨第 21 次主席会议召开，传达学习汪洋在全国政协十三届四次常委会上重要讲话精神，协商有关人事事项、区政协十一届常委会工作报告和提案工作报告等事项。

1 月 17 日　区政协十一届常委会第十次会议召开，审议通过有关人事事项，审议通过区政协十一届三次会议有关事项。

1 月 25 日　区政协党组召开 2018 年民主生活会，区政协党组成员沈昱、黄莉、吴立炜、陈云水、黄德伟、吴忠云等参加。

1 月 28—30 日　区政协十一届三次会议在临平召开。会议审议通过常委会工作报告、提案工作报告。会议补选产生区政协十一届主席和 2 名副主席、1 名常务委员，沈昱当选区政协十一届主席，吴立炜、黄德伟当选区政协十一届副主席。

2 月 11 日　区政协主席沈昱走访慰问区各民主党派，袁水良等参加。

2 月 13 日　省政协副主席吴晶一行到余杭区调研余杭卫校，市政协副主席王立华，区政协主席沈昱等参加。

2 月 19 日　沈昱赴黄湖镇青山村调研美丽乡村建设。

2 月 26 日　沈昱赴临平街道调研。

2 月 28 日　区政协十一届党组第 24 次（扩大）会议暨第 22 次主席会议召开，研究确定 2019 年度重点提案等事项。协商通过区政协 2019 年工作重点和重点工作任务分解等事项。

3 月 13 日　沈昱赴区住建局调研，吴立炜、黄德伟参加。

3 月 14 日　沈昱调研区市场监管局（知识产权局），吴立炜参加。

3 月 19 日　区政协委员会客室正式运行，邀请全国人大代表、区政协常委丁列明分享“全国”两会精神，沈昱、黄莉、陈云水、黄德伟、潘法高参加。

3 月 25 日　沈昱参加科协界别组活动，调研乔司街道“全域治理”工作，黄德伟参加调研。

3 月 26—29 日　沈昱带队赴成都市天府新区、绵阳市游仙区学习考察“全域美丽”建设，陈云水、黄德伟、潘法高以及相关委办负责人，部分政协委员参加。

3 月 27 日　省政协副主席孙景淼一行到余杭区调研社会治理工作，市委常委、区委书记张振丰等陪同调研。

4 月 4 日　区政协十一届党组第 25 次（扩大）会议暨第 23 次主席会议召开，传达省政协“请你来协商”平台建设工作推进会精神，协商民主评议城市精细化管理工作实施方案。

4 月 10 日　区政协委员会客室开展集中会面活动，沈昱等政协领导及办公室、委工委负责人，卢红梅等 6 名政协委员参加活动。

4 月 16 日　“请你来协商”首场活动举行，区政协副主席黄莉等参加南苑街道联络工委委员会客厅“金融风险防范”专题协商活动。

4 月 17 日　区政协调研百丈镇、鸬鸟镇“全域美丽”建设工作，沈昱等参加。

4 月 18 日　沈昱赴东苕溪、良渚沿山港开展巡河。

4 月 22 日　潘家玮一行到余杭调研大运河文化带建设，沈昱等参加。

4 月 23 日　省政协副主席陈铁雄一行到余杭区调研优化营商环境，沈昱、吴立炜参加。

4 月 24 日　全国政协副主席何厚铧一行到余杭区调研梦想小镇、径山寺，省政协副主席吴晶，市领导潘家玮、区领导沈昱等参加。

4 月 29 日　区政协十一届党组第 26 次（扩大）会议暨第 24 次主席会议召开，传达学习省委十四届五次全体（扩大）会议精神，协商《余杭区政协“请你来协商”平台建设实施意见》等有关事项。

5 月 6 日　潘家玮一行到余杭调研城市渣土处置能力建设，区领导张振丰、沈昱等参加。

5 月 7 日　区政协书画院创作展示基地揭牌仪式在超山举行。

5 月 22 日　沈昱赴华立集团开展“三服务”活动，调研仓前街道。

6 月 6 日　区政协十一届党组召开第 27 次（扩大）会议暨第 25 次主席会议，传达学习“不忘初心、牢记使命”主题教育工作会议精神，协商区政协十一届十三次常委会会议方案等事项。

6 月 11 日　沈昱参加“九地市政协共商 G60 科创走廊更高质量发展”论坛。

6 月 12 日　区政协十一届常委会召开第十三次常委会暨“知识产权创业创新成果转化平台建设”专题协商会。

6 月 17 日　区政协十一届党组（扩大）会议召开，学习《关于在全省政协系统开展“新时代人民政协的新样子”专题讨论活动的实施方案》，开展专题讨论。

6 月 27 日　沈昱赴径山镇、黄湖镇开展“三服务”活动。

7 月 1 日　沈昱参加何思敬纪念馆开馆仪式。

7 月 3 日　区政协开展“请你来协商”拆迁农居安置房建设活动，区长陈如根，区政协领导，区政协各委办，区级相关部门、镇街负责人参加，各界别活动组组长、部分政协委员参加。

7月12日　区政协十一届常委会第十三次会议暨“知识产权创业创新成果转化平台建设”专题协商会召开。

7月25日　沈昱赴区发改局调研，吴立炜、黄德伟以及有关委办负责人参加。

7月29日　区政协十一届党组第29次（扩大）会议暨第26次主席会议召开，协商《区政协“请你来协商”安置房建设协商意见》等事项。

7月31日　区政协调研余杭经济技术开发区，沈昱等区政协领导，余杭经济技术开发区管委会主任祝振伟等参加。

8月21日　省政协副主席陈小平一行到余杭调研“加快推进打造山海协作工程升级版”，区政协副主席吴立炜以及区相关部门负责人陪同调研。

8月30日　区政协召开“请你来协商”城乡生活垃圾分类处理工作会议，区领导张振丰、沈昱等参加。

9月2日　全国政协副主席刘奇葆一行到余杭区调研电影产业高质量发展事宜，省政协主席葛慧君，市政协副主席汪小玫，区领导陈如根、沈昱等参加调研。

9月5日　区政协十一届党组第30次（扩大）会议暨第27次主席会议召开，协商《区政协“请你来协商”城乡生活垃圾分类处理工作协商意见》等事项。

9月6日　省政协副主席周国辉一行到余杭区开展“三服务”活动，沈昱陪同。

9月11—12日　沈昱赴上海市崇明区参加长江三角洲区域一体化发展·崇明草堂论坛暨长三角十三县（市、区）政协工作研讨会第45次会议。

9月12日　区政协召开“不忘初心、牢记使命”主题教育动员会议，区政协领导、全体机关工作人员，区委主题教育第十巡回指导组负责人参加。

9月18日　区政协举办余杭区庆祝人民政协成立70周年图片书画展开幕式。

9月23日　区政协十一届党组第31次（扩大）会议暨第28次主席会议召开，传达学习中央政协工作会议暨庆祝中国人民政治协商会议成立70周年大会精神，研究区政协（机关）关于开展“不忘初心、牢记使命”主题教育的实施意见等。

9月25日　区领导沈昱、王姝到中泰街道、闲林街道参加庆祝中华人民共和国成立70周年纪念章发放活动（第四组）。

9月26日　区委政协工作会议暨庆祝人民政协成立70周年大会召开，区四套班子主要领导等参加。与会人员观看“诗和远方·同心追梦”庆祝人民政协成立70周年文艺演出。

10月7日　全国政协副主席苏辉一行到余杭区考察良渚古城遗址，沈昱等陪同考察。

10月11日　潘家玮一行到余杭区调研“做强杭州都市圈，主动接轨大上海，深入融入长三角一体化发展”工作，沈昱陪同。

10月21日　省政协主席葛慧君赴未来科技城调研委员会客厅建设，沈昱陪同调研。

10月22日　区委十四届常委会第90次会议传达学习贯彻省委政协工作会议精神，沈昱等参加。

10月23日　沈昱赴中泰街道开展走乡入村“三服务”走访活动。

10月25日　中共中央政治局常委、全国政协主席汪洋，副主席兼秘书长夏宝龙一行到余杭区调研“委员会客厅”、梦想小镇和小古城村，车俊、袁家军、葛慧君等省领导及杭州市、余杭区有关领导参加调研。

10月30日　区政协十一届党组第32次（扩大）会议暨第29次主席会议召开，听取主题教育专题党课，研究区政协十一届十四次常委会会议暨“请你来协商”物业管理工作会议方案等事项。

10月31日　沈昱主持召开“请你来协商”中泰街道“三服务”难题化解座谈会，区有关部门和中泰街道负责人参加。

11月1日　全国人大常委会副委员长、民进中央主席蔡达峰一行到余杭区调研，省政协副主席蔡秀军、市政协副主席谢双成，区领导张振丰、沈昱等陪同。

11月4—8日　区政协举办2019年“界别活动周”活动，各界别活动组围绕“关注民生，服务发展”开展履职活动。

11月14日　区政协十一届常委会第十四次会议召开，学习贯彻党的十九届四中全会、中央和省委政协工作会议精神，汪洋在杭州调研时的讲话精神，听取和审议有关人事事项，举行提案办理工作民主评议。

11月29日　潘家玮一行到余杭区督办重点提案《关于光大径山茶文化品牌，助力杭州区域经济发展的建议》办理情况，沈昱等以及有关部门和径山镇负责人参加。

12月6日　区政协组织部分委员调研余杭经济技术开发区能源项目。

12月12日　区政协十一届党组第35次党组（扩大）会议暨第30次主席会议召开，研究区政协十一届四次会议筹备工作有关情况等事项。

12月19日　区政协组织委员视察京杭运河二通道建设情况。

12月27日　区政协十一届党组第36次会议召开，研究委员人事有关事项，审议区政协党组2019年工作情况、2019年党风廉政建设主体责任情况。

同日　区政协主席会议召开，研究区政协十一届常委会工作报告、提案工作报告等事项。

2020年

1月7日　区委十四届常委会第99次会议听取区政协党组2019年工作情况、区政协常委会工作报告情况，研究政协委员人事事项。

同日　区政府、区政协召开工作协商联席会议。

1月8日　区政协十一届常委会第十五次会议召开，审议区政协常委会工作报告、提案工作报告等事项。

1月17—19日　区政协十一届四次会议在临平召开。会议审议通过常委会工作报告、提案工作报告。会议补选产生区政协十一届委员会副主席1名，常务委员5名。

1月22日　沈昱赴运河街道开展新春“送温暖”慰问活动。

2月13日　沈昱参加省政协新冠疫情防控“请你来协商”远程协商会，就“社区防控”和“企业复工”作发言。

2月25日　沈昱赴良渚街道调研产业发展工作。

2月28日　省政协副主席孙景森一行到余杭区调研“更好发挥大数据在基层治理中的作用”，市政协主席潘家玮，区领导张振丰、沈昱等陪同调研。

3月6日　沈昱参加余杭区人民政府与阿里巴巴集团深化战略合作协议签约活动。

3月10日　沈昱调研政协书画院超山基地，走访政协委员，区政协办、超山风景区管委会负责人参加。

3月13日　区政协十一届常委会第十八次会议召开，传达学习中央决战决胜脱贫攻坚座谈会精神和习近平总书记在武汉考察时的重要指示精神，审议通过有关委员人事事项。

3月25日　沈昱在区经信局调研“新制造业计划”和工业互联网发展工作。

3月26日　区政协领导参加市政协请你来协商——“战疫情、促发展”远程专题协商会议余杭分会场活动，区政协主席沈昱就“疫情防控常态化制度化有关建议”作发言。

4月8日　区政协十一届党组第39次（扩大）会议暨第33次主席会议召开，传达学习习近平总书记考察浙江时重要讲话精神等，研究《区委关于新时代加强和改进人民政协工作的意见(代拟稿)》等事项。

4月15日　省政协副主席陈小平一行到余杭区调研“完善乡村人才振兴的体制机制”，区领导张振丰、沈昱等陪同调研。

4月21日　沈昱赴余杭经济技术开发区走访联系项目，调研“新制造业计划”有关工作。

4月22日　区政协召开“请你来协商”政协提案办理工作会议（未来科技城专题），区领导沈昱、梅建胜等及有关部门和街道负责人，部分政协委员参加。

4月28日　沈昱参加中国（杭州）直播电商产业基地发布会暨遥望直播电商产业园启动仪式。

5月7日　区政协组织委员视察遥望直播电商产业园建设情况，沈昱等参加。

5月8日　区政协十一届党组第40次（扩大）会议暨第34次主席会议召开，研究基层治理能力提升专题协商会方案、区政协委员工作室推进会暨瓶窑片委员之家启用仪式方案等事项。

5月12日　区政协组织委员开展“特殊人群关爱”和“加强文化建设专题”提案办理集中面商活动。

5月15日　沈昱赴黄湖镇调研“未来乡村实验区”改革任务推进工作。

5月20日　瓶窑片委员之家启用，区政协领导，各委办主任、各镇街（平台）联络工委主任等相关人员参加启用仪式。

5月30日　沈昱等参加“未来乡村实验区”改革工作专题研究会议。

6月2日　区政协十一届党组第41次（扩大）会议召开，传达学习全国两会精神、区委区政府有关会议精神。

6月13日　“未来乡村实验区”改革工作推进会召开，区领导沈昱、葛建伟、陈云水及区相关部门、镇街道负责人参加。

6月28日　沈昱赴黄湖镇青山村调研“未来乡村实验区”有关工作。

6月30日　沈昱参加2020中国杭州梦想小镇法国村开工典礼暨法国日系列活动。

7 月 1 日　沈昱带领部分政协委员参加余杭—上海高铁首发列车开行仪式并乘此趟列车赴嘉兴市参观南湖革命纪念馆。

7 月 3 日　区政协组织部分政协委员视察重大交通设施建设情况。沈昱等参加视察。

7 月 6 日　沈昱到苕溪堤防管理所检查指导防汛泄洪工作。

7 月 8 日　省政协副主席张泽熙到余杭区开展《关于深化最多“跑一次”改革，充分发挥公共数据资源助力社会治理建议》重点提案督办调研，沈昱等陪同。

7 月 9 日　区政协十一届党组第 42 次（扩大）会议召开，学习传达省委十四届七次全体（扩大）会议等重要会议精神。

同日　区政协十一届第 36 次主席会议召开，审议通过《区政协重大交通设施建设情况视察意见》《区政协 2020 年委员履职能力提升培训方案》等事项。

7 月 14 日　省政协副主席郑继伟一行调研贝达药业公司，沈昱等陪同。

7 月 20—24 日　区政协委员履职能力提升主题培训班举办。

7 月 21 日　省政协副主席陈小平一行到余杭区调研“加强防灾减灾能力建设”，督办“基层治理数字化转型”重点提案。沈昱参加调研。

7 月 31 日　区政协召开“请你来协商”养老工作专题会议，区领导张振丰、沈昱等及区级相关部门、各镇街主要负责人，部分政协委员、市民代表参加。

8 月 5 日　区政协委员会客室开展活动，沈昱、吴立炜、陈云水及相关委办负责人，江筠等 8 名政协委员参加。

8 月 7 日　区政协十一届党组第 44 次（扩大）会议召开，学习传达中央政治局会议和区委区政府有关会议精神。

同日　区政协召开第 37 次主席会议，协商杭徽高速老余杭出口改造提升方案，审议通过《区政协“请你来协商”养老专题会议协商意见》等事项。

8 月 14 日　市政协委员工作站（余杭联络组）开展活动，听取《产业经济创新发展的杭州实践》讲座，开展“请你来协商”——打造最优创新创业生态活动。

8 月 21 日　沈昱参加“靓城行动”工作进展情况专题调研活动。

8 月 31 日　区政协十一届党组第 45 次会议召开，研究区政协关于推进党的建设“两个全覆盖”工作的方案、加强政协机关工作力量配备的建议。

9 月 8—9 日　沈昱参加全省政协主席暑期读书会暨市、县（市、区）政协工作经验交流会。

9 月 14 日　区政协十一届党组第 46 次（扩大）会议召开，传达学习习近平总书记在全国抗击新冠疫情表彰大会上的重要讲话精神，研究区政协专委会党支部工作办法（试行），组织学习《习近平谈治国理政》第三卷部分篇目。

同日　区政协第 38 次主席会议召开，协商余杭区“十四五”规划基本思路编制情况等事项。

9 月 16 日　沈昱在阿里巴巴集团控股有限公司、杭州未来科技城、黄湖镇青山村，听取“未来乡村实验区”建设有关情况。

9 月 17 日　区政协召开“请你来协商”物业管理工作专题会议，区领导陈如根、沈昱等，以及区政协各委办、区级有关部门、各镇街负责人，部分政协委员、社区代表参加。

10月4日　全国政协副主席王正伟一行到余杭区考察良渚博物院，沈昱陪同考察。

10月13日　区政协十一届党组第47次（扩大）会议召开，传达学习十九届中央第六轮巡视工作动员部署会等重要会议精神及余杭村（社区）组织换届有关工作要求。

10月14日　区政协组织部分政协委员视察良渚街道产业发展工作，沈昱等政协领导及区政协各委办、良渚管委会相关负责人参加。

10月21日　区政协委员会客室开展民主党派人士谈心谈话活动，沈昱、陈云水、沈洪相及相关委办负责人，陈国建等6名政协委员参加。

10月23日　区政协十一届常委会第二十次会议暨“书香政协”建设动员会召开。

同日　区政协召开请你来协商“重大项目赋能高质量发展”工作会议。

11月2日　省政协“崇学”沙龙在良渚举行，省政协主席葛慧君，市政协主席潘家玮，区领导张振丰、沈昱等参加。

11月5日　潘家玮一行到余杭区调研民生实事项目，区领导张振丰、沈昱等陪同。

11月6日　区政协主席会议召开，传达落实杭州市专题培训会议精神，区领导陈如根、沈昱等参加。

11月16日　沈昱赴黄湖镇调研“未来乡村实验区”建设。

11月26日　区政协组织部分政协委员调研杭州钱江经济开发区，区领导沈昱、姚文华参加。

12月1日　区政协调研区总工会工作，沈昱、杜坚强等及政协有关委办负责人参加。

12月2日　区政协调研区林水局工作，沈昱等政协领导，各委办负责人、部分政协委员参加调研活动。

12月8日　区政协组织部分委员调研良渚新城产业发展和重大项目建设，沈昱等参加。

12月17日　区政协十一届党组第49次会议召开，传达学习区委、区政府有关会议精神，研究区政协党组2020年工作总结、区政协党组2020年度党风廉政建设主体责任情况报告。

12月22—23日　省政协副主席陈铁雄一行到余杭区调研农业转移人口市民化工作，区领导葛建伟、黄德伟等参加。

2021年

1月4日　潘家玮一行到余杭区开展“走亲连心三服务”活动，市委常委、区委书记张振丰、区政协主席沈昱及径山镇负责人陪同走访。

1月6日　沈昱赴运河街道开展“走亲连心三服务”活动。

1月21日　区政协调研区数据资源管理局工作，沈昱等参加。

1月22日　2020年度区政协党组民主生活会召开，沈昱及区政协党组成员参加。

2月7日　沈昱参加2020年度镇（街道）、区直单位党（工）委书记抓基层党建和人才工作述职评议会。

2月9日　区政协召开机关全体工作人员会议，传达贯彻省、市两会精神，传达区委有关会议精神、节前有关纪律要求，部署疫情防控有关工作。

2月24日　区政协调研浙江理工大学时尚学院，区领导沈昱等，中国工程院院士、浙江理工大学校长陈文兴等参加调研活动。

同日　区政协党组第50次（扩大）会议暨理论学习中心组“数字政协”建设专题学习会召开，传达学习全省数字化改革大会、省政协“数字政协”建设专题会议等重要会议精神，研究部署“数字政协”建设工作。

2月25日　沈昱赴径山镇小古城村调研数字乡村建设，到黄湖镇青山村调研“未来乡村实验区”建设。

3月4日　沈昱参加区委理论学习中心组“跟着总书记学党史”专题学习会。

3月5日　省政协副主席周国辉一行赴余杭经济技术开发区考察企业，区领导沈昱、祝振伟等参加。

3月15日　2021年杭州市政协“千名委员读百年党史活动”仪式启动，沈昱、沈洪相及各委办主任参加。

3月28日　沈昱参加2021年一季度重大项目集中开工暨“云签约”活动。

4月9日　新的杭州市余杭区设立，以原余杭区的余杭街道、仓前街道、闲林街道、五常街道、中泰街道、仁和街道、良渚街道、瓶窑镇、径山镇、黄湖镇、鸬鸟镇、百丈镇的行政区域为新的余杭区的行政区域。

4月12日　区政协筹备组第一次会议召开，传达学习杭州市部分行政区划优化调整实施动员大会、全区领导干部会议精神，明确筹备组人员分工，研究区政协十二届一次会议筹备工作等，区政协筹备组组长沈昱等参加。

4月13日　全国政协副主席何维一行到余杭考察万科随园嘉树项目，省政协副主席周国辉、市政协副主席周智林、区政协筹备组组长沈昱等陪同。

4月15日　全国政协副主席陈晓光一行到余杭考察良渚博物院、良渚古城遗址公园，区领导张振丰、沈昱等陪同。

4月21日　区政协召开筹备组专题会议，研究新一届委员协商工作，区领导沈昱、袁水良等参加。

4月25日　省政协主席葛慧君一行调研之江实验室，沈昱陪同调研。

5月7日　潘家玮赴余杭区走访政协机关、市政协委员企业，市委常委、区委书记张振丰，区政协主席沈昱等参加走访活动。

5月8日　区政协筹备组召开全体机关干部会议，通报区政协筹备组成员临时分工，宣布区政协机关筹备组干部事项，研究部署重点工作。

5月11日　葛慧君一行到余杭调研依法治网工作，市政协主席潘家玮，区领导张振丰、沈昱等陪同调研。

5月12日　区政协筹备组第2次工作会议召开，专题协商余杭区“十四五”规划，沈昱等参加会议。

5月14日　区政协筹备组赴华立集团开展“三服务”活动，沈昱等参加活动。

5 月 19 日　区政协筹备组调研之江实验室，沈昱等参加调研活动。

5 月 26 日　潘家玮一行到余杭调研“构建国土空间开发保护新格局”，区政协筹备组副组长周忠诚陪同。

5 月 27 日　区政协筹备组第 3 次工作会议召开，传达学习《浙江省党委（党组）意识形态工作责任制问责实施办法》，听取新一届政协委员初步人选情况，研究区政协十二届一次会议筹备工作方案等事项。

6 月 2 日　沈昱赴中泰街道调研联系信访包案进展情况。

6 月 3 日　区政协筹备组赴阿里达摩院、钉钉公司开展走访调研“三服务”，沈昱等参加。

6 月 4 日　沈昱主持召开未来乡村实验区工作座谈会，区农业农村局等相关部门和黄湖镇负责人参加。

6 月 8 日　区政协筹备组“数字政协”建设工作会议召开，沈昱等参加会议。

6 月 9 日　区政协筹备组开展未来科技城海创园委员会客厅党史宣讲活动，沈昱上专题党课，部分省、市、区政协委员参加。

6 月 22 日　区政协筹备组第六次（扩大）会议召开，审议区政协十二届委员会人事安排有关事项、关于召开区政协十二届一次会议的决定及会议议程。

6 月 25 日　余杭区庆祝中国共产党成立 100 周年书画艺术展开展，区领导沈昱、袁水良等参加。

6 月 28 日　沈昱等区政协筹备组领导专题研究“数字政协”建设工作。

7 月 2—3 日　区政协十二届委员会委员培训班在省委党校举办，沈昱作开班动员并上专题党课。

7 月 6 日　区政协筹备组第八次（扩大）会议召开，学习贯彻习近平总书记在庆祝中国共产党成立 100 周年大会上的重要讲话精神，协商区政协筹备组工作报告等事项。

7 月 9 日　区政协筹备组第九次（扩大）会议召开，审议区政协十二届常务委员会组成人员建议名单等有关事项。

7 月 13 日　区政协筹备组第十次（扩大）会议召开，研究大会发言等事项。

7 月 20—22 日　区政协十二届一次会议在余杭召开。会议审议通过区政协筹备组组长沈昱所作的筹备组工作报告、会议决议。选举沈昱为区政协十二届委员会主席，黄德伟、李玉美、傅丽华、周忠诚、斯建刚、张瑾为区政协十二届委员会副主席，吴忠云为秘书长；丁迎九等 43 人当选为区政协十二届委员会常务委员。

7 月 28 日　省政协副主席周国辉一行到余杭区调研企业，开展“三服务”活动，区政协主席沈昱等陪同调研。

7 月 29 日　潘家玮一行到余杭区开展“高水平推进区域性创新高地建设”专题调研，区领导金承涛、沈昱等陪同调研。

7 月 30 日　区政协十二届党组第 1 次会议召开，学习习近平总书记关于加强和改进人民政协工作的重要思想，研究区政协党组工作规则、区政协领导班子成员分工联系方案等事项。

同日　区政协十二届第1次主席会议召开，学习葛慧君在全省政协工作提质增效专题研讨班上的讲话精神，协商区政协专委会、界别活动组成员名单和区政协有关工作制度等事项。

8月2日　区政协主席沈昱赴杭州香侬科技公司开展数字化应用场景调研。

8月5日　区政协十二届常委会第一次会议召开，审议通过区政协机关人事事项，审议通过《政协杭州市余杭区委员会全体会议、常委会会议、主席会议、委办主任会议工作规则》等事项。

8月12—13日　沈昱参加2021年全省政协主席暑期读书会暨宣传思想工作会议。

8月18日　潘家玮一行到余杭开展“加强耕地地力保护与提升”专题调研，区领导张振丰、沈昱等陪同。

8月24日　沈昱调研“数字政协”建设工作，部分委办负责人，部分政协委员参加。

8月31日　沈昱赴数秦科技公司、杉帝科技公司走访政协委员。

9月3日　区政协十二届党组第2次会议召开，研究区政协关于践行“新时代人民政协新样子”履职评价办法等事项。

同日　区政协十二届第2次主席会议召开，审议区政协关于践行“新时代人民政协新样子”履职评价办法，推进“请你来协商·民生议事堂”平台建设的实施意见等事项。

9月7日　沈昱赴阿里巴巴、浙一医院走访委员。

9月17日　区政协组织部分政协委员调研教育项目规划建设工作，沈昱、傅丽华及区相关部门和街道负责人参加。

9月18日　区政协开展“靓城行动”推进情况视察活动。

9月28日　区政协召开委员工作室、联络工委、“民生议事堂”工作推进会，沈昱等参加。

10月12日　沈昱参加“百路千里　丈量世界”杭州市国际盲人节主题活动暨余杭区百丈镇心路之旅推介会。

10月13日　区政协调研余杭街道工作，沈昱、傅丽华参加。

10月15日　沈昱等区政协领导走访调研政协参加单位，区政协委工委、区科协、团区委、区总工会、区妇联、区工商联负责人参加走访调研活动。

10月22日　区政协十二届常委会第二次（扩大）会议召开，专题协商“数字政协”建设工作。

10月23日　宁夏回族自治区政协主席崔波一行到余杭考察企业，省政协主席葛慧君，市政协主席潘家玮，张振丰、沈昱等陪同考察。

11月3日　区政协开展数字政协和提案工作专题培训，沈昱、黄德伟以及有关委办负责人，部分政协委员参加。

11月5日　区政协十二届党组第3次会议召开，审议余杭数字政协系统运行管理办法和请你来协商活动方案。

11月11日　区政协召开“西部富美”请你来协商工作会议，区领导金承涛、沈昱等，区政协相关委办、区级相关部门、街道（镇乡）、平台负责人以及部分政协委员参加。

11 月 17 日　区政协调研市规资局余杭分局工作，沈昱、周忠诚、张瑾以及有关委办负责人参加调研活动。

11 月 26 日　区政协机关全体工作人员会议召开，传达学习全区领导干部会议精神，研究部署“数字政协”推进工作。

12 月 1 日　沈昱赴中泰街道宣讲党的十九届六中全会精神。

12 月 8 日　区政协调研区林业水利局工作，沈昱、周忠诚参加。

12 月 10 日　沈昱及相关委办负责人参加全省政协系统党的建设工作推进会（视频会）。

12 月 13 日　区政协十二届党组第 4 次（扩大）会议召开，学习贯彻全区疫情防控工作视频会议精神。

12 月 16 日　省政协副主席周国辉一行调研余杭数字政协建设工作，沈昱、黄德伟及区有关部门和部分政协委员参加调研。

12 月 21 日　区政协调研良渚新城工作，区领导沈昱等参加调研。

12 月 23 日　区政协组织部分政协委员视察教育项目建设情况，区政协主席沈昱、副区长许玲娣等参加。

12 月 28 日　区政协专题协商沈括科技文化园建设工作，沈昱、傅丽华及文史委负责人、文体界别部分政协委员参加。

2022 年

1 月 10 日　区政协党组理论学习中心组（扩大）会议召开，传达学习区委十五届五次全体（扩大）会议精神，研究部署贯彻落实意见。沈昱主持并讲话。

1 月 12 日　区政协十二届第 5 次主席会议、第 5 次党组会议召开。沈昱主持会议。会议听取和审议有关人事安排，区政协常委会工作报告，提案工作报告，年度考评有关事项，2022 年度重点履职工作安排，区政协十二届二次大会发言，区政协十二届二次会议有关事项（草案）等内容。相关内容将提请区政协十二届三次常委会会议审议。

1 月 26 日　区政协十二届常委会第三次会议召开。沈昱主持会议。会议传达省政协十二届五次会议和区委十五届五次全体（扩大）会议精神。听取和审议区政协十二届常委会工作报告和提案工作报告；听取和审议通过有关人事事项；听取和审议通过《关于召开区政协十二届二次会议的决定》及有关事项；听取提案办理工作情况通报；听取关于优秀委员、优秀提案和各项先进评选情况说明。

同日　区政府与区政协工作协商联席会议召开。区委副书记、代区长王犨主持会议，区领导沈昱、梅建胜、吴伟强、胡彪、吴远东、黄德伟、李玉美、傅丽华、周忠诚、斯建刚、张瑾等参加会议。

2 月 12—15 日　中国人民政治协商会议杭州市余杭区第十二届委员会第二次会议在省委党校召开。会议听取并同意区政协常委会工作报告和提案工作报告，通过区政协十二届二次会议决议，听取区政协十二届二次会议提案初审情况的报告。

2 月 24 日　区政协赴区市场监管局开展专题调研，沈昱等参加。

2月25日　区政协赴区数据资源管理局开展专题调研，沈昱等参加。

3月1日　区政协党组理论学习中心组（扩大）会议召开，学习贯彻市十三次党代会精神。随后，区政协召开党组会议、主席会议，结合市党代会要求，研究明确年度工作要点和重点履职工作安排等。

3月2日　市政协主席马卫光在余杭调研亚运会筹备保障工作。市委常委、区委书记刘颖，沈昱等参加调研。

3月3日　区政协组织开展2022年首场“请你来协商”活动，围绕数字经济和农文旅产业融合发展开展协商交流。

3月4日　区政协赴区民政局开展专题调研，沈昱等参加。

3月9日　区政协赴区农业农村局调研“三农”和径山茶文化工作，沈昱等参加。

3月23日　周国辉一行在余杭区调研省重点项目湖杭铁路工程，沈昱、黄德伟等参加。

同日　马卫光在余杭区联系指导“美丽杭州迎亚运”城市环境品质提升行动和疫情防控工作。区领导沈昱、王姝、汤丽玉、张瑾参加。

3月30日　省政协副主席陈铁雄一行在余杭区开展“推进保障性住房改革”调研工作。市政协副主席毛溪浩，区政协主席沈昱等参加调研。

4月1日　区人大、区政府、区政协联合召开2022年区人大代表建议和政协提案交办会议，总结回顾2021年度人大代表建议、政协提案办理工作，部署2022年办理任务。区领导梅建胜、金国平、黄德伟参加。

4月12日　马卫光一行到余杭区联系指导“美丽杭州迎亚运”城市环境品质提升行动，并督导疫情防控工作。沈昱等参加。

4月29日　马卫光到余杭区联系督导“美丽杭州迎亚运”城市环境品质提升行动和疫情防控工作，并调研政协“民生议事堂”建设等工作。市委常委、区委书记刘颖，沈昱、周忠诚、张瑾参加。

5月12日　毛溪浩一行专题调研数字经济高质量发展，沈昱、黄德伟等参加调研。

5月13日　《人民政协报》刊发文章《径山茶人马宽：新委员茶二代》。

5月19日　沈昱带队开展“亩均楼均”论英雄主席会议专题视察，副区长姚文华，区政协副主席黄德伟、李玉美、傅丽华、周忠诚、张瑾及部分区政协委员参加。

5月23日　区政协总工会、团区委、妇联界别活动组和良渚新城联络工委开展联组活动，赴瓶窑镇开展“同心聚力共同富裕”专题调研。区政协党组副书记、副主席黄德伟等参加活动。

5月26日　区政协十二届党组第8次会议暨第8次主席会议召开，专题研究政协界别活动组、镇街联络工委工作。沈昱主持会议。

6月10日　沈昱赴中泰街道开展重点企业精准走访服务活动。

6月15日　区政协组织开展“靓城行动”主席会议专题视察活动，深入助推实施靓城行动“1466”计划

6月16日　区政协召开“请你来协商”城市能级提升专题提案办理、营商环境专题提案办理工作会议。

同日 区政协分别召开城市能级提升、营商环境提案办理专题工作会议。

6 月 17 日 区政协聚焦“健康余杭 共筑美好”“工信经济高质量发展”召开专题提案办理工作会议。

6 月 19 日 区政协召开“请你来协商”西部富美专题提案办理工作会议。

6 月 20 日 区政协聚焦“健康余杭，共筑美好”“工信经济高质量发展”召开专题提案办理工作会议。

同日 区政协召开“请你来协商”商贸财税专题提案办理工作会议。

6 月 21 日 区政协召开“请你来协商”西部富美专题提案办理工作会议。

6 月 22 日 沈昱一行参观考察鸬鸟镇民生议事堂和肖斐委员工作室。

6 月 27 日 全国政协常委、人口资源环境委员会主任李伟带队到余杭，开展“推动完善生态产品价值实现机制”专题调研。省政协副主席周国辉，市政协主席马卫光、副主席许明，区领导沈昱、周忠诚陪同调研。

6 月 28 日 区政协党组理论学习中心组（扩大）专题学习会召开，传达学习浙江省第十五次党代会精神，沈昱主持会议，区政协副主席，机关全体成员参加。

同日 区政协十二届党组第 9 次会议暨第 9 次主席会议召开，协商研究区政协十二届五次常委会会议方案、主席会议视察意见、委员工作室建设和评定办法、第二批委员工作室拟创建名单等有关事项。

7 月 1 日 区政协举办“全民体育运动”专题提案办理协商会暨“社会力量办体育”专委会视察活动。

7 月 5 日 区政协召开“请你来协商”城市建设专题提案办理工作会议。

7 月 6 日 沈昱一行调研余杭区“同心楼”。“同心楼”是行政区划优化调整后余杭区首个综合性统战阵地，于 6 月 14 日正式揭牌运行。

7 月 14 日 杭州区县（市）政协经济委工作会议在余杭召开，市政协经济委主任杜国忠主持会议，市政协副主席毛溪浩参加，市委常委、区委书记刘颖到会致辞，区政协主席沈昱出席会议。

7 月 18—19 日 沈昱到中泰街道宣讲省第十五次党代会精神。黄德伟、周忠诚、斯建刚分别赴基层一线宣讲省第十五次党代会精神。

7 月 26 日 省政协副主席陈铁雄一行赴余杭区调研城市地下安全相关工作。省、市、区级相关部门负责人陪同调研。

8 月 1 日 区政协十二届党组第 10 次会议暨第 10 次主席会议召开，传达学习区委十五届六次全体（扩大）会议精神，研究部署贯彻落实工作，沈昱主持会议并讲话。

8 月 18 日 沈昱带队开展“送清凉”慰问活动。

同日 位于闲林老街的政协委员之家揭牌仪式举行，沈昱出席并讲话。

8 月 24 日 区政协召开 2022 年上半年政情通报会暨十二届常委会第五次会议。区委副书记、区长王垈通报全区上半年经济社会发展情况及下半年主要工作安排，沈昱主持。

8 月 30 日 区政协企业家协会举行第四届第一次会员大会，选举产生第四届政协企业家协会理事会。区政协主席沈昱出席会员大会。区政协副主席张瑾当选新一届理事会会长。

9月2日　区政协开展“儿童之家”专题视察，进一步推动“儿童之家”建设，完善基层儿童服务体系，促进儿童保护工作高质量发展。

9月21日　区政协建设杭州城市新中心“请你来协商”活动举行。市委常委、区委书记刘颖出席活动，通报全区经济社会发展情况，并围绕“建设杭州城市新中心”主题同政协委员面对面交流协商。

9月23日　四川省甘孜藏族自治州稻城县政协主席斯朗娜姆一行到余杭开展座谈交流活动。区政协主席沈昱、副主席张瑾，秘书长吴忠云等参加。

9月26日　区政协召开新任委员见面会，区政协主席沈昱、副主席黄德伟、秘书长吴忠云等参加会议。

10月9日　区政协十二届第11次主席会议召开。由区政协主办，区政协文史委、区政协书画院承办的“筑创新之境，弘文明之光”书画摄影艺术展，在余杭区人民政府办公楼大厅开幕。

10月10日　区政协开展“发展公共卫生　建设健康余杭”专题主席会议视察，沈昱参加。

同日　区政协举办“数智融　城致新——数据资源深度利用”专题请你来协商活动。

10月11日　区政协召开提案办理项目化第二轮推进人才专题面商会，针对首轮评价为B类的部分提案件进行深化办理。

同日　区政协“未来乡村产业化”专题请你来协商活动在径山村举行，为未来乡村产业发展出谋划策，协商建言。

10月16日　区政协围绕“打造金字招牌　复兴千年古城”主题举行“请你来协商”活动。区委副书记、区长王犇出席并讲话，区政协主席沈昱主持，区领导梅建胜、汤丽玉、黄德伟、李玉美、傅丽华、张瑾，以及相关部门、平台、镇街等负责人参加。

同日　区政协党组（扩大）会议召开，专题学习中共二十大报告，研究部署区政协各级组织学习贯彻中共二十大精神的方案。

10月17日　区政协十二届第12次主席会议召开，会议就“i履职”3.0版本开发情况，数据资源深度开发利用、未来乡村产业化、打造金字招牌　复兴千年古城、发展公共卫生　建设健康余杭专题等主席视察活动报告等进行协商。

10月18日　余杭数字政协开通一周年，i履职3.0版本正式上线。

10月26日　区政协党组理论学习中心组（扩大）会议召开，传达学习中共二十大精神和省市区委部署要求，研究贯彻落实意见。沈昱主持并讲话。区政协党组成员、机关党组成员作交流发言。

11月2日　围绕“推进名校集团化办学，推动优质均衡美好教育”主题，区委副书记、区长王犇参加“请你来协商”活动，就共同推进余杭教育高质量发展与委员们围桌共商、集思广益。

11月11日　区政协十二届第13次主席会议召开，专题听取区人民法院、区人民检察院工作情况通报，沈昱主持并讲话。

11月12日　区政协开展“政务服务三级联动体系建设”专题主席会议视察，视察组一行到区政务服务中心，依次视察社保、人才、置业、纳税、公安、商事和亲企服务专区，听取区审管办关于区政务服务三级联动体系建设情况的汇报，并就相关工作开展情况提出指导建议。

11月16日　区政协开展“共同富裕现代化基本单元”建设情况主席会议专题视察活动。沈昱、斯建刚、吴忠云参加，会议由周忠诚主持。

11月22日　沈昱赴径山镇开展中共二十大精神宣讲。

11月24日　“学习贯彻二十大·聚力护航新中心”余杭区政协委员学习培训班举办。培训班由区政协党组副书记、副主席黄德伟主持，区政协党组书记、主席沈昱出席。

11月25日　区政协十二届第14次主席会议、第13次党组会议召开。

11月29日　余杭区径山茶高质量发展座谈会暨市政协“发挥茶都优势　促进茶文化茶产业茶科技高质量发展”重点调研课题研讨会在径山镇召开。市政协副主席、民建杭州市委会主委郭清晔，区政协主席沈昱，区政协副主席周忠诚、张瑾，良管委副主任、区茶办主任叶维军参加会议。

同日　沈昱赴径山镇开展中共二十大精神宣讲。

12月8日　沈昱一行赴杭州实在智能科技有限公司走访调研。

12月22日　市政协城建委在余杭组织召开全市政协城建委工作交流会，市政协党组副书记、副主席许明出席会议并讲话，区政协副主席周忠诚在会上作交流发言。

2023年

1月5日　区政府、区政协工作协商联席会议召开。区委副书记、区长王垈出席并讲话，区政协主席沈昱主持会议，区领导梅建胜、许玲娣、吴伟强、吴远东、黄德伟、李玉美、傅丽华、周忠诚、斯建刚、张瑾等参加。区政府、区政协就2022年工作情况和2023年工作思路进行了交流。

1月13日　区政协十二届常委会第七次会议召开。沈昱主持会议。区领导袁水良、沈洪相、黄德伟、李玉美、傅丽华、周忠诚、张瑾，区政协秘书长吴忠云和全体常委参加。会议传达学习区委十五届七次全体（扩大）会议精神，审议通过委员人事事项及《区政协十二届常委会工作报告》《区政协十二届常委会提案工作报告》。

1月16日　沈昱带队开展春节送温暖暨“大走访大调研大服务大解题”活动，深入径山镇联系村开展服务，向困难群众送上新春的祝福和慰问。

1月29日　沈昱带队赴余杭统战“同心楼”走访慰问在区内的各民主党派成员，区委常委、统战部部长、区政协党组副书记袁水良，区人大常委会副主任朱幼群，区政协副主席黄德伟、李玉美、傅丽华、周忠诚、张瑾参加走访活动。

1月31日　沈昱带队赴径山镇走访调研。傅丽华及区政协文史委相关负责人参加调研。

1月31日至2月3日　中国人民政治协商会议杭州市余杭区第十二届委员会第三次会议在余杭举行。会议期间，中共杭州市委常委、余杭区委书记刘颖，区委副书记、区长王垈等区领导出席会议，参加大会发言、分组讨论等，与委员共同协商、交流互动，听取意见建议，共商发展大计。会议审议通过沈昱所作的常委会工作报告、周忠诚所作的提案工作报告。委员们列席区人大十六届三次会议，听取并讨论政府工作报告及其他报告。

2 月 2 日　区政协十二届常委会第八次会议召开。主席沈昱，副主席黄德伟、李玉美、傅丽华、周忠诚、斯建刚、张瑾，秘书长吴忠云和全体常委参加会议。区委副书记、政法委书记朱红丹，区委常委、统战部部长袁水良，区委常委、副区长顾国煜应邀参加会议。会议听取各讨论小组关于区政协十二届常务委员会工作报告和区政府工作报告等讨论情况的汇报，审议通过区政协十二届三次会议决议（草案）和区政协十二届三次会议提案初审情况的报告。

2 月 9 日　区政协十二届党组第 15 次会议暨第 16 次主席会议召开，传达学习省、市、区重要会议精神，研究部署 2023 年履职工作安排。沈昱主持会议，黄德伟、李玉美、傅丽华、周忠诚、张瑾、吴忠云参加会议。

3 月 10 日　全市政协社法民宗工作座谈会在余杭区召开。市政协副主席冯仁强出席会议并讲话。区政协副主席斯建刚介绍余杭区经济社会发展情况。

3 月 16 日　省政协副主席王昌荣带领社法委相关委员，到余杭区就加强灵活就业和新就业形态劳动者权益保障工作开展调研。

3 月 31 日　区政协机关党组举办“青春修炼手册”新老结对活动，促进年轻干部不断提高政治判断力、政治领悟力、政治执行力。区政协原副主席黄莉、原副区级巡视员傅樟绚、办公室相关负责人及“80 后”年轻干部参加活动。

4 月 4 日　区政协开展“提案助力新中心”建设活动，区政协副主席黄德伟参加。

4 月 23 日　余杭、稻城两地政协举办“跨越山海同读书”活动。

4 月 27 日　区政协开展“培育高能级商圈，助力新中心建设”主席会议专题视察活动。

5 月 12 日　省政协副主席张学伟一行到余杭调研数字政协建设。区政协副主席李玉美、秘书长吴忠云等参加座谈交流。

5 月 16 日　区政协委员履职能力提升培训班在建德航空产学研基地开班。黄德伟、李玉美、傅丽华、周忠诚，秘书长吴忠云等出席培训。开班式通过 i 履职进行线上直播。

5 月 24 日　“让传统文化涌起时代浪花——财税赋能，助企守‘金’”主题活动在杭州市政协余杭联络组委员工作室举办，旨在帮助辖区企业运用国家税收优惠政策，建立现代财务管理体系，突破业务壁垒，增强企业核心竞争力。

6 月 9 日　区政协召开“请你来协商”幸福新中心专题提案办理工作会议，开展提案办理专题协商活动。区政协副主席周忠诚参加。

6 月 15 日　区政协举办“请你来协商”营商环境专题提案办理会暨十二届二次提案“回头看”活动。区政协副主席李玉美参加。

6 月 16 日　区政协召开“请你来协商”“擘画新中心蓝图”专题提案办理工作会议，周忠诚参加并提出指导性意见。

6 月 16—17 日　余杭区政协工商联界别组开展“迎亚运强经济助共富”委员履职实践活动。

6月21日　区政协举办“请你来协商”乡村振兴专题提案办理工作会议暨十二届二次提案“回头看”活动，区政协副主席周忠诚参加。

6月26日　区政协组织召开“推进新中心建设”专题提案项目化办理工作会议。区政协副主席周忠诚出席并讲话。

6月27日　区政协召开“促进现代产业发展”专题提案办理工作会议。区政协副主席张瑾参加。“促进现代产业发展”专题提案共24件，涉及推进先进制造集群建设、推进数字经济创新提质、推进企业服务迭代升级、推进专精特新集聚发展等方面。

6月28日　沈昱赴径山镇开展“七一”慰问活动，走访径山镇小古城村的老党员密小法。为其送上祝福和慰问金，嘱托属地政府和村社要做好日常关心关怀工作。黄德伟、周忠诚、斯建刚等分赴百丈镇、五常街道、良渚街道走访慰问老党员和困难党员，向他们致以节日的问候，为他们送去党组织的关心关怀。

6月29日　区政协举办“请你来协商”良渚文化大走廊建设专题提案办理协商会。协商会涉及15件良渚文化大走廊范围内的相关提案，包括重点提案《关于建设和发展良渚文化大走廊的建议》。区政协副主席傅丽华参会。

7月4日　区政协召开“请你来协商”“深化‘千万工程’”专题提案办理工作会议，周忠诚参加。

7月4日　区政协召开“请你来协商”“深化‘千万工程’”专题提案办理工作会议，区政协副主席周忠诚，区政协提案委、城建委，提案主办单位区农业农村局、区林业水利局相关负责人，部分区政协委员参加。

7月5日　区政协科协界别活动组开展履职实践活动，助力委员全方位了解AGI技术的发展和现状，为建言资政提供科学依据。区政协党组副书记、副主席黄德伟，提案委、委工委、政协办相关负责人及科协界别组委员等参加。

7月7日　区政协在良渚新城召开“城市精细化管理”专题提案办理工作会议。区政协副主席周忠诚，区政协提案委、城建委，区综合行政执法局、良渚新城管委会，区交通运输局、瓶窑镇、区交投集团相关负责人和部分区政协委员参加。

同日　区政协召开“请你来协商”健康余杭专题提案办理协商会。傅丽华参加。

7月13日　区政协组织开展“请你来协商”美好教育专题提案办理协商会暨2022年度提案办理“回头看”活动。区政协副主席傅丽华，区政协文史委，提案委，提案主办单位区教育局主要负责人及6个提案协办单位相关负责人参加会议。

7月21日　沈昱带队开展“持续深化国企改革、推动经济高质量发展”主席会议视察活动。区委常委、常务副区长梅建胜，区政协副主席李玉美、傅丽华、周忠诚、斯建刚、张瑾，区政协各委办、区相关部门负责人、区属国有企业主要领导及部分政协委员参加。

8月3日　区政协党组理论学习中心组（扩大）会议召开，传达学习省委十五届三次全体（扩大）会议、市委十四届四次全体（扩大）会议、区委十五届八次全体（扩大）会议精神，研究区政协贯彻落实意见。区政协党组书记、主席沈昱讲话。区政协领导及全体机关干部参加。

8月9日　区政协十二届常委会第九次会议暨2023年上半年政情通报会召开。区委副书记、区长王华通报余杭区上半年经济社会发展情况及下半年主要工作安排。区政协主席沈昱主持会议，区政协副主席黄德伟、李玉美、傅丽华、周忠诚、斯建刚、张瑾参加。

8月10日　区政协以“弘扬水文化　传承水文明　同缀良渚文化大走廊璀璨珠链”为主题，开展民生议事堂活动。区政协副主席周忠诚、斯建刚，秘书长吴忠云，部分区政协委员及相关部门参加。

8月18日　区政协五常街道联络工委举办民生议事堂活动，区政协副主席黄德伟，区政协提案委、委工委，仓前街道联络工委、未来科技城联络工委、区交警大队、区综合行政执法局、区市场监管局、南滕社区党支部共同参加。

8月29日　区政协开展“助力亚运攻坚　喜迎亚运盛会”专题主席会议视察活动。区政协主席沈昱，区委常委、副区长汤丽玉，区政协副主席李玉美、傅丽华、周忠诚、张瑾，区亚保办等相关部门负责人，部分政协委员及民主党派成员参加。

9月1日　沈昱带队调研中泰街道跳头文艺集镇建设及项目招引运营情况。

9月8日　沈昱带队调研良渚文化村社区集文化、艺术、生活、度假于一体的商业体“玉鸟集”的运营情况，实地视察了玉鸟集商业街区。黄德伟、李玉美、傅丽华、周忠诚、斯建刚、张瑾，区政协秘书长、各委办主任，良渚街道相关负责人参加。

9月13日　沈昱调研区政协经济界别活动一组委员工作室集智助创分室,副主席张瑾等参加。

9月20日　区政协召开学习贯彻习近平新时代中国特色社会主义思想主题教育动员部署会，沈昱主持会议并讲话。会议部署了区政协主题教育工作方案。

9月26日　区政协党组扩大会议召开，传达习近平总书记在浙江考察时的重要讲话精神，及省委、市委、区委常委会会议精神和全省、全市、全区领导干部会议精神。

10月24日　区政协“打赢经济翻身仗”请你来协商活动举行。市委常委、区委书记刘颖出席，宣讲习近平总书记考察浙江重要讲话精神，并与区政协委员开展互动交流和民主协商。沈昱主持会议。

11月2日　区政协组织开展“下好绣花深功夫，雕琢重要新中心”请你来协商活动，区委副书记、区长王华参加并讲话。沈昱主持会议。

11月13日　区政协召开2023年度“下好绣花细功夫，雕琢重要新中心”请你来协商提案二轮深化办理工作会议，副主席周忠诚主持会议。

11月20日　《人民政协报》刊发文章《余杭区政协：“i履职”建功，指尖上协商》，点赞余杭区政协以数字政协手机端“i履职”为抓手全面加强政协功能建设。

11月21日　区政协开展“践行积极老龄观，助推余杭幸福养老高质量发展”请你来协商活动，副主席李玉美主持。副区长吴伟强参加活动。

12月4日　区政协专题听取区法院、区检察院工作情况通报。沈昱主持并讲话。

同日　区政协召开党组理论学习中心组（扩大）会议，学习贯彻习近平总书记向首届“良渚论坛”致贺信重要精神及最近重要讲话精神等，研究区政协贯彻落实意见。沈昱主持，区政协领导及全体机关干部参加。

12月7日　沈昱带队到区人力社保局专题调研全区新业态就业人员有关工作。区政协副主席黄德伟、李玉美，区政协办公室、社法委负责人参加。

12 月 11 日　区政协党组主题教育调研成果交流会召开，区政协党组书记、主席沈昱主持会议并讲话。黄德伟、傅丽华、周忠诚、斯建刚作交流发言，李玉美、张瑾作书面交流。

12 月 14 日　余杭政协官微联合《余杭时报》推出“做实提案项目化办理，实践全过程人民民主”系列报道，讲述提案从提出到办结背后的故事。

12 月 15 日　区政协召开情况通报会，向在余杭的省市政协委员全面介绍和交流余杭的发展情况。沈昱、黄德伟出席会议，部分省市政协委员、区政协办、未来科技城管委会、钱江经济开发区、径山镇相关负责人等参加。

12 月 21 日　区政协工作务虚会召开，总结交流工作经验，研讨谋划明年工作思路。沈昱主持并讲话，区政协主席会议成员、全体机关干部参加。

12 月 25 日　由余杭区政协主办的“灼灼五千年　熠熠新中心”书画摄影跨年艺术展暨《未来有你——余杭人才发展纪实》新书发布及良渚文化大走廊图景展示活动在余杭区政府 8 号楼举行。市委常委、区委书记刘颖出席并宣布开幕，区委副书记、区长王华致辞，区人大常委会党组书记、主任阮文静向人才代表赠书，开幕式由沈昱主持。

第一章

组织机构

第一节　区政协历届委员会

第二节　历届常务委员会

第三节　政协余杭区委员会中国共产党组织

第四节　政协委员会工作机构

第五节　事业单位与社会团体

第一章　组织机构

中国人民政治协商会议杭州市余杭区委员会前身为1949年10月和1949年11月成立的余杭县、杭县各界人民代表会议。1956年3月，政协杭县第一届委员会建立；1958年4月，杭县建制撤销，县政协工作自然停止。1962年6月，政协余杭县第一届委员会建立，至2021年7月政协余杭区第十二届第一次全体会议，共历12届。其间，1994年余杭县撤县设市，中国人民政治协商会议浙江省余杭县委员会改称中国人民政治协商会议浙江省余杭市委员会；2001年3月，余杭撤市设区，中国人民政治协商会议浙江省余杭市委员会改称中国人民政治协商会议杭州市余杭区委员会。2021年4月，撤销杭州市余杭区，设立新的杭州市余杭区，以原余杭区的余杭街道、仓前街道、闲林街道、五常街道、中泰街道、仁和街道、良渚街道、瓶窑镇、径山镇、黄湖镇、鸬鸟镇、百丈镇的行政区域为新的余杭区的行政区域。政协机构仍称中国人民政治协商会议杭州市余杭区委员会（简称“区政协”），其届次仍延续原余杭区政协届次。

政协杭州市余杭区委员会的构成，由中共余杭区委、区各民主党派组织、各人民团体组织、少数民族和社会各界的代表，归国华侨和港澳同胞的代表，以及特别邀请人士组成。每届区政协的参加单位、委员名额和人选由上届区政协常委会协商决定；当届任期内如需增加或变更，由常委会决定。区政协设常委会主持会务，由主席、副主席、秘书长和常务委员组成，其人选经全体会议选举产生。区政协主席会议由主席、副主席、秘书长组成，处理常委会重要日常工作。为体现政协作为中国共产党领导的多党合作和政治协商重要机构的特点，区政协在每届委员、常委、副主席中，民主党派和无党派人士占一定比例。

区政协对应上级政协专委会和根据工作需要的原则，按专业或界别设置若干专门委员会，以区政协委员为主，同时视工作需要吸收少量非政协委员参加，并设主任1人，副主任若干人。专门委员会的设置、变动或撤销，以及主任、专职副主任的任免，由常委会审议决定；副主任（副组长）的任免，由主席会议决定。

区政协机关运作日常工作，由办公室、专门委员会办事机构组成。专门委员会是区政协工作的重要基础，是发挥委员主体作用的重要载体，是在区政协常务委员会和主席会议领导下的工作机构。专委会的组成，按照有利于联系和服务各界别、各方面人士，自愿、协商和便于组织经常性活动的原则，统筹安排。专委会以区政协委员为主组成。根据工作需要，可以聘请政府部门、民主党派和人民团体的负责人以及有代表性、有参政议政能力的人士作为特聘成员。

第一节　历届委员会

2003年1月27日，余杭区政协第七届常务委员会第三十三次会议协商产生区政协八届委员会委员234名，分别代表政协八届的22个界别。至2021年2月的区政协十二届委员会，委员规模310名（安排279名），由中共余杭区委、共青团余杭区委、余杭区总工会、余杭区妇女联合会、余杭区工商业联合会、余杭区归国华侨联合会、余杭区台胞台属联谊会、余杭区科学技术协会、无党派人士、文化艺术界与科技界、社会科学界、经济界、农林界、教育界、体育和新闻出版界、医药卫生界、社会救济福利团体、少数民族和宗教界、特别邀请人士20个界别组成。每届区政协委员会的参加单位、委员名额和人选，经民主推荐，各有关单位、部门提名，汇总后的平衡、调整及必要的考察了解。征求各民主党派、群众团体、有关部门的意见。每届委员会任期内，有必要增加或者变更参加单位、委员名额和决定人选时，由该届常务委员会协商决定。

一、第八届委员会

2003年3月至2007年2月是政协余杭区第八届委员会任期。

委员组成　2003年1月27日，余杭区政协七届常委会第三十三次会议协商产生区政协八届委员会委员234名，分别代表政协八届的22个界别。其中，中共余杭区委12名，共青团余杭区委8名，余杭区总工会9名，余杭区妇女联合会7名，余杭区工商业联合会13名，余杭区归国华侨联合会6名，余杭区台胞台属联谊会7名，余杭区科学技术协会10名，无党派人士5名，文化艺术界8名，科学技术界27名，社会科学界5名，经济界33名，农林界14名，教育界12名，体育界3名，新闻出版界3名，医药卫生界9名，社会救济福利团体4名，少数民族3名，宗教界6名，特别邀请人士30名。234名委员中，全区19个乡镇、街道办事处中每个至少有2名。

234名政协八届委员中，中共党员93名，占39.7%；符合中央关于中共党员在政协委员中的比例不超过40%的要求，非中共人士141名，占60.3%（其中，民盟7名、民建9名、农工5名、民进3名、九三学社1名，民主党派共25名，无党派人士116名）。妇女60名，占25.6%。其中，系区七届政协委员留任的82名，占35%；新安排人选152名，占65%。区七届政协委员未安排的原因为：已到退休和接近退休年龄的74名，占58.8%；工作调动、变化，失去代表性25名，占19.8%；其他调整26名，占20.8%。具有大专以上文化程度的有151名，占64.53%，比上届提高11.23个百分点。新当选的7名主席、副主席平均年龄54岁；具有大专以上文化程度的5名，占71.42%，比上届提高14.28个百分点。

委员名单

余杭区政协八届委员会委员一览表

表 1-1

界　别	委　　员
中共余杭区委	方加明、丰章生、白美玉（女）、李小花（女）、吴勇、吴月根、吴忠云、沈国祥、汪雪平、莫炳法、徐连子（女）、董建国
共青团余杭区委	王建华、朱海东、余煜明、宋国香（女）、郁　瑛（女）、胡琛霞（女）、徐敏、蒋国勇
余杭区总工会	王美华（女）、汪文彬、陈小英（女）、钟万龙、钟亦明、俞伟、顾小兰（女）、梁水根、嵇掌虎
余杭区妇女联合会	卫引娣（女）、许跃华（女）、陈玉莲（女）、周晓燕（女）、胡连风（女）、钱利利（女）、章爱娣（女）
余杭区工商业联合会	马云康、孔载明、叶妙华、叶海云（女）、江道剑、何可成、张月龙、陆文龙、陈耀明、林会平、胡中伟、祝维德、唐杏琴（女）
余杭区归国华侨联合会	上官建荣、杨焕春、张自杰、林德胜、俞海平、骆洪民
余杭区台胞台属联谊会	王祖祥、王啸堤、苏羽虹、沈小英（女）、陈望云（女）、曾玲（女）、楼登杰
余杭区科学技术协会	丁远达、刘国平、吴九斤、应掌虎、沈跃岗、范美德、郑洪广、郑建国、葛建平、鲍志法
无党派人士	石连忠、刘永忠、刘念祖、江筠（女）、蓝德光
文化艺术界	孙荣水、陈燕贻（女）、罗倩萍（女）、金彩芳（女）、顾建生、郭青岭（女）、谢伟洪、戴园丽（女）
科学技术界	王元富、王官法、王忠雄、王建平、左晓旭、叶子、叶天云、朱文标、孙银海、许玲（女）、何月姣（女）、陈宪珠（女）、范金华、茅昕、林小松、林金木、周卫列、郑洪福、赵兵、赵伟烈、俞华松、施仙林、徐一珠（女）、徐洪林、黄月平、崔笑萍（女）、雷云霞（女）
社会科学界	马亚琴（女）、朱亚芳（女）、杨法宝、郑亚萍（女）、程勋
经济界	马仁华、王贤中、方建华、杨卫平、杨林山、李臣桐、李继萍（女）、吴健、吴明龙、吴松林、吴建龙、吴海龙、沈国华、沈月华（女）、沈世杰、汪峰贤、张勇、张洪根、张耿虎、陆小平、林革、林夕华、周金法、郑如梅、郑爱文（女）、封福良、祝以芳（女）、徐丽玉（女）、奚高飞、程功、傅将农、裘建英（女）、戴桂香（女）
农林界	王军挺、方勇、叶水娟（女）、任永发、华水法、李正平、吴新勇、沈水玉（女）、沈洪奎、张正和、陈有生、周水清、俞云章、樊金明
教育界	叶香梅（女）、孙树荣、李和、李晨初、余展红（女）、周峰、胡会云、姜桂芳、姚际平、钱燕赢（女）、倪水友、程叔重
体育界	王君印、史云岗、韩益民

续表 1-1

界　别	委　　员
新闻出版界	金幼群（女）、周康明、费云江
医药卫生界	王争鸣（女）、方黎明、叶平平（女）、吴晋兰（女）、张来（女）、范连兴、金云松、贾文义、黄国林
社会救济福利团体	邬祖根、杨俊、陈志龙、陈祖荣
少数民族	方海鹰（回族）、兰兆祥（畲族）、雷如炎（畲族）
宗教界	宋文跃、张耀美（女）、葛幼良、释大兴、释妙乐（女）、释定康
特别邀请人士	丁敏儿、王洪坤、方荣跃、邓振华、冯苏静（女）、吕达飞、仲瑞妙、李云（女）、李云华（女）、沈妙根、汪增荣、张洪法、张曙光、陈志敏、金云中、金本申、赵增良、闻宝龙、娄永强、洪英(女)、姚建山、柴顺良、夏慧敏（女）、钱杭根、殷春贤、徐财德、高峰、崔昌培、章福根、傅月仁

委员调整　2004 年 2 月 25 日至 28 日，政协杭州市余杭区第八届委员会第二次会议补选区政协八届常务委员会委员 3 人。是年 2 月召开的第六次常委会会议上，因职务、工作变动，同意 3 名常委、3 名委员辞去常委、委员；协商决定增补 6 名政协委员。在 4 月 22 日召开的第九次常委会会议上，增补委员 7 人。在 12 月 19 日召开的第十三次常委会会议上，同意辞去区政协八届秘书长 1 人，调整委员 9 人，增补委员 17 人。2005 年 1 月 21 日至 24 日，余杭区政协第八届委员会第三次会议补选区政协八届委员会秘书长和常务委员各 1 人。2006 年 6 月 23 日召开的第二十一次常委会会议上，撤销区政协委员资格 1 人。在 9 月 26 日召开的第二十三次常委会会议上，增补区政协八届委员会委员 1 人。杭州市余杭区政协八届委员会委员 235 名、常务委员 39 名。因调到杭州工作，失去代表性的区政协八届委员会委员有 2 名；因调离原界别单位、岗位，不便于组织政协委员界别活动的常务委员有 3 名。

二、第九届委员会

2007 年 2 月至 2012 年 1 月是政协余杭区第九届委员会任期。

委员组成　区政协九届委员共 289 名。经民主推荐，各有关单位、部门提名，汇总后的平衡、调整及必要的考察了解。征求各民主党派、群众团体、有关部门的意见，区政协第八届常委会由协商决定产生。

余杭区政协九届委员会由 22 个界别组成。在 289 名委员中，中共余杭区委 12 名，共青团余杭区委 9 名，区总工会 12 名，区妇女联合会 9 名，区工商业联合会 14 名，区归国华侨联合会 7 名，区台胞台属联谊会 8 名，区科学技术协会 11 名，无党派人士 6 名，文化艺术界 9 名。科技界 29 名，社会科学界 5 名，经济界 38 名，农林界 18 名，教育界 13 名，体育界 3 名，新闻出版界 3 名，医药卫生界 10 名，社会救济福利团体 7 名，少数民族 3 名，宗教界 7 名，特别邀请人士 56 名。委员中，中共党员共有 115 名，占 39.8%；妇女委员共有 101 人，占 34.94%；八届委员留任的 125 名，占 43.25%。具有大专以上文化程度的有 241 人，占 83.39%，比上届提高 18.86 个百分点。新当选的 7 名主席、副主席平均年龄 50岁，比上届下降 4.4 岁；具有大专以上文化程度的 6 人，占 85.71%，比上届提高 14.29 个百分点。

289 名委员中，全区 19 个乡镇、街道办事处中每个至少有 2 名。民营（外资）企业中的技术管理人员、中介组织从业人员、自由职业者等社会新阶层 7 名。外来投资创业人员 28 名。

289 名政协九届委员中，中共党员 115 名，占 39.8%；符合中央关于中共党员在政协委员中的比例不超过 40%的要求，非中共人士 174 名，占 60.2%。妇女 101 名，占 35%。一线职工 67 名，占 23.2%。符合上级有关要求（妇女委员不少于上届 25.5%，职工委员不少于 10%）。委员中，系区政协八届委员留任的 125 名，占 43.3%；新安排人选 164 名，占 56.7%。区政协八届委员未安排的原因：已到退休和接近退休年龄的 39 名，占 15.1%；工作调动、变化与失去代表性 59 名，占 22.8%；其他调整 36 名，占 13.9%。

委员名单

余杭区政协九届委员会委员一览表

表 1–2

界　别	委　　员
中共余杭区委	方加明、孔祥华、占张明、吴朝晖、汪宏儿、汪雪平、沈国祥、沈洪相、陈云水（女）、陈梅乾、翁建昌、黄莉（女）
共青团余杭区委	杨兰（女）、宋国香（女）、陈丽英（女）、赵加鑫、徐丽英（女）、黄伽伦（女）、常秀兰（女）、葛旭峰、滕晓芳（女）
余杭区总工会	王美华（女）、叶啸、吴国飞、何勇、张燕（女）、陈频（女）、金华森、俞伟、洪景林、袁清泉、喻爱彬（女）、戴国平
余杭区妇女联合会	卫引娣（女）、王爱武（女）、许跃华（女）、张杏英（女）、张慧萍（女）、林友珠（女）、孟维菁（女）、柴燕萍（女）、康燕（女）
余杭区工商业联合会	王学东（女）、孔载明、叶海云（女）、江道剑、李继萍（女）、张月龙、陆文龙、陆铜华、陈跃水、郑芝伟、胡玲珺（女）、俞从钧、唐杏琴（女）、曹国兴
余杭区归国华侨联合会	王鹄、孙捷（女）、陈伟、俞海平、骆小平、骆洪明、唐永铭
余杭区台胞台属联谊会	王啸堤、邬珉玮、苏羽虹、沈小英（女）、陈宇光、郎平、胡晓、曾玲（女）
余杭区科学技术协会	卢红梅（女）、冯建华（女）、刘军、杨焕春、应掌虎、沈跃岗、陆文灿、陈效绘、郑洪广、施建华、洪英（女）
无党派人士	刘永忠、江筠（女）、胡军（女）、徐一珠（女）、程栋、蓝德光
文化艺术界	丰国需、甘士明、朱妮娅（女）、孙荣水、周艳（女）、周锋、郭青岭（女）、高玲英（女）、戴园丽（女）
科学技术界	王元富、王官法、方一芳（女）、左平、叶天云、朱文标、吴王楼、吴丽萍（女）、吴松林、何平、何月姣（女）、应健（女）、沈金浩、陆小平、陆文宝、陈士心、陈相强、项坚民、赵兵、钮心荣、俞忠明、施筠（女）、夏美丽（女）、倪平（女）、徐天生、徐洪林、高峰、唐亮、雷云霞（女）

续表 1-2

界 别	委 员
社会科学界	马亚琴（女）、陈耿忠、胡一萍（女）、阎丽华（女）、程勋
经济界	丁水泉、马仁华、王贤中、王晓乐（女）、尤恩校、方彩勇、杨军、杨林山、劳晓萍（女）、吴明龙、吴建龙、余煜明、汪峰贤、沈月华（女）、沈国华、宋玉平、张洪根、张耿虎、张智林、张惠娣（女）、陈联宏、罗连水、金丽敏（女）、金晓英（女）、周金法、周俊杰、胡中伟、封福良、钟标、洪流、祝以芳（女）、祝蔚莉（女）、夏慧敏（女）、钱腾波、高伟兴、唐永乐、黄永国、程功
农林界	方勇、左晓旭、白植标、朱荣妹（女）、孙连法、李正平、李培珠（女）、余向东、汪爱娟（女）、沈洪奎、张正和、陈建方、周水清、庞法松、赵宝根、俞云璋、翁燕娟（女）、樊金明
教育界	卜建红（女）、王明瑜（女）、江小洪、孙树荣、李君（女）、宋永高、陈朝阳、胡会云、俞小平、施明、倪水友、高丽娟（女）、董鹏飞
体育界	史云岗、韩益民、楼志明
新闻出版界	金幼群（女）、徐跃芳、阎景临（女）
医药卫生界	王伟明、王争鸣（女）、方黎明、叶平平（女）、吴晋兰（女）、张来（女）、金云松、施志杰、贾文义、雷国荣
社会救济福利团体	孙维丹（女）、杨俊、汪越春（女）、张志良、胡国平、洪胜华、郭海鑫（女）
少数民族	方海鹰（回族）、金枝（女，满族）、谭朝英（女，土家族）
宗教界	尤永春、张耀美（女）、邵凤仙（女）、邵佩玲（女）、释圣净、释昌乐、释净念
特别邀请人士	丁怿（女）、丁迎九、丁敏儿、王洪坤、邓振华、冯松妹（女）、吕达飞、朱根祥、杨忠培、杨爱珍（女）、李云（女）、李文泉、李云峰、何军芳（女）、汪文彬、沈红华、张瑾（女）、张淦华、陈弘、陈永斌、陈贵福、林加忠、杭建卫、金卫东（女）、金云中、周卫列、周文菊（女）、周前武、周黎翔、郑红（女）、郑建芬（女）、胡汉民、胡旭洪、胡荣法、钟万龙、俞国富、闻宝龙、宣桦（女）、姜有松、娄永强、娄晓珍（女）、姚水林、莫少骅（女）、莫少颖（女）、钱杭根、钱祖华、徐荣德、高箭飞、曹云根、章桂娣（女）、章雪梅（女）、章福根、楼建琴（女）、蔡建成、戴桂香（女）、濮余强

委员调整 2009年1月12日，区政协九届常委会第十二次会议协商，同意吴朝晖、占张明、倪平、高伟兴、叶平平、郭海鑫、张淦华、陈贵福、周文菊（女）、钱祖华辞去政协第九届杭州市余杭区委员会委员职务。王翔、朱红耀、许美凤（女）、吴健、应世明、沈妙法、陈立强、郑颖、章月霞（女）、韩峻等10名同志增补为政协杭州市余杭区第九届委员会委员。2007年6月12日召开区政协九届常委会第三次会议撤销区政协九届委员会委员资格1人。2010年1月28日召开的第十七次常委会会议上，同意委员额度从289名增加至295名，常务委员会额度从45名增加至55名；同意辞去九届常委3人、委员24人，增补政协九届委员27名。增补下列27名同志为区政协九届委员会委员：王利群（女）、王艳勤（女）、叶敏（女）、吕复春、杨马云、李树平（女）、沈钢、沈永虎、张炜、张自杰、陆庆（女）、陆财良、陈迪芳（女）、金国强、周文菊（女）、周明雍、周顺根、郑跃中、钟山、俞

顺刚、施明俊、郭云伟、谢宇罡、释礼敬、释戒兴、廖洪星、潘法高。

2010 年 5 月 18 日召开的第二十次常务委员会议，同意方加明因年龄原因辞去区政协九届委员会副主席职务。2010 年 12 月 21 日召开的第二十三次常委会会议，同意辞去政协九届常委 2 人。

三、第十届委员会

2012 年 2 月至 2017 年 2 月是余杭区政协十届委员会任期。

委员组成　区政协十届委员会委员额度 295 名，十届一次会议安排 290 名。经民主推荐，各有关单位、部门提名，汇总后的平衡、调整及必要的考察了解，征求各民主党派、群众团体、有关部门的意见产生。290 名委员分别代表政协十届的 22 个界别。其中，中共余杭区委 12 名，共青团余杭区委 9 名，区总工会 12 名，区妇女联合会 9 名，区工商业联合会 14 名，区归国华侨联合会 7 名，区台胞台属联谊会 8 名，区科学技术协会 11 名，无党派人士 6 名，文化艺术界 9 名，科技界 29 名，社会科学界 5 名，经济界 38 名，农林界 18 名，教育界 13 名，体育界 3 名，新闻出版界 3 名，医药卫生界 10 名，社会救济福利团体 7 名，少数民族 3 名，宗教界 7 名，特别邀请人士 57 名。

290 名政协十届委员中，中共党员 113 名，占 39.0%，符合中央关于中共党员在政协委员中的比例不超过 40%的要求。非中共人士 177 名，占 61.0%。其中民革 10 名、民盟 9 名、民建 16 名、民进 12 名、农工党 11 名、致公党 5 名、九三学社 7 名，民主党派共 70 名，无党派人士 107 名。妇女 91 名，占 31.4%，符合上级有关要求。

290 名人选中，系区政协九届委员留任的 142 名，占 49.0%；新安排人选 148 名，占 51.0%。

委员名单

余杭区政协十届委员会委员一览表

表 1-3

界　别	委　　员
中共余杭区委	丰曦红（女）、王艳勤（女）、孔祥华、阮文静（女）、杜永林、汪雪平、陈云水（女）、陈迪芳（女）、陈梅乾、翁建昌、黄莉（女）、潘法高
共青团余杭区委	汤卫忠、寿烨飞（女）、李江武、吴熠东、邹华、宋国香（女）、赵加鑫、葛浩俊、滕晓芳（女）
余杭区总工会	杨马云、杨军民、吴海萍（女）、沈芬芳（女）、沈梦元、张燕（女）、陆财良、林清勇、孟莉莎（女）、徐年松、葛树法、喻爱彬（女）
余杭区妇女联合会	王爱武（女）、叶敏（女）、许跃华（女）、邱丽霞（女）、沈慧丽（女）、孟维菁（女）、俞金香（女）、黄晓虹（女）、康燕（女）
余杭区工商业联合会	孔志能、仲瑞妙、江道剑、吴建龙、沈建华、陆铜华、林会平、周贤海、郑芝伟、胡治国、夏永亮、唐杏琴（女）、曹国兴、曾敏（女）

续表 1-3

界别	委员
余杭区归国华侨联合会	丁庆伟、王鹄、李俊、吴鸿洲（女）、陈伟、俞海平、骆小平
余杭区台胞台属联谊会	朱健铭、苏羽虹、沈小英（女）、张自杰、陈宇光、胡晓、俞荣华、曾玲（女）
余杭区科学技术协会	卢红梅（女）、冯建华（女）、朱飞燕、刘军、邹晓晖（女）、沈钢、沈利杨、陆文灿、陈效绘、郑洪广、施建华
无党派人士	王健、卢世亮、吴王楼、沈宝土、周丹颖（女）、胡军（女）
文化艺术界	丁银华、丰国需、甘士明、牟林燕（女）、陆文宝、陆筱雅（女）、金卫东（女）、周明雍、郭青岭（女）
科学技术界	丁列明、王官法、王建德、方红梅（女）、方宏图、李菁（女）、应健（女）、沈士华、张建方、陈强、金明、周智刚、郑红（女）、郎振忠、项坚民、项春生、封福良、茹栋、施�（女）、姚敏、钱华斌、徐天生、徐洪林、高冠敏、唐亮、曹媛（女）、章国荣、雷国荣、谭伶艳（女）
社会科学界	马亚琴（女）、许艳飞（女）、吴莹岗、戚金诲、程勋
经济界	丁水泉、王贤中、王晓乐（女）、尤士英（女）、尤永春、尤恩校、叶富云、吕仙寿、江筠（女）、杨军、严中铂、吴有祥、宋玉平、张毛根、张月龙、林峰、杭建卫、周卫列、周金鹏、周俊杰、於卫国、郑建芬（女）、郑爱文（女）、胡水元、施明俊、顾菁华（女）、夏慧敏（女）、徐忠华、徐国钧、奚高飞、高尔明、黄永国、章桂娣（女）、韩峻、程功、谢宇罡、楼建琴（女）、廖杭州
农林界	马伟根、马良浩、王国升、王朝丽（女）、何月姣（女）、余向东、汪爱娟（女）、金国祥、周占锋、庞法松、赵宝根、钱益升、倪为民、徐建荣、翁燕娟（女）、郭金乔、郭恬靖、潘荣富
教育界	卜建红（女）、白福梅（女）、江小洪、李君（女）、李士云、杨仁洪、沈智明、张建群（女）、陈朝阳、俞建锋、施明、唐建强、韩卫芳（女）
体育界	史云岗、金枫、楼志明
新闻出版界	刘小洋、周康明、阎景临（女）
医药卫生界	王伟明、李小军、沈妙法、沈银华、张来（女）、张国强、赵华、施志杰、贾文义、程栋
社会救济福利团体	王建强、李卿、杨俊、陈寿亮、徐文忠、章斌、章月霞（女）
少数民族	方海鹰（回族）、陈胜葵（土家族）、蓝德光（畲族）
宗教界	丁胜国、包仲天、邵凤仙（女）、邵培玲（女）、释礼敬、释戒兴、释昌乐
特别邀请人士	丁敏儿、王火、王志亮、王利群（女）、王康权、毛传坤、邓振华、平萍（女）、仲玉英（女）、刘玉明、许美凤（女）、李树平（女）、李素红（女）、杨爱珍（女）、吴健、吴芳华（女）、何军芳（女）、谷琦（女）、汪越春（女）、沈红华、沈有松、张瑾（女）、张中文、张丽莉（女）、陈立强、陈永斌、陈国民、陈建忠、陈锦秋（女）、金国强、周前武、郑跃中、胡先龙、胡旭洪、赵谦、赵喜凯、钟山、钟蔚（女）、俞顺刚、莫少骅（女）、莫少颖（女）、夏渭云、徐晓斌、郭云伟、高峰、高卫中、高玲英（女）、唐红华、黄国林、章雪梅（女）、谢一民、解宏伟、廖洪星、戴畅、戴园丽（女）、戴桂香（女）、濮余强

委员调整　2013年1月22日，区政协十届常委会第四次会议协商决定：同意丁银华、平萍（女）、刘玉明、李树平（女）、陈永斌、张中文、杭建卫、钟蔚（女）、高卫中、喻爱彬（女）、濮余强因工作原因辞去区政协十届委员会委员职务。同意赵宝根因个人原因辞去区政协十届委员会委员职务。区政协十届常委会关于同意叶敏等辞去常委职务的决定。2014年1月14日，区政协十届常委会第九次会议协商决定：同意丰曦红（女）、王建强、王艳勤（女）、李江武、何军芳（女）、沈钢、陈寿亮、郑建芬（女）、郑跃中、章桂娣（女）因工作原因辞去区政协十届委员会委员职务。增补委员马劲询（女）、厉息安、朱一心、陈墨飞、沈伟功、徐锋、蒋卫东。2014年8月6日至7日，区政协十届常委会第八次会议以举手表决的方式，同意仲昕、沈有松、陈建忠、郭云伟因工作原因辞去政协杭州市余杭区第十届委员会委员职务；增补丁迎九、马峰、王燕（女）、李晓亮、汪全平、陈弘、周顺根、段南京为区政协十届委员会委员。2015年1月23日，区政协十届常委会第十四次会议同意王燕（女）、王志亮、王利群（女）、王康权、尤士英（女）、孙立英（女）、仲瑞妙、沈红华、汪雪平、张毛根、胡永林、钟山、徐晓斌、柴燕萍（女）、戚金海、黄晓虹（女）、程功、曾玲（女）、廖洪星因工作原因，孟维菁（女）因个人原因辞去区政协十届委员会委员职务。增补卜利斌、王铮（女）、王金莲（女）、王耀平、孙玉英（女）、李瑛（女）、李晓琦、汤宝荣、朱学猛、朱根祥、张静（女）、沈萍（女）、沈超乔（女）、余海根、范海荣、金丽敏（女）、周黎翔、钟月华、俞列明、高余杰、葛建伟、楼秀华、鲍永华为区政协十届委员会委员。

四、第十一届委员会

2017年4月至2021年4月是余杭区政协十一届委员会任期。

委员组成　经民主推荐，各有关单位、部门提名，汇总后的平衡、调整及必要的考察了解，征求各民主党派、群众团体、有关部门的意见产生。区政协十一届委员会委员规模300名，建议人选298名。其中，政协十届委员118名，占39.6%。建议人选平均年龄43.4岁，其中35岁以下55人，占18.5%，36—45岁110人，占36.9%，46—50岁69人，占23.1%；51—55岁61人，占20.5%，56岁及以上3人，占1%。

文化程度：大专及以下学历59人，占19.8%，大学学历190人，占63.8%，研究生及以上学历49人，占16.4%。政治面貌：298名建议人选中，中共党员115人，占总数38.6%，符合中央关于中共党员在政协委员中的比例应低于40%的要求；非中共人士183人，占总数61.4%，其中民主党派人士87人，占29.2%。男女比例：男性203名，占68.1%；女性95名，占31.9%。

委员名单

余杭区政协十一届委员会委员一览表

表 1-4

界别	委员
中共余杭区委	孔祥华、厉承越、卢松岳、阮文静（女）、李晓琦、杨文闯、吴忠云、陈云水（女）、金丽敏（女）、赵琪峰、钟月华、黄莉（女）、潘法高
共青团余杭区委	卢俊卿、杨佳（女）、谷琦（女）、邹华、郭健、葛浩俊、谢如栋、虞洋、滕晓芳（女）
余杭区总工会	丁浩珈、王文娟（女）、王邦林、杨马云、吴胜平（女）、林清勇、周琪（女）、庞永强、项荣轩、徐年松、梁松英（女）、葛树法
余杭区妇女联合会	王琪（女）、孙玉英（女）、沈慧丽（女）、陈宁（女）、陈晓媛（女）、赵爱丽（女）、莫少骅（女）、蒋秀娟（女）、操莉群（女）
余杭区工商业联合会	汝海林、许建华、严钱军、李锦洪、张如星、陆铜华、陈树坤、陈香根、范肖波、郎见松、胡治国、胡爱秋（女）、俞宏、曾敏（女）
余杭区归国华侨联合会	朱建静、李俊、邹湘坪、陆顺理、陈波、周柔刚、俞清、徐振革、戚琼（女）
余杭区台胞台属联谊会	苏羽虹、杨国富、杨胜相、张自杰、陈宇光、金忠美（女）、胡晓、高丽娟（女）
余杭区科学技术协会	王婉芬（女）、卢红梅（女）、朱飞燕、汤凌（女）、李健、吴健、沈利杨、沈艳芬（女）、徐建荣、高志朝、蒋建萍（女）
无党派人士	汤国柱、沈宝土、陈立强、金丹文（女）、赵金萍（女）、戴畅
文化艺术界	王金莲（女）、甘士明、许晓明、孙惠华（女）、牟林燕（女）、沈车、陆文宝、金卫东（女）、周明雍
科学技术界	丁列明、丁国英（女）、于振东、马锁平、王巧珍（女）、方红梅（女）、平永苍、卢钢、吕璨任、李秋华（女）、李浩强、吴文星、应健（女）、沈士华、张迪、季贵波、金明、郑红（女）、郎振忠、封福良、胡雅琴（女）、柯诗剑、施筠（女）、徐天生、高冠敏、唐涛、黄临平、韩建鹏、楼淼荣
社会科学界	厉息安、石翼飞、张瑾（女）、赵惠娟（女）、胡健敏
经济界	马劲询（女）、王洪刚、王晓乐（女）、毛和华、冯啸涛、朱丁伟、朱彩（女）、许立、孙新华、严剑彪、李瑛（女）、肖琪经、吴震华、何旭东、汪琏、沈卫东、沈建法、张丽莉（女）、张洁（女）、张焱、陈国建、陈晓东、范丹莺、林峰、季晔、金正军、周水妹（女）、周侃奇、周俊良、郑念华、孟镝、胡水元、顾菁华（女）、徐进、奚高飞、郭青岭（女）、郭国平、傅兴法、谢宇罡、楼建琴（女）、蔡晓露（女）、薛晖、戴劲
农林界	王朝丽、刘俊（女）、江华民、苏宇、吴春仙（女）、何林海、汪爱娟（女）、汪辉、沈兴连、张宇庭、张高立、陈小忠、庞法松、钟伟良、钟燕（女）、温作荣、谢一民、廖长友
教育界	王铮（女）、白洪林、刘伟慧、江小洪、李君（女）、张佳、张建群（女）、钟瀚佳（女）、俞建锋、闻建明、姚永安、唐建强、韩卫芳（女）

续表 1-4

界别	委员
体育界	毛新雨、金枫、胡敏杰
新闻出版界	方培雁、周康明、阎景临（女）
医药卫生界	马强、孙荣强、李萍（女）、张来（女）、张国强、张剑峰、赵华、胡丰根、袁见华、黄韶毅
社会救济福利团体	王伟明、王巍、叶玉萍（女）、汤宝荣、李卿、杨满珠（女）、章月霞（女）
少数民族	马洁（女）、买坦、蓝德光
宗教界	丁胜国、包仲天、孙国萍（女）、释心皓（女）、释礼敬、释戒兴、释宏传
特别邀请人士	丁敏儿、王生忠、王栋、王康权、冯毅、朱礼（女）、朱学猛、朱根祥、刘红（女）、江筠（女）、李如兴、李素红（女）、吴芳华（女）、吴宏伟、吴诗凡（女）、汪全平、沈忠英（女）、沈萍（女）、宋亮、张中文、张立广、张静（女）、陈宏、陈胜葵、陈强、林蕾（女）、陈锦秋（女）、罗建强、金国强、金翔飞、周卫列、周旻翔、周前武、周锋、周黎翔、郎毅、赵喜凯、胡晓秋（女）、段南京、俞红杰、姚志华、姚建华、姚跃明、夏雪芬（女）、钱锋、高玲英（女）、郭欣玮、姬富强、曹维昌、盛胜峰、章雪梅（女）、游怡（女）、谢俊、赖炳权、穆建忠、戴园丽（女）、戴桂香（女）

委员调整 2018年1月31日，区政协十一届第四次常委（扩大）会议协商决定：同意王栋、王铮（女）、王金莲（女）、甘士明、厉承越、冯毅、刘红（女）、李晓琦、吴宏伟、沈萍（女）、张静（女）、张如星、金丽敏（女）、周前武、赵琪峰、姚建华、郭健、姬富强、楼建琴（女）等因工作原因辞去区政协十一届委员会委员职务；葛树法因个人原因辞去区政协十一届委员会委员职务。增补下列18名同志为区政协十一届委员会委员：丁宇、王洪银、石磊、卢君飞（女）、冯玉宝、劳晓萍（女）、余海根、沈汉平、陆春良、陈时忠、陈国强、张锋、郑夏（女）、胡乃女（女）、徐林娟（女）、施成华、贾国平、韩云燕（女）。

2019年1月17日，区政协十一届常委会第十次会议协商同意王洪银、厉息安、朱礼（女）、朱丁伟、李瑛（女）、吴文星、吴芳华（女）、吴春仙（女）、张剑峰、陈国强、陈锦秋（女）、钟月华、胡建敏、俞红杰、郭欣玮等因职务变动原因辞去区政协十一届委员会委员职务；苏宇、李秋华（女）等同志因工作变动原因辞去区政协十一届委员会委员职务。增补下列21名同志为区政协十一届委员会委员：王铮（女）、王永忠、冯鹏飞、朱松根、李广华、李聚忠、吴立炜、沈昱、宋伟恩、张瑗（女）、张嫣（女）、杭建飞、周建忠、郑志锋、赵兵、俞天寅、姜伟、陶奇、曹海英（女）、黄德伟、蔡军兵。

2020年1月8日，区政协十一届常委会第十五次会议协商决定：同意丁宇、卢君飞（女）、宋亮、汪全平、沈建法、张中文、陈时忠、郑志锋、周黎翔、段南京、姚跃明、贾国平等因工作原因辞去区政协十一届委员会委员职务。增补下列21名同志为区政协十一届委员会委员：马勇斌、王海琛、叶敏（女）、叶振华、朱佳凌、李琴（女）、宋宁、宋国平（女）、沈洪相、沈华强、杨文杰、张峰、陈文琴（女）、陈定泽、陈国良、陈源杰、周汝琴

(女)、高升、高国华、翁其艳、黄欣。

2020年3月13日，区政协十一届常委会第十八次会议协商决定：同意张燚因个人原因辞去区政协十一届委员会委员职务。

五、区政协筹备组

2021年4月，撤销杭州市余杭区，设立新的杭州市余杭区，以原余杭区的余杭街道、仓前街道、闲林街道、五常街道、中泰街道、仁和街道、良渚街道、瓶窑镇、径山镇、黄湖镇、鸬鸟镇、百丈镇的行政区域为新的余杭区的行政区域。同月，建立余杭区政协筹备组。组长沈昱，副组长黄德伟、李玉美（女）、傅丽华（女）、周忠诚、斯建刚、张瑾（女）。

六、第十二届委员会

2021年7月起，是余杭区政协十二届委员会任期开始。

委员组成 区政协十二届委员会，委员规模310名，安排279名；20个界别组成，分别是中共余杭区委、共青团余杭区委、余杭区总工会、余杭区妇女联合会、余杭区工商业联合会、余杭区归国华侨联合会、余杭区台胞台属联谊会、余杭区科学技术协会、无党派人士、文化艺术界、科学技术界、社会科学界、经济界及农林界、教育界、体育界和新闻出版界、医药卫生界、社会救济福利团体、少数民族和宗教界、特别邀请人士。经民主推荐，各有关单位、部门提名，汇总后的平衡、调整及必要的考察了解，征求各民主党派、群众团体、有关部门的意见产生。委员平均年龄42.03岁，其中35岁及以下56人，占20.07%；36—45岁118人，占42.29%；46岁及以上105人，占37.64%；委员大专及以上学历的273人，占97.85%，其中研究生及以上学历的93人，占33.33%。中共109名，占委员总数的39.07%；党外代表人士170名，占委员总数的60.93%，其中民主党派人士80名，无党派人士84名，宗教人士6名；少数民族委员人选5名，占委员总数的2%。男性188名，占委员总数的67.38%，女性91名，占委员总数的32.62%。

委员名单

余杭区政协十二届委员会委员一览表

表1–5

界 别	委 员
中共余杭区委	丁银华、王生忠、叶利杰、吴忠云、沈昱、张树春、陈战峰、陈富强、周忠诚、庞蔚燕（女）、徐来莹（女）、黄德伟、斯建刚
共青团余杭区委	于涛、叶振华、朱佳凌、刘伟学、汤明亮、李倩（女）、谷琦（女）、陈泓伊（女）、姚冀众、虞洋
余杭区总工会	王辉东、吴迪、吴胜平（女）、沈碧君、吴胜平（女）、张建标、陈卫国、陈丽（女）、周琪（女）、胡洋、姜雅萍、洪月平、蔡潮东
余杭区妇女联合会	王琪（女）、方琼（女）、白雪娇（女）、余过心（女）、张军燕（女）、陈宁（女）、郑芬兰（女）、郑夏（女）、操莉群（女）、韩琪（女）

续表 1–5

界 别	委 员
余杭区工商业联合会	王洪刚、吕夏娥（女）、许立、许建华、肖传宝、张国宝、张道静、陈树华、陈树坤、林忠明、金瑞航、周展群、郎情樱（女）、俞增茂
余杭区归国华侨联合会	李俊、陈施（女）、周玲毅、周柔刚、赵楠（女）、俞源、俞聪、徐振革、谢欣（女）、潘天鸿、戴国民
余杭区台胞台属联谊会	王晓平、王琦、吕航、朱卫国、陈旭丹、罗峻、姚惠娥（女）、黄一帆
余杭区科学技术协会	王婉芬（女）、叶凤（女）、田元、孙旭东、阳凌峰、张捷、孟宪坤、钟哲通、黄庆芳、曹华生、谢镔舟
无党派人士	丁浩珈、杨剑峰、陈建华、陈梦燚（女）、罗昭萍、鲍贝（女）
文化艺术界	仲秀芳（女）、李素红（女）、张雷、陈文琴（女）、赵艳华（女）、俞珠花（女）、费鑫萍（女）、唐立春、蒋巧娅（女）
科学技术界	丁雯（女）、于振东、王玉林、王伟、甘云锋、叶建标、向方逊、刘志鹏、阮森钎、李世钦、李朝、李巍（女）、汪思洋、宋杰、张晓琣（女）、张峰、陈志伟、陈凯、季贵波、金磊、郎振忠、赵海燕、桂玉红（女）、高航、唐永波、徐纳、涂巍峰、章磊、韩建鹏、薛晓卿、戴唯悠
社会科学界	石翼飞、吴莉琴（女）、邵文鸿（女）、徐湘玲（女）、陶伟华
经济界	王原（女）、华继林、向祥林、刘涛、刘浩然、孙威、严华英（女）、严剑彪、严群芳（女）、李丹（女）、李纪为、杨峰、连剑飞、肖琪经、肖斐、余浩、邹成蔚、邹兵、张荣鑫、张洁（女）、张瑛（女）、陆善斌、陈国建、陈晓东、罗建强、季晔、金国庆、周军辉、周侃奇、周锋、胡水元、胡冰、胡爱秋（女）、胡辉、俞彤、钟燕（女）、钱少波、徐钦、高扬、唐亚伟、董雪霞（女）、董强、谢育红（女）、潘杨欢（女）、潘丽（女）
农林界	马宽、王玉坤、王闻涛、叶亿龙、刘松、江华民、何峰（女）、汪爱娟（女）、汪辉、沈士华、张宇挺、张丽莉（女）、陈兰（女）、高圣、董宇宸、董雪华、储芸芸（女）、温作荣、谢一民
教育界	白洪林、成朝晖（女）、刘学佳（女）、张佳、张建群（女）、罗永明、孟熙博、赵昆、俞美玲（女）、俞琣（女）、姚永安、夏晓菲（女）、章东娟（女）、章献明
体育界和新闻出版界	叶统、吴家平、沈寓琦（女）、赵志强、黄小明、梁易（女）
医药卫生界	卢震亚（女）、许迪龙、孙媛洁（女）、杨东晖、吴向明、沈国华、沈勇敏、陈影秋（女）、林勇强、姜赛平、高玉章、龚美丽（女）
社会救济福利团体	何炎祥、沈夏萍（女）、忻皓、陈凌波（女）、唐伟忠、梁松英（女）、裘涵
少数民族和宗教界	丁胜国、法涌、金忠祥、郑妙元、赵金萍（女）、赵爱丽（女）、盛志荣、释心皓（女）、释戒兴、释宏传
特别邀请人士	丁迎九、于蕾（女）、包晓云（女）、冯刚、邢斌、朱方、杜颂兰（女）、李玉美（女）、李宾（女）、李琴（女）、杨国平、沈海涌、张宇晓、张瑾（女）、陆佳婧（女）、陈宏萍（女）、范文涛、林丹琴（女）、罗昕璐（女）、胡边、倪大炜、徐盛、郭青岭（女）、陶文龙、黄佩佩（女）、傅丽华（女）、戴飞飞

委员调整　2022年1月28日，区政协十二届常委会第三次会议协商决定：同意于蕾（女）、邢斌、李琴（女）、沈海涌、罗昕璐（女）、唐亚伟、陶文龙等8名同志因工作原因辞去区政协十二届委员会委员职务。增补王琪、孙垚、严建武、应如萍（女）、陈旭平、陈湘菁（女）、黄莉（女）、章玮为区政协十二届委员会委员。2022年9月21日，区政协十二届常委会第六次会议协商决定：同意陈文琴（女）同志因职务变动辞去区政协十二届常务委员、委员职务。同意张宇晓、陈旭平、邵文鸿（女）、胡水元等因职务变动或分工调整辞去区政协十二届委员会委员职务。增补下列25名同志为区政协十二届委员会委员：王乐芬（女）、方鹏、叶肖华、冯凯、冯魏、朱生花（女）、朱旭成、朱建华、李卿、杨林、吴胤杰、何利丽（女）、汪会武、沈佩赟（女）、沈涌、邵政镓、金世晟、金旸（女）、郑敏、官蓓蓓（女）、郎见华、侯红生、徐静莉（女）、翁建波、曹鹏。

第二节　历届常务委员会

《中国人民政治协商会议章程》规定，区政协委员会的常务委员会由该委员会主席、副主席、秘书长和常务委员组成。政协常委会是委员会常设机构，由主席、副主席、秘书长和常务委员组成。其候选人由参加政协的各党派、团体和各界代表人士协商提名，经全体会议选举产生。政协主席主持常委会的工作，副主席、秘书长协助主席工作。

自2003年3月至2022年12月，已历5届。

一、第八届常务委员会

常务委员会组成　2003年3月13日，中国人民政治协商会议杭州市余杭区第八届委员会第一次会议上，在民主协商的基础上，会议采取等额、无记名投票方式，选举产生政协杭州市余杭区第八届委员会主席1人，副主席6人，秘书长1人，常务委员31人。其中，中共党员47人，占35.6%；非中共人士85名，占64.4%。

主　席　李小花（女，2003年3月至2007年2月）

副主席　丰章生（2003年3月至2007年2月）

董建国（2003年3月至2007年2月）

章福根（2003年3月至2007年2月）

莫炳法（2003年3月至2007年2月）

方加明（2003年3月至2007年2月）

钱杭根（2003年3月至2007年2月）

秘书长　徐连子（女，2003年3月至2004年12月）

郑建芬（女，2005年1月至2007年2月）

常务委员　丁远达、方黎明、左晓旭、朱海东、任永发、孙树荣、孙银海、苏羽虹、杨林山、吴建龙、吴晋兰（女）、吴海龙、何可成、汪雪平、沈国华、张月龙、张正和、张自杰、陆文龙、陈燕贻（女）、罗倩萍（女）、周卫列、郑亚萍（女）、祝维德、钱利利（女）、高峰、梁水根、葛幼良、蓝德光（畲族）、裘建英（女）、戴桂香（女）、王伟明、沈波、郑建芬（女）、张智林。

常务委员变动　2004年2月25日至28日，区政协八届二次会议补选区政协八届常委会委员3人。是年1月召开的第六次常委会会议上，调整常委3人。在12月29日召开的第十三次常委会议上，同意辞去区政协八届委员会秘书长1人。2005年1月21日至24日，区政协八届三次会议补选区政协八届委员会秘书长和常务委员各1人。

二、第九届常务委员会

常务委员会组成　2007年2月6日，中国人民政治协商会议杭州市余杭区第九届委员会第一次会议上，在民主协商的基础上，会议采取等额、无记名投票方式，选举产生政协杭州市余杭区第九届委员会主席、副主席、秘书长和常务委员。汪宏儿为九届政协主席，方加明、章福根、钱杭根、黄莉（女）、孔祥华、陈云水（女）、潘法高为副主席，陈梅乾为秘书长，王鹄等37人为政协常委（其间有调整，有46人为九届委员会常务委员）。

2007年2月7日，区政协九届一次会议选举产生主席、副主席、秘书长、常务委员（合影）

主　席　汪宏儿（2007年2月至2012年2月）

副主席　方加明（2007年7月至2010年5月）

章福根（2007年7月至2012年2月）

钱杭根（2007年7月至2012年2月）

黄　莉（女，2007年7月至2012年2月）

孔祥华（2007年7月至2012年2月）

陈云水（女，2007年7月至2012年2月）

潘法高（2010年2月至2012年2月）

秘书长　陈梅乾（2007年7月至2012年2月）

常务委员　王鹄、王贤中、王爱武（女）、方海鹰、方彩勇、方黎明、左晓旭、叶天云、史云岗、孙树荣、杨俊、杨林山、苏羽虹、吴王楼、吴建龙、吴晋兰（女）、何月姣（女）、汪雪平、沈月华（女）、沈国华、沈洪相、张月龙、张智林、陆文龙、金幼群（女）、庞法松、郑洪广、孟维菁（女）、胡旭洪、俞从钧、洪英（女）、柴燕萍（女）、倪水友、高峰、常秀兰（女）、阎丽华（女）、喻爱彬（女）、蓝德光、戴园丽（女）、叶敏（女）、冯松妹（女）、沈钢、金国强、周前武、郑红（女）、郑跃中、姚水林、郭青岭（女）、韩峻、释戒兴。

常务委员变动　2007年6月12日，区政协九届常委会第三次会议，审议通过撤销李云峰政协委员资格和人口资源环境副主任职务的决定。2010 年 1 月 28 日，区政协九届常委会第十七次会议，审议通过同意沈洪相、洪英（女）、柴燕萍（女）因职务、岗位变动等辞去区政协委员、常委职务的决定。2010 年 12 月 21 日，常委会第二十三次会议，同意姚水林、冯松妹（女）因职务变动辞去区政协九届常委职务。

三、第十届常务委员会

常务委员会组成　2012 年 2 月 14 日，中国人民政治协商会议杭州市余杭区第十届委员会第一次会议上，在民主协商的基础上，会议采取等额、无记名投票方式，选举产生政协杭州市余杭区第十届委员会主席、副主席、秘书长和常务委员。阮文静为十届政协主席，黄莉（女）、杜永林、孔祥华、陈云水（女）、潘法高、戴桂香（女）为副主席，陈梅乾为秘书长，丁列明等 46 人为政协常委。

2012 年 2 月 14 日，区政协十届一次会议选举产生主席、副主席、秘书长、常务委员（合影）

主　席　阮文静（女，2012 年 2 月至 2017 年 2 月）
副主席　黄　莉（女，2012 年 2 月至 2017 年 2 月）
　　　　杜永林（2012 年 2 月至 2017 年 2 月）
　　　　孔祥华（2012 年 2 月至 2017 年 2 月）
　　　　陈云水（女，2012 年 2 月至 2017 年 2 月）
　　　　潘法高（2012 年 2 月至 2017 年 2 月）
　　　　戴桂香（女，2012 年 2 月至 2017 年 2 月）
秘书长　陈梅乾（2012 年 2 月至 2012 年 3 月）①
　　　　吴忠云（2013 年 2 月至 2017 年 2 月）

常务委员　丁列明、马亚琴（女）、王鹄、王建强、王艳勤（女）、王爱武（女）、甘士明、叶敏（女）、史云岗、朱健铭、仲瑞妙、江筠（女）、江小洪、李江武、杨俊、吴王楼、吴建龙、何月姣（女）、汪雪平、沈钢、沈建华、张月龙、陈立强、林峰、金国强、周前武、周康明、庞法松、郑红（女）、郑跃中、孟维菁（女）、赵喜凯、俞海平、施志杰、倪为民、高峰、唐亮、黄国林、曹国兴、章桂娣（女）、韩峻、喻爱彬（女）、程栋、释戒兴、蓝德光（畲族）、廖杭州。

---

① 陈梅乾因涉嫌违纪违法。2012 年 3 月 28 日，政协第十届杭州市余杭区委员会常务委员会第一次会议协商决定：同意陈梅乾因个人原因辞去政协第十届杭州市余杭区委员会秘书长职务。

常务委员变动　2013 年 1 月 22 日，区政协十届常委会第四次会议协商决定：同意叶敏（女）、汪雪平、喻爱彬（女）因工作原因辞去政协第十届杭州市余杭区委员会常务委员职务。2013 年 2 月 26 日，区政协十届二次会议补选产生秘书长和常务委员，吴忠云任秘书长，厉承越、王燕（女）、胡永林、梁松英（女）为常务委员。2013 年 6 月 14 日，区政协十届常委会第七次会议协商决定：任命李晓亮为区政协经济科技委员会主任，免去郑跃中的区政协经济科技委员会主任职务。2014 年 1 月 14 日，区政协十届常委会第九次会议协商决定：同意王建强、王艳勤（女）、仲瑞妙、李江武、沈钢、郑跃中、章桂娣（女）因工作原因辞去区政协十届委员会常务委员职务。2015 年 1 月 23 日，区政协十届第十四次常委会同意王燕（女）、胡永林因工作原因，孟维菁（女）因个人原因辞去区政协十届委员会常务委员职务。2015 年 2 月 12 日，区政协十届四次会议补选朱根祥、郎振忠、莫少骅（女）、葛建伟为区政协十届委员会常务委员。

四、第十一届常务委员会

常务委员会组成　中国人民政治协商会议杭州市余杭区第十一届委员会第一次会议，于 2017 年 2 月 8 日选举产生区政协十一届委员会主席、副主席、秘书长、常务委员。

2017 年 2 月 8 日，区政协十一届一次会议选举产生主席、副主席、秘书长、常务委员（合影）

主　席　阮文静（女，2017 年 2 月至 2019 年 1 月）
副主席　黄　莉（女，2017 年 2 月至 2020 年 1 月）
　　　　孔祥华（2017 年 2 月至 2017 年 9 月）①

① 孔祥华涉嫌违纪违法。2017 年 9 月 20 日，按照《中国人民政治协商会议章程》有关规定，杭州市余杭区政协第十一届委员会常务委员会第三次会议协商决定：同意孔祥华因个人原因辞去区政协十一届委员会副主席、委员职务。

陈云水（女，2017 年 2 月至 2021 年 4 月）
潘法高（2017 年 2 月至 2019 年 1 月）
戴桂香（女，2017 年 2 月至 2020 年 1 月）
赵喜凯（2017 年 2 月至 2019 年 1 月）
秘书长　吴忠云（2017 年 2 月至 2021 年 4 月）

2019 年 1 月 17 日，区政协十一届常委会第十次会议协商决定：同意阮文静（女）因职务变动辞去区政协十一届委员会主席、委员职务。同意潘法高因职务变动辞去政协第十一届杭州市余杭区委员会副主席、委员职务。

2019 年 1 月 30 日，中国人民政治协商会议杭州市余杭区第十一届委员会第三次会议补选产生区政协十一届委员会主席、副主席、常务委员：主席沈昱，副主席吴立炜、黄德伟。

主　席　沈　昱（2019 年 1 月至 2021 年 4 月）
副主席　吴立炜（2019 年 1 月至 2021 年 2 月）
黄德伟（2019 年 1 月至 2021 年 4 月）
沈洪相（2020 年 1 月至 2021 年 4 月）

常务委员　丁列明、王伟明、王晓乐（女）、毛新雨、甘士明、厉承越、冯啸涛、朱根祥、江筠（女）、江小洪、孙玉英（女）、杨文闯、杨满珠（女）、吴健、邹华、邹湘坪、应健（女）、汪爱娟（女）、张瑾（女）、张自杰、张如星、张丽莉（女）、张国强、陆铜华、陈立强、陈国建、林峰、金国强、周俊良、周前武、周康明、庞法松、郑念华、郎振忠、胡丰根、胡水元、胡晓秋（女）、俞建锋、莫少骅（女）、夏雪芬（女）、郭健、郭青岭（女）、章雪梅（女）、梁松英（女）、释戒兴、蓝德光（畲族）、戴园丽（女）。

常务委员变动　2018 年 1 月 31 日，区政协十一届四次常委（扩大）会议协商决定：同意甘士明、厉承越、张如星、周前武、郭健因工作原因辞去区政协十一届委员会常务委员职务。2018 年 2 月 2 日，区政协十一届第二次会议补选冯玉宝、劳晓萍（女）、陆春良、徐林娟（女）为区政协十一届委员会常务委员。2019 年 1 月 17 日，区政协十一届常委会第十次会议协商决定：同意冯玉宝、杨文闯、吴健因职务变动辞去区政协十一届委员会常务委员、委员职务。2019 年 1 月 30 日，中国人民政治协商会议杭州市余杭区第十一届委员会第三次会议补选产生政协常务委员王铮（女）。

2020 年 1 月 8 日，区政协十一届常委会第十五次会议协商决定：同意丁列明因工作原因辞去区政协十一届委员会常务委员、委员职务。

2020 年 1 月 19 日，中国人民政治协商会议杭州市余杭区第十一届委员会第四次会议补选丁迎九、叶敏（女）、余海根、陈文琴（女）、陈国良为区政协十一届委员会常务委员。

五、第十二届常务委员会

常务委员会组成　2021 年 7 月 22 日，区政协十二届一次会议举行第三次全体会议，选举产生新一届领导班子，沈昱为区政协十二届主席，黄德伟、李玉美（女）、傅丽华（女）、周忠诚、斯建刚、张瑾（女）为区政协十二届副主席，吴忠云为秘书长。丁迎九等 43 人当选为区政协十二届常务委员。

主　席　沈　昱（2021 年 7 月起）

副主席　黄德伟（2021 年 7 月起）
　　　　李玉美（女，2021 年 7 月起）
　　　　傅丽华（女，2021 年 7 月起）
　　　　周忠诚（2021 年 7 月起）
　　　　斯建刚（2021 年 7 月起）
　　　　张　瑾（女，2021 年 7 月起）

秘书长　吴忠云（2021 年 7 月起）

常务委员会　丁迎九、方琼（女）、卢震亚（女）、叶振华、包晓云（女）、朱佳凌、孙威、严群芳（女）、李丹（女）、李宾（女）、李巍（女）、吴莉琴（女）、吴家平、何峰（女）、汪爱娟（女）、张洁（女）、张峰、张丽莉（女）、陈丽（女）、陈文琴（女）、陈宏萍（女）、陈国建、陈树坤、范文涛、林丹琴（女）、罗建强、郎振忠、郎情樱（女）、赵金萍（女）、赵海燕、钟燕（女）、俞源、姚永安、倪大炜、徐来莹（女）、高航、郭青岭（女）、唐伟忠、黄一帆、黄庆芳、梁松英（女）、释戒兴、鲍贝（女）。

常务委员变动　2022 年 9 月 21 日，区政协十二届常委会第六次会议协商决定：同意陈文琴（女）因职务变动辞去区政协十二届委员会常务委员、委员职务。

第三节　政协余杭区委员会中国共产党组织

政协余杭区委员会中国共产党组织有政协余杭区委员会党组、政协余杭区委员会机关党组和总支部委员会，党总支下设 3 个支部委员会。2020 年 9 月，以区政协专委会为基础，建立 6 个功能型党支部。加强人民政协党建工作，是推动新时代政协工作高质量发展根本保证。余杭区政协历届委员会坚持把党的领导贯穿政协全部工作，把党的建设各项要求同政协履职紧密结合，构建政协党组、机关党组和党总支与党支部、功能型党支部层层抓落实的政协党建工作格局，不断强化政协党组织在政协工作中的政治领导力、思想引领力、群众组织力、社会号召力。

一、中共政协余杭区委员会党组

区政协党组始设于第三届区政协，1984 年 11 月 15 日，中共余杭县委决定建立中共政协余杭县委员会党组（简称县政协党组）党组。至 2022 年 12 月 31 日，共历 10 届。历任党组书记、副书记及成员，均由中共余杭区（县、市）委任命。

区政协党组是区委在区政协的派出机构，受区委的统一领导，在政协组织中居于领导核心地位，肩负保证中央和省、市、区委的决定在政协履行职能中得到有效落实的重要责任。党组履行职责应遵循以下原则：坚持党的领导，保证党的理论和路线方针政策贯彻落实；坚持全面从严治党，依据党章和其他党内法规开展工作；坚持民主集中制，确保党组的活力和团结统一；坚持党组发挥领导核心作用与区政协领导。

2018 年 10 月，为贯彻落实新时代党的建设总要求，切实加强人民政协党的建设，进一步规范中共政协杭州市余杭区委员会党组（以下简称区政协党组）工作，推进党组工作的制度化、规范化、程序化，充分发挥党组在政协工作中的领导核心作用，根据《中国共产党章程》《中国人民政治协商会议章程》《中国共产党党组工作条例（试行)》《中共中央关于加强人民政协工作的意见》《关于加强新时代人民政协党的建设工作的若干意见》及中央和省、市、区委的有关要求和精神，结合区政协实际，中共政协杭州市余杭区委员会党组制定工作规则。党组书记主持党组全面工作，负责召集和主持党组会议，组织党组活动，签发党组文件。党组副书记协助党组书记工作，受党组书记委托履行相关职责。党组成员根据党组决定，按照授权负责有关工作，行使相关职权。

党组的主要职责 高举中国特色社会主义伟大旗帜，以习近平新时代中国特色社会主义思想为指导，学习贯彻习近平总书记关于加强和改进人民政协工作的重要思想，按照“四个全面”战略布局的要求，不忘初心、牢记使命，认真履行政治领导责任，做好理论武装和思想政治工作，负责学习、宣传、贯彻执行党的理论和路线方针政策，贯彻落实党中央和省、市、区委的决策部署，发挥好把方向、管大局、保落实的重要作用；坚持和完善中国共产党领导的多党合作和政治协商制度，协调政协内部统一战线各方面的关系，进一步巩固和发展最广泛的爱国统一战线；引导和推动参加人民政协的各民主党派、无党派人士、各人民团体和各族各界人士自觉接受中国共产党的领导，把党的指导思想和党的主张转化为参加人民政协各党派团体和各族各界人士的思想政治共识；贯彻党管干部原则，按照信念坚定、为民服务、勤政务实、敢于担当、清正廉洁的好干部标准，加强干部队伍建设，完善干部培养选拔机制，加强干部教育培训，从严管理监督干部；认真履行党要管党、从严治党责任，加强对机关党组及机关党的建设的领导，落实党建工作责任制。认真履行党风廉政建设主体责任，支持纪检监察机构履行监督责任；加强思想政治建设，坚定理想信念，严守政治纪律和政治规矩，严肃党内政治生活，按照规定召开民主生活会，开展严肃认真的批评和自我批评。严格贯彻落实中央八项规定及其实施细则精神，坚决反对形式主义、官僚主义、享乐主义和奢靡之风。切实增强践行“三严三实”要求的思想自觉和行动自觉。严格遵守党员领导干部廉洁从政有关规定，自觉接受党组织和党员群众的监督；讨论和决定需向区委请示报告的重要事项、区政协机关党组请示报告的重要事项及区政协重大决策，内部机构设置、调整，重要人事任免、重大项目安排、大额资金使用等事项，基层党组织和党员队伍建设、意识形态工作、思想政治工作和精神文明建设、党风廉政建设和反腐败工作等方面的重要事项；按照区委统一部署和政协章程的规定，协助区委研究区政协换届有关界别设置、政协委员名额、人选和常务委员人选以及届中委员调整的有关问题，并提出建议；完成区委交办的其他工作。

组织原则 党组必须坚决执行党中央和省、市、区委的指示和决定，坚决维护党中央权威，确保政令畅通；建立健全党组向区委请示报告工作制度。每年至少作1次全面报告，遇有重大问题应当及时请示报告；执行党中央和省、市、区委某项重要指示和决定的情况，应当进行专题报告；党组对有关重要问题作出决定时，应当根据需要充分征求机关党组和机关党员群众的意见，重要情况应当及时进行通报；党组实行集体领导制度。凡属党组职责范围内的事项，应当按照少数服从多数原则，由党组成员集体讨论决定；党组书记应当带头执行民主集中制。党组成员应当认真执行党组集体决定，勇于担当、敢于负责，切实履行职责；以党组名义发布或者上报的文件、发表的文章，党组成员代表党组的讲话和报告，应当事先经党组集体讨论或者传批审定，党组成员署名发表的与工作有关的文章，应当事先经党组审定或者经党组书记批准；党组成员在调查研究、检查指导工作或者参加其他活动时发表的个人意见，应当符合党组决定精神；党组成员对应该保密的会议内容和讨论情况，必须严守秘密，不得泄露。

议事决策　党组议事决策应当坚持集体领导、民主集中、个别酝酿，会议决定、重大决策应当充分协商，实行科学决策、民主决策、依法决策；党组作出重大决策，一般应当在调查研究基础上提出方案，充分听取各方面意见，进行风险评估和合法合规性审查，经过集体讨论决定；党组讨论决定人事任免事项，应当严格按照《党政领导干部选拔任用工作条例》执行；党组议事决策一般采用党组会议形式：党组会议一般每月召开一次，由党组书记或书记委托副书记召集并主持。遇有重要情况可以随时召开。党组会议的日期和议题，由党组书记确定；或由党组成员事先提出议题和建议，由党组书记确定。除临时召集的外，一般应提前通知党组成员。党组会议必须有党组成员半数以上到会方可召开，讨论决定干部任免事项必须有三分之二以上党组成员到会。党组成员因故不能参加会议的应当在会前向党组书记请假，对会议议题的重要意见可以用书面形式表达。党组会议议题涉及党组成员本人或其亲属以及存在其他需要回避情形的，有关党组成员应当回避。根据工作需要，召开党组会议可以请不是党组成员的区政协领导班子成员列席。会议召集人可以根据议题指定有关人员列席会议。根据需要，可请区委派员列席党组会议。党组会议议题提交表决前，应当进行充分讨论，对于少数人的不同意见，应当认真考虑。如对重要问题发生争论，双方人数接近，除在紧急情况下必须按多数意见执行外，应当暂缓作出决定，进一步调查研究、交换意见，下次再作决定。表决可以采用口头、举手、无记名投票或者记名投票等方式进行，赞成票超过应到会党组成员半数为通过。未到会党组成员的书面意见不得计入票数。表决实行主持人末位表态制。会议研究决定多个事项的，应当逐项进行表决。党组会议由专门人员如实记录，并按照规定存档备查。党组决策一经作出，应当坚决执行。党组成员对党组决策有不同意见的，可以保留或者向上级党组织反映，但在党组决策改变前应当坚决执行。党组应当建立有效的督查和反馈机制，确保党组决策落实。会议决定的事项，应在会后通报缺席的党组成员。会议研究和决定的事项，可视情况会前征求和会后通报党外副主席或主席会议。

组织生活　党组应当坚持和健全党员领导干部民主生活会制度，按照规定开好民主生活会，以统一思想，改进作风，加强监督，增进团结，提高依靠自身力量解决问题和矛盾的能力；党组召开民主生活会要切实保证质量，民主生活会的主题应当按照上级党组织的要求、针对党性党风方面存在的突出问题确定；党组成员在民主生活会上，应当针对自身存在的廉洁自律方面的问题以及党员、群众、领导班子其他成员和下级党组织提出的意见，负责任地作出检查或说明，积极开展批评和自我批评；党组召开民主生活会，一般应提前向区委及区纪委、区委组织部报告，会后按规定向相关部门报送会议情况。

组成成员　1999 年 1 月至 2007 年 6 月，区（市）政协经历三届，根据人员的变动，区委对政协党组领导成员适时地进行充实和调整。2007 年 7 月至 2012 年 12 月，区政协经历两届根据人员的变动，区委对政协党组织领导成员适时进行充实和调整。

书　记　李小花（女，1999 年 1 月至 2007 年 2 月）

　　　　汪宏儿（2007 年 2 月至 2012 年 2 月）

阮文静（女，2012 年 2 月至 2019 年 1 月）
沈　昱（2019 年 1 月起）
副书记　丰章生（2003 年 3 月至 2007 年 2 月）
汪宏儿（2006 年 12 月至 2007 年 2 月）
方加明（2007 年 7 月至 2010 年 5 月）
阮文静（女，2011 年 12 月至 2012 年 2 月）
黄　莉（女，2012 年 2 月至 2020 年 1 月）
袁水良（兼，2020 年 11 月起）
黄德伟（2021 年 7 月起）
成　员　王乐琪（1999 年 1 月至 2003 年 5 月）
汪士云（1999 年 1 月至 2001 年 3 月）
董建国（1999 年 1 月至 2007 年 2 月）
赵和春（1999 年 1 月至 2002 年 3 月）
徐连子（女，2002 年 3 月至 2004 年 10 月）
方加明（2003 年 1 月至 2007 年 2 月）
郑建芬（女，2004 年 10 月至 2007 年 1 月）
陈梅乾（2007 年 1 月至 2012 年 6 月）
黄　莉（女，2007 年 2 月至 2012 年 2 月）
孔祥华（2007 年 2 月至 2017 年 9 月）
陈云水（女，2007 年 2 月至 2021 年 4 月）
潘法高（2010 年 3 月至 2019 年 1 月）
杜永林（2012 年 1 月至 2017 年 2 月）
吴忠云（2012 年 6 月起）
吴立炜（2019 年 1 月至 2021 年 2 月）
黄德伟（2019 年 1 月起）
沈洪相（2020 年 1 月至 2021 年 4 月）
周忠诚（2021 年 7 月起）
斯建刚（2021 年 7 月起）

二、政协机关党组

2018 年 9 月 26 日，区委常委会研究同意，增设区政协机关党组。区政协机关党组组织关系隶属区委，接受区委领导，同时在履行职责过程中接受区政协党组的领导。由秘书长任书记，5 名专委会主任任党组成员。2021 年 7 月，政协机关党组书记吴忠云，成员丁迎九、范文涛、倪大炜、陈宏萍、李宾。

2019 年 5 月，制定《中共政协杭州市余杭区委员会机关党组工作规则》。

2021 年 8 月，为贯彻落实新时代党的建设总要求，进一步规范和改进中共政协杭州市余杭区委员会机关党组（简称机关党组）工作，保证区委、区政协党组工作部署在区政协机关的贯彻实施，《中共政协杭州市余杭区委员会机关党组工作规则》经区政协十二届第一次机关党组会议审议通过。

工作职责 深入学习贯彻习近平新时代中国特色社会主义思想，以及党的理论和路线方针政策；认真履行党要管党、从严治党责任，充分发挥机关党组把方向、管大局、保落实的重要作用，加强对机关业务工作和党的建设的领导；贯彻落实上级党委、政协重大决策部署，认真执行区委、区政协党组部署要求和工作安排；讨论决定区政协机关工作计划部署、机构设置、干部队伍管理、党风廉政建设等重要事项；领导区政协机关党组织的工作，落实党建工作责任制；加强对区政协机关统一战线及工青妇等群团工作的领导；完成区委、区政协党组交办的其他工作任务。

工作原则 坚持旗帜鲜明讲政治，高举习近平新时代中国特色社会主义思想伟大旗帜，坚决贯彻落实党的理论路线方针政策和党中央重大决策部署，树牢“四个意识”、坚定“四个自信”、做到“两个维护”，在思想上政治上行动上同以习近平同志为核心的党中央保持高度一致；坚持全面从严治党，担当管党治党主体责任，贯彻新时代党的建设总要求，贯彻新时代党的组织路线，推动全面从严治党向纵深发展；坚持民主集中制，确保机关党组活力和坚强有力，推动形成良好政治局面；坚持依据党章党规开展工作，在宪法法律范围内活动；坚持正确领导方式，实现机关党组发挥领导作用与委办领导班子依法依章程履行职责相统一；严格执行政协机关“三重一大”事项议事规则和主要负责人“五不直接分管”制度议事规则。

议事范围

（一）*党建工作* 坚持机关党建工作与政协工作同谋划、同部署、同推进、同考核，落实新时代党的建设总要求，提高机关党建质量。具体包括：坚持把党的政治建设摆在首位，切实加强新时代党对政协工作的领导，强化政治引领，增强政治定力；深入学习党史党章党规党纪，引导党员、干部坚定理想信念宗旨，自觉加强党性锻炼；落实意识形态工作责任制，确保政协工作体现意识形态工作要求、维护意识形态安全；按照党管干部、党管人才原则，加强政协机关干部队伍建设，做好人才工作；加强党支部建设和党员队伍建设，讨论和决定发展党员、处分党员等重要事项；加强和改进作风，密切联系群众，严格落实中央八项规定精神，坚决反对“四风”特别是形式主义、官僚主义；加强党的纪律建设，履行党风廉政建设主体责任，支持纪检监察组织履行监督责任。

（二）*重大决策* 贯彻落实党的路线方针政策、党内重要法规和国家重要法律法规以及上级组织重大决策、重要部署、重要会议、重要指示精神等方面的重大事项；委办工作规划的制订和调整、年度工作计划和目标、重大活动安排；办公室内设机构的设立、撤并和职能调整方案；报请上级决定的事关工作全局的重要事项；班子成员分工调整的研究决定；规范性文件的制定、修改、废止；机关党组织建设，落实党建工作责任制；党风廉政建设和反腐败工作的安排部署和检查考核、重要案件的处理等重大问题；涉及稳定的重大事件处理、重要信访矛盾化解、重大事故处理和重要突发事件应急处置等方面的重大事项；其他需要集体决策的重大事项。

（三）*重要人事任免* 按照干部管理权限，研究并决定本级党组织管理干部的推荐、提名、任免、调动和后备干部人选等事项；上级党组织管理干部的推荐、提名等事项，以及向上级推荐和申报、确定本级各种先进集体或先进个人荣誉称号的授予等；其他需要集体决策的重要人事任免事项。

（四）重大项目安排　重大基础设施建设和重大维修、改造项目的申报与实施；大宗物资及办公设备的采购；重大活动项目安排，包括文化、体育、疗养等重大活动；其他应由集体决策的重大项目安排。

（五）大额资金使用　委办年度财务预算、年中预算调整和年终财务决算的编制、调整和大额资金的使用；数额5万元以上单项支出的经营性、公共性资金使用；价值1万元以上的大宗资产采购和处置方案；其他应由集体决策的大额度资金使用。

组织原则　机关党组及其成员要始终同以习近平同志为核心的党中央保持高度一致，坚决贯彻落实党中央和省、市、区委及区政协党组的决策部署，坚决维护习近平总书记核心地位，坚决维护党中央权威和集中统一领导；机关党组服从中共杭州市余杭区委领导，接受区政协党组的领导；机关党组对有关重要问题作出决定时，应当根据需要充分征求机关党员群众的意见。重要情况应当及时进行通报，机关党组应当按照规定实行党务公开；机关党组实行集体领导制度。凡属党组织职责范围内的事项，必须执行少数服从多数的原则，由党组成员集体讨论和决定，任何个人或者少数人无权擅自决定。机关党组成员必须坚决服从党组集体决定，有不同意见的，在坚决执行的前提下，可以声明保留，也可以向上级党组织反映，但不得在其他场合发表不同意见；

以机关党组名义发布或者上报的文件、发表的文章，党组成员代表党组的讲话和报告，应当事先经党集体讨论或者传批审定。机关党组成员在参政议政、调研视察等公务活动时发表的个人意见，应当符合党中央和上级党组织、党组的有关精神。

会议制度　会议原则上每个月召开一次，由机关党组书记召集并主持。如有需要可临时召集。会议的日期和议题，由机关党组书记确定；或由机关党组成员事先提出议题和建议，由机关党组书记确定。除临时召集的外，一般应提前通知机关党组成员。会议必须有半数以上机关党组成员出席方可召开；讨论和决定干部任免、处分党员事项必须有三分之二以上机关党组成员到会；机关党组成员因故不能参加会议的应当在会前向机关党组书记请假，意见可以用书面形式表达。会议议题涉及机关党组成员本人或其亲属以及存在其他需要回避情形的，有关机关党组成员应当回避。机关党组会议讨论问题时，应充分发扬民主，让每个党组成员充分表达意见后，按照少数服从多数的原则决定事项。决定重要问题，要进行表决；决定多项事项的，应逐项表决；涉及人事问题，应逐个表决。会议表决可以采用口头、举手、无记名投票或者记名投票等方式进行，赞成票超过应到会党组成员半数为通过。未到会党组成员的书面意见不计入票数。表决实行会议主持人末位表态制。会议讨论决定问题时，应认真考虑少数同志的不同意见。如对讨论问题有较大争议的，可暂不作出决定，待进一步调查研究、交换意见、统一认识后再作决定，或者会后向区政协党组报告，请求指导解决。机关党组会议须作记录。对于会议决定的重要事项，如需编发会议纪要的，会议纪要由书记签发。根据工作需要，召开机关党组会议可以请不是机关党组成员的区政协办公室、专委会负责人和其他人员列席。会议召集人可以根据议题指定有关人员列席会议。参加会议的人员，必须增强纪律观念，遵守保密规定。

工作落实　机关党组作出的决定，机关党组成员必须坚决贯彻执行。如有不同意见，应按一定的组织程序向机关党组书记提出，机关党组书记视情提请下一次机关党组会议复议，但在作出新的决定之前，必须维护机关党组的权威，执行机关党组的决定。机关党组作出的决定，由机关党组成员按照分工，抓好贯彻落实。在决定执行过程中如遇到有关新情况、新问题时，机关党组成员要及时向机关党组书记反映，机关党组应及时开会研究，但在重新作出决定前，应继续执行原来的决定。机关党组作出决定需要行文的，由机关党组书记签发。

组织生活　机关党组应当坚持和健全党员领导干部民主生活会制度，按照规定开好民主生活会，以统一思想，改进作风，加强监督，增进团结，提高依靠自身力量解决问题和矛盾的能力。

机关党组召开民主生活会要切实保证质量。民主生活会的主题应当按照上级党组织的要求、针对党性党风方面存在的突出问题确定。机关党组成员在民主生活会上，应当针对自身存在的廉洁自律方面的问题以及党员、群众、领导班子其他成员和下级党组织提出的意见，负责任地作出检查或说明，积极开展批评和自我批评。机关党组召开民主生活会，一般应提前向区委、区政协党组、区纪委、区委组织部报告，会后按规定向相关部门报送会议情况。

三、中共政协余杭区委员会机关总支部委员会

历届组织　1987 年 6 月，建立中共余杭县政协机关支部委员会。2004 年 3 月，经区直机关党工委区直党批〔2004〕13 号文件批准，建立中共余杭区政协机关总支部委员会，徐连子任书记。党总支下设 3 个支部委员会，第一支部委员会由朱海东任书记，第二支部委员会由吕达飞任书记，第三支部委员会由陈烈夫任书记。2007 年 3 月 9 日，区政协机关召开换届选举党员大会，选举陈梅乾、冯松妹、吕达飞、陈烈夫、摇先华为新一届委员会委员。陈梅乾为书记、冯松妹为副书记。2010 年 3 月 31 日，召开换届选举党员大会。选举陈梅乾、冯松妹、周前武、吕达飞、陈烈夫 5 人为区政协机关党总支部新一届委员会委员。4 月 14 日，区政协党总支部新一届委员会召开第一次会议，选举陈梅乾为书记，冯松妹、周前武为副书记。

2013 年 5 月，经过“公推直选”后，无记名差额投票选举产生的新一届支部委员会。吴忠云任书记。中共杭州市余杭区政协机关总支第一支部委员会由葛连福担任支部书记，第二支部委员会由黄国林担任支部书记，第三支部委员会由陈烈夫担任支部书记。2016 年 10 月，新一届 3 个支部委员会分别由葛连福、朱根祥、莫炳法担任支部书记。2019 年 12 月，机关党总支党员 61 名，选举产生中共杭州市余杭区政协机关总支部委员会委员，丁迎九、滕佳、葛连福、俞红杰、莫炳法等 5 人当选为新一届总支部委员会委员，丁迎九为书记、滕佳为副书记（专职）。机关总支部所属三个支部党员大会选举产生支部委员会委员；由支部委员会会议选举产生委员会书记。新一届 3 个支部委员会分别由葛连福、俞红杰、莫炳法担任支部书记。2021 年 10 月 27 日，中共杭州市余杭区政协机关总支部委员会由丁迎九、王巧前、沈彩虹、邱永年、葛连福组成，丁迎九任书记；中共杭州市余杭区政协机关第一支部委员会由王巧前、汪业成、俞森龙等组成，王巧前任书记；中共杭州市余杭区政协机关第二支部委员会由邱永年、陈敖、章海锋组成；邱永年任书记；中共杭州市余杭区政协机关离退休干部支部由徐连子任书记。

2020 年 9 月，区政协党组制定《中共政协杭州市余杭区委员会专门委员会功能型党支

部工作办法（试行）》，以区政协专委会为基础，建立6个功能型党支部，将109名党员委员全部纳入管理，实现党的组织对党员委员的全覆盖、党的工作对政协委员的全覆盖。党员委员通过“钉钉”学习群、“i履职”学习小程序，交流学习心得体会。各党小组结合学习传达党的十九届五中全会精神，组织全体委员开展读书活动。每个党支部设书记1名、委员2~3名（随人事变动作相应调整），分别是提案委功能型党支部（书记丁迎九）、经科委功能型党支部（书记夏雪芬）、城建委功能型党支部（书记金国强）、社法委功能型党支部（书记朱根祥）、文史委功能型党支部（书记王伟明）、委工委功能型党支部（书记胡晓秋）。

2021年8月，区政协十二届委员会建立后，分别建立中共杭州市余杭区政协提案委功能型支部委员会，丁迎九任支部书记；建立中共杭州市余杭区政协经科委功能型支部委员会，范文涛任支部书记；建立中共杭州市余杭区政协城建委功能型支部委员会，倪大炜任支部书记；建立中共杭州市余杭区政协社法委功能型支部委员会，陈宏萍任支部书记；建立中共杭州市余杭区政协文史委功能型支部委员会，陈文琴任支部书记；建立中共杭州市余杭区政协委工委功能型支部委员会，李宾任支部书记。以上6个功能型党组织不转接党员组织关系，主要负责组织党员开展政治学习，做好党员的教育、管理、监督工作，不承担发展党员、处分处置党员、收缴党费、选举党代表和进行换届等职能。组建功能型党组织的条件消失后，功能型党组织自然撤销。

第四节　政协委员会工作机构

区政协办公室是在秘书长领导下处理区政协日常事务的工作机构。

专门委员会是在常务委员会和主席会议领导下的工作机构。专门委员会工作是政协工作的重要基础，是政协履行职能的重要方式。专门委员会的设置和变动，由常务委员会决定。专门委员会的组成，按照有利于联系各界、各方面人士，自愿、协商和便于组织经常性活动的原则，统筹安排。各专门委员会设主任1人，副主任若干人，由常务委员会决定；委员若干人，由主席会议决定。根据需要可举行各专门委员会主任和副主任联席会议，讨论研究各专门委员会的重要工作。专门委员会根据需要，可以设立若干专业组。各专业组在各专门委员会领导下可以单独进行活动。各专业组设组长1人，由常务委员会决定。

专门委员会开展工作应广泛联系各界人士，发扬社会主义民主，注重调查研究，在开展专题协商、对口协商、界别协商、提案办理协商中发挥基础性作用。因工作需要作决定的，遵循民主集中制原则；重大问题，提请常务委员会或主席会议审定。

区政协十二届委员会设办公室、提案委员会、经济科技委员会、城建和人口资源环境委员会、社会法制和港澳台侨委员会、文史和教文卫体委员会、委员工作委员会。

一、机构沿革

2003年4月2日，区政协八届常委会第一次会议通过，决定区政协设7个专门委员会，设提案委员会、经济科技委员会、城建财贸委员会、教育文体卫生委员会、社会法制委员会、学习文史委员会、港澳台侨委员会。2004年4月7日，杭州市余杭区机构编制委员会发文，对政协杭州市余杭区委员会内设机构作了调整，原内设机构不再保留；调整后设办公室，提案委员会，经济科技和城建、人口资源环境委员会，社会法制和港澳台侨委员会，文史和教文卫体委员会。调整后，人员编制不变。2005年，区政协机关设政协办公室，提案委员会，经济科技和城建、人口资源环境委员会，社会法制和港澳台侨委员会，文史和教文卫体委员会局级办事机构。办公室下设秘书科、行政科、综合科、信息联络科、老干部管理科。

2006年12月，为进一步加强政协工作，促进政协履行职能的制度化、规范化和程序化建设，杭州市余杭区机构编制委员会发文，将政协余杭区委员会内设机构由原来的“一办四委”调整为“一办五委”，即将原经济科技和城建、人口资源环境委员会分设，调整后为办公室、提案委员会、经济科技委员会、城建和人口资源环境委员会、社会法制和港澳台侨委员会、文史和教文卫体委员会。2007年2月7日，区政协九届常委会召开第一次会议，根据中共杭州市委《关于杭政协党组〔2006〕1号文件的批复》和余编〔2006〕35号文件精神，区政协九届委员会设5个专门委员会：提案委员会、经济科技委员会、城建和人口资源环境委员会、社会法制和港澳台侨委员会、文史和教文卫体委员会。是年，余杭区政协内设机构为：办公室、提案委员会、经济科技委员会、城建和人口资源环境委员会、社会法制和港澳台侨委员会、文史和教文卫体委员会。2008年3月，为进一步理顺关系，加强管理，经政协党组会议研究，拟对政协办公室内设机构进行调整，设立“委员联络科”，将原挂靠行政科的“老干部管理科”单独设立，将原“信息科”更名为“宣传信息科”。原秘书科、行政科、综合科不变。2009年12月10日，杭州市余杭区机构编制委员会发文，政协杭州市余杭区委员会增设“委员学习和工作联络委员会”。2010年1月28日，区政协九届常委会第十七次会议审议同意，增设委员学习和工作联络委员会。区政协办公室设6个职能科室：秘书科、信息宣传科、委员联络科、行政科、综合科、调研科。是年，区政协机关行政编制19名，工勤人员编制6名。2014年7月29日，杭州市余杭区机构编制委员会发文，政协杭州市余杭区委员会委员学习和工作联络委员会更名为政协杭州市余杭区委员会委员工作委员会。

2017年4月，经政协杭州市余杭区十一届委员会常务委员会第一次会议决定，政协杭州市余杭区十一届委员会设置6个专门委员会：提案委员会、委员工作委员会、经济科技委员会、城建和人口资源环境委员会、文史和教文卫体委员会、社会法制和港澳台侨委员会。专门委员会根据《中国人民政治协商会议章程》的要求，以及政协余杭区委员会全体会议、常务委员会会议和主席会议提出的各项任务，分别组织实施，并就区内政治、经济、城建、人口、资源、环境、教育、文化、卫生、体育、科学技术、民主法治、社会生活以及台湾同胞、港澳同胞、海外侨胞及其眷属联谊、文史资料、统一战线内部等方面的重要问题，开展调查研究，提出意见和建议。专门委员会的设置和变动，由常务委员会决定。专门委员会的组成，按照有利于联系各界、各方面人士，自愿、协商和便于组织经常性活动的原则，统筹安排。

2021年4月，根据《中国人民政治协商会议章程》和《杭州市部分行政区划调整实施方案》要求，余杭区设立政协筹备组。区政协筹备组组长沈昱，副组长黄德伟、李玉美、傅丽华、周忠诚、斯建刚、张瑾。区政协筹备组下设区政协机关筹备组，组长吴忠云，副组长丁迎九、郭青岭、李宾，成员葛连福、章海锋、汪业成、邱永年。2021 年 5 月任命范文涛、倪大炜、陈宏萍为政协机关筹备组副组长。

2021 年 7 月，政协杭州市余杭区十二届委员会的工作机构设置为：办公室、提案委员会、经济科技委员会、城建和人口资源环境委员会、社会法制和港澳台侨委员会、文史和教文卫体委员会、委员工作委员会。办公室内设 7 个科室，机关行政编制 15 名（区政协主席、副主席、秘书长、专职常委编制单列），办公室中层职数 7 名。区政协机关有副处级及以上领导干部 23 人，办公室科级及以下工作人员 8 人。

二、主要职责

2005 年 4 月 25 日，区政协八届第 24 次主席会议通过《余杭区政协机关内设机构工作职责》。2021 年 7 月，政协杭州市余杭区十二届委员会的工作机构设置为：办公室、提案委员会、经济科技委员会、城建和人口资源环境委员会、社会法制和港澳台侨委员会、文史和教文卫体委员会、委员工作委员会。其职责如下：

区政协办公室 负责区政协全体会议、常委会会议、主席会议和其他重要会议的组织和服务工作，组织实施区政协全体会议、常委会会议、主席会议的决议、决定和重要工作部署，并做好贯彻落实情况的检查督促和反馈工作；负责起草常委会工作报告和其他重要文件材料；

负责区政协机关公文处理、档案管理、信访等工作；负责区政协机关的行政事务、后勤服务及有关接待服务工作；负责权限范围内的干部人事管理和老干部工作；负责《余杭政协》编发工作；负责政协之友联谊会工作；加强与委员的联系，反映委员的意见和建议；负责与上级政协和兄弟县（市、区）政协的工作联系，做好与工商联、各民主党派、人民团体和对口联系部门的联系、协调工作；完成领导交办的其他工作任务。

提案委员会 参与区政协全体会议、常委会会议的会务工作，参与组织实施区政协全体会议、常委会会议、主席会议的决议、决定和重要工作部署；制定本专委会工作计划并组织实施，认真组织、指导相关专业组、界别组、联络组开展工作，做好本专委会工作总结；负责起草提案工作情况报告和提案审查情况的报告；负责政协提案的征集、初审、交办、催办、落实、反馈等工作；负责起草本专委会的文件材料；负责收集、整理、报送政协委员和其他方面反映的社情民意负责编报政协信息（含专报件）；加强与委员的联系，反映委员的意见和建议；负责本专委会对口联系单位（部门）之间的工作联系；完成领导交办的其他工作任务。

经济科技委员会 参与区政协全体会议、常委会会议的会务工作，参与组织实施区政协全体会议、常委会会议、主席会议的决议、决定和重要工作部署；制定本专委会工作计划并组织实施，认真组织、指导相关专业组、界别组、联络组开展工作，做好本专委会工作总结；对区内经济、科技等方面进行深入调查研究，提出意见和建议，供区委、区政府和有关部门参考；加强与委员的联系，反映委员的意见和建议；负责本专委会对口联系单位（部门）之间的工作联系；完成领导交办的其他工作任务。

城建、人口资源环境委员会　参与区政协全体会议、常委会会议的会务工作，参与组织实施区政协全体会议、常委会会议、主席会议的决议、决定和重要工作部署；制定本专委会工作计划并组织实施，认真组织、指导相关专业组、界别组、联络组开展工作，做好本专委会工作总结；对区内城建、人口、资源、环境等方面进行深入调查研究，提出意见和建议，供区委、区政府和有关部门参考；加强与委员的联系，反映委员的意见和建议；负责本专委会对口联系单位（部门）之间的工作联系；完成领导交办的其他工作任务。

社会法制和港澳台侨委员会　参与区政协全体会议、常委会会议的会务工作，参与组织实施区政协全体会议、常委会会议、主席会议的决议、决定和重要工作部署；制定本专委会工作计划并组织实施，认真组织、指导相关专业组、界别组、联络组开展工作，做好本专委会工作总结；对区内社会法制、港澳台侨工作进行深入调查研究，提出意见和建议，供区委、区政府和有关部门参考；配合有关部门开展“三胞”眷属和有关人员的联谊活动。

加强与委员的联系，反映委员的意见和建议；负责本专委会对口联系单位（部门）之间的工作联系；完成领导交办的其他工作任务。

文史和教文卫体委员会　参与区政协全体会议、常委会会议的会务工作，参与组织实施区政协全体会议、常委会会议、主席会议的决议、决定和重要工作部署；制订本专委会工作计划并组织实施，认真组织、指导相关专业组、界别组、联络组开展工作，做好本专委会工作总结；对区内教育、文化、卫生、体育事业等方面进行深入调查研究，提出意见和建议，供区委、区政府和有关部门参考；做好对重点史料的抢救工作，办理好文史资料来稿登记、分类、编目、保管和出版发行等事项；负责区政协艺术团、书画院工作；加强与委员的联系，反映委员的意见和建议；负责本专委会对口联系单位（部门）之间的工作联系；完成领导交办的其他工作任务。

委员工作委员会　协助区委统战部、组织部做好区政协委员换届和届中调整委员的协商提名、考察考核工作；做好区政协委员学习培训的组织、协商、服务工作；做好区政协委员参加政协会议和相关活动的组织、考勤工作；做好委员走访慰问工作，了解委员学习工作、生活情况；做好委员履职档案工作；做好委员担任各部门监督员、行风评议员等的推荐、聘任、服务和管理工作；做好驻余杭区的省、市政协委员的联系和服务工作，并受省市政协委托组织其参与各项活动；做好区政协办公室相关的综合服务工作和领导交办的其他工作。

三、机构（委办）负责人

（一）政协杭州市余杭区八届委员会（2003 年 3 月至 2007 年 1 月）

办公室

主　任　徐连子（女，2003 年 3 月至 2004 年 10 月）
　　　　郑建芬（女，2004 年 10 月至 2007 年 1 月）
副主任　姚水林（2003 年 3 月至 2004 年 4 月）
　　　　吴兴华（2003 年 3 月至 2003 年 4 月）
　　　　朱海东（2003 年 4 月至 2006 年 9 月）
　　　　摇先华（2004 年 10 月至 2007 年 1 月）

专门委员会综合局

局　长　沈妙根（2003 年 3 月至 2004 年 4 月）

副局长　郭贤松（2003 年 10 月至 2004 年 4 月）

学习文史研究室

主　任　吕达飞（2003 年 3 月至 2004 年 4 月）

学习文史委员会

2003 年 4 月 2 日设立学习文史委员会

主　任　吕达飞（2003 年 4 月至 2007 年 1 月）

提案委员会

主　任　丰章生（兼，2003 年 4 月至 2004 年 4 月）

　　　　姚水林（2004 年 4 月至 2007 年 1 月）

副主任　沈妙根（2003 年 4 月至 2004 年 5 月）

　　　　高　峰（2004 年 5 月至 2007 年 1 月）

　　　　梁水根（2004 年 5 月至 2007 年 1 月）

　　　　吴焕君（2006 年 9 月至 2007 年 1 月）

经济科技和城建、人口资源环境委员会（至 2006 年 12 月）

2003 年 4 月 2 日，分别设置经济科技委员会及城建财贸委员会，2004 年 4 月 7 日，建立经济科技和城建、人口资源环境委员会。2006 年 12 月 28 日，将经济科技和城建、人口资源环境委员会分设为经济科技委员会，城建和人口资源环境委员会。

经济科技委员会

主　任　董建国（兼，2003 年 4 月至 2004 年 4 月）

副主任　沈妙根（2003 年 4 月至 2004 年 4 月）

　　　　丁远达（2003 年 4 月至 2004 年 5 月）

　　　　何可成（2003 年 4 月至 2004 年 5 月）

　　　　林小松（2003 年 4 月至 2004 年 5 月）

城建财贸委员会

主　任　丰章生（兼，2003 年 4 月至 2004 年 4 月）

副主任　张洪根（2003 年 4 月至 2004 年 4 月）

　　　　李臣桐（2003 年 4 月至 2004 年 4 月）

　　　　沈世杰（2003 年 4 月至 2004 年 4 月）

经济科技和城建、人口资源环境委员会

主　任　沈妙根（2004 年 5 月至 2006 年 9 月）

　　　　陈梅乾（2006 年 9 月至 2007 年 1 月）

副主任　丁远达（2004 年 5 月至 2007 年 1 月）

　　　　张洪根（2004 年 5 月至 2007 年 1 月）

　　　　何可成（2004 年 5 月至 2007 年 1 月）

　　　　林小松（2004 年 5 月至 2007 年 1 月）

　　　　王建荣（2005 年 6 月至 2007 年 1 月）

经济科技委员会

2006年12月28日设立。

主　任　高　峰（2006年12月至2007年1月）

城建和人口资源环境委员会

2006年12月28日设立。

主　任　冯松妹（女，2006年12月至2007年1月）

社会法制和港澳台侨委员会

2003年4月2日设立社会法制委员会及港澳台侨委员会，2004年4月7日，建立社会法制和港澳台侨委员会。

社会法制委员会

主　任　方加明（兼，2003年4月至2004年10月）

副主任　沈妙根（2003年4月至2004年4月）

　　　　吴月根（2003年4月至2004年4月）

　　　　梁水根（2003年4月至2004年4月）

　　　　冯苏静（2003年4月至2004年4月）

港澳台侨委员会

主　任　董建国（兼，2003年4月至2004年10月）

副主任　娄永强（2003年4月至2004年4月）

　　　　汪雪平（2003年4月至2004年4月）

　　　　洪　英（2003年4月至2004年4月）

主　任　戴桂香（女，2004年10月至2007年1月）

副主任　费　勤（2004年4月至2005年10月）

　　　　邓振华（2004年5月至2007年1月）

　　　　吴月根（2004年5月至2007年1月）

　　　　汪雪平（2004年5月至2007年1月）

文史和教文卫体委员会

2003年4月2日，建立教文卫体委员会，2004年4月7日，建立文史和教文卫体委员会。

教文卫体委员会

主　任　钱杭根（兼，2003年4月至2004年4月）

副主任　吕达飞（2003年4月至2004年4月）

　　　　陈燕贻（2003年4月至2004年4月）

　　　　王啸堤（2003年4月至2004年4月）

　　　　黄国林（2003年4月至2004年4月）

主　任　吕达飞（2004年4月至2007年1月）

副主任　郭贤松（2004年4月至2007年1月）

　　　　吴　勇（2004年5月至2007年1月）

　　　　王啸堤（2004年5月至2007年1月）

　　　　黄国林（2004年5月至2007年1月）

（二）政协杭州市余杭区九届委员会（2007 年 2 月至 2012 年 1 月）

办公室

主　任　陈梅乾（2007 年 7 月至 2012 年 1 月）

副主任　钱夏莲（女，2007 年 7 月至 2012 年 1 月）

　　　　摇先华（2007 年 2 月至 2008 年 12 月）

提案委员会

主　任　姚水林（2007 年 7 月至 2010 年 10 月）

　　　　黄国林（2010 年 10 月至 2012 年 1 月）

副主任　吴焕君（2007 年 7 月至 2012 年 1 月）

经济科技委员会

主　任　高　峰（2007 年 2 月至 2009 年 9 月）

　　　　郑跃中（2009 年 9 月至 2012 年 1 月）

副主任　张如星（2009 年 5 月至 2012 年 1 月）

　　　　胡永林（2012 年 3 月至 2012 年 8 月）

　　　　吴根年（2012 年 8 月至 2012 年 1 月）

城建和人口资源环境委员会

主　任　冯松妹（女，2007 年 2 月至 2010 年 10 月）

　　　　郑其祥（2010 年 10 月至 2012 年 1 月）

副主任　赵喜凯（2012 年 1 月至 2012 年 3 月）

社会法制和港澳台侨委员会

主　任　戴桂香（女，2007 年 7 月至 2009 年 10 月）

　　　　高　峰（2009 年 10 月至 2012 年 1 月）

文史和教文卫体委员会

主　任　吕达飞（2007 年 7 月至 2009 年 5 月）

　　　　金国强（2009 年 5 月至 2012 年 1 月）

副主任　郭贤松（2007 年 7 月至 2009 年 5 月）

委员学习和工作联络委员会

主　任　周前武（2010 年 1 月至 2012 年 1 月）

（三）政协杭州市余杭区十届委员会（2012 年 2 月至 2017 年 2 月）

办公室

主　任　陈梅乾（2012 年 2 月至 2012 年 3 月）

　　　　吴忠云（2012 年 3 月至 2017 年 2 月）

副主任　钱夏莲（女，2012 年 2 月至 2012 年 8 月）

　　　　胡晓秋（女，2012 年 2 月至 2017 年 2 月）

　　　　葛连福（2013 年 4 月至 2017 年 2 月）

提案委员会

主　任　黄国林（2012 年 2 月至 2017 年 1 月）

副主任　吴焕君（2012 年 2 月至 2012 年 8 月）

　　　　杨仁洪（2012 年 8 月至 2015 年 9 月）
经济科技委员会
主　任　郑跃中（2012 年 2 月至 2013 年 6 月）
　　　　李晓亮（2013 年 6 月至 2017 年 1 月）
　　　　江　筠（女，2017 年 2 月）
副主任　张如星（2012 年 2 月至 2012 年 3 月）
　　　　胡永林（保留正处级，2012 年 3 月至 2012 年 8 月）
　　　　吴根年（2012 年 2 月至 2015 年 12 月）
　　　　江　筠（女，2012 年 2 月至 2017 年 1 月）
城建和人口资源环境委员会
主　任　赵喜凯（2012 年 3 月至 2012 年 8 月）
　　　　胡永林（2012 年 8 月至 2017 年 2 月）
副主任　赵喜凯（2012 年 1 月至 2012 年 3 月）
社会法制和港澳台侨委员会
主　任　戴桂香（女，2007 年 7 月至 2009 年 10 月）
　　　　高　峰（2009 年 10 月至 2017 年 2 月）
文史和教文卫体委员会
主　任　金国强（2012 年 2 月至 2017 年 2 月）
副主任　钱夏莲（女，2012 年 2 月至 2015 年 3 月）
委员学习和工作联络委员会（2010 年 1 月增设）
主　任　周前武（2010 年 1 月至 2017 年 1 月）
副主任　胡晓秋（女，2010 年 1 月至 2017 年 3 月）

（四）政协杭州市余杭区十一届委员会（2017 年 2 月至 2021 年 7 月）

办公室
主　任　吴忠云（2017 年 2 月至 2021 年 7 月）
副主任　葛连福（2017 年 2 月至 2021 年 7 月）
　　　　罗伟强（2019 年 12 月至 2021 年 7 月）
提案委员会
主　任　周前武（2017 年 2 月至 2017 年 9 月）
　　　　陆春良（2017 年 9 月至 2019 年 11 月）
　　　　丁迎九（2019 年 11 月至 2021 年 7 月）
副主任　吴文星（2017 年 8 月至 2021 年 7 月）
　　　　朱延风（2019 年 1 月至 2021 年 7 月）
委员工作委员会
主　任　胡晓秋（2017 年 2 月至 2021 年 7 月）
经济科技委员会
主　任　江　筠（2017 年 3 月至 2019 年 1 月）
　　　　夏雪芬（2019 年 1 月至 2021 年 7 月）

副主任　江　�（2017年1月至2017年3月）

　　　　吴春仙（2019年1月至2020年11月）

　　　　郑　红（2020年11月至2021年7月）

城建和人口资源环境委员会

主　任　夏雪芬（2017年3月至2019年1月）

　　　　金国强（2019年1月至2021年7月）

副主任　俞红杰（2019年1月至2021年7月）

文史和教文卫体委员会

主　任　金国强（2017年2月至2019年1月）

　　　　王伟明（2019年1月至2021年7月）

副主任　曹炳和（2018年4月至2021年7月）

社会法制和港澳台侨委员会

主　任　朱根祥（2017年2月至2021年7月）

副主任　卢培良（2019年12月至2021年7月）

（五）政协杭州市余杭区十二届委员会（2021年7月起）

政协杭州市余杭区十二届委员会的工作机构设置为：办公室、提案委员会、经济科技委员会、城建和人口资源环境委员会、社会法制和港澳台侨委员会、文史和教文卫体委员会、委员工作委员会。

办公室

主　任　吴忠云（2021年7月起）

副主任　葛连福（2021年7月起至2022年1月）

　　　　王　琦（2022年1月起）

下设秘书科、行政科（老干部管理科）、信息宣传科、综合科、委员联络科、调研科。

2021年7月30日区政协十二届第1次主席会议、2021年8月5日区政协十二届常委会第一次会议审议通过，政协杭州市余杭区十二届委员会设6个专门委员会：提案委员会、委员工作委员会、经济科技委员会、城建和人口资源环境委员会、文史和教文卫体委员会、社会法制和港澳台侨委员会。为便于开展工作，部分专委会下设若干专业组。各专门委员会主任、副主任、委员及专业组组长名单如下：

提案委员会

主　任　丁迎九（2021年7月起）

副主任　章海锋（2021年7月起）

委员工作委员会

主　任　李　宾（2021年7月起）

经济科技委员会

主　任　范文涛（2021年7月起）

副主任　汪业成（2021年7月起）

经济科技委员会下设经济组、科技组。罗建强任经济组组长，李巍任科技组组长。

城建和人口资源环境委员会

主　任　倪大炜（2021 年 7 月起）

副主任　葛连福（2022 年 1 月起）

城建和人口资源环境委员会下设城建城管组、农林环资组。高扬任城建城管组组长，何峰任农林环资组组长。

文史和教文卫体委员会

主　任　郭青岭（2021 年 7 月起）

副主任　王巧前（2021 年 7 月至 2022 年 1 月）

何建福（2022 年 4 月起）

文史和教文卫体委员会下设文史组、文体组、教育组、医卫组、社会科学组。陈文琴任文史组组长，唐立春任文体组组长，罗永明任教育组组长，沈勇敏任医卫组组长，邵文鸿任社会科学组组长。

社会法制和港澳台侨委员会

主　任　陈宏萍（2021 年 7 月起）

副主任　邱永年（2021 年 7 月至 2022 年 3 月）

李晓琦（2022 年 4 月起）

社会法制和港澳台侨委员会下设社会法制组、民族宗教组、港澳台侨组、社会福利组。陈富强任社会法制组组长，郑妙元任民族宗教组组长，赵楠任港澳台侨组组长，梁松英任社会福利组组长。委员工作委员会不再设组成人员。

四、区政协十二届界别活动组

2021 年 8 月 6 日，区政协十二届第一次主席会议审议通过界别活动组设置和组长、副组长、成员名单。界别活动组设置原则为：凡参加政协的团体、界别等单位，参加单位编组。委员人数较多的单独编组或予以分组，委员人数较少的合并设置活动组，其中委员人数较多的经济界设两个活动组；中共界别、特邀界别委员不单独设置活动组，按委员所在单位职能或委员工作岗位情况安排至相应活动组；区政协机关委员不划分到界别活动组，根据联系工作参加相关组活动。区政协十二届 20 个界别划分成 14 个界别活动组，各活动组设组长 1 名、副组长 1—2 名。

1. 团区委界别活动组（13 人）

组　长　朱佳凌

副组长　汤明亮

2. 区总工会界别活动组（12 人）

组　长　陈　丽

副组长　王辉东

3. 区妇联界别活动组（11 人）

组　长　方　琼

副组长　陈　宁

4. 区工商联界别活动组(16人)

组　长　郎情樱

副组长　张道静

5. 区科协界别活动组(11人)

组　长　黄庆芳

副组长　王婉芬

6. 区侨联、台联界别活动组(25人)

组　长　赵　楠

副组长　王晓平、李　俊

7. 少数民族和宗教、无党派人士、社会救济福利团体界别活动组(25人)

组　长　郑妙元

副组长　梁松英

8. 文化艺术、体育和新闻出版界别活动组(15人)

组　长　陈文琴

副组长　唐立春

9. 教育、社会科学界别活动组(19人)

组　长　罗永明

副组长　邵文鸿

10. 医药卫生界别活动组(16人)

组　长　沈勇敏

副组长　卢震亚

11. 农林界别活动组(23人)

组　长　何　峰

副组长　张丽莉

12. 经济界别活动一组(25人)

组　长　高　扬

副组长　徐　钦

13. 经济界别活动二组(23人)

组　长　罗建强

副组长　杨　峰

14. 科技界别活动组(31人)

组　长　李　巍

副组长　张晓珺

五、地区联络组、镇街(平台)联络工委

政协地区联络组　为加强同委员的联系，便于开展工作，四届政协在原分界别的委员工作组基础上，建立临平、塘栖、余杭、三墩、瓶窑5个地区性工作组。2005年6月，设立地区联络组。计有临平·东湖街道地区联络组，南苑街道地区联络组，运河、乔司、星桥

地区联络组，塘栖、崇贤地区联络组，余杭、闲林、仓前、中泰、五常地区联络组，良渚、仁和地区联络组，瓶窑、径山、黄湖、鸬鸟、百丈地区联络组。2013 年 6 月撤销。

其主要职责：政协联络组在区政协常委会领导和机关各委办的指导下开展工作（活动）；协助区政协常委会组织实施中国人民政治协商会议章程规定的任务和区政协所作出的决议；执行政协余杭区委员会全体会议的决议；组织辖区（界别）委员学习政治、时事、法律法规、科学技术知识，宣传党的统一战线理论，人民政协的作用、地位，执行党的路线、方针、政策，贯彻区委、区政府的重大工作部署；开展调查研究，反映社情民意；联系各方面人士，反映群众的意见和要求；经区政协常委会同意，组织辖区（界别）委员视察参观和调查，了解情况，就各项事业和群众生活的重要问题进行研究，通过建议案、提案和其他形式向政府机关和其他有关组织提出建议和批评；完成区政协主席会议、常委会会议布置的各项工作任务，完成机关各委、室交办的各项事项。

镇街（平台）联络工作委员会　2013 年 6 月 14 日，经区委同意，政协杭州市余杭区十届委员会常务委员会第七次会议协商决定，撤销政协地区联络组，在各镇、街道设立政协镇（街道）联络工作委员会。政协联络工委是新时期政协工作向基层延伸的重要组织形式。作为政协的派出组织，在区政协常务委员会和所在镇（街道）党（工）委的领导下开展工作，主要负责政协委员开展经常性活动的联络协调。政协联络工委以邓小平理论、“三个代表”重要思想和科学发展观为指导，牢牢把握团结和民主两大主题，组织委员切实履行政治协商、民主监督、参政议政职能，促进当地经济社会更好更快发展。政协联络工委的建立和变动，根据《中国人民政治协商会议章程》精神和有关文件规定，由区政协常务委员会协商决定。政协联络工委设主任 1 名，由镇（街道）领导班子成员中的政协委员兼任，区政协主席会议任免。为便于开展工作，各镇（街道）聘任一名联络员，由镇（街道）退居二线的干部或现任中层干部担任，具体人选由政协与所在镇（街道）党（工）委协商确定。对政协委员较少的镇（街道），政协联络工委可根据工作需要，邀请当地有代表性、有社会影响力和有参政议政能力的各界人士，经镇（街道）党（工）委、政协专委会协商，报区政协主席会议审查确定为区政协特聘委员。有条件的镇（街道）经政协同意可建立相应的联谊组织，开展多种形式的联谊活动。经区政协十一届第 1 次主席会议审议通过，全区 20 个镇（街道）设政协联络工委，各镇（街道）辖区所属委员为联络工委成员（临平城区机关事业单位委员、杭州未来科技城委员除外）。各联络工委设主任 1 名，所辖委员 15 人以上的设 2 名副主任，3 人以上的设 1 名副主任，3 人以下不设副主任。2021 年 7 月，政协十二届在未来科技城、良渚新城和钱江开发区等三个工作平台增设政协联络工委。

政协联络工委实行主任负责制。负责制定学习计划，采取外出考察、专家讲座、专题报告、座谈交流等方式，坚持理论与实践相结合，提高委员履职水平。政协联络工委每半年至少开展一次活动。每次活动定时间、定内容、定形式、定要求。根据活动议题需要，可邀请区政协领导和相关专委会、镇（街道）及相关部门的负责人参加，也可以邀请省、杭州市政协委员和本区域外其他界别委员参加。活动成果要及时向区政协和本镇（街道）党（工）委报送。政协联络工委定期走访委员，帮助委员落实联系界别群众，密切与委员的联系，关心委员的工作和生活，维护和保障委员的民主权利，为委员履行职责提供必要的条件和帮助。政协联络工委主任列席区政协常务委员会会议，组织委员列席镇人代会、参加街道民主协商议事会，了解政情，知情参政。政协联络工委负责社情民意联系点工作，广泛吸收各界人士参与，充分发扬民主，开展协商讨论，吸纳各种意见。每年以集体名义上报的社情民意信息不少于1条，由主任审定并按要求及时报送区政协。对各项工作开展情况及时、准确地做好登记、记录，收集和积累原始资料，并及时立案归档。

其主要职责：组织委员学习中国特色社会主义理论体系、党和国家的方针政策、法律法规以及政协知识和统战理论；负责召集本辖区的委员参加政协全体会议；根据区政协全体会议、常委会会议、主席会议作出的决定和区政协的工作安排，组织本辖区的委员开展活动，履行职能；组织委员对本辖区的重要事务、群众反映强烈和普遍关心的重大问题，有重点地开展调研、考察、座谈、研讨，收集社情民意，提出意见建议，做好群众工作，引导各界人士促进地方经济社会发展，推进地方党委政府决策民主化、科学化；协助区政协有关专门委员会开展经济、政治、文化、社会和生态文明建设方面的调研、视察等活动；加强对委员的日常管理，密切与委员的联系，关心委员的工作和生活，维护和保障委员的民主权利，为委员履行职能创造良好的条件；积极探索新形势下政协工作在基层开展的新机制、新方法，推进以协商民主为重点的基层民主政治建设和社会管理创新；完成区政协交办的其他任务。

区政协十二届委员会镇街（平台）联络工作委员会主任、副主任名单（2021年）

1. 余杭街道联络工委

主　任　黄佩佩

副主任　姚惠娥

2. 闲林街道联络工委

主　任　戴飞飞

副主任　章献明

3. 仓前街道联络工委

主　任　张宇晓

副主任　余过心

4. 中泰街道联络工委

主　任　胡　边

副主任　钟　燕

5. 五常街道联络工委

主　任　冯　刚

副主任　陆佳婧

6. 钱江开发区、仁和街道联络工委

主　任　邢　斌

副主任　杨　峰

7. 径山镇联络工委

主　任　徐　盛

副主任　马　宽

8. 鸬鸟镇联络工委
主　任　罗昕璐
副主任　肖　斐
9. 良渚街道联络工委
主　任　陶文龙
副主任　张道静
10. 瓶窑镇联络工委
主　任　沈海涌
副主任　黄一帆
11. 黄湖镇联络工委
主　任　李　琴
副主任　白洪林
12. 百丈镇联络工委
主　任　杜颂兰
副主任　严群芳
13. 未来科技城联络工委
主　任　徐　钦
副主任　叶振华
14. 良渚新城联络工委
主　任　杨国平
副主任　陈　宁

此外，2021 年 9 月 22 日，经政协杭州市余杭区十二届委员会第 2 次主席会议协商通过，同意赵爱丽、张洁、周侃奇、周锋、江华民等委员设立 21 个委员工作室（个人），同意余杭街道联络工委、闲林街道联络工委、仓前街道联络工委等镇街（平台）、界别活动组设立 16 个委员工作室（集体）。

第五节　事业单位与社会团体

一、区政协事业发展中心

2022 年 3 月，建立杭州市余杭区政协事业发展中心，为杭州市余杭区政协办公室所属公益一类事业单位，机构规格为正科级。核定编制 5 名，单位科级领导职数 1 名。所需经费由区财政全额补助。杭州市余杭区政协事业发展中心党的建设、干部人事、资产财务由杭州市余杭区政协办公室统一管理。杭州市余杭区政协事业发展中心负责业务运行事宜，不得承担行政职能，不得从事经营活动。

主要职责是：承担区政协机关履职活动保障、委员联络服务等具体事务性工作和区政协外围组织的服务保障工作；配合区政协机关做好文字材料起草、社情民意信息收集整理、政协履职数字化建设等经常性工作;完成区政协领导和机关领导交办的其他任务。

二、区政协之友联谊会

1990 年 3 月,为适应政协工作拓展和延伸的需要,加强与历届离任政协委员的联系,更广泛地团结各界人士,根据中共中央统战部、组织部〔1986〕62 号文件精神,经区政协五届常委会第一次会议决定,成立余杭县政协之友联谊会(以下简称联谊会),并通过联谊会章程(草案),确定首届会员以历届离任的政协常委及在临平镇的原政协委员为主和自愿参加的原则。经过筹备,按照自愿参加的原则,吸收 18 名原政协委员为第一批会员。余杭区政协之友联谊会受余杭区政协领导,由历届区政协常委会组成人员及长期从事政协工作的人员为主组成的联谊组织和社会团体。其业务主管单位是政协杭州市余杭区委员会。其宗旨是保持和加强与历届政协老领导、老干部的联系,广泛团结热心政协工作的各界人士,联络感情,增进友谊,为人民政协事业建言献策,为建设和谐幸福新余杭贡献力量。1990 年 10 月 19 日在临平召开联谊会成立大会。选举产生第一届联谊会理事会。王祖庭当选理事长,庄瑞康为副理事长,总干事庄瑞康(兼)。1993 年 6 月 8 日,选举产生二届联谊会会长、副会长、秘书长。李小花当选会长,戴志达为常务副会长,金庆昌、葛滋豪为副会长,陈烈夫为秘书长。会员 64 名,其中原政协委员 51 名,各界人士 13 名。1998 年 6 月 15 日,选举产生三届联谊会会长、副会长、秘书长。李小花当选会长,丁观海、董鸿洲、郑谦、张强华、沈守斋、陈烈夫、丁云海、方荣耀、邓世海、朱湘云、任建华、沈伟根、李臣桐、邵长华、杨水珍、洪水深、张湘衡、徐福新、郭明修为副会长,陈烈夫兼任秘书长。聘请刘永根、顾文浩、王祖庭为名誉会长,辛瑄、庄瑞康、戴志达、金庆昌、葛滋豪、蒋金惠为顾问。会员 105 名,其中原政协委员 73 名。1999 年 4 月,增选俞华为副会长。2001 年 4 月,增选俞从钧为副会长,赵和春为秘书长,陈烈夫辞去秘书长职务,聘请程德鑫为名誉会长。2004 年 11 月,郑建芬为秘书长,2007 年 10 月,陈梅乾为秘书长。

2012 年 6 月,通过联谊会章程,选举产生区第十届(该届起与区政协会议届次同步)政协之友联谊会领导班子。黄莉任会长,方加明、钱杭根、章福根任副会长,秘书长吴忠云。聘请刘永根、程德鑫、顾文浩、王祖庭、李小花为名誉会长,庄瑞康、戴志达、金庆昌、丁观海、董鸿洲、张强华、郑谦、沈守斋、周贵标、王乐琪、汪士云、丰章生、董建国、莫炳法为顾问。

2017 年后,人员有数次调整。2022 年 5 月,区政协十二届之友联谊会第一次会议召开,会议协商通过杭州市余杭区政协之友联谊会章程,协商产生区政协十二届之友联谊会会长、秘书长等,聘任区政协十二届之友联谊会名誉副会长。会长黄德伟,名誉副会长黄莉、陈云水、傅樟绚,秘书长丁迎九。会员 32 名,其中上届留任 23 名,新增会员有黄德伟、陈云水、丁迎九等 9 名。

三、区政协企业家协会

余杭区政协企业家协会成立于 2010 年,该会是在余杭区政协领导下,由政协委员中的企业界人士及有关知名人士为主组成的群众团体,是政协联系企业家的桥梁和纽带。其业务主管单位是政协杭州市余杭区委员会。其宗旨是遵守宪法、法律、法规和国家政策,践行社会主

2022 年 8 月 30 日，余杭区政协企业家协会第四届第一次会员大会召开

义核心价值观，遵守社会道德风尚。团结和组织政协委员中的企业界及有关人士，充分发挥人民政协大团结、大联合的优势，加强政协与企业家之间的联系，组织会员参政议政，加强联系，提供咨询、商务和交往联络服务（法律法规规定必须办理审批许可才能开展的业务活动，必须在取得相关审批许可后方能进行）。

2022 年 8 月 30 日，区政协企业家协会举行第四届第一次会员大会，选举产生第四届政协企业家协会理事会，区政协副主席张瑾当选新一届理事会会长。

四、区政协书画院

1991 年 11 月，县政协五届第 12 次主席会议决定，成立余杭县政协书画社，首批书画社社员 15 人，均系政协委员和在余杭的浙江省、杭州市美术、书法家协会会员及书画爱好者。1992 年 1 月 8 日，政协书画社正式成立，通过书画社章程，选举产生书画社社务委员会组成人员。王祖庭为名誉社长，柳村当选为社长，盛力人、顾建生为副社长，李雪华为秘书长。1999 年 5 月，汪士云当选为社长，顾建生、盛力人为副社长。二届书画社社员增至 17 人。2003 年 3 月，政协书画社更名为政协书画院，顾建生、盛力人为副院长，柳村为名誉院长。2011 年 2 月，政协杭州市余杭区委员会经协商，同意正式成立杭州市余杭区政协书画院。要求按照国家有关法律程序办理社团注册登记手续，接受区民政部门的业务指导和监督管理。要根据政协的特点，按照国家的法律法规开展业务并做好自身管理工作。要在书画创作、研究和以书画会友、增进海内外人士团结联谊等方面发挥积极作用，为文化名区建设贡献力量。2012 年 6 月，区政协书画院领导班子调整，院长陈云水，常务副院长钱杭根，副院长金国强、吕达飞、顾建生、朱海松，秘书长吕达飞（兼）。柳村、汪士云为名誉院长。聘请宋涛为首席顾问，吴明龙、程栋、葛建明为顾问。2017 年 2 月，余杭区政协书画院常务副院长兼秘书长为吕达飞，副院长周明雍、朱海松。

2021 年 12 月，由余杭区政协文史委主任郭青岭，杭州未来科技城（海创园）党工委委员、管委会常务副主任徐钦兼任余杭区政协书画院副院长，余杭区政协文史委副主任王巧前兼任余杭区政协书画院副秘书长，任期 5 年（根据有关规定，兼职不兼薪，且均不兼任余杭区政协书画院法人，均无另外社团兼职）。2022 年 1 月，区政协书画院换届会议在径山召开。会上审议通过政协书画院章程（草案）、书画院理事会人选，傅丽华当选书画院院长。会议宣布顾问委员会名单，并发布 2022 年书画院的工作计划。

区政协书画院是杭州市余杭区政协领导下的从事书画艺术的创作、研究和以书画会友、增进海内外联谊的艺术团体和联谊组织。其宗旨是：高举习近平新时代中国特色社会主义思想伟大旗帜，坚持四项基本原则，坚持为人民服务、为社会主义服务的方向和“百花齐放、百家争鸣”的方针，努力为区政协履行职能、加强爱国统一战线服务，为和谐社会和文化名区建设作出贡献。主管单位为政协杭州市余杭区委员会，接受区民政部门的业务指导和监督管理。

业务范围：组织画师进行书法和美术创作，举办书画展览，结集书画作品；开展学术研讨、艺术讲座、观摩、采风等活动，不断提高画师的思想水平和艺术素质；组织画师配合本区中心工作和全国、全区重大节庆开展活动，为建设和谐社会和文化名区作贡献；积极参与多层次的书画交流，加强与书画界的联谊，发挥爱国统一战线的功能；根据经济实力，逐步收藏一批书画精品，提高书画院的实力和品位。

书画院设院长 1 名，常务副院长 1 名，副院长若干名，秘书长 1 名，组成余杭区政协书画院院务会。院长、副院长、秘书长由区政协党组提出人选，由院务会议协商通过。书画院领导班子任期与区政协任期相同。根据工作需要，经院务会议协商，书画院可聘请顾问、名誉院长和副秘书长若干名。书画院实行院长负责制，副院长协助院长工作，秘书长负责协调和日常管理。书画院的重要事项由院务会议研究决定。院务会议一般每季度召开 1 次，也可根据工作需要适时召开。

五、区政协之友艺术团

1999 年 3 月，政协余杭市委员会经协商，同意成立余杭市政协之友艺术团，是政协常务委员会领导下的一个业余、非经营性的艺术团体。其创办宗旨：通过艺术创作和演出活动，广交朋友，丰富政协委员文化生活，扩大政协社会影响，促进社会主义精神文明建设。

劳伟民、莫炳法先后分别任团长，李雪华、陈燕贻、戴园丽、钱利利、罗倩萍先后分别任副团长。

2012 年 6 月，调整区政协艺术团领导班子，陈云水任团长，金国强、钱夏莲、黎艳珠、叶庞星任副团长，秘书长钱夏莲（兼）。聘请戴园丽、钱利利为艺术顾问，李小花、莫炳法为名誉团长。

第二章

重要会议

第一节　政协工作会议
第二节　全体委员会议
第三节　政协常务委员会会议
第四节　政协主席会议

第二章　重要会议

杭州市余杭区政协的各类会议是政协委员履行职能的主要形式。尤其是全体委员会会议和常务委员会会议，更是政协委员履行“政治协商，民主监督，参政议政”职能的重要场所和渠道。自2003年3月9日政协杭州市余杭区第八届委员会第一次会议召开至第十二届第二次会议（2022年12月31日），共召开全体会议20次、常务委员会会议（以下简称常委会会议）100次、主席会议206次。

全区政协工作会议由区委召开，目的是交流总结全区政协工作经验，研究部署加强党对政协工作的领导，支持政协组织推进履职能力制度化、规范化、程序化建设（以下简称“三化”建设），充分发挥区政协在促进余杭经济社会发展中的作用。从1999年以来，区委在每届区政协任期召开一次政协工作会议，并成为加强对政协工作领导的一项重要制度。自2003年以来，区委共召开4次政协工作会议。

第一节　政协工作会议

一、全区政协工作会议

2004年7月28日，中共余杭区委召开全区政协工作会议。会议总结余杭区政协工作经验，研究进一步加强和完善党对政协工作的领导，切实推进政协履行职能的制度化、规范化和程序化建设，充分发挥政协在建设“三大文明”、推进“三大跨越”中的作用。区委书记何关新参加会议并讲话，区委副书记许明主持会议。

何关新充分肯定区政协为全区的改革、发展、稳定做了大量卓有成效的工作。何关新要求，区政协要围绕区委提出的推进“三大跨越”，建设现代化都市新区的中心工作，突出团结和民主两大主题，广开言路，畅通人民群众参与国家事务管理和监督的渠道。同时要处理好发挥职能作用与坚持党的领导的关系；处理好发挥职能作用与加强自身建设的关系；处理好继承与创新的关系。同时，各级政府要主动支持政协发挥职能作用，自觉接受民主监督，切实为政协开展工作创造良好条件。区政协主席李小花在会上指出，要围绕经济社会发展中的重大问题，深入调研，精心论证，建言献策；要围绕区委提出的奋斗目标，在涉及余杭长远发展的重大课题上，找准角度，竭智尽力；要高度重视反映社情民意工作，了解民意，关注民生，及时如实地把群众的愿望、呼声反映给党和政府，切实维护好人民群众的根本利益。

会上，区委印发《中共余杭区委关于进一步推进人民政协履行职能制度化规范化程序化建设的若干意见》。区教育局、建设局、卫生局负责人介绍了重视支持系统内政协委员履行职能，积极配合政协工作，自觉接受政协民主监督的做法和经验。区政协副主席、正区级巡视员、政协常委及各专委会正、副主任、各联络组组长，杭州良渚遗址管理区党工委分管领导，各镇乡、街道党（工）委书记及分管领导，区级机关各部门主要负责人等参加会议。

二、区委政协工作会议

区委政协工作会议　2009年10月10日，区委召开政协工作会议。市委常委、区委书记朱金坤作讲话，杭州市政协主席孙忠焕应邀出席会议，区委副书记、区长姜军主持会议。区领导汪宏儿、戚建国、白美玉、孙炳松、邵立春、宋福友、方加明、章福根、钱杭根、黄莉、孔祥华、陈云水等出席会议。各乡镇（街道）、区级机关各部门主要负责人，区政协常委，区政协各委办、界别活动组、地区联络组和外围组织负责人，各民主党派主要负责人等参加会议。

朱金坤在讲话中回顾人民政协成立60周年的历程，总结余杭政协成立53周年以来的情况和经验，分析新形势下加强政协工作的重大意义。强调人民政协要发挥独特优势，自觉服从服务于全区中心工作，使政协工作与区委、区政府的决策部署相统一、相适应、相协调。着力在推动余杭科学发展上作出新贡献，着力在团结合作共克时艰上展现新作为，着力在构建和谐余杭上取得新成效。要加强和完善党对政协工作的领导，加强理论学习，健全检查考核机制，创造良好条件，切实做到思想上更加重视、政治上更加关心、工作上更加支持，把政协工作纳入总体工作布局，努力提高政协整体工作水平，不断开创政协工作的新局面。

区政协主席汪宏儿讲话中要求全区各级政协组织要认真贯彻落实这次会议精神，坚持党的领导，保持正确方向，做到在思想上同心、政治上同向、工作上同步，协助党委执好政、协助政府行好政、协助各界人士参好政。要坚持围绕中心、服务大局、关注民生、真情履职，着力做好优化政协履职环境、完善政协组织功能、发挥委员主体作用“三篇文章”。

会后，区委制定并印发《关于进一步加强人民政协工作的意见》，就加强和改善党对政协工作领导，完善政协工作机制出台一系列实质性举措。

2014年9月12日，区委政协工作会议召开

区委政协工作会议　2014年9月12日，区委召开政协工作会议，总结近年来余杭政协工作实践经验，部署落实当前和今后一个时期人民政协工作。市委常委、区委书记徐文光，区委常委，区人大常委会党组书记，区政协主席、副主席、副区级巡视员、秘书长，区法院院长、区检察院检察长等参加会议。

徐文光指出，要增强

“一线”意识，确保关键时刻顶得上、起作用。希望政协一如既往地关心和支持党委、政府工作，在精神上保持一线状态、在工作时保持一线作为、在实践中发挥一线作用，共同干出一流的业绩。希望政协委员牢固树立与时俱进的思想观念，以一流的精神状态，甘于尽责、甘于担当、善于作为，为党的事业和民生福祉充分贡献自己的聪明才智。徐文光要求，加强党的领导，支持保障政协高效履职。党委要不断提高对人民政协事业发展的领导水平，更好地运用人民政协这一政治组织和民主形式为实现党的总目标总任务服务。要把政协工作纳入总体工作布局并摆在重要位置，积极支持政协加强自身建设，为政协履职创造良好条件。

区委对这次会议高度重视，会前起草形成《关于进一步加强和改进人民政协政治协商的意见》《关于进一步加强和改进人民政协民主监督的意见》两个文件。区委常委会专门听取会议筹备工作汇报，对上述两个“意见”进行讨论，并对开好此次会议提出要求。会上，两个“意见”正式发文实施。这是继 2009 年出台《关于进一步加强人民政协工作的意见》之后区委下发的关于政协工作的两个重要文件。

区委政协工作会议暨庆祝人民政协成立 70 周年大会 2019 年 9 月 26 日，区委举行政协工作会议暨庆祝人民政协成立 70 周年大会，深入学习贯彻中央政协工作会议暨庆祝中国人民政治协商会议成立 70 周年大会精神，总结余杭区政协工作的实践经验，研究部署新时代加强和改进政协工作的具体举措。市委常委、区委书记张振丰出席会议并讲话，区委副书记、区长陈如根主持会议，区政协主席沈昱作表态讲话。区委常委，区人大常委会主要负责人，区政协副主席、秘书长，区法院院长、区检察院检察长等参加会议。

张振丰指出，要深入学习中央政协工作会议精神，着眼新认识新要求，深刻认识做好新时代人民政协工作的重大意义，从全局和战略的高度，切实提高对人民政协工作的认识。张振丰要求，要不断加强党对政协工作的领导，展现新风范新样子，切实推动新时代人民政协工作高质量发展。进一步健全完善党委领导政协工作机制，坚持把政协工作摆在党委工作的重要位置，切实抓好中央和各级党委关于政协工作制度的贯彻落实，确保政协政治有地位、建言有机会、出力有舞台；进一步加强政协系统党的建设，着力增强政协党组织在政协工作中的政治领导力、思想引领力、群众组织力、社会号召力，充分发挥广大党员委员先锋模范作用；进一步为政协履职创造良好条件，要大力支持政协工作，为政协委员的履职提供保障，营造各方重视关心政协工作的浓厚氛围；进一步加强政协委员队伍和机关干部队伍建设，广大政协委员要坚持为国履职、为民尽责的情怀，认真履行委员职责，同时，加强政协机关建设，优化充实区政协机关内设机构和人员力量，增强政协机关干部队伍的生机与活力。

第二节 全体委员会议

杭州市余杭区政协全体会议由全体政协委员组成，一般每年举行一次。常务委员会认为必要时，可临时举行。全体会议须有三分之二以上的委员出席始得举行。每届区政协第一次全体会议由大会预备会议选举的大会主席团主持，届内其他各次会议由该届常委会召集和主持。区政协全体会议主要行使下列职责：选举区政协主席、副主席、秘书长和常务委员，决定常务委员会组成人员的增减或者调整；听取和审议常务委员会工作报告和其他有关报告；讨论并通过有关决议；协商讨论余杭区政治、经济、社会、文化、生态文明建设等方面重大问题，提出意见和建议；协商讨论区政协工作、推动区人民政协事业的发展。

一、第八届全体委员会议

第八届一次全体委员会议　2003 年 3 月 9 日至 13 日，中国人民政治协商会议杭州市余杭区第八届委员会第一次会议在临平余杭大厦召开，出席会议的委员 234 人，列席人员 89 人，邀请人员 33 人。市委常委、统战部部长徐松林，市政协副主席曾东元；区主要领导何关新、刘庆龙、唐维生、汪宏儿、许明、张竟成等到会祝贺并在主席台前排就座。会议设主席团 39 人，李小花（女）、丰章生、董建国、章福根、莫炳法、方加明、钱杭根为主席团常务主席，主席团成员还有：丁远达、方黎明、左晓旭、朱海东、任永发、孙树荣、孙银海、苏羽虹、杨林山、吴建龙、吴晋兰（女）、吴海龙、何可成、沈国华、汪雪平、张月龙、张正和、张自杰、陆文龙、陈燕贻（女）、罗倩萍（女）、周卫列、郑亚萍（女）、祝维德、钱利利（女）、徐连子（女）、高峰、梁水根、葛幼良、蓝德光、裘建英（女）、戴桂香（女）。会议秘书长董建国（兼），副秘书长徐连子（女）、汪雪平。会议设提案审查委员会 11 人，主任丰章生，副主任沈妙根。

区政协副主席劳伟民受政协杭州市余杭区第七届委员会常务委员会的委托，向大会作工作报告。工作报告分三大部分：回顾政协杭州市余杭区第七届委员会任期五年的主要工作；总结政协杭州市余杭区第七届委员会任期五年来工作的经验；对今后五年开展政协工作的建议。报告指出，五年来，七届政协在中共余杭区委的领导下，以中共十五大精神为指导，依靠全体委员，紧紧围绕“融入大都市、建设新余杭”的总目标、总思路，牢牢把握团结和民主两大主题，认真履行三项职能，各项工作都上了新的台阶。主要表现在：政治协商日益规范，民主监督不断推进，反映社情民意有了长足的进步，提案工作质量明显提高，文史工作取得新成绩，团结联谊活动广泛深入，政协整体素质不断增强。五年来，七届政协坚持从人民政协的性质、任务和余杭的实际出发，在继承中发展，在开拓中前进，积极探索新形势下政协工作的新路子，在工作实践中积累的经验和体会有：坚持贯彻“三个代表”重要思想，是做好政协工作的根本保证；坚持团结和民主两大主题，是政协工作继往开来的方向和使命；坚持与时俱进，开拓创新，是政协工作充满生机的源泉和动力；坚持实事求是，务真求实，是政协工作有所作为的前提条件；坚持发挥委员的主体作用，是做

2003 年 3 月 9 日，中国人民政治协商会议杭州市余杭区第八届委员会第一次会议在临平召开

好政协工作的基础；坚持依靠党委政府的重视和支持，是做好政协工作的关键所在。报告提出建议：深入学习贯彻中共十六大精神，进一步开创政协工作新局面；围绕党委和政府的中心任务开展工作，进一步提高履行职能的质量和水平；坚持团结和民主两大主题，进一步巩固和发展最广泛的爱国统一战线；适应新形势新任务的要求，进一步加强政协自身建设。

区政协副主席董建国受政协杭州市余杭区第七届委员会常务委员会的委托，向大会报告政协杭州市余杭区第七届委员会提案工作情况。报告指出，自区政协七届一次会议以来的五年，收到以提案形式提出的意见和建议 1101 件，经提案委员会审查后立为提案的有 1071 件，所有提案已全部办复，满意和基本满意的占 85%以上。提案委员会在政协常委会的领导下，把提高提案质量、办理质量和服务质量作为提案工作的重点，积极推进规范化、制度化建设，促进提案工作上了一个新台阶。报告建议，新一届政协，要进一步提高对提案工作的认识；提案工作要以质量求发展；注重提案委员会的自身建设。把思想和认识统一到十六大精神上来，把智慧和力量凝聚到实现十六大和区第十一次党代会提出的目标上来，以饱满的政治热情和优良的工作作风，努力把提案工作提高到一个新水平。

会议听取并通过《余杭区政协七届常委会工作报告》及《七届五次会议以来提案工作情况的报告》。

与会委员列席余杭区第十二届人民代表大会第一次会议，听取并讨论《政府工作报告》和其他各项报告。审议并通过政协余杭区第八届委员会第一次会议提案审查情况的报告。审议通过政协杭州市余杭区第八届委员会第一次会议决议。全体委员列席区十二届人大一次会议，听取和讨论并赞同代区长刘庆龙所作的政府工作报告及其他报告。委员们围绕区委、区政府提出的合力推进“三大跨越”，实施“再造工程”的目标，认真履行职能，积极建言献策，共提交提案 264 件，其中 252 件被列为正式提案。有 16 位委员在大会上发言。余杭区党政领导何关新、刘庆龙及有关部门负责人听取大会发言并参加小组讨论，与委员们共商改革发展大计。

在民主协商的基础上，会议采取等额、无记名投票方式，选举产生政协杭州市余杭区第八届委员会主席、副主席、秘书长和常务委员。李小花为主席，丰章生、董建国、章福根、莫炳法、方加明、钱杭根为副主席，徐连子为秘书长，丁远达等 31 人为政协常委。

第八届二次全体委员会议 2004 年 2 月 25 日至 28 日，中国人民政治协商会议杭州市余杭区第八届委员会第二次会议在临平大剧院召开。市政协副主席蒋福弟到会祝贺，区四套班子领导刘庆龙、唐维生、汪宏儿、许明、张竟成，良渚遗址管理区党工委副书记、管委会主任张炳火在主席台前排就座。出席会议的委员 235 人，列席人员 74 人，邀请人员 49 人。会议设主席团 39 人，李小花、丰章生、董建国、章福根、莫炳法、方加明、钱杭根为主席团常务主席，会议秘书长董建国（兼），副秘书长徐连子（女）、汪雪平。会议设提案审查委员会 11 人，主任丰章生，副主任沈妙根。

区政协副主席丰章生代表区政协八届常务委员会向大会作工作报告。报告指出，2003 年，区政协牢牢把握团结和民主两大主题，紧紧围绕区委、区政府的中心工作，切实履行政治协商、民主监督、参政议政职能，各项工作取得新进展，完成区政协八届一次会议提出的各项工作任务。一年来，区政协开好政协例会，积极参政议政；关注热点问题，开展民主监督专项活动，有力地推进了全区的“创模”（创建国家环境保护模范城市）工作；发挥政协

2004 年 2 月 25 日，中国人民政治协商会议杭州市余杭区第八届委员会第二次会议在临平召开

优势，参与党政中心工作，围绕党政中心工作开展调研活动，积极参与区委区政府组织实施的招商引资工作，积极参与区委组织的结对帮扶活动；做好提案工作，切实增强办理实效，八届一次会议列为正式提案的有 252 件，已经按时全部办理完毕；做好信息工作，积极反映社情民意，开展专题调研、委员视察活动、特色服务等，全面活跃政协工作；突出两大主题，开展团结联谊活动，积极营造余杭区社会政治生活的团结民主氛围；认真当好东道主，承办好全省政协主席读书班；编撰《余杭区政协志》；加强自身建设，做好培训和建章立制工作，加强政治理论学习，做好委员的培训工作，健全政协工作制度。报告提出建议：2004 年，区政协八届根据余杭区第十一次党代会提出的“再造工程”和“三大跨越”目标任务，牢牢把握团结和民主两大主题，认真履行政治协商、民主监督、参政议政职能，力争各项工作取得新的进展。贯彻落实全市政协工作会议精神，进一步推进政协“三化”建设，履行职能的制度化、规范化、程序化，坚持和完善党对政协工作的领导，做好建章立制工作，进一步规范政治协商程序，着力完善民主监督机制，健全参政议政反馈制度；围绕“五个统筹”，进一步做好专题调研工作，着重在发展余杭商贸和物流业、加快发展余杭文化产业等方面提出切实可行的建议；围绕党政中心工作，进一步提高政协履行职能的水平，认真开好例会，开展民主监督专项活动，通过走访视察、问卷调查、座谈会、集中反馈等形式，使被监督的工作质量有所提高、有所改善、有所发展，积极发挥提案作用，提高提案的撰写质量和办理反馈率、满意率；围绕“团结、民主”两大主题，进一步促进社会政治稳定，做好反映社情民意工作，加强与各民主党派、工商联、人民团体和无党派人士的联系，切实为他们知情知政、参政议政创造更好的条件，密切关注改革发展中出现的新情况和新矛盾，进一步加强扶贫帮困工作，进一步扩大政协的社会影响；进一步加强自身建设，通过常委读书会、主席读书会、委员活动日等多种形式，把学习摆在重要位置，打造学习型政协新形象；从提高委员素质入手，继续开展“双好委员”和“优秀委员”的评选活动，引导委员增强做好政协工作的光荣感和使命感，从加强机关效能建设入手，进一步健全和完善机关各项工作制度，建立规范的机关运行机制。

区政协副主席董建国受政协八届常委会委托，向大会作提案工作情况报告。八届一次会议以来，共收到提案形式的意见和建议 263 件，正式立案 252 件，到 2003 年 7 月 18 日所有提案已办复，提案办理满意和基本满意率达 98.4%。这些提案围绕全区各项重要工作和人民群众普遍关心的重大问题，为经济建设出谋划策，为保护弱势群体的利益献计出力，为建设文化名区建言献策，为城建交通事业发展献计献策。区政协常委会、提案委员会积极探索做好提案工作的新思路和新途径，采取主席督办重点提案，督察提案办理大户，完善提案办理制度的办法，取得了很好效果。董建国在报告中号召，全体委员要进一步提高提案工作质量，继续发挥提案在余杭区现代化建设中的作用，为建设“经济强区、文化名区、生态城区”作出更大贡献。

会上，孙国方、张洪根、任永发、张来等11名委员代表各界别组发言，发言的内容涉及人才队伍建设、项目推进、农民专业合作经济组织、公共卫生体系建设、生态建设等多个方面。发言重点突出，材料翔实，论证充分。如章爱娣委员就加大西部山区生态建设扶持力度的发言，提出了“西水东流、东技西送、东资西调、区财西倾、东西共济”的统筹东西部发展新理念；郑建芬委员谈了青少年思想道德建设的调查与思考；郭青岭委员呼吁给良渚遗址保护工作更多的理解与支持。

会议审议通过区政协八届常务委员会工作报告和八届一次会议以来提案工作情况的报告；列席区人大十二届二次会议，听取和讨论《政府工作报告》和其他有关报告；听取和审议区政协八届二次会议提案初审情况的报告；补选区政协八届常务委员会委员3人；通过区政协八届二次会议决议。

第八届三次全体委员会议　2005年1月21日至24日，中国人民政治协商会议杭州市余杭区第八届委员会第三次会议在临平大剧院召开。出席会议的委员259人，列席人员80人，邀请人员50人。大会执行主席李小花、丰章生、董建国、章福根、莫炳法、方加明、钱杭根，市政协副主席郁嘉玲到会祝贺，区四套班子领导何关新、刘庆龙、唐维生、汪宏儿、杨洪香、白美玉、沈旭微、刘一敏、陈寿亮，良渚遗址管理区党工委副书记、管委会主任张炳火在主席台就座。

区政协主席李小花代表区政协八届常务委员会向大会作工作报告。报告指出，2004年，区政协坚持把学习、贯彻、实践“三个代表”重要思想贯彻政协工作的始终；通过召开全委会、常委会会议、主席会议、专题座谈会和委员培训等形式，组织政协各组成单位和委员深入学习，讨论、处理常务委员会的重要日常工作，协商讨论有关全区性的大政方针、重要事务和群众普遍关心的重大问题；每一次常委会，都精心选择议题，深入开展调研，充分酝酿协商，重视成果转化；坚持把调查研究工作摆在突出位置，不断改进调研方法，努力提高调研质量，坚持开展专项视察活动，通过委员视察，监督政府的行政行为和加大工作力度；通过召开动员大会、区内视察、问卷调查、座谈会等形式，对全区的社会保障工作进行广泛深入的调查和研讨，客观评价余杭区社会保障工作取得的成绩，实事求是地指出存在的不足，提出解决问题的建议；坚持开展主席、副主席督办重点提案、走访提案承办大户等工作，积极促进提案的办理落实，同时认真做好信息工作，反映社情民意；出版55万余字的《杭州市余杭区政协志》；加强专门委员会建设，设置4个实职专委会，配备6名专委会专职干部，加强委员队伍建设和机关建设。报告要求，2005年，余杭政协将在中共余杭区委的领导下，切实有效地履行政治协商、民主监督、参政议政职能，发挥政协在加强共产党执政能力建设方面的独特作用，拓宽参政议政渠道，巩固共产党的执政基础，优化共产党的执政环境；切实推进“三化”建设，规范政治协商程序，确定政治协商内容，规范参政议政意见建议的反馈，促进参政议政成果的转化；完善民主监督工作，提高民主监督实效；开展调查研究，拟对振兴丝绸产业、保护开发径山茶品牌、中小学校标准化建设、城市管理综合执法环境等问题进行专题调研，并形成调研报告，为区委、区政府决策提供可借鉴参考的建议；充分发挥提案作用，注重提高提案自身质量、办理质量、落实质量；加强同各民主党派、工商联、各人民团体、无党派人士和各族各界的联系和沟通，在经济结构和社会关系出现新变化的情况下，把工作的切入点放在维护人民群众的根本利益上，关注群众生活；加强政协自身建设，加强理论学习，发挥专委会实职机构、界别组、联络组作用，注重政协委员队伍建设，加强政协机关思想作风和管理制度建设。报告号召全体委员在新的一年里，积极进取，不断创新，以饱满的热情、扎实的工作、优异的成绩，为余杭冲刺千亿大关，强势推进“再造工程”，阔步迈进“三大跨越”，努力实现经济社会全面协调可持续发展作出更大贡献。

区政协八届副主席丰章生向大会作政协八届二次会议以来提案工作情况报告。区政协八届二次会议以来，政协委员围绕人民群众普遍关心的热点、难点问题，积极运用提案履行职能，建言献策，委员们以提案形式提出意见建议273件，立案195件。提案内容广泛，选题准确，质量较高，引起各级领导的重视，形成办理工作的合力，加大督办力度，完善了工作机制。

会议审议通过区政协八届常务委员会工作报告和八届二次会议以来提案工作情况的报告；列席区十二届人大三次会议，听取和讨论《政府工作报告》及其他有关报告；听取和审议区政协八届三次会议提案初审情况的报告；补选区政协八届秘书长和常务委员各1人；通过区政协八届三次会议决议。

第八届四次全体委员会议 2006年2月28日至3月3日，中国人民政治协商会议杭州市余杭区第八届委员会第四次会议在临平大剧院召开。出席会议的委员256人，列席人员87人，邀请人员50人。区政协主席李小花，副主席丰章生、董建国、章福根、莫炳法、方加明、钱杭根，正区级巡视员劳伟民，秘书长郑建芬和政协常委在主席台就座。市政协副主席蒋福弟到会祝贺，区领导何关新、刘庆龙、许保金、唐维生、汪宏儿、许明，杭州良渚遗址管理区管委会主任张炳火等出席开幕式。会议听取和审议区政协主席李小花所作的区政协八届常务委员会工作报告和副主席丰章生所作的八届三次会议以来提案工作情况的报告。

李小花代表区政协八届常务委员会向大会作工作报告。报告指出，2005年，区政协围绕强势推进“再造工程”、阔步迈进“三大跨越”和大力推进社会主义市场经济、民主政治、先进文化、和谐社会“四位一体”建设工作目标，切实有效地履行政治协商、民主监督、参政议政职能。首先区政协围绕重大问题，开展政治协商效果较好。精心选择议题，深入开展调研，充分酝酿协商，重视成果转化。积极开展专项监督、视察活动，民主监督质量有了提高。对余杭区科技工作开展民主监督活动，对社保工作民主监督落实情况“回头看”。开展环保“三同时”、学前教育建设、食品卫生监督、宗教活动场所管理、背街小巷改善工程、拆违专项整治等视察活动。坚持与时俱进，进一步创新参政议政的形式和途径。坚持把调查研究工作摆在突出位置，创新调研形式，提高调研质量。积极做好文史工作，推进文化名区建设。完成《天堂绿洲》的编撰出版工作，编辑出版《余杭百事通》，发行专辑纪念抗战胜利60周年。自身建设有了新的加强。坚持学习实践“三个代表”重要思想，加强对政协委员的管理和专业组、地区联络组的考核，创办《余杭政协》刊物和政协工作网站。报告指出，2006年区政协将以建设资源节约型和环境友好型社会为要求，围绕“乘势而上快发展、

2006 年 2 月 28 日，区政协主席李小花代表区政协八届常务委员会向大会作工作报告

创强争优再进位”目标，切实有效地履行三大职能，为进一步加快“融入大都市、建设新余杭”进程作出贡献。

区政协副主席丰章生在会上作提案工作报告。区政协八届三次会议以来，广大政协委员运用提案形式认真履行政协职能，积极建言献策，提交的提案形式意见建议正式立案的有 221 件。至 2005 年 6 月 9 日全部办理完毕，委员满意和基本满意率达 98.6%。2006 年提案工作要树立精品意识，突出重点提案价值；加强对口联系，发挥专委会作用；建立工作制度，推进“三化”建设；加大宣传力度，扩大社会影响。

委员还列席区十二届人大四次会议，听取和讨论《政府工作报告》《关于余杭区国民经济和社会发展第十一个五年规划纲要（草案）》及其他有关报告；听取和审议区政协八届四次会议提案初审情况的报告，通过区政协八届四次会议决议。会议表彰八届三次会议以来的优秀提案及 2005 年度“双好”委员。

会议期间，委员们就有关余杭经济和社会发展的重要问题及群众关心的热点问题，向政府有关部门的负责人展开咨询。有 11 名委员就余杭经济、社会、政治方面的有关问题作大会发言。会议期间共收到委员提案 329 件。

在余杭的省、市政协委员，部分区直部门、直属单位、垂直管理单位和有关镇、街道负责人，区政协之友联谊会、区政协企业家协会、区政协书画院、区政协艺术团的负责人列席会议，在余杭创业的港商、台商和华侨代表也应邀参加会议。

二、第九届全体委员会议

第九届一次全体委员会议　2007 年 2 月 3 日至 6 日，中国人民政治协商会议杭州市余杭区第九届委员会第一次会议在临平大剧院召开。出席会议的委员 289 人，列席人员 99 人，邀请人员 59 人。市政协副主席蒋福弟、市委副秘书长何关新到会祝贺并在主席台就座。应邀出席会议并在主席台就座的领导有朱金坤、姜军、许保金、李小花、唐维生、戚建国。区委、区人大、区政府、区人武部、区法院、区检察院、杭州良渚遗址管委会、区政协八届的领导以及主席团全体成员、部分区级老领导在主席台就座。会议设主席团 45 人，汪宏儿、方加明、章福根、钱杭根、黄莉（女）、孔祥华、陈云水（女）为主席团常务主席；主席团成员还有：王鹄、王贤中、王爱武（女）、方海鹰、方彩勇、方黎明、左晓旭、叶天云、孙树荣、杨俊、杨林山、苏羽虹、吴王楼、吴建龙、吴晋兰（女）、何月姣（女）、汪雪平、沈月华（女）、沈国华、沈洪相、张月龙、张智林、陆文龙、陈梅乾、金幼群（女）、庞法松、

2007 年 2 月 3 日，中国人民政治协商会议杭州市余杭区第九届委员会第一次会议在临平召开

郑洪广、胡旭洪、俞从钧、洪英（女）、柴燕萍（女）、倪水友、高峰、常秀兰（女）、阎丽华（女）、喻爱彬（女）、蓝德光、戴园丽（女）。秘书长方加明（兼），副秘书长陈梅乾、汪雪平。会议设提案审查委员会 16 人，主任钱杭根（兼），副主任姚水林、吴焕君、喻爱彬（女）、张洪根。

会议听取并通过区政协副主席方加明所作的区政协第八届委员会常务委员会工作报告和副主席钱杭根所作的八届常委会提案工作的报告。

余杭区第八届委员会常务委员会工作报告指出，四年来，区政协八届委员会全力依靠全体委员，高举爱国主义、社会主义两面旗帜，牢牢把握团结、民主两大主题，认真履行政治协商、民主监督、参政议政三项职能，为积极推进“三大跨越”，努力建设法治余杭，构建和谐社会作出了重大贡献。政治协商更加规范，民主监督不断推进，参政议政成效明显。选择经济建设和社会发展中的重大问题，开展专题调研，提出意见建议，提交关于临平工业区建设、西部山区生态保护和开发、农村社会养老保险问题等 19 件重点调查报告，为区委、区政府的科学决策和余杭经济社会的健康发展提供了有价值的意见。坚持运用提案、建议案、视察、调研、反映社情民意等形式，提出批评和建议，推进政府职能和工作作风的转变；努力营造民主氛围，鼓励和支持政协委员运用大会发言、政情咨询、撰写提案、专题调研等多种形式开展民主监督活动。提案工作日趋完善，重点把好立案关，突出督办工作，强化服务意识。不少社情民意引起了有关领导和部门的重视，反映的一些突出问题得到了较好解决。先后编辑出版《杭州市余杭区政协志》《天堂绿洲》《余杭百事通》《纪念抗日战争胜利 60 周年专辑》《话说余杭》《余杭古桥》等文史资料。加强与港澳委员、区内港澳同胞、侨胞代表的联系，充分发挥政协之友联谊会、政协艺术团、书画院等组织的作用，举办余杭区政协成立 50 周年“八个一”纪念活动，以及纪念抗日战争和世界反法西斯战争胜利 60 周年歌咏比赛、新年茶话会、政协书画展等 10 余次大型活动。通过举办委员培训班、常委读书会、专题报告会、知识讲座、情况通报会，提高全体委员的理论素养和参政议政能力。报告建议，区政协九届要深入学习贯彻中共十六届六中全会精神，为构建和谐社会作出贡献；全面贯彻落实中共中央两个五号文件，进一步开创政协工作新局面；围绕党和政府的中心任务开展工作，进一步提高履行职能的质量和水平；坚持团结和民主两大主题，进一步巩固和发展最广泛的爱国统一战线；适应新形势新任务的要求，进一步加强政协自身建设。

会议听取了钱杭根代表区政协八届常务委员会所作的提案工作情况的报告。四年来，共收到委员以提案形式提交的意见建议 1024 件，立案交办 979 件。经过承办单位的认真办

2007 年 2 月 3 日，区委书记朱金坤（左）看望政协委员和列席人员

理，实现了 100%的办结率，不少提案取得了实效，委员满意和基本满意率都保持在 95%以上。

会议期间，举行大会发言，委员蓝德光、江小洪、陈建方、周前武、周锋、庞法松、汪越春、吴晋兰在大会上发言，就余杭经济、政治、文化、社会方面的有关问题提出许多建设性意见建议。

与会委员列席区十三届人民代表大会第一次会议，听取并讨论了《政府工作报告》和其他报告。审议并通过政协杭州市余杭区第九届委员会第一次会议提案初审情况的报告。审议通过政协杭州市余杭区第九届委员会第一次会议决议。在充分发扬民主的基础上，会议采取无记名投票和等额选举的办法，于 2 月 6 日选举产生常务委员 37 人，汪宏儿为政协杭州市余杭区第九届委员会主席、方加明、章福根、钱杭根、黄莉、孔祥华、陈云水为副主席，陈梅乾为秘书长。

在余杭的省、市政协委员，部分区直部门、直属单位、垂直管理单位和有关镇、街道负责人，区政协之友联谊会、区政协企业家协会、区政协书画院、区政协艺术团的负责人列席会议，在余杭创业的港商、台商和华侨代表也应邀参加会议。

第九届二次全体委员会议　2008 年 3 月 2 日至 6 日，政协杭州市余杭区第九届委员会第二次会议在临平召开。委员 288 人，列席人员 79 人，邀请人员 68 人。区政协主席汪宏儿，区政协副主席方加明、章福根、钱杭根、黄莉、孔祥华、陈云水，秘书长陈梅乾及全体政协常委在主席台就座。市政协副主席张必来到会祝贺并在主席台就座。应邀出席会议并在主席台就座的领导有朱金坤、姜军、许保金、戚建国等区委、区人大、区政府、区人武部、区法院、区检察院、杭州良渚遗址管委会的领导，以及部分区级老领导在主席台就座。

会议听取和审议政协杭州市余杭区第九届委员会常务委员会工作报告，听取和审议区政协九届一次会议以来提案工作情况的报告。

汪宏儿受区政协九届常务委员会的委托，向大会作工作报告。报告指出，2007 年是政协九届的开局之年，以马克思列宁主义、毛泽东思想、邓小平理论、“三个代表”重要思想为指导，认真学习贯彻中共十六届六中全会和十七大精神，紧紧围绕区委第十二次党代会提出的“坚持发展主旋律、推进五质大提升、构建和谐创业、和谐发展、和谐生活的现代化都市新区”的战略目标，牢牢把握团结、民主两大主题，认真履行政治协商、民主监督、参政议政职能，围绕中心，服务大局，政治协商成效显著；集中力量，加大力度，专项民主监督取得实效；凝心聚力，关注民生，参政议政内容广泛；立足本职，争当“双好”，委员风采充分展示；强化服务，注重质量，提案和信息工作有新提高；团结民主，合作共事，为构建和谐余杭发挥作用；存史资政，团结育人，文史和宣传工作有新成绩；改进作风，提高效能，自身建设得到加强。报告指出，在新的一年里，区政协常委会工作的指导思想是：全面贯彻中共十七大精神，高举中国特色社会主义伟大旗帜，以科学发展观统领政协工作，在中共余杭区委的领导下，紧紧围绕区委十二届四次全体（扩大）会议提出的“城市化工业化两轮驱动，一化带四化同步发展”战略，牢牢把握团结和民主两大主题，认真履行政治协商、民主监督、参政议政职能，亲民协政，履职为民，为构建和谐余杭、打造最适宜创业创新和最适宜居住的美丽之洲作出新的贡献。

区政协副主席陈云水受区政协九届常委会委托，向大会作了区政协九届一次会议以来提案工作情况的报告。报告指出，区政协九届一次会议以来，广大政协委员和政协各参加单位围绕全区改革发展稳定大局和人民群众关注的热点难点问题，运用提案形式认真履行职能，积极建言献策，共提交提案形式的意见建议 363 件，经提案委员会审查，立案 348 件。截至 2007 年 6 月 27 日，所有提案全部办复。

与会委员列席区十三届人大二次会议，听取和讨论政府工作报告和其他报告；会议最后通过区政协九届二次会议决议。

在余杭的省、市政协委员，部分区直部门、直属单位、垂直管理单位和有关镇、街道负责人，区政协之友联谊会、区政协企业家协会、区政协书画院、区政协艺术团的负责人列席会议，在余杭创业的港商、台商和华侨代表应邀参加会议。

第九届三次全体委员会议 2009 年 2 月 9 日至 12 日，政协杭州市余杭区委员会第九届第三次会议在临平召开。委员 288 人，列席人员 71 人，邀请人员 73 人。会议由区政协九届常委会主持。区政协主席汪宏儿，副主席方加明、章福根、钱杭根、黄莉、孔祥华、陈云水，秘书长陈梅乾及全体政协常委与会。市政协副主席朱报春到会祝贺，应邀出席会议并在主席台就座的领导有朱金坤、姜军、许保金、戚建国等区委、区人大、区政府、区人武部、区法院、区检察院、杭州良渚遗址管委会的领导，以及部分区级老领导。

区政协主席汪宏儿代表区政协九届常务委员会向大会作工作报告。报告指出，2008 年，区政协九届委员会在中共余杭区委的领导下，在区人大、区政府及各级各部门的大力支持下，深入贯彻落实科学发展观，牢牢把握团结和民主两大主题，振奋精神，开拓创新，凝聚力量，服务大局，认真履行政治协商、民主监督、参政议政职能，为余杭经济社会全面、协调、可持续发展，为建设“品质之城、美丽之洲”做出了积极贡献。

2009 年 2 月 9 日，中国人民政治协商会议杭州市余杭区第九届委员会第三次会议在临平召开

围绕中心，求真务实履职能，服务大局助发展，精心选题深调研，关注民生见实效；开拓创新，增强活力促和谐，资政建言上台阶，凝心聚力克时艰，发挥作用展风采；规范制度，完善机制强基础，沟通协商经常化，规范管理制度化，机关服务效能化；突出主题，广泛联谊显特色，文史编撰出新篇，团结联谊凝人心。报告指出，2009 年，区政协要以科学发展为导向，认真履行三项职能。切实把促进科学发展作为履行职能的第一要务，议发展大计，把政协工作融入“抓住机遇、跨越发展”的实践中去；以关注民生为重点，充分发挥组织作用。统筹兼顾并充分发挥好委员的主体作用、界别的特色作用、专委会的基础作用和地区联络组的联系纽带作用，贴近群众，服务群众，切实维护人民群众的根本利益；以团结民主为主题，积极凝聚各方力量。注重发挥各民主党派、工商联、人民团体和无党派人士的作用，注重发扬政协团结联谊的传统；以完善机制为抓手，着力推进工作创新；以和谐品质为目标，努力提高队伍素质。

区政协副主席陈云水受区政协九届常委会委托，向大会作区政协九届二次会议以来提案工作情况的报告。报告指出，区政协九届二次会议以来，广大政协委员和政协各参加单位积极建言献策，共提交提案形式的意见建议 424 件，经提案委员会审查立案 413 件，作为委员来信转送有关部门研究处理的 11 件。截至 2008 年 7 月 2 日，所有提案全部办理完毕，其中满意的占 83.01%，基本满意的占 16.99%。

会议听取和审议了常务委员会工作报告和提案工作情况报告，对常委会一年来的工作表示满意，并同意常委会 2009 年政协工作的建议，要求常务委员会认真组织实施。与会人员列席区十三届人大三次会议，听取并讨论《政府工作报告》以及其他报告。会议最后通过区政协九届三次会议决议。

会议期间举行大会发言，有 12 名委员作专题发言，4 名委员即兴发言，就余杭经济、政治、文化、社会方面的有关问题提出许多建设性意见建议。会议共收到委员以提案形式递交的意见建议 368 件。会议还表彰了 2008 年度先进界别活动组、区政协九届二次会议以来的优秀提案。

在余杭的省、市政协委员，部分区直部门、直属单位、垂直管理单位和有关镇、街道负责人，区政协之友联谊会、区政协企业家协会、区政协书画院、区政协艺术团的负责人列席会议，在余杭创业的港商、台商和华侨代表应邀参加会议。

第九届四次全体委员会议 2010 年 3 月 1 日至 5 日，政协杭州市余杭区第九届委员会第四次会议在临平召开。委员 291 人，列席人员 125 人，邀请人员 72 人。会议由区政协九届常委会主持。区政协主席汪宏儿，副主席方加明、章福根、钱杭根、黄莉、孔祥华、陈云水，秘书长陈梅乾及全体政协常委在主席台就座。市政协副主席赵光育到会祝贺并在主席台就座。应邀出席会议并在主席台就座的领导有朱金坤、许保金、戚建国等区委、区人大、区政府领导和区人武部、区法院、区检察院、杭州良渚遗址管委会的领导，以及部分区级老领导。会议听取和审议区政协主席汪宏儿所作的常务委员会工作报告和副主席陈云水所作的提案工作情况报告。

汪宏儿代表区政协九届常务委员会向大会作工作报告。报告指出，一年来，区政协在区委的领导下，坚持以马克思列宁主义、毛泽东思想、邓小平理论、“三个代表”重要思想为指导，深入学习实践科学发展观，牢牢把握团结和民主两大主题，积极履职，开拓创新，较好地完成了区政协九届三次会议确定的各项任务，为余杭“转危为机，跨越发展”竭智尽力，为推进全区民主政治建设和人民政协事业发展，为加快建设“品质之城、美丽之洲”作出了积极贡献。区政协所做的主要工作和成绩有：以加强思想建设为基础，坚定政治方向；以庆祝人民政协成立60周年为契机，弘扬优良传统；以服务大局为核心，精心组织了重点调研，成功举办了民主建言会，充分利用提案资源，助推科学发展；以民主促民生为导向，关注社情民意，围绕民生问题开展视察工作，反映社情民意；以改革创新为动力，完善工作机制；以凝心聚力为重任，广泛团结联谊；以固本强基为目标，推进自身建设。报告指出，2010年，区政协要围绕时代精神，积极参与对全区贯彻落实区委政协工作会议和文件精神情况的督查，深入了解情况，认真提出建议，促进会议精神和文件规定的落实；要围绕转型发展，积极献计出力。选择一些经济社会发展中具有综合性、全局性、前瞻性的重大问题，人民群众普遍关心的热点、难点问题，人民群众关注、党政部门重视、政协有条件做的课题，深入调查研究，认真分析综合，提出意见建议；要围绕民主促民生，真情履行职能。要把以人为本作为政协关注民生、服务大局的出发点，把凝聚人心作为政协围绕民生、促进和谐的着力点，把开拓创新作为政协解决民生、推进工作的突破点；要围绕两大主题，充分发挥作用。坚持真情合作，推进民主政治。坚持广泛联系，团结各界人士。坚持挖掘传统，做好文史工作；要围绕“三力”提升，努力提高素质。加强学习，创新工作理念，加强宣传，扩大政协影响，加强组织建设，发挥整体作用，加强机关建设，提高运作效能，为政协有效履行职能、顺利开展工作提供有力保障。

区政协副主席陈云水受区政协九届常委会委托，向大会作了区政协九届三次会议以来提案工作情况的报告。报告指出，区政协九届三次会议以来，广大政协委员和政协各参加单位，围绕全区改革发展稳定大局和人民群众关注的热点难点问题，积极建言献策，共提交提案形式的意见建议368件，经提案委员会审查立案334件，未立案的34件已转交有关部门参考。

会议对常委会一年来的工作表示满意，并同意常委会提出的2010年政协工作目标和任务，要求常委会认真组织实施。与会人员列席区十三届人大四次会议，听取并讨论区长姜军所作的《政府工作报告》及其他有关报告。区政协九届四次会议举行大会发言，王鹄、程栋、胡国平等10名政协委员先后上台发言，他们围绕区委、区政府的中心工作和全区经济社会发展中的重大问题、人民群众关注关心的热点难点问题，发表了自己的真知灼见，供区委、区政府借鉴参考。

会议增补选潘法高为区政协九届副主席，叶敏、史云岗、冯松妹（女）、沈钢、金国强、周前武、郑红（女）、郑跃中、孟维菁（女）、姚水林、郭青岭（女）、韩峻、释戒兴等13人当选为区政协九届常务委员。会议通过区政协九届四次会议决议。会议还表彰2008年度至2009年度双好委员，2009年度先进界别活动组，区政协九届三次会议以来的优秀提案。

在余杭的省、市政协委员，部分区直部门、直属单位、垂直管理单位和有关镇、街道负责人，区政协之友联谊会、区政协企业家协会、区政协书画院、区政协艺术团的负责人列席会议，在余杭创业的港商、台商和华侨代表也应邀参加会议。

第九届五次全体委员会议　2011年1月17日至21日，政协杭州市余杭区第九届委员会第五次会议在临平召开。委员290人，列席人员118人，邀请人员72人。会议由区政协

2011 年 1 月 17 日，中国人民政治协商会议杭州市余杭区第九届委员会第五次会议在临平召开

九届常委会主持。区政协主席汪宏儿，副主席章福根、钱杭根、黄莉、孔祥华、陈云水、潘法高，秘书长陈梅乾及全体政协常委在主席台就座。市政协副主席赵光育到会祝贺并在主席台就座。应邀出席会议并在主席台就座的领导有朱金坤、姜军、许保金、戚建国等区委、区人大、区政府和杭州良渚遗址管委会的领导，以及区法院、区检察院、区人武部的领导和部分区级老领导。在余杭创业的港商、台商和华侨代表也应邀参加会议。

汪宏儿代表区政协九届常务委员会向大会作工作报告。报告指出，2010 年，区政协在区委的领导下，坚持以马克思列宁主义、毛泽东思想、邓小平理论、“三个代表”重要思想为指导，深入学习实践科学发展观，全面贯彻落实中共十七大和十七届四中、五中全会精神，以贯彻市委、区委政协工作会议精神为契机，以献策科学发展为履职重点，以服务和谐社会为重要责任，以开拓创新为重要抓手，以提高工作效能为重要目标，认真履行政治协商、民主监督、参政议政职能，较好地完成了区政协九届四次会议确定的各项任务，为推进全区民主政治建设和人民政协事业发展，为加快建设“品质之城、美丽之洲”作出了积极贡献。区政协所做的主要工作和成绩有：与时俱进，认真贯彻落实市委、区委政协工作会议精神，坚持完善履职机制，贯彻和落实政策意见；致力发展，紧紧围绕预防重大战略协商议政，围绕全区“十二五”规划思路、经济社会重大问题、“六大发展战略”开展专题活动；履职为民，积极推进民主民生战略，专题协商养老事业，民主建言“低碳城区建设”，积极反映社情民意；务求实效，扎实开展经常性工作不断提高提案办理成效，开展文史资料工作，加大宣传工作力度；把握主题，凝心聚力促进社会和谐，促进各界人士团结联谊，联合承办“全国书法名家邀请展”，组建政协企业家协会；增强活力，不断提升自身履职水平，充分发挥委员主体作用，切实加强政协机关建设。报告指出，在新的一年里，区政协要以市委、区委政协工作会议精神为指导，推进“三化”建设有新提高；以“十二五”规划为总揽，建言科学发展有新作为；以“六大发展战略”为核心，献策“品质之城、美丽之洲”有新内涵；以社情民意为责任，实施“民主民生”有新实效；以凝心聚力为基础，履职“和谐余杭”有新进展；以素质能力为抓手，强化自身建设有新提升。

陈云水受区政协九届常委会委托，向大会作了区政协九届四次会议以来提案工作情况的报告。她说，区政协九届四次会议以来，广大政协委员和政协各参加单位，围绕全区改革发展稳定大局和人民群众关注的热点难点问题，积极建言献策，共提交意见建议 412 件。其中各人民团体、专门委员会、界别组以集体名义提出的 18 件，委员个人或联名提出的 394

件。经提案委员会二审立案393件，并于2010年3月底分别送交区府办、区建设局、区劳保局等60个承办单位办理。2010年12月底，各承办单位对办理情况都做了答复，答复率为100%。其中，已经办理落实的93件，占23.7%；正在落实的251件，占63.9%；因客观条件所限暂时未能落实的47件，占11.9%；超越权限需向上级有关部门反映、争取支持落实的2件，占0.5%。

会议听取和审议政协杭州市余杭区第九届委员会常务委员会工作报告，听取和审议区政协九届四次会议以来提案工作情况的报告；列席区十三届人大五次会议，听取和讨论政府工作报告和其他报告；会议最后通过区政协九届五次会议决议。与会人员围绕“十二五”时期经济社会发展和2011年政府工作，就经济、政治、文化、社会和生态文明建设各个方面，积极议政建言。会议期间，共收到书面发言材料24篇，葛旭峰、李君、施志杰等10名委员代表各界别组作了大会发言，提出了在发展建设中要注意科学性和和谐的统一，一切围绕可持续性，要统筹兼顾。内容涉及科学规划城乡、发展可持续税源经济、加强教育资源统筹、发展设施农业等关系余杭发展和民生方面的热点难点问题。

会议共收到委员以提案形式递交的意见建议445件。会议审议通过区政协九届五次会议决议，听取提案初审报告。会议还表彰2010年度先进界别活动组、区政协九届四次会议以来的优秀提案。在余杭的省、市政协委员，部分区直部门、直属单位、垂直管理单位和有关镇、街道负责人，区政协之友联谊会、区政协企业家协会、区政协书画院、区政协艺术团的负责人列席会议，在余杭创业的港商、台商和华侨代表也应邀参加会议。

三、第十届全体委员会议

第十届一次全体委员会议 2012年2月11日至14日，政协杭州市余杭区第十届委员会第一次会议在临平召开。委员290人，列席人员104人，邀请人员76人。会议设主席团54人，阮文静（女）、黄莉（女）、孔祥华、陈云水（女）、潘法高、杜永林、戴桂香（女）、陈梅乾为主席团常务主席，主席团成员还有（按姓氏笔画为序）：丁列明、马亚琴（女）、王鹄、王建强、王艳勤（女）、王爱武（女）、甘士明、叶敏（女）、史云岗、朱健铭、仲瑞妙、江筠（女）、江小洪、李江武、杨俊、吴王楼、吴建龙、何月姣（女）、汪雪平、沈钢、沈建华、张月龙、陈立强、林峰、金国强、周前武、周康明、庞法松、郑红（女）、郑跃中、孟维菁（女）、赵喜凯、俞海平、施志杰、倪为民、高峰、唐亮、黄国

2012年2月11日，中国人民政治协商会议杭州市余杭区第十届委员会第一次会议在临平召开

林、曹国兴、章桂娣（女）、韩峻、喻爱彬（女）、程栋、释戒兴、蓝德光、廖杭州。会议秘书长黄莉（兼），副秘书长陈梅乾、汪雪平、高峰、金国强、郑跃中、周前武、黄国林、赵喜凯。会议设提案审查委员会15人，主任黄国林，副主任吴焕君、何军芳（女）。市政协副主席赵光育到会祝贺并在主席台就座。应邀出席会议并在主席台就座的领导有徐立毅、朱华、汪宏儿、戚建国、宋福友、沈昱。区委、区人大、区政府、区法院、区检察院、杭州良渚遗址管委会、未来科技城、区人武部、区政协九届的领导以及主席团全体成员、部分区级老领导在主席台就座。

会议听取并通过区政协副主席黄莉受区政协九届常务委员会委托所作的政协杭州市余杭区第九届委员会常务委员会工作报告。报告指出，五年来，政协九届牢牢把握民主和团结两大主题，充分发挥人民政协服务和谐社会建设的独特优势，密切开展党派合作，广泛开展团结联谊，深入开展群众工作，积极开展文化建设。同时不断完善机制，提高政协工作的科学化水平。实践说明，基层政协只有坚持开拓创新，政协工作才有活力；只有坚持求真务实，政协工作才有凝聚力；只有坚持关注民意，政协工作才有动力；只有坚持界别特色，政协工作才有合力。报告指出，中共杭州市余杭区第十三次代表大会明确了今后五年全区经济社会发展的奋斗目标和主要任务，也为政协工作指明了方向。为此，建议区政协十届要注重学习、深入研究，在加强思想建设上有新成效；要围绕中心、认真履职，在服务科学发展上有新贡献；要协调关系、增进团结，在促进社会和谐上有新作为；要突出重点、发挥优势，在开展特色工作上有新突破；要求真务实、开拓创新，在加强自身建设上有新提高。

会议听取并通过区政协副主席陈云水受区政协九届常务委员会委托作提案工作情况报告。报告指出，五年来，区政协提案委员会共收到委员以提案形式提交的书面意见和建议2012件，经审查立案1926件，比上届增加947件。经过各承办单位的积极努力，交办的提案全部办理完毕，委员满意率达到77%，基本满意率21%，满意率比上届增加了3个百分点。建议新一届政协勇于担当提案工作新使命，发挥提案工作新作用，把握提案工作新要求，确保提案工作取得新实效。

与会委员列席余杭区第十四届人民代表大会第一次会议，听取并讨论《政府工作报告》和其他各项报告。审议通过政协杭州市余杭区第十届委员会第一次会议决议。在民主协商的基础上，会议采取等额、无记名投票方式，选举产生政协第十届杭州市余杭区委员会，主席阮文静，副主席黄莉、杜永林、孔祥华、陈云

2012年2月10日，市委常委、区委书记徐立毅（左二）看望政协委员和列席人员

水、潘法高、戴桂香，秘书长陈梅乾，常务委员丁列明等46人。

与会人员围绕今后5年工作思路和2012年政府主要工作任务，就经济、政治、文化、社会和生态文明建设各个方面，提出意见建议，积极议政建言。会议期间共提交书面发言材料23篇，朱飞燕、王国升、胡治国、邹华等12位委员代表本界别组发言，发言内容涉及政府投资项目管理、发展壮大村集体经济、工业经济转型升级、提升普通高中办学水平、破解社会管理难题、完善农村居民建房政策、保障饮用水源安全等多个方面。会议共收到委员以提案形式递交的意见建议418件。会议审议通过区政协十届一次会议决议，听取提案初审报告。会议还表彰区政协九届2010—2011年“双好”委员、2011年度先进界别活动组和区政协九届五次会议以来的优秀提案。

在余杭的省、市政协委员，部分区直部门、直属单位、垂直管理单位和有关镇、街道负责人，区政协之友联谊会、区政协企业家协会、区政协书画院、区政协艺术团的负责人列席会议，在余杭创业的港商、台商和华侨代表应邀参加会议。

第十届二次全体委员会议 2013年2月24日至26日，区政协十届二次会议在临平举行。大会由区政协十届常委会主持。开幕式上，区政协主席阮文静，副主席黄莉、杜永林、孔祥华、陈云水、潘法高、戴桂香及全体政协常委在主席台就座。市政协副主席张鸿建到会祝贺并在主席台就座。应邀出席会议并在主席台就座的领导有徐立毅、朱华、汪宏儿、戚建国、沈昱等。区委、区人大、区政府、区法院、区检察院、杭州良渚遗址管委会、杭州未来科技城、区人武部、区政协九届的领导以及部分区级老领导在主席台就座。

阮文静代表政协杭州市余杭区第十届委员会常务委员会，向大会报告工作。报告指出，2012年，区政协在中共余杭区委的领导下，区政协常委会坚持以科学发展观为统领，按照区第十三次党代会的总体部署，紧紧围绕“经济转型升级、城乡统筹发展、社会管理创新”三大重任，牢牢把握团结和民主两大主题，认真履行政治协商、民主监督、参政议政职能，紧扣中心，履职为民，求真务实，开好新局，各项工作取得了新的成效。一是围绕发展大局协商议政，助推经济平稳健康发展；二是围绕民生重点建言献策，促进社会民生事业发展；三是围绕增强共识广泛团结，汇集共建和谐幸福新余杭正能量；四是围绕固本强基传承创新，提升履职能力和水平。2013年，区政协常委会要深入学习贯彻中共十八大精神，高举中国特色社会主义伟大旗帜，以马克思列宁主义、毛泽东思想、邓小平理论、“三个代表”重要思想、

2013年2月24日，中国人民政治协商会议杭州市余杭区第十届委员会第二次会议开幕会现场

科学发展观为指导，在中共余杭区委的领导下，按照区委十三届三次全体会议的部署，把握主题，牢记使命，勇于创新，更加注重凝心聚力，更加着力服务大局，更加突出为民尽职，切实推进人民政协协商民主建设，认真履行政治协商、民主监督、参政议政职能，为实现“四个翻一番”“四个高于”目标和建设和谐幸福新余杭作出新贡献。重点做好五方面工作：一是认真学习贯彻落实中共十八大精神，广泛凝心聚力；二是紧紧围绕攻坚“三大重任”，全力服务发展；三是充分体现人民政协的人民性，持续关注民生；四是不断健全协商民主制度，推进民主政治建设；五是切实加强自身建设，提高政协工作科学化水平。

杜永林受政协杭州市余杭区第十届委员会常务委员会的委托，向大会作提案工作报告。报告指出，2012 年，区政协常委会围绕“经济转型升级，城乡统筹发展，社会管理创新”三大重任，围绕民主民生的一系列重大问题，围绕人民群众关注的热点和难点问题，积极运用提案建言献策，共提出意见建议 418 件，经提案委员会二审立案 400 件。截至 2012 年 9 月底，各承办单位对办理情况都作了答复，答复率为 100%。其中，已经办理落实的 106 件；正在落实的 253 件；因客观条件所限暂时未能落实的 33 件；所提问题无法落实的 8 件。

会议审议通过区政协十届常务委员会工作报告和提案工作情况报告。会议认为，十届一次会议以来，区政协常委会围绕攻坚“三大重任”，把握团结和民主两大主题，认真履行职能，为建设和谐幸福新余杭作出积极贡献。会议同意 2013 年政协工作思路。会议补选政协杭州市余杭区第十届委员会秘书长和 3 名常务委员。与会人员列席区人大十四届二次会议，听取并讨论区长朱华所作的《政府工作报告》和大会其他报告。

与会人员围绕 2013 年政府主要工作任务，就经济、政治、文化、社会建设和生态文明建设各个方面，提出意见建议，积极议政建言。会议期间，共提交书面发言材料 23 篇，黄永国、项坚民、胡治国等 7 位委员代表本界别组发言。李江武、张来、陈强等委员作即兴发言。委员们围绕经济建设、拆迁农户安置、民企接班人队伍、工业园区提升改造等主题建言献策。会议共收到委员以提案形式递交的意见建议 487 件。会议审议通过区政协十届二次会议决议，听取提案初审报告。

在余杭的省、市政协委员，部分区直部门、直属单位、垂直管理单位和有关镇、街道负责人，区政协之友联谊会、区政协企业家协会、区政协书画院、区政协艺术团的负责人列席会议，在余杭创业的港商、台商和华侨代表应邀参加会议。

第十届三次全体委员会议　2014 年 2 月 17 日至 20 日，区政协十届三次会议在临平举行。大会由区政协十届常委会主持。区政协主席阮文静，副主席黄莉、杜永林、孔祥华、陈云水、潘法高、戴桂香，秘书长吴忠云及全体政协常委与会并在主席台就座。市政协副主席张鸿建到会祝贺，应邀出席会议并在主席台就座的领导有徐立毅、汪宏儿、沈昱等。区委、区人大、区政府、区法院、区检察院、杭州良渚遗址管委会、杭州未来科技城、区人武部、区政协九届的领导以及部分区级老领导在主席台就座。

阮文静代表政协杭州市余杭区第十届委员会常务委员会，向大会报告工作：

2013 年，区政协在中共余杭区委的领导下，认真贯彻中共十八大精神和区委一系列决策部署，切实增强政治意识、中心意识、实干意识，紧扣全区工作大局，进一步发挥优势、体现特色、开拓创新，扎实履行政治协商、民主监督、参政议政职能，各项工作取得了新的成效。一是以学习贯彻中共十八大精神和区委决策部署为主线，着力增进共识；二是以发展

2014 年 2 月 17 日，中国人民政治协商会议杭州市余杭区第十届委员会第三次会议在临平召开

和民生为重点，积极建言献策；三是以创新机制为突破，推进协商民主建设；四是以提升能力为根本，切实加强自身建设。2014 年，重点做好五方面工作：一是认真学习贯彻中共十八届三中全会精神，把握改革创新的时代脉搏；二是围绕全面深化改革的重要工作，发挥协商、监督和咨政机构作用；三是抓住人民群众关注的热点问题，发挥民意和群众工作机构作用；四是广泛深入开展团结联谊，发挥统战作用；五是积极拓宽委员履职渠道，发挥委员主体作用。

杜永林受政协杭州市余杭区第十届委员会常务委员会的委托，向大会作提案工作报告。报告指出，区政协十届二次会议以来，广大政协委员和政协各参加单位，关注经济社会发展、关注民生民主事项、关注热点难点问题，积极运用提案建言献策，以提案形式提出意见建议共 487 件，经提案委员会二审立案 471 件。截止到 2013 年 6 月底各承办单位完成了对 471 件提案的办理答复。其中，所提问题已经解决或基本解决的 186 件，占 39.49%；意见被采纳并已列入计划逐步解决的 240 件，占 50.96%；因受条件限制需要以后解决的 37 件，占 7.86%；所提问题无法解决的 8 件，占 1.7%。无论是办理工作还是办理结果，满意和基本满意的均达到 100%。

会议听取并同意区政协主席阮文静作的常务委员会工作报告和区政协副主席杜永林作的提案工作情况报告。会议认为，十届二次会议以来，区政协十届常委会贯彻落实中共中央和省、市、区委一系列重大决策部署，紧扣中心、服务大局，发挥优势、开拓创新，履行政协职能，推进协商民主，为全区经济社会发展和社会和谐稳定作出贡献。会议同意常务委员会提出的 2014 年工作总体要求和主要任务。会议补选 7 名常务委员。

与会人员列席区十四届人大三次会议，听取并讨论区长朱华作的《政府工作报告》及其他报告，围绕实现全面深化改革的良好开局、推动经济持续健康发展，以大会发言、委员提案、分组讨论等形式，协商议政，提出意见建议。会议期间，共提交书面发言材料 24 篇，陈效绘、李小军、徐锋、张丽莉等 10 位委员代表本界别组及党派发言。委员们围绕保障余杭区初级农产品质量、大力扶持民营医疗机构发展、治理交通拥堵、如何实践“机器换人”等主题，畅所欲言，建言献策。会议共收到委员以提案形式递交的意见建议 405 件。会议审议通过区政协十届三次会议决议，听取提案初审报告。

在余杭的省、市政协委员，部分区直部门、直属单位、垂直管理单位和有关镇、街道负责人，区政协之友联谊会、区政协企业家协会、区政协书画院、区政协艺术团的负责人列席会议，在余杭创业的港商、台商和华侨代表应邀参加会议。

2015 年 2 月 12 日，中国人民政治协商会议杭州市余杭区第十届委员会第四次会议闭幕

第十届四次全体委员会议　2015 年 2 月 9 日至 12 日，区政协十届四次会议在临平举行。大会由区政协十届常委会主持。区政协主席阮文静，副主席杜永林、孔祥华、陈云水、潘法高、戴桂香，秘书长吴忠云及全体政协常委与会并在主席台就座。市政协副主席朱祖德到会祝贺，应邀出席会议并在主席台就座的领导有徐文光、朱华、汪宏儿、沈昱等。

阮文静代表政协杭州市余杭区第十届委员会常务委员会，向大会报告工作。报告指出，2014 年，区政协在中共余杭区委的领导下，充分发挥政协组织六大机构功能作用，各项工作取得了新的成效。一是围绕全区深化改革、经济发展、生态建设和社会民生，积极建言献策；二是畅通民意渠道，进一步推动提案和社情民意信息工作；三是发挥独特优势，推进协商民主建设；四是践行群众路线，着力加强自身建设。2015 年重点做好四方面工作：一是广泛团结动员社会各界，凝聚共识力量；二是深入推进协商民主，助力科学决策；三是扎实开展民主监督，助推工作落实；四是坚持务实创新，提高履职成效。

杜永林受政协杭州市余杭区第十届委员会常务委员会的委托，向大会作提案工作报告。区政协十届三次会议以来，广大政协委员和政协各参加单位，关注改革发展稳定的全局性问题，聚焦经济转型升级、城乡统筹发展、政府职能转变等热点难点问题，积极运用提案建言献策，以提案形式提出意见建议共 405 件，经提案委员会二审立案 386 件。截至 2014 年 8 月底，各承办单位完成了对 386 件提案的办理答复。其中，所提问题已经解决或基本解决的 145 件，占 37.6%；意见被采纳并已列入计划逐步解决的 215 件，占 55.7%；因受条件限制需要以后解决的 25 件，占 6.5%；所提问题无法解决的 1 件，占 0.3%。办理工作满意率达 95.9%，办理结果满意率达 89.9%。

会议听取并同意区政协常委会工作报告和提案工作报告。会议同意常务委员会提出的 2015 年工作总体要求和主要任务。与会人员列席区十四届人大四次会议，听取并讨论区长朱华作的《政府工作报告》及其他报告。通过大会发言、分组讨论、提案等方式，履行职责，协商议政，建言献策。会议期间共提交书面发言材料 26 篇，曾敏、项坚民、王朝丽、江小洪等 11 名委员代表本界别组及党派发言。委员们围绕工业经济转型发展、推进临平新城建设、创新物业维修资金管理、建设多元化居家养老服务体系、培育公益性社会组织等主题，建言献策。会议共收到委员以提案形式递交的意见建议 358 件。会议审议通过区政协十届四次会议决议，听取提案初审报告。

在余杭的省、市政协委员，部分区直部门、直属单位、垂直管理单位和有关镇、街道负责人，区政协之友联谊会、区政协企业家协会、区政协书画院、区政协艺术团的负责人列席会议，在余杭创业的港商、台商和华侨代表应邀参加会议。

第十届五次全体委员会议 2016年1月18日至20日，区政协十届五次会议在临平举行。大会由区政协十届常委会主持。区政协主席阮文静，副主席黄莉、杜永林、孔祥华、陈云水、潘法高、戴桂香，秘书长吴忠云及全体政协常委在主席台就座。市政协副主席朱祖德到会祝贺并在主席台就座。应邀出席会议并在主席台就座的领导有徐文光、朱华、汪宏儿、张俊杰、沈昱等。

阮文静代表政协杭州市余杭区第十届委员会常务委员会，向大会报告工作。报告指出，2015年，区政协围绕经济社会发展重大问题协商议政，建言“十三五”规划、建言创新驱动发展、建言“法治余杭”建设、建言美丽城乡建设、建言民生事业和文化事业；聚集区委区政府重大工作部署加强监督，联动监督“五水共治”、参与监督环境治理、优化监督职能部门工作；着力提高协商水平和实效，协商程序更规范，协商形式更多样，协商氛围更浓厚；切实加强履职能力建设，发挥委员主体作用，加强政协机关建设，积极开展对外交流。阮文静指出，2016年重点着力五个方面做好工作：一是围绕发展战略，着力增加共识；二是紧扣重大专项，着力咨政建言；三是坚持问题导向，着力监督助推；四是深化联系交流，着力增强团结；五是加强自身建设，着力提升履职能力现代化水平。

杜永林受政协杭州市余杭区第十届委员会常务委员会的委托，向大会作提案工作报告。区政协十届四次会议以来，广大政协委员和政协各参加单位，积极运用提案建言献策，以提案形式提出意见建议共358件，经提案委员会二审立案331件。各承办单位在规定时间内完成了对331件提案的办理答复。其中所提问题已经解决或基本解决的186件，占56.2%；意见被采纳并已列入计划逐步解决的128件，占38.67%；因受条件限制需要以后解决的15件，占4.53%；所提问题无法解决的2件，占0.6%。提案办理落实率比上一年度提高18.6%。对办理过程表示满意和基本满意的达100%，办理结果满意率达92.45%。

会议听取并同意区政协主席阮文静作的常委会工作报告和区政协副主席杜永林作的提案工作报告，通过常务委员会提出的2016年工作总体要求和主要任务。与会委员列席余杭区第十四届人民代表大会第一次会议，听取并讨论《政府工作报告》和其他各项报告。会议期间，共提交书面发言材料24篇，俞建峰、朱飞燕、孙玉英、王国升等11位委员代表各自界别组及党派发言。委员们围绕积极推动“余杭故事”宣传、打造美丽乡村升级版、金融支持经济创新转型、发展电子商务、大力推进临平大气污染治理等主题建言献策。大会共收到委员以提案形式递交的意见建议268件。

在余杭的省、市政协委员，部分区直部门、直属单位、垂直管理单位和有关镇、街道负责人，区政协之友联谊会、区政协企业家协会、区政协书画院、区政协艺术团的负责人列席会议，在余杭创业的港商、台商和华侨代表应邀参加会议。

四、第十一届全体委员会议

第十一届一次全体委员会议 2017年2月6日至8日，区政协十一届一次会议在临平举行。大会的执行主席为主席团全体成员54人。主席团常务主席为阮文静、黄莉、孔祥华、

2017年2月5日，区委书记戴建平（左）看望政协委员

陈云水、潘法高、戴桂香、赵喜凯、吴忠云。市政协副主席朱祖德到会祝贺并在主席台就座。应邀出席会议并在主席台就座的领导有戴建平、陈如根、汪宏儿、沈昱、张俊杰、王进等。

阮文静受区政协十届常务委员会委托，向大会作工作报告。报告指出，五年来，区政协围绕改革发展重大问题协商资政，聚焦余杭改革发展和经济转型升级等重大问题，服务余杭经济发展；聚焦环境建设突出问题加强监督，积极投身治水、治气、治堵、治垃圾的攻坚战，助推改善人居环境、打造美丽余杭；着眼社会治理创新要求助推实践，全力参与打造余杭社会治理新模式；抓住群众关心的民生热点积极建言，履职为民，持续关注跟进群众感到“急、难、愁”的实际问题；关注文化传承发展新趋势献策存史，助力历史文化遗产的传承保护，助推余杭文化事业的繁荣发展；积极构建多元化协商监督新格局，不断推进政协工作创新和实践；加强制度建设提升履职效能，促进政协履职规范有序、特色彰显。五年履职实践体会到，必须坚持党的领导，体现政协工作的政治性；必须服务发展大局，体现政协工作的实效性；必须深化协商议政，体现政协工作的主动性；必须致力团结民主，体现政协工作的统战性；必须发扬创新精神，体现政协工作的时代性。报告指出，区政协十一届要牢牢把握团结和民主两大主题，认真履行政治协商、民主监督、参政议政职能，充分发挥协调关系、汇聚力量、建言献策、服务大局的作用，加强学习研究，在增强责任担当上有新境界；加强协商资政，在推进协商民主建设上有新作为；加强监督助力，在推动党政决策部署落实上有新举措；加强团结联谊，在发挥统战功能上有新进展；加强自身建设，在提升履职能力上有新突破。

戴桂香受区政协十届常务委员会的委托，向大会作提案工作报告。报告指出，五年来，区政协提案委共收到以提案形式提交的意见和建议1936件，经审查立案1845件。经统计，有关经济、政治、文化、社会和生态文明建设的提案各有341件、108件、211件、982件和203件，分别占提案总数的18.5%、5.9%、11.4%、53.2%和11%。经过各承办单位的积极努力，所有提案都在规定时间内完成办理，委员对办理过程的满意率为95.6%，对办理结果的满意率为90.9%，且满意程度逐年有所提高。政协十届提案办理落实率年均达到40.7%，比上届提高了17.7%，取得了提案工作的新突破。

会议听取并同意阮文静代表区政协十届常务委员会所作的工作报告和戴桂香代表区政协十届常务委员会所作的提案工作报告，选举产生政协杭州市余杭区第十一届委员会主席、

2017 年 2 月 6 日，中国人民政治协商会议杭州市余杭区第十一届委员会第一次会议在临平召开

副主席、秘书长和常务委员，主席阮文静，副主席黄莉、孔祥华、陈云水、潘法高、戴桂香，秘书长吴忠云。

会议认为，过去 5 年，区政协十届把握团结和民主两大主题，履行政治协商、民主监督、参政议政职能，发挥协商民主重要渠道作用，为全区经济社会持续健康发展、余杭政协事业创新发展作出积极贡献，积累丰富经验。会议同意常委会提出的今后 5 年的工作建议和 2017 年主要任务。

与会人员列席杭州市余杭区第十五届人民代表大会第一次会议，听取和审议《政府工作报告》和大会其他报告，通过大会发言、分组讨论、委员提案等方式，建言献策。通过审议报告、大会发言、分组讨论、撰写提案等方式，履行职责，深入协商议政，建言献策。会议期间提交书面发言材料 26 篇，杨满珠、季晔、丁浩珈、邹华等 10 名委员代表各自界别组及党派发言。委员们围绕社会养老服务体系、余杭产业转型升级、临平大气治理、东西向快速通道建设、小城镇环境综合整治等主题，畅所欲言，建言献策。会议收到委员以提案形式递交的意见建议 346 件，初审通过 332 件。会议审议通过区政协十一届一次会议决议，听取提案初审报告。

在余杭的省、市政协委员，部分区直部门、直属单位、垂直管理单位和有关镇、街道负责人，区政协之友联谊会、区政协企业家协会、区政协书画院、区政协艺术团的负责人列席会议，在余杭创业的港商、台商和华侨代表应邀参加会议。

第十一届二次全体委员会议 2018 年 1 月 31 日至 2 月 2 日，区政协十一届二次会议在临平举行。大会由区政协十一届常委会主持。区政协主席阮文静，副主席黄莉、陈云水、潘法高、戴桂香、赵喜凯，秘书长吴忠云及全体政协常委与会并在主席台就座，市政协副主席周智林到会祝贺并在主席台就座。应邀出席会议并在主席台就座的领导有毛溪浩、陈如根、沈昱、张俊杰、王进等。

阮文静代表政协杭州市余杭区第十一届委员会常务委员会，向大会报告工作。报告指出，2017 年，在中共余杭区委的正确领导下，区政协高举中国特色社会主义伟大旗帜，以习近平新时代中国特色社会主义思想为指引，坚决贯彻落实区委决策部署，紧扣中心、积极履职，把握主题、汇聚合力，发挥优势、主动作为，各项工作取得新的成效。一年来，区政协把牢主轴、增强定力，巩固共同奋斗思想基础；紧扣中心、协商建言，助推“五大余杭”建设积极有为；广泛联系、增进共识，营造大团结大联合良好局面；守正创新、科学履职，彰显政协工作时代特色，实现新一届政协良好开局。2018 年，重点着力做好四方面工作：一是强化思想政治引领，更加广泛凝心聚力；二是聚焦改革发展大局，更加深入协商议政；三是关注重大决策落实，更加强化监督职能；四是着力加强能力建设，更加体现履职实效。

赵喜凯受政协杭州市余杭区第十一届委员会常务委员会的委托，向大会作提案工作报告。报告指出，区政协十一届一次会议以来，广大政协委员和政协各参加单位共以提案形式提出意见建议共 346 件，经提案委员会二审立案 329 件。各承办单位在规定时间内完成了对 329 件提案的办理答复。其中，所提问题已经解决或基本解决的 176 件，占 53.5%；意见被采纳并已列入计划逐步解决的 140 件，占 42.55%；因受条件限制需要以后解决的 12 件，占 3.65%；所提问题无法解决的 1 件，占 0.3%。对办理过程表示满意和基本满意的达 98.78%，办理结果满意率达 96.05%。

会议听取并同意区政协主席阮文静所作的常委会工作报告，区政协副主席赵喜凯所作的提案工作报告，补选产生 4 名常务委员。会议认为，区政协常委会认真学习贯彻习近平新时代中国特色社会主义思想和省市区委重大决策部署，牢牢把握团结和民主两大主题，紧紧围绕“五大余杭”建设，提高站位、找准定位，务实创新、积极作为，深入推进协商民主，扎实履行政协职能，实现了区政协十一届工作的良好开局，为推动余杭经济社会发展作出贡献。会议同意常委会提出的 2018 年工作总体要求和主要任务。与会人员列席杭州市余杭区第十五届人民代表大会第二次会议，听取和协商《政府工作报告》及大会其他报告，通过审议报告、大会发言、分组讨论、撰写提案等方式，履行职责，深入协商议政，建言献策。会议期间提交发言材料 22 篇，其中 14 名委员发言。会议收到委员以提案形式递交的意见建议 348 件。会议审议通过区政协十一届二次会议决议，听取提案初审报告。

在余杭的省、市政协委员，部分区直部门、直属单位、垂直管理单位和有关镇、街道负责人，区政协之友联谊会、区政协企业家协会、区政协书画院、区政协艺术团的负责人列席会议，在余杭创业的港商、台商和华侨代表应邀参加会议。

第十一届三次全体委员会议　2019 年 1 月 28 日至 30 日，区政协十一届三次会议于在临平举行。大会由区政协十一届常委会主持。区政协党组书记沈昱，区政协副主席黄莉、陈云水、戴桂香、赵喜凯，区政协党组成员吴立炜、黄德伟，区政协副区级干部潘法高，秘书长吴忠云及全体政协常委与会并在主席台就座。市政协党组副书记、副主席翁卫军到会祝贺并在主席台就座。应邀出席会议并在主席台就座的领导有张振丰、陈如根、阮文静、祝振伟、李忠誉等。

区政协副主席戴桂香代表政协杭州市余杭区第十一届委员会常务委员会，向大会报告工作。报告指出，2018 年，区政协强化思想政治引领，把好政协工作正确方向；紧扣党政中心工作协商建言，用好协商民主独特优势；紧盯重要决策部署落地见效，敲好民主监督重要一锤；坚持履职为民理念，架好密切联系群众桥梁；汇集社会各界力量，画好最大同心圆；加强履职能力建设，打好政协工作提质增效基础，为加快建设“五大余杭”、争当新时代排头兵作出了积极贡献。2019 年，区政协要深入学习贯彻习近平新时代中国特色社会主义思想，按照区委十四届五次、六次全体会议的部署，以加强政协系统党的建设为引领，牢牢把握新时代政协工作的新方位新使命，认真履行职能，广泛凝聚共识，充分彰显人民政协

2019年1月28日，中国人民政治协商会议杭州市余杭区第十一届委员会第三次会议在临平召开

制度的鲜明特点和优势，进一步推动政协工作提质增效，为全面推进“三个全域”建设、奋力开创余杭高质量可持续快发展新局面、全力争当新时代发展排头兵作出新的贡献。

区政协副主席赵喜凯受政协杭州市余杭区第十一届委员会常务委员会的委托，向大会作提案工作报告。报告指出，区政协十一届二次会议以来，广大政协委员和政协各参加单位积极通过提案建言履职，共收到以提案形式提出的意见建议348件，提案委初审通过317件，经提案委二审立案316件。各承办单位在交办会议后三个月内完成了全部提案的办理答复，其中所提问题已经解决或基本解决的202件，占63.92%；部分解决或意见被采纳计划逐步解决的109件，占34.49%；因受条件限制需要以后解决的4件，占1.27%；所提问题无法解决的1件，占0.32%。对办理过程满意的310件、基本满意的6件，满意率98.1%；对办理结果满意的298件、基本满意的16件、不满意的2件，满意率94.3%。会议听取并同意副主席戴桂香所作的常委会工作报告和副主席赵喜凯所作的提案工作报告。补选产生区政协十一届主席和2名副主席、1名常务委员，沈昱当选区政协十一届主席，吴立炜、黄德伟当选区政协十一届副主席。

会议认为，2018年，区政协常委会以习近平新时代中国特色社会主义思想为指引，深入贯彻中共中央和省市区委决策部署，把握团结和民主两大主题，加强政协党建，突出政治引领，紧扣党政中心，履行职能，发挥政协优势，主动服务发展大局，为加快建设“五大余杭”、争当新时代发展排头兵作出积极贡献。会议同意常委会提出的2019年工作总体要求和主要任务，要求常委会认真组织实施。与会人员列席杭州市余杭区第十五届人民代表大会第三次会议，听取和协商政府工作报告及大会其他报告，围绕区委、区政府重要决策部署和新时代余杭政协事业发展，通过审议报告、大会发言、分组讨论、撰写提案等形式，协商议政，建言献策。会议期间提交发言材料21篇，高冠敏、王巧珍、罗建强、杨佳、陈小忠、曹维昌等13名委员代表各自界别组及党派发言。委员们围绕全域创新发展、振兴农村文化、提升临平副城中心地位、谋划运河二通道建设开发、化解婚姻家庭纠纷、城市精细化管理、打造高素质技工队伍等主题，畅所欲言，建言献策。会议收到委员以提案形式递交的意见建议348件。审议通过区政协十一届三次会议决议，听取提案初审报告。

区政协十一届离任委员，部分区级部门、直属单位、垂直管理单位的负责人，区政协之友联谊会、区政协企业家协会、区政协书画院、区政协艺术团的负责人及其他人士列席会议，在余杭的省市政协委员，以及部分在余杭创业的港商、台商和华侨代表应邀参加会议。

第十一届四次全体委员会议 2020年1月17日至19日，区政协第十一届四次全体委员会议在临平举行。大会由区政协十一届常委会主持。区政协主席沈昱，区政协副主席吴立炜、陈云水、赵喜凯、黄德伟，区政协党组成员沈洪相，区政协二级巡视员黄莉，秘书长吴忠云及全体政协常委与会并在主席台就座。杭州市政协副主席周智林到会祝贺并在主席台就座。应邀出席会议并在主席台就座的领导有张振丰、陈如根、阮文静、张俊杰等。

区政协主席沈昱代表政协杭州市余杭区第十一届委员会常务委员会，向大会报告工作。报告指出，2019 年，在中共余杭区委的坚强领导下，在区人大常委会、区政府的大力支持下，区政协常委会以习近平新时代中国特色社会主义思想为指引，深刻领会中共十九届四中全会精神，认真落实中共中央和省市区委决策部署，以高度的政治责任感和强烈的历史使命感，围绕中心、服务大局，充分发挥政协专门协商机构和重要渠道作用，坚持建言资政和凝聚共识双向发力，以实干担当推动新时代政协工作再上新台阶，为全面推进“三个全域”建设、奋力开创余杭高质量可持续快发展新局面、全力争当新时代发展排头兵作出了积极贡献。2020 年是全面建成小康社会、实现第一个百年奋斗目标的决胜之年，也是收官“十三五”、谋划“十四五”的承上启下之年。区政协要高举习近平新时代中国特色社会主义思想伟大旗帜，深入贯彻落实中共十九届四中全会和中央、省、市、区委政协工作会议精神，按照区委十四届九次全体会议的部署，把加强思想政治引领、广泛凝聚共识作为履职的中心环节，坚持团结和民主两大主题，紧扣高水平推进区域治理现代化，聚焦加快实现“东部崛起、中部兴盛、城西腾飞、西部富美”，提高政治协商、民主监督、参政议政水平，充分发挥专门协商机构作用，奋力干出新时代人民政协的新样子，为全力打造杭州接轨大上海融入长三角桥头堡，进一步打响“中华文明圣地、创新活力之区”城市品牌作出新贡献。重点抓好五个方面工作：一是突出政治建设，进一步助推区域治理现代化；二是突出提案主线，进一步扩大委员履职实效；三是突出履职重点，进一步发挥专门协商机构作用；四是突出凝聚共识，进一步营造合作共事氛围；五是突出责任担当，进一步强化政协自身建设。

区政协副主席吴立炜受政协杭州市余杭区第十一届委员会常务委员会的委托，向大会作提案工作报告。报告指出，区政协十一届三次会议以来，广大政协委员和政协各参加单位积极通过提案建言履职，共收到以提案形式提出的意见建议 348 件，提案委初审通过 344 件，经提案委二审立案 330 件。各承办单位在交办会议后三个月内完成全部提案的办理答复，其中所提问题已经解决或基本解决的 231 件，占 70.0%；部分解决或意见被采纳并已列入计划逐步解决的 89 件，占 27.0%；因受条件限制需要以后解决的 8 件，占 2.4%；所提问题无法解决的 2 件，占 0.6%。对办理过程满意的 321 件、基本满意的 8 件、不满意的 1 件，满意率 97.3%；对办理结果满意的 306 件、基本满意的 22 件、不满意的 2 件，满意率 92.7%。

会议听取并同意区政协常委会工作报告和提案工作报告，补选产生区政协十一届副主席 1 名、常务委员 5 名，沈洪相当选区政协副主席。

会议认为，2019 年区政协常委会以习近平新时代中国特色社会主义思想为指导，坚决贯彻落实区委政协工作会议及其他重要会议精神，围绕中心、服务大局，充分发挥政协专门协商机构和重要渠道作用，坚持建言资政和凝聚共识双向发力，在探索协商民主上完善新机制，在履职尽责担当上展现新作为，在团结联谊合作上汇聚新动力，努力干出新时代政协工

2020 年 1 月，中国人民政治协商会议杭州市余杭区第十一届委员会第四次会议召开，图为与会委员交谈

作新样子，为全面推进“三个全域”建设、奋力开创余杭高质量可持续快发展新局面、全力争当新时代发展排头兵作出了积极贡献。会议同意常委会提出的 2020 年工作总体要求和主要任务，要求常委会认真组织实施。委员列席区十五届人大四次会议，听取并讨论区长陈如根所作的政府工作报告及其他报告。全体委员围绕区委、区政府重要决策部署和余杭政协事业发展，通过审议报告、大会发言、分组讨论、撰写提案等形式，协商议政，建言献策。会议期间共提交发言材料 21 篇，其中有 12 名委员发言。会议共收到委员以提案形式递交的意见建议 399 件，初审通过 363 件。会议审议通过区政协十一届四次会议决议，听取提案初审报告。区政协十一届离任委员，部分区直单位、垂直部门、有关公司、金融机构负责人，区政协之友联谊会、区政协企业家协会、区政协书画院、区政协艺术团的负责人及其他人士列席会议，在余杭的省市政协委员，以及部分在余杭创业的港商、台商和华侨代表也应邀参加开幕会。

五、第十二届全体委员会议

2021 年 4 月 9 日，撤销原杭州市余杭区，设立新的杭州市余杭区，以原余杭区的余杭街道、仓前街道、闲林街道、五常街道、中泰街道、仁和街道、良渚街道、瓶窑镇、径山镇、黄湖镇、鸬鸟镇、百丈镇的行政区域为新的余杭区的行政区域。

2021 年 4 月 12 日，区政协筹备组召开工作会议，传达学习杭州市部分行政区划优化调整实施动员大会、全区领导干部会议精神，明确筹备组人员分工，研究区政协十二届一次会议筹备工作、近期调研工作安排等，区政协筹备组组长沈昱，副组长黄德伟、李玉美、傅丽华、周忠诚、斯建刚、张瑾，区政协二级巡视员陈云水参加。5 月 12 日，区政协筹备组召开工作会议，专题协商余杭区“十四五”规划，区政协筹备组组长沈昱，副组长黄德伟、李玉美、傅丽华、周忠诚、斯建刚、张瑾，二级巡视员陈云水，区政协机关筹备组组长、副组长、成员，区发改局筹备组组长等参加。5 月 27 日，区政协筹备组召开工作会议，传达学习《浙江省党委（党组）意识形态工作责任制问责实施办法》，听取新一届政协委员初步人选情况，研究区政协十二届一次会议筹备工作方案、区政协委员培训班方案、庆祝中国共产党成立 100 周年书画艺术展活动方案等。6 月 4 日，区政协筹备组召开工作会议，讨论“数字政协”建设工作。6 月 22 日，召开区政协筹备组工作会议，审议区政协十二届人事安排有关事项、关于召开区政协十二届一次会议的决定及会议议程。6月30日，区政协筹备组召开工作会议，研究筹备组工作报告、大会发言材料。7月6日，区政协筹备组召开工作会议，学习贯彻习近平总书记在庆祝中国共产党成立100周年大会上的重要讲话精神，协商区政协筹备组工作报告和区政协十一届一次会议以来的工作总结、区政协十二届一次会议有关事项，研究大会发言事项。7月9日，区政协筹备组召开工作会议，审议区政协十二届常务委员会组成人员建议名单、区政协筹备组工作报告和区政协十一届一次会议以来的工作总结，区政协十二届一次会议有关事项。7月13日，区政协筹备组召开工作会议，研究大会发言工作。7月19日，召开区政协十二届一次会议预备会议，审议通过区政协十二届一次会议议程、主席团和秘书长名单、提案审查委员会名单、分组办法、分组和召集人名单。

第十二届一次全体委员会议　2021年7月20日至22日，中国人民政治协商会议杭州市余杭区第十二届委员会第一次会议召开。主席团常务主席沈昱、黄德伟、李玉美、傅丽华、周忠诚、斯建刚、张瑾、吴忠云在主席台前排就座。市政协党组副书记、副主席张仲灿到会祝贺并在主席台就座。应邀出席会议并在主席台就座的领导有张振丰、金承涛、阮文静、王姝、朱红丹等，区委，区人大、区政府、区人民法院、区人民检察院筹备组的领导，杭州良渚遗址管理区管委会、杭州未来科技城管委会、区人武部的领导。

沈昱受政协杭州市余杭区委员会筹备组委托，向大会作工作报告。报告指出，2021年是中国共产党成立100周年，也是“十四五”规划开局之年，是余杭发展史上具有里程碑意义的一年。3月经国务院批准调整余杭区行政区划。由此，余杭发展迈上了新征程、开启了新篇章。根据《中国人民政治协商会议章程》和《杭州市部分行政区划调整实施方案》要求，余杭区政协筹备组在市政协有力指导和区委的坚强领导下，统一思想、精心谋划、迅速落实，以强烈的政治责任感和历史使命感，高标准、高质量、高水平做好筹备工作，确保按计划有序推进，圆满完成各项任务。站在新的历史起点，回望过去五年，余杭区政协十一届始终坚持以习近平总书记关于加强和改进人民政协工作的重要思想为引领，深入贯彻中央和省、市、区委政协工作会议精神，在余杭区委的正确领导下，旗帜鲜明讲政治，助推全面发展取得历史性成就；围绕中心强履职，协商建言载体平台建设取得突破性进展；守正创新抓改革，提案项目化管理实现质效双提升；凝聚共识新样子，坚持履职为民取得新实效；汇集力量促和谐，团结、民主两大主题更加鲜明；固本强基抓队伍，委员履职能力建设不断加强。这些成

2021年7月20日，中国人民政治协商会议杭州市余杭区第十二届委员会第一次会议在浙江省委党校召开

2021年7月22日，区政协十二届委员会选举产生新的领导集体合影，左起：张瑾、周忠诚、李玉美、沈昱、黄德伟、傅丽华、斯建刚。右一为新当选的区政协十二届委员会秘书长吴忠云

绩的取得，为新一届政协在传承中发展、在发展中创新，打下了坚实基础、提供了宝贵经验。

沈昱指出，区第十五次党代会提出以高质量可持续快发展为主题，以数字化、高端化、国际化、一体化、品质化“五化共促”为路径，聚焦打造面向世界、引领未来、服务全国、辐射全省的未来城市样板地、未来科技策源地、未来产业引领地，构建“一廊一轴、一心三片”空间新格局，持续深化“三个全域”建设，全力创建“综合性国家科学中心核心区、全国共同富裕示范先行区、全面数字化改革引领区”，高水平建设创新余杭、品质之区、文明圣地，奋力展现建设“重要窗口”和“数智杭州·宜居天堂”的排头兵、领头雁风采的目标任务。

会议听取并同意区政协主席沈昱所作的常委会工作报告。会议通过区政协十二届一次会议决议；听取区政协十二届一次会议提案初审情况的报告。会议通过区政协十二届一次会议决议，大会共收到发言材料21篇，胡辉、高扬、王婉芬、周锋等10名委员代表各自界别组及党派发言。委员们围绕让数字经济到美丽乡村，对标国际一流大都市、建设余杭新城新中心，为创新成果转化注入新动力，以文化人塑造独具余杭特质的城市气质，打造服务增长极、增强头部带动力，照护好婴幼儿等主题，畅所欲言，建言献策。会议以举手表决的方式一致通过了《中国人民政治协商会议杭州市余杭区第十二届委员会第一次会议选举办法》，通过了总监票人、监票人名单。大会以等额、无记名投票的方式，选举沈昱为区政协十二届主席，黄德伟、李玉美、傅丽华、周忠诚、斯建刚、张瑾为区政协十二届副主席，吴忠云为秘书长。丁迎九等43人当选为区政协十二届常务委员。

曾经担任过区人大常委会、区政协领导职务的部分老干部，在余杭的省、市政协委员，部分区直单位、垂直部门、有关公司、金融机构负责人，在余杭创业的港商、台商和华侨代表也应邀参加会议。

第十二届二次全体委员会议　2022年2月12日至15日，中国人民政治协商会议杭州市余杭区第十二届委员会第二次会议在省委党校举行。大会由区政协十二届常委会主持。区政协主席沈昱，区政协副主席黄德伟、李玉美、傅丽华、周忠诚、斯建刚、张瑾，秘书长吴忠云与会。市政协党组成员毛溪浩到会祝贺，应邀出席会议并在主席台就座的领导有刘颖、王犖、阮文静、王姝、朱红丹，以及区委、区人大、区政府，杭州未来科技城管委会，区人民法院、区人民检察院，杭州良渚遗址管理区、区人武部的领导。

2022 年 2 月 12 日，中国人民政治协商会议杭州市余杭区第十二届委员会第二次会议召开

区政协主席沈昱代表政协杭州市余杭区第十二届委员会常务委员会，向大会报告工作。报告指出，2021 年，在“两个一百年”的历史交汇点和中国共产党建党百年的关键时刻，在区划调整的新起点上，区政协常委会在中共余杭区委的坚强领导下，在区人大、区政府的大力支持下，深入学习贯彻中共十九大和十九届二中、三中、四中、五中、六中全会精神，深刻领会习近平总书记关于加强和改进新时代人民政协工作的重要思想，认真落实中共中央和省市区委决策部署，充分发挥专门协商机构作用，坚持发扬民主和增进团结相互贯通、建言资政和凝聚共识双向发力，振奋精神，开拓创新，凝聚力量，服务大局，努力为高水平建设“创新余杭、品质之区、文明圣地”贡献政协力量。报告指出，2022 年，区政协常委会要以习近平新时代中国特色社会主义思想为指导，深入学习贯彻中共十九大和十九届二中、三中、四中、五中、六中全会精神，按照区委十五届五次全体（扩大）会议的部署，围绕“六破六立”思想再解放、强化六个意识、抓实“六大行动”等工作要求，牢牢把握团结和民主两大主题，坚持建言资政和凝聚共识双向发力，发挥专门协商机构作用，积极践行全过程人民民主，为纵深推进“创新余杭、品质之区、文明圣地”建设，奋力争当展示“重要窗口”和共同富裕示范区的排头兵作出新的贡献。具体工作中，对照“六破六立”思想再解放，笃行“六常六力”新理念，踔厉奋发新时代人民政协“六强六答”新实践。一是强思想基石，答好人民政协与党同心同向同行的政治答卷；二是强履职能力，答好人民政协聚焦中心服务大局的发展答卷；三是强为民情怀，答好人民政协议政于民协商为民的民生答卷；四是强创新意识，答好人民政协数字赋能机制重塑的改革答卷；五是强方法手段，答好人民政协工作平台向基层延伸的效能答卷；六是强素质本领，答好人民政协尽责担当争先创优的作风答卷。

区政协副主席黄德伟受政协杭州市余杭区第十二届委员会常务委员会的委托，向大会报告 2021 年提案工作情况。区政协十二届一次会议以来，广大政协委员和政协各参加单位，紧紧围绕区委、区政府重大决策部署，聚焦“三个全域、三区创建”，积极运用提案建言献策。大会期间，共收到以提案形式提出的意见建议 331 件次，初审通过 299 件，二审立案 280 件。大会以后，区人大、区政府、区政协联合召开了交办会议，各承办单位在三个月内完成了全部提案的第一轮办理答复。在提案项目第一轮办理的分类评价中，提案提出的问题已经解决或基本解决的 272 件，占 97.14%；正在解决或列入计划逐步解决的 8 件，占 2.86%。经提案项目第二轮深化办理后，279 件提案已经解决或基本解决，提案者对提案办理过程评价的满意率为 100%，对提案办理结果评价的满意率为 99.64%。

会议听取并同意区政协常委会工作报告和提案工作报告，通过区政协十二届二次会议

2022 年 2 月 11 日，市委常委、区委书记刘颖（左四）等区四套班子主要领导看望政协委员

决议，听取区政协十二届二次会议提案初审情况的报告。

曾经担任过区四套班子领导职务的部分老同志，在余杭的省、市政协委员，在余杭创业的港商、台商和华侨代表也应邀参加会议。根据疫情防控需要，区人大常委会机关有关负责人；区政协机关有关负责人；班子成员中没有政协委员的区直单位、垂直部门、国有企业、金融机构负责人；余杭在外商会会长在分会场列席会议。

第三节　政协常务委员会会议

常务委员会会议是政协全体会议闭会期间的主要协商会议形式。杭州市余杭区政协常委会会议由区政协主席或主席委托的副主席主持。常务委员会会议由主席、副主席、秘书长和常务委员组成，一般每季度举行一次，必要时可临时举行。会议邀请非政协常委会组成人员的区政协领导、委办负责人列席会议。根据议题需要，会议可邀请与议程有关的其他人员列席。常务委员会会议的主要任务：讨论决定委员会及常务委员会会务和工作中的重大问题；审议提交全体会议的文件，审议通过全体会议议程草案和日程；协商讨论区委和区政府重大方针政策和经济社会发展及人民群众普遍关心的重大问题，听取区委、区政府和有关部门对重要问题的报告或说明，提出建议和意见；审议通过重要的建议案、调查报告、视察报告及其他报告；决定委员会工作机构的设置和变动，并任免其领导成员；其他有关事项。常务委员会会议必须有全体组成人员的三分之二以上出席方能举行。决定、通过有关议案或事项，须经全体组成人员过半数赞成方能生效。表决采用举手或者其他方式进行，并当场宣布表决结果。

一、第八届常务委员会会议

2003 年 3 月至 2007 年 2 月，区政协八届常委会共召开 25 次会议。

区政协八届常委会第一次会议　2003 年 3 月 25 日，区政协八届常委会第一次会议召开。区政协主席李小花，副主席董建国、章福根、莫炳法、方加明、钱杭根等出席会议。会议传达学习全国政协十届一次会议精神；审议通过《余杭区政协八届常委会工作规则》、2003 年度工作要点、专委会组织通则；审议确定《关于建立余杭区新型农村合作医制度的建议》《关于提速做大做强余杭民营经济的建议》作为政协八届一次会议建议案报区委、区政府。会议通报了政协八届主席、副主席分工，各专门委员会成员名单和各专业正、副组长名单。原则通过政协八届机构设置方案和各专门委员会主任、副主任名单和联络组组长名单。

李小花就政协常委会如何履行政协职能，充分发挥政协优势，努力开创余杭区人民政协各项工作的新局面提出要求。

区政协八届常委会第二次会议 2003 年 6 月 25 日至 26 日，区政协八届常委会第二次会议召开。李小花主持会议。区人大常委会副主任宋福友，区有关部门负责人应邀出席会议。会议听取了区委常委、常务副区长杨洪香就区工业园区建设情况的通报后，区政协常委们分两组视察乔司、崇贤、塘栖、余杭、瓶窑、良渚、闲林、径山镇的工业园区，就工业园区的建设和发展进行讨论，并协商通过《政协杭州市余杭区委员会提案工作规则》。李小花建议继续高举“工业兴区”的旗帜，下大力气改变有碍工业经济发展和工业园区建设的不良因素，重视资源整合，注意培育引导块状经济的发展，从而体现各工业园区的区域经济特色。

区政协八届常委会第三次会议 2003 年 9 月 25 日，区政协八届常委会第三次会议召开，李小花主持会议。区人大常委会副主任宋福友、副区长孔祥华、正区级巡视员劳伟民和有关部门及镇乡负责人应邀参加会议。

会议听取孔祥华关于区高新农业园区和特色农业园区发展建设情况的通报，听取经济科技委员会农业组关于绿色农业、安全农产品加工增值专题调研的中心发言，并进行讨论。委员们还分组视察鸬鸟、运河两镇的几个特色农业园区和高新农业开发区。

区政协八届常委会第四次会议 2003 年 12 月 26 日，区政协八届常委会第四次会议召开，区政协副主席丰章生主持会议。副区长孔祥华通报 2003 年度十件实事落实情况。在听取通报之后，与会人员分组到塘栖镇宏磻村等级公路、区社会福利中心、树兰中学、梅堰劳动保障服务室，运河水厂扩建工程、运河镇“放心菜”工程、经济适用房临平区块、迎宾路环境绿化改造工程现场视察。会议还听取区政府办公室负责人关于 2003 年委员提案办理情况的通报，听取区政协八届常委会工作报告起草情况的汇报。

区政协八届常委会第五次会议 2004 年 1 月 14 日，区政协八届常委会第五次会议召开，协商通过区政协八届二次会议有关事项。李小花主持会议。

会议协商确定区政协八届二次会议于 2 月 25 日至 28 日举行，协商通过区政协八届二次会议的议程（草案）、日程（草案）；并协商通过了政协八届常委会工作报告及报告人，区政协八届一次会议以来提案工作情况的报告及报告人；会议还协商通过了执行主席分工名单，秘书长、副秘书长名单（草案）和区政协八届二次会议邀请列席人员名单、会议编组及召集人名单；协商通过区政协八届委员名额从 239 人增加到 259 人等。

区政协八届常委会第六次会议 2004 年 2 月 3 日，区政协八届常委会第六次会议召开。李小花主持会议。会议听取区委统战部副部长汪雪平关于有关委员调整事项的介绍。区八届政协常委会协商同意沈国祥等 3 名委员因职务、工作变动，提出辞去区政协八届委员；协商同意朱海东等 3 人因调离原界别单位、岗位，提出辞去区政协八届常务委员、委员；协商决定增补 6 名区政协八届委员。调整后，委员总数不变，各项比例、结构没有变化，符合政协委员中党外人士大于60%的比例要求。此外会议还协商通过《余杭区政协开展评选“双好”委员活动的实施办法》。

区政协主席李小花在会上对辞去政协委员和常委的6人在政协的工作予以充分肯定，并就即将召开的区政协八届二次会议准备工作提出要求。

区政协八届常委会第七次会议 2004年2月27日，区政协八届常委会第七次会议召开。区政协主席李小花主持会议。区委副书记许明出席会议。会议协商增补选举区政协八届常务委员会委员候选人建议名单（草案）；协商讨论区政协八届二次会议选举办法（草案）；协商讨论区政协八届二次会议总监票人、监票人名单（草案）；协商讨论区政协八届二次会议决议（草案）。

许明就常委候选人建议名单（草案）作了说明。经过审议，区政协八届常委，通过了补选委员候选人建议名单（草案），选举办法（草案），总监票人、监票人名单（草案）和决议（草案）。

区政协八届常委会第八次会议 2004年2月28日，区政协八届常委会第八次会议召开。李小花主持会议。会议听取各组关于区政协八届常委会工作报告、提案工作情况的报告、余杭区人民政府工作报告等讨论情况的汇报；审议通过区政协八届二次会议选举办法（草案）；通过区政协八届常务委员会委员候选人名单；审议通过区政协八届二次会议总监票人、监票人名单（草案）；审议通过区政协八届二次会议决议（草案）；审议通过政协八届二次会议提案初审情况的报告（草案）。

区政协八届常委会第九次会议 2004年4月22日，区政协八届常委会第九次会议召开，区政协主席李小花，副主席丰章生、董建国、章福根、方加明、钱杭根，巡视员劳伟民、秘书长徐连子和全体常委参加了会议。会议协商通过姚水林、郭贤松、费勤等7位同为区政协八届委员；协商通过重新组建提案委员经济科技和城建、人口资源环境委员会，社会法制和港澳侨委员会，文史和教文卫体委员会。会议还协商讨论主席分工调整事项与区政协机关干部调配事项。

区政协八届常委会第十次会议 2004年4月22日，区政协八届常委会第十次会议召开。李小花主持会议。会议听取区委统战部副部长汪雪平关于区政协八届委员增补建议名单的说明，关于区政协八届重新组建的4个专委会组成人员建议名单，关于区政协八届专业组设景及组成人员建议名单。经过分组审议，会议协商通过一次会议总监票人、监票人名单（草案），协商讨论区政协八届二次会议决议（草案）。

经过分组审议，会议协商通过专业组设置及组成人员建议名单，通过增补郑红等7人为区政协八届委员的事项；协商通过区政协八届重新组建的提案委员会，经济科技和城建、人口资源环境委员会，文史和教文卫体委员会，社会法制和港澳台侨委员会等4个专委会组成人员事项，区政协八届提案组和14个专业组设置及组成人员事项。会议还通报了区政协八届二次会议提案立案的情况，区政协八届重点提案及主席分工督办情况，政协主席、副主席分工调整的情况。

区政协八届第十一次常委（扩大）会议暨读书会 2004年6月24日至25日，区政协八届常委会第十一次常委（扩大）会议暨读书会召开。李小花主持会议。与会人员听取杭州市政协秘书长徐泉海所作的关于最新修正的《中国人民政治协商会议章程》学习讲座，区委党校副校长赵一文所作的关于《中华人民共和国宪法修正案》的学习讲座。会议协商通过《关于切实保护农民利益，推进余杭区征地拆迁工作的建议案》。李小花总结上半年政协工作，并对下半年工作作了布置。

区政协八届常委会第十二次会议　2004年9月29日，区政协八届常委会第十二次会议召开，李小花主持会议。区政协主席李小花，区人大常委会副主任宋福友、巡视员劳伟民应邀参加会议，部分政协委员、各联络组组长，区府办、区教育局负责人等列席会议。与会人员学习《中国共产党第十六届中央委员会第四次全体会议公报》，会议协商通过《政协杭州市余杭区关于认真学习贯彻中共十六届四中全会精神的通知(讨论稿)》；听取区府办主任姚文华关于2004年度政协委员提案办理情况的通报，会议希望各职能部门进一步提高提案办理的落实率；协商通过《关于加强师资队伍建设，提高普高教育质量的建议案》，送交区政府办理；协商通过《政协杭州市余杭区委员会优秀提案评选表彰办法》，由区政协提案委员会负责解释和实施。

会议研究决定，政协工作座谈会将于11月9日在临平召开，主要议题为工作总结和交流以及部署大会发言、政情咨询、委员提案调研等准备工作。务虚会将于11月21日至23日期间召开，主要议题是认真总结2004年政协工作，拟出2005年工作思路。会议就政协工作座谈会和务虚会的准备工作进行了部署。会议还布置了外出学习取经、委员约谈会、联谊会活动等近期工作。

区政协八届常委会第十三次会议　2004年12月19日，区政协八届常委会第十三次会议召开。李小花主持会议。会议作出召开区政协八届三次会议的决定；协商通过区政协八届三次会议方案；协商通过政协八届常委会工作报告（草案）及提案工作情况的报告；听取区政府关于2004年度十件实事落实情况的通报；协商通过优秀提案和“双好”委员名单。

区政协八届常委会第十四次会议　2005年1月23日，政协杭州市余杭区第八届委员会第三次会议期间，区政协八届常委会第十四次会议召开。会议协商讨论区八届三次全会的有关事项：有关人事任免事项；协商讨论选举办法（草案）；协商通过总监票人和监票人名单（草案）；协商通过大会决议（草案）。

区政协八届常委会第十五次会议　2005年1月24日，政协杭州市余杭区第八届委员会第三次会议期间，区政协八届常委会第十五次会议召开。各小组召集人汇报大会小组讨论情况；协商通过选举办法（草案）；协商通过秘书长候选人、常委候选人名单；协商通过总监票人和监票人名单；协商通过大会决议、协商讨论提案初审报告（草案）。

区政协八届常委会第十六次会议　2005年3月29日，区政协八届常委会第十六次会议召开，李小花主持会议。李小花在会上传达了中共中央总书记胡锦涛在全国两会党员负责人会议上讲话的主要精神，全国政协主席贾庆林代表十届全国政协常委会所作工作报告的主要精神和浙江省委书记习近平在省政协九届三次会议闭幕会上的讲话精神，并逐项讲解全国政协委员们在会议期间关注的主要问题。会议听取提案委员会主任姚水林关于区政协八届三次会议提案审查报告和重点提案情况的通报；会议听取秘书长郑建芬关于《区政协2005年重点工作安排》的通报，会议要求各专委会、专业组、界别组和联络组认真组织落实。会议审议通过2005年政治协商议题；会议协商通过地区联络组设置和人事调整方案。

会议还通报了区政协机关先进性教育活动开展情况，政协宣传工作和其他工作事项。

区政协八届常委会第十七次会议 2005年6月29日，区政协八届常委会第十七次会议召开，李小花主持会议。会议审议通过《关于解决“三农”若干问题的建议案》《关于加强委员队伍建设的意见》《区政协各专委会专业组、地区联络组工作考核办法（试行）》《政协余杭区委员会有关会议工作规则》。会议通报了政协机关内设机构工作职责，部署对科技工作开展民主监督活动、纪念中国人民抗日战争暨反法西斯战争胜利60周年歌咏比赛等第三季度重点工作。

区政协八届常委会第十八次会议 2005年9月14日至17日，区政协八届常委会第十八次会议召开，区政协主席李小花，区政协副主席丰章生、章福根、方加明、钱杭根，秘书长郑建芬和部分常委参加，赴江西南昌等地学习考察。

区政协八届常委会第十九次会议 2005年12月26日，区政协八届常委会第十九次会议召开，李小花主持会议。区委常委、常务副区长杨洪香，区人大常委会副主任宋福友应邀到会，各联络组组长和区政协办委负责人、调研员列席会议。

会议听取杨洪香关于区委制定余杭区国民经济和社会发展第十一个五年规划建议的有关情况通报，关于区政府2005年度“十件实事”落实情况的通报，并实地视察临平邱山菜场（“菜篮子”工程）、西大街将军殿弄（背街小巷改造）、区妇保医院（妇幼保健综合大楼建设）、临平一小新校区（一小新校区建设）、新调剂市场候车亭（公交候车亭设置）等区政府2005年度十件实事落实情况。会议要求，与会人员对“十一五”规划建议、政府实事落实情况提出意见和建议。

会议听取区政协2005年度工作总结、2006年度工作思路（征求意见稿）撰写情况的说明，审议通过区政协2005年度优秀专业组、联络组，双好委员和优秀提案评比事宜。会议还部署区政协八届四次全会、余杭政协成立50周年庆祝活动筹备工作。

区政协八届常委会第二十次会议 2006年1月20日，区政协八届常委会第二十次会议召开，李小花主持会议。会议协商通过《关于召开中国人民政治协商会议杭州市余杭区第八届委员会第四次会议的决定》。会议决定，中国人民政治协商会议杭州市余杭区第八届委员会第四次会议于2006年2月28日在临平召开，会期四天。会议原则通过政协杭州市余杭区第八届委员会常务委员会工作报告（草案），原则通过政协杭州市余杭区第八届委员会常务委员会关于八届三次会议以来提案工作情况的报告（草案）。会议协商通过常委会工作报告和提案工作情况报告的报告人建议名单。会议协商通过关于表彰区政协2005年度优秀专业组、联络组的决定，关于表彰区八届三次会议以来优秀提案的决定和关于表彰区政协2005年度“双好”委员的决定。会议协商通过政协杭州市余杭区第八届委员会第四次会议秘书长、副秘书长名单。

区政协八届常委会第二十一次会议 2006年6月23日，区政协八届常委会第二十一次会议召开，会议由丰章生主持。会议听取区委政法委副书记翁建昌关于余杭区综合治理工作的情况通报。听取区政协各调研组关于建设节约型社会、降低机关运作成本、促进资源节约和集约利用，切实加强公共投资项目管理、构建节约型政府的调研报告。通报区政协对余杭区经济发展软环境建设开展民主监督的活动方案。审议通过有关人事事项。会议审议通过《中国人民政治协商会议杭州市余杭区第八届委员会常务委员会关于撤销方荣耀参加政协杭州市余杭区第八届委员会资格的决定》。会议还部署各专委会视察活动、委员主题约谈会等下一阶段重点工作。

区政协八届常委会第二十二次会议 2006年8月2日至3日，区政协八届常委会第二十二次会议（常委读书会）召开。李小花主持会议。会议听取杭州市政协秘书长徐泉海学习《中共中央关于加强人民政协工作的意见》的辅导报告，通报关于加快农村多层住宅建设的调研情况，传达贯彻区委十一届九次全委会精神。

李小花要求，要认真学习意见，深刻领会其精神实质；要积极研究和探索新形势下人民政协服务中心履行职能的新途径、新领域，认真总结本届政协工作的经验，为下届政协工作的顺利开展提供参考和准备；继续抓紧努力完成全年各项工作任务，不断使政协工作更好地贴近党委、政府的中心工作，为实现余杭区经济社会又快又好发展作出积极贡献。

会议还通报了关于加快推行农村多层住宅建设的调研情况，并传达贯彻区委十一届九次全委会精神。

区政协八届常委会第二十三次会议 2006年9月26日，区政协八届常委会第二十三次会议召开。区政协主席李小花主持会议。会议协商通过政协杭州市余杭区第九届委员会的规模和界别设置。审议通过增补委员事宜。因工作需要，会议审议通过，陈梅乾增补为区政协第八届委员会委员。会议听取区委统战部副部长汪雪平关于换届工作的指导思想，委员的提名对象、提名条件和提名年龄界限，换届工作的协商程序及时间安排等事项的通报。听取关于对科技工作民主监督回头看情况通报。听取区政协有关人事事项的通报。李小花通报区委委托区政协起草的《中共余杭区委关于贯彻〈中共中央关于加强人民政协工作〉的实施意见(初稿)》内容。

与会人员还视察了时代广场、水景广场和“595”立交桥等工程，并听取区财政局、建设局、南控集团等单位负责人关于工程建设情况的介绍。

区政协八届常委会第二十四次会议 2006年12月22日，区政协八届常委会第二十四次会议召开，李小花主持会议。会议协商通过《政协杭州市余杭区第八届委员会常务委员会工作报告(讨论稿)》和报告人,《政协杭州市余杭区第八届委员会提案工作报告(讨论稿)》和报告人。

政协常委们听取了两工作报告（讨论稿）起草情况的说明，并认真展开分组讨论。一致认为，区政协八届积极探索新形势下政协工作的新路子，对工作实践中积累的一些经验和体会作了总结，同时还对今后一段时期的政协工作提出建议。另外，提案工作坚持“围绕中心、服务大局、提高质量、讲求实效”方针，提案的办理质量和服务质量有了明显提高，发挥了重要作用。

区政协八届常委会第二十五次会议 2006年12月31日，区政协八届常委会第二十五次会议召开，区政协主席李小花，党组副书记汪宏儿，副主席丰章生、董建国、章福根、莫炳法、方加明、钱杭根，秘书长郑建芬和全体常委参加会议，区委组织部副部长孙国方应邀参加会议。会议听取区委统战部副部长汪雪平关于区政协九届委员建议名单的说明。经分组协商讨论后，会议以举手表决方式，审议通过区政协九届委员名单。审议通过关于召开区政协九届一次会议的决定。审议通过区政协九届一次会议议程、日程（草案）。

会议还审议通过区政协九届一次会议主席团和秘书长建议名单（草案），区政协九届一次会议提案审查委员会主任、副主任和委员建议名单（草案），并通报区政协九届一次会议邀列席人员名单（草案）。会议委托主席会议提出区政协九届一次会议编组和召集人名单（草案）、区政协九届一次会议主席团执行主席名单（草案）、区政协九届一次会议副秘书长名单（草案）等。会上，李小花回顾了区政协八届工作。

二、第九届常务委员会会议

2007年2月至2012年1月，区政协九届常委会共召开28次会议。

区政协九届常委会第一次会议 2007年2月7日，区政协九届常委会第一次会议召开，区政协主席汪宏儿，区政协副主席方加明、章福根、钱杭根、黄莉、孔祥华、陈云水，秘书长陈梅乾和全体常委出席会议。区政协八届领导李小花、丰章生、莫炳法应邀参加会议，区政协机关办委负责人、调研员列席会议。会议由汪宏儿主席主持。会议通过协商讨论，以举手表决的方式，逐项审议通过政协杭州市余杭区第九届委员会有关工作规则，政协杭州市余杭区第九届委员会专门委员会机构设置和专门委员会主任、副主任名单，专门委员会组织通则。会议还通报了区政协主席、副主席分工情况。

区政协九届常委会第二次会议 2007年3月16日，区政协九届常委会第二次会议召开，汪宏儿主持会议。区人大常委会副主任凌美娟，区政协李小花、丰章生、董建国、莫炳法应邀参加会议，区政协机关办委负责人、调研员列席会议。会议学习传达杭州市第十次党代会精神，对大会提出的打造“生活品质之城”的目标、内涵以及实现措施有了更深刻、全面的了解。会议传达了省委书记习近平在全省开展“作风建设年”活动动员会议的讲话精神。听取并审议通过秘书长陈梅乾关于政协杭州市余杭区委员会常务委员会2007年工作要点（讨论稿）的说明，关于政协杭州市余杭区第九届委员会专门委员会成员名单和各专业组组长、副组长名单（讨论稿）的说明。会议听取各专委会主要负责人关于各专委会2007年度主要工作安排的汇报，通报地区联络组组长名单。

区政协九届常委会第三次会议 2007年6月12日，区政协九届常委会第三次会议召开，方加明主持会议。区人大常委会副主任凌美娟，区政协巡视员李小花、董建国，区政协八届副主席莫炳法应邀参加会议，区政协机关办委负责人、调研员列席会议。会议听取秘书长陈梅乾关于市政协九届一次会议精神的传达。听取区政协办公室副主任钱夏莲关于《政协杭州市余杭区委员会关于加强委员队伍建设的意见》《区政协开展评选“双好”委员活动的实施办法》《政协杭州市余杭区委员会优秀提案评选表彰办法》《区政协各专委会专业组、地区联络组所属小组年度工作考核办法（草案）》的说明，经分组讨论，充分协商后，会议逐项审议，原则通过四项工作制度。听取区政协副主席孔祥华关于《区政协开展“盘活存量资产，推进项目建设”民主监督活动方案（草案）》的说明。听取并审议通过中共余杭区委统一战线工作部副部长汪雪平关于《撤销李云峰政协杭州市余杭区第九届委员会委员资格及区政协城建和人口资源环境委员会副主任职务的决定（草案）》的说明。

区政协九届常委会第四次会议 2007年9月21日，区政协九届常委会第四次会议召开，方加明主持会议。区人大常委会副主任凌美娟，区政府副区长徐美娟等应邀与会。会议听取徐美娟关于良渚文化遗址保护和利用工作情况的通报，并进行充分讨论协商。会议充分肯定区政府的工作，对良渚文化遗址的规划编制、重点项目建设等方面取得的进展表示

2007 年 9 月 21 日，区政协九届常委会第四次会议召开

满意，就加强良渚文化的宣传、加快配套设施建设等提出了意见和建议。听取区政府办公室主任祝振伟关于区政协九届一次会议提案办理情况的通报。会议提出，提高提案办理质量是发挥提案作用的关键，希望区政府进一步加大力度，督促承办部门加强沟通，注重实效，杜绝重答复轻办理等现象，进一步做好提案办理落实工作。听取区政协城建和人口资源环境委员会主任冯松妹《关于加快生态区建设的建议案（草案）》的说明。会议决定，该建议案以主席会议建议案形式提交区政府，要求有关委办根据讨论意见和建议，尽快予以充实和修改，递交主席会议审议。

区政协九届常委会第五次会议　2007 年 12 月 21 日，区政协九届常委会第五次会议召开，方加明主持会议。区委常委、常务副区长杨洪香，区政协巡视员李小花、丰章生、董建国，区农业局主要负责人，区府办有关负责人和区政协机关办委负责人、调研员列席会议。

会议听取并审议区委常委、常务副区长杨洪香代表区政府所作的关于政府救助工作情况的通报。会议听取并审议区农业局局长胡永林受区政府委托所作的关于 2007 年度新农村建设工作情况和 2008 年度新农村建设工作思路的通报。听取区政协副主席孔祥华关于“盘活存量资产，推进项目建设”民主监督活动总结报告。视察杭州地铁 1 号线余杭段建设、良渚古城遗址和良渚文化博物馆新馆建设情况。

会议认为，区委、区政府高度关注民生，不断构建新型救助体系，完善救助政策，加大救助投入，措施有力，成效明显，并深得民心。会议提出，政府救助工作事关人民生活品质建设，事关和谐社会构建，随着经济发展水平的不断提高，其地位与作用更趋重要，要进一步强化政府在公共服务、公共产品供给中的主体意识，进一步增加公共财政在民生领域的支出，进一步提高救助工作水平，让老百姓享受更多经济发展的成果，让更多人走出贫困，切实保障各类困难群体的合法权益。会议指出，新农村建设工作是一项长期的、艰巨的、复杂的工作，必须扎实稳步地向前推进。区政协要深入基层，深入了解实际工作，如实反映群众的意愿和诉求，切实做好政治协商课题的协商工作。

与会人员还视察了杭州地铁 1 号线余杭段建设、“良渚古城”和良渚文化博物馆新馆建设情况，区建设局、良渚遗址管委会办公室有关负责人介绍了相关具体情况。

区政协九届常委会第六次会议　2008 年 1 月 24 日，区政协九届常委会第六次会议召开，会议由汪宏儿主持。会议协商通过关于召开区政协九届二次会议的决定；协商通过区政协九届二次会议议程、日程（草案）；协商通过《政协杭州市余杭区第九届委员会常委会工作报告》《政协杭州市余杭区第九届委员会常务委员会关于九届一次会议以来提案工作情况报告》和报告人名单；协商通过区政协九届二次会议秘书长、副秘书长名单；协商通过《区政协常委会2008年工作要点》；通报了区政协2007年“双好”委员、优秀提案、优秀专业组联络组评比工作情况；通报区政协九届二次会议邀列席人员范围。会议委托主席会议协商讨论区政协九届二次会议执行主席名单、编组等其他有关事项。

区政协九届常委会第七次会议 2008年4月2日，区政协九届常委会第七次会议召开，汪宏儿主持。会议主要协商讨论界别活动组设置问题。

区政协九届常委会第八次会议 2008年5月23日，区政协九届常委会第八次会议召开，听取和协商并实地考察就业与社会保障工作。汪宏儿主持。区政府副区长徐美娟，区政协八届主席李小花，副主席丰章生、董建国，区政协各界别活动组组长、地区联络组组长，区政协机关办委负责人、调研员，区政府办公室、劳保局、民政局负责人列席会议。

会议在实地视察区技工学校、同德仕服装公司、老板集团、庙东社区和劳动保障局等单位的基础上，听取区政府副区长徐美娟关于余杭区就业再就业和社会保障工作情况的通报，听取区政协社会法制和港澳台侨委员会主任戴桂香关于当前区就业与社会保障工作调研情况的汇报，并分组开展讨论协商。会议就转变人才观念、加强正面宣传引导，完善外来农民工养老保险，加强就业培训中的道德素质教育，扩大工伤保险扩面，劳动保障部门工作网络建设等方面工作提出了意见和建议。会议要求社会法制和港澳台侨委员会在前段调研的基础上，将委员审议意见梳理后呈送区政府。

会议听取陈梅乾《关于进一步发挥政协界别作用的意见(草案)》起草情况的说明，并分组进行讨论协商。会议听取区政协提案委员会主任姚水林关于区政协九届二次会议提案审查情况的通报，要求切实抓好提案办理落实工作。

区政协九届常委会第九次会议 2008年7月3日，区政协九届常委会第九次会议召开，汪宏儿主持会议。会议原则通过《政协杭州市余杭区委员会委员管理办法》，并要求办公室认真收集好委员们的意见，根据常委会会议提出的有关意见和建议，进一步修改后行文发放。

区政协九届常委会第十次会议 2008年8月19日，区政协九届常委会第十次会议召开，汪宏儿主持会议，区委常委、副区长殷英，区人大常委会副主任凌美娟，区府办、财政局、民政局、劳保局、建设局、国土分局、农业局、人口计生局、公安分局等部门有关负责人，部分社区负责人应邀列席会议。会议听取殷英关于推进城市化进程中提升市民素质有关情况，撤村建居后社区管理体制和机制问题两个方面工作的通报，并给予了充分肯定。会议听取区政协社法委关于推进城市化进程中提升市民素质情况的调研报告、区政协城建委关于撤村建居后社区管理和建设的调研报告，并进行讨论，提出了进一步完善的意见和建议。

区政协九届常委会第十一次会议 2008年10月30日，区政协九届常委会第十一次会议召开，汪宏儿主持会议。区政府副区长屠冬冬应邀参加会议。会议听取和讨论区建设局局长施建华受区政府委托所作的关于小集镇管理和建设情况的通报及区政协提案委主任姚水林所作的关于老集镇管理和建设问题的几点建议；会议听取并讨论区旅游局局长李红良受区政府委托所作的关于余杭旅游业发展情况的通报及区政协文史和教文卫委副主任郭贤

2008年10月30日，杭州市余杭区政协九届十一次常委会会议召开

松所作的关于整合旅游资源、建设旅游强区的建议；会议听取和讨论区府办副主任陈宏受区政府委托所作的关于区政协九届二次会议提案办理情况的通报；会议听取和讨论区政协秘书长陈梅乾关于《政协杭州市余杭区委员会关于特聘委员的若干规定（草案）》及特聘委员名单（草案）的说明，协商通过《政协杭州市余杭区委员会关于特聘委员的若干规定》和特聘委员名单。

区政协九届常委会第十二次会议　2009年1月12日，区政协九届常委会第十二次会议召开。汪宏儿主持会议。会议协商通过《关于召开区政协九届三次会议的决定》和会议议程、日程；协商通过《区政协九届常委会工作报告》《区政协九届常委会关于第二次会议以来提案工作情况的报告》，会议认为，常委会工作报告和提案工作报告的工作总结实事求是、全面客观，提出的建议思路清晰、目标明确。会议原则通过两份报告，并就有关文字表述方面提出了一些意见和建议，要求报告撰写小组根据讨论意见作进一步修改；协商通过大会秘书长、副秘书长名单，主持人和报告人名单，区政协九届三次会议秘书长由陈梅乾担任，副秘书长由汪雪平、吕达飞、姚水林、戴桂香、高峰、冯松妹担任；会议听取了区委统战部副部长汪雪平关于委员调整方案的说明。

区政协九届常委会第十三次会议　2009年2月12日，区政协九届常委会第十三次会议召开。汪宏儿主持会议。区委常委、常务副区长杨洪香，区委常委、统战部部长白美玉应邀出席会议。会议听取区政协九届三次会议各讨论小组对区政协九届常委会工作报告、区政协九届二次会议以来提案工作情况报告、区政府工作报告、区政协九届三次会议决议（草案）等讨论情况的汇报。会议原则通过区政协九届三次会议决议（草案），并决定提请区政协九届三次会议第三次全体会议审议通过。

区政协九届常委会第十四次会议　2009年5月27日，区政协九届常委会第十四次会议召开。汪宏儿主持会议。区委常委、统战部部长白美玉，区农业局、工商分局等相关部门负责人以及10名市民代表应邀参加会议。会议听取和讨论区领导白美玉关于余杭区初级食用农产品质量安全管理工作情况的通报，听取和讨论区政协文史委关于《加强食用农产品安全管理的思考与建议》的汇报，以及陈兴群、吴军、盛祖华等3名市民代表的发言，并进行了认真热烈的讨论；听取区政协提案委关于区政协九届三次会议提案的审查报告。

会议认为，常委会会议首次邀请市民代表旁听并发言，这种会议形式的创新，使常委们直接听到了来自基层群众的呼声，也扩大了政协在群众中的影响，是一次广开言路、提高协商成效的成功尝试。

区政协九届常委会第十五次会议 2009年10月10日，区政协九届常委会第十五次会议召开，汪宏儿主持会议。区人大常委会副主任凌美娟，区人民政府副区长屠冬冬应邀参加会议。会议听取和讨论区人民政府副区长屠冬冬关于余杭区节能减排工作情况的通报，区政协副主席方加明关于区政协社法委有关节能减排工作调研情况的说明；会议听取和讨论区府办主任李敏华受区政府委托所作的关于区政协九届三次会议提案办理情况的通报；协商讨论《中共杭州市余杭区委关于进一步加强人民政协工作的意见（讨论稿）》；表决同意区政协常委会关于节能减排工作的建议案。会议通报了区政协机关专委会负责人调整情况。

区政协九届常委会第十六次会议 2009年12月4日，区政协九届常委会第十六次会议召开，汪宏儿主持会议。区政协各委办负责人，各界别活动组、地区联络组组长列席会议。认真贯彻区委政协工作会议精神和区委《关于进一步加强人民政协工作的意见》文件精神；会议协商通过区政协常委述职、委员报告办法（试行），决定从2010年开始，试行区政协常委述职、广大政协委员报告工作的制度。会议协商讨论并原则通过了具体办法。会议还协商讨论2010年政协工作思路。

区政协九届常委会第十七次会议 2010年1月28日，区政协九届常委会第十七次会议召开，汪宏儿主持会议并讲话，区委副书记戚建国在会上传达了区委十二届九次全体（扩大）会议精神。区人大常委会副主任凌美娟应邀出席会议。会议学习传达了区委十二届九次全体会议精神；审议通过《区政协九届委员会关于增设委员学习和工作联络委员会的决定》；审议通过《关于增加区政协九届委员、常务委员会额度的决定》《关于同意沈洪相等同志辞去区政协九届常委、委员职务的决定》《关于增补王利群等同志为区政协九届委员的决定》《关于同意王美华等同志辞去委员职务的决定》和周前武任委员学习和工作联络委员会主任等事项；审议通过《关于召开区政协九届四次会议的决定》《区政协九届常委会工作报告》《区政协九届常委会关于提案工作情况的报告》等，同时审议通过了区政协九届四次会议秘书长、副秘书长名单及主持人和报告人名单。会议决定区政协九届四次会议于3月1日在临平召开。

区政协九届常委会第十八次会议 2010年3月1日，区政协九届常委会第十八次会议召开，区委常委、统战部部长白美玉到会并就全会有关人事安排方案各界人士征求意见情况作了说明。会议审议通过增（补）选区政协九届副主席、常务委员候选人建议名单，选举办法（草案），总监票人、监票人建议名单。

区政协九届常委会第十九次会议 2010年3月4日，区政协九届常委会第十九次会议召开，区委常委、统战部部长白美玉，区委常委、常务副区长沈昱应邀参加会议。会议听取各界别组关于《政府工作报告》，政协常委会工作报告、提案工作报告等讨论情况的汇报；审议通过选举办法（草案），总监票人、监票人名单（草案）和大会决议（草案）；通过增（补）选区政协九届副主席、常务委员候选人名单，提案收集和初审情况的报告。

区政协九届常委会第二十次会议 2010年5月10日，区政协九届常委会第二十次会议召开，协商通过有关人事事项；听取区政协九届四次会议提案工作审查报告；通报区政协九届2010年主要工作责任分解。汪宏儿主持会议。区人大常委会副主任凌美娟应邀参加会议。会议听取区委副书记戚建国《关于方加明辞去政协杭州市余杭区第九届委员会副主席职务情况的说明》；协商通过《关于方加明同志因年龄原因辞去政协杭州市余杭区第九届委员会副

2010 年 5 月 10 日，杭州市余杭区政协九届二十次常委会会议召开

主席职务的决定》。会议还审议通过区政协九届各专委会、各界别活动组、各地区联络组的调整设置和成员名单；听取区政协九届四次会议提案工作审查报告。会议还确定了 2010 年政协常委开展述职活动相关事宜。

区政协九届常委会第二十一次会议　2010 年 7 月 29 日，区政协九届常委会第二十一次会议召开，专题协商余杭区“十二五”规划基本思路。区政协主席汪宏儿主持会议。区委常委、常务副区长沈昱应邀参加会议，区政府相关部门负责人列席会议。会后形成专题协商意见呈送区委、区政府。会议学习传达区委十二届十次全体(扩大) 会议精神，听取区政府关于“十二五”规划基本思路编制工作介绍。专题协商会上，11 名常委、委员分别代表各专委会、各界别组、各民主党派进行发言。沈昱对建言报告进行了逐一点评，表示将在“十二五”规划编制中吸纳委员们提出的意见、建议。

区政协九届常委会第二十二次会议　2010 年 10 月 15 日，区政协九届常委会第二十二次会议召开，汪宏儿主持会议。区长助理何云峰和区级部分老领导、区有关部门负责人列席会议。审议通过《关于加快推进我区社会养老事业的建议案》。区长助理何云峰、部分区级老领导、区有关部门负责人和社区干部代表、老年人代表应邀参加会议。区政协决定把“加快养老服务建设，推进养老事业发展”作为 2010 年常委会的重要调研课题。

区政协九届常委会第二十三次会议　2010 年 12 月 21 日，区政协九届常委会第二十三次会议召开，汪宏儿主持会议。区委组织部、各民主党派和政协参加单位负责人应邀出席会议。会议审议通过《关于召开区政协九届五次会议的决定》和大会议程、日程（草案）及《区政协九届常委会工作报告》《区政协九届常委会关于提案工作情况的报告》。同时审议通过了区政协九届五次会议秘书长、副秘书长名单及主持人和报告人名单。会议决定区政协九届五次会议于 2011 年 1 月 17 日在临平召开。会议还听取了区政协九届四次会议提案办理情况的通报和区政协 2010 年度优秀提案、先进界别活动组评选情况的通报。审议通过区政协九届有关专委会人事事项。

区政协九届常委会第二十四次会议　2011 年 1 月 20 日，区政协九届常委会第二十四次会议召开，汪宏儿主持会议。会议听取各界别组对政协常委会工作报告、提案工作报告和政府工作报告、“十二五”规划纲要（草案），以及区政协九届五次会议决议（草案）的讨论情况汇报；协商通过大会决议（草案）；听取和协商通过提案收集和初审情况的报告。

区政协九届常委会第二十五次会议　2011 年 5 月 27 日，区政协九届常委会第二十五次会议召开，专题协商余杭区部分镇乡行政区划调整方案。会议讨论同意方案，并就积极稳妥推进撤镇乡建街道工作提出意见建议。市委常委、区委书记朱金坤，区委常委、常务副区长沈昱应邀参加会议，区政协主席汪宏儿，区政协副主席章福根、钱杭根、黄莉、孔祥华、陈云水、潘法高，秘书长陈梅乾和常务委员出席会议，部分民主党派、参加单位负责人，区政协各地区联络组组长，区政协机关委办负责人列席会议。会议对方案进行分组讨论，认为对部分镇乡行政区划进行调整，符合余杭发展实际，具有前瞻性，是一项实事工程、民生工程。会议表示赞同。会议还就积极稳妥推进区划调整提出了加强宣传增强认同度，相应规划及时跟上，理顺组团与街道的关系，妥善解决基层人大监督机制等意见建议。朱金坤指出，对部分镇乡行政区划进行调整，是余杭城市化推进的必然趋势，可以提高效率，降低成本和社会资源消耗。调整是为余杭的可持续发展，加快城市化进程，做了制度上适度超前的安排，主动承接可以预见的发展趋势。要以改革的思路，创新的理念推动余杭发展，为“品质之城、美丽之洲”建设作出积极探索。

区政协九届常委会第二十六次会议 2011 年 6 月 15 日，区政协九届常委会第二十六次会议召开，听取和协商全区城市管理工作情况；听取和讨论区政协“城市管理”系列调研活动情况；审议通过《关于完善城市管理体制机制，提高城市管理水平的建议案》。汪宏儿主持会议。区委常委、副区长吴伟斌，部分民主党派、政协参加单位负责人，相关部门、部分镇乡街道分管负责人，以及 5 名市民代表应邀参加会议。与会人员在视察余杭经济开发区星光社区农民高层安置公寓、星桥街道安乐社区和塘栖邵家坝枇杷功能区的基础上，围绕区委、区政府《关于进一步加强城乡区域统筹发展的行动计划》，就统筹城乡有关农村基础设施建设、精神文明建设、社区管理创新、农民多（高）层公寓后期管理、农村食品安全监管等方面建言献策。

区政协九届常委会第二十七次会议 2011 年 9 月 27 日，区政协九届常委会第二十七次会议召开，专题协商“城乡区域统筹发展”。会议组织开展实地视察，听取区政府关于全区统筹城乡区域发展工作情况，听取各民主党派、专委会建言。区领导朱金坤、汪宏儿、凌美娟、祝振伟、章福根、钱杭根、孔祥华、陈云水，秘书长陈梅乾和全体常委参加会议。各镇街、区有关部门负责人，部分村（社区）代表应邀参加会议。市委常委、区委书记朱金坤希望政协一如既往地参政议政，深入实际，广泛听取意见，为党委政府当好参谋。要进一步开拓创新，打开思路，确保政协工作走在前列。

区政协九届常委会第二十八次会议 2012 年 1 月 11 日，区政协九届常委会第二十八次会议召开。会议协商决定政协杭州市余杭区第十届委员会委员名单；政协杭州市余杭区第十届委员会第一次会议于 2012 年 2 月 11 日至 14 日召开。会议由汪宏儿主持。区政协党组副书记阮文静，区委组织部、统战部有关领导应邀参加会议，部分民主党派、人民团体主要负责人等列席会议。会议听取区委组织部关于区政协专委会人事事项的说明，审议通过区政协专委会人事事项；听取区委统战部关于区政协十届人事安排的说明，审议通过十届规模及界别设置，政协十届委员建议名单，十届一次会议主席团和秘书长建议名单。会议听取《区政协九届常委会工作报告(审议稿)》起草情况说明，《区政协九届常委会提案工作报告(审议稿)》起草情况说明，听取关于召开区政协十届一次会议的决定（草案）和区政协十届一次会议其他有关事项后，分三组进行分组讨论。会议听取小组讨论后，审议通过《区政协九届常委会工作报告》《区政协九届常委会提案工作报告》和区政协十届一次会议其他有关事项。会议审议通过《关于召开区政协十届一次会议的决定》，审议通过区政协专委会人事事项、区政协十届规模、区政协十届委员名单、区政协十届一次会议主席团和秘书长建议名单。

2012 年 1 月 11 日，杭州市余杭区政协九届二十八次常委会会议召开

三、第十届常务委员会会议

2012 年 2 月至 2017 年 2 月，区政协十届常委会共召开 22 次会议。

区政协十届常委会第一次会议　2012 年 3 月 28 日，区政协十届常委会第一次会议召开，区政协主席阮文静主持会议。区政协副主席黄莉、杜永林、孔祥华、陈云水、潘法高、戴桂香及全体常委出席会议。区政协九届副主席章福根、钱杭根应邀列席会议。会议学习传达全区经济工作会议精神，部署重点调研课题，明确 2012 年常委会工作要点和年度重点工作任务。确定从 4 月起开展“发展实体经济，打造产业余杭”系列调研活动。会议通报了提案审查立案和重点提案情况。其中，《进一步加强财政专项资金绩效管理工作的建议》《创新发展金融服务业、助推企业转型升级》《关于分类分地区审批农村建房的建议》等 7 件提案被列为重点提案，由政协主席、副主席督办。

会议听取区政协副主席黄莉关于区政协机关人事事项的说明和相关专委会主任、副主任职务建议人选情况介绍；听取区委统战部副部长汪雪平关于增补委员的说明；听取区政协副主席潘法高关于区政协十届有关工作规则、专门委员会组织通则、委员管理办法、双好委员评选办法、优秀提案评选办法（草案）和各专门委员会机构设置、成员、专业组组长名单（草案）的说明。会议决定，区政协十届设 6 个专门委员会，分别为提案委员会、委员学习和工作联络委员会、经济科技委员会、城建和人口资源环境委员会、文史和教文卫体委员会、社会法制和港澳台侨委员会。

区政协十届常委会第二次会议　2012 年 7 月 3 日，区政协十届常委会第二次会议召开，专题协商“发展实体经济，打造产业余杭”，审议通过有关人事事项。市委常委、区委书记徐立毅到会听取意见并讲话。区委常委、副区长祝振伟通报区实体经济发展情况。区政协主席阮文静，副主席黄莉、杜永林、孔祥华、陈云水、潘法高、戴桂香，副区级巡视员章福根，区政协九届副主席钱杭根和全体常委出席会议。

常委会会议围绕“发展实体经济，打造产业余杭”开展专题协商。共有 7 个调研课题和

2012年7月3日，杭州市余杭区政协十届二次常委会会议召开

3个“我为发展实体经济献一策”进行了大会发言交流。围绕全区经济工作会议精神，区政协将“发展实体经济、打造产业余杭”主题调研作为一项重点工作，确定“镇街工业园区提升改造”“提升软环境”“减轻小微企业负担”“提升农业‘三化’建设水平”“促进传统优势产业转型升级”“集聚高端人才”“强化法律服务”等7个调研课题。徐立毅希望区政协和广大政协委员坚持围绕中心，切实增强服务大局的能力，多建睿智之言、多献务实之策，充分发挥协调关系、汇聚力量、建言献策、服务大局的作用，切实把各方面的智慧和力量凝聚到区委区政府中心工作上来，形成推动科学发展的强大合力，为推动余杭经济社会更好更快发展作出新的更大贡献。

区政协十届常委会第三次会议 2012年8月21日至22日，区政协十届常委会第三次会议暨2012年常委读书会召开，学习贯彻区委十三届二次全体会议精神，听取省政协副秘书长李火林所作的“委员履职”专题讲座，审议通过有关人事事项。阮文静要求广大政协委员把思想和行动统一到区委的决策部署上来，发挥优势，与时俱进，为“创新强区”献计出力。

区政协十届常委会第四次会议 2013年1月22日，区政协十届常委会第四次会议暨委员培训会召开，阮文静主持会议。区人大常委会副主任屠冬冬、正区级巡视员章福根、区委统战部有关负责人应邀参加会议，区政协各委办负责人、调研员，各界别活动组、地区联络组组长列席会议。会议听取和审议有关人事事项，通报政协十届一次会议以来提案办理情况和2012年度优秀提案评选、先进界别活动组、地区联络组和“双好”委员评选情况。会议研究并审议区政协十届二次会议有关事项，审议通过区政协十届常委会工作报告、区政协十届常委会提案工作报告，审议通过区政协十届二次会议议程（草案）、日程（草案）、提案截止日期（草案）、秘书长、副秘书长名单、主持人和报告人名单等。全体委员听取省委党校副校长郑仓元所作的中共十八大精神专题讲座和提案委负责人所作的政协提案工作辅导。会议协商决定，增补厉承越等10人为政协杭州市余杭区第十届委员会委员。

区政协十届常委会第五次会议 2013年2月25日，区政协十届常委会第五次会议召开，审议全体会议选举办法（草案），听取区委关于区政协十届秘书长和常务委员候选人建议名单的说明，审议区政协十届秘书长和常务委员候选人名单（草案），提出总监票人、监票人建议名单，审议区政协十届二次会议决议（草案）。

区政协十届常委会第六次会议 2013年2月26日，区政协十届常委会第六次会议召开，听取全体会议各讨论组讨论情况，通过选举办法（草案），通过区政协十届秘书长、常务委员候选人名单，通过总监票人、监票人名单（草案），通过区政协十届二次会议决议（草案），通过区政协十届二次会议提案初审情况的报告。

区政协十届常委会第七次会议　2013年6月14日，区政协十届常委会第七次会议召开，阮文静主持会议。专题协商“助推科技型中小微企业发展”，审议通过区政协专门委员会有关人事事项，审议通过《关于设立政协镇（街道）联络工作委员会的决定》，通报区政协十届二次会议提案审查和办理进展情况。区委常委、副区长祝振伟到会通报区科技型中小微企业发展情况，区委常委、余杭经济技术开发区党工委书记陈金生陪同会前视察，区人大常委会副主任屠冬冬和区有关部门负责人应邀参加会议。

2013年6月14日，杭州市余杭区政协十届七次常委会会议召开

会议还审议通过区政协专门委员会有关人事事项，审议通过《关于设立政协镇（街道）联络工作委员会的决定》，通报区政协十届二次会议提案审查和办理进展情况。

区政协十届常委会第八次会议　2013年8月6日至7日，区政协十届常委会第八次会议暨2013年常委读书会召开，阮文静主持会议。副主席黄莉、杜永林、孔祥华、陈云水、潘法高、戴桂香，秘书长吴忠云和常务委员参加会议。区委统战部负责人，部分省、市政协委员，部分街道党群副书记应邀参加会议。区政协各界别活动组组长、镇（街道）联络工委主任，部分区政协参加单位负责人，区政协各委办正副主任、调研员列席会议。学习传达区委十三届四次全体（扩大）会议精神，学习传达了市委常委、区委书记徐立毅在区委全会上所作的主题报告精神，重点传达了上半年全区工作情况和下半年重点推进工作要求、加快建设美丽余杭的决策部署。听取《群众路线、全球视野与党的领导》《从考古大遗址走向世界文化遗产》等专题辅导讲座。

会议听取区委统战部常务副部长厉承越关于有关人事事项的说明。

区政协十届常委会第九次会议　2014年1月14日，区政协十届常委会第九次会议召开，阮文静主持会议。会议审议《区政协十届常委会工作报告》《区政协十届常委会提案工作情况报告》、区政协十届三次会议议程（草案）、日程（草案）、提案截止日期（草案），秘书长、副秘书长名单，主持人和报告人名单，分组和召集人名单等；听取和审议有关人事事项；听取提案办理情况的通报；听取关于优秀提案、先进界别活动组、双好委员评比情况的通报。

会议还学习传达区委十三届五次全体会议精神；听取上海浦东干部学院赵泉民教授关于中共十八届三中全会精神的专题讲座，以及政协提案委有关提案工作辅导。

区政协十届常委会第十次会议 2014年2月18日，区政协十届三次会议期间区政协十届常委会第十次会议召开，审议选举办法（草案）；听取区委关于区政协十届常务委员候选人建议名单的说明；审议区政协十届常务委员候选人名单（草案）；提出总监票人、监票人建议名单；审议区政协十届三次会议决议（草案）。

区政协十届常委会第十一次会议 2014年2月19日，区政协十届三次会议期间常委会第十一次会议召开，听取小组讨论情况；通过选举办法（草案）；通过区政协十届常务委员候选人名单；通过总监票人、监票人名单（草案）。通过区政协十届三次会议决议（草案）；通过区政协十届三次会议提案初审情况的报告。

区政协十届常委会第十二次会议 2014年7月16日，区政协十届常委会第十二次会议召开，围绕“助推余杭电子商务产业发展”开展专题协商议政。阮文静主持会议。区委常委、副区长祝振伟到会通报情况，区人大常委会副主任屠冬冬，区有关部门负责人应邀参加会议。区政协各委办负责人、区政协界别活动组组长、镇（街道）政协联络工委主任，部分区政协企业家协会会员列席会议。

会议举办专题培训，听取浙江大学网络营销特聘讲师余煜明《中国电子商务现状及发展趋势》专题讲座，听取区委常委、副区长祝振伟代表区政府所作的关于全区电子商务产业发展的情况通报，听取政协常委李晓亮、吴建龙、王爱武代表“电子商务产业发展”调研课题组所作的《立足资源禀赋、打造电商强区》《发展工业电子商务、促进传统企业转型》《关于发展农业电子商务的建议》的专题协商发言以及电子商务企业代表所作的《全麦网视野下的跨境电子商务》的交流发言。会议认为，互联网已经渗透到经济社会的各个领域，电子商务产业对余杭区夯实产业发展基础、促进产城融合发展、推动企业转型升级有着重大的现实意义。会议要求，尽快将发言内容和调研成果进行综合整理，形成专题协商意见书，报送区委、区政府及有关部门。

区政协十届常委会第十三次会议 2014年8月27日，区政协十届常委会第十三次会议暨2014年常委读书会召开。区政协主席阮文静，副主席黄莉、杜永林、孔祥华、陈云水、潘法高、戴桂香，秘书长吴忠云和常务委员出席会议。区委副书记、区长朱华作政情通报。胡永林作关于区政协“五水共治”民主监督情况的通报。会议还安排了三场专题辅导讲座和考察活动。

区政协十届常委会第十四次会议 2015年1月23日，区政协十届常委会第十四次会议召开。区政协主席阮文静，区人大常委会副主任屠冬冬，区政协副主席杜永林、孔祥华、陈云水、潘法高、戴桂香，副区级巡视员傅樟绚、秘书长吴忠云和常务委员参加会议，区委组织部、区委统战部有关负责人，区政协各界别活动组组长、镇（街道）联络工委主任、各委办负责人、调研员，区交通运输局、区卫生和计划生育局主要负责人列席会议。会议学习传达了市委常委、区委书记徐文光在区委全会上所作的《推进区域治理现代化，实现高起点上新发展，在大杭州发展格局中发挥独特的不可替代的新的更大的作用》主题报告精神、区委全会审议通过的《关于建立健全“一张图一本账一盘棋”工作机制推进区域治理体系和治理能力现代化的决定》主要内容。会议听取区委统战部常务副部长厉承越关于区政协十届有关人事事项的说明；听取区政协秘书长吴忠云关于召开区政协十届四次会议的决定（草案）和全会有关事项说明，区政协办公室副主任胡晓秋关于常委会工作报告（审议稿）起草情

2015 年 1 月 23 日，余杭区政协十届十四次常委会会议召开

况说明，区政协提案委主任黄国林关于提案工作报告（审议稿）起草情况说明；听取区交通运输局局长高伟兴、区卫生和计划生育局局长韩峻关于2014 年度提案办理工作情况，区政协提案委主任黄国林关于两个部门提案办理工作评估意见的说明。经区政协常委组成人员、相关提案人民主评议，区交通运输局、区卫生和计划生育局 2014 年提案办理工作均为满意档次。会议还通报了区政协 2014 年度先进界别活动组、先进镇街联络工委、先进民主监督员小组、优秀委员、优秀提案评选情况，区政协十届三次会议提案办理情况。

区政协十届常委会第十五次会议　2015 年 2 月 10 日，区政协十届四次会议期间区政协十届常委会第十五次会议召开，审议选举办法（草案）；听取区委关于区政协十届常务委员候选人名单的说明；审议区政协十届常务委员候选人名单（草案）；提出总监票人、监票人建议名单；审议区政协十届四次会议决议（草案）。

区政协十届常委会第十六次会议　2015 年 2 月 11 日，区政协十届四次会议期间区政协十届常委会第十六次会议召开，听取小组讨论情况汇报；通过选举办法（草案）；通过区政协十届常务委员候选人名单；通过总监票人、监票人名单（草案）；通过区政协十届四次会议决议（草案）；通过区政协十届四次会议提案初审情况的报告。

区政协十届常委会第十七次会议　2015 年 7 月 23 日，区政协十届常委会第十七次会议召开，专题协商“法治余杭”建设，区政协主席阮文静，区委副书记沈昱，区委常委、副区长余志三，副主席黄莉、杜永林、孔祥华、陈云水、潘法高、戴桂香，副区级巡视员傅樟绚，秘书长吴忠云参加会议。区委法治建设领导小组办公室作“法治余杭”建设工作情况通报。郭青岭《法治理念要内化于心外化于形》、朱飞燕《建设法治政府重在依法行政》、王敏《行政机关负责人要学会出庭应诉》、邹华《关于加快推进基层依法治理的建议》、吴琳《关于完善公共法律服务体系的建议》、俞海平《关于创建诚信守法企业的思考和建议》为题作发言。

区政协十届常委会第十八次会议　2015 年 11 月 6 日，区政协十届常委会第十八次会议暨“十三五”规划基本思路专题协商会召开，区政协主席阮文静，区委副书记沈昱，区人大常委会副主任屠冬冬，副区长林会友，区政协副主席杜永林、孔祥华、陈云水、潘法高、戴桂香，副区级巡视员傅樟绚参加。会议听取余杭区“十三五”规划情况通报；听取“十三五”规划基本思路专题协商发言；听取余杭区“十三五”规划情况汇报；听取《构建综合交通运输体系，服务“十三五”经济社会发展》《关于余杭农业和农村“十三五”规划的几点建议》等专题协商发言。

区政协十届常委会第十九次会议 2016年1月11日，区政协十届常委会第十九次会议召开，区政协主席阮文静，副主席黄莉、杜永林、孔祥华、陈云水、潘法高、戴桂香，副区级巡视员傅樟绚，秘书长吴忠云和全体常委参加会议，各界别活动组组长、镇（街道）联络工委主任、有关部门负责人列席会议。

会议传达区委十三届八次全会精神，审议通过区政协十届常委会工作报告、提案工作报告、区政协十届五次会议有关事项、有关人事事项，进行提案办理工作民主评议，通报区政协2015年度先进界别活动组、先进镇街联络工委、先进民主监督员小组、优秀委员、优秀提案评选情况，区政协十届四次会议提案办理情况。

区政协十届常委会第二十次会议 2016年1月20日，区政协十届五次会议期间区政协十届常委会第二十次会议召开，听取全会小组讨论情况汇报，通过区政协十届五次会议决议(草案)、区政协十届五次会议提案初审情况报告。

区政协十届常委会第二十一次会议 2016年8月12日，区政协十届常委会第二十一次会议常委读书会暨政情通报会召开。学习传达区委十三届九次全体会议精神，听取区政府半年度工作情况通报，书面通报“五水共治”推进情况、社会治理大联动工作情况，并就政协换届工作及在实际工作中贯彻落实好会议精神，如何进一步履行好政协职能，全面完成年度任务进行了部署。区政协主席阮文静主持会议。区委常委、常务副区长祝振伟，区政协副主席黄莉、杜永林、孔祥华、陈云水、潘法高、戴桂香，副区级巡视员傅樟绚及全体政协委员参加会议。

会议分两个阶段进行。第一阶段区政协全体常委实地考察梦想小镇互联网村、良仓孵化器、梦想大街（仓前老街提升改造工程）、天使村和艺尚小镇文化街区。第二阶段全体政协委员举行政情通报会，并观看警示教育片《镜鉴》，签订严守换届纪律承诺书。会上，祝振伟就区政府半年度工作情况作了通报。阮文静在会上传达了区委十三届九次全体会议精神。

区政协十届常委会第二十二次会议 2017年1月12日，区政协十届常委会第二十二次会议召开，区政协主席阮文静，副主席黄莉、杜永林、孔祥华、陈云水、潘法高、戴桂香，秘书长吴忠云和常务委员出席会议。区人大常委会副主任屠冬冬、区政协副区级巡视员傅樟绚，区委组织部、统战部有关领导应邀参加会议。区政协各委办负责人、调研员，各界别活动组组长、镇街联络工委主任等列席会议。

会议听取区政协党组副书记、副主席黄莉关于区政协专委会人事事项的说明，表决通过有关专委会人事任免决定；听取区委统战部常务副部长厉承越关于区政协十一届人事安排的说明，审议通过政协十一届规模及界别设置、政协十一届委员名单、十一届一次会议主席团和秘书长建议名单；会议听取区政协办公室关于《区政协十届常委会工作报告（审议稿)》起草情况说明、区政协提案委关于《区政协十届常委会提案工作报告(审议稿)》起草情况说明、区政协秘书长吴忠云关于召开区政协十一届一次会议的决定（草案）和全会有关事项的说明，并进行分组讨论。会议审议通过《召开区政协十一届一次会议的决定》和会议议程、日程（草案)、主席团常务主席和常务主席会议主持人名单（草案)、主席团执行主席和各次会议主持人、报告人名单（草案）、副秘书长名单（草案）、分组办法（草案）、提案审查委员会主任、副主任和委员名单（草案）、提案截止日期（草案）等事项，原则同意《区政协十届常委会工作报告》《区政协十届常委会提案工作报告》。

四、第十一届常务委员会会议

2017年4月至2020年10月，区政协十一届常委会共召开20次会议。

区政协十一届常委会第一次会议 2017年4月5日，区政协十一届常委会第一次会议召开。市委常委、区委书记毛溪浩出席并讲话，区政协主席阮文静，副主席黄莉、孔祥华、陈云水、戴桂香，副区级巡视员傅樟绚，秘书长吴忠云和全体常委参加。会议审议通过区政协十一届有关工作规则、专门委员会组织通则、专门委员会机构设置和专门委员会主任、副主任名单及《关于加强委员队伍建设的意见》；通报政协十一届领导班子成员分工情况、2017年度工作要点及重点工作安排；通报提案立案交办情况等。

区政协十一届常委会第二次会议 2017年7月6日，区政协十一届常委会第二次会议暨良渚文化国家公园建设专题协商会召开，区领导阮文静、张俊杰、祝振伟、屠冬冬、陈云水、潘法高、戴桂香、金国平，区政协十届副主席杜永林，副区级巡视员傅樟绚，区政协各委办、相关部门负责人参加。

与会人员视察良渚遗址申遗及文化国家公园建设情况，观看申遗宣传视频短片，听取关于良渚文化国家公园建设和良渚遗址申遗进展情况通报。专题协商发言内容有《关于良渚文化国家公园建设的几点思考》《将良渚文化国家公园打造成“美丽余杭”的建设样板》《在良渚文化国家公园内建设博物馆小镇的若干建议》《良渚文化国家公园建设中要注重发展文化创意产业》《依托良渚文化国家公园做好文化旅游开发的文章》《创新开发良渚文化宴，助推良渚文化宣传》。

区政协十一届常委会第三次会议 2017年9月20日，区政协十一届常委会第三次会议召开，区领导阮文静、施建华、王艳勤、黄莉、陈云水、潘法高、戴桂香、赵喜凯，副区级巡视员傅樟绚，区政协各委办、相关部门负责人参加。

2017年9月20日，余杭区政协十一届常委会第三次会议暨加快社区居家养老服务建设专题协商会召开

会议听取区政协党组有关专委会任免事项的说明，审议通过有关人事事项。按照《政协章程》有关规定，政协杭州市余杭区第十一届委员会常务委员会第三次会议协商决定：同意孔祥华因个人原因辞去政协杭州市余杭区第十一届委员会副主席、委员职务。会议专题协商

“加快社区居家养老服务建设”，视察区社会福利中心和河南埭社区照料中心，听取关于社区居家养老服务工作情况通报。

区政协十一届常委会第四次会议 2018 年 1 月 19 日，区政协十一届常委会第四次（扩大）会议召开，阮文静主持。会议学习传达区委全会精神，审议《区政协十一届常委会工作报告》《区政协十一届常委会提案工作报告》《关于召开区政协十一届二次会议的决定》和有关事项；听取和审议有关人事事项；听取提案办理情况的通报；听取关于优秀委员、优秀提案和各项先进评选情况通报。会议对提案办理工作进行了民主评议。区农业局、区教育局作提案办理工作情况汇报，全体政协常委对照评分标准进行现场评议。会后，省委党校郑仓元教授为全体政协委员作中共十九大精神专题辅导讲座。

区政协十一届常委会第五次会议 2018 年 2 月 1 日，区政协十一届二次会议期间常委会第五次会议召开，审议选举办法（草案）；听取区委关于区政协十一届常务委员候选人单的说明；审议区政协十一届常务委员候选人名单（草案）；提出总监票人、监票人建议名单；审议区政协十一届二次会议决议（草案）。

区政协十一届常委会第六次会议 2018 年 2 月 2 日，区政协十一届二次会议期间常委会第六次会议召开，听取小组讨论情况汇报；通过选举办法（草案）；通过区政协十一届常务委员候选人名单；通过总监票人、监票人名单（草案）；通过区政协十一届二次会议决议（草案）；通过区政协十一届二次会议提案初审情况的报告。

区政协十一届常委会第七次会议 2018 年 5 月 31 日，区政协十一届常委会第七次会议暨“既有住宅加装电梯”民主协商会召开，就“既有住宅加装电梯”进行民主协商，阮文静主持。副区长王艳勤应邀参加会议，住建、民政等相关部门负责人到会听取协商意见。会前，区政协组织委员视察南苑街道区石油公司宿舍楼、临平街道清河花园加装电梯运行情况。会议听取了区政府关于既有小区加装电梯推进工作情况通报，6 名政协常委、委员和社区代表，围绕如何顺利推进既有小区加装电梯工作，从工作机制、相关政策、法律法规、宣传方法和协商方式等方面作了发言。

区政协十一届常委会第八次会议 2018 年 8 月 23 日，区政协十一届常委会 2018 年上半年政情通报会暨十一届第八次（扩大）会议召开，听取区长陈如根关于区政府工作情况通报，传达学习区委十四届五次全会、全省政协主席读书会精神，举行政协委员会客厅、委员工作室授牌仪式，视察良渚博物院、梦栖小镇。区政协主席阮文静，副主席黄莉、陈云水、潘法高，全体区政协委员、在余杭的省市政协

2018 年 8 月 23 日，区政协 2018 年上半年政情通报会暨十一届八次常委（扩大）会议召开

委员等参加会议。

区政协十一届常委会第九次会议　2018 年 10 月 19 日，区政协十一届常委会第九次会议召开，专题协商“大运河文化带建设”。区政协主席阮文静，副主席黄莉、陈云水、潘法高、戴桂香参加会议，区领导屠冬冬、於卫国，区大运河文化带保护开发工作领导小组部分成员单位负责人等应邀参加。与会人员观看大运河文化带建设视频短片，听取拱墅区大运河文化研究院顾问洪永跃作专题讲座，听取区政府关于大运河文化带建设工作情况的通报，金国强、陆文宝、朱彩、钟伟良、周锋等 5 名政协常委、委员，围绕如何推进大运河文化带建设、做好历史文化遗产保护传承、完善规划设计等方面作发言。

区政协十一届常委会第十次会议　2019 年 1 月 17 日，区政协十一届常委会第十次会议召开，黄莉主持。区政协党组书记沈昱、区人大常委会副主任屠冬冬、区政协党组成员吴立炜、黄德伟参加会议。区委组织部、统战部、区城管局、区民政局负责人、区政协各界别活动组组长、镇（街道）联络工委主任、各委办负责人、调研员列席会议。沈昱传达区委全会精神，重点解读市委常委、区委书记张振丰所作的《全面推进“三个全域”建设　奋力开创余杭高质量可持续快发展新局面》报告要点。会议听取区委统战部常务副部长劳晓萍关于区政协十一届有关人事事项的说明，以举手表决的形式，同意阮文静辞去主席、委员职务，同意潘法高辞去副主席、委员职务，同意冯玉宝等 3 名辞去常务委员、委员职务，同意王洪银等 17 名同志辞去委员职务，增补王铮等 21 名为区政协十一届委员。会议听取区政协副主席陈云水关于区政协专委会人事事项的说明，以举手表决的形式同意夏雪芬等 7 名的职务任免。会议听取区政协秘书长吴忠云关于召开区政协十一届三次会议的决定（草案）和全会有关事项说明，区政协办公室关于常委会工作报告（审议稿）起草情况说明，区政协提案委主任陆春良关于提案工作报告（审议稿）起草情况说明。会议审议通过区政协十一届常委会工作报告、提案工作报告和区政协十一届三次会议有关事项。会议听取区城管局局长高宜生、区民政局局长尤金福关于 2018 年度提案办理工作情况，区政协提案委主任陆春良关于两个部门提案办理工作评估意见的说明。经区政协常委会组成人员民主评议，区城管局、区民政局 2018 年提案办理工作均为满意档次。

会议还通报了区政协 2018 年度优秀委员、优秀提案、先进界别活动组、先进镇街联络工委、先进民主监督员小组、社情民意信息工作先进评选情况，区政协十一届二次会议提案办理情况。

区政协十一届常委会第十一次会议　2019 年 1 月 29 日，区政协十一届三次会议期间常委会第十一次会议召开。会议由政协副主席陈云水主持。区政协党组书记沈昱，区委副书记李忠誉，区委常委、区委统战部部长袁水良，区政协副主席戴桂香、赵喜凯，区政协党组成员吴立炜、黄德伟，区政协副区级干部潘法高，秘书长吴忠云及全体常委参加会议。

会议审议选举办法（草案）；听取区委关于区政协十一届主席、副主席、常务委员候选人建议名单的说明；审议区政协十一届主席、副主席、常务委员候选人名单（草案）。会议提出总监票人、监票人建议名单；审议区政协十一届三次会议决议（草案）。会议同意上述草案提交各讨论组审议。

区政协十一届常委会第十二次会议　2019 年 1 月 30 日，区政协十一届三次会议期间常委会第十二次会议召开。会议由陈云水主持。区政协党组书记沈昱，区委常委、统战部部长袁水良，区委常委、常务副区长陈夏林，区政协副主席戴桂香、赵喜凯，区政协党组成员吴立炜、黄德伟，区政协副区级干部潘法高，秘书长吴忠云及全体常委参加会议。会议听取了各界别组关于区政协十一届常务委员会工作报告、提案工作情况报告和余杭区人民政府工作报告等讨论情况的汇报。审议通过选举办法（草案）；审议通过区政协十一届主席、副主席、常务委员候选人名单；审议通过总监票人、监票人名单（草案）；审议通过区政协十一届三次会议决议（草案）；审议通过区政协十一届三次会议提案初审情况的报告。会议同意上述草案提交选举大会和闭幕会审议。

区政协十一届常委会第十三次会议　2019 年 7 月 12 日，区政协十一届常委会第十三次会议暨“知识产权创业创新成果转化平台建设”专题协商会召开，区领导沈昱、屠冬冬、葛建伟、黄莉、吴立炜、戴桂香，区政协各委办、相关部门负责人，部分政协委员、企业代表参加。

区政协十一届常委会第十四次会议　2019 年 11 月 14 日，区政协十一届常委会第十四次会议召开。区政协主席沈昱，副主席黄莉、吴立炜、陈云水、戴桂香、黄德伟，秘书长吴忠云和常务委员参加会议。区委组织部、统战部、区发改局、区公安分局负责人、区政协各界别活动组组长、镇街（平台）联络工委主任、各委办负责人、调研员列席会议。

沈昱传达学习中共十九届四中全会、中央政协工作会议、省委政协工作会议精神和汪洋在杭州调研时的讲话精神。会议听取区委统战部部务会议成员姚国民关于区政协十一届有关人事事项的说明；会议听取区政协党组副书记、副主席黄莉关于区政协专委会人事事项的说明；听取区发改局、区公安分局关于 2019 年度提案办理工作情况，区政协提案委关于两个部门提案办理工作评估意见的说明。经区政协常委会组成人员民主评议，区发改局、区公安分局 2019 年提案办理工作均为满意档次。

区政协十一届常委会第十五次会议　2020 年 1 月 8 日，区政协十一届常委会第十五次会议召开，沈昱主持会议。区委组织部、统战部负责人，区政协各界别活动组组长，各镇街（平台）联络工委主任和各委办负责人、调研员列席会议。传达学习区委十四届九次全体会议精神。审议有关人事事项，分别通过黄莉、戴桂香辞去副主席、委员职务，丁列明辞去常务委员、委员职务，丁宇等 12 人辞去委员职务，增补马勇斌等 21 人为区政协十一届委员的决定。审议区政协常委会工作报告、提案工作报告、区政协十一届四次会议有关事项，通报区政协十一届三

2020 年 1 月 8 日，余杭区政协十一届十五次常委会会议召开

次会议提案办理情况、2019 年度区政协各项先进考核评选结果。

区政协十一届常委会第十六次会议 2020 年 1 月 18 日，区政协十一届四次会议期间，常委会召开第十六次会议。沈昱主持。区委副书记、区委政法委书记李忠誉，区委常委、区委统战部部长袁水良应邀参加会议。会议审议选举办法（草案）；听取区委关于区十一届副主席、常务委员候选人名单的说明；审议区十一届副主席、常务委员候选人名单（草案）；审议区政协十一届四次会议决议（草案）；会议通过总监票人、监票人名单（草案）。会议同意上述草案提交各讨论组审议。

区政协十一届常委会第十七次会议 2020 年 1 月 19 日，区政协十一届四次会议期间，常委会召开第十七次会议。沈昱主持，副主席吴立炜、陈云水、黄德伟，秘书长吴忠云及全体常委参加会议。区委副书记、政法委书记李忠誉，区委常委、统战部部长袁水良，区委常委、常务副区长陈夏林应邀参加会议。会议听取各界别组关于区政协十一届常务委员会工作报告、提案工作情况报告和余杭区人民政府工作报告等讨论情况的汇报。审议通过选举办法（草案）；审议通过区政协十一届副主席、常务委员候选人名单；审议通过总监票人、监票人名单（草案）；审议通过区政协十一届四次会议决议（草案）；审议通过区政协十一届四次会议提案初审情况的报告。会议同意上述草案提交选举大会和闭幕会审议。

区政协十一届常委会第十八次会议 2020 年 3 月 13 日，区政协十一届常委会第十八次会议（钉钉视频会议）召开，沈昱主持会议。会议在听取和审议通过有关人事事项后，传达学习习近平总书记在中央召开决战决胜脱贫攻坚座谈会上的重要讲话精神。沈昱要求，广大政协委员要主动担当作为，聚力助推疫情防控、复工复产和经济社会发展，进一步在“双线作战”中贡献政协的智慧和力量。

区政协十一届常委会第十九次会议 2020 年 8 月 27 日，区政协十一届常委会第十九次会议暨政情通报会召开，传达学习省、市、区委全会精神，听取区委常委、区政府常务副区长陈夏林有关区政府 2020 年上半年工作情况通报。区政协常委会组成人员，各界别活动组组长、镇街联络工委主任，区政协各委办副主任、调研员参加主会场会议，其他政协委员收看钉钉视频会议。

区政协十一届常委会第二十次会议 2020 年 10 月 23 日，区政协十一届常委会第二十次会议暨“重大项目赋能高质量发展”专题协商会议召开，区领导沈昱、戴桂香、吴立炜、陈云水、黄德伟、沈洪相、黄莉，秘书长吴忠云，区政协常委，区政协各委办负责人，各界别活动组组长、镇街联络工委主任参加。

五、第十二届常务委员会会议

2021 年 4 月 9 日，撤销原杭州市余杭区，设立新的杭州市余杭区，以原余杭区的余杭街道、仓前街道、闲林街道、五常街道、中泰街道、仁和街道、良渚街道、瓶窑镇、径山镇、黄湖镇、鸬鸟镇、百丈镇的行政区域为新的余杭区的行政区域。7 月 20 日至 23 日，中国人民政治协商会议杭州市余杭区第十二届委员会第一次会议至 2022 年底共召开 6 次常务委员会议。

区政协十二届常委会第一次会议 2021 年 8 月 5 日，区政协十二届常委会第一次会议召开，区政协主席沈昱主持会议，区领导袁水良、沈洪相、黄德伟、李玉美、傅丽华、周忠诚、斯建刚、张瑾，秘书长吴忠云和政协常委参加会议，区委组织部、区委统战部负责人，各界别活动组组长、镇街（平台）联络工委主任，区政协各委办负责人、调研员列席会议。会议强调，要深入学习、深刻理解习近平总书记关于加强和改进人民政协工作的重要思想，对标对表关于新时代政协工作新要求，充分发挥人民政协专门协商机构作用，把加强思想政治引领、广泛凝聚共识作为中心环节，在新一届政协工作中打好基础、练好本领、提升形象、干出实绩，推进政协工作提质增效，充分展示新时代人民政协新样子。会议审议通过区政协机关人事事项、区政协有关工作规则、组织通则。会议还通报了区政协领导班子成员分工联系方案、区政协常委会2021年工作要点。

区政协十二届常委会第二次会议 2021年10月22日，区政协在淳安举办委员履职能力提升培训班期间，十二届常委会第二次（扩大）会议召开，沈昱主持会议，副主席黄德伟、李玉美、周忠诚、张瑾，秘书长吴忠云和政协常委参加会议，各界别活动组组长、镇街（平台）联络工委主任，区政协委办负责人、调研员列席会议。会前，上线试运行“余杭数智政协”系统，参与开发的区政协常委郎振忠演示了数字政协驾驶舱、手机端i履职平台的各个模块的功能定位、操作方法等。会议围绕数字政协建设进行专题协商，认为要更好发挥“协商智治”与“数字之治”的融合叠加优势，提高数字政协建设的整体效应，更好服务委员履职、服务中心大局。

区政协十二届常委会第三次会议 2022年1月26日，区政协十二届常委会第三次会议召开。会议传达省政协十二届五次会议和区委十五届五次全体（扩大）会议精神。听取和审议区政协十二届常委会工作报告和提案工作报告；听取和审议通过了有关人事事项；听取和审议通过《关于召开区政协十二届二次会议的决定》及有关事项；听取提案办理工作情况通报；听取关于优秀委员、优秀提案和各项先进评选情况说明。

沈昱主持会议并讲话，他强调，要深入学习省政协会议和区委全会的重要精神，扎实推进“六破六立”思想再解放，书写好新时代新答卷。要结合区政协工作实际，奋进新的赶考之路，强化“六个意识”，抓实“六大行动”，抓好贯彻落实，凝聚发展动力，为纵深推进“创新余杭、品质之区、文明圣地”建设，奋力争当展示“重要窗口”和共同富裕示范区的排头兵的总目标作出贡献。

区政协十二届常委会第四次会议 2022年2月14日，区政协十二届常委会第四次会议召开。沈昱主持会议。区委副书记、政法委书记朱红丹，区委常委、统战部部长袁水良，副区长姚文华应邀参加会议。各组召集人列席本次会议。会议听取了各界别组关于区政协十二届常务委员会工作报告、提案工作情况报告和区政府工作报告等讨论情况的汇报。审议通过区政协十二届二次会议决议（草案）和区政协十二届二次会议提案初审情况的报告。会议同意决议草案提交闭幕会审议，提案初审情况报告在闭幕会上通报。

区政协十二届常委会第五次会议 2022年8月24日，区政协召开2022年上半年政情通报会暨十二届常委会第五次会议。区委副书记、区长王犇通报全区上半年经济社会发展情况及下半年主要工作安排，区政协主席沈昱主持会议。会议在数字政协“i履职”平台、“余杭政协”公众号及“看余杭”客户端同步直播。在随后召开的区政协十二届五次常委会会议上，参会人员听取并审议区政协专委会人事事项。

2022 年 8 月 24 日，余杭区政协 2022 年上半年政情通报会暨十二届五次常委会会议召开

区政协十二届常委会第六次会议　2022 年 9 月 21 日，区政协举办建设杭州城市新中心“请你来协商”活动暨十二届常委会第六次会议召开。区政协党组书记、主席沈昱主持会议。副区长吴远东，区政协副主席李玉美、傅丽华、周忠诚、斯建刚、张瑾，以及部分政协委员和有关平台、部门负责人等参加。市委常委、区委书记刘颖出席活动，通报 2022 年以来全区经济社会发展情况，并围绕“建设杭州城市新中心”主题同政协委员面对面交流协商。刘颖强调，要用好“请你来协商”平台，以更高标准建强协商议事主阵地。会上，区政协城建委汇报相关课题调研情况，部分政协委员围绕“建设杭州城市新中心”主题，聚焦创新发展、人才引培、文化传承、公共服务、生活配套、空间规划等方面提出一系列建设性意见。

政协杭州市余杭区第十二届委员会常务委员会第六次会议协商决定：同意陈文琴（女）因职务变动辞去政协杭州市余杭区第十二届委员会常务委员、委员职务。同意张宇晓、陈旭平、邵文鸿（女）、胡水元等因职务变动或分工调整辞去政协杭州市余杭区第十二届委员会委员职务。增补王乐芬（女）、方鹏等 25 人为政协杭州市余杭区第十二届委员会委员。

第四节　政协主席会议

主席会议是常务委员会议闭会期间的重要协商会议形式，常务委员会会议闭会期间，由主席会议主持常务委员会的日常工作。会议一般每月一次，必要时可临时召集。会议邀请非主席会议成员的区政协领导、委办负责人列席会议。根据议题需要，会议可邀请与议程有关的其他人员列席。主席会议的议题由主席提出，或由秘书长提出报主席决定。会议由主席主持，也可由主席委托的副主席主持。主席会议的主要任务：学习党的理论、路线、方针和政策，学习统一战线和人民政协理论、政策、规定；安排协商活动，决定协商的形式和内容，协商讨论余杭区重大方针政策，经济、社会发展和人民群众生活中普遍关心的重大问题，提出建议和意见。审查以政协余杭区委员会或常务委员会名义向区委、区人大常务委员会、区政府提出的重要建议案；常务委员会闭会期间、讨论处理常务委员会的会务工作，研究部署政协工作；召集并主持常务委员会会议，决定常务委员会会议召开的日期，拟定常务委员会会议的议题和议程草案，审议提交常务委员会会议的文件；执行常务委员会会议的决议，根据常务委员会的授权，履行常务委员会的部分职权；审议政协余杭区委员会及常务委员会的工作计划、工作报告和重要活动方案。审议重点工作和重要视察、调查，专门委员会的年度计划和工作总结；听取重要提案、建议案办理情况的汇报；审议提交常务委员会会议讨论的人事任免事项；处理常务委员会的其他重要日常工作。

主席会议由专人记录。通过、决定重要事项，会后要及时编发会议纪要。

一、第八届主席会议

2003年3月至2007年1月，政协杭州市余杭区第八届委员会共召开42次主席会议。

区政协八届第1次主席会议 2003年3月19日，政协杭州市余杭区第八届委员会第1次主席会议召开。区政协主席李小花，副主席丰章生、董建国、章福根、莫炳法、方加明、钱杭根，秘书长徐连子和劳伟民、王乐琪出席会议。会议研究确定区政协八届主席、副主席分工；协商讨论了政协2003年工作要点、各专门委员会组织通则、常委会工作规则等内容；协商讨论区政协机构设置问题，提出了机构设置方案，包括：提案委员会、经济科技委员会、城建财贸委员会、教育文化卫生体育委员会、社会法制委员会、学习文史委员会、港澳台侨委员会共7个委员会，以及工业经济组、农业经济组、财贸组、医卫组等14个专业组和街道联络组、崇贤联络组、余杭联络组等10个地区联络组以及3个机关、直属联络组，提请区政协八届常委会第一次会议审议通过。

区政协八届第2次主席会议 2003年4月16日，区政协八届第2次主席会议召开。李小花主持。会议主要议题：研究确定区政协2003年工作计划和重点调研课题；听取了陈烈夫关于区政协之友联谊会换届筹备工作情况的汇报；听取吕达飞关于《杭州市余杭区政协志》的编纂筹备工作情况及区政协艺术团、书画院等有关事项的汇报。

区政协八届第3次主席会议 2003年5月23日，区政协八届第3次主席会议召开。李小花主持。会议主要议题：到萧山区政协学习取经；协商讨论近期区政协工作。

区政协八届第4次主席会议 2003年6月21日，区政协八届第4次主席会议召开。区政协主席李小花，副主席董建国，章福根，莫炳法。方加明、钱杭根，秘书长徐连子出席会议。听取区政府领导关于抗击“非典”工作情况的通报；听取临平工业区管委会领导关于加快推进临平工业区建设情况的汇报，并就如何加快推进临平工业区建设进行座谈。

区政协八届第5次主席会议 2003年7月24日，区政协八届第5次主席会议召开。李小花主持。会议听取区政协社会法制委员会关于城市交通管理考察情况的汇报；交流区政协八届一次会议7个重点提案督办情况；协商区政协八届委员培训有关事宜。

区政协八届第6次主席会议 2003年8月29日，区政协八届第6次主席会议召开。李小花主持。会议协商确定区政协八届常委会第三次会议议程、日程；研究部署近期工作。

区政协八届第7次主席会议 2003年9月16日，区政协八届第7次主席会议召开。李小花主持。会议听取区政府领导关于区政协对城建、城管工作开展民主监督活动落实情况的通报；协商确定区政协对区创建国家环保模范城市工作实施方案等。

区政协八届第8次主席会议 2003年11月10日，区政协八届第8次主席会议召开。李小花主持。会议协商讨论关于对创模工作开展民主监督活动的总结；协商下一阶段有关工作安排。

区政协八届第 9 次主席会议　2003 年 12 月 12 日，区政协八届第 9 次主席会议召开，李小花主持会议。会议总结 2003 年度区政协八届常委会工作，提出 2004 年度工作思路；协商讨论《中共余杭区委关于进一步推进人民政协履行职能制度化规范化程序化建设的若干意见（草稿）》；部署浙江省十一县、区（市）政协联谊会会务工作；听取《余杭区政协志》编纂工作有关情况的汇报；协商讨论区政协八届常委会第四次会议有关事项；讨论区政协八届二次全会准备工作的有关事项；部署近期工作。

区政协八届第 10 次主席会议　2004 年 1 月 9 日，区政协八届第 10 次主席会议召开。李小花主持会议。会议协商讨论区政协八届常委会第五次会议的日程、议程；协商讨论区政协八届二次会议召开日期；协商讨论区政协八届常委会工作报告、政协八届一次会议以来提案工作情况的报告；协商讨论区政协八届二次会议议程、日程、邀请列席人员名单；协商讨论区政协八届二次会议有关事项；协商讨论政协委员增补事项；其他事项。

区政协八届第 11 次主席会议　2004 年 4 月 20 日，区政协八届第 11 次主席会议召开，李小花主持会议。会议协商委员增补事项，同意增补姚水林等 7 人为区政协八届委员，提交区八政协常委会协商通过；协商重新组建的四个专委会人员组成及专业组设置及人员组成；协商确定重点提案及主席分工督办事项，还就重点提案督办工作提出要求；协商讨论主席重新分工事项；协商讨论“一办四委”干部调配事项；协商讨论政协机关效能建设方案。

区政协八届第 12 次主席会议　2004 年 4 月 28 日，区政协八届第 12 次主席会议召开。协商讨论区政协八届 2004 年度工作计划和近期工作。

区政协八届第 13 次主席会议　2004 年 5 月 12 日，区政协八届第 13 次主席会议召开。李小花主持会议。会议主要议题为协商通过区政协 2004 年度工作计划等。

区政协八届第 14 次主席会议　2004 年 5 月 27 日，区政协八届第 14 次主席会议召开。李小花主持会议。

区政协八届第 15 次主席会议　2004 年 6 月 18 日至 19 日，区政协八届第 15 次主席会议召开。李小花主持会议。会议主要议题：协商讨论《切实保护农民利益，推进我区征地拆迁工作的建议案（讨论稿）》；协商讨论区政协八届常委会第十一次会议有关事项；交流区政协八届二次会议重点提案督办情况。

区政协八届第 16 次主席会议　2004 年 7 月 30 日，区政协八届第 16 次主席会议召开。李小花主持会议。会议协商通过了对社会保障工作开展民主监督活动的实施方案；协商通过关于开展专业市场资源整合调研活动的方案，并就组织分工和时间安排作进一步明确；协商讨论《关于加强普通高中师资队伍建设，促进教育质量提高的建议案（讨论稿）》，提出一些修改意见和建议，提交政协八届常委会第十二次会议协商通过；会议还就城建工作视察活动、提案承办大户办理情况交流会议等工作进行部署。

区政协八届第 17 次主席会议　2004 年 8 月 27 日，区政协八届第 17 次主席会议召开。李小花主持会议。与会人员视察临平城区城市建设工作。视察北庙河休闲街工程、红丰立交桥和配套工程、临平山东来阁工程、保健路老公安局地块和人民路西延、新丰路、世纪大道、翁梅路、迎宾大道、西渠河等建设、改造、整治工程。听取区建设局局长张俊杰所作的城建工作情况介绍。会议就加强城市管理、维护规划权威性、搞好城市绿化以及东来阁的建设、管理和红丰立交桥、新丰路绿化带、西渠河改造工程建设等方面提出一些具体的建议。

会议还对教师节慰问活动进行部署。

区政协八届第18次主席会议 2004年9月23日，区政协八届第18次主席会议召开。李小花主持会议。会议认真学习《中国共产党第十六届中央委员会第四次全体会议公报》精神，要求进一步提高对中国共产党先进性的认识，提高接受中国共产党领导的坚定性。会议协商讨论区政协八届常委会第十二次会议有关事项，协商讨论《关于加强普高师资队伍建设，提高教育质量的建议案(草案)》。会议原则通过了该建议案（草案），并就改善教师福利待遇、完善激励机制等方面提出一些修改意见和建议；协商通过区政协对社会保障工作开展民主监督活动总结大会有关事宜，讨论区政协对社会保障工作开展民主监督情况的报告（讨论稿）；听取关于区专业市场现状和发展前景的调研的汇报，要求将该调研报告送交区委办公室调研室；协商讨论《政协杭州市余杭区委员会优秀提案评选表彰办法（讨论稿)》。

区政协八届第19次主席会议 2004年10月20日，区政协八届第19次主席会议召开。协商讨论近期工作。

区政协八届第20次主席会议 2004年11月22日至23日，区政协八届第20次主席扩大会议（政协工作务虚会）召开，主要议题是协商讨论2004年度工作总结和2005年度工作思路。各专委会汇报八届三次全会大会发言选题情况，经讨论，会议明确，大会发言要围绕事关余杭区经济社会全面、协调、可持续发展中的重大问题和人民群众关心的热点、难点问题，针对时弊，建言献策。会议初步确定八届三次全会期间大会发言课题。

区政协八届第21次主席会议 2004年12月14日，区政协八届第21次主席会议召开，会议协商讨论区政协八届三次会议有关工作方案，听取区委统战部副部长汪雪平有关政协委员增补推荐人选情况的说明，经协商讨论，会议就委员增补人选提出了意见和建议。协商讨论区政协八届常委会第十三次会议有关事项；协商讨论2003—2004年度优秀提案与双好委员人选。会议协商讨论区政协八届常委会工作报告和区政协八届二次会议以来提案工作情况的报告，并提出了一些意见和建议。

区政协八届第22次主席会议 2005年1月10日，区政协八届第22次主席会议召开。李小花主持会议。会议协商通过区政协八届三次会议执行主席分工名单、全体会议的执行主席名单、会议编组和召集人名单；协商讨论区政协八届三次会议提案截止日期（草案)；协商讨论有关人事事项；协商讨论区政协八届三次会议有关筹备工作。

区政协八届第23次主席会议 2005年3月6日，区政协八届第23次主席会议召开，李小花主持会议。会议根据区委、区政府2005年重点工作，以及各专委会各自重点工作，对安排计划提出了一些意见和建议。会议听取提案委员会关于区政协八届三次会议提案审查报告和提案立案情况的汇报；协商讨论“三农”问题系列调研方案；协商讨论地区联络组调整方案；协商讨论区政协八届常委会第十六次会议日程、议程；协商讨论了区政协之友联谊会第二次会议有关事宜及《余杭政协》刊物事宜等。

区政协八届第24次主席（扩大）会议 2005年4月25日，区政协八届第24次主席（扩大）会议召开。会议分视察活动、主席会议两个阶段。区政协主席李小花，副主席丰章生、董建国、章福根、莫炳法、方加明、钱杭根，巡视员劳伟民、秘书长郑建芬出席会议，办委负责人、调研员列席会议。良渚遗址管理区管理委员会主任张炳火、副主任杜永林，城乡一体化办公室、余杭镇政府有关负责人，张洪根、沈世杰等委员视察了余杭镇上文山村和良渚遗址管理区金家渡村新型社区建设情况，并听取良渚遗址管理区管理委员会发展处和城乡一体化办公室有关工作情况通报；会议听取“三农”系列课题调研情况汇报，协商讨论“三农”问题研讨会方案；协商通过主席、副主席联系民主党派、工商联方案，协商通过主席、副主席联系常委名单；协商讨论区政府各部门与区政协各专门委员会对口联系制度（讨论稿）；协商通过政协工作调研方案，协商讨论《政协余杭区委员会有关会议的若干规定》（讨论稿）。会议还部署了重点提案督办走访安排、接待杭州市十二县（市、区）联谊会事宜等。

区政协八届第25次主席（扩大）会议　2005年6月23日，区政协八届第25次主席（扩大）会议召开，会议协商讨论《关于解决“三农”若干问题的建议案(讨论稿)》。会议协商通过了该建议案（讨论稿），并就有关建议和文字表述方面提出修改意见；协商讨论《关于加强委员队伍建设的意见（讨论稿)》《区政协各专委会专业组、地区联络组年度工作考核办法》（讨论稿）；协商通过对区科技工作开展民主监督活动方案；协商讨论区政协八届常委会第十七次会议议程（草案）；协商讨论举办纪念抗战暨反法西斯战争60周年歌咏比赛事宜；协商讨论了常委读书会事宜。会议还明确机关内部人事调整，《余杭百事通》编辑出版筹措资金由文史和教文卫体委员会负责等事项。

区政协八届第26次主席（扩大）会议　2005年8月23日，区政协八届第26次主席（扩大）会议召开。会议协商讨论对区科技工作开展民主监督活动总结大会事宜；协商讨论《关于对我区科技工作开展民主监督情况的报告（讨论稿)》；协商讨论《我区“四小车”管理存在的主要问题及对策（讨论稿)》；协商讨论区政协八届常委会第十八次会议暨读书会有关事项。

区政协八届第27次主席会议　2005年9月30日，区政协八届第27次主席会议召开。会议协商讨论“径山茶”发展现状调研活动方案；协商讨论农村饮用水问题调研活动方案；协商讨论违拆工作视察活动事宜；协商讨论水景公园和城区背街小巷改造工程视察活动事宜；协商讨论提案工作交流会议事宜。会议还部署委员约谈会、全会大会发言准备、书画院和艺术团活动等工作，协商讨论区管后备干部推荐人员名单。

区政协八届第28次主席（扩大）会议　2005年10月28日，区政协八届第28次主席（扩大）会议召开。会议组织学习《中国共产党第十六届中央委员会全体会议公报》、人民日报社论《在新的发展起点上阔步前进》、胡锦涛在中共中央政治局第二十五次集体学习时的讲话和《中共中央关于制定国民经济和社会发展第十一个五年规划的建议》。会议要求，政协组织和政协委员要切实把思想统一到中共十六届五中全会精神上来，统一到中央关于“十一五”时期中国经济和社会各项事业发展的决策和战略部署上来，为区“十一五”规划的编制工作建言献策，在努力构建和谐社会中发挥更大的作用。

会议协商讨论余杭政协成立50周年纪念活动方案与政协工作务虚会筹备工作，听取“径山茶”发展现状调研情况的汇报。

区政协八届第29次主席（扩大）会议　2005年11月15日，区政协八届第29次主席（扩大）会议暨政协工作务虚会召开，政协主席李小花，副主席丰章生、董建国、章福根、莫炳法、方加明、钱杭根，巡视员劳伟民，秘书长郑建芬出席会议，沈波、张月龙、柴顺良、姚大雄、沈月华等部分政协常委、联络组组长和本会办委负责人、调研员参加会议。会议听取并协商探讨区政协各专委会关于2005年度工作总结和2006年度工作思路的汇报；会议原则通过政协书画院在杭州超山风景区挂牌事项。会议还部署全会准备工作、大会发言落实、专业组联络组年度考核、走访委员等有关工作。

区政协八届第30次主席（扩大）会议 2005年12月20日，区政协八届第30次主席（扩大）会议召开。会议协商讨论区政协八届常委会第十九次会议日程、议程（草案）；协商讨论区政协2005年度优秀专业组、联络组，优秀提案，双好委员评比事宜；讨论确定区政协2005年工作总结、2006年工作思路征求意见稿，重点协商讨论2006年重点调研课题和视察活动内容；讨论确定余杭政协成立50周年庆祝活动有关事项。会议还通过了联谊会新入会人员等事宜。

区政协八届第31次主席会议 2006年1月11日，区政协八届第31次主席会议召开。会议协商讨论区政协八届四次会议议程、日程、邀请人员名单、特邀人员名单、列席人员名单和组织机构设置等草案；协商讨论余杭政协成立50周年庆祝大会预案；协商讨论政情咨询预案；审议通过区政协2005年度优秀专业组、联络组，优秀提案，双好委员名单。会议还协商通过常委会2005年度工作总结，协商讨论余杭区各界人士迎春茶话会参加人员名单，部署该会相关准备工作。

区政协八届第32次主席会议 2006年1月19日，区政协八届第32次主席会议召开，主要议题是协商余杭区国民经济和社会发展第十一个五年规划纲要（草案）。区委副书记汪宏儿，区政府副区长黄莉，区政协副主席丰章生、董建国、章福根、莫炳法、方加明、钱杭根，巡视员劳伟民，秘书长郑建芬出席会议，本会办委负责人、调研员与区发展和改革局有关负责人参加会议。会议听取区发展和改革局副局长帅军关于“十一五”规划纲要（草案）基本思路和主要情况的说明，并就草案进行协商讨论。会议对“十一五”国民经济和社会发展部分主要指标提出建议和修改意见。

区政协八届第33次主席会议 2006年2月10日，区政协八届第33次主席会议召开。会议主要议题为协商通过区政协八届四次会议编组及召集人名；协商通过区政协八届四次会议执行主席分工名单。

区政协八届第34次主席会议 2006年4月12日，区政协八届第34次主席会议召开。会议协商讨论“建设节约型社会”调研方案；协商讨论区政协八届四次会议提案立案情况；协商通过有关会议工作规则调整事宜；协商通过成立宣传组事宜。会议还协商讨论了专委会考察工作、政协书画院人事调整事项、省政协机关离退休老干部赴余杭区参观考察接待等事宜。

区政协八届第35次主席会议 2006年6月6日，区政协八届第35次主席会议召开。协商通过《关于发展山沟沟乡村旅游（农家乐）的建议案》；听取“建设节约型社会”调研情况汇报；协商讨论区政协八届常委会第二十一次会议日程、议程（草案）；协商通过《关于开展经济发展软环境民主监督活动的实施意见》。

区政协八届第36次主席会议 2006年7月26日，区政协八届第36次主席会议召开。会议协商讨论《关于加快推行农村多层住宅建设的调研和建议》，就推行对象、土地收益分配等方面提出修改意见和建议；协商讨论《区政协对我区经济发展软环境建设开展民主监督情况报告》；协商讨论区政协八届常委会第二十二次会议议程、日程（草案）。

区政协八届第37次主席会议 2006年9月5日，区政协八届第37次主席会议召开，会议主要议题为协商讨论政协换届委员调整事宜。

区政协八届第38次主席会议 2006年9月22日，区政协八届第38次主席会议召开。会议协商讨论区政协八届常委会第二十三次会议议程、日程（草案）；协商讨论《中共余杭区委关于贯彻〈中共中央关于加强人民政协工作的意见〉的实施意见（初稿）》；协商讨论区政协八届常委会工作总结提纲；会议提议，增补陈梅乾同志为区政协八届委员，提交八届常委会第二十三次会议审议。会议还部署政协换届委员安排的协商沟通、委员约谈会、老委员慰问等重点工作。

区政协八届第39次主席会议暨政协工作务虚会 2006年11月22日至23日，区政协八届第39次主席会议暨政协工作务虚会召开，会议主要议题为协商讨论区政协八届常委会工作报告和提案工作报告。区政协主席李小花，副主席丰章生、董建国、章福根、莫炳法、方加明、钱杭根，秘书长郑建芬出席会议。区委常委、统战部部长白美玉应邀参加会议，部分常委、联络组组长列席会议。

区政协八届第40次主席会议 2006年12月14日，区政协八届第40次主席会议召开，会议主要议题为协商讨论区政协九届一次会议有关准备工作事宜。

区政协八届第41次主席会议 2006年12月27日，区政协八届第41次主席会议召开。会议协商讨论区政协八届常委会第二十五次会议议程、日程（草案）；协商讨论区政协九届委员会委员建议名单；协商讨论关于召开区政协九届一次会议的决定（草案）；协商讨论区政协九届一次会议议程、日程（草案）；协商讨论区政协九届一次会议主席团和秘书长名单（草案）；协商讨论区政协九届一次会议提案审查委员会主任、副主任和委员名单（草案）；协商讨论区政协九届一次会议邀列席人员名单（草案）。

区政协八届第42次主席会议 2007年1月10日，区政协八届第42次主席会议召开，区政协主席李小花，副主席丰章生、董建国、章福根、莫炳法、方加明、钱杭根，秘书长郑建芬出席会议，党组副书记汪宏儿应邀参加会议。会议受区政协八届常委会委托，协商提出区政协九届一次会议主席团执行主席分工名单（草案）、区政协九届一次会议编组及召集人名单（草案）、区政协九届一次会议副秘书长名单（草案）；审议通过区政协八届“双好”委员，区政协八届四次会议以来优秀提案；会议协商讨论政协机关机构设置、有关人事事项；会议就区政协九届一次会议筹备工作进一步明确领导分工。会议还协商讨论余杭区各界人士迎春茶话会预案，部署大会发言等大会筹备工作。

二、第九届主席会议

2007年2月至2012年1月，政协杭州市余杭区第九届委员会共召开52次主席会议。

区政协九届第1次主席会议 2007年2月6日，政协杭州市余杭区第九届委员会第1次主席会议召开，区政协主席汪宏儿，副主席方加明、章福根、钱杭根、黄莉、孔祥华、陈云水，秘书长陈梅乾出席会议，区政协八届领导李小花、丰章生、莫炳法应邀参加会议。会议协商讨论区政协九届常委会第一次会议议程、日程（草案）；会议逐项协商通过提交区政协九届常委会第一次会议审议的各项草案；会议协商通过区政协九届主席、副主席分工。

区政协九届第2次主席会议 2007年2月27日，区政协九届第2次主席会议召开。汪宏儿主持会议。会议协商讨论区政协九届常委会第二次会议议程、日程草案；会议明确有关政协工作分工；会议明确区政协各专委会2007度工作要点；会议还部署了其他工作，通报了政协党组人员调整情况。

区政协九届第3次主席会议 2007年3月29日，区政协九届第3次主席会议召开。汪宏儿主持。会议听取秘书长关于区政协2007年度主要工作安排情况的汇报；听取提案委员会主任关于区政协九届一次会议委员重点提案情况的汇报；听取政协之友联谊会秘书长关于区政协之友联谊会九届一次会议筹备工作情况的汇报。会议还听取主席、各位副主席关于3月工作情况和4月工作安排的交流。

区政协九届第4次主席会议 4月27日，区政协九届第4次主席会议召开。会议听取各专委会关于4月工作情况和5月工作安排的交流；听取区政协八届之友联谊会秘书长关于政协九届之友联谊会第一次会议筹备工作和班子成员建议名单的情况汇报；听取经济科技委员会主任关于“盘活存量资产、推进项目建设”民主监督活动实施方案的情况汇报；会议确定了政协九届常委会第三次会议议程、日程。

会议明确，汪宏儿赴美培训期间，区政协及党组日常工作由副主席、党组副书记方加明全面负责。

区政协九届第5次主席会议 2007年6月8日，区政协九届第5次主席会议召开。方加明主持会议。会议明确，因民主监督活动方案调整，区政协九届常委会第三次会议推迟至2007年6月12日召开，建议议程不变。在征求区纪委、区委统战部意见的基础上，会议协商讨论了《关于撤销李云峰政协杭州市余杭区第九届委员会委员资格及区政协城建和人口资源环境委员会副主任职务的决定（草案)》，同意将该决定（草案）提交常委会第三次会议审议。会议协商讨论了民主监督动员大会事宜；协商讨论《政协杭州市余杭区委员会关于加强委员队伍建设的意见》《区政协开展评选“双好”委员活动的实施办法》《政协杭州市余杭区委员会优秀提案评选表彰办法》《区政协各专委会专业组、地区联络组所属小组年度考核办法》等工作制度草案并提出修改意见。会议还听取了秘书长关于杭州市政协2007年专题调研工作座谈会精神的汇报。

区政协九届第6次主席会议 2007年6月27日，区政协九届第6次主席会议召开，方加明主持会议。会议听取各专委会关于上半年度工作情况和下半年工作安排的汇报；听取秘书长关于区政协7月主要工作安排情况的汇报，并对生态区建设调研、“清洁余杭”专题视察活动等方案进行协商讨论；听取提案委主任关于《关于加快推进老城区物业管理暨实施旧有小区改善工程建议案(草案)》的说明。会议通报区政协作风建设专题座谈会和其他有关作风建设教育活动安排。

区政协九届第7次主席会议 2007年8月30日，区政协九届第7次主席会议召开。会议分别听取了各专委会7月、8月工作情况和9月工作安排的汇报；协商讨论了区政协九届常委会第四次会议议程、日程（草案)；协商讨论长江三角洲十三县（市、区）工作研讨会第26次会议有关事宜。

区政协九届第8次主席会议 2007年9月25日，区政协九届第8次主席会议召开，专题协商闲林镇、仓前镇行政区划调整及设立五常街道问题。区人民政府副区长屠冬冬就闲林镇、仓前镇行政区划调整及设立五常街道有关情况作了说明，区民政局局长周虎勇就闲林镇、仓前镇行政区划调整及设立五常街道的方案作了通报，会议就此进行了协商讨论。主席会议一致同意该方案，建议区委、区政府按照规定程序做好调整方案的上报工作，争取早日批复。

区政协九届第9次主席会议　2007年10月22日，区政协九届第9次主席会议召开。会议听取城建和人口资源环境委员会主任冯松妹《关于加快生态区建设的建议案(草案)》修改情况的说明，并协商通过该建议案。会议听取经济科技委员会主任高峰《关于“盘活存量资产，推进项目建设”民主监督再督查活动的方案(草案)》。会议要求经科委根据会议意见，尽快确定具体方案并组织实施。会议还研究部署了区政协2008年工作思路事宜，要求各分管主席和专委会于11月上旬就2008年政协工作思路开展调研活动。

区政协九届第10次主席会议　2007年12月12日，区政协九届第10次主席会议召开。会议协商讨论区政协九届常委会第五次会议议程、日程（草案），协商讨论区政协2008年度工作思路，协商讨论区政协2007年度“双好”委员评选、优秀提案评选、优秀专业组联络组评选工作。

区政协九届第11次主席会议　2008年1月11日，区政协九届第11次主席会议召开，汪宏儿主持。会议协商讨论区政协九届常委会第六次会议议程、日程（草案）；协商讨论关于召开区政协九届二次会议的决定（草案），区政协九届二次会议议程、日程（草案），邀列席人员名单，政情咨询活动方案等；会议分别听取区政协常委会工作报告、提案工作情况报告（讨论稿）起草情况的汇报，并进行了认真讨论。会议听取各专委会关于2008年度围绕城市化建设的重点工作安排情况的汇报；审议通过区政协2007年度“双好”委员名单、区政协2007年度优秀提案名单、区政协2007年度优秀专业组、联络组名单。

区政协九届第12次主席会议　2008年2月21日，区政协九届第12次主席会议召开。会议协商通过区政协九届二次会议委员编组及召集人名单，协商通过了区政协九届二次会议执行主席分工名单；通报区政协九届二次会议筹备工作的进展情况，并对筹备工作有关细节作进一步明确。

区政协九届第13次主席会议　2008年3月12日，区政协九届第13次主席会议召开。会议在听取各专委会2008年度具体工作安排汇报的基础上，协商明确了区政协年度重点工作安排；协商讨论区政协主席、副主席联系界别组方案；听取了城建委主任冯松妹关于《公交一体化视察情况的报告(讨论稿)》的说明和秘书长陈梅乾关于“余杭南湖丛书”编撰方案（初稿）的说明。

区政协九届第14次主席会议　2008年4月14日，区政协九届第14次主席会议召开。会议听取各专委会3月份工作情况和4月份工作安排的汇报；审议通过提案委关于区政协九届二次会议提案审查情况的报告，决定提交九届八次常委会会议审议；审议通过《关于加强和改进反映社情民意信息工作的实施意见》；协商讨论并原则通过《政协机关管理制度》。会议还听取政协之友联谊会有关工作汇报。

区政协九届第15次主席会议　2008年4月30日，区政协九届第15次主席会议召开。会议学习传达中共杭州市委第35次常委会会议和区委十二届五次全体会议精神；传达杭州市政协视察工作会议精神，重点学习市政协主席孙忠焕在会议上的主题讲话；会议协商讨论区政协九届八次常委会日程、议程草案；会议协商通过关于余杭区中小企业发展问题的调研报告；协商讨论关于“清洁绿化余杭”和创建省级示范文明城区工作的视察报告。

区政协九届第16次主席会议 2008年6月3日，区政协九届第16次主席会议召开。会议传达市委关于中共中央两个5号文件和市委实施意见贯彻落实督查情况汇报会精神；听取各委办5月工作情况和6月工作安排的汇报；研究部署6月重点工作。会议推荐杭州诺贝尔集团有限公司董事长骆水根任区政协九届之友联谊会副会长，提请区政协九届之友联谊会按《中国人民政治协商会议章程》规定的程序办理。

区政协九届第17次主席会议 2008年6月30日，区政协九届第17次主席会议召开。会议协商通过《关于建立区政府区政协工作协商联席会议制度的意见（试行）》(草案)；听取各委办6月工作情况和7月工作安排的汇报，研究部署7月重点工作。会议还研究讨论了有关人事事项。

区政协九届第18次主席会议 2008年8月4日，区政协九届第18次主席会议召开。会议学习传达了市委十届四次全体（扩大）会议、区委十二届六次全体（扩大）会议精神；协商讨论区政协九届常委会第十次会议方案和社法委、城建委的有关调查报告；研究《余杭古代诗词选(暂定)》编撰事宜。

区政协九届第19次主席会议 2008年9月2日至3日，区政协九届第19次主席会议召开。会议研究探讨“环境立区”战略的贯彻落实工作；听取各委办工作汇报，研究部署9月主要工作；协商通过《区政协界别活动组工作考核办法(试行)》。

鉴于区九届一次会议以来委员工作和职务的变动情况，为体现代表性和均衡性，会议认为有必要对少数委员作一次调整，由办公室会同区委统战部提出方案。根据政协工作需要，借鉴杭州市政协和兄弟县（市、区）政协的做法，会议认为有必要聘请若干名有关方面人士为区政协九届特聘委员，由办公室征求有关领导和专委会意见后提出方案；根据不少地区的经验，会议认为有必要在“一副三组团”设立政协工作机构，由办公室参照外地经验起草有关方案。

区政协九届第20次主席会议 2008年10月6日，区政协九届第20次主席会议召开。会议协商讨论区政协九届常委会第十一次会议事项；会议听取各委办工作汇报，研究部署10月重点工作；听取《天南地北余杭人》编委会有关收集整理工作情况的汇报，并研究明确刊本、排序、篇幅、照片收集等有关事项。会议协商讨论关于特聘委员的方案。

区政协九届第21次主席会议 2008年10月28日，区政协九届第21次主席会议召开。会议协商通过2008年“界别活动周”实施方案；协商讨论特聘委员名单，决定将特聘委员名单（草案）和《关于特聘委员的若干规定(草案)》一起递交常委会会议协商通过。

区政协九届第22次主席（扩大）会议 2008年12月11日，区政协九届第22次主席（扩大）会议召开。会议听取区纪委副书记丰曦红和区纪委副书记、区监察局长沈国祥关于全区2008年反腐倡廉建设工作、案件查办情况和2009年工作打算，以及效能监督考核办工作情况的通报；听取区政协两个考察组赴周边区（县、市）政协学习考察情况的汇报，听取各专委会2009年工作思路的汇报，进一步研究区政协2009年工作思路；协商讨论了常委会工作报告、提案工作报告（初稿）；协商讨论区政协统一选派政协委员担任民主监督员方案、区政协领导联系民主党派、工商联方案；协商讨论《政协杭州市余杭区委员会提案审查立案实施细则(草案)》。会议还研究部署全会筹备工作、走访委员等近期工作和年前重点工作。

区政协九届第23次主席会议　2009年1月6日，区政协九届第23次主席会议召开。会议学习传达了区委十二届七次全体（扩大）会议精神；协商讨论了区政协九届三次会议有关事项；协商讨论区政协九届常委会第十二次会议方案；协商讨论区政协党组向区委常委会汇报有关事项；协商讨论有关人事事项；协商通过优秀提案、先进界别活动组。

区政协九届第24次主席会议　2009年2月27日，区政协九届第24次主席会议召开。会议学习传达了杭州市政协九届三次会议精神，研究区政协2009年主要工作安排，总结区政协九届三次会议会务工作。会议要求政协机关进一步完善今后的会务工作，坚持好的做法，对存在问题举一反三，切实提高工作效率和服务水平。

区政协九届第25次主席会议　2009年4月2日，区政协九届第25次主席会议召开。听取和同意区政协和区总工会建立工作联系制度的请示；听取各专委会3月工作和4月工作安排的汇报，研究部署4月份重点工作；研究部署选派政协委员担任民主监督员工作；听取和研究区政协之友联谊会、区政协艺术团、区政协书画院2009年工作。

区政协九届第26次主席会议　2009年4月30日，区政协九届第26次主席会议召开。会议审议通过区政协九届三次会议重点提案目录，研究协商区政协九届十四次常委会会议方案、历史文化丛书编撰计划、民主监督员名单、专题访谈节目等事项，就下阶段重点工作作了具体部署。

区政协九届第27次主席会议　2009年5月27日，区政协九届第27次主席会议召开。会议研究庆祝人民政协成立60周年庆祝活动方案。听取各专委会工作情况汇报，部署6月份重点工作，协商讨论关于塘栖枇杷保护和开发的视察报告。

区政协九届第28次主席会议　2009年6月30日，区政协九届第28次主席（扩大）会议召开。学习传达全省政协工作会议精神；学习传达全区庆祝中国共产党成立88周年庆祝活动和学习实践活动转段工作会议精神；听取和部署7月重点工作；研究庆祝人民政协成立60周年庆祝活动具体方案；协商讨论区政协九届常委会第十五次会议暨常委读书会方案。

区政协九届第29次主席会议　2009年7月16日，区政协九届第29次主席会议召开。学习传达杭州市政协区县（市）政协主席读书会精神，研究探讨完善地区联络组工作机制、开展主席会议重点协商等工作。

区政协九届第30次主席会议　2009年8月26日，区政协九届第30次主席会议召开。会议学习传达全区领导干部“三力提升”活动动员大会精神，并结合政协机关实际研究部署“三力提升”活动的措施；听取各专委会8月工作情况的汇报和9月工作安排；关于学习实践活动整改工作。

区政协九届第31次主席会议　2009年11月23日，区政协九届第31次主席会议召开。听取各委办前期工作情况汇报交流和12月工作安排，研究部署区政协近期重点工作；协商讨论区政协九届常委会第十六次会议方案；协商讨论委员调整事宜。

区政协九届第32次主席会议　2010年1月15日，区政协九届第32次主席会议召开。听取区政协九届四次会议各筹备组工作情况汇报；听取委员调整初步方案通报；协商讨论区政协九届常委会第十七次会议方案；协商讨论区政协九届四次会议议程、日程草案等事项；协商讨论常委会工作报告、提案工作报告（讨论稿）；审议通过双好委员、优秀提案、先进界别组；协商讨论余杭区2010年各界人士迎春茶话会方案。

区政协九届第33次主席会议 2010年2月9日，区政协九届第33次主席会议召开。协商通过区政协九届四次会议邀列席人员名单；协商通过区政协九届四次会议分组和召集人名单；协商讨论专委会成员调整等事宜。

区政协九届第34次主席会议 2010年3月10日，区政协九届第34次主席（扩大）会议召开。总结区政协九届四次会议会务工作，听取了各专委会3月工作安排的汇报，研究部署了近期重点工作；协商讨论各专委会组成人员建议名单。

区政协九届第35次主席会议 2010年4月9日，区政协九届第35次主席会议召开。会议协商通过区政协2010年重点工作任务分解，协商讨论区政协九届常委会第二十次会议方案，审议通过区政协九届四次会议提案审查报告和重点提案目录，协商讨论区政协界别组组长调整名单草案。

区政协九届第36次主席会议 2010年5月4日，区政协九届第36次主席会议召开。会议听取各委办5月工作安排的汇报，研究部署近期重点工作；协商讨论良渚文化杯全国书法名家邀请展方案（讨论稿）；协商讨论区政协企业家联谊会筹备工作；协商通过区政协领导分工调整。

区政协九届第37次主席会议 2010年6月11日，区政协九届第37次主席会议召开。会议协商讨论区政协九届常委会第二十一次会议方案，研究部署政协委员民情联系点试点工作、区政协企业家联谊会筹建工作、良渚文化杯全国书法名家邀请展宣传工作、完善民主监督员派驻工作机制等事宜。

区政协九届第38次主席会议 2010年7月2日，区政协九届第38次主席会议召开。协商研究常委读书会、“低碳城区”建设民主建言会、区政协企业家协会成立大会、《余杭政协》编撰工作等方案，研究讨论老干部工作。

区政协九届第39次主席会议 2010年9月15日，区政协九届第39次主席会议召开。听取各委办近期工作安排，研究部署重点工作；协商讨论区政协九届常委会第二十二次会议方案；强调把促进“项目建设百日攻坚”作为区政协履行职能的重要内容。

区政协九届第40次主席会议 2010年11月12日，区政协九届第40次主席会议召开，会议听取各委办近期工作安排的汇报，并研究部署有关重点工作。会议强调，要确保完成年内各项工作任务；要围绕“十二五”规划积极谋划2011年工作思路；要认真做好区政协九届五次会议各项筹备工作。会议协商讨论区政协九届常委会第二十三次会议方案；协商通过特聘委员增补名单。

区政协九届第41次主席会议 2010年12月14日，区政协九届第41次主席会议召开，协商通过区政协九届五次会议有关事项；协商讨论区政协九届常委会第二十三次会议方案；审定2010年度优秀提案、先进界别活动组评选工作；部署有关重点工作。

区政协九届第42次主席会议 2011年2月12日，区政协九届第42次主席会议召开。会议听取和确定区政协2011年重点视察调研课题安排；提出2011年全年重点工作任务分解方案；听取和部署近期工作，协商明确有关分工事项。

区政协九届第43次主席会议 2011年3月3日，区政协九届第43次主席会议召开。会议分别听取了“城市管理”“统筹城乡区域发展”两个系列调研方案，“农村医疗卫生服务提升”“人才兴区”两个民主建言会方案，并原则同意。协商确定区政协九届五次会议重点提案目录；研究确定重点调研活动、民主建言会方案；研究确定区政协2011年重点工作任务分解；听取并基本同意机关党总支、机关工会、老干部2011年工作；听取并基本同意区政协之友联谊会、区政协企业家协会、区政协书画院、区政协艺术团2011年工作。

区政协九届第44次主席会议　2011年4月11日，区政协九届第44次主席会议召开。会议听取各委办前阶段工作情况及近期工作安排的汇报，并研究部署了下阶段重点工作；听取并原则同意区政协信息工作会议方案，审议通过信息工作先进集体和先进个人名单；会议听取余杭区各界人士活动中心筹建情况的汇报。

区政协九届第45次主席会议　2011年5月16日，区政协九届第45次主席会议召开。会议听取并同意区政协九届常委会第二十五次会议方案；听取各委办前阶段工作情况及近期工作安排的汇报，并研究部署下阶段重点工作。

区政协九届第46次主席会议　2011年5月26日，区政协九届第46次主席会议召开。会议专题协商讨论区内部分镇乡行政区划调整方案。

区政协九届第47次主席会议　2011年6月14日，区政协九届第47次主席（扩大）会议。协商区新一轮政府机构改革方案。会议讨论同意方案，并就进一步完善和顺利实施政府机构改革方案提出建议。会议还协商讨论《关于完善城市管理体制机制，提高城市管理水平的建议案（草案)》，研究部署近期重点工作。

区政协九届第48次主席会议　2011年7月26日，区政协九届第48次主席会议召开。会议听取各委办工作安排，研究部署重点工作；协商讨论2011年区政协常委读书会方案；协商讨论“农村医疗卫生服务提升”民主建言会方案；协商讨论辛亥革命100周年纪念活动方案；协商讨论区政协九届履职成果宣传工作方案等。

区政协九届第49次主席会议　2011年9月8日，区政协九届第49次主席会议召开。会议听取各委办近期工作安排，研究部署重点工作；协商讨论区政协九届常委会第二十七次会议（专题协商统筹城乡区域发展）方案。会议还听取并同意举办余杭区纪念辛亥革命100周年书画展开幕式、“国学大师章太炎与辛亥革命”图片巡展、“余杭区政协九届工作回眸”电视专题片等具体方案。

区政协九届第50次主席会议　2011年10月21日，区政协九届第50次主席会议召开。会议学习传达中共十七届六中全会精神，汇报交流各委办近期工作情况，研究部署换届有关筹备工作。

区政协九届第51次主席会议　2011年12月22日，区政协九届第51次主席会议召开。听取全会筹备工作各工作组情况汇报；听取和研究年前工作安排。

区政协九届第52次主席会议　2012年1月9日，区政协九届第52次主席会议召开。会议听取区委统战部副部长汪雪平关于区政协十届人事安排工作有关事项的说明，审议并原则同意区政协十届规模及界别设置、政协十届委员建议名单、十届一次会议主席团和秘书长建议名单等。会议协商讨论区政协十届一次会议有关事项；审议并通过2010—2011年度“双好”委员和2011年度优秀提案、先进界别组等名单；会议协商讨论区政协九届常委会第二十八次会议方案。会议还就两会期间宣传专题片《足迹——余杭区政协九届工作回眸》进行审片并原则通过。

三、第十届主席会议

2012年2月至2017年1月，政协杭州市余杭区第十届委员会共召开57次主席会议。

区政协十届第1次主席会议 2012年2月22日，区政协十届第1次主席会议召开。区政协主席阮文静主持会议，副主席黄莉、杜永林、孔祥华、陈云水、潘法高、戴桂香，区政协九届副主席章福根，秘书长陈梅乾参加会议。会议明确区政协十届领导班子成员分工安排，包括党政部门、界别活动组、地区联络组、民主党派的联系工作。听取各委办近期工作安排的汇报，并研究部署了3月重点工作。

区政协十届第2次主席会议 2012年3月9日，区政协十届第2次主席会议召开。会议听取和协商区政协常委会2012年工作要点及重点工作责任分解、区政协十届常委会第一次会议方案、区政协十届有关工作制度、专委会机构设置以及界别活动组、地区联络组组长、副组长名单。会议听取区政协十届一次会议提案二次审查立案情况，研究确定重点提案，研究部署下阶段工作。

2012年4月17日，区十届政协第3次主席会议召开

区政协十届第3次主席会议 2012年4月17日，区政协十届第3次主席会议召开。区政协主席阮文静，副主席黄莉、杜永林、孔祥华、陈云水、潘法高、戴桂香，区政协九届副主席章福根、钱杭根等参加会议。会议学习传达了市政协十届一次会议精神；审议通过地区联络组、界别活动组工作制度及考核办法；审议通过区政协十届特聘委员名单；审议通过社情民意信息工作会议方案；审议通过《区政协机关管理制度》；通报“提振实体经济、打造产业余杭”系列调研具体方案。

区政协十届第4次主席会议 2012年5月22日，区政协十届第4次主席会议召开。区政协主席阮文静，副主席黄莉、杜永林、孔祥华、陈云水、潘法高、戴桂香，区政协副区级巡视员章福根，区政协九届副主席钱杭根参加会议。协商讨论区政协之友联谊会换届工作，会议原则同意换届方案和会员建议名单；听取和讨论企协大厦筹备工作；听取和讨论市委《加强和改善党对政协工作领导、推进政协履行职能制度建设、加强政协组织建设》文件贯彻落实情况汇报材料；听取和讨论区政协“提振实体经济、打造产业余杭”系列调研宣传方案。会议还听取了办公室关于系列调研宣传方案并研究部署近期工作。

区政协十届第5次主席会议 2012年6月21日，区政协十届第5次主席会议召开。会议听取各委办关于区政协“发展实体经济、打造产业余杭”系列调研课题情况的汇报，并就各调研报告（讨论稿）进行认真的分析与讨论。会议还研究明确了区政协十届常委会第二次会议方案，研究部署近期重点工作。

区政协十届第6次主席会议 2012年7月27日，区政协十届第6次主席会议召开。听取各委办工作情况和下阶段工作安排，听取和协商区政协2012年度常委读书会方案，听取和协商区政协2012年上半年度工作小结。

区政协十届第7次主席会议 2012年9月14日，区政协十届第7次主席会议召开。学习中共中央办公厅转发的《中共政协全国委员会党组关于〈中共中央关于加强人民政协工作的意见〉贯彻落实情况的报告》《中共余杭区委关于加强统一战线工作的实施意见》等文件精神；研究全市提案工作会议精神贯彻落实工作；听取和研究“发展社会养老事业”民主议政会、民主监督员选派工作、走访委员工作、政协机关“学习沙龙”实施意见等事宜。

区政协十届第8次主席会议 2012年10月24日，区政协十届第8次主席会议召开。会议认真讨论了关于发挥社会组织作用、创新社会服务管理的调研报告，并决定以主席会议建议案形式将调研成果呈报区委、区政府。会议还研究了余杭区统一选派民主监督员工作制度、选派建议名单和工作会议方案，研究了区政协2012年“界别活动周”实施方案，并部署区政协下阶段重点工作。

区政协十届第9次主席会议 2012年11月23日，区政协十届第9次主席会议召开。研究部署十八大精神学习贯彻工作；研究区政协十届常委会第四次会议暨委员专题培训会方案；研究部署区政协十届二次会议筹备工作；部署下阶段重点工作。

区政协十届第10次主席会议 2012年12月28日，区政协十届第10次主席会议召开。会议协商讨论区政协十届常委会工作报告、提案工作报告和区政协十届二次会议有关事项；研究2013年区政协视察调研重点课题；审议通过优秀提案名单；传达学习省市元旦春节期间改进作风加强党风廉政建设电视电话会议精神。

区政协十届第11次主席会议 2013年1月16日，区政协十届第11次主席会议召开。会议通报区委常委会会议关于区政协十届二次会议有关事项和区政协十届届中委员调整事项的审议意见；会议学习传达区委常委会关于贯彻落实中央、省、市改进工作作风密切联系群众有关规定的精神，通报了区政协党组研究意见。会议还研究明确区政协2013年主要工作安排，审议评定区政协2012年度先进界别活动组、地区联络组奖项名单和“双好”委员名单。

区政协十届第12次主席会议 2013年2月1日，区政协十届第12次主席会议召开。传达学习省政协十一届一次会议精神，研究区政协界别活动组、地区联络组组长、成员调整事宜，研究成立省市政协委员联络组方案，协商讨论区政协十届二次会议有关事项，听取大会各筹备组工作情况。

区政协十届第13次主席会议 2013年3月12日，区政协十届第13次主席会议召开。会议审议了2013年度重点工作责任分解，审议关于进一步发挥界别活动组作用、委员履职考核、“三联系”实施办法等制度，研究明确区政协文史资料工作五年规划、“走近美丽之洲、感知文明曙光、助推良渚申遗”主题宣传活动、政协网站改版方案等。会议还布置近期重点工作。

区政协十届第14次主席会议 2013年3月25日，区政协十届第14次主席会议召开。会议学习传达全国政协十二届一次会议精神，学习全国政协常务委员会工作报告，传达习近平、俞正声等中央领导在会上的重要讲话精神。会议还听取区政协十届二次会议提案审查报告，研究重点提案等工作。

区政协十届第15次主席会议 2013年5月3日，区政协十届第15次主席会议召开。会议讨论、研究建立政协基层社情民意联系点工作；审议通过《关于建立政协基层社情民意联系点的意见》，明确了联系点组织形式、工作职责和具体工作要求。会议还研究了专委会对口联系协商办法，部署了近期重点工作。

区政协十届第16次主席会议 2013年6月5日，区政协十届第16次主席会议召开。研究区政协十届常委会第七次会议方案，协商讨论科技型中小微企业发展专题协商发言材料，通报区委第27次书记办公会议有关精神，研究布置近期工作。

区政协十届第17次主席会议 2013年7月11日，区政协十届第17次主席会议召开。审议通过《区政协视察工作实施办法》《区政协镇（街道）联络工作委员会工作规则》；研究常委读书会方案，听取网上议政厅建设情况，部署近期工作。

区政协十届第18次主席会议 2013年8月7日，区政协十届第18次主席会议召开。审议通过部分镇（街道）联络工作委员会主任任命名单、部分界别活动组组长调整事项，传达全区"三改一拆"行动推进会议和相关文件精神，研究部署近期工作。

区政协十届第19次主席会议 2013年8月30日，区政协十届第19次主席会议召开。会议听取委员履职信息管理系统建设情况的说明，现场观看了操作演示。会议指出，该管理系统是政协信息化建设的重要内容，符合新时期委员履职服务管理的需求，有利于全面反映委员履职情况。

区政协十届第20次主席会议 2013年10月12日，区政协十届第20次主席会议召开。会议协商讨论《关于"三改一拆""清水治污""美丽乡村"工作的视察报告》，学习探讨当前新农村建设的新形势。会议审议通过特聘委员名单，强调要根据政协工作实际，进一步规范和完善特聘委员工作。会议协商讨论"提升城市社区服务"民主议政会方案，并要求充分依靠委员和市民代表的力量，深入分析社区服务急需解决的问题，精心组织安排会前有关工作。会议还交流讨论了年度重点调研成果。

区政协十届第21次主席会议 2013年11月20日，区政协十届第21次主席会议召开。学习传达中共十八届三中全会精神、全省政协工作会议精神，研究区政协十届三次会议筹备工作，审议通过《关于在原区第五人民医院场所建立医养结合老年医院的建议案》《关于临平新城建设情况视察报告》。

区政协十届第22次主席会议 2013年12月27日，区政协十届第22次主席会议召开。会议听取办公室关于区政协十届三次会议有关事项的汇报，以及各工作组筹备工作情况；协商区政协2014年重点工作安排；研究区政协十届常委会第九次会议暨委员培训会方案；听取民主监督建议书情况；审定2013年度区政协优秀提案。会议还研究部署年前重点工作。

区政协十届第23次主席会议 2014年1月10日，区政协十届第23次主席会议召开。会议传达了十三届区委常委会第41、42次会议关于区政协十届三次会议有关事项、区政协常委会工作报告、区政协2014年主要工作、委员调整事项等研究意见；研究区政协十届三次会议事项；听取和审定2013年度先进界别活动组、“双好”委员考核评比事项。会议还传达了全区近期重点工作安排、区领导督查“三改一拆”工作任务等方面的要求。

区政协十届第24次主席会议 2014年1月14日，区政协十届第24次主席会议召开。会议学习传达《中共杭州市委关于进一步加强和改进人民政协政治协商的意见》精神。会议强调，要认真学习市委文件精神，结合余杭实际，深入贯彻落实，切实推进政治协商工作的规范化，努力提高政协工作科学化水平。会议听取区住房保障办公室负责人关于农民多高层公寓有关政策征求意见稿的说明，并就进一步完善政策进行协商讨论，提出加强统筹、促进规范、保障民生等方面的意见建议。

区政协十届第25次主席会议 2014年1月29日，区政协十届第25次主席会议召开。会议学习传达十八届中央纪委三次全会和习近平总书记重要讲话精神。会议还学习传达浙江省政协十一届二次会议、杭州市政协常委会会议和全区经济工作会议、“五水共治”动员会议等重要会议精神，通报杭州市查处的6起违反中央八项规定精神典型问题，听取区政协十届三次会议筹备工作情况。

区政协十届第26次主席会议 2014年3月3日，区政协十届第26次主席会议召开。会议审议通过区政协常委会2014年工作要点及重点工作责任分解、区政协十届三次会议委员讨论意见建议函件、部分界别活动组组长调整名单；会议听取和研究政协委员履职工作信息化建设，要求建立余杭政协微信公众号；会议协商通过政协委员参加调研视察活动申报办法，明确采取定期申报和即时申报相结合的方式，以进一步提高委员参加履职活动的积极性和针对性。

区政协十届第27次主席会议 2014年3月28日，区政协十届第27次主席会议召开。审议通过“三级政协联动，助推‘五水共治’专项民主监督”活动实施方案、优秀委员评选办法、界别活动组、镇（街道）联络工委考核评选办法；审议确定“关于推进余杭电子商务发展的建议”等10件区政协十届三次会议重点提案；研究统一选派民主监督员工作、社情民意信息工作会议方案、委员网上议事厅有关事项、长三角十三县（市、区）政协工作研讨会第39次会议方案、政协十届之友联谊会第三次会议方案等。

区政协十届第28次主席会议 2014年4月30日，区政协十届第28次主席会议召开。协商通过关于区“五水共治”工作视察意见，研究区政协委员学习和工作联络委员会更名事项、“提高公交分担率，缓解交通拥堵”民主议政会方案，传达区委关于推进重点民生项目会议精神和有关要求。

区政协十届第29次主席会议 2014年6月27日，区政协十届第29次主席会议召开。会议听取和协商“提高公交分担率”民主议政建议和“推动民营医疗机构发展”重点调研课题，研究区政协十届常委会第十二次会议暨电子商务产业发展专题协商会方案、全区政协工作会议建议议题事宜、党的群众路线教育实践活动整改事宜，部署近期重点工作。

区政协十届第30次主席会议 2014年8月11日，区政协十届第30次主席会议召开。学习传达全市政协工作会议精神；审议通过《区政协提案审查工作实施细则》《区政协民主评议提案办理工作方法（试行）》；协商通过《区政协“五水共治”民主监督情况通报》；协

2014 年 8 月 11 日，区政协十届第 30 次主席会议召开

商通过丁山湖整治视察报告；协商通过完善政协基层社情民意联系点有关事项。

区政协十届第 31 次主席会议 2014 年 9 月 29 日，区政协十届第 31 次主席会议召开。会议学习贯彻习近平在庆祝中国人民政治协商会议成立 65 周年大会上的重要讲话精神；会议还传达了全省创新引领转型促进经济发展会议、市政协庆祝人民政协成立 65 周年座谈会、全区“奋战一百天、实现全年红”工作会议、区委书记办公会议等重要会议精神，并根据有关要求，研究部署近期工作。

区政协十届第 32 次主席会议 2014 年 10 月 27 日，区政协十届第 32 次主席会议召开，学习中共十八届四中全会精神。与会人员原原本本地学习了中国共产党第十八届中央委员会第四次全体会议公报，围绕全面推进依法治国的五大体系、六大任务以及“法律的权威在于实施”“司法公正的重要引领作用”“建立重大决策追究制度”“全面推进政务公开”等方面谈了学习体会。研读公报和全会审议的决定以及相关专业解读，深化认识。

区政协十届第 33 次主席会议 2014 年 11 月 28 日，区政协十届第 33 次主席会议召开。会议交流讨论《从余杭区垃圾分类处理现状浅析垃圾“三化”路径》《关于我区国资经营管理状况的调研报告》《以委员微视角浅析政协履职平台建设》《以法治思维构筑宗教事务管理工作的思考和探索》等年度重点调研课题的调研成果。会议还讨论了区政协十届四次会议有关筹备工作，协商通过提案办理民主评议事项，研究部署近期重点工作。

区政协十届第 34 次主席会议 2015 年 1 月 9 日，区政协十届第 34 次主席会议召开。传达区委读书会精神，协商区政协常委会工作报告、提案工作报告、2015 年度重点履职工作安排，协商通过区政协十届常委会第十四次会议方案和全会有关事项，听取和审定优秀提案、优秀委员、先进界别活动组、先进镇街联络工委、先进民主监督员小组等评选工作，研究部署近期重点工作。

区政协十届第 35 次主席会议 2015 年 1 月 27 日，区政协十届第 35 次主席会议召开。审议通过特聘委员名单、界别活动组正副组长和镇街联络工委主任调整名单、区政协提案委成员调整名单，研究全会各项筹备工作。

区政协十届第 36 次主席会议 2015 年 3 月 10 日，区政协十届第 36 次主席会议召开。审议通过区政协十届四次会议委员讨论意见建议函件、区政协常委会 2015 年工作要点，审定区政协十届四次会议重点提案，研究部署近期工作。会议还传达省委巡视组有关工作安排、全区近期重要会议精神。

区政协十届第37次主席会议　2015年4月9日，区政协十届第37次主席会议召开。会议学习贯彻“四个全面”重要精神，审议通过2015年度政协委员培训方案、区政协社情民意信息工作会议方案；协商流动人口服务管理工作调研报告；听取良渚新城管委会体制机制调整情况、政协委员申报重点履职活动情况、区政协之友联谊会十届四次会议方案等。

区政协十届第38次主席会议　2015年5月25日，区政协十届第38次主席会议召开。会议专题学习中纪委书记王岐山在浙江调研时的重要讲话及市委常委会第108次会议精神；专题研究“五水共治”长效机制民主监督工作；审议通过区政协十届常委会第十七次会议方案。

区政协十届第39次主席会议　2015年7月8日，区政协十届第39次主席会议召开，协商余杭区“十三五”总体空间发展规划和临平创业城、良渚文化城、未来科技城发展规划。会上，规划分局详细介绍临平创业城、良渚文化城、未来科技城的路网结构及轨道交通、重大基础设施建设、产业发展、公建配套、生活发展空间布局情况。还审议了区政协十届十七次常委会有关事项，研究部署近期工作。

区政协十届第40次主席会议　2015年8月5日，区政协十届第40次主席会议召开，学习传达区委十三届七次全体（扩大）会议精神，与会人员就贯彻落实全会精神进行了交流发言。会议还协商讨论《老集镇更新改造》《特色小镇建设》调研报告，研究部署近期工作。

区政协十届第41次主席会议　2015年9月29日，区政协十届第41次主席会议召开。学习中共中央办公厅《关于加强人民政协协商民主建设的实施意见》和省市纪委有关通报，研究区政协常委会专题协商“十三五”规划思路方案，传达区委、区政府重要会议部署，研究布置近期重点工作。

区政协十届第42次主席会议　2015年10月30日，区政协召开第42次主席会议召开。专题学习中国共产党第十八届中央委员会第五次全体会议公报，学习传达区委书记专题会议精神，听取“十三五”规划思路专题协商会筹备工作情况，研究部署近期重点工作。

区政协十届第43次主席会议　2015年12月14日，区政协十届第43次主席会议召开。协商重点调研课题，研究区政协十届五次会议有关事项，研究部署近期工作，区政协领导、各委办负责人参加。

区政协十届第44次主席会议　2015年12月30日，区政协十届第44次主席会议召开。会议协商委员调整有关事项、区政协常委会工作报告、提案工作报告、区政协十届五次会议有关事项，协商通过提案办理民主评议事项，审议通过优秀提案、优秀委员和先进集体，研究部署近期工作。区政协领导、各委办负责人参加会议。

区政协十届第45次主席会议　2016年1月7日，区政协十届第45次主席会议召开。会议决定，区政协十届常委会第十九次会议于2016年1月11日召开。建议主要议题是：传达区委十三届八次全体会议精神；进行提案办理工作民主评议；听取和审议有关人事事项；听取和审议区政协十届五次会议常委会工作报告、提案工作情况报告和全会有关事项等。

区政协十届第46次主席会议　2016年2月4日，区政协十届第46次主席会议召开。会议学习传达省、市两会精神，介绍了省政协十一届四次会议、杭州市政协十届五次会议概况，解读了工作报告内容，传达了省、市领导提出的工作要求。

区政协十届第 47 次主席会议 2016 年 2 月 18 日，区政协十届第 47 次主席会议召开。审议通过区政协十届五次会议委员讨论意见建议函、区政协十届五次会议重点提案、区政协 2016 年工作要点，研究部署近期重点工作。

区政协十届第 48 次主席会议 2016 年 3 月 4 日，区政协十届第 48 次主席会议召开。会议听取和讨论庆祝余杭政协成立 60 周年座谈会、专题宣传、书画展、知识竞赛等活动方案，研究部署近期重点工作。

区政协十届第 49 次主席会议 2016 年 4 月 6 日，区政协十届第 49 次主席会议召开。会议学习传达中共中央有关通报精神；学习贯彻综合环境专项整治大会战决策部署，协商《关于打造“美丽杭州”建设“两美浙江”示范区重大专项的视察意见》；审议区政协社情民意信息工作会议方案，研究部署近期重点工作。

区政协十届第 50 次主席会议 2016 年 5 月 17 日，区政协十届第 50 次主席会议召开。传达书记专题会议、“五水共治”专题调研会议精神，部署政协机关“两学一做”学习教育工作，研究近期重点工作。

区政协十届第 51 次主席会议 2016 年 6 月 17 日，区政协十届第 51 次主席会议召开。学习传达重要会议精神；协商《关于余杭区交通规划的几点建议》《关于大径山旅游开发建设专项工作的视察意见》《关于中泰开发建设专项工作的视察意见》等专题视察报告；协商《区政协十届委员履职考核方案》，研究部署近期重点工作。

区政协十届第 52 次主席会议 2016 年 8 月 4 日，区政协十届第 52 次主席会议召开。学习传达全省政协主席读书会等重要会议精神，协商社会治理大联动视察报告；研究区政协常委会读书会方案；研究部署近期重点工作。

区政协十届第 53 次主席会议 2016 年 8 月 25 日，区政协召开党组扩大学习会暨第 53 次主席会议召开。会议学习《中国共产党问责条例》，学习传达十三届区委常委会第 105 次会议、区委常委扩大会议等有关重要会议精神，传达 G20 杭州峰会服务保障工作有关部署和要求，研究部署近期工作安排。

区政协十届第 54 次主席会议 2016 年 11 月 1 日，区政协十届第 54 次主席会议召开。会议组织学习《中国共产党第十八届中央委员会第六次全体会议公报》，协商《关于工疗站建设工作的视察报告》，研究区政协工作研讨会方案，研究部署近期重点工作。

区政协十届第 55 次主席会议 2016 年 12 月 6 日，区政协十届第 55 次主席会议召开。协商区政协换届筹备工作有关安排，协商区政协常委会工作报告，审定 2016 年度区政协优秀提案，研究近期工作。

区政协十届第 56 次主席会议 2017 年 1 月 4 日，区政协十届第 56 次主席会议召开。学习传达区第十四次党代会精神和十四届区委常委会第 2 次会议有关政协专委会人事安排的精神。

区政协十届第 57 次主席会议 2017 年 1 月 11 日，区政协十届第 57 次主席会议召开。会议听取了委工委有关区政协十一届规模及界别设置、政协十一届常委会委员名单、十一届一次会议主席团和秘书长建议名单等草案的说明，会议同意将上述事项提交区政协十届常委会第二十二次会议审议。研究区政协十届常委会第二十二次会议方案。

四、第十一届主席会议

2017 年 2 月至 2020 年 11 月，区政协十一届共召开 41 次主席会议。

区政协十一届第 1 次主席会议　2017 年 2 月 17 日，区政协十一届第 1 次主席会议召开，区政协主席阮文静，副主席黄莉、孔祥华、陈云水、潘法高、戴桂香、赵喜凯，区政协党组成员杜永林、副区级巡视员傅樟绚、秘书长吴忠云参加会议，区政协各委办正副主任、调研员列席会议。会议学习传达区纪委十四届二次全体（扩大）会议精神和区委书记戴建平在会上的讲话精神；通报区政协十一届领导班子成员分工安排，听取和协商区政协常委会 2017 年工作要点和重点工作任务分解；听取和审议界别活动组设置、组长、副组长、委员名单和镇街联络工委设置、主任、副主任、委员名单；听取和审议区政协十一届一次会议讨论意见建议函件，总结区政协十一届一次会议筹备工作。

区政协十一届第 2 次主席会议　2017 年 3 月 9 日，区政协十一届第 2 次主席会议召开。听取和协商区政协十一届委员会有关工作制度、专委会机构设置和组成人员方案；审议通过界别活动组工作意见、镇街联络工委工作规则、视察工作实施办法、社情民意信息工作实施意见、2017 年“五水共治”民主监督实施方案；研究确定重点提案，研究区政协十一届常委会第一次会议方案和区政协十一届委员会 2017 年委员培训班方案；研究部署近期重点工作，通报十四届区委常委会第 10 次会议精神及全区 3 月重点工作安排。

区政协十一届第 3 次主席会议　2017 年 4 月 19 日，区政协十一届第 3 次主席会议召开。传达学习杭州市两会精神，协商有关民生热点问题调研情况，协商《关于推进仁和先进制造业基地建设的意见》《关于临平城区滨水绿道建设和贯通的视察报告》；研究“美丽余杭”专项民主监督活动、区政协十一届统一选派民主监督员等工作；审议通过区政协十一届特约信息员名单，研究部署近期重点工作。

区政协十一届第 4 次主席会议　2017 年 5 月 31 日，区政协十一届第 4 次主席会议召开。传达学习区委常委会扩大会议精神，研究区政协十一届常委会第二次会议方案；审议选派民主监督员建议名单；协商关于北湖湿地保护利用情况的视察报告；听取各专委会近期工作情况和下一步工作安排；研究部署近期重点工作。

区政协十一届第 5 次主席会议　2017 年 8 月 3 日，区政协十一届第 5 次主席会议召开。会议学习传达区委十四届三次全会精神，专题协商临平老城区有机更新项目和迎宾大道整治工程。会议听取委工委关于联络组方案的说明，并原则同意。会议明确了余杭区省市政协委员联络组的组织领导、活动内容、保障措施等事项。会议还研究部署近期重点工作。

区政协十一届第 6 次主席会议　2017 年 9 月 13 日，区政协十一届第 6 次主席会议召开。会议学习传达区委有关会议精神，协商讨论《关于互联网金融产业发展的视察报告》；研究区政协十一届常委会第三次会议方案、政协智库建设方案；听取各专委会近期工作情况，研究部署重点工作。

区政协十一届第 7 次主席会议　2017 年 10 月 27 日，区政协十一届第 7 次主席会议召开。学习党的十九大精神，传达学习区有关会议精神，协商讨论近期调研视察报告、界别活动周方案。会议就《关于我区小城镇环境综合整治的若干思考》和《余杭区教育国际化工作视察报告》进行协商。

区政协十一届第8次主席会议 2017年12月23日，区政协十一届第8次主席会议召开。研究区政协十一届二次会议筹备工作方案、提案办理工作民主评议方案，协商政协智库建议名单，研究年前工作安排。

区政协十一届第9次主席会议 2018年1月3日，区政协十一届第9次主席会议召开，学习传达区委十四届四次全体（扩大）会议精神，协商区政协常委会工作报告、提案工作报告，协商区政协十一届二次会议有关事项，审定2017年度区政协各项先进评优，审议通过政协民主评议提案办理工作办法。

区政协十一届第10次主席会议 2018年1月16日，区政协十一届第10次主席会议召开。协商区政协有关人事事项，研究区政协十一届四次常委（扩大）会议暨中共第十九次全国代表大会精神专题辅导讲座方案，协商区政协十一届二次会议有关事项。

区政协十一届第11次主席会议 2018年2月13日，区政协十一届第11次主席会议召开。学习传达省市两会、市纪委全会、区有关重要会议精神，审议区政协十一届二次会议讨论意见建议函，总结区政协十一届二次会议会务工作。

区政协十一届第12次主席会议 2018年3月5日，区政协十一届第12次主席会议召开。会议学习传达中共十九届三中全会精神和全区农村工作会议精神；听取区监察体制改革情况通报；协商通过区政协常委会2018年工作要点和重点工作任务分解，研究确定重点提案、委员走访活动方案有关重点调研课题方案。

区政协十一届第13次主席会议 2018年4月13日，区政协十一届第13次主席会议召开。学习传达有关会议精神，研究讨论“三个不让”民生工作建议，协商《关于生活垃圾治理工作的视察报告》、“城乡生活垃圾分类处理”三级联动专项集体民主监督实施方案，研究部署近期重点工作。

区政协十一届第14次主席会议 2018年5月29日，区政协十一届第14次主席会议召开。传达学习全国生态环境保护大会精神、区委常委扩大会议和有关专题会议精神，研究区政协十一届常委会第七次会议暨既有住宅加装电梯民主协商会方案、“城中村改造提升暨小城镇环境综合整治工作”两级政协联动民主监督实施方案，协商《关于人才强区建设工作的视察报告》《良渚遗址申遗推进情况视察建议》。会议还协商决定人事变动。

区政协十一届第15次主席会议 2018年7月16日，区政协十一届第15次主席会议召开。学习传达市、区重要会议精神，协商2018年上半年政协通报会方案、余杭区政协委员之家（委员工作室）实施意见、小城镇环境综合整治工作和“最多跑一次”改革工作视察意见，研究部署近期重点工作。

区政协十一届第16次主席会议 2018年9月21日，区政协十一届第16次主席会议召开。传达学习省政协主席葛慧君在全省县（市、区）政协主席培训班上的讲话精神、十四届区委常委会第52次会议精神，协商区政协十一届常委会第九次会议暨大运河文化带建设专题协商会方案，协商供排水保障工作、安置房建设工作和“低散乱”整治推进工作视察意见，审议成立政协杭州未来科技城（海创园）联络工作委员会，研究部署近期重点工作。

区政协十一届第17次主席会议 2018年11月5日，区政协十一届第17次主席会议召开，专题协商沪杭高速余杭互通优化提升方案。区领导阮文静、李敏华、於卫国、陈云水、潘法高、戴桂香、赵喜凯，区政协各委办、区住建局、区交通运输局、临平新城管委会负责人，部分政协委员参加。

区政协十一届第 18 次主席会议 2018 年 11 月 13 日，区政协十一届第 18 次主席会议召开。会议听取社会法制委员会《关于加快重点镇街“低散乱”整治推进工作的建议》的汇报，进行协商交流，要求根据协商意见进一步修改完善后行文报送；会议听取委员工作委员会《关于美丽庭院创建工作的视察意见》的汇报，原则同意并提出修改意见，要求进一步修改完善后行文报送。

区政协十一届第 19 次主席会议 2018 年 12 月 19 日，区政协十一届第 19 次党组（扩大）会议暨第 19 次主席会议召开。区政协党组书记、政协主席阮文静主持会议。会议传达学习习近平总书记在庆祝改革开放 40 周年大会上的重要讲话精神，十四届区委常委会第 58 次、59 次会议，区委工作务虚会等精神；协商工业园区提升改造、学前教育视察意见；研究提案办理工作民主评议方案、区政协十一届三次会议筹备工作事项，审议区政协党组 2018 年工作情况。

区政协十一届第 20 次主席会议 2019 年 1 月 4 日，区政协十一届第 20 次党组（扩大）会议暨第 20 次主席会议召开，区政协党组书记沈昱主持会议，党组成员、副主席黄莉、陈云水、潘法高、戴桂香，党组成员黄德伟、吴忠云参加会议。传达学习区委十四届六次全体会议精神，审定 2018 年度区政协相关考核工作情况，协商区政协十一届常委会工作报告和提案工作报告，审定区政协十一届常委会第十次会议方案，研究区政协十一届三次会议筹备工作事项、年前工作安排。

区政协十一届第 21 次主席会议 2019 年 1 月 16 日，区政协十一届第 22 次党组（扩大）会议暨第 21 次主席会议召开。传达学习汪洋主席在全国政协十三届四次常委会上重要讲话精神、市委十二届六次全体（扩大）会议精神，协商区政协有关人事事项、区政协十一届常委会工作报告和提案工作报告，研究区政协十一届三次会议有关文件和筹备工作。

区政协十一届第 22 次主席会议 2019 年 2 月 28 日，区政协十一届第 24 次党组（扩大）会议暨第 22 次主席会议召开。会议学习传达了《中国共产党重大事项请示报告条例》精神和十四届区委常委会第 68 次会议精神。会议研究确定 2019 年度重点提案，审议区政协十一届三次会议委员讨论意见建议，协商通过区政协 2019 年工作重点和重点工作任务分解、区政协民主评议工作规则，研究近期重点工作。

区政协十一届第 23 次主席会议 2019 年 4 月 4 日，区政协十一届第 25 次党组（扩大）会议暨第 23 次主席会议召开。传达学习全省县（市、区）政协“请你来协商”平台建设工作推进会精神，协商民主评议城市精细化管理工作实施方案及区政协十一届之友联谊会第三次会议方案、区政协专委会成员调整方案、2019 年委员培训方案、政协企业家协会工作安排，通报区政协领导 3 月走访联系委员情况、区政协委员会客室要则，研究近期重点工作。各委办正副主任、调研员，数据资源管理局、区交通集团、良渚街道负责人参加。

区政协十一届第 24 次主席会议 2019 年 4 月 29 日，区政协十一届第 26 次党组（扩大）会议暨第 24 次主席会议召开。会议学习传达有关会议、文件精神；研究区政协“请你来协商”平台建设；审议通过《“城乡生活垃圾分类处理”专项集体民主监督实施方案》《政协委员履职评价实施细则》。会议还研究区政协书画院基层布点工作。

区政协十一届第 25 次主席会议 2019 年 6 月 6 日，区政协十一届第 27 次党组（扩大）会议暨第 25 次主席会议召开。传达学习“不忘初心、牢记使命”主题教育工作会议精神、全国政协主席汪洋在全国地方政协工作经验交流会上的讲话精神，全国政协副主席、秘书长夏宝龙在全国地方政协秘书长工作会议上的讲话精神及《浙江省生态环境保护工作责任规定》文件精神、近期区委常委会会议精神等；协商区政协十一届常委会第十三次会议方案、区政协“请你来协商”拆迁农居安置房建设会议方案、《关于全面推进企业“千分制”巡查机制的建议》，通报区政协领导、委办 5 月走访联系委员情况，研究近期重点工作。

区政协十一届第 26 次主席会议 2019 年 7 月 29 日，区政协十一届第 29 次党组（扩大）会议暨第 26 次主席会议召开。传达学习中央、省、市“不忘初心、牢记使命”主题教育有关会议精神等，协商《区政协“请你来协商”安置房建设协商意见》《区政协关于“知识产权创业创新成果转化平台建设”专题协商意见》，研究区政协“请你来协商”城乡生活垃圾分类处理方案、区政协开展“新时代人民政协的新样子”专题讨论活动的实施方案、2019 年委员培训方案、委员工作室运行机制和第二批委员工作室设立等，听取庆祝中华人民共和国成立 70 周年暨人民政协成立 70 周年系列活动筹备工作情况；通报区政协领导、政协委办 6—7 月走访联系委员工作情况。

区政协十一届第 27 次主席会议 2019 年 9 月 5 日，区政协十一届第 30 次党组（扩大）会议暨第 27 次主席会议召开。传达学习近期重要会议精神，协商《区政协“请你来协商”城乡生活垃圾分类处理工作协商意见》，研究区委政协工作会议暨庆祝人民政协成立 70 周年大会建议方案、余杭区庆祝人民政协成立 70 周年图片书画展开幕式方案，部署近期工作。

区政协十一届第 28 次主席会议 2019 年 9 月 23 日，区政协十一届第 31 次党组（扩大）会议暨第 28 次主席会议召开。传达学习中央政协工作会议暨庆祝中国人民政治协商会议成立 70 周年大会精神，研究区政协（机关）关于开展“不忘初心、牢记使命”主题教育的实施意见、区政协十一届四次会议大会发言选题工作。

区政协十一届第 29 次主席会议 2019 年 10 月 30 日，区政协十一届第 32 次党组（扩大）会议暨第 29 次主席会议召开，沈昱主持会议并在作题为《坚守初心　勇担使命　展现新时代人民政协新样子》的党课。交流主题教育难破课题，研究区政协十一届常委会第十四次会议暨“请你来协商”物业管理工作会议方案、区政协 2019 年“界别活动周”实施方案，协商《区政协关于践行“新时代人民政协新样子”履职考核和评优办法》、提案办理民主评议单位，交流 9—10 月工作情况和 11 月工作安排，通报区政协领导、政协委办 9—10 月走访联系委员工作情况，研究部署近期重点工作。

区政协十一届第 30 次主席会议 2019 年 12 月 12 日，区政协十一届第 35 次党组（扩大）会议暨第 30 次主席会议召开，沈昱主持会议。传达学习市委政协工作专题会议精神，研究区政协十一届四次会议筹备工作有关情况，协商《区政协“请你来协商”物业管理工作协商意见》《区政协委员社情民意联络站建设工作实施意见》、协商 2019 年度民主监督建议书，交流 11 月工作情况和 12 月工作安排，通报区政协领导、政协委办负责人 11 月走访联系委员工作情况，研究近期重点工作安排。

区政协十一届第 31 次主席会议　2019 年 12 月 27 日，区政协十一届第 31 次主席会议召开。传达学习十四届区委常委会第 97 次会议精神；研究区政协十一届常委会工作报告、提案工作报告，研究区政协十一届四次会议有关文件、区政协十一届常委会第十五次会议方案；听取区政协十一届四次会议各筹备组工作情况，审定区政协 2019 年度考核优秀情况。

区政协十一届第 32 次主席会议　2020 年 3 月 4 日，区政协十一届第 32 次主席会议召开。会议协商区政协十一届四次会议委员分组讨论意见建议、区政协 2020 年工作要点和重点任务分解、区政协提案办理项目化管理的实施意见，通报区政协疫情防控工作情况，研究近期重点工作安排。

区政协十一届第 33 次主席会议　2020 年 4 月 8 日，区政协十一届第 39 次党组（扩大）会议暨第 33 次主席会议召开。传达学习习近平总书记考察浙江时重要讲话精神等；研究《区委关于新时代加强和改进人民政协工作的意见(代拟稿）》《关于加强政协委员工作室建设的意见》《关于设立第三批委员工作室的通知》及设立区政协瓶窑片委员之家方案、区政协 2020 年度宣传工作方案、政协文史资料选编工作计划；协商确定区政协十一届四次会议重点提案，交流 3 月工作情况和 4 月工作安排；通报区政协领导、政协委办 1—3 月走访联系委员工作情况。

区政协十一届第 34 次主席会议　2020 年 5 月 8 日，区政协十一届第 40 次党组（扩大）会议暨第 34 次主席会议召开。传达学习市两会精神和区委区政府有关会议精神；研究区政协十一届常委会第十八次会议暨基层治理能力提升专题协商会方案、区政协委员工作室推进会暨瓶窑片委员之家启用仪式方案，协商“城乡生活垃圾分类处理”专项集体民主监督的实施方案；通报提案办理项目化管理工作进度，区政协领导、政协委办 4 月走访联系委员工作情况，研究杭州市余杭区政协履职工作方案。

区政协十一届第 35 次主席会议　2020 年 6 月 2 日，区政协十一届第 35 次主席会议召开。交流提案办理项目化管理情况、5 月工作情况和 6 月工作安排，通报区政协领导、政协委办 5 月走访联系委员工作情况，研究近期重点工作安排。

区政协十一届第 36 次主席会议　2020 年 7 月 9 日，区政协十一届第 36 次主席会议召开。审议通过《区政协重大交通设施建设情况视察意见》《区政协 2020 年委员履职能力提升培训方案》《区政协委员活动经费管理使用的意见》；听取提案办理项目化管理第一轮工作推进情况总结和第二轮工作计划；交流 6 月工作情况和 7 月工作安排；通报区政协领导、政协委办 6 月走访联系委员工作情况，研究近期重点工作安排。

区政协十一届第 37 次主席会议　2020 年 8 月 7 日，区政协十一届第 37 次主席会议召开，区政协主席沈昱主持会议。协商杭徽高速老余杭出口改造提升方案，审议通过《区政协“请你来协商”养老专题会议协商意见》《关于我区重大签约项目落地开工情况的视察意见》，研究近期重点工作。

区政协十一届第 38 次主席会议　2020 年 9 月 14 日，区政协十一届第 38 次主席会议召开。协商余杭区“十四五”规划基本思路编制情况，研究第四批委员工作室有关事项，听取区政协提案办理项目化管理第二轮工作开展情况，交流 8 月工作情况和 9 月工作安排，通报区政协领导、政协委办8月走访联系委员工作情况，研究近期重点工作安排。

区政协十一届第39次主席会议 2020年10月30日，区政协十一届第39次主席会议召开。协商《关于“请你来协商”重大项目赋能高质量发展的协商意见》、“书香政协”建设实施方案；听取提案办理项目化管理第二轮工作推进情况、2020年委员履职平台履职情况、2020年区政协“请你来协商”工作开展情况；研究区政协十一届五次会议筹备，大会发言、提案征集和政协工作研讨会等事项；通报2020年区政协书画创作基地工作开展情况（书面）。

区政协十一届第40次主席会议 2020年11月6日，区政协十一届第40次主席会议召开，传达落实杭州市专题培训会议精神，区领导陈如根、沈昱、李忠誉、王艳勤、吴立炜、陈云水、黄德伟、沈洪相参加。

区政协十一届第41次主席会议 2020年11月11日，区政协十一届第41次主席会议召开，协商专项工作，区领导沈昱、陈夏林、王艳勤、吴立炜、陈云水、黄德伟、沈洪相、黄莉，各委办主任参加。

五、第十二届主席会议

2021年7月至2022年12月，区政协十二届共召开14次主席会议。

区政协十二届第1次主席会议 2021年7月30日，区政协十二届第1次主席会议召开，区政协主席沈昱，副主席黄德伟、李玉美、傅丽华、周忠诚、斯建刚，秘书长吴忠云参加会议，会议学习省政协主席葛慧君在全省政协工作提质增效专题研讨班上的讲话精神；协商区政协专委会、界别活动组、镇街联络工委成员名单事项和区政协有关工作制度；研究区政协常委会2021年工作要点；协商区政协十二届常委会第一次会议方案；研究“数字政协”建设有关方案。

区政协十二届第2次主席会议 2021年9月3日，区政协十二届第2次主席会议召开，区政协主席沈昱，副主席黄德伟、李玉美、傅丽华、周忠诚、斯建刚，秘书长吴忠云参加会议，二级巡视员陈云水，各委办正副主任、调研员列席会议。审议区政协关于践行“新时代人民政协新样子”履职评价办法；审议通过区政协推进“请你来协商·民生议事堂”平台建设的实施意见；审议通过委员工作室（第一批）、民生议事堂创建名单；审议通过区政协书画院、区政协企业家协会换届方案；审议通过区政协十二届一次会议重点提案；研究区政协“请你来协商”、主席会议视察工作方案。会议还交流了各委办8月工作情况和9月工作安排。

区政协十二届第3次主席会议 2021年11月5日，区政协十二届第3次主席会议召开，沈昱主持会议。会议协商余杭数字政协系统运行管理办法（暂行）；协商近期“请你来协商活动方案”及“西部富美”“工业用地有机更新”“防范电信诈骗”等活动。会议书面汇报区政协委员履职能力提升培训班总结，交流区政协各委办9—10月工作情况和11月工作安排。

区政协十二届第4次主席会议 2021年12月17日、21日，区政协十二届第4次主席（扩大）会议召开，总结梳理2021年工作，协商谋划2022年工作。沈昱主持会议并讲话。

区政协副主席、秘书长，区政协各委办主任、副主任、调研员及全体科室人员参加会议。

区政协十二届第5次主席会议　2022年1月12日，区政协十二届第5次党组会议、第5次主席会议召开，沈昱主持会议。会议听取和审议了委员有关人事安排，区政协常委会工作报告，提案工作报告，年度考评有关事项，2022年度重点履职工作安排，区政协十二届二次大会发言，区政协十二届二次会议有关事项（草案）等内容。相关内容将提请区政协十二届三次常委会会议审议。

区政协十二届第6次主席会议　2022年3月1日，区政协十二届第6次主席会议召开，沈昱主持会议。会议研究协商区政协常委会2022年工作要点，协商区政协十二届二次会议委员分组讨论意见建议，协商区政协委员考核评价办法；研究数字政协系统建设工作，研究区政协习近平新时代中国特色社会主义思想学习座谈会制度，协商区政协十二届二次会议重点提案。

区政协十二届第7次主席会议　2022年4月20日，区政协十二届第7次主席会议召开，沈昱主持会议，会议协商数字政协“i履职”建设改版方案，协商2022年政协委员履职能力提升培训方案，协商区政协志编修工作方案，研究区政协各委办近期工作和5月工作安排。会议还协商研究了其他事项。

区政协十二届第8次主席会议　2022年5月26日，区政协十二届第8次党组会议暨第8次主席会议召开，专题研究政协界别活动组、镇街联络工委工作。区政协党组书记、主席沈昱主持会议。会议传达学习习近平总书记近期重要讲话精神，全国政协及省政协有关会议精神。各界别活动组，各镇街、平台联络工委负责人对2022年以来工作开展情况和下一步工作计划进行了汇报。沈昱对各委组前期工作表示肯定，并对下一步工作提出要求。

2022年5月26日，区政协十二届第8次党组会议暨第8次主席会议召开

区政协十二届第9次主席会议　2022年6月28日，区政协十二届第9次党组会议暨主席会议召开，沈昱主持会议。协商研究了区政协十二届常委会第五次会议方案、主席会议视察意见、委员工作室建设和评定办法、第二批委员工作室拟创建名单等有关事项。

区政协十二届第10次主席会议　2022年8月1日，区政协十二届第10次党组会议第10次主席会议召开，传达学习区委十五届六次全体（扩大）会议精神，研究部署贯彻落实工作，区政协党组书记、主席沈昱主持会议并讲话。会上区政协各委办总结回顾线上工作，对特色亮点及接下来的任务作了交流发言。

区政协十二届第11次主席会议　2022年10月9日，区政协十二届第11次主席会议召开，会议期间，区政协开展“发展公共卫生　建设健康余杭”专题主席会议视察活动，区政协主席沈昱参加。沈昱一行先后到区第一人民医院和区公共卫生中心，了解区内医疗卫生事业发展现状，并就相关工作开展情况提出指导建议。会上，区卫健局就全区公共卫生发展情况作专题汇报。区政协委员、各专委会主任、相关部门和主席会议成员发言。会议协商意见将以建言建议的形式报区委区政府。

区政协十二届第12次主席会议　2022年10月17日，区政协十二届第12次主席会议召开，沈昱主持会议。会议就“i履职”3.0版本开发情况，数据资源深度开发利用、未来乡村产业化、打造金字招牌、复兴千年古城、发展公共卫生建设健康余杭专题等主席视察活动报告等进行协商，研究区政协各委办9月工作总结和10—11月工作安排。

2022年11月25日，区政协十二届第13次党组会议、第14次主席会议召开

区政协十二届第13次主席会议　2022年11月11日，区政协十二届第13次主席会议召开，专题听取区人民法院、区人民检察院工作情况通报，沈昱主持并讲话。

2022年11月12日，区政协开展“政务服务三级联动体系建设”专题主席会议视察，区政协主席、副主席、秘书长，各专委主任和部分政协委员参加。视察组一行到区政务服务中心，依次视察了社保、人才、置业、纳税、公安、商事和亲企服务专区，听取区审管办关于区政务服务三级联动体系建设情况的汇报，并就相关工作开展情况提出指导建议。

区政协十二届第14次主席会议　2022年11月25日，区政协十二届第13次党组会议、第14次主席会议召开，区政协主席沈昱主持会议，区委常委、统战部部长、区政协党组副书记袁水良，区政协副主席黄德伟、李玉美、傅丽华、周忠诚、张瑾，秘书长吴忠云等参加会议。会议学习习近平总书记在《湿地公约》第十四届缔约方大会开幕式上的重要致辞和习近平在第五届中国国际进口博览会开幕式上的重要致辞精神，协商研究区政协十二届三次会议筹备工作安排、关于开展2022年度区政协相关考核评价工作的方案，协商审议以“推进名校集团化办学、推动优质均衡美好教育”，“共同富裕现代化基本单元”建设及政务服务三级联动体系建设为主题的“请你来协商”活动、主席会议视察活动形成的相关报告。

附：

政协杭州市余杭区委员会
全体会议、常委会会议、主席会议、委办主任会议工作规则

（2021 年 8 月 5 日政协杭州市余杭区第十二届委员会常务委员会第一次会议审议通过）

根据《中国人民政治协商会议章程》规定，为进一步推进政协工作制度化、规范化、程序化建设，结合余杭区实际，特制定以下规则：

一、全体会议

（一）全体会议是政协履行政治协商、民主监督、参政议政职能的最高形式。

（二）全体会议由全体政协委员组成，一般每年举行一次。常务委员会认为必要时，可临时举行。

（三）全体会议须有三分之二以上的委员出席始得举行。

（四）全体会议的主要任务：

1. 选举区政协主席、副主席、秘书长和常务委员；决定常务委员会组成人员的增减或者调整；

2. 听取和审议常务委员会工作报告、提案工作情况的报告和其他报告；

3. 讨论本会重大工作方针、任务并作出决议；

4. 协商讨论余杭区经济、政治、文化、社会、生态文明建设等方面重大问题，提出意见和建议；

5. 协商讨论区政协工作，推动我区人民政协事业的发展。

（五）全体会议由常务委员会召集并主持。每届第一次全体会议由预备会议审议通过的主席团主持。

二、常务委员会会议

（一）常务委员会会议是政协全体会议闭会期间的主要协商会议形式。

（二）常务委员会会议由主席、副主席、秘书长和常务委员组成，一般每季度举行一次，必要时可临时举行。会议邀请非政协常委会组成人员的区政协领导、委办负责人列席会议。根据议题需要，会议可邀请与议程有关的其他人员列席。

（三）常务委员会会议的主要任务：

1. 讨论决定委员会及常务委员会会务和工作中的重大问题；

2. 审议提交全体会议的文件，审议通过全体会议议程草案和日程；

3. 协商讨论区委和区政府重大方针政策和经济社会发展及人民群众普遍关心的重大问题，听取区委、区政府和有关部门对重要问题的报告或说明，提出建议和意见；

4. 审议通过重要的建议案、调研报告、视察报告及其他报告；

5. 决定委员会工作机构的设置和变动，并任免其领导成员；

6. 其他有关事项。

(四) 常务委员会会议由主席主持，或由主席委托副主席主持。

(五) 常务委员会会议必须有全体组成人员的三分之二以上出席方能举行。决定、通过有关议案或事项，须经全体组成人员过半数赞成方能生效。表决可采用举手或者其他方式进行，并当场宣布表决结果。

(六) 常务委员会组成人员应如期参加常务委员会会议，因故不能出席时，必须履行请假手续。请假应用书面形式，向区政协办公室提出，经区政协主席或主持日常工作的副主席同意方予准假。

三、主席会议

(一) 主席会议是常务委员会会议闭会期间的重要协商会议形式，常务委员会会议闭会期间，由主席会议主持常务委员会的日常工作。

(二) 主席会议由主席、副主席，秘书长组成，一般每月举行一次，必要时可临时召集。会议邀请非主席会议成员的区政协领导、委办负责人列席会议。根据议题需要，会议可邀请与议程有关的其他人员列席。

(三) 主席会议的主要任务：

1. 学习党的理论、路线、方针和政策，学习统一战线和人民政协理论、政策、规定；

2. 安排协商活动，决定协商的形式和内容，协商讨论余杭区重大方针政策，经济、社会发展和人民群众生活中普遍关心的重大问题，提出建议和意见。审查以政协余杭区委员会或常务委员会名义向区委、区政府提出的重要建议案；

3. 常务委员会闭会期间，讨论处理常务委员会的会务工作，研究部署政协工作；

4. 召集并主持常务委员会会议，决定常务委员会会议召开的日期，拟定常务委员会会议的议题和议程草案，审议提交常务委员会会议的文件；

5. 执行常务委员会会议的决议，根据常务委员会的授权，履行常务委员会的部分职权；

6. 审议政协余杭区委员会及常务委员会的工作计划、工作报告和重要活动方案。审议重点工作和重要调研视察活动，专门委员会的年度计划和工作总结；听取重要提案、建议案办理情况的汇报；

7. 审议提交常务委员会会议讨论的人事任免事项；

8. 处理常务委员会的其他重要日常工作。

(四) 主席会议议程由主席提出，或由副主席、秘书长提出报主席决定；主席会议由主席主持，或由主席委托副主席主持。

(五) 主席会议由专人记录。通过、决定重要事项，会后要及时编发会议纪要。

(六) 主席会议须在全体组成人员过半数出席时方能举行。

四、委办主任会议

(一) 委办主任会议由秘书长召集并主持，委办负责人、调研员参加会议，必要时可邀请与议程有关的其他人员参加。

(二) 委办主任会议一般每月举行一次，如有需要可临时召集。

(三) 会议主要任务：

1. 传达学习上级重要部署、重要文件、重要会议精神；

2. 负责全体会议、常务委员会会议、主席会议及其他有关会议的准备和服务工作；

3. 根据党组、主席会议决定的事项，研究并提出具体方案；

4. 审议提请主席会议决定的重要事项和文件；

5. 研究办理主席、副主席交办的事项；

6. 协调专门委员会提出的需要协调的有关事项；

7. 其他需要讨论决定的问题。

（四）与会人员不能出席会议时，可对讨论的议题提出书面或口头意见。委办主任会议须作记录，重要问题应及时向主席和有关副主席汇报。

本工作规则经常务委员会会议审议通过后施行。

第三章

政治协商

第一节　协商区委、区政府工作报告
第二节　协商区域重大举措
第三节　联席会议协商

第三章　政治协商

组织政协委员对党和政府的大政方针以及经济、政治、文化和社会生活中的重要问题，在决策之前和决策执行过程中开展政治协商，是政协履行职能的重要方面。政治协商既有利于党政部门集思广益，推进民主决策、科学决策，增进共识，推动实施，也有利于政协委员在协商中贡献才智。

区政协第八届至十二届委员会继承往届政协的传统，继续将委员会全体会议、常务委员会会议、主席会议作为政治协商的重要形式。在上述会议闭会期间，组织经常性的民主议政会、情况通报会、专题座谈会等，开展协商议政。政协主席、副主席列席区委常委会会议、区长办公会议、区政府常务会议以及区政府、区政协工作协商联席会议，是协商议政的重要方面。委员会全体会议通过列席人大会议、小组讨论、大会发言等形式参加协商活动，是委员履职的最高层面。区政协就区委、区政府工作报告，区域重大举措，重大改革方案，区划调整，人事安排等进行协商讨论；通过“请你来协商”平台、各专门委员会的对口联系和提案交办、联办、督办等会议，就重大方针、政策的执行和地方法规制定颁布进行协商；根据委员意见，选择涉及经济社会发展以及事关群众切身利益的重要工作，提请区委、区政府领导来政协通报协商。

在上述各类政治协商活动中，区政协营造和谐民主的氛围，鼓励和支持政协委员、各党派团体及其成员畅所欲言，围绕议题提出意见和建议，包括不同意见或反对意见。政治协商活动中提出的意见和建议，除在现场与党政部门领导直接交流外，会后由区政协办公室视情况以常委会或主席会议建议案、专题报告等形式报送。

第一节　协商区委、区政府工作报告

协商讨论区委、区政府工作报告是政协履行政治协商职能的重要形式。政协委员会全体会议期间，与会政协委员列席区人民代表大会，就区人民政府工作报告进行协商讨论，提出修改意见建议，对全区经济、社会发展和政府工作资政建言。为推进民主化进程，在每次区委、区人大全体会议前，区委、区政府召开座谈会，征求委员、各党派对区委全会报告、《区政府工作报告（征求意见稿）》的意见建议。这一做法，使委员能更全面及时了解区情，更好发挥政协职能，体现决策前进行充分协商的民主精神。

一、第八届政协协商议政

区政协八届一次会议　2003 年 3 月 9 日至 13 日，区政协八届一次会议期间，与会委员列席区十二届人大一次会议，听取和讨论代区长刘庆龙所作的政府工作报告。委员们对政府奋斗目标和总体思路，以及2003年主要工作提出意见和建议：希望加快推进向文化名区的跨越，探索和建立优秀作品产生的新机制、新途径，建议设立文艺创作专项经费；加强残疾人事业的基础设施建设，尽快出台对残疾人优惠扶助政策；加快和重视非公有制企业职工基本养老保险工作，完善养老保险费征缴办法，健全管理机制，强化制约措施；大力开发无公害农产品，制定无公害农业发展的规划和相关配套政策措施，加大无公害农产品的研究力度，实行“从土地到餐桌”全过程的质量监控；加强城区道路交通管理，科学合理地规划和利用道路功能，致力解决城区的静态交通；完善工作网络，遏制家庭暴力，重视家庭建设，倡导文明新风；切实维护职工合法权益，继续重视下岗失业人员的再就业问题；加强新经济组织工会组建工作；进一步完善全区职工社会养老保险，构建适应劳动关系变化的新的维护机制；构筑失地农民保障体系，制定切实可行的养老保险政策，加强职业技能培训，发展壮大集体经济，尽早规划实施农居点建设；加大政府投入力度，合理规划高中教育发展，增加扩招生的比例，加大政策扶持力度，转化办学机制。区委副书记许明听取并肯定委员发言，认为题目选得准，问题分析得准，提出的对策措施具有很高的参考价值和运用价值。区委、区政府将责成有关职能部门进行专门研究，在具体工作中予以采纳和运用。

区委召开协商会　2003年12月30日，区委召开政协委员、民主党派和无党派人士协商会。区委书记何关新就区委工作报告征求与会者的意见，并通报余杭区经济社会发展情况、存在的问题和2004年工作思路。来自政协委员，民盟、民建、民进、农工党支部，九三学社支社的负责人，区工商联会长和无党派人士代表就事业单位用人制度、扶持规模企业、培养特色产业、发展块状经济、发展商贸业等方面，提出意见建议。何关新希望政协委员、民主党派、党外人士围绕余杭经济建设和社会发展中的热点、难点问题，深入开展调查研究，知无不言、言无不尽，敢于说“不”；结合自己的工作岗位和实践，充分利用好自己的发言权，特别是在深化改革、创新机制、改善投资环境等方面，提出意见和建议。

《政府工作报告（征求意见稿）》征询意见　2004年2月10日，区政府就《政府工作报告（征求意见稿）》征询区政协委员、各民主党派、工商联和无党派人士代表的意见。委员们认为，这个报告认真贯彻了中共十六届三中全会的精神，树立新的发展观，体现了以民为本的思想，在具体工作中富有创新，余杭区的“再造工程”和“三大跨越”目标一以贯之，具有连续性。委员们就降低政府运行成本、民营企业二次创业、城建城管、民工子弟学校建设、医疗卫生事业发展等方面提出意见和建议。

区政协八届二次会议　2004年2月25日至28日，区政协八届二次会议期间，与会委员列席区十二届人大二次会议，听取区长刘庆龙所作的政府工作报告，以及会议的其他报告。区委书记何关新等区委、区人大、区政府主要领导参加委员小组讨论，共商政府工作。16个界别、专委会代表在大会上发言。委员们围绕区委第十一次党代会提出的“再造工程”“三大跨越”和政府工作报告提出的目标任务，积极建言献策。提出意见建议：加快人才队伍建设，构建“尊重知识、尊重人才”的社会机制，推进人才环境不断优化；改善投资环境，加快项目推进；加强公共卫生体系建设和网络建设，增加疾病预防控制和卫生监督执法人员；加大对西部山区生态建设扶持力度，对生态镇乡给予政策倾斜和财政支持；加强青少年学生思想道德建设，端正办学指导思想，正确处理德育与智育的关系；善待外来务工人员，切实维护外来职工的合法权益；要合理利用土地资源，严禁非法圈地和闲置土地，调高工业用地比例；充分发挥区位优势，建设高新技术产业化基地和先进制造业基地；降解农药残留，提高农产品竞争力，制定农产品土地污染综合治理规划和具体措施；加强城市管理综合行政执法工作，建立健全城市管理综合行政执法的运行保障机制；努力探索保护良渚遗址与区内经济发展新模式，促进当地经济的发展，切实保护当地老百姓的利益。

区政协八届三次会议　2005 年 1 月 22—24 日，区政协八届三次会议审议刘庆龙所作的《政府工作报告》以及会议的其他报告。会议围绕区委的总体部署和政府工作目标，充分发扬民主，广泛协商讨论，积极建言献策。就专业市场建设、发展循环经济、强化土地管理、关爱外来民工、农村基层文化建设、重振余杭丝绸、推进学前教育、健全镇乡食品卫生监督网络建设等提出建议。建议逐步调整产业结构，构建环境友好型产业体系。对重污染行业进行技术改造、提升档次，对高耗重污低效的重点污染企业依法实施“关、停、并、转、迁”。同时，加快形成以通信（有基础）、软件业为主导的信息产业群；大力发展循环经济型生态农业，采用先进的立体种植、立体养殖、农林牧结合、种养与加工一体化等模式，将种植业、养殖业和农产品加工业运用生态良性循环原理连接成生态链或生态圈；建立发展循环经济的保障机制，进一步完善发展循环经济，建设和保护生态环境的地方性法规和相应的政策体系，依法推动循环经济的发展与壮大等。会议期间，举行政情咨询会，委员们就有关余杭经济和社会发展的重要问题及群众关心的热点问题，向政府有关部门的负责人展开咨询。有 11 名委员就余杭经济、社会、政治方面的有关问题作大会发言。

区政协八届四次会议　2006 年 2 月 28 日至 3 月 3 日，区政协八届四次会议听取并协商讨论刘庆龙所作的政府工作报告，及国民经济和社会发展第十一个五年规划纲要（草案）。委员们认为，过去的一年和“十五”时期，全区人民在中共余杭区委的领导下，深入学习贯彻邓小平理论和“三个代表”重要思想，认真贯彻落实中共十六大和十六届四中、五中全会精神，全面贯彻落实科学发展观，始终坚持开明开放促开发和统筹发展，取得重大成绩。委员们建议区政府要以科学发展观统领经济社会发展全局，重视研究和解决经济社会发展中的新矛盾、新问题，抓住机遇，迎难而上，开拓创新，着力构建和谐社会，扎实推进经济强区、文化名区、生态城区、法治余杭建设，实现全区经济社会又好又快发展和社会全面进步。委员们分别就创品牌；建设节约型社会；关注老龄社会、关爱老年人群；建立和完善农业自然灾害应急预案；落实科学发展观、提高企业自主创新能力；构建和谐劳动关系、促进社会和谐稳定；破解中小企业贷款难；挖掘宗教积极因素、构建和谐余杭；

2005 年 1 月 23 日，杭州市余杭区政协政情咨询会召开

服务、培养和扶持文艺人才，推进文化名区建设；加速组团建设，全面推进余杭组团发展等提出建议。

二、第九届政协协商议政

区政协九届一次会议 2007 年 2 月 3 日至 6 日，区政协九届一次会议协商讨论代区长姜军所作的政府工作报告，以及其他报告。委员们围绕如何促进余杭经济社会又好又快发展这个大局，围绕“坚持发展主旋律，推进五质大提升，建设和谐创业、和谐发展、和谐生活的现代化都市新区”战略目标，围绕当前人民群众关注的热点难点问题，提出了许多建设性的意见建议：完善职业教育管理体制，加大投入力度，增强中等职业学校可持续发展能力；确立事业主体、改变服务方式、强化产业观念、发展民营文化，加速文化产业化进程；加大扶持重点市场的力度，合理配置市场资源，实施品牌经济战略，推进市场建设产业化；大力普及基本卫生知识，优化群众生活方式，开展全民健康促进行动；化解矛盾纠纷、夯实基层基础、预防重大事件发生；要落实好农民群众对村级重大事务的知情权、决策权、参与权、监督权，充分调动农民群众的积极性和主动性，全面推进社会主义新农村建设等。朱金坤、姜军等区领导参加委员协商讨论，区委副书记戚建国认为，委员们提出的意见建议对区委、区政府的工作很有帮助，也是一次很好的提醒，表示，区委、区政府一定会认真研究，吸收采纳，逐一落实，给委员们一个满意的答案。

区政协九届二次会议 2008 年 3 月 2 日至 6 日，区政协九届二次会议协商讨论区长姜军所作的政府工作报告，以及其他报告。委员们围绕全区中心工作，广泛协商讨论，积极建言献策，提出意见和建议。委员们指出，要实现政府工作报告提出的既定目标，夯实“十一五”发展基石，必须切实把思想统一到党的十七大精神上来，统一到落实“十一五”规划各项目标任务上来，统一到区委十二届四次全体（扩大）会议提出的各项决策上来。委员们建议，要始终把加快发展作为中心任务和工作主题，全面实施城市化与工业化两轮驱动、“一化带四化”同步发展战略，调优发展空间，做优发展环境，转变发展方式，促进五质提升，努力把余杭建设成为最适宜居住的“美丽之洲”。会议期间举行政情协商会并进行大会发言，提出许多建设性的意见和建议。如大力发展特色总部经济，推动全区产业升级，在世纪大道、时代广场整合现有资源，规划建设政府服务、金融服务、商务服务三大中心；用优秀的文艺作品彰显区域文化形象，为建设最适宜居住的“美丽之洲”提供文艺支持；全面提升农民素质，加快全区农民就业转移；合理提高区内土地征

2008 年 3 月 5 日，杭州市余杭区政协九届二次会议政情协商会召开

用补偿标准，保障被征地农民利益及如何保护古城遗址、开发径山禅茶文化、发展中医药事业等。

区政协九届三次会议　2009 年 2 月 9 日至 12 日，区政协九届三次会议协商讨论区长姜军所作的政府工作报告，以及其他有关报告。会议期间进行大会发言，有 12 名委员作了专题发言，4 名委员即兴发言。主要内容：项目建设三年行动计划中，注重东部和西部平衡、注重民生项目投入，希望政府在推进项目建设中依法行政，妥善做好拆迁安置工作，维护群众合法权益；政府经济研究机构要加强分析，或委托中介机构对企业经营状况进行客观评价，明确帮扶对象，建议采取减免税、缓交土地使用税、电费等措施，加强中小企业金融支持，加大对商贸业的支持力度；在着力打造具有国际影响的良渚文化品牌的同时，注重发掘具有余杭地域特点的民俗文化、乡土文化资源，如运河文化、禅茶文化、竹文化等，形成一个能够满足不同层次需要的旅游产业体系；余杭作为体育强区应该有一座既能平时供市民健身又能举办大型运动会的全开放的人民运动场，建议政府规划建造，选址时要充分考虑设施利用率；进一步健全社会养老保险制度，加强对残疾人、弱势群体的帮扶，建议对农村 60 岁以上没有养老保险的群众发放消费券；完善农业保险机制，扩大政策性保险面，增加保险种类，使农产业风险降到最低；政府应着力引导就业，对劳动密集型，就业多的企业进行奖励，建立区、镇、乡、村的就业及人才信息库；在落实“环境立区”发展战略中，要对三白潭水网、丁山湖水网、五常闲林水网等重要生态湿地资源，开展调查，编制开发利用规划方案，分轻重缓急，实施湿地保护发展计划；要加强对次生森林、森林资源的保护，要利用良好的西北部森林生态资源、自然景观资源，发展绿色环保的森林生态旅游业、竹子资源综合开发利用等；建议政府为农民以多种形式流转土地提供平台，以公开规范的方式转让土地使用权，由政府统一发放承包经营权证书等。

区委召开协商会　2009 年 12 月 22 日，区委召开协商会，就十二届九次全体（扩大）会议报告中事关余杭经济社会发展的重大战略决策，专题与区政协进行协商沟通，认真听取和吸纳政协的意见建议。协商会上，区政协领导指出，区委全委会报告全面、系统、务实地反映了余杭实际，提出的指导思想清晰，确立的战略目标客观，采取的保障措施有力。建议加强科学规划，提升城市化管理水平，“副城”的统筹改革要破题，要积极鼓励和引导民营资本的投资；要重视发展工业经济，出台一些实实在在的政策措施，尤其要培育扶持中小企业和本地企业的发展，抓大不放小；要重视“三农”，提升农业精品和农民素质，加强失地农民的社会保障，引导就业方式多样化，关注关心农民工问题；要进一步突出党的建设，人大、政协工作和民主法制建设，强化“三力提升”。报告起草组表示，政协的意见建议来自平时的调研、视察和群众的反映，贴近余杭的实际，将认真地考虑和吸纳，进一步整理和完善报告。

区政协九届四次会议　2010 年 3 月 1 日至 5 日，区政协九届四次会议听取并协商讨论区长姜军所作的政府工作报告及其他有关报告。委员们认为政府工作报告思路清晰，措施有力，充分体现了科学发展观要求，符合余杭实际，具有很强的针对性、指导性和可操作性。同时，与会人员还对政府工作报告、有关政府工作提出意见建议。委员们认为报告对于所面临的经济困难状况分析不够；有关教育、卫生、科技、文化、体育等方面的工作计划与表述都相对薄弱；提出的政府十件实事中有些没有充分体现出政府抓难事、办大事的气魄；

2010年3月2日，区政协九届四次会议分组讨论《政府工作报告》

在推进生态文明建设过程中，对于控制农业污染面体现不够充分。建议：项目建设三年行动计划中，中西部项目较多，东部乡镇较少，建议尽可能平衡一些；项目建设中“软实力”偏少，比如教育，希望政府更重视百年大计的投入和建设；在实施项目建设时，要体现轻重缓急，要注重前期论证；要注重加强对项目建设的宣传，做好思想政治工作，把好事做好，让百姓叫好。为促进产业转型升级，可建立两套制度体系支持企业发展；对大企业的培育、扶持力度有待加大，要突出量身定制，实行一厂一策。对科技型、成长型中小企业制定普适性政策，在土地资源、融资、税收等方面给予扶持；加大对企业家队伍的培训力度，提升企业家整体素质，更好地适应经济转型升级的需要；要建设具有余杭特色的文化创意产业和产品，可借助良渚论坛这个平台，使文化促进产业发展、产业推动文化提升；注重良渚遗址的综合开发利用，解决好周边建设问题、农民住房问题；把超山、塘栖真正连成一个旅游综合体；径山寺在复建过程中要充分考虑周边的配套设施建设；超山景区建设想办法解决超山景区游览期短的问题，加大对超山旅游产品的开发力度；将杭徽高速留下—余杭段作为城市高架或允许使用统缴卡，对规模大的村合理增设公交站点；要制定土地流转出去以后的社会保障措施，使农民真正实现无后顾之忧；农技推广力度不够大，创业创新资金要向农业方面倾斜；推进生态文明建设，加大对农村生活污水处理的财政投入力度。希望区委、区政府在农民建房的问题上因地制宜出台相应政策，采取有堵有疏、疏堵结合措施，既有效防止农民乱建乱造，又保护农民的切身利益。

区委征求意见和建议 2010年7月7日，区委就十二届十次全体（扩大）会议关于《深入实施“民主民生”战略，共建共享美好幸福生活》的报告，广泛征求政协班子领导和委员、各民主党派人士的意见和建议。与会人员认为，区委把“民主民生”列入区委全会主题报告，充分体现了执政理念的升华。报告主题鲜明，内容翔实，目标明确，措施有力，符合余杭的实际，符合全区人民的期盼和愿望，对推动余杭经济社会又好又快发展，加快建设“品质之城、美丽之洲”具有重要的战略意义。建议增加“民主”方面的篇幅，以民主促民生，切实落实人民群众的知情权、参与权、选择权、监督权。同时就进一步加快卫生强区建设、扩大保障性住房覆盖面、实施优质教育均衡化发展、解决与主城区同城同待遇问题等方面提出建设性的意见和建议。

区委、区政府召开政治协商会议 2010年12月21日，区委、区政府召开政治协商会议，广泛征求政协和各民主党派对区委十二届十一次全体（扩大）会议主题报告和《区委关于制定余杭区国民经济和社会发展第十二个五年规划的建议(征求意见稿)》的意见建议。政协领导和各民主党派负责人在协商讨论中一致认为，区委十二届十一次全会报告的总结实事求是，既反映了余杭“十一五”时期发展的辉煌成就，又客观分析了存在的不足；对“十二五”时期发展规划和明年工作做到了思路清晰、目标明确、重点突出、措施有力，是一个高瞻远瞩、令人振奋、让人期待的报告和规划。建议在经济高速发展的同时，要努力提高城乡居民收入，将财政收入主要部分用于破解“七难”和民生工程；在实施城市化、工业化两轮驱动战略中，要积极引导民资、社会资本参与城市建设和现代服务业；在“人才兴区”战略上，要处理好引进高端人才与培养产业技术人才的关系，扶持有成长型中小企业的发展，加大科技投入，引导企业技术创新、转型升级；要重视外来人口服务管理，给予他们关心关爱，真正把“外地人就是余杭人”落到实处；在民主民生战略上，要切实解决老百姓生产生活方面的实际问题，通过扩充医疗资源，缓解“看病难”，通过实施交通慢行系统，缓解“行路难”等；要强化规划的法治性，加强执行力，确保区委全会精神和“十二五”规划各项目标任务的落实。

区政协九届五次会议　2011 年 1 月 17 日至 21 日，区政协九届五次会议听取并讨论区长姜军所作的政府工作报告，讨论《杭州市余杭区国民经济和社会发展第十二个五年规划纲要（草案)》和其他报告。委员们围绕“十二五”经济社会发展和 2011 年政府工作，就经济、政治、文化、社会建设和生态文明建设各个方面，积极议政建言，提出意见建议。委员对政府工作提出意见建议主要有：针对产业强区战略，要以打造产业链为重点，逐步形成产业特色，注重科技创新，着力发展先进制造业、现代服务业、文创产业等，提升余杭区产业竞争力，使第一、第二、第三产业联动发展、全面发展，要更加突出工业的地位，进一步加大工业投入力度和政策扶持力度，并保持政策的稳定性、延续性；关注支持全区中小企业的生存发展，特别是融资、担保、技工荒、人才引进等问题，进一步强化对中小企业产业升级的扶持政策，进一步加大对本地企业的扶持力度，实现科技创新、转型升级；完善相关政策，吸引本地企业或余杭人的企业将总部留在余杭；“十二五”时期发展规划中，要加大对余杭旅游业政策扶持力度，要更加注重人力资源的培养和发展，加强城乡统筹和农业农村工作领导，着重考虑农村、农民利益，切实增加对农业、农村建设的投入比例，扶持余杭区农业产业项目建设；进一步挖掘、培育、扶持富有余杭特色的乡土文化，着重发展以“良渚文化”，促进文化与产业发展紧密结合，加大教育投入力度，推进素质教育，高度重视发展职业教育，不断提高职工技能水平和当地社会就业率，加强对外来务工人员的教育培训，提升综合素质。在新型城市化建设中，以生态、环保的城市理念为目标，设计城市的人口、环境建筑风格，充分考虑人口容纳、资源消耗等因素，统筹安排节能减排工作，推进截污纳管工程，加强污染源的监管；关注农业面源污染问题，引导农民少用或不用农药，并给予一定用工补助。加强法治余杭建设，严格依法行政，简化行政审批手续，加强法院审判和人民调解力量，重视应对行政诉讼；提高法治意识，慎提“特事特办、手续照办”等不符合现代法治要求的口号，切实推进法治政府的建设；转变政府职能，提高服务水平；加强对群众民主意识、法制意识、责任意识的教育与培养，积极推进基层民主政治建设。处理好以事为本和以人为本的关系，着力提升行政效能。

三、第十届政协协商议政

区政协十届一次会议 2012 年 2 月 11 日至 14 日，区政协十届一次会议听取并讨论代区长朱华所作的政府工作报告和大会其他报告。会议围绕“十二五”时期经济社会发展和政府工作，就经济、政治、文化、社会建设和生态文明建设各个方面，积极议政建言，提出了许多建设性的意见建议。会议期间举行了大会发言，共提交书面发言材料 23 篇，有 12 名委员上台作大会发言和即席发言。主要意见建议有：加快推动经济转型升级，突出重点区块、重点项目，优化科研创新环境，整合资源要素，不断完善政策体系，在保全国资前提下给民营企业营造更宽广的发展空间；加大人才政策的倾斜力度，特别是对一些拥有优势项目和符合余杭产业特点的各类人才，在土地、融资、住房、项目补助等方面尽量提供优于周边地区的政策；加大对农业新品种的研发力度，加强农业新科技的推广利用，财政要予以资金倾斜；重视地方文化建设，加强传统文化的挖掘、整理和保护，打造余杭文化特色品牌，做好文化与旅游相结合的文章，加快推进径山寺复建等工程，加快余杭旅游综合体建设步伐；加快高中学校的设施建设，关注民办教育机构，关注外来务工子女的就学问题；根据“政府主导、社会参与”的原则，积极组织、支持和引导企事业单位、社会组织、社会工作者和志愿者等社会力量提供公共服务，建立健全公共服务、管理服务机制，把公共服务支出重点向农村、基层和困难群众倾斜。另外，还建议妥善解决甲鱼养殖污染、改善城市水环境、在镇街设立检察院派驻检察室、加强市场监管服务等。

区政协十届二次会议 2013 年 2 月 24 日至 26 日，区政协十届二次会议听取并讨论区长朱华作的政府工作报告和其他报告。委员们以提案、大会发言、分组讨论等形式，围绕余杭区经济社会发展的重要事项和涉及群众切身利益问题积极议政建言。主要有经济转型升级、城乡统筹和农村工作、公共事业和社会管理、文化建设、生态建设与加强服务型政府建设六个方面意见建议：建议研究落实现代农业园区设施用地指标、配套用地等相关政策，以及农业融资担保贷款难问题；加强农业技术人才、经营人才引进和培养，切实提升休闲观光农业；更加重视工业项目产业产出率，采取有效措施，加大对科技型中小微企业发展的扶持，在融资担保、要素支撑等方面给予更优惠的政策；加强五城一基地、工业园区项目配套建设工作，推进产城融合，培育消费新增长点；提高人力资源保障服务水平，在引进人才和外来务工人员的住房、社保、医疗、子女教育等方面提供适宜的政策；切实

2013 年 2 月 25 日，区政协十届二次会议听取并讨论《政府工作报告》

抓好美丽乡村建设，推进中心镇、精品村建设和村庄环境综合整治工作，注重政策的延续性，健全完善长效管理机制；优化教育布局，加快余杭高级中学、塘栖中学异地新建和超山综保区块配套学校建设，并着力改善办学条件；完善区、镇、村（社区）三级公共医疗卫生服务体系，保障其正常运行，加大对民营医疗机构发展的医保政策支持力度；健全流动人口“服务、管理、教育、维权”四位一体工作机制，加强就业、就学、就医、计生、文化、维权、保障等方面工作，促进外来人口有序流动和社会治安持续改善；抓住良渚文化这张金名片，全力推进良渚遗址申遗工作；重视和加强环境污染的监测、预报、治理，及时公布PM2.5颗粒物等指标，深化空气污染治理，特别要重视对温室甲鱼养殖、海联热电厂、星桥固废垃圾处理厂、诺贝尔瓷砖厂等重点污染源的监控和整治，正确处理好保护和开发的关系。在政府职能方面，建议加强服务型政府建设，强化内部监督，更广泛地引入公众、媒体、企业等社会外部监督；优化余杭整体发展规划，坚持规划的长期性，维护规划实施的严肃性；加强政府管理创新，在接轨杭州主城区上下功夫，特别重视解决市民卡使用、医保联网、公积金缴存比例等。

区政协十届三次会议 2014年2月17日至20日，区政协十届三次会议听取并讨论朱华所作的政府工作报告和其他报告。委员们围绕实现全面深化改革的良好开局、推动经济持续健康发展积极协商议政，提出意见建议。在经济转型升级方面，建议政府在出台政策时应多考虑中小型企业生存和发展，兼顾科技型小微企业发展，关注劳动密集型企业，保障稳定就业；要真正落实农业园区、农业企业的农业设施、农产品加工用地指标，制定发展家庭农场、推进多种经营主体发展的政策举措；建议在临平周边规划和建立物流园区，并规范管理物流产业；加快农贸市场布局规划建设，尽快建设相当规模的农贸市场，满足老百姓的日常生活需求；经济社会发展规划要充分考虑外来务工人口的生活、子女就学等问题。在城乡统筹和美丽余杭方面，建议做好“治污水”的前期规划和研究工作，对生活污水治理设施加强长效管理；旧厂区、旧住宅区、城中村改造要结合地域特色、文化元素、水乡文化等进行；加快美丽乡村建设，提升余杭综合环境，打造余杭环境优势。在民生事业和社会治理方面，建议推进教育资源优化整合，统筹未来科技城、临平新城等“五城一基地”及其周边区域的学校规划、投资主体和学区划分，科学合理布局教育资源；进一步完善进城务工人员随迁子女入学管理办法，适度提高公办学校入学条件，缓解教育资源不足压力；加大医疗基础设施建设力度，提升医务工作者的能力和素质。建议政府加大对公共交通建设的优化和研究，着力提升公共交通对市民出行的分担率；针对城区停车难、公共停车设施不足等现象，建议结合城区改造、有效利用公共建筑等建立地下停车场、在人流量大的“十”字路段合理规划建设地下通道，加快利用地下空间缓解城区交通拥堵的问题。

区政协十届四次会议 2015年2月9日至12日，区政协十届四次会议听取并讨论朱华所作的政府工作报告和其他报告。通过大会发言、分组讨论、提案等方式，委员们对政府工作提出意见建议：着力推进产业结构调整和发展方式转变，提升工业经济核心竞争力，政府既要发展好、监管好电子商务，又要保护好、扶持好实体经济，特别要关注中小企业的发展；要以智慧应用推动产业发展，搭建平台培养引进信息人才，推广优秀企业的管理思路和成功模式，引导传统企业利用信息技术实现管理智能化、产能智能化、服务智能化。强化农产品质量安全，加大农资监管力度，完善农产品追溯管理制度，加快推进无公害农产品、绿色食品和有机农产品认证工作，推行农产品质量安全信用体系建设；发展农村电子商务和现代民宿经济，出台相应政策或指导性意见予以扶持；建立农村产权交易平台，使农田、水面、林地等产权固化，盘活农村存量资源，加快农村产权流转。建议规划建设综合性农贸市场，或鼓励推行便利化的配送经营；建议加快新型城镇化步伐，加快推进临平新城建设；加大西部山区村级道路维修的补助力度，将村级道路纳入交通运输部门管理。建议高起点启动教育事业“十三五”时期规划工作，特别是在优化教育布局、加快推进教育项目建设等方面要加大力度；做好“三大片区”教育布局规划，加快杭州北部新城有关教育项目建设，尽快实施余杭高级中学改扩建等项目；加大对西部山区镇街学校的投入和扶持，实施优惠政策引进并留住教师。通过同步移动课堂等方式，实现优质教育资源共享，提升西部山区薄弱学校的教育质量；通过名师课程等教育资源共享，有效提升民工子弟学校的教育质量和办学水平，加大教育整合力度。建议完善区内公立医疗机构与上级医疗机构联合办医、托管办医的资源共享机制，加快推进智慧医疗建设；支持推进民营医疗机构发展，扩大民营医疗定点医保范围。建议加快建设快速直达主城的道路框架，促进临平城区的发展；明确城区人行道建设标准，加强对人行道上车辆乱停乱放的治理，合理设置城区道路隔离带。此外，建议加大“五水共治”“三改一拆”工作力度、重视土壤污染预防与治理工作、关注房地产项目、推进法治余杭建设与依法行政工作等。

区政协十届五次会议　2016 年 1 月 18 日至 20 日，区政协十届五次会议听取并讨论朱华作的政府工作报告、国民经济和社会发展第十三个五年规划纲要（草案）和其他报告。委员们对政府工作报告、“十三五”时期规划纲要（草案）和有关政府工作提出意见建议。在经济转型升级方面，建议加强研究实体经济发展、互联网金融监管，帮助企业在互联网经济中得到更快发展；加大中小微企业的扶持力度，鼓励开展跨行业合作经营，推进产业链延伸；建立公共政策资源大数据库，打破部门之间的数据壁垒，以财政资金为引导加快投资平台建设，建立人才数据库，进一步推进市场化，推动“大众创新、万众创业”。发展农村农业要更加注重因地制宜，现代农业园区建设要适度规模、符合实际，建议尽早制定农村土地租金、土地征用补偿款再分配的指导性意见；推进民宿经济在西部山区的健康发展，要加强研究体制、机制上的制约因素，提出解决办法；理顺原高新农业示范中心的管理体制，加强基础设施建设，完善产业布局，盘活存量资源；加强对造田造地项目的管理，有效利用，消除荒芜，促

2016 年 1 月 19 日，委员在区政协十届五次会议上讨论“十三五”规划纲要（草案）

进山区农民增产增收。对于未来科技城、良渚文化城、临平创业城三大平台，梦想小镇、梦栖小镇、艺尚小镇三个创新基地，要进一步科学规划、整合资源、差异发展，注重对周边地区的带动作用；临平创业城要以余杭经济开发区、钱江经济开发区合并为契机，立足余杭实际，明确发展定位，实施跨山发展战略。建议在“十三五”时期内，建成一条区内东西向快速交通道路；建议将古墩路延伸段继续向西推进至杭长高速连接线，打破制约西部四镇与城区对接的交通瓶颈。在社会治理和民生事业方面，建议基层治理中要注重发挥社会组织和志愿组织的积极辅助作用，同时加强部门对镇街、村社区的工作指导；加强环境保护，加大污染源的整治，综合考虑海联热电公司搬迁工作，尽快启动对乔司垃圾焚烧厂的搬迁工作，对中泰垃圾焚烧厂建设需要做好监管工作；重视学校布局规划和师资力量培养，加大信息化教育的投入；在未来科技城、良渚文化城选择合适的位置，分别新建青少年宫或活动中心；希望进一步加强与浙江大学医学院附属第二医院的合作联系，出台相关激励政策，让更多专家来余杭区执业；建议余杭区中医院建立区级中医培训基地，加大和省中医药教学和医疗机构的合作；鼓励民营医院建设，吸引优质的民营医疗机构来余杭创业发展，更好地解决看病难问题；建议对因病致贫、因灾致贫的家庭提高救助标准，深化社区居家养老服务工作。

四、第十一届政协协商议政

区政协十一届一次会议　2017 年 2 月 6 日至 8 日，区政协十一届一次会议听取并讨论陈如根代表区人民政府作的政府工作报告和其他报告。会议建议新一届政府要认真执行中央、省、市各级党委政府的战略部署，贯彻落实区第十四次党代会精神，着力完善体制机制，着力补齐发展短板，着力增强可持续发展能力，着力提升群众获得感幸福感，全力推进高品质大都市新区建设。同时，委员们对政府工作报告和有关政府工作提出意见建议。1. 做强产业大平台方面：加大投资强度，努力解决孵化产业落地问题；完善产业生态体系，建立统筹协调机制，增强临平新城的经济地位，吸引更多创新创业人才集聚；切实保障企业利益，提高创业企业抗风险能力，真正为企业减负。加大科技创新方面的扶持，为鼓励企业引进新技术、新项目创造有利条件；做好创新型高科技产业办公用地的环评工作，助推企业上市；做好工业用地建筑物产权分割，把企业留在本地进行转型升级；加大对实体经济的扶持力度，促进资源整合，实现优势互补；要全方位、多层次、高质量加强余杭精品农产品品牌建设与宣传，出台相关扶持政策；注重人才队伍建设，建立“余杭工匠”认定制度，出台相应的培育、鼓励政策。2. 做优全域大环境方面：要打好“全面消灭劣Ⅴ类水体”这一攻坚战，保证管道的接通率和有效运行，注意保护好农村自然水体；城市建设规划要注重前瞻性、统筹考虑，杜绝拉链式的马路施工项目，道路绿化带反复调整、过度绿化等问题；要重视临平主城区的发展，分批次、排时序，对临平各旧城区块逐步进行综合整治和提升改造；深化垃圾分类工作，推广家庭厨余垃圾的利用处理、探索建筑垃圾的回收处理；开展预防未成年人犯罪和社区矫正等工作，加强对重点行业特别是建筑行业的管理，有效预防欠薪事件发生。3. 关注西部交通建设，建议将古墩路西段延伸至径山规划中的商务机场，以助力西部五镇与杭州主城区和临平副城的无缝对接；完善新建城区、小区的配套设施（公交系统、超市、农贸市场等），解决主城区部分路段因公共车位设置不合理导致高峰期交通拥堵问题。4. 加快健全和落实政务服务“一次办结”机制，切实提高行政审批效率；深入研究党建统

2017 年 2 月 7 日，杭州市余杭区政协第十一届一次会议第 7 讨论组委员讨论《政府工作报告》

领与社会组织自治协同发展问题，加大对社会组织、民间协会的关注支持力度；引入社会力量参与重大基础设施、特色小镇建设和小城镇环境综合整治；深化农村集体产权制度改革，更细致准确地做好土地确权。5. 做实民生大事业方面：注重余杭地域文化的传承，增强文化自信，进一步深入挖掘余杭特色文化、历史传承，关注对余杭文艺人才的培养和对文化艺术的投入，完善区文化艺术中心建设方案；明确余杭旅游发展思路，加强旅游资源管理，完善旅游开发、运作体制机制，打造余杭旅游名品、精品；加大对体育运动设施建设的投入力度；注重优质教育资源的引进和培育，加大教育资源向西部地区的倾斜力度，调整完善职业教育规划布局，促进职业教育与余杭经济发展方向、布局相适应；关注老龄化问题，发挥老年协会在居家养老服务中的作用，社会资本、民间力量在公益事业中的作用，发展医养结合的养老服务事业，鼓励社会机构积极参与，加大对确定为上市对象的民营医疗机构的扶持力度等。

区政协十一届二次会议 2018 年 1 月 31 日至 2 月 2 日，区政协十一届二次会议听取并讨论区长陈如根作的政府工作报告和其他报告。委员们认为，区政府工作报告总结工作实事求是，分析问题精准到位，工作部署切实可行。进一步提振了精气神、增强了责任感。委员以审议报告、大会发言、分组讨论、撰写提案等形式，认真履行职责，深入协商议政，积极建言献策，对政府工作报告和有关政府工作提出了一些意见建议：建议加强仁和先进制造业基地的公共服务配套，在五常区块打造大健康产业小镇，加快工业园区提升改造，推动瓶窑镇纳入城西科创大走廊规划，打造未来科技城—瓶窑科创区块；加强创投项目网上对接服务，推动企业上市工作可持续发展，努力打造科技创新生态，打造总部金融基地；在发展创新经济的同时，要多关注传统企业的发展；对存量工业用地、亩均产出较低的项目，出台倒逼出局制度，实现二次开发利用；建议引进杭州主城区的共享停车技术，通过智慧停车管理平台，盘活整合社会停车资源，促进解决停车难问题；关注西部交通建设，助力西部五镇与杭州主城区、临平副城的无缝对接；紧紧抓住与阿里巴巴的合作机会，组建专业团队与之对接，在顶层设计与规划方面要提前谋划布局，充分利用好阿里的平台；大力发展乡村旅游、美丽经济，通过加强组织领导、做好顶层规划，探索创新模式、引进市场力量，加大宣传力度、完善配套服务、培养专业人才等举措，增强乡村自身造血功能；加大对本土农产品种质资源的研究和保护力度，如小林黄姜、塘栖软条白沙枇杷等；优化教育布局，实施临平山北的初中、职校建设规划，加快经济开发区公办学校的配置进程；做好临平副城高校引进工作，谋划好高教园区的规划布局；探索校企联合发展的有效模式，提高职业教育综合水平；加大对良渚古城申遗的宣传力度，提升公众对良渚文化、遗址保护、申遗等内容的知晓度；要重视医疗人才队伍建设，切实解决好农村医疗卫生领域人才总量少、待遇低、工作条件差和专业人才不干专业的问题，加大“智慧医疗”推行力度，重视残疾人无障碍设施建设，方便残疾人出行；建议科学合理投放救命神器 AED（自动体外除颤器），制定 AED 配置推广规划，分步分类推进投放工作；围绕创新社会治理，推行租房星级化管理，促进解决出租房杂、散、乱和安全隐患问题。在“最多跑一次”改革中，要强化窗口部门的职能职责，提高工作人员的业务水平，提高办事效率；政府有关重大项目规划建设和大额财政支出，要加强科学论证并广泛征求专家、学者和社会各界人士意见，避免重复建设、资源浪费。

区政协十一届三次会议 2019 年 1 月 28 日至 30 日，区政协十一届三次会议听取并讨论陈如根作的政府工作报告和其他报告。委员们围绕区委“三个全域”建设献计献策，提出意见建议：建议高效推进 5G 基础网络设施建设，统筹规划科创园区，强化国家级孵化器和众创空间的示范带动和引领作用，营造数字经济投融新生态，创建全国数字生态引领地；关心支持余杭传统制造业发展，提升优化余杭东部规划、教育用地转型规划等，坚持抓大扶小，提高余杭企业文化形象；着力打造“热带雨林式”人才强区，持续关注各个阶层人才成长，在职称评定、住房保障、医疗服务、子女教育、津贴补助等方面给予保障；支持创新创业，重视民营企业园区发展，努力打造一支技能型创新型技术工人队伍，为余杭经济高质量发展夯实基础。优化小城镇综合服务和管理，巩固小城镇环境综合整治成果，注重城市的精细化管理，提升城市文化形象，加强物业监督管理，加强垃圾分类宣传指导，做好垃圾分类后续回收处理工作并建立长效机制。加大对乡村振兴的用地保障力度，每年安排一定比例的规划建设用地指标（不超过 5%），用于零星分散的农业设施和休闲旅游设施等建设项目；注重美丽经济建设，着力发展现代农业、乡村旅游，带动农民增收致富，重视美丽乡村长效管理工作；农业农村基础设施投入与财政增长不匹配，特别是西部山区农民饮用水问题至今未能全部解决，农村通天然气进度慢；重视湿地保护，守住规划底线，加大执法力度，做好湿地与野生动物保护；河道整治中要把重视河道自净能力与土壤治理结合起来，要用生态方式来解决。注重社会保障细节，完善公交无障碍设施。加快保障房交付速度，并着力提高后续管理水平；建议政府加大对养老等民生工程的投入，既满足市场需要也让老年人发挥余热；加快学校项目建设，加大对西部学校扶持力度，通过选派支教教师、招师政策倾斜、提高教师待遇等举措吸引和留住优秀人才到西部任教；加强医疗共同体建设和妇幼保健工作，把保障妇女儿童健康各项工作做深做实；建议突破政策上的有关问题，加大本地人才的扶持，奖励获奖人员，解决相关单位的编制问题、评聘分离、专业人才的安排问题，避免文艺人才的流失等。

区政协十一届四次会议 2020 年 1 月 17 日至 19 日，区政协十一届四次会议听取并讨论陈如根作的政府工作报告和其他报告。委员们围绕区委、区政府重要决策部署和余杭政协事业发展，深入协商议政，积极建言献策，对政府工作提出意见建议：在经济发展方面，建议支持科技和金融多层次的服务平台，发展 5G 数字经济，支持发展短视频和直播电商等新业态，创建小微企业园区，注重职业技能人才的引进和培育；做深良渚申遗成功后的文章，处理好“保护、传承、利用”三者间关系；完善大运河文化带建设，做深做实运河二通道两侧生态带、旅游带规划；在城市有机更新中要注重前期规划，突出城市文化内涵；城市项目建设要注重节约，资金投入要讲绩效；要更加注重乡村产业发展，促进美丽乡村向美丽经济转变。对于影响视觉效果的不利因素，相关部门要联合整治，比如要尽快解决“江南慢谷”区域内废弃铁塔林立问题。在社会治理方面，优化基层网格队伍，提升基层治理现代化水平，发挥社会组织在基层治理中的优势，突出群众的主体作用，形成基层治理效能，完善公安、城管等职能部门的信息共享机制，促进协同治理；建立长三角地区优质教育合作机制，加强与周边地区的教育交流互动；重视中小学、幼儿园学生的近视防控，适当减少学校多媒体的使用；要把民营医疗机构作为社会事业的重要补充，完善促进民营医疗机构发展的政策和措施；加快社区居家养老服务照料中心的建设，以开展适度邻里互助等形式，关注高龄失能老人养老难和独生子女的家庭养老问题；重视城市小区物业管理工作，提高物业管理治理水平等。

五、第十二届政协协商议政

区政协十二届一次会议 2021年7月20日至22日，区政协十二届一次会议听取并讨论区政府（筹）工作报告、《杭州市余杭区国民经济和社会发展第十四个五年规划和2035年远景目标纲要（草案）》及其他报告，会议对上述报告表示赞同并提出意见建议。委员们认为，区委、区政府全面贯彻新发展理念，忠实践行“八八战略”，紧扣“五大余杭”目标，推进“三个全域”建设，经济社会各项事业实现高质量跨越式发展。建议区政府进一步深入贯彻习近平新时代中国特色社会主义思想，按照区委决策部署，立足新发展阶段，贯彻新发展理念，构建新发展格局，推动余杭在新起点上再创新辉煌。委员们围绕区委、区政府重要决策部署，深入协商议政，积极建言献策，对政府工作提出意见建议，并函告区政府。在经济发展方面，优化创新创业生态体系，推动人工智能创业投资健康发展，同时针对人工智能监管先行先试；关注传统制造企业外迁问题，对辖区内传统企业的转型升级给予更多的指导和支持；优化未来科技城和西部镇街的联动机制，推动西部镇街工业园区提升改造，通过大平台带小园区，提升西部地区产业能级；吸引更多海外优秀人才为余杭区的经济社会高质量发展献计出力；提升产业园区的服务配套，引入更多文化类服务项目进园区，并提高园区的AED覆盖率和加大培训力度。在城乡品质方面，深度挖掘未来社区传统人文资源，注重文脉传承，并鼓励文化与科技融合创新，试点文化主题创业；打造地下空间数

2021年7月20日，区政协十二届一次会议委员们听取大会发言

据中心库，以此推动打造地下空间数字化、智能化管理示范区；统筹规划和建设保障性型租赁住房，并出台相关细则，加强对人才租赁住房的管理；在城市规划设计中，建议更加注重城市抗风险能力的提升，尤其是城市排水防涝能力的提升；区划调整后，要全方位统筹学校规划、建设、用地、资金、审批等环节，合理利用富余闲置资源有效增加学校数量，加大对西部城区的教育投入力度；建议抓住杭州亚运会举办契机，将余杭文化元素更多嵌入亚运会筹备、举办、后续开发全过程，做好良渚、运河、径山三大文化IP国际传播工作策划与实施，讲好余杭故事。在社会治理方面，建议构建全域指挥体系，加强安全生产、卫生应急、交通应急、环保应急、防汛防台等自然灾害的专项指挥；强化数字政府建设，引入先进的人工智能技术，减轻政府人员工作量，提升行政效能；构建数字化改革应用场景，充分发挥三大实验室的原始创新动力，发挥基础研究优势，提升未来产品转化效率；搭建数字医疗资源平台，促进生物医药企业与临床应用成果转化，融合生命科技与数字化高地，打造一批具有余杭辨识度的健康场景；加强基层治理，发挥律师的社会职能作用，提供业务咨询、法律宣传、法律援助等公益法律服务；加大医疗等民生领域的投入，完善综合性医疗资源布局，提升区域医疗卫生服务能级等。

区委专题协商座谈会　2022年1月5日，区委召开专题协商座谈会，就《区委十五届五次全体（扩大）会议报告（征求意见稿）》征求区政协和各民主党派、工商联负责人、无党派人士意见。委员从传承文化根脉、坚持创新引领、加强双招双引、优化营商环境、把握亚运契机、完善城市配套等方面积极建言献策，并对报告中涉及的表述性、文字性方面问题提出了完善意见。区领导表示，区委将认真梳理、充分吸纳意见建议，进一步修改、完善好全会报告，更加契合余杭发展实际，更好地调动和激发全区上下干事创业的积极性、主动性和创造性，真正起到提振信心、坚定决心、鼓舞士气、凝聚共识的作用。

区政府《政府工作报告（征求意见稿）》征求意见座谈会　2022年1月13日，区政府召开《政府工作报告（征求意见稿）》征求意见座谈会，听取部分党代表、人大代表、政协委员的意见建议。委员对照《政府工作报告（征求意见稿）》具体内容，结合自身工作经验，分别围绕优化教育医疗资源、改善交通出行、提升城市配套、建设未来乡村、扶持中小微企业、擦亮文化“金名片”、完善社会服务等内容畅所欲言，对政府工作报告的修改和完善提出了许多中肯的宝贵意见。区长王犇表示，广泛征求各方意见是凝聚智慧力量的重要途径，也是加强和改进政府工作的重要举措。会后区政府会精心梳理、充分吸收，力求政府工作报告符合余杭发展实际、顺应民生需求。要清醒认识当前形势，锚定高质量发展目标，谋蓝图、促发展、惠民生、保平安，以更加务实的作风、更加有效的举措，全力以赴交出一份高分答卷。

区政协十二届二次会议　2022年2月12日至15日，区政协十二届二次会议召开，听取并讨论区长王犇所作的政府工作报告及其他报告。委员围绕区委、区政府重要决策部署，引领创新发展、展示城市形象、建设共富示范等方面提出意见建议。建议在推动余杭数字经济发展时，重点关注、培育、引进参与数字新基建的科技企业、生产研发数字化工具的企业、新模式运营数据资源的企业；在核心区重点布局一定比例的产业空间，用于发展数字经济核心产业目录中“电子信息产业新制造”方向；大力推进余杭元宇宙经济产业的创新应用，加快余杭数字经济与科技发展和建设管理与运营的效能升级；优化人才评价体系，以半

2022 年 2 月 12 日，区政协十二届二次会议委员们听取政协常委会工作报告

年为周期举办余杭人才大会，大力吸引外地高端人才和领先企业落户余杭；设立以政府为主导的细胞和基因治疗产业引导基金，构建全产业链的生态体系，打造一流细胞和基因治疗产业园；更加重视跨境电商产业发展，集中规划建立国家级、综合性的跨境电商产业园。建议结合杭州西站建设，在西站的醒目位置打造一个高品质的“余杭会客厅”，优化城市 CT，建立智慧健康研究机构；围绕地铁站点的规划建设，建立高质量、一体化、安全便捷的交通衔接配套设施；加大西部片区交通基础设施建设力度，优化加密双向公交线路设置，增加西部乡村公交自行车投放，试点开展西部乡村电动车充电桩布点规划和建设；在城市建设中更加重视生态保护，争创国家级的生态文明示范区；依托现有的古镇老街资源，加强江南特色历史风貌保护和文化遗产保护，打响“江南文化”品牌，打造最美江南老街，拓展余杭全域旅游战略纵深；建议以市场化思维做好乡村振兴到共同富裕的顶层策划；在西部五镇通过“卫星办公”形式探索未来乡村可持续发展新模式；深入推进名校集团化办学，加强名校文化的渗透与吸收，打造区内名优学校；更加重视职业教育发展，尽快规划建设综合性高等职业教育学校，并加强民办新职业技能培训机构的培育与人才培养；加强余杭文化宣传教育，深入开展学术研究，挖掘余杭历史文脉，打造具有余杭特色的文化载体、文化品牌、文化产品；推行基层法律服务全覆盖工程，不断提升政府在重大行政决策合法性的审查能力；以数字化改革为指导方向，打造建筑工程综合服务管理平台，运用区块链大数据技术，对余杭区的建筑工程项目，建设覆盖全生命周期的服务和管理运营模式；要进一步加强企业职工权益保护，引导市场主体建设楼宇、园区嵌入式幼儿园。

第二节　协商区域重大举措

参与政治、经济、社会、文化等方面重大举措的协商和决策是政协的重要职责。区八届政协以来，继续常态化参与发展规划制定协商和讨论国民经济和社会发展规划、协商讨论事关全区改革、发展、稳定大局的重大决策和举措，为党政领导机关决策的科学化、民主化建言献策。各届党委、政府也高度重视政协的作用，许多要事、大事都做到协商于决策之前和决策执行过程之中。

一、协商余杭区国民经济和社会发展五年规划

协商《余杭区国民经济和社会发展第十一个五年规划》 2006年1月19日，区政协八届32次主席会议召开，专题协商余杭区国民经济和社会发展第十一个五年规划纲要（草案）。会议认为，区“十一五”规划纲要（草案）提出“十一五”期间全区经济社会发展的主要目标、战略任务和工作重点，规划总体比较成熟，定位准确，结构合理，具有长远性、前瞻性和科学性，符合余杭发展实际，顺应时代要求。为此，区政协把建言“十一五”规划作为年度重点履职工作，由区政协领导班子成员牵头，各专委会具体负责，组织界别、委员、各方面人士深入调研。会议就纲要（草案）的发展指标、实施保障、重大项目等方面提出意见和建议。建议将年度计划或该项指标作适当调整，缩小城镇居民人均可分配收入、农村居民人均纯收入之间的比例，将“新型农村合作医疗受益率”改为“新型农村合作医疗受补偿率”；明确新增就业岗位、工业固体废弃物综合利用率等指标概念，根据实际予以取舍。会议指出，“十一五”期间重大项目工程的规划要充分考虑土地资源供应、财政资金保障等因素。经济发展项目必须注重提高土地产出率。财政投入要突出重点，切实保障义务教育、基本医疗卫生等社会事业发展项目需要。会议建议，进一步充实“规划实施”章节的内容，在体制上、政策上提供保障，在具体实施、监督等方面制定翔实计划，提高规划的科学性和可操作性；纲要根据实际情况作修正完善，必须依照法定程序进行。会议就“十一五”规划纲要的“总体要求”“战略举措”“推进文化事业与产业发展”“建设教育强区”“建设卫生强区”“推进民主法制建设”“增强社会管理能力”等章节中的部分内容、文字表述方面提出了修改意见和建议。区委副书记汪宏儿在会上指出，会议提出了很多有价值的意见和建议，充分体现了区政协对余杭经济社会发展高度重视和认真负责的精神。要对会议提出的意见和建议认真研究吸纳，使规划更加科学合理，符合实际，以更好地指导余杭区“十一五”期间经济社会发展。

协商《余杭区国民经济和社会发展第十二个五年规划》 2010年7月22日，区政协在区发展与改革局专题协商“十二五”规划工作。此前，区政协把建言“十二五”规划作为年度重点履职工作，由区政协领导班子成员牵头，各专委会具体负责，组织界别、委员、各方面人士深入调研。会议认为，“十二五”时期是余杭深入实践科学发展观、着力构建现代产业体系、全面建设“品质之城、美丽之洲”的五年，科学制定并实施“十二五”规划，对于引导余杭经济社会又好又快持续健康发展意义重大。建议“十二五”规划编制要以科学发展观为核心编制理念，以转型创新发展为主线，以改善民生民享为目的，以把握未来发展趋势为根本，深入研究“十二五”发展趋势、发展战略和目标，充分体现科学发展、和谐发展的战略思想，突出进一步优化全区生产力布局、加快推进城市化进程、强化余杭区“一副三组团”发展研究、深化构建现代产业体系规划、提高城乡基础设施建设水平、开展要素资源供需及生态环境研究、深化体制机制改革研究、推进区域竞争与合作、重视民生民享、突出重点区域发展。2010年7月29日，区政协九届二十一次常委会会议召开，专题协商区“十二五”规划基本思路。1. 关于生态建设和环境保护工作：应进一步建立和完善发展与环境综合决策机制，建议根据余杭区域空间的资源环境承载能力、现有开发密度和未来发展潜力，将余杭全区划分为优化开发、重点开发、限制开发、禁止开发等四类主体功能区；把生态环

2010 年 7 月 22 日，区政协召开余杭区“十二五”规划专题调研会

境保护和建设的主要任务与项目纳入国民经济和社会发展“十二五”规划和年度计划，将生态环境保护和建设贯穿于经济社会发展的全过程；进一步完善环境管理体制和机制，统筹环境保护规划与生态环境功能区规划、环境综合整治、环境监测与预警系统建设；综合运用财政、金融、法律、新闻媒体等手段和市场机制，统筹环境资源的优化配置；要把生态环境质量评价指数列入规划指标，把农业农村面源污染防治作为“十二五”时期重要工作内容，解决影响群众健康的突出环境问题，促进民生改善；建立党委领导、政府负责、部门协同、社会参与的生态环保体系；积极探索有利于推动环保事业发展的工作机制。2. 关于乡镇城市化：建议将着力打造精品小城镇纳入“十二五”规划，按照城乡一体化的发展要求，科学规划，合理布局，分步实施，集中力量建成一批工业带动型的特色明显、优势突出、设施良好、功能完备、环境优美的精品小城镇群，构筑以临平城区为龙头，组团中心镇为重点的新型城镇体系。3. 关于现代都市农业发展：推进农业龙头企业的发展，积极提高技术支持力；加强利益联结，逐步建立和推行对农户的利益再分配机制，实现企业和农户的“双赢”目标，不断拓展带动辐射力；开拓营销渠道，推动参展开店，积极应用网络作用，着力提升市场拓展力推进休闲观光农业的发展；健全农业保险政策，提高农户参保积极性。4. 关于物流业规划：发挥余杭的自然禀赋和区位优势，做好适合余杭发展的物流业主要形态、功能定位的科学论证，防止物流基础设施建设的盲目性和规划的非系统性。着力解决制约物流业发展交通方面的软环境问题。5. 关于现代工业发展：把质量提高和效益提升作为首要任务，实现转型升级，把机制完善和政策落实作为重要保障，建立相关机制、完善配套政策；把分类指导培育作为结构调整的主攻方向。根据企业不同类型，按照产业政策、土地利用效率、节能减排要求来规划定位，制定对落后生产能力的淘汰计划；把技术改造和两化融合作为产业升级的不懈动力。加大技术创新力度，增强自主研发能力，推进工业化与信息化融合，促进制造业向技术自主化、制造集约化、设备成套化、服务网络化发展。把节能减排和绿色制造作为工业发展的长期任务。同时，严格执行投资导向和项目准入制度。

此外，对加快卫生事业项目建设、“平安余杭”和法治建设、养老事业发展、教育事业、民营企业转型升级、专业技术人才队伍建设等提出具体建议和意见。

协商《余杭区国民经济和社会发展第十三个五年规划》 2015 年 11 月 6 日，区政协十届常委会第十八次会议专题协商“十三五”规划。区政协把建言“十三五”规划作为年度重点履职工作，由区政协领导班子成员牵头，各专委会具体负责，组织界别、委员、各个方面人士深入调研。开展“我为‘十三五’规划建言献策活动”，集聚了各界别组、镇街联络工委、广大政协委员以及社会各界人士的智慧和力量。区政协主席会议还集体调研发改局的规划编制工作。会议认为，做好“十三五”规划编制，思想要更加解放、思路要更加开阔，要强调注重思想引领、注重统筹协调、注重破解难题。主要建议：1．关于农业农村工作方面：要科学处理好突出重点和兼顾一般的关系，充分考虑运河以南、塘栖仁和等农业产业传统优势区块的发展和结构调整问题；把生态农业、绿色农业、特色农业作为创建和培育现代农业园区的主流，粮食功能区建设要注重提质增效；关注休闲观光农业新业态的可持续发展，强化农产品质量安全监管；进一步扩大美丽乡村建设覆盖面，引导和鼓励社会资本投向农村建设；在“十三五”期间将建设牛角岭水库、扩建罗窑坞、牙山水源工程等项目提上议事日程；科学安排河道整治和引配水项目。2．关于交通建设方面：建议加快推进世纪大道快速路、320 国道秋石快速路、留祥路西延、东湖快速路等项目，加快构建东西向快速通道，推进东西向快速路（沿疏港公路布线）、规划 320 国道北移工程等，应加快构建“一环”快速通道，推进绕城西复线、绕城西线拓宽工程，加快未来科技城、余杭经济技术开发区等“三城”的环线公交建设，以及“三城”与各“特色镇”之间的公交通行等，同时通过智慧交通信息建设，对交通“大数据”进行采集、管理、利用，实现路网交通流的时空均衡分布。加快大交通体制改革和体系建设，打破公路、道路两套体制机制，在规划、时序、标准、质量上进行统筹对接，同时整合信息资源，形成科学的监管体制，适应新时期交通事业发展的需要。3．关于教育资源优化方面：优化布局调整，推进教育资源均衡配置；大力发展民办教育，引进不同档次教育资源，解决“入学难”，实行“减量提质”；全力实施余杭区与主城区教育合作行动计划，推进教师专业发展全员培训工作，切实提高校长政治理论素养、管理水平和专业素养。4．关于金融发展方面：建议合理增加信贷投放，大力拓展直接融资，加大重点领域信贷投入力度；对传统产业创新产品、创新管理、创新商业模式要加大支持力度，积极改进和完善对专业大户、家庭农场、农民合作社等新型农业经营主体的金融服务；推进信用体系建设，逐步整合银行、司法、税务、环保等部门的信息资源，形成多网合一、资源共享的中小企业信用信息数据库。5．关于社会养老方面：建议明确全区社会养老规划，制定居家养老、社区养老和机构养老的相关政策，探索创新社会养老机制，将区社会福利中心、部分镇街敬老院，委托有医疗资质实力与养老机构管理经验的机构运营。6．关于旅游产业发展方面：建议区域整合提升，成立大径山旅游开发管委会，整合

2015 年 11 月 6 日，区政协十届常委会第十八次会议暨“十三五”规划基本思路专题协商会召开

管理资源，统一管理机构；做好与塘栖小城市规划相结合文章，把塘栖古镇、丁山湖秀水，超山名山发展规划通盘考虑，使三地相依相融，共同发展；加大旅游基础设施投入和建设力度，完善旅游配套设施服务，利用全区丰富的旅游资源，提升余杭旅游产业规模。

协商《余杭区国民经济和社会发展第十四个五年规划》 2020 年 9 月 14 日，区政协十一届 38 次主席会议，协商余杭区"十四五"规划基本思路编制情况。会议围绕规划总体思路、空间布局、公共服务资源配置、重点专项规划等方面进行专题协商，提出修改和完善意见建议。会议认为，"十四五"规划编制工作事关余杭今后几年经济社会发展大局，区政协要发动委员，在规划编制过程中积极参与、广泛建言，认真履行协商议政职能，为科学编制规划献计献策。

2021 年 5 月 12 日，余杭区政协筹备组专题协商余杭区"十四五"规划，组长沈昱主持会议。与会人员紧扣余杭区"十四五"时期及到 2035 年远期发展，从空间布局、科技创新、城乡建设、民生保障、教育卫生等方面进行深入协商，并在科学设定发展指标、精准谋划人口增量、加强城市公共服务、完善基础设施等方面提出了许多建设性意见和建议。建议立足新发展阶段，贯彻新发展理念，构建新发展格局，锚定高质量可持续快发展目标，奋力展现建设"重要窗口"和"数智杭州宜居天堂"的排头兵、领头雁风采，推动余杭在新起点上再创新辉煌。沈昱指出，要提高思想认识，加深对"十四五"规划重要性的理解，努力做到学懂弄通，科学指导各项工作。要广泛征求意见，在吃透精神、掌握政策的前提下科学编制规划，确保规划既有指导性，操作性，又要兼顾战略性、可落地性。要坚持双向发力，积极建言"十四五"规划，广泛凝聚各方共识，为余杭创新发展贡献智慧和力量。

二、协商经济社会发展

协商农业农村工作 区政协八届一次会议以来，协商农业农村工作主要内容有"三农"问题、农业产业园区建设、西部山区生态保护与开发工作、新农村建设、水环境建设、城乡区域统筹发展、径山茶提升工作、农居安置房建设等。

区新型农村合作医疗制度。2003 年 3 月 25 日，区政协八届常委会第一次会议协商讨论建立余杭区新型农村合作医疗制度。区政协提出如下建议：1. 切实加强领导，确保合作医疗作为农村的医疗保障制度，能够持续健康地发展。2. 增加区、镇乡街道（村）二级财政投入比。建议分别以每人每年 10 元的标准下拨，以此来带动和引导农民加入合作医疗的积极性，同时提高农民筹资标准，以每人每年不低于 20 元的标准筹集合作医疗经费。3. 加大宣传力度，提高群众自愿参加合作医疗的积极性和主动性。4. 建立筹资机制，纳入财政预算，保证合作医疗正常运作。通过村干部包组，村民组长包户，挨家挨户上门筹措合作医疗经费。建议以点带面，确定经济较发达的镇乡（街道）进行试点，深入调查研究，制订试点方案，在取得试点经验的基础上逐步推行。

农业产业园区建设。2003 年 9 月 23 日，区政协八届常委会第三次会议召开，听取副区长孔祥华代表区人民政府就全区都市农业发展和农业产业园区建设的通报。会前视察高新园区和特色农业园区，与区政府有关部门开展协商研讨。委员们肯定农业产业园区建设取得的成效，同时针对存在的问题和薄弱的环节，提出意见建议：1. 坚定都市型效益农业的发展方向，让更多的特色农产品走向国内外市场。同时，要克服园区建设就是简单的面积

扩大这种片面认识，树立效益第一的观念。2. 加快园区的建设进度方面，力争花 3—5 年时间全面建成 5 万亩园区面积，年实现产值 3 亿元。3. 组织园区业主参加各类农产品展销活动方面，利用“余杭农网”信息平台等途径，不断提高余杭区农产品的知名度，提高农产品在国内外市场上的竞争力。

西部山区生态保护与开发工作。2004 年 7 月 13 日，区政协主席李小花、副主席董建国一行到区西部的径山、黄湖等 4 个镇，与镇主要负责人和生态农业企业代表举行座谈，协商西部山区生态保护与开发工作。委员们分别听取各镇前期的生态保护、开发及其今后工作的汇报，并就生态保护和开发提出意见和建议。建议在保护的前提下，科学地进行资源开发利用，通过旅游、生态农业、无污染工业等的发展，提高西部镇乡的经济社会发展水平。

“三农”问题。2005 年 6 月 4 日，区政协召开“三农”问题协商会，区四套班子领导何关新、李小花、许明、杨洪香、宋福友、孔祥华、丰章生、董建国、钱杭根等参加。农民养老保险、农民增加收入、农民文化生活、新农村建设、农村社会稳定等问题一直备受委员们的关注。为破解“三农”问题，从 2 月开始，区政协就组织力量，通过召开 10 余个不同层面的座谈会，发放调查问卷 1000 余份，赴萧山、诸暨、义乌、安吉、鄞州等地学习考察等方法，进行了深入细致的调查研究，形成了《影响余杭区农村社会稳定的因素和对策》《加快推进农村社会养老保险》等 5 个调研报告，并邀请省内 10 多名专家进行了论证，经区政协主席会议协商、常委会会议审议决定，提出关于解决“三农”若干问题的建议。建议：1. 实施工业化和城市化战略，促进农业劳动力转移。实施工业兴区战略，推动城市化，以一副三组团为基础，扩大城市规模，追求聚集效应。鼓励农民创业推动就业，在一定年限内予以税费优惠。2. 推进农业产业化进程，提高农业发展水平。扶大扶强农业龙头企业，完善和创新利益联接机制。建立产业化经营的合作组织，提高农民进入市场的组织化程度，增强农产品市场竞争力。提高农业科技的自主创新能力和科技装备水平、实施外向型农业战略、推进绿色生态农业建设等方面继续予以引导和扶持。积极探索和试行农村土地流转机制，促进土地的集约经营，提高农业产出，增加农民收入。3. 合理分配公共财政，发挥引导社会资金投入农村的杠杆作用。逐步构建城乡统一的公共财政体系，大力扶持农村基础设施建设，发挥财政的杠杆作用，逐步形成工业反哺农业的机制。4. 加强农民教育和培训，提高农民素质。制定保障农民教育和培训的规划和政策，建立健全农民教育培训体系，以市场为导向

2005 年 6 月 4 日，余杭区政协“三农”调研情况报告会召开

大力拓展农民教育培训的内容，根据市场需求，开展技术培训，特别需要开展那些关于种植、养殖方面的专业知识和生产技能的培训，培养一批农村致富的典型和带头人。5. 通过新建和挖潜，在三到五年内基本普及高中教育，尽量让新生代农民接受中等职业教育，增强他们的就业能力，提高社会生存能力与竞争能力。6. 发展农村文化事业，丰富农民文化生活。农村文化工作是“三农”工作的重要组成部分，是构建和谐社会的重要内容。一是加强镇乡（街道）文化机构干部队伍建设，理顺文化机构的属性和职能，建议统一设置文体广电中心（文化站）综合性机构并配足文化工作干部力量，加大对镇乡（街道）民间文艺队伍培训、组织比赛和奖励补助的力度。二是进一步发挥区、镇乡（街道）两级政府在文化公益事业中的主导作用，努力发展农村必需的纯公共文化产品；积极发展文化产业，制定和完善相关政策，大力引导社会资本投入非公共文化产品、准公共文化产品，培育文化市场，用健康的文化娱乐占领农村文化阵地。三是完善考核机制，加大对镇乡（街道）文化方面的考核权重，赋予与其重要性相吻合的考核分值。7. 加快新农村建设，改善农民生活居住环境。加快新农村建设是实现农业现代化的有效途径，也是改善改变农村“脏乱差”面貌和提高农民生产生活质量的主要方式。一是坚持新型社区建设的高品位，通过适当提高经济补贴标准，办理“三证”权属等办法，大力推广多层或高层住宅，禁止单体，限制双户联体。二是积极推进中心村建设，以小城镇建设为依托，从完善基础配套入手，以良好的居住环境吸引农户向中心村集聚，控制中心村以外农民建房，探索农村宅基地有偿收回办法，加大建新拆旧的力度。三是加大村庄整治力度，以改善农村基础设施、立面整治、拆除违章建筑和美化人们居住环境为重点，逐步实现“房屋美化、道路硬化、路灯亮化、村庄绿化、环境洁化”的目标。四是克难攻坚改造城中村，按照城市小区标准进行多层和高层建设，参照农村迁建标准安置面积，价格上给予优惠并发给“三证”，拍卖、出售改造后节约的土地和多余住宅作为改造资金的补充，在建设规划上可沿路沿街建造店铺，用于安置失地农民和社区管理。8. 完善农村社会保障体系，提高农民参加社会养老保险比例。完善农村社会保障体系是实现社会公正，维护社会稳定的根本保证。充分认识老龄化社会的到来和独生子女家庭对农村家庭养老模式带来的严峻挑战，尽快全面开展农民社会养老保险工作。一是分类指导，注重政策差别。加大执法力度，确保企业内务工农民100%参加社会养老保险；制定适合农村的“低标准、低待遇”政策，吸引低收入农民参加；补偿历史欠账，投入适当资金，帮助尽可能多的农村“4050”人员和失地农民在年老前纳入社会养老保障体系。二是拓宽筹资渠道。对土地大量征用的村，必须严格执行10%村级留用地政策，和经济富裕村一起，从村集体自有积累资金、土地租赁、厂房租赁、集体资产处置收益中提取一部分，建立农村社会养老保险集体补助专项基金。三是试行“以土地换保障”，农民在年老、到企业就业、进入城镇定居的时候，让出原先承包的土地，由转包者缴纳一定数量的经济补偿，使其参加相应的社会保险。四是逐步缩小城乡差别，提高农村最低生活保障、大病保障、养老保险等社会保障的补偿标准，并最终和城镇相接轨。9. 化解各类矛盾，确保农村稳定。维护农村社会稳定是构建和谐社会的必然要求。一是高度重视因征地拆迁引发的社会矛盾，探索新型征地补偿机制和征地价格听证制，合理分配政府和农民在土地上的收益。二是加强基层组织建设，尊重民意，既注重选举村两委会时的公正，又要探索罢免工作的可操作性，以民主的力量推动两委会成员素质的提高；完善和落实“组财村审”“村财镇审”以及落实村会计委托代理各类财务监督制度，杜绝在农村财务上的“暗箱操作”行为。三是强化社会治安综合治理，学习“乔司综治经验”，做到打击与整治并举。四是要加强信访工作，完善区、镇乡、村三级信访工作网络，提高基层信访调处能力。五是加大违纪违法案件的查处力度。依法查处村干部利用职务便利侵占、挪用村财，索取和非法收受他人财物等案件；对群众反映强烈的热点问题，职能部门要及时组织力量及时进行查处；对一些典型案件、恶性案件要公开处理、曝光，达到处置一个教育一片的目的。区委书记何关新充分肯定政协委员积极参政议政的精神，表现了政协委员的真知灼见，意见建议有许多亮点，可为区委、区政府决策参考。他指出，要解决余杭“三农”问题，就应该知道余杭“三农”处在一个什么样的阶段，处在一个什么样的位置，然后才能找到破解的方法。从总体上看，余杭农村是一个落后社区，余杭农民是一个弱势群体，余杭农业是一个弱质产业；而余杭农业正由城郊型农业向都市效益型农业转变；余杭农村正向城乡一体化转变；余杭农民向市民转变。针对这一现状，何关新强调，解决“三农”要坚持工业化和城市化互动的观点，推进城乡一体化，提升发展空间；坚持余杭西部的明天更美好的观点，搞好自然环境、人文环境，激活发展潜力；坚持以人为本的观点，努力构建和谐社会、和谐创业氛围。解决“三农”问题，还要统筹城乡发展，把农民从土地上解放出来，把做好农村社会保障体系工作提到议事日程。

新农村建设。2007 年 12 月 21 日，区政协九届常委会第五次会议召开，协商新农村建设。会议听取并讨论区农业局局长胡永林受区政府委托作的关于 2007 年度新农村建设工作情况和 2008 年度新农村建设工作思路的通报。会议指出，新农村建设工作是一项长期的、艰巨的、复杂的工作，必须扎实稳步地向前推进。区政协将深入基层，深入了解实际工作，如实反映群众的意愿和诉求，切实做好本次政治协商课题的协商工作。会议要求区政协机关进一步组织开展好专题协商的调研、座谈活动，并在充分协商后形成书面协商意见，为新农村建设工作积极建言献策。

社区管理体制机制。2008 年 8 月 19 日，区政协九届常委会第十次会议召开，协商讨论撤村建居后社区管理体制和机制工作。主席会议成员、常务委员，区委常委、副区长殷英，区人大常委会副主任凌美娟，区府办、财政局、民政局、劳保局、建设局、国土分局、农业局、人口计生局、公安分局等部门有关负责人，部分社区负责人应邀列席会议。会前，区政协城建委开展为期 4 个月的调研，形成调研报告。会上，听取殷英关于撤村建居后社区管理体制和机制工作情况的通报，并进行讨论，提出意见建议。建议：完善管理机构和工作机制，区政府成立村级留用地领导小组及办公室，按照部门主导、镇乡街道主管、村社主体的原则，明确分管领导、牵头部门以及有关部门、镇乡（街道）职责；研究细化具体配套政策，进一步明确村级留用地取得程序、操作办法、开发模式，以及扶持优惠政策；科学规划区域布点，以镇乡（街道）为单位，统一规划选址，将村级留用地相对集中在一定区块，以利于统一开发；努力创建招商平台，明确牵头部门，制定分区块产业导向目录；着力帮助解决资金周转困难；切实加强人才和队伍建设，建立村级集体经济发展综合培训体系和相关工作服务和业务咨询平台；指导和落实经济薄弱村的村级集体经济发展用地政策，使更多的村享受到城市化发展的成果。市委常委、区委书记朱金坤批示：“十分感谢政协的同志们！你们主动调研撤村建居后社区管理和建设问题，很及时、很必要、很重要。调研报告提出的四点建议很有针对性，区有关部门和有关镇、街道要抓紧研究落实。”

水环境建设。2010 年 8 月 17 日，区政协协商讨论水环境建设。会前，调研临平、獐山、余杭等地水环境建设情况，视察禾丰港闸站、禾丰港水循环设施、獐山水厂取水口、余杭镇东苕溪水环境建设的好、中、差三个代表性地段。委员们听取区林水局关于水环境建设工作情况汇报。认为水环境建设是民主、民生战略的重要方面，建议加快截污纳管建设，对不自觉纳管和污水乱排放企业要有处罚措施；继续实施苕溪禁养；保留原有河道不得随意填平；贯通水系；东苕溪水资源的规划问题；加强工业污染控制；加强农业污染面污染源治理等针对性的建议。

大型农居点社区管理工作。2010 年 11 月 9 日，区政协召集部分承担农居点管理工作的社区负责人，就大型农居点社区管理问题进行协商讨论，区政协副主席潘法高，社法委负责人参加协商会。鉴于大型农居点的社区管理体系还没有真正建立起来，由此产生的社区管理、安全管理、清洁绿化等一系列问题，影响了当地居民正常的生产、生活。与会委员建议政府在建设大型农居点的同时，更要加强对农居点的管理工作，三分建、七分管。公共财政要向农村社区延伸，确保农村社区向城市社区转化过程中财政资金的投入，特别是撤村建居的社区。在农村社区向城市社区转化过程中，一定要理顺组织管理体系，创新工作方法。同时，组织部门和民政部门一定要加强对社区干部的培训，提高工作能力和水平。

城乡区域统筹发展。2011 年 9 月 27 日，区政协专题协商“城乡区域统筹发展”问题。会议听取区政府关于全区统筹城乡区域发展工作情况汇报，听取各民主党派、专委会发言。区委书记朱金坤、人大常委会副主任凌美娟、副区长祝振伟、各镇街、区有关部门负责人，部分村（社区）代表参加。建议：按照宜农则农、宜工则工、宜游则游的原则，因地制宜发展农村各类产业，构建农民增收长效机制，拓展增收渠道；着力发展村级集体经济，壮大发展实力，各镇街一定要在现有土地利用规划中安排落实村级集体经济发展用地，尽快启动新一轮“联乡结村”活动，帮助 34 个经济薄弱村增强自我发展能力；重视农村基础设施规划。按照交通、供电、饮水、污水及垃圾处理、信息化等基础设施向农村延伸的要求，着力改善农村公共服务，共享美好品质生活；构建农村社区管理新体制，完善镇村两级社区服务中心设施。市委常委、区委书记朱金坤指出，区政协对统筹城乡区域发展进行一系列的调研，真正体现了“参政参到点子上，议政议到要害处”，具有很好的参考价值。

提升农业“三化”水平。2012 年 7 月 3 日，区政协十届常委会第二次会议召开，围绕提升农业“三化”（工业化、城镇化、农业现代化）水平开展协商讨论。认为对照促进农业增效、农民持续增收和现代农业发展的要求，与先进地区相比仍有差距：农业“三化”推进氛围不浓，农业发展要素制约凸显，农村土地流转矛盾增多，农业经营主体实力不强。建议大力推进现代农业园区建设。优化现代农业发展规划，优化土地流转，强化农业招商引资，全力破解农业发展要素制约，积极破解农业设施用地问题、农业资金短缺问题、农业人才薄弱问题。努力优化财政支农政策。鼓励农业领域的科技研发，引进推广先进适用农业机械、综合性现代农机装备以及相关配套设施，促进农业现代化发展，促进农业转型升级、提质增效。

农居多（高）层公寓建设管理相关政策。2012 年 10 月 10 日，区政协就社会普遍关注的农居多（高）层公寓建设管理相关政策与区住建局开展协商。主席阮文静，副主席黄莉、杜永林、陈云水、潘法高、戴桂香等参加。委员们认为，区住建局把推进农居多高层公寓建设作为重要职责，克难攻坚，足智善谋，提出的建设管理相关政策思路情况明，具有针对性，符合余杭的发展实际。农村住房改造和农居多高层公寓建设是一项民生实事工程，事关老百姓居住环境改善，事关新余杭形象品质，事关公共财政资金合理使用，事关社会和谐稳定问题。委员们建议要按照区委、区政府的统一部署，直面矛盾、创新思路、破解难题。进一步完善建设管理相关政策，特别要注重控制规划的合理性、建设规模的适度性、安置政策的操作性、管理模式的创新性。同时要广泛征求意见，做到试点先行，确保决策的科学性。

*农业电子商务发展。*2014 年 7 月 16 日，区政协十届常委会第十二次会议召开，协商农业电子商务产业发展。主席阮文静，副主席黄莉、杜永林、陈云水、潘法高、戴桂香和全体常委参加会议。区委常委、副区长祝振伟到会通报余杭区电子商务产业发展情况。区人大常委会副主任屠冬冬和区有关部门负责人参加，并听取委员们的建言。委员们建议：发展农业电子商务，一是探索政策引导型农业电商发展模式。建立地方特色农业电子商务发展机制，挖掘本地特色化产品，集中打造径山茶、塘栖枇杷、鸬鸟蜜桃等本地名优产品的网上团购活动，并结合旅游资源，推出形式多样的农业采摘休闲游游线，让传统实体与电商结合，培育“一镇一品”电商产业。同时，要加强第三方物流、金融服务支持、政策支持、人才管理、行业监管等配套体系建设，支持农业电子商务发展。二是培育第三方电子商务服务平台。吸引有实力的专业性电子商务团队（平台）服务商进驻，并培育本土电子商务销售商，为全区传统农产品电商营销提供 IT 技术、运营服务、营销推广和仓储物流等专业化服务。三是拓展网络展销服务方式。整合本地网站、电视、报纸、微博等宣传渠道，将电子商务平台建设与当地农特产品宣传、旅游产品推介有机结合，全面提升精品农业和休闲旅游业的知名度。

*径山茶提升工作。*2014 年 9 月 22 日，区政协召开径山茶产业提升协商会，委员们实地考察了径山四岭名茶厂，听取企业业主基地发展概况，区农业局就径山茶产业 2014 年春茶产销形势、发展举措、蒸青茶产业发展问题和建议对策做了相关汇报。委员就新的形势下径山茶产业发展出谋划策。建议根据市场态势，研究客户需求、包装、管理、产品质量等；及时更新理念，研究径山茶产业发展瓶颈，解决问题，做有生命力的农产品等。

*推进“三农”统筹协调发展。*2015 年 11 月 17 日，区政协领导阮文静等一行实地踏看南苑街道堂玺启迁专营店、仁和街道绿港（合卉）现代农业观光园、恒泽渔业（九龙区块）、瓶窑镇农业公共服务中心，听取区农业局（区农办）有关全区农业农村工作情况汇报。调研组充分肯定余杭农业农村工作所取得的成绩，建议强化为农服务意识，加强农产品安全监管和专业服务人员配备，增加资金投入，支持农村发展；土地整理要尊重自然生态，土地流转要按照土地利用规律，尽可能发挥土地最大效益；依靠农民、教育农民、为了农民，重视农村生活污水处理，有序实施美丽乡村建设。阮文静指出，余杭区农业农村工作正面临结构调整、转型升级期，任务重、要求高、难度大。要把握趋势、系统谋划、抓住关键，以全面建成小康社会为引领，大力改造农村环境，体现农村特色；农业、农村、农民三者关系密不可分，要通盘考虑，每个阶段抓住不同重点，突出安全、品质、绿色、生态等方面建设的高效性，推进“三农”统筹协调发展。要因地制宜把握农业定位，突出绿色生态农业和休闲观光农业，提高现代农业发展层次。要不断探索美丽乡村建设新路子，注重生态保护，花大力气进行水土治理，发动农民积极主动参与乡村环境管理。要重视提升农民素质和技能水平，促进农业提质增收。

农居安置房建设。2019年7月3日，区政协举行首场“请你来协商”活动，与区政府主要领导面对面协商讨论拆迁农居安置房建设工作。区委副书记、区长陈如根与9名政协委员开展协商交流。委员们认为，区委区政府高度重视回迁安置工作，将其列为政府民生实事项目，并明确将资金、土地等资源要素优先用于保障安置房项目建设，区级各部门、各镇街平台狠下功夫和精力抓协调、推进，安置房建设取得了较大成效。但安置房建设面广量大，还存在诸多问题，与群众的期望尚有差距。建议：按照“征迁与安置同步”的原则，及早谋划，在项目征迁时即同步启动安置规模预估、安置项目选址、安置方案预设、建设计划安排等工作。要科学选址，科学制定安置房项目建设计划，住建、规划和自然资源等部门会同有关平台、镇街要建立联审机制，确保安置房选址符合规划，确保项目顺利开工。建议进一步精简审批流程，落实“一次会议、一次告知、一次整改、一次复验”的联合验收工作，助力安置房项目加快推进、尽快启用。进一步强化各安置房项目建设主体的建管队伍，想方设法配强配足专业力量，提高专业水平和素质，缩小与商品房楼盘项目建设管理水平的差距。同时，提高安置房项目指导、统筹、管理、监督等能力，加大对代建单位的监管力度，抓实抓细项目建设全过程，着力提升安置房建设品质和居住环境，增强群众幸福感。要进一步强化回迁安置工作的思想组织保障，实行项目全流程协调推进机制，落实专人紧盯项目，紧扣节点统筹推进。各平台、镇街等建设主体要切实落实责任，严格按照既定计划抓好征迁清零、项目推进各项工作；区级各有关部门要全力配合，强化资金、土地等要素保障，及早介入服务支持，确保项目早开工建设、早竣工投用。区长陈如根批示，请副区长於卫国牵头，专题协调推进，并在新的安置房选址和建设过程中认真吸取教训，确保民生工程真正惠及人民群众。

协商推进西部富美行动。2021年11月11日，区政协专题协商加快推进西部富美行动的相关问题。区委副书记、区长金承涛，区政协领导参加协商会。会上，区政协委员、企业家代表、部分村社干部代表围绕“强化政策引导”“擦亮径山金字招牌”“深挖特色发展潜力”“做大做强余杭区农业区域公用品牌”“试行乡村卫星办公”“探索绿色硅谷模式”等方面内容，与区级相关职能部门、镇街主要负责人一起协商探讨、谋划发展良策。协商意见梳理汇总函告区委、区政府决策参考。经过协商形成共识：充分调动“主体”能动性，让村社组织成为实施西部富美行动的主力军；强调科学规划国土空间，让城乡布局成为保障西部富美行动的基准图；大力发展集体经济，让集体共富模式成为实现西部富美目标的动力源；坚持公共配套均等，让政策扶持成为确保西部富美

2019年7月3日，区政协举办首场“请你来协商”活动，与区政府主要领导面对面协商讨论拆迁农居安置房建设工作

行动的压舱石。同时，发挥数字赋能独特优势，鼓励各方参与，让创新要素成为助力西部富美行动的催化剂。

数字经济和农文旅产业融合发展。2022 年 3 月 3 日，区政协围绕数字经济和农文旅产业融合发展开展专题协商。主席沈昱，副主席周忠诚、张瑾，区政协经科委、城建委、区农业农村局、径山镇、未来科技城管委会、区金控集团、区绿产集团负责人，部分政协委员、企业家代表参加。径山镇党委书记沈萍介绍了径山镇总体发展情况，区政协委员裘涵围绕在余杭乡村打造数字经济“创新谷”作主题发言。与会人员围绕数字赋能、创新经济、生态生活等方面开展协商，就推进农文旅产业融合发展提出相关建议。沈昱指出，数字经济和农文旅产业融合发展是推动城乡融合发展和乡村振兴的重要手段，是推进共同富裕示范区建设的具体行动。区政协将按照区委部署要求，充分发挥统战团结功能，搭好协商平台，促进深度合作，广泛凝聚共识，积极助推数字经济向美丽乡村延伸，努力实现“绿水青山就是金山银山”，为余杭争当建设共富示范的排头兵作出贡献。

2022 年 3 月 3 日，区政协围绕数字经济和农文旅产业融合发展开展专题协商活动

农文旅体共富发展。2022 年 8 月 18 日，区政协协商鸬鸟农文旅体共富新路径。区政协委员、村民代表以及区直部门和鸬鸟镇相关负责人围绕鸬鸟农文旅体共富发展面对面交流协商。委员们以《加快鸬鸟镇温泉项目建设用地指标落地，让一口温泉带动西部旅游跨越式发展》《建议将鸬鸟镇打造成山地运动旅游主题乡镇、西部富美及余杭西部山区居民共同富裕的新名牌》两份提案为切入点，听取了主办单位 2022 年度提案办理情况及推动当地农文旅体事业建设发展情况汇报。大家表示，这两个提案所涉及的旅游项目，对于鸬鸟等西部各镇乃至全区旅游产业是一项重要的补充，是村集体增收、村民致富的重要可行路径，也是回应群众诉求的惠民之策。委员们建议，要以提案办理为推动，加快补齐鸬鸟冬季旅游短板，做好旅游文章；尤其要注重提炼地方特色，打造动静皆宜的鸬鸟品牌，提高当地旅游知名度、辨识度、美誉度。西部各镇是余杭不可多得的自然资源宝库，鸬鸟等镇要围绕农文旅体共富发展，完善配套服务。相关部门也要牢固树立大局意识、全局意识，认真策划好，研究透，落实要素保障和组织保障，助力西部共富共美。

未来乡村产业化。2022 年 10 月 11 日，区政协“未来乡村产业化”专题协商活动在径山村举行。活动通过余杭数字政协系统在 i 履职平台开设线上直播，60 余名政协委员在线收看并留言讨论。区政协副主席李玉美主持活动。会上，区政协社会法制委员会提交了以“未来乡村产业化”为主题的调研报告，区政协委员围绕未来乡村产业的不同方面进行主题发言，有关部门和镇街现场进行回应。农业农村局通过书面材料汇报余杭区未来乡村建设相关

2022 年 10 月 11 日，区政协开展“未来乡村产业化”专题协商活动

情况。副区长吴伟强要求各部门、镇街要重点关注摸清未来乡村家底、开发数字化产业平台、打造乡村品牌、运营村庄、完善产业配套保障、培育乡村人才等方面，认真思考举措，为余杭建设共同富裕示范先行区作出贡献。

协商产业发展工作

区政协八届一次会议以来，区政协就如何提速做大做强余杭民营经济、镇（乡）工业园区建设、企业金融服务工作、重大产业项目建设、发展实体经济、科技型中小微企业发展等进行协商建议。

提速做大做强余杭民营经济。2003 年 3 月 25 日，区政协八届常委会第一次会议召开，协商提速做大做强余杭民营经济。会议认为，改革开放以来，余杭的民营经济从小到大，持续增长，成为全区经济社会快速发展的强大动力。为提速做大做强民营经济，委员们建议采取以下对策措施：1. 区委、区政府对民营经济的市场准入、金融、土地、科技、税收、进出口等方面实施一系列的务实、优惠、有力的扶持政策。同时各乡镇和有关部门也要制定相关配套政策，并及时落实到位。2. 真正放开民营经济的市场准入限制，除国家有特殊规定之外，凡法律和政策没有明确限制的领域应对民营经济全部开放。3. 切实提高民营企业的竞争能力。重点引导和支持企业投资高新产业，积极开发新产品。4. 努力化解制约因素，注重项目质量，以科技含量高、经济效益好，资源消耗低、环境污染少的项目为选择标准，把好项目审批关；做好各项规划调整和衔接工作，用地指标要向工业倾斜，提高已批用地的供地率、投资率和产出率；提高办事效率，加大项目推进力度；要加大执法力度，妥善处理项目征地和失地农民的利益关系，促进征地工作的顺利开展；要加强担保机构建设，担保贷款的总量上要随着经济的发展有新的突破。5. 提高服务质量和办事效率，精减行政审批事项和程序，方便企业、服务企业；加强服务载体建设，支持家庭小工业和村内小企业；建立个私小企业创业园，充分发挥镇乡商会、开发区商会、行业商会、温台商会和异地商会的作用。建议筹建余杭商会大厦。为余杭的民营经济提速做大、做强、健康发展提供更好的环境和全方位良好的服务。

镇（乡）工业园区建设。2003 年 6 月 25 日至 26 日，区政协八届常委会第二次会议召开，协商部分镇（乡）工业园区建设情况。副区长杨洪香作关于加快推进余杭区工业园区建设情况的通报，分组视察塘栖、余杭、瓶窑、良渚、闲林、径山、乔司、崇贤等工业园区，并就工业园区建设和发展进行协商讨论。委员们围绕促进工业区健康发展提出如下建议：做到认识再统一，目标再明确，氛围再营造，热度再提高，任务再具体，服务再优化，建设速度再加快；区委、区政府要加大对工业园区的协调、指导力度，对工业园区的布点要作适当调整，尽可能减少数量，扩大规模，更好地发挥规模优势，降低开发成本，避免重复建设；要调整对镇乡的考核办法。考核不能一刀切，对诸如径山镇等不适合发展工业经济的镇乡进行工业经济指标考核等。

企业金融服务工作。2008年9月5日，区政协组织召开企业座谈会，协商企业金融服务工作。区政协副主席孔祥华，经科委负责人，部分工业企业界政协委员，中国人民银行余杭支行、农村合作银行、深圳发展银行相关负责人参加。听取中国人民银行余行支行负责人就当前区金融形势及发展趋势汇报，各商业银行负责人介绍各自为企业提供金融服务的相关扶持政策，工业资产经营公司负责人介绍企业贷款担保方面的业务知识。委员们认为，银行与企业应该相互支持、相互合作，最终达到“双赢”。作为企业要对宏观调控有一个正确认识，不能一有困难就向银行要钱，要从企业管理、结构调整、产品开发升级、内部挖潜着手，想方设法降低企业的负债率。

促进工业经济发展。2009年4月20日，区政协召开“促进工业经济发展”协商会，主席汪宏儿，副主席章福根、钱杭根、黄莉、陈云水和经济界部分政协委员参加。副区长寿伟义及各有关职能部门负责人“面对面”听取委员们的建言。会上，区经发局通报第一季度经济发展形势，陈跃水等7名政协委员结合余杭实际建言献策：政府各职能部门要真心实意，服务、扶持、帮助企业渡过难关，使余杭的实体经济真正走出困境。寿伟义表示，委员们的意见、建议对余杭应对当前国际金融危机，扩内需、保增长、保民生、促发展是有力的支持，为破解发展难题，实现工业经济又好又快发展提供了人力的支持。

担保业创新发展。2010年3月29日，区政协在金桥控股集团召开融资担保业协商会。视察了金桥控股集团担保、创投、小额贷款、投资管理等公司办公营业场所，听取金桥、工信、众信等担保机构及区担保协会负责人工作汇报，了解全区融资性担保业发展状况。协商会指出，要进一步认识担保业在实施全区“六大发展战略”及保增长、保民生、保稳定，支持中小企业发展，促进经济转型升级中不可替代的重要作用。重规范、严监管，担保机构要寓管理于服务之中，对股东、银行、企业和社会负责；守信用、防风险，建立信用档案，健全信用体系；提素质、优服务，提升从业人员素质，为中小企业提供优质、高效、便捷的服务；拓业务、促成长，整合资源，沟通信息，担保业要进一步走向规范化、常态化发展，拓展低碳经济、创意产业等新兴领域，加快构建现代产业体系，促进全区经济社会持续平稳较快发展。

重大产业项目建设。2011年6月20日，区政协主席汪宏儿，副主席章福根、钱杭根、孔祥华、陈云水和政协委办负责人，专题协商重大产业项目建设情况。实地视察落户余杭经济开发区的杭州西子石川岛停车设备、杭州西奥电梯临平厂区一期工程建设情况，听取区发改局、区项目办的工作情况介绍，对全区重大产业项目建设提出意见和建议。委员们认为，“产业强区”是余杭区发展战略之一，在第一、第二、第三产业中，发展第二、第三产业成为重中之重。余杭的产业，尤其是工业产业存在后劲不足、项目小、比例低、动力不够、氛围不浓等现状。委员们建议，要认清形势，提高认识。要亲商、爱商、重商，大力营造浓厚的产业氛围。

“发展实体经济，打造产业余杭”。2012年7月3日，区政协十届常委会第二次会议围绕“发展实体经济，打造产业余杭”开展专题协商。杭州市委常委、区委书记徐立毅到会听

2012年7月3日，杭州市余杭区政协十届二次常委会会议专题协商实体经济发展

取意见并讲话。区委常委、副区长祝振伟通报区实体经济发展情况。区政协主席阮文静，副主席黄莉、杜永林、孔祥华、陈云水、潘法高、戴桂香，区政协副区级巡视员章福根，区九届政协副主席钱杭根和全体常委出席会议。10名委员分别代表区政协专题调研组、民主党派、界别活动组作了大会发言。徐立毅充分肯定十届政协工作的良好开局和本次专题协商工作。他强调，发展实体经济、打造产业余杭，是一项事关余杭未来发展的战略性、全局性的工作，需要进一步调动社会各方面的积极性。各级各部门要及时吸收运用好专题协商成果，在实际工作中认真研究吸纳意见建议。要以平台建设为重点，促进产业集聚；以创新为动力，以项目为抓手，切实加快经济结构调整，大力推进创新型城区建设；以优化环境为目的，坚定不移地落实好政策举措。他希望全区政协组织和广大政协委员坚持把促进科学发展作为政协履职的第一要务，围绕发展实体经济、打造产业余杭这个议题，继续组织开展建言献策活动，充分发挥协调关系、汇集力量、建言献策、服务大局的作用，切实把各方面的智慧力量凝聚到区委、区政府的中心工作上来，形成推动科学发展的强大合力。阮文静表示，专题调研工作虽告一段落，但政协对“发展实体经济、打造产业余杭”的关注和支持是没有止境的。要巩固扩大调研成果，继续统一好思想，营造好氛围，凝聚好力量，履行好职责。要进一步增强大局意识，坚定地把思想和行动统一到区委关于经济社会发展的决策部署和总体要求上来，从实而议，顺时而谋，努力为发展实体经济减少阻力、增强动力、凝聚合力；要进一步发挥职能作用，持续地围绕发展实体经济献计出力，坚持把调整产业结构、转变经济发展方式、发展实体经济作为建言重点，找准政协工作与中心工作的最佳结合点、共振点和切入点，整合资源，团结协作，提高质量，扩大影响，做到参在点子上、谋在关键处、帮在需要时；要进一步加强自身建设，努力地提高服务实体经济的能力，建立健全民主协商机制、监督促进机制、议政建言机制等，积极推进政协履职三化建设，为更好地服务大局提供机制保障。

科技型中小微企业发展。2013年6月14日，区政协十届常委会第七次会议专题协商“助推科技型中小微企业发展”。围绕区委、区政府“打造产业余杭、建设创新强区”的战略部署，委员们走访调研实施科技创新园建设的所有镇（街道）、平台和30余家科技型中小微企业，实地考察在建、拟建的10余个科创园，广泛听取部门、镇街和企业负责人意见，并先后组织人员赴滨江区、西湖区考察科技创新园和“科技创新先导区”建设发展工作，学习先进经验。在广泛调研基础上，委员们就《调研科创园区建设，助推中小微企业发展》《稳步推进科技型中小微企业健康发展要把握好的五个关系》《充分调动民营担保机构积极性，大力助推“523”计划顺利实施》等调研专题进行发言。科技型中小微企业代表在会上谈了创业体会。综合会议发言内容和调研成果，形成协商意见并呈送区政府决策参考。1. 关于镇（街道）认识问题。建议各镇（街道）进一步增进共识、坚定信心、克难攻坚。在着力盘活存量资源、激活闲置空间上下功夫；着力分析镇街所处的区位条件、发展前景，研究园区的产业定位，产业链布局，并形成科学的产业配套规划；以科学的产业定位、完善的引培计划，坚定发展信心，树立必胜决心，跟上推进步伐；拓宽发展视野，提升现代经营理念。2. 关于部门协同问题。建议建立以服务企业、服务园区为核心的部门协同机制，解决镇（街道）、企业、部门协同不畅、协调不力、政策纠结的问题。3. 关于企业主体问题。建议科创园区建设的实施主体以企业为主，政府的重点应放在示范样板、政策引导、激励鼓励上。在工作推进初期可由镇（街道）有重点地选择条件较好的园区，采取政府返租的形式，作示范、建样板。注重与一些科研院校和成熟园区管理团队的战略合作，借力借脑，共赢发展。4. 关于配套服务问题。一是加强融资服务保障。可以在现有科保公司提供融资担保的基础上，鼓励引入民间融资担保机构，解决国有担保公司由于担保额度不足、风险承担求稳造成的企业融资需求不能满足的问题。并可探索股权投资、风投、融资租赁等多种模式支持科创企业发展，努力改善金融生态环境，为企业解资金饥渴、解要素制约。二是进一步扶持创业服务中介机构发展。出台政策激励措施，引进现代经营水平高的企业咨询和中介服务机构，在企业发展策划、战略咨询、品牌推介、技术服务、成果转化等方面给予创业企业全方位的服务，改善创业环境。三是超前规划建设学校、医院、商贸、休闲等配套设施，完善企业人才、务工人员社保、就业、子女就学、医疗卫生等方面的政策。5. 关于区域合作问题。注重点面结合。科创园区建设要突出重点区域，先选择条件成熟的园区做试点示范，着力做好园区的规划定位、产业配套、前期建设等工作，为后续发展留出空间。区内各园区要强调业态布局的合理性、特色性、特殊性，互补性，尊重地区的差异性、适应性，避免同质竞争。认清与周边县市区的竞争合作关系，错位发展，建立和寻求合作机制，有效承接产业“溢出”。

电子商务产业发展。2014 年 7 月 16 日，区政协十届常委会第十二次会议专题协商电子商务产业发展。区政协主席阮文静，区委常委、副区长祝振伟，区人大常委会副主任屠冬冬、区政协副主席黄莉、杜永林、孔祥华、陈云水、潘法高、戴桂香，区有关部门负责人及全体政协常委参加。会议听取《中国电子商务现状及发展趋势》专题讲座，听取区政府关于余杭区电子商务产业发展情况通报。针对余杭区电子商

2014 年 7 月 16 日，区政协十届十二次常委会会议暨电子商务产业发展专题协商会议召开

务发展还存在企业规模小、税收贡献少，园区建设迟、集聚发展差，业态发育慢、配套支撑弱等问题。会上，政协委员和企业代表分别从打造电商强区、发展工业电子商务、农业电子商务、跨境电子商务等角度提出对策建议。阮文静指出，电子商务产业对余杭区经济社会发展具有重大的现实意义。发展电子商务有利于促进产城融合发展，有利于推动企业转型升级，有利于夯实产业发展基础。政协常委和广大政协委员要在助推电子商务产业发展中认真履行职能，做到广泛推介、牵线搭桥、带头参与。区政协要进一步深化研究，拓宽视野，将调研成果综合整理，为区委、区政府科学民主决策提供参考。

大产业转型升级。2016 年 11 月 4 日，区政协专题协商大产业转型升级工作。区政协主席阮文静，副主席黄莉、孔祥华、潘法高、戴桂香，副区级巡视员傅樟绚以及政协各委办负责人、部分政协委员参加。委员们察看余杭经济技术开发区（钱江经济开发区）医智汇创新工场，了解浙江生物制品跨境服务中心的便捷效能，听取区大产业办相关情况汇报。委员们充分肯定区大产业转型升级的显著成效，建议加强对传统企业转型升级的引导，盘活企业闲置资产，搭建平台，让资本、资源、智慧集聚碰撞，创造机会，让传统企业感受互联网时代创业创新氛围；加快提升改造产业园区建设，优化存量，激发新活力；要不断拓宽思路，多形式多渠道全方位宣传“产业余杭”，形成全社会共同关注、共同推动产业生态系统建设的良好氛围；要充分履行指导协调、监督考核职能，切实做好搭建平台和整合资源工作，把产业转型升级政策落到实处；要在评估优化基础上，与时俱进，积极拥抱智能制造与产业互联网等新兴事物新兴产业，不断完善提升，优化机制活力，全力构建创新创业、转型升级两个生态圈。

协商互联网金融产业发展工作。2017 年 8 月 23 日，区政协组织在未来科技城协商互联网金融产业发展工作，区政协主席阮文静，副主席戴桂香、赵喜凯，副区级巡视员傅樟绚及各委办负责人、部分政协委员参加。实地考察杭州铜米互联网金融服务有限公司和杭州信釜资产管理有限公司，了解公司旗下互联网金融平台发展情况，听取区金融办关于余杭区互联网金融产业总体发展情况介绍和未来科技城管委会发展互联网金融的经验做法。委员们认为，互联网金融产业是一种金融创新、一种新兴业态，在创造就业机会、打造征信体系、营造创新氛围等方面作用明显。建议政府部门既要规范管理，更要包容支持，要有前瞻性认识，着力把控风险，促进互联网金融健康发展。要在招商保量的基础上提质，引进优秀企业，集聚优质资源，形成规模效应；要做好监管和引导，从源头把控注册金融投资类企业质量，积极打造像“创投小镇”这样的良好生态圈。阮文静表示，区政协持续关注互联网金融产业发展，多学多看多思考，精准建言献策，助推余杭区互联网金融产业健康规范发展。

重大项目和规划。2018 年 7 月 3 日，区政协在区住房与建设局专题协商重大项目和规划。主席阮文静，副主席黄莉、陈云水、潘法高、戴桂香及有关单位负责人参加。听取区住建局负责人详细介绍世纪大道快速路项目、迎宾大道综合整治工程、迎宾大道北延隧道工程、临平老城区有机更新工程等重大项目建设情况和《余杭分区规划》《余杭区城市开发边界管控试点》《余杭区城市快速轨道交通规划》等近期重大规划编制情况，委员们认为，区住建局紧紧围绕区委区政府的决策部署和上级有关部门的工作要求，积极投身“五大余杭”建设、城乡品质提升年活动及“10＋X”惠民新政施行等中心工作，进一步强化规划引领，提升行业监管，秉持项目带动，落实专项攻坚。希望住建局继续高起点、高标准做好规划，有序推进重点项目建设，促进城乡统筹发展，提升居民生活品质。

“低散乱”淘汰整治推进工作。2018年7月27日，区政协召开协商会，就“低散乱”淘汰整治工作推进情况协商讨论。区政协主席阮文静，副主席陈云水、潘法高、戴桂香，副区长曾宏，区政协各委办主任、副主任、调研员，余杭经济技术开发区管委会、区市场监管局、区经信局、乔司街道办事处负责人参加协商讨论。会议听取区市场监管局关于全区整治推进情况以及区经信局关于全区落后产能淘汰情况。区政协委员分别就农村道路提升改造、农村环境整治、引进新兴产业等方面提出了意见和建议。委员建议各部门、镇街进一步提高认识，坚定不移抓整治，着力夯实整治提升基础；拉高标杆抓整治，结合实际创新举措，力争在全市乃至全省“低散乱”整治工作中当榜样、当示范；增强合力抓整治，立足大局算大账，从长远发展通盘考虑，做深做细群众工作，进一步凝聚共识合力；依法依规抓整治，坚持用法治思维、法律手段推进整治工作，确保合法合规、公平正义。

防范金融风险工作。2019年4月16日，区政协开展专题协商防范金融风险工作。区政协副主席黄莉，南苑街道、余杭农商行钱塘支行、余杭德商村镇银行以及区级相关部门负责人、街道相关职能科办负责人、社区、企业代表与政协委员协商讨论。委员们认为，全区金融业持续健康发展，行业规模不断扩大、服务水平不断优化、金融体系逐步完善、防范风险能力不断增强，为余杭经济社会发展作出了重大贡献。但同时也存在金融服务与经济社会发展需求不够对应、金融体系对标金融强区目标不够完善、产业贡献与排头兵要求不够匹配等问题。委员们就防范化解重大金融风险提出意见建议。

知识产权创业创新成果转化平台建设。2019年7月12日，区政协十一届常委会第十三次会议暨“知识产权创业创新成果转化平台建设”专题协商会召开。主席沈昱，副主席黄莉、吴立炜、戴桂香，秘书长吴忠云、常务委员及部分政协委员等参加。区人大常委会副主任屠冬冬，副区长葛建伟及区级有关部门和平台负责人参加协商。为确保协商活动取得预期效果，围绕这个主题，区政协前期组织委员开展大量的调查研究。在听取工作汇报后，充分协商讨论，委员们对建立知识产权转化平台从各个层面提出意见建议。葛建伟指出，区委创新战略的落实，要注意创新的主力群是企业和人才团队，人才战略也是国家战略，知识产权产业作为新的经济增长极，建立市场要克服信息不对称、价值难估量、交易无规则的问题，改思路，抢技术，按照客观规律，脚踏实地做事。屠冬冬认为，政协协商讨论“知识产权创业创新成果转化平台建设”这个课题非常重要。相关政府部门要围绕委员们提出的真知灼见，认真研究梳理，结合工作实际，进行有效吸收采纳，要用行动落实全域创新。沈昱强调，政协将按照打造“全域创新策源地”的要求，持续关注余杭区创新驱动战略，推动知识产

2019年7月12日，区政协十一届十三次常委会会议暨“知识产权创业创新成果转化平台建设”专题协商会召开

权创业创新成果转化平台建设。希望区政协常委和广大政协委员在打造余杭“全域创新策源地”中，认真履职，积极建言、主动作为。

推进企业复工复产。2020 年 3 月 5 日，区政协召开企业复工复产钉钉视频协商会，会前政协领导带队，赴全区各镇街、各平台走访企业，开展“两手都要硬、两战都要赢”系列调研。在此基础上，会议围绕如何更好地推进复工复产建言献策。委员们认为，区委区政府在坚决打赢疫情防控阻击战的同时，及时出台政策，细化服务保障，加强企业关心关爱，有序有力推动复工复产。余杭区疫情防控形势虽然已基本趋于稳定，但还是面临着很多不确定的因素，要以更科学精准、更有力有效的措施抓好疫情防控工作。同时，要注重解决企业复工复产的实际困难，推动企业复产达产。委员们建议：1. 有效缓解“用工难”问题。建议创造条件，充分挖掘本地劳动力资源，加强对接，缓解用工短缺。要继续利用好复工返岗人员高铁专列和复工包车等措施，打通员工返程绿色通道，让企业员工安全返岗。要提前谋划湖北等重点疫区员工的接返预案。2. 着力破解“履约难”问题。政府要组建法律团队，提供相关证明，加强司法援助，帮助指导企业处理涉外法律事务，同时做好境外客户的解释、沟通和说服工作，为企业争取正当的权益；统筹协调，优先安排交单时间紧的重点出口企业产品输出，尽可能帮助企业在合同约定的时间完成生产任务。3. 确保政策落地兑现，通过各种媒体媒介，精准推送，并结合企业走访等形式，帮助企业全面深入了解惠企政策。主动服务，进一步简化审核流程，提高政企双方工作效率。4. 加强企业关心关爱，着力帮助企业解决实际困难，加强对小微企业尤其是服务业的支持和帮扶，引导、鼓励和支持企业，抓住机遇，加快数字化、信息化转型等。

重大项目赋能高质量发展。2020 年 10 月 23 日，区政协围绕“重大项目赋能高质量发展”开展专题协商。会上，张锋、张丽莉、王新龙、徐进、王晓乐等政协委员、基层单位代表，围绕如何招引更多、更优质的重大项目，如何更快推进重大项目开工落地，如何更好地发挥重大项目引领带动作用等课题，与区有关职能部门负责人协商探讨、增进共识。区领导沈昱、陈夏林、戴桂香、吴立炜、陈云水、黄德伟、沈洪相等参加会议，听取委员们和代表发言、部门反馈。委员们建议：坚持“发展是第一要务、人才是第一资源、创新是第一动力”的发展理念，推动重大项目在稳定经济增长、实现高质量发展上的“定海神针”作用。坚持全区一盘棋，科学谋划、精准施策，要用长远的眼光分析和研判，统筹兼顾关注重大项目在经济、社会、文化等方面的价值，强化产业链招商。深化“最多跑一次”改革、加快政策兑现落地，实现产业转型升级。与会政协委员、基层单位代表还针对之江实验室、中法航空大学等重大项目如何赋能地方经济高质量发展，制造业重大项目如何赋能工业高质量发展，未来科技城如何利用重大项目提升引领力等，提出了具体的意见建议。

工业用地有机更新。2021 年 12 月 29 日，区政协举办工业用地有机更新“请你来协商”专题协商会。区政府副区长姚文华、区政协副主席张瑾与政协委员、民主党派代表面对面，共同为破解土地资源和产业空间瓶颈制约，促进工业用地有机更新建言资政、凝聚共识。委员们建议，要充分利用本轮工业用地有机更新更好发展优质制造业，培育龙头企业；在总体规划上坚持产业业态导向、区域分布特征导向、空间整合导向，在提升改造上坚持分类施策，在制度保障上坚持创新激励；在有机更新推进过程中，充分考虑生态环境、交通区位、配套设施等因素，结合不同产业发展特性，给予相应引导和指引等。姚文华表示，区政协对区政府工业用地有机更新这项工作高度重视和支持，委员们围绕产业定位、配套、监管等方面提出了许多极具专业性的“金点子”。区政府将充分吸收委员们的建议，在工作推进中加以落实，在政策制定中加以完善。

数据资源深度利用。2022 年 10 月 10 日，区政协举办“数智融 城致新——数据资源深度利用”专题请你来协商活动，为余杭区数字经济发展出谋划策、协商建言。区政协主席沈昱，市数据资源管理局党组成员、副局长傅卫权，副区长胡彪、区政协副主席张瑾参加。活动通过余杭数字政协系统在 i 履职平台开设线上直播，可供全体政协委员在线收看并留言讨论。会上，区数管局汇报余杭区数字资源深度开发利用总体情况，专家解读《浙江省公共数据条例》，介绍数据资源深度开发利用典型案例，区领导、区政协委员、有关单位代表和特邀行业专家就数据资源开发各个阶段规划、各类场景，遇到的困惑和难题等展开协商交流。高航、肖传宝、张军燕、孟宪坤等委员就政府部门牵头搭建平台、更好利用数据资源、提升项目申报审批效率、数据开放资源利用等提出意见建议。副区长胡彪指出，要做余杭数据资源“富矿”的选矿人、挖矿人，政府部门、各企业以及专家智库应该共同努力积极争取先行先试的探索，共创更优的发展环境。沈昱指出，余杭区是数字经济高地，在数据资源深度挖掘上拥有天然优势，要利用好余杭数字企业、数字技术储备，找准切入点，将原始数据转化为更具价值的数据产品，推动数字经济向更高质量发展。要切实保护数据安全，合理合法使用，激发数据资源正向价值。国有企业发挥引领带动作用，团结区内广大企业，深耕数据，团结协作，相互支持，推动余杭在新赛道上率先发力奔跑。政协一如既往为委员及相关企业搭建平台，推动协商，凝聚共识，为余杭建设成为杭州城市新中心探索更多有效路径。

2022 年 10 月 10 日，区政协举办“数智融 城致新——数据资源深度利用”专题请你来协商活动

协商教育医疗卫生工作 区政协八届一次会议以来，协商教育医疗卫生等工作主要内容有加强普高师资队伍建设、社区卫生服务中心和医院建设等。

加强普高师资队伍建设。2004 年 9 月 29 日，区政协八届常委会第十二次会议就加强普高师资队伍建设、提高教育质量进行协商讨论。会前，文史和教文卫体委员会进行专题调研，赴江苏启东中学、海门中学等名校和富阳市教育局考察。会议协商同意调研报告，供政府、有关单位部门参考。常委们认为，扩容后的高中段教育虽然基本满足人民群众的就学需求，但与希望普高学生考入重点大学、进入本科读书的愿望相比，尚有一定距离，与周边先进县（市、区）相比还有一定差距。建议：1. 推进师德建设，营造爱岗敬业氛围；师德考

核结果与教师绩效挂钩。2. 加大教育经费的投入力度，改善教师福利待遇。积极探索经费总额包干使用的新办法，确保教师的平均工资水平不低于公务员平均工资水平。关注教师的身心健康，加大经济适用房和教师公寓建设力度。3. 完善激励机制，全方位培养教师。尽快建立“校校通”，并搭建好特级教师网络互通平台。完善教学质量目标考核评价体系，促进教学水平的提高。此外，建议建立教师正常交流制度，拓宽教师来源渠道，加强校长队伍建设。

社区卫生服务中心建设。2009 年 10 月 22 日，区政协专题协商社区卫生服务中心建设。委员们实地视察了百丈、鸬鸟、黄湖和径山等 4 个镇的社区卫生服务中心建设情况，并进行协商讨论。委员们针对社区卫生服务中心建设推进速度较慢、职能尚有差距等问题，建议：加大建设协调力度。各镇乡街道要充分发挥主动性和积极性，各部门要密切配合，卫生部门作为牵头单位需要进一步加大督导力度，合力推进；做好服务中心的开院准备工作。工作人员要尽快到位，要加强医务工作者的培训，要抓紧实施人才贮备工程；转变观念，加强公益性，提高医务人员积极性，提高群众满意度；完善考核机制。改变考核方式，以注重质量、主动服务和群众满意度为主要指标，进一步完善各项考核机制，确保医改实施成功。

卫生工作协商会。2010 年 1 月 27 日，区政协举行卫生工作协商会。委员们听取区卫生局 2009 年全区的卫生工作汇报，委员们建议要稳妥推进医疗卫生体制改革；推进项目工程、卫生强区建设；深入开展健康余杭、爱国卫生活动；强化公共卫生服务、强化医疗质量管理。还就医疗体制改革、医院的管理、人才队伍建设、如何谋划“十二五”规划，如何促进西部地区卫生的发展，保障卫生公平性，如何加快推进重点项目建设等问题提出意见建议。

精神智障患者监管、护理工作。2010 年 4 月 15 日，区政协协商讨论精神智障患者监管、护理工作。会前到南苑街道工疗站、余杭区残疾人联合会等单位调研。副主席方加明、钱杭根、潘法高参加协商会。委员们认为，精神病患者及其家庭是社会最弱势的人群，政府和社会各界应该关注、关爱他们，尽量减轻他们的压力。对精神病患者实施有效的监管、治疗，不仅是家庭的责任，更是政府和社会的责任。委员们建议，余杭区要根据财政实力，建立一所区级精神卫生专科医院或相应的专科门诊，为精神患者提供心理咨询等服务。同时建议各镇乡、街道建立工疗站，对那些病情稳定的患者提供集工疗、医疗、娱疗于一体的日托式管理服务，以减轻精神患者对社会和家庭的负担。

推进区级医院软硬件建设工作。2012 年 5 月 31 日，区人大、区政协共同协商推进区级医院软硬件建设工作。区人大常委会副主任屠冬冬、区政协副主席陈云水，区人大教科文卫工委、区政协文史和教文卫体委员会负责人，区卫生局主要负责人，部分区人大代表和政协委员、区级医院医护人员等参加。在前期调研的基础上，代表和委员围绕区级医院软硬件建设工作协商讨论。认为余杭区卫生系统的“十二五”时期规划与市平均水平尚有差距。为满足全区百姓越来越高的生活品质要求，加强区级医院软硬件建设的工作刻不容缓。建议区一院作为全区公立医院的龙头，利用搬迁机遇做好宣传工作，在每一个特色科室建立先进的管理团队。区级医院医务人员要深入基层，满足群众需求。有关部门要制定相关政策，鼓舞医务人员积极性。要进一步完善社保体系，在软件建设上，要完善医院体制机制，创新管理模式，扬长避短；在硬件建设上，区政府要优化资源配置，加大对卫生事业的资金投入力度。同时，区级医院要针对各自实际，有针对性地解决本医院问题，不断提升软硬件水平。

区级医院负责人及医护人员对代表、委员提出的意见建议给予了回应。区卫生局负责人表示，区级医院应该全盘接收代表、委员们提出的意见建议，区卫生系统将以三年素质提升工程为契机，以质量创品牌、以服务赢口碑、向管理要效益、以医德树形象。

协商生态环境方面工作　区政协八届一次会议以来，协商生态环境方面工作主要内容有西部山区生态保护与开发工作、环境立区工作、“节能减排”工作、自然生态资源保护工作等。

西部山区生态保护与开发工作。2004 年 7 月 13 日，区政协主席李小花、副主席董建国带领区政协经济科技和城建、人资环委员会成员，到西部的径山、黄湖等镇，与西部 4 个镇的主要负责人和生态农业企业代表，就西部山区生态保护与开发协商座谈。生态城区建设是余杭区“三大跨越”中的一项重要内容，西部镇乡的生态保护与建设成为 2004 年政协的重要提案，由政协主席李小花督办。李小花说，西部各镇已经为区内的生态保护做了大量工作，为生态城区建设做出了很大的贡献。生态保护不仅是西部镇乡的事情，而是全社会的事情，是余杭上上下下共同的责任，是对余杭子孙后代负责。生态保护和开发从短期来看，存在一定的矛盾，要研究怎样处理好这对矛盾，对生态进行积极、主动地保护，在保护的前提下，科学地进行资源开发利用，通过旅游、生态农业、无污染工业等的发展，提高西部镇乡的经济社会发展水平。区政协将通过调研，研究具体解决方案与措施，形成调研报告，送区委、区政府，并跟踪督办。

环境立区工作。2008 年 11 月 3 日，区政协、区委统战部联合召开“环境立区”协商会。委员们围绕余杭实施“环境立区”战略，倾听各民主党派、工商联对区委、区政协工作的意见和建议，为 2009 年余杭经济社会发展纳良言。区领导汪宏儿、白美玉、方加明、章福根、陈云水，区政协委员、各民主党派、工商联负责人等参加协商会。委员们认为，“环境立区”的内涵是和谐，是人与自然的和谐共处。建议政府要建立完善可持续发展的长效机制，加强规划的编制和整合，并做到民主决策、民主监督，确保规划的刚性、严肃性和科学性；在“环境立区”中，要坚持软硬环境“两手抓”，尤其要重视软环境建设，注重以人为本和人文环境，加强人的素质培养，包括对 50 万名新余杭人在医疗卫生、文化教育等方面的融入；在面对国际金融风暴的形势下，政府应关注、关心、扶持中小企业的生存与发展，通过政策、服务、金融支持等途径，提升企业家的信心指数，齐心协力共渡难关；要重视推进农村改革，加快农村土地流转步伐，使农业走上产业化、规模化、都市型的发展道路。

“节能减排”工作。2009 年 7 月 6 日，区政协协商“节能减排”工作。副主席方加明、钱杭根、陈云水参加。协商会上，区环保局局长李敏华、区经发局副局长张建强分别就余杭区的减排和节能工作情况作了汇报，委员们分组走访杭州美亚水泥有限公司、杭州塘栖热电有限公司等企业，听取各家企业在节能减排工作的执行情况。会议认为，节能减排工作是余杭区环境立区的一项重要工作，也是国家能源战略调整的一项重大举措，也是企业生存发展的重要保证。会议形成专题报告送区委区政府研究参考。8 月 28 日，区委书记朱金坤就区政协呈送的专题报告作了批示，对调研报告给予了充分肯定。

2009 年 10 月 10 日，区政协九届常委会第十五次会议协商推进节能减排工作。听取和讨论了区政府关于余杭区节能减排工作情况的通报，会议认为，区政府认真落实上级部署，把节能减排作为促进科学发展的重要抓手，工作力度不断加大，节能减排取得积极进展。但也存在不少问题，离“美丽之洲”“品质之城”的要求还有差距。建议区政府要加大宣传力度，提高全社会节能意识，树立“环境立区”、建设生态文明城区的思想，要坚持环境优先发展理念，在涉及经济发展、城乡建设、重大项目等决策中，要优先考虑资源环境的承载力；在经济发展方式上，以城市化推进为依托，逐步实施“退二进三”战略。加快结构调整，构建节能型产业结构；推进技术进度，提高节能水平；进一步完善节能目标管理，健全节能机制体制。要打造节能减排协作平台，搭建政府部门、镇乡街道的协作平台，部门服务企业的平台，科研单位与企业的协作平台。要完善节能减排考核办法，增加节能减排、生态保护、污染防治等节约资源和保护环境的内容和指标考核比重。建立节能减排工作审计制度和领导干部节能减排工作奖惩机制，要建立节能减排预警机制，提高政府和企业的应急能力。

自然生态资源保护工作。2010年6月24日，区政协就创建国家级生态区中自然生态资源保护召开协商会。区政协主席汪宏儿、副主席黄莉参加。委员们视察苕溪湿生植物生态护坡工程、区湿地生态研究所湿地植物繁育基地，并开展协商讨论，提出意见建议。委员们认为，余杭区是湿地资源十分丰富的区域，全区有运河、上塘河、苕溪三大水系，有余杭南湖湿地、闲林和睦湿地、仁和三白潭湿地、超山丁河漾湿地、瓶窑北湖湿地等。湿地生态研究所对湿地提供了相应技术指导及大批的水生植物，改善了生物多样性。委员们建议，区委、区政府要高度重视湿地生态的保护工作，按照“环境立区”战略和创建国家级生态区的要求，把湿地生态的保护与利用摆上重要议事日程；处理好人与自然和谐相处的关系，增强“生态就是生命”的意识；生态建设要因地制宜，讲究科学，用科学指导河道整治、植树造林、公园建设等。

节能减排、“低碳城区”建设。2010年9月2日，区政协围绕节能减排、“低碳城区”建设、水环境治理等重大课题，与区环保局协商讨论。汪宏儿、章福根、钱杭根、黄莉、孔祥华、陈云水、区政协相关委办负责人参加协商。听取区环保局的汇报。针对主要污染物减排、水环境问题，以及区环保局执法中遇到的困难和难题，区政协领导、委员对环保执法部门所作的工作给予充分肯定。同时，还要看到形势不容乐观。建议要坚持标本兼治，治“本”为主的方针，科学规划，严把企业审批关，加大对现有企业的依法管理和严格整治力度；要抓重点，尤其要加强水环境的治理；要抓德治，加强教育引导，建立公众评价和信用体制，利用公众力量保护环境；要夯实基础，强化投入，完善机制，加强部门协调，做到有人办事、有章办事，营造起人人参与“生态城区”建设的良好社会氛围。

城乡生活垃圾分类处理工作。2019年8月30日，区政协举行城乡生活垃圾分类处理工作协商会，区政协委员、居民群众代表与市委常委、区委书记张振丰，副区长王艳勤，以及区属有关职能部门、镇街主要负责人面对面交流，为更好地推进余杭区垃圾分类工作共同出谋划策。建议：1. 源头减量方面。广泛引导全社会履行环境责任，倡导绿色消费，践行低碳生活，降低资源浪费，从源头减少垃圾产生；加强餐饮行业管理，宣传“光盘行动”，减少餐饮垃圾；深化“限塑令”整治、一次性消费用品整治、过度包装整治和快递包装物源头减量等行动；倡导“零垃圾生活”，促进废弃物品二次再生利用；发挥志愿者、工青妇、社会公益团体等组织作用，引导居民增强低碳环保和源头减量理念。2. 前端分类方面。全域推进示范创建工作，完善分类设施、提高管理水平、提升分类成效；创新居民垃圾分类投

2019 年 8 月 30 日，区政协城乡生活垃圾分类处理协商会召开

放奖惩机制，完善积分考核、评比排名等办法，提高居民分类自觉性；加大对集体大户的监管力度，强化监督执法，提升分类水平；明确投放点、集置点建设规范性要求和硬性指标，逐步推广小区撤桶并点、定时投放。3. 中端集运方面。严格做好垃圾分类收集和清运工作，建立分片区的生活垃圾清运模式；培育区内清运生活垃圾的规模企业，整治废品回收站和闲杂回收人员；优化垃圾分类设施和清运集置点设置，加快改造完善垃圾中转站点，规范垃圾集运作业，杜绝混收混装问题；切实抓好分类化、密闭化和规范化运输工作，有效杜绝二次污染、提升运输效率。4. 末端处置方面。加快推进易腐垃圾末端处置能力建设，加快生活垃圾集中处置点的选址与落地；加快项目建设进度，畅通垃圾处理项目“绿色通道”；科学选择微生物发酵、太阳能堆肥、黑水虻处理、高温降解等机械化、资源化、生物化处理方式；完善以虎哥回收为主的第三方市场主体运行模式，实现变废为宝、循环利用。还对工作机制方面提出意见建议，相关职能部门负责人也进行了认真回应。意见建议汇总整理供区委、区政府决策参考。

协商城建等方面工作　区政协八届一次会议以来，协商城建等方面工作主要内容有城市交通建设管理、小集镇管理和建设、城市管理工作等。

城市交通建设管理。2003 年 7 月 24 日，区政协八届第 5 次主席会议，协商城市交通管理。主席李小花，副主席董建国、章福根、莫炳法、方加明、钱杭根出席会议。会议听取区级有关部门、社会法制委员会关于城市交通管理考察情况的汇报，结合余杭区城市交通建设管理的现状，提出意见和建议。会议肯定余杭区在城市交通建设管理上取得的成绩，也指出存在的路网格局不合理，道路网主要指标偏低；城区道路交叉口设置渐成难点；交通静态设施建设滞后；交通管理力量薄弱，市民文明交通意识较差等问题。建议要高起点筹划整体交通，奠定可持续发展基础；高效能管理现有交通，全面提升管理效益；高标准建设交通基础设施，切实改善交通面貌；加大公共停车场建设力度，有效缓解停车难矛盾；深入持久地开展交通安全、交通法制宣传教育，努力建设交通文明。

模范城市创建工作。2003 年 10 月 16 日，区政协协商创建模范城市（以下简称“创模”）工作。会前区政协组织相关部门、镇乡、街道、社区负责人，部分政协委员以及区环保局中层以上干部召开 4 次座谈会，就余杭区“创模”工作进行全方位观察、分析，出主意、想办法，以促进余杭区“创模”工作深入讨论。会上，听取区政府关于“创模”工作开展情况的通报，区建设局、农业局、城管办、交通局、工商分局、林水局、卫生局、临平工业区等部门的有关负责人分别就水环境整治、生态公益林建设、市容市貌、禁养工作等问题进行了汇报和交流。委员们认为，一年来，余杭区“创模”工作通过多方面的努力，取得了一定成果，但同时也面临着不少难题和困难。就加强城市建设规划、加大执法力度、增强市民环境保护和卫生意识等提出协商意见。区政协主席李小花指出：“创模”不是最终目的，而是手段和载体，要保护好自己的家园，不能以牺牲环境的代价来求发展，保护环境就是保护自己。区政协对4个座谈会和委员反映的意见建议进行集中梳理，形成报告，供政府参考。

小集镇管理和建设。2008年10月30日，区政协九届常委会第十一次会议协商小集镇管理和建设工作。主席汪宏儿，副主席方加明、章福根、孔祥华、陈云水和全体常委出席会议。副区长屠冬冬，区府办、发改局、农业局、交通局、建设局、国土分局、环保局、文广新局、风景旅游局、城管执法局、贸易局、规划局等部门负责人，运河镇、塘栖镇、仁和镇、良渚镇、径山镇、鸬鸟镇政府负责人参加。区建设局局长施建华受区政府委托通报小集镇管理和建设情况。委员们认为，区委、区政府以科学发展观为统领，通过实施“环境立区”战略、加快“一副三组团”建设、村建居、清洁余杭、推进农村多高层公寓建设等措施，城镇建设得到加快，城镇管理水平有了提升，推进城乡一体化的进程。但是，自“撤、扩、并”以来，随着中心镇的崛起，全区小集镇发展明显滞后，公建配套设施建设投入不足，管理工作弱化，“脏乱差”突出，集聚功能逐渐萎缩。委员们指出，余杭区的小集镇星罗棋布，以前都是乡镇政府（公社）所在地，它们有的历史悠久，有的人口密集，有的交通便捷，有的商业活跃，有的环境优美，可谓各具特色，是当前“一副三组团”建设进程中不可或缺的依托。委员们建议区政府和有关部门要充分认识小集镇建设和管理在新农村建设和城市化过程中的重要地位和作用，整合规划，加大投入力度，注重保护，改善管理，使小集镇成为环境优美、功能独特、富有特色的乡村小镇。

2011年6月15日，区政协九届常委会第二十六次会议专题协商城市管理工作

城市管理工作。2011年6月15日，区政协九届常委会第二十六次会议协商城市管理工作。区政协主席汪宏儿，副主席章福根、钱杭根、黄莉、孔祥华、陈云水、潘法高和常务委员出席会议。区委常委、副区长吴伟斌应邀参加会议。部分民主党派、人民团体负责人，部分区级机关、镇乡（街道）负责人，区政协各委办负责人，各地区联络

组、界别活动组组长和城建委城建交通组组长、人口资源环境组长，部分社区市民代表列席会议。会议听取副区长吴伟斌代表区政府作的余杭区城市管理工作情况通报，听取区政协“城市管理”系列调研一个主课题和四个子课题调研情况汇报，分别为：城建委关于完善城市管理机制体制、提高城市管理水平的调研，提案委关于城镇防洪防涝问题的调研，社法委关于破解余杭区停车难问题的调研，城建委城建交通组关于城区老旧房改造的调研，城建委人口资源环境组关于垃圾分类工作调研。与会人员包括社区市民代表积极发言。就完善城市管理机制体制，提高城市管理水平，提出进一步强化城市管理理念，明确管理规划，完善管理机制，做强管理平台，注重管理方法，形成管理合力等方面的意见建议。并行文呈送区委、区政府。

提高公交分担率，缓解交通拥堵工作。2014 年 6 月 20 日，区政协就“提高公交分担率，缓解交通拥堵”举行协商会。区政协主席阮文静，区委常委、副区长祝振伟，区政协副主席黄莉、杜永林，副区级巡视员傅樟绚和部分政协委员、市民代表及相关部门负责人参加。截至 2014 年 5 月底，余杭区已有公交线路 166 条、公交车辆 1228 辆，营运总里程 2816 公里，日均客运量达 35.6 万余人次。公交实现了“村村通”，与杭州主城区同城同待遇。同时，拥有出租车 703 辆、公共自行车 8000 辆，服务范围从临平延伸至余杭、瓶窑、塘栖等区域。但公共交通还存在许多困难和问题，如班次密度不够、部分公交线路站点设置不合理、班次间隔时间过长、单行线路过多以及公共自行车在高峰时段“租还难”等问题。政协委员和市民代表通过实地视察，结合前期的调研，对公共交通的规划、建设、管理、服务提出意见建议。建议政府职能部门增强治堵意识、公交优先发展意识和规划超前意识，提高公交运行效率，开辟更多的公交快速通道，科学合理设置公交站点，缩短班次间隔时间，加快公共交通智能化建设，提高公交司机服务水平，为市民出行提供更加便捷、舒适的乘车环境。

既有住宅加装电梯。2018 年 5 月 31 日，区政协十一届常委会第七次会议就“既有住宅加装电梯”进行协商讨论。主席阮文静，副主席黄莉、陈云水、潘法高、戴桂香，秘书长吴忠云，常务委员、社区代表等参加会议，副区长王艳勤应邀参加会议，住建、民政等相关部门负责人到会听取协商意见。会前，区政协组织委员视察了南苑街道区石油公司宿舍楼、临平街道清河花园加装电梯运行情况。会议听取区政府关于既有小区加装电梯推进工作情况通报，6 名政协常委、委员和社区代表，围绕如何顺利推进既有小区加装电梯工作，从工作机制、相关政策、法律法规、宣传方法和协商方式等方面作会议发言，提出意见建议：要深化认识，把既有住宅加装电梯涉及千家万户、增加群众幸福感与获得感的民生实事办好；要加大宣传，通过多种形式的宣传，保障业主的知情权、参与权、主导权，让更多群众自觉自愿地参与进来；要加强服务，逐步形成科学、严密、便捷的流程，促进各方密切协作配合，保障业主申请、方案设计、工程施工、项目管理等各个环节的快速顺利推进；要深化协商，继续构建业主、楼道、社区、街道和职能部门等各个层面的多方协商格局，加强基层协商，在协商中扩大参与，在参与中扩展民主，在民主中提升治理水平。王艳勤指出，区政府将加大整体宣传力度，采取更灵活的协商方式，引入社会组织参与；提升精准度，确保工程质量，简化审批流程，保障资金补助；提升认可度，在加大推进力度过程中，要从居民群众的角度出发，注重方式方法，最终提升群众的获得感和满意度。阮文静表示，区政协和全体委

员将持续关注、关心、支持，积极助推既有住宅加装电梯工作。

协商物业管理工作。2019年11月14日，区政协以“请你来协商”的形式协商物业管理工作。区政协常委会组成成员、各委办负责人、各界别活动组组长、各镇街（平台）联络工作委员会主任和部分政协委员参加，副区长王艳勤，区级有关部门和镇街主要负责人等参加。会上，政协委员，社区代表、物业公司代表就业委会作用发挥、物业公司管理、“两金”使用、物业管理工作监督指导体制等进行了协商发言，区委组织部、区住建局、区民政局、规划和自然资源分局、区城管局等部门对政协委员和其他代表提出的意见建议作出了积极回应。业主委员会作用发挥方面。存在着业委会选举不规范，议事决策透明度较低，管理制度不完善，积极性不高问题。建议：鼓励社区班子成员、社工、业主中骨干力量进入业主委员会任职，规范业主委员会选举流程，完善业委会评价监督体系，健全相关工作制度，明确工作补贴标准。物业公司服务方面。存在管理制度不够健全，物业公司良莠不齐，物业费收缴难度大，小区公共配套设施缺乏。建议完善对物业公司的考核评价机制，加强从业人员的培训，创新手段破解物业费收缴难问题，完善小区垃圾分类、停车位、立体停车库、加装电梯、充电桩等公共配套设施新建、改建等政策。物业管理工作指导监督方面。存在党建引领作用不够凸显，属地监管能力难以适应需求，镇街缺乏物业管理专业力量。建议提高政治站位、强化党建引领，完善属地管理，配强专业力量。进一步明确镇街业务分管负责人和业务责任科室，并安排一定的人员编制，或者由住建部门直接招录专业人员下沉到各镇街开展工作，建立物业管理联席会议制度；健全工作机制，厘清职责。物业相关资金管理方面。存在物业维修基金使用难，业主对物业质量质保金制度知晓率低，对物业维修基金管理查询不便，小区物业经营收入管理不规范。建议建立健全小区物业资金监管制度系统，加大物业质量质保金制度的宣传，推动质保金使用，落实物业专项维修资金“业主交纳、统一存储、按幢核算、建账到户”要求，按照栋或单元（楼道）分别计算、管理和使用资金。积极探索实施“小区账社区管”资金监管机制，提升物业经营性收入的管理效率和公信力。

复兴千年古城。2022年10月14日，区政协举行“请你来协商”活动，围绕“打造金字招牌、复兴千年古城”主题，区领导与政协委员面对面，听取意见、查找问题、共商共促。区委副书记、区长王垒出席并讲话，主席沈昱主持，区领导梅建胜、汤丽玉、黄德伟、李玉美、傅丽华、张瑾，以及相关部门、平台、镇街等负责人参加。前期，区政协组织委员围绕余杭区千年古城复兴开展实地考察和专题研讨，形成了翔实的调研报告。会上，区政协文史委主任郭青岭就调研情况作主题发言。郭一波、

2022年10月14日，区政协召开“打造金字招牌　复兴千年古城”主题协商会

林航、周锋、钟燕、张自恒、王未、赵海燕、季晔、胡冰、刘伟学、张建群等专家、委员分别围绕“千年古城复兴”工作发言，提出了许多切实可行的意见建议，区相关部门、平台、镇街对政协委员提出的意见建议认真作出回应。王华指出，前期区政协调研充分准备足，委员发言围绕重点选题准，活动建言务实效果好，反映了社会各界对千年古城复兴工作的殷殷期盼，也体现了人民政协广泛联系各方人士，充分反映各方意见要求，积极推动区委区政府重点工作。王华强调，要明确复兴千年古城的站位。要坚持保护开发相融合理念，推动新时代新发展与千年历史文化传承共振共鸣，以“环境美、产业兴、百姓富、社会稳”的千年古城共富新图景切实回应群众新期盼、提升群众获得感。要坚持复兴千年古城的原则。坚持以传承保护为先，突出保护第一、保护多样化、保护严肃性，切实做到在保护中发展、在发展中保护。坚持以利用复兴为核，借势发力强优势，乘势而上引产业，顺势而为促集聚，在尊重古城个性特征的基础上，着力推动产业振兴、激活经济动能。坚持以群众满意为基，请群众参与、让群众监督、听群众评议，最终由群众评判和检验，打造百姓宜居乐业的标杆。要把握复兴千年古城的抓手。统一思想，形成广泛共识；加强领导，组建工作专班；顶层设计，做精工作规划；滚动推进，逐年亮相成果；健全机制，提高协调效率；整合资源，加大保障力度；广纳民意，营造浓厚氛围；加强评估，做到动态优化，全力推动余杭双千年古城复兴，打造文化金字招牌，为城市新中心建设贡献力量。

2022 年 10 月 14 日，部分委员、专家在“打造金字招牌　复兴千年古城”主题协商会上发言

协商法治建设工作　区政协八届一次会议以来，协商法治建设方面工作主要内容有“法治余杭”建设、发展社会组织、创新社会管理工作等。

发展社会组织、创新社会管理工作。2012 年 10 月 24 日，区政协十届第 8 次主席会议协商培育发展社会组织，创新社会管理。根据年度重点工作安排，6—10 月，社法委组织委员通过走访、座谈、外出学习考察等方式，就余杭区社会组织建设与管理工作进行专题调研。建议借鉴先进地区成功经验，尽快出台扶持发展社会组织的政策和实施意见，为发展余杭区社会组织夯实基础，更好地满足人民群众对社会化服务的需求；加强组织领导，健全社会组织工作协调培育机制。发展社会组织要协调好各部门的关系，提高各部门的认识，理顺关系、明确工作职责，健全社会组织工作协调培育机制；转变政府职能，建立新型政社合作互动关系；创新激励政策，增强社会组织自我服务的能力；健全监管体系，夯实社会组织自

我管理的基础。

*协商“法治余杭”建设。*2015年7月23日，区政协十届常委会第十七次会议专题协商“法治余杭”建设。主席阮文静，区委副书记沈昱，区委常委、副区长余志三，副主席黄莉、杜永林、孔祥华、陈云水、潘法高、戴桂香，副区级巡视员傅樟绚，秘书长吴忠云和全体常委参加会议。听取“法治余杭”创建工作情况通报，并分组协商讨论。郭青岭、朱飞燕、王敏、邹华、吴琳、俞海平等6名政协委员及法律界人士，分别围绕提升领导干部法治理念、依法行政、建立被诉行政机关负责人出庭应诉制度、加快推进基层依法治理、完善公共法律服务体系、创建诚信守法企业等方面作大会发言，提出意见建议。沈昱指出，余杭的法治建设一直走在全省、全国前列，在发展中也面临许多新问题，此次专题协商既客观分析存在问题，又提出具有参考价值的意见建议，充分表明了大家关注法治建设、参与法治建设、推进法治建设的决心和信心，希望政协及委员一如既往，积极履职，着眼于转变政府职能、加快建设法治服务型政府、提升社会效率，着眼于创新管理、调整社会结构、构建和谐社会，以具体案例和数据支撑，齐心协力，提升法治理念，树立社会主义法治信仰、促进依法行政，建立健全各项法治建设制度。阮文静表示，政协作为法治建设的重要推动力量，要把助推法治余杭建设作为政协履职重要内容，为余杭区法治建设继续走在前列献计出力。要发展协商民主，充分利用好政协“话语权”，围绕科学立法、严格执法、公正司法、全民守法等法治领域重要问题开展民主协商，利用自身优势和渠道，聚焦领导干部“关键少数”、守法公民培育等重点调研建言，督促依法治区战略贯彻落实。要强化监督推动，积极完善民主监督的组织领导、权益保障、知情反馈、沟通协调机制，完善民主监督员选派制度，拓展监督渠道、丰富监督内容，深入开展依法行政、基层治理、全民普法等方面的民主监督活动，助推社会主义民主法治建设。

*基层治理现代化工作。*2020年8月27日，区政协常委会会议召开，专题协商推进基层治理现代化。区委副书记、政法委书记李忠誉，区委常委、常务副区长陈夏林参加。区政协主席沈昱主持，区人大常委会副主任戴桂香，区政协副主席吴立炜、陈云水、黄德伟、沈洪相、秘书长吴忠云，相关部门负责人，部分政协委员及基层代表参加。会上，陈夏林作《2020年上半年政府工作情况通报》。协商会上，沈洪良、卢红梅、王晓乐、闻建明、沈卫东、俞珠花等政协委员和基层代表就“补齐短板，推进基层治理现代化”作发言，提出意见建议。相关部门负责人一一回应，表示将吸取委员们调研后的意见和建议，

2020年8月27日，区政协常委会会议专题协商“补齐短板　推进基层治理现代化”工作

加以研究，认真总结、吸收，切实改进各项工作。李忠誉表示，基层治理现代化是实现区域治理现代化的重要保障，推进基层治理现代化工作，要强化责任担当，增强推进基层治理现代化的行动自觉；要聚焦薄弱环节，补齐基层治理方面的工作短板，实现多元合一，进一步强化基层治理力量；要加强党建引领，形成推进基层治理现代化的强大合力。希望大家切实提高政治站位，以建设“重要窗口”“排头兵”的姿态，为推进全区经济社会发展贡献智慧和力量。沈昱指出，治理现代化是国家长治久安、稳步发展的基础，是增强人民群众获得感、幸福感、安全感的内在要求。对于补齐短板，推进基层治理现代化，政府要将社会治理的重心落实到城乡社区，提高基层治理的能力。在发挥政府主导作用的同时，要以党建引领，调动社会各界积极性，有序参与基层治理，最终建成“共建共治共享”的社会治理格局。区政协将梳理和完善委员和基层代表提出的意见、建议，并以专题协商意见的形式发给区级相关部门，推进基础治理现代化工作。

协商高层建筑消防安全综合治理工作。2020 年 8 月 28 日，区政协以“请你来协商”为平台，协商高层建筑消防安全综合治理工作。区政协副主席黄德伟，区政协社法委负责人，区住建局、应急管理局、城管局、消防救援大队领导及部分政协委员参加。协商会上，相关部门介绍高层建筑消防安全情况，指出存在的困难和问题，其中住宅小区的消防安全矛盾比较突出。委员们建议：要提高物业服务企业的准入门槛，严格落实消防安全责任制，以小区试点运作模式，带动智慧消防推行；要加强对高层建筑的消防安全审核验收，从源头防范，注重高层建筑的消防维保标准，履行好消防安全职责；要加强排查整改，打通生命通道，以定期消防演练及加大宣传力度等形式切实普及大众消防安全知识，提升人员的消防安全意识；要在高层建筑的前期规划设计中，考虑设立自救绳的安装位置，给居民提供自救途径；要定期盘查建筑配备的消防器械，使用分布式的感温光纤系统监测电线。

防范电信网络诈骗。2021 年 11 月 19 日，区政协以“请你来协商”为平台，专题协商加快推进防范电信网络诈骗的相关工作。会上，区政协委员、民主党派和村社、企业、群众代表围绕数字赋能反诈、强化宣传、创新机制等方面内容，与区级相关职能部门、镇街负责人一起协商探讨推进防范电信网络诈骗的路径和办法。余杭数字政协 i 履职平台对活动进行了全程直播，区政协主席沈昱，区公安分局局长王建平，副主席李玉美、斯建刚与大家面对面，一起找短板开药方，协商建言献计献策。相关单位对政协委员、代表提出的意见建议认真作了回应，达到协商目的，凝聚广泛共识。协商意见梳理汇总函告区委、区政府决策参考。委员们建议：以大数据赋能反诈，提升反诈工

2021 年 11 月 19 日，区政协专题协商加快推进“防范电信网络诈骗”的相关工作

作效率；加大反诈宣传力度，着力增强反诈宣传的有效性，通过与互联网专业企业合作，建立内容、渠道和KOL（关键意见领袖）的多层次全方位的合作。要进一步明确区、街、村（社）以及政府、企业、个人等不同层面的宣传职责，形成各有侧重又相互补充的多维度的反诈宣传格局。建立反诈激励机制，激发反诈积极性。要建立提升志愿者绩效导向的激励机制，而为志愿者提供必要的保障，分担志愿者因志愿服务所付出的成本和风险。压实职能部门的工作职责，发挥部门协同联动作用。街道要聚焦反诈宣传工作薄弱领域、重点环节，进一步加强反诈宣传、突出重点人群防控、完善预警机制。要强化协同配合，进一步压实行业主管部门责任等。

区法院、区检察院工作。2022年11月11日，区政协十二届第13次主席会议召开，专题听取区法院、区检察院工作情况通报。区领导沈昱、黄德伟、李玉美、傅丽华、周忠诚、斯建刚、张瑾、王文柱、鲍键参加。会上，区法院和区检察院通报2022年主要工作和下一步工作安排。沈昱对区法院、区检察院工作开展情况和取得的成绩给予充分肯定，代表全体政协委员对他们的工作表示感谢。沈昱指出，要认真学习贯彻中共二十大精神，深刻领悟“两个确立”的决定性意义，坚决做到“两个维护”。要进一步学深悟透习近平法治思想，在司法工作上把握正确的政治方向。沈昱强调要梳理思路，主动参与，围绕杭州城市新中心建设谋划筹备，紧密对接新中心建设十大工程，为重大项目平稳推进提供坚强的司法保障。要进一步加强宣传，用好政协请你来协商等平台，增加交流，促进理解，在政协委员和群众中树立司法公正、尽职为民的形象。

三、协商其他重大事项

良渚文化遗址保护和利用。2007年9月21日，区政协九届常委会第四次会议召开，协商良渚文化遗址保护和利用工作。区政协副主席方加明、钱杭根、黄莉、陈云水和全体常委、区人大常委会副主任凌美娟，区政府副区长徐美娟，区政协巡视员李小花、丰章生、董建国，区政府办公室主要负责人和区政协机关办委负责人、调研员参加。会议听取徐美娟关于良渚文化遗址保护和利用工作情况的通报，并进行讨论协商。会议认为，良渚文化遗址是实证中华五千年文明最具规模和水平的地区，余杭有保护好这一重要遗址的历史责任，并切实加以利用，为经济和社会可持续发展服务。会议充分肯定了区政府的工作，对良渚文化遗址的规划编制、重点项目建设等方面取得的进展表示满意，并就加强良渚文化的宣传、加快配套设施建设等方面提出意见建议。会议形成有关良渚文化遗址保护和利用工作的专题协商意见，呈报区政府。

协商政府救助工作。2007年12月21日，区政协九届常委会第五次会议召开，协商政府救助工作。副主席方加明、章福根、黄莉、孔祥华、陈云水和全体常委参加。区委常委、常务副区长杨洪香，区政协巡视员李小花、丰章生、董建国，区农业局主要负责人，区府办有关负责人和区政协机关办委负责人、调研员列席会议。会议听取杨洪香代表区政府所作的关于政府救助工作情况的通报。会议认为，区委、区政府高度关注民生，不断构建新型救助体系，完善救助政策，加大救助投入，措施有力，成效明显，并深得民心。会议提出，政府救助工作事关人民生活品质建设，事关和谐社会构建，随着经济发展水平的不断提高，其地位与作用更趋重要。委员们建议：1. 突出重点，进一步提高救助精准性。一是对于急难性救助对象，给予及时有效救助，使其渡过难关。二是对于特别困难家庭，在低保普惠的基础上，经区社会救助联席会议审核确定，予以重点救助。2. 多措并举，进一步全方位帮扶救助。民政等相关部门会同镇（街）和村(社）制订精准帮扶方案。3. 统筹资源，进一步提高救助能力。提升“大爱余杭”基金的帮扶能力，规避政府救济的政策性、体制性障碍，让余杭的困难家庭和个人得到更多帮助。发展民间慈善基金会。鼓励更多的企业和个人建立社会救助基金，增强余杭区社会救助实力。研究制定民间力量参与社会救助的激励政策，搭建服务平台，通过购买服务的方式，鼓励社会组织参与社会救助工作。此外，应进一步完善救助机制，加强宣传。

创建省级示范文明城区。2008 年 5 月 6 日，区政协召开“创建省级示范文明城区”协商会，区领导汪宏儿、沈旭微、徐美娟、章福根、钱杭根、黄莉、孔祥华、陈云水参加。政协委员代表，区文明办等 10 余个相关部门、各乡镇政府（街道办事处）负责人及市民代表参加会议。会议听取区文明办有关“创建”工作情况的通报，委员们先后就创建活动中有关提高市民素质，政府职能部门依法行政，农村卫生长效保洁，摩的、残的、机动三轮车非法运营，老居民小区基础设施建设，提高中小学生身体素质等方面工作发表意见和建议。市民代表也在会上提出建议。会议指出，这次协商议政活动，是区政协贯彻落实创新创业工作的一项新举措，也是区政协更好地履行职能，促进党委政府科学决策、民主决策的新尝试。“省级文明示范城区”创建活动是区委、区政府的重要工作，与群众生活息息相关，作为政协委员，要围绕大局、服务中心，积极投身到创建工作中去，要善于思考、善于分析，摸实情、听真言、讲实话，为创建工作广献良策。区委常委、宣传部部长沈旭微认为，委员们的建言有高度、有价值，对当前创建工作有指导性。

养老事业发展。2010 年 10 月 15 日，区政协九届常委会第二十二次会议召开，审议并通过《关于加快推进我区社会养老事业的建议案》。区政协主席汪宏儿，副主席章福根、钱杭根、黄莉、孔祥华、陈云水、潘法高和全体常委出席会议。区长助理何云峰、区级部分老领导、区有关部门负责人和社区代表、老年人代表应邀参加会议。近年来，区委、区政府高度重视社会养老事业发展，通过开展居家养老服务、推进养老机构建设、规范养老机构管理等措施，基本形成了以居家养老为主、社区服务为依托、机构养老为补充的社会养老服务体系。区政协把“加快养老服务建设，推进养老事业发展”作为 2010 年重点调研课题，通过召开各个层次座谈会、视察、问卷调查等活动深入调研，为区委、区政府整体推进养老服务社会化出谋划策。会议听取区政府关于发展余杭区养老事业工作情况的通报，听取了区政协社法委关于开展余杭区社会养老事业调研情况的汇报，听取了政协委员代表方黎明、社区干部代表陈兴群、老年人代表沈杏仙分别就机构养老、社区养老、老年人对社会养老服务的需求等方面所作的发言，并在分组讨论的基础上，以举手表决的形式一致通过该建议案。会后，该建议案行文呈送区委、区政府，引起了高度重视，区委书记朱金坤作出重要批示，认为建议案分析问题到位，很有针对性、操作性，要求政府部门认真研究。

此前，2010 年 5 月 26 日，区政协曾协商养老事业发展，组织召开城镇老年人代表和各镇乡（街道）养老机构负责人座谈会，广泛听取养老事业发展中存在的问题和对策建议。

提升城市社区服务。2013 年 11 月 14 日，区政协召开“提升城市社区服务”民主议政会。区政协主席阮文静，副区长阮英，区政协副主席杜永林、陈云水、潘法高、戴桂香，秘

2013年11月14日，余杭区政协"提升城市社区服务"民主议政会召开

书长吴忠云和部分委员、区相关部门负责人及社区代表、市民代表参加。阮英代表区政府通报余杭区关于提升城市社区服务水平工作情况。议政会上，6名政协委员、社区负责人代表和市民代表，围绕市民们普遍关心关注的热点问题进行议政建言。委员们建议要进一步推进社区体制机制改革。建议要明确社区职能，重点做好"服务、管理、协助、协调"四件事，让社区有更多的精力为居民服务；要加强社区文化建设，加快社区文化基础设施的建设步伐，制定社区文化建设发展规划，挖掘和培育社区的文化人才；要进一步完善社区卫生服务工作，加强顶层设计、落实政策配套，完善激励机制、加强人才培养，积极探索创新、提升服务水平。建议以社区居民的满意度作为考核的主要依据，不能让流于形式的台账、奖牌、挂牌成为主要评估指标，而是在"看真相、听真话、摸实底、查实情"的过程中，实现"社区工作好不好，群众说了算"的考核目标。阮文静对委员、代表们的建言和部门负责人"面对面"的交流沟通给予充分肯定。她说，通过这次民主议政会，使大家进一步了解社区的总体情况，社区服务的经验、特色和存在的困难，明确下一步应该关注的重点。她指出，要进一步理顺社区工作的关系，补缺提升。要把握好服务对象，重点服务好老年人、独居孤寡老人和生活困难的人群以及社区矫正人员、精神疾患人员。要重点提升社区卫生服务、养老服务和日常生活的便民服务，提升服务的信息化、智能化。同时要进一步优化社区工作者结构，加强培训，提升队伍的服务能力，为城市社区的服务水平再提升作出贡献。

协商良渚文化国家公园建设。2017年7月6日，区政协十一届常委会第二次会议召开，就良渚文化国家公园建设进行专题协商。区领导阮文静、张俊杰、祝振伟、屠冬冬、陈云水、潘法高、戴桂香、金国平，区十届政协副主席杜永林，副区级巡视员傅樟绚，区政协各委办、相关部门负责人参加。委员们实地踏看莫角山遗址、雉山片区古城遗址河道整治项目、塘山遗址双坝、安溪集镇及安溪路综合整治工程、考古遗产展示园等，观看申遗宣传视频短片，听取良渚遗址申遗和良渚文化国家公园建设情况。金国强、应健、陆文宝、周锋、季晔、闻建明等政协常委、委员，围绕良渚文化国家公园建设主题，就如何保护利用良渚文化遗产、良渚遗址"美丽余杭"建设、文化产业打造、旅游开发建设、民俗文化展示等方面作大会发言。区委常委、常务副区长祝振伟认为，委员们的精彩发言，很受启发，要求相关部门认真研究相关建议。张俊杰表示，良渚遗址申遗工作正处于关键时期，良渚文化国家公园建设站位要高远，规则要明确，战术要精准，任务要细化，难点要突破，项目要加快，关

2017 年 7 月 6 日，区政协十一届二次常委会会议暨良渚文化国家公园建设专题协商会召开

系要协调。区政协和政协委员奉献了真知灼见，汇聚了正能量，希望能继续关注支持，全力助推良渚遗址和良渚文化国家公园建设。阮文静指出，良渚文化国家公园建设与良渚遗址申遗相辅相成，要深刻领会良渚文化国家公园建设的重大意义和丰富内涵，积极营造良好的共建氛围。要处理好长远规划和近期目标的关系，以良渚遗址申遗的坚定决心和信心，同步推进良渚文化国家公园建设，加快和良渚新城、瓶窑镇发展规划的对接，实现统一规划、同步建设、重点突破、有序推进。要处理好遗产保护和资源利用的关系，形成具有良渚元素的文化集聚、产业集聚，促进区域经济持续发展。在强化政府主导地位、正确引导、加强管理的同时，更加注重培养生态文明意识、遗产保护意识，保障群众知情权、监督权和参与权，调动社会力量和本地群众支持、参与，让百姓有更多的归属感。

加快社区居家养老服务建设。2017 年 9 月 20 日，区政协十一届常委会第三次会议召开，就“加快社区居家养老服务建设”进行专题协商。主席阮文静，副主席黄莉、陈云水、潘法高、戴桂香、赵喜凯，副区级巡视员傅樟绚，秘书长吴忠云和全体常委参加。区人大常委会副主任施建华，副区长王艳勤，相关部门及部分政协委员应邀参加。会前，区政协建立专题调研组，走访 12 个镇街、46 个村社，听取镇街、村社和老年人的意见建议。集体视察区社会福利中心、康悦老年病医院、临平街道邱山社区、南苑街道河南埭社区养老服务照料中心，学习考察上城区先进经验和做法。会议听取区政府关于社区居家养老服务工作情况通报。会上，朱根祥、杨满珠、王晓乐、陈树坤、高丽娟、张国平等政协委员及社区代表分别围绕加快社区居家养老服务机构建设、医养结合、智慧养老、服务安全、社会参与等方面作了大会发言。王艳勤肯定政协委员对这一重大民生问题的关切。阮文静说，要响应新一轮改革创新要求，适应老年人多方面需求，顺应“互联网＋”发展模式，合力推进社区居家养老服务的规范化、多元化、智慧化，助推余杭区社区居家养老服务建设再上一个新台阶。

“最多跑一次”改革。2018 年 7 月 5 日，区政协协商“最多跑一次”改革。视察区行政服务中心办事大厅，体验 24 小时自助服务，并听取区行政服务中心有关“最多跑一次”改革工作情况汇报。委员们肯定“最多跑一次”改革工作，改革取得了阶段性成效。并就进一步推进“最多跑一次”改革工作提出意见建议：1. 多方联动，推进“简化办”。各部门要主动配合、主动梳理、主动协商、形成合力；简化前置手续，着力减材料、减层级、减环节，公民个人办事事项实现凭身份证“一证通办”；创新监管方式，健全审管衔接机制，开展协同监管。2. 延伸基层服务，推进“就近办”。加强未来科技城、瓶窑、良渚、塘栖 4 个分中心建设；加大镇（街）、村（社）便民服务中心建设力度，拓展镇（街）、村（社）便民服务中心办理业务。3. 提高信息化程度，推进“网上办”“移动办”。提高网上办事比例，加大数据共享力度，推进各部门审批信息共享、材料共享和结果共享；注重网络安全和信息安全，强化对企业、个人的隐私保护。4. 提升服务水平，增强群众满意度和获得感。加大宣传力度，完善咨询服务体系建设，加强队伍管理，解决停车难问题。

2018 年 10 月 19 日，区政协十一届九次常委会会议暨“大运河文化带建设”专题协商会召开

大运河文化带建设。2018 年 10 月 19 日，区政协第十一届常委会第九次会议召开，专题协商“大运河文化带建设”。区政协主席阮文静，副主席黄莉、陈云水、潘法高、戴桂香，区领导居冬冬、於卫国，以及区大运河文化带保护开发工作领导小组部分成员单位负责人等参加。委员们观看大运河文化带建设视频短片，听取拱墅区大运河文化研究院顾问洪永跃作专题讲座。听取区政府关于大运河文化带建设工作情况的通报。政协常委、委员们围绕如何推进大运河文化带建设、做好历史文化遗产保护传承、完善规划设计等方面作大会发言，提出意见建议。阮文静指出，要深化研究、统筹推进，处理好五个方面关系，更好地实现“保”与“用”辩证统一，“古”与“今”一脉相承，“物”与“非”相辅相成，“点”与“带”交相辉映，“急”和“缓”有序组合。要坚持规划先行、体现高远，整治先行、优化环境，保护先行、打造节点，通过运河串联起现代都市、历史古镇、传统集镇和广袤田园，建成一条时光隧道、乡愁纽带、经济走廊，力争做到“千里大运河、美丽在余杭”。大运河文化带建设是一项系统工程，涉及水利水运、遗产保护、文化传承、生态建设、经济发展等方面，必须凝聚共识、汇聚合力。全体政协委员要持续关注、积极建言、全力助推，要继续深入调研，察实情、出实招，阐释好、解读好大运河文化，促进形成全社会支持和推动的良好局面，为再现运河繁荣盛景、共绘运河余杭篇章贡献智慧和力量。

协商提案集中办理工作。2020 年 5 月 15 日，区政协召开提案办理集中面商会，区政协提案委、文史委负责人，良渚遗址管委会、文化和广电旅游体育局、良渚街道相关负责人以及部分政协委员参加。面商会上，良管委率先介绍了遗址公园目前运营相关情况及提案初步办理情况。曾敏委员的提案“关于充分发挥良渚文化 IP 功能的建议”提出，通过良渚文化 IP 授权，良渚文化类博物馆与原创设计结合，良渚文化数字技术与影像结合等方式，充分发挥良渚文化 IP 的功能，推动余杭文创产业和信息产业的深度融合。良管委积极回应，将持续强化良渚文化 IP 转化利用，做强良渚文创，做好活化传承。沈士华委员递交的《关于良渚遗址公园景观提升的建议》提案，在择址建设仿古生活场景、增加原始的乡土植物种类及沿河坡岸水生态景观打造三个方面也都收到有效反馈。

推进养老服务高质量发展。2020 年 7 月 31 日，区政协以“请你来协商”为平台，专题协商加快推进养老服务高质量发展。会上，部分区政协委员、市民代表围绕“医养结合服务体系、规范老年食堂管理、完善老年组织建设、提升养老机构效率、打造医药结合养老综合体建设、鼓励社会组织和志愿者参与养老事业”等方面，与区级有关职能部门、镇街主要负责人一起协商探讨、谋划发展良策。市委常委、区委书记张振丰，区政协主席沈昱、副区长王艳勤和区政协领导参加会议并听取委员、市民代表发言。会议形成了以下共识：一是要明确职责理顺养老服务体制机制。养老服务工作的相关部门要在处理好部门之间关系、理顺体制机制、形成工作合力上多做思考、多下功夫。要根据委员们提出的意见建议，共同研究，合力推进。二是要探索创新提升养老服务整体水平。以改革创新的精神，探索养老服务的新方法、新模式，重点要在加快发展养老产业、积极培育养老服务机构、提升公办养老机构品质上下功夫，提升养老服务整体水平。大力吸引民间资本参与养老服务，发挥社会力量和市场机制的作用。三是要坚持需求导向优化养老服务供给。区民政局要依靠镇街村社和社会机构，做深、做实老年人摸底调查工作，广泛了解老年人的养老服务需求，为不同层次老年群体提供更为精准的养老服务；区委组织部、区委宣传部、区民政局要进一步发挥老年活动中心、党群服务中心、文化礼堂的功能，整合现有资源，拓展养老服务渠道；区卫生与健康局要根据余杭实际，制订医养结合总体方案，整合现有医疗卫生资源，突出重点，精准施策，进一步发挥好签约医生队伍作用；区民政局和卫健局要结合示范性养老服务照料中心的建设，以点带面，加快推进医养结合综合体建设，实施医养结合，创新服务方式。四是要统筹协调形成养老服务工作合力。区民政、卫健等部门要加强对全区养老服务、卫生保健体系建设的统筹协调和指导督促，结合“十四五”（2021—2025 年）规划编制，做好规划部署，落实相关法规政策，切实解决养老服务难点问题。区住建、规资等部门要想方设法解决居家养老服务配套用房的规划、建设问题，在美丽乡村建设、城市有机更新中统筹安排、合理布局。区发改、人社、市场监管、医保、消防等部门要按照本单位工作职能，协同做好养老产业培育、养老服务人才队伍建设、养老机构消防审批监管、老年人食品安全和养老服务市场监管、老年人长期照护等工作。区财政等部门要积极发挥财政资金的撬动和引领作用，通过建设补助、改造补助、公租民用、租赁补贴、运营补贴等多种形式，有效解决社区养老服务资金不足的问题。

建设杭州城市新中心。2022 年 9 月 21 日，区政协建设杭州城市新中心“请你来协商”活动举行。市委常委、区委书记刘颖，区政协党组书记、主席沈昱主持会议。副区长吴远东，区政协副主席李玉美、傅丽华、周忠诚、斯建刚、张瑾，秘书长吴忠云，全体政协常委和部分委员以及有关平台、部门负责人等参加。会上，区政协城建委汇报相关课题调研情况，部分政协委员围绕“建设杭州城市新中心”主题，聚焦创新发展、人才引培、文化传承、公共服务、生活配套、空间规划等方面提出一系列建设性意见。刘颖表示，建设杭州城市新中心、争当“两个先行”排头兵，是贯彻落实习近平总书记对余杭工作的重要指示批示精神、忠诚践行“两个维护”的实际行动，也是余杭作为杭州大区的使命担当，是城市发展建设的现实需要，也是发展蓝图的一脉相承。奋力打造创新活力之城的新中心、历史文化名城的新中心、生态文明之都的新中心、最具幸福感城市的新中心，加快提升创新策源能级、产

2022年9月21日，区政协举办建设杭州城市新中心“请你来协商”活动

业发展能级、区域文化能级、公共服务能级和综合治理能级，需要全区上下团结一致、携手奋斗，需要广大政协委员积极参与、大力支持。刘颖强调，要用好“请你来协商”平台，以更高标准建强协商议事主阵地。要提高政治站位，精心组织好每一次协商活动，真正把“请你来协商”打造成为沟通政协委员、基层群众和党委政府的“连心桥”。要把握性质定位，立足建言资政、凝聚共识，围绕助力科学决策、推动决策落实，推动政协协商与政府决策形成合力，实现政协协商与基层协商有效衔接。要形成协商闭环，持续完善“提案办理项目化”机制，认真执行提案销号管理制度，充分利用数字政协i履职平台，确保协商成果转化落地见效。要擦亮余杭政协工作金名片，打造全过程人民民主的基层样板。要强化政协系统党建工作，区政协党组要始终坚持发挥把方向、管大局、保落实的领导作用，确保党的领导贯穿于思想引领、协商议政、凝聚共识和自身建设之中。要推动数字政协迭代升级，加快推进数字政协3.0迭代工作，着力打造具有余杭辨识度、全国影响力的数字政协县域样本，推动余杭数字政协建设持续走在全国、全省前列。要深化协商治理有机融合，紧紧围绕中心工作提升协商质效，统筹推进民生议事堂、委员工作室、社情民意联系点“三位一体”建设，不断拓展政协协商民主的广度、深度、效度，释放专门协商机构潜能效能。

第三节　联席会议协商

区政协开展民主协商有多种形式，政府与政协工作协商联席会议制度是政府与政协开展民主协商的有效形式。此外，各届党委、政府也高度重视政协的作用，许多要事、大事都通过会议与政协协商，做到协商于决策之前和决策执行过程之中。

一、政府、政协工作协商联席会议

政府与政协工作协商联席会议制度是政府与政协开展民主协商的有效形式，是政府与政协加强工作交流的重要平台，也是推进余杭区民主政治建设的积极举措，十多年来已成为政府、政协之间全面沟通的一个重要机制，相互通报情况，协商有关事项，推动各自工作。工作协商联席会议一般每年召开1—2次。

2006年联席会议　2006年6月21日，区政协、区政府召开工作协商联席会议，协商区政协《关于降低机关运作成本的调查思考与建议》《关于促进资源节约和集约利用的调研报告》《关于切实加强公共投资项目管理、构建节约型政府的调研报告》《山沟沟乡村旅游（农家乐）调研报告》。根据政府领导的意见，对政协的调研报告中有关意见、建议，印发到各镇乡、区政府有关部门，要求尽快研究落实，并报区政府；对工作中应该吸纳的建议，要求结合各自工作实际，认真加以吸纳。在构建节约型社会方面。区政协调研组召开有关机关单位、乡镇政府、政协委员座谈会，上门走访企事业单位，视察了一些办公楼、宾馆（酒店），主席会议成员对机关运作成本居高不下、文山会海浪费大、公务接待开支高、统一采购未显优势、水电消耗面广量大等结构性、程序性、技术性、奢侈性、攀比性浪费提出建议。积极营造机关节约文明氛围，努力创建节约型机关。加强组织领导，坚持统筹规划，突出工作重点，整体推进节约机关创建工作；积极推进机关公务用车改革，努力降低车务成本；积极推进政府统一采购制度，努力降低采购成本，合理确定政府统一采购范围；积极推进机关长效节约机制建设，减少公用经费支出。在促进资源节约和集约利用方面。建议：1. 重视对建设节约型社会的宣传引导。充分发挥新闻媒体的重要作用，正确发挥舆论引导和监督作用，努力营造浓厚的节约资源社会氛围。2. 重视推进能源的节约。切实抓好节约和替代石油、热电联产、余热利用、建筑节能、绿色照明、节能监测和技术服务体系建设等重点节能工程，抓好企业节能。在农村大力发展沼气利用。鼓励耗电大户开展谐波治理工作和削峰填谷用电。3. 重视土地的节约和集约利用。对现有规划重新进行论证，建立建设用地预审的前置管理制度，提高工业用地项目准入门槛，修订完善《国有土地使用权出让合同》有关条款。积极鼓励业主单位盘活好空闲土地，提高利用效率。深入开展农村土地整理工作，增加有效耕地，实现耕地占补平衡。4. 重视对水资源的保护和节约用水。加大环境执法力度，防止水源污染。5. 重视推进原材料的节约，提高原材料利用率。推广使用可降能、易回收、低成本的包装材料。引导农村柴灶改造，减少木材和秸秆直接燃烧量。6. 重视发展循环经济，推进节约降耗，清洁生产，资源综合利用，发展环保产业。在加强公共投资项目管理、构建节约型政府方面。区政协组织委员对区政府投资项目管理情况进行专题调研，通过组织委员视察、走访有关政府部门和人员、召开不同层面座谈会等方式，广泛听取意见，并对有关问题进行了探讨和研究。提出落实“两观”做好投资规划和决策；完善体制，确保项目前期工作科学合理；加强管理，进一步控制项目“双超”现象发生；实行“代建制”和“公建制”进一步提高工程管理水平；强化审计，防止资金损失浪费；实施考评，促进项目全程管理；以人为本，进一步加强队伍建设，建立人才库，促进项目管理人力资源的共享。

2008 年联席会议　2008 年 7 月，区政府与区政协联合发文，建立区政府与区政协工作协商联席会议制度，并对会议目的、参加人员、会议内容、会议成果办理等方面进行规范。8 月 1 日，区政府、区政协召开新制度出台后的第一次工作协商联席会议，相互通报上半年工作情况。区长姜军，副区长杨洪香、殷英、楼建忠、寿伟义、徐美娟、陈海群，区政协主席汪宏儿，副主席方加明、章福根、钱杭根、黄莉、孔祥华、陈云水参加。会上，姜军通报全区经济社会发展总体情况，着重介绍工业强区战略、城市化发展战略实施情况，并分析当前余杭发展面临的制约因素。各位副区长也分别就分管工作情况做了介绍，提出各自的难点工作，希望区政协能给予支持和关注，提出建议和意见。区政协副主席方加明通报区政协上半年开展的调研视察、创新工作、制度建设等工作情况以及下半年重点工作安排。区府办负责人，区政协委办负责人，部分政协常委参加会议。区政协领导表示，区政府、区政协联席

2008年8月1日，区政府区政协工作协商联席会议第一次会议召开

会议开创一个相互协商、相互沟通的良好开端，区政协要紧紧围绕当前政府重点工作，合心、合力、合拍，同振共鸣，要以创新精神，认真履行好政协职能，在贯彻落实区委十二届六次全体扩大会议精神，推动余杭经济社会新一轮发展中有更大作为。

2009年联席会议

2009年1月14日，区政府、区政协召开工作协商联席会议，围绕余杭经济社会发展和“项目建设三年行动计划”进行协商交流和探讨。区长姜军、区政协主席汪宏儿和区政府、区政协两副班子的领导参加会议。会上，姜军分析了2009年余杭区经济社会发展面临的挑战和机遇。强调政府、政协要建立良好的工作机制，政府的决策要问需于民、问计于民，满足人民群众的知情权、参与权、决策权，特别要汇聚政协委员的智慧和良计。希望政协充分发挥联系广泛、智力密集、位置超脱的优势，多开展一些视察调研活动，多给予政府工作的支持、监督和指导，为余杭发展献计出力。汪宏儿指出，政府、政协工作的目标是一致的，方向是一致的，利益是一致的，就是要促进余杭经济社会又好又快发展。政协工作要紧紧围绕区委、区政府工作中心，围绕“项目建设”，围绕关注民生，在环境立区、节能减排、土地流转、医疗卫生、公共资源效益最大化、撤村建居管理等方面开展好视察和调研，充分发挥政协在政治协商、民主监督、参政议政中的作用，能够提出一些具有专业性、前瞻性、可操作性的建议，为党委政府当好参谋。

2009年11月24日，区政府、区政协召开工作协商联席会议，共同讨论全区经济社会发展的各项工作进展情况，并就2010年政府与政协的重点工作深入交换意见。姜军主持会议。区政协主席汪宏儿等参加会议。会上，区委常委、常务副区长沈昱通报2009年以来全区经济社会发展的各项情况。汪宏儿通报政协工作情况。区政协各位领导分别从科教文卫、新农村建设、透明政府建设以及产业发展等层面各抒己见，建言献策。区政府领导针对余杭经济社会发展中的重点问题同与会政协领导进行了深入探讨。姜军指出，全区经济经历了前所未有的困难与挑战，在经过大半年的努力拼搏之后，经济运行逐步回暖。下一步，如何继续保持经济指标的增长态势，引导经济良性可持续发展；如何挖掘经济运行过程中的潜力，发现新的增长点，确保财政收入稳步增长；如何保持房地产业良性发展，同时促进工业经济摆脱颓势，实现稳步增长；如何确保项目建设顺利进行以及如何培育发展现代服务业等，都是事关全区经济发展的重点。他希望政协能继续发挥好人才库、智囊团的作用，为政府做好工作出谋划策，提出宝贵的意见建议，共同促进余杭经济社会的跨越发展。

2011 年 3 月 9 日，区政府、区政协工作联席会议召开

2011 年联席会议 2011 年 3 月 9 日，区政府和区政协召开工作协商联席会议，区政府班子领导姜军、沈昱、吴伟斌、寿伟义、祝振伟、田野，区政协班子领导汪宏儿、章福根、钱杭根、黄莉、孔祥华、潘法高等出席会议。会上，区政府领导听取区政协九届五次会议关于对《政府工作报告》的讨论意见和建议，区政协 2011 年要开展的建议案、重点提案“回头看”等工作安排情况，双方就有关工作进行了交流。区政府领导表示，要在工作中认真研究委员的真知灼见，及时落实到各项工作中去，并对区政协支持政府工作表示衷心的感谢。姜军指出，政府、政协要建立良好的工作机制，政府的决策要问需于民、问计于民，要汇聚政协委员的智慧和良计。希望政协一如既往地关心、支持和监督，为共建共享“品质之城、美丽之洲”献计出力。汪宏儿表示，政协工作要紧紧围绕区委、区政府工作中心，围绕余杭“十二五”发展规划，认真履行政治协商、民主监督、参政议政职能，为党委政府当好参谋。

2012 年联席会议 2012 年 7 月 27 日，区政府、区政协召开工作协商联席会议。区政府领导朱华、张斌、施建华、李红良、阮英、黄海峻等，区政协领导阮文静、杜永林、孔祥华、陈云水、潘法高、戴桂香等参加。会上，区政府和区政协互相通报半年度工作情况及下阶段工作打算。朱华指出，余杭区政府将加强金融支撑，引导金融机构优化信贷结构，着力解决中小微企业融资难、融资贵问题，千方百计化解要素制约，不让中小企业的发展被卡在“资金供给”这个关口上。在金融创新上，余杭一定要抢占先机，发挥好区位优势、政策优势。希望区政协在加强科技人才集聚、产城融合进程中加快形成余杭“多中心”格局、加快“社会管理创新”破题等方面多关注、多出主意。在 2012 年政协主席、副主席督办的 7 件重点提案中，有多项直接与产业经济发展相关，包括《创新发展金融服务业，助推企业转型升级》《关于切实发挥“三区八园”在工业经济转型升级中的主平台作用的建议》等。为突出服务实体经济发展的履职重点，上半年区政协集中开展了“发展实体经济、打造产业余杭”主题调研，设立减轻小微企业负担、镇街工业园区提升改造、促进传统优势产业转型升级等 7 个子课题。同时，还发动来自 22 个界别的全体政协委员开展“我为实体经济献一策”活动，征集到 140 多条建议和调研报告。会议研究探讨了政协机构向镇街延伸、政协向政府派驻民主监督员等事项。

2013 年联席会议 2013 年 1 月 8 日，区政府、区政协召开工作协商联席会议，分别通报 2012 年工作情况，协商 2013 年工作思路。区长朱华、区政协主席阮文静、区政府副区长、区政协副主席、巡视员参加会议。区委常委、常务副区长楼建忠介绍 2012 年区政府各项工作的完成情况，通报 2013 年政府工作的初步打算。阮文静代表区政协感谢区政府对区政协工作的大力支持。她说，2012年是区十届政协的起始之年，区政协围绕区第十三次党代会提出的三大重任和各项战略任务，紧扣区委、区政府中心工作，把握团结和民主两大主题，认真履行职能，发挥协调关系、汇聚力量、建言献策、服务大局的作用。2013年，区政协将进一步发挥优势，主动有为，积极探索履职的新思路、新领域、新途径，凝心聚力，服务发展，关注民生，促进民生，为建设和谐幸福新余杭作出新的贡献。朱华说，在2012年国内外经济形势严峻复杂的情况下，区政协通过建言献策、民主监督等形式，支持推动政府各方面工作的开展，在全区上下共同努力下，投资、消费稳步增长，产业结构持续优化，社会事业不断提升。希望区政协能一如既往地给予支持，为政府工作把脉开方，围绕政府工作重点，加强民主监督，尤其针对社会管理创新方面的热点、难点问题，充分发挥“智囊团”“专家库”的作用，积极建言献策，推动政府各项工作取得新成效。他表示，在新的一年里，区政府要进一步加强与区政协的联系沟通，认真听取意见，增强工作合力，努力把政府工作做得更好，让群众更满意。

2014年联席会议 2014年1月7日，区政府、区政协召开工作协商联席会议。区长朱华，区政协主席阮文静，区政府副区长祝振伟、张斌、阮英、许玲娣、许宏球，区政协副主席杜永林、孔祥华、陈云水、潘法高、戴桂香，副区级巡视员傅樟绚，区长助理郑河江等参加。会上，区长朱华通报了2013年政府工作情况和2014年工作总体要求、重点工作，区政协主席阮文静就2014年政协工作主要安排作了说明，区政协副主席杜永林介绍区政协2013年工作情况和2014年工作任务。与会领导重点就新的一年重点工作进行交流，并就如何进一步加强政治协商工作进行探讨。

2015年联席会议 2015年1月13日，区政府与区政协召开工作协商联席会议，区委副书记、区长朱华，区政协主席阮文静，区委常委、常务副区长张俊杰，副区长许玲娣，副主席杜永林、孔祥华、陈云水、潘法高、戴桂香，副区级巡视员傅樟绚，区长助理顾国煜、徐东等参加会议，张俊杰介绍了2014年区政府各项工作完成情况，并通报2015年的工作思路。阮文静介绍了2015年区政协主要工作安排。朱华代表区政府感谢区政协对政府工作的理解、支持和帮助。他说，在2014年全区改革发展任务艰巨和宏观经济形势严峻复杂的情况下，区政协通过调研视察、民主监督等形式，为政府各方面工作提供强有力的支持推动，起到了凝心聚力、团结力量的作用。希望区政协一如既往支持政府工作，围绕全区工作重点、热点、难点问题，积极建言献策，推动政府各项工作取得新成效。会

2015年1月13日，区政府、区政协工作协商联席会议召开

上，与会人员就区政府和区政协重点工作安排进行协商，还就文化艺术中心、塘栖圩区防洪工程、余高扩建、“两区”建设等重大项目和课题进行协商研讨。

2016年联席会议 2016年1月7日，区政府与区政协召开工作协商联席会议。区政府班子领导朱华、祝振伟、施建华、许玲娣、黄宏瞻、林会友、於卫国和区政协班子领导阮文静、黄莉、杜永林、孔祥华、陈云水、傅樟绚等参加。区委常委、常务副区长祝振伟介绍2015年和“十二五”期间区政府各项工作完成情况，通报2016年工作思路及“十三五”时期发展目标和任务。朱华代表区政府感谢区政协对政府工作的理解、支持和帮助。他说，“十二五”期间，余杭取得了不平凡的业绩，这离不开区政协的大力支持。区政协积极履行“政治协商、民主监督、参政议政”职能，对政府各方面工作提供强有力的支持，希望区政协一如既往支持政府工作。阮文静说，2015年，区政协围绕区委、区政府中心工作，选准关注点，找准切入点，坚持“一线”的精神状态，围绕经济社会发展重大问题协商议政，聚焦区委区政府重大决策部署加强监督，着力提高协商水平和实效，切实加强履职能力建设，发挥政协组织六大机构功能作用。2016年，区政协将牢牢把握团结和民主两大主题，把协商民主、参政议政、能力建设贯穿于履职全过程，为余杭“十三五”时期规划开好局起好步积极献计出力，为余杭打造创新创业梦想地、宜导宜游美丽洲，建设高品质都市新区作出新的贡献。与会人员就区政府和区政协重点工作安排进行了协商研讨。

2017年联席会议 2017年1月24日，区政府、区政协召开工作协商联席会议。区政府班子领导陈如根、祝振伟、许玲娣、林会友、於卫国和区政协班子领导阮文静、黄莉、杜永林、孔祥华、傅樟绚等参加会议。区委常委、常务副区长祝振伟和区政协党组副书记、常务副主席黄莉分别代表区政府和区政协介绍2016年各项工作完成情况，并通报2017年工作思路。区委副书记、代区长陈如根代表区政府感谢区政协一年来对政府工作的理解、支持和帮助，尤其是在服务保障G20杭州峰会、开展综合环境整治等中心工作中对政府工作给予了有力、有效、有益的支持，合力推进了中心工作开展。阮文静对区政府一年来工作所取得的成绩表示敬意，对区政府一直以来支持区政协工作表示感谢。会上，与会人员围绕2017年政府重大投资项目建设管理，教育、医疗、卫生等社会事业发展等方面进行了交流与探讨。

2018年联席会议 2018年1月22日，区政府、区政协召开工作协商联席会议。区政府班子领导陈如根、许玲娣、黄宏瞻、葛建伟、王艳勤和区政协班子领导阮文静、黄莉、陈云水、潘法高、戴桂香等参加。会上，区长陈如根、区政协主席阮文静分别介绍了2017年区政府、区政协各项工作完成情况及2018年工作思路。2017年，在区委领导下，区政府和区政协紧紧围绕“五大余杭”建设等各项重点工作，团结协作、和衷共济，形成良好合作氛围。区政府将更加积极地支持政协履职，同时，希望区政协一如既往支持政府工作。阮文静表示，区政协将继续发挥“人才库”优势和“智囊团”作用，为政府工作献计献策，协助政府抓好重大决策、部署的落实，也希望区政府及相关部门继续关心、支持2018年政协提案办理工作。针对区政府工作，阮文静从加快“低小散差”企业淘汰、改善交通基础设施、推进投融资体制机制改革等方面提出意见和建议。

2020年联席会议 2020年1月7日，区政府、区政协召开工作协商联席会议。区长陈如根主持会议，区政府领导顾国煜、楼秀华、葛建伟、王艳勤，区政协领导沈昱、黄莉、吴立炜、陈云水、戴桂香、黄德伟等参加会议。会议就区政府、区政协2019年主要工作和

2020年1月7日，区政府、区政协召开工作协商联席会议

2020年工作思路进行交流，共谋余杭发展大计。2020年，区政府将做好确保经济运行在合理区间、着力壮大经济发展新动能、着力打造生态宜居新典范、着力打造社会治理新格局、努力提高群众生活幸福感等重点工作，加快实现“东部崛起、中部兴盛、城西腾飞、西部富美”，全力打造杭州接轨大上海融入长三角桥头堡，进一步打响“中华文明圣地、创新活力之区”城市品牌。区政协将把加强思想政治引领、广泛凝聚共识作为履职的中心环节，坚持团结和民主两大主题，提高政治协商、民主监督、参政议政水平，团结社会各界，奋力干出新时代人民政协的新样子。沈昱感谢区政府长期以来对政协工作的重视支持。他表示，新的一年，政协将突出提案主线，创新和完善提案办理协商工作机制，深化提案“办前、办中、办后”协商，完善好民生诉求发现机制，做深做透协商前期工作，与党委政府及相关部门进行重点协商，全力助推民生项目的实施，让政府工作更高效，让政协工作更有效。陈如根充分肯定区政协过去一年的履职情况，感谢区政协和广大政协委员对政府工作的关心支持。希望继续紧紧围绕全区工作大局，在建言资政和凝聚共识上双向发力，为余杭经济社会发展作出新的更大贡献。区政府将进一步加强与区政协的沟通协作，全力支持政协履职，围绕重点工作，进一步深化协商，加大提案办理和跟踪督查力度，提高办理质量，共同推动余杭实现高质量可持续快发展。

2022年联席会议 2022年1月26日，区政府、区政协召开工作协商联席会议，进一步加强互动、凝聚共识、深化合作，协同发力，推动余杭各项工作不断取得新进展、新成效。区委副书记、代区长王犇主持会议，区领导沈昱、梅建胜、吴伟强、胡彪、吴远东、黄德伟、李玉美、傅丽华、周忠诚、斯建刚、张瑾等参加会议。会上，区发改局、区财政局分别汇报全区国民经济和社会发展计划及政府重大投资项目计划、财政收支预算情况，区政协、区政府分别协商交流2021年工作情况和2022年工作思路。2022年，区政府将着力在“加快创新发展、激发市场活力、打造产业集群、建设现代城市、擦亮文化品牌、创优生态环境、改善民生福祉、提质社会治理”等方面做好文章、干出实效，进一步增强创新策源力、开启发展加速度、提升群众幸福感。区政协将对照“六破六立”思想再解放，强思想基石、答好政治答卷，强履职能力、答好发展答卷，强为民情怀、答好民生答卷，强创新意识、答好改革答卷，强方法手段、答好效能答卷，强素质本领、答好作风答卷，全力以赴开创人民政协事业的新局面。沈昱表示区政协将继续注重加强与区政府各项工作的衔接沟通，更好地发挥政协协商平台作用和政协委员联系广泛重要作用，深入推进政协数字化改革。积极在建言资政和凝聚共识上双向发力，充分发挥好人民政协专门协商机构作用，进一步提升政协履职的主动性、针对性和实效性。王犨指出，区政协对政府的支持更加有力，监督更加有效，在建言献策方面展示了积极状态，在参与中心工作方面取得了突出成效。区政府将坚持重大事项主动协商，积极支持政协参政议政，自觉接受政协民主监督，努力创造良好履职条件，继续全力为区政协发挥职能创优环境。

2022 年 1 月 26 日，区政府、区政协召开工作协商联席会议

二、专题会议协商

参与政治、经济、社会、文化、人事等方面重大举措的协商和决策，是政协的重要职责之一。区八届政协以来，通过专题会议，常态化参与协商讨论区划调整、机构设置、人事安排、政协内部事务等重大决策和举措，为党政领导机关决策的科学化、民主化建言献策。各届党委、政府也高度重视政协的作用，许多要事、大事都做到协商于决策之前和决策执行过程之中。

领导干部候选人建议名单协商讨论　2003 年 3 月 8 日，区委召开各界人士民主协商会议，与政协委员和各民主党派、工商联、各群众团体负责人、无党派人士，就区第十二届人民代表大会常务委员会主任、副主任、常务委员；区人民政府区长、副区长；区人民法院院长，区人民检察院检察长以及区八届政协主席、副主席、秘书长、常务委员候选人建议名单进行民主协商。区委书记何关新主持会议。区领导李小花、唐维生、许明、戚建国、白美玉出席协商会。区委副书记许明向与会人员介绍有关情况。建议名单是在坚持干部“四化”标准、优化班子群体结构、注重充实新生力量，注意班子工作连续性，并经过广泛协商的基础上产生的。与会人员就有关领导干部候选人建议名单协商讨论。认为这个名单考虑比较周全，结构合理。人选年富力强，大多具有基层工作经验，适应余杭区发展形势和工作任务要求，符合改革开放和社会发展的需要，体现出与时俱进的精神，表示同意候选人建议名单。

工业产业空间布局规划协商讨论　2006 年 2 月 26 日，区政协召开征求工业产业空间布局规划意见座谈会。区经发局受区政府委托把起草的《余杭区工业产业空间布局规划（草案）》提交给企业界政协委员讨论，广泛征求各方面的意见和建议，确保规划的科学性。企业界委员对规划进行了认真审议，并提出建设性的意见。建议规划要具有前瞻性，要与余杭经济社会发展相一致，与用地规划相一致，与杭州市的总体规划相一致。同时要与余杭区目前的各个工业功能区布局相衔接，与组团规划相衔接；要不断收集民智民意，并加以修改和科学论证；规划一旦定下来，就要依法执行，体现规划的刚性；各级政府要统一思想，制定配套政策、考核办法，真正使规划变成现实。

2006年2月26日，区政协召开余杭区工业产业空间布局规划意见座谈会

闲林镇、仓前镇行政区划调整及设立五常街道协商讨论 2007年9月25日，区政协专题协商闲林镇、仓前镇行政区划调整及设立五常街道问题。区政协副主席方加明、钱杭根、黄莉、陈云水参加会议。副区长屠冬冬就闲林镇、仓前镇行政区划调整及设立五常街道有关情况作了说明，区民政局局长周虎勇通报闲林镇、仓前镇行政区划调整及设立五常街道的方案。会议认为，关于闲林镇、仓前镇行政区划调整及设立五常街道的方案，将五常区块从闲林镇划出，将永福村从仓前镇划出，并将以上划出区块合并，设立五常街道，有利于杭州西溪国家湿地的保护和开发，促进余杭经济社会又好又快地发展，有利于进一步理顺管理体制，促进行政效能的充分发挥；有利于推进城西示范区的建设，促进余杭组团发展；符合历史沿革，顺应群众意愿，是十分必要的，也是切实可行的。区委、区政府就此项工作事先进行了大量的调查研究，广泛听取了各方面的意见和建议，形成的调整方案是慎重、科学、合理的。会议一致同意该方案，并建议区委、区政府按照规定程序做好调整方案的上报工作，争取早日批复。有关部门和相关镇要统一思想认识，深入基层，主动服务，做好调整前后的衔接工作，严格依法办事，维护社会稳定，确保两镇行政区划调整工作的顺利进行。

西北部生态保护和补偿机制协商讨论 2008年8月25日，区政协召开西北部生态保护和补偿机制意见协商会，广泛征求区农业、林水部门关于《西北部生态保护和补偿机制实施意见（讨论稿）》的意见。区政协副主席孔祥华，正区级巡视员董建国，西北部所辖镇乡40多位政协委员，农业、林水等部门主要领导参加协商会。委员们认为，建立西北部生态保护和补偿机制是落实科学发展观的一项重要举措，对保护环境、建设生态城区、促进生态文明具有重要意义。建议补偿机制要进一步加以修改、完善，考核制度要更加细化，更加严格，具有可操作性，确保财政资金“补”在刀口上；政府要建立领导小组，下设办公室，确保补偿机制落实到位。同时希望这一项政策能尽早出台、尽早实施。

镇乡行政区划调整方案协商讨论 2011年5月27日，区政协常委会协商讨论余杭区部分镇乡行政区划调整方案。市委常委、区委书记朱金坤，区委常委、常务副区长沈昱应邀参加会议。区政协主席汪宏儿主持会议，副主席章福根、钱杭根、黄莉、孔祥华、陈云水、潘法高和常务委员出席会议。部分民主党派、区政协参加单位负责人，各地区联络组组长列席会议。沈昱代表区政府向会议通报了余杭区部分镇乡行政区划调整的方案。朱金坤就开展撤镇乡建街道工作的酝酿背景、重大意义、必要性、可行性等方面作了重要阐述。会议认为，区委、区政府从全局和战略高度，着眼于余杭长远发展，提出9个镇乡行政区划调整方

2011年5月27日，杭州市余杭区政协九届二十五次常委会会议，专题协商余杭区行政区划调整工作

案，是一项重大战略决策，符合余杭发展实际，顺应城市化发展趋势，有利于余杭城市化推进，有利于统筹城乡区域发展，有利于提升行政管理效率。经协商讨论，会议同意《余杭区部分镇乡行政区划调整方案》。会议指出，行政区划调整是一项重大体制改革工作，事关全区社会稳定和经济发展，应积极稳妥推进。召开多层面的座谈会、征求意见会，多渠道听取各界人士的意见建议，借鉴撤市设区、撤村建居工作取得的经验，做好宣传发动工作，进一步优化城市发展规划，科学配置行政资源，更加关注西部镇乡发展，统一办理行政区划调整涉及的各类变更事项等。

新一轮政府机构改革方案协商讨论　2011年6月14日，区政协召开会议协商新一轮政府机构改革，区政协主席汪宏儿主持会议，副主席章福根、钱杭根、黄莉、孔祥华、陈云水、潘法高出席会议。会议听取区编委办关于余杭区新一轮政府机构改革方案的通报，以及上级有关政府机构改革精神、区政府工作部门现状的说明，并进行协商讨论。会议认为，新一轮政府机构改革，是完善社会主义市场经济体制的迫切需要，是理顺和转变政府职能的重要契机，对于正处在经济社会全面快速发展关键阶段的余杭来说，非常必要，非常及时，具有重要的现实意义。经协商讨论，会议同意《杭州市余杭区人民政府机构改革方案（征求意见稿）》。会议还就进一步完善和顺利实施政府机构改革方案提出建议：抓住机构改革这个契机，坚持以转变政府职能为核心，进一步理顺职责关系，优化政府组织结构，加快建设形成权责一致、分工合理、决策科学、执行顺畅、监督有力的行政管理体制；严格按照省、市意见精神和要求，严格执行相关纪律，将改革方案落实到位，提升政府的执行力和公信力；部分调整机构更名应进一步斟酌，如“风景旅游局”，按照目前旅游事业范畴，更名为“旅游局”比较合适；及时做好机构改革的后续工作，如根据职能设置，适度调整机构编制等。

余杭交通规划协商讨论　2016年5月4日，区政协主席阮文静，副主席黄莉、杜永林、孔祥华、陈云水、潘法高、戴桂香及各委办主任，就余杭交通规划到区交通运输局开展集体协商，与该局班子成员一起就构建余杭互联互通交通路网共谋良策。在座谈交流中，委员们对全区交通运输工作尤其是入城口综合整治工程给予充分肯定。委员们建议，统一规划“大交通”，加快建设快速通道，积极融入杭州主城；统筹兼顾，科学合理组织交通路网，节约利用，把好材料关、质量关，提高公交分担率。阮文静指出，交通路网规划要有前瞻性、系统性、互通性，要放眼二三十年长远规划，不留死角、不留空白，着力解决通达率不高这一主要矛盾。建设计划要体现轻重缓急，实现既高效又有序推进。建设标准要充分体现立体生态，提高路面等级，打造精品工程，让道路成为城市最好的风景。建设资金要体现多渠道、多元节俭，借势借力，以“少用地、多做路”的理念，对全区交通道路进行一次全面梳理分析。交通管理要体现智能高效，通盘考虑智能设施建设，积极探索智慧交通，提高交通智能化水平。

城乡规划建设工作 2016 年 10 月 18 日，区政协在区住建局协商余杭区城乡规划建设工作。区政协主席阮文静，副主席黄莉、杜永林、陈云水、潘法高、戴桂香，副区级巡视员傅樟绚，区政协办和城建委负责人参加。2016 年以来，区住建局强化规划“一张图”建设，推动市区规划“一体化”进程，“两美”建设、“五水共治”、“三改一拆”、交通治堵、“两路两侧”、扬尘整治、大径山旅游开发建设、平安护航 G20 杭州峰会大会战等重大专项全线推进；建筑、房产等行业管理规范有序。调研组对区住建局工作给予充分肯定，建议进一步提升规划水平，严格执行城乡规划法，加强行业管理的有效性，研究探索城镇建设管理模式。调研组还就注重公建配套落实、扩大群众知情权、加大危旧房排查整治力度等提出意见建议。阮文静指出，要切实加强规划的科学性、执行的严肃性，突出前瞻性、系统性和操作性，提高规划的知晓度和参与度；项目建设要突出重点；整治工作要持续不断；监管工作要严格动真；城市建设的新模式要加强研究；建设管理信息化、智能化程度要提高；重大事项决策前要发扬民主；团队建设要加强专业性、连续性和稳定性。

政协换届人事安排协商讨论 2016 年 12 月 1 日，余杭区召开十一届政协换届人事安排协商会。区委常委、组织部部长王进参加会议。会议指出，政协换届工作直接关系到全区政协事业的发展，关系到区政协组织和政协队伍的建设，关系到改革发展稳定的大局，关系到爱国统一战线的壮大。王进强调，全区各级各部门要统一认识，充分认识本次政协换届人事安排工作的重要意义。切实加强领导，严格程序，严肃纪律，确保政协换届工作圆满完成。要以高度的政治责任感和历史使命感，切实做好这项事关全局的重要工作，充分发扬民主，做好思想引导，严肃换届纪律，全力确保政协换届工作顺利开展。

快速路网规划建设协商讨论 2017 年 5 月 10 日，区政协开展快速路网规划建设集体协商。区政协主席阮文静，副主席黄莉、孔祥华、戴桂香，副区级巡视员傅樟绚，政协各委办负责人、部分政协委员及相关部门负责人参加。实地踏看崇贤至东湖路连接线一期工程茅山段，听取区交通运输局有关余杭区快速路网建设情况汇报。委员们就加强与杭州主城区交通规划融合、公交场站建设、轨道交通区内有效衔接、解决“毛细血管”拥堵、快速路网后续管理等方面提出协商意见建议。建议加快临平新城与杭州主城的快速通道建

2017 年 5 月 10 日，区政协主席会议成员集体视察快速路网规划建设

设，提升完善区域内的路网结构。加快推进“三路一环”项目，加快研究沪杭高速余杭段抬升工程，尽快打通荷禹公路全线，加快320国道北移工程和“杭州中环”的技术前期研究，扩大临平新城的辐射影响范围。并结合运河二通道新开挖段的建设，沿运河二通道西侧，研究建设一条滨河大道。建议加快余杭区东西向快速通道的建设，发挥良渚新城纽带连接的地理优势，加强瓶窑、仁和以及径山、黄湖、鸬鸟、百丈四镇连接杭州主城的通畅连接，提升区域服务功能。加快推进余杭区东西向快速通道的建设，加紧实施104国道瓶窑至马头关段改建工程，抓紧研究余杭区内莫干山路—104国道良渚段境内的高架方案，规划研究建设良祥路、良睦路二条连接未来科技城、仓前街道、闲林街道及西湖区的城市主干道等。还对加快快速路网的建设，提高未来科技城与良渚新城、临平新城和杭州主城通行连接和大径山休闲旅游生态区建设提出具体建议。

产业工人队伍建设改革协商会议　2020年12月1日，区政协协商余杭产业工人队伍建设改革工作。区政协主席沈昱，区人大常委会副主任杜坚强，区政协副主席吴立炜、陈云水参加。委员们视察杭州东华链条集团有限公司、泰昌实业有限公司，对企业发展、日常生产、职工权益保障等方面进行实地调研。沈昱表示，全区产业工人队伍建设改革工作开展过程中，政治上有引领，业务上有抓手，效果成效明显。接下来，要落实好“十四五”规划要求，进一步营造氛围，以全国劳动模范和先进工作者表彰大会为契机，进一步提高产业工人的社会地位；要扩展能力，拓宽领域服务范围，为产业工人做好兜底保障；要搭建平台，给产业工人创造展示实现自我价值的空间。围绕“政治上保证、制度上落实、素质上提高、权益上维护”的总体思路，为余杭争当全省建设“重要窗口”排头兵贡献力量。

2020年12月1日，区政协调研区总工会工作座谈会召开

附：协商意见选录

附件一：

区政协关于“发展实体经济，打造产业余杭”的协商意见

区委、区政府：

今年上半年，区政协积极响应区委、区政府关于“集中精力发展实体经济、坚定不移打造产业余杭”的战略决策，汇集力量组织开展“发展实体经济、打造产业余杭”系列调研。调研分7个子课题，分别为镇街工业园区提升改造工作、提升软环境、减轻小微企业负担、提升农业规模化企业化现代化水平、促进传统优势产业转型升级、集聚高端人才和强化法律服务，由主席、副主席牵头，各专委会、界别活动组、民主党派有关人士参与，并在各民主党派和全体政协委员层面开展“我为发展实体经济献一策”活动，广泛听取各界人士关于发展实体经济的意见建议。在深入调研的基础上，区政协召开十届二次常委会会议专题协商“发展实体经济、打造产业余杭”，10位同志作了大会发言，市委常委、区委书记徐立毅亲临会议听取意见并给予了充分肯定，区委常委、区政府副区长祝振伟到会通报余杭区实体经济发展情况，区有关部门负责人参加会议。现综合区政协十届常委会第二次会议发言内容和调研成果，形成协商意见并呈送，供决策参考。

一、关于产业平台建设

加快产业平台建设是贯彻落实区委部署、积极打造产业余杭的根本要求。委员们建议，进一步统一思想、明确任务，统筹规划余杭经济开发区、未来科技城、乔司国际商贸城、勾庄物流园区、仁和先进制造业基地各主平台和镇街工业园区各重要平台的产业布局、配套建设、资源整合、项目引进，促进产业集聚发展。在围绕产业融合、产城融合“两个融合”目标，大力推进“四城一基地”建设的同时，积极推动镇街工业园区改造提升工作，切实改变土地粗放利用现状，实现工业园区绿色低碳、节约集约、高效发展，着重处理好以下问题：

1. 厘清职责问题。镇街工业园区的管理职责条块分割，其提升改造工作的成效如何，很大程度上取决于运行机制是否顺畅高效。建议创新条块结合、合力兴工的运行机制，以提高镇街、职能部门的积极性和执行力，充分运用好各种行政资源、行政手段。一是充分发挥工业园区提升改造领导小组作用，形成统一的协调机制，使各有关部门既明确分工，又不相互割裂，及时解决实际问题。二是建立提升改造重大项目部门联席会议制度，对重大项目实行联审联批，加快项目推进速度。三是进一步充实经信局职能，强化在工业园区提升改造工作中的管理和指导职能，更多赋予引导工业发展的具体职能和事权，更好地发挥其作为工业经济综合管理部门的作用。

2. 激活主体问题。企业是园区提升改造的主体。目前大多数企业对改造目标、实施计划、规划、政策等并不知情，基本处于“被改造”状态。政府要充分发挥统筹、协调、组织、服务职能，处理好政府主导和企业参与的关系，保障改造企业或者厂房业主的合法权益，增强提升改造动力，使其成为积极参与者和受益者。各镇街应深入调查，倾听企业声

音，全面掌握各个企业的用地、生产、经营、资金等基本情况，了解企业在拓展业务、转型升级方面的各类需求，并梳理归类、分析对策。同时，支持部分有意愿、有实力、有计划、有项目的企业，率先开展提升改造，既鼓舞和激励企业家，也探索和积累成功经验。

3. 完善规划问题。科学规划是镇街园区提升改造至关重要的基础环节。目前镇街已陆续开始工业园区新规划，但普遍存在与现有实际结合度不高或与上位规划存在冲突的问题。建议本着实事求是、适度超前的原则，开展镇街园区提升改造规划工作。建立一定的工作程序，启动规划调整企业的实际管理责任风险。对目前因政府部门规划调整造成的用地实际矛盾，如五常南部工业区块，在实施“退二进三”过程中，少数企业工业用地因规划限制一直闲置；如乔司方桥工业区块，一些建设项目已既成事实但无法取得合法用地。建议采取限定期限协调处理办法，尽快予以解决。

二、关于产业协同发展

产业协同包括统筹推进第一、第二、第三产发展，也包括新兴产业和传统产业的协调发展。余杭区在产业结构上形成了先进装备制造、电子信息、生物医药等高成长等新兴产业与纺织服装、建筑、五金制品、轻工食品等传统产业共存特征。传统产业应与战略性新兴产业协调发展、互补发展。

1. 提升农业企业化规模化现代化发展水平。农业规划方面，建议尽快编制完成全区农业园区布点规划，增强园区规划的前瞻性、可操作性和严肃性。同时，可参照第二、第三产业引导性规划制定农业产业导向目录，对引进和发展的农业项目进行引导、评价和控制。针对余杭土地资源少、分散的实际，要在注重建设大规模园区的同时，也要注重中小园区的建设和发展，园区规模要与产业特点相一致，形成梯级均衡、要素互补的可持续发展格局。农业设施用地问题方面，区政府要急农企所急，想农企所想，积极落实杭政办〔2012〕3 号文件，区国土和农业部门要加紧对农业设施用地政策进行研究和调整，制定出台实际可操作的办法，解决现代农业园区、粮食生产功能区建设中必需的道路、仓储装备、管理用房、堆场等用地问题。同时，对于引进工商资本实施的高标准建设的大型农业园区可通过安排一定的建设用地给予解决。及时修编土地利用规划，在规划的园区内尽可能地把一部分基本农田调整为一般农田，以便于实施农用地审批。农业招商引资方面，做足招商前期准备，完善农业空间定位，梳理集中连片流转的土地，确定产业发展定位，有条件的地方可先期开展土地整理，完善基础设施，实现“熟地招商”。要强化对农业招商引资的考核，建议增加对镇街引进工商资本和农业产业投资的考核权重，加大对镇街、村和招商人员的激励奖励。并要注重“选商”，建议建立农业项目审核评估机制，开展综合评价，避免低档次、低效益的项目。

2. 加大传统优势产业转型升级的扶持力度。传统产业，特别是处于成熟期的传统产业在余杭经济中的比重较大，对余杭经济增长仍具有很高的贡献率。政府应采取措施引导挖掘成熟产业内部潜力，支持符合导向的企业技改投资，积极运用高新技术、先进适用技术改造提升优势特色产业，延长其成熟期时间，使其发挥最大效益。一是加大传统优势产业转型升级扶持力度。推行实施传统产业“四个一批”梯队发展战略，传统产业提升改造一批、小微企业扶持成长一批、招商引资新增优化一批、自主创新做大做强一批，着力培育发展一批品牌亮、实力强、有特色、辐射带动能力强、竞争优势明显的骨干企业和重点企业。

具体可由区发改局、财政局、经信局等有关单位，制定完善的考评、筛选办法，每年定期向区政府申报1～2批市场前景好、发展潜力大的企业，由区政府严格把关后给予资金扶持。二是鼓励支持企业科技研发。有实力的企业，要从提高产品档次和技术含量着手，发展具有自主知识产权和品牌的产品，提升自有品牌的知名度，在自主创新、开拓市场上下功夫；自有技术力量不足的企业，也要跳出低价恶性竞争的死胡同，与科研院所、高等院校联姻，采用诸如合作开发、委托开发、受让专利等方式，走扬长避短、寻求特色的路子，不断壮大自己。

三、关于中小企业扶持

中小企业是工业经济发展的活力之源。大企业的培育、大产业的集聚、大平台的建设需要有一个逐步发展壮大的过程，需要形成合理完备的企业梯队。从余杭区目前情况看，中小企业依然是实现就业的主渠道，是科技创新和经济发展的强劲动力，在容纳就业、改善民生中发挥了不可替代的重要作用。但在和大企业、引进企业、外资企业的竞争和博弈中，在政策层面、产业导向、招商引资、征地拆迁、投资融资等各个方面，中小企业都处于弱势地位，特别是一些小微企业，生存状况堪忧。为此，呼吁尽快出台相应措施，切实改善中小企业的生存环境，着力夯实发展实体经济、打造产业余杭的基础。

1. 建立培育扶持平台。建议建立小微企业发展专项基金，主要向成长型、创新型、科技型、专精特新型、外向型和年销售收入500万—2000万元的小微企业倾斜，用于产品研发、技术创新、市场开拓等前期费用，发挥基金"四两拨千斤"的作用。建立"租税联动、先租后转"机制。以工业园区改造提升为契机，利用闲置标准厂房，建立小微企业"租税联动、先租后转"机制，主动吸收符合产业导向和培育条件的小微企业落户。建立小微企业公共技术平台，可由经信、发改、科技部门负责牵头，由中介公司或协会提供设计、研发、产学研服务，而技术服务经费由政府负责。

2. 降低物流和其他成本。区财政、审计、监察等机关要齐抓共管中介公司、各类协会组织向小微企业乱收费、"搭车"收费、只收费不服务以及硬性摊派等问题。建议由区经信局和区发改局金融办联合会同区担保协会，对全区担保机构进行一次教育、整顿，进一步规范担保行业制度、防范风险、队伍建设，确定统一的保费收取标准，报批准实施。同时，将服务小微企业纳入担保机构的绩效考评，对成效高、风险低的担保公司给予奖励。

3. 加强中小企业与骨干企业的配套协作。目前，余杭区的产业集群效应不够显著，产品上下游的关联程度也不高，中小企业与区内龙头企业整体协作配套水平较低，配套产品的技术含量和附加值较低，企业间的技术、信息等合作共享关系不够紧密。建议进一步加强中小企业与骨干企业的配套协作，引导和促进大、中、小企业在市场中站位层次分明、内部分工明确、配套协作紧密。大企业集团大而强，从事规模化经营，小企业小而专，以大企业为中心搞专业化配套，形成以大带小、以小促大的发展格局。

4. 强化中小企业法律服务。中小企业的法律意识比较淡薄，风险防范意识不强，危机意识缺乏，法律服务欠缺，在生产经营过程中，容易成为利益角逐的牺牲品。为此建议：一是建立"法律体检"制度，提高法治意识。针对余杭区企业法律服务需求的实际，制作中小企业"法律体检"统一格式，将法律体检纳入常规性法律服务项目，定期帮助企业梳理风险点，出具法律意见书，以此增强企业的风险防范意识。二是完善企业资信档案，健全企业法律服务平台。整合部门资源建立翔实反映企业经营、投资、借贷、诚信等情况的资信档案，为中小企业查询区内企业经营生产情况提供方便。并针对余杭区微小型企业众多的现实，在做好调查研究的基础上，及时出台法律援助政策和制度，通过政府购买法律服务的形式，提供有针对性的服务产品。三是加快研发与生产经营相关的高端法律服务产品，尽早出台符合余杭区实体经济上市、兼并、投资、重组等法律服务产品。以及防范企业高管人员刑事风险、与职工维权相关的法律服务产品。

四、关于发展环境优化

环境对实体经济发展至关重要。余杭区已建立良好的制度环境，但在软环境建设方面还有待于进一步优化。要更加关注政府、社会与企业的鱼水关系，提升公共服务质效，真心实意为企业服务，营造鼓励脚踏实地、勤劳创业、实业致富的社会氛围。

1. 提高审批服务效能。余杭区审批事项的平均承诺天数是8.4个工作日，较之萧山6.3个、富阳6个、桐庐7.5个、绍兴6.3个工作日还有一定差距。进驻行政服务中心的审批项目仅331项，萧山、富阳、桐庐、绍兴分别为412项、572项、448项和553项，部门授权方面与兄弟区（县、市）也存在差距。要深入贯彻实施区委、区政府各项规定，深化体制改革，不推诿、不扯皮、不刁难，真正解决办事难、办项目难，提供相对宽松、公正透明、廉洁高效的公共服务。一是清理事项、简化程序。继续清理审批事项，规范非行政许可事项的设立、变更和取消程序。简化办事环节，对比兄弟区、县（市）的审批时限，进一步审核各进驻事项的办事流程，对相关环节进行合并。二是推行“网上审批”模式。余杭区客观上已具备网上审批业务大力推进的条件，建议对未进驻“中心”的审批事项在“网上审批”系统中进行试运行；同时开通余杭和瓶窑组团行政服务中心网上受理系统，推广电子印章在网上审批系统中的应用。三是完善和推广代办制。深入宣传代办制和代办工作中的亮点，提高代办制的知晓度和业务覆盖面。改革代办工作体制机制，逐步完善区、镇二级代办体系。四是加强中介机构监管。在培育和扶持中介机构的同时，要建立健全评价、引导机制，加强对中介机构的监督管理。择优选择部分中介在行政服务中心设立窗口，由行政服务中心统一管理。同时，加大相关业务主管部门监管力度。

2. 加强投融资服务。加快余杭金融体制改革，在余杭农村合作银行的基础上组建余杭商业银行，有条件的镇街组建村镇（街）银行，并积极探索发展融资租赁和小额贷款机构，推进融资平台建设。建立金融“风险池”，鼓励金融机构创新贷款手段，创新金融产品，鼓励风险投资进入。研究建立银企对接网络信息交流平台，明确职能部门和人民银行共同负责开发，并核定专项经费和专职管理人员进行日常维护，通过网络平台使银企双方及时了解金融产品和金融服务需求，实行无缝对接，有效解决融资信息不对称问题。对已获授权的发明专利、新型实用专利等知识产权，出口退税保单、政府部门支持项目等可视为“抵押物”发放贷款，以此解决企业，特别是中小企业融资难问题。同时，充分利用财政补贴、税收优惠、贷款贴息等手段支持民间投资，通过直接减免、税收抵扣、加速折旧、放宽费用列支、设备投资抵免、再投资退税等多种优惠形式，提升实体经济利润回报率。

五、关于高端人才集聚

近年来，我区在人才引进、培养、激励等方面出台了一些政策，但效果不十分明显。无论人才总量还是列入国家、省、市重点培养的人才与萧山、滨江有一定差距。实体经济的发展离不开产业的支撑，而产业的转型升级更离不开高端人才的引领。集聚高端人才助推实体经济发展，其核心内容是围绕区域产业发展重点，引进、培育、留住和用好高端人才，使之真正发挥其作用。

1. 努力搭建高端人才的事业平台。依托浙江杭州未来科技城建设，加快推进其他创新创业大平台、大载体建设，打造一批集科研、成果转化、产业化于一体的创业创新综合体，结合区域自身产业特色，配套构建一批具有特色的区域性公共技术服务平台，为高端人才创新创业提供配套支撑。要强化政产学研合作平台建设。引导鼓励高校、科研单位与企业开展创新合作，通过合作办学、共建共享各类重点实验室、项目合作开发等多种方式，为企业及高等院校、科研院所的高端人才创新创业创造条件，提供机会和舞台。

2. 围绕创新创业提供优质服务。探索完善人才服务机构及人才服务体系，出台专门的服务办法，以“生活绿卡”链接整个服务体系，让高端人才特别是海归人才享受各级政府、部门提供的绿色通道和专人服务。针对性解决高端人才创新创业中遇到的困难，提供生活上的优质配套。建立高端人才医疗保健制度，探索建立租、售、补一体的保障体系，科学布局人才房建设，突出按人才需求针对性提供安居保障。注重落实对人才奖励激励，建立以政府奖励为导向、用人单位奖励为主体、社会力量奖励为补充的人才奖励体系，发挥经济利益和社会价值双重激励作用，规范和完善人才奖项评选标准和办法，实现有效奖励和有序奖励。

3. 引导激发企业开发人才的主体作用。鼓励企业加大人才培养力度，结合企业发展需求，采取补助、奖励等方式，鼓励企业家及其企业人才主动参加社会各类培训，鼓励企业家及其企业人才主动提升自我素质，开阔眼界、思维。发挥企业招才引智的主体作用。支持企业根据需求，利用市场化手段，物色各类高端紧缺人才，对企业引进高端人才并发挥作用，做出突出贡献的，予以补贴、奖励。推动企业资本与人才智力对接，重点鼓励民营企业借助自身资本优势与人才项目对接，采取投资参股、技术成果转让等方式加快高端人才项目的产业化。

六、关于政策落实问题

区委、区政府近期出台了产业政策50条、工业园区提升改造实施意见、深化体制改革工作实施意见、深化行政审批制度改革实施意见等一系列政策措施，表明了区委、区政府创造一切可能政策条件发展壮大实体经济的决心和信心。区相关部门也相继推出服务实体经济的各类政策措施。好的政策，落地才能开花。如果政策落实力度不够，实际受益面会减少；如果缺乏配套政策细则，政策执行难度会增加。此外，关于政策的理解程度、操作办法，也会影响政策制定的初衷和预期效果。好的政策，还要有好的政策宣传与咨询服务。建议全面收集、分类甄别，归口汇总，汇编政策要点，为企业提供简明实用的政策手册，并加强重点讲解，接受咨询服务。同时，区级有关部门要加强对相关职能科室人员的培训教育，增强他们解读政策、宣传政策、用好政策的主动性和业务能力，为企业提供优质满意服务。建议加强政策落实工作的督查评估，避免政策停留在书面，促进政策及时完善，保障各部门用足、用好各类扶持政策。

政协杭州市余杭区委员会

2012年7月

附件二：

区政协关于“良渚文化国家公园”建设专题协商意见

区委、区政府：

良渚遗址申遗和良渚文化国家公园建设是当前余杭区一项重要的政治任务、历史使命。区政协积极响应区委、区政府决策部署，从今年3月份开始组织开展“良渚文化国家公园规划建设”专题调研，由陈云水副主席牵头，文史委具体负责，组织相关专家、委员，开展实地视察、座谈研讨、外出考察，广泛听取各界意见建议。在调研基础上，2017年7月6日召开区政协十一届常委会第二次会议，听取良渚遗址申遗和良渚文化国家公园建设情况，6名常委、委员代表课题组分别作大会发言，杭州良渚遗址管理区党工委书记、主任张俊杰，区委常委、常务副区长祝振伟，区人大常委会副主任屠冬冬，良渚遗址管理区党工委委员、副主任金国平，良管委各局室、区级有关部门和相关镇街负责人到会听取协商意见。

会议认为，区委、区政府和良管委紧而又紧全面推进申遗，在短短的时间内做了大量扎实有效的工作，遗址区内环境面貌变化大，令人感到振奋和鼓舞。申遗同时，高度重视、及早研究、先行部署良渚文化国家公园建设，明确建设目标、总体布局、实施保障，提出“五年基本成形，十年完成建设”的设想，思路清晰、目标明确、重点突出，取得了阶段性成果，让大家充满了期待。

会议指出，当前不少地方在实践和探索文化遗产类国家公园建设，国家公园建设超越了过去单纯关注保护的遗产管理模式，又不同于偏重利用的城市公园运行方式，其主要目的在于有效发挥文化遗产保护在经济社会发展中的作用。良渚遗址的宝贵价值在专家、领导各个层面已经得到了高度认可，良渚区域未来功能定位、生态文明和资源利用将是一个全新篇章，良渚文化国家公园建设这一重大课题意义深远、任务艰巨。要深刻领会良渚文化国家公园的丰富内涵，全面认知、提高认识，集思广益、科学谋划。建议处理好三个方面关系。一是处理好长远规划和近期目标的关系。以良渚遗址申遗的坚定决心和信心，进一步深化课题研究、整合内外资源、争取各方支持，同步推进良渚文化国家公园建设。根据“2019年初步建成良渚文化国家公园一期”和“五年基本成型，十年完成建设”的目标，加快和良渚新城、瓶窑镇发展规划的对接，排出时间表、任务书，实现统一规划、同步建设、重点突破、有序推进，建成“点睛之笔”、“领衔之作”。二是处理好遗产保护和资源利用的关系。良渚文化国家公园的分类管控，是一种片区化、集群化、生态化、亲民化保护模式。在良渚遗址本体得到真实保存的同时，研究解决遗址保护与土地资源的矛盾、与城市建设的冲突，形成具有良渚元素的文化集聚、产业集聚，促进区域经济的持续发展，增强老百姓的获得感，实现“地下气象万千、地上生机盎然”。三是处理好政府主导和全民参与的关系。注重公众参与性是文化遗产保护的重要内容。在强化政府主导地位、正确引导、加强管理的同时，更加注重培养生态文明意识、遗产保护意识，保障群众对良渚文化国家公园建设的知情权、监督权和参与权，调动社会力量和本地群众支持、参与，让老百姓有更多的归属感，努力实现“与民共建”“与民共享”。

会议重点围绕良渚文化国家公园建设规划布局、文化挖掘、产业发展等方面，进行协商讨论。建议如下：

一、让文化遗产“活”起来

良渚文化国家公园建设的重点之一，就是如何将良渚文化遗产展示出来。在良渚古城遗址遗产区，应以保护研究为主，尊重遗产的完整性和原真性，体现“最小干预”的遗产展示原则。要严格按照申遗的要求进行环境整治，呈现良渚古城的历史环境。可采用恰当和创新的手段标识展示良渚古城遗址整体轮廓、遗址组成要素，阐释呈现遗产价值。可充分利用现代科技手段，如落地式VR应用的虚拟现实系统，增强遗址的现实体验性，从而做精核心圈层的良渚古城遗址遗产区，标示中华五千年文明圣地，形成一个世界文化遗产地标。在良渚古城遗址遗产区外的良渚国家考古遗址公园区和良渚文化国家公园区这两个圈层，要“做实做活”，尤其在良渚文化艺术走廊，要立足杭州国际名城，高品质规划和引进有分量的业态。可依托已落地的“浙江省考古遗产展示园”项目，再引进、建设、运作一批高品质的文化遗产类项目，如中国治水博物馆、余杭历史名人纪念馆、非遗展示馆、戏剧博物馆和高档次的民办博物馆、私人美术馆，中国世界文化遗产研究会总部和世界城市文明交流中心，文化艺术创作、交流、培训和展示销售的国际基地等，打造一个国际“文化遗产小镇”或者“博物馆小镇”品牌，努力将良渚文化艺术走廊建设成为向世人展示全面真实的古代中国和现代中国的经典案例。

同时，在整个园区，良渚文化元素应充分挖掘、随处可见。如可考虑建一个雕塑园，将为良渚遗址发现和保护作出巨大贡献的名人以雕塑形式来纪念；建一个刻符园，将600多个刻画在陶器、石器、玉器上的良渚文化符号进行展示等。

二、让整个公园“靓”起来

近年来，良管委对辖区环境进行了有效整治，面貌焕然一新。但是，放眼良渚文化国家公园整个规划区，还有许多不尽如人意的地方。在打造“美丽余杭”的过程中，良渚文化国家公园应作为重中之重来抓，必须是样板和示范地，应该成为余杭最美的地方，实现无违建、无劣V类水，环境风貌协调，干净整洁，山清水秀，空气清新。要结合小城镇环境综合整治、新一轮“美丽乡村”精品村建设，加快实施美丽建设系列专项活动，包括建筑整治、高度和景观风貌的协调以及基础设施的梳理完善，将国家公园建成“大美”之地。要在加大对遗址区内村落集镇环境整治力度的基础上，做好水网、路网及绿网的梳理和整治工作，有效沟通水系、恢复大片池塘湿地，重现典型的江南水乡。

三、让文创产业“聚”起来

对良渚文化的开发利用，目前只是停留在文物本体的简单复制或剪贴，有关良渚文化的艺术品缺乏创意，且同质化严重，相关的文化创意产业也才刚刚起步。可研究借鉴北京故宫博物院、台北故宫博物院等许多优秀的文创案例，开发丰富多彩的具有浓厚良渚文化元素的创意产品。同时，要使文创产品兼具教育属性，开展文创研习营等培训，对文物的衍生商品进行成果展览展示，以提高民众对文物的认识与品鉴能力，让商品带着文物的教育内涵走进普通人的生活。另外，在良渚文化国家公园内，有着安溪集镇、安溪工业园、长命集镇、瓶窑集镇和其他许多自然村落。对那些保留的区域和建筑，可考虑设置若干文化创意产业区或点，进行存量盘活，在延续自然村镇聚落机理的同时，量身定制进行整治、改造、提升，置换成不同内容的功能区块，打造一个国际文化创意产业聚落群、集聚地。要以文化为主流、政府为主导、市场为主体，将良渚文化国家公园打造成提供综合性创意产品和服务的“文化消费综合体”，并走出一条有“良渚文化气质”的文化创意产业发展运作模式。

四、让旅游线路“串”起来

良渚文化国家公园范围大、内涵丰富，必须尽早整体规划布局文化、旅游相融合这篇大文章。良渚文化国家公园的旅游建设，既要考虑文化旅游发展，又要兼顾保护需求，优先保障申遗。在此基础上，深入实施“旅游国际化”战略，挖掘良渚文化内涵，通过文化展示、文化体验、文化创意等形式，在外围做活、做精文化旅游产业。良渚古城遗址外围有着许多优质的旅游资源，如东明山森林公园、北湖草荡、苕溪等自然资源；南山元代摩崖石刻、沈括墓、东明寺、大雄寺等人文资源；良渚文化村、白鹭湾君澜度假酒店、鱼佬大农庄、野芦湾、中亚园林、农夫乐园等旅游餐饮资源。良渚文化国家公园西面有山区生态资源、西南面有大径山乡村国家公园、东面有世界工业设计中心和梦栖小镇。建议着眼大区域经济社会发展，将相关人文生态旅游资源衔接起来，以“文化＋世界遗产、文化＋创意产业、文化＋美丽余杭、文化＋旅游体验”等为路径，整体规划布局良渚文化国家公园内外的生态文化旅游。重点发展体验类旅游，做深文化体验的内涵，从食、住、行、游、购、学等各方面打造良渚文化主题元素的精品项目。推出良渚食器为特色的良渚宴席；引进生态环保的良渚民居住宿；开发具有良渚元素的内部交通工具；创新游览参观形式，打造良渚文化体验馆；以良渚玉器为基础，研发良渚文化旅游商品；以良渚文化的神秘和深厚内涵为吸引点，开展考古修学游等。同时，要将旅游产业辐射到良渚新城、瓶窑镇等周边区域，与西湖、运河旅游资源无缝对接，与杭州主城便利接轨，将良渚文化国家公园打造成为一个专家叫好、百姓叫座的国际旅游目的地。

五、让当地百姓“富”起来

为保护良渚遗址，当地群众在经济发展、住房改善、道路出行等方面受到部分限制，作出了一定牺牲。要坚持以人为本的原则，让遗址保护和申遗的成果与民共享，体现文化遗产与人的和谐共处。今后的良渚文化国家公园内，还会有相当数量的群众从事生产劳动，聚居生活，他们对经济发展和民生改善的需求比较强烈，可考虑在某些文创产业功能区块，让当地农民以一定形式参与进来；也可适量发展一些民宿、农家乐等，满足公园参观游览的配套服务需求；可结合当地农耕文化的实际，扶持发展绿色有机生态农业和观光农业，以达到文保、生态、产业、生活的四方融合。同时，在良渚文化国家公园维护运行等行业招工中，也要考虑对当地农民实行一定的倾斜。

政协杭州市余杭区委员会

2017年7月21日

第四章

民主监督

第一节　视察监督

第二节　重点民主监督

第三节　特邀监督和选派监督

第四章　民主监督

民主监督是人民政协的三项基本职能之一，是中国特色社会主义监督体系的重要组成部分。开展民主监督活动是政协履行政治协商、民主监督和参政议政职能的重要形式，是各级政协对国家宪法、法律、法规和重大方针政策贯彻执行情况、国家机关及其工作人员的工作和作风，通过建议和批评进行监督。

余杭区历届政协重视并探索民主监督的渠道和形式，把监督活动融会贯通于整个政协工作之中。特别是自区第八届政协以来，在完善民主监督机制、加大民主监督力度方面，进行积极有益的探索，组织视察、考察、座谈和调研等，了解实情，体察民意，资政建言，开展形式多样的民主监督活动，从而提高政协民主监督的组织化程度，使民主监督工作逐步走向制度化、规范化、程序化，成为政协履职工作中的特色和亮点。

本章重点选载视察监督、重点民主监督和特邀监督与选派监督。

第一节　视察监督

政协视察工作是人民政协的一项基础性工作，是委员建言献策、履行职责的重要渠道，是人民政协围绕团结和民主两大主题、发扬社会主义民主的重要形式。为进一步加强政协视察工作规范化、制度化、程序化建设，2021 年 7 月 30 日，区政协十二届第 1 次主席会议通过新的《政协杭州市余杭区委员会视察工作实施办法》，规定视察的主要内容包括法律法规、重大方针政策贯彻执行情况，全区政治、经济、文化、社会、生态建设等情况，群众普遍关心的热点难点问题。形成的视察报告、视察意见以反映问题、提出建议为主，视情况报主席会议审议，根据需要行文报送给区委、区政府或有关部门。区政协在全体会议闭会期间，组织委员开展集体视察、主席会议成员视察以及区政协专门委员会、界别活动组、镇（街道）联络工委的专题工作视察考察活动，对国家重大方针贯彻落实情况和全区经济社会发展中重大项目建设情况进行巡视察看，咨询建言，民主监督。

一、集体视察监督

集体视察监督，主要是通过政协全体会议、常委会会议、主席会议或主席会议组成人员，重点围绕经济科技、城乡建设、民主法制、社会保障、生态环境等方面开展集体集中视察或民主监督活动。形成视察报告，函告区委、区政府决策参考。

经济科技方面的工作　区政协八届一次会议以来，围绕高新技术产业发展、农业园区建设、生物医药高新园区发展、互联网金融、知识产权管理、土地资源节约集约利用、大产业转型升级、工业园区提升改造等经济科技方面工作开展视察活动。

绿色农业、安全农产品加工增值。2003年8月21日至26日，区政协就加快余杭绿色、安全农产品加工增值开展考察视察。先后赴宁夏银川市惠农县等地考察，到余杭区内农业企业调研。针对余杭区绿色安全农产品加工中面临的加工能力不足和生产规模偏小、企业发展投入资金不足、企业与农户的利益联结机制不紧密、绿色壁垒问题日益突出等问题，建议围绕余杭区的优势主导农业产业，培育发展壮大一批龙头企业；重新规划整合农业种养布局，重点集中发展农产品加工原料基地和主导加工区块。以杭州市余杭高新农业开发区和23个乡镇农业特色园区为基础，通过土地使用权流转，引导种养大户集中规模经营；组织专业性行业协会，规范行业管理，加大余杭农产品与市场的对接力度；通过“统一品牌、统一包装、统一标准、统一监管、统一宣传”的管理方法，形成规模竞争优势，提高农业经济效益；鼓励加工企业进行农产品品牌、标准、包装等技术攻关，加快引进、推广应用先进加工技术、设备和工艺，改造传统的农产品加工业；发挥“区农业贷款信用担保促进会”作用，帮助企业解决资金不足的困难；要采取切实措施，实施余杭农产品标准、品牌和质量体系工程，加强农业执法监督体系和名优食用农产品认可体系建设。

高新技术产业。2008年5月21日，区政协围绕创业创新，集体视察高新技术产业发展工作。主席会议成员、有关委员实地查看余杭创新基地筹建情况和华立仪表集团、钱江压缩机有限公司等科技型企业，听取区科技局的工作汇报，围绕高新技术产业发展提出意见建议。委员们表示，要进一步关注支持余杭的创业创新工作，围绕中心、服务大局，积极建言献策。要进一步解放思想，创业创新，积极当好宣传者、参与者、实践者，为建设创新型城区作出贡献。

现代农业园区建设。2012年8月24日，区政协专题视察现代农业园区建设工作。主席会议成员参加。委员们视察余杭街道“香韵佳”香草文化园和径山镇前溪村省级粮食生产功能区、求是村浙江森禾花卉园艺园区、小古城村“休闲之窗”农业公园，听取区农业局有关工作情况汇报。委员们就推进土地流转、推广农业科技、加强农业技术培训等方面提出意见建议：要科学规划，关注有特色的、高端的中小型园区发展；要完善政策，处理好村集体、投资方和农户三方利益的关系，处理好支持建设过程和关注建设结果的关系等。视察形成《关于现代农业园区建设工作的视察报告》函告区政府。9月28日，区长朱华作批示：“感谢区政协委员对余杭现代农业园区建设工作的关心和支持！视察报告中提出的4条建议很有价值。”

科技型中小企业。2012年9月21日，区政协视察余杭经济技术开发区扶持培育科技型中小企业工作。区政协主席会议成员、有关委员先后视察浙江双林机械、杭州科汀光学和开发区大学生创业园“孵化器”内的科技型中小企业。委员们建议，余杭经济技术开发区要坚持“拉高标杆”，在现有良好环境基础上，进一步健全完善各项服务机制，要在保护知识产权、解决投融资、引进适用人才、加强培训服务、促进信息交流等方面，为科技型中小企业发展提供政策上、资源上的有力扶持。

乔司国际商贸城建设。2012年11月22日，区政协对“五城一基地”之一的乔司国际商贸城建设情况进行专项视察。主席会议成员及政协各委办负责人等参加。现场查看开工建设的胜稼区块一期安置房工程，听取乔司国际商贸城建设指挥部和乔司街道的工作汇报。建议在开发体制上要进一步优化；基础设施建设上要先行到位，留足空间用于学校、医院、停车场等建设；专项规划上要加强与相关职能部门的衔接，建设好公交通达、港湾式停车站、水利、排污系统等。阮文静希望指挥部和乔司街道，积极参与规划调整，体现高标准，在源头上保障各项配套设施、基础设施功能的实现。要重视土地资源经营，争取可持续税源，实现效益的最大化。要全力推进下一步征地拆迁，再创“乔司速度”。

科技型中小微企业发展“523”计划实施工作。2013年6月14日，区政协十届常委会第七次会议就余杭区科技型中小微企业发展“523”计划实施开展视察。实地查看余杭经济技术开发区电商孵化科创园、良渚街道高新技术产业园和五常街道金牛座科创园的运营和入驻企业发展情况。常委们对“523”计划的实施情况给予充分肯定，建议要推广以园区带动产业集聚发展的成功经验，加大力度招好商，充分利用区位优势、政策优势、园区优势，把科技含量高、自主能力和研发力量强的企业引进来；要千方百计优服务，为企业创造良好的创业环境，使企业引得进、留得住、发展好。

仁和先进制造业基地建设。2012年10月30日，区政协视察仁和先进制造业基地建设工作，主席会议成员及部分政协委员参加。委员们视察联东U谷项目地块、比亚迪项目现场和启航路施工现场等地，听取仁和先进制造业基地建设进展及仁和街道经济发展情况的汇报。委员们建议，要积极宣传推介、展现优势，提高知名度；要创新体制机制改革，加快基础建设进程，提高行业竞争实力；加强调控，分清轻重缓急，合理滚动配套建设，缓解资金压力；注意环境污染风险，让仁和真正实现产业发展和区域发展的双赢。阮文静指出，要通过好渠道好办法，努力招引大商好商，做好借脑借力文章；树立大局意识，千方百计抓发展，夯实产业基础，与基地同生共荣，互为依托；坚持不懈做优环境，用智力、花精力改善硬环境，提升软环境。

金恒德项目推进工作。2013年9月8日，区政协主席会议成员视察浙江金恒德国际汽车文化博览园一期、二期项目推进工作。良渚遗址管理区党工委副书记、良渚组团党工委书记张俊杰和良渚组团有关负责人、政协各委办主任等参加。委员们建议，金恒德在发展现代服务业方面要注重活力与活好结合，且更加注重活力；要注重品质与品牌结合，更要注重品质；要注重文明与文化结合，更加注重文化。在市场发展中业主永远是主导，除了政府主动，业主更应主动出击，想尽一切办法全力推进项目建设。

未来科技城建设。2014年4月3日，区政协视察未来科技城（海创园）。主席会议成员等实地踏看阿里巴巴西溪园区（淘宝城）、杭州常春藤实业有限公司、乐道战略材料有限公司以及海创园首期规划展示馆。区委常委、未来科技城党工委副书记、管委会副主任沈文南汇报未来科技城建设情况。委员们就未来科技城的人才政策、与大学加强合作、公共技术服务平台建设等方面提出意见建议。阮文静说，未来科技城的建设体现了人才、科技、产业三个高地的地位，希望未来科技城坚定不移打造产业高地，精耕细作，建设城市新区，千方百计创新服务机制。

政府投资项目。2015年4月17日，区政协开展政府投资项目专题视察。阮文静，杜永林、陈云水、潘法高、戴桂香及部分政协委员参加。委员们视察翁梅地铁上盖物业，听取区财政局、发改局有关工作情况汇报。视察组建议政府投资项目要科学规划、前瞻规划，因地制宜，找准市场定位；在引进民间资本前期要有充分调研，注重实现项目价值最大利用化；在分析市场需求基础上打包投资项目，找准合适民间资本合作对象；盘活现有政府投资项目的闲置资源，加大对创新投融资项目的监管力度。

生物医药高新园区发展。2015年6月5日，区政协组织部分政协委员视察生物医药高新园区和健康产业发展。副主席黄莉、杜永林、潘法高等参加。视察组先后考察贝达药业(新厂区)、民生药业以及开发区生物医药孵化器企业，听取余杭经济技术开发区管委会和区相关部门有关生物医药产业发展情况介绍。委员们对高新园区建设现有的成效给予充分肯定。建议园区能抓住机遇，进一步明确产业定位，挖掘潜力，形成特色优势，提升发展水平，推进余杭科技创新和产业经济发展。

2016年6月3日，区政协主席会议成员集体视察中泰街道开发建设工作

中泰开发建设工作。2016年6月3日，区政协集体视察中泰开发建设工作。主席阮文静，副主席黄莉、杜永林、陈云水、潘法高、戴桂香及部分政协委员参加。视察组充分肯定中泰开发建设取得的成绩，建议科学规划，高标准建设，一步规划，分步实施，基础设施先行、安置先行；以点带面，加快进度，加强监督，注重收集社情民意，取信于民；区域发展要保护建设并重，要保护好青山绿水的生态环境，传承好文化习俗；全域景区化建设要错位发展，作出自己的特色和亮点；要做实做好民生工程，基层治理和村民自治互动共进，汇集各方资源力量，统筹叠加利用。努力把中泰打造成余杭新农村建设新标杆、社会发展新典范、基层治理新样板、民生项目建设新示范。

大产业转型升级。2016年7月19日，区政协围绕余杭大产业转型升级工作集体视察余杭经济技术开发区（钱江经济开发区）。主席阮文静，副主席黄莉、杜永林、陈云水、潘法高，副区级巡视员傅樟绚，开发区党工委书记、管委会主任沈昱、管委会副主任金海平、姚文华及政协各委办负责人、部分政协委员参加。参观考察杭州西子石川岛停车设备有限公司和杭州长江汽车有限公司，体验电动汽车的动力和性能，并听取开发区工作情况汇报。委员们建议要坚持以产业为主，区域规划、土地资源利用、配套建设以及环境整治等要始终围绕产业发展，合力把开发区打造成产业高地。要坚持体制创新，进一步梳理明确产业发展推进体系，积极打造产业生态，营造创业创新浓厚氛围；要坚持服务创新，致力打造一支爱岗敬业、开拓创新、勇于担当、能力全面的干部队伍。

余杭经济技术开发区。2016年7月21日，区政协视察余杭经济技术开发区。视察组充分肯定开发区半年多来所取得的成绩。阮文静指出，开发区要坚持产业为主，区域规划、土地资源利用、配套建设以及环境整治等要始终围绕产业发展，合力把开发区打造成产业高地。要坚持体制创新，进一步梳理明确产业发展推进体系，积极打造产业生态，营造创业创新浓厚氛围，一切服从区域发展需要，以服务企业为圆心，用发展过程来检验完善体制机制。要坚持服务创新，深入推进专业团队的建设。

2016 年 7 月 21 日，区政协主席会议成员视察余杭经济技术开发区（钱江经济开发区）

盘活存量土地工作。2018 年 9 月 29 日，区政协视察存量土地盘活工作。区领导阮文静、於卫国、陈云水、潘法高、戴桂香、吴立炜和部分委员参加。视察组充分肯定国土存量土地盘活工作，建议要抓住机遇、克难攻坚，加快存量土地盘活步伐；利用数据化手段摸清存量土地底数，细化制订“一地一策”分类盘活处置方案，研究制定面向全社会的土地信息共享机制；要增进共识、汇聚合力，解疑释惑，做好宣传。

工业园区提升改造。2018 年 11 月 15 日，区政协主席会议集体视察工业园区提升改造工作。视察五常街道华立创客社区、仓前街道高桥工业园区，听取区经信局和相关镇街工业园区提升改造的情况汇报。视察组围绕余杭区在推进工业园区提升改造过程中存在的不同，镇街推进速度不一致、质量不均衡，资金平衡存在压力等问题，提出意见建议：各部门、各镇街要进一步落实工作责任，制定细化改造提升的路线图、时间表，对照考核奖惩办法，加快工作步伐，推动工作落实；坚持试点先行，实行“一企一策”，优先给予优质企业空间保障；要按照“一园一策、一园一产业”的总体要求，做好分类指导，突出产业特色，明确发展路径；政府做好政策制定、规划引领以及园区基础设施建设等方面的工作，产业空间提升改造由社会资本投入。积极引入国内知名的产业运营商，借助其成熟的管理经验参与园区的管理和运作；建立一支“懂企业、明政策、会服务”的队伍，为企业、为园区提供更有针对性的指导。

知识产权管理。2019 年 6 月 27 日，区政协对杭州未来科技城知识产权管理工作开展视察调研。区政协主席沈昱，副主席黄莉、吴立炜、陈云水、戴桂香、黄德伟参加。视察组先后深入未来科技城知识产权运营服务平台、知识产权交易、技术转移转化融合中心等地，实地调研知识产权管理工作情况，并听取未来科技城的专题汇报。沈昱希望未来科技城在完善知识产权保护体系、打造知识产权运营平台的基础上，加大力度打造未来科技城知识产权 3.0 版本，继续在知识产权管理工作上下功夫，形成可复制推广经验，营造集聚氛围。

营商环境工作。2019 年 9 月 6 日，区政协主席会议成员集体视察营商环境工作。委员们听取区发改局和区行政服务中心关于打造一流营商环境和“最多跑一次”改革的情况汇报。委员们建议：进一步深化认识，完善制度设计，健全运行机制，推动营商环境持续不断改善；加大政策执行力度，完善政策执行方式，开展政策落实专项监督，积极引导金融机构支持小微企业发展，加大信贷投放力度，营造更加活跃的创业创新环境，营造更加公平公正的法治环境，营造更加高效的政务服务环境。“最多跑一次”改革要进一步统筹资源，加强部门联动，打通数据孤岛，切实帮助企业协调解决实际困难和问题，做到“有求必应、无事不扰”。

2020 年 10 月 14 日，区政协主席会议成员视察良渚街道产业发展工作

良渚街道产业发展工作。2020 年 10 月 14 日，区政协视察良渚街道产业发展工作。主席沈昱，副主席陈云水、黄德伟，巡视员黄莉，政协各委办、良渚街道及良管委规划建设局、文化产业局等有关负责人，部分政协委员参加。委员们赴良渚街道走访浙江鹏远新材料、杭州恒基混凝土、“我们的家乡”直播间。沈昱指出，良渚街道发展思路清晰，希望抓住机遇、积极作为。要提高站位，按照“重要窗口”排头兵的要求，使良渚街道各方面发展与中华文明圣地的定位相匹配。要坚持以人民为中心，以产业发展带动百姓增收，让申遗成果更好地惠及良渚百姓。要从规划入手，适当超前布局产业发展，加快工业园区转型升级，努力打造遗产村落与未来乡村碰撞下的文旅融合发展新样板。

提高土地资源节约集约利用。2022 年 5 月 19 日，区政协主席沈昱带领主席会议成员，开展“亩均楼均论英雄”主席会议专题视察，为提高土地资源节约集约利用率，助力全区经济高质量发展贡献政协力量。此次视察还通过数字政协“i 履职”平台向全区政协委员进行直播。副区长姚文华，区政协副主席黄德伟、李玉美、傅丽华、周忠诚、张瑾，区政协各委办、区政府相关部门负责人及部分区政协委员参加。视察组一行先后视察走访纳美科技公司、海创科技中心等园区，实地视察工业用地有机更新、楼宇经济发展等情况，详细了解“亩均楼均论英雄”工作的实施情况，并开展座谈交流。沈昱对视察活动的成效和建言情况给予充分肯定和高度赞扬。他表示，通过此次视察，让大家充分认识到工业用地有机更新、楼宇经济发展，对地区经济社会发展的重要性，进而走出适合余杭的“三产融合”发展道路。区政协将结合视察情况，根据发展难点、机制堵点和产业痛点，进一步梳理委员们的意见建议，形成系统报告供区政府决策参考，助力全区工业园区、楼宇经济又好又快高质量发展。

城乡建设方面的工作 围绕背街小巷改善工程、公交一体化建设、新城建设、特色小镇建设、美丽乡村建设、保障住房建设等开展集体视察，提出意见建议。

2005 年 10 月 10 日，区政协组织委员视察市政建设项目

视察背街小巷改善工程。2005 年 10 月 10 日，区政协视察临平城区背街小巷改善工程，及其他市政建设项目。主席李小花，副主席丰章生、董建国、章福根、莫炳法、方加明、钱杭根及有关负责人参加。区政协先后视察水景公园，背街小巷工程中的逸仙路和中山桥、将军殿弄、临平隧道、沿山路、临平公园东大门、北庙北弄知青宿舍等一系列工程。李小花指出，这些工程不仅方便生活、美化环境，更能传承文化，陶冶市民情操。要一如既往，一抓到底，完善和加快工程建设；进一步挖掘历史文化，做好临平山的文化文章；加强宣传，提高市民的环境意识、文明意识。

视察拆违工作。2005 年 10 月 20 日，区政协视察全区拆违工作。主席李小花，副主席丰章生、董建国、方加明、钱杭根，正区级巡视员劳伟民及部分政协委员与有关部门负责人参加，实地视察乔司、南苑的拆违及违建现场。副区长楼建忠通报拆违工作情况。委员们就拆违工作提出意见和建议。李小花指出，拆违工作已经取得了显著成效，全面遏制违法建筑无序蔓延的趋势。建议区委、区政府一抓到底，做好持久战准备；加大宣传力度，尤其是加大对法律法规政策的宣传；要注意工作方法，防止矛盾激化；尽快建立长效管理机制，降低执法成本，减少群众损失；坚决打击非法装修。

公交一体化建设。2008 年 2 月 22 日，区政协集体视察公交一体化建设工作。主席会议成员，巡视员李小花、丰章生、董建国及交通局负责人等参加。委员们视察文一路 K311 路公交线、余杭车站、瓶窑公交线、K348 路公交线以及临平汽车南站。听取交通局关于公交一体化实施以来的有关情况通报，委员们对公交站点的设置和建设、延长末班车时间、公交车内人性化设计、尽早开通一些公交线路等方面提出意见和建议。形成《区政协关于区内公交一体化和城区单行线实施情况视察报告》，送区委、区政府决策参考。区委书记朱金坤批示：政协委员的意见和建议很有参考价值，请公交和交警认真学习研究。

临平副城“硬环境”建设。2008 年 11 月 6 日，区政协视察临平副城“硬环境”建设工作。主席会议成员及部分委员等参加。委员们视察临平副城环线绿化工程、东湖路和邱山大街综合整治改造工程、超山景区综合整治改造工程等重点项目建设，听取区发改局关于区政府投资重点基础设施项目情况的介绍，区建设局关于一路一街综合整治项目建设情况汇报。委员们建议，要在建设中注重细节，注重文化内涵，讲究科学：要提倡节约，合理安排财政资金；要科学建设，综合管理，做到高品位建设，高效率管理，确保每一项政府投资重点项目科学、合理、高效、廉洁、安全地运行；要立足现实，着眼长远，科学规划，防止急功近利、让每一项工程成为人民群众的“满意工程”。

“三铁”工程建设。2009年6月16日，区政协主席会议成员集体视察余杭区地铁、高铁、铁路客运专线“三铁”工程建设。委员们视察南苑杭州地铁一号线、乔司沪杭高铁客专、崇贤宁杭高铁客专等，听取区建设局有关“三铁”工程建设情况介绍，委员们建议区政府和有关部门切实加强与省统征办沟通协调，把握有关政策与实际工作的结合点，努力取得上级支持，想方设法及时处理夹心地、边角地、资金短缺和土地指标等事项，妥善解决好民生问题；要严格依法办事，防止和避免发生行政法律问题；要一手抓拆迁，一手抓安置房建设，确保拆迁工作和谐推进；建议建设部门积极向有关主管部门争取，力争在宁杭客专设置余杭区仁和站点；建议地铁一号线与沪杭高铁在南苑街道的交汇处增设了一个“零换乘”车站；要在赶进度的同时，注意工程质量，争取做成“百年工程”。

2010年11月24日，区政协组织委员视察保障性住房和农居多高层公寓建设

保障性住房和农居多高层公寓建设。2010年11月24日，区政协集体视察保障性住房管理建设。主席会议成员，区委常委、副区长楼建忠和区建设局、城建集团等相关单位负责人参加。委员们实地查看星桥经济适用房和开发区农居多高层公寓建设工地，分别听取区建设局、城建集团关于区保障性住房管理实施工作和建设情况的汇报，并开展座谈讨论，委员们对下一步做好保障性住房建设管理工作提出意见和建议。建议加大对全区保障性住房和农居多高层公寓宣传力度，认真接受来自各方面群众的批评监督，充分满足群众对保障性住房和农居多高层公寓住房的迫切需求；要对全区中低收入人群、外来和本地人才、农村拆迁户，进行分块清查和统计，为科学决策提供客观翔实的参考依据。

超山综保和旅游工作。2010年12月14日，区政协围绕余杭区旅游产业发展到区旅游集团、超山综保工程三期开展视察。区政协主席会议成员及政协委办负责人参加。委员们建议，超山综保工程要注重人文与自然的结合，注重“梅与文”的特色，充分利用其优秀独特的人文资源，加大宣传力度，彰显其人文特色。通过打好“双铁”牌，吸引“长三角”地区的客流。努力把超山打造成中国最大气、最精彩、最丰富的探梅胜地和集“吃、住、行、游、购、娱”于一体的旅游胜地。

良渚申遗工作和良渚新城建设。2012年11月9日，区政协主席阮文静，副主席黄莉、杜永林、陈云水、潘法高、戴桂香，副区级巡视员章福根等就良渚遗址申遗和良渚组团重点区域开发建设工作开展集体视察。区委常委、良管委副书记、良渚组团党工委书记张俊杰，良管委领导吴立炜、陈寿田、姚文华等参加。视察组视察瓶窑遗址核心区搬迁安置规划农居点、杭州农副产品物流中心和副食品市场农产品展览馆，全面了解良渚遗址申遗进展情况和组团重点区域开发建设情况。委员们建议要按照区委、区政府总体部署和要求，加快良渚新城建设；要处理好新城建设与老城区改造、申遗区块的关系，深入研究新城的功能定位、运作机制创新等方面的问题，确保申遗和组团建设的有序推进。

杭州北部新城建设。2013 年 8 月 30 日，区政协主席阮文静，副主席黄莉、杜永林、孔祥华、潘法高一行到良渚组团视察杭州北部新城建设情况，听取良渚组团相关负责人的工作汇报，视察杭州北部新城中央商务区选址区块、运河新城建设区域，分别了解各区块内规划、征迁、农居安置及道路建设等情况。委员建议在新城建设中要将产业发展放在首要位置，突出规划引领，明确功能定位，体现个性和特色；重视基础配套，在道路、教育、卫生、购物等公建服务配套方面做到先行；注重大项目、好项目带动，促进整个区域发展；加强核心区域和周边区域的管理，合理安排建设时序，跟进管理力量；理顺机制、创新工作方法，将杭州北部新城建设成为今后余杭经济的新地标、新窗口。

临平新城建设。2013 年 11 月 4 日，区政协视察临平新城建设。主席阮文静，副主席黄莉、杜永林、陈云水、潘法高、戴桂香与部分委员参加。在实地查看拟建项目水汀东湖及文化艺术中心、核心区块框架路网，听取工作情况汇报，并就临平新城的规划设计、功能定位、产业发展等建言献策。委员们建议新城建设要坚持规划引领，创新建城理念，特别应注重市政公共设施建设，包括城市道路、水系、绿化、市场、医院、学校、停车场以及城市的防洪排涝、截污纳管系统等，积极倡导生态城市、数字城市，弥补临平老城区的不足，避免新的“城市病”产生。2014 年 11 月 12 日，区政协主席会议成员视察临平新城汀城路与新望梅路交叉口、乔司二小和良熟安置房项目、高速立改平项目、红联安置房项目等，实地查看了解新城基础设施建设。委员们针对临平新城的发展，提出了差异化建设、关注城市居住感受和需求、路面应体现地方特色等建议。

2013 年 11 月 4 日，区政协主席会议成员集体视察临平新城

特色小镇建设。2015 年 5 月 20 日，区政协开展特色小镇建设工作专题视察。主席会议成员和各委办负责人等参加。现场踏看未来科技城梦想小镇、良渚梦栖小镇，听取区发改局、杭州未来科技城、良渚新城相关工作情况。视察组建议特色小镇建设要明确产业定位，

建立企业主体；把握重心重点，抓好空间布局；强化项目组合，注意规划政策对接；要大力引进领军企业，建立人才体系和金融支撑体系，营造创业创新文化氛围，完善政府服务体系；深入基层、发挥民智，创建符合当地特色和群众需求的特色小镇。阮文静指出，特色小镇建设布局要合理，避免遍地开花；特色要鲜明，避免同质化；建设要有序，避免一哄而上；机制要创新，避免走老路。要充分利用特色小镇的新理念、新机制、新载体、新业态、新环境，处理好企业与政府的关系，在“互联网＋”时代营造良好的创业创新生态环境。

老集镇提升改造。2015年5月22日，区政协开展老集镇提升改造视察活动。主席阮文静，副主席黄莉、杜永林、陈云水，政协各委办负责人等参加。现场踏看仓前街道连具塘、径山镇长乐、鸬鸟镇太平3个老集镇，并听取区住建局工作汇报。视察组建议老集镇提升改造要规划引领，明确目标定位，因地制宜，分步分类实施；要注重品质提升，优化公共服务和基础设施等功能；要考虑农村农民发展需求，挖掘并体现地域文化和产业特色；要充分调动群众参与积极性，用时用巧用心，研究落实长效管理机制。

2016年7月21日，区政协主席会议成员视察临平新城艺尚小镇

艺尚小镇建设。2016年7月21日，区政协视察临平新城艺尚小镇。主席会议成员及政协各委办负责人、部分政协委员参加。委员们视察建设中的艺尚小镇时尚文化街区、时尚历史街区，听取有关临平新城工作推进情况汇报。委员们建议艺尚小镇建设要打造出新亮点，体现出新品质；要做好国际化、智能化、生态化三篇文章，站在国际化视野，打造出与众不同的自身独特风格，充分利用河道、田野等自然资源，将其融入新城建设，完善基础设施配套，尽快建成文化设施。要充分融合利用现有空间资源；为公共配套设施留足空间，错位发展，打造总部大楼经济和高端住宅区，吸引中高端创业就业人才，要统筹推进区域整体发展。加快成为驱动临平创业城、杭州城东智造大走廊的主要引擎，辐射余杭经济技术开发区（钱江经济开发区）、塘栖、海宁等周边区域，谋划区域统筹发展。

临平滨水绿道建设。2017年3月30日，区政协视察临平滨水廊道建设。主席会议成员以及政协各委办负责人、部分政协委员参加。实地踏勘了解东湖绿道规划情况，听取李敏华关于东湖绿道建设等工作开展情况和区住建局有关临平滨水廊道建设情况的汇报，委员就如何在绿道建设过程中更好地提升市民亲水体验、保持自然风貌、融入传承文化内涵进行交流座谈。委员们建议在推进滨水廊道建设过程中，要加强监管，合理规划控制河道两岸建设；要系统规划，全域统筹，突出重点，尽快建设样板绿道；要坚持以人为本，注重通达和舒适性，融入人文底蕴和智慧科技，使滨水廊道有更好的体验；要坚持节俭办事，充分利用现有设施资源，最大限度地保留自然风貌，以最小的投入达到最优的效果。

美丽乡村建设。2017 年 12 月 22 日，区政协视察美丽乡村建设工作。区领导阮文静、葛建伟、陈云水、潘法高、戴桂香，政协各委办负责人及部分委员参加。委员们视察良渚街道杜城村、港南村和新港村，听取区农业局及相关部门、镇街关于美丽乡村建设情况汇报。委员们围绕美丽乡村建设提出要广泛宣传、注重实效、彰显特色、凝聚合力等建议：美丽乡村建设要重点处理好城与乡、点线面、老与新、快与慢、形与魂、建与管、政与民的关系；要科学系统规划、展现乡村特色，挖掘地域文化，注重环境安全，努力做到“点上出彩，线上美丽，面上整洁”；要及时总结示范点经验，打造乡村振兴的“余杭样本”。

安置房建设工作。2018 年 9 月 12 日，区政协主席会议成员集体视察安置房建设工作。视察组实地踏看乔司街道良熟区块农民高层公寓安置房三期项目建设情况，听取区住房保障办有关全区安置房建设工作情况汇报，开展协商讨论。委员们针对安置房建设和管理中仍存在项目推进整体偏慢、建设品质有待提高、物业管理比较薄弱、回迁安置进程偏慢等问题，综合本次视察和前期调研，提出意见建议：要超前谋划布局，加强对安置对象的调查摸底，科学测算安置需求和建设体量；要推行选址优先、供地优先，科学制定安置房及周边配套项目建设计划、合理安排安置房建设布局；要提升相关设计标准，优化小区资源配置，加强方案审核把关，提高造价控制标准，使新建安置房建设品质达到中等偏上商品房建设标准；要精简安置房开工审批程序和联合竣工验收；要提前启动安置工作流程、将回迁安置工作和项目建设并轨推进；要鼓励和引导物业管理向市场化、专业化、规模化方向发展；着力培育社区养老、文体等各类社会组织，鼓励社会组织参与小区治理；健全业委会组织机构，发挥监督作用，积极参与小区管理和服务。

交通设施建设工作。2020 年 7 月 3 日，区政协主席会议成员和部分委员集体视察东西向快速路项目施工现场，听取区交通运输局关于余杭区交通设施建设项目情况介绍。委员们围绕推进高水平交通强区建设开展座谈讨论、建言献策。委员们建议：要全局谋划交通路网，花大力气研究区域交通体系；要突出对接产业需求，建立便捷高效的交通网络，有效降低企业运输成本；要努力提升出行效率，优化施工时序，减少交通拥堵，保障交通顺畅；要树立安全第一理念，在交通线路规划、路况设计、交叉口设置、景观改造等方面提前研判交通事故风险，提升道路交通安全性；要提高项目管理效能，建立协调联席机制，减少多头管理，促进交通项目之间的无缝衔接。

靓城行动推进工作。2021 年 9 月 18 日，区政协主席会议视察“靓城行动”推进工作。区领导沈昱、程晓东、黄德伟、李玉美、傅丽华、周忠诚、斯建刚、张瑾、二级巡视员陈云水，区政协各委办、相关部门负责人等参加。实地踏看未来科技城核心区地下环路工程，考察葛巷社区，视察未来社区项目建设。座谈会上，听取靓城办工作情况汇报。委员们围绕顶层设计与规划、难题破解、长效机制建设等方面发言交流。建议要在城市设计、功能定位、未来发展方向上做好更深、更细文章，对标更高水平、形成更高标准、落实具体行动、凝聚多方合力、形成更强声势，确保“靓城行动”各项工作早出实效、早惠民生。程晓东表示，“靓城行动”对提升城市综合能级、构建城市功能配套具有重大意义，下一步将结合区政协意见建议，进一步统筹规划、注重项目推进、强化精细管理、营造干事氛围，有序推进品质城区建设工作。沈昱强调“靓城行动”建设要高瞻远瞩谋划，脚踏实地推进，坚持以人民为

2021年9月18日，区政协主席会议成员集体视察靓城行动重点建设项目推进工作

中心，满足人民群众对美好生活的需要。要进一步厘清职责，加速项目推进，提效建管并重，建设一流中心城区。区政协将搭好平台，组织政协委员深度参与靓城行动，以调研视察、民主监督、专题协商等形式，助力实现靓城行动“一年一个样、两年出形象、三年大变样”的“靓”美目标。次年6月1日，区政协开展“靓城行动”主席会议到浙大超重力实验室工地现场，实地考察工程进度，听取工作人员对本项目配套设施建设、工程原理、关键时间节点和预计完工时间等情况的汇报。希望再接再厉，早日建成这座世界领先、应用范围广泛的超重力多学科综合实验平台，为区域发展和国家建设做贡献。视察西站枢纽建设工地现场，听取项目进度介绍，沈昱要求参建单位继续通力配合、协同作战，对照时间节点，圆满完成西站建设，为城市发展贡献高质量交通力量。6月15日，区政协主席会议专题视察靓城行动重点建设项目推进情况。区政协主席沈昱，副区长吴远东，区政协副主席黄德伟、李玉美、周忠诚等参加，实地踏看文一西路隧道建设及地面道路景观，参观未来科技城城市展示馆，并召开座谈会交流协商。委员们建议“靓城行动”要突出统筹“三生”空间，围绕民生需求和城市功能配套，构建立体复合空间，加快数字应用场景建设；道路景观的设计能更注重低碳可持续，更关注人文情怀，打造更具余杭特色的人文景观。沈昱希望在今后的建设过程中，要以新中心的要求，完善功能布局；以精细化管理的要求，注重施工细节；以“以人为本”的要求，注重方便实用；以文化传承的要求，注重人文情怀，将余杭打造成一座“来了就不想走”的城市。吴远东表示，区政府将认真吸收委员们的真知灼见，规划引领，打造新中心，加快建设展现新形象；强化管理，保持长久美，以更精细化的要求，实现更高品质的追求。

民主法制方面的工作 围绕公安检察院工作、流动人口管理、预防职务犯罪、构建和谐劳动关系、“平安余杭”建设、宗教活动场所管理、企业职工的民生保障等开展视察活动。履行民主监督职能。

区公安分局工作。2008年9月27日，区政协视察公安分局。主席会议成员、社法委负责人参加。听取区委常委、公安分局局长刘一敏相关工作情况的汇报。委员们建议公安部门在面对的一些新情况、新问题，要有前瞻性，做到防患于未然。而作为社会，每一位公民都是维护治安的参与者和受益者，是大家共同的事情，要给予公安更多的理解、关心和支持，自觉做一个守法公民，为公安执法营造一个良好环境。希望警民携手，共同为打造“品质余杭”“美丽之洲”营造良好的法治环境。

企业职工的民生保障。2009 年 12 月 31 日，区政协视察企业职工民生保障工作。主席会议成员，区人大常委会副主任、区总工会主席杜坚强和区劳动社会保障局、区工商联等部门负责人参加。委员们视察走访杭州宏生纺织有限公司，听取银都餐饮、顿力集团、杭州手表、锦昌机械等 7 家民营和外商独资企业的工作汇报。座谈会上，委员们对职工民生保障工作提出意见和建议。建议各级工会组织要进一步建立完善职工工资集体协商和集体合同制度；进一步加强宣传，增强企业和职工双方依法用工意识与自我维权意识；要建立健全保障机制，有效搭建起民主监督、厂务公开、集体协商等一系列平台；全区各级工会要坚持以人为本，切实解决职工的养老保险、医疗保险、福利待遇、精神生活等方面问题。

检察院工作。2010 年 12 月 7 日，区政协围绕“强化法律监督、公正廉洁执法”专题视察区人民检察院工作。主席会议成员及政协委办负责人、区检察院检察长程曙明参加。委员们建议区检察院要克服案多人少、任务繁重等困难，勇于创新；要强化法律监督、维护公平正义，做到“公平、公正、公开”办案，切实履行好各项职能；要在推进“社会矛盾化解、社会管理创新、公正廉洁执法”三项重点工作上积极探索，尤其对社会矛盾要提前介入，积极参与；要加强队伍建设，坚定政治方向，努力提升干警的综合素质、专业技能、实践能力，维护好党纪国法的尊严，为余杭经济社会又好又快发展提供法律保障。

流动人口管理服务。2011 年 12 月 22 日，区政协与区总工会联合视察新居民服务管理工作。区政协主席会议成员及区委政法委、各相关职能部门负责人参加。委员们建议，要提高认识，转变观念，善待、关心和爱护新居民；要夯实基础，分类指导，各职能部门都要有人抓、有人管，真正做到机构到位、人员到位、保障到位、服务到位；要齐抓共管，综合治理，建立长效的服务管理机制；要开拓创新，不断完善，引导新居民参与社会管理、调处化解各类矛盾，使新居民主动融入“第二故乡”，为余杭的经济发展、社会稳定作出新的贡献。2013 年 12 月 19 日，区政协主席会议成员、区总工会领导集体视察流动人口管理服务工作。副区长施建华作有关情况介绍，区流动人口管理办公室汇报具体工作情况。为进一步提升余杭区流动人口管理服务水平，视察组建议：要充分发挥流动人口管理办公室的协调作用和参谋作用，深入基层，加强调研，为全区流动人口的管理服务工作谋划总体工作思路，制订阶段工作目标，落实工作举措，出台各类管理服务措施，确保政策的科学性、合理性和实用性；要在全区形成分工明确、重点突出、上下联动的工作机制，定期召开联席会议，研究部署流动人口管理服务工作的具体措施；要善待流动人口，尊重他们的劳动，关心他们的工作和生活，为他们提供优质的服务。

构建和谐劳动关系。2012 年 12 月 10 日，区政协与区总工会联合开展构建和谐劳动关系工作集体视察活动。区领导阮文静、杜坚强、黄莉、杜永林、孔祥华、陈云水、潘法高、戴桂香、章福根等参加。实地察看杭州汇鑫金属制品有限公司等企业，听取工商联、人社局分别介绍有关工作情况，企业家代表就企业发展理念、员工现实需求以及一些具体做法作了介绍。阮文静指出，余杭区构建和谐劳动关系工作扎实，成效显著，走在省市前列。她强调，构建和谐劳动关系，必须推动更高质量的就业，必须深化分配制度改革，必须统筹推进社会保障体系建设，必须加强教育引导和日常监管，必须发挥好企业主体作用。她希望各有关部门进一步加强合作、形成合力，希望企业树立典范、加强宣传、营造氛围。

2013 年 5 月 16 日，区政协主席会议成员集体视察预防职务犯罪工作

预防职务犯罪工作。2013 年 5 月 16 日，区政协主席阮文静，副主席黄莉、杜永林、陈云水、潘法高、戴桂香及部分区政协委员，就深入查办和预防职务犯罪工作到区检察院开展专项视察。委员们参观区预防职务犯罪警示教育基地和阳光检务大厅，听取区检察院检察长孙勇关于余杭区检察院工作及查办和预防职务犯罪工作情况的汇报。委员们充分肯定检察院工作，并就进一步发挥预防职务犯罪警示教育基地作用、进一步加强合力预防工作机制等方面提出建议。对于新形势下的职务犯罪预防工作，阮文静要求，把握新情况、新特点，要预防教育在先、关口前移，做深做细职务犯罪警示教育工作，拓宽教育面；要工作形式多样、突出重点单位和重点领域，持之以恒，常敲警钟；要创新预防工作方法，尝试职务犯罪预警及行贿黑名单曝光工作。同时，要处理好监督与被监督的关系，在专业、敬业方面对自身要高标准严要求，自觉接受人大、政协以及社会媒体等各方面的监督，使余杭区的检察工作继续走在全省、全国的前列。

宗教活动场所管理。2014 年 8 月 26 日，区政协组织委员视察宗教活动场所管理工作。主席阮文静，副主席黄莉、杜永林、孔祥华、陈云水、潘法高、戴桂香，副区级巡视员傅樟绚，区民族宗教局、相关街道负责人参加。委员们视察余杭基督教堂和五常广福寺，现场了解两个宗教活动场所的发展和管理情况。建议要加强对宗教活动场所布局的统筹考虑与科学规划，进一步厘清、理顺、明确宗教活动场所产权；加大对宗教文化的发掘、保护和研究力度，引导信教群众树立正确的信教理念；保护挖掘宗教场所历史文化遗产，加强宗教活动场所配套设施建设等。阮文静要求切实处理好尊重宗教信仰自由与依法管理宗教事务的关系，促进宗教事业健康有序发展；抓住全省宗教场所权证办理试点地区的机遇，努力解决全区宗教场所的历史产权问题；进一步推进宗教事务社会化管理工作，支持爱国宗教团体加强“实体化”建设。

“平安余杭”建设。2014 年 10 月 11 日，区政协组织部分委员集体视察“平安余杭”建设工作。区政协主席会议成员，副巡视员傅樟绚和区委政法委等其他主要负责人参加。委员们视察临平、东湖街道社会服务管理中心，听取中心窗口组成、工作机制等情况介绍，观看《小街道、大平安》专题片，实地考察街道社会矛盾化解、特殊人群服务管理工作和社会管理信息系统建设，考察区交通事故调解处理中心，听取区委政法委关于“平安余杭”建设工作情况的汇报，委员们肯定区委政法委近几年来在创建“平安余杭”工作上的努力，建议要提高农村和西部山区的社会管理，加大创建“平安余杭”的宣传工作力度，坚持问题导

向，不断创新工作方法；要重视和加强人口规模数量控制和质量提高，抓好源头预防、动态管理、应急处置，整合基层力量；要做好现代治理体系和能力的积极研究，将信息化新技术应用到社会管理中，做到智慧管理、智慧服务，切实提高人民群众的幸福感。

“平安余杭”网格建设。2017年8月26日，区政协视察“平安余杭”网格建设工作。视察星桥街道安乐、星桥社区和街道综合指挥中心，听取区综治办关于情况的汇报，委员们建议要明确功能定位，夯实网格基础，细化网格设置；要在强化党建引领，实现人员分层管理、志愿服务队伍、社会服务组织共同参与社会管理新格局；要抓住工作重点，科学合理地设置网格数量和规模，突出重点功能；要建立健全网格员制度，明确工作担当，细化工作任务，强化网格职责；要理顺关系，畅通联系渠道，实现部门力量下沉、社会服务“零距离”、社会管理“全覆盖”、居民诉求“全响应”；要加大宣传力度，整合社会资源，推广网格管理服务的内容和载体。

“法治余杭”建设工作。2015年6月11日，区政协开展“法治余杭”建设工作专题视察。实地踏看乔司街道和睦桥村、区司法局法律服务中心，听取区法建办有关工作情况汇报。委员们建议进一步提高全社会法律意识，抓好基层治理法治化工作，主动送法律服务到村（社区），根据实际突出重点制定村规民约；加强基层管理，结合相关载体，开展多种形式宣传活动；重新认识律师的地位作用以及企业家在法治余杭建设中的影响力，多练内功，增强企业家法律风险防范意识。阮文静强调，依法治区要更有力、更有方、更有效；要加强顶层设计和领导力、执行力，配备力量，理顺关系、创新机制；要建好“法治政府”和“守法公民”两支队伍，司法部门要创新工作方式方法，做好法律宣传和服务文章；“法务前置”服务要走向基层，走向末端，进村入户，入脑入耳入心，推动基层治理；要加强法律工作者队伍建设，并在推进立法方面有一些前瞻性调研思考和建议。

社会治理大联动工作。2015年12月初，区政协开展社会治理大联动工作视察活动。区政协主席阮文静，副主席黄莉、杜永林、潘法高、戴桂香，副区级巡视员傅樟绚及各委办主任、部分政协委员参加。实地走访南苑街道高地村、崇贤街道北庄村和社会治理大联动中心，了解基层网格管理工作，听取区大联动推进办有关社会治理大联动试点工作推进情况汇报。委员们建议：各镇街要坚持以“党建+”为大统领，根据实际做细做实方案，建立一支强有力的网格力量并真正下沉到基层，做深做强基层底线，充分发挥网格长作用，全民动员，发现问题，反映问题，解决问题。阮文静指出，全区上下要形成共识并积极参与社会治理大联动，坚持不懈，因地制宜，在生动实践过程当中不断创新，不断完善制度、总结经验，并积极示范推广实际成

2015年12月初，区政协主席会议成员集体视察社会治理大联动工作

效，把余杭社会治理大联动工作做成全省甚至全国的样板。2016年6月23日，区政协主席会议实地走访南苑街道社会治理大联动中心和区社会治理大联动中心，了解大联动综合指挥平台的信息集成、联动指挥、一号通热线等相关情况，听取区大联动推进办有关社会治理大联动工作汇报。视察组建议加速信息整合应用，鼓励平台智能化提升；未雨绸缪，做好网络安全防范；引进配备专业人员力量，增强后续发展能力；加强宣传，做实网格，提升网格长能力水平，提升社会治理效率。阮文静指出，G20杭州峰会在当前，余杭是维稳第一道防火墙，责任巨大。要加速整合信息、力量、技术等多方面资源，强化联动，纵横互动，在实践过程中不断完善；要提升实效，不仅注重扁平化管理和信息及时性，还要充分体现可追溯性和百姓满意度；要扩大影响，加大宣传力度，加强保障，把必要的人力、物力、设备技术投放到位。

视察法院工作。2020年10月27日，区政协赴区法院调研工作。区政协主席沈昱，副主席黄德伟、沈洪相等参加。实地参观区法院立案大厅，听取区法院院长罗鑫汇报法院工作情况。沈昱对区法院克服案多人少，担当有为，忠诚履职依法办案，以法治力量守护民生民利，服务余杭经济社会发展大局取得的优异成绩给予高度肯定。他希望区法院在下一步工作中，要在诉源治理上下功夫、想办法，结合自身在诉源治理中的角色定位，协调政府职能部门、行业协会、社区村镇，推动整合人民调解、行政调解、仲裁、司法调解等调解方式，努力将各类矛盾纠纷预防在源头、化解在萌芽、解决在基层，从源头上减少诉讼增量，切实为法官有效减负。

社会保障方面的工作 主要视察的内容：人力社保工作、普通高中段教育、行政服务中心工作、医疗卫生事业发展、养老服务、优质医疗资源合作与下沉、“人才强区”建设、政务服务体系建设、共同富裕现代化等。

广电宣传工作。2008年9月22日，区政协视察广播电视台工作，主席会议成员、各委办主任参加。听取区广电台负责人有关工作情况汇报。委员们建议区广电台在新形势下，要紧紧围绕党中央的重大决策，紧扣区委、区政府的中心工作，宣传报道具有导向性、方向性和前瞻性；要紧紧围绕民生民意，紧扣群众关注的热点、难点问题，使广播电视深深扎根于老百姓；要紧紧围绕新人、新事、新貌，紧扣余杭经济社会发展这个主题，使余杭区的广电事业取得新进展；要加强与各部门的联系，搭建好互赢互利的平台；要积极探索创新，创办好余杭广播电视新栏目、新亮点；要明确宣传主题，进一步提升余杭的知名度和影响力。

人力社保工作。2012年9月13日，区政协视察人力社保工作。主席会议成员，政协委办主任参加。委员们先后视察余杭区留学人员及大学生创业园、临平东湖街道梅堰社区“市民之家”服务窗口。委员们就人才工作、社保工作、政策工作、服务工作等方面提出意见建议。阮文静强调，人力社保工作要进一步在优化人力资源结构上下功夫，从创新经济、转型升级、产业余杭发展要求，通过培养实用人才，引进高端人才，注重创业服务，促进科技产业的发展；要根据余杭实际，科学制定社保政策，注重灵活性与原则性相结合，发挥好“变压器”的作用，并不断提高队伍素质，促进工作水平的提升。

普通高中段教育。2012年10月25日，区政协围绕社会普遍关注的普通高中段教育质量问题，组织部分委员到区教育局开展视察调研。主席阮文静，副主席杜永林、陈云水、潘法高、戴桂香，副区级巡视员章福根和政协委办负责人参加。委员们实地参观余高、二高的办学环境，听取区教育局工作情况介绍。委员们围绕提升教育质量，提出创新办学理念、改革体制机制、加强“师德师风”教育、提高教师待遇、加强人才引进与培养、改善教学环境等意见建议。阮文静强调，按照教育发展中长期规划，实施好“三年行动计划”，优化城乡各类教育布局；要更新理念，在改革创新上下功夫。要立足长远，大胆尝试，加强体制机制改革创新；要抓住关键，高度关注师资队伍建设，坚持引进与培养相结合；要加大投入力度，尽力改善硬件环境。

行政审批制度改革。2012 年 12 月 6 日，区政协集体视察余杭行政服务中心工作。主席阮文静，副主席杜永林、潘法高、戴桂香，副区级巡视员章福根等参加。听取服务中心的工作汇报，为深化行政审批制度改革建言献策，建议中心进一步加强对组团、镇街、村（社区）便民服务中心的业务指导、培训和监督，在规范化建设上下功夫。阮文静希望中心进一步提升行政效能，创造一流的政务环境；严格监管不放松，尤其要加强公共资源管理，确实做到“廉洁、高效、规范”；提升能力不懈怠，进一步加强队伍建设，为共建和谐幸福新余杭、发展创新强区提供优质的服务。

医疗卫生事业发展。2013 年 6 月 18 日，区政协视察医疗卫生事业发展，主席阮文静，副主席黄莉、杜永林、陈云水、潘法高、戴桂香，政协各委办负责人参加。视察区第一人民医院新院区、医疗环境及硬件设施，了解医生工作状态、病患就诊流程。听取区一院关于医院运行情况和区卫生局关于区属医院建设情况汇报。委员们就提高服务软实力、引进人才、引进技术等方面提出建议。阮文静指出，区一院新大楼是余杭区一项重大的民生工程，整个医院布局合理、建筑大气、功能齐全，让人耳目一新，但群众的要求也将更高。希望医院要加快软件建设，不断改革创新，努力提升学科带头人业务能力，在管理上，要引进先进管理理念，提高科学管理水平，为区域百姓提供更加优质的医疗卫生服务。2014 年 9 月 10 日，区政协视察第五人民医院发展和运行情况。副主席黄莉、杜永林、陈云水、戴桂香，区政协文史委负责人，医卫、社会福利界别组委员参加。委员们实地视察新院区，对医院的发展提出要培养和引进人才、做优特色、加强培训等建议。区政协领导认为五院定位准，搬迁后运行平稳，要做好战略定位、走差异化发展、进一步加强宣传，打造一家职工喜欢、百姓欢迎、社会认可的医院。

2014 年 9 月 10 日，区政协主席会议成员集体视察医院发展和运行情况

养老服务工作。2014 年 12 月 12 日，区政协视察居家养老服务工作。主席阮文静，副主席黄莉、孔祥华、陈云水、潘法高、戴桂香，副区级巡视员傅樟绚及政协各委办主任、部

分委员参加。视察区社会福利中心迁扩建项目、文仪社区为老服务中心和荷花塘社区居家养老服务照料中心。委员们建议：要营造政府主导、社会关注、企业参与的养老服务氛围，通过大力宣传，引导更多的企业界人士从事养老慈善事业；政府购买服务的评估工作要严格把关；要改造敬老院，提升服务专业化；要做到事业和产业共融，把养老事业当作产业来做；要政府和社会齐力，以市场为主体，鼓励社会参与，充分发挥企业家的作用；要扩面和提质并举，抓好项目建设；要发展和规范齐抓，按标准设点布局；开阔视野和务实行动要同步，积极探索符合本地实际的养老模式和运行机制，让余杭老年人真正实现老有所养、老有善养。

2016 年 11 月 15 日，区政协视察社会养老工作，实地踏看杭州市第三福利中心、星桥街道太平社区养老服务照料中心和即将投入使用的满城芳养老院，听取区民政局、老龄办有关全区社会养老事业工作情况汇报。主席阮文静，副主席黄莉、潘法高、戴桂香，副区级巡视员傅樟绚及政协各委办负责人、部分政协委员和区人力社保局、卫计局等相关负责人参加。委员们建议突出重点，力推居家养老服务照料中心建设，在资源整合、功能设置等方面满足老年人多样化的实际需求；加大宣传力度，加强信息发布和指导，充分利用政府闲置资源和当地医疗资源，吸引民间资本投入。阮文静指出，全区上下要进一步达成思想共识、明确职责任务、强化政策措施以及增强工作合力。各部门、镇街各司其职，加强组织领导和投资建设管理，做好协调指导服务宣传和信息发布等工作；对出台的政策“回头看”，找出问题症结，完善政策并严格落实执行。要更充分发挥企业主体作用，因势利导，多引进知名品牌企业，从源头上进行把控。

2020 年 10 月 29 日，区政协主席会议成员、委办负责人视察余杭街道市民客厅老年食堂，听取区民政局全区为老助餐服务、余杭街道老年食堂运营、百丈镇老年用餐集中配送等工作汇报，委员们针对存在区域发展不平衡、软硬件设施不完善、服务质量待提高、安全监管待规范等问题。建议加大对为老助餐的软硬件投入力度，提升服务品质，久久为功、善作善成，为顺应社会老年化进程打好坚实基础；加强宣传、优化服务，提高为老助餐受众比例。各镇街要发挥社区养老服务中心作用，充分挖掘和利用中心现有设施，扩大老年食堂或就餐点数量；在养老综合体建设上，要提前谋划，把为老助餐作为一项重要设施嵌入综合体；西部各镇要结合老年人居住分散的实际，利用大数据，统筹建设中央厨房，结合养老服务照料中心、“农家乐”、家宴中心等资源；统一标准，强化监管，夯实为老助餐安全保障。建议主管部门尽快制定全区为老助餐工作统一标准，使这项工作有章可循、有规可依。在餐费补贴上统一标准，方

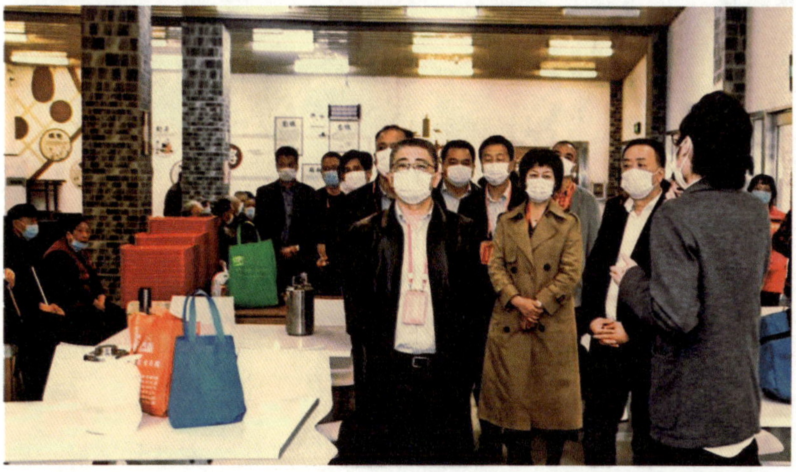

2020 年 10 月 29 日，区政协主席会议成员集体视察市民客厅老年食堂

便不同区域老年人跨地区就餐；在老年食堂（就餐点）硬件设施建设上，要按照保障老年人行动方便、安全的标准建设，设置 AED（体外自动除颤器）等突发疾病救生装备，为老年人提供安全舒适的就餐环境；在委托第三方服务招标上，要完善统一招标程序，尽可能选择服务规范、优质的第三方公司，避免频繁更换，稳定优化服务团队。

住房公积金管理。2015 年 11 月 18 日，区政协与区总工会联合视察住房公积金工作。主席阮文静，区人大常委会副主任、区总工会主席杜坚强，政协副主席黄莉、杜永林、陈云水、潘法高参加。委员们考察“市民之家”公积金余杭分中心窗口，听取余杭区住房公积金管理工作情况汇报。视察组建议要把扩面工作当作首要任务来抓；在建缴数量、公平性、缴存基数等方面找准平衡点，把好政策宣传到位；保障职工权益，促进住房消费，提升服务质量。阮文静指出，要进一步扩大公积金受益面，规范管控风险，掌握合理节奏，找准平衡点，推动服务及管理效能再提升，多渠道做好政策宣传，全方位发挥住房公积金制度基础性社会保障作用，让更多职工及家庭受益。

仁爱家园工疗站工作。2016 年 9 月 29 日，区政协集体视察仁爱家园工疗站工作。主席阮文静，副主席黄莉、杜永林、陈云水、潘法高、戴桂香，副区级巡视员傅樟绚、副区长林会友及有关部门相关负责人、政协各委办负责人、部分政协委员参加。委员们视察瓶窑镇工疗站和余杭街道工疗站，听取区残联有关工作情况汇报，了解工疗站建设管理基本情况。委员们建议要加强宣传，形成全社会参与的良好氛围；要加快工疗站建设进度，早日实现全覆盖，让更多人群从中受益；要加强工疗站规范化建设，不断提升管理水平；注重引导和持续发展，选好点选好人；要加强政策扶持，建立长效机制，完善经费保障。

教育国际化工作。2017 年 9 月 22 日，区政协集体视察教育国际化工作。主席阮文静，副主席黄莉、陈云水、潘法高、戴桂香、赵喜凯，区政协各委办负责人、部分政协委员及相关镇街有关负责人参加。视察未来科技城国际教育园在建项目，参观杭州英特外国语学校、余杭蔚澜学校和杭州橄榄树学校，听取区教育局有关全区教育国际化情况汇报。视察组充分肯定余杭教育和余杭教育国际化工作。建议公办学校要深化办学理念改革，强化常识教育和国际视野教育，加快合作交流，加大政策支持力度；要引进国外先进教育理念，积极向外推介国学文化；学校规划设计要充分考虑教育功能，在细节上进行碎片化渗透，让国际教育资源面对更多余杭本地人和新余杭人，走入更多学校和社会。

优质医疗资源合作与下沉。2017 年 11 月 20 日，区政协集体视察全区优质医疗资源合作与下沉工作。主席阮文静，副主席黄莉、陈云水、潘法高、戴桂香，政协各委办负责人及部分政协委员参加。委员们实地考察区第一人民医院乔司分院和区第一人民医院，听取区卫计局有关情况汇报。视察组建议加大宣传力度，深化做实双下沉工作，提高下沉医生知晓率，调动下沉医生主动性、积极性；深化合作办医模式研究，强化人才培养和引进；关爱医护人员，提升服务水平，提高医患沟通能力，改善就医环境；要在做大增量上下功夫，政府要继续发挥好主导作用，做好规划布局和政策制定；要在优化质量上下功夫，外强合作、内重下沉，保障优质医疗资源为我所用，探索构建高水平医联体，加强医疗人才培养和引进；要在提升管理上下功夫，按照现代医院管理理念，进一步完善医疗机构医疗质量管理组织体系，真正将双下沉成效转化为医疗服务能力，惠及余杭群众。

“人才强区”建设。2018 年 4 月 26 日，区政协视察“人才强区”建设工作。主席会议成员、部分政协委员参加。先后视察杭州荟萃智能科技有限公司和杭州非白三维科技有限公司，举行工作座谈会。委员们建议，要认真贯彻落实好各项人才政策，高效落实兑现，高标准打造好创新创业环境，尽快补齐短板；要加大人才政策宣传力度，营造爱才尊才用才良好氛围；要解决民生领域突出短板，引进并留住更多更好的人才；要重视国内创新创业项目，适当加大国内项目扶持力度；要完善技能人才政策体系，加大培养高技能人才的力度。

教育项目建设。2021 年 12 月 23 日，区政协主席会议成员视察了禹航实验学校，召开协商座谈会，听取相关部门、镇街平台的情况汇报，委员们线上线下进行了协商建言。2021 年区政协把助推全区教育项目建设作为年度重点主席会议视察工作。通过前期半年的考察、座谈、现场视察、调研，针对存在教育资源供需形势严峻、校园文化建设整体不高、教育项目建设推进慢等情况。建议高起点、高标准、高质量编制《余杭区教育项目布点规划 2021—2035》；统筹保障教育项目建设资金，为五年完成 100 所以上教育项目建设保驾护航；统一教育项目建设实施主体，明确建设标准，提升建设管理，保障教育项目建设品质；加强项目建设全过程管理，规范各参建主体的建设行为；突破体制机制束缚，厚植校园底蕴气质，促进余杭教育高质量发展。

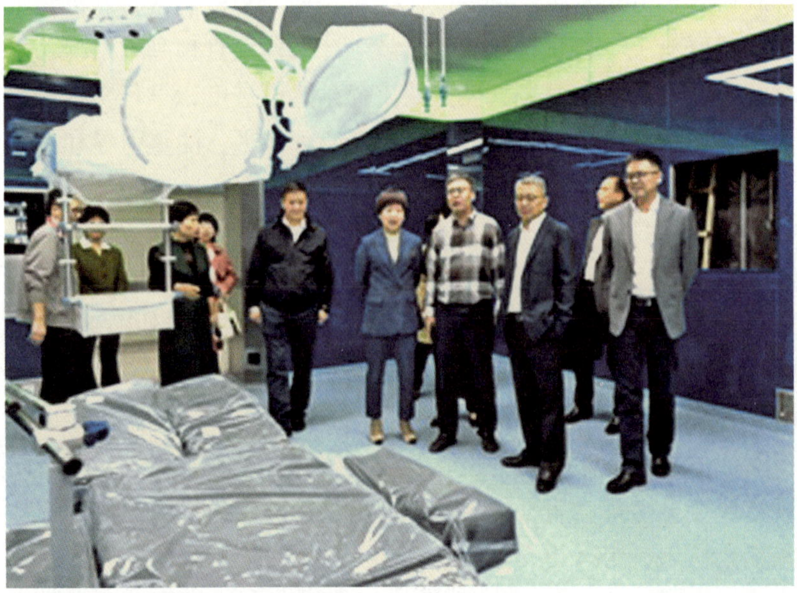

2022 年 10 月 9 日，区政协主席沈昱（右三）带队视察“发展公共卫生建设健康余杭”工作

发展公共卫生　建设健康余杭。2022 年 10 月 9 日，区政协开展“发展公共卫生、建设健康余杭”专题主席会议视察活动。视察组先后到区第一人民医院和区公共卫生中心，了解区医疗卫生事业发展现状，并就相关工作开展情况提出指导建议。座谈会上，区卫健局就全区公共卫生发展情况作专题汇报，区政协委员、各专委会主任、相关部门和主席会议成员献计献策。沈昱指出，医疗卫生设施建设是长期过程，要充分谋划布局，充分发挥余杭数字化优势，多调研、多发现、多吸纳优秀数字产品进入医疗卫生体系，打造城市新中心的数字医疗亮点；要兼顾传统医疗发展，保护中医资源，引进人才，打响品牌，办好有余杭特色的中医院。

政务服务体系建设。2022 年 11 月 11 日，区政协开展“政务服务三级联动体系建设”专题主席会议视察，主席、副主席、秘书长，各专委会主任和部分政协委员参加。视察组到区政务服务中心，参观办事大厅，观看政务服务数据驾驶舱，依次视察社保、人才、置业、纳税、公安、商事和亲企服务专区，听取区审管办关于政务服务三级联动体系建设情况的汇报，并就相关工作开展情况提出指导建议。区政协社法委通过书面材料汇报前期调研情况，区政协委员陈树坤、陈旭丹、张宇挺、李世钦、阳凌峰、林勇强、赵金萍通过书面材料进行协商建言。区政协主席沈昱对区审管办在政务服务方面取得的工作成果表示认可。

共同富裕现代化。2022 年 11 月 16 日，区政协开展“共同富裕现代化基本单元”建设情况主席会议专题视察活动。主席沈昱，副主席周忠诚、斯建刚，秘书长吴忠云参加。视察组到港南村金秋驿站、新港村会客厅、夏家桥、足球场、波浪道等处，实地踏勘，听取介绍。座谈会上，区农业农村局和良渚街道分别汇报未来乡村“共同富裕现代化基本单元”建设情况和未来乡村建设工作，区政协委员、专家学者建言协商，区发改局、区财政局、市规划和自然资源局余杭分局、良渚遗址管理区管委会等相关部门回应委员关切。沈昱指出，港南村和新港村的建设令人惊喜，感触良多。建议在推动共同富裕现代化建设的过程中，各村书记、主任要进一步解放思想，勇于实践，发扬改革精神，激发出乡村共富的发展活力；要因地制宜，找准跑道，不拘泥于现有模式，梳理本村特点与长处，闯出一条适合自身发展的共富之路。

2022 年 11 月 16 日，区政协主席会议专题视察共同富裕现代化工作

生态环境方面的工作　区政协八届一次会议以来，围绕生态环境方面的工作开展视察活动，主要内容有清洁绿化余杭、推进垃圾分类工作、旅游开发和综保工作、大气污染防治、湿地保护利用、小城镇环境综合整治、美丽乡村建设、“靓城行动”推进等工作。

推进垃圾分类工作。2013 年 4 月 25 日，区政协就推进垃圾分类工作开展专题视察。主席会议成员参加。视察良渚垃圾分类宣教中心，听取区城管执法局关于城市管理工作概况和垃圾分类工作情况汇报。委员们就垃圾分类处理积极建言献策。建议进一步加大宣传力度，将垃圾分类工作纳入公民道德教育的范畴，增强居民的垃圾分类意识；政府要加大财力物力人力的投入，制定出台扶持政策，通过市场化运作方式，与产业化发展结合起来，使垃圾变废为宝；要进一步完善垃圾分类长效管理机制和监督考核机制，将垃圾分类工作情况纳入对小区物业管理公司的考评，形成合力。阮文静强调，垃圾分类工作已跨出了艰难而有意义的第一步。既要巩固老阵地，更要拓展新天地。要用技术支撑，用数据说话，增强政府与民间互动，切实做好垃圾处置减量化、资源化、无害化。

2015 年 9 月 9 日，区政协视察垃圾分类工作。区政协副主席黄莉、杜永林、孔祥华、陈云水，副区级巡视员傅樟绚，政协各委办负责人及部分政协委员参加。实地踏看了解区政府食堂餐厨垃圾处理情况、庙东社区碧天家园智能化垃圾分类情况、乔司街道朝阳村工业边角料再利用处置情况，听取区城管局关于全区生活垃圾治理情况工作汇报。委员们建议：继

2015年9月9日，区政协主席会议成员集体视察垃圾分类工作

续抓好宣传推广，充分发挥志愿者队伍作用，完善激励机制，注重长效管理；因地制宜，推广垃圾减量“1+X”模式，生活垃圾智能化，提高居民配合度和分拣正确率；注重垃圾末端处置，重视老小区和农村生活垃圾的处理。黄莉指出，要继续加强宣传，强化垃圾分类全民意识，长远设计，全方位将垃圾分类意识落实到每个单位每个人；要加强监督指导，提高分类实效，建立一套系统有效的监管方法和一支监管队伍；要加强协调，形成合力，重视再生资源回收产业发展和扶持，要打造亮点，继续创新，总结推广好的经验和做法，积极探索新路子新办法；要加大投入力度，保障软硬件建设，特别是在前期要舍得投入配备必要设施，在一些人员密集单位多设末端处置系统，促进垃圾减量；提高补助标准，调动镇街、平台积极性，共同促进垃圾分类取得更多成效。

“三改一拆”“清水治污”“美丽乡村”工作。2013年9月14日，区政协围绕“三改一拆”“清水治污”“美丽乡村”建设开展视察和建言活动。主席会议成员和部分政协委员参加视察活动。视察组实地踏看瓶窑镇彭公马路竹制品市场拆违情况和瓶窑镇奇鹤村美丽乡村建设及仓前街道吴山前村生活污水处理工程，听取相关部门的工作汇报。建议农村生活污水治理要继续重点加大财政投入力度，污水治理与景观改造相结合；美丽乡村建设与历史文化相结合，打造特色亮点，同时要注重长效管理；“清水治污”要狠抓源头，从根本上解决污水直排问题；“三改一拆”要做到依法拆违、和谐拆违，重点关注“一户多宅”问题，“拆”和“改”相结合，着力改善环境，提高居民的生活品质，把“民生工程”真正建成老百姓的“贴心工程”。阮文静指出，要以全城景区化、精品化的标准，建设“美丽乡村”，做到“有增有减”“有破有立”；要体现生态和创意之美，体现“一村一特色”，避免千篇一律、花大钱办小事的问题。

大径山旅游开发建设。2013年5月22日，区政协视察大径山旅游开发建设工作。主席会议成员，有关委员参加。实地视察径山羽泉路风情街、径山寺复建及外围整治工程进展情况，听取副区长阮英有关情况介绍和风景旅游局、旅游集团、径山镇相关工作情况汇报。委员们建议：大径山旅游度假区的规划是关键，包括旅游集散中心的定位、配套设施建设，形成食、住、游、购一条龙，以旅游带动相关产业，促进就业，致富当地百姓；要立足长远，加大投入，做优环境，整合资源，大力宣传，推动大径山旅游度假区的建设。阮文静希望下一步工作中，加强规划引领，抓住大径山、大区域、大资源，把整个区域内所有的旅游资源整合起来、串珠成链；组建本土专家和专业团队，做细做好做优规划；完善体制保障，进一步明确管理主体，建立统一协调的管理体制；建好核心区块，在感恩老祖宗馈赠的同时，担起当代人应有的责任，打造名山、名寺、名人、名泉、名漂、名街、名村，把径山寺为主的核心区块真正打造成“景区美、寺庙兴、百姓富”的旅游胜地。

丁山湖整治暨超山综保工作。2014 年 7 月 30 日，区政协组织委员视察丁山湖综合整治暨超山综合体保护工作。主席阮文静，副主席杜永林、陈云水、潘法高、戴桂香，副区级巡视员傅樟绚参加。委员们建议要科学规划，做到理念上求新、行动上求和、建设上求重、时序上求实、管理上求效；要加大综合整治力度，保护好水质和生态环境，做好保护与利用文章；要充分挖掘自然人文资源，充分展现江南水乡之神韵。阮文静希望规划上再深化，特色定位再研究，保护管理和推介招商再加强。要抓住“五水共治”机遇，在治水上下功夫，使其“不污不旱不涝”，保持一波荡漾一湖清水。要在防违控违、综合整治、文化挖掘、文明意识培养、宣传推介、选商招商上下功夫，借助大运河申遗成功契机，将超山旅游文化与运河文化、塘栖古镇文化有机结合，努力打造一条在省内乃至江浙沪地区有影响力的旅游精品线。

良渚遗址保护及申遗工作。2014 年 8 月 19 日，区政协专题视察良渚遗址保护及申遗工作。阮文静，黄莉、杜永林、陈云水、潘法高、戴桂香，傅樟绚及部分政协委员、良渚遗址管委会领导吴立炜、陈寿田参加。实地考察良渚遗址考古与保护中心及遗址区征迁现场，听取良渚遗址保护及申遗工作和考古新进展情况。委员们建议要深挖掘、细研究，做好总体规划，处理好保护与开发的关系，做到长远规划与逐步开发相结合，埋头干与勤吆喝相结合，自主抓与合力抓相结合，举各方之力，咬定目标不放松，扎实推进遗址保护和申遗工作，尽早实现申遗梦想，取得文化价值与经济效益、社会效益的互促共赢。

2014 年 8 月 19 日，区政协主席会议成员专题视察良渚遗址保护及申遗工作

2018 年 4 月 18 日，区政协集体视察良渚遗址申遗推进工作。区领导阮文静、张俊杰、李新芳、黄莉、陈云水、潘法高、戴桂香、陈寿田、蒋卫东和政协委员参加。踏看良渚街道杜城村环境整治现场、安溪老集镇有机更新工程、瑶山遗址保护展示工程、良渚国际考古保护中心。座谈会上，视察组观看良渚遗址申遗专题片，听取良渚遗址申遗工作情况介绍。委员们就文化提升、对外宣传、现场管理、工作机制建设等方面提出意见建议。阮文静指出，要进一步加大环境整治的力度，加快速度做好基础设施建设、拆后整治提升、美丽乡村建设等各项工作；要深入挖掘利用水资源，结合水环境设计慢行系统，体现良渚特色；要做好遗产利用和现代产业发展的结合，引进各方资源大力发展文化产业，充分展示古代文明和现代

文明；要加大宣传推广力度，让国人和世人所熟知。

大气污染防治工作。2015 年 11 月 26 日，区政协专题视察大气污染防治工作。主席阮文静，副主席黄莉、杜永林、陈云水、潘法高等，副区级巡视员傅樟绚及各委办主任、部分政协委员，区环保局、住建局、经信局等部门有关负责人参加。委员们实地踏看南苑街道红联社区农民多高层安置房项目工地、浙江海联热电股份有限公司，听取区大气办有关全区大气污染防治情况汇报。视察组建议进一步加大法律法规宣传力度，在全社会形成关注支持氛围；进一步加大执法力度，齐抓共管，科学处罚，形成防治工作制度化常态化；进一步完善大气环境质量监测网络建设和维护，合理布点，加快污染源分析；重视废气源控制，督促企业转型升级，做好工地、道路扬尘管制。

2017 年 11 月 17 日，区政协集体视察大气污染防治工作。主席阮文静，副主席潘法高、戴桂香，余杭经济技术开发区管委会、政协各委办负责人、部分政协委员及区级相关部门负责人参加。视察余杭经济技术开发区泛能网项目（新奥项目）和汇高柏悦中心建设工地，了解清洁能源的新产品、新技术、新服务及美丽工地标准化示范区创建工作，听取区大气办（区环保局）有关大气污染防治工作情况汇报。建议：加强监督，严格执法。持之以恒地以“零容忍、重打击”的高压态势查处涉气环境违法行为；问题导向，克难攻坚。着力解决突出环境问题，包括热电企业、锦江环保、印染企业等大气重污染企业关停；落实责任，合力推进，强化考核问责；科学制定并严格实施城市规划，强化城市空间管制；加强“智慧环保”建设，完善大气污染源监测监控网络建设，提高治气的科学化水平；加强环保法律法规宣传和全民环保教育，建立健全公众、媒体等社会监督机制，努力形成防止污染、保护生态、美化家园的生态文明新风尚。

视察“美丽杭州”建设“两美浙江”示范区。2016 年 3 月 24 日，区政协开展打造“美丽杭州”建设“两美浙江”示范区专题视察，实地踏看绕城半山入城口及 320 国道两侧整治改造工程、杭宁南庄兜入城口整治改造工程、绕城勾庄入城口整治改造工程和 104 国道勾庄至瓶窑段改建工程，听取区“两美”办、区交通运输局有关打造“美丽杭州”建设“两美浙江”示范区工作推进情况汇报。区政协主席阮文静、副主席黄莉、杜永林、孔祥华，副区级巡视员傅樟绚及政协各委办负责人、部分政协委员参加。视察组充分肯定余杭区在打造“美丽杭州”建设“两美浙江”示范区工作中所取得的成绩。同时建议在整治过程中以人为本，处理好速度与质量的关系；提高资金绩效，处理好长效管理与日常管理的关系；前瞻规划，融入生态理念，处理好主观与客观的关系。阮文静在实地视察时强调，要抓住 G20 峰会契机，科学长远规划，速度质量并举，通过示范区建设全面提升余杭整体形象，造福一方，做百姓点赞工程。

北湖湿地保护利用。2017 年 4 月 27 日，区政协集体视察北湖湿地保护利用工作。主席阮文静，副主席黄莉、孔祥华、陈云水，副区级巡视员傅樟绚及政协各委办负责人、部分政协委员参加。视察组踏看芦苇荡基地区域、苕溪清水入湖工程段、永安村段，听取北湖湿地保护利用情况介绍。委员们建议湿地要合理利用适当开发，对自然人工痕迹柔性处理，增加配套服务，充分发挥蓄洪、生态、景观功能；要坚持保护利用并重。保护优先，综合利用；要前瞻性研究，引入湿地保护专家统筹规划，在保护原汁原味生态环境的基础上加强管理，提升利用价值；要理顺管理机制，设立专门机构，抓紧解决遗留问题，加强日常管理，及时

2017 年 4 月 27 日，区政协主席会议成员集体视察北湖湿地保护利用工作

清理破旧建筑和堆放垃圾；要列入瓶窑小城镇建设重要区块，融合发展，成为城市建设的亮点和金名片。

城中村改造和小城镇环境综合整治。2017 年 9 月 14 日，区政协对余杭区小城镇环境综合整治工作推进情况进行集体视察。区政协主席阮文静，副主席陈云水、潘法高、戴桂香，副区级巡视员傅樟绚及政协各委办负责人、部分政协委员参加。视察组实地考察瓶窑镇小城镇环境综合整治项目和乔司街道村庄整治工作的推进情况，听取区住建局、瓶窑镇、乔司街道等单位的工作情况介绍。委员们建议以高度政治自觉，克难攻坚，把握好节奏，按时按期、保质保量地抓好工作落实；要精益求精坚持品质，拉高标准标杆，从空间利用、市政配套、文脉延续、生态风貌等方面加强规划管控；进一步完善功能配套，传承历史文化，培育特色产业，强化城镇管理；加强宣传引导，积极解疑释惑，鼓励支持更多社会力量参与，形成积极整治氛围；力求节俭合理支出，坚持花小钱办大事的原则，做好“巧”字文章，因地制宜、因势利导，提高整治效益；注重记录传承历史，把环境整治与当地独有的历史文化、山水资源、区位特色、自然禀赋、人文习俗等结合起来，彰显小城镇的独特韵味，为地方留下历史、帮居民记住乡愁。

推进旅游西进工作。2017 年 10 月 31 日，区政协集体视察旅游西进推进工作。主席阮文静，副主席陈云水、潘法高、戴桂香，副区长许玲娣及部分区政协委员参加。视察组先后视察小古城遗址文化展示馆、径山旅游集散中心、澧雅线绿道驿站和鸬鸟希尔顿酒店等地，听取区旅游局、区旅投集团、径山镇、鸬鸟镇、黄湖镇等单位的情况汇报。委员们建议，要从特色打造、人文挖掘、文化融入、配套提升、招商引资、宣传推广、包装营销、线路设置等方面着力，进一步提升产业核心竞争力，加快产业转型升级步伐，合力打造余杭旅游金品牌。阮文静指出，旅游西进是区委区政府支持西部五镇发展，实现五镇全域美丽，提升余杭旅游品质的重要决策部署。希望各部门各镇在下一步工作中要站高看远，深入学习贯彻中共十九大精神，结合“生态文明”“美丽中国”“实施乡村振兴战略”等，坚持规划引领、项目带动、科技支撑、精细化管理，注重生态保护和文化传承，多方发力，扎实推进“旅游西进”，提升余杭旅游再上新台阶。

美丽乡村建设。2017 年 12 月 22 日，区政协视察美丽乡村建设，踏看杜城村、港南村和新港村，听取区农业局及相关部门、镇街汇报美丽乡村建设情况。主席阮文静，副区长葛建伟，副主席陈云水、潘法高、戴桂香，秘书长吴忠云，政协各委办负责人及部分政协委员参加视察并座谈。视察组建议：在美丽乡村建设时要通盘考虑，量力而行，重点区域高标准建设，注入余杭文化元素，打造长久可持续性精品，实现环境美、人文美、内在美；基础环境、配套设施等村村到位、组组落实，加强村民环保意识和文明素养，充分调动家庭参与积极性，培育新兴产业。阮文静指出，美丽乡村建设要重点处理好城与乡的关系，城镇是各要素集聚地、产城人融合地，而乡村更多的是人与自然的和谐相处；要处理好点线面的关系，点上出彩，线上美丽，面上整洁，关键是要做到整体和谐，点与点之间通过一条主线串珠成链；要处理好老与新的关系，多保留老树、老房、老桥；要处理好快与慢的关系，乡村道路的车行系统和人行系统要科学规划、有机结合、适当分离。

2018年9月25日，区政协主席会议成员集体视察美丽乡村建设工作。实地视察瓶窑镇奇鹤村、崇贤街道三家村和塘栖镇塘栖村美丽乡村建设情况，听取区农业局和相关部门关于美丽乡村建设专项行动情况汇报。委员们就更快更好地推进美丽乡村建设工作提出意见建议：1. 深化认识，拉高标杆建设美丽乡村。要以“全域景区化”为要求，高起点规划、高标准建设、高水平治理，打造全省美丽乡村示范样板；要做好美丽乡村的宣传工作，努力营造美丽乡村建设工作的良好氛围。2. 强化管理，注重实效建设美丽乡村。要力求节约，量力而行，重点解决农民群众反映最迫切、最直接、最现实的环境卫生整治和村庄道路等基础设施配套等问题；要扎实推进农房风貌管控工作，全程监督管理，严格审批程序，杜绝违规建房。3. 挖掘内涵，提升品位，建设美丽乡村。注重凸显当地文化内涵和特色元素，融入历史记忆、乡愁故事、文化元素等。4. 惠民富民，凝聚合力建设美丽乡村。要提高群众对美丽乡村工作的知晓度、参与度和满意度，做到“众人的事众人商量着办”，要结合各村实际，调整产业结构，优化资源配置，促进农业增效，农民增收，夯实美丽乡村建设的经济基础；要认真落实各项惠农政策，加大农民就业培训力度，拓宽就业渠道；要充分挖掘并发挥乡贤在美丽经济建设中的作用，助推村域经济良性快速发展。

2018年9月26日，区政协组织部分政协委员开展美丽庭院创建工作视察。主席阮文静，副主席陈云水、潘法高、戴桂香等参加视察。委员们视察仓前街道苕溪村、余杭街道宝塔村美丽庭院创建情况，听取区妇联和美丽办、农业局等相关部门工作情况汇报。委员们建议：美丽庭院创建工作和小城镇环境综合整治、美丽乡村、“三改一拆”“五水共治”、垃圾分类减量等中心工作要统筹考虑，相互支持参与；要进一步完善“党建+”机制，把党员干部先行先创、联户实行包干落到实处；加强与相关社会团体协作，重视乡贤的参与和引领；要精耕细作提品质，避免千篇一律；要精心保护，精致打造更多有故事、有创意的最美庭院。

2018年9月26日，区政协阮文静带队视察美丽庭院创建工作

“全域美丽”建设工作。2019年4月11日，区政协集体视察运河街道“全域美丽”建设工作。区政协领导沈昱、陈云水、潘法高和政协委员参加。实地踏看博陆、五杭、亭趾三

个集镇，听取运河街道关于集镇建设的情况介绍。委员们建议根据省市区要求，倾力打造“五好运河”，全力建设杭州市的运河水乡田园风情小镇。通过环境提升改造，进一步扮靓集镇面貌，改善人居环境。沈昱要求，运河街道在“全域美丽”建设工作中，要注重经营运营、创新创业，加大招商力度；注重资产积累，厘清产权，打好基础；注重文化培育挖掘，保护好利用好运河文化，传承好发扬好农耕文化；注重村级经济发展，做好农文旅融合发展文章，壮大村级集体经济；注重特色品牌培育，抓好品牌设计，加大宣传力度，积聚人气，打造精品亮点。

二、专项工作视察监督

区政协根据政协常委会会议、主席会议协商的议政课题，由分管主席、副主席带队，各专门委员会、镇乡联络工委、界别组委员参加的专项工作视察活动，提出意见建议，形成视察报告。经常委会会议或主席会议审议决定，送政府或政府相关部门研究办理。

教文卫体工作方面视察　八届一次会议以来，区政协文史和教文卫体委、有关界别组委员在政协分管领导带领下，围绕文体设施建设、广电宣传、职业教育、家庭教育、幼托服务、食品卫生、非遗保护等开展专项工作视察监督活动。

互联网营业服务。2003 年 6 月 10 日，区政协视察互联网上网服务营业场所。副主席方加明、钱杭根、文史委负责人、有关委员参加。委员们视察临平城区、塘栖镇、余杭镇、瓶窑镇、良渚镇等 28 家网吧，听取区文体局负责人关于余杭区网吧管理工作情况汇报。委员们针对存在的消防安全、装备管理、人员管理、经费投入等方面问题。建议将网吧纳入公共娱乐场所，加强卫生监督管理；加强网吧消防安全工作的检查，消除安全隐患；加强网络文化市场管理队伍建设，提高管理效能；加大投入力度，建立健全全区网络文化市场监督管理系统，区财政给予专项拨款，使在线监管平台早日投入运营。

文化体育事业设施建设。2004 年 7 月 22 日，区政协文史和教文卫体委文体组文艺、体育、新闻界委员，对余杭区的文体设施进行专项视察。分别听取区文体部门和运河镇、崇贤镇负责人的情况汇报，参观区图书馆、游泳馆的施工现场，走访运河镇文体中心，章家河、博陆健身点，崇贤中学、幼儿园等文体设施建设。委员们建议有关部门和镇乡在文体设施建设上要高起点规划、舍得投入，把弘扬和传播先进文化阵地建设好，为余杭区向文化名区的跨越打下坚实基础。

2020 年 10 月 15 日，区政协视察文体设施建设工作。主席沈昱，副主席黄德伟、陈云水、沈洪相，区政协各委办、区文广旅体局有关负责人，部分政协委员参加。委员们

2020 年 10 月 15 日，区政协沈昱带队视察文体设施建设工作

考察区文化馆、文化艺术长廊小百花大楼、临平图书馆。委员们在文化人才培养、文旅设施推进、文化底蕴提升等方面提出意见建议。沈昱指出，余杭具有深厚的历史底蕴和丰富的文化资源，有基础、有条件、有责任在文化传承、文化建设上展现更大作为。希望区文广旅体局抓住文化事业快速发展的机遇，全力加快在建文体设施项目推进，高质量按时完成建设任务，使之成为传承历史文脉的重要载体和培养人才的重要平台，让中华文明圣地的根和魂更好地传承延续，让余杭文旅事业更加璀璨。

2007年12月18日，区政协教文卫体委组织委员视察区广电台

卫生监督分所建设。2007年12月18日，区政协组织委员视察区卫生监督所塘栖分所、良渚分所和正在建设中的公共卫生大楼。1—11月，卫生监督分所监督检查农村镇乡各类管理相对人11833家次，查处各类违法案件660起，取缔无证生产经营户1388家。委员们对区卫生监督工作表示肯定。建议卫生监督部门继续关注民生，为群众创造安全的生存环境；要确立卫生监督工作的建设目标；要建立一支高素质的卫生监督执法队伍。

广电宣传工作。2007年12月18日，区政协教文卫体委组织委员视察余杭广播电视台。余杭广电坚持新闻立台，围绕重大决策、主题活动，政策创新、工作亮点，历史文化、民俗民风，重大事件、突发事件，以及民生民情、扶贫帮困等重点加强外宣工作，为提高余杭的知名度和美誉度发挥积极作用。建议广电台在继续加强外宣工作的同时，进一步完善内部宣传，扩大余杭影响。

职业教育发展工作。2008年9月27日，区政协教育界委员视察临平职高，参观国家级数控实训基地和有关实验室，并召开座谈会，为余杭区职业教育发展献计献策。副主席钱杭根、文史和教文卫体委员会负责人、有关委员参加。委员们对近年来余杭区职业教育的发展表示肯定，由于受大环境的影响，相对于其他教育而言，余杭区的职业教育还处于相对薄弱的状态，也面临一些困难和问题。为此，委员们积极建言，共谋余杭区职业教育发展，并就职高直升生等问题开展讨论，提出意见和建议。

2013年11月19日，政协教育、社科界别组全体委员、文史委负责人到临平职高视察学校的运动场、实训基地、计算机房，并召开座谈会。区教育局高中科负责人汇报全区职业教育发展情况，临平职高（区技工学校）负责人汇报学校运行情况。委员们对余杭区的职业教育的发展表示满意，并在进一步加强学校的宣传、校企合作等方面提出意见建议。

食品安全卫生。2010 年 11 月 10 日，区政协视察杭州农副产品物流中心。区政协副主席潘法高、科技界委员参加。听取管委会主要领导对物流园区的发展和整体情况的汇报，委员们就市场发展和食品安全协商建言。建议物流中心继续以交易信息为基础，以安全卫生为准则，以商品交易为依托，以产品配送为手段，将园区建设成具有国际竞争力的现代农产品交易中心和具有较强集聚辐射能力的农产品物流基地。

非遗保护工作。2015 年 4 月 24 日，区政协专题视察非遗保护工作。区政协副主席陈云水、文史委负责人、部分政协委员参加视察。委员们观看西溪湿地·洪园“五常十八般武艺”现场表演，实地踏看五常中心小学省级传承教学基地，听取五常街道、文广新局工作汇报。委员们建议非遗项目的文化传承要借助有效载体，在不破坏其原汁原味文化内涵基础上，与旅游等产业相结合，逐步走向产业化，利用其自身造血功能长远发展，并让其成为促进当地经济社会发展的金名片；深化建立“五常十八般武艺”传承教学基地，促进校本课程开发，做好做强文化渗透和传承，既寓教于乐，又强身健体，打造五常独具特色的文化品牌。

推动幼托服务工作。2020 年 9 月 16 日，区政协专题视察 0—3 岁幼儿托育工作。副主席沈洪相，政协文史委、区卫健局负责人，部分政协委员参加。视察组一行前往杭州卜卜星托育有限公司临平分公司和杭州百艺柏托育有限公司了解相关情况。卫健局汇报全区 3 岁以下婴幼儿托育服务工作。委员们建议，要加强宣传，共同努力，全力发展让家长放心的幼托机构；要压实责任，依靠镇街、社区、大型企事业单位等共同参与婴幼儿照护服务设施的建设和运营；依托工作领导小组，推动建立公安、卫健、教育、消防等密切协作的管理体系，联合执法、联合检查，保障托育机构平安有序运转；加强对托育机构的装修标准、建设标准及收费等监管；加大普惠力度，规范机构内工作人员的资质认定。

儿童服务体系建设。2022 年 9 月 2 日，区政协专题视察儿童服务体系建设。区政协领导、委员和相关部门负责人参加。委员们视察仓前街道葛巷社区儿童之家、仓前街道乾仓党群服务中心和五常街道西溪风情社区儿童之家，实地了解余杭区基层儿童服务体系创建情况。委员们围绕学生心理健康、家庭教育完善、幼儿成长驿站建设等主题阐述意见，提出建议。建议增加专业服务人员供给，提高专业服务功能，健全长效服务机制，发挥好儿童“第二家”的作用。副主席黄德伟指出，民生是一项需要不断深化，不断做精，循环往复的工作。“一老一小”是民生工作重点之一，作为区政协，有义务搭好委员与部门的沟通平台，画出最大同心圆，形成部门委员持续沟通、儿童福祉不断提升的良性循环。

家庭教育工作。2022 年 11 月 17 日，区政协视察“家庭教育”工作。副主席黄德伟参加。委员们考察太炎小学和中泰街道幸福河社区家长学校。听取区妇女儿童工作委员会办公室代表、涉及家庭教育相关工作的有关部门分别汇报家庭教育工作的落实情况，委员们就未来家庭教育工作可行的工作方向，如何统筹推进家庭教育、学校教育、社会教育三位一体发展等进行深度交流，提出建议。黄德伟指出，区划调整以来，余杭区各个部门在家庭教育领域做出的努力卓有成效，取得的成绩值得肯定。家庭教育工作面向的是未来，政府、社会要协同发力，持续推进余杭家庭教育的工作，为“建设杭州城市新中心、争当‘两个先行’排头兵”作出贡献。

社会法制工作方面视察　八届一次会议以来，政协社会法制、港澳台侨等委员会组织委员就实施企业《中华人民共和国工会法》、创建民主法治村（社区）、“平安余杭”建设、信访工作、社区矫正工作、安全生产、道路交通安全执法、宗教工作以及社会养老工作开展视察监督活动。

贯彻实施企业《中华人民共和国工会法》。2003年12月5日，区政协工会界别委员视察贯彻实施《中华人民共和国工会法》和基层工会规范化建设工作。副主席莫炳法、方加明参加。委员们先后视察华立集团、杭州瓶窑双金有限责任公司、浙江力达现代纺织公司等企业，参观各企业职工劳动现场，听取企业贯彻实施《中华人民共和国工会法》和发挥基层工会作用，建设规范化工会以及维护职工权益等方面的情况汇报。委员们建议全区企业工会，要坚持“支持、参与、维护”的方针，将推动改革与维护职工权益有机结合起来，团结动员广大职工，充分发挥工人阶级主力军作用，把工会组织的作用和价值真正体现出来。

人民调解工作。2006年4月18日，区政协社会法制和港澳台侨委员会组织委员专题视察人民调解工作。通过对一镇一村、一街道一社区人民调解软硬件看、听、问，委员们对进一步做好人民调解工作提出建议：充分认识人民调解的“修复性”功能，进一步关心和支持人民调解工作；充分认识人民调解的“群众性”特色，进一步拓宽人民调解工作的覆盖领域；充分认识人民调解的“准司法”属性，进一步提高人民调解员队伍的整体素质；充分认识司法所对人民调解工作的指导和管理职能，进一步加强司法所建设。

维护职工合法权益。2006年8月，区政协社会法制和港澳台侨委员会对区规模以上部分企业开展维护职工合法权益专题视察。通过上门听取情况介绍、检查工资台账、实地查看现场等方式，视察杏辉天力（杭州）药业有限公司、浙江蓝翔轴承有限公司、杭州塘栖热电有限公司等3家规模企业；分别听取区劳动和社会保障局、区总工会关于全区职工合法权益保障和维护情况的介绍。委员们充分肯定余杭区规模企业职工合法权益保障和维护工作，指出存在的不足，并就进一步做好该项工作，提出意见和建议：要进一步加大宣传力度，增强宣传教育的针对性和有效性；深化执法检查，促进企业主自觉执行相应的法律法规；深化全区工资集体协商工作，切实维护规模以下企业职工合法权益，不断完善和提高全区维护职工合法权益工作水平。

社会化养老服务工作。2007年9月27日，区政协视察社会化养老服务工作。副主席方加明、巡视员丰章生、社会法制和港澳台侨委员会委员参加。委员们视察东湖街道梅苑社区居家养老服务站、华临山庄和塘栖敬老院，听取民政局领导的工作汇报，并进行座谈讨论，提出意见建议。建议加强宣传，强化养老氛围；加大投入力度，提高建设水平；加强管理，提升服务水准；发动社会力量，增加资金保障；积极推行社区养老服务模式，制定和实施居家养老扶持政策。

“民主法治村（社区）”创建工作。2008年9月28日，区政协专题视察民主法治村（社区）创建工作。副主席方加明，区司法局、民政局、区普法依法治理办公室等部门领导参加。余杭区“民主法治村（社区）”创建以来，成效显著，但也存在一些问题，委员们建议：各级政府要加强对村（社区）创建工作的领导和指导，不断提升创建工作的总体水平；提高经费保障，用好“以奖代补”创建奖励方式；强化村（居）民法制学校的宣传阵地建设，提高村（居）民的法律意识；加强法制辅导员队伍建设，提高达标创建意识和水平；加大特色亮点的培育力度，全面提升创建工作水平。方加明指出，创建工作要在区委、区政府的统一领导下，有关部门要加强协作，加强指导，为法治余杭创建工作打好扎实的基础。

2010年5月25日，区政协视察民主法治村创建工作。副主席潘法高，正区级巡视员方加明，社法委负责人、委员等参加。委员们查看径山镇求是村创建民主法治村台账，分别听取求是村党总支、径山镇政府有关全国民主法治村创建情况的介绍。委员们建议要更加注重民主决策，让广大农村社区群众在争创民主法治村的过程中，提高依法治村的法治意识；规范民主管理制度，让广大农村群众参与到村级事务的管理中来，在管理中要充分发挥村民民主监督的作用；规范办事程序，提高办事效率；有关职能部门要加强对争创工作的研究和指导，为全区下一步争创工作的开展提供参考。

农村社区公共服务工作站建设。2009年4月30日，区政协视察农村社区公共服务工作站工作。副主席方加明，宗教、少数民族界别组委员参加。委员们视察塘栖镇超山、柴家坞、宏磻、河西埭等公共服务建设情况。对全区农村社区推行“一门式”服务的做法表示满意。建议政府部门要加强对农村社区公共服务工作站的业务指导，避免社区服务“行政化”，同时要完善保障机制，加大财政投入，确保农村社区公共服务工作的长效运作，为村民群众办更多的实事。

“平安余杭”建设。2009年6月14日，区政协视察“平安余杭”建设工作，副主席方加明、章福根、钱杭根、黄莉参加。委员们先后视察余杭公安分局指挥中心、区看守所、星桥街道社会治安视频网络监控中心，听取区委政法委关于创建“平安余杭”的工作情况汇报。委员们针对警员、经费不足和社会共识等方面的问题。建议政府加大财政投入力度，特别要加强“天网工程”建设，增加“电子眼”覆盖面，扫除盲点，缓解警力不足与案件多发的矛盾；进一步加强巡防队伍建设，培养一支“拉得出、打得响、打得赢”的公安补充力量；加强宣传教育，让市民积极参与“平安余杭”建设，营造群防群治的良好社会氛围。

宗教管理工作。2011年5月20日，区政协视察宗教服务社会工作。副主席章福根、潘法高，区政协社法委、区民宗局负责人参加。委员们充分肯定余杭区宗教场所服务工作，对通过宗教文化为余杭区创建和谐社会提出意见。建议充分利用宗教文化的自身特点和优势，把服务社会、回报社会作为一项重要的工作，要结合余杭区经济社会发展情况，为信教群众宣传和谐的思想理念，宗教场所也要与时俱进，通过有效的活动和载体，切实为当地群众多做好事、多办实事。同时，区宗教管理部门要为宗教场所服务社会提供指导和帮助。

2018年12月28日，区政协视察宗教场所规划建设管理工作。副主席戴桂香，各委办负责人、部分政协委员及相关单位有关负责人参加。委员们考察临平基督教堂、运河街道慧日寺，听取区有关宗教场所规划建设工作情况汇报。委员们就规范建设、有序管理等方面提出意见和建议。建议要深入研究、科学规划布局宗教场所建设，并适度推进，从群众对宗教需求角度考虑选好址，解决宗教活动场所建设不平衡的矛盾，进一步提升宗教管理水平，建设美丽寺院（教堂）、平安寺院（教堂）。

安全生产工作。2012年6月21日，区政协视察安全生产工作。委员们考察杭州恒立钣金、杭州麦迪冷暖设备两企业安全生产情况，听取区有关部门负责人全区安全生产情况汇报。委员们建议相关职能部门齐心合力，构建预防网络；加强安全教育、培训和检查工作；规范许可，严格执法；强化责任追究。副主席戴桂香对有关部门创新工作思路，强化监管举措所取得的显著成绩表示肯定，同时要求进一步强化宣传教育，通过安全教育提高全民安全意识；强化执法检查，落实企业责任主体；强化监督考核，把安全生产与绩效挂钩；强化队伍建设，为各项安全生产措施落实提供根本保障；强化细节管理，切实消除各种安全隐患。2013 年，区政协社会法制和港澳台侨委员会会同区安监局、住建局、公安分局等部门，就余杭区安全生产工作情况开展视察调研，实地视察企业，听取部门介绍，座谈讨论。委员们建议落实责任，形成齐抓共管的工作网络；严格管理，进一步完善区、镇（街）安全生产管理机构建设；突出重点，形成群防群控的工作方向；联合执法，形成依法监管的工作合力，不断改善重点行业和领域的安全生产状况；强化宣传，形成安全生产的工作氛围。

消防安全工作。2013 年 6 月 21 日，区政协副主席戴桂香带领部分政协委员观摩消防应急救援演练，实地视察塘栖古建筑消防安全保护工作，考察区消防大队临平中队的消防装备建设情况，听取区消防大队工作情况汇报。委员们建议各级政府要加大对消防工作财力、人力和政策的支持力度；强化镇街消安办建设，完善非现役消防队伍保障机制，提高人员待遇，逐步解决消安办工作和政府专职队人员的编制问题，确保队伍稳定；加强财政投入，建立消防专项活动经费补贴机制，确保基层消防组织、队伍的正常运转。戴桂香希望各级各部门高度重视消防安全生产工作，强化部门、镇街、企业的主体责任，进一步加大对消防工作的投入，关心支持消防大队的队伍建设。区消防大队要积极动员全社会力量参与消防管理，勇于担当，敢于创新，甘于奉献，为人民生命财产安全保驾护航。

2019 年 9 月 17 日，区政协专题视察消防安全工作。实地踏看银泰理想小区、余之城消防安全工作，并召开座谈会。区政协副主席戴桂香，民革余杭基层委员会部分党员，区政协侨联台属、宗教、少数民族、无党派人士界别部分委员及有关部门分管领导参加。视察银泰理想小区，余之城生活广场。听取区消防救援大队工作情况汇报，戴桂香希望在新的消防救援体制下，要更加注重预防在先，加大宣传力度，使消防安全意识和防范措施深入人心；以人为本，把人的安全放在消防救援的第一位；克难攻坚，加强重点群体风险隐患综合治理；借助外力，推进智慧消防建设；畅通渠道，加强社会力量消除消防隐患；夯实基础，加强消防队伍建设。

道路交通安全执法。2015 年 8 月 27 日，区政协社法委会同民革余杭支部，组织部分委员和民革党员，就余杭区贯彻执行《中华人民共和国道路交通安全法》情况，先后视察邱山 2 号岗、罗庄社区、区交通事故调解中心、区交通警察大队指挥中心。副主席戴桂香、副区级巡视员傅樟绚参加，听取区公安分局关于《中华人民共和国道路交通安全法》执行情况汇报。委员们就道路交通安全工作提出意见建议：建议强化规划引领，健全

2015 年 8 月 27 日，区政协组织委员视察道路交通安全执法工作

长效机制；强化宣传教育，增强安全意识；加大建设力度，改善交通环境；强化重点整治，严格交通管理；强化队伍建设，提高执法水平。

2018 年 9 月 28 日，区政协视察道路交通安全管理工作。社法委委员、民革余杭区总支部党员参加。委员们实地踏看临平城区重点路段、车管所机动车辆检测站和区公安分局交警大队指挥中心，听取区公安分局有关道路交通安全管理工作的情况汇报。委员们建议：运用好区级宣传媒体和微信公众号等，不断增强全民的交通安全意识；对照道路交通安全的标准，做好道路安全设施建设；加大对“非标”电动车源头打击力度，强化电动自行车销售端监管；加快推进全域交通小脑建设进程；增加道路交通安全管理机构，适时增加协辅警警力配备；切实解决车辆管理所的扩建或异地重建，以满足日益增长的车管业务办理之需。

社区矫正工作。2017 年 11 月 3 日，区政协社会法制和港澳台侨委员会组织部分委员，就社区矫正工作推进情况开展专题视察。视察组实地察看区社区矫正中心改造工程和南苑街道司法所，听取区司法局关于社区矫正工作的情况通报，并进行座谈交流。委员们认为，社区矫正是一项全社会的工作，不仅需要党委、政府的高度重视和相关部门的配合，更需要全社会的关心、支持和参与。委员们建议社区矫正是宽严相济的刑罚执行活动，要充分体现以人为本的工作情怀和工作方式；规范工作机制，提高社区服刑人员努力改造主观思想的积极性；健全工作保障，加快社区矫正中心建设；夯实群众基础，大力培育和发展从事社区矫正的专业组织。

“平安余杭”网格建设工作。2017 年 8 月 4 日，区政协社法委组织委员对“平安余杭”网格建设工作开展视察。区政协副主席戴桂香、副区级巡视员傅樟绚，政协社法委负责人及部分政协委员参加。委员们考察星桥街道星桥社区、安乐社区及街道综合指挥中心，实地了解街道网格运行机制、出租房管理等工作，并听取区综治办有关“平安余杭”网格建设工作情况汇报。委员们充分肯定“平安余杭”网格建设所取得的成绩，同时建议加大网格人员配置和经费投入，提高网格员对参与社会治理的认同感、责任感和荣誉感，在“实化”之时还要注重取得实效，形成常态化机制；根据问题导向不断创新，借助运用科技手段加强出租房安全管理，加强高层消防逃生安全设施配置。戴桂香指出，“平安余杭”网格建设是一项系统工程，要加大宣传，提高知晓度，让更多人支持参与此项工作。要做实网格，提升精准度，以平安建设内容为主，其他网格事务分批次、按步骤逐步纳入稳步推进，“零距离”服务群众。要完善网格设置，提升适宜度，对于任务重的网格要细分，确保网格管理无遗漏、无盲点。要加强队伍建设，提升有效度，培养基层网格的敏感性和责任心，及时发现问题尽快处置。

2018 年 11 月 2 日，区政协社法委和临平街道联络工委组织部分委员，实地视察“基层治理四平台”和全科网格推进相关工作，副主席戴桂香参加。区综治办通报全区网格管理推进工作情况。委员们建议要根据当地实际，科学划分网格，保证网格专管员管得过来，也管得好；要进一步明确网格的职责定位，明确网格承担的任务和职责，确保网格工作重点突出，提高工作效率；要加强队伍建设，加强培训，不断提升思想水准和工作能力；要加大宣传力度，增强社会各界对网格管理工作认识，形成网群共治氛围，吸引各界群众参与。

公益诉讼工作。2020 年 8 月 13 日，区政协视察公益诉讼工作。副主席黄德伟、社法委负责人及部分政协委员参加。委员们到区检察院实地考察，参观智慧检务中心和检察文化驿

2020年8月13日，区政协组织委员视察公益诉讼工作

站。座谈交流会上，委员们观看余杭区检察院拍摄的公益诉讼工作短视频，听取公益诉讼工作开展情况汇报。委员们建议要重视公益诉讼工作，尤其是在卫生、食品药品等关系民生的领域；加强典型案例宣传，通过多种渠道宣传公益诉讼典型案例；积极探索与基层的对接联系，让公益诉讼工作深入到基层。

经济发展工作方面的视察　八届一次会议以来，主席会议成员、经济科技等专委会围绕以经济建设为中心，积极开展视察监督活动。主要内容有：现代农业、农家乐及现代民宿、外来投资、金融服务、直播电商产业、技术创新、孵化平台发展等。

休闲观光农业园区建设。2007年4月12日，区政协视察休闲观光农业园区建设。农业组委员参加，视察杭州鱼佬大生态农庄和杭州市休闲观光农业旅游示范单位良渚向山休闲观光园。委员们建议，要做大做强农家乐，延长产业链、增加服务项目；业主在创造经济效益的同时更要肩负社会责任，在自己致富时要带动周边农户致富，可以订单的形式确保农产品的销售；休闲观光园区与学校联姻作为农业教育实验基地，为丰富学生的农业感性认识而服务；各级各部门要合力推动休闲观光农业和农家乐的发展，有关部门对降低营业税、休闲设施用地倾斜、资金贷款的担保问题研究制定有关优惠政策，促进休闲观光农业的大发展。

高新技术产业发展。2007年11月23日，区政协经科委组织部分政协委员，视察区内自主创新和高新技术产业发展。委员们先后视察杭州双林机械有限公司、杭州科汀光学技术有限公司，并听取区科技局局长沈钢有关全区企业自主创新及高新技术产业发展情况汇报。委员们建议，要加强政策宣传，全面营造推进企业自主创新的良好氛围；要加快基地化建设，形成高科技产业集聚效应；要重视引进、培育、孵化，在行业中培植科技龙头企业，以此带动整个传统行业的技术创新和产业提升；相关部门要服务企业，为企业的科技、专利、项目申报提供全方位服务。

塘栖枇杷保护和开发。2009年5月14日，区政协就2008年对塘栖枇杷保护和开发调研建议回头看，委员们视察塘栖枇杷保护和开发工作的进展情况。从视察的情况看，一年来，塘栖枇杷保护和开发工作有了一定的进展。但是，有关方面对塘栖枇杷保护和开发的重视程度和保护力度尚存在不少问题。委员们再次对塘栖枇杷保护和开发提出建议：建议组建塘栖枇杷保护和开发领导小组，统一协调督促各单位的工作，加快塘栖枇杷保护和开发规划的实施；落实塘栖枇杷保护和开发的资金投入，确保枇杷西移工程建设顺利；加强枇杷专业合作社的管理，实行统一包装统一商标，提高塘栖枇杷的知名度和外销量。

现代都市农业。2009年7月31日，区政协经济界二组委员走进高新农业示范园，了解园区建设情况，并先后考察杭州格林森园艺科技有限公司精品水果园、新迪国际公司高效蔬菜科技园、杭州怡诚实业有限公司铁皮石斛高科技种植园区。座谈会上，委员们就示范园建设提出意见和建议：按照建立现代产业体系要求，充分发挥园区科技示范效应，加大农业高新技术的推广力度；积极发展农产品加工业，以农产品精深加工和产品创新研发，延长产业链，提高农产品附加值；加大对入园企业的服务力度，促进其利用各项扶持政策做优做精做强；进一步整合旅游资源，拓展农业休闲观光产业，打造集科技型、生态化、观赏性于一体的现代农业园区。

2013 年 10 月 29 日，区政协经科委组织委员视察现代农业园区建设工作。视察良渚街道纤石村粮经农业园区和麟海蔬菜园区，听取区农业局关于全区现代农业园区建设进展情况的介绍，并座谈讨论。委员们在肯定成绩的同时，分析当前现代农业园区建设中存在的问题，并提出建议：因地制宜规划建设现代农业园区；加强对大型综合性农业园区的规划指导，注重农业园区分层次均衡发展；完善全区统一的招商平台，扩大宣传效应，加大招商引资力度；加大农业基础设施投入力度，建成较完善的基础设施和现代生产经营设施，以吸引投资业主；健全农业服务支持体系，积极推动银企对接服务，完善政策性农业保险和农业灾害救助机制，降低业主经营风险；注重农业科技推广应用，解决现代农业园区建设中必需的道路、仓储装备、管理用房、堆场；支持园区业主自主监测、建立诚信安全的企业化质量安全控制机制，强化自律管理。

外来投资企业。2009 年 11 月 24 日，区政协经科委视察外来投资企业。区长助理陈金生，区经发局、外经局、工商联等部门负责人参加。委员们先后视察走访德资企业杭州沃尔夫链条有限公司、台资企业杭州贝克机械有限公司和杏辉天力（杭州）药业有限公司，听取企业生产经营情况汇报。委员们建议政府部门加强与外来投资企业的沟通，热心送政策、送服务，帮助企业解决发展中的困难。外来投资企业要通过高新技术发展，让主业做好、行业做强、企业做长。发挥自身优势，大力宣传余杭，开展“以外引外”工作，为余杭的招商引资工作牵线搭桥。

金融服务。2010 年 3 月 26 日，区政协专项视察金融服务担保业。召开区经发局、发改局(金融办)、人民银行、担保协会、余杭农村合作银行、杭州银行、五家担保企业（金桥、工信、农信、众信和百丈担保公司）、一家被担保融资企业代表参加的座谈会。4 月 7 日，经科委又召开担保协会、金桥担保、工信担保和人民银行的负责人参加的座谈会，就视察中了解到的问题及建议进行深入的探讨。委员们建议：由区经发局牵头会同有关部门开展行业规范整顿；建立区内企业信用信息咨询系统和各银行独立信用评估体系，对担保企业进行收益性补偿，建立不以营利为目的政府全资的区级再担保公司，组建 1—2 家实力雄厚的商业性担保公司；乡镇担保企业可与农业专业合作社或商会结合，组成新型互保专业性担保企业；积极引进有较强实力的外资或内资担保机构，提升区内业态水平；筹建“余杭金融网”，为广大中小企业和个人创业者融资服务；鼓励担保企业投资经营性公共事业、基础设施等项目，大力拓展业务新领域。

2020 年 4 月 24 日，区政协视察金融服务环境工作。副主席吴立炜，区政协提案委、经科委负责人，区发改局（金融办）、区财政局、区市场监管局、区科技局、余杭经济技术开发区创业创新局、金控集团、人民银行、银保监会等提案的办理单位负责人，以及相关的提

2020 年 4 月 24 日，区政协组织委员视察金融服务环境

案人参加。委员们围绕企业融资担保、应急转贷、风险补偿、直接融资等提出建议，建议进一步扩大中小微企业低成本融资措施，扩大中小微企业融资覆盖面；进一步加强市民金融知识的普及教育；进一步完善转贷资金的使用和管理，更好地满足企业、群众需求；推进知识产权质押贷款，切实解决融资难、融资贵的问题。

留学生（大学生）创业园。2010 年 5 月 28 日，区政协专题视察留学生（大学生）创业园区。副主席潘法高、区长助理陈金生和社法委、相关部门负责人参加。委员们建议，加大宣传力度，提升园区在创业大学生中的知名度；建立创业导师制度，为大学生创业提供实际指导和帮助；建立区领导联系企业制度，增加对创业大学生的关心和支持。潘法高认为，此项工作机遇不少、挑战不小，还可以大有作为。政府相关部门、创业园区和创业者要把握形势，真抓实干，创业就业力争上游。

余杭海关工作。2011 年 12 月 14 日，区政协主席阮文静带队视察海关余杭办事处。外贸企业政协委员参加。委员们对海关余杭办事处“开门建海关”、真心实意服务余杭外贸企业给予高度评价。建议要进一步加强海关政策的宣传和培训，采取有效措施，扩大引进先进设备和材料的进口量，为余杭区企业转型升级提供政策支持，为余杭发展保税物流业出力；继续坚持“开门建海关”的理念，加快融入余杭企业，加强与部门的联系协作，既要当好参谋，又要搞好服务，为助推余杭外向型经济发展作出更大贡献。

企业技术创新工作。2012 年 5 月 24 日，区政协经科委委员和企业负责人，开展“企业技术创新”专题视察活动，先后走访杭州科汀光学技术有限公司、真北集团有限公司等企业，深入车间了解企业生产经营状况，广泛征求大家的意见和建议。委员们围绕企业技术创新建言献策。委员们认为，区委、区政府新出台的《关于加快打造产业余杭的若干政策意见》是余杭区打造产业余杭的重要举措，也是助推企业技术创新的重要文件，反映区委、区政府发展实体经济和推进企业转型升级的决心，接下来的工作重在意见的落实。委员们将会更多地反映企业的意见建议，帮助解决实际困难。

名优农产品质量和安全工作。2014 年 8 月 21 日，区政协专题视察区肉菜流通追溯体系建设工作。委员们实地查看蓝江农贸市场、余杭畜禽屠宰场的肉类、蔬菜追溯系统运行情况。对区肉菜流通追溯体系建设取得的成效给予充分肯定，建议要通过各种渠道，广泛宣传肉菜流通追溯体系建设的意义，鼓励消费者主动索要购物凭证，真正发挥追溯系统的作用；建立完善追溯体系的整个制度，强化经营户对食品安全的第一责任意识；要严把商品进

场时的检疫、检测关，严格市场准入制，严禁不安全食品流入市场；政府相关部门要坚持以民为本理念，加强协调，形成合力，敢于担当，进一步提升服务意识、服务质量。要按照标准，查漏补缺，完善提高追溯体系，确保试点项目验收顺利通过。2015 年 8 月 20 日，区政协视察农产品质量安全工作。区政协经科委、区农业局、瓶窑镇政府等单位相关负责人参加。视察组实地考察杭州满园农业科技有限公司基地检测室，了解生产基地在农产品自检、蔬菜生产、农产品准出管理等方面的做法，并手机扫描二维码，体验查看基地农产品追溯管理情况；视察瓶窑镇农业公共服务中心，考察镇水稻育秧中心，观看镇农产品检测室对抽检农产品的检测过程。听取区农业局关于农产品质量安全监管工作情况汇报。委员们建议围绕“国家农产品质量安全县”创建，力争建设成为全国农产品质量安全依法监管的样板区、体现监管成效的展示区、探索监管手段的先行区。区政协还将专门组织调研和视察，充分发挥建言献策的作用，助推余杭区农产品质量安全工作更上新台阶。

2017 年 11 月 14 日，区政协视察打造名优农产品工作。经科委负责人、部分政协委员参加。委员们考察良渚街道、仁和街道麟海蔬果专业合作社、恒泽特色渔业园区，听取区农业局有关情况汇报。视察组建议以农业经营主体为突破口，培育和打造一批品牌效益好、带动效应大、创新能力强、产业化程度高的农业经营主体，加大品牌建设力度；强化质量安全体系建设，确保农产品品质安全；拓宽多种宣传渠道，提高品牌经济效益，实施“走出去、引进来”战略，挖掘余杭特色农业文化，提高农产品知名度；创建区域公共品牌，有效推动“三农”发展。

*农家乐及现代民宿。*2014 年 11 月 18 日，区政协农林界别组开展农家乐及现代民宿视察调研活动。经科委、区农业局、鸬鸟镇等相关部门参加。考察鸬鸟镇菩提谷、黎鹰牧场、阿汤生态园等不同业态的休闲观光农业，听取企业业主休闲观光发展概况介绍。鸬鸟镇、区农业局分别汇报全镇、全区农家乐及现代民宿工作情况。委员们就农家乐及现代民宿产业发展出谋划策，建议出台相关扶持政策规范引导，分类管理，专业培训，做足“农”字文章，打造以“农耕教育＋民宿体验＋乡土民俗”为主题的乡野休闲旅游典范；加强基础设施建设，加大道路、水电、排污、垃圾处理等补助力度，营造生态山水如诗似画；通过文化植入，与本地人文、环境以及农林牧渔业多元结合，让旅游感受到“乡居岁月”的种种乐趣。

2017 年 9 月 26 日，区政协组织委员视察医智汇创新工场

*孵化平台发展状况及成果转化。*2017 年 9 月 26 日，区政协视察区各级孵化平台发展状况及成果转化工作。副主席赵喜凯，经科委负责人及部分

政协委员参加。委员们考察余杭经济技术开发区医智汇创新工场、东湖高新杭州生物医药产业园和余杭生物医药高新园区，听取区科技局、余杭经济技术开发区有关科创园区建设和开发区孵化情况汇报。政协委员就加强园区建设企业培育、加快科技成果转化、优化政策引导服务、加大宣传营造氛围等方面提出建议。建议要转理念，在招大引强之时不忘中小微企业的孵化培育；要做平台，通过社会力量结合资源优势、专业特长，做细分领域的高品质平台，政府部门则利用自身优势做好公共技术平台、产权交易平台等服务；要加强硬件基础、软环境软实力配套，在资金、金融上给予支持；要优服务，不断提升政府部门工作人员自身素质，做“政策专家”“服务能手”，了解企业需求，精准服务。

2020年5月7日，区政协主席沈昱（左一）带队视察直播电商产业园

直播电商产业园。2020年5月7日，区政协主席沈昱带队视察遥望直播电商产业园，参观遥望直播电商产业园展厅和直播间。听取未来科技城关于中国（杭州）直播电商产业基地建设情况的介绍。沈昱指出，未来科技城发展电商起步早、基础好，服务电商意识强、理念新，在发展直播电商和网红经济方面具有得天独厚的优势，希望未来科技城充分发挥先发优势、人才优势、地域优势，引领直播电商行业产业化、规模化发展，助力商品销向全国，带动更多余杭企业触网发展。

工业用地有机更新。2021年11月9日，区政协视察“工业用地有机更新”工作。副主席张瑾、经科委、区经信局、中泰街道负责人参加。委员们考察中泰街道工业园区，听取区经信局、中泰街道“工业用地有机更新”基本情况介绍。委员们建议在设计规划上要适合未来科技和未来工厂的国际化建筑形态；在建设上要考虑园区工作人员的生活和居住需求，注重将工业园区与生活居住相融合；建议有关部门全面摸清底数，因地制宜地更新和动态监管；建立专项贷款资金和贴息等金融支持，提高企业积极性。张瑾指出，空间是最宝贵的资源，要进一步强化企业用地空间保障，盘活低效园区，提高土地资源节约集约利用水平，加快数字经济和制造业融合发展，全力催生工业用地新动能。

建设环保方面的工作 主要围绕城区“创模”工作、小城镇规划建设、交通管理、“一网三通道”工程、公交一体化、生活垃圾分类、庭院整治、综合环境整治、大气污染防治、小流域治理等开展视察监督，提出意见建议。

抗“非典”卫生整治 2003年5月29日，区政协城建财贸委员会视察抗“非典”卫生整治工作。副主席丰章生、钱杭根、城建委全体委员参加。听取城建部门工作汇报，委员们建议加快老城区截污纳管工作步伐，扩大污水收集管网覆盖面；配备专职管理人员，增加农贸市场场外管理的力量，定人定点，在文明执法的前提下，专职做好农贸市场场外秩序和卫生维护工作；解决好环境卫生死角，建议建立由街道办事处牵头，有关部门和单位参与的清理卫生死角工作机制，定期对城区内各处卫生死角打歼灭战。

争创省级文明城区。2003 年 11 月 14 日，区政协专题视察争创省级文明城区工作。主席李小花、副主席丰章生、方加明、中共界别小组和妇女界别小组委员参加。委员们视察菜场（中山菜场、丘山菜场）、城中村改造社区（东安社区）、入城口（东大门）、城郊接合部和城中河(星火路、莫家河、褚家洋)，及九曲营路步行街。委员们针对创建工作存在卫生死角和乱设摊、乱停车、乱张贴等“三乱”的现象，卫生意识和市民文明行为薄弱，门前“三包”不到位等问题。建议要切实加强城市管理执法队伍建设，明确职责，加强督察；坚持长效管理和突击整治一起抓，使环境卫生面貌和公共秩序有根本改变；要建立责任制，划定责任区，确保重点，不留空白；要加大对市民不文明行为的教育和处罚力度。

临平城区停车场建设。2004 年 5 月 25 日，区政协经济科技和城建、人口资源环境委员会视察临平城区停车场所。副主席丰章生、董建国，区交通、公安、建设、城管执法局等部门有关负责人参加。委员们视察临平城区邱山菜场、利群大厦、中都广场、交通局、新大地、临平影城等地下停车场和金阳光大酒店、在建的北庙河休闲街、美食街、时代广场等停车场。委员们建议各有关部门和社会公众要共同努力解决停车难问题；要加快建设新的停车场，充分发挥潜力，提高停车场利用效益；加大临平城区停车场的管理力度，提高管理水平。

镇村道路建设管理。2007 年 3 月 29 日，区政协视察农村道路交通安全工作。主席汪宏儿、委员一行 30 余人参加。委员们视察仓前镇乡村道路及交通设施建设，查看基础台账，听取镇党委副书记陈建农关于创建道路交通安全工作情况的汇报。就坚持“以人为本　关爱生命”，进一步提升道路交通安全水平等方面提出意见和建议。是年 9 月 29 日，区政协塘栖联络小组视察镇村道路建设工作。副主席钱杭根，文史和教文卫体委负责人和委员参加。听取塘栖镇关于镇村道路建设情况的汇报。就道路规划、建设质量、管理水平、资金筹措等方面提出建议。2011 年 5 月 30 日，区政协专项视察乡村公路养护与管理工作。主席汪宏儿、副主席黄莉、部分政协委员参加。委员们视察仁和镇、中泰乡部分县、乡、村级道路。并就乡村公路养护管理工作中存在的问题提出建议：建议将乡村公路建设养护管理列入区交通局等有关部门和镇乡、街道年度目标责任制考核的内容；加大筹资力度，确保乡村公路管理养护资金的落实；要切实提高设计标准，保证道路的寿命和质量；要做到全区一盘棋全区一张网，统筹考虑城市和农村的道路布局；镇乡要配备一定数量的执法人员、路政协管员，并保障路政管理专项经费；交通、城管、公安、司法等部门要积极配合，严厉打击破坏乡村公路行为；完善交通标识设置，方便群众特别是外来车辆通行。

“一网三通道”工程。2007 年 8 月 28 日，区政协视察全区“一网三通道”建设工作。区政协副主席黄莉、正区级巡视员丰章生和有关镇乡的领导参加。委员们实地查看鸬鸟镇陡岭隧道工程、02 省道余杭段路面修复工程和综合整治工程，听取区交通局关于实施“一网三通道”建设的情况介绍。委员们建议交通运输部门要按照区委部署的任务，继续发扬艰苦奋斗的优良作风，抓紧时间，抢抓进度，注重质量和安全，为建设“生活品质新余杭”再立新功。

山区农民饮用水工程。2007 年 11 月 22 日，区政协组织部分政协委员视察山区农民饮用水工程建设工作。副主席黄莉，正区级巡视员丰章生参加。委员们实地查看瓶窑镇塘埠村、黄湖镇虎山村，百丈镇仙岩村等施工现场。委员们建议要将实事办好、好事办实，在工期短的情况下，一定要加强监督，确保工程质量；要落实长效管理制度，加强工程运行后的监管、养护，定期检测水源，保证饮用水的安全；要制定应急预案，增强枯水期或地质灾害等情况的抗变能力；要加强宣传，在农民中树立起保护水源、共建共管共养的理念，防止外来污染物的侵入。

小流域治理。2008年4月16日，区政协视察鸬鸟镇小流域治理工程。经科委、农林界全体委员和区林水局、鸬鸟镇领导参加。委员们调研鸬鸟溪的建设进度，详细了解工程进展、碰到的问题和困难、施工的质量等。听取鸬鸟镇政府关于鸬鸟溪治理的情况汇报和林水局介绍全区小流域治理进度、治理规划和治理要求。委员们对项目建设中存在着标的较低，项目监理工作不到位，投标与施工单位不统一等问题，建议小流域治理要把好项目设计关，农发办与林水局、镇政府、沿溪村委做好联接工作；要把好主体作用关，要体现群众主体意愿；要把好工程质量关，严防豆腐渣工程、害人工程，施工单位必须有水利资质；汛期临近，在治理中出现的缺口要及时修复等。

公交一体化和城区单行线实施情况。2009年4月28日，区政协视察区内公交一体化和城区单行线实施工作。副主席黄莉、陈云水、政协委员参加。委员们视察汽车南站、北站和部分站点建设工作，听取区交通局、公安分局交警大队有关情况介绍，开展座谈讨论，提出建议。关于公交一体化，委员们建议进一步科学合理规划临平城区公交线路走向，从提升运力，减少等车时间、减少环境污染、节约能源等方面作通盘考虑，逐步完善城区公交系统；加强司乘人员职业道德培训，提高公共交通服务能力和服务水平；实行市场化运作，做好公交站点规划建设、管理和更新维护等工作；组团中心镇进入主城区的公交服务时间适当延长，班次可适当减少。关于实施城区单行线，建议实施单行要多方论证，综合考虑车流量、商业影响等，权衡利弊，慎重决断；完善相关管理措施时，要加大宣传力度、优化信号灯配时、合理设置停靠站点。该建议报送区委后，区委书记朱金坤批示："政协委员的意见和建议很有参考价值，请公交和交警认真学习研究。"

城乡统筹发展。2010年7月28日，区政协视察城市化进程中的城乡统筹工作。副主席黄莉、城建委、提案委、良渚组团联络组，区科协、良渚镇负责人参加。委员们视察杭州农副产品物流中心、杭州金恒德国际汽配城，在农夫乐园召开专题座谈会，听取良渚镇产业转型升级、环境基础建设、社会事业发展方面的情况介绍。委员们围绕统筹协调可持续发展问题提出意见建议。2015年4月20日，区政协视察城乡统筹发展工作。听取区委农办、区农业局负责人汇报余杭城乡区域统筹发展情况。委员们认为，余杭区城乡统筹发展工作在全省县（市、区）持续保持在"第一方阵"，走在全省前列。建议要主动顺应新形势，更加关注出现的新问题，更加关注农村产业的可持续发展，更加关注现代农业的特色化、品牌化，进一步加大对农业农村的支持力度。委员们还就农村生活污水建管长效机制、入住多高层公寓农村户籍农民参加社保、农村建房规划管理、西部山区产业发展、农村特色小镇建设等问题提出建议。

中泰乡小城镇规划建设。2010年9月29日，区政协视察中泰乡小城镇规划建设。副主席黄莉、陈云水，提案委、城建委负责人参加。委员们视察中泰乡"南湖家园"一期项目及小城镇规划建设。建议在农民多高层公寓建设中应提早考虑周边配套公建设施，预先规划，为后续发展夯实基础；强调小城镇建设应保有自身特色，坚持优美生态理念，合理开发，有序规划；在高效能管理上有关部门仍需加大执行力度，特别在农民多高层公寓正式使用后，农民变居民后的不适有关部门应合理引导。

农贸市场改造提升。2010 年 11 月 3 日，区政协视察农贸市场的改造提升工作。政协经科委和工商联界别组委员参加。委员们先后视察乔司镇永和农贸市场、星桥农贸市场和横塘农贸市场，听取区贸易局的有关介绍，并座谈交流，提出意见建议：要探索并建立市场食品安全管理的长效机制，加快建立肉类蔬菜流通追溯体系的建设；建立贸易、工商、卫生、农业、质监等部门联动协作机制，使联合执法常态化和长效化；研究"十二五"期间对农贸市场建设提升改造的扶持政策；区贸易局应提前介入区域城市发展规划工作，主动对全区农贸市场进行布点规划；开展"创星""创绿"工作，不断完善卫生与市场秩序管理措施；对经营管理不规范或证照不全的市场要逐步予以合理整顿或接管；加强商业知识培训，提高经营户综合素质。

农村土地流转工作。2010 年 11 月 4 日，区政协在 2009 年土地流转工作调研的基础上，对区农村土地流转和有关工作进行跟踪视察。委员们视察径山镇长乐村，组织余杭镇、良渚镇、瓶窑镇、径山镇、余杭永安村、瓶窑奇鹤村、径山长乐村等镇村和部分农业企业有关人员座谈。听取区农业局和各与会镇村向委员作土地流转工作汇报，委员们建议研究制定土地流转农户的养老保险优惠政策和农业风险保障机制；完善农业人才政策，鼓励大学生留在农村、服务农业；要全面建立农村土地流转登记制度，使流转管理工作正常化、规范化；完善中介服务组织，推动镇乡信息的有效对接；加大对土地档案资料管理的投入力度，妥善保管地籍、清册、合同等原始资料；推动农业规模化经营，提高流转土地的利用率和产出率，提高农业产业化水平；鼓励农户委托流转。

水利工程规划与建设。2011 年 4 月 12 日，区政协视察水利规划及建设工作。区政协分管领导、经科委、农林界别组委员参加。委员们分别查看崇贤镇河道整治、良渚镇安溪退堤和瓶窑镇北湖庄村闸等水利工程现场，听取区林水局关于区水利工作情况的通报。并交流探讨，提出意见建议：要以治污为主要导向，科学规划"十二五"水利工程，并加大对水环境源头治理的投入力度；加大水利工作宣传力度，提高社会公众支持、关心、爱护水利的自觉性和积极性；建议成立区水利工作领导小组或建立水利工作联席会议制度，完善水利工作协调机制；健全基层水利服务体系，确保有人办事，能办事，有效提升基层业务能力和工作效率；加强后续管理，确保水利设施有效使用；要修编组团防洪规划，提升城镇防洪能力；要推进东苕溪北塘除险加固，提升东苕溪北岸堤塘设防能力。

农村建房工作。2012 年 8 月 23 日，区政协专题视察农村建房工作。副主席孔祥华，经科委、城建委负责人以及部分区政协委员、相关部门负责人参加。委员们视察余杭街道中南村农居点，实地察看农村建房情况，听取相关工作情况通报。与会人员结合前期调研成果，分析当前余杭区农村建房的现状和问题，围绕调整村庄布点规划、优化建房审批服务、加强监督等方面，探讨农村建房政策的修改完善，并就涉及的土地利用规划和建设规划衔接、加强政策引导和规范管理等问题作了分析，建议在制定和调整农村建房政策时，应深入基层调研，镇街要做好参谋，各职能部门要充分听取镇街意见；在尊重农村的风俗习惯和农民意愿的基础上，各项政策要充分衔接，审批权限要明确，建房指标量化到镇街，确保政策措施的可操作性，职责明确到位，符合百姓期盼。

温室甲鱼养殖污染治理。2012年12月14日，区政协组织委员开展温室甲鱼养殖污染治理专题视察。副主席黄莉、孔祥华，区政协经科委、城建委、有关部门和街道负责人参加。踏看临平东湖街道和南苑街道的传统养殖点和水空调试点，召开座谈会。委员们提出加强领导、形成合力，监管部门应严格执法，养殖户应承担环境成本，废气废水应综合治理等方面建议。黄莉指出，温室甲鱼养殖是周边地区农民主要增收渠道，但对市民的环境权益造成了侵害，产生了矛盾，应正视治理中的困难，也应该看到希望。执法部门要加强执法，科技卫生部门要加大科普、卫生知识宣传力度，提高养殖户的健康环保意识。

2019年7月10日，区政协南苑街道联络工委组织委员视察城乡生活垃圾分类情况

城乡生活垃圾分类工作。2013年6月4日，区政协城建委在2011年开展垃圾分类试点情况视察的基础上，再次组织委员对余杭区垃圾分类工作进行专项视察，实地踏看万科白鹭郡·南小区、良渚文化村宣教中心的垃圾分类投放和循环利用情况，听取区城市管理局有关工作情况汇报。委员们建议：要统一思想，统筹考虑，研究制订规划，长期有效推进；要加强领导，加大宣传力度，使分类意识深入心灵深处；要加大投入力度，科学引导，促进垃圾处理产业化。要提升管理，强化考核，完善垃圾分类投放工作机制和垃圾分类处理、资源化、减量化循环利用企业的引导激励机制。2019年7月10日，区政协南苑街道联络工委组织政协委员开展“城乡生活垃圾分类处理”专项民主监督活动。实地踏看新秀家园南区新安社区、龙兴社区毓秀家园小区垃圾分类情况，听取街道垃圾分类工作情况汇报，委员们对垃圾分类工作给予充分肯定，并从垃圾集置点建设、统一垃圾桶样式、规范垃圾桶摆放、垃圾桶日常维护、继续加大垃圾分类宣传教育等方面提出意见建议。

大气污染防治工作。2017年11月17日，区政协开展大气污染防治工作专项视察，实地踏看余杭经济技术开发区泛能网项目（新奥项目）和汇高柏悦中心建设工地，了解清洁能源的新产品、新技术、新服务及美丽工地标准化示范区创建工作，听取区大气办（区环保局）有关大气污染防治工作情况汇报。主席阮文静，副主席潘法高、戴桂香，政协各委办、部分政协委员及区级相关部门有关负责人参加。视察组建议要进一步优化政策导向，统筹长远目标和近期措施，增强百姓治理信心；加大投入力度，运用智能化手段监管，整合资源，实现管理精细化。阮文静表示，要加强监管，严格执法，持之以恒地以“零容忍、重打击”的高压态势查处涉气环境违法行为，加快“智慧”环保建设，利用新技术实现全区监测全覆盖。要落实责任，合力推进，强化相关部门的责任意识、自主意识，积极沟通协调、建言献策，全社会共同努力打好蓝天保卫战，让生活更美好。

临平街道口袋公园项目建设。2018 年 10 月 30 日，区政协临平街道联络工委组织开展“口袋公园”建设专题视察活动。副主席潘法高、临平街道负责人、政协临平街道联络工委委员参加。委员们视察临平街道庙前社区九曲营文化公园、桂芳桥社区大园井文化公园，临平街道征迁办汇报九曲营文化公园与大园井文化公园的基本情况、征迁及建设工作开展情况。委员们对临平街道口袋公园建设所取得的成绩予以充分肯定，建议进一步加大保护宣传力度，科学规划，打造余杭新的生态名片。

无障碍环境建设。2020 年 10 月 21 日，区政协开展无障碍环境建设情况视察活动。副主席黄德伟、区政协城建委、区城管局、卫生健康局、住建局、区残联等有关负责人及部分政协委员参加。到余杭区第一人民医院和人民广场，现场察看低位服务台、无障碍电梯、无障碍卫生间、盲道等无障碍设施设置情况，听取无障碍环境建设情况汇报。座谈会上，区城管局、区残联、区政协城建委负责人及部分委员对目前无障碍环境建设工作进展及下步计划进行汇报和讨论。委员们建议要借亚运东风，完善和提升余杭区无障碍环境建设；要加强无障碍环境建设的宣传工作，在公共场所设置醒目的无障碍提示，确定学校、医院等场所验收方面的无障碍设施标准，并提升群众对无障碍环境设施建设的认识；要做到残疾人设施全覆盖、无盲点；无障碍标志应醒目，避免遮挡，必须清楚地指明无障碍设施的走向及位置；要对社区内的无障碍基础设施进行完善和改造。同时，要对残障人士家庭进行无障碍改造。

老旧小区综合改造。2021 年 8 月 12 日，区政协赴五常街道开展“深化老旧小区综合改造提升”专项民主监督活动。此次活动是根据市、区两级政协重点履职工作计划安排联合开展，区政协副主席周忠诚，区政协城建委、区住建局、五常街道相关负责人及部分市、区政协委员等参加活动。参观华丽转身后的老旧小区，听取余杭区老旧小区综合改造提升工作进展情况的汇报。委员们就开展监督建言献策，建议以点带面，共同推进全区老旧小区改造项目整体进展，大大提升辖区居民居住生活的幸福感和满足感。

2021 年 8 月 12 日，区政协组织委员视察老旧小区综合改造情况

第二节 重点民主监督

区政协八届一次会议以来，重点围绕区委、区政府中心工作和经济、社会发展重大影响，以民主建言会、座谈会、重点视察监督等形式，开展专项民主监督活动。主要包括社会保障、经济发展软环境建设、“创模”工作、助推生态环境保护等民主监督活动；创建省级示范文明城区、“低碳城区”建设、“人才兴区”、“健康余杭”、“病有良医”民主建言会；以及“五水共治”、环境综合整治、旅游开发等重点视察活动。

一、民主建言会

区政协围绕创建省级文明城区、促进工业经济发展、健康余杭、低碳经济、人才兴区等重点工作，在调研、视察、座谈的基础上召开民主建言会，提出意见建议，实施民主监督。

2008年5月，区政协召开创建省级示范文明城区民主建言会

创建省级示范文明城区民主建言会。2008年5月上旬，区政协组织召开创建省级示范文明城区民主建言会。政协委员代表，区文明办、公安分局、城管执法局、农业局、建设局、工商分局、贸易局、民政局、文广新局、卫生局、药监局、环保局、林水局、交通局等14个相关部门、各镇乡政府（街道办事处）负责人及6名市民代表参加会议。委员们就创建活动中有关提高市民素质，政府依法行政，农村卫生长效保洁，摩托车、残疾车、机动三轮车非法运营，老居民小区基础设施建设，提高中小学生身体素质等方面与政府部门领导开展面对面沟通交流，提出意见和建议。

促进工业经济发展民主建言会。2008年5月，区政协组织召开“促进工业经济发展”民主建言会。区委、区政府相关领导，经发局、发改局、中国人民银行余杭支行、财政局、工商分局、人事局、行政服务中心、劳保局、建设局（房管处）、供电局、环保局、科技局、贸易局、外经局、质监分局、国税局、安监局、公安局、工商联、水务公司、各镇乡街道分管工业经济负责人、区政协相关委员代表（50人）参加。会前，区政协组织开展调查研究，走访13家企业，实地查看企业发展状况，广泛听取企业的意见和建议。在建言会上，委员们主要围绕余杭区工业企业在遭遇全球金融危机的影响下，政府如何进一步提高对企业的服务，加大对企业的帮助和扶持，使企业尽快摆脱金融危机的不利影响，从而促进工业经济健康快速发展建言献策。建议要加大对企业家精神鼓励，进一步提高企业家信心指数；加大政府服务企业力度，进一步提高服务效能；加强对中介机构管理，进一步规范中介机构服务；加大对企业扶持投入力度，进一步减轻企业负担；加大对企业的融资担保力度，进一步缓解企业融资困难等。

2008 年 5 月，区政协召开促进工业经济发展政协委员民主建言会

“健康余杭”民主建言会。2009 年 11 月 13 日，区政协举行“健康余杭”民主建言会，政协委员和市民代表围绕“打造健康余杭，建设品质之城”建言献策。主席汪宏儿，副主席方加明、章福根、钱杭根、黄莉、孔祥华、陈云水参加建言会。副区长徐美娟和有关部门、镇乡（街道）、企事业单位负责人听取意见和建议。委员们在走访调研、听取民意的基础上，对“健康余杭”建设提出真知灼见。建议政府加大对健康产业的投入，加强健康和营养保健的普及和食品安全监管。全区各方要广泛参与，处理好统筹城乡健康的各方面资源，要形成人人都是“健康余杭”的参与者、建设者、宣传者。要精心组织，抓好政策保障和各项健康公共服务的落实，全面提高余杭的“健康指数”。徐美娟对政协委员、市民代表的建言献策表示敬意和感谢。要求进一步形成合力、创新工作、加强投入、突破重点，创造特色亮点，整体推进“全民健康促进行动”，为打造“健康余杭”、建设“品质之城”而努力。

“低碳城区”建设民主建言会。2010 年 8 月 31 日，区政协围绕“低碳城区”建设举行民主建言会。区领导汪宏儿、屠冬冬、章福根、钱杭根、黄莉、陈云水和政府相关部门领导、市民代表参加。区政协在谋划“十二五”规划中，把建设“低碳城区”作为政协履职的一个新的重大课题。经过政协委员前期大量的调查研究，11 位政协委员从不同角度，对余杭“低碳城区”建设提出建议，为实现可持续发展和“品质之城、美丽之洲”竭智尽力。委员们建议要大力推广无纸化办公；在河道整治中，要实

2010 年 8 月 31 日，杭州市余杭区政协“低碳城区”建设民主建言会召开

施生态护坡修复，保护水体水环境；禁止燃放烟花爆竹，避免大气污染、噪声损害；倡导节约用电，实现低碳生活；要注重长短结合、点面结合、官民结合、新老结合；要把“低碳城区”建设纳入“十二五”规划的一项重要内容，加强节能减排、转型升级，通过政府主导和全民参与，确保低碳城区、低碳农村、低碳工业（产业）园区、低碳社区、低碳建筑和低碳交通等“六位一体”的整体推进。副区长屠冬冬表示，政府将认真研究委员们的意见建议，积极采纳，用到日常工作中去。要充分发挥全社会的力量，动员全民参与“低碳城区”建设，共建共享“品质之城、美丽之洲”。

“人才兴区”民主建言会。2011 年 4 月 26 日上午，区政协召开“人才兴区”民主建言会。主席汪宏儿，区委常委、常务副区长沈昱，区政协副主席章福根、钱杭根、黄莉、孔祥华、陈云水、潘法高及区人才领导小组成员单位领导、各镇乡（街道）分管领导参加会议。12 名政协委员针对人才引进、人才培养、人才激励、人才创业中存在的问题和实施构建现代产业体系、统筹城乡发展、民主民生重大战略中对不同层次人才的需求，作会议发言，积极建言献策。会上，沈昱通报全区人才工作基本情况。希望广大委员围绕全区人才工作，充分发表意见。汪宏儿指出，召开“人才兴区”民主建言会，是 2011 年政协工作的一项重要课题。各位委员都按照会前布置的任务分工，做了精心准备，建言的内容具有较强的代表性、针对性和前瞻性，也具备一定的可操作性。汪宏儿要求广大政协委员积极履行好参政议政职能，更好地关心和支持余杭区的人才工作，对人才工作中存在的一些困难，通过提案、社情民意、大会发言等形式向区委、区政府及相关部门反映，并提出建设性的意见建议，努力促进有关问题的解决和落实。

“病有良医”民主建言会。2011 年 8 月 17 日，区政协召开“病有良医”民主建言会，11 位委员和市民代表围绕区委提出的“民主民生”战略目标，就余杭区医疗卫生事业的改革与发展，进行建言献策。主席汪宏儿，副区长徐美娟，副主席章福根、钱杭根、陈云水及区级相关部门负责人、区属医疗单位，各镇乡、街道社区卫生服务中心负责人、市民代表等参加。会议听取徐美娟代表区政府通报全区提升医疗卫生服务质量工作情况。汪宏儿指出，召开“病有良医”民主建言会，目的是进一步助推“民主民生”战略，不断深化医药卫生体制改革，有效整合资源，努力优化服务，全面推进医疗卫生事业的健康发展，不断提升人民群众的生活品质。各位委员的发言都事先做足了功课，建言的内容具有较强的代表性和针对性，也具备了一定的可操作性。汪宏儿强调，医疗卫生事业发展事关人民群

2011 年 8 月 17 日，余杭区政协“病有良医”民主建言会召开

众的健康，与群众切身利益息息相关，要立足基础、基层和基本，从硬件和软件建设两方面入手，加强基层医疗基础设施、设备配置和人员配备，有效提升基层医疗卫生服务水平；要完善“四大体系”，就是健全完善公共卫生服务体系、医疗服务体系、医疗保障体系、药品供应保障四大体系，切实解决人民健康问题；政协委员要围绕余杭医疗卫生事业，积极开展调查研究，认真倾听群众心声，参政议政献计献策，施展才华发挥作用。

二、重点工作监督

区政协八届会议以来，围绕区委区政府的重点工作，广泛组织委员，深入调查研究，提出意见建议，实施民主监督。主要内容有社会保障、经济发展软环境建设、盘活存量资产、清洁余杭行动、社会养老事业、五水共治、旅游开发、城乡垃圾处理等重点工作。

创建国家环保模范城市工作民主监督。2003 年 9 月 16 日，根据区政协八届一次会议的部署，第 7 次主席会议决定并经区委同意，从 10 月下旬起，对余杭区创建国家环保模范城市（以下简称“创模”）工作开展为期 1 个月的民主监督活动，为确保活动顺利开展，区政协成立以李小花主席牵头，丰章生副主席负责，政协办公室具体实施的工作班子，制定详细的活动计划和日程安排，确定活动的基本形式。在 1 个月时间里，按计划对“创模”工作召开民主监督动员大会；召开相关部门及部分镇乡领导、社区负责人、部分政协委员、区环保局中层以上干部参加的 4 个座谈会；组织政协委员对“创模”工作情况进行视察；组织环保部门领导和部分政协委员对绍兴、鄞州等县区的环保工作进行参观考察；编写发放调查问卷 1380 份，并对回收的 1095 份问卷进行分析汇总。反映的意见建议经整理后印发给有关部门。召开总结大会，区政府领导参加会议并讲话。区政协主席会议审议通过《关于对区“创模”工作开展民主监督情况的报告》，并报送区委、区政府及相关部门。报告建议：1. 立足当前，营造“创模”工作氛围。要加大宣传教育的力度，营造人人参与，齐抓共管的工作局面；要加强对“创模”工作的组织和领导，加大督查力度；要加大整治力度，打一场以“清除污水、清洁空气、清理垃圾”为重点的“三清”攻坚战。2. 着眼长远，摆正发展经济与保护环境的位置。要坚持经济、环境一起抓，两种效益一起要，保护、治理、建设三管齐下，互动并进。3. 注重基础，切实提高环境保护能力。注重抓好环境保护规划；加大环保基础设施的投入力度，建设一批环保重点工程和亮点工程；理顺环保基础建设和管理体制，消除各自为政、各唱一台戏的局面。4. 依法治污，严厉打击各种破坏环境的违法行为。要完善有奖举报制度，扩大有奖举报范围，以调动群众监督的积极性；加强环保执法队伍建设，开展环保、水政、农业的联合执法；严厉打击对危害社会，产生严重后果的环境犯罪行为。

社会保障工作民主监督。2004 年 7 月下旬至 9 月下旬，区政协对余杭区的社会保障工作开展民主监督。通过召开动员大会进行广泛发动、组织部分政协委员及有关部门人员区内视察和外出考察、发放问卷调查（1970 份）、召开座谈会（8 个）和主席（扩大）会议等形式，对全区的社会保障工作进行广泛深入的调查和研讨。最后形成《关于对余杭区社会保障工作开展民主监督情况的报告》，客观地评价余杭区社会保障工作取得的成绩，实事求是地指出宣传发动不够深入广泛、五大险种参保率较低、新型农民合作医疗报销范围偏窄偏低、缺乏必要救助机制、“精防”工作不够重视等问题，并就推进社会保障工作提出加大宣传力度、提高参保率、增加新型农民合作医疗筹资额度、调整最低生活保障标准、确保“精防”工作经费等6条意见建议。区政府对此十分重视，为推进全区养老保险全覆盖，决定从2005年1月1日起对企业职工养老保险费实行按工资总额征收；提高新型农民合作医疗筹资额度和报销比例，降低报销门槛；对社会帮扶救助的有关政策研究落实。

科技工作民主监督。2005年6月23日，区政协八届第25次主席会议决定并经区委同意，从7月上旬开始，对余杭区科技工作开展为期一个多月的民主监督活动。区政协成立以李小花主席牵头，丰章生、董建国副主席负责，区政协经科委具体实施的工作班子，制定《对余杭区科技工作开展民主监督的实施方案》和详细的活动计划、日程安排，确定活动的基本形式。在一个多月的时间里，按计划召开民主监督动员大会、区级有关部门和部分镇乡分管领导、部分企业负责人、基层科技工作者代表参加的不同层面、不同对象的座谈会，组织政协委员视察科技工作，组织科技部门领导及部分政协委员对江苏常熟、太仓等地的科技工作进行学习考察。其间，还印发调查问卷450份，并进行汇总和分析。经主席会议审议通过并向区委、区政府提交《关于对余杭区科技工作开展民主监督情况的报告》。总结会上，区委副书记许明、区政府副区长屠冬冬参加并讲话。报告肯定科技工作取得的成绩，也指出问题和不足，同时提出意见建议。建议树立科技优先发展观，进一步提高各级领导对科技工作的重视程度；加强政府投入的引导作用，促进企业增加科技投入；加强科技队伍建设，建立健全科技人才的引进、培养及激励机制；着力解决科技创新环境及科技资源整合问题，推进创新服务体系建设；深入宣传贯彻发展科技的政策法规，提高全民科技意识；鼓励企业实施专利、标准和名牌战略，提高全民的知识产权保护意识。

2006年9月，区政协对全区科技工作民主监督“回头看”，按照活动的要求和程序，先后召开了动员大会、座谈会、总结大会，开展了考察、视察以及问卷调查活动。对余杭区科技工作作了实事求是的评价，在肯定成绩的同时，指出了科技工作中存在的不足，同时还提出了对进一步做好科技工作的5点建议。对此，区委、区政府要求区科技局等相关部门对照建议，认真做好整改落实工作，经过一年多的努力，取得了明显的成效：各级领导对科技工作的重视程度进一步提高；增强财政投入的引导作用，促进企业增加科技投入；加强科技队伍建设，建立健全人才的引进、培养及激励机制，整合科技创新环境及科技资源，推进科技创新服务体系建设；深入贯彻发展科技的政策法规，进一步提高全民科技意识。但需要进一步重视和加强以下方面工作：1. 进一步深化产学研合作，加快推进区域科技创新体系建设。进一步推进浙江香港科技大学先进制造研究所、浙江大学国家光仪中心余杭产业化基地、浙江理工大学数码纺织基地等平台的建设，充分发挥平台的引导、辐射、培训作用；进一步促进企业与院校的合作；大力推进企业研发中心、行业研发中心建设，努力提升企业的自主创新能力。2. 进一步发挥高新园区的龙头作用，促进高新技术产业的发展。围绕加快发展高新技术产业，培育新兴产业，推进省级余杭高新技术产业园区建设，扶持培育一批技术含量高、发展前景好、示范带动作用明显的高新技术企业和项目。3. 进一步加强政府投入的引导作用，鼓励企业加大科技创新投入。通过政府投入的引导，鼓励更多的企业资金投入科技创新领域。4. 进一步实施专利战略，加强知识产权保护。鼓励企业实施专利、标准和名牌战略，建立运用知识产权制度促进科技创新的利益激励机制。5. 进一步加强政策宣传，全面营造推进科技进步的良好氛围。

经济发展软环境建设民主监督。区八届政协第35次主席会议决定，并经区委同意，开展经济发展软环境建设民主监督活动。2006年6月上旬，区政协召开动员大会，成立以李小花主席牵头，由副主席董建国、钱杭根负责，区政协各办委具体实施的工作班子，开展为期1个多月的民主监督活动。主席会议成员分别牵头，带领政协办委人员，到临平片、塘栖片、余杭片、良渚片、瓶窑片召开镇乡分管领导、经办人员以及村干部和企业经营者代表、政协委员代表参加以及区行政服务中心和所涉职能部门分管领导三个层面座谈会；向企业经营者、镇村干部发放200余份调查问卷；区政协与区效能办协同拟定近30个具体问题到行政服务中心、国土资源分局、技术监督局、环保局、卫生局五个职能部门调研；先后到宁波鄞州区和杭州萧山区进行学习考察。形成的报告经区八届政协第36次主席会议协商通过，呈送区委、区政府决策参考。报告指出，区行政服务中心的规模小、机制不够完善；部门协调机制尚未形成、办理环节不够顺畅；网上预审项目少、推行速度慢；中介服务机构管理混乱、收费浮动大等问题的存在。报告建议，进一步深化行政审批制度改革，完善行政服务中心职能；扩大行政服务中心规模，以便提供比较完善的服务设施和服务环境；推行并联审批和一审一核制，建立“一门受理，抄告相关部门，联合踏勘，同步审批，限时完成”的并联审批、联合验收。健全行政服务中心人员管理机制，保持人员相对固定；建立起网上审批的系统网络基础，为推行网上审批提供集成、统一的业务支撑；加强中介服务机构管理，建议在行政服务中心外围建立中介机构服务区。坚持可持续发展的政策导向，加大民营经济发展、企业自主创新、人才引进等方面的扶持力度；营造规范的执法环境，落实闲置土地处理政策，促进土地资源合理配置。区政府就有关整改情况和进一步做好经济发展软环境工作情况函复区政协；区行政服务中心也对民主监督提出的意见和建议采取的整改措施报告区政协。

“盘活存量资产，推进项目建设”民主监督。2007年经区委同意，区政协开展“盘活存量资产，推进项目建设”专项民主监督活动。为提高监督实效，区政协把专项民主监督的重点放在全区迫切需要解决的工业用地存量上，在全区有存量土地的167家工业企业中确定12家作为重点监督对象，成立以常务副主席牵头、分管副主席负责、各委办具体实施的工作班子。通过下企业、看现场、听反映、找问题等形式，全面了解掌握全区工业土地存量现状，深入分析产生的根本原因，实事求是地对存在的困难和问题进行梳理归纳，提出进一步加强领导，统一思想；进一步提高办事效率，当好项目推进的服务者；进一步完善政策法规，明确操作规程；实施“四制”，用民主法制手段推进盘活存量工作等意见建议。其中，关于实施项目评审制、公示制、合同制、督察制“四制”的建议，被区委、区政府采纳到《余杭区工业生产性项目评估试行办法》中，确定为余杭区引进项目的政策之一。全区167个已供地未动工项目至年底已开工建设132个，动工面积3266亩，盘活土地存量工作取得阶段性成效。

“清洁余杭”民主监督。2007年7月6日至11日，为配合和推动“清洁余杭”大行动的开展，区政协组织各地区联络组170多名政协委员，分成五个视察组，由主席、各位副主席带队对全区的“清洁余杭”大行动开展情况进行民主监督。分别听取各镇乡、街道开展工作的情况汇报，实地视察区领导联系的24个重点推进村的进展情况，与镇、街和行政村领导座谈。委员们认为，当前“清洁余杭”所取得的成果是初步性的、阶段性的、试点性的，而且单从“清洁”角度讲，极有可能出现反复。为此，委员们提出四点意见建议，供区委、区政府研究参考。1. 统一思想认识，探究新形势下动员和组织群众参与公益活动的新方法和新载体。2. 全区262个行政村由各镇乡（街道）自行申报，并纳入镇乡（街道）干部考核责任制。在扶持政策上应体现激励效应，鼓励先报先创。3. 加大公共财政投入力度，允许企业税前列支；在运作机制上，庭院内由住户自己负责，道路及其他公共场所可实行市场化运作，村民委员会主要承担资金筹集和监督检查等职能。4. 要与城市化推进和镇村规划相结合，改变村庄治理结构；要与有关部门的业务工作结合起来，避免人力、财力和工作精力上的浪费；要与小康示范村、重点整治村评比相结合。整合管理力量、整合财政资金和考评验收标准；要与富裕农民相结合，切实维护群众利益。

2008年4月11日，区政协组织委员开展“清洁绿化余杭”视察监督活动

清洁绿化健康文明民主监督。2008年4月中下旬，区政协在2007年“清洁余杭”专题民主监督的基础上，再次开展“清洁绿化健康文明”视察监督活动。通过查看现场、听取介绍、举行座谈等多种形式，了解“清洁绿化健康文明”行动有关工作情况，提出意见建议：要处理好政府主导与群众主体的关系，真正发挥群众的主体作用；坚持以人为本，探索长效机制，切实解决好群众关注的热点难点问题；采用区、镇、村、农户“四个一点”各出相应比例资金的办法实施长效保洁；加大对改厕、生活污水治理、池塘整治等的扶持力度，完善农村公共服务；组建行业协会，明确工作要求，规范费用标准，提高保洁人员素质；加强科学绿化的业务指导，切实保障实现绿化工程的社会效益；要因地制宜，进行合理的绿化布局，注重生态效益。

盘活工业存量土地工作民主监督。2008年6月19日，区政协对余杭经济开发区盘活工业存量土地工作开展视察监督活动。主席会议成员、经济科技委员会委员参加。这次活动既是对开发区机构调整后各项工作的了解和关注，也是对2007年“盘活存量资产、推进项目建设”民主监督活动的回头看，目的是进一步了解当前开发区建设的进展状况，以及跟踪督察民主监督活动成效。委员们实地踏看开发区部分企业，听取开发区有关工作情况的介绍和区效能办就全区盘活存量工作进展情况的通报。在此基础上对全区盘活工业用地存量资产工作进行认真的讨论。委员们认为，2007年，政协提出的5条改进工作的建议，区委、区政府和相关部门措施得力，通过一年多的努力，成效是明显的，但对照区委、区政府的目标，距离还是比较大的。委员们建议：要建立对盘活存量工作督察的长效机制，经常性地开展督查，关注动态进程，促使加快推进速度，直至投产，获得预期效益。要将范围扩大到商

业、房地产业等已供未动用地，使现有土地发挥最大效益，制定统一标准，以确定年末考核目标，建议采用盘活存量、项目推进工作积分制；对一些至今仍未动工、群众反响大的项目强制收回；建议继续加大把握项目引进的质量关，真正从源头上杜绝存量的产生。

社会养老事业民主监督。2012 年 10 月 29 日，区政协开展“深入推进社会养老事业”民主监督活动。视察南苑街道高地社区居家养老服务中心、绿城蓝庭养老公寓，听取区政府关于余杭区养老服务体系建设发展情况的通报，政协委员和社区、老年人、养老机构负责人代表进行广泛建言。区政协主席阮文静，副区长阮英，区政协副主席黄莉、杜永林、陈云水、潘法高、戴桂香，副区级巡视员章福根及政协老领导李小花、方加明、周贵标等参加会议。委员们就养老机构规划布局、提升改造、服务队伍、产业发展等提出意见建议。阮文静强调，养老事业是党委政府一直重视的课题，也是政协一直关注的话题。通过民主议政活动，营造了更好的氛围，将助推全区养老事业的发展。要进一步增强紧迫感，完善规划，研究政策，做好引领、导向；要进一步解放思想，多措并举，采取形式多样化、多元化、多层次的养老方式，让老年人有更多的养老服务选择；要总结经验，抓好示范，对现有的养老机构运作方式进行总结推广；要形成合力，抓好落实，在政策指引、规划引领之下，各部门要开绿灯，给予余杭区养老事业大力支持。

“五水共治”民主监督。2014 年，余杭区政协贯彻落实浙江省委、省政府实施省“治污水、防洪水、排涝水、保供水、抓节水”（以下简称‘五水共治’）重大决策部署和浙江省政协开展“三级政协联动、万名委员同行、助推五水共治”民主监督活动。区政协组织广大政协委员、民主党派成员，在全区范围内开展专题调研视察活动，召开各个层次的座谈会，组织镇街联络工委和界别活动组开展“1＋1”视察活动，实地视察河道治理、截污纳管等工作开展情况，听取社会各界对“五水共治”的意见和建议，对党委、政府的“五水共治”工作开展情况进行全方位的助推和监督。综合近年来委员提交的调研报告、社情民意和提案，就如何进一步做好“五水共治”工作建言献策，提出意见建议：要本着科学的精神治水，抓住解决污染重灾区，采取先治污后治河的办法，大力实施截污纳管工程，统筹推进，达到标本兼治；治水要与周边环境协同，设定科学的方案，在保证重点的同时，兼顾其他；要加强指挥部力量，借力一批专家和技术人员，进行集中办公，实行实体化运作，统筹、协调、指导和服务面上的“五水共治”，重点突出清水治污、城市排涝；要依法开展治水工作，加强监管和执法，防止运动式治水，重视治水工程的质量监管；“五水共治”要谋划在先，考虑要细，统筹兼顾。

2014 年 4 月 16 日，区政协专项视察监督“五水共治”工作。区政协主席阮文静，副主席黄莉、杜永林、陈云水、潘法高、戴桂香，副区级巡视员傅樟绚和部分政协委员参加。委员们实地查看小林港河道综合整治工程，临平、东湖街道邋遢港河道疏浚工程，临平主城区西渠河地下河道清淤工程和“七横七纵”道路积水点整治工程，听取区“五水共治”指挥部、区林水局等部门的工作汇报。委员们建议，“五水共治”要科学治水，科学安排项目，寻找重点，轻重缓急，不能在时间上看成效，要以质量检验成果；要有序治水，“五水共治”治污先行，要加快截污纳管工程建设，标本兼治，重在治本；要节俭治水，把有限的财政资金用到刀口上，资金的使用情况要定期向社会公布；要重视清淤后污泥的出路问题，相关部门要跟踪监督污泥的去向，防止“二次污染”；要加强区域之间、镇街之间的协调，做到上下游全力，齐抓共管，确保“五水共治”取得实效。

2014 年 5 月 6 日，区政协视察监督径山镇五水共治推进工作。主席会议成员，副区级巡视员傅樟绚、经济界别活动一组和政协径山镇联络工委的近 30 位委员参加。委员们实地查看该镇“五水共治”推进情况，视察被洪水决堤的径山镇北苕溪丈母塘处，查看设施修复情况，询问工程进展。到陶村桥港和麻车头村，了解该镇河道综合整治、截污纳管工程以及农村生活污水治理工程进展情况。听取径山镇负责人关于该镇“五水共治”工作情况的汇报，并就视察情况举行座谈交流。委员们围绕污水处理设施建设、后期维护、发动社会力量等方面，就该镇“五水共治”进行建言。建议加强对农村原有三格式化粪池状况的检查摸排，对出现破损的尽可能进行修缮，提高污水处理效率。引入民间、外来资本参与“五水共治”。

2015 年 3 月 22 日，区政协主席会议成员集体视察“五水共治”工作

2015 年 3 月 22 日，区政协开展“五水共治”民主监督“万千行”活动，赴乔司、星桥、临平、东湖街道实地监督察访中沙河、和睦港、上塘河、盖河、禾丰港。3 月24日，区政协对打造“美丽杭州”建设“两美浙江”示范区建设工作推进情况进行专题视察监督，听取区“两美”办、区交通运输局工作情况汇报。视察监督组在以下几方面提出意见建议：1. 入城口整治。入城口整治工程建设要体现前瞻性，并要注重原有石材、树木的循环利用；在绿化种植上要科学合理，按照植物生长规律，做到疏密有致；对入城口及周边的建筑外立面设计应有一套相对完善的规范和标准，要与周边已有建筑的外立面风格相协调。2. 河道治理。新开挖河道及河道整治要控制硬质驳岸；对河道两侧原有的树种应尽量保留，新种植的树种应体现地域特色。3. 大气污染治理。对于社会关注度极高的海联热电厂问题，要努力实现最优方案，不留遗憾。4. 项目建设标准。坚持速度与质量并举，并要做好后续的长效管理工作。

2016 年 7 月 29 日，区政协集体视察监督“五水共治”工作。主席会议成员、各委办负责人、有关部门、镇街负责人参加。视察组一行实地查看南苑街道赭山以东段，乔司街道长河港、苏家桥港永和村段，良渚街道谢村港管家塘社区段、库头斗港（蓝都科创园新开挖段）和下潘塘港，仔细了解河道整治方法和整治进展，详细询问有关水质水情、河道保洁及生态治理等问题。在实地查看和听取汇报后，委员们对三地党委、政府在河道治理上思想重视、措施扎实、成效显现予以充分肯定。委员们建议，河道治理要严控排污，加快截污纳管进度；积极跟进后续长效管理，增加河道、沿岸保洁频次，营造合力治水氛围；河道两岸要留足空间进行河岸景观公园打造，提升城市、村庄整体品质。

大径山旅游开发建设民主监督。2016 年 6 月 2 日，区政协开展“大径山旅游开发建设专项行动”集体视察监督活动。主席阮文静，副主席杜永林、孔祥华、陈云水、潘法高、戴桂香，副区级巡视员傅樟绚，政协各委办负责人及部分政协委员参加。实地踏看径山大道入镇口、花海大地景观、旅游集散中心、立面整治项目、禅茶第一村等 10 余个重点在建项目工程，听取大径山推进办和径山镇、住建局（规划分局）、旅游集团等相关单位关于大径山项目规划建设情况汇报。视察组充分肯定大径山开发建设取得的成果。建议及时完善专项策划、规划、计划；建议发挥区史志、文化等部门专家、学者智库作用，充分挖掘历史典籍；邀请环保、水利、植保方面专家参与决策，广泛征询项目建设有关环境保护、水土保持、植被保养方面的意见建议；严格执行大径山专项制定的有关规则，对于一草一木、一溪一石等自然景观，以最小的干预，达到最佳的效果；进一步构建交通组织合理、运输便捷高效的交通体系，应对未来景区客流量；统一管理通勤车，加大各换乘点的服务和管理项目建设，要时间服从质量，精雕细琢，深刻挖掘历史内涵，使其成为经典杰作，经得起时间、历史检验；及时协调红树林工程进度，制定有关预警机制；花海大地项目要及时研究制定运行管理机制。徐文光书记对委员的建议批示：“请俊杰、卫国、伟龙具体研究和完善。时间服从质量是对的，可分轻重缓急。”张俊杰批示：“对于政协提出的意见建议，大专项办要高度重视，充分吸纳。要充分考虑径山独特的自然、人文等因素，结合项目实际，近期做一次专题调研。同时，要紧扣时间节点要求，突出工作重点，切实把握进度节奏，保质保量推进项目建议。”

2016 年 6 月 2 日，区政协主席会议成员集体视察大径山旅游开发情况

供排水保障工作民主监督。近年来，区政协结合“五水共治”专项民主监督活动，对全区供排水保障工作进行视察监督，提出意见建议。2018 年 8 月 8 日，区政协再次视察监督供排水保障工作。主席阮文静，副主席黄莉、陈云水、潘法高、戴桂香，区政协各委办、区住建局、区环保局、区水务公司、区五水共治办、仁和街道负责人参加。实地视察仁和水厂二期建设工程，听取区水务公司有关供排水保障工作情况汇报。委员们分别就供排水体制改革、基础设施建设、规划设计、队伍建设等方面提出意见建议。建议理顺体制，高效建设管理，由区水务公司统一进行“规划、设计、建设、监管、运维”，建立供排水特许经营制度；深入研究，高标准编制供排水专项规划和重点区块三年行动方案；克难攻坚，加大项目推进力度，进一步整合优化区水务公司人员队伍，配齐公司班子成员，补足各条线专业人员

2018年8月8日，区政协主席会议成员集体视察供水排水工作

力量，建立与全区水务“五位一体”管理体系相适应的专业建管队伍和监督执法队伍。

城乡生活垃圾分类处理民主监督。2018年以来，区政协认真贯彻落实省、市政协“城乡生活垃圾分类处理”专项集体民主监督工作部署，围绕各项目标任务，组织调研视察，开展宣传引导、落实提案办理，大力开展专项民主监督活动。1. 建立健全专项民主监督活动工作机制。4月上旬，参加杭州市政协“城乡生活垃圾分类处理”三级联动专项集体民主监督启动会后，区政协主席会议进行专题研究，结合余杭实际制定印发《关于开展“城乡生活垃圾分类处理”专项集体民主监督的实施方案》，成立6个民主监督小组，由区政协主席、副主席牵头，各委办具体负责，联合所联系的界别活动组、镇街联络工委，明确各民主监督组做到“四个一”的目标（至少视察监督一个村社、召开一次监督座谈会、汇总一套问题照片、提交一份建议，并做好相关数据统计），向全体政协委员印发《垃圾分类，从我做起!》倡议书，发动各界别、广大政协委员参与专项民主监督活动。健全信息报送、联络协调、数据统计、工作交流等工作制度，认真落实联动监督任务，扎实推进民主监督工作。2. 全面开展专项民主监督活动。两个多月来，区政协主席、各位副主席分别带队赴有关镇街开展民主监督，各界别组和镇街联络工委除参加区政协民主监督组集中监督活动外，还联合开展或自行组织监督活动。据不完全统计，共有200多名委员参加各类活动，监督调研村社34个、小区67个、处理场站10个、处理企业6个，发现反馈问题60多个、提出意见建议40多条，被采纳意见建议20多条。3. 开展生活垃圾治理推进情况集体视察。区政协开展生活垃圾治理推进情况主席会议成员集体视察活动，组织20余名政协委员实地参观杭州九峰垃圾焚烧厂、虎哥回收总仓和厨余蔬果垃圾处理站，听取区城管局有关生活垃圾治理推进情况汇报。视察组从加强宣传引导、强化源头分类、完善收运体系、健全处置机制、健全考核管理等方面提出意见和建议。形成了《关于生活垃圾治理工作的视察报告》，报送区委区政府。4. 强化生活垃圾治理相关提案办理工作。区政协十一届二次会议共收到生活垃圾治理相关提案11件。区政协把提案办理监督作为此次“城乡生活垃圾分类治理”专项集体民主监督的重要内容，注重提案落实，坚持相关提案人参与督办机制，加大跟踪反馈力度，提高办理落实率。5. 认真落实省市联动督查。按照省市区三级联动监督要求，及时落实省市政协监督调研组的明察暗访、监督调研，认真接受上级督导。鉴于生活垃圾分类工作的现状，委员们提出意见建议：加强宣传引导，营造全民参与氛围；强化源头分类，提高分类覆盖质量；完善收运体系，提升分类转运能力；健全处置机制，提高再生利用水平；落实工作责任，完善综合管理机制。

2018 年 6 月 25 日，区政协主席会议成员集体视察小城镇环境综合整治工作

小城镇环境综合整治工作民主监督。2018 年 6 月 25 日，区政协对小城镇环境综合整治工作开展民主监督活动。主席会议成员参加。继 2017 年开展专题调研、专项视察后，2018 年以来，区政协持续关注小城镇环境综合整治工作，组织委员赴湖州市吴兴区和南浔区学习考察。结合民主监督和学习考察，又对全区推进情况进行集体视察活动。实地走访视察黄湖镇和径山镇小城镇环境综合整治工作，听取区小城镇办的工作情况介绍，并分别就环境保护、产业提升、打造特色等方面提出意见和建议：注重统筹规划，坚持区域联动，促进区域环境品质的整体提升；注重彰显特色，突出独特韵味，深入挖掘和传承小城镇的历史文脉和文化基因，塑造各地小城镇文化内涵；注重品质保障，加大对设计、施工单位的监管力度，确保工程质量；对杆线治理、污水管网建设等地下工程，要合理安排，保证质量；对立面整治，要因地制宜，形态、材质、颜色可呈多样化，避免雷同；注重产业融合，大力培育新兴产业和业态，带动群众增收，真正把美丽环境转化为美丽经济；注重长效管理，扩大群众参与度；强化属地管理责任，不断创新社会治理方式；全面推进智能交通和数字城管，综合运用互联网信息技术等科技手段，促进小城镇管理常态化和规范化。

第三节　特邀监督和选派监督

应邀担任党政、司法部门特邀监督、选派监督和参加政风行风民主评议活动，是余杭政协支持配合区纪委、区监察纠正部门和行业不正之风，推进政务公开，促进干部廉洁自律的有效方式。区政协在区委、区政府及有关部门的统筹安排下，不断完善监督员的推荐、联络工作，支持和帮助政协委员参加政风行风民主评议工作，使之成为政协履行民主监督职能的重要形式之一。特邀监督和行风监督始于 1995 年，六届政协应市纪委、监察、邮电、工商、财税、医疗卫生、保险、公安、电力等单位邀请，派遣 12 名政协委员作为特约监督员、监察员。至 2002 年增至为 40 余人，八届政协不断增加。2009 年，区政协起草的《余杭区统一选派区政协委员、民主党派和无党派人士担任民主监督员工作办法（试行)》，经十二届区委常委会第 51 次会议审议通过，并以区委办〔2009〕80 号文件通知各镇乡党委、街道党工委，区级机关各部门党组织贯彻落实。至此，由党政部门特邀的监督员和行风监督员改由区政协、区委统战部统一选派民主监督员。2009 年 6 月 25 日，召开全区统一选派民主监督员工作会议，首批选派75名政协委员、民主党派和无党派人士担任25个区级部门的民主监督员，认真履行民主监督职能。

一、特邀监督和行风评议

2003年八届一次会议至2009年6月，区政协积极组织特邀监督员和行风监督员参与全区的政风行风民主评议监督等活动，召开担任行风监督员的委员座谈会，并在八届三次全会上，委员们就规范特邀人员工作作大会发言，以充分发挥特邀人员在民主监督中的作用。据统计，有53名政协委员担任各类特邀监督员和行风监督员，积极参与公安、城建、交通、民政、教育、卫生、工商、供水、税务、金融、邮电等20多个系统和部门的行风检查及其他特邀监督活动。监督员们深入基层，明察暗访，检查督查，对国家机关及其工作人员的工作进行广泛的监督。同时，区政协还组织委员参与“满意不满意单位”评选活动，以推进区级机关的作风建设。

行风监督员座谈会。2004年11月25日，区政协召开行风监督员座谈会，担任各区级机关行风监督员的政协委员参加会议。会议由区政协副主席丰章生主持，主席李小花到会并就进一步做好行风监督员工作提出要求和希望。会议认为，区政府及各聘任的单位和部门对行风监督员工作是很重视的，在行风监督员队伍建设上做了大量的工作，充分发挥和支持行风监督员的行风监督工作。定期或不定期向行风监督员通报本单位工作的开展情况，通过行风监督员的明察暗访，找出本单位存在的问题和不足，虚心接受监督员提出的意见和建议，及时改进工作中存在的问题和不足，不断提高工作人员的依法行政水平，从整体上提高各单位党组织的执政能力；通过行风监督这个有效的民主监督形式，逐步扩大人民群众对本单位工作的参与，加大行风监督的力度，使干部职工牢固树立“权为民所用，情为民所系，利为民所谋”意识。会上，还就进一步做好行风监督工作提出意见和建议。建议区委、区政府要出台规范行风监督工作的文件，对各部门的行风监督工作加强指导；建立健全行风监督的规章制度，规范行风监督员的职责，被监督的单位要政务公开；加强行风监督员队伍建设，聘请一些业务素质好、工作水平高、责任意识强的同志担任行风监督员；行风监督员要加强学习，不断提高业务素质，及时把自己看到的、听到的、想到的意见和建议反馈给聘请的单位；政协要对行风监督工作进行指导，既要召开担任行风监督员的委员座谈会，听听他们的意见和建议，也要召开聘请单位领导的座谈会，听听他们对行风监督员的工作要求和任务。会上，李小花主席就做好行风监督工作对委员提出要求和希望。她指出，行风监督工作是推进民主政治的需要、是加强党的执政能力的需要、是强化机关效能建设的需要。委员们在行风监督上做了大量的工作，提出很好的意见和建议，也取得了一定的成绩，得到聘任单位的好评。在今后的工作中，参与行风监督的同志要加强学习，不断提高行风监督的工作水平，充分发挥政协人才荟萃、参政议政能力强的优势，为进一步推进余杭区的行风建设做出更大的贡献。

规范特约监督员工作。2005年1月23日，区政协八届三次会议，委员们就规范特约监督员工作发挥民主监督作用开展讨论，并作大会发言。委员们认为，区政协支持鼓励特邀民主监督员认真履行民主监督职能，积极开展查访、调研活动，及时反映社情民意，为转变机关工作作风、改善服务质量、提高机关效能、加强勤政廉政建设等发挥积极作用。但是还存在许多不足。委员们建议：各级领导要充分认识特约监督员民主监督的重要性，要重视特约人员工作，使特约人员做到有责有权，并在经费上予以一定的保证；要结合余杭实际，对各类特约人员进行一次全面的调整摸底，进行区别归类；建立适合余杭特点的特邀工作规章制度，规范特邀人员的聘任范围和程序，明确特邀人员的职责、任务、权利和义务等；要尽快明确特约工作的主要协调和管理部门及其工作职责；聘请单位、协调推荐单位及受聘人员要密切联系，互相配合，各级各部门领导要支持特约人员开展工作；要提高特约人员的综合素质和业务水平，及时总结和推广特约工作经验，充分调动特约人员的工作积极性和主动性，推动和促进区特约人员民主监督工作，为实施"执政能力提高年"活动作出应有的贡献。

二、选派民主监督员监督

区政协积极探索民主监督工作机制，通过学习取经、广泛调研和充分酝酿，向区委提出民主监督员统一派驻工作的建议。2009 年 6 月，首批选派 75 名政协委员、民主党派和无党派人士担任 25 个区级部门的民主监督员。民主监督员统一派驻工作实施以来，区政协协同区委统战部认真行使组织管理职能，民主监督员广泛开展有针对性的民主监督活动，通过监督建议书形式提出建议，得到派驻部门的重视和采纳，有效助推相关工作。

统一选派民主监督员工作办法（试行）。2009 年 5 月 29 日，区委办〔2009〕80 号印发经十二届区委常委会第 51 次会议审议通过的《余杭区统一选派区政协委员、民主党派和无党派人士担任民主监督员工作办法（试行）》。规定民主监督员派驻的范围是：区级机关有关单位（包括垂直管理单位，以下称派驻单位），以政法机关、行政执法单位和行业窗口单位为重点。民主监督员应具备的基本条件：政治思想素质好，坚决贯彻执行中国共产党的基本路线和各项方针、政策；在所属的党派、团体和界别中具有一定的影响和威望；具有较高的与派驻机关工作相关的专业素养，有民主监督意识和社会责任感，有一定的参政议政能力和政策理论水平。民主监督员的职责：1. 监督派驻单位贯彻落实党的政策、国家法律法规和区委、区政府决策、决定的情况。2. 监督派驻单位依法行政、履行职能、完成任务、服务社会的情况。3. 监督派驻单位工作人员遵纪守法、勤政廉政、优质服务的情况。4. 根据调查和监督过程中发现的问题，通过书面向派驻单位提出民主监督意见。5. 反映派驻单位工作中存在的困难、问题和要求，并提出意见和建议。还对派驻单位、组织管理、选派程序、工作方法等方面作出明确规定，这是推进人民政协工作制度化、规范化和程序化建设的重要体现。

选派民主监督员。2009 年 6 月 25 日，区政协召开统一选派民主监督员工作会议，首批选派的 75 名政协委员、民主党派和无党派人士将担任 25 个职能部门的民主监督员。区领导汪宏儿、戚建国、白美玉、方加明、章福根、钱杭根、黄莉、孔祥华、陈云水参加会议。汪宏儿作报告。他强调，加强民主监督是政协履行职能的重要内容之一。区委、区政府认真贯彻落实中央两个 5 号文件精神，并下发了相关文件，对推进余杭人民政协工作做出全面的部署，明确新的要求。现在，区委又下发《余杭区统一选派区政协委员、民主党派和无党派人士担任民主监督员工作办法（试行）》。体现区委、区政府高度重视人民政协和多党合作事业，大力支持人民政协履行民主监督职能。希望民主监督员和派驻部门统一思想，充分认识选派民主监督员工作的重要性；把握要求，认真组织开展选派民主监督员工作；履行职责，

2009年6月25日，杭州市余杭区统一选派民主监督员工作会议召开

确保选派民主监督员工作开展有序。区领导向75名民主监督员颁发民主监督员证书。派驻单位代表及民主监督员代表分别表态发言。

监督员工作交流会。2009年10月27日，区政协、区委统战部围绕推进、改进民主监督工作，召集首批选派的民主监督员代表和派驻单位代表进行座谈交流，进一步推进选派民主监督员工作顺利实施，更好发挥政协委员、民主党派和无党派人士的民主监督作用。区政协主席汪宏儿，区委副书记戚建国、统战部部长白美玉，政协副主席陈云水参加。首批民主监督员定向派驻后，及时与派驻单位加强联系沟通，了解所在部门的行政职能、政策法规、服务范围等，并通过走访、座谈等形式，听取和收集群众关注的热点难点问题，向派驻单位建言献策，协助派驻单位民主决策、科学决策。同时，各派驻单位主动接受民主监督员的监督，积极为民主监督创造条件。汪宏儿希望民主监督员要知情知政，通过参加派驻单位的会议，以及走访、座谈等形式，与派驻部门实现相互沟通；要建立反馈机制，倾听意见、发现问题后，要及时反馈，督促派驻单位落实整改；要建立协调指导小组，指导民主监督员敢于监督、善于监督，真正为派驻单位出好主意、当好参谋，履行好职责、发挥好作用。白美玉希望民主监督员注重多提建设性的意见，注重与派驻单位的互动性，注重监督的实效性。为优化发展环境，促进全区“保发展、保民主、保稳定”作出积极贡献。戚建国指出，近年来，区政协和区委统战部紧紧围绕全区工作大局，充分发挥政协委员和各界人士的民主监督和参政议政作用，许多工作都很有特色、很有质量，为优化发展环境，促进全区经济社会发展作出了积极贡献。选派75名政协委员、民主党派和党外人士担任25个跟群众密切相关的职能部门的民主监督员，是改进政府工作，深化民主监督的一大创新、一大亮点。戚建国希望各有关部门在思想上要高度重视，进一步强化做好统一选派民主监督员工作的自觉性和主动性；在行动上要积极支持，进一步保障统一选派民主监督员工作的规范化和有序化；在工作上要把握尺度，进一步提高统一选派民主监督员工作的针对性和实效性。

工作总结表彰会。2011年1月17日，余杭区统一选派民主监督员工作总结表彰大会在临平举行。区政协主席汪宏儿，区委副书记戚建国，统战部部长白美玉，副主席陈云水参加。2009年6月，区政协、区委统战部统一选派部分政协委员、民主党派和无党派人士分别担任区发改局等25个部门的民主监督员。据统计，在一年多的工作实践中，各派驻民主监督员小组共向派驻单位提交各种合理化意见建议150余项，大多数意见建议都得到了相关单位的采纳和落实。会议表彰一批先进民主监督员小组及先进派驻单位。戚建国指出，

2011 年 1 月 17 日，余杭区统一选派民主监督员工作总结表彰大会召开

民主监督员工作取得明显成效，主要表现在机制建设日趋完善，管理更加规范；监督双方密切合作，氛围更加浓厚；工作成效日趋显现，影响更加广泛。他强调，统一选派民主监督员工作，是深入推进余杭区民主政治建设的重要举措，是扎实推进“和谐余杭”建设的重要载体，是有效提升政府部门工作的重要手段，要高度重视统一选派民主监督员工作；要突出民主监督的重点，创新民主监督的方式，注重民主监督的效果，切实提高统一选派民主监督员工作的实效；要加强组织领导、做好服务保障，强化监督意识、提高监督能力；要大力支持配合、确保工作到位，全力推进统一选派民主监督员工作的深入开展。汪宏儿希望以本次会议为契机，认真总结前期民主监督工作的经验做法，不断提升工作水平，大胆监督、用心监督、科学监督，为履行政协委员的光荣职责作出自己应有的贡献。

工作总结交流会。2011 年 7 月 28 日，区政协、区委统战部联合召开统一选派民主监督员半年度工作总结交流会。区政协主席汪宏儿，区委常委、统战部部长白美玉，区政协副主席陈云水等参加会议。交流会上，民主监督员代表和被监督部门代表就如何加强互动协作进行了探讨。汪宏儿指出，统一选派民主监督员是政协加强民主监督，探索民主监督更加规范、有效的一种形式。随着余杭“环境立区”战略的实施，全区的发展环境、服务环境大大提升。但人们的要求也越来越高，许多方面还存在不尽如人意的地方。因此，加强民主监督，最终的目标是一致的，就是通过民主监督，使我们的行政行为更加规范，使老百姓的热点难点问题得到有效解决。汪宏儿强调，要围绕区委、区政府中心工作和余杭经济社会发展大局，围绕人民群众关注的热点难点问题开展监督；要把握关键点，形成合力；要突出着力点，丰富监督形式；要把握一个根本点，提升自身素质。作为民主监督员要做一个担当的人、明事理的人、有主见的人、清清白白的人，深入调研，敢于亮剑、敢于突破、敢于担当，为被监督单位多提宝贵建议。

民主监督员派驻单位工作交流会。2013 年 8 月 16 日，区政协召开余杭区统一选派民主监督员工作派驻单位会议，各派驻单位分管领导就民主监督工作开展情况进行交流。区政协副主席潘法高、有关办委及区委统战部领导参加。自统一选派民主监督员以来，各派驻单位主动与民主监督员小组对接，举办情况通报会，向民主监督员介绍本单位工作以及相关业务知识，在此基础上，制定全年监督工作计划，积极开展各项民主监督活动。潘法高对各派驻单位民主监督工作表示肯定，并对下阶段民主监督工作提出要求：要强化对民主监督工作的重视，积极主动邀请并接受民主监督员的监督，并对各项监督活动提供支持和帮助；

2013年8月16日，区政协召开民主监督员派驻单位工作交流会

要抓住一、两项重点工作进行监督，力求工作取得实效；采取明察暗访、视察调研等多种灵活方式，努力把民主监督工作做深做实；要善抓落实，提高民主监督实效，注重民主监督工作的反馈和落实，认真研究，及时反馈并吸收采纳民主监督员提出的意见建议，更好地促进本单位各项工作的开展。

调整民主监督派驻单位。2014年，区政协完善民主监督员统一选派制度，调整民主监督派驻单位，支持12个民主监督小组对12个区级部门（区交通运输局、区环保局、区住建局、区城市管理局、区公安分局、区卫生局、区教育局、区林水局、区工商分局、区人力社保局、区检察院、区法院）开展监督活动，形成关于工程建设领域廉政风险、农村住房改造等方面的民主监督建议书12件。

提案办理工作的评议。2014年11月28日，区政协十届第33次主席会议，协商通过提案办理民主评议事项，要求在对提案办理网上反馈情况进行整理统计的基础上，区政协提案办理工作评估小组对委员提案办理工作进行评估，评估小组走访听取提案办理情况汇报并查看办理工作台账资料，召开评估座谈会听取提案人和民主监督员代表对提案办理工作的意见建议，并由提案人对所提提案办理情况进行定性测评。主席会议综合有关情况形成评估意见。如十届33次主席会议对区卫生局、交通局、环保局、国土余杭分局提案办理工作开展评议。会议听取主办单位提案办理情况汇报，根据提案人和民主监督员代表对提案办理工作的意见和提案人的定性测评，形成评估意见，分析基本情况、作出总体评价、提出改进建议。报区政府办公室和承办单位。

优化监督职能部门工作。2015年，区政协优化监督职能部门工作。60名政协委员、民主党派和无党派人士分12个小组，围绕区住建局、环保局、林水局、卫计局等12个部门的重点工作、重点项目，结合群众关心的热点难点问题，加强协商沟通，选准监督主题，深入开展明察、暗访、座谈等多种形式的民主监督活动。一年来，形成12件民主监督建议书，支持和督促委派部门研究解决山区群众出行、山区农民饮用水、食品生产加工小作坊监管、市民卡“智慧医疗”、建筑工地扬尘监管等方面问题。余杭区统一委派民主监督员工作有重点、有主题、有成效，统一委派民主监督员工作成功入选2015年浙江省市、县（市、区）政协工作十大创新案例，并多次在市政协、兄弟县（市、区）政协作经验交流。

河道随机巡查暗访。根据区委统一安排，区政协认真履行“河长制”“路长制”等工作，参与全区重大项目、重点企业联系，深入实地调研，加强指导督办，帮助研究和协调解决实际问题，推动相关工作落实。2017年2月23日，区政协文史委和城建委负责人组织政协委员民主监督员，会同区治水办、督查考评办有关负责人到乔司街道开展河道随机巡查暗访活动。巡察组实地走访北沙河、中沙河、庙港和乔司港四条河道，察看河道水质、漂浮物、排污口等情况。委员们对污染治理和长效管理提出意见建议。

2017 年 6 月 23 日，区政协组织民主监督员开展河道随机巡察暗访工作

2017 年 6 月 23 日至 24 日，区政协六个民主监督组分赴全区各查访点开展“干、查、督”大行动。主席阮文静，副主席黄莉、孔祥华、陈云水、潘法高、戴桂香等参加。各民主监督组干字当头、干在一线、干着监督，到城镇、到村庄、到现场，查水体、查断面、查成效，找问题、找原因、找对策，督剿灭、督治理、督推进。第一监督组实地督查瓶窑镇窑北村农村生活污水处理设施运维以及小微水体治理情况，塘栖镇三文村港、福利桥港；第二督查组到南苑街道实地督查卫星河、北港河等河道；第三监督组到仓前街道等地，实地督查连具塘港冲天陡门段、白步桥段和陆家场闸门；第四监督组到星桥街道督查和睦港沿线等河道；第五监督组赴仁和街道开展督查活动，实地查看华士港、毛墩坝港以及周边小微水体；第六督查组赴乔司街道，实地察看中沙河、方桥港及周边小微水体。提出整改意见。

调整统一选派民主监督员。2017 年 5 月 31 日，区政协十一届第 4 次主席会议，审议通过统一选派民主监督员名单。会议听取委工委关于统一选派民主监督员建议名单的说明。会议同意选派人员名单。会议要求，各专委会要加强对民主监督小组的联系指导，加大关注度、参与度、支持度，促进民主监督小组和受派单位的沟通协商。要做好专委会调研视察活动和统一选派民主监督的结合工作，充分发挥好民主监督组的作用。

民主监督员工作会议。2017 年 6 月 16 日，区政协召开余杭区统一选派民主监督员工作会议，全面启动新一轮统一选派民主监督员工作，新组成 10 个民主监督员小组，派驻余杭区交通运输局、余杭区住建局、余杭区林水局、余杭区民政局、余杭区市场监管局、余杭区教育局等 10 个单位选派 71 名民主监督员。选派工作是以中共余杭区委名义选派，并由区委发文，具体人选由区政协、区委统战部共同研究决定。这 71 名民主监督员大多数为委员中的民主党派、无党派人士，在人选安排上充分体现了政协委员、民主党派、无党派人士对党政部门的民主监督。

助力征地拆迁工作。2017 年 8 月 8 日至 14 日，区政协主席会议成员带领民主监督组政协委员，分别到有关重点镇街现场视察督导，走访塘栖、良渚、仓前、闲林、中泰、瓶窑、五常等 7 个重点镇街的 15 个征迁区块现场，开展视察督导。召开征迁工作民主监督座谈会，听取各地征迁工作情况汇报，组织委员建言献策。监督组认为，各镇街把征迁工作作为当前重点工作，高度重视，组织有力，行动迅速，推进有序，整体态势良好。但是，征迁工作基数大、涉及面广、任务繁重，仍还存在着资金保障、安置房选址、工程招标、合同主体等问题和难点。委员们建议：要统一认识，强化目标导向，摸清底子，细化计划；明确重点，整合力量，落实责任。要加强统筹协调，理顺镇街与融资平台在项目推进中的土地利用、做地平衡、滚动开发等职责和关系，确保项目正常推进；进一步加大资金筹措力度，本着高效、安全的原则给予资金保障。要着力协调解决安置区块的选址、规划和用地，缩短审批时间；完善配套设施建设，解决好拆迁户的就学、就医等民生问题。要慎重对待一些承载历史底蕴、人文特色的老建筑、老设施，对有一定历史价值的建筑进行保留和改造，留住文脉和乡愁，重视保留城市和乡村的历史记忆。

统一选派民主监督员工作制度。2018 年 10 月，区政协制定《余杭区统一选派民主监督员工作制度》。制度规定：成立统一选派民主监督员工作协调指导小组，由区政协分管副主席任组长，区委统战部分管部长、区政协委工委主任任副组长；区政协各专委会联系指导相关民主监督小组工作；区政协、区委统战部分别确定专门的联络科室，设联络员负责日常联系工作；统一选派民主监督员任期，自选派之日起，至换届时止。其间，因工作需要、民主监督员工作调整或其他原因，进行调整或增补；选派民主监督员以小组为单位，组织开展活动。设组长 1 人、副组长 1 人。还规定了民主监督员工作职责、受派单位工作职责和考核制度。

附件：

余杭区统一选派民主监督员年度工作考核评分标准

(民主监督员小组)

考核项目	分值	考核内容	评分标准	自评	考评
工作计划	10	年初有计划,年终有总结,台账记录清楚，内容翔实。	少一项扣 3 分，记录不清楚，内容不翔实的酌情扣 1~4 分。		
会议活动	30	参加派驻单位组织的各类会议,活动不少于 3 次。	无故不参加 1 次扣 10 分，扣完为止。		
调研督查	30	对派驻单位进行的调研督查活动不少于 2 次。	少一次扣 15 分，扣完为止。		
整改情况	30	对派驻单位提交的有针对性并可操作的书面意见建议不少于 3 条。	少 1 条扣 10 分，扣完为止。		
附加分		对统一派驻民主监督员工作提供好的意见建议被采纳。	每条加 10 分。		
		提出创新意见建议被派驻单位采纳。	每条加 10 分。		
		其他有突出工作。	酌情加分。		

余杭区统一选派民主监督员年度工作考核评分标准

(派驻单位)

考核项目	分值	考核内容	评分标准	自评	考评
工作计划	10	加强领导，分管人员明确，职能科室明确，做到年初有计划,年终有总结。	分管领导、职能科室不明确的扣 4 分，年初无计划扣 3 分，年终无总结的扣 3 分。		
会议活动	30	积极主动组织监督员参加本单位的各类会议,活动不少于 3 次。	少 1 次扣 10 分，扣完为止。		
调研督查	30	积极配合并为监督员的调研督查工作提供条件。	少一次扣 15 分，扣完为止。		
整改情况	30	对监督员提交的意见建议主动予以落实整改,并以书面形式反馈。	少 1 条扣 10 分，扣完为止。		
附加分		对统一派驻民主监督员工作提供好的意见建议被采纳。	每条加 10 分。		
		采纳监督员提出的创新意见建议，并以缺席形式确立。	每条加 10 分。		
		其他有突出工作。	酌情加分。		

调研住房和城乡建设工作。2019 年 3 月 13 日，选派区住建局民主监督小组成员调研建设项目有序推进情况。区政协主席沈昱，副主席吴立炜、黄德伟参加。委员们认为，区住建局牵头推进多项中心工作，全区品质城市建设、临平老城区有机更新、小城镇环境综合整治、城建项目实施都取得可喜成绩。建议要进一步实行全域管理，站得高、看得远，要通盘考虑；加强精细管理，重点做好物业管理等工作；提高服务意识，做好监管和审批工作。

调研市场监管工作。2019 年 3 月 14 日，选派区市场监管局民主监督小组成员调研区市场监管工作。主席沈昱、副主席吴立炜参加。委员们认为。2018 年，区市场监管局助推区委区政府中心工作：牵头破解“低散乱”难题、优化营商环境、深入推进“最多跑一次”改革，推动区域经济高质量发展：助力企业提升核心竞争力、促进市场主体规范升级、保障品质创放心消费环境、加大行政执法力度、保障食品药品安全、加强重点领域监管。委员们建议区市场监管局要进一步优化营商环境，保证食品和特种设备安全，提高管理的精准性、有效性、预见性和针对性。

开展新一轮民主监督员派驻工作。2020 年，区政协坚持监督与支持相结合，进一步健全民主监督工作机制，选派新一轮 60 名区政协委员、民主党派和无党派人士，担任 12 个职能部门的民主监督员，建立监督小组，规范监督形式，形成关于直管公房清理、出租车行业稳定发展、加快黄标车淘汰等方面的民主监督建议书 12 份。

助力应急管理工作。2020 年 6 月 4 日，区政协选派民主监督小组助力应急管理工作。主席沈昱、副主席黄德伟，区政协办、社法委负责人，区应急管理局班子成员参加。听取区应急管理局全区应急管理工作和“1+4”数字应急指挥平台建设运行情况汇报。选派区应急管理局民主监督小组交流民主监督基本情况，表示要助力应急管理工作，积极监督建言，做好宣传引导。建议区应急管理局聚焦新使命新要求，内强体制，提高统筹协调能力；外抓重点，最大限度地控制风险、消除隐患；要定期演练，通过实战演练增强应急响应、应急处置的能力，提升队伍战斗力；要强化安全宣传教育，用“生命高于一切”的理念，制作系列宣传教育片、警示片，开展不同层面的宣教活动，提升全民安全意识。

选派民主监督部门座谈会。2020 年 7 月 16 日，区政协召开统一选派民主监督部门座谈会，听取情况汇报，交流经验，推进工作。主席沈昱、副主席陈云水，区委统战部、区政协办、区政协委工委有关负责人，各选派单位分管领导参加。选派民主监督小组是政协履行民主监督职能的重要形式和有效载体，通过开展民主监督，充分发挥政协作为党委政府联系人民群众的重要桥梁纽带作用，有力地推进选派部门工作。这项工作曾获省政协十大创新典型案例。沈昱指出，各级党委对政协民主监督工作给予高度重视，中央、省、市、区委都专

2020 年 7 月 16 日，区政协召开统一选派民主监督部门座谈会

门就加强和改进人民政协民主监督工作出台文件，作出部署，希望各选派单位要站在民主政治建设的高度，不忘初心，学习领会相关文件精神，切实提高对民主监督工作的认识。要健全联系沟通，知情明政，落实反馈选派监督工作的新机制，使选派监督小组“监督到点子上，助力在关键处”。沈昱表示，选派监督的目的主要是通过协商监督，提出建设性的意见建议，让选派部门更多地听到来自委员与群众的声音，改进工作。同时通过民主监督小组成员对部门工作的深入了解，带动各界别群众形成共识，为全区经济社会的高质量发展作出应有贡献。

民主监督建议书。统一选派民主监督员工作是余杭区政协加强民主监督的一项创新工作，自2009年起，区政协各监督员小组深入基层，了解实情，分析问题，提出建议，每年围绕1—2个重点课题提出意见建议形成民主监督建议书，经主席会议协商审定，由区政协办、区委统战部联合发文，送达受派单位。如2014年选派驻交通运输局民主监督小组就交通工程建设领域推进廉政风险防控机制提出建议；派住建局民主监督小组对农村住房改造建设控制区域划分提出监督建议书；选派卫生局民主监督小组就进一步完善医疗机构安保体系建设、保证医疗秩序提出建议等。

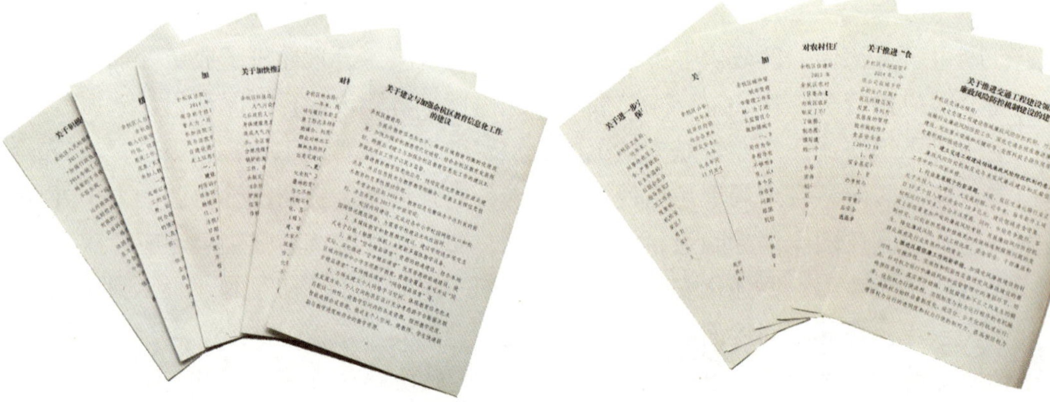

2014年度《民主监督建议书》

第五章

参政议政

第一节　建言献策

第二节　调查研究

第三节　社情民意工作

第五章　参政议政

参政议政是人民政协履行职能的重要形式，也是党政领导机关经常听取参加人民政协的各民主党派、人民团体和各族各界人士的意见和建议、切实做好工作的有效形式。余杭区政协参政议政工作主要有三种形式：一是围绕各个时期、各个阶段党委、政府的中心工作，围绕人民群众普遍关心的热点问题，组织各委组开展调查研究，形成调研考察报告，供区委、区政府和有关部门决策参考。二是对于一些事关全局的重大问题和党委、政府关注的热点、难点、堵点问题，以主席会议或常委会或全委会名义向党委、政府提交建议案。三是依靠政协涉及面广、人才荟萃、知识密集的优势，通过社情民意等形式，建言立论，献计献策。余杭区政协第八届至第十二届委员会运用大会发言、委员论坛、建议案、社情民意等形式，围绕党委、政府各个时期的中心工作，针对余杭区政治、经济、社会发展的重大问题及人民群众普遍关注的热点问题，深入实际，开展调查研究，反映社会不同阶层、不同群体的愿望和要求，立足全局，面向未来，聚众智、献良策，建睿言、为党委、政府科学决策提出对策和建议，体现政协组织为党政分忧、为发展尽责、为群众解难的作用和能力。

第一节　建言献策

余杭区政协在履职中通过调查研究、协商活动、纂写提案、大会发言等形式，对党和政府工作提出意见建议。“建言献策”让政协作为专门协商机构的特点和优势发挥得更加充分。这种作用不是靠“说了算”，而是靠“说得对”。并在与时俱进中推动政协工作发展进步，履职能力水平提高。

一、常委会会议建议案

政协常委会会议是人民政协最经常、最集中的政治协商例会。每次常委会会议大多有相对集中的、经过精心选择的协商议题。2003—2012 年，区政协第八届至第十届一次会议在专题调研的基础上，共提交常委会建议案 9 件。

区政协八届常委会第一次会议通过的建议案　2003 年 3 月 28 日，区政协八届常务委员会第一次会议审议通过《关于提速做大做强余杭民营经济的大会建议案》，并将此建议案报送区政府研究参考。同时根据政协工作的有关规定，请区政府将建议案研究办理情况及时函复，以便在区政协有关会议上反馈。此建议案送呈区政府后，引起领导的高度重视，对建议案进行专门研究，并提出了加快发展余杭区民营经济的新举措。会议还审议通过《关于建立余杭区新型农村合作医疗制度的大会建议案》，此件建议案对《余杭区新型农民合作医疗保险制度》的出台起到了促进作用。

区政协八届常委会第十一次（扩大）会议通过的建议案 2004年6月24日至25日，区政协八届常委会第十一次（扩大）会议召开，协商通过《关于切实保护农民利益，推进余杭区征地拆迁工作的建议案》。提出要加大农居点建设力度、解决失地农民出路、整顿规范土地市场、职能部门依法行政等7条意见建议。为区委区政府决策提供了重要的参考意见。区政府对政协的调研成果十分重视，许多意见建议得到采纳。

区政协八届常委会第十二次会议通过的建议案 2004年9月29日，区政协八届常委会第十二次会议召开，协商通过《关于加强师资队伍建设，提高普高教育质量的建议案》，提出推进师德建设、提高教师福利待遇、合理调配教师资源、加强校长队伍建设等6点建议。送交区政府办理。

区政协八届常委会第十七次会议通过的建议案 2005年6月29日，区政协八届常委会第十七次会议召开，会议审议通过《关于解决“三农”若干问题的建议案》。

区政协九届常委会第十一次会议通过的建议案 2008年10月30日，余杭区政协九届常委会第十一次会议通过《关于加强老集镇管理和建设的建议案》，提出了既要全面规范，又要保护、整治、建设三管齐下的建议，引起区委、区政府主要领导重视。区委书记朱金坤批示：老集镇是余杭的根、余杭的魂，区政协《关于老集镇的管理和建设的建议案》很及时、很必要，请区政府召集有关镇、乡、街道和部门专题研究，结合社会主义新农村建设，结合破解“四农一村”问题，提出保护和整治的意见和建议。区建设局积极采纳并研究制定了实施意见，从而使老集镇的建设和管理工作列入区、镇乡两级政府的重要议事日程。

区政协九届常委会第十五次会议通过的建议案 2009年10月10日，区政协九届常委会第十五次会议召开，协商讨论并表决同意区政协常委会《关于节能减排工作的建议案》。

区政协九届常委会第二十二次会议通过的建议案 2010年以来，区政协把“加快养老服务建设，推进养老事业发展”作为常委会的重要调研课题。通过召开各个层次座谈会、视察、问卷调查等活动进行深入调研。10月15日，区政协九届常委会第二十二次会议召开，专题协商养老事业，还邀请社区代表、老年人代表到会发言。会上，政协委员方黎民、社区代表陈兴群、老年人代表沈杏仙分别就机构养老、社区养老、老年人对社会养老服务的需求提出意见和建议。会议审议通过《关于加快推进余杭区社会养老事业的建议案》，建议案针对“老有善养”，提出了建立多元化养老服务投资机制、完善社会化居家养老服务机制、提高养老服务机构管理服务水平等5个方面建议，为区委、区政府整体推进养老服务社会化出谋划策。该建议案引起了区委、区政府重视，区委主要领导作出重要批示。

区政协九届常委会第二十六次会议通过的建议案 2011年6月，区政协九届常委会第二十六次会议，听取和协商全区城市管理工作情况汇报；听取和讨论区政协“城市管理”系列调研活动情况汇报，并审议通过《关于完善城市管理体制机制，提高城市管理水平的建议案》。

二、主席会议建议案

2003年以来，区政协第八届、九届、十届相关主席会议上，讨论通过6个建议案。自2012年10月24日，区十届政协第8次主席会议后，主席会议审议通过的调研报告不再以主席会议建议案名义而以调研报告名义报送，范围、程序与建议案相同。

区政协八届第5次主席会议通过的建议案　2003年8月，区政协八届第五次主席会议召开，结合区内城市交通建设管理的现状，对进一步加强和改善区城市交通建设和管理进行研究讨论。调研情况后形成《关于加强和改善城市交通建设管理的建议案》，提出“高起点筹划整体交通、高效能管理现有交通、高标准建设交通基础设施、加大公共停车场建设力度、开展交通法制宣传教育”等方面的建议。

区政协八届第35次主席会议通过的建议案　2006年6月，区政协八届第35次主席会议召开。协商通过《关于发展山沟沟乡村旅游（农家乐）的建议案》。

区政协九届第6次主席会议通过的建议案　2007年6月27日，区政协九届第6次主席会议召开，形成《关于加快推进老城区物业管理暨实施旧有小区改善工程建议案》，上报区委、区政府。建议案提出“将老小区物业管理列入实事工程，分层次推进，成立业主委员会，多渠道筹集资金，实施税、费优惠减免，实行长效管理”等建议。区委、区政府及时召集有关部门进行研究，将其列为区领导干部破解难题之一，在全区范围内开展老城区物业管理和危旧房改造的调查摸底工作，并在试点的基础上出台《余杭区老城区物业管理和旧小区改善工程实施意见》。根据区委、区政府提出到2010年把余杭区建设成国家级生态区的战略目标，主席会议在深入调研的基础上，就生态区建设进行重点协商，2007年10月形成了《关于生态区建设的建议案》，提出“生态区建设必须按照国家制定的相关条件和指标抓紧实施、加快环境基础设施建设、加强以水为重点的环境综合整治、治理土壤污染、建立环境与经济发展综合决策机制”等建议。区委书记朱金坤作了批示，区政府将生态区建设的截污纳管工作列为2008年重点工作之一。

区政协十届第8次主席会议讨论的建议案　2012年，区政协组织开展持续4个月的社会组织建设与管理工作专题调研，通过走访、座谈、外出学习考察等多种形式，广泛征求各个层面的意见建议，并经区政协十届第8次主席会议协商，形成《关于培育发展社会组织、创新社会管理的建议案》，报送区委、区政府。该建议案提出健全协调培育机制、建立新型政社合作互动关系、创新激励政策、健全监管体系等方面建议，有关内容被吸纳到区政府《关于加快培育发展社会组织的实施意见》文件中。

区政协十届第21次主席会议审议的建议案　2013年11月20日，区政协十届第21次主席会议审议《关于在原区第五人民医院场所建立医养结合老年医院的建议案》。呈送区委区政府供决策参考。

第二节　调查研究

余杭区政协第八届至第十二届委员会将调研工作作为履行职能的一项经常性、基础性工作。不断拓展调查渠道、创新调研方式，在调查思路上求宽、求广，在研究方法上求深、求细，在调研效果上求多、求实。形成以政协委员为主体、以政协专委会为依托、以课题为纽带，联动党派、界别和上下级政协组织参加的工作模式。通过广泛深入、严谨细致、科学务实的专题调研，形成一批含金量较高的调研成果，为区委、区政府决策提供高质量建言。

一、专项集体调研

专项集体调研是人民政协协商议政的重要形式之一，常委会会议、主席会议根据全体会议确定的年度工作要点开展集体调研。提出的各类意见建议，以调研报告、协商意见、信息专报等书面形式报送区委区政府及有关部门。对党政主要领导、分管领导阅批的，及时了解督促建议落实，对一些重要意见未能及时采纳反馈的，通过调研督查、联系督促等形式进行跟踪督办。

经济科技工作方面的调研 区政协八届一次会议以来，区政协常委会会议、主席会议等就区财政国资管理、助推实体经济发展、街道（镇）经济社会发展、经济园区建设等经济科技工作方面开展专项集体调研，提出意见建议。

调研财政、国资管理工作。2010 年 1 月 19 日，区政协调研财税、国资工作。主席汪宏儿，副主席方加明、章福根、钱杭根、黄莉、陈云水等参加。经调研，建议区财税、国资部门要围绕“保增长、抓转型、重民生”这一主线，开源节流，勤俭办事，积极培植新财源，有效促进财政可持续发展；要坚持保重点、保民生，集中财力办大事，采取积极的财政政策，大力支持转型升级和现代产业发展；要做好可持续发展文章，加强财政结构性调整，积极培植新财源，为加快建设最适宜居住的“品质之城、美丽之洲”，实现余杭经济社会又好又快发展做出新的贡献。2010 年 3 月 24 日，区政协主席汪宏儿，副主席章福根、钱杭根、黄莉、孔祥华、潘法高等调研区国资管理工作。听取区国资办、财政局汇报区国有企业基本情况、国有资产管理情况，分析当前国资工作主要存在的问题和困难，并针对当前国资工作面临的新形式、新任务、新要求，提出 2010 年国资工作思路。调研组充分肯定过去一年，特别是国资体制调整后，区国资办工作所取得的成绩，建议国资监管、国企经营要科学决策、完善制度，抓好落实；国资办工作要管好钱、用好钱，勤俭办大事、勤俭办好事、勤俭办成事；国资监管要充分发挥内审外监作用，管人、管事、管资产要做到紧密结合，实现三力提升；创新考核机制，创新运作机制，创新激励机制，创新监管机制。

2012 年 8 月 1 日，区政协到区财政局集体调研财政收支预算执行情况。主席阮文静，副主席黄莉、杜永林、孔祥华、陈云水、潘法高、戴桂香和副区级巡视员章福根及各委办主任参加。调研组全面了解全区财政工作，并给予充分肯定。建议财政局既要当好“管家”，又要当好“高参”，把钱用在刀刃上，提高财政资金使用效率；要围绕保民生、保发展、保稳定，优先安排财政支出；要加强财政扶持政策的宣传，使“实体经济发展，打造产业余杭”的各项扶持政策落到实处。

2013 年 8 月 26 日，区政协主席会议成员集体调研全区财政工作。委员们建议财政部门要在支持创新发展上加大力度，对新兴产业、创新园区、创新人才、环境打造等方面进一步加大公共财政投入力度；加大在公共卫生医疗、公办养老机构等薄弱环节的投入力度；着力推进财政预算改革，提高财政预算透明度，积极推进预算信息公开；加强对产业平台、镇街、国有企业的资金管理，提高资金使用绩效；注重内部提升，为财政系统输送新鲜血液。

调研良渚组团工作。2010 年 3 月 23 日，区政协主席会议成员赴良渚组团、良渚镇、杭州农副产品物流中心（余杭高新农业示范中心）调研，共商发展大计。听取良渚组团党工委书记张俊杰代表组团工作汇报。委员们建议良渚组团要有新的理念，以打造“新城”的理念来提前谋划；要有新的布局，产业布局、城镇布局都要敢于创新；要有新的定位，不管是发展现代产业还是基础设施建设都要实现从传统到现代的转变；要有新的体制，组团在处理各种关系时要妥善把握超脱与先行的关系，把握管与不管的关系。汪宏儿说，组团在启动开发上要快，在整体规划布局的同时选准启动区块先行启动；在滚动开发上要突出谋划，发展各大产业中以龙头来带动发展；在带动开发中要实，以增量促存量。

调研助推实体经济打造产业余杭。2012 年 4 月初，区政协启动以“提振实体经济、打造产业余杭”为主题的系列调研活动。主席会议确定“镇街工业园区改造提升、改善实体经济发展困境、切实减轻企业负担、加快现代农业、传统优势产业转型升级、高素质人才助力实体经济、创新法律服务体系”等子课题，制订调研实施方案，明确活动步骤。4 月 10 日，区政协企业家协会与区商务局共同主办“创投登陆北美市场”讲座。全区 130 多名企业家代表参加，浙江省原副省长、省政协原常务副主席龙安定应邀出席，分析经济形势，讲解中国企业低成本进入美国市场的新模式等，拓宽余杭区企业家的视野。为了更好地营造余杭区“提振实体经济、打造产业余杭”氛围，区政协联合区新闻媒体及杭州政协杂志社、联谊报社报道活动的开展情况和取得的成果。4 月 12 日，区政协召开系列调研活动动员大会，全面启动系列调研。近两个月中，区政协开展集体视察、专题调研走访活动 19 次，召开各类座谈会 30 余次，共走访企业 66 家、镇街（开发区）20 家次，走访或参加调研活动涉及 16 个部门。“提振实体经济，打造产业余杭”系列课题调研需要汇集社会各界人士的智慧和意见，为此，区政协发动全体政协委员和各界人士充分发挥人才荟萃、联系广泛、智力密集的优势，组织开展“我为发展实体经济献一策”活动。征集到政协各界别委员的“献一策”建议 100 余条，系统性的调研文章 20 余篇，为助推实体经济献良策，为党委政府决策献计出力，系列调研活动取得初步成果。

调研街道（镇）经济社会发展。2013 年 4 月中旬，区政协到径山镇、闲林街道、瓶窑镇、五常街道调研。主席会议成员，政协办公室、经科委负责人等参加调研。在径山镇，实地踏看绿景堂生态休闲园，走访径山村和五峰茶业有限公司，了解 2013 年径山茶生产销售状况，考察恒和依山郡、九龙瀑、杭州市大型民政养老项目选址地块等，听取径山镇负责人关于经济社会发展情况和重点工作情况的介绍。调研组建议径山镇要充分依托生态资源，发展休闲观光产业，着力打造现代休闲旅游精品亮点。在闲林街道，考察闲湖城、闲林水库及库区安置房项目现场，走访飞扬机电、联合金属等企业。调研组指出，闲林街道处在建设开发的热点区域，项目多、任务重，希望闲林街道进一步优化社会管理，在大建设、大开发过程中着力提升管理服务水平。在瓶窑镇和五常街道，重点调研科技型中小微企业发展情况，分

2012 年 4 月，余杭区政协发展实体经济系列调研专题座谈会召开

别考察瓶窑镇的华炫科技园、长命印刷科技园和五常街道的西溪软件园，走访华炫工贸、长命印刷、正翔重机、达峰科技、图讯科技等多家企业，听取两地关于科技型中小微企业发展工作的汇报，与镇街和企业负责人就科创园区建设、科技型企业引进培育等问题进行广泛交流。调研组指出，科技型中小微企业发展工作是区委、区政府的重要决策，要进一步提高认识，落实责任；要注重政府引导和企业运作相结合，充分调动企业的积极性；要注重园区环境打造与招商引资相结合，完善园区配套，做优软硬环境，提高服务水平；要注重全面规划与重点推进相结合，重视引进企业质量，保障后续发展空间。

调研市场监管工作。2015年1月14日，区政协就市场监管工作到区市场监管局开展集体调研。主席阮文静，副主席杜永林、潘法高、戴桂香，副区级巡视员傅樟绚及政协各委办主任参加。委员们建议市场监管局作为新机构部门，要着重在提高监管效能上下功夫；要转变理念和作风，提升工作能力，严格纪律，加强自我约束；要探索新机制，保障队伍高效运转，有序开展监管工作，提高服务水平，提升效能；要运用新技术，独树一帜，引进最前沿最先进技术，智慧管理，依靠新技术提高效率；要借助新力量，在挖掘使用好原有队伍的基础上，加强部门联动，探索新思路，充分挖掘企业、社会、网络力量，为我所用，提高监管效率。

2016年6月30日，区政协调研组调研滨江区高新产业发展

调研高新产业发展。2016年6月30日，区政协主席阮文静，副主席黄莉、陈云水、戴桂香，副区级巡视员傅樟绚，各委办负责人和“大产业转型升级”专项决策咨询组部分成员、部分委员赴滨江区调研视察高新产业发展情况，滨江区区长金志鹏、政协主席沈孔良等陪同考察。考察组实地走访新华三集团、海康威视技术有限公司，参观智慧e谷展示中心，并就高新产业发展与滨江区政府及财政、发改、科技、商务、人才办等有关部门展开交流座谈。阮文静表示，滨江在产业转型发展方面战略定位准，人才政策完善，政府服务专，区域环境好，创新能力强，为余杭提供了宝贵的借鉴。区政协将大产业转型升级专项咨政建言作为2016年的重点课题。

调研工商联（总商会）工作。2017年10月26日，区政协调研工商联（总商会）工作。主席阮文静，副主席黄莉、陈云水、潘法高、戴桂香，副区级巡视员傅樟绚，区政协各委办负责人参加。调研组实地考察余杭商会大厦建设现场并听取汇报后，建议区工商联（总商会）要在“联”字上做文章，不仅要联系工作，还要联络感情、联合力量，把非公有制经济人士团结起来，为新时代国家建设、余杭建设发挥主力军作用；要在服务上下功夫，通过各种活动、提供各种服务，不断提升非公有制企业人士的获得感、满意度，使他们在政治方向、重大目标、健康发展、社会责任等方面形成共识；要在空间上求拓展，扩大工商联工作空间，多与余杭异地商会、在外经商创业余杭人“走亲”，宣传家乡，吸引“余商”回归，并通过政协舞台发挥更大的作用。要强化安全观念，高质量地建好商会大厦，加强入驻企业引导，使之在黄金地段产生黄金效益。

调研良渚新城（良渚街道）工作。2019 年 3 月，区政协赴良渚遗址管理区、良渚新城（良渚街道）调研。区领导沈昱、张俊杰、曾宏、黄莉、吴立炜、陈云水、戴桂香、陈寿田、蒋卫东，区政协各委办主任、副主任及部分政协委员参加。沈昱希望新城抓住古城遗址申遗机遇，把新农村建设与良渚申遗、文化旅游相融合，全面推进全域美丽建设。产业上有更清晰的定位，充分利用好良渚优越的区位条件、产业基础和文旅资源，高举文化大旗，打响良渚文化金名片，实现高质量可持续发展。

调研仁和先进制造业基地。2019 年 3 月 22 日，区政协赴钱江经济开发区（仁和基地）调研。主席沈昱，副主席黄莉、吴立炜、陈云水、戴桂香、黄德伟、潘法高，仁和基地建设指挥部总指挥姚文华，政协各委办主任、副主任及部分政协委员参加。调研组实地踏看菜鸟网络中国智能骨干网项目、开发区景观市政工程、阿里巴巴浙江云数据中心仁和项目建设现场，听取钱江经济开发区（仁和基地）建设指挥部工作情况汇报。调研组建议仁和制造业基地升格为省级钱江经济技术开发区之机，以打造“产城人文”高度融合的最美开发区为目标，全面提升园区的建设品质，提升服务企业水平，营造一流的营商环境。沈昱希望钱江经济开发区（仁和基地）抓住有利时机，坚持规划优先，做好园区总规、控规和产业规划等，以高起点规划确保高标准建设高质量发展；坚持发展新装备、新材料、新能源，发展高水平、高质量制造业；坚持产城融合发展，与仁和街道两位一体、协同发展、共同成长。

2019 年 3 月 22 日，区政协主席沈昱（右前）率调研组在钱江经济开发区（仁和基地）调研

调研临平新城建设。2019 年 4 月 10 日，区政协领导调研临平新城建设情况。主席沈昱，副主席陈云水等参加。在临平新城建筑数字化产业园，观看浙江大境筑科技的数字化管控平台实时传导场景。希望临平新城建设要放大格局，在空间布局上要有整体概念，不要碎片化，加大临平新城整体宣传力度；要提高临平新城给人们充满想象的预期，不要太狭小，做好产城融合的大文章，打造宜居宜业的科技之城；新城的规划要打开空间全覆盖，不要点状发展；开发建设要追求整体高品质，区域内不要有太大落差；产业发展上要建立禁入制度，不要框死，有什么样的城市形态，就会形成什么样的产业，所以新城要有城市发展的整

体观念。

调研“三农”工作。2019年10月15日，区政协调研“三农”工作。主席沈昱，副主席黄莉、吴立炜、陈云水等参加。区农业农村局汇报“三农”工作情况。区政协领导与区农业农村局就美丽乡村建设覆盖面、农村经营用地、农产品质量安全、村集体闲置资产确权利用、低收入农户增收、农技队伍老化弱化及城乡融合等进行广泛的讨论。沈昱指出，区农业农村局致力于美丽乡村建设、美丽经济培育、美丽文化发展，加快实现农业全面升级，工作卓有成效，为余杭区城市化发展作出了重大贡献。在乡村振兴的时代背景下，要在政策支持、规范管理、公司化运作上创新发展，在制定标准、输出品牌上下功夫，做出余杭特色，努力打造发达地区乡村振兴的“余杭样板”。区政协也将充分利用“请你来协商”、委员工作室等平台，助推余杭“三农”工作。

调研杭州钱江经济开发区。2020年11月26日，区政协主席沈昱带领区政协班子以及区政协各委办主任、副主任、调研员以及部分委员调研杭州钱江经济开发区。察看钱江经济开发区市政及景观工程（智荟动力公园）、阿里云仁和数据中心、杭州华光焊接新材料股份有限公司。听取钱江经济开发区党工委书记姚文华工作汇报。沈昱指出，钱江经济开发区发展思路清晰、产业高端、前途光明。要求钱江开发区进一步优化蓝图规划，注重科技创新，打造更高能级的发展平台。

调研南湖科学中心。2019年11月27日，区政协赴南湖科学中心调研，实地踏看之江实验室园区一期工程建设和阿里达摩院项目现场。主席沈昱，副主席黄莉、吴立炜、陈云水、戴桂香，指挥部总指挥施建华等参加调研。沈昱高度肯定南湖科学中心项目取得的成就，希望抓住有利时机，提前谋划中心人才、项目落地余杭的前期工作，为余杭发展赋能。坚持科学管理、科学推进，并做好各项预案。要通过重大项目建设，带好队伍，培养人才，参与者要珍惜和把握这一重大机遇，锻炼意志，提升能力，为余杭经济社会发展作出更大的贡献。

2021年4月16日，区政协主席沈昱（左二）率调研组调研未来产业创新发展、城市规划建设

调研未来产业创新发展、城市规划建设。2021年4月16日，余杭区政协筹备组调研良渚新城、良渚街道、钱江经济开发区、仁和街道。区领导黄德伟、李玉美、傅丽华、周忠诚、斯建刚、张瑾、陈云水和政协城建委、文史委负责人参加。

调研组参观良渚新城规划馆、良渚文化广场、智荟动力公园、普宁村牡丹园等，实地了解区域未来产业创新发展布局、城市规划建设和社会治理工作等情况，分别听取各平台、街道工作总体情况和下一步工作思路，与平台、街道班子成员进行座谈交流，委员们要求平台、街道进一步提高思想站位、深化认识，切实把思想和行动统一到中央和省市的决策部署上来。余杭正处于重大改革创新进程中，各平台、各镇街要抢抓机遇，积极争取区委区政府的重视，持续推动产业发展、城市建设和社会民生等各项工作再上新台阶。

调研经济信息工作。2021 年 6 月 11 日，区政协筹备组组长沈昱一行赴区经信局调研经济信息工作，筹备组黄德伟、周忠诚、张瑾，区政协机关筹备组、区经信局筹备组负责人参加。听取区经信局汇报行政区划调整后全局基本情况、前期所做工作、1—5 月全区工信经济运行情况及主要特点、当前工作存在的问题短板和下一步工作思路。调研组针对新余杭区数字经济“二次攀升”、制造业短板补齐、产业空间制约破解等热点难点问题进行深入协商交流并提出意见建议。沈昱希望区经信局继续坚持数字经济和制造业“双轮驱动”、创新链和产业链“双链协同”，以数字经济全域化、制造业智能化、企业科技成果转化、企业发展总部化为探索方向，全力打造数字经济 2.0 版，扎实推进园区有机更新 2.0 版，全面深化企业服务 2.0 版，以工信经济创新发展推动余杭高质量发展。

教文卫体旅工作方面的调研　区政协八届一次会议以来，在教文卫体旅工作方面，重点调研旅游和大径山项目推进、文创产业、高中段教育、医疗保障等工作，提出意见建议。

调研古村落保护工程。2010 年 4 月 2 日，区政协调研鸬鸟镇茅塘古村落保护工程。主席汪宏儿、副主席方加明、章福根、钱杭根、黄莉等参加。听取鸬鸟镇党委政府的工作汇报。政协委员曾在 2009 年的余杭区两会中提出要保护茅塘古村落的建议，并得到政府的采纳。汪宏儿指出，鸬鸟镇山沟沟的观光旅游要转型升级，要通过打造“风情小镇”“特色小镇”，实现旅游业态的蜕变，这也是鸬鸟生态优势转化为经济优势，最终实现旅游富民的一个必然选择。汪宏儿强调，鸬鸟的旅游业要提高品位，要与自然山水、人文环境融为一体。要加快“风情小镇”基础设施建设，通过政府的产业扶持政策，为旅游发展提供政策保障。同时要通过对古村落的全面整合提升改造，进一步丰富景点的内涵。通过政府的引导，大力发展特色鲜明，参与性、体验性强的旅游和农家乐产品，为“风情小镇”的休闲度假业提供支撑。

调研文化新闻媒体工作。2012 年 7 月 31 日，区政协到区文广新局开展集体调研活动。主席阮文静，副主席黄莉、杜永林、陈云水、潘法高、戴桂香和副区级巡视员章福根参加。听取区文化事业发展情况介绍。阮文静指出，区文广新局不断完善相关政策，积极进行体制创新，公共文化服务处于领先示范地位，群众文化遍地开花，遗产保护和文化市场管理有责、有力、有方，文化工作基础厚实，特色鲜明。阮文静强调，文化工作要坚持完善服务和加强管理，推进理念创新和体制改革更好地结合，齐心协力推动余杭文化事业取得新发展。

2018 年 5 月 4 日，区政协调研区级新闻媒体工作。主席阮文静，副主席黄莉、陈云水、潘法高、戴桂香等参加。调研人员实地调研余杭广电传媒集团、余杭新闻传媒中心（余杭晨报社），详细了解媒体工作流程，座谈交流。阮文静认为，两家区级新闻单位取得了全方位、大跨度发展，重大报道有深度、改革创新有力度、内外关注有影响。希望继续加强宣传策划，做深度、做权威，提升核心竞争力；继续抓融合抓创新，提升媒体传播力和影响力；继续锻队伍铸铁军，打造一支勇立潮头的新闻队伍；继续关注支持政协宣传工作，唱响政协好声音。

调研旅游和大径山项目推进工作。2015年10月29日，区政协开展余杭旅游工作和大径山项目推进情况调研活动，主席阮文静，副主席杜永林、陈云水、潘法高，副区级巡视员傅樟绚及各委办主任参加。调研组听取区旅游局和径山镇政府有关余杭旅游工作和大径山项目推进工作情况汇报，实地踏看径山寺外围整治情况。对全区旅游工作和大径山项目推进情况予以充分肯定，建议全区旅游工作要做足山水文章，突出自然景观特色和传统文化，形成旅游产业链；大径山项目开发建设要理顺体制机制，整合资源，动员引入民间资本，科学规划，精心设计，把握节奏，做出精品。

调研文创产业。2015年11月20日，区政协调研文创产业，主席阮文静，区委常委、宣传部部长王姝，副主席陈云水、潘法高、戴桂香，副区级巡视员傅樟绚及各委办主任参加。阮文静一行实地踏看南苑街道书香余杭·创意客厅、五常街道中艺实业和余杭设计图书馆，听取区文创办有关全区文创工作情况汇报。委员们建议文创产业要注重打造特色个性化产品，提升科技含量、挖掘文化内涵、创新工艺设计，满足群众有效需求，打造余杭经济新增长点；要重视生活品质新追求，文创产品不仅是消费品还是艺术品，要通过文创产品提升精神、文化、审美方面更多内涵，让产品具有传承性；要注重传统文化新挖掘，进行资源再利用，把传统工艺转化为新生产力，促进传统企业转型升级；要开放发展新平台，吸引国内外设计师集聚，培育创新创业氛围，同时带动区域人口结构性新调整，形成倒逼机制，对区域环境建设和社会治理提出新要求，提升区域服务水平和城市品质，进一步推动余杭文创产业的融合发展。

调研沈括遗产保护利用工作。2016年9月10日，区政协根据市、区主要领导有关批示精神，就余杭历史名人沈括遗产保护与利用工作开展调研。主席阮文静，副主席黄莉、杜永林、陈云水、潘法高、戴桂香，杭州良渚遗址管理区管委会副主任吴立炜；区政协办、文史委，区史志办、文广新局、良渚新城（良渚街道）负责人和部分政协委员等参加。调研组实地踏看沈括墓遗址，召开座谈会进行交流探讨，并就沈括遗产保护与利用工作提出建议：建议征用杭州市公安局安康医院和相邻的杭州市公安局强制戒毒所部分土地，作为游客参观通道，并实施沈括墓保护修缮及其周边环境整治提升工程；建议建设沈括纪念场馆或科技主题广场，并列入区政府2017年工作计划；要深化沈括研究工作，为全面、科学地展示和利用沈括遗产奠定基础；建立沈括遗产保护利用领导小组，推动沈括遗产保护利用工作顺利开展。

调研复学返校工作。2020年3月31日，区政协赴瓶窑中学、海创小学、人大附中杭州学校等学校调研全区教育发展和复学返校工作，主席沈昱，副主席吴立炜、黄德伟、沈洪相，二级巡视员黄莉，区教育局全体班子成员及有关镇街、平台负责人参加。实地察看瓶窑中学测温仪、隔离室、校医室等设置情况，详细了解防疫物资储备、环境消杀、体温测量设备等情况，并走进教室，察看学校线上教学工作。在未来科技城海创小学，听取学校复学准备工作汇报，询问师生疫情信息排查、线上教学安排等，实地察看该校2万多平方米的地下停车场和学生接送区域。沈昱指出，学校复学工作社会关注度高，务必要高度重视教育领域疫情防控工作，坚决守牢校园疫情防控阵地。希望教育行政管理部门和各个学校要认真细致做好复学返校工作准备、防疫物资储备，严格防控措施，确保安全有序复学。

调研医疗保障工作。2020 年 10 月 21 日，区政协到市医保局余杭分局调研医疗保障工作。主席沈昱，副主席吴立炜、陈云水、沈洪相，区政协各委办、市医保局余杭分局有关负责人参加。察看驻市民之家业务窗口，听取工作情况汇报。沈昱对市医保局余杭分局 2019 年 1 月成立以来，机构运作规范有序，各项业务工作进展顺利给予充分肯定。希望要进一步加强透明度，增强与部门间的联系，加强医保局工作职能、医保政策宣传，扩大社会影响力，营造全社会理解支持、共同参与的氛围；要在加强监管上多下功夫，聚焦关键领域、重点环节和分割群众利益的突出问题，坚决打击欺诈骗保行为，确保医保基金健康稳定运行；要加强队伍建设，筑牢反腐防线，不断提高医保工作水平，树立医保部门的良好形象。

社会法制方面的工作　区政协八届一次会议以来，围绕社会保障、民主法制方面的工作开展调研。主要内容有政法工作、民生工作、人力社保工作、社会养老、劳动安全卫生保障等。

调研政法工作。2010 年 1 月 12 日，区政协到余杭法院专题调研预防未成年人犯罪工作。主席汪宏儿，副主席方加明、章福根、钱杭根、黄莉、陈云水参加。调研组听取法院工作情况汇报，认为预防未成年人犯罪是一项社会系统工程，需要引起全社会的高度关注。建议要在完善体系上下功夫，增强全社会保护未成人的法律意识，对未成年人的合法权益给予更高的关注、更多的保护；各级各部门要根据自己的职责范围，围绕预防青少年违法犯罪各司其职，齐抓共管；要“着心”去关爱，真正为未成年人营造一个健康文明的成长环境，促使未成年人茁壮成长。1 月 14 日，区政协到杭州市公安局余杭分局（以下简称区公安分局）调研维护社会稳定工作。主席汪宏儿，区委常委、公安分局局长刘一敏，副主席方加明、章福根、钱杭根、黄莉、孔祥华、陈云水等参加。汪宏儿指出，区公安分局坚持围绕中心、服务大局，在“保增长、保发展、保稳定”、建设“首善之区”方面作出巨大贡献。建议区公安分局进一步增强责任感和使命感，坚持维稳工作压倒一切，充分发挥维护社会稳定主力军作用。要用城市管理的模式，应对日益严峻、复杂的治安环境，依靠科技强警的路子，进一步强化基层基础。要严格执行“严打”方针，让犯罪分子没有喘气的机会。要充分发动社会力量，编织起强有力的“安全网”。要关注民生，不断推动公安行政管理服务上品质，为构建和谐稳定的良好环境作出新贡献。3 月 30 日，政协主席汪宏儿、副主席方加明、黄莉、孔祥华、潘法高赴区司法局调研。视察组建议法治建设要与民主建设、政治建设、经济建设、文化建设相融合，要从联调联动解矛盾、公平公正促和谐、全民参与提素质、创新举措谋新篇、争先创优迈大步等五个方面取得新的突破。要把化解人民矛盾、维护社会和谐作为第一任务，把推进司法公正

2020 年 7 月 17 日，区政协主席沈昱（左一）一行调研区检察工作

作为一大重点，不断创新举措，取得更大成绩。

2020年7月17日，区政协赴区检察院调研。参观区检察院智慧检务中心、玉栖检察文化驿站和法律主题图书馆。主席沈昱、副主席吴立炜、陈云水、黄德伟，各委办负责人，科协界别活动组、南苑街道联络工委部分委员和区检察院全体班子成员参加。区检察院检察长陈娟介绍检察工作情况。建议区检察院要围绕“绿色引领、品质检察、突出主业、争创一流”工作主线，立足全区发展大局，全面加强和改进法律监督，为加快实现余杭高质量可持续快发展，争当“重要窗口”建设排头兵提供坚强的司法保障。

2021年12月29日，区政协再次调研检察工作。主席沈昱，副主席李玉美、傅丽华、周忠诚、张瑾，区检察院代检察长鲍键等参加。2021年以来，区检察院先后获“全国巾帼文明岗”“2020年度全省政法系统执法办案成绩突出集体”等国家级、省级荣誉。沈昱充分肯定区检察院2021年以来的工作，认为区检察院全面履行检察职能，为余杭的司法公正和社会稳定贡献检察智慧和力量。建议区检察院要积极探索平台载体，讲好检察故事，让余杭干部群众进一步了解支持检察工作；加大数字化改革力度，重塑工作机制，助力提升工作质效；聚焦重点领域，加大创新力度，擦亮工作品牌。区政协将充分发挥协商平台作用，与区检察院在社会治理、服务企业等方面加强合作，共同推动余杭检察工作实现新发展。

调研职工劳动安全卫生保障工作。2011年1月12日上午，区政协、区总工会按照联席会议制度的要求，就全区职工劳动安全、职业病防治工作开展专题调研。区政协主席会议成员参加。调研组专题听取区安监局、区卫生局、总工会等相关部门的情况汇报，详细了解目前全区职工劳动安全卫生状况。建议要坚持以人为本，高度关注、努力维护好职工的权利；对于职工劳动安全卫生工作“责任重于泰山，防范高于一切”。要进一步明确企业、部门、职工自身的责任，确保责任落实到岗到人和每一个环节中。作为企业主要承担第一责任，要像爱护子女一样爱护职工，像抓生产一样抓好安全，防患于未然；作为职能部门要加强监管，敢于动真格，加大责任追究的力度；要进一步提高认识，安全宣传教育常抓不懈，贯穿于一切行为之中。要建立健全监督、考评、合力等制度机制，依靠制度加强管理，确保职工劳动安全、职业病防治工作落到实处。

调研发展改革工作。2012年8月9日，区政协主席阮文静，副主席黄莉、杜永林等一行，专题调研区发改局（粮食局、物价局）工作。委员们认为，发改工作综合性强，事关余杭经济社会发展大局。面对职能多、任务重、涉面广、要求高、队伍大的工作实际，建议区发改局要切实做到参谋有方、协调有力、监管有效、保障到位、服务创新；要咬定目标不动摇，坚持创新不停步，善谋实干不松劲，在做好2012年工作的同时，尽早提前谋划2013年工作思路，力求做到科学、准确。

调研行政服务中心工作。2017年8月24日，区政协调研行政服务中心改革工作，主席阮文静，副主席陈云水、潘法高、戴桂香，副区级巡视员傅樟绚及各委办负责人参加。实地视察区行政服务中心办事大厅，听取工作情况介绍，调研组建议加大宣传力度，加强互动，提高服务对象知晓率和配合度；在探索推动网上办事服务大厅建设同时，加强基层分中心建设，进行合理分流；推行“跑长制”，借力制度统筹协调，破解难题；要坚定不移深化改革，抓住当下良好的改革氛围，主动发力，赢得先机。要坚持一流标准推进工作，将大数据、信息化、新技术应用到政务审批中；要打造优良服务环境，从停车、等候、办事等细节

着手，不断优化外部环境，营造舒适、整洁、有序的大厅环境，进一步提升群众体验感和满意度。

调研民生工作。2018年3月6日，区政协赴临平街道调研民生工作。区政协主席阮文静，副主席陈云水、潘法高、戴桂香等参加。考察庙东社区滨河公园，听取临平街道工作情况介绍。建议临平街道要在2018年工作中进一步做好旧城改造、加装电梯、老年人服务等工作。4月3—4日，区政协对“三个不让”（不让余杭孩子因家庭贫困而上不起学，不让余杭百姓因大病重病而过不上温饱生活，不让余杭老人因老弱病残而得不到基本保障）这一民生工作开展调研，摸情况、找问题、提建议，助推实施精准帮扶。4月3日，区政协领导到区人力社保局，听取区人社局整体工作情况、医疗困难救助和困难人员就业帮扶情况。4月4日，区政协再次召开有关民生事项专题座谈会，听取区教育局、区民政局、区卫计局、区残联有关工作情况，了解具体帮扶政策和有关数据，并对下一步工作思路进行协商和讨论。阮文静指出，各有关单位在民生保障方面工作成效明显，体现了为民情怀。要站高看远，在民生保障方面争当排头兵；要深化调研，动态掌握困难群体人员的情况，加大宣传力度，进一步提高帮扶的针对性和实效性；要精准建言，整合完善现有救助政策，加强工作对接和协商讨论，多提有价值的建议。要共享改革发展成果，让群众更有幸福感和获得感。副主席黄莉、陈云水、潘法高、戴桂香还分别带队赴全区各镇街对部分生活困难家庭开展走访，深入了解家庭困难原因、经济收入、接受救助、低保金、负债等情况。

调研人力、保障工作。2018年4月3日，区政协调研人力社保工作。主席阮文静，副主席陈云水、潘法高、戴桂香等领导及有关专委负责人参加。听取局长马金德重点就“10+X”惠民新政实施以来，在推进就业社保一体化、落实困难家庭人员和残疾人就业专项帮扶、开展医疗困难救助等工作情况进行详细汇报。调研组建议，区人力资源和社会保障局要加快完成困难群体人员的分类梳理工作，充分提高精准帮扶的针对性和实效性；要深化调研，做到多走多看多想，特别要提高站位，对标国内先进城市，学习好做法、好经验，不断推动各项工作再上新台阶；要精准建言，加强工作对接和协商讨论，多提有价值的建议。

调研产业工人队伍建设改革工作。2020年12月1日，区政协调研余杭产业工人队伍建设改革工作。走访杭州东华链条集团有限公司、泰昌实业有限公司，对企业发展、日常生产、职工权益保障等方面进行实地调研。区政协主席会议成员、区人大常委会副主任杜坚强参加。沈昱指出，要落实好“十四五”规划要求，进一步营造氛围，凭借全国劳动模范和先进工作者表彰大会的契机，进一步提高产业工人的社会地位；要扩展能力，拓宽领域服务范围，为产业工人做好兜底

2020年12月1日，区政协调研组一行调研产业工人队伍建设改革工作

保障；要搭建平台，给产业工人创造展示实现自我价值的空间。围绕“政治上保证、制度上落实、素质上提高、权益上维护”的总体思路，为余杭争当全省建设“重要窗口”排头兵贡献力量。

资源环保工作方面的调研　区政协八届一次会议以来，围绕资源环保工作，开展国土管理、环境整治、城乡垃圾分类处理、农村生活污水治理等工作调研和民主监督活动。

调研国土管理工作。2010年9月19日，区政协到市国土余杭分局专题调研国土管理工作。主席汪宏儿，副主席章福根、黄莉、陈云水、潘法高等参加。调研组认为，国土工作关系到余杭的科学发展、可持续发展，是最基本的工作之一。建议国土部门要敢于突破，在现有的工作基础上创新机制体制；摸清家底，认真做好土地利用规划修编，发挥余杭的空间优势，从内部挖掘潜力；加强与乡镇、部门的合作，形成工作合力；加强管理，加强政策制定、指导和宣传；要严格执法，依法依规做好国土工作，为余杭发展把好关。

2015年4月17日，区政协主席阮文静，副主席黄莉、杜永林、潘法高、戴桂香和副区级巡视员傅樟绚及各委办主任，就余杭区国土管理工作到区国土分局开展集体调研。委员们建议国土部门坚持实事求是，以国土保护为先，科学批地供地，合理用地；坚持依法行政，加强队伍建设和法治力量，从源头上把控，严格规范程序；加强土地管理，加大督促和出让金缴存力度，盘活存量、集约节约用地；土地出让要控制节奏、规模，放眼长远，体现其最大价值；要依法规范管理，体现法治观念；要强化队伍建设，建立起一支有担当、有责任、受得起委屈、经得住考验的队伍，做到改革有新推进，队伍有新成长。

调研环保整治工作。2012年8月29日，区政协就“饮用水源保护”和“大气环境治理”等社会关注的热点问题到区环保局调研。主席阮文静，副主席黄莉、杜永林、孔祥华、陈云水、潘法高和副区级巡视员章福根参加。听取区环保局局长姚云良就区生态保护工作、饮用水水源保护形势和大气污染情况汇报。委员们建议环保局进一步注重日常监管和源头治理相结合，尤其要拓展饮用新水源，拒绝污染源进入；注重专业管理与全民动员相结合，增强每个公民的环境保护意识；注重项目审批上提前介入与环节审核相结合；注重传统技术和先进技术相结合，引进、指导企业应用先进技术治理污染问题，确保全区的生态环境取得重大改善。

2016年11月22日，区政协主席阮文静，副主席黄莉、孔祥华、戴桂香，副区级巡视员傅樟绚调研环保工作，区政协办、城建委负责人参加。与会人员充分肯定环保工作，并就厘清责任、加强监管、严格执法、全民动员、部门联动等方面提出对策建议。建议监管执法要严而又严、公开公正；要以新的理念、新的手段，借助外力、借助科技，加强信息化、智能化、数据化，应用最先进的监测系统、监测技术；要努力攻克垃圾焚烧、海联热电、印染企业等污染问题。

2018年4月9日，区政协主席阮文静，副主席黄莉、陈云水、潘法高、戴桂香赴闲林街道调研环保工作，实地踏看和睦水乡湿地保护、小城镇环境综合整治现场，调研和睦水乡湿地保护（民丰村村庄提升），踏看闲林街道小城镇环境综合整治（老街区块）。听取街道工作情况汇报。建议要在征地拆迁、回迁安置、美丽余杭建设、重点项目、社会维稳、民生事业等方面稳步推进，继续做好基础设施建设、产业结构调整、生态环境治理、民生保障等工作。

2018 年 4 月 17 日，区政协主席阮文静，副主席黄莉、陈云水、潘法高等赴百丈镇调研，实地踏勘独松关森林古道、釜托寺、溪口集镇，听取百丈镇工作情况介绍，建议百丈镇要紧紧抓住“六大西进”的大好时机，审时度势，借势借力，加快发展。在发展过程中，要严格守护好绿水青山，精心传承好特色文化，着力打造好全域美丽，引导发展好富民经济，提升培养好人才队伍，争当新时代乡村发展排头兵。

调研水环境工作。2014 年 8 月 1 日，区政协主席阮文静，副主席黄莉、杜永林、潘法高、戴桂香，副区级巡视员傅樟绚及政协委办负责人，就区水利建设及“五水共治”工作到区林水局开展调研。建议林水工作要坚持科学治水、深化研究、当好参谋，体现前瞻性，确保水利造福于民；要坚持高效治水，体现快节奏高效率、低成本好效果，有一份责任担当；要动员全民治水，研究制定社会参与、监督、评价机制；要确保廉洁治水，深化研究保廉机制，确保工程优质、队伍安全。她还表示，区政协将对水利建设、“五水共治”中存在的难点问题，开展对口协商、民主监督，助推林水事业发展和“五水共治”工作。

调研城乡垃圾分类处理工作。2014 年 8 月 13 日至 15 日，区政协会同区人大常委会赴江苏镇江、常州考察调研光大国际有限公司垃圾焚烧项目。区人大常委会主任汪宏儿，区政协主席阮文静，区人大常委会副主任孙炳松、王少青、白美玉、杜坚强、王云联，区政协副主席黄莉、杜永林、陈云水、潘法高、戴桂香参加。参观光大国际在镇江、常州的垃圾焚烧发电厂，向两家公司负责人以及两地城管局负责人，详细了解公司生产运营、环境安全管理情况，周边居民环保满意度、环保达标排放数据以及政府监管等方面情况，实地参观垃圾吊控制室、中央控制室、汽轮机房等主要生产区域。

2018 年 5 月 3 日，省市区三级联动，调研城乡生活垃圾分类处理工作，实地踏看杭州立佳环境服务有限公司和杭州九峰能源环境项目。区政协主席阮文静、副主席黄莉，区政协城建委、区环保局、区城管局、相关镇街和企业负责人参加。按照“国际一流、国内领先”的技术标准，九峰项目于 2017 年 9 月正式运行，运营平稳。视察组希望职能部门加强监管，企业加大科技投入力度，不断学习国际最先进的技术，共同做好垃圾分类、垃圾减量和资源化处理工作。

调研农村生活污水治理工作。2014 年 8 月 22 日，区政协调研区农村生活污水治理工作。主席阮文静，副主席黄莉、杜永林、陈云水、潘法高、戴桂香，副区级巡视员傅樟绚及部分政协委员参加。副区长李红良向调研组介绍当前区农村生活污水形势，区农业局、崇贤街道、运河街道负责人还分别详细汇报了全区以及镇街农村生活污水治理工作开展情况、存在问题及下一步工作打算。调研组认为，余杭区农村生活污水处理工作进展情况总体进展良好，但也不能忽视存在的问题和矛盾，建议要进一步明确镇街、部门的相关责任；明晰标准，从普及、培训、掌握等各环节中严格落实标准要求；试点先行，通过专业评估，提高工程质量；加强监管，以专业力量配合民间监管，定点定人，加大每一个工程点的监管力度。

城乡建设工作方面的调研　区政协八届一次会议以来，就城市化建设、交通路网建设、城乡规划和住房保障工作、特色小镇建设、美丽乡村建设等开展专项集体调研，资政建言。

调研临平新城建设工作。2010 年 9 月 15 日，区政协调研临平新城建设工作。主席汪宏儿，副主席章福根、钱杭根、黄莉、孔祥华、陈云水等参加。调研组对临平新城开发办坚持“白＋黑”工作和艰苦创业的精神表示赞赏，对所取得的良好开端给予充分肯定。建议临平新城建设定位要高，严格按照国际化、智能化、绿色低碳、商业聚集区的标准来建设，力求符合余杭今后产业发展方向；品位要高，坚持以规划为龙头，要从整个临平副城的整体规划来考虑，包括新城的业态、建筑、住宅和周边环境都要有高的品位，并确保规划的延续性；特色要明，要从长三角地区来考虑其独一无二的新城特色；理念要新，作为一支全新的团队，要创新体制机制，尤其在征地拆迁、投融资方面，要大胆探索，敢于突破；质量要优，包括工程优质、干部优秀，打造出一个具有高端品质、独具特色的现代化商务汇聚之城。

调研乔司城市化建设。2010年12月28日，区政协专题调研乔司镇城市化建设工作。主席汪宏儿，副主席钱杭根、黄莉、陈云水、潘法高等参加。调研组认为，乔司的城市化推进、经济发展、社会综合治理等各项事业有了很好的发展。建议“十二五”期间，必须加快推进乔司的建设，紧紧抓住机遇，充分发挥乔司的区位优势，使其成为余杭加快现代服务业发展的重要区域。要坚持科学规划，高起点规划，加快发展现代商贸、现代居住区。整治和管理要结合起来，专项整治和集中整治要统一，综合整治和长效管理相结合，形成长效管理机制。民富与镇强统一起来，发展壮大集体经济。

调研塘栖小城市建设。2013年7月19日，区政协主席阮文静，副主席黄莉、杜永林、孔祥华、陈云水、潘法高、戴桂香到塘栖镇调研小城市建设工作，实地察看浙江禹昊文化发展有限公司、运河申遗馆、浙江楠宋瓷业有限公司、宝鼎重工股份有限公司，了解小城市建设过程中企业经营状况及运河申遗等相关工作，并召开座谈会。委员们建议塘栖镇党委、政府要有强烈的使命感、荣誉感，担当起塘栖发展重任；要在整体谋划，集聚资源、转型升级、征迁安置、“三改一拆”、土地出让和资金平衡、传统文化特色产业传承、城市管理与宣传推广等方面有所建树，建设一个独特的具有“塘栖味道”的小城市。

2016年5月4日，区政协主席会议集体调研交通路网建设

调研交通路网建设。2016年5月4日，区政协集体调研交通规划工作。主席阮文静，副主席黄莉、杜永林、陈云水、潘法高、戴桂香及各委办主任参加。

听取区交通局工作情况汇报，调研组建议统一规划“大交通”，加快建设快速通道，积极融入杭州主城；统筹兼顾，科学合理组织交通路网，节约利用，把好材料关、质量关，提高公交分担率。阮文静指出：交通路网规划要有前瞻性、系统性、互通性；建设计划要体现轻重缓急，尽快上马接轨主城区及连接区内“三城三镇”快速路建设；建设标准要充分体现立体生态，提高路面等级，打造精品工程；建设资金要体现多渠道、多元节俭，借势借力；交通管理要体现智能高效，通盘考虑智能设施建设，积极探索智慧交通，提高交通智能化水平。

调研城乡规划、住房保障工作。2016年10月14日，区政协调研组调研住房保障工作。委员们认为，区住房保障办自成立以来，按照区委“三个最大限度”原则部署，紧盯“政策统一、项目规范、安置快速、物管有序、保障有力、群众满意”的目标，狠抓落实，全力推进，取得一定成效。针对存在的问题提出意见建议：要加快建设和安置的进度，以人为本，减少对农民生活的影响，同时降低政府的成本；要充分利用好政府资产，合理处置空置、闲置房源；对镇街加强督查、指导、考核，避免镇街在执行过程中各想办法、各找出路；要加强政策宣传，扩大知晓度，使受益面更广；要加强后续管理等。阮文静指出，区住房保障办要继续发挥好参谋、协调、监督、指导、考核等五大作用，后续的建设任务要再调研，新型安置模式要再拓展，后续管理要再突破，剩余房源利用要再加强，安置进度要再加快，政府资金使用效率要再提高。

10月18日，区政协到区住建局调研城乡规划建设工作。主席阮文静，副主席黄莉、杜永林、陈云水、潘法高、戴桂香，副区级巡视员傅樟绹，区政协办和城建委负责人参加。调研组建议要切实加强规划的科学性、执行的严肃性，突出前瞻性、系统性和操作性，提高规划的知晓度和参与度；项目建设要突出重点；整治工作要持续不断；监管工作要严格动真；城市建设的新模式要加强研究；建设管理信息化、智能化程度要提高；重大事项决策前要发扬民主；团队建设要加强专业性、连续性和稳定性。

调研美丽乡村建设。2018年3月1日，区政协赴鸬鸟镇、黄湖镇开展美丽乡村建设调研，主席会议成员及区政协办、社法委、文史委负责人参加。听取鸬鸟镇工作情况介绍，调研组认为，鸬鸟镇工作思路清晰，推进有力，下一步要进一步落实最严格的生态保护，提升完善各类基础设施，在美丽环境打造中注重因地制宜，在美丽经济上注重旅游经济发展，在美丽人文上做好挖掘和宣传，努力打造国际慢城。在黄湖镇，考察龙头山生态养殖基地、石扶梯民宿。听取黄湖镇工作情况介绍，阮文静指出，2017年以来黄湖镇财政收入大幅增长、城乡面貌明显改善、社会治理不断优化、民生事业扎实推进，特别是在石扶梯古道的保护上体现了前瞻性，为西部山区全线游步道贯通打下了扎实的基础。希望黄湖镇在保护自然生态、创建全域美丽、加快建设集散中心方面做一些探索和研究，打造名副其实的山区中心镇。4月25日，区政协赴塘栖镇调研美丽乡村建设。听取塘栖镇工作情况介绍，实地查看塘栖湿地保护和塘栖村情况。主席阮文静，副主席黄莉、陈云水、潘法高、戴桂香，区政协各委办和塘栖镇负责人参加。塘栖镇按照建设“五大余杭”争当全省榜样的决策部署，以加强基层治理、振兴优质产业、争创风景家园、繁荣运河文化、完善民生保障、夯实党建统领为抓手，通过“一个项目一个领导一套班子一抓到底”的项目化管理手段，全面建设平安、富裕、美丽、文明、幸福、廉洁的“六个塘栖”。2019年4月18日，区政协主席沈昱，副主席陈云水、戴桂香、潘法高及各委办负责人赴百丈、鸬鸟两镇调研“全域美丽”建设。实地踏看溪口村村民休闲广场。沈昱对溪口村近年来的发展表示充分肯定，他希望溪口村要把环境优势转化为发展优势，生态优势转化为产业优势，做好文旅结合的文章，让老百姓得到更大的实惠。还考察石竹园村羊坞里岚玺民宿、鸬鸟镇山沟沟村汤坑农家乐产业；调研仙佰坑村地热（温泉）地块。沈昱指出，美丽乡村是绿色发展的源泉，希望百丈、鸬鸟两镇的“全域美丽”建设要以景区化标准提升美丽村庄，引领美丽乡村转型升级。

2020 年 10 月 10 日，区政协主席沈昱（前右二）率调研组赴运河街道调研美丽经济建设

2020 年 10 月 10 日，区政协赴运河街道调研全域美丽工作。主席沈昱，副主席吴立炜、黄德伟、沈洪相参加。实地踏看双桥村甲鱼科普馆、大运河 1986 文创园、草莓君主题农场、大运河美食展示馆、党群服务中心等，听取街道工作情况汇报。沈昱对运河街道近年来在党建引领、全域创新、全域美丽、全域治理取得的成效充分肯定。他指出，运河街道在基础条件一般的情况下，奋发有为，多项工作上做到了示范引领。下一步要做好吸引人流的文章，把美丽环境变成美丽经济。加大对运河文化旅游资源的挖掘与宣传力度，把旅游景点串点成线、连线成片。

调研良渚新城（良渚街道）工作。2019 年 3 月，区政协赴良渚遗址管理区、良渚新城（良渚街道）调研。区领导沈昱、张俊杰、曾宏、黄莉、吴立炜、陈云水、戴桂香、陈寿田、蒋卫东，区政协各委办主任、副主任及部分政协委员参加。实地踏看良渚博物院、瑶山祭坛遗址、反山王陵遗址和良渚新城梦栖小镇、万科未来之光，听取良管委关于良渚遗址保护和申遗工作情况介绍、良渚新城（良渚街道）工作情况汇报。一直以来，区政协表示对良渚遗址保护利用和申遗工作高度关注，特别是良渚申遗实质性启动后，区政协和有关委员积极奔走、宣传动员、建言献策，助力申遗工作。沈昱指出，良渚古城遗址申遗是实证中华五千年文明历史，扩大中华文明世界影响力的重要载体，具有里程碑的意义。祝愿良渚古城遗址申遗成功，古城遗址公园更加美丽。区政协将继续关注支持，助力申遗工作。

二、主席会议成员基层调研

主席会议成员基层调研是了解余杭新情况、助推发展新进程的基础。重点围绕区委区政府重大决策部署，群众关心关注的民生实事以及余杭高质量发展面临的短板等问题，在协商议政前开展调查研究，知情明政，增强协商议政的准确性、针对性、有效性，切实提高决策参考价值。

调研街道（镇）经济社会发展　随着城市化进程的加快，街道（镇）的地位和作用日益显现。区政协八届一次会议以来，主席会议成员重视对街道（镇）工作的调查研究，提出经济社会发展的意见建议。

调研街道（镇）经济社会发展。2009 年 6 月 17 日，区政协主席汪宏儿，副主席黄莉等到闲林镇调研经济社会发展工作，听取工作汇报。汪宏儿指出，闲林是经济强镇，基础扎实，发展态势好。当前，由于受大环境的影响，闲林在发展进程中也遇到了一些难题，面对成绩和困难，闲林镇不能等闲，要做好工业经济发展的文章，及时调整好产业结构，力保重点项目顺利推进；要做好完善配套、改善民生、提升层次的文章；依托杭州主城区和创新基地，主动衔接，完善规划，抓好配套设施建设；要做好保护、利用、发展生态资源、文化资源的文章，准确定位、整合资源，打整体牌、打精品牌；要通过融合、完善和提升，进一步发挥闲林经济发展、生态环境和文化发展的三大优势，吸引更多的人“闲居林下”，使闲林成为“新城西”休闲、创业的天堂。7 月 7 日，区政协副主席方加明调研中泰乡经济发展工作。听取中泰乡党委政府领导情况汇报、走访白云村和杭州沪宁电梯配件有限公司，并就白云村争创区环境整治示范村的有关工作和发展村级集体经济交换意见。听取沪宁电梯配件公司负责人就企业发展情况的介绍，方加明就中泰乡在金融危机中如何支持企业提出要求。10 月 20 日，汪宏儿一行调研余杭镇工业经济，并实地走访浙江八方电信有限公司和杭州波达塑业有限公司。听取余杭镇的工作汇报和两家企业的情况汇报，汪宏儿希望“八方电信”和“波达塑业”等企业，要在政府的关怀和支持下，通过技术改造和新产品研发等一系列“强身健体”的手段，努力提高抗风险的能力，不断把企业做大做强。

2010 年 2 月 28 日，汪宏儿一行走访调研塘栖镇经济社会发展工作，听取塘栖镇工作情况汇报。汪宏儿就超山梅花节、运河综保、重点项目建设等工作提出要求，他希望塘栖镇党委、政府能在 2009 年良好发展势头的基础上，鼓足干劲，放开手脚，挖掘潜力，乘势而进，在新的一年里为推动塘栖经济社会发展再创佳绩。4 月 20 日，区政协主席会议成员到乔司镇开展调研，实地查看乔司集镇改造和地铁一号线临平南站工程建设情况，走访杭州博卡制衣有限公司，听取镇主要领导关于乔司新城规划建设等有关情况的汇报。政协领导强调，要高起点、高标准做好乔司新城的规划工作，在优化规划中引领城市化发展，完善空间布局，规划好城镇和农居点；要把环境建设放在首位，推进经济发展与加强环境建设紧密结合起来，扎实做好社会综合治理工作，不断提升区域“软”环境；要做好地铁经济，积极打造临平副城的经济发展增长极；做好商贸经济，重点发展商贸物流、现代服务业和总部经济；做好都市经济，依托四季青服装市场，提升服装加工产业档次，使服装生产与销售取得“双赢”。

2012 年 8 月 28 日，区政协主席阮文静一行赴径山调研工作。阮文静强调，径山镇要发挥资源优势和基础条件，发展好特色产业，打造好美丽径山。要抓住旅游产业这个龙头，完善好规划，深挖好文化，守护好生态，引进好大项目、优质项目，管理好环境，配套好公共设施，走出一条符合实际、独具特色的发展之路。2015 年 4 月 28 日，阮文静一行赴塘栖、中泰走访调研，塘栖镇党工委书记袁水良、区政协办、塘栖镇政府、中泰街道党工委、中泰政协联络工委负责人分别参加。在塘栖镇，阮文静听取该镇经济社会发展情况，实地考察区中医院整体迁建工程、八字桥驿站、秋石北路等。阮文静希望塘栖镇进一步加强总体规划、专题策划和分步实施计划，切实做好“水乡古镇”的文章。在中泰街道，阮文静实地考察南峰村九曲岭上“空壳村”。

2016 年 7 月 6 日，阮文静调研临平街道工作，听取和了解当前重点工作情况。区政协办、临平街道负责人、政协联络工委主任参加。阮文静强调，临平街道是区内相对成熟的城市街道，具有一定的特殊性，人口密度大，商业设施多，居住人员复杂，历史遗留问题众多，工作难度相对更大。希望围绕“安保加环保”，努力探索社会治理的新路子，创新治理，促进提升。在环境改善、新老城区通达、完善养老服务、挖掘文化底蕴等方面，要打造亮点，优化服务，促进老城区华丽转身。对于涉及消防隐患、安全隐患的一些重点突出问题，要研究举措，当好参谋，力推解决。

2018 年 3 月 19 日，区政协主席阮文静，副主席黄莉、戴桂香到仓前街道，走访委员并听取街道工作情况。区政协办、经科委、社法委负责人参加。考察高铁西站选址地块、仓溢东苑农居点，并听取仓前街道工作情况介绍。阮文静指出，2017 年仓前街道克难攻坚，担当实干，征迁安置推进有力，区域环境整洁有序，美丽乡村稳步推进，民生事业有效保障，实现高质量发展。希望在新的一年中继续围绕“五大余杭”建设，抓住机遇，借势借力，努力争当发展排头兵。

2018 年 3 月 30 日，区政协主席阮文静，副主席黄莉到余杭街道走访调研，秘书长吴忠云参加。听取街道党工委书记洪建良关于创新驱动促发展、美丽定标抓建设、全面服务惠民生、党建引领聚合力和 2018 年以来各项工作开展情况汇报。阮文静对余杭街道工作给予“目标明、干劲足、协同好”的充分肯定，要求加快创新发展，做好与未来科技城融合发展文章；推进城镇更新，精准定位体现文化底蕴；打造全域美丽，加快美丽乡村建设；提升城镇管理，创新城市管理模式；落实惠民政策，提升百姓获得感和满意度。

2018 年 8 月 28 日，区政协主席阮文静（前排左二）等赴五常街道开展调研

2018 年 8 月 28 日，阮文静一行到五常街道开展调研，实地调研西溪水岸安置房、五常中学和美丽公路建设有关情况，并座谈交流。区政协各委办、五常街道负责人参加。阮文静指出，五常街道认真贯彻区委全会精神，扎实推进各项工作，发展态势良好。希望在创新经济、环境景观、公共服务、社会治理、干部队伍等方面拉高标杆，发挥好区域位置佳、经济基础好、文化底蕴深等优势，努力实现高质量发展。2019 年 2 月 26 日，区政协主席沈昱调研临平街道，听取街道工作情况汇报。2018 年，临平街道全力以赴、攻坚克难，街道经济社会全面发展。沈昱指出，临平街道要进一步找准区域定位，明确发展方向，按照“三个全域”建设要求，主动融入“东部崛起”发展大势，在打造一流营商环境、城市更新等方面超前谋划，加快老旧城区改造提升。

2019 年 9 月 3 日，区政协主席沈昱、副主席吴立炜调研东湖街道工作。秘书长吴忠云、经科委负责人参加。东湖街道党工委书记华东介绍街道各项工作开展情况。沈昱希望街道在新的领导班子的带领下，主动靠前，勇挑重担，继续深化与余杭经济技术开发区的协同发展，加强村社队伍建设，提升基层党组织战斗力，提高基层社会治理能力和服务群众水平，为建设“品质开发区·美丽新东湖”打下坚实基础。

经济科技方面的工作　区政协八届一次会议以来，主席会议成员围绕经济科技方面的工作开展调研。主要内容有园区建设、科技型中小微企业发展、市场质量监督管理、融资担保、工业互联网赋能、经济和信息化等。

调研市场质监管理工作。2009 年 7 月 12 日，区政协调研质监管理工作。主席汪宏儿、副主席章福根、黄莉，政协有关委办负责人参加。听取质监余杭分局负责人工作汇报。汪宏儿指出，质监分局要以“质量技术为先”，抓好部门自身建设，提高管理人员素质和依法行政水平；要以“民意民本为上”，一切以群众利益为重，把服务群众、维护群众作为工作的出发点和落脚点；以“监管诚信为贵”，要敢于管、善于管、经常管，通过科学、合理、公正的监管，提高管理者的诚信度，并引导企业和商家自律、诚信；以“创新服务为要”，要不断创新机制手段，努力提高服务水平，要从被动管理向主动服务转变，从管牢向管活、管好转变，寓管理于服务之中，在管理服务中体现质监部门的价值。

调研西部镇乡企业发展。2009 年 8 月 25 日，区政协主席汪宏儿，副主席陈云水等到黄湖、百丈调研走访部分企业和社区。听取两镇工作情况汇报，走访调研杭州先锐数码科技有限公司、杭州高科源实业有限公司、杭州诺富特丝绸织造有限公司、杭州双枪竹木有限公司和百丈镇半山社区等。深入车间和社区服务中心，与企业、社区负责人面对面交流沟通，仔细了解企业、社区的近况，并对企业及村级集体经济的发展壮大提出建议。汪宏儿指出，近年来，两镇党委、政府凝心聚力，经济社会等各方面得到较快发展。新形势下，两镇要积极创新思路，充分发挥区位优势，大力引进符合本地区发展模式的规模企业，并逐步形成产业集聚，努力促进工业经济和村级集体经济的发展；同时，要注重城镇总体规划的编制，充分发挥生态环境的优势，以青山绿水为依托，努力打造余杭的特色小镇，使两镇成为杭州西北郊的闪亮明珠。

调研崇贤物流园区建设。2009 年 10 月 13 日，区政协主席汪宏儿调研崇贤镇物流园区建设。听取镇党委、政府主要负责人的工作情况汇报，实地走访杭州崇贤港投资有限公司、杭州彩诗纺织有限公司和崇贤镇陆家桥社区。汪宏儿指出，杭州港崇贤作业区作为浙江省重点建设工程项目以及交通运输部“十一五”重点建设工程，在一期已建成并投入试运营的基础上，要抓住国家宏观经济调控的机遇和大运河改造的机遇，加快自身建设步伐，加大招商引资力度，以打造专业、特色、品牌市场为目标，尽快建成集码头装卸、仓储、加工、商贸、电子交易、动产质押、期货交割等一体化功能的现代化综合物流园区，为服务当地经济贡献力量。

调研工业企业。2009 年 11 月 16 日，区政协主席汪宏儿调研杭州利富豪机电设备有限公司和杭州长命印刷有限公司等企业，听取企业负责人介绍并参观车间生产流程。汪宏儿对两家企业在抵御市场不利环境和加快自身发展方面所取得的成绩表示肯定。汪宏儿希望企业充分发挥好余杭区大学生见习基地的功能，在汇聚优秀人才和解决大学生就业上取得双赢。

2010 年 6 月 23 日，汪宏儿调研区高新企业的引进、培育、发展工作。良渚物流中心、良渚遗址管理委员会领导张俊杰，科技、科协界别组委员参加。实地考察华光焊料、金舟电炉等高新技术企业。听取区科技局的汇报。汪宏儿指出，结构调整、转型升级，是一个极好机遇，作为政府要有发展的前瞻性，对高新技术企业的引进、培育、扶持政策要更加大胆一些，除了创新体制机制，还要在财力上加大投入力度；作为企业来说，要通过创新，激励原动力，努力实现转型发展；大力引进培养高科技人才，组建起核心的科技团队。

2009 年 11 月 25 日，汪宏儿等调研开发区部分外资和港澳台资企业，了解外来投资企业的经营状况，广泛征求他们的意见和建议。区长助理陈金生、区经发局、外经局、工商联等部门领导参加。汪宏儿指出，外来投资企业是余杭振兴工业的有力支撑，为余杭经济社会发展作出积极贡献。他希望余杭的政府部门加强与外来投资企业的沟通，热心送政策、送服务，帮助企业解决发展中的困难。同时，希望外来投资企业为余杭的发展出力，通过高新技术发展，让主业做好、行业做强、企业做长。并发挥自身优势，大力宣传余杭，开展“以外引外”工作，为余杭的招商引资工作牵线搭桥。

调研现代都市农业。2010 年 3 月 26 日，区政协主席汪宏儿，副主席黄莉到杭州玉渚园艺有限公司和杭州怡诚实业有限公司调研。详细了解该公司的发展情况，并察看果树苗的繁育和种植基地。汪宏儿对杭州怡诚实业有限公司先进的发展理念表示赞赏，希望杭州玉渚园艺有限公司，要进一步依靠科技创新，大力发展以现代科技为依托的都市型现代农业，争取公司业绩年年有进步。并鼓励公司要充分发挥企业自身优势，做大做强现代都市农业，为余杭区经济发展作贡献。

调研融资担保业。2010 年 3 月 29 日，区政协主席汪宏儿调研区融资担保业。考察金桥控股集团担保、创投、小额贷款、投资管理等公司办公营业场所，听取金桥、工信、众信等担保机构及区担保协会负责人工作汇报，了解全区融资性担保业发展状况。汪宏儿强调，余杭担保业要继续发挥领跑示范作用，要重规范、严监管，担保机构要寓管理于服务之中，对股东、银行、企业和社会负责；要守信用、防风险，建立信用档案，健全信用体系；要提素质、优服务，提升从业人员素质，为中小企业提供优质、高效、便捷的服务；要拓业务、促成长，整合资源，沟通信息，担保业要进一步走向规范化、常态化发展，拓展低碳经济、创意产业等新兴领域，加快构建现代产业体系，促进全区经济社会持续平稳较快发展。

调研新城建设。2010 年 6 月 9 日，区政协副主席黄莉到临平新城开发办调研。临平新城开发办汇报自 2010 年 3 月成立以来所做的五项工作和当前正在抓的四项重点工作。黄莉希望临平新城规划要体现先进性；工程质量要确保优质、安全；招商要注重税源的培植，为余杭经济可持续发展招好商，选好商；要高度重视拆迁户的安置，使老百姓真正受益，支持临平新城建设。9 月 25 日，区政协主席汪宏儿赴崇贤镇调研崇贤新城建设工作，指出崇贤镇党委、政府和新农村公司要站在推动余杭城市化进程、统筹城乡区域发展、着力改善民生的高度，不遗余力地抓好新城项目推进的各个环节，协调、发挥各方力量，积极营造良好氛围，共同建设美好家园。汪宏儿还实地察看崇贤港建设进展情况。希望杭州崇贤港投资有限公司要高标准打造钢材服务业一体化平台，努力把港区建设成为钢材集散的信息、交易和服务中心，积极创造品牌效应。

2019 年 3 月 8 日，区政协主席沈昱、副主席吴立炜一行到良渚新城开展调研活动。在良渚新城设计小镇，沈昱走访杭州凸凹工业设计有限公司、小米生态链谷仓学院创新创业

2019 年 3 月 8 日，区政协主席沈昱（前左四）等到良渚新城开展调研

孵化基地和杭州龙创汽车技术有限公司，听取三家企业负责人对产品、项目设计和研发等情况介绍。沈昱建议，良渚新城南部区块的发展定位要精准，在“美丽全域”上，结合美丽乡村建设和乡村振兴战略，走“文旅融合”产业发展，让群众有安居乐业之感；在“大城北”发展上，对新型商业模式有探索，电商、技术、文创、人居等要认真加以研判，谋划新发展，真正助力打造好产城人文融合发展的高品质国际化杭州城北副中心。

2020 年 12 月 8 日，区政协主席沈昱、副主席陈云水赴良渚新城调研产业发展和重大项目建设，区人大常委会副主任、良渚新城党工委书记曾宏等参加。实地踏看甲骨文数字科技创新中心、中国（良渚）数字文化社区、良渚生命科技小镇，召开专题座谈会。沈昱对良渚新城工作表示高度肯定。他表示，良渚新城规划高标准、项目高要求、产业高科技、配套高档次，发展潜力巨大，对良渚新城的未来充满信心。下一步要坚持一张蓝图绘到底，利用资源优势，积极争取支持，加快项目推进和招商步伐，推动良渚新城高质量可持续快发展。

调研农副产品物流中心。2010 年 6 月 12 日，区政协副主席章福根到杭州农副产品物流中心调研。医疗卫生、社会福利界别组的委员参加。集团总经理孟志刚汇报农副产品物流中心基本情况。章福根建议，要对现有农业企业的整合、提升，形成以高新技术为重点，农业总部经济为亮点的高新农业产业；要进一步发挥农副物流大项目、大企业的综合优势，做强做优物流产业，并延伸服务，增强流通大平台的休闲功能，建立农业观光产品体系，开发农业休闲度假项目，最终打造成以“科研、贸易、生产、物流、加工、服务、观光”和虚、实市场相结合的特色农业产业链；要重视食品安全，加大卫生管理力度，确保广大群众吃上放心菜。

调研科技型中小微企业发展。2013 年 4 月 8 日，区政协主席阮文静带队赴余杭、仓前两街道调研科技型中小微企业发展工作。区政协办公室、经科委、区科技局、经信局负责人参加。考察余杭街道华正科技创业园和仓前街道朱庙工业园，走访翔升实业、凯盟科技、星月生物科技、炬龙生物科技、华芯科技和千麦医学检验所等 6 家科技企业，了解企业发展状况和有关需求。座谈会上，听取余杭、仓前两个街道科技型中小微企业发展工作情况汇报。阮文静就科创园投入运行机制、行政审批效率、企业人才、融资平台、技术服务等具体问题指出，要坚定科技型中小微企业发展信心，努力推进科技创新；坚持园区改造提升和科技创新相结合，多措并举加快科创园区建设；坚持引进科技型企业与现有企业转型升级相结合，加大企业培育和招引力度；进一步完善政策，提升服务水平，促进科技型中小微企业发展。

调研国资经营管理工作 2014 年 7 月 10 日，区政协副主席杜永林召集部分国有公司、区财政局等相关负责人召开座谈会，区政协提案委负责人参加会议。听取区财政局就全区国有资产基本情况介绍，余杭区目前共有一级国有企业19家，一级国有企业出资企业85家。根据体制变化的新情况，把全区国有公司资产（资源）信息化管理、财务风险控制、提高国有企业管理水平等列为国资监管工作重点。与会人员结合本单位实际情况，围绕国有公司管理体制机制、公司经营管理创新、人才储备与管理等问题进行开放式的讨论和交流。杜永林指出，余杭区国有公司要充分发挥投融资功能，积极履行社会责任，运用政府资源，拓展发展空间。他要求，课题调研组要继续广泛深入了解情况，听取其他公司的意见和建议，学习先进发达地区的管理经验，找准问题，提出对策，形成一份合格有用的调研报告，供区委、区政府决策参考。

调研金融控股集团。2014年8月8日，区政协副主席杜永林到区金融控股集团调研。听取发展运作情况介绍。杜永林指出：金控集团在区委、区政府的领导下，通过资产重组、股权划转、资本转增等形式增资组建，筹建工作有条不紊，扎实推进。公司着力稳定基础业务、拓展经营领域，不断规范经营行为、防范经营风险，特别是与上海陆家嘴金融发展有限公司的合作，较好地迈出了转型发展、创新发展的第一步。他希望金融控股集团要进一步开拓创新，突出服务职能，实现优结构稳中求进，强管理控制风险，努力把公司打造成余杭金融业持续发展的中坚稳定力量。

调研工业园区建设。2015年11月27日，区政协主席阮文静调研未来科技城（海创园），听取未来科技城（海创园）工作情况的汇报，并召开座谈会。阮文静建议要抓住未来科技城（海创园）创建的历史性机遇，充分发挥未来科技城先行先试的政策优势，做好空间布局的文章，突显产业优势；做好配套服务，体现城市环境优势；做好深挖、并保护历史的工作，彰显独有的文化优势；不断创新，继续增强服务优势；同时加强协作，有效承接，为全区科技创新和产业升级做出示范。

2017年2月25日，区政协主席阮文静、副主席赵喜凯调研仁和先进制造业基地体制机制调整工作，考察杭州华光焊料有限公司、杭州龙腾输送有限公司，听取专题工作汇报。仁和街道（仁和先进制造业基地）、区政协经科委负责人参加。阮文静指出，仁和先进制造业基地区位优势明显，土地储备充足，发展潜力巨大。下一步工作中，要进一步明确发展定位，与区里的其他产业平台形成错位发展；要加大宣传力度，让更多人了解仁和这块宝地；要充分认识到土地的稀缺性，招商中“宁缺毋滥”，瞄准发展前景好、科技含量高的好项目；要将环境打造好，打造一个具有江南水乡特色的工业园区。

2019年3月5日，区政协主席沈昱、副主席吴立炜、黄德伟专题调研杭州未来科技城着力打造创新策源地。秘书长吴忠云及部分委办负责人和政协委员，杭州未来科技城管委会负责人参加，考察杭州未来健康科创园内微泰医疗器械（杭州）有限公司、未来科技城学术交流中心项目工地，听取未来科技城规划建设部门及施工单位关于未来科技城学术交流中心项目建设的情况介绍。沈昱指出，未来科技城管委会的“数字经济”和“生物经济”有强大的“后劲”。通过全域创新策源地，打造技术转移平台，为全域创新等方面提供支撑，“策源地”有孵化功能，要发挥更大的价值。

2020年4月21日，沈昱赴余杭开发区开展走访调研活动，实地踏看“九个一”联系项目百诚医药、阿里云计算数据中心，了解项目推进情况，并听取开发区“新制造业计划”工作有关情况。区领导祝振伟、卞吉坤，区政协办、开发区相关部门主要负责人参加。沈昱指出，开发区深入贯彻落实“新制造业计划”，在打造产业集群、企业转型升级、扶持中小企业、引培人才等方面做了大量的工作，发展前景良好，未来值得期待。要进一步加强和阿里新制造、工业互联网等平台的对接合作，在新形势下寻找新增长点。区政协将通过“请你来协商”、调研视察等形式，持续关注开发区建设，共同助力“东部崛起”。

调研帮困解难工作。2015 年 12 月，区政协主席阮文静调研瓶窑、径山、黄湖等地的多家重点服务企业，及时了解企业运行情况，帮助企业解决实际困难和问题，为推动企业的健康平稳发展想办法、谋实招。区委常委、宣传部部长王姝，区政协、区委宣传部和区商务部门有关负责人参加。走访调研杭州斯凯菲尔技术有限公司、杭州永耀模具科技有限公司、杭州高新橡塑材料股份有限公司、杭州锦程实业有限公司、杭州益利素勒精线有限公司、浙江双金机械集团股份有限公司。详细了解企业节能减排的进展、转型升级面临的实际困难和问题，认真听取并征求企业负责人、管理人员、技术人员的意见建议。对此，阮文静表示将向区委、区政府和区有关部门反映，同时发挥政协优势，通过各种途径帮助反映协调，推动有关问题的解决。阮文静勉励企业负责人要有坚定的信心、清醒的自我认识、准确的市场定位；以创新为动力，以科学务实的发展策略，不断推进企业转型升级，激发内部的发展活力，抢占市场竞争先机，赢得优势。

调研区发展和改革工作。2019 年 7 月 25 日，区政协主席沈昱，副主席吴立炜、黄德伟赴区发改局专题调研 2019 年上半年经济社会发展和区发改局工作情况。经科委、城建委负责人参加。区发改局局长杨金水围绕局系统基本情况、上半年经济社会发展情况、发展改革重点工作推进情况及下一步思路建议作专题汇报。沈昱指出，区发改局紧盯重点指标，逐一对照、精准发力，拉长长板、补上短板；狠抓项目推进，坚持问题导向，持续深化协调推进机制，不断强化分级、分类、分区域精准协调，大力实施“项目推进”大比拼，着力加快项目进度、优化投资结构；要强化沟通宣传，既要讲成绩，展现形象、树立信心，还要适当讲困难、讲问题，引起共鸣、取得理解、听取建议、凝聚合力。

调研经济和信息工作。2020 年 3 月 25 日上午，区政协主席沈昱赴区经信局就“新制造业计划”实施和工业互联网赋能传统制造业改造提升情况开展专题调研。区政协办、提案委，区经信局班子成员，相关科室负责人参加。区经信局党委书记、局长郭云伟汇报有关工作情况。沈昱指出，区经信局要立足部门职能，找准定位，围绕提升企业盈利能力，主动帮助企业涵养技术、拓展市场；要建强工业互联网小镇、工业互联网创新中心等平台载体，汇聚更多优秀服务商，提升服务商供给能力，不断丰富平台云计算产品和工业 App 供给；要强化区内企业与平台载体的产业互动合作，加强服务精准供给，通过数字化改造，切实提升企业数字化水平；要努力构建现代产业体系。依托阿里巴巴集团数字化优势，突破二产、三产界限，不断探索线下实体与“互联网＋”深度融合；抢先布局数字新服务体系，利用数据赋能，助力传统产业降本增效，努力构建现代产业体系。

调研区工商联（总商会）工作。2020 年 12 月 10 日，主席沈昱，区委常委、统战部部长袁水良，副主席吴立炜等考察调研区党群服务中心暨余杭国际人才港，听取区工商联（总商会）工作情况汇报。2019 年区工商联获评全国、省级先进。沈昱指出，区工商联（总商会）抓工作有特色有亮点有成效，搞活动有载体有办法有温度，搭平台有引领有服务有影

2020 年 12 月 10 日，区政协主席沈昱（左三），区委常委、统战部部长袁水良（左二）等调研区工商联（总商会）工作

响，希望进一步发挥优势，主动作为。要强化党建引领，团结凝聚新的社会阶层人士的力量，增强商会活力。要深入贯彻《浙江省民营企业发展促进条例》，助推民营经济高质量发展，为争当全省“重要窗口”排头兵贡献力量。

调研项目推进工作。2021 年 10 月 13 日，区政协主席沈昱、副主席傅丽华赴余杭街道调研项目推进工作，实地踏看余杭街道直街区块，重点了解项目推进情况，听取街道整体工作及政协联络工委工作情况，并就数字农业、招商引资、执法改革、古城复兴等方面的特色亮点工作进行座谈交流。沈昱希望余杭街道深入贯彻落实区委、区政府各项决策部署，牢牢把握发展趋势和区位优势，在提升历史风貌、融入品质生活方面下功夫；以工业园区提升改造为契机，抢抓产业升级，积极引进孵化培育优质企业；扎实推进旧城改造，努力把难点转化为亮点，进一步提升群众获得感。区政协将持续关注，发挥协商平台作用，助推余杭街道经济社会各项事业高质量可持续快发展。

调研商务工作。2021 年 12 月 15 日，区政协主席沈昱、副主席张瑾赴区商务局专题调研商务工作，听取区商务局工作情况汇报。沈昱对区商务局着力抓好招商引资、外贸出口、电商直播、消费促进、粮食安全等工作和商务领域数字化改革项目等表示充分肯定，希望在下一步工作中要保持领先，查找短板，当好参谋。要进一步发挥好牵头作用，理顺体制机制，加强把关指导，以“一盘棋”的理念推进招商工作。要放大余杭数字经济高地优势，以数字经济为重点招引项目，精准有效开展招商引资工作。要切实加强商务管理，加强对新经济、新业态的管理和预判，努力打造一流营商环境。

教文卫体工作方面的调研　八届一次会议以来，主席会议成员重点围绕教育工作、文广旅体工作、人口和计划生育工作、卫生工作等开展调查研究，民主监督活动。

调研优化医疗资源配置。2009 年 8 月 27 日，区政协副主席章福根、钱杭根调研区第五人民医院。区五院总院实际用地仅 1 公顷，医疗用房面积只有 1.48 万平方米，已远远不能满足患者需求，发展受到制约。钱杭根建议卫生部门要进一步优化医疗资源配置，各医院或集团化管理或错位式发展，集中精力发展优势学科，避免恶性竞争和重复建设。区五院还承担着公共卫生和社区卫生服务两大重任，其发展瓶颈最为突出，建议政府结合大东安社区改造为五院的发展留足空间。

调研教育工作。2009 年 11 月 10 日，区政协副主席钱杭根调研乔司职业高中教育。政协教育社科界委员参加。观看学校实习实训场室，观摩相关专业老师的理论讲解和学生实践操作。委员们充分肯定乔司职业高中在职业教育方面坚持品牌建设，打造特色，服务社会等方面所作出的贡献。钱杭根希望学校顺应当前国家大力发展职业教育的有利时机乘势而上，注重产教结合，加强中高职教育互通，提升专业品牌建设层次，克服困难创造条件，促

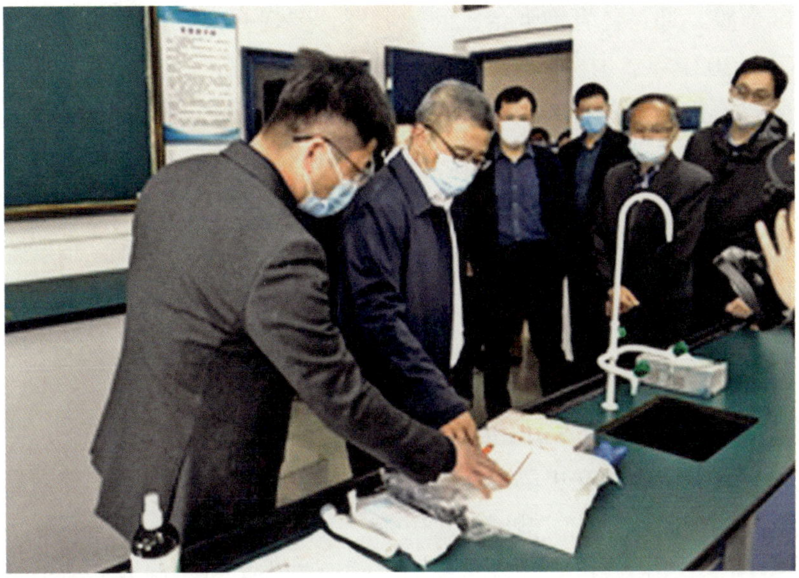
2020 年 4 月 15 日，区政协主席沈昱（左二）赴运河街道调研返校复学情况

成学校新一轮发展规划的早日实施，更多更好地为社会经济建设培养专业实用人才。

2020 年 4 月 15 日，区政协主席沈昱赴运河街道开展返校复学“大走访大检查”活动，实地调研运河中学、博陆小学。区政协办公室、区政协文史委、区教育局、运河街道负责人参加。在运河中学，沈昱体验学校疫情防控全过程，实地察看学校观察室、校医室等设置情况，详细了解防疫物资储备、环境消杀、体温测量等工作安排，并走进教室，实地查看学校线上教学工作，仔细询问校园应急事件的报告和处置流程。博陆小学相关负责人汇报了学校制定的一系列防疫应急预案。沈昱对街道和学校在返校复学期间的防疫工作给予肯定。他强调学校作为防疫的特殊阵地，关系到每个学生，牵动着所有家长的心，容不得丝毫松懈和麻痹大意，务必要高度重视疫情防控工作，保证学校复学安全、教学有序。

调研人口和计划生育工作。2010 年 5 月 6 日，区政协调研区计划生育局。主席汪宏儿，副主席黄莉、潘法高参加。汪宏儿指出，余杭人口结构、人口素质的好坏直接关系余杭的可持续发展，要继续强化认识，从科学发展观、以人为本、可持续发展的高度充分认识人口与计生的重要性。全社会要共同关注人口和计划生育问题，当前如何解决老龄化问题，如何让独生子女家庭减轻负担，这些都是政府和社会研究的课题。希望区人口和计生局把农村和外来人口作为管理服务的重点，强化基层基础网络建设，做到信息畅通，同时对违纪违法行为严肃处理。

调研出生缺陷工作。2010 年 9 月 27 日，区政协副主席黄莉到区妇保院调研余杭区的出生缺陷工作，听取全区的出生缺陷工作情况汇报。黄莉针对群众健康知识知晓率低，婚前医学检查率和孕前优生检测率低，产前诊断医疗资源不足，叶酸服用依从率低等情况，要求进一步提高全区的婚检率，加强部门联动，发挥三级网络作用，层层管辖，责任落实。把关口前移，利用“人口日”等主题日加大宣传力度，提高群众的知晓率。建议相关部门制定、修订乡镇考核目标，进一步明确各乡镇的婚检等工作目标。

调研文广旅体工作。2010 年 11 月 1 日，区政协副主席钱杭根调研体育文化工作，听取区文广新局关于文体工作的汇报。钱杭根指出，区体育工作要按照“为群众服务、让群众参与、使群众满意”的要求，通过体育竞赛，提升余杭体育水平；要按照“全民健身、广泛参与”的要求，认真组织开展各类群众喜闻乐见、参与性强的体育活动；要进一步加大文体事业的投入力度，通过政策导向，调动民间资本发展体育产业的积极性；要进一步打造余杭强区形象，通过体育增强余杭的知名度；要提高全民体育的消费意识，搞活余杭体育市场。

2021年5月10日至11日，区政协筹备组副组长傅丽华带队调研文体设施建设情况，区政协机关筹备组、相关部门负责人参加。傅丽华先后调研未来科技城管委会、市规划和自然资源局余杭分局、区文化和广电旅游体育局等单位，详细了解未来科技文化中心建设、“五馆一中心”项目以及体育中心建设推进情况，听取全区文体设施现状和下一步布点规划建议。傅丽华指出，区划调整后余杭文体设施建设体系、布点等存在不少短板，作为经济强区、文化圣地和战略发展高地，余杭务必要发挥好规划引领的作用，做好一主一次多点普惠文章，做优文化和体育设施规划，高品质谋划推进全区文体功能配套建设，助力打造未来城市样板地。

2021年11月3日，区政协主席沈昱、副主席傅丽华赴区文广旅体局开展调研，区政协办公室、区政协文史委负责人，区文广旅体局全体班子成员参加。区划调整以来，区文广旅体局认真履职，扎实推进党建引领、文化遗产、文体惠民、数字文旅、文旅市场监管等各方面工作，先后获批全国文化和旅游系统先进集体、首批全国县域足球典型、浙江省公共文化服务体系示范项目等。

沈昱希望区文广旅体局要聚焦重点、调动资源、多方借力，争取文体场馆等一批基础设施纳入重点项目，以大项目推动完善全区文体“硬”设施，逐步补齐短板。要充分挖掘余杭的名人名家资源，着力打造文化精品，推出一批有影响力的文化作品，全面提升余杭文化的“软”实力，增强文化对人才的吸引力，强化文化对群众的感召力，达到以文引人、化人、育人、聚人的目的。

调研区文联、余杭画院工作。2017年7月20日上午，区政协主席阮文静、副主席潘法高调研区文联、余杭画院工作，走访政协委员。区政协委工委、区文广新局负责人参加。区文联、余杭画院负责人分别介绍各自工作的进展情况。阮文静强调，余杭是中华文明的圣地，既要继承发扬传统文化，又要不断发掘新的文化内涵。要对全区的文化设施布点进行研究，东中西三点结合均衡发展。要对全区的文化人才现状进行调查摸底，既要引进外来人才，又要发现本地人才。要把现有的文化资源进行整合再利用，提高使用率，发挥应有的作用。要深入学习区委关于文化工作的最新要求，把握机遇，抓好落实，进一步提升全区的文化软实力。

2020年10月10日，区政协主席沈昱（右二）调研区红十字会工作

调研区红十字会工作。2020年10月10日，区政协主席沈昱调研区红十字会工作，参观区博爱之家志愿者（会员）服务中心，现场学习体验心肺

复苏应急救援技能，并听取区红十字会工作情况汇报。副主席沈洪相参加。沈昱对区红十字会发扬人道、博爱、奉献精神，积极开展“三救”（应急救援、应急救护、人道救助）、“三献”（献血、献造血干细胞、献人体器官组织）和志愿服务等工作所取得的成绩表示肯定，希望区红十字会紧紧抓住群团组织的职责定位，充分依靠各级党组织，主动出击，建好公益团体，进一步提升应急救灾能力、增强人道救助实力；积极探索项目化捐赠创新模式，引导社会各界广泛参与红十字事业，凝聚起推进红十字事业发展的强大合力；注重宣传交流活动，更好赢得广大群众的理解信任，扩大红十字会的知名度；积极推进“数字红会”建设，充分利用网络优势，打造红十字工作品牌。

社会法制工作方面的调研 区政协八届一次会议以来，主席会议成员在社会法制工作方面重点调研社会养老、社区建设、民政工作、残疾人保障、公检法、行政审批制度改革等提出意见建议。

调研农村社会养老保险。2004 年，区政协李小花到鸬鸟、良渚、运河等镇乡调研农村社会养老保险工作，通过召开座谈会，发放调查问卷等形式，听取农民的意见。通过调查研究，针对存在问题，提出加快推进农村养老保险工作的建议。建议各级党委、政府要高度重视农村社会养老保险工作，创新宣传形式，注重宣传效果；对不同的人群，制定不同的政策，采取不同的工作方法；实行“低标准、低待遇”，吸引纯农户、个体工商户及雇工等以个人名义购买；领取的养老金能参照物价上涨指数逐年提高；要制订适合农村“4050”人员的养老保险政策。

2017 年 7 月 4 日，区政协主席阮文静、副主席潘法高调研蓝庭小区养老护理院工作。区政协办公室、委工委负责人参加。实地了解养老护理院的运行情况，听取养护中心工作情况汇报。阮文静指出，蓝庭这种医养结合的养老护理院是今后的发展方向，其先进的运营模式、设计理念都值得推广。要通过构建多层次全方位养老服务体系，使所有老年人都能老有所养、老有所依、老有所乐。8 月 2 日，区政协副主席戴桂香、副区级巡视员傅樟绚调研径山镇径乐社区照料中心和春风长乐养生小镇建设项目。区民政局、径山镇分管领导参加。实地踏看径乐社区照料中心，听取养老工作情况介绍。戴桂香要求民政部门和径山镇党委、政府加快社会养老事业建设，社区养老照料中心要针对社区老年人的实际需求，服务好、管理好，让社区的老年人能够安享幸福晚年生活。对于养生小镇，希望在建设中，尽可能多地保留原生态，让优美的环境成为小镇永远的标志和景色。

2020 年 9 月 24 日，区政协副主席黄德伟调研考察南京鼓楼区养老服务体系建设。社法委、区民政局负责人等参加。实地考察调研鼓楼区智慧养老大数据中心养老服务体系建设情况，听取鼓楼区民政局、智慧养老大数据中心相关负责人关于余杭区居家养老服务工作以及智慧养老大数据中心建设运行情况的汇报，并就家庭养老床位申请和使用、居家养老服务接单派单流程、养老服务“时间银行”服务创新等话题进行深入的交流，提出意见建议。

调研残疾人保障工作。2010 年 10 月 11 日，区政协副主席黄莉到区残联调研。听取区残联就残疾人事业发展情况汇报。黄莉充分肯定区残联的工作，提出要加强对适婚男女（特别是流动人口和农村地区人口）的宣传教育，提高群众优生优育意识；加强部门联动，发挥三道防线作用，关口前移、层层把关，从根本上减少出生缺陷率，逐步提高出生人口素质。

2018 年 11 月 27 日，区政协主席阮文静一行调研残疾人保障工作

2018 年 11 月 27 日，区政协主席阮文静，副主席黄莉、陈云水调研残疾人保障工作，政协各委办、区残联负责人等参加。实地踏看区残疾人托养中心，详细了解中心硬件设施、软件配备等情况，阮文静指出，做好残疾人工作是一个地方经济社会发展的重要标志，也是一个区域文明程度的直接体现。区残联要继续围绕提升保障力、获得感和满意度下功夫；要高位谋划、高标引领，紧密结合“三个全域”建设大局，来谋划思考全区残疾人工作，争做全省示范、争当全国标杆；要创新方法、有效保障，摸清工作底数，做好针对性预防，优化资源合理布局，分层分类做好保障工作；要加强评估、提高绩效，对前期工作开展“回头看”，聚焦群众满意度来提升余杭残疾人保障工作水平。

调研行政审批制度改革工作。2010 年 11 月 18 日，区政协主席汪宏儿到区行政服务中心调研行政审批制度改革工作。听取区行政服务中心介绍建设的总体情况、基本内容和建设进程等。汪宏儿指出，“市民之家”极大地方便百姓办事，树立政府形象，提高机关的工作效率。要继续完善信息系统的各种功能，重视各个渠道的反馈内容；要加强监管，不断提升监管水平。

2014 年 10 月 29 日，区政协主席阮文静、副主席杜永林赴行政服务中心调研余杭区行政审批制度改革推进工作。实地参观市民之家，听取行政服务中心关于目前余杭区行政审批制度改革推进情况的汇报。阮文静指出，区行政审批制度改革工作思路清晰，举措有力，值得学习借鉴。要在全面梳理总结前 10 年工作经验的基础上，结合余杭实际，多关注、多学习、多思考，大胆探索实践行政审批制度改革。做优做强服务工作，压缩审批空间，扩大服务空间，做到审批少而精，服务全而优，拓展服务领域，完善服务细节，优化服务环境，提供更加丰富便捷的服务项目，并积极探索扩大网上服务。

调研“联乡结村”工作。2017 年 8 月上旬，区政协主席阮文静分别赴塘栖镇三文村、运河街道杭南村调研“联乡结村”工作，区政协办、帮扶单位负责人参加。阮文静表示，联乡结村工作是区委区政府改善民生的具体举措，也是本地企业反哺回报社会的直接体现。要把握机遇，趁势发力，干字当头，协调推进。在美丽乡村建设上要有精品意识，精心规划、精力打造、精致管理、精彩亮相。对照年度目标任务，牵头单位要做好日常联络对接，村里要进一步细化帮扶内容，帮扶企业要在各方面给予大力支持，共担责任，共建共享，提升百姓获得感。此外，区政协副主席陈云水、潘法高、戴桂香、赵喜凯分赴联系村调研“联乡结村”工作。

调研“百千万”蹲点工作。2018 年 3 月 16 日、20 日，区政协主席阮文静赴塘栖镇开展

“百千万”蹲点调研，走访三星村、塘北村、邵家坝村、宏畔村、超山村，实地踏看美丽乡村建设现场。阮文静对塘栖镇在美丽乡村建设中“区块试点、互学互比、总结推广”的做法表示肯定，对立面整治中保留乡愁记忆、绿化种植中体现乡土特色等具体工作进行深入沟通。在三星村的座谈会上，企业代表、种植大户、村民组长、群众代表、老干部畅谈想法和感受。阮文静指出，要紧抓美丽乡村建设、“四好公路”建设的大好机遇，进一步做好环境整治等基础工作，深度挖掘特色文化，促进美丽乡村品质提升；充分利用土地整治项目，找准方向持续发展壮大村级集体经济；进一步发动百姓参与各项工作，共建共享美好家园。

调研公检法工作。2019 年 2 月 18 日，区政协主席沈昱，副主席戴桂香、黄德伟调研公检法工作。听取区法院罗鑫院长关于审判、执行等工作情况介绍，参观余杭公安史料陈列馆、联勤指挥部和检察院党建活动室。沈昱希望全体政法干警继续克服案多人少、经济社会复杂的困难，要利用好新科技发展成果，更好地打击违法犯罪活动，为余杭经济社会的发展保驾护航。同时，要加强宣传工作，充分展示余杭在打击违法犯罪最新的科技成果，以此震慑违法犯罪分子，进一步减少违法犯罪活动，更好维护余杭经济社会发展大局。沈昱表示，政协要一如既往地关注和支持政法机关的工作，发动广大政协委员和社会各界人士，深入了解政法工作，在社会上宣传好政法工作，共同为平安余杭建设献计出力。

调研“全域治理”工作。2019 年 3 月 25 日，区政协主席沈昱到乔司街道开展“全域治理”专题调研活动，城建委负责人以及乔司街道联络工委委员参加。调研组踏看乔司永西时尚云村，听取乔司街道“全域治理”阶段性工作汇报。沈昱指出：乔司是出经验的地方，有很多值得推广，乔司的各级干部工作很出色，也很辛苦。乔司面临最大的困惑是存在很多不确定性，导致很多工作是被动式的，缺乏主导优势产业。他希望乔司街道能主动与上级规划、发改等职能部门沟通对接，进一步找准未来优势，明确发展定位。

2021 年 5 月 25 日，区政协筹备组副组长周忠诚赴五常街道走访调研社会治理工作，了解包案维稳突出问题进展情况，区政协机关筹备组和五常街道相关负责人参加。周忠诚指出，在当前奋进“十四五”和 2035 年远景目标的新起点上，要以此次行政区划优化调整为契机，拔高标杆优化产业布局，为城市发展注入新活力；针对人口大量流入带来的社会治理压力，要以钉钉子精神做好稳控化解；要以“三服务”为抓手，打好服务品牌，不断做优营商环境；要发挥“五九”文化优势，锻造干部队伍，密切干群关系，推动社会力量共治、共享社会治理成果。

调研人才社保工作。2020 年 4 月 26 日，区政协副主席黄德伟调研“科技人才助力乡村振兴”工作。实地走访百丈工业园区的明柯汽车零部件有限公司，听取企业在疫情期间科技助力复工复产的情况以及企业关于人才方面的需求情况和百丈镇围绕“强化党建引领”“拓宽招引渠道”“优化人才服务”等工作汇报。黄德伟指出，人才是第一资源，创新是第一动力，要围绕“引得来、留得住、用得好”继续做好人才招引工作。

2021 年 10 月 14 日，区政协主席沈昱赴区人力社保局开展调研。区政协办公室、区政协社法委、区人力社保局负责人及相关科办负责人参加。听取区人力社保局关于 2021 年前三个季度总体工作开展情况、存在问题及下一步计划的工作汇报，并就数字化应用场景建设、欠薪联动机制完善、人才服务模式升级、高质量就业完成情况等进行座谈交流。沈昱希望区人社局加强与各镇街的沟通联系，急群众之所急、想群众之所想，不断提升基层获得感、满意度；重视劳动关系处理工作，依托数字化改革，积极探索创业型企业欠薪案件处理模式，及时对接相关部门，用好欠薪预警系统，做到防患于未然。区政协将充分发挥凝聚共识作用，全力支持人力社保各项工作，助推人社事业高质量发展。

2022 年 3 月 4 日，区政协主席沈昱（左三）率队调研民政工作

调研民政工作。2022 年 3 月 4 日，区政协主席沈昱、副主席李玉美专题调研区民政工作。区政协办、社法委主任，区民政局班子成员等参加，听取民政局关于 2021 年工作情况和 2022 年工作思路的汇报。李玉美就发挥特色优势、推进品牌建设、发动社会力量等方面交流协商，提出意见建议。沈昱希望区民政局贯彻落实区委决策部署，坚持以人民为中心的发展理念，更好履行基本民生保障、基层社会治理、基本社会服务的职责，更好推进养老服务、社会救助、慈善事业等方面工作，在争当建设共富示范的排头兵中展现担当和作为。区政协将持续关注，共同营造民政工作的良好氛围。

城建环保工作方面的调研　围绕生态环保、城市管理、交通建设、保障性住房、垃圾分类、“五水共治”、美丽乡村建设、规划与资源管理等方面工作进行调研和民主监督活动，提出意见建议。

调研“四小车”管理。2005 年 7 月，区政协副主席丰章生、方加明带领社会法制和港澳台侨委员会，经济科技和城建、人口资源环境委员会委员调研全区营运残疾人专用车、营运人力三轮车、正三轮摩托车和燃油助动车（以下简称“四小车”）的管理现状及整治情况。通过召开各有关层面座谈会、委员视察、外出学习考察及发放调查问卷等形式，综合各方意见，形成调研报告。报告建议：各有关部门和镇乡，要进一步形成共识，增强责任意识，严格依法办事，切实加强管理；要根据实际情况，合理安排，逐年减少，力争在 2—3 年内取消营运人力三轮车；重新制订合理可行的方案，要划定区域，规定通行时间，禁止正三轮摩托车在临平城区中心地段运行，对无牌无照的黑车要坚决取缔；对经过有关部门认可登记的残疾车主，要妥善做好安置工作；及时淘汰不合格车辆，做到只减不增，同时要禁止外地牌照的摩托车出入临平城区；要在城区的几个入城口建立或设立综合停车场，方便居民停车和换乘交通工具；尽快编制全区的公交发展规划，增加公交车辆及运行线路；发展公交，缩小和消除“四小车”存在的市场和空间，缓解“两难”；在整治方案出台前，区政府要组织召开听证会，充分了解各方面的意见。同时要加大宣传力度，形成整治共识。

调研生态环保工作。2009 年 7 月 6 日，区政协就“节能减排”工作开展调研活动。副主席方加明、钱杭根、陈云水参加。听取区环保局、区经发局分别通报减排和节能工作情况，并坦诚和政协委员交流探讨。调研组分成两组分别走访杭州美亚水泥有限公司、杭州塘栖热电有限公司等企业，听取各个企业在节能减排工作的执行情况。方加明指出，节能减排工作是环境立区的一项重要工作，也是国家能源战略调整的一项重大举措，更是企业生存发展的重要保证，希望全区 5 家热电企业攻克难关，把技改工作做得更好。

2009 年 8 月 28 日，区政协副主席方加明调研“节能减排”工作并召开座谈会，区经发局、环保局等分管领导、社会法制和港澳台侨委员会参加。方加明指出：“节能减排”调研课题是政协年初确定的重点工作，将作为 2009 年政协常委会的建议案，要客观科学地分析“节能减排”工作中取得的成绩和存在的问题，围绕中央提出的“节能减排”的要求，针对余杭实际问题，提出能够解决全区在“节能减排”工作问题的建议和措施，使余杭区的“节能减排”工作得以顺利完成。

2017 年 11 月 17 日，区政协调研大气污染防治工作。区政协主席阮文静，副主席潘法高、戴桂香，区政协各委办负责人、部分政协委员及相关部门负责人参加。实地查看余杭经济技术开发区泛能网项目、柏悦中心建设工地，听取区环保局（区大气办）关于大气污染防治工作的情况介绍。委员们针对大气污染防治工作展开深入的探讨。阮文静强调，做好大气污染的防治工作，要提高站位，深化认识，扎实工作。要加强监管，严格执法，对环境污染问题零容忍、重打击；要加强智慧管理，加大环保数据公开的力度；要落实责任，合理推进，各部门要各司其职，各尽其责，打赢蓝天保卫战。

2019 年 2 月 11 日，区领导沈昱、杜坚强、戴桂香一行到中泰街道，走访光大环保能源（杭州）有限公司，参观环保教育展示馆、总集控室、生产车间、垃圾吊控室等。听取垃圾收运处理、生产工艺流程等情况介绍，详细了解炉渣、烟气、渗透液、飞灰等处理情况。九峰垃圾焚烧项目是杭州市重点环保和民生项目，占地 139319 平方米，日处理生活垃圾 3000 吨，总投资 18 亿元，配置 4 台 750 吨 / 日机械炉排焚烧炉、2 台 35 兆瓦发电机组，日发电量 160 万千瓦，上网 135 万千瓦。政协主席沈昱充分肯定光大环保在环保节能领域取得的成就，同时要求企业要时刻坚守达标排放这一底线。

2021 年 12 月 14 日，区政协赴市生态环境局余杭分局开展专题调研环保工作，主席沈昱、副主席周忠诚，区政协办、城建委负责人参加。听取市生态环境局余杭分局工作情况汇报。沈昱希望市生态环境局余杭分局要坚持以习近平生态文明思想为指导，聚焦重点关键、数字赋能、双碳建设、“两山”理论转化，全面推进生态环境领域改革创新。要进一步发挥专业优势，严格环境执法，扎实推进治水治气治废工作，为生态环境改善提升保驾护航；要多方借力，充实扩大环保队伍，以“绿色风暴”行动为抓手，全面排查问题，抓好整改落实，增强人民群众获得感。区政协将充分发动广大政协委员，积极参与生态环境建设，共同助力生态文明示范区建设。

调研交通建设。2009 年 10 月 21 日，区政协主席汪宏儿调研东湖路南延工程许村路段，并与交通运输部门负责人一起赴许村镇政府协商道路推进过程中的有关问题。汪宏儿指出，余杭、海宁双方按照当初签订的备忘录，推进东湖路南延工程的建设，进展情况总体比较顺利。余杭和海宁是两个邻近的地区，“你中有我、我中有你”，今后，双方要围绕共同发展、互惠互利的原则继续做好下一步工作，把东湖路南延工程做好。汪宏儿就海宁许村提出的几个具体问题进行协商。

2014年12月初，区政协主席阮文静牵头开展“交通治堵”专题调研。区领导陈如根、方国伟、施建华、黄莉，区住建局、公安分局、交通运输局、城管局、交通集团、城建集团等部门，以及城市研究会余杭分会负责人参加。本次调研持续半个多月，召开多次调研座谈会，实地考察中都、东湖停车场、银泰、市民之家、临平新城管委会等停车场所，通过政协委员网上议事厅征求网民意见建议，最终形成调研报告《关于我区城市交通治堵的思路与举措》，提出了道路建设、停车设施、公共交通、交通管理、政策机制等方面的治堵举措。调研成果在区委读书会上进行交流和协商。

2021年8月27日，区政协主席沈昱、副主席周忠诚到区交通运输局调研交通重点工作及“十四五”交通发展规划。区政协办、城建委负责人，区交通运输局全体班子成员等参加。听取区交通运输局工作情况汇报。沈昱对区划调整后交通运输局各项工作推进情况表示充分肯定。希望区交通运输局把握“从功能区向中心城区转变”的定位，坚持以人民为中心，进一步完善各专项规划；要推进快速路网、轨道交通等重大项目，关注支路小路、断头路畅通；要充分利用“四好农村路”建设这一契机，以更高标准更高品质推进民生实事；要把握好新班子、新队伍的组建时机，树立余杭交通新形象。

调研保障性住房建设情况。2010年11月24日，区政协主席汪宏儿带领部分政协委员，考察星桥经济适用房及余杭经济开发区农民多层公寓等在建项目。区委常委、副区长楼建忠、区政协副主席黄莉、潘法高，区政协社法委、城建委，区建设局、城建集团负责人参加。听取区建设局、区城建集团关于保障性住房建设情况的介绍。汪宏儿指出，房管部门为保障性住房建设做了大量工作，发挥了政府部门的主要职能，思路正确，成效显著。汪宏儿强调，要进一步提高认识，增强责任感，加大建设力度，科学规划、合理布局，加快保障性住房建设速度。要多措并举，不断完善，创新体制机制。突出重点，切实解决“住房难”的问题，保障“居者有其屋”。在工程建设中要严把质量关，确保保障性住房质量，加强项目的配套设施建设，优化居住环境，提高居住水平。

农村居民多（高）层公寓建设和管理工作。2011年8月30日至9月3日，区政协主席汪宏儿带领“农村居民多（高）层公寓建设和管理工作”课题组成员赴广州等地考察调研新农村建设及农村住房改造建设情况。区发改、建设、农业、国土、公安等相关部门负责人参加。参观广州市花都区朱村新邮安置区工程建设现场。汪宏儿指出，余杭与花都的建区时间、自然环境、历史文化、交通优势等有着许多相似的地方，花都区在产业布局、城市化推进、新农村建设、农居房安置等方面的先进经验值得余杭学习借鉴。他强调，农村居民多（高）层公寓建设对于余杭的城市化品质提升，实现农村向城市、农民向市民、农村管理模式向城市社区管理模式的根本性转变；对于提高土地的集约利用率，缓解土地的供需矛盾；对于提高农户的生活质量和综合素质、推进城乡统筹具有十分现实和深远的意义。汪宏儿要求，坚持大项目带动，因地制宜、分类推进、总结经验、开拓创新，积极发挥规划的引导和调控作用，精心做好各项服务工作，认真分析、协调解决各种新问题、新情况，切实保障农村居民多（高）层公寓建设、管理工作顺利推进，取得实效，让余杭的农民都住有宜居。

调研垃圾分类工作。2014年6月7日，区政协主席阮文静、副主席黄莉调研垃圾分类

2014 年 6 月 7 日，区政协主席阮文静（前右二）率队调研垃圾分类工作

工作，政协委办负责人、相关提案人以及区政府相关职能部门负责人参加。视察南苑街道保元泽第小区、西安垃圾中转站及杭州立佳环境服务有限公司，查看垃圾分类、收集、运输、处置的全过程，听取区城管局关于全区垃圾分类处理及相关提案办理工作情况。委员们分别就健全垃圾分类奖惩政策、加快厨余垃圾设施设备建设、推广厨余垃圾家庭处置技术、引进社会资本提高末端处置能力等提出建议。

2014 年 7 月 2 日，区政协主席阮文静带队赴中泰街道实地调研垃圾分类试点工作，察看枫岭村垃圾分类工作情况，听取和研究该街道垃圾分类试点工作方案。区政府副区长施建华，区政协副主席黄莉参加。阮文静强调，市、区两级高度重视农村垃圾分类试点工作，街道和村、社区有决心、有基础，先进地区有经验、有参照，中泰街道对此有设想、有方案，要增强信心，做实试点，合力推进，力争打造为全区的样板。她要求中泰街道进一步明确计划、时间、资金测算，细化方案。各部门要明确职责，切实加强相关指导。

调研“五水共治”工作。2015 年 9 月，区政协副主席陈云水率区政协“五水共治”长效机制建设第五监督组部分委员赴仓前街道开展专项集体民主监督活动。监督组一行实地查看严公桥港、秀才桥港、陈家塘浜斗的治水情况，听取仓前街道负责人关于“五水共治”推进情况的介绍，陈云水指出，仓前街道始终将“五水共治”作为“优环境、惠民生、促改革、谋发展”的中心工作，全体党员干部时刻保持敢打敢拼，治水工作取得明显的成效，值得肯定。“五水共治”是一项民生工程，要尊重客观规律，科学治水，不断完善水系规划，建立长效机制；要发动群众积极参与，合力治水；要采取多种方式，综合治水，传统模式与先进手段相结合，力争投入产生最大效益。11 月 11 日，区政协副主席黄莉、陈云水带领区大督查办公室、“五水共治”办公室、“河长单位”有关负责人及部分政协委员，实地调研暗访禾丰港治理河段整改落实情况。调研督查组一行沿着河岸，实地踏看禾丰港交通大厦—罗庄桥段，了解整改落实工作进展。委员们建议要科学治水，与城市基础配套设施、公共设施相结合，加大技术投入力度，增加水体自我循环能力；要可持续性治水，注重工程质量和长效机制建设，研究有效监督管理方法。

2017 年 7 月 2 日，阮文静到东湖、运河两街道，督查治水剿劣工作。在座谈会上，余杭经济开发区、产业监管局、区治水办、属地街道的相关负责人分别介绍工作进展情况。阮文静指出，陆水湾港水质消劣，取得一定的成效。要继续做好截污纳管、上下游联动治理等工作，加快建设剩余部分游步道，使河岸边全线贯通，促使企业自觉做好河边环境整治，为百姓的健身行走创造良好的条件，提升群众的幸福感和获得感。

调研征迁清零工作。2017 年 8 月上旬，区政协主席阮文静连续赴塘栖镇督查征迁清零和环保工作，实地踏看圆满路吴家坝征迁区块、征迁小组办公区块等，检查塘栖污水处理厂、塘栖热电厂，听取专题汇报。阮文静指出，塘栖镇自加压力，主动作为，注重方式方法，平稳有序推进，总体进展良好。建议要增强机遇意识，明确重点，扎实推进，整合力量，落实责任；要精心规划，对拆后土地利用进行深入研究；要对有一定历史价值的建筑进行保留和改造；严格按照环保要求做好各项工作，督促责任单位做好整改落实。区政协副主席陈云水、潘法高、戴桂香、赵喜凯分赴联系镇街督查征迁清零和环保工作。

2018 年 8 月 24 日，阮文静等赴崇贤街道调研征迁清零、小城镇环境综合整治、安置房建设工作，她指出，崇贤街道紧紧围绕区委工作部署，各项工作有序推进，下一步，要深入研究总体布局，分区域做好城市建设和美丽乡村建设，注重城乡统筹发展；要充分利用区位优势，加大征迁清零力度，加快重大项目、基础设施、公建配套的建设，追求高质量、可持续发展。

2018 年 6 月 21 日，区政协主席阮文静（前左一）调研美丽乡村建设

调研美丽乡村建设。2018 年 6 月 21 日，区政协主席阮文静赴东湖街道开展调研，实地踏勘东湖街道姚家埭村美丽乡村建设（西太洋慢行系统）和工农社区基础环境整治情况。区政协各委办、东湖街道负责人参加。阮文静对姚家埭村和工农社区所做的工作表示肯定，希望东湖街道深入挖掘利用大运河资源，做好水文章；认真总结推广基层自治的经验做法，打造新亮点。

2019 年 3 月 27 日，区政协主席沈昱带领美丽乡村建设考察团一行 16 人，考察调研四川绵阳国际兰花主题花园、柏林洛水葡萄产业园、柏林天主教堂、游仙区良栖家庭农场和鹤林绿洲，听取游仙区抓全域旅游、建设美丽乡村的情况介绍。对游仙区抓好“全域美丽”建设启发很大，值得学习。2019 年，区委区政府提出“全域创新、全域美丽、全域治理”建设工作。为此，由区政协牵头调研的“全域美丽”建设“三年行动计划”（2019—2021），坚持以景区的理念规划全区，以景点的要求建设城乡，突出山水与城乡融为一体、自然与文化相得益彰，以国际视野为高度、细节极致为追求、环境一流为目标，以城靓村美建设行动、文旅融合发展行动、生态环境提质行动“三大行动”为抓手，按照“系统考虑、分步实施、重点突出”的总思想，精心构建“靓丽城市＋美丽集镇＋美丽乡村＋美丽庭院＋美丽公路＋旅游景区”的全域大美格局，全域打造自然生态与人文环境相结合体、现代都市与田园乡村相融合体、历史文化与现代文明相交汇体的“诗画浙江”鲜活样板。

调研规划资源管理工作。2021年6月1日，余杭区政协筹备组副组长周忠诚到杭州市规划和自然资源局余杭分局调研工作。听取市规划资源局余杭分局就区规划资源管理重点工作进展情况、余杭区国土空间规划情况专项汇报。周忠诚指出，余杭区正经历一轮高速发展，区规划部门做了大量工作，各方面都取得了很好的成绩。在未来的发展规划中，要紧跟市委市政府的最新要求，将群众最关心、最直接、最现实的问题列入工作清单，做到了早谋划、早部署、早开局，要把握机遇，乘势而上，打造未来城市样板地；要高强度推进，做好重点项目引领，着力推进重大平台建设，完善公共服务设施缺口；要高质量服务，做精做细规划方案，做好上下联动、左右协同，强化政策支持，摸准帮扶脉搏，力争把问题想在前头，并解决在初始阶段，努力为余杭区二次腾飞做出积极贡献。

2021年11月17日，区政协主席沈昱，副主席周忠诚、张瑾调研市规划资源局余杭分局工作，并召开专题座谈会。区政协办公室、经科委、城建委负责人，市规划资源局余杭分局班子成员及业务科室负责人参加。会上，局党委书记、局长陈勇就余杭规划资源整体情况、工业用地有机更新相关情况及本年度政协提案办理情况进行了汇报。沈昱指出，市规划资源局余杭分局要紧紧围绕“三个全域、三区创建”“五大计划”和共同富裕示范先行区创建等，扎实推进规划编制、用地保障、资源保护、民生服务等工作；要坚持“一张蓝图绘到底”，聚焦长远规划，重点考虑功能布局，以规划指导项目建设，为余杭长远发展提供资源保障；要切实加强业务培训，及时宣传讲解最新政策和工作流程，共同推进规划和自然资源管理工作更上新台阶。

调研住房和城乡建设工作。2021年5月17日，区政协筹备组副组长周忠诚到区住建局（筹）调研城市建设工作。区政协机关筹备组相关负责人参加。区住建局筹备组负责人汇报全区建筑业、房地产业及市政公用等行业管理，征迁安置、美丽城镇等重大专项，轨道交通、快速路等基础设施建设以及住房保障、老旧小区改造、电梯加装等民生实事工作，介绍了“靓城行动”“全域美丽”等专项工作的推进情况。周忠诚要求高层次谋划，勇担城市建设管理牵头抓总的重任；要高强度推进，加快“靓城行动”“全域美丽”等重大专项建设；要高水平管理，在工作上有举措、有亮点、有创新；要高品质呈现，通过建设发展，把城市的“靓”点有计划有层次高品质地体现城市建设管理的形象。

2021年8月26日，沈昱、周忠诚一行赴区住建局调研城乡建设及重点专项工作进展情况。听取区住建局工作情况汇报。沈昱希望住建局工作要加强系统思维，做到系统谋划和项目推进两手抓，多从整体全局的角度考虑问题，注重城市功能完善和城乡风貌改善。在项目推进中要把舒适度、美观性、安全感和实用度有机结合，不断提升人民群众获得感。

调研林业水利工作。2021年6月11日，区政协筹备组副组长周忠诚调研林水工作。实地踏看全区防汛指挥中心、咨询会商研判信息化系统运行情况、调看西险大塘余杭段各点位实景状况。同时，结合东苕溪流域图，与区林水局筹备组负责人就全区防汛工作现状进行交流。听取区林水局筹备组负责人关于余杭区林水资源工作及单位基本情况、目前承担的重点任务和2021年防汛准备工作等情况汇报。周忠诚强调，防汛期间，务必高度重视，加强底线思维，系统调度防汛力量；要深入开展建设保护与开发利用的综合研究；结合靓城行动、西部富美，用好余杭特色山水资源，深度挖掘山山水水的“富”“美”内涵，争做美丽大花园建设主力军，助力西部富美，纵深推进共同富裕。12月8日，区政协主席沈昱带队调研林水工作。副主席周忠诚、秘书长吴忠云等参加。听取区林水局关于林水工作情况的汇报。沈昱对区林水局充分发挥自身专业优势强化自然资源保护、精细化开展重大水利工程集中管养、全力打赢防汛防台阻击战、高效完成政协提案办理等工作表示充分肯定，对林业水利工作提出要求：守牢安全底线，扎实做好防汛防台防火工作，提升人民群众的安全感；深度挖掘湿地和生物多样性保护等林水特色工作，提升人民群众的认可度；探索以林道串联等自然资源利用方式，努力打通“两山”转化通道；充分利用政协数字化平台更好凝聚共识，推动林水工作再上新台阶。

三、委组专题调研

区政协第八届至第十二届委员会期间，各委组根据常委会工作要点和各乡镇（街道）工作重点，有计划地组织开展各类专题考察调研活动，既是委组履行政协职能的基本形式，也是其开展活动传统且有效做法。考察调研的安排，充分考虑发挥委组及其成员的专业优势与特长，重点关注全区政治、经济、文化和生态文明建设中的热点和难点问题，创新方式，主动作为，力求考察调研严实有效。

经济发展工作方面的调研　区政协八届一次会议以来，政协各专门委员会、镇（街道）联络工委围绕专业市场发展、城乡统筹、提振实体经济、村级集体经济、时尚文化创意产业、防范金融风险、农旅融合等方面工作开展调查研究，参政议政，献计出力。

*调研专业市场发展。*2004年8月25日至31日，区政协经济科技和城建、人口资源环境委员会对余杭区专业市场现状和发展前景开展考察调研。委员们围绕提升和发展专业市场提出建议意见：积极实施大流通、大市场、大项目战略，办一方市场，兴一方经济，富一方百姓；健全组织，完善领导机制，及时协调、指导全区三产发展和专业市场建设；加强规划，专业性市场要留有发展空间、布局应相对集中；完善政策意见，注重培育市场，使市场发展建设更具可操作性，把市场开发建设当作一项产业加以重视；鼓励专业市场区域化，推进市场品牌建设；各级政府和有关部门，要加大依法治区力度，打击假冒伪劣，强化市场信用建设，倡导依法经营，营造良好环境，做好引导、服务工作。

*调研高新农业示范园。*2009年9月4日，区政协经济界二组委员调研高新农业示范园，考察杭州格林森园艺科技有限公司精品水果园、新迪国际公司高效蔬菜科技园、杭州怡诚实业有限公司铁皮石斛高科技种植园区。座谈会上，委员们就示范园建设提出意见建议：按照建立“3+1”现代产业体系要求，充分发挥园区科技示范效应，加大农业高新技术推广力度；积极发展农产品加工业，以农产品精深加工和产品创新研发，延长产业链，提高农产品附加值，加大对入园企业的服务力度，促进其利用各项扶持政策做优做精做强；进一步整合旅游资源，拓展农业休闲观光产业，打造集科技型、生态化、观赏性于一体的现代农业园区。

*调研农产品质量安全。*2009年9月4日，区政协农林界的政协委员到浙江上升农业开发有限公司，调研农产品质量安全情况。听取上升公司、区农业局的工作情况汇报。委员们建议要加强对分散养殖农户的农产品安全生产管理，加大检测力度，扩大检测范围；要建立

农产品市场准入制度，必须追溯到专业合作组织和生产者；要健全农产品安全队伍，设立基地认证分队，技术指导分队，监督检测分队；政府要重视农产品的“两头”监管，即在疫苗、农药质量源头上加强管理，对成品有关指标进行检测；在整合资源、体制创新上要有突破；在农产品监管上要有新措施；在宣传上力度要加大；在农产品安全执法上要更严格。

调研径山茶品牌化推广工作。2009 年 9 月 7 日，区政协妇联界别组的委员围绕径山茶现状及国际需求与相关部门座谈讨论。委员们建议要对茶叶生产进行统一的种植标准，统一的加工标准和统一的评价分类与定价标准，制定细致的茶叶检测标准以确保出口茶叶的质量安全。政府部门要给予相应的政策扶持，为径山茶走出国门提供最快速最有效的品牌化出口之路。2014 年 9 月 22 日，区政协农林界别组调研径山茶产业。考察径山四岭名茶厂，听取区农业局就径山茶产业 2014 年春茶产销形势、发展举措、蒸青茶产业发展等相关工作情况汇报。委员就新的形势下径山茶产业发展出谋划策。建议根据市场态势，研究客户需求、包装、管理、产品质量等；及时更新理念，研究径山茶产业发展瓶颈，解决问题，做有生命力的农产品。要开拓思路，创新理念，以市场为导向，依靠科学技术、巩固径山茶发展优势。加快结构调整，面对大数据时代，结合好专卖店、代销、代理等多种销售方式，不断拓展市场和提升品牌效益，提高径山茶的知名度和美誉度。

调研城乡统筹发展。2010 年 11 月 3 日，区政协经济界别二组委员围绕区委、区政府“关于进一步加强统筹城乡发展”重大课题，就如何继续深入实施城市化引领战略，加快转变经济发展和城市发展方式，加快形成城乡区域发展一体化新格局，促进全区经济社会全面协调可持续发展等热点、重点问题进行座谈讨论，提出意见和建议。建议统筹城乡发展要与“十二五”规划、五年行动计划、明年的工作目标任务有机结合；要突出重点，扬长避短，抓住新型城市化、现代产业体系、社会建设等重点，在体制机制上走一条统筹协调发展的道路；按照项目化管理的要求和创新的思路，推进统筹城乡区域发展。12 月 1 日，区政协文化艺术体育新闻出版界别组调研仓前镇推进城乡统筹工作。委员们在听取仓前镇关于推进城乡统筹的工作汇报后，认为仓前镇利用明显的区位优势，启动杭师大仓前校区、杭州科技产业聚集区和海创园，不断提高产业集聚度；回迁使用农民多高层公寓，持续升温羊锅村经济，不断提高农民幸福指数；大力发展文教体卫事业，不断完善社会保障工作，继续深化平安创建工程，社会事业日趋繁荣。委员们对仓前镇进一步推进城乡统筹发展工作建言献策。

调研农业保险工作。2016 年 6 月 21 日，区政协经科委、农业局等相关部门共同参与调研农业保险工作。调研组一行首先实地踏看杭州绿神有机茶专业合作社基地，听取合作社社长关于倒春寒对春茶的影响及对政策性农业保险的建议和意见和区农业局副局长吴春仙就当前余杭区政策性农业保险举措与成效、问题与不足、工作打算等情况汇报。委员们建议特色险种争取省市支持，茶叶保险时间适度延长；增加保险品种和范围，适度降低农户投保金额；充分利用电视、广播、报纸等新闻媒体，加大对政策性农业保险方针、政策的宣传力度，尤其要注重向龙头企业、专业合作社、种养大户的宣传，让农业保险政策家喻户晓，引导涉农组织自觉自愿参保；政策性农业保险赔付应按平均亩收入为标准给予理赔，提高农民参保积极性等。

调研农业园区建设。2017 年 7 月 27 日，区政协农林界别组对全区农业“两区”主干道路硬化的可行性和举措以及解决园区设施农用地落地空间的有效途径等开展专题调研。参观海亮明康汇生态体验农场，踏勘采摘和休闲两大区块现场，听取园区负责人对园区用地情况的详细介绍。座谈会上，听取区国土余杭分局、农业局分管领导关于全区农业“两区”主干道路硬化及设施农用地落地情况汇报。委员们建议区国土分局、农业局继续加大政策扶持力度，不断提升农业园区的整体建设。在具体建设过程中，国土和农业部门要加强指导，做好事前规划，注重园区细节建设，根据不同的园区特点，制作设计风格和功能不同的设施样板房供业主选择，同时在后续监管上要做好防违控违工作，加大执法力度。

调研村级集体经济。2017 年 9 月 27 日，区政协工商联界别组到径山镇平山村走访调研西部山区村级集体经济情况。参观平山村文化历史展馆“径山客”以及文化礼堂“平山堂”。听取村及径山镇关于自然文化资源及集体经济发展情况汇报。委员们肯定村委做法及设想，并提出针对性的意见建议：以“大径山”旅游开发为依托，根据平山村的地方特色，找准定位，制订发展生态经济及旅游业的实施方案；以入选全区“美丽乡村”建设范围为契机，加大宣传推广力度，与大径山宣传形成互动；抓紧落实村级集体经济特色产品的商标注册；优化各个文化点的串接，完善村落布局，指示牌标识布置。

调研时尚文化创意产业发展。2020 年 8 月 6 日，区政协文体新闻出版界别组的委员赴艺尚小镇开展“促进时尚产业发展”调研活动，区政协副主席沈洪相参加。调研组听取情况介绍，参观李加林织锦馆、臻元箱包、诗简服装等。听取临平新城详细介绍小镇的发展历史、现状与未来打算。委员们围绕如何完善小镇配套服务、优化运营管理、提升小镇人气等话题开展协商建言，提出意见建议。建议艺尚小镇进一步集聚高端要素，充分利用浙江理工大学时尚学院落户余杭的契机，在推进产业创新发展、名企名品培育、设计人才培养、扩大对外开放特别是产业与文化的融合发展上持续发力，推动余杭从服装制造基地向时尚中心、质造中心转变，为余杭全力争当全省建设“重要窗口”排头兵作出更大的贡献。

区政协调研开发区经济发展。2018 年 12 月 20 日，区政协组织委员到经济开发区调研。委员们考察产业合作园、杭州西奥电梯有限公司，了解电梯行业的发展历程。委员们深入了解贝达药业在新药研发，对恶性肿瘤、糖尿病、心脑血管病等严重影响人类健康的疾病作出的努力，并对贝达药业积极响应医改工作表现的支持给予高度评价。对开发区、企业一年来所取得的成绩给予肯定，并就今后开发区的全面发展提出建议意见。

调研农旅融合。2020 年 8 月 10 日，区政协妇联界别组赴鸬鸟镇调研乡村振兴工作。区政协副主席陈云水、二级巡视员黄莉，委工委、区妇联、鸬鸟镇联络工委负责人，以及区政协妇联界别组的委员参加调研活动。委员们到鸬鸟镇山水果业、美鸬民宿，实地了解后疫情下农业园区、民宿复工复产及当前存在的困难，进一步助力农旅融合，助推乡村振兴。听取山水果业负责人陈波关于鸬鸟蜜梨的情况介绍。委员们充分肯定山水果业发挥优势资源和村民参与乡村振兴的积极性、主动性和创造性，特别是在疫情后，2020 年的蜜梨销售还能做到供不应求。同时委员们也希望，山水果业继续发挥所长，进一步促进农业增效、农民增收、农村繁荣。考察美鸬民宿时，委员们对美鸬民宿在疫情期间为“白衣战士”提供免费礼包及优惠住宿表示赞同。同时希望美鸬民宿能进一步发挥带动作用，引领更多的农民致富。

城建环保工作方面的调研　各委组根据年度工作安排，围绕城建环保工作开展调查研究。主要调研的课题有生态保护、“五水共治”、美丽余杭、城乡生活垃圾分类处理等。

调研西溪国家湿地公园（西区）管理服务工作。2009 年 10 月 20 日，民革、民建、致公党中的政协委员组成党派联合考察组，调研考察杭州西溪国家湿地公园（西区），对景区如何加强后续经营管理、完善服务工作等方面的一些细节问题提出建设性的意见和建议。建议在对湿地景观与结构的恢复、重建的同时，要加强湿地功能建设，如净化水体的功能，消减洪水洪峰的功能，生物多样性保护功能等；在解说系统与旅游线路设计时，要突出对湿地功能的展示。加强对水体富营养化的处理与消减，尽快改善湿地水体水质；建议开放自行车游园；湿地的火柿是原生态的，是景区的一大特色，建议增加数量；景区的标牌、标识、标志文字描述需要规范化。

调研水环境建设。2010年8月17日，区政协农林界别组委员调研临平、獐山、余杭等地水环境建设情况，区政协经科委、区林水局有关负责人参加。委员们听取区林水局关于全区水环境建设工作的介绍，为进一步改善水环境，提出加快截污纳管建设，对不自觉纳管和污水乱排放企业更要有处罚措施；继续实施苕溪禁养，保留原有河道不得随意填平；贯通水系及加强农业污染面污染源治理等意见建议。

调研“绿化余杭”工作。2010年11月3日，共青团界别组赴百丈镇，调研“绿化余杭”工作，委员们实地踏看位于仙岩村的省级科普示范园区——“杭州市都是农业示范园区”，对仙岩村立足自身优势，以科技兴农、惠农为宗旨，大力发展竹产业，积极带领竹农脱贫致富奔小康的做法表示赞赏。建议仙岩村，要抓住“清洁绿化文明健康”重点提升村创建的契机，充分利用好其区位和资源优势，大力发展第三产业，打造余杭新农村建设中的新亮点。

调研“五水共治”推进工作。2014年5月6日，区政协经济界别活动一组和政协径山镇联络工委的近30名委员赴径山镇开展“1＋1”专项调研活动。委员们调研视察2013年“菲特”台风期间因洪水决堤的径山镇北苕溪丈母塘设施修复情况，到陶村桥港和麻车头村，了解该镇河道综合整治、截污纳管工程以及农村生活污水治理工程进展情况。听取径山镇负责人关于该镇“五水共治”工作情况的汇报，并就调研情况举行座谈交流。委员们围绕污水处理设施建设、后期维护、发动社会力量等方面，就该镇“五水共治”献计建言。建议加强对农村原有三格式化粪池状况的检查摸排，对出现破损的尽可能进行修缮，提高污水处理效率。引入民间、外来资本参与“五水共治”。4—5月，区政协根据“三级政协联动，助推‘五水共治’专项民主监督”部署，开展界别活动组、镇街联络工委“1＋1”助推“五水共治”视察活动。区政协各专委会负责牵头，镇街联络工委制定视察方案，界别活动组收集整理视察意见建议。14个界别活动组、19个镇街联络工委分别开展“1＋1”联合视察，区政协主席阮文静、副主席黄莉、杜永林、陈云水、潘法高、戴桂香，副区级巡视员傅樟绚分别参加视察活动。6月28日，区政协医卫、社会福利界别组与闲林街道联络工委联合开展“1＋1”助推“五水共治”视察活动。文史委负责人、界别组全体委员、闲林街道相关负责人参加。委员们调研视察闲林港综合整治项目、民丰村污水整治项目，闲林港、梧桐港河道整治情况，听取闲林街道关于五水共治工作情况的介绍。委员们建议要坚持科学治理，切勿盲目求快，工程进度要服从质量；因地制宜、实事求是地推进工程建设；注重生态治理和循环治理，前期调查要充分，为后期工程打好基础；严格控制污染源头，不能边污染边治理；把“五水共治”、美丽乡村建设、垃圾分类作为一个整体统一考虑；进一步宣传发动村干部和群众来参与，形成治水合力。

2014年6月28日，区政协开展“1+1”助推“五水共治”调研视察活动

2014年7月3日，科协界别组和临平、东湖街道联络工委组织委员开展“1+1”助推“五水共治”视察活动，区政协副主席黄莉、区政协城建委和街道有关负责人参加。视察组分别实地踏看老城区雨污分流施工场地、农村污水收集装置和河道综合整治现场，听取街道分管领导有关“五水共治”的工作汇报。委员们对“五水共治”工作推进过程中存在的难点和一些共性问题建言献策，提出意见建议。要重视河道整治中流域性，注意上下游的衔接；要注意河道清淤的长效性和常态化，确保“毛细血管”的畅通；雨污分流点多而散，要加强宣传引导；河道清淤后，要科学合理处置淤泥，防治次生污染；温室甲鱼关停整治后，土地的复耕要有长远打算；要加强对工程质量的监管和督查；“五水共治”要有序化，不能急、不能粗，标本兼治。

2014年11月5日，区政协宗教、少数民族、无党派界别组调研运河塘栖段河道整治工作，实地察看河道水质情况。听取塘栖镇关于“五水共治”工作进展情况的汇报，委员们积极建诤言、献良策，提出加大企业排污治理力度、提升河道管理水平等一系列可行性建议。

2015年9月22日，区政协科协界别组调研生态治水工作，实地走访浙江桃花源环保科技有限公司的3个治水项目，助力余杭“五水共治”科学治水、系统治水、生态治水。委员们建议要在增加水活力上下功夫，形成生物多样性环境，促进水系良性循环。要因地制宜，利用当地原生态、安全系数高的资源，保护水系原貌和乡土气息。建议政府部门制订相关政策措施，限制河岸两边硬化范围，保护河道自然环境和生态系统。

调研临平新城艺尚小镇。2016年11月18日，区政协经济界别一组专题调研临平新城艺尚小镇。委员们考察时尚文化街区、时尚历史街区和正在建设中的北京外国语大学附属杭州外国语学校，观看艺尚小镇宣传片，听取相关建设情况介绍。建议临平新城艺尚小镇作为传统产业转型升级的代表和典范，不仅要站在国际化的视野，引进国际知名时尚学院、国际化时尚人才等“大牌大师大事”，更要立足本地和实际，做好“小牌小师小事”等配套文章。要以前瞻性眼光和满腔的地域情怀进行艺尚小镇周边配套规划建设，弥补临平产业、公共交通、教育方面的不足和短板，为吸引更多时尚人才入驻小镇提供硬件支撑和便捷服务，提升临平新城创业创新的浓厚氛围，助推艺尚小镇践行时尚产业链的全新转型升级和创新发展。

调研污水处理工作。2017年6月1日，区政协农林界别组政协委员到良渚污水厂开展调研活动。参观良渚污水厂的一期、二期和三期的厂区，实地踏看污水处理过程。听取杭州余杭水务有限公司关于全区污水处理的情况汇报。委员们建议区水务公司加大水质信息公开力度；希望全社会都能够意识到雨污分流的重要性，政府部门要尽快推进有关工作。

“美丽余杭”督查。2017 年 5 月 22 日，区政协归侨台属界别组在塘栖镇开展“美丽余杭”“美丽公路”“五水共治”督查活动，区政协社法委及塘栖镇等领导参加督查活动。实地查看塘栖镇沿山港的“剿劣”现状，听取镇五水共治办对沿山港水环境“一河一策”的治理方案的汇报，委员们沿崇超线到秋石北路，视察公路沿线的绿化带、小微水体及周边环境，听取镇城建办负责人对秋石北路的建设、保洁及养护等情况汇报。委员们认为，塘栖镇对美丽余杭建设，思想重视，认识到位，谋划科学，工作务实。建议总结成功经验，各村社加以推广，串点成面；河道村道镇道等两侧保洁环境整治要进一步做细做实，长效机制要跟进；宣传发动，人人知晓，家家参与。

调研城乡生活垃圾分类处理。2018 年 5 月 24 日，区政协妇联界别组、临平街道政协联络工委联合开展临平街道“城乡生活垃圾分类处理”专项调研。视察邱山大街旧城改造施工现场、荷花塘社区虎哥回收点及东湖街道的厨余蔬果垃圾处理站。座谈会上，委员们听取临平街道生活垃圾分类工作的情况介绍，并就垃圾分类的末端处置工作、垃圾分类宣传动员以及居民参与度提升等方面提出建议。建议要进一步强化对垃圾分类工作的思想重视程度；要从家庭、学校等各个层面着手，逐步强化针对垃圾分类的教育普及和科学宣传；要充分利用前端工艺和各类技术手段，将科学合理的处理措施融入垃圾分类的各个环节；要进一步发挥小区物业、中介公司的作用，采取公众监督形式及时反映垃圾分类环节中的薄弱环节；要做到赏罚分明，通过合理的奖惩手段提高居民参与垃圾分类的积极性。

2018 年 5 月 24 日下午，区政协经济界别一组到运河街道对生活垃圾源头分类、投放环节、前端分类减量等情况进行专项督查。实地视察监督螺蛳桥村垃圾分类情况。委员们认为，运河街道垃圾分类工作力度大、成效优，但还存在着“宣传受众面有待扩展”“市场化运营模式有待巩固”“激励渠道有待扩宽”等短板，建议通过增加年轻群体青睐的积分兑换产品，设立微信光荣榜公示分类标杆等举措，进一步抓好抓实、长效巩固。

2018 年 6 月 15 日，区政协南苑街道联络工委组织委员参加“城乡生活垃圾分类处理”专项集体调研活动。委员们参观南苑街道文仪社区保元泽第小区智能垃圾分类系统、城管局垃圾分类宣教中心和杭州环境集团余杭垃圾中转站。委员们建议要以提升生活垃圾资源化、无害化、减量化能力为突破口，全面推进虎哥回收、湿垃圾就地处置和统收统运，园林垃圾和大件垃圾资源化就地处置，工业垃圾实现应收尽收；以招标外运的方式进行资源化处置，从严从实有序推进垃圾分类和垃圾减量工作；建立全民参与、城乡统筹、因地制宜的垃圾治理体系，形成可复制、可推广的生活垃圾分类“南苑模式”，打造生活垃圾分类“余杭样板”。

调研美丽乡村建设。2019 年 4 月 24 日，区政协之友联谊会农业和科技组全体会员调研美丽乡村建设。听取中泰街道办事处关于美丽乡村建设情况汇报。会员们对中泰街道美丽乡村建设给予肯定。针对街道反映的设计力量不足导致设计水平不高；工作量大导致前期准备不充分；项目交叉导致互相牵扯影响进度；项目用地指标难落实导致违法用地风险存在等情况，会员们与街道的领导进行座谈交流，提出意见建议。

调研“全域美丽”建设工作。2019 年 5 月 17 日，区政协妇联界别组调研良渚街道“全域美丽”建设工作。区政协领导潘法高，区妇联政协委员工委、良渚新城、良渚街道党工委参加。委员们到良渚街道杜城村和新港村，现场踏勘美丽乡村建设情况。委员们充分肯定良渚街道全域美丽建设现阶段的工作，建议下一步要紧紧围绕国家乡村振兴战略和浙江大花园建设的契机，以乡村振兴全国样板示范、全域旅游目的地和众人向往的美丽“大花园”为目标，进一步发挥示范作用，带动余杭全域美丽大花园建设。

2019年5月30日，区政协归侨台属界别组政协委员赴塘栖镇开展美丽乡村、垃圾分类工作调研视察活动。考察塘栖镇丁山湖村海峡两岸美丽乡村产业园、丁河村“自治、法治、德治”三治广场和杭派民居安置点等地，听取海峡两岸美丽乡村产业园建设情况介绍。委员们对美丽乡村建设特别是海峡两岸产业园的定位、发展模式提出意见建议。

民生工作方面的调研　各委组组织委员围绕医疗执业责任保险、职业高中教育、妇幼保健等工作开展调研，形成调研报告，供有关部门工作中研究参考。

调研职业高中教育。2009年11月10日，区政协教育社科界委员到乔司调研职业教育。委员们观看乔司职业高中实习实训场室，现场观摩相关专业老师的理论讲解和学生实践操作。委员们从不同角度就职业教育的发展思考和乔司职高办学实际提出具体建议。建议学校顺应当前国家大力发展职业教育的有利时机乘势而上，注重产教结合；加强中高职教育互通，提升专业品牌建设层次；克服困难创造条件促成学校新一轮发展规划的早日实施，更多更好地为社会经济建设培养专业实用人才。

调研妇幼保健工作。2010年1月6日，区政协医卫社会福利组委员到区妇保院就医院发展空间问题进行专题调研。观看医院宣传片、听取妇保院劳丹青书记关于发展医院空间的简要介绍。近年来，区妇保院门急诊人次、住院人次增幅均在30%以上，医院现有的医疗保健空间已经不能满足广大人民群众的医疗需求，部分科室已出现住院病人需预约床位的现象。为缓解“看病难”问题，委员们建议有关部门加大对医院建设的投入，为医院的发展壮大、提升服务水平，缓解群众“看病难、看病贵”提供支持。区妇保院要继续围绕新医改方案，积极落实符合医院实际的针对性措施，把医院建设成为妇女儿童信赖的医院。

民生工程督查活动。2017年4月15日，塘栖镇9名政协委员开展民生工程督查活动，视察农民多高层公寓安置项目“水岸锦城”小区的道路、周边配套及环境状况、督查超山中心小学建设进度和区中医院新建项目周边配套道路提升工程。听取镇政府有关部门专项汇报。委员们结合自身工作实际，对上述民生工程项目提出了27条意见建议，交由政府相关部门进行答复、办理，助推民生工程的进展。

调研民生项目落地。2020年11月18日，区政协南苑街道联络工委调研民生项目落地。副主席黄德伟，南苑街道党工委、办事处及相关部门负责人、政协委员共30余人参加。参观联盟、西安城中村改造拆除区块、河畔新村小区老旧小区改造和加装电梯工作等民生实事项目，视察南苑街道数字驾驶舱运行情况等，并听取南苑街道工作情况汇报。委员们充分肯定南苑街道2020年工作的努力和成绩，尤其是在经济、民生、治理等方面的亮点，同时对街道明年经济发展、民生实事方面的工作提出了宝贵的意见和建议。黄德伟要求政协委员继续支持和关心南苑街道建设与发展，帮助街道做好群众释疑解惑、化解矛盾工作，维护社会稳定。利用好政协履职平台，当好政策的宣讲人、联众的知心人、民情的联系人、矛盾的调解人，群策群力，共同推进街道工作高质量发展。

第三节　社情民意工作

余杭区政协各参加单位、各专门委员会、政协委员、各民主党派和工商联及无党派人士，围绕国家大政方针，政治、经济、文化和社会生活中的重要问题，以及人民群众普遍关心的问题，通过内部刊物，向党政领导及有关部门反映重要情况，提出意见和建议。将社情民意作为政治协商的客观依据和民主监督的重要内容，将了解和反映社情民意工作作为政协履行职能的重要基础和关键环节。所以，区政协把了解和反映社情民意作为政协组织和政协委员一项经常性、基础性工作，认真开展起来。该项工作的开展对于发挥政协组织参政议政积极性，对于活跃人民政协工作，对于更好地发挥人民政协在国家政治生活中的作用，具有非常重要的意义。

一、历届区政协社情民意工作

八届政协　区政协八届一次会议以来的各届政协常委会，十分重视反映社情民意工作，始终把了解、反映社情民意作为政协履行职能的重要工作来抓。一是健全反映社情民意工作网络，从区政协各个界别中聘请30多名委员担任特约信息员。通过建立信息工作队伍，召开信息工作会议，评选信息工作积极分子等形式，组织、发动和激励广大委员深入实际，了解民意，体察民情，积极反映群众的呼声和要求。二是继续开展委员约谈活动，区政协主席、副主席不定期地与委员进行思想和工作交流，听取广大委员关于经济社会生活的意见和建议，并形成约谈会纪要，及时向有关部门反映。三是修订和完善反映社情民意工作的有关制度，进一步推进反映社情民意工作的规范化、制度化、程序化进程。四是加强社情民意的编报工作。

2003年，区政协设立20个社情民意信息联系点，组建特约信息员队伍，开展信息撰写培训，广泛收集各界群众的呼声和建议，及时反映当前的热点难点问题。全年向区委区政府报送《社情民意》56期、《专报》15期，上报省市政协25件。有关城市管理、城市绿化、美丽乡村建设、社区照料中心安全工作、杜绝未成年人高利贷等一批社情民意专报、信息得到区委领导批示交办，推动了相关问题的解决。全年共编报反映社情民意的《政协信息》51期，区委、区政府领导对其中不少信息作了批示，反映的一些突出问题得到了较好的解决。

2004年，政协委员就“余杭区电荒，政府鼓励企业主购买自备发电机，导致大气污染，不利于环境保护问题；苕溪等水域养鸭水质污染严重，保护水资源问题；机关行政效能建设问题；公车私用问题；反映社情民意的信息得不到政府和有关部门的及时反馈问题；临平城区居民小区安全问题；企业面临用工矛盾，企业成本逐年增长问题；农业资金融资困难问题；开发区和乡镇街道的关系问题”等24个问题，提出意见建议，并在《政协信息》上刊登，引起区领导的重视。区委书记何关新在《政协信息》第86期上作出批示：“请区委办、区府办梳理，交由对口相关部门研究处理。可落实的要抓紧落实，需要调研的确立课题，暂时行不通的暂缓研究。”区委办、区府办以〔2004〕57号抄告单转发各镇乡党委、政府，街道党工委、办事处，区级机关各部门：“现将近期《政协信息》反映的问题、建议抄告给各有关单位，请根据各自职责，抓紧办理，并在20个工作日内反馈，报区委督查室。”共收到委员反映社情民意的信息156条，向区委、区政府报送“政协信息”109期，部分信息经区领导批示后转有关部门办理，较好地解决了委员和群众反映的问题。另有20条信息上报杭州市政协，被杭州市“政协信息”采用并报市委、市政府领导批阅的5条。有4条信息被选送全国政协信息中心，其中《关于食品安全问题的几点建议》等2条信息被全国政协采用并报中央有关部委。

2005年，广大政协委员、联谊会会员、信息员围绕全区经济社会发展和群众关注的热点、难点问题，积极反映社情民意。全年共以《政协信息》简报形式向区党政领导和有关部门提供社情民意126件，其中得到区委、区政府领导批示的24件。以专报杭州市政协办公厅形式编发的信息46件，其中市政协录用6件，被全国政协合稿采用的6件。

2006年，区政协以《政协信息》简报形式向区党政领导和有关部门提供社情民意126件，其中得到区委、区政府领导批示的有24件，以专报杭州市政协办公厅形式编发的46件信息中，市政协录用6件，被全国政协分稿采用的6件。

区八届政协四年来，共编报反映社情民意的《政协信息》296期，其中有46件得到区委、区政府领导批示；通过市政协信息处报送市委市政府领导和上级政协的有79件，被市政协录用的21件，被全国政协采用的8件。不少社情民意引起了有关领导和部门的重视，反映的一些突出问题得到了较好解决。如有委员反映《对福利企业政策应重新审视》的信息，通过杭州市政协信息处上报到全国政协，被采用后报送给了国务院有关领导。不少领导对政协社情民意工作也非常支持，如区委书记何关新对政协的社情民意工作就非常重视，每件必看，多次批示，据统计，何关新四年间批示的政协信息件数达22件。由于成绩突出，区政协信息工作连续4年受到市政协表彰。

九届政协　2007年6月27日，区政协召开信息工作会议，总结2006年度政协信息工作、布置下年度相关工作。沈国华、江小洪、倪水友、付勤、屠再华、赵焕明、严幼轩、王云路等8人被评为年度信息工作积极分子。全年区政协编发信息中，被全国政协合稿采用12条，被市政协采用7条，在市政协信息工作评比中获二等奖；编发的信息得到区委区政府领导批示和有关部门答复反馈的分别有26件和32件；委员参与率创下历史最高水平，占全部撰稿人数的66.7%。屠再华的《“天堂”离文明到底有多远》报道引起各级领导深思，付勤的《关于延长购房按揭企盼的建议》，引起区委、区政府和有关职能部门的重视，着手研究解决。关于房价过高、调整再就业税收优惠政策、失地农民保障等问题的信息受到全国政协的重视，经编发后直送中央领导。此外，政协信息刊载姚水林委员关于“农产品品牌保护亟待加强”的文章，对农产品品牌保护开发中还存在的问题提出意见建议。委员李云关于“农居点建设应适度超前”，建议政府，以发展的眼光看待农居点的建设问题，每个农居点都应预留一些社区服务、老年活动等场所，为城市将来的“市民”营造一个优良的居住环境。委员章雪梅“农村建房中的安全隐患亟待关注”建议政府：一要建立农村建房安全监督防范体制；二要切实抓好违章建筑和违章加层的查处工作。此信息受到了区委朱金坤书记在区委常委扩大会议上予以公开表扬。委员丰国需在参加杭州师范大学非物质文化遗产研究所“浙江蚕桑生产习俗”调研课题组，对塘栖镇塘北村的蚕桑生产及其生产过程中民俗文化内容进行了详细的调查后。以“建议在塘北村设立中国蚕桑文化村”的调研意见，建议区政府，在塘北村推广蚕桑生产，并开展蚕桑文化旅游业。

2008年积极做好政协信息工作，定期召开信息工作例会，遵循选题求准、编报求快、效果求实的工作原则。并广泛动员政协委员深入基层，关注民生，了解民情，体察民意，集中民智，积极围绕民生问题反映社情民意。为党委政府和有关部门提供了许多重要情况和有价值的信息。全年共向上级政协上报信息46件，其中有11件被市政协采用，4件被全国政协采用；编发《政协信息—专报》23期，《政协信息—社情民意》33期83件，其中有11期得到了区委、区政府领导的批示。如关于好望公园内违法建筑占用公共过道的信息，时效性强，关注度高，引起区委、区政府的重视，区政协还对处理情况进行了跟踪督查，有效地体现了政协信息的民主监督作用，有力地维护了群众的合法权益。经推荐评比，2007年有10名委员、会员被评为信息工作积极分子；区政协信息工作也再次获评杭州市级先进。

2009年，区政协围绕民生问题，广泛动员政协委员深入基层，了解民情，体察民意，集中民智，积极反映社情民意。共编发《政协信息—专报》30期，《政协信息—社情民意》29期72件，其中有15期得到区委、区政府领导的批示。上报上级政协33件，被采用8件。有关完善劳动就业和社会保障事业、加大城市基础设施建设、推进教育卫生体制改革、依法推进征地拆迁工作、保护弱势群体利益等方面的一些意见建议得到有效采纳，有些群众感到急、难、愁的问题得到及时处理，产生了良好的社会影响。

2010年，为了进一步树立政协“参政为民、议政解难、民主办事”的形象，加强区政协与基层群众的联系和沟通，经区政协主席会议协商，决定设立杭州市余杭区南苑街道新城社区政协委员民情联络点和杭州市余杭区瓶窑镇里窑社区政协委员民情联络点。联络点的工作职责：1. 接待社区群众，收集、登记、整理社情民意，了解群众反映的热点难点问题；2. 召开本镇、乡（街道）市民代表座谈会，听取并反映群众意见和建议；3. 对本辖区反映强烈和普遍关注社会热点难点问题进行调查研究，以委员提案、政协信息、调研报告等形式向政府及有关部门提出意见和建议；4. 承办政协交办的其他工作。委员民情联络点受当地党委政府领导，日常业务管理工作由区政协委员学习和工作联络委员会负责。两联络点坚持把反映社情民意工作作为履行职能的重要基础和关键环节。全年共编发《政协信息—专报》17期，《政协信息—社情民意》48期82件，关于农业农村面源污染、临平城区环境污染、宗教活动场所建设、保护广济桥等方面的信息，得到区委、区政府和相关部门的重视；上报市政协31件，录用18件，其中全国政协采用2件，信息上报工作得到上级政协的充分肯定。区政协与信息中心等部门积极协作，组织制作2010年度第1期区领导访谈节目，在线交流点击率创下新高，共收到网民提交的意见建议、诉求及各类评论留言224条，现场答复涉及问题超过70个。区政协办积极会同信息中心、信访部门，对所有网民意见建议进行梳理和归类，转送到有关部门和单位，并得到及时办理。同时，进一步加强政协网站建设，整合网络办公功能，开设委员博客，加强对网络舆情的收集分析和引导工作。

2011年，全区广大政协委员、民主党派成员、联谊会会员、特约信息员和信息工作者深入了解社情民意，向市政协和区委、区政府报送了大量的社情民意信息，围绕经济、政治、文化、社会生活的各个方面积极建言献策。全年共编发《政协专报》77期，市政协采用25篇，政协全国委员会办公厅采用2篇；信息上报工作再次受到市政协表彰。编发《政协信息—社情民意》共54期，《关于在仁和先进制造业基地打造高端金属板块的建议》《营造中小企业发展环境的对策建议》《关于我区饮用水源地保护的建议》《倡导绿色环保、推行生态殡葬》等信息，得到领导的高度重视，区委、区政府领导批示8人次。

九届政协五年来，共编发社情民意信息304期，其中54期得到区委、区政府领导批示；上报市政协226件，被采用74件，其中14件被全国政协采用。区政协信息工作连续5年受到市政协表彰。同时，积极参与联乡结村、信访接待、帮困扶贫等活动，注重对网络舆情的收集分析和引导，做好协调关系、理顺情绪、化解矛盾、促进团结的工作。积极组织政协委员开展免费医疗服务、结对帮扶、送戏下乡等各类社会公益活动，热心为困难群众、弱势群体做好事、办实事。

十届政协　2012年5月10日，区政协召开社情民意信息工作专题会议，聘任区十届政协特约信息员。要求注重反映对于国家和地区大政方针的制订与实施的意见和建议，以及重大方针政策在执行中存在的问题；注重反映人民群众关注的热点问题，与人民群众利益密切相关的突出问题。努力构建一个全方位、多层次、宽领域的政协社情民意信息工作新格局，力争信息工作实现新的突破。区政协充分发挥广大委员的主体作用，充分发挥民主党派、政协专委会、界别活动组和联谊会的平台作用，充分发挥特约信息员的骨干作用，深入了解社情民意，向市政协信息处和区委、区政府报送了大量社情民意信息，围绕经济、政治、文化、社会、生态建设各个方面积极建言献策，促进了党委、政府科学民主决策，助推了余杭经济社会科学发展。全年共收到社情民意信息稿件230余篇，“我为发展实体经济献一策”信息140余篇。共编发《政协信息—社情民意》48期、《政协信息—专报》24期、上报杭州市政协83件。被市政协采用13件，其中全国政协采用1件。稿件来源、录用情况均创下了历史新高。全年共有9篇社情民意信息得到了党委、政府主要领导和分管领导的重要批示，周卫列委员提出的“关于加快推进仁和先进制造业基地产业平台的建议”、奚高飞委员反映的“金融机构支持实体经济发展的问题分析”、民革余杭支部会员季晔反映的“关于发展具有区域特色的现代职业教育体系的建议”等，得到了市委常委、区委书记徐立毅的高度重视，要求有关部门认真研究落实相关建议。区长朱华就陈寿亮委员提出的“建立政府向社区社会组织购买服务机制”，批示分管区长牵头研究并提出意见。在认真研究的基础上，政协制定出台了《关于加强和改进反映社情民意信息工作的意见》，就明确要求、发挥作用、撰写稿件、上报信息、策划分析、编审报送、队伍建设、考核奖惩等方面提出

2012年5月10日，杭州市余杭区政协召开社情民意信息工作会议

了具体要求。同时，做好区政协重点履职活动的结合工作，通过社情民意这个平台，及时反映建设性的意见建议。围绕区政协“发展实体经济，打造产业余杭”系列调研和“我为发展实体经济献一策”活动，认真梳理政协委员和各民主党派成员提交的140余条意见建议，其中20余条建议，经整理后报区委区政府主要领导和分管领导，社情民意信息成为报送“发展实体经济”建议的快速通道。这些信息得到了区委、区政府及相关部门的重视，不少意见和建议得到采纳和吸收。此外，还注重将政协提案、调研报告、视察活动中的好的建议意见转化为社情民意，做到反映客观、论述充分、建议可行。如根据政协提案整理出来的《基层宗教事务社会化管理初探》，通过专题调研撰写的《关于推进余杭区中医药事发展的思考与对策》等，均得到相关领导和部门的重视，产生良好社会效应。努力打造精品建议，把好反映社情民意信息工作质量关，力求优中选优、准确把握党委政府舆情需求，使政协反映的社情民意具有较高参考价值。如针对杭州地铁不能直达临平引发余杭老百姓不满的情绪，政协提案委、城建委梳理社会各界舆情，形成《关于要求地铁1号线临平直达杭州主城区的民情反映》，及时反映余杭人民要求直达的心愿，引起了市委、市政府领导和地铁公司的重视，促进了运营方案的改善。

2013年5月30日，余杭区政协召开社情民意信息工作会议

2013年，共收集编发政协《社情民意》51期、《专报》29期，上报杭州市政协信息80余件。其中，关于城区道路翻新、农民多高层公寓建设、村级非生产性开支等一批社情民意引起区委、区政府领导和有关部门的高度重视。持续关注社会养老、农村建房、温室甲鱼养殖治理等民生热点问题，通过大会发言、提案督办、调研视察等多种形式，力推有关政策措施出台。

2014年，区政协编发《政协信息—专报》21期、《政协信息—社情民意》62期、《网络议事》3期，上报市政协信息80余件，向政协专题调研视察组提供信息14件。其中，关于“十三五”规划应充分考虑人口迁移因素、加快城市社区便民菜店建设、加强仁爱家园工疗站建设、学校体育场馆向社会开放、学校安保队伍建设等建议，得到市、区领导的批示，为政府推进相关工作提供了民意民智参考。进一步完善网上议事厅建设，增加入驻委员，发布话题近20个，涉及“五水共治”“三改一拆”、垃圾分类、交通治堵、农村建房、黑车管理、商品房预售资金管理等，实行线上线下互动，加强网络舆情的收集反映。

2015年，区政协充分发挥广大政协委员的主体作用，民主党派、政协专委会、界别活动组、镇街联络工委、政协之友联谊会的平台作用，特约信息员的骨干作用，重视社情民意信息收集整理和上报，及时反映群众反响强烈的呼声和建议。一年来，共收到信息稿件240

余篇，编发《社情民意》70 期、《专报》14 期、《网络议事》4 期，上报省市政协 72 件。其中，关于保护北湖草荡生态环境、注重加油站安全问题、规范装修“小区服务队”等信息，得到区委、区政府领导及相关部门的高度重视，促进了党委、政府科学民主决策，助推了余杭经济社会科学发展。

2016 年，区政协十一届一次会议总结了第十届政协工作，重视社情民意信息的收集反映，五年来共编发《社情民意》266 期、《专报》105 期，上报省市政协 378 件，区领导批示 42 件。关于完善地铁建设和运营、加快城市社区便民菜店建设等一批建议，及时提供了民意民智，有效服务了党政决策。探索网上议事厅平台建设，入驻委员 7 名，发布话题 50 余个，编发《网络议事》12 期，结合履职重点，收集网络舆情，促进民生热点问题的反映和解决。

十一届政协 2017 年，区政协有效开展社情民意信息监督。坚持把社情民意信息作为社会舆情汇集分析机制的重要组成部分，完善信息工作实施意见，设立 20 个社情民意信息联系点，组建特约信息员队伍，开展信息撰写培训，广泛收集反映各界人士的意见建议、基层群众的愿望要求，呼声和建议，及时反映当前的热点难点问题。一年来，向区委区政府报送《社情民意》56 期、《专报》15 期，上报省市政协 25 件。有关城市管理、城市绿化、美丽乡村建设、社区照料中心安全工作、杜绝未成年人高利贷等一批社情民意专报、信息得到区委领导批示交办，为推动相关工作提供智力支持。

6 篇社情民意信息得到区委领导批示　2017 年 6 月，在区政协报送的社情民意信息中，有 6 篇社情民意信息分别得到区委领导的批示，要求分管副区长和相关部门根据委员提出的意见建议研究落实。1.《政协信息—专报》（1）斩断伸向未成人的高利贷黑手（毛溪浩书记批示、王进副书记批示）；（2）不要把小区垃圾分类设施建设的经念歪了（毛溪浩书记批示）；（3）烧烤店的油烟问题到底谁来管（毛溪浩书记批示）；（4）世纪大道和菜市路人行道有梗塞（毛溪浩书记批示）。2.《政协信息—社情民意》（1）关于建立高收费私立学校名单库的建议（王进副书记批示）；（2）美丽余杭建设要极力保留原有行道树（毛溪浩书记批示）。这些社情民意得到相关部门的重视，通过上门走访委员、电话沟通、专题座谈等方式，征询委员意见建议，把委员反映的问题在今后的工作中解决、落实。

2018 年，区政协收集编发《社情民意》49 期、《专报》15 期，上报省市政协 37 件，及时反映各界群众关注的热点问题。关于“低散乱”整治、亮灯工程、互联网电商发展等方面的意见建议，得到区委主要领导的批示，促进了相关问题的改进解决。

2019 年，区政协切实加强社情民意工作，广泛收集反映各界人士的意见建议、基层群众的愿望要求，全年共编发社情民意专报 12 期、社情民意信息 44 期，上报省市政协 32 期，得到党政领导和相关部门的重视，促进民生实事难题的解决。

2020 年，区政协注重社情民意中对疫情的防控工作。王晓乐等委员针对疫情防控严峻形势，向区政协办公室报送《关于加强口罩等医用垃圾管理的建议》《关于在非常时期启动餐饮店停业整顿措施的建议》；针对驰援武汉的医护人员防护不够、家人关心不够等问题，委员韩卫芳和区政协办公室姚迪共同撰写《建议在疫情期间更要关爱一线医务人员》的社情民意，反映的意见在国务院办公厅转发的《关于改善一线医务人员工作条件，切实关心医务身心健康若干措施》的通知中得到很好体现。区政协充分发挥智力密集、联系广泛的优势，发动委员深入基层调研，及时收集疫情防控和企业复工的意见建议，经整理汇编后，向区委、区政府报送《社情民意》或者《专报》40多期50余篇，向上级政协报送社情民意30篇，不少意见建议得到了很好的采纳落实。同时，区政协加强宣传工作，在疫情防控期间编发、转发微信公众号宣传材料70余篇；全年共向《人民政协报》和《联谊报》等媒体转发余杭政协的宣传稿件40多篇，宣传余杭政协履职的真实情况，讲好委员抗击疫情的生动故事。

十二届政协　2021年，区政协加强数字政协系统建设，为委员日常履职构建起信息获取、观点交流、成果输出转化的工作闭环。该系统自10月中旬上线以来，累计点击数超7万次，委员签到率100%，在余杭区上架的浙政钉应用中点击率排名第二；发布履职动态3964个、话题452个，参与讨论跟帖19134个；线上议政成果成功转化为大会发言材料22篇、大会提案100余个、社情民意39篇，其中6篇获区政府主要领导批示交办。此外，数字政协系统的建设，还切实提升了政协系统各层级的组织化程度，有效拉近了政协组织与党政部门、机关与委员、委员与委员间的距离。

2022年，区政协常委会着力推动政协协商民主向基层延伸，深入基层一线，倾听民情民意。一年来，深入实施“民生议事堂”、委员工作室、社情民意信息联系点“三位一体”建设，积极搭建平台、完善机制、延伸触角，全年新建委员工作室20个，总数达到57个；建成“三位一体”镇街（平台）“民生议事堂”14个，推进村社“协商驿站”建设。在良渚、闲林和交投集团的支持下，新建2个“委员之家”，拓展委员活动阵地。瓶窑、中泰、仓前、仁和、鸬鸟、百丈等6个镇街民生议事堂案例入选杭州市政协系统百佳优秀协商案例，径山、鸬鸟等案例入选20个精品案例，受到了市政协大会表彰，径山小古城村作典型经验介绍。百丈镇联络工委以委员工作室为基础，由忻皓、郑芬兰等6名政协委员领衔在百丈溪口村打造“委员一条街”，加快推动乡村振兴和共同富裕；余杭街道联络工委委员工作室赋能履职、“四兴融合”提振发展等相关做法得到了省市政协领导批示肯定。

二、社情民意信息选录

（一）经济科技方面

建议以法律手段防止新的土地闲置产生　委员项坚民反映：余杭区从2005年开展盘活存量资产工作，在区委、区政府的高度重视和各方面的共同努力下，盘活存量土地、查处土地闲置工作取得了一定的成绩。对如何盘活存量土地，防止产生新的土地闲置，特别是如何建立长效机制，区政府各有关部门、各镇乡街道推出了许多切实有效的措施办法。从法律的角度提出三点建议：1．要依法规范各镇乡街道在招商引资过程中作出的承诺。要依法行政，建立有限政府，约束政府的“权力边界”。在招商引资过程中擅自作出承诺的现象，应该予以制止。2．国有土地使用权出让，都应签订《国有土地使用权出让合同补充协议》。建议区内所有的国有土地使用权出让，都应同时按此示范文本签订《国有土地使用权出让合同补充协议》。3．建议改进《项目推进承诺书》的操作办法。建议按照《中华人民共和国土地管理法》和《中华人民共和国土地管理法实施条例》的规定完善《项目推进承诺书》的签订主体和操作办法。建议由镇乡街道草签后由国土部门作为一方当事人与业主正式签订，或由国土部门委托镇乡街道与业主签订。

应高度重视村民征地拆迁补偿款的使用问题 委员倪水友反映：随着余杭区经济社会的快速发展、城市化的有力推进，征用土地和拆迁房屋的村民越来越多。在此过程中，各级政府非常重视维护拆迁户的利益，制定出台了相关补偿政策，并切实抓好了落实，大笔的征用拆迁补偿款都能及时到位。但个别村民在处置补偿资金时，却出现了一些新的问题，如有的进行高档消费，把钱挥霍殆尽；有的因投资不当，血本无归；有的甚至参与豪赌，输光了全部身家。因补偿资金使用不当，造成村民妻离子散、无家可归等现象，应引起有关部门的高度重视。

针对当前拆迁、征用补偿款使用中出现的问题，建议：1. 有关乡镇、街道要对村民拆迁、征用补偿款的使用情况，进行一次系统的调查摸底，做到心中有数。2. 各级领导要有责任意识，不要以为补偿落实了，工作就做好了。而应在完成补偿后，相关的思想工作紧紧跟上，尤其是对个别有特殊情况的村民，要定人定时经常上门做思想工作。3. 政府要研究出台相应的补偿资金管理条例，加强对所补偿资金的监管。如不要一次性将全部补偿付清，可边建新房边兑现。4. 各级领导还要加强对村民的就业指导和帮助，关心他们今后的生活和工作问题。

建设环卫液运输管道，推进城乡循环经济（2007 年） 委员陈效绘反映：在余杭的许多城镇建有大型的生活垃圾发酵池，可以处理环卫部门收集来的生活垃圾。经发酵产生的环卫液是一种优质有机肥，但对其利用却很少，如随意排放，仍会对水体产生富营养化等问题。一方面是大量优质有机肥的存在，另一方面是农业生产的需求，但供需却不能结合，其中的原因是什么呢？通过调查，主要原因是环卫液的运输成本过高。以余杭镇环卫部门用运输车向附近 4 公里以内运送环卫液，每立方米成本要 10 元以上，这对于农业生产者来讲，成本太高。所以解决问题的关键是降低环卫液从产生地到田间的输送成本。而管道运输是液体运输成本最低的一种途径。据估计，每立方米运输成本可控制在 1 元之内。为此建议：政府有关部门，通过进一步调查论证，建设环卫液的运输管道，将其直接输送到有需求的农田中。这样做的好处：1. 可以解决城市生活垃圾的出路问题，保护环境；2. 可以使农业生产者获得大量廉价的优质有机肥，并能生产出优质的农产品；3. 从总体上节约了各种资源，如减少了垃圾的填埋场，降低了运输燃油的消耗；4. 如能对发酵过程中产生的可燃气体（沼气）进行收集利用，将产生更佳的节约资源、保护环境的效果。

乡镇换届时应保持农技人员的相对稳定（2007 年） 委员汪爱娟反映：种子筛选、病虫害监测预警与防治、配方施肥、水浆管理……这些农业技术专业性强，技术含量高，掌握难度大，它需要农技人员多年理论知识的学习和实践经验的积累。因此，作为常年工作在农业生产第一线，肩负指导当地农业生产任务的乡镇农技人员，其技术水平的高低在某种程度上甚至可决定当地农业生产的发展水平。但是区内乡镇农业技术队伍不稳，农技人员经常变动，有的甚至一点不懂农业技术。据调查，2006 年乡镇换届后，有 6 个乡镇的植保技术人员是由别的行政科室（如计划生育、城建等）顶岗而来的，很多农技人员甚至连最常见的病虫也不认识。尽管他们工作很努力，但要迅速掌握这些技术并去指导当地农业生产显然非常困难。因此建议：有关单位和领导在乡镇换届时应充分认识到农技队伍稳定的重要性，并尽量保持农技人员的相对稳定。

建议设立余杭区青年创业基金（2008 年） 委员应健反映：营造一个适合青年创新创

业的环境十分必要，建议以政府资助的方式，设立余杭区青年创业基金，为有志青年提供创业平台。基金的具体运营可按以下几点开展：1. 专门部门负责。开设专项创业基金账户，由政府责成专门部门负责管理并组织实施。2. 按项目拨付。凡年龄在 18—35 周岁，在余杭区自主创业的高校毕业生、下岗失业青年、返乡农村青年等各界有志青年，均可向基金管理部门提交创业基金申请表、项目可行性报告书和相关材料，经审查符合基金申请条件的即可得到创业基金。3. 不需要抵押担保。基金以免息分期偿还的方式资助创业者，资助 3 万—10 万元，以帮助青年解决创业中普遍存在的启动金不足的困难。4. 宽松的政策环境为配套。为创业青年创业提供更宽松的工商、税收、社保等政策环境，为培育企业成长，创造一个良好的创业氛围。5. 对于高新技术项目可增加资助金额并提供更优惠的政策，以吸引更多的高素质青年来余杭创业。

关于简化扶粮政策的建议（2008 年 7 月） 委员庞法松反映：为了提高粮食产量和粮农收入，余杭区制定出台的十大粮食生产扶持政策，对鼓励农民尤其是种粮大户多种粮、种好粮将起到积极作用。但这些政策在实际操作中，执行较难，操作较繁，还不尽完善。如第 3 条良种补贴，品种难认定，如果凭购种发票发放也有问题，因为农民一般不取发票或开假发票，工作量也不允许。又如第 5 条订单农户补助，必须签订合同增加了工作量。其他第 1 条早稻播种、第 2 条复种面积的统计也给乡镇农办增加了许多工作量。为此，建议按如下方式简化政策，争取既能使农民得益，又能使基层农办工作人员省时省力。1. 以粮食出售量为指标，不管是粮食生产大户还是订单农户最后都是以出售粮食总量来反映的，所以对粮食收购价提高 10 元 / 担，就能体现扶持政策。2. 对专业合作社给予补助，对机插和统防统治服务的专业合作社按第 8、9 条进行补助。3. 其余补助条款可取消。

建议及时统一拆迁奖励和照顾政策（2008 年） 委员项坚民反映：2008 年上半年以来，许多镇乡街道陆续出台了各种拆迁奖励政策。从引导群众积极支持城市化建设，维护绝大多数被拆迁群众利益，让利于民的角度看，出台拆迁奖励政策并无不可。但是，各镇乡街道的拆迁奖励名目繁多，政策很不统一，种类有进场评估奖，签约奖，提前搬迁奖，提前腾空奖，参加多高层奖，还有不加层奖，甚至还有石灰奖，金额少的有万余元，多的有数十万元，甚至达到房屋装修评估价的数倍，对开展的征迁工作非常不利：一是会形成一种互相攀比的氛围。不仅各镇乡街道互相打听彼此的奖励额度，被拆迁的群众也在互相攀比，这有违引导群众支持拆迁的初衷。二是变相提高了房屋拆迁补偿标准。突破了上级政府制定的房屋拆迁补偿标准，不利于维护区政府的权威，不利于维护区政府政策的严肃性。三是使土地管理部门处于两难境地。按照地方性法规《杭州市征用集体所有土地房屋拆迁管理条例》第二十八条规定（擅自提高补偿、安置标准，扩大补偿、安置范围的，由土地管理部门予以警告，并处以 5 万元以上 10 万元以下的罚款）进行处罚，群众实际利益受到损害，不进行处罚是行政不作为。四是不利于争议纠纷的解决。土地管理部门等拆迁主管部门，很难对房屋拆迁争议进行裁决，法院也很难对房屋拆迁争议进行审理。因为裁决和审理只能按照法律法规和县级以上政府制定的规范性文件进行，镇乡街道的拆迁奖励政策是不能得到支持的。这最终损害的还是群众的利益以及司法机关、行政部门的权威，不利于法治余杭的创建。中共杭州市委、杭州市人民政府市委〔2001〕8 号《关于萧山余杭撤市设区后管理权限等问题的通知》，已经赋予并保留萧山、余杭两区享有地市一级部分经济管理权限。余杭区完全有权积极运用自身享有的经济管理权限，制定本区统一的拆迁补偿奖励照顾政策。除了提高拆迁补偿标准外，还可以统一规定及时签约奖，提前搬迁奖，提前腾空奖，积极参加多高层公寓安置奖，并制定对困难群众的照顾政策。只有这样，才能解决上述问题和矛盾，真正维护被拆迁人的合法权益，推进法治余杭、和谐余杭的创建。

关于加强财政投资基建项目管理的几点建议（2009年）　委员方黎明建议：2009年是余杭区的项目建设年，各级领导都在全力抓项目建设。而项目建设要取得成效，科学高效的管理非常必要。为此特提出以下几点建议供有关部门和领导参考：1. 严把建材质量关，是确保工程质量的基本前提。因此，要大力督促建设施工单位及监理单位严格把好建筑材料进门关，确保所用建筑材料及设备符合国家技术标准和有关设计要求。对重要材料和主要设备，必须提供有效的产品质量证明，确保建设工程的整体质量，严禁使用不合格材料及设备。2. 突出监理职能，是提高工程质量的重要手段。监理因其独立性、专业性、公正性，在项目管理中具有重要作用。要引导督促监理单位把好施工质量监督关，使施工单位按设计要求和施工规范进行施工，确保工程建设质量。凡建设工程和所用材料设备等出现质量问题的，必须追究建设单位领导及相关人员的有关责任。监理不到位的，要追究其相关责任。3. “前期细论证，后期慎调整”，是工程投资管理必须坚持的原则。工程项目立项前，必须经过充分论证和会审，建设内容要确保无漏项现象的出现，投资概算要规范、合理、全面、完整，不得以估算代替概算报批立项。任何部门不得随意调整变更工程的设计、施工等内容，涉及工程变更必须有充分理由。属于勘察设计不到位的，建设单位应督促勘察设计单位承担相应责任。确需变更的，变更手续也应规范齐全，工程变更联系单必须有设计、施工、监理、建设等单位签证。严禁边设计、边勘察、边施工。对重大设计变更的，必须经有关部门重新论证后方可实施，并落实责任追究。4. 严格执行建设进度表，是实现工程进度的主要抓手。建设工程实施前，应编制详细、合理、完整、实际可行的建设进度计划。工程建设施工时，必须严格按照建设进度表及施工合同约定，实施动态管理，督促建设单位按时完成各阶段建设任务。同时，建设单位必须及时、准确报送工程建设进度月报表。工程竣工验收通过后，必须在规定时间内报送有关竣工决算资料。5. 完善内部管理制度，是推进项目进展的重要保证。建立健全项目管理、财务管理、安全生产、廉政建设等各项管理制度，并配备专职的工程管理人员和财务管理人员，做到内部分工明确、职责落实。所有工程建设项目，包括项目的勘察、设计、施工、监理及与工程建设有关的重要设备和材料等的采购，凡符合招标范围的，必须进行招投标。严格按照合同的约定及监理部门核定的完成工程量进度支付工程款，财务部门取得的所有支付凭证必须规范合法。所有工程建设资料必须做到真实完整，并按规定整理归档保管，不因资料不真实或合同等重要资料遗失，影响工程建设和资产的交接。6. 实施灵活的监督，是强化管理绩效的有效方式。在加强日常管理的同时，还应加大对工程质量、工程投资、工程进度、工程内部管理等的不定期抽查力度。进而发现一些管理上、责任上、技术上的差错和漏洞。及时纠正、处理这些问题，可以增加项目管理的科学性和合理性，提升管理的效率。

高度重视农资价格上涨因素确保粮食生产安全（2012年5月）　余杭区政协经科委建议：由于农资价格的快速上涨，削弱了农民种粮的积极性，对粮食安全问题也产生一定的影响。如何化解农资价格上涨给我国粮食生产带来的不利因素，是促进社会稳定、保证粮食安全的一件大事，应引起各级党委政府的高度重视。该建议列举了粮食生产存在的“农资价格涨幅较大”“服务收费仅够保本”“散户种粮补贴太低等问题”。而农资价格快速上升的主要原因主要是供需关系推动了农资价格的快速上涨，原材料的上涨加速农资价格的上涨；此外，出口关税政策左右了农资产品的供应。建议：一是要加大农资货源组织力量，强化农资供应保障；二是要强化农资价格监管力量，规范农资销售价格要加强市场农资价格监测，加强对农资商品，特别是化肥、农药、农膜、农用柴油价格实施跟踪监测，及时掌握价格变动情况；三是要加大农资优惠补助力度，提高农民种粮意愿。

加强区内建筑工程质量监督管理力度点（2016 年 4 月）　谷琦委员反映：随着经济快速发展，区内的建筑行业发展较快、建筑项目与日俱增，建筑工程质量也得到了社会的特别关注。为了更好更快地发展余杭区建筑行业，满足社会需求，必须加大对建筑工程质量的保障力度。据统计，2015 年余杭区实际在监面积 4025 万平方米，全区工程质量监督主管部门专业技术人员仅 22 人，人均监督量达 182.95 万平方米，其中高级工程师 3 人，中级工程师 12 人，初级工程师及以下 7 人。由此可见，区内高质量，高水平的工程质量监督管理技术人员匮乏，素质参差不齐，达不到“既要对法律法规非常熟悉，又要对强制性技术标准非常熟悉”要求，同时区内监督管理工作量严重超出监督员的工作负荷，监督方式方法又落后于科技发展水平，影响了工程质量的监督力度和深度。为此建议：1. 加强监督管理队伍建设。有针对性地加大对监督员的学习培训力度，把提高从业人员的素质和业务能力放在首位。同时建立一套完整有效的奖惩制度，调动监督员的积极性，增强工作责任感。2. 完善工程质量安全管理制度。落实建设单位、勘察单位、设计单位、施工单位和工程监理单位等五方主体质量安全责任。强化政府对工程建设全过程的质量监管，重点加大对工程监理方的监管力度。3. 完善工程质量监督管理体系。改变以日常监督为主的监督方式，将随机检查作为工程质量检查的主要方式，改变原来的预约式、通知式的监督检查方式，保证检查内容和部位能够真实反映施工的质量状况，对于监督检查中发现的违法违规行为，要进一步加大处罚力度。同时建议把社会的监督管理也作为一个监督体系运用到质量监督的体系中来，进一步完善余杭区工程质量监督管理机制。

建议在农业病虫害保险中实施傻瓜式定损（2018 年 3 月）　委员汪爱娟反映：在政策性农业保险中，定损理赔的不及时和损失界定的不一致，是当前农业保险定损环节中的最主要问题。造成这些问题的原因主要有 2 个，一是由于农业病虫害灾害事故发生存在普遍性和广泛性，一旦出现灾情，面广、量大、损失重，加上其专业性又特别强，因此光靠现有的定损理赔人员，很难保证在短时间内完成定损理赔工作；二是由于农业病虫灾害定损缺乏统一的标准，这使得农业病虫定损程度完全取决于专家的喜好，这样就很容易造成定损专家与受损农户，甚至与保险公司之间的隔阂与不信任。从余杭近几年的实践来看，区农业局相关科室制定了穗颈瘟傻瓜式病情指数定损标准，其目的是拟通过制定简便、操作性强的病虫害发生指数与产量损失对照表，来统一定损尺度，提高定损工作效率，减少定损争议。在具体标准的制定中，主要遵循以下五个原则进行：1. 傻瓜式，让即使一点都不懂植保技术的人，也能够立即上手，迅速投入定损理赔的工作中去。2. 复杂的事情简单做，通过制定病情指数与产量损失简易对照表，形成操作性强的统一定损标准。3. 一定的科学性，农险定损尽管没有必要也不可能像做学术研究一样来定损，但也要有理有据，以体现一定的科

学性和严肃性。4. 适当偏农，在尽可能公平公正的基础上，适当偏向农民。5. 双方满意，让保险公司和农户都相对满意。

经过四年多的实践证明，傻瓜式病情指数定损方法既有效解决了定损专家人手不足的问题，同时也因其非常便于定损专家统一定损尺度，从而解决了定损争议，被保险人对定损结果也极少出现疑义。为此建议：1. 农险办要抓紧时间组织植保领域权威专家制定定损标准，以提高病虫害损失判定的科学性和合理性。2. 对列入保险的农作物的主要病虫害都要制定不同的定损标准，以统一定损尺度，减少定损争议，提高定损效率，并在本区域范围内大力推广应用。

建议政府部门强化企业安全生产指导（2018 年 12 月）　委员吴胜平反映：各级政府对辖区内企业的安全生产管理工作高度重视和关注，要求各个规模以上企业都要开展国家安全体系标准化的评审和验收。各级政府也在积极协助企业能更好地推进该项工作的落实。然而到了企业执行层面，不少企业就是对照安全体系标准化的要求，照搬照抄一些辅导咨询公司提供的固有流程或文件，简单交差或应付了事。等到安全事故发生造成财产和人身遭受损伤时，才懊悔企业安全管理工作没有真正抓扎实。安全工作责任重大，关系全局。必须改变企业的这种被迫式的以上压下管理，为自发式的主动防范管理。建议政府职能部门加强对镇街职能科室工作人员的指导，在具体的工作中，要求他们贴近企业，不只是一味地高频度监督和抽查，而是扎扎实实帮助企业建立系统的安全管理流程体系。连同安全管理的专家老师，真正花时间下去，一个企业、一个企业的专项实地辅导，从理论层面提升企业管理者的法律意识，从操作层面手把手教导企业管理者如何搭建好、运行好、维系好安全管理系统，让企业安全管理工作可以真正变成企业管理的一个有效环节，并真正落到实处。相信，每个企业根据自身实际情况，在政府相关部门的指导下，逐步建立对企业真正有帮助的、能实际运行安全管理体系，促进全区的安全生产工作。

面对疫情，农村三产如何“化危为机”（2020 年 2 月）　委员章雪梅：春节本是乡村旅游、休闲农业、民宿、农家乐发展的黄金时节。但因受疫情影响，区内所有民宿、农家乐、农文旅景区、茶室等全部暂停营业，农村三产受到重创。农村三产如何抓住机遇，化“危”为“机”显得尤为重要。为此建议：1. 加大政策支持力度。由农业农村局牵头，及时出台疫情期间农村三产服务业的扶持政策，给予经营主体贷款贴息等金融支持、租金减免等政策扶持，帮助经营主体尽快重塑信心。文化旅游、农业农村等相关部门要加强指导服务，在统筹做好疫情防控的同时，引导经营者做好准备，积极练兵、打磨产品、链接资源、补齐短板。2. 更加注重内涵挖掘。面对琳琅满目的乡村旅游产品，消费者更加注重体验感，具有山水资源、用材天然、服务优质、产品新特的乡村旅游产品等将更受市场青睐。农业和农村局要做好引导工作，使各经营主体主动适应需求结构和消费方式的变化，注重旅游产品的内涵和品质挖掘，进一步提升体验度、舒适度和人性化。3. 更加注重食品安全。这次疫情会让消费者更加注重食品安全和健康问题。所以市场监管局要进一步加强农村食品市场的监管，让经营主体确保“食材安全”，做到食材可追溯、品牌化，推广普及分餐制等。4. 更加注重双向发力。农村三产要注重“线下”“线上”双向发力，农业农村局特别要注重发挥互联网优势，加强网络应用的培训，引导各经营主体利用微信朋友圈、抖音、“网红直播”等方式，让消费者足不出户体验、购买产品。线下重体验，线上重宣传，建立自己的

客户群，既有情感体验，又有方便快捷的服务，提高客户的满意度。5. 整合资源融合发展。要依托余杭乡村特色农业的发展，将农产品精深加工、电商销售、体验服务等并联起来，融合文化、旅游等元素，提高农业三产整体效益。农业农村局要积极发挥行业协会桥梁和纽带作用，鼓励各经营主体围绕资源共享、平台共建、市场共推、品质共提等方面，抱团合作，丰富产品内容，降低管理成本，提升服务质量。

进一步扶持壮大本土优势企业，促进我区经济转型升级（2017 年 9 月）　委员朱丁伟反映：余杭区行业企业两极分化日趋明显。一方面，以上市公司、骨干龙头企业为代表的本土优势企业主动通过利用资本市场上市融资、并购重组、智能制造、研发创新、集约管理，在市场竞争中脱颖而出，成为细分行业的隐形冠军、单打冠军，产业转型升级的引领者，成为实体经济的重要支撑。另一方面，传统产业转型升级仍持续面临生存难转型难，由于创新能力弱、产品附加值低、议价能力不强，原材料成本上涨，进一步挤压了传统企业利润空间。为此建议：在把培育壮大本土优势企业作为推进实体经济转型升级的同时，全力帮扶本土企业特别是优势企业加快发展，以提升本土企业发展信心，促进做优做强做大，促进余杭经济稳健、可持续发展。1. 对转型升级无望的低小散差的低端落后产能企业，要加大整治力度，深化园区提升改造，加快淘汰，为新动能腾出发展空间。2. 对符合转型升级发展方向的高新技术企业和科技型中小微企业，在原有“双 50”培育计划等扶持政策的基础上，实施“一企一策”精准扶持，制定中长期发展规划、滚动发展计划，使一批“专精特新”企业成为行业隐形冠军单打冠军，逐步成为余杭实体经济的中坚。3. 做优做强优势企业，进一步发挥上市企业对产业升级的引领促进作用和龙头带动作用。一方面，紧盯上市企业上市后的募集资金投向，加强服务和跟进，尽可能地将募投项目投在本区，使之转化为项目投资，为产业投资特别是工业投资引入源头活水，进而形成有效产出。另一方面，要大力支持上市企业通过并购重组、资源整合和战略合作做优、做大、做强，使之成为带动我区经济发展的龙头和骨干。4. 为本土优势企业、上市企业、成长型企业预留发展空间，在基础配套上补齐短板，避免优质企业项目流失。5. 将发展壮大本土优势企业与招商引资紧密结合，促进两者竞合发展，互相促进。一方面，发挥现有企业的资源优势，以商引商、以企引企，如开发区招商联盟（聘请 20 名行业龙头的企业家为招商联盟顾问，搭建起招商引资、招才引智的合作桥梁）；另一方面，在招商时加强本土优势企业产业链配套企业引进，促进互动发展。6. 着力发挥优势企业的带动效应。支持行业龙头骨干企业通过专业分工、服务外包、订单生产、产业联盟等形式，带动区内中小微企业进入产业链或配套体系，形成产业链，如新能源汽车产业。支持和扶持配套企业进驻本地，降低生产要素成本，使得大企业更能够发挥产业链带动作用，提高产业运作效率，提升企业竞争力。7. 鼓励优先采购。对纳入政府采购管理范围的采购项目，在满足需求且质量、价格同等的条件下，鼓励各级各部门在编制年度政府采购预算时优先选用本地企业产品。

（二）城建交通与资源环境方面

东苕溪水瘟草泛滥需引起重视（2007 年）　委员胡晓反映：2007 年入夏以来，瓶窑、安溪一带的居民纷纷反映，东苕溪里水瘟草蔓延，这是多年来没有过的现象。确实，来到东苕溪边，可以看到河流两边覆盖着长长的水瘟草带。前段时间，看到湖州电视台有报道说，该地双一村的小溪也是长满水瘟草，清澈不再，村干部群众采取了多种措施，却难以根除。

可见，水瘟草是一种难以清除的水生物。东苕溪是我区重要的饮用水源，水瘟草大量繁殖，是否会对水质产生负面影响，希望有关专业部门论证一下，并引起重视。

关于建设清洁余杭长效机制的几点建议（2007 年）　委员陈效绘反映：清洁余杭行动是提高生活品质，造福人民的重大举措。必须建立起长效机制。而要建立长效机制，应实现“二变四化”很重要。“一变”是：由政府推动型转变为内生推动型。充分发挥受益主体——广大群众的积极性、能动性是必要的，也是现实的选择。“二变”是：由“为清除而清洁”转变“为利用而清洁”。移、埋、烧仍是垃圾处理的主要方式，这不仅浪费资源，也会对环境如河流、地下水、大气造成破坏，这与清洁余杭目标背道而驰。“一化”是：行动上的全民化。清洁工作涉及千家万户，如果没有全民意识的提高，行动上的广泛参与，清洁余杭就不可能取得持久性的效果。故要加大宣传力度，让每个人都知道清洁余杭的重要性。如建立家庭、企业的垃圾分类、定点投放制度。“二化”是：运作上的企业化。清洁余杭既包括城区，也包括广大的乡村。在城区企业化运作的程度已经比较高，但在广大的乡村，企业化运作程度还较低。重点提高乡村清洁工作的企业化运作水平，应成为建立长效机制的重要工作内容之一。“三化”是：成本节约化。成本既包括前期的投入，也包括后期的维持（护）成本。由于清洁工作的长期性，往往后期的维持成本远大于前期的投入。在制定方案时，要充分考虑到综合成本，力求成本的最小化。“四化”是：垃圾的资源化。垃圾是放错了位置的资源。在处理垃圾前，首先要考虑到利用。要用变废为宝和循环经济的理念来看待垃圾的利用问题，如建筑垃圾作为路面的路基应该是不错的材料。生活垃圾通过发酵后可以产生沼气、沼渣、沼液。沼气可用于茶室、澡堂烧开水，也可用来发电，沼液可通过管道输送田间作为庄稼的优质有机肥，沼渣可作为花木肥等。

东湖路改造工程亟须重视的几个问题（2008 年）　委员沈国华反映：按照《城乡导报》上刊登的《临平城区东湖路道路施工的通告》，东湖路施工实际开始时间是 5 月 1 日，这则通告显然未将前期绿化带清理和樟树的移除作为施工的开始，而实际上正是这些前期工作的开始，表明东湖路的改造整治已经拉开序幕。目前，道路交通已经受到影响，但未见有醒目的告示和警示牌竖立在相关路口，希望相关管理部门尽快采取措施予以补救。建议：1. 东湖路乃临平副城重要的南北交通要道，必须尽快树立相关警示牌和施工介绍通告，仅凭《城乡导报》的通告是不够的，因为还有大量外地车辆的出入。事先告知，可避免一些负面的反映，同时也可让公众参与对此项工程的监督。2. 交管和城管部门应当尽早介入，以免突发事件的发生，不要等到 5 月 1 日再介入。3. 绿化带清除和樟树移除过程中拆除的一些砖砌的花坛，以及人行道护边的条石，有的是花岗岩的，有的是水泥浇注的，小心拆除可保完好，可现在有的花岗岩条石已被埋入移除的樟树坑内，真是可惜！以前看到老城区背街小巷改造工程中，将完好无损的水泥条石敲碎，再换上新的水泥条石。希望这种现象不要出现在这项工程中。如果拆除的已旧，考虑观瞻，可放到其他偏僻的地段。老百姓还是很在意政府在这方面的处置方式的，因此政府有关部门和建设单位必须在意，应当引起重视。政府负责的工程既要高质量，又必须节俭办事，因为用的是纳税人的钱。

闲富路闲林段大修刻不容缓（2008 年）　委员金云中反映：闲富路闲林段相继发生交通事故，给人民的生命和财产带来了巨大损失。原因之一是该路段路况实在太差。群众形容“晴天‘扬灰路’，雨天‘水泥路’”“改革开放三十年，闲富路回到七八年”。该路段基本看不到柏油路面，坑坑洼洼，成为一条凹凸不平的石子路。群众意见很大，曾也向有关部门反映过，得到的答复是要修建闲林水库，该路段的维修暂缓。如果一日不建水库，该路段一日不维修乎？笔者就此也向交通运输部门反映，说是要大修了，快了。但一个多月过去，还是不见大修的迹象。如此下去，后果严重：一是行车安全性下降；二是道路扬尘影响环境，尤其对闲林镇的文明创建带来消极影响；三是将影响党和政府在人民群众中的形象。该路段的路况之差与全区正在大力提倡的建设“美丽之洲”格格不入。为此，紧急呼吁有关部门抓紧大修闲富路闲林段，刻不容缓。

对望梅路迎宾路路口交通进行整治（2008 年）　程栋委员反映：因地铁一号线南苑站的开工兴建，望梅路和迎宾路交叉口地块线路临时改线，原十字路口变为两个连续的丁字路口，原来的直线路段陡然连续弯曲，给过往车辆和行人带来不便，加上地铁及周边工地大型施工机械和重型施工车辆的增多，车辆超载、超速现象普遍，散落路上的泥土和扬起的灰尘较多，给该地段的交通安全带来极大隐患。据笔者目睹，地铁施工 10 个月来，共发生车辆追尾、刮擦、碰撞等大小事故 20 余起。该路口是沪杭高速临平出口所在地，是杭州、上海方向车辆进出临平主要路段，是余杭区的南大门，从某种意义上说代表着余杭的发展水平和城市形象，该地段交通进行整治已迫在眉睫。为此提出如下建议，请相关部门予以考虑。1. 在沪杭高速临平出口处，望梅路口东、西方向设置提示牌，提醒过往车辆该路段正在修造地铁，前有弯道，请提早准备，减速慢行，以确保安全。2. 特殊时段增加警力疏导交通。可于每日上午 7：30—9：30，下午 4：00—6：00 的高峰时段在该路段增设交警以疏导车辆，及时就地解决小事故引起的拥堵问题。3. 在该路段各方向加装监控探头，以警示并监控过往车辆，起到防治超载、超速和闯红灯的作用。4. 加强对施工车辆的检查和督导。敦促通过此路段的工程车辆安全施工，遵守交通法规，从根源上治理大型工程车辆的超速、超载问题，避免散落泥土污染路面，继而引起浮尘现象。5. 对难以避免的浮尘，可增派洒水车每天 3 次洒水控制浮尘。6. 因公交 K1 路终点站仅设在理想车城，翁梅、红联、火车浜等周边居民和外来务工者进出临平均须步行穿越该路段至理想车城，人流量的增加进一步加重了该路口的交通负荷，也带来了严重的安全隐患。可考虑在实施公交一体化的同时将 K1 线向南延伸至火车浜，或至少将站点南移越过此路口，并适当延长服务时间。

新农村建设中应注重保护古建筑（2009 年）　委员柴燕萍反映：余杭区从开发旅游资源的角度，保护并修复了许多古建筑，如塘栖水乡等。但对零散分布在农村的、有价值的传统历史建筑，保护的力度还远远不够。特别是农村建房宅基地审批时，要求“建新必须拆旧”，富裕起来的农民为了改善自己的居住条件，往往会拆除自己祖传的老屋。而房屋一旦拆除，这些建筑中包含的许多木雕石雕等传统建筑手工艺精品将不复存在，这会给农村历史文化的保护、文化的传承带来不利影响，且这种后果是无法复原的。为延续历史文脉，笔者认为有必要对农村古建筑进行保护，建议：1. 保护前置。在杭州市和我区相应的法规出台前，在农民新建宅基地的审批中，土管部门对百年以上的建筑“拆旧建新”审批时，应引入文保部门前置把关。2. 调查摸底。全面开展对我区历史文化村落和传统古建筑的调查，完成测绘、拍照、登记造册等工作。对认定有保护价值的乡村历史文化村落和历史建筑挂牌保护。3. 政府管理。对确定有价值的农村历史建筑，如原房主无能力保护的，应由政府给予补贴，收归乡镇村集体作为公共用途的会场、老年活动中心等管理使用。对山区已实施

“移民工程”而无人居住的村落及历史建筑，也应委托原村民进行定期、不定期的管理维护。另外可根据《杭州市历史文化街区和历史建筑保护办法》，出台《余杭区乡村历史文化村落及历史建筑保护办法》，从制度层面规范保护乡村历史文化村落及历史建筑的工作。

应建立垃圾分装化机制（2009 年）　委员释昌乐反映：生活垃圾的处理成了问题，尤其是城乡接合部。建议政府急需要建立“垃圾分类化处理的机制”，彻底告别原来集中垃圾站处理的不环保处理方式。具体的措施如下：1. 倡导家庭垃圾分类化处理，比如环卫工人周一、周三、周五收生活有机垃圾；周二、周四、周六收可以回收利用和带有严重污染的垃圾（电池、墨盒等）。（或者环卫工人只收有机垃圾，而可以回收、带有严重污染性质的垃圾，在小区当中设置专门的垃圾收集中心）。2. 社区垃圾站有必要对于既已收集的垃圾，再次分门别类，最终达到只有有机垃圾才送往填埋场。而其他的带有污染性质的垃圾，进行过必要的无害化处理之后才能被再次集中处理。3. 这是关系千秋万代的事情，政府各部门对此要有统一的认识，也许在短期内会增加政府的开支，但这是利益我们每个人的事情，政府必须加大执行和宣传的力度。

临平城区街路改造后管理应加强（2009 年）　委员倪水友反映：区政府对东湖路、邱山大街等街路进行改造，不仅完善了城市交通、排污等各种功能，而且改善了人居环境，彰显了城市人文，大幅提升了临平的城市品位，得到了社会各界的肯定和广大市民的拥护。但随着时间的推移，改造后的街路上也出现了一些问题，应引起有关部门的重视：1. 取消人行道与非机动车道间的台阶后，人行道与非机动车道、机动车道在同一平面上，致使不少机动车开上人行道或非机动车道，甚至长时间停泊，迫使行人、非机动车只能挤在机动车道上通行，交通安全隐患较大。2. 有部分商店占道做生意。一些食品批发商店，将大量的饮料、方便面等食品堆放在人行道上搞批发，对通行影响较大。特别是到了晚上，个别饮食店在人行道上做起了夜排档的生意，甚至会占据整个人行通道。3. 不卫生现象抬头。一些饮食店油污水乱泼，部分人行道的地砖也由此变了颜色。行人在附近经过时，甚至能闻到阵阵恶臭。4. 一些商店的门框、玻璃上张贴的广告标牌既不规范、又不整洁，很不雅观。路街改造是区委、区政府提升城市形象的重要举措。而且随着一街一路的改造竣工，今后会有越来越多的道路进行改造。现在的一街一路不作为样板管好，上述问题就可能进一步恶化和蔓延。建议相关部门高度重视，及早采取措施，加强管理，使一路一街保持美化、洁化、序化、亮化的良好环境。

02 省道上的工程车监管应加强（2009 年）　委员金云中反映：02 省道改造以来，道路宽敞，路面平坦，给沿线群众及企事业单位出行带来了便利。但是长期以来，部分工程车特别是无牌工程车（拖拉机）闯红灯、不按交通规则变道行驶以及超速行驶等现象比较突出，交通肇事时有发生，人民群众对此意见很大。如 2009 年 8 月 3 日在 02 省道与闲富路口，由于工程车闯红灯发生的交通事故，造成一死二伤的惨剧。针对 02 省道上行驶的工程车（拖拉机）越来越多，建议有关部门对 02 省道上工程车（拖拉机）加强监管：1. 在 02 省道上坟山路口、高教路口等处增设电子眼，加强监控，加大处罚力度。2. 交通高峰期，交警是否能够加大巡查力度。也可不定期地，特别是在夜间进行巡查或开展专项整治，一经发现工程车交通违法，从重查处。3. 对沿线拥有工程车或有工程车进行作业的工场单位，进行一次全面排摸，掌握情况，对这些工程车（拖拉机）的司机开展有针对性的交通法规教育。

建议加大对绕城高速半山出入口的交通管理力度（2009 年）　委员莫旭峰反映：绕城高速半山出入口作为一个重要的交通枢纽，却在周边存在着一个物流中心和一个石材市场，还有一批点心店和小饭店，致使大量外地车在此停留，遮挡了高速入口匝道，走绕城的外地车辆极易错过入口，特别是晚上，更成为一个交通安全隐患。另外一些大型车辆的违停和就地调头，经常造成该路段交通堵塞并且发生交通事故。为此，建议交通运输部门加强对绕城高速出入口地段的交通管理，对滞留车辆及时进行清理，严禁车辆在该地段就地调头，并加设监控设施，规范该路段车辆的交通行为。

建议编制便民交通手册（2009 年）　委员郑红反映：余杭从东、西、北三面环绕杭州主城区，有得天独厚的区位优势，随着融入杭州主城区步伐的加快，公交一体化等工作的进展，余杭交通上了一个新台阶。以公交车为例，据悉，全区有市域网、镇乡网、副城网等四大网络，投入运营线路 90 多条、700 余辆公交车。但随着城区面积的不断拓展以及区内各项建设的日新月异，城市面貌变化之大令余杭本地人和新居民感到欣喜的同时，客观上对如何选择公交便捷出行增加了一定的难度。建议余杭的交通主管部门可以制定一本《便民交通手册》：1. 以临平副城及几个组团为单位，把在同一区域内东西、南北几条线路、编号、运营时段、票价、班次、问询电话、叫车（出租车）电话及交警、事故处理等相关电话刊登在手册上，让老百姓一册在手，出行不愁。2.印刷后，可放置在社区、村、车站、候车亭等人流汇集处，方便乘客及时领取。3.应随时间变化及线路调整对手册内容进行及时修正。

关于加强治理临平晚间空气污染的建议（2009 年）　委员陈朝阳反映：临平空气污染的治理工作已经取得了很大成绩，白天空气质量有了很大提高。但是在秋冬季的晚间时段，空气污染现象还比较严重。有些地段如梅堰小区一带，特别是秋冬季，每周总有几天一到天黑，空气中有很大异味（如，烟味）。居民晚上不能开窗，不敢外出散步，已经影响生活。有些工厂，白天不敢排污，晚上排出污染气体，还有焚烧垃圾的现象。这种现象已经持续很长一段时间了。请有关部门能在晚间经常流动检测有关地区的空气质量，调查异味的来源和某些晚上排污的企业（包括烧垃圾），加强整治。给广大居民一个能够舒畅呼吸的基本生活环境。

节能减排政府自身必须有刚性约束（2012 年 4 月）　委员沈国华反映：国家实施节能减排已有数年，但政府对自己这方面的行为约束至今仍停留在一般号召上，没有任何切实的措施来改善各级政府的高耗能问题。自从大力实施节能减排以来，所有的措施和考核基本是针对企业的，鲜有看到中央政府或地方各级政府对自身在这方面做出严格甚至是严厉的规定，而对企业则可以这样做，基本上令行禁止。这固然是必要的，因为对于耗能和排放大户而言，必须有相应的措施来促使其改变现状。最近由国家发改委等多部委提出的《“十二五”节能减排全民行动实施方案》，对政府的约束依然停留在倡导层面。这样一种状态，首先表明政府自身在节能减排方面的少作为甚至不作为。首先，在实施节能减排这个关乎大局关乎科学发展的大问题上，政府和企业应当承担同等的责任，尽同样的义务，政府不能因自己是规则的制定者，就可以把自己的问题摆在一边，或者只是轻描淡写地提倡。这种态度和做法对于节能减排措施全面贯彻落实是很不利的。再者，节能减排已经是国家战略，无论是政府部门，还是各个社会组织和个人都应当参与并身体力行，而各级政府的率先垂范显得尤为重要。政府不能继续只做一个高姿态，却不见切实有力的措施和扎实有效的行动。比如，政府办公场所装修和设备能耗问题，公务用车的严格限制问题，政府机关内停车位的使用问题，等等。如果既没有严格的标准，也没有有力的措施。为此建议：1. 国家应当出台一个政府节能减排公约，公约的制定应当有公众的参与，各级政府和其各部门首长都要签订责任状；而公约实施过程要让民众来参与监督。2. 国家应当制定一套政府机关和其他使用财政资金（纳税人的钱）运行的单位节能减排标准、制度和目标，严格按照节能减排的要求细化各个环节的节能减排措施；并建立一整套由社会第三方和公众参与监督考核的制度和机制，将节能减排的措施和目标真正落实到位。3. 各级政府应当将自身实施节能减排的情况定期通过平面和网络媒体向公众通报，这也应当成为政府信息公开的重要内容。

关于对余杭古镇的打造的建议（2010 年）　委员张炜反映：余杭镇是双千年的古县城，但从发展情况来看，不尽如人意。对余杭古镇的打造我想谈一点想法。古镇的打造必须突出一个“古”字，做好“古”的文章，余杭除好好保护现存“古”东西外，还应该学学杭州南宋御街建设，拱宸区历史街区复建，塘栖水北、三条半弄的复建，留下历史街区修建，复建文庙、法喜寺、三贤庙、文昌阁等一些历史上有名建筑；复建明朝父子双太保之邹府；集中保护尚存在的古台门、古街门面房；加快安乐寺大殿建设进度，完成其他配套庙宇。对于已消失的一些古遗址，在遗址的地方建一亭，或立一碑，写明此地为何遗址。如山川台、千秋堰，立碑，介绍遗址情况，让后代知道原来此处还有这样的来历和故事。古余杭人才辈出，充分挖掘历史人物故事、人脉传说，设置参观场所，介绍大禹治水、三贤治理南湖、刘元进起义、邹家父子明朝为官、三国凌统余杭募兵。现代晚清四大冤案之一的杨毕案、一代名医叶熙春、光学专家蔡祖泉，等等。如能这样，余杭必然活起来，大余杭古镇游必能吸引游客，加上南湖综保的建成，那么，游客就能进来休闲玩耍。配合小白菜文化园、双溪漂流、山沟沟旅游，形成一条龙旅游服务。这样一来，人气一旺，必然带动余杭旅游商品三产的发展。

对疏通临平城区积水点的想法和建议（2012 年 8 月）　委员何月姣反映：2012 年 6 月 17、18 日，区内普降大到暴雨，临平站 24 小时雨量 158.5 毫米，达到九年一遇降雨标准。上塘河水位 4.39 米（国家 85 高程），达到八年一遇水位，运河水位 2.24 米，临平城区部分点积水严重。因此做好临平城区积水点的疏通，对防患城区深度积水有着积极的意义。积水点会产生以下几个方面的问题：一是暴雨强度超过设计标准。现有城市雨水管道设计暴雨强度为一年一遇，近年提高到两年一遇。本身设计标准不高，再加上超标雨量超过管道过流能力，自然受淹。二是地面标高偏低。造成老城区部分点地势高的地方向低的地方汇流，窨井口子来不及下水。三是河网率偏小。因河网率偏小，造成排水管道线路太长，排水效率下降。四是管道淤积造成过流能力下降。一是自然淤积。雨水管网长年运行下来，自然淤积情况较为严重。由于雨水管道埋设较深，管径偏小，清淤难度很大。二是由于管理不到位造成管网淤积，过水能力下降。基本建设，城市内部施工较多，施工工地雨水泥沙含量较大，对市政管网危害也大。还有一些施工企业没有设沉淀池，有的甚至直接违章排放泥浆水进入市政雨水管道。针对以上问题，提出如下建议：1. 对城市地下雨水管线进行排查，摸清基本情况，以便在积水严重时能采取正确应对措施。现在有些城市管网由于建设年代久远，没有资料，市政人员不知道管道在哪里，往哪里排。2. 对排水标准低的雨水管道进行逐年改造。结合旧城改造、道路改造等工程对原有雨水管道进行更新改造，提高其排水能力。3.

对标高偏低的点进行专项整治，抬高地面。4．加强对城市内部施工工地管理，杜绝施工工地违规排放。同时市政管理部门要总结对施工工地的排水管理，特别是边上没有天然河流的工地，如何依法解决它的排水问题，尽量减小对市政雨水管道的影响，需有关部门好好动动脑筋。

关于加强临平公园秋冬季防火的建议（2012年11月）　委员杭建卫反映：临平公园为临平城区唯一的综合性山地公园。初冬季节天气干燥，并时常伴随大风，是森林火灾易发季。自实行免费开放以来，临平公园年均人流量已达50多万人次，特别是早上晨练、晚上散步的人流较为集中，每天来玩的游人络绎不绝。经走访发现，在临平公园内存在吸烟、乱扔烟蒂等现象，可能成为引发火灾的诱因。为进一步加强临平公园火灾防范，建议提高防火意识，制止在公园内吸烟等行为，具体建议如下：一是加强防火宣传教育。采取印发宣传资料、张贴标语等形式向广大人民群众宣传初冬季节森林防火安全知识，还可以设计防火宣传标语牌，时刻提醒游客勿忘森林防火。同时，在中小学开展防火知识教育，确保学生不玩火、不点火，在全区形成浓厚的护林防火氛围。二是加强野外用火管理。重点防范可能引发火灾的行为，现阶段尤为突出的是吸烟、乱扔烟蒂问题，一旦发现应及时制止，对劝阻不听的，报请有关部门进行严厉查处，并设置有奖举报电话，动员群众相互监督。三是加强防火应急能力。在全区开展森林防火安全拉网式排查活动，对所有的防火器材、设备进行一次全面检修，确保防火器械处于良好的工作状态，并完善应急处理机制，随时处置突发火情。四是加强志愿者（义务巡防员）作用。将群众作为公园防火的重要力量，招募广大市民担任消防志愿者。

关于尽快完善区道路交通标志标线及信号灯设置的建议（2013年5月）　委员应健反映：公安部2013年新交通法规于1月1日起执行，新交通法规的施行有利于市民增强安全规则意识，规范驾驶行为，保证交通安全和道路畅通。为了配合新交通法规的施行，余杭交通管理部门应该积极完善道路交通标志标线及信号灯的设置。余杭的道路交通标志标线、信号灯等设置还不够精细，管理上比较粗放。例如，一些交通标志标线不清晰；有些道路上的标志标线混乱；一些车流量很小的路段被设置成单行路段；红绿灯亮灯时间不够优化；有些路口只设置了黄灯闪烁警示；有些路口红绿灯转换没有秒灯显示，司机很容易误闯黄灯等等。因此建议，余杭交通管理部门和道路建设主管部门迅速开展有效的自查，并向广大市民征求余杭道路交通标志标线、信号灯等设置存在的问题，及时整改，完善我区道路交通标志标线及信号灯的设置，让新交规更好地实施，让余杭的道路更顺畅。

关于加强新一院周边道路管理的建议（2013年7月）　特聘委员方黎明反映：新建区第一人民医院已经进入正常工作状态，但医院周边道路存在比较严重的乱停车、乱设摊等现象，影响正常交通秩序。主要问题有三个方面：一是周边道路乱停车现象严重。二是商贩占道经营现象比较突出。三是出租车和“四小车”乱停乱放。对此，希望交通和城市建设管理部门引起重视，对新一院周边暴露出来的问题进行调查研究。为此，提几点建议供参考：1．加强内部停车场地的管理。在医院路口设置泊车示意图，指引病人和家属就近停车。加强医院内部道路的管理，严禁车辆停泊在道路两旁，保证医院内部的道路通畅。2．在医院内部建立中型超市。医院内部超市要本着方便群众的经营态度，吸引住院病人到超市购买食品和礼品。如果医院内部无法解决，可以在靠近医院的地方，建一家中型超市和餐厅，一方面解决医院病人的日常所需，另一方面也解决了小商小贩占道经营的问题。3．加大医院周边道路的整治力度。区城市管理局、交通管理部门要加大执法力度，杜绝车辆乱停乱放和占道经营现象的发生。同时，针对医院内部停车泊位不足的实际情况，在医院周边的道路两边适当设立咪表泊车位，一方面方便群众停车，另一方面也解决了道路两边的有序停车问题。

星光街树兰中学段交通拥堵问题亟待解决（2013 年 7 月）　委员封福良反映：星光街树兰中学段在上下学时间里拥堵现象非常严重，虽然公安交通运输部门做了大量的疏导工作，拥堵情况还是没有得到有效缓解，交通事故经常发生。影响了余杭经济开发区作为国家级开发区的形象。分析其中原因：一是树兰中学学生人数多；二是树兰中学停车场太小；三是树兰中学只有东侧一个校门，更是加剧了星光街的拥堵；四是由于无法停车，且车辆的滞留时间很长。为了缓解这一路段的交通拥堵，交管部门加强现场管理的警力，设置了两个外围分流点，并采取对星光街树兰中学路口的中央开口进行隔离等措施，然该路段的交通拥堵状况并未解决。为此，建议有关部门采取以下管理措施。1．教育部门要责成学校采取积极主动的措施，对校东侧停车场地进行整改，硬化停车场路面，并漆划停车泊位，提高车位的利用率；进一步拉开错时放学的时间段，最大限度地分解高峰流量。2．建议开启学校西侧 09 省道学校出入口，进一步挖掘车辆停放的资源，将集中于星光街接送的车辆进行有计划的分流，缓解星光街的交通压力；余杭经济开发区和交通运输局要加快学校周边道路建设，一方面是兴国南路与星光街的连接，另一方面做好学校北侧的道路与中心大道的连接，增加道路资源，方便家长接送。

关于城区道路翻建注意群众影响的建议（2014 年 2 月）　委员邹华反映：临平城区的城市建设步伐很大，道路越建越漂亮，城市面貌也得到很大提升。但是在道路翻建过程，由于群众不理解，也带来了一定的负面影响。从群众反映的情况来看，主要有三个方面的意见比较集中。一是造成道路拥堵。临平纵横贯穿城区的道路不多，如果有一条道路在施工建设，势必影响其他道路的通行。二是浪费比较严重。翻建的不少城区道路，有些修建时间并不很长，道路的质量也很好，不少群众认为仅仅为了美观一点，不值得这么兴师动众，把质量很好的道路重新修筑。而且有些道路仅仅是为了绿化。三是城区道路翻建投资大，建设周期长，造成道路拥挤，还花费了大量的财政资金。基于以上群众意见和对政府的期盼，希望在城区道路翻建过程中，要重视群众想法，消除一些影响群众情绪的不稳定因素。特提出如下建议。一是加大宣传力度。住建、交通等部门在年初要把翻建道路的信息，通过报社、电视、网络向社会公布，也可以采用调查问卷、公开论证等方式，让群众来参与评论，达成共识。二是规范翻建办法。什么样的道路可以翻建、什么样的道路绿化可以重新种植，要有一个规范的、科学的办法，也要有一个规范的程序，杜绝随意翻建。建议由住建、交通等主管部门，联合深入调查，出台规范性文件。三是合理施工建设。城区道路翻建要有先有后，避免几条道路同时施工建设，要科学安排时间，尽量减少交通拥堵。

应重视城区立面整治中存在的问题（2014 年 8 月）　信息员倪水友反映：临平城区大规模“三改一拆”工作中的立面整治工作已接近尾声，各项目工程队都在拆卸脚手架准备收场了。政府实施的“立面改造工程”不是面子工程、形象工程，而是一项民生工程。立面整治涉及千家万户，虽然在整治过程中有不少商铺和市民受到了不同程度的影响，但改造带来的城市面貌的改变和带来环境的提升，得到了老百姓交口称赞。但在工作中，有些细节还是不到位的，存在这样那样的问题，住建等相关部门应引起重视。一是在老旧小区楼道上虽然安装线盒，但是没有把楼道门上墙上的各类散乱线放进线盒。同时外墙也同样，各类在墙面上的电线、电话线没有处理好。建议应该把楼道上的各类线整理进线盒，把外墙上的线统一整理统一格式处理。二是部分老旧小区住宅楼（如临平梅堰小区中部分住宅楼）楼顶屋面落水，有的管道是通过居住户室内落水的，因为建造年久和建造质量问题，少数室内落水管道周围已出现渗漏水问题，存在着渗漏水隐患。在立面整治中住户提出要求把屋面落水管移到墙外落水，但因为没有这方面的规划和改造，工程队不肯改造。虽然住户反映屋顶本身建造中建有一定的落差坡度，不存在渗漏水现象，政府却花钱统一再加做防漏屋面。建议对于屋内渗漏水，政府应加强重视，本着以民为本的精神，在立面整治中加以整改。三是立面整治中绿化损坏较多，居民也有较大反响。建议政府绿化部门进行及时修补。四是在立面整治中散落在楼房周围及绿化中的固体垃圾尚未清理干净。建议工程验收部门负责落实工程队撤离前必须清理干净，对已经撤离的，相关管理部门责成原工程队清理干净。

不要让光伏项目破坏了北湖草荡的生态环境（2015 年 7 月） 委员沈士华、刘军等反映：据了解，正在力推光伏发电项目在北湖草荡落地。不可否认光伏项目与火电项目相比，具有清洁、环保等优点，对余杭区经济发展具有一定的推动作用，也可利用北湖草荡不影响行洪之根本。但从长远来看，北湖草荡的生态价值更为重要，一旦被破坏，将难以弥补。从 2014 年 1 月开始，国家把湿地保护工作纳入各级党委、政府的政绩考核。余杭区也已开始做湿地保护规划。在北湖草荡建光伏项目，不符合生态带禁建区的规划，不利于湿地保护工作。一旦落地将会带来难以挽回的负面效应：一是对生态系统平衡的破坏。二是对周边环境的负面影响。光伏项目上马，对草荡周边的良渚、瓶窑、余杭、径山等城镇而言，相当于杭州失去西溪湿地之概念。三是光污染及视觉污染。北湖草荡是杭州出城西北边进入丘陵山地的一道靓丽生态走廊。光伏发电项目极可能增加光污染，光伏板假设也会影响杭长高速旅客、周边居民的视线，“美丽杭州”形象将受到损害，旅游、科普功能也将丧失。环境就是生产力。中央提出“绿水青山就是金山银山”，将环境提到了战略的高度。余杭正在积极打造“美丽杭州”、建设“两美浙江”示范区，像北湖草荡这样不可多得的原生态湿地，其环境保护意义重大，其生态功能日益凸显，这个价值远非一个产业项目可比。希望区委、区政府始终坚持绿色生态发展理念，切勿让光伏项目落地北湖草荡，不能因为一个短期的产业项目牺牲了余杭乃至杭州宝贵的自然资源，要着眼长远，为子孙后代留一方稀缺的生态宝地。

仓前老街改造应修旧如旧（2016 年 2 月） 区政协信息员屠再华等反映，看到 2 月 21 日《余杭晨报》题为《仓前老街即将升格颜值》的报道后，建议如下：一是仓前街道早些年修老街、建新街的思路和做法很好，新旧以河为界，保护开发工作比较有效。这也是很多地方保护老街的做法。二是章太炎故居是仓前的魂，不可多得的宝，仓前老街和章太炎故居密不可分。章太炎在中国近代历史上留下浓墨重彩，令后人敬仰。仓前老街处处保留着章太炎的足迹和故事，不仅仅是故居，还有街头巷尾、周边建筑。老街改造要挖掘其中的历史故事，保护好鲜活的历史遗迹，擦亮余杭文化的这张金名片，千万不要割裂仓前老街和章太炎故居的关系，就故居而故居。三是仓前老街应修旧如旧。一些老建筑必须保护，比如爱仁堂药铺，因杨乃武和小白菜奇案有很高的知名度，有保护和开发价值，要尽量体现原貌；比

如沿河半凉亭式建筑，富有江南风格，但又不同于塘栖檐廊，有独特性，类似建筑已经很少见了，要进行抢救性修缮；还有老底子的笋行、桑叶行等，见证了江南水乡繁华，是蚕桑文化、农耕文明的缩影，要保留和利用。呼吁老街改造坚持修旧如旧，所谓“传统和现代有机结合”的过程，不能成为传统土地加现代建筑，不能破坏具有历史文化价值的老建筑。

关于沿河绿地管理的几点建议（2016年4月）　委员何月姣反映：区委、区政府对城市生态环境建设极其重视，城市绿化率逐年递升。河道两侧绿带是城市绿化重要的组成部分，是城市的生态景观走廊。然而河道两侧绿地管理存在一些问题，沿河绿地管理部门不统一，管理标准也不统一，管理力度也有差距。有些是区住建局管，有些是区城管执法局管，有些是街道在管，有些是小区物业在管；沿河绿地权属不一致，造成沿河绿地前后不能贯通；沿河绿地因建设年代不同，建设标准不一，早期的绿地建设标准较低，景观效果较差，设施配备也不齐全等。建议：城区沿河绿地统一部门、统一标准进行物业化管理，同时对镇街管理的沿河绿地，也要设定统一的建设、管理、服务标准；对早期建设的低标准绿地进行逐年改造，增加必要的设施，以适应老百姓的要求；对房产违规圈地情况进行严肃处理，一律无条件退出被圈的公共绿地。

加强临平路边烧烤摊管理的建议（2016年12月）　委员应健反映：路边摊普遍存在着脏、乱、差的现象。建议：1. 加强宣传，使市民远离路边摊。市场监管、卫生防疫等相关部门应该加大食品安全宣传，让更多人知晓不卫生的食物、烧烤的食物对身体的危害，自然而然，去消费的顾客少了，路边烧烤摊也难以生存。2. 调查摸底，严格管理制度。城市管理等相关部门对店家的占道经营、扰民情况要摸底调查，确立综合整治方案，要求店家签订《门面占道经营摊主自律承诺书》，要求做到不污染环境卫生，自备满足经营需要的垃圾收集容器，餐饮摊还须铺设防污地垫，做到“垃圾不落地、油污不浸地、脏水不乱倒、油烟不乱吹”，确保不影响周边群众、不阻碍道路交通、不占城市公共基础设施。3. 全民参与，让网络发挥作用。对这种无证路边摊，一方面，执法部门在夜间要加强巡逻管理，规范经营秩序。另一方面，要充分发挥民众的力量，如开展“随手拍下路边摊”活动，只要拍下路边烧烤摊，发送到区城管局的官方微信平台，一经采用，在官微公众号曝光，就能获得线索奖。4. 疏堵结合，设立夜市小吃街。小吃街力求选址合理，既不太偏冷也不扰民，同时加强夜市管理，做到配有秩序管理人员与环境卫生管理人员；现场环境卫生整洁，实行无烟烧烤，垃圾、污水能规范收集排放；现场无随意占道现象，经营行为规范，具有良好的市场经营秩序等。

合理设置道路“隔离带”的建议（2016年12月）　委员唐建强反映：随着汽车普及率的不断提高，城市交通拥堵问题越来越严重。因道路资源有限，相关部门为了避免违章停车造成交通拥堵，在不少道路中间设置“隔离带”。但事与愿违，设置的“隔离带”反而更增加了拥堵，并增加了交通安全隐患。譬如塘栖镇的一小区、二小区、塘栖菜场附近等多处设置了限制双向通行的“隔离带”。这一措施引发了不少新的问题。塘栖菜场东侧的桥上设置“隔离带”后，使得双向道路变得狭窄，驾驶车辆者往往既要兼顾道路空间位置，又要顾及道路行人和车辆，不能借道行驶，特别是遇到车前有人力三轮车、载重电瓶车时，通过该段道路的车辆速度就更缓慢了，甚至停滞，造成了道路更拥堵，还有当人力三轮车和载重电瓶车溜坡时，极可能造成交通事故。塘栖一小区等老小区的路面本就狭窄，经过“隔离带”一隔，路面愈发狭小，增加了安全隐患。此问题不仅塘栖有，临平、余杭、良渚等地都普遍存在。为此建议如下：1. 交警部门应根据城区路面和交通需求等实际情况合理设置“隔离带”，不能一“隔”了事。2. 职能部门要加强在设置“隔离带”的地方进行不定时的巡视，了解交通动态并及时撤除或维护。3. 职能部门在设置“隔离带”的地方应进行交通监管，特别是在高峰时段，让车辆有序通过。

谨防外来危险废物偷运输入区内（2017 年 5 月） 委员陈树坤反映：2017 年 5 月，百丈镇发生外地企业勾结本地村民倾倒危险废液的环保事件，该事件涉及的危险废液排放量近 200 吨，废液中铜、铬等重金属含量严重超标，直接导致当地土壤、地下水的严重污染，甚至威胁到了一级保护水源北苕溪支流黄湖溪。2016 年 7 月，瓶窑镇南山村公墓旁发现重达 8.6 吨的危险固体废物，后经调查，该批废物来自上海某电机有限公司，也是属于外来输入污染物。同样，据鸬鸟镇仙佰坑村民反映，该村一偏僻山坳里经常有人焚烧处理来源不明的垃圾。上述事件说明，个别村民缺少环境保护意识，为了一己私利非法处置外来污染物，糟蹋了青山绿水，外来危险废物偷运输入区内的问题亟待引起重视。因此建议如下：1. 政府相关部门要加大查处力度，一旦发生比较严重的危险废物垃圾偷倒行为，相关部门一定要彻查到底，坚决打击，从重处罚，既要处罚指点危废物偷倒场所的本地人员，又要追查偷倒的相关企业。通过严厉的处罚手段，震慑危险废物偷倒的行为。2. 依托村级基层网格，落实机制、强化管理。网格长巡查过程中，一旦发现形迹可疑、来历不明槽罐车及厢式货车，要及时报告相关部门。3. 结合环保、城管、交警、公路收费站及村镇交通要道的摄像监控系统，提高对外来偷运危险污染物车辆的监控技防措施。4. 环保城管部门要加大普法教育力度，特别是对西部山区的村民要加强环保意识的宣传，警示村民不能因小失大，破坏环境、殃及子孙后代。鼓励村民及时举报偷倒垃圾的行为，让每名村民都成为环保卫士。

农居点小区“脏、乱、差”现象亟待解决（2019 年 2 月） 委员马强反映：随着旧城改造和城市化进程的加快，农村居民房大量回迁，全区范围内形成了大量的农居点小区。相对于商品房小区而言，农居点小区管理存在着较大的问题，严重影响了城市发展和群众的生活品质。主要有以下问题：一是车辆乱停。由于小区居住人员较为复杂，车辆乱停乱放问题十分严重，堵路现象也屡见不鲜，不仅影响出行，更有碍市容，甚至引发不必要的纠纷。二是餐饮店的管理问题。尤其是双户一联的农居点，每家饭店楼顶长长的排烟管道是环境污染的关键，有些管道下的地面，还积着油污。饭店营业时，排烟管道上的风机发出轰轰响声，飘出浓浓的油烟味，给人感觉像是到了棚户区。三是小区乱搭乱建现象比较普遍。农户为获取更大的利益，将房屋进行改造，以期实现更多的出租单元，存在比较严重的安全隐患。造成以上问题的主要原因是这些农居点小区缺乏有效的管理，因此，解决的重点是建立社区与物业共管的长效机制。为此建议：1. 开展综合治理。以“美丽余杭”建设为契机，由镇街牵头，开展“庭院整治”工作，对农居点小区开展一次大整治，解决饭店污染和噪声、房屋出租乱搭乱建等问题。通过全民参与的方式，将“美丽庭院”与居民日常生活有机结合。此外，还应建立健全长效管理机制，对小区实行常态化管理，努力建设一个整洁、有序、文明的新家园。2. 建立社区管理与物业服务协调机制。实现小区专业化物业管理和社区共管局面，农居点小区与商品房小区存在着本质的区别，必须双重管理，才能确保各项工作的推进。要建立起属地管理和物业管理相结合的物管新体制。社区要作为物业的“第一东

家”，要把物管工作纳入社区的重点工作，负起属地管理的责任。物业公司要加强与社区的沟通对接，解决物业服务中存在的问题。3. 破解物业服务收费难题。农居点小区物业费的收取是一大难题。物业服务是市场化的企业行为，赚钱盈利始终是物管企业的最终目标。但对不缴费的农村居民，无法采取有效的调控手段。正常的营业收入不能保证，企业自然就难以为继。社区要协助物管企业收缴物业费，实现物业良性发展。4. 提高居民物业管理意识。要通过多种媒体和形式，加强物业政策法规的宣传，提高居民对物管企业、业主、社区各自的权利义务的了解，提高业主和物业公司的签约履约能力，引导居民积极参与小区自治管理。5. 加强车辆管理。物业公司统一给小区有车的业主办卡，车辆必须凭卡进入。社会车辆入内发放临时通行证。进入小区车辆应在物业管理人员的指引下停放在指定车位。任何车辆不准在绿化带、消防通道、人行道等地方任意停车。同时，在小区内设置必要的禁停、转弯、缓行等标志，经业主大会或居委会同意，可以设置预防违章停车的障碍物、计时收费装置、减速坡道、监控摄像等配套设施。

（三）社会法治民生实事

政府文件与法冲突，应尽快修改（2007 年 4 月）　委员项坚民反映：2005 年 5 月 10 日，区政府颁发《关于加强土地用途管理和房屋用途管理的意见（试行）》。该文件规定，商业服务企业必须以商业用房或服务用房作为其经营活动的场所。建设、城管执法、环保、公安、消防、卫生、安监、交通、文体、民政等部门在办理有关的前置许可审批手续时，工商部门在办理企业工商登记时，均应当查验申请用作经营活动场所的房屋所有权证或房屋租赁证。凡房屋所有权证上或房屋租赁证上标注的房屋用途与其申请的经营活动不相符的，不得予以批准。可以说，该文件明确规定了民宅不可商用。但是该文件采取“一刀切”的绝对做法，与新出台的物权法存在冲突，可能带来一系列法律问题。《中华人民共和国物权法》第七十七条规定：“业主不得违反法律、法规以及管理规约外，应当经有利害关系的业主同意。”这也就意味着，只要法律、法规以及管理规约没有禁止规定，有利害关系的业主也同意的，将住宅改变为经营性用房是可以的。这里的法规，根据立法法第二条的规定是指行政法规和地方性法规，管理规约是指全体业主通过的规约而不是其他。而区政府文件属于其他规范性文件，法律层次较低，并不在此列。目前不少地方的相关抵触文件已相继取消。如《北京市房屋租赁管理办法》的“民宅禁商”条款由于和《中华人民共和国物权法》相抵触，就及时进行了删改。这些修改充分反映了政府的法治意识，维护了立法的统一和法律的尊严。与此同时，还应看到民宅商用在发展三产和解决就业上有其特殊作用。特别是那些美术、设计、网站、广告等行业，对其他业主的影响很小，没有必要非在商业用房中进行，完全也适宜在民宅中开展。为了维护法律的尊严，避免“文件违法”，同时也为了更好地繁荣余杭的经济，促进就业，建议由区政府法制部门牵头，区三产办、工商、规划、国土等部门参与，对余政发〔2005〕65 号文件进行修改。

农产品品牌保护亟待加强（2007 年 4 月）　委员姚水林反映：为了增强余杭农产品的竞争力，各级政府和农业部门做了大量的工作，特别是在打造余杭农产品品牌方面，投入了大量的人力、物力、财力。经过多年努力，“径山茶”“塘栖枇杷”等一批知名农产品品牌已逐渐打响，农户也为此得到了不少实惠。但是，农产品品牌保护开发中还存在一些问题，值得关注：1. 品牌农产品，在生产领域的管理还不够规范。目前，农产品品牌多采用

“农户＋合作社＋商标”的经营模式。该模式很好地汇集了单个农户的力量，使农产品品牌收益为广大农户共享。但同时由于该品牌经营模式管理比较松散，如果管理不到位，就可能因为个别人的行为，影响整个品牌的发展。以径山茶为例，据了解，由于协会没有对茶农的茶叶进行定量、定性管理，有个别茶农购买外地劣质茶叶冒充径山茶进行包装销售。2. 品牌农产品，在销售领域的保护工作没有跟上。由于农产品品牌多是农户共享的区域品牌，品牌的主体性不够突出，往往成为假冒伪劣产品侵犯的重点目标。如 2007 年 4 月就有媒体报道，在杭州的超市有“塘栖枇杷”出售(正宗的塘栖枇杷要 5 月后才能上市)。这些侵权行为非常明显，但由于品牌的主体性不够突出，维权打击力度就明显不够，导致相关的侵权行为反复出现。农产品品牌的创立非常艰难，收益非常可观，为此，我们对已创立的农产品品牌，要加倍关爱、精心呵护，建议：1. 变协会的粗放管理为定量、定性的精细管理。要改变当前农产品品牌管理中，仅仅统一品牌、统一包装，质量只由协会提供标准，具体由农户自行管理的粗放管理模式。以径山茶为例，可实行到点（每个茶场主和茶农）的精细管理，组织专家对每个茶场主和茶农的茶山进行摸底监控，根据茶山面积、位置、长势等因素，推算大致的茶叶产量和茶叶等级，并据此发售相应数量和等级的茶叶包装。对发售给每个茶农的包装还要做好标识（如加盖茶农姓名的印戳），今后在不定期的抽查中，如发现质量问题，就能找到相应的茶农，给予严厉处罚。2. 政府牵头，加大假冒伪劣品牌农产品的市场查处力度。品牌农产品的主体多为协会，作为一个合作组织，它的力量十分有限，不能独立完成复杂的市场打假活动。为此，建议政府部门要高度重视这一问题，特别是农业部门和工商部门要紧密配合，农业部门提供技术标准和市场情况的信息，工商部门组织力量加大打击力度，力争使假冒伪劣无处立足。

农居点建设应适度超前（2007 年 4 月）　委员李云反映：农民变市民是社会发展的趋势，是解决“三农”问题、富裕农民的最终出路。不少被征地拆迁的农户，统一搬进了农居点，随着经济社会的发展以及区内城市化进程的不断推进，不久的将来他们中的多数人会转变为新的城镇市民。然而，当前农居点的建设现状与这种趋势并不符合。诚然，多数农居点建得很漂亮，但绝大多数农居点的规划设计还是按照传统的农民的思路，配套社区用房、居民活动场所等都没有规划安排。如星桥汤家村农居点，总共 100 多户农居房，却没有安排任何的社区用房。这使得今后农居点的小区化管理、幼儿入托、社区养老等问题都难以解决，这对农居点的进一步发展是非常不利的。当前，临平梅堰等不成小区的老住宅区，由于缺乏物业用房等配套设施，安全、卫生等社区服务难以到位，正逐渐成为城市建设发展的薄弱环节，成为城市中的“贫民区”，居住在其中的居民意见很大，政府相应的后续改造工作压力很重。这些教训对农居点建设的借鉴意义很大。建议：余杭区的各级政府，以发展的眼光看待农居点的建设问题，每个农居点都应预留一些社区服务、老年活动等场所，为城市将来的“市民”营造一个优良的居住环境。

清洁余杭必须依法处置违章建筑　委员项坚民反映：一个违章建筑滋生蔓延的地方，往往是征地拆迁最难的地方，不可能有一个良好的投资创业环境；一个违章建筑丛生的地方，往往是“黄赌毒”泛滥的地方，不可能有良好的治安环境；一个违章建筑遍地的城市，共享“生活品质之城”无从谈起，不可能是一个清洁的城市。要打造“国内最清洁”的城市，要共建共享“生活品质之城”，应把依法处置违章建筑作为切入口。依法处置违章建筑，要充

分利用法律武器对违章建筑实施“外科手术”：对城市规划区内的违章建筑，城市规划行政主管部门应依法责令停止建设，限期拆除或者没收；对村庄、集镇规划区内的违章建筑，乡镇人民政府应依法责令限期拆除，并可处以罚款；对非法占用土地的违章建筑，土地行政主管部门应依法责令限期拆除或者没收、罚款。要严肃执法，采取“消灭一批、限制一批、整治一批”的方式，严厉整治违章建筑这一顽症，逐步做到新账不欠，旧账逐清。清洁杭州依法处置违章建筑必须标本兼治，要严格依法行政，从源头上遏制违章建筑的产生。1. 城市规划行政主管部门和乡镇人民政府，必须依法实施城市规划和村庄、集镇规划，对建筑跨度、跨径或者高度（包括层高）依法作出行政许可。2. 在城市规划主管部门核定拆迁用地范围后，土地行政主管部门应依法作出行政冻结公告，公安部门应暂停办理户口的迁入、分户，有关部门应暂停办理房屋的买卖、交换、翻（扩）建、赠与、分户、租赁、抵押等手续，工商行政主管部门应暂停核发营业执照、临时营业执照。3. 要堵住违章建筑利益驱动的生存环境，使违章建筑无利可图。在征地拆迁中，对违章建筑一律不予补偿；对虚假装修、突击装修、棚屋吊顶，甚至猪栏豪华装修，骗取国家补偿的，公安部门应依法查处，直至追究诈骗刑事责任。

建议尽快出台《住宅小区车辆管理暂行规定》　会员沈掌蛾反映：随着人民生活水平的提高，有车族愈来愈多，不少小区原有车库、车位已远远不能满足需求，小区停车难问题凸显。对临平几个较好小区进行专门的调查了解，统计到2006年底，各小区拥有车位，车库数与汽车拥有量的情况如下表：

2006年底临平部分小区车位、车库与汽车拥有量情况表

表5-1

小区名称	小区户数（户）	车库数（个）	车位数（个）	车辆数（辆）
东海花苑	642	180	120	520
新城花苑	317	110	70	357
都市丽景	430	138	80	502

从上面的列表可以发现，这些小区的车库车位严重不足。与此同时，小区车辆碰撞由谁负责、停车收费所得归属、临时车位划定与行人走路矛盾的协调等一系列问题，成为住宅小区业主们关注的焦点，也成为城区居民提高生活品质迫切需要解决的问题。前些日子在临平荷花塘格之林花园，有一位84岁退休老教师，在小区里被汽车倒车时撞死，这一血的教训，再次提醒我们尽快解决小区停车难问题的重要性。因此建议：1. 尽快出台《住宅小区车辆管理暂行规定》。规范小区的车辆管理，使小区的物管能有章可循，有效调节各类业主的利益诉求，促使车辆管理规范化。2. 适当借用社会公共停车资源，缓解小区停车矛盾。建议借鉴杭州在水一方社区的经验，对一些车位确实紧张的小区，实行邻近马路的错时停车制度，即在小区附近马路开辟夜间停车位（当日18：00至次日7：30），小区业主适当缴费，用于招聘专人负责夜间车辆的保管。此外，也可通过发展公共停车资源，来缓解小区停车难，如开辟人民广场地下停车库等。

建议统一城乡低保标准（2007年）　委员张洪根反映：浙江省在2005年考虑到城乡低保标准差异过大，对农村低保进行了重新设定，农村低保标准按城镇低保标准的60%确定（城镇低保标准按当地最低工资标准的40%确定），实现了城乡挂钩。虽然城乡之间低保标准差距有所缩减，逐步趋于合理，但当前的差距还是比较大的。如余杭区从2005年1月起，城镇居民执行低保标准每人每月为300元，农村执行的低保标准为180元，城乡差距达120元。随着城市化进程不断加快，广大农村特别是城区边缘的农村，事实上人均耕地极少，可是因为没有撤村建居，其中的困难群众，还是执行农村的低保标准。农户与城镇居民的生活方式已十分相近，都是在企业打工赚钱，消费的水、电、煤、气也都城乡同价。即使因为有耕地，也应该可以折算其收入（最多是每年每亩200—300元的租金）。就是因为户口问题，每月就得少拿120元，对农村低保对象来说显然不太公平。针对当前存在的过大城乡低保差距，建议：应实施城乡低保标准一体化。经费可以采取区、镇乡（街道）财政分层负担的方式解决。希望能尽早让农村低保对象享受与城镇居民同样的改革开放成果。

建议区法院公布公开开庭的信息（2008年）　委员项坚民反映：区法院有不少案件，邀请人大代表、政协委员参加旁听，这是一种很好的形式。现在大部分案件，虽说公开开庭，但主要是在法院公告栏中公布，对大多数人而言，庭审依然显得陌生而神秘。法院的公开透明主要就是审判的公开，公开开庭审理的案件是可以旁听的，不仅对人民群众公开，还应对媒体公开，即使有些案件依法不公开审理，判决也应是公开宣判。建议：区法院要在城乡导报、政府门户网站、法院门户网站公布公开开庭的信息，还可以建电子显示屏，滚动播出区法院案件的排期表，使广大有兴趣的群众都可以联系旁听。条件成熟时，还可试行网上直播，以方便社会监督，促进审判的公正公平。

索债型非法拘禁犯罪，值得引起足够重视（2008年）　委员郇珉玮反映：余杭区检察院提供的数据显示，仅2008年1月至10月该院就受理审查起诉非法拘禁案件24件，涉及76人，而2007年为21件60人。两年相比，非法拘禁犯罪增幅明显，其中索债型非法拘禁犯罪尤为突出，年终岁末又是该案件高发时期，值得引起足够重视。索债型非法拘禁的犯罪动机是追讨债务，相比抢劫、抢夺、绑架等严重暴力犯罪主观恶性较弱。部分被告人（有相当部分是投资公司雇佣的职业催讨人，社会背景复杂）出于维护自身或朋友财产权益的“合理”动机，非法拘禁他人，剥夺他人人身自由，一旦法律意识淡薄，非常容易采取过激行为，更有可能导致人伤残、死亡的严重后果而触犯法律。建议预防和遏制索债型非法拘禁犯罪现象，要加强对民间借贷的规范和制约：1. 加强对民间借贷的合理监管，通过政策引导，进一步规范亲友间借贷、个人富余资金出借行为，加强对借贷双方的资格审核；2. 重点对投资公司雇佣的职业催讨人员非法拘禁他人，剥夺他人人身自由，暴力催讨行为要记录在案，超过一定次数要取消其借贷资格；3. 完善法律法规，从立法上加强对借贷双方的权力保护，使个人借贷契约化并符合相关法律规定；4. 司法机关要加强对民事判决、仲裁的执行和不服判决、仲裁的息诉工作。

企业欠薪政府该如何作为（2009年1月）　委员俞伟反映：2008年以来，一些企业因经营不善发生欠薪事件，大量职工聚集在镇政府门前讨薪，造成了社会不稳和不良的观感。一方面出于维稳压力，另一方面也出于对这些困难群众的同情，基层政府往往在调解不成的情况下，先行垫付工资。这种垫付工资的行为，切实解决了这些企业员工的实际困难，本也无可厚非，但据知情人反映，上述欠薪企业，不全是真正困难到发不出工资的企业，部分企业有逃避责任，恶意欠薪的嫌疑。为这些企业垫付工资，政府的做法无异于“姑息养奸”。为此建议：1. 政府应尽快出台处理欠薪问题的具体操作办法，使相应工作有章可循。只有出台了明确的处理欠薪问题的操作办法，基层政府的相关工作才能更有“底气”、更加规范。欠薪问题也才能从根本上得到遏制。2. 政府对恶意欠薪行为，要多管齐下，严厉打击。对少数恶意欠薪的企业主，要组织审计、税务等部门严格审查，不能让其通过“假破产”的方式，把企业“一关了事”。要通过各种法律、行政手段，追溯其个人资产，并将其列入“不诚信”名单，对其今后投资办企业进行限制。3. 政府应未雨绸缪，提前介入，对企业的欠薪风险进行管理和控制。目前发生的企业欠薪事件中，拖欠工人的工资数，少则两三个月，多则达半年以上。因此，政府应尽快建立“欠薪”预警网络，当企业发生拖欠工资行为时，适当介入，以提前控制风险，避免事态扩大。

建议高度重视闲林水库库区及安置区块失地农民的就业问题（2010年） 委员金云中反映：闲林水库即将开工建设，该项目系杭州市的应急备用水库，规划二期需征地3300余亩，拆迁农户500余户，人口2000余人，涉及闲林镇的桦树村大部、里项村部分。前期工作紧锣密鼓准备了3年，包括库区规划、大坝选址、设计、闲祝线改道、征地拆迁安置任务的落实等。但在许多前期工作中，未对失地农民有就业安排。就业问题的忽视，势必影响今后的水库建设以及社会和谐。为此建议：1. 抓紧对库区及安置区块内的失地农民作一次调查，掌握第一手资料。对有就业意向且有就业能力的青壮年失地农民进行技能培训，提高他们的就业能力。这里可充分发挥闲林职高和闲林成校的作用，同时各级政府要大力向闲林—余杭特色工业功能区内的企业推荐培训后的失地农民上岗就业。2. 在水库及配套设施的建设过程以及今后的维护工作中，应规划安排一定数量的工作岗位，以解决当地部分失地农民就业。3. 水库规划的同时，在满足水库水质的前提下，是否可在库区周边规划旅游休闲等第三产业的发展，扶持当地农民从第一产业转行到第三产业，以解决失地农民的就业问题。4. 对征地拆迁量大的桦树、里项二村是否可考虑撤村建社区，以便使失地农民能跟城镇居民一样纳入政府的就业保障体系，解决失地农民的后顾之忧。

区内无障碍设施建设和管理期待进一步加强（2010年11月） 委员周文菊反映：无障碍设施建设是残疾人和老年人通行安全的保障，也是提升残疾人和老年人生活品质的内容之一，更是一项民生工程。因此，建设部等有关单位对无障碍设施的规划、建设及管理均有明确的要求。目前全国各地正在积极开展创建“全国残疾人工作示范城市”，浙江省开展创建“扶残助残爱心城区（县、市）”活动，在创建活动中对无障碍设施建设工作均提出了相应的标准和要求。而杭州作为2011年全国第八届残疾人运动会的主办城市，也将无障碍设施的建设和管理列入政府的议事日程。余杭区的无障碍设施建设和管理中因为设施配套不完善，管理不够到位：一是无障碍设施建设的面不广、标准不高。许多的居民小区、学校、过街马路等还没有无障碍设施；另外，绝大多数的无障碍设施标准也较低，没有能够从高标准去建设无障碍设施，绝大部分建设单位对无障碍设施的建设只注重表面，不注重实质，使得一些无障碍设施建设趋于形式。如2010年组织盲人与肢残人代表，到部分道路、银行、

医院体验无障碍设施建设情况，就存在着无障碍设施不完善、盲道存在着断头情况，有的盲道还设置在窨井边上，或被隔离墩所阻隔等问题，这些盲道，不仅不能引导盲人和肢残人正确行路，而且还存在着一定的安全隐患。有的公共场所还没有无障碍设施，如江南水乡博物馆，也因为没有无障碍坡道而导致肢残人无法进入。二是无障碍设施的管理还不够到位。就临平城区来讲，无障碍设施被占用的情况非常普遍。自行车、摩托车等机动车辆停在盲道上的情况随处可见；也有一些无障碍设施早已破烂不堪，盲人无处可走。如在区第一人民医院大门外的盲道均被自行车和摩托车等占用，正常人在人行横道上走都有点困难，更不用说盲人或肢残人了。三是对无障碍设施建设和管理的重视不够。由于无障碍设施建设和管理牵涉到多个部门，因此建设和管理的各有关部门对此项工作存在着推诿扯皮的现象。也有部门认为，无障碍设施的使用人毕竟是少数，没有必要这么兴师动众。许多市民对盲道或其他一些无障碍设施的用处不了解。针对以上问题，政府及有关部门应引起高度重视和关注，对新建公共场所的无障碍设施应按照建设标准做到规划、建设和督促相结合，对已经建设好的标准较低的无障碍设施有条件的也要进行相应的改建，同时对已经建成并投入使用的无障碍设施均要落实有关部门的责任，抓好管理。

关于建立和完善社区康复的建议（2011 年）　委员施志杰反映：社区康复是解决城乡残疾人康复最方便、经济的一种服务模式，适合余杭区的实际情况。提高余杭区康复保健工作的水平，必须结合余杭区的康复人才培养规划，满足社会不同需求，促进余杭区残疾人事业发展。针对社区人才缺乏和社区康复建设提出如下建议：1. 建立专业康复队伍。目前社区康复在余杭区仍处起步阶段，突出的困难是康复人才缺乏，专业康复人才更是缺乏。要采用多种形式，利用省、市大中专医学院校现已开设的康复专业的优势，可现成招收一批，定向培养出一批科班出身的专业化康复队伍。2. 注重开展培训工作。每年定期或不定期举办短期社区康复训练班，解决社区康复人才的短缺问题。社区康复站（点）在对重度残疾人康复治疗的同时，也要做好护工或家庭成员的康复培训，提高护工和家庭成员的康复治疗水平。3. 完善社区康复体系。以街道、乡镇社区公共卫生服务中心为基础，根据社区残疾人口数量确定康复站的规模，合理布局。建立和完善以区康复中心为中心，社区卫生服务中心康复站为基础，社区康复站（点）为终点的康复体系。4. 加强社区康复建设。要利用现有的社区卫生服务站及其他社会服务资源（盲人按摩站）进行改造，避免医疗、康复分离，以免造成重复建设和滥建设。对于行走困难的重度残疾人，社区康复站的工作人员要上门开展康复治疗，真正做到康复进社区，服务进家庭。

对红丰农贸市场蔬菜加强安全监管的建议（2011 年 12 月）　委员张月龙反映：临平红丰农贸市场处在临平城市的城郊接合部，农产品及食品自产自销的较多，由此给菜场内销售的农产品及食品安全带来隐患。为此建议如下：1. 督促农贸市场对销售的农产品承担安全责任，对进场销售的农产品质量安全状况进行抽查检测，发现不符合农产品质量安全标准的，立即要求销售者停止销售，并向属地农业部门报告，相关部门应当视情节立即采取封存、扣押等措施，并在法定时限内处理完毕。2. 加大市场检测力度，责成进场销售的个人和企业自检与执法部门法检相结合的工作机制。3. 完善农产品进场准入机制，禁止不合格的农产品上市。市场主办方要进行抽查，定期或不定期公布抽检结果，确保上市农产品质量

安全符合国家食品安全有关标准。明确经营者和市场开办者的责任，阻截这些有害食品再次走上居民餐桌。4. 政府有关部门要加强日常监管力度，对临平红丰菜市场进行监督管理，改变目前“脏、乱、差”现象，使广大居民吃到放心菜和安全食品，真正实现“品质之城，品质生活”。

建议尽快出台小区电瓶车充电桩建设标准（2016 年 10 月） 政协南苑街道联络工委反映：电瓶车因其节能环保、便捷、使用成本低廉的特点，成为很多人出行的主要交通工具，但电瓶车充电难普遍存在，特别是老旧小区没有集中充电点，安全隐患十分突出。关于在小区等公共场所统一安装电瓶车充电桩的要求，社会各个层面反映强烈，党委政府及相关部门也高度重视，但在实施过程中，还是碰到不少问题。主要是住宅小区规划不完善。许多居住小区在规划设计过程中，一般只考虑自行车停放，电瓶车由于车身大无法进入储藏室。物业方面，也无充电计量设备，所以老百姓在单元楼前、楼梯间甚至安全出口等处停放，从家里私拉电线给车充电，不仅影响通行，更存在引发火灾、触电等安全隐患。还有充电桩安装主体不明确。经过排查、宣传、夯实责任，老百姓和物业公司都认识到安装电瓶车集中充电桩的重要性和必要性，但有现实困难：充电桩安装选址过程中会遇到绿化改造问题、周边住户间协调问题、安装主体是物业还是业委会的问题、充电桩收费合不合理、怎么收、由谁收的问题；特别是物业公司担心的万一发生火灾的责任鉴定，等等。根据多方调研，提出如下建议：1. 明确物业公司有序停放电瓶车的责任。物业公司作为小区秩序维护主体责任单位，应依据《浙江省消防条例》(自 2016 年 7 月 1 日起施行)，督促业主不在小区疏散通道、安全出口、楼梯间停放电动车。不私拉电线和插座给电动车充电。2. 出台关于居住小区充电桩安装的指导性文件，明确充电桩安装的主体、安装的范围、相关费用落实、涉及绿化改造等问题。3. 由街道或者社区出面，通过严格的招投标程序引入正规的充电桩品牌，选取品质优良，后期检修服务完善的充电桩品牌，介绍给业委会、物业公司选择。4. 在新建小区规划审批中明确充电桩事宜。规定居民住宅区应当按照小区体量按照一定比例设置电动车集中停放、充电场所，设置符合用电安全要求的充电设施，采取防火分隔措施。5. 多举措引导促进充电桩建设和推广。对居住小区内建设电瓶车集中充电桩，根据建设和维护成本实际，在经费上可以通过奖励、适当补助等措施，予以鼓励和引导。

进一步提升镇街行政服务中心服务水平（2018 年 10 月） 委员金明反映：全区“最多跑一次”改革正在纵深推进，政务事项“网上办、移动办、就近办、简化办”得到深入贯彻落实，群众办事“最多跑一次”的实现率和满意率大大提升，但仍有不少问题。为解决这一矛盾，进一步方便群众就近办，提高“最多跑一次”改革的成效，提出如下建议：1. 调整服务功能布局。区分行政服务事务的不同事项性质，参照深圳及杭州老城区等地做法，审批事项集中办，服务事项分散办，尽量方便群众就近办。以已经设立的各镇街社会事务服务中心为基础，增加服务功能，将原由区级部门承担的服务事项下放到镇街一级办理。2. 整合镇街服务中心功能。将镇街目前分散的社会事务中心、综治中心、建管中心等服务民生的事项集中办理，健全以镇街为中心的便民办事大厅，部分事项可下放村、社代办受理，真正使群众能够享受到家门口办事的便利。3. 创新服务人员使用机制。以现有人员编制很难适应行政服务功能调整。除了原有人员的下放，还要通过政府购买服务、专设服务主体等形式统一配好服务人员，同时通过提高待遇等途径稳定服务人员，提高便民服务质量。

关于改进线上政务服务的建议（2020年）　5月27日，区政协主席沈昱、副主席陈云水走访毛和华委员工作室，与毛和华、谢俊等六位政协委员座谈交流。委员们反映，由于新冠疫情防控的需要，并基于余杭数字经济的优势，可提供很多的线上政务服务。线上政务服务极大地便利了群众与企事业单位，提高了办事效率，受到人民群众和企业的欢迎。但是部分线上政务服务，没有顾及外籍人士等小众群体，给办事群众带来了一些意想不到的困难。比如个人所得税专用App。2020年，区内个人所得税汇算清缴工作，都需要通过个人所得税专用App进行申报。区内部分企业有外籍人士，有些外籍人士的收入属于隐私，平时的工资发放都是委托会计师事务所等第三方来操作的，有些信息本公司的财务都无权知晓。但在使用手机App申报个税的年度清缴时，必须使用个人的手机实名操作，且界面是中文的。许多外籍人士不懂中文，这给外籍人士带来了很大的不便。另外的电子申报途径，需由外籍人士所在公司的税务办理人员密码登录后操作，这让外籍高管们觉得个人收入隐私泄露了。因此，税务部门应该考虑到这些外籍高管们的困难和需求，出台一些方便外籍高管申报年度个税清缴的途径，比如公司委托的第三方可以代为申报清缴等。其他一些线上政务服务也暴露出一些问题，比如老年大学统一网上报名的问题。余杭正在全力打造最优营商环境，将来会有越来越多的外籍人士到余杭工作、生活、学习。因此建议，政府在提供线上政务服务、满足大部分人需求的同时，也要考虑到小部分人的个性化需求。建议增设人工咨询电话，提供窗口服务等方式，解决外籍人士、老年人、视听残障人士等部分个性化需求。

部分群众对旧城改造中拆除太阳能热水器的举措有意见（2020年6月）　区政协联谊会会员赵焕明反映：在临平街道梅堰小区进行老旧小区改造，其中一项举措是要拆除小区所有的太阳能热水器。据了解，为了小区的美观和消除安全隐患的考虑，其他镇街也存在这样的情况。对于老旧小区改造工作，群众是全力支持的，这可以大大提升小区的形象和品质，给群众更加舒适和美观的环境。但是对于要求拆除太阳能热水器的决定，有部分群众想不通，他们认为，政府的决策过于简单，命令过于粗暴，没有考虑低收入家庭的实际情况。太阳能热水器节能环保，按江南季候，每年有八九个月可发挥作用。若统一拆除，小区每家每户每天要烧水，既增加普通百姓开支，也耗费能源。据说街道要统一拆除太阳能热水器的理由，一是太阳能热水器易造成顶层住户漏水，二是有些住户搬迁后未妥善处理热水器，遇大风可能会形成安全隐患，三是建设方进行屋顶防水处理时很难操作，同时重新安装时会破坏防水层。这些问题确实客观存在，但也都是可以解决的。住在梅堰等此类小区的住户，大多是老年人和经济条件比较困难的群体，相对其他高档小区的住户来说，生活压力相对较大，他们对生活成本的感受更加敏感。因此，建议在老旧小区改造过程中，要坚持以民为本，从实际出发，以更加科学的方案、更加贴心的服务、更加务实的态度，把这项民生实事工作做得更好。

关于解决乔司街道部分村文化礼堂建设土地指标的建议（2020年8月）　区政协乔司街道联络工委反映：自2013年起，乔司街道积极响应省市区委工作部署，有序推进农村文化礼堂建设工作，先后建成文化礼堂8家，极大丰富了基层群众精神文化生活。但是，乔司街道仍有部分村社存在没有文化礼堂或者文化礼堂空间过小的情况。如五星村文化礼堂与村委会议室合用，设置在村委五楼，但该村登记在册新居民3万余名，礼堂空间小，上下楼不方便，已无法满足群众的文化需求；方桥村原有文化礼堂，因临平新城建设发展需要已征迁拆除，当地群众已无固定室内活动场所，无法开展相关的文体宣传活动。为满足居民与新居民的精神文化生活需求，五星村、方桥村两委均有意向出资新建村文化礼堂，但因缺少用地指标，无法实施建设。文化礼堂是农村精神文化生活的重要阵地，建设文化礼堂是为民服务的是民生实事工程，希望有关部门能高度重视，帮助协调解决五星村、方桥村文化礼堂用地指标问题。同时建议在区域建设规划中，特别是涉及土地征迁、整村征迁的项目中，将农村文化阵地建设纳入安置房建设规划，提前或与安置房建设同步施工建设，确保基层公共文化阵地在征迁安置前后能够有效衔接，满足基层群众精神文化生活需求。

（四）教文卫体

社区卫生服务中心相关改革配套措施亟待完善（2006年）　委员金云中反映：2001年至2002年间，区内原乡镇卫生院均改制为股份制医院，改制后，这些乡镇医院由于经济效益明显，经营者和医务工作者的收入也得到了很大的提高。从2005年至2006年10月，改为股份制的乡镇卫生院又改为事业单位，从部分乡镇运作情况来看，由于相关的改革配套措施未跟上，新的社区卫生服务中心与为群众提供安全、有效、方便、价廉的医疗卫生服务的总体目标有较大的差距。主要体现在：1. 由于乡镇卫生院改为事业编制单位，受编制的约束，清退了原经营者聘用的超龄超编的医卫服务人员，以致卫生服务中心人手显得不足。2. 乡镇卫生院改为事业编制单位后，其医务人员的薪酬与其提供的医疗服务质量和数量相关度不高，颇有些吃“大锅饭”的味道，同时目前暂定的人均年收入4.8万元，与股份制时的年收入6万—7万元有相当落差，严重挫伤了医务人员的积极性，也影响了其对患者的服务态度。3. 2001—2010年不到10年，乡镇卫生服务体制进行了两次不同性质的改制，或多或少遗留了不少问题，尤其是对原乡村医生的善后处理没有彻底了断，这些人经常上访，造成新的社会不安定因素。4. 乡镇卫生院改为公共社区卫生服务中心后，加强了乡镇政府在制度、规划、筹资、服务、监管等方面的职责，但从目前的乡镇政府的构成来看，无论从人才和机构来看，尚难承担得起这些职责。因此建议完善乡镇卫生服务中心配套的改革措施。

非法托幼机构亟待规范（2007年4月）　委员反映：随着城市化、工业化进程的不断推进，外来务工人员大量涌入，他们为城市的发展付出了艰辛和汗水，是品质余杭的一线建设者。但是外来人员的大量涌入也使外来幼儿不断增多，生源的增多必将导致非法托幼机构不断涌现，这些非法托幼机构大多存在以下问题：一是办园房舍不符合标准，多为居民住宅，无单门独院，无固定的户外活动场所，教学设施简陋；二是师资力量薄弱，保教人员数量不足，也并未按规定申领教师资格证书，健康证、上岗证等；三是消防设施和食品安全存在很大隐患，如横塘、红丰村境内的蓝天、新世纪幼托园，规模非常大，街道、中心幼儿园已多次上门工作，要求其严格按规范整改，区教育局也多次下发办学条件和整改要求，但要整改到位比较困难。为规范幼托机构，保障幼儿培育质量，建议如下：1. 开展清查，切实做好非法幼托机构的取缔和“转正”工作。建议由教育主管部门牵头，成立专门组织，对全区非法幼托机构进行清查，要严格按照《余杭区0—3岁婴幼儿入托机构标准审批和年检工作暂行规定》，对不符合条件的，坚决予以取缔。同时，尽快制定详细、规范的非法幼托

“转正”条例，明确办理合法手续的条件、程序，使一些确实有存在需要又符合办园条件的幼托机构早日合法化。2. 整合资源，科学合理规划布局合法幼托机构。一是整合现有的教育资源，逐步实行规模办园，提高办园效率；二是要按照《城市居住区规划设计规范》和教育规划的要求，督促房产公司、镇乡（街道）、有关部门及时在旧城改造和新区建设、新农村建设中，按标准设置建设配套托儿园所；三是理顺管理体制，规范办学行为，提高保教育质量。3. 定期培训，努力提高幼托机构师资素质。建议教育主管部门利用假期对在职幼儿教师和保育人员进行师德和业务培训，并进行考核，努力提高教师和保育自身素质，提高幼儿培育质量。

建议区内民办初中招生实行电脑派位录取（2007 年 5 月）　委员倪水友反映：余杭区的民办教育在区政府的大力扶持下，得到了快速发展，教育质量提高很快。特别是民办学校全托寄宿、外语特长、依托名校等特色，赢得了不少学生和家长的青睐。诚然，民办教育作为公办教育的有益补充，政府对其进行必要的扶持无可厚非。但是，政府的有些扶持政策却不尽合理，特别是民办学校初中段的招生方法不够合理，广大学生家长和公办学校老师们反映强烈。一是区内民办学校初中段当前录取的方法为单一的文化测试（公办学校是义务教育，按学区录取）。由于初中段民办学校近几年的招生中，报名数大大超出计划招生数达 2—3 倍之多（如信达外国语学校 2007 年计划初中招生 200 多名，到 4 月 30 日实际报名数已超过 700 多名）。这事实上造成了民办学校成为提前招生的“重点学校”。二是民办学校的特色是全托寄宿、外语特长等。但实行文化测试择优提前录取后，成绩成了录取的主要条件，大量有寄宿需求、外语特长的学生被挤出了民办学校。民办学校事实上拥有了挑选学生的“特权”，造成大量成绩优秀的学生被民办学校录取，公办学校只能接受被民办学校文化考试淘汰的学生，而沦为“二流”学校。生源的差距会导致教育资源的不合理流动，不利于义务教育段学生之间以及学校之间的公平竞争。三是杭州主城区的民办学校已连续 2 年开展了电脑派位录取（电脑随机抽取学生的方法录取学生，而不是文化考试的方法）。这种做法更有利于教育资源的公平分配，但余杭没有参照实行，群众有意见。为此建议：1. 参照杭州市主城区的做法，从 2007 年起，对民办初中招生（报名数大于计划数的情况下）一律按计划数实行电脑派位的录取方法。2. 区教育部门加强相关的监管，开辟民办初中招生信息网页，设立投诉和咨询电话，以便于广大家长查询监督，杜绝在电脑派位中可能出现的弄虚作假行为。3. 民办初中计划招生数不得随便更改。应将报名表作为民办学校录取操作的依据，报名学生一人一表，不得同时报两所民办学校，学生一经录取，其他民办学校和公办学校不再录取。

助学宣传要关注受助学生的心理（2007 年）　委员王晓乐反映：当前，正是助学的高峰期，可以见到媒体各种助学宣传，但是令人感到担忧的是，各种宣传将受助学生的影像公布于众，会给受助学生带来很大的心理压力。同时，一些施助的企业或者单位，利用几千元助学款就起到宣传的作用，事实上不仅容易伤害受助学生的自尊心，而且更助长了利用所谓的慈善行为达到廉价宣传的效果，这会产生不好的社会影响。建议：有关新闻主管部门要对此类报道作出明确规定（事实上早就有这类规定，不能让受助学生正面影像出现在媒体上），并加紧督查，一旦发现此类报道，要进行处理。

加强对章太炎的宣传（2007 年）　会员俞金生反映：余杭有三张金名片：良渚文化、“杨案”、章太炎。其中，良渚文化是“物”、“杨案”是“事”，而只有章太炎是“人”。说余杭人杰地灵，这“人杰”的代表就应该是章太炎，特别是在文化影响、对外宣传上，章太炎有其不可替代的突出作用。著作浩瀚、学识渊博。在余杭，多数人都知道他是余杭人，但他的主要经历、思想、学问，了解的人却寥寥无几。可以说，章太炎这张金名片，宣传得还远远不够。为此建议，大力加强对章太炎的宣传力度。作为一名余杭人，应该了解章太炎的身世，学点章太炎的学问，读点章太炎的书籍。此外，章太炎纪念馆的房屋实在太陈旧了，内容单调、场面冷落，应花钱修缮一下。

建议对区内旅游景点的楹联现状进行调查规范（2007 年）　委员李晨初反映：楹联是中华诗词的一部分，是传统文化中具有鲜明中国特色的一朵奇葩。由于楹联大多是书写或镌刻在风景名胜的亭台楼阁庙宇殿堂上，因此往往反映了某一地区的历史文化、山川风物，是一个景点文化积淀的体现。楹联撰写、书写、镌刻的质量也往往反映了一个地区的文化水平、文化氛围。随着旅游事业的发展，余杭区不断有新的景点开发，随之也有不少新的楹联产生，为景点增色。但我们也应该看到，有些楹联粗制滥造，或在撰写形式上不符格律规范，内容上粗浅，缺少内涵；或镌刻制造粗糙拙劣，影响了景点的品位，有损余杭区文化形象。鉴于以上情况，建议有关部门组织人员对我区主要景点的楹联作一次系统的调查、检查，对一些不符规则格律，内容粗劣的楹联加以修正、加工乃至撤换，使得楹联更好地与景点的山川风物、名胜古迹融为一体，提升景点文化品位。

良渚古城遗址旅游要缓行（2008 年）　委员金云中反映：自从良渚古城遗址发现的消息经媒体广为报道后，慕名来考古现场踏看良渚古城遗址的人络绎不绝。据现场踏看，古城遗址迎接大量“游客”，存在的问题主要有：一是冬季雨水较多，可挖掘现场连一个最简单的遮雨棚也没有，“素面朝天”迎来每天几千人次的参观者，这是否会破坏遗址呢？二是挖掘坑周围连一个最简单的围栏也不设，参观者很容易走到挖掘坑边沿，一则是易破坏遗址现场，二则易发生坠落，发生安全事故。三是挖掘现场除一个坑在原 104 国道边。其他几个则在交通不便的田野里，每天几千人次、几百辆车也容易发生交通事故。也许有关部门想通过参观良渚古城遗址来让大家感受中华文明，其出发点也是好的，但条件尚不成熟。建议宣传报道低调点，良渚古城遗址的相关旅游也应缓行。

对径山古道维护的几点建议（2008 年）　委员沈国华反映：径山古道已经修葺一新，但感到有些问题还是该引起重视，并希望尽快采取措施。建议：1. 垃圾箱要尽快设置，否则难免会产生随意抛弃垃圾的现象，有些路段坡很陡，事后拣拾都会很困难；2. 尽早树立防火警示，一路上尚未看到一则山林防火的警示，这样的告示应尽早树立，不要等到一切都搞妥帖后再考虑；3. 安全提示牌要早树立。因有不少路段旁坡很陡，除采取一些必要的防护措施外，应当在相关路段旁竖立温馨提示牌，特别要关照带小孩的大人注意安全。

建议对全区学校建筑进行一次全面的检查（2008 年）　委员项坚民反映：四川汶川大地震，夺去了数万名鲜活的生命。最令人心痛的是许多学校校舍倒塌，很多可爱的孩子被夺走了生命。在这次特大自然灾害中，值得严重关切的一个现象是，许多学校教学楼等建筑物大面积倒塌，学生伤亡惨重。北川县整个老县城基本倒塌，北川中学教学楼和都江堰市的聚源镇中学教学楼垮塌，数以千计的中小学生被埋。学校是培养祖国未来的地方，是国家和民族的希望之所在。学校作为公共场所，作为人员密集、地位特殊的地方，其安全的重要性不言而喻。学校等公共场所的建筑物应有更高的建筑质量要求，理应有更强的牢固程度。汶川地震的损失巨大，教训也是深刻的。余杭作为一个台风、暴雨等自然灾害频发的地方，学校建筑的安全问题也应引起高度关注。建议区政府责成建设、教育等部门，尽快对全区学校建筑质量进行一次全面的检查，凡是达不到安全标准要求的，属于危房的，要坚决停止使用。对有问题的建筑也要尽快修复加固。

绿化余杭行动应彰显余杭文化特色（2008年）　委员柴燕萍反映："清洁绿化余杭"行动开展后，绿化面积大大增加，"花园城区"已具雏形。但同时，绿化余杭工作中也存在一些欠缺，主要有树木品种过于繁多、投入资金太大、没有地方特色等，针对这些问题，建议：1. 绿化规划要量力而行。在做好城市总体规划和布局的同时，要科学合理编制绿地系统规划。要用科学的态度和务实的精神来对待绿化工作，不一味追求新奇、宏伟、气派、豪华。要切实提高绿化资金的使用效率，严格控制资金预算，坚持适用原则，量力而行，杜绝铺张浪费。要制定高效可控的考核奖励办法，尽量少用简单的以奖代补式考核，防止基层绿化工作出现求大求全现象。2. 树种选择要因地制宜符合客观实际。充分运用乡土树种作为城市绿化的基调和骨干树种，创建雅俗共赏的城市绿化景观。因为乡土树种不仅取材方便，价格低廉，而且成活率高，养护容易，个性鲜明。同时，在提倡以乡土树种为主的前提下，还可适度、慎重地引进外来树种，但必须与当地特定的地理、气候环境相适应。3. 绿化设计要体现地域文化。绿化工作是整体大环境创建中的重要一环。因此，应尽量体现当地的文化特色。要从城市本身去寻找、挖掘、总结和提炼绿化需反映的文化内涵，争取创作出本地区特有的园林艺术风格，如在绿化余杭设计中，体现良渚文化、江南水乡等特色文化风貌。此外如有可能，也可通过绿化活动，打造出具有余杭特色的"区树""区花"，以作为余杭新的文化名片。

建议加强对饮食服务行业的卫生监管（2008年7月）　委员周文菊反映：饭店、快餐店、点心店的卫生环境总令人担心，主要表现：一是服务人员的卫生意识差。服务人员在为顾客提供服务时不戴口罩，不穿工作服，边工作边讲话，唾沫乱飞；二是卖菜卖饭和收钱同时进行；三是餐具消毒不到位，一些快餐店的碗筷消毒仅限于一次，有的根本不消毒，消毒器具只是蒙蔽检查人员的摆设等。上述问题的存在，应引起有关部门的重视，建议：1. 可以进一步加强对餐饮行业的宣传教育。使餐饮行业负责人及其服务人员牢固树立"卫生第一"的安全意识。2. 进一步加大监督和管理的力度。对餐饮行业服务人员的卫生、餐具的消毒、餐饮店的卫生状况等进行经常性的检查，并可聘请一些义务监督员。3. 严格一次性餐具的使用。4. 建议在餐饮行业中开展卫生达标申报或评比活动，申报活动可一年一次，由主管部门组成评比组，吸收义务监督员和社区居民参加，并严格评比条件。5. 进一步加大处罚力度。对卫生状况问题较多的餐饮店，加大处罚的力度。

风景区的名人诗词字句不应随便改写（2009年）　委员戴桂香反映：超山风景区旅游综合体的整治已取得很大成效。但是，不少游客在游览后，对景区擅改名人诗词字句的做法提出了不同意见。景区到大明堂的大门牌坊上所刻的吴昌硕诗句"何时买舟冒雪去"中的

“舟”，与原文不符合。原文是“十年不到香雪海，梅花忆我我忆梅，何时买棹冒雪去，便向花前倾一杯”。如果为图意思的直白和字好写，自作主张把原文中的一些字给改掉，定会破坏景区形象，且与打造“文化名区”的要求也不相吻合。为此，建议有关部门把超山风景区所刻的这个字换回原文的“棹”字。同时建议有关部门以此为鉴，进一步重视余杭区各景区中所刻的名人诗词字句，必要时进行一次普查，做到尊重事实、尊重前人、有错必改。

建议成立余杭棋院（2009年） 委员应健反映：近年来，棋类项目的发展越来越受到重视，特别是对青少年成长的影响巨大。余杭区紧跟步伐，两年前新引进了棋类项目。但与周边地区（特别是萧山区）相比，余杭区还存在着较大的距离，项目的持续发展还面临着许多困难与问题。最主要的问题是还没有成立专门的组织，影响其发展速度，为进一步的推广和普及带来很大困难。所以，成立棋院已经迫在眉睫。因此建议：1. 正式成立余杭棋院，实现以会员制为管理体制和运转机制的组织管理体系。2. 建立并完善既适应社会主义市场经济规律又符合项目特点的制度体系。3. 建立完善竞赛体系，充分发挥竞赛在三棋发展中的杠杆作用。参加全国三棋个人赛、团体赛、青少年儿童赛、商业性比赛等赛事活动，探索三棋比赛规律，通过竞赛有效促进全区三棋技术水平的提高。4. 做好普及工作，为三棋的发展夯实基础。制订推广普及工作计划，组织编写普及教材，参加普及教师的培训工作，加强棋手、教练员、裁判员、竞赛管理人员梯队建设，为三棋的发展提供人才保障。5. 开展有效宣传和文化挖掘工作，为三棋的发展创造良好的社会氛围。6. 在产业开发和市场培育方面，力争初步形成一个与企业长期合作的机制，解决部分发展资金。7. 加强三棋训练基地建设，在创建浙江省国际象棋基地的基础上，争取再创建另两个基地，以保证每年的队伍调训。8. 增强地区间的交流。在快速提高余杭区三棋技术水平的同时，提高余杭棋院在全国棋类组织中的影响力和地位。

增加余杭区中小学校校医配备力量的建议（2009年） 委员张来反映：根据《学校卫生工作条例》要求：城市普通中小学、农村中心小学和普通中学设卫生室，按学生人数600∶1的比例配备专职卫生技术人员，中等专业学校、技工学校、农业中学、职业中学可以根据需要，配备专职卫生技术人员，学生人数不足600人的学校，可以配备专职或兼职保健老师，开展学校卫生工作。余杭区中小学校共有学生88000多名，其中普通中小学校中学生数在600—1200人的有36所，1200—1800人的有15所，1800—2400人的有2所，大于2400人的有3所，根据《学校卫生工作条例》至少需配备专职卫生技术人员84名。而余杭区有校医保健老师100余名，其中专职卫生技术人员仅有22名，不能满足需求。学校校医专业技术能力也相对薄弱，专业技术职称最高只有中级，大部分为初级职称。此外有的校医所承担的任务繁多，除了学校卫生工作外，还兼会计、总务等工作。而保健老师极大部分是体育老师及其他任课老师承担，无相关卫生专业知识。当前学校卫生工作日益繁重，尤其是学校传染病的发生居高不下，2008年全区共发生120起传染病疫情，发生在学校的有105起，占87.5%，2009年1—6月全区共发生各类传染病疫情60起，发生在学校的有53起，占88.3%。特别是甲型H1N1流感防控形势严峻，学校由于其特殊性，人数众多、人员密集、接触频繁，非常容易造成传染病的聚集暴发。再加上现在新的传染病不断出现，中小学校校医配备力量不足的问题将日益突出。为此建议：尽快增加全区中小学校校医配备力量，并通过多渠道、多途径加大对现有的校医队伍的业务培训，争取早日缓解目前学校日益繁重的卫生工作压力。

责任医生进社区的做法应进一步推广（2009年）　委员孙维丹反映：随着社区公共卫生的不断发展，“责任医生进社区”作为一项实事工程陆续展开。指定医生每周一次到社区提供服务，对一些慢性病、传染病进行跟踪，为社区居民免费提供建立健康档案、测血压、健康咨询等服务，社区居民特别是一些老年居民非常欢迎。随着社会老龄化，老年性疾病不断增加，居民对社区责任医生的需求也不断增加，通过对居民的调查了解，普遍认为目前每周一次的服务已不能满足现状，建议：扩大社区责任医生队伍，适当增加服务次数。另外，是否能在社区对一些常用药开处方。这样既能为一些老年人、残疾人提供便捷，又能避免给医院造成拥挤。

建议加强老年人急救互救知识和技能的培训（2011年）　委员沈国华反映：老年人作为社区急救培训的重点人群和高危人群，始终未被充分关注；还由于观念上通常把老年人看作被动的救助群体，忽视了这项工作的开展。而实践证明，在实际的自救互救过程中，老年人也是可以发挥重要作用的，不仅可以为进一步进行专业抢救赢得宝贵时间，还可降低院前病死率和伤残率，提高社区老年人的生活质量。因此建议：1. 加强宣传。充分利用电视、报纸等媒体和发放宣传册、社区科普讲座、社区居委会等定期活动，多种渠道进行宣传，让老年人以及他们的家人充分意识到掌握院前急救互救知识和急救技能的重要性，使老年人从思想上和行动上都乐于接受培训，并获得家人的支持。2. 形成机制。各级政府主管部门应对此项工作的开展予以足够的重视，在制度、经费、人员等方面做出安排，并给予村委会和社区居委会开展相关工作一定的资金保障和政策扶持，从而能配备一些必要的培训器材或设施；镇乡和街道应依托区域内医疗机构，建立针对社区老年人群的急救培训基地和培训老师队伍，使培训工作能真正得到有效而顺利地开展。3. 加强培训。通过所属区域内的专业医疗机构，组织一批专业培训老师和志愿者，定期深入各街道和社区居委会开展培训，通过切切实实地示范演示，让每位老年人都能熟悉并掌握基本的急救互救知识和急救技能，从而达到降低院前病死率和伤残率并最终提高社区老年人的生活质量的目标。

高度重视培养小学生的健康心理（2012年）　委员朱飞燕反映：随着社会快速发展，各种竞争不断加剧，再加上家庭教育、学校教育的一些误区，许多心理问题已呈低龄化趋势。同时大中学生存在的心理问题的成因，也可追溯到他们的小学时代。小学生的心理健康状况与诸多因素有关：1. 与家庭教育关系密切。受中国传统意识的影响，也受社会、学校的片面人才观的影响，加上独生子女政策的实施，许多家庭存在着“重养育轻教育，重生理轻心理”等错误的家教观念。一方面对孩子过分溺爱，一味满足孩子的各种需要，包括无理要求。对孩子过分保护，许多事情包办代替，养成孩子依赖性强、任性固执等个性，缺乏独立生活、明辨是非的能力。另一方面，又片面追求孩子的智力发展，把有知识、学习成绩好作为培养孩子的唯一目标，为了实现这一目标不惜花费大量的时间、精力和金钱，从而使孩子丧失了童趣。2. 受社会和学校教育的直接影响。长期以来学校教育沿用的教育模式不但忽视对儿童心理素质的培养，还由于一味追求升学率，以分数论学生的好坏。结果学生产生学习焦虑、不愿学习、厌学等现象。有些学生因此对游戏产生了兴趣，不想上学。这些都对学生心理健康产生不良影响。呼吁政府及教育部门更加重视培养小学生的健康心理。建议如下：1. 在小学广泛开展心理素质教育，开设心理健康教育课。有条件的还可以建立心理咨询室。2. 教育、妇联等部门要注重改善家庭教育的方式，引导和树立正确的家教观念，保持学校教育和家庭教育的一致性。3. 学校与社会应努力营造有利于学生健康成长的良好环境。组织学生参与各种社会实践，逐步提高他们对社会的适应力，提高、强化学生的心理素质。4. 培养和提高学生应对各种变化和承受挫折的能力。可以把学生挫折教育纳入教学内容，提高学生扭转逆境、克服困难、适应社会的能力。5. 提高学校辅导员的辅导能力。要加强对辅导员及其工作规范化的管理，明确辅导员岗位在学生心理健康方面的基本职责要求，加强其心理辅导知识方面的培训。

关于提倡和推行中小学生课间餐的建议（2013 年 5 月）　信息员孙芬华反映：课间餐不但可以促进学生正常的生长发育，还对降低学生营养不良发病率有很大的作用。在促进健康、提高学习成绩和智力发育等方面，加餐学生均优于不加餐的同龄学生。但是区内还没有实行学生课间加餐计划，有部分学校自行开展这项工作但少有坚持下来的。推行这项工作的困难主要有以下以几点：1. 课间餐需要收费，但中小学收费管理非常严格，缺少相应的收费名目。2. 有些家长对青少年课间加餐的营养作用认识不足，部分家长不愿花钱购买学校课间餐。3. 学校对课间餐管理起来有相当难度，特别对食品安全问题，学校不愿承担风险。由于生活节奏日趋加快，课业负担沉重，孩子们睡眠时间往往得不到保障，早上又得匆匆上学，早餐常常敷衍了事，这对于正处于发育成长黄金期的学生而言极为不利。推行课间餐或“学生奶”利远大于弊，解决办法可以多样化。余杭是经济发达地区，应该尽快在中小学校提倡和推行课间餐，促进全区广大中小学生身体的健康发展。具体建议：1. 政府相关部门要大力推行中小学生课间加餐计划，确定课间餐相关方案。由教育局统一发布相关文件或建议，在做好试点的基础上，逐步在全区范围内实施。2. 每所学校也可自行做主，给出多种选择，例如统一订购或者允许学生自带，甚至部分统一订购部分自带，通过灵活的操作方法达到课间加餐的目的。3. 开设专门的加餐时间，例如上午第二节课课间，五分钟的时间就足够孩子们吃一块蛋糕、喝一袋牛奶，让他们在无饥饿感的情况下快乐学习。4. 各种加餐食品必须严格符合卫生要求，食具每次使用前必须消毒。同时培养学生注重环境卫生的好习惯。5. 每所学校确定课间加餐事宜的负责人，保证卫生安全管理工作的顺利进行，无论采取何种加餐形式都要做好食品事故的预防措施。6. 学校要定期向上级、家长和学生公布加餐内容和数据，例如加餐品种、价格、统一订餐人数、自带加餐人数等信息。

关于建立婴幼儿指纹信息采集登记制度的建议（2013 年 6 月）　委员王巧珍反映：《中华人民共和国居民身份证法》第三条规定，居民身份证登记项目包括指纹信息。该法同时规定“未满十六周岁的中国公民，可以依照本法的规定申请领取居民身份证。”可见，采集婴幼儿指纹信息，是可以找到法律依据的。因此，为解决婴幼儿身份认证难的问题，建议政府尽快建立新生儿指纹采集登记制度，补上婴幼儿身份信息缺失这一课。首先，做好新生儿指纹采集录入工作。各级公安机关应建立新生儿指纹数据库，由医院具体负责采新生儿指纹信息，公安部门和医院方面应做好衔接，确保数据正确传输和录入。其次，做好信息补登工作。政府应加大宣传力度，对于一定年龄以下尚未进行指纹采集的婴幼儿家庭进行指纹补登。最后，用好指纹信息。公安部门应加强日常检查，对身份有疑问的婴幼儿进行指纹比对，对确认被拐的儿童，按照身份信息护送回原籍。

建议加快西部山区卫生事业人才建设（2016 年 3 月）　委员邹华反映：西部山区在社会事业尤其是卫生保障方面的发展与要求还有一定差距。如各镇的卫生服务中心虽然建筑、设备上与城区相差不大，就医环境总体尚可，能给辖区百姓提供一个普遍舒服和温馨的就医环境，但是在医疗人员力量上还与群众需求有较大距离。主要有以下矛盾：一是西部医疗机构人才引进和留住难。同等医技岗位在山区招考更难找到人，有些岗位甚至几年都招不到合适人选。而且现招的全科医生首先要进行 2—3 年的规范化培训，并取得相应的资格才能上岗，从招聘到实际上岗所需时间较太久，医护人员容易断档。较高层次、水平的医技人员大部分集中在区级医院。二是西部村社区内还有医疗服务站点，大部分还是由 60 多岁的乡村医生提供医疗服务。个人认为老医生虽然经验丰富、乡里乡亲关系比较熟悉，但是存在着一定的安全隐患。据了解，2014 年底乡村医生退出机制正式实行，然而新的力量却无法及时补充，才导致这样的现状。三是全区普遍存在的问题，医务人员工资待遇不足以引进及留住人才，不少医护人才往往被主城区或省市医院挖走。经了解，医务人员待遇实行财政差额拨款，全年收入平均为 8 万元（山区社区卫生服务中心），其中还包括基本养老保险、住房公积金等，收入普遍低于其他事业单位。而且工作强度大、时间长，加班加点是家常便饭，从总体上来说，待遇与工作量不够匹配。鉴于看到的以上问题，对于山区卫生事业发展有几个建议和想法：一是积极整合资源，引导和鼓励引进人才及区属医院在职的中高级医技人员到西部山区镇级社区卫生服务机构工作。如开展区属医院和西部山区卫生服务中心医务职工无挂职制度，以年为单位选派区级医院医生到山区工作服务，同时，山区医护职工到区属医院工作学习。二是积极完善政策，医学高等院校毕业生分配要向西部山区社区卫生服务机构倾斜，加大定向生的培养力度，从根源上化解人才资源不足和留人难矛盾。三是积极推行改革，加强对医护人员的关心关爱，从待遇上、编制上、成长发展空间上给予政策性考虑，从而保障医护人才队伍的稳定。

关于进一步完善农村文化礼堂的建议（2016 年）　委员俞荣华反映：以农村文化礼堂作为宣传平台给广大农民群众增加了丰富的精神文化生活，同时也提升了农民群众综合素质，改善了乡风，使其成为一项真正意义上的文化惠民工程。但有很多文化礼堂没有得到充分利用，很难融入老百姓日常生活当中去，主要表现在以下几个方面：1. 场地选择不够合理。大多数的农村文化礼堂基本上都是为了完成上级的考核任务而匆忙应付，场地以村委的会议室为主。2. 场地布局千篇一律。因为时间因素、人力资源条件等原因，场地的布局上内容单一，以宣传口号为主。3. 文化活动内容缺乏。活动形式差不多都是一个版本，没有体现出农村文化特色，缺少真正的本土文化气息，更不要说“一村一品”。4. 没有常态化活动。任务性地完成“相约周末”等活动就算完成了任务考核，文化礼堂成为摆设较多。其实每个村都有其自身的历史典故、特色人文。利用好农村文化礼堂这一平台，挖掘正能量，宣传真善美，将是构建和谐社会很好的一个抓手。在政府有政策、历史有传承、农村有基础和人间有高手的有利条件下，农村文化礼堂的建设是否可以从这几方面着手：1. 政策扶持上，实行申报制。农村文化礼堂的建设需要场地，资金，规划，资料收集，历史挖掘等，要有一定的时间进行准备。对有基础有条件的村，实行成熟一个建设一个，并且根据申报建设投入进行扶持，不要为了完成数量不管质量。2. 场地布局上，要一村一品。每个村都有自己的文化底蕴，在礼堂的利用或者新建中，要结合本村的实际，展示本村特色，有老祠堂的要尽量利用老的场地，没有的在新建设计时要充分考虑历史的传承，不要一味追求现代。3. 宣传活动上，要多层面结合。文化活动中，要进行有机的结合，在弘扬特色人文、传统技艺中，可以与非物质文化遗产的保护传承相结合，搬进文化礼堂。4. 文化挖掘上，要突出本土。文化具有区域性和地方特色，在文化的挖掘中，要在突出地方特色上下功夫。在资源的利用上，既要依靠专家的长期研究和考证，也要利用好民间的高人智慧，要整理、利用好民间故事，进行整合开发。5. 活动开展上，要实行常态。需要进行筹划、引导、推广。充分利用好传统节日，像端午节、中秋节、重阳节、立夏节等都是可以挖掘一些文化内容并且进行常态化活动的。还有就是农村的婚礼，利用文化礼堂给新人们举办一个传统的仪式，应是毕生难忘的事情。

加快城区学校教师流动促进教育均衡的建议（2016 年 6 月）　委员郎振忠反映：加强教师流动是当前实现教育均衡的基本政策。区教育局做了大量工作：一是加强校长的任期流动；二是 2015 年选派大量名优教师到西部山区支教；三是部分学校间教师流动（主要为有实际困难的教师流动）。但是以上措施仍然不能很好实现教师由学校人变为系统人的角色转换。1. 部分学校由于办学规模多年没有变化，使得教师队伍年龄结构老化严重。比如临平城区的临平三中、临平二小、实验小学等学校，教师年龄结构普遍较大，不利于推进学校办学。相反，部分新建学校教师队伍年龄偏低，同样不利于学校办学。2. 由于目前教师管理仍然实际处于“铁饭碗”的时期，这些学校内部大量教师由于年龄身体等原因，存在职业倦态，学校优化教师队伍建设缺乏抓手。3. 城区老校名优教师沉淀较多；周边学校、新建年轻学校相对优质师资少，年轻教师缺乏锻炼培训机会。建议，方案一：进一步加强城区学校间教师交流。以每年 20%比例，逐步平衡与优化各校年龄结构和师资结构。方案二：进一步加强城区学校与周边学校的交流。采取教育联盟的形式，选派城区学校名优教师到周边农村学校任职，选派农村学校教师到城区学校锻炼和任职。

建议进一步挖掘普宁村文化底蕴（2016 年 6 月）　民革余杭总支徐雪华反映：仁和街道普宁作为杭州地区唯一的牡丹之村，在社会上有一定的影响，在余杭的“美丽乡村”建设和乡村旅游上有独特的优势和地位。但是从普宁村历史文化挖掘情况来看，现在的普宁村牡丹园的规模太小，只有 300 多平方米，与牡丹之村的名号不相符合，同时普宁禅寺的复建进度不快，直接影响了普宁乡村游的品位，应引起相关部门和仁和街道的重视。为了提升普宁牡丹知名度，如何把宗教文化和爱国主义精神有机地结合起来，营造和谐、稳定、富裕普宁牡丹文化，通过走访部分村社干部和群众征询了部分游客的意见，提出以下建议：1. 融合牡丹元素。普宁紧邻余杭农业高新示范区，不仅有传统的农耕文化，还有现代的都市观光农业。在普宁的美丽乡村建设中，农业局和仁和街道要加强指导，要充分考虑普宁的农业特色，利用好、保护好现有的“牡丹”特色，统一村庄规划、协调农居特点。在村镇道路、农民的房前屋后尽量多栽种一点牡丹，让游人一进入普宁村，就感觉到了牡丹的世界，增强视觉感染力。2. 普宁禅寺作为千年古寺，在规划建设上一定要尊重历史的基础，并有机地结合现代元素。建议宗教局和仁和街道会同佛教协会，在查找历史资料、多方论证的基础上，由佛教协会进行寺庙规划、庙舍的布局，千万不要粗制滥造。3. 丰富于谦文物。于谦作为明朝的民族英雄，在国内具有丰富的文物史料，文物管理部门要加强与国内于谦研究机构和文物单位的联系，可以购买的尽量购买、不能购买的尽量复制，也可以通过联展、书画展等方式，尽可能地丰富于谦纪念馆的形式和内容。扩建牡丹名园，使普宁牡丹园自然景观与普宁寺人文景观和谐融合、相映成趣。4. 挖掘普宁文化。普宁文化的挖掘中，要注重农耕文化的挖掘，比如非物质文化特色如青圆子、水乡莲藕、江南刺绣、手工风筝和礼敬花神仪式，把历史悠久的桑蚕文化和咸茶文化（烘青豆）展示于世人面前。依托大普宁禅寺的复建和牡丹花会的品牌影响力，与江南民俗文化相结合，深度挖掘民俗资源，成立水乡民俗风情一条街，打造“民俗体验”。

普及中小学生课堂急救知识建议（2017 年 10 月）　委员陈晓媛反映：2017 年城东中学一学生，在学校体育活动时心博骤停死亡。如果当时有急救知识和技能的医护人员在场，很可能挽救一条年轻鲜活的生命。区第一医院每年发生多起病人在医院门口出现心搏骤停抢救成功的例子。此类现象从统计情况来看，经过有急救知识培训的第一目击者（事发现场病人身边的人）进行抢救，33%的患者可以活着到达医院；如果猝死发生在机场等急救意识比较好的场所，这一数据将提高到 50%，如果猝死发生在医疗资源集中的场所，该数据则可以提高到 74%。如果第一目击者能够在第一时间内开展自救与互救工作，将会极大提高救治的质量和效率，降低死亡率和伤残率。区内中小学校都比较重视安全工作。对于医疗急救教育却没有全面普及，而且部分校医也没有全面掌握急救知识和技能。针对这个情况，提出如下建议：1. 将急救和安全知识培训纳入中小学学校课外教育是十分必要的。建议教育主管部门要求校方将急救知识技能培训纳入体育活动教学大纲，成为广大中小学生的必修课或选修课。针对不同阶段学生的培训重点也不同，在小学阶段要“重点培养自救能力和自我保护能力”；在小学阶段则要进行“救护知识普及”，普及内容包括心肺复苏、创伤救治、意外伤害、水上安全、火灾自救等。由专业技术人员（医务人员、消防员等）传授课程，从小就打下的基础是最为牢靠的，且急救知识一旦纳入课程，通过监管考核来保证实操，而非走马观花，应付差事。2. 提高学校校医救治能力。现在余杭区中小学学校基本配置校医，但因学历相对低，又脱离医学临床经验，当出现紧急救治时如心肺复苏时经验不足，抢救成功率低，甚至不知所措。建议教育部门招录校医时提升招录门槛，要求应具有一定临床经验，可以与当地救治水平较高医院的心血管内科、急诊科联络，让校医定期学习。譬如在余杭区第一人民医院等区属医院的心血管内科、急诊科参与查房、观摩手术，同时通过考核提高校医的医疗技术水平。3. 建议学校等公共场所配置自动体外心肺复苏除颤器（AED）急救设备。让医务人员定期来学校指导 AED 的用法。

养老服务资源要向失能半失能老人倾斜（2017 年 10 月）　委员张如星反映：区委区政府大力实施养老服务业实事工程，形成了“政府主导、规划引领、社会化投入、市场化运作”的余杭养老服务特色。区财政分别从老年人生活补贴、照料中心建设营运、老年人助餐全覆盖、政府购买居家养老服务、养老队伍建设等方面进一步加强投入和保障机制。然而，面对庞大的老年人群（据统计，60 周岁老年人占全区总人口数的 20.42%），存在的困难和

问题不少，据区政府有关工作报告所总结的几点问题主要在三个方面：一是养老服务体系建设在运行管理、协调、监督和服务等方面存在欠缺；二是社会组织服务能力有待提高，镇街发展不平衡；三是养老服务能力与水平有待进一步提高。总之，不管是管理协调能力、社会组织服务能力还是养老服务能力，与现在的养老服务脱节和供需失调，主要原因是养老服务市场没有细分造成的。市场经济中对需求的理论就是要细分市场。对于养老服务来说，现在关键要解决好失能和半失能老人的养老问题。首先，按照最新年龄的划分，60—75岁为年轻的老年人，其中大部分人对养老资源的需求愿望不高。如果把他们列入需求人群，势必造成资源的浪费。其次，大部分老人最终会成为半失能和失能老人，正是因为他们不能自我料理，所以需要社会力量护理，也需要精神慰藉。最后，对于失能半失能老人群体，最大的需求就是护理、看护服务和健全的护理设施。有了这样的划分，建设的重点就不是养老服务机构或中心，这是对社会养老服务资源的极大浪费。为此，建议有关养老的工作部门要加大对老年群体需求的研究，细分养老场所建设，在现阶段把主要力量放在对失能和半失能的老人护理场所和力量的建设上，这样就能有的放矢，提高社会养老效率。

第六章

提案工作

第一节　提案征集

第二节　提案制度规则及办理

第三节　重点提案督办

第四节　优秀提案表彰

第六章　提案工作

政协提案是政协委员和参加政协的各党派、人民团体以及政协各专门委员会向政协全体会议或者常务委员会提出，并经提案审查委员会或者提案委员会审查立案后，交承办单位办理的书面意见和建议。

余杭区政协将提案工作作为人民政协履行政治协商、民主监督和参政议政“三大职能”的一个重要方面，坚持与完善中国共产党领导的多党合作和政治协商制度的一种重要载体，作为协助党政部门加强与各界人士的联系，推进社会主义民主政治建设，实现决策民主化、科学化的一条重要渠道。

自开展提案工作以来，历届余杭区政协注重调动政协提案者提出提案的积极性，不断提高提案工作水平，重视提案工作质量，积极推进规范化、制度化建设。区政协八届一次会议后，为适应新形势发展的要求，区政协建立重点提案主席分工督办制度，提高了重点提案办理的运作层次和办理质量，促进了提案所提建议的较好落实；开展优秀提案评选活动，评出优秀提案，调动了委员参政议政的积极性；把提案工作纳入“满意不满意单位”考评分值，促进提案办理的速度和质量；开展了提案办理“三见面”活动，对委员提案关注较多的问题，采取承办单位、提案人和提案委共同参加的方式办理提案，取得了较好效果；开展提案办理“回头看”活动，促进了难点问题的解决；进行提案办理项目化管理，使提案成果转化具体目标更加明确。同时，密切与区人大常委会、区政府的联系，加大提案办理督查力度，促进了提案办理质量的提高。与区人大常委会、区政府联合下发《余杭区人大代表议案和政协提案办理工作考核办法（试行）》，并举行办案业务培训会议，努力提高办案水平。完善办案情况反馈制度，每年一次邀请区政府办公室负责人向区政协常委会通报年度提案办理情况。通过以上措施，许多重要提案得到较好落实，委员们对办案的满意率不断提高，在推进党委、政府决策民主化、科学化，促进经济和社会发展中起到了重要作用。

自区政协八届一次会议以来，共办理提案6420余件。这些提案批评监督有理有据，意见建议切实中肯，整体质量很高。经过承办单位的认真办理，实现100%的办结率，不少提案取得实效，委员满意和基本满意率保持在95%以上。

第一节　提案征集

余杭区政协在每届政协第一次会议召开时，均成立提案审查委员会，由主任、副主任和委员若干人组成，成员从该届政协委员中产生，由大会预备会议审查决定。第一次会议闭会后，提案工作在常务委员会和主席会议领导下，提案委员会负责提案工作，每届任期5年。

区政协提案委员会的主要职责：制订该届各次会议提案工作方案和年度工作计划，组织征集提案；对提案进行审查立案，确定承办单位；对提案办理情况进行检查和督促，推动承办单位认真办理、落实提案；向全体会议、常委会会议、主席会议报告工作。

余杭区政协历次全会前或会议期间，均安排提案征集和向全会报告提案的审查情况，基本做法：每年由大会提案组对收到的提案进行初审、分类、编号和登记，提出初审报告，经全会审议表决通过初审意见。会后，再经提案委员会全体成员会议进一步复审。同时，确定提案承办单位，对经提案委推荐确定的重点提案，报请本届政协主席会议审定后，一并移交区政府，召开“两案”交办会议进行集中交办。

一、第八届委员会

区政协七届一次会议以来的五年，收到以提案形式提出的意见和建议 1101 件，经提案委员会审查后立为提案的有 1071 件。提案内容涉及区经济建设和社会发展的各个方面，其中经济建设方面的有 363 件，占提案总数的 33.9%；城市建设和管理方面的有 226 件，占提案总数的 21.1%；教育、文化、卫生、体育方面的有 189 件，占提案总数的 17.6%，社会法制、劳动人事、廉政建设方面的有 255 件，占提案总数的 23.8%；统战、宗教工作方面的有 38 件，占提案总数的 3.5%。以上提案，在区政府的重视和各承办单位的努力下，全部办复，满意或基本满意的占 85%以上。

八届一次会议　2003 年 3 月 9 日至 13 日，区政协八届一次会议期间，广大委员在广泛征求社会各界意见、深入开展调查研究的基础上向提案委员会提交提案形式的意见和建议 273 件。有 187 名委员提出提案，委员参与率达 79.6%。经提案委初步审阅，归类如下：有关经济建设方面的提案 162 件，占提案总数的 59.3%，内容涉及公共交通、金融财贸、城建环保、农业水利等方面。主要内容有，推进民营企业“二次创业”，提升民营企业综合竞争力；推进工业园区关联产业集聚发展，优化资源要素配置；加强农业特色园区建设，促进都市型效益农业发展；接轨“旅游西进”，培育壮大旅游产业；推广绿色能源，缓解用电紧张矛盾；加快生态城区建设，建立生态保护补偿机制；加大建设和管理力度，缓解城区交通“两难”问题等。有关科技、教育和文化、卫生、体育事业方面的提案 62 件，占提案总数的 22.7%。主要内容有，加大农村科普宣传力度，促进精神文明建设；积极推进教育改革，力争高标准普及高中段教育；规范文化市场秩序，强化网吧等重点行业监管；注重体育设施建设，满足全民健身需要；增加投入，强化公共卫生体系建设等。有关政协、统战工作和民主法治建设方面的提案 49 件，占提案总数的 18%。内容涉及政协、统战、劳动、法制、宗教等方面。

八届二次会议　2004 年 2 月 25 日至 28 日，区政协八届二次会议提案组共收到以提案形式提出的意见建议 243 件。有 129 位委员提出提案，委员参与率 49.8%。经提案委初步审阅，归类如下：有关经济、科技、财贸、资源方面的提案 44 件，占提案总数的 18.1%，主要内容有大力发展循环经济，实现余杭经济社会可持续发展；盘活存量土地，振兴余杭工业经济；开展在建工程抵押贷款融资业务，促进中小企业发展；加强有序用电管理，缓解用电紧张矛盾；加快推进“中国布艺名城”建设，做大做强家纺产业；接轨“旅游西进”，培育壮大旅游产业等。有关城建、城管、交通、环保方面的提案 82 件，占提案总数的 33.7%，主要内容有加快中心城镇建设，推进组团整体发展；实施人性化管理，规范交通违章处罚；理顺管理体制，加快杭州市公共交通一体化建设；强化规划管理，加快农居点建设；设立生态保护专项资金，推进生态城区建设等。有关教育、文化、卫生、体育事业方面的提案 42 件，占提案总数的 17.3%，主要内容有加强农村文化建设，促进农村全面进步；健全镇乡食品卫生监督网络，保障人民群众身体健康；加快基层农村卫生室建设，方便农民就医看病；加大体育设施建设力度，满足全民健身需要；加强职业技术教育，促进经济发展等。有关社会保障、劳动人事、治安管理方面的提案 40 件，占提案总数的 16.5%，主要内容有进一步完善城镇职工医疗保险制度；建立突发事件应急网络体系；关注弱势群体，维护社会稳定；加强外来民工管理，构建和谐社会；推广签订集体劳动合同，保护劳动者合法权益等。有关宣传统战、政协工作、廉政建设以及其他方面的提案 35 件，占提案总数的 14.4%，主要内容有落实宗教政策，确保合法宗教场所安全；调整政绩考核指标，推进政府各项工作；加大宣传力度，倡导自觉婚检；加大对干部队伍的禁赌力度等。

八届三次会议　2005 年 1 月 21 日至 24 日，区政协八届三次会议召开。会议共收到委员以提案形式提交的意见建议 244 件，经提案委员会初审和复审，正式立案 221 件。按类别分，有关经济、科技、财贸、资源方面的提案 44 件，占提案总数的 19.91%；有关城建、城管、交通、环保方面的提案 70 件，占提案总数的 31.67%；有关教育、文化、卫生、体育事业方面的提案 47 件，占提案总数的 21.27%；有关社会保障、劳动人事、治安管理方面的提案 34 件，占提案总数的 15.38%；有关宣传统战、政协工作、廉政建设以及其他方面的提案 26 件，占提案总数的 11.77%。未予立案的 23 件意见建议以委员来信方式转有关部门研究处理。

八届四次会议　2006 年 2 月 28 日至 3 月 3 日，区政协八届四次会议召开。会议共收到以提案形式提出的意见建议 329 件。其中联名附议 104 件，委员个人 225 件。有 160 名委员提出提案，委员参与率 61.8%，比八届三次会议提高 12 个百分点。经提案委初步审阅，归类如下：有关经济、科技、财贸方面的提案 61 件，占提案总数的 18.54%，主要内容有落实科学发展观，提高企业自主创新能力；转变观念，提高品牌建设的经济效益；加快临平商贸园区建设；支持发展股份合作经济等。有关城乡建设、城管、交通、环保方面的提案 137 件，占提案总数的 41.64%，主要内容有加快推进社会主义新农村建设；强化城区停车管理；发展循环经济，建设节约型社会；加快中心城镇建设，推进组团整体发展；加大环保力度，改善生态环境等。有关教育、文化、卫生、体育事业方面的提案 42 件，占提案总数的 12.77%，主要内容有合理配置资源，促进教育公平；恢复和完善农村有线广播；加大体育设施投入力度，提高全民身体素质；加大乡镇文化基础设施建设力度；加强娱乐场所管理；培养和扶持文艺人才；不断完善新型农民合作医疗制度等。有关社会保障、劳动人事、治安管理方面的提案 55 件，占提案总数的 16.72%，主要内容有降低社保门槛，提高社保参保率；构建和谐劳动关系，促进社会稳定发展；推进农村社会养老保险工作；规范烟花爆竹的燃放和销售；重视劳动安全工作等。有关宣传统战、廉政建设以及其他方面的提案 34 件，占提案总数的 10.33%，主要内容有挖掘宗教积极因素，为构建和谐余杭服务；加大预防腐败工作力度；建立领导干部倒查问责机制等。

二、第九届委员会

九届一次会议 2007年2月3日至6日，区政协九届一次会议召开。大会提案组共收到以提案形式提出的意见建议363件，其中团体1件，联名附议91件，委员个人271件。有181位委员提出提案，委员参与率62.6%。经提案审查委员会初步审阅，归类如下：有关经济、科技、财贸方面的提案74件，占提案总数的20.4%，主要内容有实施品牌战略，提高余杭经济运行质量；整合资源，做强做大余杭专业市场；加大对现有企业改造扶持力度；加快组团经济建设；大力扶持中小企业发展等。有关城乡建设、城管、交通、环保方面的提案120件，占提案总数的33.1%，主要内容有完善老住宅小区物业管理；加快城中村改造步伐；优先发展公共交通；完善区域道路网络建设；加大生态环保工作力度等。有关教育、文化、卫生、体育事业方面的提案91件，占提案总数的25.1%，主要内容有繁荣农村文化，提高农民生活质量；加强职业技能教育，提升劳动力素质；发展全民体育运动，提高人民体质；加强卫生监督，保障群众身体健康等。有关社会保障、劳动人事、治安管理方面的提案54件，占提案总数的14.9%，主要内容有创建平安余杭，营造和谐环境；发展养老服务，关爱老年人群；完善社会保障体系；推进城乡统筹就业；打造人才强区等。有关宣传、统战、廉政建设以及其他方面的提案24件，占提案总数的6.7%，主要内容有创建节约型社会；打造服务型政府；加强青少年思想道德建设等。

九届二次会议 2008年3月2日至6日，区政协九届二次会议召开。大会提案组共收到以提案形式提出的意见和建议424件。其中，团体4件，委员个人420件。有206名委员提出提案，委员参与率71.53%。经提案委员会初步审阅，列为正式提案的有413件。归类如下：其中涉及经济、科技、财贸方面的提案94件，占提案总数的22.17%，主要内容有大力发展总部经济；支持中小企业发展；加强商贸园区建设；推进都市农业发展；引导企业走创业创新之路；加快打造金融集聚区等。有关城乡建设、城管、交通、环保方面的提案156件，占提案总数的36.79%，主要内容有加快旧城改造；推进中小集镇更新与建设；深化公交一体化工作；完善西部生态保护与补偿机制；提高土地征用区片综合补偿标准等。有关教育、文化、卫生、体育事业方面的提案61件，占提案总数的14.39%，主要内容有加强良渚古城遗址的保护与开发；繁荣农村文化；发展全民体育运动；加强食品安全监管；加快城乡教育均衡发展；加强公共卫生建设等。有关社会保障、劳动人事、治安

2008年3月6日，区政协提案委员会会议召开

管理方面的提案77件，占提案总数的18.16%，主要内容有畅通各类医保报销渠道；完善住房保障体系；贯彻落实《中华人民共和国劳动合同法》；加强社会综合治理等。有关宣传、统战、廉政建设以及其他方面的提案36件，占提案总数的8.49%，主要内容有提高政府服务效率；构建资源节约型社会等。

九届三次会议　2009年2月9日至12日，区政协九届三次会议召开。大会提案组共收到以提案形式提交的意见和建议368件。其中，团体20件，委员个人和联名348件。有191名委员提出提案，委员参与率61.61%。根据《政协杭州市余杭区委员会提案审查立案实施细则》的规定，提案委员会对这些建议意见进行初步审查。其中有关经济、科技、财贸方面的115件，占总数的31.25%；有关城乡建设、城管、交通、环保方面的119件，占总数的32.34%；有关教育、文化、卫生、体育事业方面的59件，占总数的16.03%；有关社会保障、劳动人事、治安管理方面的65件，占总数的17.66%；有关宣传、统战、廉政建设以及其他方面的10件，占总数的2.72%。内容主要有积极应对金融危机，抓好和落实扩大内需的各项措施，保持经济平稳较快发展；改善市场发展环境，鼓励支持和引导民营经济健康发展；加大“三农”支持力度，推进社会主义新农村建设，做好土地承包经营权流转管理和服务工作；加快基础设施建设，提高城市化建设和管理水平；做好就业再就业工作，加快推进社会保障体系建设；合理分配教育资源，提高教育质量；加强文化建设，发展文化事业和文化产业；发展医疗卫生事业，建设覆盖城乡居民的公共卫生医疗服务体系；加强民主法制建设，促进社会和谐稳定。

九届四次会议　2010年3月1日至5日，区政协九届四次会议召开。大会提案组共收到以提案形式提出的意见建议412件。其中，各人民团体、专门委员会、界别组以集体名义提出的18件，委员个人或联名提出的394件。全会期间，提案委员会对收到的提案进行了初审，3月22日至24日又进行了正式审查，其中有386件符合提案标准，直接立案。这些提案按类别分，有关经济、科技、财贸方面的提案104件，占提案总数的26.46%；有关城乡建设、城管、交通、环保方面的提案139件，占提案总数的35.37%；有关教育、文化、卫生、体育事业方面的提案65件，占提案总数的16.54%；有关社会保障、劳动人事、治安管理方面的提案58件，占提案总数的14.76%；有关宣传、统战、廉政建设以及其他方面的提案27件，占提案总数的6.87%。该次会议提案的主要特点：一是网络成为提交提案的主要方式，据统计有74.3%的提案以网络方式提交。二是提案内容重点突出，发展低碳经济、健全养老保障体系、缓解企业用工难、完善项目后续管理等成为提案关注的热点。三是提案质量有所提高，多数提案坚持一事一案、实事求是，有情况、有分析、有具体的建议，便于承办部门办理落实。

九届五次会议　2011年1月17日至21日，区政协九届五次会议召开。广大政协委员和政协各参加单位，围绕全区改革发展稳定大局和人民群众关注的热点难点问题，积极建言献策，共提交意见建议412件。提案委员会经过初审、正式审查，共有386件符合提案标准，直接立案。按类别分，有关经济、科技、财贸方面的提案104件，占提案总数的26.46%；有关城乡建设、城管、交通、环保方面的提案139件，占提案总数的35.37%；有关教育、文化、卫生、体育事业方面的提案65件，占提案总数的16.54%；有关社会保障、劳动人事、治安管理方面的提案58件，占提案总数的14.76%；有关宣传、统战、廉政建设以及其他方面的提案27件，占提案总数的6.87%。

三、第十届委员会

十届一次会议 2012年2月11日至14日，区政协十届一次会议召开。政协委员和政协各参加单位提出意见建议418件，其中以集体名义提出的21件，委员个人或联名提出的397件，经提案委员会二审立案400件。提案内容涉及以下几个方面：关注政治建设。有关政治建设的提案31件，占提案总数的7.75%。主要内容有注重精神文明建设，助推社会经济发展；加强村干部教育监督，防止腐败发生；加强公务员管理，完善车改政策等。关注经济发展。围绕经济建设中心，关注余杭经济发展，有关经济建设的提案67件，占提案总数的16.75%。主要内容有规范投资，加强政府建设项目管理；加快产业转型升级，加强中小企业技术创新及政策扶持；进一步做好零土地招商，加大招商引资力度；加快全区技工队伍建设，满足产业发展需要；加快区域服务配套，促进楼宇经济发展；完善科技创新平台，进一步鼓励科技创新；实施品牌战略，提高余杭经济运行质量；完善城乡规划体系，发挥规划的引领作用等。关注社会事业。高度关注社会事业发展，有关社会建设的提案208件，占提案总数的52%。主要内容有深化医改，提高全区社区卫生服务水平；完善公交线路，强化公交设施建设；扩大覆盖面，提升公共自行车管理水平；统筹资源，推动保障性住房可持续发展；兴办养老机构，加快发展社会养老事业；加强社会组织管理，加快出台社会团体创新管理激励政策；重视人才培养，助推人才强区等。关注文化建设。有关文化建设的提案53件，占提案总数的13.25%。主要内容有传承余杭历史文化，推进良渚文化申遗；加大镇街公益文化设施建设，规划新建区文化艺术中心；培育发展群众性文体社团，丰富群众文化生活；提高余杭区教育质量，合力提升普通高中办学水平；重视未成年人责任心教育，关心青少年健康成长；完善机制，加强文化人才队伍建设等。关注生态文明。有关生态建设的提案41件，占提案总数的10.25%。主要内容有保护湿地资源，保障饮用水源安全；加大环境保护力度，确保空气质量；降低余杭区公共建筑能耗，倡导科学节能；发展循环经济，提倡水资源循环使用等。

十届二次会议 2013年2月24日至26日，区政协十届二次会议召开。会议共收到政协委员和政协各参加单位，以提案形式提出意见建议共487件。经提案委员会审查立案471件，其中集体提案14件，委员个人提案457件（联名附议32件）。提案内容涉及经济、政治、文化、社会、生态等方面。经审查归类如下：有关经济建设的98件，占总数的20.8%，主要内容有加快工业园区提升改造和设施配套，助推招商引资和特色发展；加快土地流转，推进农业园区建设；加大金融创新力度缓解中小企业融资难；加快电子商务产业园区建设，打造“电商硅谷”；建设美丽乡村，打造智慧农业休闲天堂；重视解决法律问题，保障农村集体经济持续健康发展；加强科技创新及政策扶持，促进中小企业做强做大等。有关政治建设的26件，占总数的5.5%，主要内容有推进“三公”经费公开，促进“阳光政府”建设；推进协商民主，促进决策科学化；建立政协委员联系社区制度，创新政协委员履职形式；发挥大学生村官作用，培养新农村建设人才；加强农村干部养老保障，完善农村干部激励机制等。有关文化建设的39件，占总数的8.3%，主要内容有加强良渚文化保护和利用，推进良渚遗址申遗工作；保护文物和古街，传承余杭历史文化；开发工业旅游等特色项目，挖掘旅游文化资源；加大农民作家扶持力度，推动农村文化事业繁荣发展等。有关社会建设的269件，占总数的57.1%，主要内容有扶持养老产业，促进老龄事业发展；大力发展职业教育，积极扶持民办教育；加强基层社区卫生服务，加快卫生事业发展；鼓励社会办医，支持民营资本兴办医疗机构；优化道路交通规划，加强基础设施建设；发展新型公交，建设临平副城有轨电车系统；加强校园安保管理，保障师生安全；加强农村住宅小区物业管理，保障农村出租房安全等。有关生态文明建设的39件，占总数的8.3%，内容主要有：加大农村生态建设资金投入力度，加快美丽乡村建设；加强城乡生活环境整治，加大环境保护力度；推进义务植树和环境绿化，建设苕溪水源保护林带；倡导绿色、低碳，推广智能控制发光二极管路灯系统等。

十届三次会议　2014年2月17日至20日，区政协十届三次会议召开。政协委员和政协各参加单位，以提案形式提出意见建议共405件。3月6日至7日，区政协提案委召开提案审查会议，对所提意见、建议逐件进行审查，确定立案386件，立案率为95.31%。其中，有关经济建设的76件，占19.7%；有关政治建设的14件，占3.6%；有关文化建设的62件，占16.1%；有关社会建设的178件，占46.1%；有关生态文明建设的56件，占14.5%。并案和未立案的19件意见、建议，作为委员来信交有关部门处理。

十届四次会议　2015年2月9日至12日，区政协十届四次会议召开。会议期间，共收到以提案形式提出的意见、建议358件，经提案委员会初审通过340件。其中以集体名义提出的8件，委员个人和联名提出的332件。复审后立案331件。内容有关经济、政治、文化、社会和生态文明建设的提案各有53件、22件、48件、171件和37件，分别占提案总数的16%、6.6%、14.5%、51.7%和11.2%。提案数量比上年减少55件，但整体质量有所提高，体现了"提质减量"的要求。经提案委员会初审，归类如下：经济建设类51件，占总数的15%，主要内容涉及：信息经济"一号工程"；推进智慧应用；传统企业转型；文创产业与相关产业融合发展；"梦想小镇"创新创业生态系统建设；民宿产业发展；农民增收致富；东西大道沿线电子商务产业发展；镇街工业园区提升；物流配送基地规划建设等。政治建设类21件，占总数的6.2%，主要内容涉及：依法行政；司法公正；智慧政务；电视问政；提高政府办事效率；促进政府采购公平竞争；维护个人信息安全及其权益等。文化建设类51件，占总数的15%，主要内容涉及：大径山区域佛教古迹整体保护与小古城遗址保护；推进良渚遗址申遗；公共文化事业投入；文艺人才培养与文艺精品项目创作；关注0—3岁婴幼儿早期综合发展；教师心理引导等。社会建设类178件，占总数的52.3%，主要内容涉及：O2O社区管理平台建设；慢性病管理信息化；创设民间立体养老机构；民营医疗机构全面纳入医保定点；改善公益志愿服务；教育资源合理布局；推进城市智能公交电子站牌建设等。生态文明建设类39件，占总数的11.5%，主要内容涉及"美丽乡村建设"时间节点把握；苕溪主河道两侧规划建设生态廊道；农村饮用水安全；农村生活污水生态化处理；土壤污染的预防与治理；电子垃圾集中处置；行政事业单位带头禁烟等。

十届五次会议　2016年1月18日至20日，区政协十届五次会议召开。大会提案组共收到以提案形式提出的意见建议268件，经提案委员会初审通过259件，其中以集体名义提出的11件，委员个人和联名提出的248件。经提案审查委员会初步审阅，归类如下：经济建设类44件，占总数的16.99%，主要内容涉及：加大金融支持创业创新力度；大力推进供给侧改革；积极推进总部经济发展；提升余杭楼宇经济质量；打造服装生产与品牌创造之都；进一步扶持农业龙头企业发展；加快西部地区民宿产业发展；推进余杭区保险业发展；减轻企业“五险”缴费负担；扶持第三方物流企业规模发展；推动余杭竹业品牌发展等。有关政治建设类 14 件，占总数的 5.40%，主要内容涉及：扎实推进大联动机制；进一步规范政府购买服务；强化基层法治建设；创新政府投融资机制；加大简政放权力度；公共场所控烟纳入党风廉政考核；为基层组织“台账”减负；依法规范建设工程验收；加强全社会对环卫职工重视等。有关文化建设类 10 件，占总数的 3.86%，主要内容涉及：加强党建和企业文化建设；加强非物质文化遗产保护；成立余杭区中医药文化馆；大径山建设突出禅茶文化；编制《良渚文化创新特色小镇发展规划》；借助 G20 杭州峰会提升余杭新形象；成立区儿童自然教育中心；设立对外文化交流专项资金等。有关社会建设类 162 件，占总数的 62.55%，主要内容涉及：加快提升教育信息化能力；加快学校和配套设施建设；PPP（政府和社会资源合作）模式推进社区 e 护理＋养老事业发展；“十三五”（2016—2020 年）卫生规划充分考虑外来人口和二孩因素；进一步推进医疗卫生机构建设；促进残疾人就业；打造“美丽乡村”升级版；加强公共体育设施建设；重视城镇建筑科学设计规划；临平城区建设公交专用车道；规划建设临平新城农贸市场；加强物业专项维修资金监管；实施危旧住宅安全性鉴定及信息公开；加强快递行业规范化管理等。有关生态文明建设类 29 件，占总数的 11.20%，主要内容涉及：大力推进临平大气污染治理；实施智能化垃圾分类；加强农村生活污水处理；加大露天焚烧秸秆行为处罚力度；推进“五水共治”可持续发展；加强大径山区域环境保护；实施“活水治水”工程；建设河道两岸生态走廊等。

四、第十一届委员会

十一届一次会议 2017 年 2 月 6 日至 8 日，区政协十一届一次会议召开。会议期间，共收到以提案形式提出的意见建议 346 件，初审通过 332 件，其中以集体名义提出 9 件，委员个人和联名提出 323 件。经提案委员会二审立案 329 件。归类如下：有关经济建设的 63 件，占总数的 18.97%，主要内容有发展众创空间，拓展产业平台；提升现代农业，做强示范园区；加大工业投入力度，发展智能制造；凝聚高端智力，助力创新发展；完善政策配套，做大时尚产业；培育青年企业家，夯实制造业基础；加快腾笼换鸟，引进新兴业态；深化科技创新，推进“523”行动计划；完善科技服务，助推医疗器械研发；创新旅游模式，打造“余杭八景”；挖掘文化底蕴，建设好“大径山”、开发好丁山湖；借助阿里平台，确保网络安全；加强基础配套，建设宜居新城。有关政治建设的 25 件，占总数的 7.53%，主要内容有改革户籍制度，促进人才引进；加大政策扶持力度，完善人才保障房制度；规范村级财务管理，推动农村党风廉政建设；关注村级集体经济，落实村级留用地政策；加强流动党员管理，健全基层党组织；深化社会治理大联动，建立长效机制；完善人民调解制度，维护社会稳定；打通部门信息平台，实现资源共享；充分利用大数据，建设智慧政府。有关文化建设的 47 件，占总数的 14.15%，主要内容有挖掘有关沈括历史渊源，传承科学精神；把握亚运会在杭州举办机会，争取承办比赛项目；关爱青少年，关注心理健康；推进中医药进课堂，弘扬传统文化；重视基层文化建设，完善村社文化礼堂；重视文化传承，保护文化遗产。有关社会建设的 147 件，占总数的 44.27%，主要内容有重视养老服务，完善体系建设；

重视小城镇环境，加强综合整治；利用智能设施，治理交通拥堵；改善东西交通，建立快速通道；扩大公共自行车服务范围，布点延伸至乡村；建设立体车库，缓解停车难；加快落实中医院搬迁，提升群众就医环境；完善家庭医生制度，充实上门服务内容；规范网络订餐，强化食品安全；关注学生托管，规范机构建设；激发社会组织参与公益事业的热情。有关生态文明建设的50件，占总数的15.06%，主要内容有重抓污水处理，剿灭劣Ⅴ类水体；加强水库治理，保护绿水青山；严控工业污染，提高空气质量；倡导清洁能源，减轻大气污染；加大技防投入力度，加强污染监测；关注土壤安全，加强监测保护；坚持植树造林，建设生态都市；加强绿道建设，打造健康环境；细化垃圾分类，减少环境危害。

十一届二次会议　2018年1月31日至2月2日，区政协十一届二次会议召开。大会提案组共收到以提案形式提出的意见建议348件，初审通过317件，其中以集体名义提出的11件，委员个人和联名提出的306件。归类如下：有关经济建设的59件，占总数的18.61%，主要内容有依托未来科技长廊，构建新型产业集群；优化政府产业基金，支持产业转型升级；打造“智能制造小镇”，加速人工智能产业化；治理低端低效企业，提升企业“亩产效益”；完善产业链，提升传统产业发展势能；完善市政配套，提升开发区形象；优化创新制度，设立百强创新榜；加强金融监管，防范新型非法集资；创新农业保险，激发农村活力；改善村级留用地等政策，加快村级集体经济发展；加强规划布局，调控综合体建设；发挥资源优势，打造大健康产业；出台旅游新政，促进旅游业可持续发展；建设人力资源服务产业园，助推经济社会转型发展；完善配套设施，提升新能源汽车发展环境等。有关政治建设的29件，占总数的9.14%，主要内容有深化“最多跑一次”改革，解决“痛点、堵点、盲点、难点”；发挥党政部门带头作用，规范“自媒体”宣传；完善人才政策，补齐政策短板；完善政府购买服务，推进社会组织人才建设；加强政府智库建设，提高科学、民主决策水平；开展“两众”思想研究，推进基层民主政治建设；改进监管方式，规范实验室危化品管理等。有关文化建设的29件，占总数的9.14%，主要内容有挖掘大运河价值潜力，加快建设大运河文化带；承续传统文化精髓，打造文化品牌，提炼城市精神；锤炼文艺精品，繁荣当代文艺；推进“书香余杭”建设，扶持实体书店发展；加强公共文体设施建设，丰富群众文体生活；制定居民行为规范，提升城市文明水平；打造实景演出基地，带动区域经济发展；做好旧城改造中历史建筑的保护等。有关社会建设的146件，占总数的46.05%，主要内容有发动社会力量，参与居家养老服务；关心弱势群体，加快无障碍设施建设；提升现代综合交通体系，完善公共交通布局；加强交通安全管理，取缔无证电动车辆；打造智能共享停车位，缓解停车难；搭建医患桥梁，下沉优质医疗资源；深化医改，提升基层医疗服务能力；制定小学生托管办法，试点在校“延时监护”；创新社会治理，多元主体协同共治；打通信息壁垒，实现数据共享；依托“互联网＋”，破解流动人口管理难；加强保健品市场监管，打击“坑”老行为；加强物业管理，规范物业服务行业；加强老旧小区消防安全管理；合理设置临平新城夜景灯光等。有关生态文明建设的54件，占总数的17.03%，主要内容有补齐基础设施短板，巩固“五水共治”成果；推进“厕所革命”，提升生活品质；深化垃圾分类处理，实现减量化资源化；开展清洁能源集中供热，推进工业区节能减排；加强民主监督，完善民生项目长效管理；加强行业监管，确保餐饮安全；建设美丽乡村，发展“美丽经济”；严管医疗固废回收，确保公共安全；开展土壤污染排查，建立监控体系；加快旅游西进，推进鸬鸟国际慢城建设等。

十一届三次会议 2019年1月28日至30日，区政协十一届三次会议召开。大会提案组共收到以提案形式提出的意见建议348件，提案委初审通过344件，其中集体提案18件，委员个人和联名提案326件。经提案委二审立案330件。内容归类如下：关于经济建设的有81件，占总数的23.5%，主要内容有强化数字产业特色，打造全国数字经济强区；大力扶持民营企业，推进余杭区民营经济高质量发展；鼓励引导人工智能产业健康发展，建设全国人工智能先行示范区；建设公共技术服务平台，打造国际一流营商环境；强化5G网络及产业规划布局，加快5G智能制造试点落地；落实村级留用地，促进村级集体经济发展；设立商会会员服务中心，更好服务非公有制经济和非公有制企业等。关于政治建设的有45件，占总数的13.1%，主要内容有加强“政府主导与行业自律”，助力“最多跑一次”；基层调研切忌“一窝蜂”，密切党群关系应“提质减量”；设立开发区一站式办事中心，完善为企业服务机制；稳步推进新一轮机构改革，更好服务实体行业发展；继续加强人才引进与人才培育，完善人才生态链建设；做好信访工作，加强基层社会治理队伍建设等。关于文化建设的有45件，占总数的13.1%，主要内容有深化传统文化保护和传承，加大良渚文化宣传力度；提升农村文化品质，促进文旅融合发展；加快公共文化体育设施和健康绿道建设，实现普惠共享；提升学校硬件配置水平，在教室加装新风净化系统；增加基础教育资源，加快公办学校建设；加强品牌建设，对符合条件的商贸企业给予评定余杭老字号等。关于社会建设的有132件，占总数的38.4%，主要内容有加快探索“一杆多用”，推动城市智慧杆体试点建设；全面推行居民小区智慧安防系统，提升社会治理效能；利用“城市大脑”，助力公共交通优化；用好“三个镜”，提升城市精细化管理水平；开展健康惠民活动，为60岁以上户籍老年人提供每年一次免费体检；规范管理0—3岁婴幼儿早教机构，实行“放心托育”；加强网络餐饮市场监管，完善农贸市场体系；解决职工住房问题，加强人才住房保障工作等。关于生态文明建设的有41件，占总数的11.9%，主要内容有盘活水资源，做好水文章，打造“一溪二河三湖”全域美丽景观；科学开挖大运河二通道，增添余杭风采；开展市政污水管网建设管理，继续深化“污水零直排区”建设；多措并举，有效解决餐饮油烟问题；推进垃圾分类工作，促进垃圾减量；深化小城镇环境综合整治长效管理，巩固改造提升成果；按照“四好农村路”要求，加强农村公路管理等。

十一届四次会议 2020年1月17日至19日，区政协十一届四次全体委员会议在临平举行。大会提案组共收到以提案形式提出的意见建议399件，初审通过363件，其中集体提出的15件，委员个人和联名提出的348件。经提案委二审立案314件。归类如下：关于经济建设的有78件，占总数的21.5%，主要内容有推进新制造业高质量发展，助推全域创新策源地建设；推进知识产权质押贷款，切实破解科创类小微企业融资难；推动消费提质升级，鼓励发展夜间经济；构建科技金融创新生态链，打造科技金融新高地；切实纾解建筑企业困难，推动余杭建筑业高质量发展；进一步优化招商引资环境；建立全区企业数据大脑等。关于政治建设的有27件，占总数的7.4%，主要内容有构建基层社会善治新平台；打造“热带雨林”式人才生态；缩小余杭村级集体经济差距；加强财政专项资金精细化管理；加快政府数字化转型；助力社区“最多跑一次”工作；加强基层网格队伍建设等。关于文化建设的有32件，占总数的8.8%，主要内容有进一步打响良渚文化金名片；加强运河文化的保护和利用；启动“玉架山”遗址保护展示工程；鼓励支持社会力量兴办公共文化；建立余杭区民俗文化现代传承保护体系；全方位多形式满足群众文化需求；全面提升余杭区文化礼堂建设；加强社区文化建设等。关于社会建设的有173件，占总数的47.7%，主要内容有推进余杭区老年食堂建设；做好青少年近视防治工作；加快建设无障碍公共设施；强化城市物业小区业委会监管；加强城市立体交通体系建设；整治农村道路夜间乱停车现象；建立社会组织参与精准扶贫新模式；加强安置房后续管理；规范教育培训市场；建设公益性婴幼儿照护机构；建立废弃共享单车长效清理机制等。关于生态文明建设的有53件，占总数的14.6%，主要内容有要把美丽乡村建成幸福家园；加大中水回用力度；深入推进安置小区餐饮油烟治理；加强建设工地扬尘管理；采取措施解决城市光污染问题；进一步深化垃圾精准分类；加强全区绿道建设和管理；推进植物废弃物资源化利用；推进党政机关“无纸化”办公；倡导低碳出行等。

五、第十二届委员会

十二届一次会议　2021年7月20日至23日，区政协十二届一次会议召开。大会共收到以提案形式提出的意见建议331件，初审通过299件，二审立案280件。其中集体提出的21件，委员个人和联名提出的278件。这些提案中关于经济建设的有75件，占总数的25.1%，主要内容有打造全球数字经济创新高地；推动全球生物医药研发布局建设；发挥创新集聚效应赋能企业发展；完善营商环境政策体系；强化科技成果转化；重视留住高端制造业人才；加强知识产权保护；做好头部企业服务；加强对创新企业融资支持；推进重大科技基础设施建设；打造乡村振兴增长极，助力实现共同富裕等。关于政治建设的有14件，占总数的4.7%，主要内容有运用“区块链”技术赋能“数字化+政务”改革；加强村社干部队伍建设；推动法院数字化改革；建设“余杭执法大脑”；运用“数字员工”系统赋能政府工作等。关于文化建设的有48件，占总数的16.1%，主要内容有推进余杭公共文化设施建设；塑造独具余杭特质的城市精神气质；推进体育文化建设，共建活力品质新余杭；加强非物质文化遗产传承保护；推动余杭文化IP走出去；搭建全区文化体育场馆智慧化管理平台等。关于社会建设的有127件，占总数的42.4%，主要内容有对标国际一流大都市建设余杭新城新中心；加快义务教育优质均衡发展；促进高中教育跨越式发展；引进名院名所等科研机构；加强数字社会公共服务“适老化”建设；办好家门口的养老，为美好幸福生活力添彩；加快推进婴幼儿照护服务工作；推动“数字医疗健康”完善发展；加快建设未来社区“余杭样板”等。关于生态文明建设的有35件，占总数的11.7%，主要内容有创建碳达峰碳中和绿色先进示范区；推进湿地城市建设；运用数字经济建设美丽乡村；发展美丽谷经济，打造西部富美新引擎；创建“污水零直排镇街”；建设新型生活污水收集系统；加强西部河道水体生态保护；提升水利基础设施建设标准、提高防洪排涝能力；推广绿色装配式建筑和加快绿色能源应用等。

十二届二次会议　2022年2月12日至15日，区政协十二届二次会议召开。大会期间，共收到以提案形式提出的意见建议331件，初审通过299件，二审立案280件。其中集体提出的18件，委员个人和联名提出的281件。关于经济发展方面的有74件，占总数的24.75%，主要内容有做强人工智能和高端装备制造产业；谋划布局XR产业发展；加快推进数据要素交易市场建设；打造全球科技成果转化承载高地；加强“专精特新”企业培育；加快工业用地有机更新；助力双招双引双留等。关于改革攻坚方面的有25件，占总数的8.36%，主要内容有深入推进政府数字化改革；以市场化思维推动共同富裕顶层策划；打造数字化空间治理先行区；建设智慧健康示范区；优化人才政策和服务；运用数字化手段提升未来社区品质；助力未来乡村建设等。关于城市建设方面的有45件，占总数的15.05%，主要内容有打造标志性城市大道；推进能源绿色低碳转型；加强海绵城市建设；编制湿地保护利用规划；加强在建道路扬尘治理；创新机制助力西部富美；提高大径山乡村国家公园建设水平；加强林道、绿道建设运营等。关于民生事业方面的有63件，占总数的21.07%，主要内容有推进全域名校集团化办学；加强医卫人员关心关爱；提高AED配置普及率；健全婴幼儿照护服务体系；提升养老公共服务水平；办好家庭教育；发展公益慈善事业等。关于文化建设方面的有52件，占总数的17.39%，主要内容有助力千年古镇复兴；打造余杭科技千年备忘录；打造杭州火车西站“余杭会客厅”；挖掘名人文化资源；举办综合性文化体育赛事；打造棒球运动名区；促进余杭产业工人精神共富；加强青少年爱国主义教育、科普教育等。关于社会治理方面的有40件，占总数的13.38%，主要内容有数智赋能基层治理现代化；加强预付消费管理；提升司法质量、效率和公信力；加快村道安全隐患整改；强化工程车智能监管；建设“反诈超市”矩阵；加强自媒体、直播行业税收和普法教育等。

第二节　提案制度规则及办理

一、提案的制度与规则

余杭区政协八届委员会于2003年6月参照《中国人民政治协商会议全国委员会提案工作条例》和中央办公厅、国务院办公厅转发的《全国政协办公厅关于办理政协提案的意见》，在区政协八届常委会第二次会议上通过《政协余杭区委员会提案工作规则》。该规则对政协提案的提出、审查和办理等工作做了较大的充实和完善。

2004年3月，余杭区政府制定《杭州市余杭区人民政府办理人大代表建议和政协提案工作规则》共20条，进一步对区人大建议和政协提案工作作出规范和要求。2004年11月，区政协对八届三次会议提案征集和撰写工作提出意见和要求。此后，每年均根据《提案工作规则》《政协杭州市余杭区委员会提案审查工作实施细则》等有关规定，指导政协委员递交提案注意事项和递交方式，并提供政协会议提案选题参考目录供撰写提案时参考。维护提案的严肃性，保证提案质量，更好地发挥提案在履行人民政协政治协商、民主监督、参政议政职能中的作用，推进提案审查工作的制度化、规范化、程序化。

2009年1月，区政协九届常委会第十二次会议协商通过《政协杭州市余杭区委员会提案审查立案实施细则》。并开始实施提案工作网上办理。区政协九届三次会议试用全新的提案网上办理系统，将政协提案的提交、审核、立案、交办、答复、反馈等提案工作的各个环节全部上网，实现公开透明。同时实施重点提案区长领办、主席督办制度，并将提案办理情况列入部门、乡镇（街道）年度工作考核内容等创新工作。

2011 年 9 月，区政协九届第 75 次主席会议讨论通过《政协余杭区委员会重点提案联合督办实施办法》。

2013 年，区政协十届二次会议以来，广大政协委员和政协各参加单位，紧紧围绕区委、区政府重大工作部署，贯彻落实《关于进一步加强人民政协提案办理工作的实施意见》，关注经济社会发展、关注民生民主事项、关注热点难点问题，积极运用提案建言献策。次年 3 月，区政府修改《杭州市余杭区人民政府办理人大代表建议和政协提案工作规则》，并在 4 月下发《关于区政府领导领办人大代表建议和政协提案的通知》。据此，区政协修改完善《政协杭州市余杭区委员会提案审查工作实施细则》，制定《政协杭州市余杭区委员会民主评议提案办理工作办法（试行）》。创新工作举措，探索开展提案办理民主评议。区政协十届三次会议后，重点提案督办，开始尝试由区委、区政府"一把手"领导领衔督办，逐步形成提案三级办理协商机制，即提案人、承办单位和政协组织共同参与，重点提案、集体提案和一般提案三级协商的提案办理工作平台，以扩大协商办理范围，推动提案办理从答复型向落实型转化。

2016 年 4 月，区政协在互联网上建立提案工作平台——余杭区政协提案管理系统。为委员提供网上提交提案的新形式，完善提案递交、审查、承办答复等功能，委员可以实时查询提案办理情况。并将重点提案督办、优秀提案推荐评选等工作，在网上公告，方便委员知情参与，并主动接受社会监督。同时，制定下发《关于进一步加强人民政协提案办理工作的实施意见》《政协杭州市余杭区委员会提案审查工作实施细则》《政协杭州市余杭区委员会民主评议提案办理工作办法（试行）》《政协杭州市余杭区委员会优秀提案评选办法》等有关提案办理工作制度、规则。要求严格按照提案初审、二审立案、交办、办理、督办、反馈、情况通报等一系列工作规定，有序开展办理工作，把好提案立案审查关、提案征求意见关、提案答复质量关、提案督办落实关，各环节有机衔接。提案交办后，对群众普遍关心、意见比较集中的提案，加强指导协商，帮助提、办双方加强沟通，达成共识。2018 年，政协提案交办会议，下发了《关于做好 2018 年人大代表建议、政协提案办理工作的通知》，将所有提案交由区委、区政府有关部门和相关镇街等承办。提案办理期间，下发《关于区政府领导领办人大代表建议和政协提案的通知》，区长、副区长共领办政协提案 9 件。第十七次区政府常务会议，听取 2018 年度人大代表建议、政协提案办理情况汇报，明确了相关事项。2019 年 4 月，政协办公室制定《政协提案办理工作目标管理考核评分细则》，对主办提案、协办提案和上年度 B 类提案考核内容及计分标准，均作明确的规定，使提案综合考核评价有据可依，进而调动提案办理部门（单位）的积极性，加快提案办理进度。

2020 年制定《关于提案办理项目化管理的实施意见（试行）》，提出区政协领导、委办负责人重点督办的具体要求，明确提案成果转化的具体目标，制定提案办理年终考评的具体办法。区政协以提案办理项目化管理为抓手，在提案办理方式上进行了积极探索，将 2020 年区政协全会以来的 314 件提案分为整体环境质量提升、基层治理能力提升、城市精细化管理、医疗卫生等 25 个提案项目，分别由区政协领导、相关委办牵头督办，制成提案办理项目化管理示意图，根据各阶段推进情况，对具体提案实行销号管理，推进提案办理落地见效。

2021 年，坚持把提案工作作为政协的全局性工作，着力完善提案办理项目化管理工作措施，切实提升提案办理满意率和提案成果转化率。区政协制定《2021年提案办理项目化管理工作的实施方案》，对提案工作指导思想、基本原则、项目分类、项目推进提出新的要求。在此基础上，区政协对提案的一些常规性工作程序和责任，形成一整套规范化的制度。一是会前告知制度。每次召开全会印发会议通知，都附上对委员撰写提案的要求和须知，以及统一印发的《政协委员提案表》。从2005年八届三次会议开始，每次全会前还印发《提案征集通知》和《提案参考选题》。二是提案审查立案制度。每次全会期间，对收集到的提案进行会中初审、会后复审，并对提案实行分类、编号、登记，执行交办、催办、督办和信息反馈制度。三是提案委员会例会制度。每年召开2—3次提案委员会全体成员会议，研究处理提案的复审、考评等工作，并向主席会议汇报工作。四是提案集中交办制度。每年全会后，联合人大、政府召开“两案”交办会议，集中将代表议案（建议）和委员提案，移交给政府有关部门（单位）承办。

二、提案办理

八届一次会议　2003年3月，区政协八届一次会议共收到提案265件，经提案委员会初审和复审，最终列为正式提案的有254件，提案围绕全区各项重要工作和人民群众普遍关心的重大问题。2003年4月，区政协下达《关于政协杭州市余杭区八届一次会议提案交办意见》，将提案向有关承办单位交办，同时做好重点提案的督办工作，经区政协八届委员会第1次主席会议研究决定，从委员提交的254件提案中，选出针对性强、质量较高、建议科学的7件提案，确定为重点提案，由主席、副主席分别督办。通过上门走访、跟踪督办、提案反馈等形式，切实把提案反映的问题落到实处。截至7月18日，254件提案已全部办理完毕，从提案反馈情况看，委员们对提案办理情况表示满意或基本满意的达98.43%。

八届二次会议　2004年2月，区政协八届二次会议共收到以提案形式提出的意见建议243件。2004年3月30日，区政府召开区人大代表建议、政协提案办理工作会议。6月30日，立案的195件提案已全部办理完毕，各承办单位已分别将办理结果书面函复各相关委员，委员在提案中所提意见和要求绝大多数得到解决和落实。一些确因目前政策和客观条件所限而无法立即解决的问题，有关承办单位一一向委员作了解释，得到了他们的理解。委员所提问题已经解决或列入解决计划的占40%，问题有待于条件成熟时解决或意见得到采纳的占38%，意见留作参考的占14%，问题和意见因受目前客观条件和政策限制等原因，一时还难以落实或解决的占8%。承办单位通过办理工作，解决了不少群众关注的热点、难点问题。从区政协提案委员会收到的委员反馈的办理情况征询意见表情况看，委员们对办理情况表示满意和基本满意的达到98.2%。9月29日，区政府办公室主任姚文华受区人民政府的委托，就区政协八届二次会议委员提案的办理情况向区政协常委会会议作通报。通报认为区政协八届二次会议上，广大委员以饱满的政治热情和高度负责的态度，紧紧围绕“全面建设小康社会，率先基本实现现代化”这个主题，在会前针对群众关心的热点问题，广泛征求意见，在深入调查研究的基础上，向大会提出许多重要的提案。如《采取措施、缓解两难》《关爱外来民工，维护社会稳定和经济发展》《关于合理利用土地资源的几点建议》《给失地农民更广泛的社会保障机制》《加强我区公共卫生体系建设的建议和对策》等提案，都较好地反映了人民群众的愿望及迫切需求。

八届三次会议　2005年1月，区政协八届三次会议共收到提案形式的意见建议244件，经提案委员会初审和复审，正式立案221件。根据职责分工和归口办理的原则，2005年3月初，区政府办公室主持召开人大代表议案、政协提案交办会议，这些提案分别交区政府43个承办单位承办。从区政府办公室收到的答复件来看，至6月9日，已全部办理完毕。从反馈情况看，委员表示满意的139件，占63.18%，表示基本满意的78件，占35.46%，表示不满意的3件，占1.36%。大会后收到并立案的提案1件，也及时转交有关部门办理。9月21日，区人民政府办公室举办区政协八届三次会议委员提案办理情况的通报会。通报区政协八届三次会议委员提案交办后，政府系统各承办单位切实改进作风，深入调查研究，认真做好提案的办理工作。各承办单位已分别将办理结果书面函复各相关委员。委员们在提案中所提的意见和要求绝大多数得到了解决和落实；一些确因目前政策和客观条件所限而无法立即解决的问题，有关承办单位一一向委员作了解释，得到了他们的理解。委员所提问题已经解决或列入解决计划的占38.6%，意见得到采纳的占39.6%，意见留作参考的占5.9%，问题和意见因受目前客观条件和政策限制等原因，一时还难以落实或解决的占15.9%。从区政协提案委员会收到的办理情况征询意见表情况看，委员们对办理情况表示满意和基本满意的达到98.0%。

八届四次会议　2006年2月，区政协八届四次会议共收到委员提案329件。4月4日，区政府办公室会同区人大常委会办公室、区政协办公室及时召开人大代表建议、政协提案交办工作会议，就提案办理工作提出了具体的办理意见。交办会议以后，区政府在区长办公会议上专门就政府系统提案办理工作作了部署，要求区政府办公室加大督办、催办力度，确保答复率达到100%。在具体办理过程中，区政府领导多次听取办理情况汇报，对办理工作中的一些关键环节及时进行协调。各承办部门按照区政府的要求，普遍落实了“一把手”负责制，把提案办理工作摆上重要议事日程。承办任务较重的单位，如公安、建设、交通、劳动保障、农业、教育等部门，都在交办会议后，各自召开专门会议，成立办理工作班子，层层明确了办理责任，落实具体承办人员，规定办理时限，提供应有的工作条件，保证办理工作顺利进行。截至7月4日，区政府办公室收到的答复件309件，提案已全部办理完毕，各承办单位已分别将办理结果书面函复各相关委员。委员们在提案中所提的意见和要求大多得到解决和落实；一些确因政策和客观条件所限而无法立即解决的问题，有关承办单位一一向委员作了解释。据统计，委员所提问题已经解决或列入解决计划的占19.4%；意见得到采纳的占65.7%；意见留作参考的占12.3%；问题和意见因受目前客观条件和政策限制等原因，一时还难以落实或解决的占2.6%。从区政协提案委员会收到的办理情况征询意见表情况看，委员们对办理情况表示满意和基本满意的达到99.7%。

2003年区政协八届一次会议至2006年区政协八届四次会议，共征集以提案形式提交的意见建议1081件，经审查立案的有979件，转人民来信处理的有45件。从提案反映的内容看，有关经济建设方面的有242件，占提案总数的24.7%；城市建设和管理方面的有290件，占提案总数的29.6%；教育、文化、卫生、体育方面的有175件，占提案总数的17.9%，社会法制、劳动人事、廉政建设方面的有174件，占提案总数的17.8%；统战、宗教工作方面的有98件，占提案总数的10.0%。经过承办单位的认真办理，四年来提案达到了百分之百的办结率，委员满意和基本满意率达95%以上。

九届一次会议 2007年2月，区政协九届一次会议共收到以提案形式提出的意见建议363件。意见建议更关注民生，内容更加贴近群众。提案中，涉及环境保护、社会保障、教育公平、扩大就业、病有所医、城市管理、新农村建设等民生问题的提案占到总数的六成以上。意见建议更加贴近实际，多数提案主题明确、意见中肯、建议到位，具有较强的针对性、科学性和操作性，如劳晓萍的《关于对镇乡考核制度适当改革的建议》、孙维丹的《关于统一规划公交车候车亭的建议》、宣桦的《关于加快农村义务教育优质发展的建议》等。根据部门反馈，委员提案选题准确、情况明了、建议可行、操作性强、政府可以解决的占了89.22%，其中已经解决或基本解决的占22.68%，被采纳并已列入计划解决的占66.54%。区委、区政府对政协提案工作高度重视，把落实政协提案作为政府工作的重要内容和"作风建设年"活动的重要抓手，专门在区长办公会议上对办理工作作了部署，并多次在会议上要求各承办部门加快办理进度、保证办理质量。承办任务较重的单位，如教育、公安、交通、建设、卫生、劳动保障、国土资源等部门，都在交办会议后，各自召开专门会议，成立办理工作班子，建立并落实办理工作责任制，做到领导重视，分工明确，责任到人，有效地提高了提案办理质量。在办理过程中，区政府领导认真履行职责，亲自协调办理一些重要提案。如张月龙提出的《关于推进农业保险问题的建议》等提案，区政府高度重视，成立了由区政府分管领导担任组长，区政府办、发改局、农业局领导为副组长的领导小组。2007年6月2日，由分管副区长主持召开全区政策性农业保险工作会议，正式启动了区内政策性农业保险工作。又在外出考察、调查摸底、征求各方意见的基础上，制定《余杭区政策性农业保险试点工作实施方案》。王洪坤根据全区各组团群众改善进出杭州主城公共交通的迫切需求，提出了《进一步加快新老城区公交一体化》提案，被区委、区政府列入2007年重点推进项目，并得到解决。截至2007年6月27日，所有提案全部办复。

九届二次会议 2008年3月，区政协九届二次会议共收到政协委员和政协各参加单位以提案形式提交的意见建议424件，经提案委员会审查立案413件，作为委员来信转送有关部门研究处理的11件。区政协从2009年开始试用全新的提案网上办理系统，将政协提案工作的提交、审核、立案、交办、答复、反馈等各个环节全部上网。通过网上办理，提高承办部门的办理效率，增强办理工作透明度。同时实施重点提案区长领办、主席督办制度，将提案办理情况列入部门、乡镇（街道）年度工作考核内容等创新工作。大会以后，在4月2日召开的区人大代表建议、政协提案办理工作会议上，这些提案分别交由区政府及各有关单位承办。从各单位在区政协提案管理系统的答复情况来看，413件提案已在规定期限7月2日前全部得到有关承办单位答复，委员满意率达83.0%。委员所提问题已经解决或列入解决计划的占20.8%；意见得到采纳的占61.0%；意见留作参考的占15.7%；问题和意见因受目前客观条件和政策限制等原因，一时还难以落实或解决的占2.4%。从区政协提案委员会收到的委员反馈办理情况征询意见表情况看，404份反馈表中，表示满意的有330份，占81.7%；表示基本满意的有69份，占17.1%；表示不满意的有5份，占1.2%。通过办理工作，解决了不少人民群众关注的热点、难点问题。

九届三次会议 2009年2月，区政协九届三次会议共提交提案形式的意见建议368件，经提案委员会审查立案334件。在区委、区政府领导重视下，区长和各位副区长带头领办重点提案。大部分承办单位把办理工作列为"一把手工程"，主要领导亲自组织和布置具体办理工作。至2010年10月底，九届三次会议提案所提问题已经解决或基本解决的有85件，占21.4%，比上年度提高4.6个百分点；提案所提问题正在逐步解决的有222件，占66.5%，比上年度提高5.5个百分点。从收到的委员反馈情况看，对提案承办部门的办理工作，表示满意的有280份，占83.8%；表示基本满意的有52份，占15.6%；表示不满意的有2份，占0.6%。对提案的办理结果，表示满意的有240份，占71.9%，表示基本满意的有87份，占26.0%；表示不满意的有7份，占2.1%。政协委员对提案办理工作的满意率连续两年超过60%。

九届四次会议　2010年3月，区政协九届四次会议共收到以提案形式提出的意见建议412件。全会期间，提案委员会对收到的提案进行初审，2010年3月22日至24日，进行正式审查，其中有393件符合提案标准。会议提案的主要特点：一是网络成为提交提案的主要方式，网络提交方式得到多数委员的认可和支持，据统计有74.3%的提案为网络方式提交；二是提案内容重点突出，发展低碳经济、健全养老保障体系、缓解企业用工难、完善项目后续管理等成为提案关注的热点；三是提案质量有所提高，多数提案坚持一事一案，实事求是，有情况、有分析、有具体的建议，便于承办部门办理落实。4月6日，区政协提案委员会已将审查立案的提案分别送交区政府办公室、区建设局、区劳保局等60个承办单位办理。截至7月5日，除一件提案经提案领衔人同意延期外，其余392件提案全部按期回复有关委员。据统计，委员反馈表示满意的有325件，占总数的82.7%，基本满意的有63件，占总数的16%，不满意的有5件，占总数的1.3%。根据办理情况来看，所提问题已经解决或基本解决的有93件，占23.7%；所提问题部分解决或意见被采纳并已列入计划逐步解决的有251件，占63.9%；所提问题因受条件限制或其他原因需要以后解决的有47件，占11.9%；所提问题无法解决或作出解释或留作参考的有2件，占0.5%。截至2010年12月底，各承办单位对办理情况都作了答复，答复率为100%。委员们对393件提案的办理情况作了反馈，表示满意的325件，占82.7%；表示基本满意的63件，占16%；表示不满意的5件，占1.3%。

九届五次会议　2011年1月，区政协九届五次会议共收到以提案形式提出的意见建议445件。提案委员会对收到的提案进行了初审，2012年2月16日至18日，进行了正式审查，其中有438件符合提案标准，创历史新高。该次会议提案的主要特点是：提案关注热点比较集中，有多名委员就统筹城乡区域发展、推进现代产业体系构建、实施人才战略、加速推进创业创新型城区建设等方面问题积极建言献策；提案质量不断提高，分析问题细致透彻，反映情况客观实在，提出建议切实可行。2月22日，区人大常委会办公室、区政府办公室、区政协办公室联合召开两会建议、提案交办会议，区政协提案委员会已将审查立案的提案分别送交区政府办公室、区建设局、区劳保局等62个承办单位办理。提案委员会通过视察督办、走访座谈等形式积极促进提案的办理落实。对未立案的意见建议，提案委也以委员来信的方式及时转交有关部门研究处理，并以书面形式向有关委员转达了审查意见。区政协领导分别带队督办重点提案办理情况，进一步促进委员提案的办理和落实。5月4日，区政协领导和政协提案委、提案人等就“进一步加大对政府项目实行招投标工程的监管力度”和“关于加强中介机构管理”两个重点提案进行跟踪督办。区委常委、纪委书记魏祖民和提案承办、协办单位的负责人参加督办活动。《关于对生活垃圾实施强制分类管理的建议》

《加快临平山周边整治，建设临平山公园的建议》《关于切实加强学前教育的几点建议》《关于恢复和保护我区西部山区原生态山水的建议》《关于建设森林城市的一些建议》《关于培育本土人才，助推“人才兴区”的建议》《保基本抓基础强基层提升三级医疗卫生机构服务水平》等其他重点提案也分别由区政协领导带队重点督办，提出进一步抓好落实的意见建议。

2007年区政协九届一次会议至2011年区政协九届五次会议，提案委员会共收到委员以提案形式提交的书面意见和建议2012件，经审查立案1926件，比上届增加947件。其中，涉及经济、科技、财政方面的422件，占21.9%；涉及交通、城建、环保方面的691件，占35.9%；涉及文化、教育、卫生、体育方面的343件，占17.8%；涉及医疗保险、社会保障、治安管理方面的351件，占18.2%；涉及宣传、统战、廉政建设等方面的119件，占6.2%。经过各承办单位的积极努力，交办的提案全部办理完毕，委员满意率达到77%，基本满意率21%，满意率比上届增加了3个百分点。

十届一次会议　2012年2月，区政协十届一次会议共收到以提案形式提交的意见建议418件，经提案委员会二审立案400件。提案内容涉及经济、政治、文化、社会、生态等方面。3月12日召开了提案交办会议，分别送交各有关承办单位办理。截至2012年9月底，区政协十届一次会议确定的400件提案，经过各承办单位的努力已全部答复完毕，答复率为100%。其中已经办理落实的106件，占26.5%；正在落实的253件，占63.25%；因客观条件所限暂时未能落实的33件，占8.25%；所提问题无法落实的8件，占2%。2012年11月28日，区政协召开了提案工作经验交流会，委员们对400件提案的办理过程和结果作了反馈，其中对办理过程表示满意或基本满意的达到了100%；对办理结果表示满意的347件，占86.75%；表示基本满意的48件，占12%；表示不满意的5件，占1.25%。落实率和满意率比上一年分别上升2.8%和3.8%。

十届二次会议　2013年2月，区政协十届二次会议共收到委员以提案形式提出的意见建议487件，立案471件，其中重点提案10件。3月26日，召开政协提案交办会议，471件提案分别送交区委、区政府各相关部门和有关镇街办理，截至6月底各承办单位完成了对471件提案的办理答复。其中所提问题已经解决或基本解决的186件，占39.49%；意见被采纳并已列入计划逐步解决的240件，占50.96%；因受条件限制需要以后解决的37件，占7.86%；所提问题无法解决的8件，占1.7%。10月30日，区政协召开提案办理工作座谈交流会，区政协副主席杜永林参加会议。区府办、住建局、公安分局、环保局、民政局、教育局等21个提案办理大户单位的分管领导（经办人）汇报了2013年提案办理情况。从提案办理反馈情况看，承办单位当年提案办理落实率提高13%。委员对办理过程表示满意的440件、基本满意的31件，对办理结果表示满意的434件、基本满意37件。无论是办理工作还是办理结果，满意和基本满意的均达到了100%。与上一年度相比较，承办单位当年提案办理落实率提高了13%，提案人对提案办理结果的满意率上升5.6%。

十届三次会议　2014年2月，区政协十届三次会议共收到以提案形式提出的意见建议405件，3月6日至7日，区政协提案委召开提案审查会议，对所提意见、建议逐件进行了审查，及时完成了提案立案工作，确定立案386件，立案率为95.31%。经审查立案的386件提案，有关经济建设的76件，占19.7%；有关政治建设的14件，占3.6%；有关文化建设的62件，占16.1%；有关社会建设的178件，占46.1%；有关生态文明建设的56件，占

14.5%，并案和未立案的 19 件意见、建议，作为委员来信交有关部门处理。

3 月 17 日，区政协召开提案交办会议，会后三个月内，各承办单位完成了对 386 件提案的办理答复，其中所提问题已经解决的 145 件，占 37.6%；意见被采纳并已列入计划逐步解决的 215 件，占 55.7%；因受条件限制需要以后解决的 25 件，占 6.5%；所提问题无法解决的 1 件，占 0.3%。与上一年度相比较，在规定期限内的提案办理落实率略有下降。到 8 月份，所有提案人都完成了对提案办理工作的意见反馈。对提案办理过程表示满意的 370 件、基本满意的 16 件，满意率达到了 95.9%；对办理结果表示满意的 347 件、基本满意的 38 件、不满意的 1 件，满意率为 89.9%。

十届四次会议　2015 年 2 月，区政协十届四次会议期间，共收到以提案形式提出意见、建议 358 件，经提案委员会初审通过 340 件，复审后立案 331 件，有关经济、政治、文化、社会和生态文明建设的提案各有 53 件、22 件、48 件、171 件和 37 件，分别占提案总数的 16%、6.6%、14.5%、51.7%和 11.2%。提案数量比上年减少 55 件，但整体质量有所提高，体现了“提质减量”的要求。这些提案对加快转型升级、统筹城乡发展、强化民生保障、创新社会治理等予以了较多关注，既有需要近期解决的紧迫问题，也有具有较强前瞻性的建议。除持续关注“五水共治”“四边三化”“三改一拆”等重点工作之外，更有许多有关信息经济、智慧应用、现代物流、小镇创建等新内容。

3 月 16 日，区政协提案交办会议召开，将 331 件提案分解落实到各相关部门和有关镇街办理。提案委和各承办部门，坚持“围绕中心、服务大局、提高质量、讲求实效”的提案工作方针，注重办理质量，加强办理协商，有力地推进了提案办理工作，在规定时间内完成了对所有提案的办理答复。其中，有 186 件提案所提问题已经解决或基本解决（A 类），占提案总数的 56.2%；意见被采纳并已列入计划逐步解决的 128 件，占 38.7%；因受条件限制需要以后解决的 15 件，占 4.5%；所提问题无法解决的 2 件，占 0.6%。提案办理落实率比上一年度提高了 18.6%，创近年来新高。从反馈情况看，对办理过程表示满意和基本满意的达 100%；对办理结果表示满意的 306 件、基本满意的 24 件、不满意的仅 1 件，满意率为 92.5%，比上年度略有提升。

十届五次会议　2016 年 1 月，区政协十届五次会议共收到委员提案 268 件，经提案委员会初审通过 259 件。2 月 2 日，区政协提案委召开提案审查会议，按照“提质减量”的要求，对大会期间初审通过的 259 件意见、建议，逐件进行了复审，确定立案共 257 件，立案率为 99.23%。2 月 18 日，区政协十届 47 次主席会议协商确定了“关于加强城区人行道占道管理的提案”等 7 件提案，为该次会议的重点提案，由政协主席、副主席督办。2016 年 2 月 29 日，区委、区人大常委会、区政府、区政协联合召开了区人大代表建议、政协提案交办会，将 257 件提案分解落实到各相关部门和有关镇街办理。对金融支持经济创新转型、大气污染治理、社会养老事业、城区人行道管理等 7 件重点提案开展督办，坚持区长领办、主席督办重点提案制度，加强重点提案督办促进其他提案的办理落实。4 月 27 日，区政府办公室会同区人大代表工委、区政协提案委召开建议、提案办理工作交流会，沟通办理情况，交流办理经验，分析存在不足，督促办理进度。《余杭政务》对政府系统人大建议、政协提案办理情况进行了三期通报，督促承办单位加大办理工作力度，整体推进建议、提案办理工作。常务副区长祝振伟在余杭政务督查反馈专刊第 3 期作了批示，要求各承办单位务必高度重视办理进度和质量，区府办要加大督办和协调力度，确保按时保质保量完成。各承办单位做到了落实办理责任、规范办理程序、注重办理实效、提高办理质量，在交办会议后3个月内完成全部提案的办理答复。11月3日，区政协召开提案办理工作座谈交流会。会议通报提案办理情况：交办的257件提案，有129件提案所提问题已经解决或基本解决，占50.2%；意见被采纳并已列入计划逐步解决的116件，占45.1%；因受条件限制需要以后解决的11件，占4.3%；所提问题无法解决的1件，占0.4%。到7月中旬，所有提案人都完成了对提案办理工作的意见反馈。对办理过程表示满意的255件、基本满意的仅2件，对办理结果表示满意的243件、基本满意的14件，满意和基本满意的均达到100%。与会各部门交流了提案办理工作经验，分析工作中遇到的热点、难点问题，查找了存在的不足，并就如何进一步改进提案办理工作提出意见、建议。

2012年2月区政协十届一次会议至2016年1月区政协十届五次会议，政协提案委共收到以提案形式提交的意见和建议1936件，经审查立案1845件。经统计，有关经济、政治、文化、社会和生态文明建设的提案各有341件、108件、211件、982件和203件，分别占提案总数的18.5%、5.9%、11.4%、53.2%和11%。经过各承办单位的积极努力，所有提案都在规定时间内完成办理，委员对办理过程的满意率为95.6%，对办理结果的满意率为90.9%。政协十届提案办理落实率年均达到40.7%，比上届提高17.7%。

十一届一次会议 2017年2月，区政协十一届一次会议共收到委员以提案形式提出的意见建议346件，经提案审查委员会初审通过332件，二审立案329件。2017年3月9日，区人大、区政府、区政协联合召开人大代表建议、政协提案交办会议，下发《关于做好2017年人大代表建议、政协提案办理工作的通知》，将所有提案交由区委、区政府有关部门和相关镇街等承办。同日，区政协十一届第2次主席会议协商确定7件提案为重点提案，交由区政府领导领办，政协主席、副主席进行督办。5月12日，区政府办会同区人大代表工委、区政协提案委召开人大代表建议、政协提案办理工作交流会，沟通办理情况，交流办理经验，分析存在不足，督促办理进度。在提案办理过程中，坚持区长领办、主席督办、相关提案人参与督办的机制，并加大协办件考核力度，进行提案办理民主评议，开展提案办理协商。在交办会议后3个月内各承办单位完成了全部提案的办理答复。2017年交办的329件提案，所提问题已经解决或基本解决的（A类）176件，占53.5%；意见被采纳并已列入计划逐步解决的（B类）140件，占42.55%；因受条件限制需要以后解决的（C类）12件，占3.65%；所提问题无法解决的（D类）1件，占0.3%。到8月上旬，所有提案人都完成了对提案办理工作的意见反馈。其中，对办理过程表示满意的325件、基本满意的仅4件，满意率高达98.78%；对办理结果表示满意的318件、基本满意的10件、不满意的1件，满意率达到96.65%。

十一届二次会议 2018年1月，区政协十一届二次会议共收到委员以提案形式提出的意见建议348件，初审通过317件。2月28日，区政协提案委员会召开二审立案会议，对初审通过的建议逐件进行复审，经审查立案316件。3月5日，区政协十一届12次主席会议协商确定7件重点提案，分别由区政协主席、副主席进行督办。3月7日，区人大、区政府、区政协联合召开人大代表建议、政协提案交办会议，将所有提案交由区委、区政府有关部门和相关镇街等承办。政府办根据职责划分等客观情况，完成了对部分提案承办单位的调整。提案办理中，坚持区长领办、主席督办、相关提案人参与督办机制，提高了提案办理落实率。4月13日，政府办发出《关于区政府领导领办人大代表建议和政协提案的通知》，区长、副区长共领办政协提案9件。5月7日，召开第十七次区政府常务会议，听取政府办关于2018年度人大代表建议、政协提案办理情况汇报，明确相关事项。5月12日，政府办会同区人大代表工委、区政协提案委召开人大代表建议、政协提案办理工作交流会，沟通办理情况，交流办理经验，强调办理质量，督促办理进度。《余杭政务》对政府系统人大代表建议、政协提案办理情况进行了4期通报，督促承办单位加大办理工作力度，整体推进建议、提案办理工作，确保按时保质完成办理任务。各承办单位做到了落实办理责任、规范办理程序、注重办理质量、提高办理实效，在交办会议后3个月内完成了全部提案的办理答复。2018年交办的316件提案，所提问题已经解决或基本解决的（A类）202件，占63.92%，比上年提高了10个百分点；部分解决或意见被采纳并已列入计划逐步解决的（B类）109件，占34.49%；因受条件限制需要以后解决的（C类）4件，占1.27%；所提问题无法解决的（D类）1件，占0.32%。从提案人对提案办理工作的反馈意见看，对办理过程表示满意的310件、基本满意的仅6件，满意率98.1%；对办理结果表示满意的298件、基本满意的16件、不满意的2件，满意率达到94.3%。

十一届三次会议　2019年1月，区政协十一届三次会议共收到以提案形式提出的意见建议348件，提案委初审通过344件，其中集体提案19件，委员个人和联名提案325件。经提案委二审立案330件。委员们对区内数字经济发展、国际一流营商环境打造、民生福祉改善、文旅融合发展、城市精细化管理和服务型政府建设等热点问题，以及关乎人民群众切身利益的难点问题，予以了较多关注。2019年3月5日，区人大常委会、区政府、区政协联合召开人大代表建议、政协提案交办会议，将所有提案交由区委、区政府有关部门和相关镇街、平台等承办。提案办理期间，区政府办公室下发《关于区政府领导领办人大代表建议和政协提案的通知》，区长、副区长共领办政协提案10件。5月22日，政府办会同区人大代表工委、区政协提案委召开了人大代表建议、政协提案办理工作交流会，沟通办理情况，交流办理经验，分析改进存在的不足。《余杭政务》对政府系统人大代表建议、政协提案办理情况进行了2期通报，督促承办单位加大办理工作力度，整体推进建议、提案办理工作，确保按时保质完成办理任务。各承办单位在交办会议后3个月内完成了全部提案的办理答复。其中，所提问题已经解决或基本解决的（A类）231件，占70%，比

2019年1月，区政协十一届三次会议期间委员提交提案

上年提高 6 个百分点；部分解决或意见被采纳并已列入计划逐步解决的（B 类）89 件，占 26.97%；因受条件限制需要以后解决的（C 类）8 件，占 2.43%；所提问题无法解决的（D 类）2 件，占 0.6%。从提案人对提案办理工作的反馈意见看，对办理过程表示满意的 321 件、基本满意的 8 件，不满意的 1 件，满意率 97.28%；对办理结果表示满意的 306 件、基本满意的 22 件、不满意的 2 件，满意率 92.73%。

十一届四次会议 2020 年 1 月，区政协十一届四次会议共收到以提案形式提出的意见建议 399 件，经提案委二审立案 314 件。余杭区政协在总结历届政协提案办理经验基础上，依托“请你来协商”“委员工作室”等平台载体，创新实施“提案办理项目化管理”。制定了《关于提案办理项目化管理的实施意见（试行）》，并绘制《提案项目化管理示意图》，将 314 个提案分为“整体环境提升、基层治理能力提升、城市精细化管理、医疗卫生”等 25 个专题项目，分别由政协领导、相关委办牵头，带着相关提案到承办部门面商办理，提案办理定人定责，多轮协商，分批推进，销号管理，形成提案办理工作闭环。第一轮：在提案交办工作会议后，各项目组按照分工开展督办。在承办单位作出答复后，组织委员对提案的办理情况按 A、B、C、D 四类进行评价，对认可是 A 类件的，视为办理完成，进行销号。第二轮：对评价为 B、C 类件的，进一步加大办理督办力度，进行二次分类评价，对转化为 A 类件的进行销号。第三轮：对重点督办件和区政府领导办件进行第三轮督办，年底对剩余的 B、C、D 类提案进行三次分类评价和满意度测评，对办理结果满意的销号。在第一轮项目推进中，根据委员测评，A 类提案达 84%。第二轮测评，40 件 B、C 类提案转化为 A 类，1 件 C 类提案转化为 B 类，提案办理落实率为 97%。

区政协十一届期间，政协提案委共收到以提案形式提交的意见和建议 1441 件，经审查立案 1289 件。经过各承办单位的积极努力，所有提案都在规定时间内完成办理，提案办理落实率年均达到 71.1%。尤其是十一届四次会议以来，创新开展“提案办理项目化管理”，当年提案办理落实率达到 97%，取得提案工作的新突破。

十二届一次会议 2021 年 7 月，区政协十二届一次会议共收到以提案形式提出的意见建议 331 件，初审通过 299 件，二审立案 280 件。大会以后，区人大、区政府、区政协联合召开了交办会议，各承办单位在三个月内完成了全部提案的第一轮办理答复。在提案项目第一轮办理的分类评价中，提案提出的问题已经解决或基本解决的 272 件，占 97.14%；正在解决或列入计划逐步解决的 8 件，占 2.86%。经提案项目第二轮深化办理后，280 件提案已经解决或基本解决，提案者对提案办理过程评价的满意率为 100%，对提案办理结果评价的满意率为 99.64%。

十二届二次会议 2022 年 2 月，区政协十二届二次会议共收到以提案形式提出的意见建议 319 件，初审通过 299 件，二审立案 278 件。区政协继续深化实施提案办理项目化管理，按照区委区政府中心工作，将 278 件提案，分为 18 个提案项目，分别由区政协领导牵头督办，相关委办具体负责，落实“一名领导、一个委办（界别组）、一支队伍、一类提案、一抓到底”的工作机制，经过两轮推进、两轮协商，共组织调研 80 余次，举办“请你来协商”25 场，委员主体作用得到充分发挥，各承办单位工作更主动积极，有力提升了提案办理成效，实现了建言资政与凝聚共识双向发力。在第一轮项目化办理中，提案已经解决或基本解决 241 件，占 86.69%；第二轮深化办理 37 件，占 13.31%，通过两轮办理，278 件提案都已经解决或基本解决，提案者对提案办理过程评价和结果评价满意率均为 100%。

第三节　重点提案督办

余杭区政协重视提案的督办和重点提案办理，对反映党和政府亟待解决、人民群众普遍要求改进的问题的、对推动工作有重要作用并具有较强可行性的提案，选作重点提案。重点提案包括重点督办提案和重点办理提案。重点督办提案由区政协主席会议协商确定，重点办理提案由承办单位确定。通过专题调研、座谈、走访等多种方式对提案办理情况进行督促检查。并对承办单位承诺解决的提案，进行跟踪办理。提案的督办由区政协办公室统筹协调，各专门委员会分工协作，提案委员会组织实施。

对于党派、人民团体、政协专门委员会的提案和其他重要提案，提案委员会均报送政协主席、副主席，并提出督办建议；对于提案中的重要意见和建议，提案委员会则报送有关领导。

一、领导督办的重点提案

八届一次会议重点提案督办　2003 年 3 月 25 日，区政协办公室《关于区政协领导联系督办重点提案的通知》，明确："为了提高提案办理质量，进一步发挥提案对推进余杭区物质文明、政治文明及精神文明建设的作用，经区政协八届委员会第一次主席会议研究决定，从今年全会期间委员提交的 254 件提案中，确定将针对性强、质量较高的'统一征迁政策，维护农民利益，解决失地农民出路'(提案人王洪坤)；'加快发展公交事业，改善城市交通'(提案人刘念祖)；'建立城市基础设施资料信息库'(提案人何月姣)；'我区有废弃石矿宕石公路岩坡 281 处，严重影响良渚文化申报世界文化遗产'(提案人姜桂芳)；'全面推进非公企业职工社会保险工作（提案人梁水根)'；'进一步加快我区高中教育的发展'(提案人孙树荣、钱利利)；'积极筹建社区学院，推广全民素质教育'(提案人余展红) 7 个提案列为重点提案，分别由正副主席亲自领导督办，以加强委员提案办理的检查和落实。"并要求承办单位主动与政协有关领导联系，通过现场办案，"三见面"[①]办案等形式，增强提案的办理效果，使提案办理工作更加扎实，更有成效。

八届二次会议重点提案督办　2004 年 4 月 20 日，区政协八届 11 次主席会议研究决定，从全会期间委员提交的 196 件提案中，确定 7 件重点提案，分别由政协主席、副主席督办。5 月 19 日，区政协下发《区政协领导联系督办重点提案的通知》至区级机关有关部门，要求各承办单位主动与政协有关领导联系，汇报办理进度和拟解决办法。办理结果在答复委员的同时，抄报负责督办的政协领导及区政协提案委员会。领导督办的重点提案有：由区农业局、一体化办公室、财政局承办，李小花主席督办，委员章爱娣递交的《加大西部山区生

① "三见面"：指在重点提案督办工作中协力推进办理"三见面"制度，即办前见面，了解委员所提意见建议的目的，解决问题的具体意见及建议，取得办理共识；办中见面，让委员参与了解办理的全过程；办理结束后，当面向委员介绍办理情况，征询意见。

态建设扶持力度》提案。由区农业局承办，副主席丰章生督办，委员任永发提交的《加强我区农民专业合作经济组织建设着力解决“三农”问题，努力提高薄弱乡镇农民收入》提案。由区卫生局承办，副主席章福根督办，黄国林等提出的《加强我区公共卫生体系建设的建议和对策》提案。由区经发局承办，副主席莫炳法督办，委员周卫列等提交的《推进相关联产业集聚发展，优化资源要素》提案。由区劳动保障局、区教育局承办，副主席方加明督办，委员戴桂香提出的《实施以就业为导向的教育和技术培训工程》提案。由区建设局、区供电局承办，副主席钱杭根督办，委员刘念祖等提出的《大力推广新型能源，努力缓解用电缺口》提案。区委、区政府十分重视政协提案的办理工作，区政府制定《余杭区人民政府办理人大议案政协提案工作规则》。各承办单位领导普遍重视，从交办部署、调查研究、协调商议到走访委员、审阅答复，都做到责任到人、从严把关。区政协坚持开展主席、副主席督办重点提案、走访提案承办大户等工作，促进提案的办理落实。反馈表明，委员们对提案承办单位的答复情况表示满意和基本满意的达98.97%。对委员提案反映集中的缓解城区交通“两难”问题，经整理后以大会建议案形式报送区政府。区长刘庆龙专门作出批示，分管副区长楼建忠多次召集相关部门进行研究，采取完善城区综合交通规划、加快城区公共交通建设、加强城区交通管理、加大停车场建设力度等措施，有效缓解了“两难”问题。

八届三次会议重点提案督办 2005年3月，经区政协八届23次主席会议研究决定，从全会期间委员提交的220件提案中，确定7件重点提案，分别由政协主席、副主席督办。这7件重点提案是：由政府办承办，主席李小花督办、副区长屠冬冬分管，委员陆小平提出的《接轨旅游西进，培育壮大旅游产业》提案。由城乡一体化办公室承办，副主席丰章生督办，副区长孔祥华分管，委员沈月华提出的《如何有效加快城乡一体化进程》提案。由经发局承办，副主席董建国督办，副区长周军福分管，委员郑爱文提出的《关于重振余杭丝绸雄风的建议》。由区文体局主办，副主席章福根督办，副区长黄莉分管，委员倪水友提出的《关于加强农村文化建设，促进农村全面进步的建议》。由政府办主办，副主席莫炳法督办，副区长杨洪香分管，委员殷春贤提出的《关爱外来民工，营造和谐发展环境》建议。由区国土局主办，副主席方加明督办，副区长楼建忠分管的，委员左晓旭提出的《强化土地管理，严肃处置闲置土地》提案。由区人事局承办，副主席钱杭根督办，区长刘庆龙分管，委员黄国林提出《关于健全镇乡食品监督网络的建议》。各承办单位主动与区政府分管领导和区政协有关领导联系，汇报办理进度和拟解决办法。办理结果在答复委员的同时，抄报负责督办的政协领导及区政协提案委员会。2005年的重点提案督办工作。除保持往年主席督办的内容外，还要求各承办单位向分管副区长汇报进度，从而进一步引起了区政府领导重视，解决了部分重点提案涉及部门多，相互之间协调难的问题。

八届四次会议重点提案督办 2006年4月12日，在区政协八届34次主席会议上，协商讨论八届四次会议提案立案情况。会议决定，将其中6件提案列为本年度重点提案。并决定，《关于加强对娱乐场所环境管理的建议》由副主席丰章生督办，社会法制和港澳台侨委员会联系；《落实科学发展观，提升我区企业自主创新能力》由副主席董建国督办，经济科技和城建人口资源环境委员会联系；《职业高中在我区人力资源环境建设中要努力作出应有的贡献》由副主席钱杭根督办，文史和教文卫体委员会联系；《构建和谐劳动关系，促进社会和谐稳定》由副主席方加明督办，社会法制和港澳台侨委员会联系；《建立和完善农业自然灾害应急预案的建议》由主席李小花督办，经济科技和城建人口资源环境委员会联系；《加强农民合作医疗制度建设和农村卫生工作的建议》由副主席章福根、莫炳法督办，文史和教文卫体委员会联系。在提案办理中坚持“围绕中心、服务大局、提高质量、讲求实效”的工作方针，采取督办重点、协商座谈、专题调研、跟踪落实等多种方式，促进承办单位加大办理力度，使提案质量有所提高，提案办理工作有所改进。重点提案全部办理完毕，从收到的委员反馈表来看，提案人都表示满意或基本满意。

区政协八届自一次会议起，提案委每年选择一些事关区内经济社会长远发展、与人民群众关系密切的提案作为重点提案，由区政协主席和副主席进行督办。根据督办工作的实践经验，在主席督办重点提案时，又增加了向分管副区长通报办理情况的内容，提高了各部门办理重点提案的协调性，提高了重点提案承办单位的工作积极性。4 年来，28 件重点提案大多数被区委、区政府及有关部门采纳和落实。如《统一征迁政策，维护农民利益，解决失地农民出路》的提案，2003 年被确定为重点提案，区政府认为建议中肯可行，在随后出台的“区片综合价”政策中予以落实，使得农村土地的征地补偿标准进一步提高，被征地农民参加养老保险办法进一步完善，并在加快农居点建设、实行留用地安置等方面做了大量工作，出台一系列惠民办法。

九届一次会议重点提案督办　2007 年 3 月 29 日，区政协九届第 3 次主席会议召开，听取提案委员会主任关于区政协九届一次会议重点提案情况的汇报；4 月 28 日至 30 日，区政协主席汪宏儿，副主席方加明、章福根、钱杭根、黄莉、孔祥华、陈云水和部分政协委员，集中时间对“加强老城区物业管理”“邱山大街地下污水管理网改造”“城区河道污染问题”“备用水源建设和保护”“老年人养老服务”“余杭组团教育资源整合”等重点提案开展走访督办，了解办理进度，协调处理办理困难，促进办理工作出实效。8 月 7 日，区政协副主席陈云水、正区级巡视员丰章生带领政协提案督查组成员、提案委员会成员及相关提案人，就道路交通管理方面的提案办理落实情况开展实地视察，听取公安余杭区分局交警大队的提案办理工作汇报。王洪坤委员提出的“切实加强 320 国道星桥连接线交通管理的建议”，通过开辟新通道、安装红绿灯，解决该路段车辆逆向行驶的问题；沃尔玛购物中心门前的迎宾路与西洋桥环岛路段也已安装安全隔离带。

九届二次会议重点提案督办　2008 年，政协提案工作开始实施网上办理。是年，区政协九届二次会议的委员提案 413 件，经区政协九届 14 次主席会议研究决定，确定委员马亚琴的《关于实行新型农村养老制度的建议》、委员何月姣的《关于加强“一副三组团”污水工程建设的建议》、委员汪雪平的《关于免费为农民提供新农村住房设计图的建议》、委员孙捷的《要求建造市中心多层车库的建议》、委员洪流的《支持我区中小企业发展的建议》、委员俞国富的《余杭区发展壮大村级集体经济的思考》及城建人口资源环境委员会的《提高土地征用区片综合补偿标准，保障被征国有土地农民利益》作为重点提案。5 月 4 日，区政协办公室下发《关于开展区政协重点提案督办走访活动的通知》，并于 5 月 12 日至 5 月 14 日由督办主席带领、相关专委会负责人、提案委有关人员、提案人参加，走访 7 件重点提案承办单位。2008 年，开始实施区政府领导领办制度，是提案办理工作的创新。在办理过程中，区政府领导高度重视，就领办的重点提案进行专题调研，多次组织协调，确保提案落到实处。区长姜军就何月姣委员《关于加强“一副三组团”污水工程建设的建议》，主持召开污水管网工程建设专题会议，要求全区截污纳管工作实施方案，并与各镇乡和相关部门单位签订责任状。副区长屠冬冬就章雪梅委员提出的《关于加快副城农贸市场建设的建议》进行专题协调，其中城东区域农贸市场已于9月底开工建设。副区长寿伟义就洪流委员提出的《支持我区中小企业发展的建议》组织有关部门进行办理，制定《关于加快小企业培育的政策意见》。副区长徐美娟就马亚琴委员提出的《关于实行新型农村养老制度的建议》进行专题研究，在农村推广农村居民养老保险，同时拟定《杭州市余杭区居家养老服务工作实施意见》。

九届三次会议重点提案督办 2009年，区政协九届三次会议提案立案334件，通过筛选、广泛征求意见，主席会议确定其中7件为重点提案。5月8日，区政协办公室下发《关于开展区政协重点提案督办走访活动的通知》，要求重点提案承办单位，提前做好准备，届时向督办主席汇报办理进度和拟答复内容。这7件重点提案分别是副主席孔祥华负责督办，委员朱红耀提出，由区经发局主办的《合力缝制过冬"棉袄"，缓解中小企业融资困难》的提案；副主席方加明督办，区政协经济界别二组提出，由区经发展经办的《关于加快推进政府性投资项目实施代建制的建议》的提案；副主席章福根督办，委员何军芳提出，由区旅游局主办的《完善余杭旅游集散中心运作，打响余杭旅游综合体品牌》的提案；副主席钱杭根督办，区政协医药卫生、社会福利界别组提出，由区卫生局主办的《合力创建卫生强区，为余杭群众提供优质医疗卫生服务》的提案；副主席陈云水督办，区政协科协界别组提出，区工商余杭分局主办的《规范市场中介组织的从业行为》的提案；副主席黄莉督办，委员唐亮提出，由区环保局主办的《关于加强我区环境保护、减少环境污染的建议》；主席汪宏儿督办，委员左晓旭提出，区财政局主办的《加强国有资产整合，完善国有资产管理》的提案。政协领导通过上门走访重点提案办理单位，了解办理进度，协商办理方案，推进办理落实。于5月13日至5月15日，组织督办人员走访重点提案承办单位，听取办理进度汇报和拟答复的内容。同时，区政协在《城乡导报》开辟《提案承办回头看》专栏，在余杭电视台设置《政协提案落实情况拾萃》专题，重点围绕提案办理取得的实效开展宣传报道。

九届四次会议重点提案督办 2010年4月9日，区政协九届35次主席会议确定将四次会议委员提案中的《关于破解企业招工难问题的建议》《应对人口老龄化加快发展我区养老服务业》《关于加强我区社区文化建设的建议》《关于新建基础设施要求尽快移交相关部门管理的建议》《关于推广城市道路照明节能改造提案》《加快家纺业转型升级步伐，发挥省级重点示范产业集群集聚效应》《关于要求尽快制定和完善撤村建居社区后续配套政策的提案》《关于发展余杭社区卫生服务的建议》《政府在保障性住房建设中多建廉租房的建议》《对改善我区教育现状的建议》等10件提案列为重点提案。在提案办理过程中，充分发挥重点提案在提案办理工作中的引领作用。通过对重点提案的规范性办理，如，向提案人及时通报办理进度、有关单位的协调会办、邀请政协委员视察落实情况、征求意见进行整改等，带动提案办理工作整体质量的提升。对事关民生的提案办理落实情况进行专题视察。区政协领导亲自带队开展专题视察，既验证了提案落实情况的真实性，又推动了部门工作，达到提案人和承办单位双满意的效果。胡国平的《应对人口老龄化，加快发展我区养老服务业》提案，建言"老有所养"问题，关系到老龄化社会面临的实际问题，也是政府职能部门迫切需要解决的民生问题。区民政局积极吸纳建议，进一步破解"养老难"，促进"老有善养"，有关内容还被吸收到《余杭区养老服务事业发展三年行动计划》中。

九届五次会议重点提案督办 2011年3月3日，经区政协九届43次主席会议研究决定，关于区政协领导联系督办重点提案的通知从委员提交的438件提案中，确定9件重点提案，分别由政协主席、副主席督办，相关专委会联系。区政协领导分别带队督办重点提案办理情况。4月28日，区政协领导就《关于建设森林城市的建议》，到区林水局进行调研督办，并详细了解余杭区创建省级“森林城市”的进展情况。督查中，区政协领导及提案人对区林水局积极承办落实提案表示满意。同时希望在规划衔接、科学种植、管理创新、全民参与上下功夫，尤其是城市规划与绿化规划要融为一体，同步推进。4月29日，区政协副主席黄莉，区政协城建委负责人、部分委员和社区代表在区城管执法局有关负责人陪同下就重点提案《关于对生活垃圾实施强制分类管理的建议》进行督办，并对生活垃圾分类收集直运工作进行专项视察，并听取区城管执法局（城管办）关于垃圾分类收集直运试点工作和推广情况的汇报。与会委员和社区代表从宣传手段、人员经费、运作方式等方面提了意见建议。4月29日，区政协副主席陈云水带领政协提案委成员，就《关于恢复和保护我区西部山区原生态山水的建议》这一重点提案，到黄湖镇开展调研，实地查看山区饮用水源保护点，并组织西部镇乡的领导就重点提案的承办情况座谈交流，征求大家的意见和建议。政协委员建议要尊重科学，尊重自然，按照“生态优先，保护第一”的准则，积极采取补救和治理措施，进一步加大生态建设补偿力度，防止水土流失、山石裸露、山体沙化。

2011年2月22日，区人大代表建议和政协委员提案交办会议召开

在区政协九届任期最后一年，就该届政协建议案、重点提案落实情况进行“回头看”。该活动得到了区政府及有关部门的重视和支持，通过听取介绍，察看现场，对照办理答复，集体会诊，进一步推动相关工作的开展。

十届一次会议重点提案督办 2012年3月9日，区政协十届第2次主席会议研究决定，《进一步加强财政专项资金绩效管理工作的建议》《创新发展金融服务业、助推企业转型升级》《关于分类分地区审批农村建房的建议》《关于切实发挥“三区八园”在工业经济转型升级中主平台作用的建设》《关于利用北湖草荡净化苕溪水质并增加水容量的建议》《建议政府加快出台社会团体创新激励政策》《加快养老机构建设推进养老事业发展的几点建议》7件提案被列为重点提案，将分别由区长领办、主席督办。3月25日，区政协十届第14次主席会议，确定7件重点提案，分别由政协主席、副主席督办，政协相关委办联系。5月中旬开始，区政协主席阮文静，副主席黄莉、杜永林、孔祥华、陈云水、潘法高、戴桂香分别牵头督办区政协十届一次会议重点提案。5 月 18 日，阮文静、杜永林带队到区经信局，就区政协十届一次会议重点提案《切实发挥“三区八园”在工业经济转型升级中主平台作用的建设》开展督办活动。阮文静认为，区经信局高度重视重点提案办理工作，专题部署，积极探索，提出工业园区提升改造三年行动计划和实施意见，并开展了大量工作，充分体现了勇于担当、敢于负责的精神。要求相关部门整合力量，形成合力，共同推进这项工作。截至 6 月初，其他 6 件重点提案分别由区政协各位副主席牵头督办，并提出进一步抓好落实的意见建议。

十届二次会议重点提案督办　2013 年 3 月 25 日，区政协十届第 14 次主席会议确定《关于加大科技型中小企业产业扶持力度的建议》《关于加强我区农村多高层公寓社会管理的几点建议》《关于在我区规划建设现代有轨电车的建议》《加大生态补偿力度，确保西部青山绿水》《关于解决我区农村集体经济发展有关法律问题的建议》等 10 件重点提案，分别由政协主席、副主席跟踪督办，区政府分管领导领办。从 5 月开始，区政协领导分别带队开展对重点提案的督办。为进一步提高政协提案办理质量，承办单位对区政协领导督办提案涉及的问题，进行深入研究，并提出切实可行的办理方案，采取有力措施抓好落实。6 月 13 日，区政协主席阮文静、副主席杜永林赴区科技局，对该局承办，由区政协科技界别组委员茹栋提出、被列为主席督办重点提案的《关于加大科技型中小企业产业扶持力度的建议》进行督办。区府办、区政协提案委和提案人、部分委员一起参加督办。2012 年 5 月，区委、区政府加大了科技型企业的扶持力度，出台政策措施，鼓励企业加大研发投入力度；鼓励企业建立研发中心；鼓励企业专利申请、实施与保护；支持重点产学研合作项目等，明确了相关目标任务，即“523”行动计划，在 2013—2015 年三年时间内建成 50 个以上的科技创新园，引进和培育 3000 家以上的科技型中小企业。同时出台《余杭区科技企业贷款风险池基金实施意见》，成立了区科技企业贷款风险基金，有效缓解科技型中小企业的融资难问题，营造有利于科技型企业发展的良好环境。5 月 23 日，区政协副主席黄莉到区住房保障办（农民多高层公寓建设管理中心）进行《关于加强我区农村多高层公寓社会管理的几点建议》提案督办，区政协城建委、提案委有关负责人随同参加。黄莉表示，农居多高层建设和管理是各界普遍关心的问题，区政协自 2010 年开始，通过专题视察、专题会议、提案督办等多种方式持续关注着这项工作。农居多高层公寓后续管理是一个综合性、系统性的问题，需要从充实机构力量、统一政策口径、创新基层组织、探索物业管理模式等方面统筹考虑和推进。区政协也计划再次通过专题视察活动，助推此

2013 年 6 月 13 日，区政协领导督办重点提案会议召开

项工作规范有序地开展。6 月 14 日，区政协副主席杜永林、陈云水来到质监余杭分局，对《实施“放心食品名牌工程”让安全的食品百姓看得见》重点提案进行督办。区政协文史委、提案委负责人，区农业局、区卫生局、工商余杭分局相关负责人参加活动。《实施“放心食品名牌工程”让安全的食品百姓看得见》针对百姓关注度较高的食品安全问题进行了细致研究，并提出了科学认定、大力宣传、企业授牌、日常监管等建议。质监余杭分局局长洪利红对提案的办理情况进行了汇报，相关部门进行了补充，并与委员进行了认真的交流和探讨。杜永林表示，食品安全是政府、百姓的头等大事，是一项系统工程，也是一项长期性的工作，每年都要有进步。陈云水表示，承办单位要高度重视政协提案，各部门要密切配合，把工作落到实处。要把提案转化成实际工作的成果，通过政协提案这一形式，使得政府部门科学决策，社会各界形成共识，最终让老百姓满意。

十届三次会议重点提案督办　2014 年 3 月 28 日，区政协十届第 27 次主席会议，决定将《关于推进余杭电子商务发展的建议》《关于全民参与“五水共治”的建议》《关于做好“三改一拆”后续方面的几点想法》《关于进一步规范镇街编外人员管理的建议》《促进我区家庭农场发展，激发农村创业就业活力的建议》《关于我区高中教育接轨杭州主城区的建议》《关于深化改革，加大政府购买服务力度的建议》《关于垃圾分类后续推进的建议》《关于要求尽快出台扶持民营医疗机构政策的建议》《关于加强对失能老人养老问题的几点建议》10 个提案列为区政协十届三次会议（2014 年度）重点提案，分别由政协主席、副主席督办。5 月 28 日，区政协副主席潘法高带领提案人、政协提案委和学联委负责人等一行，对区政府领导领办、区编委办承办的政协提案《关于进一步规范镇街编外人员管理的建议》进行督办。区编委办作为此提案的承办单位，在前期摸底调研，征求镇街、区直部门等意见建议的基础上，研究拟订《余杭区机关事业单位编外用工管理暂行办法》，从数量管控、人员审批、招聘管理、待遇管理、日常管理、经费保障、监督管理等方面加强机关事业单位编外用工管理。潘法高指出：希望通过对提案的督办，来助推区政府加强对全区机关事业单位编外用工的规范。建议加快制定《余杭区机关事业单位编外用工管理暂行办法》，使之成为规范编外用工管理的有力依据。5 月 30 日，区政协副主席杜永林组织提案委负责人、相关提案人到主办单位区发改局了解《关于深化改革，加大政府购买服务力度的建议》提案的办理情况。各承办单位高度重视，把其列入重要议事日程，制定出台《关于加快培育发展社会组织的实施意见》《余杭区社会组织发展专项资金管理实施细则（试行）》，为社会组织培育发展提供政策和资金保障。从 2013 年起每年设立 300 万元社会组织发展专项资金，通过公益项目资助、先进奖励、评估激励、开办补贴等方法，扶持公益类、社区服务类、行业类、科技类社会组织发展。区发改局会同民政局拟定了《推进政府向社会组织转移职能的指导意见》，抓紧梳理各直机关部门近期能向社会组织转移政府职能的清单目录，对有发展潜力且能有效承接政府职能转移的社会组织进行排摸，以便政府正式印发《推进政府向社会组织转移职能的指导意见》后尽快进入实施阶段，实现公共服务从政府单一提供为主向多元参与的转变。杜永林希望承办单位继续在提案的落实和成效上下功夫，确保这项改革稳步推进。6 月 5 日，区政协副主席杜永林、陈云水赴区教育局督办重点提案《关于我区高中教育接轨杭州主城区的建议》，区政协文史委、提案委负责人参加。区教育局负责人对提案的办理和答复情况进行了介绍，并提出了近期、中期、远期在提高高中教育整体质量方面的做法。委员对提案答复情况表示满意。6月初，政协对《关于垃圾分类后续推进的建议》及同类提案一并进行督办。阮文静要求：治理垃圾是和群众生活息息相关的民生难题，要统一思想，系统研究，深入分析当前垃圾分类工作存在的各类问题。在认真评估正在实施的基础上，制定新的工作方案及配套政策。分别在城区、农村搞好试点，以厨余垃圾处理为重点，选择最佳方法加以推广。6月10日，陈云水赴区卫生局督办239号提案，区卫生局负责人详细介绍了提案办理的过程以及围绕提案所做的工作。提案人对提案办理的情况表示满意，并在加强支持人才引进、纳入信息化平台建设等方面提出了建议。6月12日，戴桂香带队督办重点提案《关于加强对失能老人养老问题的几点建议》，区政协社法委、提案委负责人参加了督办活动。指出，民政部门要加大力气，通过争取党委、政府主要领导的支持，加强与卫生、社保等部门的联系与沟通，营造社会舆论氛围，全力推动养老事业的发展。6月19日，区政协就年度重点提案《关于做好“三改一拆”后续方面的几点想法》及相关办理情况，到区政府防违控违办进行督办。副区长李红良、区政协副主席杜永林及相关提案人参加了督办座谈会。李红良表示，政协委员的意见建议具有针对性，有助于推进“三改一拆”工作。如何体现政府的公信力，将好事办好，都需要研究思考。政府各职能部门要脚踏实地，敢于直面问题，理性研究出台过渡时期的相关政策。

十届四次会议重点提案督办　2015年，区政协十届36次主席会议协商确定《防控结合——全民参与共同治理大气污染》《关于全面推进生活垃圾细化分类工作的建议》《关于精心构建“梦想小镇创新创业生态系统”的几点建议》等11件提案为重点提案，并由政协主席、副主席督办。5月，副主席黄莉、杜永林、孔祥华、陈云水、潘法高、戴桂香分别就《关于全面推进生活垃圾细化分类工作的建议》等12个重点提案，到相关部门进行督办。5月25日，区政协副主席黄莉到区环保局就重点提案《关于大力推进临平大气污染治理的建议》进行督办。该提案建议区委区政府与海宁市政府协商，加快海宁市许村热电厂技术改造，降低排放总量。督促乔司垃圾场限时关停。对利佳危化物垃圾处理场，做好协商和沟通，严格控制焚烧总量。对海联热电厂，做好调查研究，听取社会各界的意见建议，改变燃烧方式，由煤改气，或选择异地重建，以减小对临平的环境影响。区环保局介绍，海联热电厂目前已提交燃煤就地提升改造或异地迁址新建、煤改气就地提升改造或异地迁建等4个方案供区政府研究决策参考。对利佳环境公司，加强环境执法，实行24小时在线监控，强化危废物转移审批，确保规范处置。乔司垃圾发电厂将于2016年底关停。海宁热电厂对烟气处理系统进行了提升改造，实施深度治理烟气。黄莉表示，临平大气污染问题是百姓关注的热点难点问题，区政府及有关部门要勇于担当，加快明确方案，要尽快对百姓的呼声作出回应。6月，区政协主席阮文静、副主席杜永林与提案委负责人、提案人一起，就《防控结合——全民参与共同治理大气污染》这一年度重点提案到区环保局开展督办。阮文静指出，通过提案督办与面对面深入交流，使大家对大气污染防治工作有了全面细致了解。委员的提案体现了责任和智慧，见识广、思考深、建议好，希望持之以恒，对这一全社会关注的话题继续关注。希望全体政协委员积极参与，利用自身智慧和优势，积极建言，助推全区大气污染治理；希望通过全社会的共同努力，循序渐进，最终达到改善环境的目标。区政府对政协提案高度重视，把提案办理工作纳入重要议事日程，在各类会议、调查研究、指导工作、督查检查过程中融入提案办理内容，真正将办理工作转化为政府转作风、办实事、解难

2015 年 6 月 9 日，区政协督办重点提案会议召开

题的过程。根据《关于建立政府领导领办人大代表建议和政协提案制度的通知》精神，共有 11 件重点提案分别由区长和各位副区长、区长助理领办。办理期间，区政府领导多次听取办理情况汇报，及时掌握办理进度，深入基层开展专题调研，共同研究解决问题的办法，保证了重点督办提案办理工作顺利推进。如在指导推进重点提案《关于精心构建“梦想小镇”创新创业生态系统的几点建议》过程中，区长朱华多次开展实地调研，落实相关部门进行战略研究，统筹协调相关力量共同推进“梦想小镇”创新创业体系建设，并在政策、资金和组织力量上予以充分保障。“梦想小镇”已累计引进创业项目 480 个，集聚创业人才近 4400 名，累计引进股权投资（管理）机构 101 家，集聚管理资本和募集资金逾 335 亿元，各类创新要素的集聚效果日益凸显。

十届五次会议重点提案督办 2016 年，区政协十届 47 次主席会议确定 7 件重点提案，分别由政协主席、副主席督办，政协相关委办联系。5 月，区政协主席阮文静带领政协办公室及相关提案人来到区发改局，就重点提案《关于金融支持经济创新转型的对策建议》进行督办。区政协副主席陈云水、戴桂香就重点提案《以 PPP 模式加快推进社区 e 护理＋养老服务事业发展的建议》进行督办。区政协副主席潘法高对《在推进社会治理中创新发展大调解工作机制的几点建议》进行督办。在督办座谈中，区政协领导及提案人对承办单位积极承办落实提案表示满意。如在对《在推进社会治理中创新发展大调解工作机制的几点建议》督办中，就当前大调解组织管理体制和协调联动机制不健全、源头预防和排查预警时效性不强、基层调解平台规范化建设和实体化运作推进不快、综合调解和专业调解机制不完善、检查考核和责任查究不硬等问题，提出了加快构建以人民调解为基础，人民调解与行政调解、司法调解相互衔接配合的工作体系、有效预防化解各类社会矛盾等建议。区委政法委作为此提案的承办单位，就提案办理情况作了汇报。余杭区大力推进人民调解和公调诉调对接工作，调解覆盖面不断扩展，全区人民调解组织在不断扩大，公调诉调对接工作室纷纷进驻到村（居）一级；调解机制进一步完善，全面推行网格化排查调处模式，交通事故纠纷、医患纠纷、劳动争议调解形成品牌效应；调解力量逐步加强，调解成效日益显现，有力维护了社会和谐稳定。政协领导在督办中指出，人民调解作为创新社会治理的一个重要环节，应突出调解主体的多元性、功能的治本性、手段的多样性和职能的前端性，要进一步创新发展大调解机制，在推动系统治理、依法治理、综合治理和源头治理上发挥重要作用。

十一届一次会议重点提案督办 2017 年，区政协十一届一次会议收到委员以提案形式提出的意见建议 346 件，经审查立案 329 件，其中 7 件提案列为重点提案。坚持区长领办、主席督办、相关提案人参与督办机制，加大协办件考核力度，进行提案办理民主评议，开展提案办理协商。如5月25日，区政协副主席潘法高一行赴区经信局开展区政协十一届一次会议重点提案督办工作。区政协委工委、区经信局、区人社局、区信息中心相关负责人以及主提案人郑红委员参加。此次督办的重点提案是由科技界别小组郑红等委员提交的《对大数据时代下我区智慧政府服务体系建设的几点建议》。提案人就提案背景、当前存在的问题以及意见建议等向与会人员做了详尽的说明，充分表达了提案组成员对于进一步完善提升该项工作从而造福民生的迫切希望。与会人员共同探讨区内在智慧政府服务体系建设的发展情况。区经信局局长郑颖代表办理单位汇报了该提案办理整体情况以及初步反馈意见，就目前发展态势、存在的问题、今后发展的重点方向等方面进行了阐述；区信息中心蔡军兵主任就目前全区政务数据平台建设情况作了详尽的介绍及说明；区人社局相关负责人就信息人才引进、培育等工作提出提升内容和具体措施。督办人员充分肯定了办理单位作出的努力，希望与会单位能够齐心协力、各司其职，继续深入研究，将具体工作进一步细化，落到实处，早日取得实效。

十一届二次会议重点提案督办　2018年3月7日，经区政协十一届12次主席会议审议，从区政协十一届二次会议提案中确定由委员韩云燕提出，副主席戴桂香督办，区公安分局主办的《关于推行租房“旅馆式＋星级化”管理优化流动人口梯度服务的建议》；委员吴芳华提出，副主席陈云水督办，区红会主办的《投放救命神器普及救护技能努力提高社会公共急救水平》；委员朱礼提出，副主席黄莉督办，区交通运输局主办的《关于优化我区公共交通线路的建议》；委员胡治国提出、副主席赵喜凯督办，区经信局主办的《关于我区传统纺织服装实体企业向时尚产业转型的建议》；农林界别组提案，主席阮文静督办，区农业局主办的《推进余杭“美丽乡村”建设的建议》；科技界别组提案，副主席黄莉督办，区水务公司主办的《补齐基础设施短板巩固五水共治成果》；委员朱飞燕提出，副主席潘法高督办，区文广新局主办《关于借亚运东风加快余杭文体设施建设的建议》7件重点提案，分别由政协主席、副主席督办，政协相关委办联系。并要求各承办单位要对重点提案进行深入研究，提出切实可行的办理方案，采取有力措施解决涉及的问题，发挥好重点提案对提案办理工作的引领作用。在提案办理过程中，要加强与督办的政协领导及相关委办的联系，落实办理措施，沟通办理情况，抄告办理结果。

5月15日，区政协副主席黄莉赴交通运输局督办重点提案《关于优化我区公共交通线路的建议》。提案主办单位区交通运输局汇报了提案办理情况：一是结合余杭区地铁建设发展的契机，优先考虑公交配套地铁衔接杭州主城区；二是结合“三路一环”快速路网等建设，研究设置公交专用道，提升公交运营速度；三是结合“交通西进三年行动计划”，推进“公交西进工作”；四是结合良渚申遗的契机，大力发展良渚新城区域的公共交通。协办单位区交通集团、良渚遗址管委会相关负责人就提案涉及情况进行了汇报交流。黄莉指出：主办单位和协办单位在提案办理中做到领导重视、沟通充分、提案运用有成果，值得肯定。针对完善余杭区公共交通体系建设，一要牢固树立公交优先发展理念，二要科学合理安排公交线路和车型，三要加强公交规划设计前瞻性研究，四要充分运用科技手段提高公交运行效率。希望提案办理单位更加务实地办理好提案，与提案人保持动态联系，持续关注提案办理进展。

十一届三次会议重点提案督办　2019 年 2 月 28 日，区政协十一届第 24 次党组（扩大）会议暨第 22 次主席会议协商确定 7 件重点提案，分别由区政协主席、副主席进行督办。这些提案分别是副主席吴立炜督办，经科委科技界别组提出，由区经信局主办的《关于进一步完善产业扶持政策，助推全域创新发展的几点建议》；副主席黄德伟督办，农林界别组提案，由区农业农村局主办的《关于解决乡村振兴中用地难题的几点意见》；副主席黄莉督办，经济界别二组提出，数据资源管理局主办的《关于利用“城市大脑”助力公共交通优化的建议》；副主席赵喜凯督办，委员丁宇提出，由区经信局主办的《关于加强 5G 网络及产业规划布局，助推余杭数字经济一号工程的提案》；副主席陈云水督办，民盟余杭区基层委员会提案，由区文化和广电旅游体育局主办的《振兴余杭农村文化，助推全域美丽建设》；主席沈昱督办，工商联界别提案，开发区、临平新城主办的《加快临平副城建设　为“东部崛起”创造条件》；副主席戴桂香督办，委员邹华提出，区经信局主办的《关于加快推进建筑工业化进程的建议》。区政协突出重点，切实抓好提案督办。通过听取办理情况汇报、召开面商座谈会、同类提案一并督办、组织调研视察等多种形式，对办理工作进行检查、督促和跟踪，促使承办单位采取有力措施落实相关建议，解决涉及的问题，以重点提案带动同类提案的办理。组织开展重点提案“回头看”，由政协相关领导牵头，对区政协十一届二次会议办理结果为 B 类的重点提案办理工作进行“回头看”，加大跟踪督办力度，督促落实后续举措，提升提案办理质量。3 月 5 日，区政协主席沈昱，副主席吴立炜、黄德伟，秘书长吴忠云及部分委办负责人和政协委员专题调研杭州未来科技城着力打造创新策源地。杭州未来科技城管委会党工委书记梅建胜，区政协副主席、杭州未来科技城管委会主任赵喜凯等陪同参加活动。在杭州未来健康科创园微泰医疗器械（杭州）有限公司，沈昱等一行听取了公司董事长郑攀介绍的公司有关情况。在未来科技城学术交流中心项目工地工作间，听取未来科技城规划建设部门及施工单位关于未来科技城学术交流中心项目建设的情况介绍。沈昱指出，创新的落脚点最后是落在“创业”上。未来科技城管委会的“数字经济”和“生物经济”有强大的“后劲”。通过全域创新策源地的打造，打造技术转移平台，为全域创新在技术等方面提供支撑，技术平台后期的跟进服务，如何留住“孵化”的技术、产品等发挥更大的价值等等，都是需要认真建议研究课题。

2020 年 4 月 22 日，区政协研究协商提案办理工作会议召开

十一届四次会议重点提案督办　2020 年 5 月 12 日，区政协围绕十一届四次会议提案中“特殊人群关爱”和“加强文化建设”两个专题中的《推广公共场所的公共轮椅租借的建议》《对我区无障碍设施进行普查的建议》《关于加强无障碍环境建设的建议》《打造“诗意余杭”

的文化名片》《建设生态河流、文化河流、景观河流》等提案，开展提案办理集中面商督办。《关于加强余杭区“未来社区”建设的建议》《关于美丽乡村建好后持续发展的若干建议》《关于进一步提升公共卫生风险防控能力的建议》等作为区政协领导督办的重点提案。吴诗凡提交《推广公共场所的公共轮椅租借的建议》的提案，建议在各大社区、商场、养老机构、景点等人流量大的公共场所的服务台增设公共轮椅试点，对残疾人、老年人、病人、扭伤等特殊人群提供租借服务。在区政协督办下，区残联作为主办单位，收到提案后非常重视，由于受疫情影响，区残联通过微信和他进行“云”面商。李健的提案《关于将自动除颤仪(AED)设备配备至农村小组的建议》得到区委、区政府的高度重视。区委、区政府将推广AED作为一项民生实事实施，在人流较密集场所安装129台除颤仪的基础上，将再增加200台到学校、景区等公共场所。陈定泽《关于引入保险机制创新公共安全风险保障体系的建议》提案，提出建议将保险纳入公共安全应急管理范畴，健全公共安全风险处置快速反应协同机制，完善公共安全风险事故公众救助体系。在区政协督办下，主办单位区应急管理局，收到提案后主动联系陈定泽进行了两次面商，并召集相关部门开展研究。7月31日，区政协以“请你来协商”为平台，专题协商《加快推进我区养老服务高质量发展的问题》。会上，部分区政协委员、市民代表围绕“医养结合服务体系、规范老年食堂管理、完善老年组织建设、提升养老机构效率、打造医药结合养老综合体建设、鼓励社会组织和志愿者参与养老事业”等内容，与区级有关职能部门、镇街主要负责人一起协商探讨、谋划发展良策。市委常委、区委书记张振丰，区政协主席沈昱，副区长王艳勤和区政协领导参加会议并听取委员、市民代表发言。

十二届一次会议重点提案督办　2021年，区政协以“请你来协商”作为重点提案督办新方式。9月18日，区政协召开“请你来协商”人才专题提案办理工作会议。政协委员与提案承办单位面对面开展交流讨论。副主席黄德伟等参加视察和会议。会前，视察组参观考察了杭州未来科技城知识产权园和杭州未来科技城国际人才园，实地了解余杭人才引培和服务平台。区委组织部副部长、人才办常务副主任徐来莹向与会的政协委员们介绍了区内围绕“未来之星”百千万人才引培计划的完成情况，以及成立区招才局、修订完善人才相关政策、完善人才特色服务等工作的开展情况。委员们对提案办理单位主动联系商讨研究的办理态度和过程表示满意，认为承办单位的回复比自己的提案信息量更大，考虑更周全。委员王琦建议：在余杭区建立人才服务小脑，通过数据化手段为人才享受便利政策的同时建立数据轨迹支撑。委员张荣鑫希望政府有关部门要对特殊的、专业性强的行业给予更多的支持，要多措并举加大知识产权行业人才培养。委员周柔刚建议：为高端人才在余杭的生活提供更多便利、留住人才。委员黄庆芳提出：要顺应当前多学科交叉、学科融合的大趋势，促进人才之间的交流，并构建人才循环应用体系。赵海燕委员建议加快综合性、面向国际化人才的服务设施综合体建设。委员赵昆提出：针对不同人群出台更具细分的人才住房补贴政策，特别是解决基层技术人员住房问题，让住房保障机制更灵活、更精准。各提案主办单位负责人介绍了提案办理情况，并结合部门职能、区情实际、未来部署对后续的计划进行了详细讲解。黄德伟表示：区政协以提案办理项目化管理的方式，促进提案办理工作，目的就是为了更好地增强人民群众的获得感和满意度，把区委、区政府的各项工作落在实处。

十二届二次会议重点提案督办　2022年，区政协继续深化提案办理项目化管理，落实

“一个提案、一名领导、一支队伍、一抓到底”工作机制，实现提案办理“面对面”协商，办理结果“背靠背”评价。如戴唯悠委员提交的《关于建设细胞产业发展示范区，推动余杭区细胞产业快速发展的建议》。在区政协督办下，相关部门的反应也很迅速。区经信局有关负责人带队考察“易文赛”，针对提案中提出的“鼓励企业开展细胞药物研发，给予阶段性经费补助”，表示会推进生物医药产业政策修订，适当给予补助，帮助企业克服研发难关。区经信局等部门还走访区内生物医药与健康产业重点服务平台、生物医药创新企业，及时推荐“易文赛”申报2021年度重点研发项目，瑞普晨创科技公司申报2022年度尖兵领雁攻关项目。委员胡辉的《关于数字经济赋能美丽乡村的建议》，引起区委、区政府和区政协重视。5月27日，区政协聚焦“空间规划”专题，开展2022年首场提案办理面商活动，这也是瓶窑镇举办的多场“民生议事堂”活动之一。部分区政协委员与提案承办单位集中会面，零距离交流、面对面协商，为空间规划建言献策、凝聚共识。区政协副主席周忠诚，提案委、城建委负责人参加活动。会上，提案主办单位市规资局余杭分局、瓶窑镇人民政府、区公积金中心对政协委员提案办理，以及开展的重点工作情况作了汇报。此次涉及空间规划面商的提案共13件，涉及余杭区专业文化基础设施建设、加强用地支持助推乡村共同富裕、建立应急专用地理信息服务保障疫情防控等。其中，市规资局余杭分局共承办区政协委员提案主办件11件、瓶窑镇1件、区公积金中心1件，均已完成主办件第一轮面商。2022年，区妇联办理区政协十二届二次会议提案共11件(其中主办5件、协办6件)，区总工会办理提案共8件（其中主办2件、协办6件），团区委办理提案共7件（其中主办1件、协办6件），主要涉及家庭教育、育儿友好、职场女性心理健康、青年婚恋、精神共富、知识普及等领域。委员们普遍对提案承办单位主动联系商讨研究的办理态度和过程表示满意。针对提案涉及的问题，委员们进一步提出应跟随硬件建设步伐，持续落实软件服务，构建余杭区儿童服务资源库，引入第三方专业机构服务社会等建议。各承办单位相关负责人就意见建议一一作出回应。黄德伟指出，相关提案中提出的家庭教育、职场女性心理健康、青年婚恋等问题，影响面广，群众呼声大，兼具复杂性与迫切性。对于这些问题，要贯彻共建共享理念，充分动员全社会力量，形成家庭、社区、镇街与承办单位的工作合力，共同构建有利环境，加快问题解决，提升群众获得感。11月11日，举行的“西部富美”请你来协商专场活动，区委副书记、区长金承涛和政协委员、相关部门负责人等开展了深入协商。林丹琴、马宽、刘志鹏、刘松、李琴等委员争相发言，提出了“强化政策引导”“擦亮径山金

2022年10月24日，区政协提案深化办理工作会议召开

字招牌”“深挖特色发展潜力”“做大做强我区农业区域公用品牌”“试行乡村卫星办公”“探索绿色硅谷新模式”等创新理念。此外，线上有不少委员通过数字政协“i 履职”参与互动留言。区农业农村局表示，正探索推动建立未来科技城与西部五镇产业协作机制，形成“1+5”山城协作联合体，充分发挥未来科技城现有产业优势，挖掘西部得天独厚的资源，带动五镇共同融入创业创新大环境。张荣鑫提交的《关于加大对科技型中小企业政策支持》的提案，专门对余杭科技政策优越性作了区域间的横向对比，引起科技、经信、财政等部门的高度重视。提案办理过程中，张荣鑫受邀参加了区政协组织的“请你来协商”座谈会，他和多位政协委员一起，围绕余杭区创新创业生态体系、创新资源集聚、高层次人才引培、科技成果转化等提案内容，与相关部门进行了深入交流。有关单位表示同意委员意见，应该立足自身产业特色，做好政策体系、政策路径的更新迭代，加快政策兑现速度，用政策的“沃土”培育出更多“专新特精”企业和上市企业。

二、历年重点提案督办

2003 年度余杭区政协主席、副主席督办重点提案基本情况表

表 6–1

序号	提案名称	提案人	主办单位	督办主席
1	统一征迁政策，维护农民利益，解决失地农民出路	王洪坤	国土局	李小花
2	加快发展公交事业，改善城市交通	刘念祖	交通局	丰章生
3	建立城市基础设施资料信息库	何月姣	城建局	丰章生
4	我区有废弃石矿宕口公路岩坡 281 处，严重影响良渚文化申报世界文化遗产	姜桂芳	林水局	董建国
5	全面推进非公企业职工社会保险工作	梁水根	劳保局	方加明
6	进一步加快我区高中教育的发展	孙树荣　钱利利	教育局	钱杭根
7	积极筹建社区学院，推广全民素质教育	余展红	教育局	钱杭根

2004 年度余杭区政协主席、副主席督办重点提案基本情况表

表 6–2

序号	提案名称	提案人	主办单位	督办主席
1	加大西部山区生态建设扶持力度	章爱娣	农业局	李小花
2	加强我区农民专业合作经济组织建设着力解决“三农”问题，努力提高薄弱乡镇农民收入	任永发	农业局	丰章生
3	加强我区公共卫生体系建设的建议和对策	黄国林等	卫生局	章福根
4	推进相关联产业集聚发展，优化资源要素	周卫列等	经发局	莫炳法
5	实施以就业为导向的教育和技术培训工程	戴桂香	劳保局	方加明
6	大力推广新型能源，努力缓解用电缺口	刘念祖等	建设局	钱杭根

2005年度余杭区政协主席、副主席督办重点提案基本情况表

表6–3

序号	提案名称	提案人	主办单位	督办主席
1	接轨旅游西进，培育壮大旅游产业	陆小平	政府办	李小花
2	如何有效加快城乡一体化进程	沈月华	城乡一体化办公室	丰章生
3	关于重振余杭丝绸雄风的建议	郑爱文	经发局	董建国
4	关于加强农村文化建设，促进农村全面进步的建议	倪水友	文体局	章福根
5	关爱外来民工，营造和谐发展环境	殷春贤	政府办	莫炳法
6	强化土地管理，严肃处置闲置土地	左晓旭	国土局	方加明
7	关于健全镇乡食品监督网络的建议	黄国林	人事局	钱杭根

2006年度余杭区政协主席、副主席督办重点提案基本情况表

表6–4

序号	提案名称	提案人	主办单位	督办主席
1	关于加强对娱乐场所环境管理的建议	裘建英	文广新局	丰章生
2	落实科学发展观，提升我区企业自主创新能力	何可成	发改局	董建国
3	职业高中在我区人力资源环境建设中要努力作出应有的贡献	程叔重	教育局	钱杭根
4	构建和谐劳动关系，促进社会和谐稳定	梁水根	劳动保障局	方加明
5	建立和完善农业自然灾害应急预案的建议	任永发	农业局	章福根
6	加强农民合作医疗制度建设和农村卫生工作的建议	许玲娣	卫生局	章福根、莫炳法

2007年度余杭区政协主席、副主席督办重点提案基本情况表

表6–5

序号	提案名称	提案人	主办单位	督办主席
1	关于加强老城区物业管理的建议	周文菊	建设局	陈云水
2	关于邱山大街地下污水管网改造的建议	何月姣	建设局	汪宏儿
3	加强综合治理，彻底解决临平城区内河道污染问题	江小洪	林水局	孔祥华
4	要求尽快落实备用水源建设和保护的建议	雷云霞	环保局	黄　莉
5	关于老年人养老服务问题	祝蔚莉	民政局	方加明
6	在家门口能看到名医吗	庞法松	卫生局	章福根
7	关于余杭组团中心镇整合教育资源加快教育发展的建议	胡会云	教育局	钱杭根

2008年度余杭区政协主席、副主席督办重点提案基本情况表

表6–6

序号	提案名称	提案人	主办单位	督办主席
1	提高土地征用区片综合补偿标准，保障被征地农民利益	城建和人口环境资源委员会	国土局	方加明
2	关于加强“一副三组团”污水工程建设的建议	何月姣	建设局	黄　莉
3	关于免费为农民提供新农村住房设计图的建议	汪雪平	建设局	章福根
4	要求建造市中心多层车库的建议	孙捷	城建集团	钱杭根
5	支持我区中小企业发展的建议	洪流	经发局	汪宏儿
6	关于实行新型农村养老制度的建议	马亚琴	劳保局	
7	余杭区发展壮大村级集体经济的思考	俞国富	农业局	陈云水

2009年度余杭区政协主席、副主席督办重点提案基本情况表

表6–7

序号	提案名称	提案人	主办单位	督办主席
1	合力缝制过冬“棉袄”，缓解中小企业融资困难	朱红耀	经发局	孔祥华
2	关于加快推进政府性投资项目实施代建制的建议	区政协经济界别二组	发改局	方加明
3	完善余杭旅游集散中心运作，打响余杭旅游综合体品牌	何军芳	旅游局	章福根
4	合力创建卫生强区，为余杭群众提供优质医疗卫生服务	区政协医药卫生、社会福利界别组	卫生局	钱杭根
5	规范市场中介组织的从业行为	区政协科协界别组	工商余杭分局	陈云水
6	关于加强我区环境保护、减少环境污染的建议	唐　亮	环保局	黄　莉
7	加强国有资产整合，完善国有资产管理	左晓旭	财政局	汪宏儿

2010 年度余杭区政协主席、副主席督办重点提案基本情况表

表 6–8

序号	提案名称	提案人	主办单位	督办主席
1	关于破解企业招工难问题的建议	胡中伟	劳保局、经发局、建设局、教育局	
2	应对人口老龄化加快发展我区养老服务业	区政协医药卫生、社会福利界别组	民政局	
3	关于加强我区社区文化建设的建议	陈朝阳	文广新局、宣传部	
4	关于新建基础设施要求尽快移交相关部门管理的建议	李冰石	城管执法局	
5	关于推广城市道路照明节能改造提案	曹国兴	城管执法局	
6	加快家纺业转型升级步伐，发挥省级重点示范产业集群集聚效应	尤恩校	经发局	
7	关于要求尽快制订和完善撤村建居社区后续配套政策的提案	张　瑾	民政局、国土分局、财政局	
8	关于发展余杭社区卫生服务的建议	祝蔚莉	卫生局	
9	政府在保障性住房建设中多建廉租房的建议	陈　频	建设局	
10	对改善我区教育现状的建议	江　筠	教育局	

2011 年度余杭区政协主席、副主席督办重点提案基本情况表

表 6–9

序号	提案名称	提案人	主办单位	督办主席
1	关于对生活垃圾实施强制分类管理的建议	王群珍	城管执法局	黄　莉
2	加快临平山周边整治，建设临平山公园的建议	张月龙	建设局	孔祥华
3	关于切实加强学前教育的几点建议	陆文灿	教育局	钱杭根
4	关于恢复和保护我区西部山区原生态山水的建议	科协界别组	林水局	陈云水
5	关于建设森林城市的一些建议	孙玉英	林水局	孔祥华
6	关于加强部门监督与行业监管，促进余杭中介服务业加快发展的建议	张丽莉	区纪委、监察局	汪宏儿
7	关于进一步加大对政府项目实行招投标工程的监管力度的建议	周文菊	区纪委、监察局	汪宏儿
8	关于培育本土人才，助推“人才兴区”的建议	科技界别组	人事局	潘法高
9	保基本抓基础强基层提升三级医疗卫生机构服务水平	医卫社会福利界别组	卫生局	章福根

2012 年度余杭区政协主席、副主席督办重点提案基本情况表

表 6-10

序号	提案名称	提案人	主办单位	督办主席
1	关于切实发挥“三区八园”在工业经济转型升级中主平台作用的建议	经济界别二组	经信局	阮文静
2	关于利用北湖草荡净化苕溪水质并增加水容量的建议	沈士华	林水局	黄　莉
3	进一步加强财政专项资金绩效管理工作的建议	丰曦红	财政局	杜永林
4	关于分类分地区审批农村建房的建议	庞法松	建设局	孔祥华
5	加快养老机构建设推进养老事业发展的几点建议	施志杰	民政局	陈云水
6	创新发展金融服务业、助推企业转型升级	经济界别二组	发改局	潘法高
7	建议政府加快出台社会团体创新激励政策	卢红梅	民政局	戴桂香

2013 年度余杭区政协主席、副主席督办重点提案基本情况表

表 6-11

序号	案由	提案人	主办单位	督办领导
1	关于加大科技型中小企业产业扶持力度的建议	茹栋	科技局	阮文静
2	关于加强我区农村多高层公寓社会管理的几点建议	葛树法	住建局	黄　莉
3	关于在我区规划建设现代有轨电车的建议	费跃建	住建局	黄　莉
4	加大生态补偿力度，确保西部青山绿水	庞法松	效能考评办	杜永林
5	关于解决我区农村集体经济发展有关法律问题的建议	卢红梅	政府办	孔祥华
6	工业园区提升改造后所面临的相关问题及建议	民建余杭总支	经信局	孔祥华
7	关于大力发展我区职业教育的建议	郭云伟	教育局	陈云水
8	实施“放心食品名牌工程”让安全的食品百姓看得见	江小洪	质监余杭分局	陈云水
9	余杭西部旅游发展大有可为	王邦林	风景旅游局	潘法高
10	关于加强对我区农村住宅出租房消防安全管理的建议	李小军	公安分局	戴桂香

2014 年度余杭区政协主席、副主席督办重点提案基本情况表

表 6–12

序号	提案名称	提案人	主办单位	督办领导
1	关于全民参与“五水共治”的建议	邱丽霞	环保局	阮文静
2	关于垃圾分类后续推进的建议	赵喜凯	城管局	黄　莉
3	提高公交分担率解决临平城区交通拥堵的建议	江小洪	交通运输局	黄　莉
4	关于深化改革、加大政府购买服务力度的建议	卢红梅	发改局	杜永林
5	关于做好“三改一拆”后续方面的几点想法	葛树法	防违控违办	杜永林
6	关于推进余杭电子商务发展的建议	顾菁华	商务局	孔祥华
7	关于我区高中教育接轨杭州主城区的建议	夏渭云	教育局	陈云水
8	关于要求尽快出台扶持民营医疗机构政策的建议	医卫界别组	人力社保局	陈云水
9	关于进一步规范镇街编外人员管理的建议	章雪梅	编委办	潘法高
10	关于加强对失能老人养老问题的几点建议	章　斌	民政局	戴桂香

2015 年度余杭区政协主席、副主席督办重点提案基本情况表

表 6–13

序号	提案名称	提案人	主办单位	督办领导
1	防控结合　全民参与共同治理大气污染	金　明	环保局	阮文静
2	关于全面推进生活垃圾细化分类工作的建议	张建群	城管局	黄　莉
3	关于抓好我区农民多高层公寓后期物业管理的几点建议	葛树法	住建局	黄　莉
4	关于加快我区慢性病管理信息化推进工作的建议	卢红梅	卫生和计划生育局	杜永林
5	“十三五”规划要充分考虑人口容纳问题	王晓乐	发改局	杜永林
6	关于我区发展信息经济“一号工程”几点建议	程　勋	经信局	孔祥华
7	关于加强我区食品生产加工环节质量安全监管的建议	民建余杭基层委员会	市场监管局	孔祥华
8	关于加快发展余杭区现代职业教育的提案	教育界别组	教育局	陈云水
9	关于加快运河综保工程建设的几点建议	张　来	运河综保公司	陈云水
10	关于精心构建“梦想小镇创新创业生态系统”的几点建议	江小洪	未来科技城管委会	潘法高
11	关于进一步加强司法公开的提案	许美凤	法院	戴桂香
12	关于加强养老服务的建议	胡　军	民政局	戴桂香

2016 年度余杭区政协主席、副主席督办重点提案基本情况表

表 6–14

序号	提案名称	提案人	主办单位	督办主席
1	关于加强城区人行道占道管理的提案	徐天生	城管局	陈云水
2	关于金融支持经济创新转型的对策建议	民革余杭支部	发改局	阮文静
3	关于大力推进临平大气污染治理的建议	应　健	环保局	黄　莉
4	关于深化“五水共治”，着力打造临平新城中心区沿河 10 公里步道圈的建议	许跃华	临平新城	杜永林
5	坚持五大理念打造美丽乡村升级版	农林界别组	农业局	孔祥华
6	以 PPP 模式加快推进社区 e 护理＋养老服务事业发展的建议	卢红梅	卫计局	戴桂香
7	在推进社会治理中创新发展大调解工作机制的几点建议	马亚琴	政法委	潘法高

2017 年度余杭区政协主席、副主席督办重点提案基本情况表

表 6–15

序号	案由	提案人	主办单位	督办主席
1	对大数据时代下智慧政府服务体系建设的几点建议	郑　红等	经信局	潘法高
2	关于建立产业化项目承接转移机制的建议	朱丁伟	科技局	赵喜凯
3	关于加快推进良渚遗址申遗工作的建议	教育社科界别组	良渚遗址管委会	陈云水
4	关于加快我区社会养老服务体系建设的建议	医卫社会福利界别组	民政局	戴桂香
5	关于破解临平空气污染问题的建议	韩卫芳	政府办	黄　莉
6	关于加强小城镇环境综合整治的建议	胡水元	住建局	孔祥华
7	关于规划建设生态廊道提升城市文明的建议	王晓乐	住建局	阮文静

2018 年度余杭区政协主席、副主席督办重点提案基本情况表

表 6–16

序号	案由	提案人	主办单位	督办主席
1	关于推行租房“旅馆式＋星级化”管理优化流动人口梯度服务的建议	韩云燕	公安分局	戴桂香
2	投放救命神器普及救护技能努力提高社会公共急救水平	吴芳华	红十字会	陈云水
3	关于优化我区公共交通线路的建议	朱　礼	交通运输局	黄　莉
4	关于我区传统纺织服装实体企业向时尚产业转型的建议	胡治国	经信局	赵喜凯
5	推进余杭“美丽乡村”建设的建议	农林界别组	农业局	阮文静
6	补齐基础设施短板巩固五水共治成果	科技界别组	水务公司	黄　莉
7	关于借亚运东风加快余杭文体设施建设的建议	朱飞燕	文广新局	潘法高

2019 年度余杭区政协主席、副主席督办重点提案基本情况表

表 6–17

序号	提案名称	提案人	主办单位	督办主席
1	关于进一步完善产业扶持政策，助推全域创新发展的几点建议	科技界别组	经信局	吴立炜
2	关于解决乡村振兴中用地难题的几点意见	农林界别组	农业农村局	黄德伟
3	关于利用“城市大脑”助力公共交通优化的建议	经济界别二组	数据资源管理局	黄　莉
4	关于加强 5G 网络及产业规划布局　助推余杭数字经济一号工程的提案	丁　宇	经信局	赵喜凯
5	振兴余杭农村文化，助推全域美丽建设	民盟余杭区基层委员会	文化和广电旅游体育局	陈云水
6	加快临平副城建设　为“东部崛起”创造条件	工商联界别组	开发区、临平新城	沈　昱
7	关于加快推进建筑工业化进程的建议	邹　华	经信局	戴桂香

2020 年度余杭区政协主席、副主席督办重点提案基本情况表

表 6–18

序号	案由	提案人	主办单位	督办主席
1	关于加强余杭区“未来社区”建设的建议	石翼飞	发改局	陈云水
2	关于美丽乡村建好后持续发展的若干建议	农林界	农业农村局	黄德伟
3	关于进一步提升公共卫生风险防控能力的建议	李　萍	卫生健康局	沈洪相
4	以实施“新制造业计划”为契机，开展城西产业协同融合，推进城西高质量发展	徐　进	未来科技城	沈　昱
5	关于高层建筑消防安全的建议	余杭区归国华侨联合会	消防救援大队	黄德伟
6	引进培育多层次人才，打造“热带雨林”式人才生态	科技界	组织部	吴立炜

2021 年度余杭区政协主席、副主席督办重点提案基本情况表

表 6-19

序号	案由	提案人	主办单位	督办主席
1	关于数字经济赋能美丽乡村的建议	经济界别一组	农业农村局	沈　昱
2	解决人才安居问题、促进优秀人才落户余杭的建议	赵　昆	组织部	黄德伟
3	关于办好“家门口”的养老的建议	陈宏萍	民政局	李玉美
4	关于加快推进余杭婴幼儿照护服务工作的建议	陈旭丹	卫生健康局	傅丽华
5	将未来社区打造成为共同富裕现代化基本单元——关于加快建设未来社区“余杭样板”的建议	李　丹，经济界别二组	住建局	周忠诚
6	关于深化“良渚学”研究并高规格推动设立“良渚学研究高峰论坛”的建议	仲秀芳	良渚遗址管委会	斯建刚
7	打造新一代信息通信产业集群的建议	赵海燕	经信局	张　瑾

2022 年度余杭区政协主席、副主席督办重点提案基本情况表

表 6-20

序号	提案名称	提案人	主办单位	督办主席
1	关于加强余杭区家庭教育工作的建议	陈晓东妇联界别组	妇联	黄德伟
2	关于强化一级预防，完善优生健康检测助推共同富裕的建议	九三学社余杭委员会	卫生健康局	李玉美
3	关于办好家门口每一所学校，实质性推进余杭区全域名校集团化的建议	俞　琣	教育局	傅丽华
4	关于林道、古道、游步道，建起来、连起来、嗨起来的建议	民进余杭委员会	林水局	周忠诚
5	关于用沈括文化为余杭科创赋能的建议	文化艺术界别组	良渚街道	斯建刚
6	关于加快推进数据要素交易市场建设的建议	高　航	发改局	张　瑾

第四节　优秀提案表彰

2004年12月30日，余杭区政协《关于表彰区八届一次会议以来优秀提案的决定》指出，为进一步激励全体委员运用提案参政议政的积极性，提高提案质量，推进提案工作，经各承办单位推荐，提案委员会初选，主席会议审定，区政协八届常委会第十三次会议通过，决定对八届一次全会以来的16件优秀提案予以表彰。此后，历次全体会议均对优秀提案予以表彰，至2022年区政协十二届二次会议共有375件优秀提案获得表彰。

一、区政协八届委员会

2003年度余杭区政协优秀提案和提案人一览表

表6–21

序号	案　由	提案人
1	在镇乡中开展社区服务	郭青岭
2	我区废弃石矿宕口公路岩坡281处，严重影响良渚文化申报世界文化遗产	姜桂芳
3	建立以大病统筹为主的新型农民合作医疗制度	黄国林
4	非公有制企业职工社会保障	梁水根
5	加强保护苕溪的现有水源	雷云霞
6	做大做强非公有制经济	何可成
7	进一步加快我区高中教育的发展	孙树荣　钱利利
8	加强我区农民专业合作经济组织建设	任永发
9	着力解决“三农”问题，努力提高薄弱乡镇农民收入	张月龙
10	实施以就业为导向的技术教育和培训工程	戴桂香等
11	关爱外来民工、维护社会稳定和经济发展	倪水友
12	采取措施，缓解“两难”	郑亚萍等
13	把环境保护作为乡镇考核内容，努力改善环境质量	沈水玉
14	关于推进相关产业集聚发展，优化资源要素的建设	周卫列
15	大力推广新型能源，努力缓解用电缺口	刘念祖
16	关于加强我区安全生产管理工作的建议	裘建英

2004年度余杭区政协优秀提案和提案人一览表

表6–22

序号	案　由	提案人
1	关于进一步加快我区专业市场建设的建议	何可成
2	循环经济—余杭经济实现可持续发展的必由之路	周卫列
3	关于加强我区农村基层文化建设的建议	戴园丽
4	关于重振余杭丝绸雄风的建议	郑爱文
5	对提案和信息工作的几点意见	沈国华
6	关于全面推进我区学前教育健康发展的建议	孙树荣
7	让全社会都来关心残疾人事业	张志良
8	关于健全镇乡食品卫生监督网络的建议	方黎明
9	规范特约人员工作充分发挥民主监督作用	江小洪

2005年度余杭区政协优秀提案和提案人一览表

表6–23

序号	案　由	提案人
1	关爱外来民工，营造和谐发展环境	殷春贤
2	关于加强农村文化建设，促进农村全面进步的建议	倪水友
3	强化土地管理，严肃处置闲置土地	左晓旭
4	关于健全镇乡食品监督网络的建议	黄国林
5	关于加强城市停车管理的提案	张洪根
6	关于尽快建立生态建设专项资金有效推进余杭生态区建设的建议	周卫列
7	关于加强对集体合同管理的提案	嵇掌虎

2006年度余杭区政协优秀提案和提案人一览表

表6–24

序号	案　由	提案人
1	关于加强对娱乐场所管理的建议	裘建英
2	关于进一步开展对城区老居民区的环境整治工作	方建华
3	政府机关要做建设节约型社会的表率	金幼群

续表 6-24

序号	案 由	提案人
4	职业高中在我区人力资源环境建设中要努力作出应有的贡献	程叔重
5	构建和谐劳动关系，促进社会和谐稳定	梁水根
6	关注老龄社会，关爱老年人群	莫少颖
7	加强对业主委员会的培训工作，切实发挥其应有作用	江小洪
8	建立和完善农业自然灾害应急预案的建议	任永发
9	加强农民合作医疗制度建设和农村卫生工作的建议	许玲娣
10	挖掘宗教积极因素为构建和谐余杭服务	邓振华
11	关于实施我区医疗信息网络全覆盖工程的建议	黄国林
12	加速组团建设，全面推进组团发展	胡会云

二、区政协九届委员会

2007 年度余杭区政协优秀提案和提案人一览表

表 6-25

序号	案 由	提案人
1	关于加快农村义务教育优质发展的建议	宣 桦
2	切实加强 320 国道星桥连接线交通管理的建议	王洪坤
3	关于开展全民健康促进行动，提高人民健康素质的建议	吴晋兰
4	建立网吧管理长效机制的几点建议	杨 军
5	关于对镇乡考核制度适当改革的建议	劳晓萍
6	关于进一步完善我区西部山区生态补偿机制的建议	陈跃水
7	关于加强老城区物业管理的建议	周文菊
8	关于统一规划公交车候车亭的建议	孙维丹
9	临平城区果壳箱（垃圾箱）问题的调查与建议	封福良
10	关于邱山大街地下污水管网改造的建议	何月姣
11	以人为本，加大力度，进一步加快新老城区公交一体化建设	王洪坤
12	加快发展余杭都市农业的几点建议	陈建方
13	以科学发展观为指导，扎实推进我区社会主义新农村建设	马亚琴

续表 6-25

序号	案　由	提案人
14	关于推进农业保险问题的建议	张月龙
15	加强综合治理，彻底解决临平城区内河道污染问题	江小洪
16	要求尽快落实备用水源建设和保护的建议	雷云霞
17	关于老年人养老服务问题的提案	祝蔚莉

2008 年度余杭区政协优秀提案和提案人一览表

表 6-26

序号	案　由	提案人
1	余杭区发展壮大村级集体经济的思考	俞国富
2	关于加快我区土地流转实现农业规模化经营的建议	张月龙
3	重视社区服务，挖掘就业潜力	祝蔚莉
4	加强职业教育，提高劳动者素质	胡国平
5	关于采用科学的方法做好我区节能减排工作的建议	周卫列
6	关于建立余杭区土地动态监测体系的建议	无党派界别
7	关于解决小企业贷款难的几点建议	冯建华
8	要求建造市中心多层车库的建议	孙　捷
9	关于在城区启动“平改坡”工程的建议	倪水友
10	关于免费为农民提供新农村住房设计图的建议	汪雪平
11	关于要求高度重视老旧小区治安和生活环境改善问题的建议	孙连法
12	关于加快建设汽车审验服务场所的建议	王洪坤
13	提高土地征用区片综合补偿标准，保障被征地农民利益	城建和人口资源环境委员会
14	支持我区中小企业发展的建议	洪　流
15	关于实行新型农村养老制度的建议	马亚琴

2009 年度余杭区政协优秀提案和提案人一览表

表 6-27

序号	案　由	提案人
1	加强国有资产整合，完善国有资产管理	左晓旭

续表 6-27

序号	案　由	提案人
2	走精细化管理之路，加快数字城管建设	郑建芬
3	关于加快推进政府性投资项目实施代建制的建议	朱红耀
4	关于充分利用空地的建议	张　燕
5	关于加快公交站台建设，加强公交站台管理的建议	王洪坤
6	关于加快枇杷功能区建设的建议	张月龙
7	保障农民土地依法流转，维护农民合法权益	周水清
8	关于加强我区环境保护、减少环境污染的建议	唐　亮
9	合力缝制过冬“棉袄”，缓解中小企业融资困难	经济界别二组
10	加大对大学毕业生自主创业扶助力度	周黎翔
11	促进创意产业成为经济新增长点的建议	胡会云
12	合力创建卫生强区，为余杭群众提供优质医疗卫生服务	医药卫生、社会福利界别组
13	关于提高社区卫生服务中心医疗水平的建议	倪水友
14	规范市场中介组织的从业行为	科协界别组
15	关于妥善处置农药空瓶空袋的建议	庞法松
16	政府应把城区自来水一户一表改造工程当作为民办实事工作来做	康　燕
17	关于进一步提高公交车环保性的建议	孙玉英

2010 年度余杭区政协优秀提案和提案人一览表

表 6-28

序号	案　由	提案人
1	关于推广城市道路照明节能改造提案	曹国兴
2	政府在保障性住房建设中多建廉租房的建议	陈　频
3	对改善我区教育现状的建议	江　筠
4	加快家纺业转型升级步伐，发挥省级重点示范产业集群集聚效应	尤恩校
5	应对人口老龄化，加快发展我区养老服务业	医药卫生社会福利界别组
6	关于要求尽快制订和完善撤村建居社区后续配套政策的提案	张　瑾
7	关于发展余杭社区卫生服务的建议	祝蔚莉
8	建立健全解决医疗纠纷处理机制，依法调解处置医疗争议的建议	洪胜华

续表 6-28

序号	案　由	提案人
9	发展现代都市农业需要继续加强农业优势产业功能区建设	农林界别组
10	关于加强企业上市工作领导的提案	张智林
11	关于要求明确项目后续管理主体的建议	葛旭锋
12	加大保障性住房建设，切实解决群众住房难	余向东
13	将我区骨干乡村休闲园区列入政府采购点的建议	王爱武
14	关于机动车礼让行人的建议	雷国荣
15	建议加快垃圾分类收集的几点意见	翁燕娟
16	关注支持中小企业发展，为余杭经济作贡献	汪峰贤
17	关于加快实现国家级生态城区建设目标的建议	周卫列
18	关于破解农民建房难，改善农村居住环境的提案	张杏英
19	关于解决外来流动儿童教育问题的建议	陆铜华
20	关于实施人才强区战略的建议	何　平

2011 年度余杭区政协优秀提案和提案人一览表

表 6-29

序号	案　由	提案人
1	关于对生活垃圾实施强制分类管理的建议	王群珍
2	提升临平副城公共自行车服务的建议	陈迪芳
3	关于公共场所禁烟几点建议	莫少颖
4	保基本抓基础强基层提升三级医疗卫生机构服务水平	医卫、社会福利界别组
5	关于建设森林城市的一些建议	孙玉英
6	关于进一步加强义工队伍组织和管理的提案	钟　山
7	居安思危高度重视发展可持续税源经济	夏慧敏
8	关于进一步加快区级大型文化场馆建设的建议	宣　桦
9	关于加强农村土地依法管理及建设的建议	余向东
10	关于异地造血壮大村级集体经济的提案	姜有松
11	发展设施农业是实现农业现代化的必由之路	农林界别组
12	关于垃圾处理厂加强环保监管的建议	孙玉英

续表 6-29

序号	案　由	提案人
13	关于办事不出组团的建议	胡会云
14	关于在“十二五”期间进一步重视和支持我区先进制造业发展的建议	周卫列
15	工业企业还贷应急资金政策实施力度仍需加大	陈国建
16	加快临平山周边整治，建设临平山公园的建议	张月龙
17	关于切实加强学前教育的几点意见	陆文灿
18	关于恢复和保护我区西部山区原生态山水的建议	科协界别组
19	关于加强部门监督与行业监管，促进余杭中介服务业加快发展的建议	张丽莉
20	关于进一步加强对政府项目实行招投标工程的监管力度的建议	周文菊
21	关于培育本土人才，助推“人才兴区”的建议	科技界别组

三、区政协十届委员会

2012 年度余杭区政协优秀提案和提案人一览表

表 6-30

序号	案　由	提案人
1	进一步加强财政专项资金绩效管理工作的建议	丰曦红
2	破解工程渣土乱倒的几点建议	葛树法
3	创新发展金融服务业，助推企业转型升级	经济界别二组
4	关于进一步加强我区政府投资项目管理的建议	民　革
5	关于加大我区企业商标注册及培育力度的建议	尤永春
6	关于提高城区土地利用率的建议	曹　媛
7	加快推进良渚遗址申遗工作的建议	陆文宝
8	关于保障我区饮用水源安全的再呼吁	区科协
9	关于分类分地区审批农村建房的建议	庞法松
10	关于优先发展公交事业，优化公交线路的建议	程　栋
11	勇于创新，合力提升普通高中办学水平	共青团界别组
12	关于加强学生接送车管理的建议	教育社科界别组
13	关于切实发挥“三区八园”在工业经济转型升级中主平台作用的建议	经济界别一组

续表 6-30

序号	案　由	提案人
14	关于发展壮大实体经济的几点建议	丁水泉
15	加快我区高技能人才队伍建设的提案	曹国兴
16	关于利用北湖草荡净化苕溪水质并增加水容量的建议	沈士华
17	建议政府加快出台社会团体创新激励政策	卢红梅
18	加快养老机构建设，推进养老事业发展的几点建议	施志杰
19	发展壮大村集体经济，加快新农村建设步伐	农林界别组
20	关于改造大棚甲鱼养殖供暖设施的建议	张　来
21	关于积极实施人才兴医强卫战略的建议	医卫社会福利界别组
22	完善机制，加强文化人才队伍建设	文体新闻出版界别组

2013 年度余杭区政协优秀提案和提案人一览表

表 6-31

序号	案　由	提案人
1	关于加快推进“智慧城市”建设，提高我区城市管理能力的建议	沈宝土
2	加强城市扬尘污染防控的相关建议	张建群
3	关于进一步完善“政银保”协作贷款的几点建议	冯建华
4	余杭西部旅游发展大有可为	王邦林
5	关于加强我区农村住宅出租房消防安全管理的建议	李小军
6	再次建议尽快制定出台新形势下农村建房的政策	郑洪广
7	关于取消公款印制购买邮寄贺卡的建议	赵加鑫
8	关于进一步扶持民办教育发展的建议	吴王楼
9	关于大力发展我区职业教育的建议	郭云伟
10	工业园区提升改造后所面临的相关问题及建议	民建余杭总支部
11	关于加大科技型中小企业产业扶持力度的建议	茹　栋
12	关于推进养老机构建设的几点建议	章　斌
13	尽快发展和创新我区养老产业的建议	康　燕
14	加快我区美丽乡村建设的几点建议	郭金乔
15	加强农产品监管的建议	农林界别组

续表 6-31

序号	案　由	提案人
16	关于解决我区农村集体经济发展有关法律问题的建议	卢红梅
17	关于新进大学生使用管理培养的几点建议	金卫东
18	规范民间借贷，助推企业发展	王利群
19	实施“放心食品名牌工程”让安全的食品百姓看得见	江小洪
20	敬畏生命尊重医学营造和谐医患关系	医卫界别组
21	关于淘宝城正式入驻余杭的有关建议	郎振忠
22	加大生态补偿力度，确保西部青山绿水	庞法松
23	促进区文创产业可持续发展，做好文创产业空间布局和平台建设	陈立强
24	后危机时期政企均可有所作为	经济界别二组
25	关于加强我区农村多高层公寓社会管理的几点建议	葛树法
26	关于在我区规划建设现代有轨电车的建议	费跃建

2014 年度余杭区政协优秀提案和提案人一览表

表 6-32

序号	案　由	提案人
1	关于进一步规范镇街编外人员管理的建议	章雪梅
2	关于垃圾分类后续推进的建议	赵喜凯
3	关于深化改革加大政府购买服务力度的建议	卢红梅
4	关于做好“三改一拆”后续方面的几点想法	葛树法
5	关于进一步做好“科技强警”，促进平安余杭建设的建议	科协界别组
6	关于调整工业用地最低保护价和提高工业用地实际出让价格的建议	张　锋
7	关于全民参与“五水共治”的建议	邱丽霞
8	深化“四边三化”行动，强化长效管理	翁燕娟
9	关于优化开发区城市化区域公交线路的提案	陈墨飞
10	提高公交分担率解决临平城区交通拥堵的建议	江小洪
11	关于我区高中教育接轨杭州主城区的建议	夏渭云
12	针对我区实行“机器换人”促进余杭产业转型升级的几点建议	马亚琴
13	关于加强对失能老人养老问题的几点建议	章　斌

续表 6-32

序号	案　由	提案人
14	让更多的农业经营户获得农业保险的“红利”	农林界别组
15	关于要求尽快出台扶持民营医疗机构政策的建议	医卫界别组
16	科学引进和培育我区物联网企业	马　峰
17	关于推进余杭电子商务发展的建议	顾菁华
18	关于加强对我区农村菜市场内农副产品安全监管的建议	李小军
19	对我区老年人免费开展肺炎球菌疫苗接种的建议	杨仁洪
20	关于加强住宅电梯安全使用管理的建议	吴文星

2015 年度余杭区政协优秀提案和提案人一览表

表 6-33

序号	案　由	提案人
1	关于全面推进生活垃圾细化分类工作的建议	张建群
2	“十三五”规划要充分考虑人口容纳问题	王晓乐
3	关于进一步加强司法公开的提案	许美凤
4	防控结合，全民参与，共同治理大气污染	金　明
5	关于加快发展余杭区现代职业教育的提案	教育界别组
6	关于我区发展信息经济“一号工程”几点建议	程　勋
7	关于加强养老服务的建议	胡　军
8	关于我区农村经济发展的几点建议	农林界别组
9	关于要求尽快解决民营医疗机构全面纳入医保定点资格的建议	科技界别组
10	关于加快我区跨境电子商务产业发展的建议	江　筠
11	关于加强我区食品生产加工环节质量安全监管的建议	民建余杭基层委员会
12	关于加快我区慢性病管理信息化推进工作的建议	卢红梅
13	关于精心构建“梦想小镇”创业创新生态系统的几点建议	江小洪
14	关于大径山区域佛教古迹的整体调研及保护的建议	释戒兴
15	关于加快运河综保工程建设的几点建议	张　来
16	拓宽被拆迁农户安置渠道，控制多高层公寓建设数量	项坚民
17	关于抓好我区农民多高层公寓后期物业管理的几点建议	葛树法

2016 年度余杭区政协优秀提案和提案人一览表

表 6–34

序号	案　由	提案人
1	关于加强城区人行道占道管理的提案	徐天生
2	关于加快推进我区智能化垃圾分类的几点建议	徐年松
3	关于金融支持经济创新转型的对策建议	民革余杭区总支
4	关于大力推进临平大气污染治理的建议	应　健
5	发挥区位优势，把握发展契机，着力提升余杭教育国际化水平	教育社科界别组
6	进一步开展径山核心文化的挖掘，以文化的弘扬及体验，积极推动“大径山国家乡村公园”的建设	释戒兴
7	关于我区山区林道建设的建议	农林界别组
8	关于深化“五水共治”，着力打造临平新城中心区沿河 10 公里步道圈的建议	许跃华
9	坚持五大理念打造美丽乡村升级版	农林界别组
10	关于传统产业借力电子商务助推产业升级的建议	胡治国
11	关于对招商引资工作的几点建议	楼建琴
12	以 PPP 模式加快推进社区 e 护理＋养老服务事业发展的建议	卢红梅
13	积极应对“普二孩”政策提升妇幼保健服务能力	张　来
14	在推进社会治理中创新发展大调解工作机制的几点建议	马亚琴
15	关于地铁规划中余杭要力争合理权益的建议	周康明

四、区政协十一届委员会

2017 年度余杭区政协优秀提案和提案人一览表

表 6–35

序号	案　由	提案人
1	关于升级改造我区公共卫生间的建议	卢俊卿
2	关于加强建筑装修废弃物处置的建议	陈　宁
3	关于借鉴台州市小微金融改革创新经验，破解余杭区小微企业融资难的建议	奚高飞
4	关于尽快调整教师招录及高层次教育人才引进政策的建议	俞建锋
5	对大数据时代下我区智慧政府服务体系建设的几点建议	郑　红

续表 6-35

序号	案　由	提案人
6	关于建立产业化项目承接转移机制的建议	朱丁伟
7	关于加快推进良渚遗址申遗工作的建议	教育社会科学界别组
8	关于完善河道生态治理项目管理的建议	陈国建
9	关于加快我区社会养老服务体系建设的建议	医药卫生社会福利界别组
10	关于创新政策性农业保险为我区现代农业发展保驾护航的建议	农林界别组
11	关于加强种养殖户管理提升环境质量的建议	章雪梅
12	关于加快余杭医保与主城区完全接轨的建议	王婉芬
13	关于大力鼓励和扶持“根植”于余杭本土文化的文创产业发展的几点建议	金忠美
14	关于破解临平空气污染问题的建议	韩卫芳
15	关于加强小城镇环境综合整治的建议	胡水元
16	关于规划建设生态廊道提升城市文明的建议	王晓乐
17	关于开展既有多层住宅加装电梯工作的建议（关于加快我区多层住宅电梯安装工作的建议）	朱　礼、陆文宝

2018 年度余杭区政协优秀提案和提案人一览表

表 6-36

序号	案　由	提案人
1	关于推行租房“旅馆式＋星级化”管理优化流动人口梯度服务的建议	韩云燕
2	投放救命神器普及救护技能努力提高社会公共急救水平	吴芳华
3	关于开展土壤污染详查，建立全方位土壤环境质量监控体系的建议	孟　谪
4	关于优化我区公共交通线路的建议	朱　礼
5	关于小学生放学后在校“延时监管”的实施建议	李　君
6	关于我区传统纺织服装实体企业向时尚产业转型的建议	胡治国
7	加大科技型企业金融服务力度，支持企业创新发展	陈国建
8	推进余杭“美丽乡村”建设的建议	农林界别组
9	以改革创新的思维推进村级集体经济发展	农林界别组
10	关于在余杭区建设人力资源服务产业园的建议	汪　琏
11	建议补齐基础设施短板、巩固五水共治成果	科技界别组

续表 6-36

序号	案　由	提案人
12	打通“下沉优质医疗资源”最后一公里	阎景临
13	关于借亚运东风加快余杭文体设施建设的建议	朱飞燕
14	关于进一步深化我区“最多跑一次”改革的建议	朱丁伟
15	关于倡导阅读，打造书香之城的建议	滕晓芳
16	关于加快建设大运河文化带的建议	民宗界别组
17	关于加强老旧小区物业管理的提案	释宏传

2019 年度余杭区政协优秀提案和提案人一览表

表 6-37

序号	案　由	提案人
1	加快临平副城建设为“东部崛起创造条件”	工商联界别组
2	关于利用“城市大脑”助力公共交通优化的建议	经济界别二组
3	关于进一步完善产业扶持政策，助推全域创新发展的几点建议	科技界别组
4	振兴余杭农村文化，助推全域美丽建设	民盟余杭区基层委员会
5	关于加快推进建筑工业化进程的建议	邹　华
6	关于解决乡村振兴中用地难题的几点意见	农林界别组
7	关于加强 5G 网络及产业规划布局助推余杭数字经济一号工程的提案	丁　宇
8	关于推进垃圾分类的几点建议	高丽娟
9	科学开挖建设大运河二通道为余杭添风	宗教、少数民族、无党派人士组
10	密切党群关系应“减量提质”基层调研切忌“一窝蜂”	沈卫东
11	关于校外教育培训机构纳入全域治理的建议	教育、社会科学界别组
12	关于余杭产业更智能化提升改造的几点建议	王晓乐
13	完善居家养老服务，增强老年人的获得感	余杭区科学技术协会
14	打造高素质技工队伍为余杭高质量发展提供技能支撑的建议	余杭区总工会
15	关于改善民营企业营商环境几点建议	葛浩俊
16	关于固化我区老年人每年一次免费体检的建议	沈利杨
17	关于助推既有住宅电梯加装“能改尽改、愿改就改”政策落地见效的建议	金　明
18	关于加强餐饮业油烟污染全域治理“回头看”工作的建议	江小洪

2020 年度余杭区政协优秀提案和提案人一览表

表 6-38

序号	案　由	提案人
1	关于美丽乡村建好后持续发展的若干建议	农林界别组
2	关于进一步提升公共卫生风险防控能力的建议	李　萍
3	发挥多方联动作用，缩小余杭村级集体经济差距	区工商联
4	关于加快提升余杭制造业整体竞争力的几点建议	经济界别二组
5	引进培育多层次人才，打造“热带雨林”式人才生态	科技界别组
6	关于更好地满足群众文化需求的建议	团区委界别组
7	关于有效保护和合理利用世界文化遗产的建议	沈慧丽
8	关于构建科技金融创新生态链　打造科技金融先行地、新高地的建议	陈定泽
9	关于加强和推进垃圾分类工作的建议	释宏传、盛胜峰、许晓明、柯诗剑、周卫列、顾菁华、周　琪、俞建锋、金丹文
10	全域美丽需要高屋建瓴的总体定位	王晓乐
11	关于加快推进我区老年食堂建设的建议	民革余杭区基层委员会
12	关于加强余杭区“未来社区”建设的建议	石翼飞
13	关于加快数字治理系统建设的几点建议	周康明
14	以实施“新制造业计划”为契机，开展城西产业协同融合，推进城西高质量发展	徐　进
15	合力打造临平“长三角”最美桥头堡	宗教、少数民族、无党派界别组
16	“靓城行动”要惠及弱势人群，让城市“暖”起来	医药卫生、社会救济福利团体界别组
17	关于进一步推进全民健身的几点建议	区妇联
18	加强财政专项资金精细化管理的建议	区科协界别组
19	关于加强居民小区业委会建设的建议	沈忠英
20	关于推行科技政策兑现“无感智办”的一些思考和建议	郑　夏
21	关于加速推进乔司区块城市化建设进程的建议	区工商联界别组
22	切实纾解建筑企业困难，推动余杭建筑业高质量发展	封福良
23	关于高层建筑消防安全的建议	区侨联
24	关于安置房建设中规划配建小型社区养老中心的建议	高玲英
25	关于我区儿童、青少年预防近视工作的建议	教育、社科界别组

续表 6-38

序号	案　由	提案人
26	关于加快临平西大门区块开发建设的建议	张　锋
27	关于建立企业水电气网联动报装机制的建议	郎振忠
28	打破时空早准备　完美融合理工大——关于做好浙江理工大学引进建设的建议	闻建明
29	鼓励社会资本参与建设电动汽车充电基础设施的建议	谢　俊
30	关于加快设立省级北湖湿地公园的建议	钟伟良

五、区政协十二届委员会

2021 年度余杭区政协优秀提案和提案人一览表

表 6–39

序号	案　由	提案人
1	关于数字经济赋能美丽乡村的建议	经济界别活动一组
2	解决人才安居问题，促进优秀人才落户余杭	赵　昆
3	关于办好“家门口”的养老建议	陈宏萍
4	关于加快推进余杭婴幼儿照护服务工作的建议	陈旭丹
5	将未来社区打造成为共同富裕现代化基本单元——关于加快建设未来社区“余杭样板”的建议	李　丹
6	关于深化“良渚学”研究并高规格推动设立“良渚学研究高峰论坛”的建议	仲秀芳
7	打造新一代信息通信产业集群的建议	赵海燕
8	关于优化未来科技城企业落地政策的建议	王　原
9	构建“山城协作”模式，打造乡村振兴新增长极，助力实现共同富裕	农林界别活动组
10	关于加大对科技型中小企业政策支持的提案	张荣鑫
11	关于加快推进余杭区中等职业教育高质量发展的建议	俞珠花、徐　纳、吕　航
12	关于建设细胞产业发展示范区　推动余杭区细胞产业快速发展的建议	戴唯悠
13	关于推动视障人士文旅活动组织及目的地建设的建议	忻　皓
14	关于在具备临停条件的非核心主干道试行更精细化、更人性化临时停车的提案	陈晓东
15	关于新建生命教育体验馆的建议	叶　凤

续表 6-39

序号	案　由	提案人
16	关于加强产业工人队伍建设的建议	总工会界别组、张道静
17	关于落地共同富裕示范区　实现基于组织的个人信息数字便民码多跨场景应用的提案	肖传宝
18	关于“在‘三个全域’背景下打造‘全域旅游’高水平实现共同富裕”的建议	汪爱娟
19	关于完善优化乡村公交线路　让老百姓更加方便出行的建议	汪　辉
20	关于加强地下管线安全监测处置的建议	宋　杰
21	关于加强余杭区院前急救网络体系建设的提案	沈勇敏
22	绿灰相间、蓝绿相间、山水相依、打造高水平生命共同体余杭样板	王玉坤
23	以文一西路提升改造为契机　打造未来城市景观大道的建议	区工商联界别活动组
24	关于引导企业区内合理流动，防止优质企业外迁的建议	区工商联界别活动组
25	关于继续加强反电信诈骗宣传工作的建议	农工党余杭区基层委员会、叶利杰
26	关于为引进教育人才与青年教师提供公寓	罗永明
27	关于加强激励引导推动人才循环应用的建议	黄庆芳
28	关于加快开展我区核心区及城西片公交优化研究的建议	邵文鸿
29	对标国际湿地城市建设，为世界提供湿地数字化生态治理的余杭经验	民进余杭区基层委员会
30	关于余杭区数智经济时代零售产业升级的建议	周侃奇
31	关于加强药店销售退烧药品管控的建议	龚美丽
32	关于解决瓶窑镇华兴路口车辆拥堵的建议	徐振革
33	关于鼓励总部企业在余杭再发展再投资的建议	周军辉
34	关于推动二手商品市场规范发展，构建废旧物资循环利用体系的建议	向方逊
35	关于组建能源大数据评价与应用服务中心的提案	王辉东
36	关于拓宽及整修闲林西路的建议	张　捷
37	关于推进竞争性国企改革的建议	陈国建
38	关于加大生物医药研发扶持力度的建议	杨东晖、姜赛平
39	关于发挥企业在公益慈善中的主体作用，助力余杭“共同富裕示范区”试点建设	裘　涵
40	关于推进完善余杭区政府引导基金参股民营产业基金返投实务的建议	民建余杭区基层委员会
41	关于改善钱开区及仁和街道“公交”体系的提案	钱少波
42	关于配套运营商 5G 机房的建议	李　俊

2022年度余杭区政协优秀提案和提案人一览表

表 6–40

序号	案　由	提案者
1	关于加快推进数据要素交易市场建设的提案	高　航
2	办好家门口每一所学校，实质性推进余杭区全域名校集团化	俞　琣
3	关于支持企业创新，推进多种股权治理机制的建议	陈国建
4	关于加强余杭区家庭教育工作的提案	妇联界别组、陈晓东
5	关于用沈括文化为余杭科创赋能的提案	文化艺术界别组
6	林道、古道、游步道，建起来、连起来、嗨起来	民进余杭区基层委员会
7	关于强化一级预防，完善优生健康检测助推共同富裕的建议	九三学社余杭区基层委
8	推进数字人民币应用　切实增强百姓幸福感	周军辉
9	加强海绵城市建设　提升城市排涝能力	陈　宁
10	关于推动余杭区农村天然气使用建议	戴国民
11	关于“试点企业卫星办公，共建西部富美乡村”的建议	刘志鹏
12	关于组建余杭区虚拟电厂的建议	王辉东
13	社区养老服务提升的建议	洪月平
14	关于加强余杭区中医院建设的建议	吕　航
15	《关于建立余杭区人才政策“思维导图”与人才政策“链接”包的建议》	陶伟华
16	提升我区农业区域公用品牌建设，助力共同富裕	刘　松
17	关于鼓励和支持“托幼一体化”模式　促进托育服务发展的建议	白洪林、陆佳婧
18	让传统手工艺给乡村振兴带来新的活力	郑芬兰
19	关于社区建设过程中提前谋划0～3岁婴幼儿成长驿站的建议	周玲毅
20	加快推进余杭区区属医院功能定位以及医院高质量发展	林勇强
21	从文一西路开始，打造中国最美丽的科技新城	潘杨欢
22	关于解决中小服务业“招工难，留人更难”的建议	罗昭萍
23	将城区建在公园里，让我们生活在诗情画意中	沈士华
24	充分利用遥感数据，打造数字化空间治理先行区	曹华生
25	关于加大致敬生命教育宣传力度的建议	叶　凤
26	关于进一步加大用地支持，助推乡村共同富裕建设的建议	徐　盛

续表 6-40

序号	案　由	提案者
27	抢跑元宇宙新赛道　构筑余杭区数字经济竞争新优势	赵海燕
28	谋划布局余杭“XR”产业发展	经济界别活动二组
29	关于进一步讲好良渚文化发现人施昕更故事的建议	俞珠花
30	建议将鸬鸟镇打造成山地运动旅游主题乡镇、西部富美及余杭西部山区居民共同富裕的金名片	肖　斐
31	关于加大对生态保护区农民养老保障力度的建议	戴飞飞
32	关于加强工程车智能管控　提升人民群众幸福安全指数的建议	俞　聪、林勇强
33	从西安“一码通”崩溃事件，谈数字经济时代线下场景应用中的数字化基础设施建设的几点建议	王　伟
34	关于凝聚乡贤力量，助力共同富裕的建议	赵　楠
35	关于建设“反诈超市”矩阵的建议	胡　冰
36	给在建道路配台吸尘器——从在建道路有效降尘谈几点城市精细化管理的建议	农林界别组
37	关于加快公共体育设施建设，大力发展综合性体育文化赛事的建议	朱佳凌、谢　欣、周柔刚

附：历年优秀提案选登

关于加快我区土地流转实现农业规模化经营的建议

提案人　张月龙

内容及建议：

20世纪80年代初，实行以家庭经营为主的联产承包责任制，土地所有权与经营权分离，极大地刺激了广大农户的积极性，提高了农业生产力，解决了十几亿人口大国的吃饭生存问题，这是历史性的改革成就。随着经济社会的持续发展，农业生产能力的不断提高，农民转移幅度逐年上升，民工纷纷涌向城市，土地全年性和季节性荒芜现象时有发生，土地流转已成为当前农业规模经营、提高土地利用率遇到的瓶颈。为此本人对土地流转问题进行了调研，并提出若干建议，供有关部门参考。

一、土地流转现状

据调查，我区家庭承包经营户156275户，家庭承包经营面积445028亩，流转面积

124440亩，比上年增长30%，占全区耕地面积的28%；涉及农户51113户，占家庭承包经营户的32.7%。

二、土地流转存在的问题

流转比例过低。我区农村劳动力43.83万人，真正从事农业的只有10.85万人，占25%。据调查全年抛荒有500余亩，季节性抛荒有8万余亩制约了规模经济的发展。

三、加快土地流转的对策

1. 出台鼓励政策 开展土地流转工作是一项系统工程，离不开政策的引导，对土地流转贡献大的单位和个人、中介组织、农业企业实行奖励。进一步促进土地流转，加快我区土地规模化、集约化、专业化经营的步伐。同时必须从多方面加大对土地流转所需资金的扶持力度，金融部门对利用流转土地搞规模开发、比较效益高、优势明显的项目，要积极给予贷款支持；政府对利用流转土地搞高效农业、规模农业的项目优先立项，优先扶持探索土地使用权流转的新途径和新方法，推行土地股份制，让业主和农户共同投入高效农业，化解业主和农户风险，有效解决土地流转资金难的问题。

2. 确保农户利益 在土地流转过程中农民消极不愿转让的主要原因除怕承包给他人、经营权从此失去外，还涉及土地征用时赔偿费用上与承包业主的矛盾，为避免纠纷，农民往往宁愿让土地荒芜，也不愿让他人来开发。因此在签订合同中必须对青苗赔偿等项目陈述清楚，不让农民感到吃亏，为土地流转开通绿色通道。

3. 加快转移就业 要创优就业环境，拓宽就业渠道，彻底打破城乡“二元结构”，从体制上解放农民，疏通阻止农民进城的一切制度通道。加快城镇化建设步伐提高城镇吸纳能力，为农民就业做好服务工作。逐步建立规范有序的土地流转机制。建立健全多层次、多形式的农村劳动力市场，逐步形成以公益性服务机构为主体、以民办中介服务组织为补充，集信息收集、就业咨询、管理服务于一体的社会化就业服务体系。真正做到转移农民、减少农民，为土地流转、农业规模化经营创造条件。

4. 建立服务体系。区级成立农村土地流转办公室，负责土地流转的政策研究、方案制订和业务指导等工作。镇乡成立土地流转服务中心，负责农村土地流转的政策咨询，指导流转双方签订土地流转合同，办理土地流转合同的签证，对土地流转纠纷进行调解（仲裁），对土地流转合同的登记、变更等情况进行备案。村级成立土地流转服务站，掌握村组农户土地流转的意愿，提供土地承包经营权流转的信息，协调流转双方的利益，督促依法签订流转合同，调解土地流转中出现的矛盾和纠纷，对土地流转情况进行登记，并及时向镇乡农村土地流转服务中心提供土地流转动态情况。

5. 培育流转市场。探索成立市场化运作的土地流转中介服务组织。以市场为导向，自负盈亏，自主服务，解决土地供需双方因不能及时沟通而使流转受阻的矛盾，搜集统计土地流转的供需和市场价格信息资料，使农户和有意投资农业的经营者能及时、准确获得可靠信息，提高土地流转交易的成功率，降低流转交易成本。逐步建立农村土地流转信息网络，对农村土地承包情况、流转情况、农村劳动力情况等资料进行全面统计汇总。动态掌握本区域的土地流转情况，并输入电脑进行信息网络化管理。

合力缝制过冬“棉袄”，缓解中小企业融资困难

提案人：区政协经济界别二组

内容及建议：

当前席卷全球的金融海啸给我区以中小企业为主体的工业经济带来严重影响，从统计数据看，2008 年全区规模以上工业企业产值增长 13.2%，比上年回落 10.9 个百分点，也是近 10 年来增长最慢的，而经济效益下滑更厉害，预计全年利润负增长 16%，这是 20 世纪 90 年代初以来未出现过的。从社会信息看，2008 年一种独特的信息传播特别快：“某某企业放假关门”“某某企业倒闭”“某某老总失踪”，常使人寒意阵阵，确有危机降临之感。据调查，我区工业中小企业的确出现了前所未有的困难，其中最具普遍性的问题是融资困难。当前我区中小企业融资困难的原因据分析，主要有三：一是外部经济环境复杂多变，特别是国际金融海啸的影响，已直接传导到实体中小企业，导致我区工业经济增长乏力。二是中小企业与生俱来的先天不足，在市场萎缩、经济下行的大气候下进一步凸显出来。从现金流角度看，以下几种情况出现往往使企业陷于困境：战略管理失误，盲目多元化；短贷长投，导致现金流枯竭；管理粗放，会计、财务制度不健全，两项资金占比过高（全区两项资金同比增长 17.8%，几乎相当于同期新增的银行贷款）；资源和劳动力成本上升，利润空间日益缩小；还有少数企业经营者行为不良，嗜赌如命，导致一个好端端的企业倒闭（良渚中新微电机有限公司是最近的一个例子）；此外，中小企业缺少有效的抵押物，向银行借贷不易，转而向社会上借入高利息民间资金，而由此陷入困境的也时有所闻。三是从金融支持中小企业融资看，也急需解决一些认识和体制方面的问题。我们在充分看到银行为企业发展作出巨大贡献的同时，也要看到当前在中央启动投资等重大决策后，随着大批政府主导的基础设施项目上马，在信贷资源运作方面，银行自然更倾向于支持安全边际较高的政府项目或大企业项目，中小企业往往靠边靠后（在当前情况下，由于经济下行尚未见底，预计今年上半年，中小企业的贷款难很可能出现更严重的情况）。一方面，对我区工业经济转型升级的目标和路径，金融部门中一些同志在实际工作中把握也不够全面，往往按理想的目标要求现实中的企业，对我区传统产业占比大，劳动密集型行业多的中小企业缺乏足够的信心和耐心，“银行比企业更没有信心”的评语时有所闻，这样就极易出现“惜贷”“缩贷”“收贷”问题，导致企业出现困境，另一方面，现有金融系统体制方面的硬约束，也使现有银行的目标定位与中小企业的需求难以匹配。当然这只有通过深化金融体制改革，出现以中小企业为主要服务对象的中小型银行群，才有望实现。缓解当前中小企业融资难的对策建议首先要形成“扶企业”的共识。当前从中央到地方各级政府，采取的一系列政策概括起来就是“扶企业，扩投资，保民生”三件大事。而扶企业是其中的基础性工作，因为企业是

现实的生产力，如果现有企业都倒了，增长从何谈起？因此，保增长靠企业，扶企业就是保增长，而保企业就是保民生。要想保增长、保民生、保稳定，就必须保护好我们既有的生产力，保护好现有的企业。正如省委书记赵洪祝指出的“企业目前还是我们生产力的重要载体”，因此要“政府扶一把，银行拉一把，企业挺一把”，这“三把”下去，让多数企业站住、挺住，以积蓄力量，确保增长后劲，所以我们必须形成共识，帮中小企业渡难关，是我们保持社会稳定，保持经济平稳较快增长的当务之急。当然，强调当前要稳住，要“扶”，并不是不要调整，长远看还是要调整，市场经济的优胜劣汰规律是必然的。问题是这次波及面之广，中小企业困难的普遍性及严重性，需要有一个打破常规的认识和非同寻常的举措。在实际工作中对我区目前产业结构现状的分析评估也是一个影响中小企业融资不可回避的重要因素。这些年，我区通过各种举措，产业结构在不断优化调整，但劳动密集型企业出口型企业和传统产业还占很大比重。从全区看，他们实际上是工业经济的主要载体，是工业生产力的主要载体，也是推进工业化、城市化历史进程中的重要基础力量。考虑到我区社会经济发展实际需要，在较长的时间段内适度保留这些行业和企业是很有必要的，支持帮助他们逐步实现产业升级目标更是必需的。因此，扶助中小企业并不等同于保护落后的生产力，扶持和保护他们正是对余杭未来发展负责的表现。对他们遇到的困难，不仅政府，银行亦有责任伸出援手。因此，我们各级政府、各级部门、各金融机构都要统一认识，重全局、看长远，为帮扶企业出力。大浪淘沙，必然要淘汰掉一批低水平的企业，但总体上我们要帮扶，保企业要做很多事情，一个重点就是保融资，正如省长吕祖善对金融机构强调的，要“做到支持好的，扶持弱小的，帮助困难的”，各方联手合力缝制过冬棉袄，帮助中小企业渡难关。其次要积极应对，尽快建立经济金融稳定的协调机制。帮扶中小企业渡难关是系统性、社会性、政策性很强的工作，建议成立区委、区政府主要领导挂帅，由经济、金融、政法、财政、社保、税务、环保、工商、质监、国土、建设等部门共同组成的协调机构，并在经济发展局设立办公室。协调机构的基本任务是摸清企业情况，提出帮扶方案，协调帮扶工作。同时形成政府、银行、企业联手防范风险和妥善处置风险机制。第三是建立政府专项帮扶资金。萧山财政已拿出5亿元来帮助困难企业融资周转。我区也要尽快酝酿用于帮助企业融资周转的帮扶专项资金。第四是银行要成为千方百计化解中小企业融资困难的基本力量。在目前的特殊情况和非常时期，银行要有非常措施。针对企业发展的不同情况，要做到省政府领导强调的金融机构“四个不”：一不惜贷，二不抽贷，更不要跟风抽贷，三不要附加各项费用，四不要简单地牵连影响到互保企业，“决不要倒掉一个，影响一片”。对中央力挽经济困境的各项金融政策要真正落实，一直到信贷员，上下思想统一，行动一致。第五是大力扶持信用担保业发展。自我区成立第一家信用担保机构开始，到2008年底，已为企业累计担保贷款82.5亿元，其中2008年就达22.5亿元，为缓解广大中小企业融资困难发挥了重要作用，区政府的政策支持和各项工作也一直走在省、市同行前列，但目前因企业困难和受银行相关因素影响，一些担保业务风险渐显，各担保机构压力很大。为此，建议区政府成立政府全额出资的再担保机构，以引导和鼓励担保机构进一步扩大服务面，或者向实力、风控、服务都比较好的担保机构有条件地注入部分政府资金，以提升信用，提高放大倍率，扩大中小企业受惠面。第六是千方百计多渠道拓宽中小企业的融资方式。一是股权投资。这是国际上比较先进的现代融资渠道，乔司顺杰丝绸由危转稳就是一个很现实的例子。二是加强引导，发挥民间资金缓解中小企业融资难的积极作用。国家金融九条政策里面叫“规范发展民间融资”，这与之前“规范民间融资”的提法有很大不同，余杭民间资金丰厚，有关方面加强引导，加强监控，也是可以起到一定补充作用的。第七是中小企业自身要千方百计化危为机，自强奋进，要盯牢市场，适当地调整市场，不放弃技术升级和品牌创新，加强和完善企业管理，并履行好社会责任。当前面对国际金融危机的影响，政府、金融部门、企业同乘一条船，要联动，社会各界要联手，真正做到直面危机、共克时艰。阳光总在风雨后，余杭的中小企业在经受国际金融海啸的考验后，一定会成长发展得更快更好。

应对人口老龄化　加快发展我区养老服务业

提案人　区政协医药卫生、社会福利界别组

内容及建议：

2009 年底，我区 60 岁以上老年人有 14.4 万，占总人口的 16.98%，并且老龄化程度在以每年 0.5%的幅度递增。专家预测到 2040 年前后，老年人口将达到峰值，约占总人口的 35%，届时每 3 个人中就有 1 位老年人，每 4 个人就有 1 位 80 岁以上的高龄老年人。积极应对日趋严重的老龄化问题，大力发展我区养老服务业已刻不容缓！

一、目前养老服务所面临的困难

1. 养老福利机构的床位少、规模小。当前家庭逐步小型化，传统的家庭养老功能不断弱化，空巢老人和独居老人的数量不断增多，养老服务问题已经成为事关社会稳定的一件大事要事。但我区养老机构的床位偏少，每百位老年人床位占有率为 1.66 张，达不到全省平均 2.3 张的水平。且这些养老机构的床位绝大多数都集中在乡镇敬老院，设施相对简陋。另外，从养老机构的规模看，100 张以下的规模占绝大多数；由于养老机构利润微薄，它的效益是靠规模经营来实现的，小规模往往难以维持正常运转；久而久之其管理和服务水平也随之下降。

2. 缺乏专业的养老服务人员。老年人是一个特殊的群体，不仅需要生活照料和家政服务，而且还需要康复护理、心理沟通以及突发疾病的应急处理。目前，我区养老服务业的从业人员，不管是养老机构需要的，还是家庭需要的，大多数来自边远山区，他们文化程度偏低，年龄偏大，工作时间长，报酬低。由于至今还没有哪个行业管理部门专门管理这类人员，因此，他们缺乏岗位培训，更不要说专业护理知识的培训。

3. 政府扶持力度有待进一步加大。养老服务业虽是个朝阳产业，但一定程度上还需要政府的政策扶持。一方面，高龄、困难和独居的老年人需要政府帮助购买所需的生活照料、家政和医疗康复等服务；另一方面，养老服务网络也需要政府部门协同配合、社会各界共同参与和民间组织市场运作才能发展。现在我区的街道或中心镇都有家政中介服务网络，但乡镇农村却缺乏家政服务中介组织，那里居住着区内 70%的老年人，也有富裕劳力可以从事家政服务。同时，区内养老服务内容单一，已经不能满足老年人多样化需求。特别是随着生活水平的提高，越来越多的老年人的需求已不局限于简单的生活照料，而扩大到网络科技、金融理财、心理咨询、健康保健和文体活动等文化知识方面的需求；目前这方面对老年人的服务还是欠缺的。

二、发展养老服务的几点建议。随着人口老龄化的扩展，老年人的生活照料、家政服务、康复护理、文化教育和精神慰藉等需求日益凸显，问题不解决将会日趋严峻。所以，要重视加快发展区内养老服务业，为此，提出如下建议。

1. 统筹城乡养老服务业发展，让老年人共享经济发展成果。要加强规划，在三大组团规划中，根据老年人口发展速度和养老服务需求状况，制定好养老服务机构的建设规划。这将有利于促进养老机构基础设施向农村延伸，公共服务向农村覆盖，让农村老年人也能共享经济发展的成果。同时要积极推进居家养老服务。一方面，通过政府购买服务等形式，提供生活照料、医疗保健、法律维权、文化娱乐和体育健身等居家养老服务，为那些有需求而生活困难的老人提供最基本的养老服务，帮助照顾那些生活自理能力弱的纯老年人家庭；另一方面，在社区（村）普遍建立为老年人服务热线、紧急救援系统和数字网络系统等多种求助或服务形式，建设便捷有效的居家养老服务信息系统。

2. 积极鼓励社会力量参与养老服务业。推进养老服务业发展，政府虽起主导作用，但不能全面包办，必须充分整合全社会的资源，鼓励社会力量参与其中。所以，要运用市场化手段，推进民办养老服务机构的发展。近年来，省、市和区三级政府加大了对非营利性民办养老服务机构建设的补助力度，采取了建设资金补贴、公建民营、税费优惠、政府购买服务等一系列扶持措施。这将有利于促进民营资本投入老年公寓建设中，改善养老床位数不足的局面。

3. 加强养老服务人员业务培训，培育一支专业队伍。养老服务是一种特殊的公共服务产品，直接关系到人身健康和生命财产安全。不管是发展居家养老还是实现机构养老，应该采取切实措施，加强对这些养老服务人员的免费培训，壮大养老专业人员队伍。

4. 与乡村旅游、农家乐相结合，拓展农村养老服务市场。百丈、径山、鸬鸟、黄湖等镇乡远离城市喧哗，生态环境优美，有得天独厚的地理优势。近年来，乡村旅游与农家乐发展非常迅速，吸引了不少城市市民。农村养老服务市场可以借助这一平台，发展农村托老服务，吸纳城市老年人托老安养。这种入住乡村的养老方式不仅可以提高农村自建房屋的利用率，实现农村妇女在家就业，而且也有利于解决城市老年人的生活照料问题。

5. 与广场文化、老年活动相结合，不断丰富养老服务内容。近年来，老年活动设施日益完善，各类老年文体队伍纷纷涌现。在各个广场、健身苑（点）活跃着一大批老年人，或唱歌，或跳舞，或健身，丰富多彩的活动让老年人真正体会到了老有所乐。因此，要大力发展适合老年人特点和需要的老年文化体育活动社团组织，定期组织老年文艺会演、才艺展示和体育健身活动，为老年人开展文体活动创造条件，搭建平台。同时积极分析老年教育的瓶颈问题，因地制宜地举办些老年人喜爱的教育网络，丰富老年人的精神文化生活。

保基本抓基础强基层　提升三级医疗卫生机构服务水平

提案人：医疗卫生、社会救济福利团体界别组

内容及建议：

目前，我区各级医疗卫生机构加大了服务力度，老百姓享受越来越多的医疗卫生服务。去年上半年的数据显示，区属医疗机构的门诊服务同比上升8.46%，住院服务人次同比上升了10.52%。而社区卫生服务中心完成了相当数量的城乡居民健康体检、学生体检、居民建档、重点慢性病干预、糖尿病及高血压人管理等工作，并且做了甲流疫苗接种、麻腮风疫苗接种等卫生防疫事项。而且，从去年12月1日起全区社区卫生服务中心实行了国家基本药物制度，执行药品售价零差率，百姓看病费用大幅降低。但是，由于地形狭长，农村还多，余杭医疗卫生资源不足与百姓健康需求增长的矛盾仍然十分严峻，提升医疗卫生服务的路还很长，新医改提出的人人能享有优质的基本医疗卫生服务目标并非已经触手可及，我区的“十二五”医疗卫生规划也不得不尊重这一“区情”。因此，我们目前必须立足以6家区级医院为龙头，以20家镇乡（街道）卫生服务中心为骨干，以180家村社区卫生服务站的三级构架网络为基础，以170余家包括民营医院、门诊部、厂矿医务室等其他医疗机构为辅助。区级医院主要承担的是基本医疗职能，使百姓看好病；社区卫生服务中心和站则承担社区医疗卫生服务和公共卫生职能，让群众不生病或少生病。但是，目前三级网络的角色和功能定位尚不清晰，基础还不牢固。因此，为发挥三级医疗卫生网络社会服务作用，需要我们通过建机制，保基本，抓基础，强基层，使百姓享受到更公平、公益并可及的医疗卫生服务。

一、区属医院承担基本医疗的重任，要不断提高医疗技术，优化服务，立足看好病。区级医院重点是提供基本医疗服务，解决大多数人的大多数疾病，努力满足社会对医疗的多元需求，并且通过与大医院合作诊治少数疑难危重病人。疑难危重病人毕竟是少数，这类疾病主要依靠大医院救治。因此，区级医院的责任就是要不断提高医疗技术，不断提高医疗水平。目前要从优化医疗服务流程入手，方便百姓看病，降低医药费用，减少患者负担，时时处处“以病人为中心”，提高患者信任度和满意度。区级医院要体现公益性，坚持政府主导。一要加快改建、扩建和迁建，改善就医环境，满足就医需求。二要加强与大医院技术合作，注重科研，引进人才，不断提高医疗水平。三要加强医疗质量和安全管理，落实绩效考核，调动医务人员积极性。四要坚持医疗下乡，帮助社区卫生服务中心提高服务技术。五要注重医德医风建设，弘扬“医者仁心”精神，维护“白衣天使”形象。

二、社区卫生服务中心承担基础医疗卫生服务，要当好健康守门人，让社区百姓少生病、迟生病或不生病，立足看到病。截止到去年9月30日，我区28家股份制镇乡街道卫生院转为20家政府举办的社区卫生服务中心，实现一个镇乡街道有一家社区卫生服务中心，其中13家还将新建、改建或扩建。这不仅仅是体制的转换和硬件的改善，更重要的是功能

和运行机制的重新定位。社区卫生服务中心服务对象主要是社区里的健康人，是以人的健康为中心，以家庭为单位，以社区为范围、以需求为导向，以妇女、儿童、老年人、慢性病人、残疾人等人群为重点对象。他其实不是医院，而是融治小病、疾病预防、保健、康复、健康教育、计划生育等服务为一体。其人员骨干是全科医师。我们建议要按照新医改的要求，彻底改变“以药养医”现象，不从患者身上赚取一分药品钱。因此，要进一步加大财政对社区服务中心的保障力度。同时，要整合资源，正确处理好基础医疗与公共卫生的关系。医务人员则要转变服务理念，改进工作方法方式，不仅仅是坐诊，更多的是上门服务，不但要看到病人，而且能“看”到人之将病，预防人之未病。例如，要定期回访社区里的高血压、糖尿病等慢性病人。建议其薪酬与服务数量、质量、效率要和百姓满意度挂钩。

三、关爱和重视基层医务人员，造就一支百姓信得过，服务能力强、乐于奉献的基层医疗卫生服务队伍。总体讲，区级医院、社区卫生服务中心和服务站基层医务人员工作辛苦，收入不高。尤其社区卫生服务中心和服务站人员生活不便，工作量大，个人成长空间有限。如何调动基层医务人员积极性，促进其转变观念和工作方法，提升服务能力，是新医改面临的新考验。因此，政府要加大政策扶持力度，鼓励医务人员下基层，安心在基层。有关部门要创造条件，不断充实基层医务人员队伍，关心他们的成长。我们希望区属医院的医务人员更多地专注于专科发展，提高医疗技术，而社区卫生服务中心的医务人员则要面向全科，提升服务能力。放眼未来，随着我区城市化的快速推进，一些大医院会被引进，以满足社会医疗需求。但是，当前，要立足基本，夯实基础，充实基层，让百姓少生病、不生病或迟生病，让小病、常见病在基层医疗卫生机构结束，减轻大医院的压力，使有限的医疗资源得到充分利用，这也是缓解看病难、看病贵最经济有效的举措。

关于在余杭建立生物医药孵化基地的建议

提案人：丁列明

内容及建议：

作为七大新兴产业之一的生物医药重要性已无须多说，无论对国计民生，还是对我国的产业转型和升级都显得日益重要。而生物医药又是我国与发达国家差距最大的领域，因此各级政府对生物医药产业的发展都越来越重视。我省是传统上的医药大省，但绝不是强省。优势在原料药的生产和出口，后者对环境的影响较大，附加值恰较低。劣势就是新药研发和制剂生产，而这两者制约我省成为医药强省。因此，发展生物医药产业的核心和关键是创新。国家从 2008 年就设立了“重大新药创制”专项，鼓励和支持新药的创新和开发。浙江省委、省政府也几次专门讨论如何提升我省的生物医药创新能力，推动该产业转型升级。贝达药业自 2003 年成立以来就主要从事创新药物的研究和开发，取得了一定的成绩，也积累了一些经验。综合我们发展和余杭发展的实际，我们认为建立生物医药孵化基地十分紧迫和需

要:

1. 新药研发是一周期长，多学科交叉，人才、仪器和配套要求都很高的开发过程。一个新药的研发要经历早期的分子设计、筛选，中期的各项临床前研究（药效、毒性研究、药代动力学、代谢、制剂等），还有后期的产业放大、临床试验等。因此，新药研发主要集中在原来学术基础较好的中心城市，如上海、北京、天津等。近年来，一些比较重视生物医药产业的中小城市也尝试了研发基地的建设，较成功的有江苏的泰州、苏州等。我省目前还缺乏能有效开展新药研发的孵化基地，虽然在各地有分散的生物医药园区，但尚不具备真正孵化生物医药项目的功能。如贝达药业新药研发主要在北京的研发中心完成，而这种情况在省内的企业非常普遍，如海正药业、普洛康裕等都把研发中心设在北京和上海。

2. 孵化基地的建立对吸引海内外人才十分有意义。在国家产业和人才政策的感召下，也在一些海归成功创业故事的鼓舞下，越来越多的海外高层人才有意向归国创业。因生物医药项目的特殊性（与软件、电子等多有不同），这些带有项目的人才最需要的就是能把项目逐步推进的研发基地，就像住房一样，最好能拎包入住，他们最希望的就是有能马上动手做实验的配套研究室和动物房等。而这些，正是我省缺乏的。一批又一批来杭、来浙考察的生物医药人才和团队，最后没有在浙江落户，很大原因就在于此。虽然多数人都很喜欢杭州的生活和创业大环境，但毕竟多数创业者无法从零去建实验室，这样费钱、费力又费时。

3. 这一孵化基地的选址非常重要。因这个基地要聚集多学科的高端人才，必须选一个交通方便、环境优美，能逐步聚集人气的地方。我认为余杭，特别是海创园区是符合这些条件的地方，具有明显的地理和政策优势，又有较大的拓展空间。集聚效应对这个孵化基地成功与否非常重要。要根据吸引目标筑好这个巢，巢和凤是相依相存的。因此，要做些深入的调查研究，设计好这个巢，以引来更多的凤，并以凤带凤，让这个巢良性发展。

4. 这个孵化基地的建立和运作模式非常重要。有地方政府花了很多的钱建了房子，买了大量设备，但没有项目落户（如广州南方新药创制中心），与市场脱节，没有达到实际效果。我认为，这样的基地建设必须有政府的大力支持，但不能是简单的政府行为，应该引入市场机制，实行企业化运作。在这里，贝达药业愿意联合其他医药企业，发挥大家的优势和经验，为政府相关部门出谋划策，积极参与，以期建立一个能真正为浙江生物医药产业发展提供强大动力的研发基地，并吸引更多的生物医药高端人才来余杭创业，推动余杭生物医药产业的发展。

关于解决我区农村集体经济发展有关法律问题的建议

提案人：卢红梅

内容及建议：

农村集体经济是村域经济的重要组成部分，是社会主义新农村建设的物质基础，在保障农村基层组织正常运转，增加农民收入等方面起着重要作用。但是，村级集体经济总体薄弱、发展不均衡、集体经济收入结构不合理、村级管理费用呈刚性增长、“收不抵支”仍然是我区村级集体经济现阶段的主要特征。同时，一些与村集体经济相关的法律问题，已严重阻碍了集体经济的健康持续发展。主要有：

一、集体经济主体及其权利义务含糊不清

目前，余杭区普遍存在村民委员会、村股份合作社（经联社）和村民小组三者重合的混乱状况，由此又引发了三个主体权利义务不清、相互之间牵连不断的法律问题。当土地所有权归属于村民小组，而该村民小组因内部分配纠纷而引发诉讼时，往往村民委员会、村股份合作社会成为共同被告，并被冻结银行账号；与之相反，如果村委会或股份合作社遭遇诉讼，完全可能因为冻结其银行账户而使借用其账户的一方受到损失。

二、权属登记受阻，维权无望

虽然《房屋登记办法》已经施行几年，但目前余杭区尚未开始办理农村集体土地上的房屋登记；不少村委因各种原因实际拥有建造在村集体土地上的旧房屋，因历史原因缺失相应的批建手续。但这些房屋是偏远农村村级集体的主要经济收益来源，一些村委主要依靠这些房屋的出租收益来维持村集体的主要开支。当因为租赁合同发生纠纷时，村委往往因无法提供证明这些房屋归其合法所有的证据而处于不利地位。

三、集体经济运行操作不规范，缺乏法律意识和风险防范意识

第一，表现在集体经济转制中。转制程序及合同约定不规范，使得集体资产与转制企业资产界定不明；在合同实际履行中未及时处理违约或情势变化，导致合法权益丧失。第二，表现在日常管理中。村级集体所涉及的合同，常常存在权利义务关系不明的情况，极易引起纠纷，法律风险较大；个别村对日常财务、项目的监管、审计和监督不到位，村务公开流于形式，存在着很大的涉农职务犯罪风险，也成为农村集体经济发展的隐患。第三，表现在盲目引资上项目方面。有些村为急于发展集体经济，极易被非法集资或非法经营所利用，而村委或村民上当受骗后，又极易引发群体性上访，不仅严重影响集体经济健康发展，也给社会治安带来了很大的风险。第四，表现在换届交班方面的不规范。各届村委及干部，在工作方面缺乏连续性观念，导致村集体经济利益受损。

四、遭受外界侵权后不及时通过法律途径索赔

在调查中，我们发现，多年无序发展状态下的工业、加工业给农用土地带来的污染严重

影响了集体经济和农业生产的发展。从法理上讲，这些污染侵害本可以通过法律途径索赔并要求予以污染治理，但目前的困境是技术支持缺失、证据获取困难、侵害主体难以确定。

五、村民素质较低增加了集体经济的支出

随着城市化进程的推进，不少农村交通设施也城市化，但农民的交通安全意识尚跟不上发展，出行时不注意红绿灯的变化，随意穿越公路，使得农民人身、财产安全损失增加，而不堪重负的家庭需要村委资助；因失地农村闲散人员增多，不少人因缺乏引导或种种恶习等因素走上邪路，又由此影响家庭经济状况，村委也不能不闻不问……城市化过程中的种种问题无疑或多或少会增加集体经济的开支。

六、政府行政行为对集体经济发展的不利影响

首先，表现在政府对“占补平衡”的不当操作方面。东部地区迅猛的城市化、工业化，占用了大量耕地，为了履行法律规定的“占用耕地补偿”义务，就在西部山区“作地造田”。但是，在西部山区所造的“田”大多仅仅为了应付检查，事实上却因违反科学而无法长期耕种，不仅如此，最终还导致水土流失，破坏生态环境，也给村集体经济造成不可挽回的损失。其次，在集体经济发展用地规划方面。近些年，虽然采取了多种措施加强对农户建房的管理，但村镇建设规划执行力度还很不够，农村集体建设用地规划缺失，这直接影响到村集体经济的发展。针对以上问题，我们建议：

1.《中华人民共和国村民委员会组织法》规定了村民小组设立、村民小组组长产生的程序。而村民小组的设立，主要目的就是为了方便村民自治管理。因此，建议引导村民小组开设独立的银行账户，以便厘清其与村委和合作社之间的关系。

2. 疏通土地流转渠道，整合土地资源，谋求多种形式的经营方式，提高土地产出率。这需要政府相关部门尽快着手加强农村土地及房屋的登记发证工作；促使杭州市借鉴上海等地的做法，出台相关地方性法规或文件，鼓励农村土地及房屋良性流转；建立留地安置制度，由村集体经济组织自主、有序、按规划进行开发和经营；鼓励大力发展物业经济，以确保集体资产的保值增值。

3. 从法律层面强化集体资产监管，确保村级集体资产保值增值，提高集体资产、资源运行效益。

4. 政府应对全区土地进行彻底整理，充分利用现有的非农业用地，减少新征耕地，避免不讲科学的“作地造田”行为，杜绝破坏生态的不法行为，遵从“宜工则工，宜农则农，宜商则商”原则，引导村级集体经济的有效壮大。

5. 切实发挥律师在村“法律顾问”工作的作用，促使律师积极参加村集体经济发展的全过程，为农村集体经济保驾护航。

6. 进一步加大普法力度，增强村集体的维权意识，提升村民的法律素养。

针对我区实行“机器换人”促进余杭产业转型升级的几点建议

提案人：马亚琴

内容及建议：

产业转型升级是大势所趋，通过创新驱动、“机器换人”推动技术红利替代人口红利，是经济继续保持增长的动力之源。虽然，企业通过“机器换人”实现了减员增效，提高了劳动生产率，提高了产品质量，但是，对于大量中小企业而言，开展“机器换人”仍然面临着不少的困难和问题，具体体现在以下几个方面：

一、面临的困难及问题

1.“机器换人”实施的成本较高。一方面，投入成本和融资成本高。“机器换人”需要企业引进先进的生产设备，而技改项目投资额一般较大，且在初期要求企业在硬件上的投入可能达到百万元甚至千万元，而成本回收可能需要较长年限。目前，我区规模企业主营业务收入利润率仅为3.8%，在省内17强县（市、区）居第13位，远低于上虞、诸暨、鄞州等地。另根据工业企业调查，有58.7%的企业认为成本高制约了企业进行“机器换人”。同时，从开展的136个“机器换人”项目投资情况看，计划投资额超500万元的项目就占到48.5%，且投资回收期限5年及以上的占49.3%。另一方面，运行费用和维护成本高。即使企业有资金实力引进先进生产设备，进行技术改造提升，但是紧接着所面临的是专业操作运行和日常维护难题，需要企业切实解决专业维护人员培养、设备保养维护等软、硬件投入问题，这也是一笔不小的投入。并且，我区通用设备技术装备不足，售后服务体系不完善也严重制约工业企业进行“机器换人”项目的实施，另据工业调查，有23.5%的企业买不到本企业“机器换人”所需的设备。因此，高昂的成本是企业在决策实施“机器换人”项目前考虑的首要问题。

2.“机器换人”政策激励力度不够。根据工业企业调查，有47.0%的企业认为政策激励力度不够致使企业不开展“机器换人”项目。虽然，各级政府鼓励企业加大技改投资，我区也早已出台了系列鼓励企业加大工业投入（技改）力度的政策措施。如单体设备在3万元以上且设备总投资在500万元（家纺类总投资200万元）以上的项目，按设备投资额的4%给予资助，十大产业范畴内的工业投资项目追加资助2个百分点等政策，从而促进我区企业加快产业转型升级。但是，由于诸多因素的影响，企业对各级政府出台的政策措施了解和知晓还不够多。根据工业企业调查，现有技术改造优惠政策中，知晓率最高的一项为财政补助44.9%，了解设备购置增值税抵扣、研发费用加计扣除、专用设备投资抵免优惠政策的企业分别占40.1%、31.6%、23.5%，对加速折旧税收优惠、进口设备免税优惠政策了解的企业更少，分别占17.0%、16.6%。在“机器换人”政策的使用上，企业明显缺乏对相关优惠政策措施的了解和综合运用。

3.“机器换人”企业研发能力不足。如果说资金不足是硬伤，那么创新研发能力较弱则是内伤。2012年，我区1095家规模工业企业中，只有322家企业有科技活动，240家企业有科技机构，全年R&D经费支出占GDP的比重仅为1.76%，与上年持平。在被调查的247家企业中，采用微电脑控制设备占生产设备的比重为33.7%，且有28.7%的企业认为企业研发能力不足导致无法开展“机器换人”项目。很多中小微企业本来就缺少技术人员，更难以自主研发新工艺、新设备，这就要求企业增加研发投入、拓展研发制造等环节。且由于企业间的产品差异导致机器设备需求不同，通用设备无法使用，需要研发适用生产不同产品的机器设备，而中小微企业在这方面的承受能力就很弱。因此，我区企业在“机器换人”的技术创新能力方面有待进一步增强。

4.“机器换人”相关指标排位靠后。从区域横向比较看，在省内“十七”强县（市、区）中，我区“机器换人”相关指标不尽理想，总体排名靠后。一是全员劳动生产率较低。由于我区工业依然以传统产业、劳动密集型产业为主，处于产业链和价值链的低端，导致劳动生产率较低，排名靠后，提升缓慢。今年1—9月，我区规模工业全员劳动生产率为9.5万元/人，列“十七”强第12位，同期诸暨、上虞全员劳动生产率高达15.7万元/人、14.5万元/人。二是技改投入偏少。近年来，虽然我区投资总量屡创新高，但是工业投资持续低迷，投资后劲乏力，在“十七”强中投资总量和增速位次排名靠后。今年1—9月，我区完成工业投资88.84亿元，其中技术改造投资75.89亿元，增长8.5%，技改投资总量、增幅分别位列“十七”强第10位、16位。而同期桐乡、温岭技改投资增速较快，分别为236.2%、97.8%。

5.就业结构性矛盾更加明显。转型升级、“机器换人”节省大量劳动力，减少了经济发展对区外低端劳动力的依赖，区外劳动力回流明显。但同时，企业对从业人员素质要求明显提高，技术工人、专业技术人员等明显紧缺。劳动力市场数据显示，今年的技术工人、专业技术人员的求人倍率高于整体平均值；企业调查也显示，存在用工缺口的企业中有73.3%的认为熟练工人、技工最难招，明显高于普工和管理人员。与此同时，当前大学生“就业难”问题日益突出。2013年9月底，我区未就业的本地生源高校毕业生还有1421人。此外，由于就业观念没有转变、工作技能的缺失，使得“4050人员”、失地农民、新生代的就业压力依然不减。在失业人员中，因经济、产业结构变化导致的结构性失业人数占一半以上，因劳动者求职与需要提供的岗位存在时间差导致的摩擦性失业占近四成。随着转型升级、“机器换人”的推进，短期失业压力会进一步加大。

二、几点建议

“机器换人”是我区工业实现转型升级的有力抓手，是我区经济保持增长的动力之源。据悉，全省将率先实施“机器换人”工程，计划在未来5年，每年实施5000个机器换人项目，实现5000亿元机器换人投资，推动工业生产方式由“制造”向“智造”转变。建议我区要以此为契机，大力营造“机器换人”氛围，建立健全“机器换人”政策，加快推进“机器换人”进程。

1.营造“机器换人”氛围。一要树立成功典型。一个典型就是一面旗帜，我们要选取一批具有行业代表性、可借鉴推广的“机器换人”先进典型企业，汇编“机器换人”典型引路解决方案，剖析揭示企业成功的新鲜经验与启示，为企业实施机器换人提供方向与路径，使潜在“机器换人”企业真切感受到“机器换人”带来的收益，激发企业“机器换人”的热情。二要宣传现有政策。据调查走访，有三分之二的企业希望政府对采购的机器换人设备给予资助，同时有41.3%的企业希望政府落实已有税收优惠政策。因此，要积极通过各个网站、媒体发布政策信息，通过编制发放政策汇编本、企业上门交流等途径向企业灌输“机器换人”理念，宣传现有相关政策，提高政策知晓率和行动自觉性。特别是加大对知晓率较低的设备购置增值税抵扣、研发费用加计扣除、专用设备投资抵免优惠、加速折旧税收优惠、进口设备免税优惠等政策的宣传。

2. 健全“机器换人”政策。一要简化项目审批手续。在调查走访中发现，有41%的企业希望政府帮助协调解决项目实施中涉及的政府审批方面问题。因此，一方面要进一步对环评等前置审批环节进行重新设置和规定，建立“机器换人”绿色申报通道，减少审批时间，降低资费标准，改进服务质量，全面优化前置审批。另一方面要引导企业正确认识前置审批对于把好项目准入关，减少对环境、能耗等影响的重要作用，积极主动做好相关工作。二要加大信贷支持力度。调查显示，有36.8%的企业希望政府加大“机器换人”信贷支持力度。因此，下阶段在信贷规模和利率水平方面，要向“机器换人”项目倾斜，对重点项目实行中长期贷款，利率上浮幅度提出限定标准。定期组织“机器换人”项目推介、银企洽谈等活动，推进银企互动合作。激励和引导担保机构加大对“机器换人”的担保融资服务。拓宽融资渠道，支持企业采用设备融资租赁等融资方式筹集“机器换人”项目资金。三要创新税收优惠政策。适当扩大企业研发经费加计扣除优惠政策适用范围，可将战略新兴产业、传统产业技术改造领域的研发活动纳入企业研究开发费用税前扣除应纳税所得额范围；合理扩大研发费用加计扣除计核范围，通过改进企业研发费用计核方法，让更多的企业享受到税收优惠政策。

3. 推进“机器换人”进程。一要重视工业技改投入。在项目选择上，要着眼于区域长远利益，综合考虑经济、社会、环境等方面因素，运用市场机制，改变以往建设规模小、技术水平落后、专业化程度较低的工业重复投资，优先引入技术高、装备全、人才有的工业项目，从而提升工业现代化技改投资在工业投资中的比重。二要重视技术工人培养。在加强技术工人需求调查的同时，一方面要开展有针对性地分产业技工培训，另一方面要加强与职业院校合作培养，从而满足“机器换人”的出现对一线工人专业和技术要求越来越高的岗位需求。同时，要注重科技推动和技术创新。积极组织企业技术人员进行科技攻关、广泛开展劳动竞赛、创造发明评选等活动，在推进技术改造、加快“机器换人”上下功夫。三要重视建立创新机制。围绕先进装备制造业、医药生物、纺织服装等重点产业，建立以应用企业为龙头，联合设备制造企业、科研院所开展研发创新和技术改造的“机器换人”创新机制。打造以企业为主体，产、学、研、用相结合的技术支撑体系。四是注重建设公共体系。加大“机器换人”公共服务业体系建设，培育“机器人”产业和通用技术产业，以全省“机器换人”工程为契机，以我区企业需求为导向，鼓励和引导装备制造企业集中力量研究开发一批我区企业急需的“机器人”，为我区企业开展“机器换人”项目提供设备保障。

关于我区发展信息经济“一号工程”几点建议

提案人：程　勋

内容及建议：

2014年12月17日，我区印发了《关于加快发展信息经济的实施意见》（以下简称《实施意见》），要求全区上下要统一思想，凝聚合力，切实把发展信息经济和智慧经济作为“一号工程”全力推进。科学界定信息经济的产业门类及范围，完善统计指标体系，强化统计、监测、分析和预警工作。分解落实目标任务，建立信息经济发展专项考核办法，形成强有力的激励导向，营造你追我赶、比学赶超、持续推进的良好氛围，确保工作落到实处，并在文件中列出了分解到各个部门的《信息经济行动计划表》，通看全文我感到很振奋，我区发展信息经济的春天已到来，但同时又感到担心，为什么呢？原因主要有三点：

一、在区级层面缺少统一的规划，确立的信息化高度不够，在信息化已进入“大数据”“云平台”的今天，仍然以部门为单位各自为战实施信息化项目，推动信息经济发展，这样建成的系统必将成为一个个的信息孤岛，造成的结果是信息数据不能共享、不能产生联动效应，不能全面发挥智慧应用效果，这样的模式也增加了系统的今后的维护和开发成本。

二、《实施意见》中虽然成立了相应的领导小组和工作小组，唯独没有一个相应的专家小组，信息化是一项技术性很强的工作，根本不是一个部门提个想法，找一个软件公司开发一下就能办到的事情，在数据上它涉及数据的采集、整理、流传、控制、更新。在操作上需要有一套规范的流程，不是简便地把日常办理的流程搬上电脑就是信息化，同时这样做极有可能成为一些开发公司的试验田。

三、信息化的项目设立不科学，有的部门提的信息化要求思路不清，目的不够明确，设想不切实际，重复开发，区级层面缺少项目的严格把关，如：市场监管局的“法人库”已建了二次了，难道到今天还未建成或是建成后不能正常使用？区安全监管局设想实时监控全区所有安装的电梯，有这个必要吗？政府要承担政府的相应职能，不能大包大揽，电梯是否正常运行自然有用户自己或小区物业管理，你要管的是这些维修电梯的厂商有没有做到按规定对电梯的日常养护，通过信息系统管理这些厂商的日常维护记录，并定期进行实地抽查即可。

为此提出以下建议：

一、要以区信息化管理中心目前的设备为基础，在区级层面构建“云平台”实现“云计算”，涉及民生的智慧系统要以区“人口信息库”为基础统一开发，通过信息开发，管理起每一个余杭人“生命轨迹”，通过掌握的信息，向其提供由各个部门管理的针对性服务。如公民出生时卫生部门及时建立健康档案、上学时教育部门及时建立学习档案、求职时社保及时建立求职档案。通过这些平时相关信息汇集，就成为个人的“轨迹档案”，通过大数据分析，就能确定每个人在每个阶段需要什么服务，如系统里确认其在求职，就提供求职信息、在买房时就提供贷款政策的信息，欠费时及时提醒等的服务。各部门汇集的数据，一方面可以为决策提供依据，另一方面可以提供有针对性的服务，而不是各自为政，重复建设，加大建设成本和今后的维护成本。

二、尽快在区级层面建立一支专家团队，规范项目设计，指导项目的推进，将各部门涉及民生的需求在数据层面进行整合，统一开发，在技术上、业务流程上、数据流转上确立规范合理的方案，通过与有开发经验的公司合作，集中开发相关的智慧应用系统。

三、要在区级层面开发完善网上业务经办平台，行政审批类的可以通过“浙江省政务服务网”实现网上申报，在线审批。打通各部门数据交换环节，实现部门数据共享，解决老百姓办事需要多头证明，重复证明，多部门跑腿的问题，实现一站式服务，最终实现自主办理。

关于金融支持经济创新转型的对策建议

提案人：民革余杭区支部

内容及建议：

2013 年下半年以来，余杭把信息经济智慧应用作为引领经济创新转型的“一号工程”，全力推进新兴智慧信息产业发展，带动经济创新转型提质增效。以“互联网+”为代表的信息经济发展势头更快，2014 年上半年全区信息服务业实现产业增加值 297.8 亿元，增长 31.9%，占 GDP 比重 55.5%，依次位居杭州市县（市、区）第一、第二和第二。余杭信息经济快速崛起，金融机构功不可没，为经济创新转型发展提供了强大支撑。但是余杭信息经济产业发展规模偏小、创新经费投入不足、企业参与热情不高等因素，制约了余杭信息产业创新转型进一步发展。比如从企业创新转型发展经费投入来看，余杭投入经费占 GDP 的比重低于全省平均水平，与萧山、鄞州、慈溪等县（市、区）有明显差距。又如，从金融支持信息产业创新转型的热情来看，也明显弱于工业企业、服务行业，金融支持的力度明显不够。同时，风险投资、融资担保、保险、证券业等不愿意涉足高风险的信息产业，助推作用不强。在现代企业的发展中，离开了金融的支持，离开了资金的源头活水，任何企业将无法独立生存，经济的创新转型更无从谈起。“大众创业、万众创新”，不仅需要企业自身的努力，也需要金融部门适应经济发展的新常态，为我们余杭的创业者们提供更大的金融支持、更加优质的金融服务。为此建议如下：

首先，坚持以发展信息经济为方向，营造契合创业创新需求的金融环境。一是尽快出台对金融业支持信息经济发展的扶持政策，探索创新产业扶持政策及其实现方式，加快推进专项资金清理整合，积极争取国家和省市有关试点及政策、资金支持，通过设立产业创新驱动引导基金，引导鼓励信贷资金、各类投资基金投向智慧信息产业。二是尽快出台《金融支持余杭区打造“三城三镇”建设的指导意见》，引导和督促金融机构着眼“三城三镇”融资服务，将金融资源配置到最有利于经济创新转型的领域和环节中去，大力支持产业链的整合发展、环境保护、自主创新、民生改善和招人才引资等。三是加快金融转型和经营创新，构建适合“三城三镇”建设的信贷模式，积极推进信贷产品创新和业务流程简化，增加对创业创新、高科技产业、智能技改、电商营销、文创产业等信贷支持。四是加强金融风险防范和处置，有效维护金融债权安全。

其次，坚持以推动经济创新转型为主线，实现金融、科技、产业深度融合发展。一是鼓励符合条件的科技创新型企业上市，并支持符合条件的已上市创新型企业再融资和进行市场化并购重组。鼓励成长型企业到“新三板”和省股权交易中心挂牌融资。二是支持科技创新型企业通过发行公司债券、企业债、短期融资券等方式融资，鼓励中介机构加大对科技创新型企业的辅导力度，以促进其直接债务融资。三是充分利用信托贷款和股权投资、融资租赁等各种方式的组合，拓宽科技创新融资渠道。四是建立科技成果转化中心，鼓励企业通过互联网开展知识产权交易、股权投资等，帮助有技术、有资金需求的企业对接先进技术和资本。五是鼓励创业风险投资、产业投资基金等股权投资基金，加大对处于种子期和初创期的科技企业的投资力度。研究出台专利权质押贷款补助和风险补偿办法，对专利权质押贷款进行贴息。

再次，坚持以服务重大项目建设为突破点，为创新转型平台建设提供融资支持。一是加快建立“三库”即培育企业资源库、金融服务机构库和资本市场专家库对接的常态机制，实现“为资本找项目”和“为项目找资本”的发展目标。二是加强与“投哪儿”平台合作，加快推进“海创园投哪儿微交所”挂牌交易系统开发，实现线上信息发布和线下对接服务。三是继续综合运用银团贷款、并购贷款、保险资金、产业投资基金等重点产业发展基金、金融租赁、银行间私募债等金融工具和手段筹集重大项目建设资金。四是保险公司要探索推进保险产品创新和融资担保模式，积极为重点项目提供风险保障和资金融通渠道。五是积极推广使用PPP模式，有效引导社会资本投资基础设施及公共服务领域。

最后，坚持以服务科技型企业为出发点，为企业发展提供全方位综合金融服务。一是针对当前科技型企业融资难融资贵的现状，要继续发挥政府引导基金作用，带动社会资本实现放大，支持更多初创企业发展，并为初创企业提供配套人才招聘、财务代管、法律咨询、场地租赁、银企对接和资源引进等创业服务。二是细分金融服务各类企业融资需求，对于技术含量高、发展前景好的初创企业，引入“天使基金”等风投、创投资金；对于进入产业化阶段的企业，通过搭建对接平台、创新信贷产品、引入第三方担保等措施，为成长型企业提供融资服务。三是通过发展壮大小额贷款公司、融资担保机构、金融控股集团、民间金融服务中心以及引导民间资本参与地方金融机构改制等，积极引导民间资本进入科技金融服务领域，重点推进信贷、投资、保险等方面的合作创新服务模式，共同发力为余杭科技型中小微企业发展提供强大的金融支持。

关于加快推进良渚遗址申遗工作的建议

提案人：教育社科界别组

内容及建议：

说起杭州，大家就想到“西湖”，然而在西湖的西北面，有个良渚遗址，它实证了中华五千年文明史，却很少有老百姓提起。西湖早已成功申遗，而比它更古老、更庞大的良渚文化遗产还在努力争取全世界的认可。我们希望，在不久的将来，人们提起余杭，就会想起良渚文化；我们希望，经过不懈的努力，良渚文化成为余杭乃至全省、全国的文化金名片。在良渚申遗问题上，各级、各部门和社会各界必须形成共识，建议从以下几方面着手：

1. 充分认识良渚申遗的重要意义。我们都知道，中国是世界四大文明古国之一，拥有五千多年的文明史。但是，在过去较长一段时期，我们只有不到四千年文明史的考古学证据，这使得中华五千年文明受到了一些人的质疑，甚至还有人认为中国古代文明是西方文明传播的产物。八十年考古研究成果证明，良渚遗址就是支撑“中华文明肇始于五千年之前”这一判断的最重要的考古学证据。良渚古城、良渚水坝的发现已经为中国五千年文明史提供了铁证，得到了国内外学术界的认可。“良渚文化”已经以“中华文明起源”的高度和整版的篇幅写进全国统编《中国历史》教科书，国际学术界也将良渚古城评为“世界十大考古新发现”。习近平总书记十分重视良渚遗址，他曾两次实地视察，七次作出重要批示。他指出：“良渚遗址是实证中华五千年文明史的圣地，是不可多得的宝贵财富，我们必须把它保护好！”良渚五千年灿烂文明就一直沉睡在地下，等待着我们去发掘、去保护、去弘扬，这是历史赋予我们余杭人民的光荣使命。各级领导和全体余杭人民都应充分认识良渚遗址的重大价值，积极推进良渚遗址申遗和良渚文化国家公园建设。

2. 全力构建良渚申遗的强大合力。良渚遗址申遗、良渚文化国家公园建设使命光荣，责任重大。同时，时间紧迫、程序复杂、竞争激烈、任务繁重，需要举全区之力合力推进。保护良渚遗址、传承良渚文明，不仅是遗址所在地镇街、良管委的责任，全区各级各部门和百万余杭人民都有义不容辞的历史责任。前不久召开的区第十四次党代会，将良渚遗址申遗和良渚文化国家公园建设列入了我区今后五年的工作重点，再次为我们明确了方向。区委、区政府已吹响了“举全区之力推动良渚遗址申遗和良渚文化国家公园建设”的号角，组建了强有力的领导体系，提出了“要人给人，要钱给钱，遇水架桥，逢山开路”的基本态度。全区各级各部门和全体余杭人民都要心往一处想、劲往一处使，合力推进此项工作。另外，为增加可看性，我们建议在良渚文化国家公园建设中，可引入其他文化元素，例如，杭州民间博物馆群、余杭历史名人纪念馆和中国治水博物馆等。总之，要通过申遗和国家公园建设，努力实现“文物本体保护好、周边环境整治好、经济社会发展好、人民生活改善好”的美好愿景，在山清水秀的余杭大地上“标示中华文明朝圣地，打造中国文化新名片”，向世人展示全面真实的古代中国和现代中国，以实际行动肩负起良渚后人应有的历史担当。

3. 全面加大良渚申遗的宣传力度。良渚遗址目前在全国乃至全世界的知名度还不够高，需要投入更多的人力物力财力，进一步加大宣传力度。建议财政部门和申遗指挥部加大对良渚文化宣传资金的投入力度，要树立“全媒体”理念，完善宣传渠道，创新宣传方法，有针对性地开展价值宣传。要通过请进来走出去等办法，进一步加强国际交流和合作，使良渚文化成为中国对外文化交流的新亮点、金名片。

关于我区传统纺织服装实体企业向时尚产业转型的建议

提案人：胡治国

内容及建议：

区委、区政府对我区家纺服装传统制造业改造提升高度重视，制定出台了关于加快余杭时尚产业发展、推进家纺服装传统制造业改造提升的实施意见和相关政策。提出到2020年，培育形成一个总规模超千亿级，以家纺服装产业为主体的时尚产业集群，实现打造“国内领先、国际一流”时尚产业基地的总体目标。在产业结构调整，商业模式更新，消费需求升级，产品定制化，生产柔性化，服务个性化的经济环境下，我区传统生产制造型家纺服装企业要加快转型升级的步伐，加快与互联网信息技术深度融合，逐步走向智能化、品牌化、高端化。但传统纺织服装生产型企业在转型时并非一帆风顺，一蹴而就，相关的问题和瓶颈需要我们去分析、探讨和解决。

一、我区传统纺织服装实体企业的优势和劣势

我区传统纺织服装实体企业经过20多年给国际品牌代工，在生产制造环节积累了一定的优势，我区已经成为国际国内服装采购的一个重要生产基地。生产制造环节的优势主要体现在生产供应链控制和产品质量控制两方面。如面料、辅料的开发和成本控制，CAD制版，样衣制作，大货生产品质控制，生产周期，工艺改进，生产效率提升，包装储运等环节。但由于国际分工我区的大部分传统企业仅仅局限在生产制造环节，给国际品牌贴牌生产，在产业链中基本无法涉足设计研发和销售两个更重要的环节，导致生产规模没有换来行业地位和利润。同时在信息经济和消费升级趋势下，贴牌生产的路越来越窄。即使是长期积累下来的生产制造的优势，在需求个性化，订单碎片化的冲击下也将不复存在。我区传统纺织服装实体企业在转型升级中主要的问题体现在以下方面：

1. 生产模式有待转变

我区的出口实体企业以大批量的OEM生产为主，偏重订单规模，以量取胜，产品的附加值不高。部分企业对信息经济对传统外贸模式的颠覆意义认识不足。长时间形成的经营习惯，使企业不适应消费升级大环境下这种高频次、小订单、定制化生产模式。

2. 产品定位困难

我区的传统外贸实体企业长期以来以代加工为主，对于产品研发设计，消费者需求分析，产品销售等环节存在严重的不足与缺陷。

3. 相关人才匮乏，试错成本高

传统外贸企业要转型时尚服装品牌企业将面临生产营销、设计研发、盈利模式等一系列彻头彻尾的转变。

产业链的经营管理由仅生产制造环节变成覆盖设计研发、生产制造和市场销售全产业链管理；由生产型企业向零售型企业转变；由面对品牌商采购商到直接面对终端消费者。这些转变都需要专业的设计、研发、运营、销售人才。对于我区的传统外贸企业因没有这些方面经验和人才积累，只能通过招聘和逐步培养，试错成本高，见效慢。

二、对传统纺织服装企业转型的建议

鉴于我区传统外贸纺织服装实体企业优势和劣势同样明显，基于扬长避短提出如下建议：

1. 生产制造创新，推进两化融合和智能制造

政府要加强宣导，明确商业模式的更新、消费需求的升级将颠覆传统纺织服装贸易格局。与互联网信息技术深度融合，逐步走向智能化、品牌化、高端化是纺织服装产业发展的趋势。而企业自身正是转型的主体。当前国际国内市场的订单均呈现出碎片化的趋势，小数量多频次的订单增多。面对碎片化的需求，鼓励企业要保持生产制造的优势，只有扎实推进“两化”融合和智能制造。

2. 扬长避短，整合资源，合作模式创新

我区的外贸实体企业优势和劣势一样明显。长期为国外品牌贴牌生产，我区的企业在生产原料组织，生产成本控制，产品品质控制等方面形成了强大的比较优势，产品质量更是获得了市场的认可。但设计研发，市场分析，产品定位，营销推广的短板同样明显。这些短板也不可能通过企业自身一到两年的努力就能弥补。建议政府能加强资源整合，将品牌运营企业和新型的创业型互联网企业与我区的传统外贸生产型企业进行资源整合，让品牌运营企业和互联网企业去做产品开发和市场运营，让制造型企业来做生产供应链打造。使两者能扬长避短，风险共担，利益共享。

3. 加强人才培养和引进

针对我区时尚产业人才，电商人才短缺的情况，我区要善用毗邻阿里巴巴和大学城的优势，一方面要依托高校开展人才培养，支持校企合作建立实训基地，创新人才培养机制，建立高素质专业人才队伍。另一方面，要健全人才政策体系，加大时尚产业人才引进力度。

4. 发挥行业协会的作用

积极发挥行业协会的作用，使行业协会成为汇聚企业的纽带，反映企业诉求的平台，协调企业与政府的桥梁。

加快临平副城建设为“东部崛起”创造条件

提案人：工商联界别组

内容及建议：

城市发展日新月异，杭州作为中国最具发展潜力的城市，余杭根据自身区域位置，当仁不让成为杭州发展的重要组成部分。目前余杭区打造的“新城”有未来科技城、良渚新城和临平副城，现在，未来科技城已初具规划，一座崭新的“城市”呈现在我们的面前，良渚新城紧随其上。但是作为杭州副城的临平，相对于未来科技城的高质量发展，近年来发展显得比较缓慢，有损余杭政治、经济、文化中心的形象。针对这个问题，在今年的区委十四届六次扩大会议上，市委常委、区委书记张振丰提出了“东部崛起”的战略目标。当务之急是要加快临平副城的建设，进一步提升临平副城的首位度。地铁1号线开通后，为“临平新城”带来了契机，但是现在临平新城由于受到土地制约，发展空间不足。因此临平未来发展的希望是余杭经济开发区，也就是临平创业城。现在“三路一环”高架路基本打通，地铁9号线正在抓紧施工，预计于2020年底开通，运河二通道的建设也在逐步推进，沪乍杭高铁正在规划论证之中，这为临平副城的发展，尤其是为临平创业城的发展带来了新的机遇。因此加快临平副城的规划建设显得尤为重要。主要建议如下：

1. 理顺临平副城的管理体制。长期以来，临平副城面临的突出问题是分而治之，人为地分割成为三块，即临平山北的余杭经济开发区、临平老城和临平新城，分别属于不同的管理主体，造成了规划、建设、管理上的混乱。建议要打破这种管理格局，成立临平副城管理委员会，统一管理临平副城的规划建设工作。

2. 加快临平核心区块的开发建设。以地铁9号线作为纵轴，充分利用余杭经济开发区地空间，沿荷禹路和迎宾大道两边开发建设，着力加快打造中央商务区，高标准打造行政中心、会展中心。要加大建设力度，确保各项工作落到实处。

3. 提升城市配套设施的建设水平。抓住浙江理工大学时尚学院建设的契机，狠抓高校园区的建设，为临平副城的发展提供科研和智力的支撑。要加快引进三甲医院，为临平副城提供高质量的医疗服务。同时加快建设高端的中小学学校、文化综合体等，为吸引人气，引进人才夯实基础。

4. 提高临平副城的融合度。要高度重视地铁3号线东延工程，加强与市规划部门、地铁办的联系和沟通，争取他们的支持，尽快列入地铁建设的下一步规划之中，在临平创业城与9号线汇合。主动加强与德清、桐乡、海宁的对接和沟通，加快与德清、桐乡、海宁的城市道路建设，改善基础设施，努力做到无缝对接，加快与相关地区的融合发展，让临平成为周边县市人们的向往之地。

关于加快提升余杭制造业整体竞争力的几点建议

提案人：经济界别二组

内容及建议：

近年来，我区数字经济发展势头很猛，而制造业相对要弱。余杭作为全省产业发展的主战场、杭州发展新制造业的主阵地，要肩负起省市制造业发展，特别是杭州市实施“新制造业计划”排头兵的使命和责任。为推动余杭制造业高质量可持续发展，建议要着力加大以下几方面的工作力度。

一是聚焦发展重点，全面提升产业能级。要坚持“高端化、智能化、绿色化、服务化”发展方向，推进制造业全面优化升级，实现新旧融合、动能接续。积极引培高端装备制造、生物经济等战略性新兴产业；谋划发展区块链、人工智能、生命科学等未来产业；以数字化、时尚化、品质化为方向，改造提升家纺、服装、食品饮料等传统产业；加大对老字号品牌的传承保护，注重打造一批历史经典产业；全面整治“低散乱”企业，加快淘汰落后产能。

二是创新体制机制，提升主平台作用。要权限下放，推进“最多跑一次”改革。赋予主平台管理主体相对独立、完整的经济社会管理权限，全面实行实体化运作。要政策松绑，加大对主平台的政策支持。要按照集中财力办大事原则，支持平台整合提升，实行土地、用能等资源差别化配置，允许主平台自主制定重大项目、高端人才以及税源经济等引进的扶持政策。按照优化协同高效的原则，精简整合内设部门，突出经济管理和投资服务职能，探索推行聘用制，将薪酬与平台经济发展、税收增长、辐射带动作用等挂钩。按照管理机构与开发运营企业合理分离的原则，通过组建、引进等途径，支持独立的开发运营市场主体承担园区的开发建设、产业培育、投资运营等专业化服务职能，支持平台内龙头企业以组建企业联盟等方式对区域内特定区块实行整体性建设运营。

三是拓展整合并重，优化制造业发展空间。要全面落实“三控”举措，即控用地规模、控工业地价、控M创用地，以规划为纲，确保全区工业用地规模总量只增不减。要提高土地利用水平，盘活低效和存量土地。聚焦批而未供、供而未用、低效利用“三块地”，全面开展“五无整治、五个一批”专项行动。出台工业“零土地”技改管理办法，对符合条件的工业用地容积率不设上限，放宽绿地率等指标限制，鼓励工业空间向上拓展。借鉴滨江与富阳、钱塘新区与海宁共同开发模式，谋划与德清、安吉等合作，探索与上海、苏州等长三角其他产业园共建“飞地模式”，布局拓展新产业拓展空间。组建五大平台产业联盟，构筑大中小平台协调联动、技术溢出和产业转移的良性闭环生态，建立产业互补、项目互联、成果转化、税收分成机制，创造全区“一盘棋”的协同发展空间。

四是紧盯重点区域，加大大项目招商力度。要抢抓长三角一体化国家战略机遇，紧盯上海、苏州、南京重点城市和粤港澳、京津冀大区域，建立头部资源招商库，打通招商绿色通道，推行重大项目专班服务，大力开展驻点招商和飞地招商。抢占未来产业制高点，聚焦主导产业细分领域，全力招引具有技术引领性、产业带动性的制造业大项目，打造上下游产业生态链，避免同质化竞争，提高核心竞争力，走出一条余杭特色的制造业招商的突围之路。

五是坚持双向发力，提升企业数字化水平。余杭有发展数字经济得天独厚的优势。要坚持数字产业化与产业数字化双向发力，软硬结合、用数字经济赋予制造业更大的能量。要大力实施工业互联网“百千万”工程，打造一批数字化示范工厂和车间，加快工业互联网小镇、工信部服务型制造研究院等重大数字平台建设，推动人工智能、5G应用、工业互联网、物联网等新技术与制造业的全面融合，将余杭打造成全国数字经济先行区、示范区，努力形成新制造业和数字经济“双引擎”强大动能。

关于加大生物医药研发扶持力度的建议

提案人：杨东晖　姜赛平

内容及建议：

区科技局：政协杭州市余杭区十二届委员会第一次会议期间，共收到关于鼓励发展生物医药研发工作的提案2件，提案人分别是杨东晖、姜赛平，其提案主要涉及吸引优质海外药企来余杭区设立全球总部、调整对药业研发的财政支持侧重点、放宽认定标准、协商试点、完善机制、梳理政策壁垒等内容，经提案委员会二审立案，决定将上述2件提案合并为“关于加大生物医药研发扶持力度的建议”1件提案，请认真办理。

政协杭州市余杭区委员会提案委员会

2021年7月30日

附：上述2件提案建议的原件

关于余杭区打造全球生物医药研发高地有关政策配套的建议

中国共产党杭州市余杭区第十五次代表大会，是具有里程碑意义的会议。张振丰同志作《迈步从头越　启航新征程为高水平建设创新余杭品质之区文明圣地努力奋斗》报告，并提出关于打造“三高地一基地”、抢占产业高质量发展先机的政策号召。生物医药作为双循环重点产业，如何跑稳中国速度，突破关键“卡脖子”问题，打造全球生物医药研发高地至关重要。作为药企一员，特作此提案：

一、顺应全球性临床研发需求，吸引优质海外药企来余杭区设立全球总部：打造全球医药研发高地，离不开对全球多中心临床研发的支持。高质量的临床试验多表现为全球多中心，发达国家对此始终保持高投入强支持。例如在《余杭区支持生物医药产业加快发展财政政策实施细则》中第二点第2条中“本条款由区市场监管局组织实施；其中，申请新药完成临床前研究并取得临床批件奖励的，递交国家药监部门的《临床试验通知书》、‘药物临床试验登记与信息公示平台’登记的Ⅰ期药物临床试验信息”。建议对新药研发企业放开“只在国内临床审批的临床试验”的限制，以吸引更多在海外发达国家已开展和将开展临床试验的优质创新药企业来余杭区设立全球总部，积极开展全球性临床试验。

二、建议研发投入的财政支持更应重视药品在本市的销售与转化：药品上市许可人（MAH）制度是我国药品制度改革的重要举措。创新药品的生产成本仅占价格的非常小一部分（一般小于5%），在政策鼓励创新的同时，也应鼓励支持对象使用药品上市许可人（MAH）制度，通过合同生产组织（CMO）或合同研发生产组织（CDMO）方式进行生产。创新药研发追求的是质量速度，产品的核心是获得药品的知识产权，只有不止于生产上的“know how”，才能突破关键环节的“卡脖子”问题。在选择生产外包服务商时更关注的是技术成熟性和完成速度，目前一些新产品或新工艺技术往往国外的生产外包服务商更能满足需求。例如在《关于加快杭州市生物医药产业高质量发展的若干意见（征求意见稿）》中关于第5条支持创新药品研发“对已在国内开展Ⅰ期、Ⅱ期、Ⅲ期临床试验，由本市注册申请人获得许可并在本市生产的1类化学药、1类生物制品，按临床试验的不同阶段，经评审给予研发投入40%，最高分别为600万元、1200万元、3000万元资金支持；每个单位每年累计支持额度不超过1亿元”中研发投入支持限于本市注册并在本市生产，建议政策不应局限在本市生产而应该强调在本市/区内实现药品销售和成果转化，充分发挥余杭区创新策源地优势。

三、建议对生物医药研发型企业和人才的认定标准应放宽对企业盈利的要求：例如在《关于印发杭州市企业技术中心管理办法的通知》中第五条第五点：制造业、高技术服务业企业上一年度的主营收入不低于6000万元，其中高新技术企业不低于3000万元；技术开发仪器设备原值不低于200万元（其中高技术服务业企业不低于100万元）。在《2021年浙江省“万人计划”杰出人才、科技创新领军人才、科技创业领军人才申报》中科技创业领军人才第4点：企业在浙江省内注册，依法经营，具有较好的经营业绩、成长性和创新能力；创办5年以内的企业，最近一年主营业务收入不少于500万元；创办5年以上的企业，最近2年净利润累计不少于500万元。关于生物医药行业：港交所2018年4月修订主板上市规则时新增的第18A《生物科技公司》新规中，允许符合一定条件的未有收入、未有利润的生物科技公司上市；上交所科创板股票上市规则规定，第五套上市标准为预计市值不低于人民币40亿元，主要业务或产品须经国家有关部门批准，市场空间大，目前已取得阶段性成果，医药行业企业需至少有一项核心产品获准开展二期临床试验，其他符合科创板定位的企业需具备明显的技术优势并满足相应条件。生物医药研发企业具有长周期和高投入特点，国内外已有很多市值规模达几十亿或上百亿美元市值的优秀生物医药研发企业都尚未盈利，在未盈利生物医药企业中也有众多优秀人才为医药研发特别是创新药研发做出了极大贡献。建议在企业和人才认定方面以核心产品研发阶段、专利数量、研发投入、市场化估值等作为标准来认定未盈利生物医药企业及人才支持标准。最后，非常感谢政府对生物医药企业发展的关心和支持!

关于建立余杭生物医药临床研究创新试点基地的建议

1. 背景

(1) 生物医药是省、市、区重点发展的科技创新高地产业之一　浙江省作为生物医药大省，2018 年《关于全面加快科技创新　推动高质量发展的若干意见》(浙政发〔2018〕43 号)，即“科技新政 50 条”提出打造“互联网+”、生命健康两大科技创新高地。2018 年《杭州市人民政府办公厅关于促进杭州市生物医药产业创新发展的实施意见》(杭政办函〔2018〕6 号)提出打造了具有全球影响力的生物医药创新城市，着力构建“一核三园多点”的产业布局。2021 年行政区划调整后的新余杭区提出了“优化生命健康创新创业生态，打造全球生物医药研发高地”的未来五年计划。

(2) 打造生物医药“全生命周期”服务链，医疗创新资源不可或缺　打造生物医药“全生命周期”公共服务平台是优化余杭生命健康创新创业生态的重要举措，也是双招双引的重要保障。余杭目前已配备了未来科技城创新药物成药性评价公共服务平台、浙江省医疗器械检验研究院未来科技城院区等涉及检验检测、注册报证的临床前研究服务平台，有力推动了生物医药科创企业的发展。然而，提案人走访了余杭区部分生物医药企业，发现部分生物医药研发企业经过前期的高研发投入后，目前已形成初步产品，希望能与医疗机构对接，开展临床试验、临床信息交流等活动，进一步推进产品上市。由此可见，如果能从政府层面出发整合医疗创新资源，打造“全生命周期”公共服务链，将进一步推动余杭生物医药产业的发展。

(3) 余杭具有优质的医疗创新资源与健康产业创新资源，但缺乏联动机制　余杭目前集聚了未来科技城数字健康小镇、健康谷以及良渚国际生命科技健康小镇等富有特色的生物医药产业平台，以及 600 余家生命健康相关企业；同时区域内拥有浙大一院总部一期、余杭区第二人民医院、余杭区第三人民医院等优质医疗创新资源，但目前“医疗创新资源”与“健康产业资源”的联动不足，基本处于“两张皮”的状态，亟待进一步整合与优化。

2. 建议

由区级平台及区内省级医疗机构牵头，协同构建“余杭生物医药临床研究创新试点基地”，满足健康产业相关企业对临床试验等临床服务的需求，同时效仿博鳌乐城“医疗特区”的模式，争取国家层面健康产业及医疗创新政策的支持与试点。以“余杭生物医药临床研究创新试点基地”为抓手，盘活区内生命健康产业资源，大力推进“双招双引”工作，助推余杭生命健康产业的腾飞。具体措施:

(1) 协商建立“试点基地”：由区级平台与区内省级医疗机构相关部门初步协商，论证构建“余杭生物医药临床研究创新试点基地”的可行性后，报送双方主管部门批准后，协商成立“余杭生物医药临床研究创新试点基地”。

(2) 建立长效运行机制：以“服务企业，服务产业，服务学科”为目标，以“临床试验”为切入点，双方共同探讨“余杭生物医药临床研究创新试点基地”的建设模式、运营投入及运营机制等，夯实工作内容，建立长效运行机制。

(3) 梳理政策壁垒，争取“政策特区”：通过问卷、访谈等形式，梳理影响我区生物医药产业发展的若干个政策壁垒，通过区政府与省级医疗机构联动，共同推动国家层面对我区生命健康产业与事业的倾斜支持。

关于加强余杭区中医院建设的建议

提案人：吕 航

内容及建议：

随着行政区划调整，余杭区核心区域功能从原先的城市组团提升到城市新区，功能短板需补齐。特别是教育和医疗设施短缺问题尤其严重。医疗设施中，除了综合性医院外，中医院也是必不可少的组成部分。中医有着几千年悠久的历史，是中国的国粹之一，在日常医疗中占有很重要的地位，除受到中老年的欢迎外，越来越多的年轻人也选择了中医，特别是本次疫情期间，中医药的作用显著，受到中央高度重视。原余杭区中医实力较强的第一医院、第五医院、塘栖中医院等都在现临平区，随着未来人口的快速增长，我区急需高医疗水平的中医院，以满足不同人群的需求。目前余杭区属医院是余杭二院、瓶窑镇三院、良渚医院及各卫生院，尚未设立专业的中医院，在一定程度上也影响了我区中医药事业的良性发展。没有优质的平台和设施，优秀知名的中医医生就留不住，而中医是需要积累和经验传承的学问，没有好的老师也就留不住年轻的后起之秀。针对上述诸多短板，特此建议：

一、对区属医院中医科加强建设，出台政策引进优秀医生和治疗方案，通过几年的努力，从量级的变化以达到质的飞跃。须确定一所医院为中医特色医院，集全区的资源进行学科扶持，打造医疗特色，打响知名度。

二、我区国土空间规划正在编制中，因受当前土地政策影响，土地指标较为紧缺，选址新建中医院受土地资源制约，可实施性较低。建议由区卫健局牵头，研究并提出依托仁和街道社区卫生服务中心品牌科室中医科（俞氏中医）改建中医院的实施方案。俞氏中医在仁和世代传承，远近闻名，第五代传人俞烨翔常驻中医科，除中成药外，目前还开设针灸、推拿、刮痧等多项中医理疗项目。随着人民群众日常保健需求增加，仁和街道社区卫生服务中心品牌科室中医科依托俞氏中医的发展，近年门诊人次逐年上升。后续实施方案可以将俞氏中医作为特色重点学科，组建中西医结合医院，对建筑依托原有土地进行扩容改建，对硬件进行采购升级，对软件和人才进行储备培养。借此打造我区中医院硬件建设的制高点，并借此逐步从人才引进、学科建设等软件方面寻求突破，打造我区集医疗、教学、科研、预防、保健、康复于一体的综合性中医院。

三、大力扶持培育我区具有地方特色的中医品牌，比如瓶窑的郎氏中医、仁和的俞氏中医等当地知名中医品牌，从诊疗机构的优化建设着手，通过对世家传承医疗诊所提质升级的方式，建成一批有特色、有口碑、有传承的品牌机构，以点带面逐渐丰富并完善我区特色中医品牌建设，发扬当地传统中医文化，为我区人民群众日常养生保健、慢性病治疗等需求发挥作为。

处理情况：

吕航委员：您好！首先感谢您对我区医疗卫生事业的关心和支持。行政区划调整后，我区医疗卫生事业确实面临着巨大的挑战，医疗资源规划布局有了较大调整。现就您提出的关于加强余杭区中医院建设的建议答复如下：行政区划调整后，区级妇幼保健机构、中医类专业机构、公共卫生中心（含监督、疾控、急救等）等建设配置工作都亟待推进。充分考虑到仁和中医底蕴浓厚，决定将现仁和街道社区卫生服务中心改扩建项目调整为新建区中西医结合医院项目，而仁和街道社区卫生服务中心另行选址迁建。区中西医结合医院将以三级中医类专科医院标准建设，总用地面积约29362平方米（44亩），总建筑面积约91000平方米，其中地上建筑面积约49000平方米，地下建筑面积约42000平方米，床位规模约350张，计划投资7.8亿元。此外，区中西医结合医院项目将分两期建设，一期建设医疗综合楼及发热门诊，二期建设一栋病房综合楼。目前，钱江开发区管委会已组织编制区中西医结合医院的设计方案。接下来我局将继续协同其他相关单位继续做好区中西医结合医院新建和仁和街道社区卫生服务中心选址迁建的推进工作，加快项目落地实施进度。“十四五”期间，我局将积极对接省市中医院，建立深度合作，充分发挥学科优势，提升中医药、中西医结合的服务能力。一方面，从“中医治疗”向“中医康养”延伸，尝试开展社区和居家中医药健康养老服务；另一方面，将中医药服务向基层延伸，培养基层医疗机构中医人才，拓展中医药服务。建设以区中西医结合医院为主体、综合医院中医科室为重要组成、社区卫生服务中心中医馆为枢纽、服务站中医阁为网底、涵盖全区各级各类医疗机构的中医药健康服务网络体系。最后，再次感谢您对我区医疗卫生事业的关心和支持，期待您对我区中西医结合医院项目的持续关注。

抢跑元宇宙新赛道　构筑余杭区数字经济竞争新优势

提案人：赵海燕

内容及建议：

数字经济是人类经济发展继农业经济、工业经济后又一次革命性升级，把握全球数字经济发展机遇，杭州提出了建设全国数字经济第一城的宏大目标，通过7年努力已经卓有成效。在世界经济的发展中，元宇宙经济作为数字经济的特殊形式与延展如东方旭日正徐徐升起。元宇宙经济要素包括数字创造、数字资产、数字市场、数字货币、数字消费。其特征明显区别于传统经济，表现为计划和市场的统一、生产和消费的统一、监管和自由的统一、行为和信用的统一。元宇宙将给我们的生活和社会经济发展带来五个巨变：一是从技术创新和协作方式上进一步提高社会生产效率，二是催生出一系列新技术新业态新模式促进传统产业变革，三是推动文创产业跨界衍生极大刺激信息消费，四是重构工作生活方式大量工作和生活将在虚拟世界发生，五是推动智慧城市建设创新社会治理模式。以未来科技城为主的杭州城西板块，吸引了大批国内外高级专业人才聚集在数字经济领域，为余杭区发展元宇宙经济提供了十分有利的条件。建议余杭区委区政府抓住世界元宇宙经济的初始期，根据自身特长、产业基础和发展需求，大力推进余杭元宇宙经济产业的创新应用，进一步加快余杭数字经济与科技发展和建设管理与运营的效能升级。

建议 1：成立余杭元宇宙经济发展应用推进领导小组。建议由区政府主要领导牵头成立余杭元宇宙经济发展应用推进领导小组，对产业发展规划、设计与实施进行统筹规划、指导与协调，紧紧抓住中国乃至全球元宇宙经济这种新兴数字经济的新业态、新发展机遇，抢抓先机，抢占高地，抢夺市场，做大做强余杭数字经济。

建议 2：积极培养和引进元宇宙经济发展高端人才。专业人才的引进和培养是元宇宙经济产业发展的关键因素，要在全球范围内引进、招揽元宇宙经济领域的规划设计、技术创新、技术研发、项目实施等高端人才来余杭落地，给予相关落户、购房及子女教育等优惠政策，将未来科技城打造成全省元宇宙经济发展的技术高地、产业高地。

建议 3：建立元宇宙经济发展示范园区。仓前朱庙老工业园区始建于 2002 年，坐落在杭州未来科技城核心区域仓前街道的朱庙社区，北临余杭塘河、南至文一西路、东临绿汀路、西接东西大道，面积 1.5 平方公里合计 2200 余亩。建议余杭区政府和未来科技城管委会对仓前朱庙老工业园区按杭州中心城区建设标准进行城市有机更新，对工业园区企业和位于园区内的仓溢绿苑南面的农居点进行整体的收购拆迁，在这 1.5 平方公里的中心城区黄金地段划出一块建设余杭元宇宙经济发展示范园区。

建议 4：在区内，应积极鼓励和支持产学研合作，牵线搭桥鼓励区内高新技术企业强强联合、研发协作，巧用“无中生有、系统生长、生生不息，你中有我、我中有你，伴生而长”的生态哲学理念，可鼓励产学研联合成立研究院或研发中心，进行技术攻关或联合研发。全力打造余杭区元宇宙经济技术集群产业生态，奋力抢占元宇宙经济技术集群高地。

处理情况：

尊敬的赵海燕委员：您提出的《抢跑元宇宙新赛道　构筑余杭区数字经济竞争新优势》的提案收悉。经认真研究办理，现将办理情况答复如下：为贯彻落实省委数字化改革策略部署和省国民经济和社会发展“十四五”规划精神，加快培育发展元宇宙等未来产业，推进产业集聚发展，构建现代化产业体系。余杭区在数字产业化上精准发力，正加快形成元宇宙、新一代人工智能、区块链等具有国际竞争力的未来产业集群，聚焦创新、聚焦支撑、聚焦引育，着力孕育经济发展新动能，抢跑元宇宙等未来产业新赛道。

一、支持元宇宙产业发展所做的工作

（一）强化规划指引，擘画发展蓝图

历经“十三五”时期的快速增长和行政区划调整，余杭数字经济由做大迈入做强做优的发展新阶段。立足问题导向和目标导向，余杭区科学谋划数字经济发展“指挥棒”，编制《余杭区“十四五”数字经济发展规划》（以下简称《规划》），强基础、补短板，以奋进姿态擘画数字经济发展蓝图。《规划》中科学布局“5+5+X”产业体系，明确提出“鼓励企业、创新机构强化产学研合作探索突破立体显示、3D建模、自然交互等关键技术，推动虚拟现实与计算机视觉、深度学习、NFT、数字孪生、8K等区块链、人工智能、云计算、物联网领域前沿技术的融合创新，积极布局元宇宙软硬件产品、平台、内容和应用生态”，统筹元宇宙产业发展。

（二）加强平台载体建设，丰富应用场景

充分发挥区内四大省实验室等高端创新资源和智慧设备创新中心等数字赋能资源集聚优势，培育壮大元宇宙、人工智能、区块链新兴产业，为打造数字产业化发展提供新动能。元宇宙的一大核心即是XR技术和设备的发展，基于此，余杭区未来科技城牵头“构筑新生态探索元宇宙”，于2022年成立XR产业园，为余杭新兴产业打下基石。目前未来科技城XR、元宇宙等相关企业超70家，代表企业有京东方艺云科技、哔哩哔哩电竞杭州闪电队总部、灵伴科技、小派智能等，产业链覆盖场景内容、底层技术、设备平台等上下游内容，力争五年内培育XR上市企业5家，引培XR相关企业300家，扶持技术攻关和场景应用项目100项，逐步将余杭打造成全国XR创新最活跃、产业生态最完善、应用场景最丰富、头部企业最集聚的区域。在加速行业应用落地方面，其明确每年推出一批政务服务、智慧教育、智慧医疗等应用场景，支持XR企业优先入驻政府采购名录库。同时其将打通XR领域的专利快速预审通道，企业最短可在3个月完成发明专利授权、1个月完成实用新型专利授权。

（三）加大要素保障，健全产业生态

深入实施“三大人才高峰支持行动”“浙商青蓝接力工程”和新生代企业家“双传承”计划，加大未来产业国际一流人才、科研团队引进，加强管理人才队伍和青年科技人才培育。为加快技术成果的转化，未来科技城汇聚规模10亿元的XR产业基金，鼓励社会资本参与投资，优质项目最高可享受500万元创业风险池等支持；加大对XR产业人才引进力度，实施“顶尖人才项目”政策，最高给予1亿元支持，形成XR专项人才培育机制，完善XR人才服务保障，最高给予300万元安家费补助。加强土地要素保障，做好未来产业建设布局。余杭提出聚焦元宇宙产业，构建余杭XR产业空间站，引育国内外高技术企业和人才，共同打造全球未来产业发展高地。加强组织协调，规范组织实施。建立由区政府牵头，各相关单位参加的工作协调机制，统筹指导、协调和督促未来产业先导区建设。成立未来产业发展咨询委员会，开展未来性需求、技术、产业、要素和制度研究，加强未来类研究成果对科技和产业发展的决策支撑作用。为加快数字化改革，搭建未来产业专业平台，依托产业大脑优化配置资源要素，促进科技、财税、教育、金融、人才等跨部门业务协同，完善科技专项、精准招引、项目建设等功能，形成即时感知、科学决策、主动服务、高效运行的管理形式，加快区内未来产业培育建设和运营管理数字化。

二、下一步计划

加强组织保障。为打造元宇宙经济发展示范园区，必须坚持党的领导，强化组织保障，在思想上面高度重视，在组织上加强领导。一是谋划成立元宇宙经济发展专项推进小组，对产业发展规划、设计与实施进行统筹规划、指导与协调，紧紧抓住中国乃至全球元宇宙经济这种新兴数字经济的新业态、新发展机遇，抢抓先机，抢占高地，抢夺市场，做大做强余杭数字经济。各部门要落实第一责任人、第一推动人责任，坚持把优化数字经济作为本地区的中心任务，主动抓、带头抓，以“关键少数”引领“绝大多数”。二是针对区内相对破旧及有待更新的工业园区按杭州中心城区建设标准进行城市有机更新，力争建设元宇宙经济发展示范园区。

健全要素支撑。集聚高端创新资源、培育优质创新主体、打造一流创新生态，推进我区元宇宙经济发展。一是鼓励高校、科研机构、企业协同创新，着力产学研用一体化，进行关键核心技术攻关或联合研发。全力打造余杭区元宇宙经济技术集群产业生态，奋力抢占元宇宙经济技术集群高地。二是不断推动科技金融融合发展，启动余杭科技金融服务圈，建立科技金融服务体系，加强对元宇宙科技企业的精准帮扶，为元宇宙科技型中小微企业引入金融的“源头活水”，加快构建“产学研用金、才政介美云”联动的创新创业生态系统。三是继续推广“人才创业险”等，为元宇宙企业创新发展提供政策支持，并不断推动知识产权管理服务平台建设，立足承接科技创新成果交易转化与知识产权运营服务功能，打造贯穿项目培育、引进、产业化等全生命周期的运营服务新模式，构建创新服务生态圈。四是出台优化服务券实施管理办法，加大对余杭区内元宇宙科技型中小微企业的支持力度，充分发挥市场机制促进创新创业，鼓励元宇宙科技企业使用服务券购买财务、税务、法务、人力资源等中介服务，吸引优质科技服务机构服务区内科技企业，进一步降低创业成本、优化创业服务、激发创业活力，不断优化完善创新创业生态系统。

非常感谢您对我区工信经济工作的关心和支持，希望您继续提出宝贵意见和建议。

第七章

创新履职

第一节　拓展履职载体

第二节　夯实履职基础

第七章　创新履职

区政协重视拓展履职载体，夯实履职基础。

自区政协八届委员会以来，尤其是人民政协工作进入新时代以来，2021年，区政协自主研发建设相对独立的“余杭区数字政协系统”，其中手机端“i履职”和PC端“余杭数字政协驾驶舱”是该系统的两大特色应用。“i履职”，即爱履职，也是我履职。政协会同区数据资源管理局等部门，听取多方意见建议，完善建设方案，打造即时感知、融合协同、精准服务、智能管控、高效运行、共建共享的余杭数字政协系统。

2019年4月2日，浙江省政协召开县（市、区）政协“请你来协商”平台建设工作推进会，部署平台建设工作。4月4日，区政协召开党组会议，专题研究“请你来协商”工作。充分运用“请你来协商”等平台，有序推进提案人和承办单位的沟通协商。开展同类提案集中协商，由分管主席、副主席牵头、相关委办具体负责，召集提案项目相关提案人和提案承办部门进行面对面协商。对于难点提案，提升协商规格，邀请党政领导领办，和委员面对面协商，有力促进相关提案建议的落实；针对专业性强的提案，依托“委员工作室”开展专题协商，主持“委员工作室”的提案人召集关注提案内容的委员、行业代表、专家学者等，扩大协商参与面，广泛凝聚共识。

区政协通过“委员会客厅”“委员工作室”“民生议事堂”“界别活动周”及提案项目化管理等夯实履职基础。作为基层政协履职的重要手段，2019年起，区政协就启动实施“提案办理项目化管理”。制定《关于提案办理项目化管理的实施意见（试行）》，绘制《提案办理项目化管理示意图》并上墙公示，挂图作战，构建提案办理项目化管理体系。“提案办理项目化管理”在提高提案建议落实率和问题解决率的同时，更提升了委员履职的积极性。

委员履职中广泛的参与、开放的交流、活跃的互动，既是政协委员积极履职的生动表现，又是余杭区政协用数字赋能提案征集办理走向常态化的有效实践。

第一节　拓展履职载体

2018年，余杭区政协常委会按照“懂政协、会协商、善议政”和提高提升履职能力的要求，注重发挥委员主体作用，规范履职工作，推动政协工作提质增效。2019年3月，据省政协办公厅《县（市、区）政协开展“请你来协商”平台建设工作的指导意见》，余杭将“请你来协商”作为既是建言资政的平台，又是凝聚共识的平台；既是助力党政科学民主决策的平台，又是推动党政决策部署落实的平台；既是反映民声的平台，又是引导民意的平台。“民生议事堂”作为“请你来协商”工作向基层延伸的重要创新载体和特色品牌，突出以“民生”为协商内容、“议事”为履职形式、“堂”为平台概念的新型履职载体。通过在镇街层面搭建协商平台，进一步拓展工作领域，将人民政协工作延伸到基层，破解基层政协工作薄弱问题。

2021年，区政协以完善区级政协工作体系、破解自身短板为需求导向，自主研发建设相对独立的“余杭区数字政协系统”。该系统致力于政协工作全面数字化、委员履职全参与，提高使用体验，增强用户黏性。2021年10月中旬上线试运行的“余杭区数字政协系统”，其中手机端“i履职”和PC端“余杭数字政协驾驶舱”是该系统的两大特色应用。“i履职”，即爱履职，也是我履职。手机i履职平台是手机版浙政钉的应用，设置了i发布、i参与、i议政、i提案等模块。委员可以围绕热点问题、结合自身调研发布相关话题，吸引其他委员参与到话题讨论，进而形成有价值的社情民意，同时也可发布自己的履职活动情况和照片，记录履职点滴。持续推动数字政协系统建设，“i履职”不断迭代升级，先后发布上线了2.0和3.0版本。作为综合性数字化政协履职平台，理顺了“政协分管领导—专委会—界别活动组、镇街联络工委—委员工作室、委员”纵向组织架构，串联起“请你来协商”、提案项目化、调研视察、民主监督、社情民意等横向业务。政协各层级的组织化程度更高、业务流程更顺畅。对接省市“数字政协”系统，实现省市政协平台应用场景为我所用、重要信息实时传导。对接IRS系统，实现数据多跨协同、资源共享。各层级可通过“i参与”“i议政”“i发布”等模块开启线上云会议、云参与、云履职、云议政，履职更加高效、成效更加明显。

一、数字政协“i履职”平台

2021年2月18日，省委召开全省数字化改革大会，省委书记袁家军在会上强调，要加快建设数字浙江，推进全省改革发展各项工作在新起点上实现新突破，为争创社会主义现代化先行省开好局、起好步。3月，区政协根据省市区相关部署，会同区数据资源管理局等部门，多次召开工作探讨会、进行头脑风暴、听取委员意见、完善建设总体方案，打造即时感知、融合协同、精准服务、智能管控、高效运行、共建共享的余杭数字政协系统。截至2022年底，委员累计登录172947次，发布履职话题2958个、动态29061个，参与讨论跟帖211356次。数字政协有效激发委员履职热情，显著提升履职效率，有力助推中心工作，推动“指尖上的协商民主”。

“余杭数智政协”上线试运行　2021年10月18日，以数字化改革推动余杭政协履职实现新突破。经过半年多研究、探索、建设，“余杭数智政协”系统在区政协十二届常委会第二次会议上正式上线试运行。上线试运行的余杭数智政协系统包括驾驶舱各场景展示、数据信息等。在手机端i履职平台，主要设计i发布、i参与、i议政、i提案等模块，通过这些应用，委员们可以发布话题、动态，开展云议政，随时随地提交社情

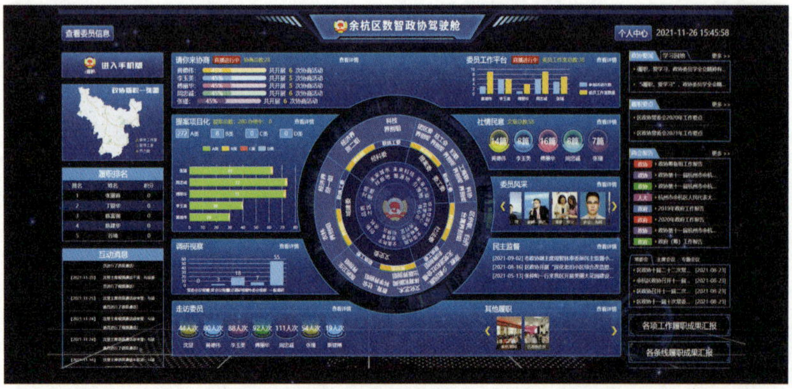

2021年10月18日，余杭区数智政协系统正式上线运行

民意信息、建议，参与讨论、点评。会上，向与会人员演示了数字政协驾驶舱、手机端 i 履职平台的各个模块的功能定位、操作方法等，并作了操作培训。区政协主席沈昱表示，建立余杭数字政协系统，依托数字化改革推进政协工作机制整体重塑，是实现政协工作的创新发展、开启新时期余杭政协事业新征程的重大举措。

推动“指尖上的协商民主”　2021 年 10 月 22 日，区政协十二届常委会第二次常委扩大会议召开，专题协商余杭数字政协建设。为推进数字政协建设，区政协会同区数据资源管理局等部门，打造即时感知、融合协同、精准服务、智能管控、高效运行、共建共享的余杭数字政协系统。通过“余杭数智政协”系统，委员们可以在线发布话题、动态，开展云议政，随时随地提交社情民意信息、建议，参与讨论、点评。区政协常委、数秦科技董事长高航介绍区块链与价值互联网知识，并现场演示解读区块链数字经济发展趋势，委员们对系统应用场景、功能模块设置、操作方法、履职评价、运行管理、机制重塑等方面提出了许多切实可行的建议。沈昱要求，由政协办牵头，以“i 履职”平台为载体，启动区政协十二届二次全会的大会发言、委员提案征集工作，并做好与省市政协的工作对接，力争使余杭数字政协建设走在全省政协数字化改革前沿。同时，要求各界别活动组、镇街（平台）联络工作要积极发动全体委员，用熟用好“i 履职”，凝聚委员合力，共同推进余杭数字政协系统的不断提升完善。

2021 年 10 月 22 日，区政协专题协商余杭数字政协建设

2021 年 10 月 25 日，《联谊报》报道余杭区政协会同区数据资源管理局等部门，完善建设方案，打造即时感知、融合协同、精准服务、智能管控、高效运行、共建共享的余杭数字政协系统信息。

专题培训数字政协建设和提案工作　2021 年 11 月 3 日，余杭区政协举办数字政协建设和提案工作专题培训会，以提升政协委员的政治协商、民主监督和参政议政能力，提高政协工作数字化水平。区政协主席沈昱、副主席黄德伟等参加，省政协信息中心负责人应邀到会观摩并指导。培训会对余杭数字政协系统进行操作演示。沈昱希望各位委员积极“用起来”，用熟用好“i 履职”，

2021 年 11 月 3 日，区政协举办数字政协建设和提案工作专题培训会

为系统迭代升级提供更多的意见建议，共同推进余杭数字政协系统的不断提升完善。同时以“i履职”平台为载体，启动区政协十二届二次全会的大会发言、委员提案征集工作，力争使余杭数字政协建设走在全省政协数字化改革前沿。

“i履职，爱学习” 2021年11月23日，区政协“i履职 爱学习”中共十九届六中全会精神专题学习活动启动，委员们通过余杭数智政协“i履职”平台，开展线上发言讨论，结合学习谈体会、思考、感言，深入学习贯彻中共十九届六中全会精神。余杭政协微信推出“i履职 爱学习，委员谈全会精神”专栏，陆续摘编部分委员的学习心得体会。11月25日，区政协“i履职 爱学习”中共十九届六中全会精神专题学习第二期活动，委员们通过余杭数智政协“i履职”平台，开展线上发言讨论，深入学习贯彻中共十九届六中全会精神。11月26日，区政协再次举行“i履职 爱学习”中共十九届六中全会精神专题学习活动，委员们通过余杭数智政协“i履职”平台，开展线上发言讨论，结合学习谈体会、思考、感言，深入学习贯彻中共十九届六中全会精神。余杭政协微信推出“i履职 爱学习，委员谈全会精神”专栏，推送第三期。

推进数字政协建设 2021年11月26日，区政协召开全体机关干部会议，会议对余杭数字政协系统试运行情况进行回顾总结，并就推进下一步工作进行专题部署。区政协主席沈昱主持会议。余杭数字政协系统自10月中旬上线试运行以来，手机i履职平台累计点击数超1.2万次，在余杭区数管局上架的浙政钉应用中点击率排名第四，签到委员近4000人次，发布履职动态1469个、话题163个，切实推进了“指尖上的协商民主”，相关做法得到省市政协的高度评价，《联谊报》头版刊发报道。沈昱强调：要加强引导带动，让i履职更加活起来。区政协领导要带头参与，与委员积极互动。区政协各委办负责人要认真参与，指导督促所联系界别活动组做好组织协调，引导开展话题讨论、成果梳理、意见反馈等事宜。要抓紧完善平台“i群组”政协组织架构模块，使之成为发布政协通知、交流探讨等办公应用的主渠道，增强“i履职”平台的委员黏合度。要进一步完善与区级部门的数据共享连接，接入更多的数据资源，为政协委员履职、知情明政提供数据支持。要进一步充实i履职平台数据内容信息，把历年提案、社情民意信息、调研报告、视察意见等资料录入系统，供委员参阅学习。

周国辉点赞余杭数字政协建设 2021年12月16日，省政协副主席周国辉一行专题调研余杭数字政协建设工作。区政协主席沈昱、副主席黄德伟、秘书长吴忠云，区数管局、区委改革办负责人等参加。沈昱介绍余杭数字政协建设情况：自10月中旬上线试运行至12月15日，累计点击数超3.3万次，签到委员近8200人次，签到率100%，12月以来日均点击1200次，委员人均日登录4次，在余杭区上架的浙政钉应用中点击率排名第二。发布履职动态1569个、话题260个，参与讨论跟帖5252个，以数字化改革推进政协工作机制重塑取得阶段性成效。余杭区数字政协系统进一步畅通了政协与党政机关的交流通道，大数据的支撑为政协委员履职赋能，集聚集体智慧，提升提案质量。周国辉对余杭数字政协建设工作表示充分肯定，认为余杭政协对这项工作高度重视，抓得早、抓得紧、决心大；系统整体构架科学合理，集成性、贯通性好，亲和力强；系统推出以后成效显著，委员爱用、能用、会用、实用，拓展了基层政协协商民主的广度、深度、效度和亮度，为全省数字政协建设提供了很多启示。希望余杭政协认真总结，努力实践，加强应用，迭代更新，在应用中发现问题，进一步完善功能，继续做好深化提升工作，更好发挥凝心聚力作用。

《联谊报》专题报道余杭数字政协　2021 年 12 月 18 日，《联谊报》再次头版关注余杭数字政协，聚焦系统建设、委员使用等情况刊发专题报道：为加快推进数字政协建设，“余杭区数字政协系统”于 2021 年 10 月中旬上线试运行，包括手机端“i 履职”和 PC 端“余杭数字政协驾驶舱”两大部分。“i 履职”日均访问量 1000 次，区政协委员人均日登录 3 次，在余杭区数管局上架的浙政钉应用中点击率排名第二。截至 12 月 5 日，委员们已在“i 发布”发起话题 211 个，发布动态 769 个，参与跟帖讨论 2692 条，综合讨论结果最终将形成大会发言、政协提案和议题成果。此外，委员还可以在“i 参与”报名加入“请你来协商”、调研视察、民主监督等各类活动，整个流程大大降低了人力成本；区政协工作人员可以在“i 群组”模块群发工作通知，大大提高了工作效率。区政协将不断推动“余杭区数字政协系统”迭代升级，更好优化用户体验，让政协履职真正开启掌上时代。

4.16 万人线上同步关注　2021 年 12 月 23 日，区政协主席沈昱，副区长许玲娣，区政协副主席黄德伟，傅丽华，周忠诚，张瑾和各专委会负责人现场视察禹航实验学校。区政协文史委汇报关于余杭教育现状和存在问题的调研结果。6 位政协委员通过“余杭数字政协系统”i 履职平台，以线上线下同步交流的方式各抒己见，从不同方面精准建言。余杭数字政协“i 履职”线上同步直播吸引了 4.16 万人围观、参与。线上委员和群众通过“i 履职”、直播跟帖发表见解、看法 310 条，相关部门和平台负责人现场对部分建言作出回应。

“i 履职”亮相两会　2022 年 2 月，区政协十二届二次会议上，余杭数字政协系统“i 履职”亮相两会，除了日程提醒，在“i 履职”平台，委员们还可以进行线上签到、阅读大会文件等。委员还可以通过“i 履职”线上提交提案，并可以事先发布话题讨论确定提案主题。除此之外，“i 履职”还有社情民意收集、履职监督、云会议等多项功能。两会期间，“i 议政”进行了三次全体会议的线上直播。省政协主席黄莉新充分肯定余杭区数字政协工作成效，表示余杭数字政协建设有特色有亮点，希望持续在迭代升级、融合贯通上下功夫，拓展政协协商民主广度深度效度，更好提供县域样本。

2022 年 2 月 11 日，省政协到余杭调研数字政协工作

余杭数字政协 i 履职 3.0 版上线　2022 年 10 月 18 日，余杭数字政协 i 履职 3.0 版本正式上线。余杭政协始终聚焦一个“用”字，持续迭代升级，从 1.0、2.0 再到 3.0。话题讨论、两会签到、提案建言、在线议政、委员培训……功能完备、内容丰富。“让数字化贯穿履职全场景，让每个委员都主动使用数字政协平台”逐渐变为现实。委员总登录超 16 万次，委员激活率100%，日均活跃率 80%。余杭数字政协积极创新，主动共享。深入贯彻省委“一地创新、全省共享”工作要求，共享改革成果，省内外 10 余个县市区政协到余杭交流学习，

杭州西湖、滨江，舟山普陀、丽水莲都、日照岚山等地数字政协平台陆续复用并上线；主动支援四川省苍溪县、稻城县数字政协建设，将数字政协系统送到对口协作地。微(we)履职、滨协商、e履职、莲心桥、阳光岚等复用产品陆续上线。截至2022年10月，委员共发布履职话题1964个、动态23169条，参与讨论154666次；线上议政成果成功转化并提交提案418件、社情民意76篇。i履职3.0删繁就简、返璞归真，创新推出集话题、活动、议政、通知、读书群等各类履职信息于一体的“履职大厅”，委员进入履职大厅可以第一时间了解政协最新、最热动态。此外，i履职3.0还升级“广场”“学习”模块，构建起“履职大厅＋应用广场＋学习平台”的新模式。

二、“请你来协商”工作

2019年4月2日，浙江省政协召开县（市、区）政协“请你来协商”平台建设工作推进会，部署平台建设工作。4月4日，余杭区政协召开党组会议，专题研究“请你来协商”工作。区委、区政府主要领导高度重视和大力支持，并为该工作提出具体建议，尤其针对选题提出明确要求，为协商平台建设做了政治保障。针对平台建设的具体事项，区政协专门组织相关专委会前往本省平阳、温岭、义乌等地学习考察先进经验与做法，结合余杭政协工作实际，制定计划，确定模式，建立评价体系、统一协商品牌，把好选题策划关、调查研究关、活动组织关、成果转化关。根据“请你来协商”协商形式的组织化程度予以分类，构建政协“2＋7＋X”的协商格局，即2项面上例会协商（政协全体会议协商、专题议政性常委会协商），7项线上日常协商（区委书记、区长与政协委员面对面协商，区政府、区政协联席会议协商，专项集体民主监督协商，主席会议调研视察协商，民主评议协商，提案办理协商，对口联系协商），X项点上特色协商（界别协商、镇街平台联络工委协商、选派民主监督小组协商、委员工作室协商）。通过构建完整的协商格局，推进建言资政和凝聚共识双向发力，促进政协工作高质量发展。5月15日，区委十四届常委会第74次会议专题研究《区政协“请你来协商”平台建设实施意见》，原则同意该实施方案，并在加强组织领导、精心组织实施、重视成果转化等方面提出具体要求。

4月16日，政协南苑街道联络工委委员会客厅围绕“金融风险防范”组织开展“请你来协商”，区政协委员、银行代表、区级相关部门负责人、街道相关职能科办负责人、社区、企业代表等就金融风险防范的6个话题，提出了意见建议。5月20日，区政协开展第二场协商活动，围绕百姓关注度极高的“居民分家立户手续办理难”问题，在“余杭政协委员之家”钉钉群中进行线上协商，10余名委员提出建议，形成协商意见。针对安置房建设、垃圾分类等重点协商活动，开展协商前期各项调研视察工作。

搭建“请你来协商”平台　政协创新协商民主工作机制，制定《区政协“请你来协商”平台建设实施意见》，构建“2＋7＋X”的协商格局（2项面上例会协商、7项线上日常协商、X项点上特色协商）。围绕农居安置房建设、知识产权创业创新成果转化平台建设、企业管理“千分制”、农村分户上门牌、城乡垃圾分类处理工作、物业管理工作等课题，组织委员与区委、区政府领导和有关部门、镇街开展面对面协商交流互动，提升政协协商民主效果。

“请你来协商”聚焦安置房建设　2019年7月3日，余杭区政协推出首次“请你来协商”活动，主题为拆迁农居安置房建设。区委副书记、区长陈如根参加，沈昱主持，黄莉、吴立炜、陈云水、戴桂香、赵喜凯、黄德伟，秘书长吴忠云参加活动。区政协各委办负责人，区政协各界别组、部分镇街、有关部门及部分政协委员等参加。委员围绕“能不能从现有土地资源上挖潜，加快安置房建设”“审批环节工作人员以及中介机构专业能力还需要进一步提高”等方面提出建议：做好先期规划，加强服务保障，成立征迁攻坚班子，主管部门派员担任项目进度监督员。建议挖掘潜力，灵活安置，推进项目进程。申报项目资料过多重复，资金拖付情况多，建议设立联合审批，一步到位。建议周密做好安置计划，减少项目多层转包，抓好项目廉政。完善项目建设考核机制，深化绩效考核模式，以缩短设计周期，提高施工效率。有关部门负责人作出回应，表示将持续做好拆迁、安置和后期管理等方面的工作。陈如根充分肯定了“请你来协商”的意义。他说，回迁安置和安置房建设是一项复杂的系统工程，需要政府各部门、平台、镇街的通力合作和协同推进，更需要社会各界的全力支持和广泛参与，希望区政协以及政协委员凝心聚力，打一场“拆迁农居安置房建设”硬仗，为“三个全域”建设作出应有贡献。

共议垃圾分类新时尚　2019 年 8 月 30 日，区政协举办“请你来协商”活动，为推进城乡生活垃圾分类工作集聚智慧、凝聚民心、汇聚共识。市委常委、区委书记张振丰同政协委员、基层代表面对面协商，零距离听取建议，交流看法。区政协主席沈昱主持。副区长王艳勤，区政协副主席黄莉、吴立炜、陈云水、戴桂香、黄德伟等参加。金丹文、吕璨任、蒋建萍、陈波、高丽娟、周康明、毛丽娟、孟竹娣等政协委员、社区代表和志愿者代表分别从余杭区垃圾分类工作前端分类、中端转运、后端处置、资源再生利用、宣传教育、责任机制等方面，围绕减量化、资源化、无害化，提出许多具体可行的意见建议。相关职能部门负责人也一一认真回应。张振丰要求，相关职能部门要及时梳理、认真借鉴、充分吸收意见建议，抓紧制定务实举措。会议要求，要广泛动员，全民参与，形成全社会共同推进的强大合力。加强统筹协调，相关单位“一把手”要亲自主抓，分管负责人直接抓，强化部门、镇街、村社之间协同联动。坚持党建引领，充分发挥基层党组织战斗堡垒作用，通过“党建＋”模式广泛动员社会各方力量，充分用好“请你来协商”、电视问政等平台和载体，提升各方参与度，共同推动垃圾治理工作。

聚焦物业管理　2019 年 11 月 14 日，区政协“请你来协商”活动聚焦物业管理，沈昱主持，区政协主席会议成员、常务委员和部分政协委员参加，副区长王艳勤，区级有关部门和镇街主要负责人、社区代表应邀出席。会上，政协委员，社区、物业公司代表率先发言。沈昱指出，自城市化开始，物业管理各种矛盾纠纷频发，要引起高度重视，大家直面问题，提出的 35 条建议都很有针对性，说明“请你来协商”平台是集中民情民智、解决百姓诉求的有效路径。

协商加快推进区养老服务高质量发展的问题　2020 年 7 月 31 日，区政协召开“加快推进余杭区养老服务高质量发展会议”，部分区政协委员、市民代表围绕“医养结合服务体系、规范老年食堂管理、完善老年组织建设、提升养老机构效率、打造医药结合养老综合体建设、鼓励社会组织和志愿者参与养老事业”等方面内容，与区级有关职能部门、镇街主要负责人一起协商探讨、谋划发展良策。市委常委、区委书记张振丰讲话，区政协主席沈昱主持了会议，分管副区长王艳勤和区政协领导参加会议并听取委员、市民代表发言。委员对完善

2020 年 7 月 31 日，余杭区政协举办“请你来协商”活动，协商推进养老服务高质量发展工作

医养结合服务体系、因地制宜解决老年食堂服务管理、整合资源满足老年人更高层次精神需求及提升养老机构效率等方面提出意见。

“补齐短板，推进基层治理现代化”专题协商会 2020 年 8 月 27 日下午，区政协召开常委会会议暨“补齐短板，推进基层治理现代化”专题协商会。在“请你来协商”会议上，沈洪良、卢红梅、王晓乐、闻建明、沈卫东、俞珠花 6 名政协委员和基层代表就“补齐短板，推进基层治理现代化”作发言。相关部门负责人一一回应，表示将吸取委员们调研后的意见和建议，加以研究，认真总结、吸收，切实改进各项工作。区政协主席沈昱表示，区政协将梳理和完善委员和基层代表提出的意见、建议，并以专题协商意见的形式发给区级相关部门，推进基层治理现代化工作。是年 9 月 8 日，政协办公室向区委、区政府办公室报送了《关于“请你来协商”推进基层治理现代化的协商意见》。

“请你来协商”再次聚焦物业管理 2020 年 9 月 17 日，区政协举办“请你来协商”活动。区长陈如根与政协委员和社区代表面对面，再次聚焦物业管理，就“提升物业管理、共享美好生活”进行专题协商。沈昱主持，区领导王艳勤、吴立炜、黄德伟、沈洪相等参加。会上，张丽莉、胡晓、许晓明、吕璨任、蒋秀娟、陈国良等委员和社区代表徐一峰分别围绕小区物业管理中体制机制建设、业委会工作、物业公司监管、“两金”使用管理、安置房物业管理等进行了协商发言，提出了许多具体可行的意见建议，区委组织部、区委政法委、区住建局、区民政局等部门对政协委员和社区代表提出的意见建议一一作出回应。陈如根表示，委员们针对物业管理工作提出的意见建议很有建设性，充分展现了政协委员的履职热情，体现了强烈的责任意识和较高的参政议政水平。希望各部门、各镇街要及时梳理总结，充分吸收委员和社区代表的意见建议，结合工作抓好落实。沈昱指出，政协作为协商民主的重要渠道和专门协商机构，搭建“请你来协商”平台，凝聚共识，推动工作。希望政协委员发挥桥梁纽带作用，把群众诉求反映给有关部门，把政府的努力反馈给人民群众，争取理解和支持。各有关部门、镇街要积极主动，创新方法，共同把民生实事做实做好。

“请你来协商”助推城西腾飞 2020 年 4 月 22 日，区政协赴未来科技城，举办专题提案办理“请你来协商”活动，区政协委员和相关部门就提案办理进行面对面协商。区领导沈昱、梅建胜、陈云水，区政协办、提案委、委工委负责人参加。委员们在协商会上的提案有：周建忠的《关于在我区规划建设教育主题公园的建议》、王巍的《关于鼓励我区企业加强 PCT 国际专利申请的建议》、林蕾的《关于加快义桥工业园区环境改善、加强综合配套的建议》、宋伟恩的《在杭州西站高铁新城建设中注重文化元素融入，进一步提升城市品位的建议》、郭国平的《关于未来科技城培育和引入更多优质教育资源的建议》、徐进的《以实施新制造业计划为契机，开展城西产业协同融合，推进城西高质量发展》、周闻翔的《关于在五常辖区加快建设规范性农贸市场的建议》。区经信局、区教育局、区财政局、区交通运输局、区商务局、区市场监管局、区规划和自然资源分局、未来科技城管委会、区交通集团、余杭街道负责人就委员提案办理进行面对面协商，寻求共识、解决问题。沈昱指出，通过提案办理集体面商，政协委员和各承办单位及时沟通，凝聚共识，在提案办理中实践协商民主。

线上“请你来协商”建言献策企业复工复产　2020年3月5日，“请你来协商”专题协商会召开，会议以“主会场＋钉钉视频连线”的形式举行。区政协主席沈昱、副主席吴立炜，经科委负责人在主会场参加会议，其他政协领导，各委办主任、副主任、调研员，20余名政协委员通过钉钉参会。12名政协委员，紧扣主题，为企业复工复产献计献策。沈昱肯定线上“请你来协商”视频会议的形式。此次协商选题精准、节点适时、形式新颖，是对政协工作的一次有益探索，也是政协助推中心工作的生动实践，提升了协商质效。

推进“请你来协商·民生议事堂”平台建设　2021年9月3日，区政协十二届第2次主席会议，审议通过区政协推进“请你来协商·民生议事堂”平台建设的实施意见。按照区委关于《区政协“请你来协商”平台建设实施意见》，搭建“请你来协商”平台，制订协商年度计划，形成以全体会议协商为龙头，常委会会议协商为重点，主席会议协商为常态，其他协商形式为补充的专题协商格局，灵活经常地组织开展专题协商、对口协商、界别协商和提案办理协商。区政协分别围绕科技型中小微企业发展、电子商务产业发展、良渚古城遗址申遗、大运河文化带建设等重点工作，精心选题、深入调研、广泛协商，进一步形成党委重视、政府支持、政协主动、社会关注的良好协商格局。

“请你来协商”文化体育建设专题提案办理工作会议　2021年9月23日，区政协副主席傅丽华主持召开“请你来协商”文化体育建设专题提案办理工作会议。政协委员与提案承办单位面对面，围绕提案办理情况开展交流讨论。会议选取32个围绕文化体育建设工作的提案举行集中面商，内容涉及数字文化产业、余杭文化IP、公共文化设施建设、红色文化资源整合、非物质文化遗产保护、体育名区建设等。会上，区委宣传部、区文化和广电旅游体育局汇报了文化体育建设提案办理工作情况。各承办单位相关负责人对委员们提出的意见建议进行回应、表态。委员们对提案办理单位主动联系商讨研究的办理态度和过程表示满意，认为承办单位的回复考虑很周全，具有专业性和指导性，对提案的落实表示期待，认为提案集中面商的办理形式更有利于形成共识，解决问题。

围绕中心强履职，协商平台建设取得进展　区政协十一届委员会深刻理解和把握人民政协作为专门协商机构的丰富内涵，在健全协商制度、规范协商程序、创新协商机制、丰富协商形式等方面下功夫。协助区委制定出台《区政协“请你来协商”平台建设实施意见》，明确“请你来协商”平台建设的总体思路、计划安排、工作举措，构建“2＋7＋X”的协商格局。区委区政府主要领导和分管领导通过“请你来协商”平台与委员一起在协商中求同存异、凝聚共识。意见实施以来，共举办30余次“请你来协商活动”，取得明显的协商成果。健全完善掌上履职平台，以数字化建设拓展委员履职的深度和广度，创建“i履职”小程序和“委员钉钉群”，健全完善“掌上履职”运用，围绕党委政府工作的重点、群众生产生活难点、社会治理焦点问题开展网上协商；提升委员工作室平台，分别在界别活动组、镇街（平台）联络工委和委员中创建委员工作室49个，扩大了基层群众有序参与社会治理的途径，推动了协商民主向界别延伸、向基层延伸；完善协商成果办理机制，协商成果得到有效转化。

“请你来协商·民生议事堂”首场活动关注数字经济赋能西部富美 2021年9月23日“数字经济赋能西部富美”民生议事堂专题协商在鸬鸟镇举行，活动由区政协鸬鸟联络工委与区政协科技界别组联合举办。与会人员实地考察杭州时戳科技有限公司卫星办公点（竹与墅民宿）以及太平小学、太平双创园等物理空间改造利用情况，听取联络工委工作室建设和鸬鸟镇经济社会发展情况介绍。委员们认为，西部富美要充分利用数据、统筹规划、科学发展绿色产业，串联各类服务需求，打通供应链壁垒，开展数字基建和环境改造，提升乡村产业附加值。区政协副主席张瑾对科技界别组、鸬鸟镇联络工委委员工作室在“数字经济赋能西部富美”中所做的探索予以肯定。希望在下步工作中，充分发挥“请你来协商·民生议事堂”平台作用，通过界别活动，形成合力，推动数字与乡村、界别和镇街、城市和农村的融合发展。

聚焦林业水利提案办理开展集中面商 2021年9月24日，区政协召开“请你来协商”林业水利专题提案办理工作会议。会议选取8个围绕林业水利工作的提案举行集中面商，主要涉及竹产业发展、防洪排涝能力建设、河道生态保护与数智治理、滨水绿道建设等内容。沈士华、孙威、谷琦等委员提出意见建议。区政协副主席周忠诚表示，委员们的提案深入调研、分析问题透彻，提出的措施具有针对性和可行性，有高度、有情怀、有眼光。承办单位前期准备充分、领导重视、办理有力、沟通充分，把提案办理工作列入当前重要议事日程，将提案当作工作的推动力。下一步，提案办理工作要进一步研究吸收好，协商沟通好，办理办结好，延展利用好，切实增强提案办理实效。

“请你来协商”统战群团专题提案办理工作会议 2021年9月29日，区政协、区委统战部、区委组织部、区妇联、区人社局、区审管办、区数据资源管理局等部门就统战群团专题8个提案的办理工作，与提案委员进行面对面协商。区政协党组副书记、副主席黄德伟和提案委、委工委负责人参加会议。会上，陈晓东、赵爱丽、沈士华、俞美玲、俞聪、周玲毅等委员围绕全职妈妈再就业、职场女性身心健康、规划重建寺庙、华侨数智服务等方面阐述了提案对策思路和办理建议。区委统战部、区妇联、区人社局等针对委员提出的建议一一作了回复反馈，并就本部门相关提案办理情况进行汇报。黄德伟要求相关职能部门要加强与委员们的沟通，增强提案办理效率；凝聚共识，为余杭统战群团工作数智发展助力。

“请你来协商”营商环境专题提案办理工作会议 2021年9月30日，政协委员与提案承办单位面对面，围绕提案办理情况开展交流讨论。区政协副主席李玉美参加。会议选取了14个围绕营商环境专题的提案举行集中面商，内容涉及知识产权保护、安全管理、便民服务等。李玉美指出，提案办理项目化打通了提案工作的难点，促进了提案的高质量办理，政协委员和相关职能部门要用好该平台，推进提案办理更精准更务实更高效，并形成常态化工作机制；要对14件营商环境专题提案的面商结果予以总结延伸，促进各部门加快升级政策，不断改善提升余杭区营商环境。

区政协举办多场“请你来协商”专题提案办理工作会议 2021年10月9日，区政协邀请政协委员与承办单位面对面，围绕社会管理、西部富美、良渚遗址、教育医卫等专题提案办理情况开展交流讨论。区政协副主席李玉美、傅丽华、周忠诚、斯建刚等参加。委员们立足本职及调研情况，阐述提案意图和办理建议。承办单位分别汇报提案办理情况，并对委员们提出的意见建议进行回应表态。委员对提案承办单位主动联系商讨研究的办理态度和过程表示满意，认为承办单位的回复考虑周全，对提案的落实表示期待。

“请你来协商”走进交通专题提案办理工作会议　2021 年 11 月 2 日，区政协召开走进交通专题提案办理工作会议，政协委员与提案承办单位集中面商，为道路安全畅通建言献策。区政协副主席周忠诚参加。会前，与会人员参观了大径山旅游集散中心项目，听取了大径山乡村国家公园开发建设情况介绍。会上，提案主办单位区交通运输局、区交通集团对政协委员提案办理，以及开展的重点工作情况作汇报。委员们对提案办理各主办、协办单位积极联系协商的办理表示满意，希望能对正在进行办理的提案进一步加快进度、落到实处。

为助推余杭区科技创新发展协商献策　2021 年 11 月 3 日，区政协举行“请你来协商”活动，区政协副主席张瑾，区政协提案委、经科委负责人，区科技局、区发改局、区经信局、区商务局、区卫健局、区数管局、良渚新城、区科协、未来科技城等相关部门负责人及有关政协提案委员参加。会上，区政协提案委主要负责人围绕四个“全”向与会同志介绍了提案办理项目化管理制度，区科技局相关负责人就提案办理情况及科技创新工作进展作专题汇报。委员与提案承办单位围绕创新载体建设、创新资源集聚、创新人才引培、科技成果转化、科技服务优化等提案内容进行了深入交流。张瑾要求：个别提案存在方向的偏差，在后期交流中反馈要更精准；要运用好，要群策群力，把好的意见建议转化成推进科技创新发展的金点子；要挖掘好，要不断完善持续办理跟踪的机制，对提案建议进行更深入的研究，集思广益，让提案得到更好的办理和落实。

“请你来协商”产业平台、靓城行动、工信领域工作　2021 年 11 月 5 日，区政协举办 3 场“请你来协商”专题提案办理工作会议，邀请政协委员与承办单位面对面，围绕产业平台、靓城行动、工信领域专题提案办理情况开展交流讨论。区政协副主席黄德伟、周忠诚、张瑾等参加。会上，各提案主办单位汇报了提案办理情况。会议指出：政协委员们聚焦余杭经济社会发展的难点，不仅有建议、有见地，而且有补充、有延伸。希望承办单位和委员们持续注重常态沟通，把政协委员变成“智囊”；注重转化推动，把提案建议变成“硕果”，共谋余杭新发展。

区长和政协委员协商“西部富美”　2021 年 11 月 11 日，在径山镇政协联络工委民生议事堂（小古城村民主协商议事馆）举办的“请你来协商”活动中，区委副书记、区长金承涛，区政协主席沈昱，区领导黄德伟、周忠诚、张瑾和政协委员、相关部门负责人等聚焦“西部富美”开展协商。会上，周忠诚介绍了“西部富美”课题调研情况。林丹琴、刘松、李琴、刘志鹏等委员提出意见建议。区农业农村局、区财政局、区经信局、区科技局、区文广旅体局、区交通集团、规资余杭分局等部门负责人现场给予回应，并表示将认真吸收采纳。不少委员通过数字政协“i 履职”在线观看，参与互动留言。金承涛指出，此次区政协“请你来协商”活动聚焦“西部富美”行动计划，体现了关注西部、重视西部、发展西部，努力推动余杭西部富美的殷切期盼，意义重大。区政协的调研报告和委员们的建议，分析精准、措施具体、操作性强，为进一步推进区委、区政府中心工作打下坚实基础。区政协主席沈昱表示，委员们围绕“西部富美”工作推进，从政策、项目、品牌等多方面建言献策，相关部门积极回应，达到了协商目的，广泛凝聚了共识。区政协将更好发挥协商平台作用，通过“数字政协”平台持续关注、建言助推，为推动“西部富美”行动贡献智慧力量，展现政协作为。

“请你来协商”全民反诈工作 2021年11月19日，区委常委、区公安分局局长王建平，区政协副主席李玉美、斯建刚在“请你来协商”活动现场与政协委员、民主党派代表、群众代表协商全民反诈工作。余杭数字政协i履职平台对活动进行了全程直播。沈昱在线上参与发言，并进行了指导。会上，区公安分局介绍了余杭区反诈工作情况，并现场演示了AI智能语音反诈宣防平台。孟宪坤、陈梦燚、忻皓、林勇强等委员从“打造全流程闭环数智化平台”“完善反诈骗志愿者激励机制”“加强学校宣传”等角度各抒己见。王建平指出：区政协的调研情况和委员们的建言献策，分析精准、措施具体、操作性强，为赢得打击治理电信网络诈骗战争的最终胜利凝聚了合力，提供了强力支撑。

“请你来协商”工业用地有机更新 2021年12月29日，区政协举办工业用地有机更新“请你来协商”专题活动。副区长姚文华、区政协副主席张瑾现场与政协委员、民主党派代表建言资政。委员们建议充分利用本轮工业用地有机更新更好发展优质制造业，培育龙头企业；在总体规划上坚持产业业态导向、区域分布特征导向、空间整合导向，在提升改造上坚持分类施策，在制度保障上坚持创新激励；在有机更新推进过程中，充分考虑生态环境、交通区位、配套设施等因素，结合不同产业发展特性，给予相应引导和指引等。相关单位对政协委员提出的意见建议认真作了回应。姚文华表示，区政府将充分吸收委员们的建议，在工作推进中加以落实，在政策制定中加以完善。

“请你来协商”数字经济和农文旅产业融合发展 2022年3月3日，区政协组织开展2022年首场“请你来协商”活动，围绕数字经济和农文旅产业融合发展开展协商交流。区政协主席沈昱，副主席周忠诚、张瑾，区政协经科委、城建委、区农业农村局、径山镇、未来科技城管委会、区金控集团、区绿产集团负责人，部分政协委员、企业家代表参加。区政协委员江华民介绍企业发展和委员工作室建设情况，径山镇党委书记沈萍介绍径山镇总体发展情况，区政协委员裘涵围绕在余杭乡村打造数字经济“创新谷”作主题发言。与会人员围绕数字赋能、创新经济、生态生活等方面，就推进农文旅产业融合发展提出了相关建议。沈煜指出区政协将按照区委部署要求，充分发挥团结统战功能，搭好协商平台，促进深度合作，广泛凝聚共识，积极助推数字经济向美丽乡村延伸，努力实现“绿水青山就是金山银山”，为余杭争当建设共富示范的排头兵做出贡献。

“请你来协商”专题聚焦群团工作 2022年6月2日，区政协召开“请你来协商”群团专题提案办理工作会议。区政协副主席黄德伟，区政协提案委、委工委相关负责人，部分区政协委员，相关群团提案主办、协办单位负责人等参加。与会人员实地调研五常街道邱桥社区妇女儿童综合服务驿站、闲林街道翡翠社区图书馆及儿童与老人活动处等。座谈会上，区妇联、区总工会、团区委汇报了年度提案办理情况。委员们普遍对提案承办单位主动联系商讨研究的办理态度和过程表示满意，认为承办单位的回复详细周全、考虑长远。针对提案涉及的问题，委员们进一步提出应跟随硬件建设步伐，持续落实软件服务，构建余杭区儿童服务资源库，引入第三方专业机构服务社会等建议。各承办单位相关负责人就意见建议一一作出回应。

“请你来协商”文旅专题提案办理协商会 2022年6月，区政协组织召开“请你来协商”文旅专题提案办理协商会，区政协副主席傅丽华，区政协文史委负责人，部分区政协委员参加。区委宣传部、区文广旅体局、良渚遗址管委会、径山镇等单位相关负责人汇报相关提案办理情况。会上，政协委员与相关提案主办单位和协办单位进行了深入的交流，总体上对各单位的提案办理过程和结果表示满意，也提出了更进一步的意见和建议。傅丽华指出，下一步委员们和各单位要进一步提升提案办理的有效性，确保提案满意率；进一步提升提案办理的针对性，促进成果转化；进一步提升提案办理的公开性，促进全过程的透明。

“健康余杭，共筑美好”主题提案办理协商会　2022 年 6 月 17 日，区政协副主席傅丽华，区政协文史委负责人，部分区政协委员，主办单位区卫健局，协办单位区委组织部、区财政局、区教育局、区人力社保局、区民政局、区规资局、区住建局、区红十字会、区发改局、区市场监管局、区数管局等单位相关负责人参加会议。与会人员实地视察仓前街道橙享托育建设运营“婴幼儿托育驿站”。提案办理协商会上，就“健康余杭　共筑美好”主题下的 20 件提案进行了集中协商。委员们对各单位的提案办理态度、结果及过程均表示满意。同时指出，要进一步推进提案成果的转化，把点转成线，把线连成面，系统推进关联工作建议和转化；要切实解决百姓关注的卫生健康热点难点问题，为建设健康余杭、增进民生福祉、助力共同富裕发挥积极作用。

“请你来协商”聚焦商贸财税专题　2022 年 6 月 20 日，区政协召开“请你来协商”商贸财税专题提案办理工作会议。区政协副主席张瑾，区政协经科委、区商务局、区财政局、区税务局、区金控集团、人民银行余杭支行、银保监会余杭监管组负责人以及区数据资源管理局、区市场监管局、仁和街道相关经办人和部分政协委员参加。该场提案办理工作会议的提案涉及成立投资基金、加强业务指导、加大产业扶持、增进纳税服务及税务风险防范等多个领域。与会单位与委员们就提案的初衷和对部门的第一轮答复的初步意见进行了交流反馈，并向与会部门提出了深化重点工作、加强重点企业服务指导、发挥产业协会作用、关注中小企业开展联合走访等多项建议。与会部门就提案办理工作向委员们逐一进行汇报，并针对委员们提出的意见、建议以及相关需求进行了回应及答复。

“全民体育运动”专题提案办理协商会暨“社会力量办体育”专委会视察活动　2022 年 7 月 1 日，区政协举办“全民体育运动”专题提案办理协商会暨“社会力量办体育”专委会视察活动。区政协副主席傅丽华，区政协文史委负责人，部分区政协委员，主办单位区文广旅体局，协办单位区委宣传部、区住建局、区民政局、良渚街道、中泰街道等单位相关负责人参加会议。与会人员分别调研视察仓前举父棒球场和良渚新港运动基地，听取了棒球、足球等运动场地建设、运营推广及赛事活动情况。座谈会上，区文广旅体局就年度“全民体育运动”专题提案办理情况和全区“社会力量办体育”情况作汇报，并与政协委员及相关协办单位进行了深入协商交流。委员们提出，体育发展要与公益文化相结合，要让体育赛事增进镇街联动，要让体育福利的受益者反哺社会，也可以通过民间力量引入体育资源，打造体育运动品牌，发展体育产业，培育体育文化，激活全民体育运动氛围。另外，针对全区体育场馆布局点位偏少、学校教育体育场所对外开放、体育运动应从青少年抓起等问题，开展讨论。希望对“全民体育运动”要进一步加强顶层设计，加大政府投资力度，推进对“社会力量办体育”的扶持政策。

“请你来协商”提案办理工作会议专题聚焦城市建设　2022 年 7 月 5 日，区政协召开

“请你来协商”城市建设专题提案办理工作会议。区政协副主席周忠诚，区政协提案委、城建委负责人，区住建局分管领导及相关科室负责人，区经信局、区交通运输局、区市场监督管理局、市规划和自然资源局余杭分局的相关科室负责人及部分政协委员参加。会上，区政协提案委介绍了年度提案办理新要求，评价新办法。区住建局作为本专题所有提案的主办单位，先后向与会人员作了2022年上半年重点工作情况、下一步工作计划的汇报和本年度政协委员提案办理进展情况的汇报。参会委员对提案办理情况进行了交流反馈，认为区住建局及各协办单位反应迅速，提案办理认真，同时也对可进一步提升的方面提出了意见建议，与会部门现场进行了相应答复。

“请你来协商”举行建设杭州城市新中心活动 2022年9月21日，区政协举行建设杭州城市新中心“请你来协商”活动。市委常委、区委书记刘颖出席。会上通报2022年以来全区经济社会发展情况，并围绕“建设杭州城市新中心”主题同政协委员面对面交流协商。区政协党组书记、主席沈昱主持会议。副区长吴远东，区政协副主席李玉美、傅丽华、周忠诚、斯建刚、张瑾，全体政协常委会组成人员和部分委员以及有关平台、部门负责人等参加。会上，区政协城建委汇报相关课题调研情况，部分政协委员围绕“建设杭州城市新中心”主题，聚焦创新发展、人才引培、文化传承、公共服务、生活配套、空间规划等方面提出建设性意见。刘颖表示，建设杭州城市新中心、争当“两个先行”排头兵，是贯彻落实习近平总书记对余杭工作的重要指示批示精神、忠诚践行“两个维护”的实际行动，也是余杭作为杭州大区的使命担当，是城市发展建设的现实需要，也是发展蓝图的一脉相承。奋力打造创新活力之城的新中心、历史文化名城的新中心、生态文明之都的新中心、最具幸福感城市的新中心，加快提升创新策源能级、产业发展能级、区域文化能级、公共服务能级和综合治理能级，需要全区上下团结一致、携手奋斗，需要广大政协委员积极参与、支持。委员围绕“建设杭州城市新中心”集思广益，协商选题精准、调研准备充足、活动效果显著。刘颖强调，要用好“请你来协商”平台，以更高标准建强协商议事主阵地。要提高政治站位，精心组织好每一次协商活动，真正把“请你来协商”打造成为沟通政协委员、基层群众和党委政府的“连心桥”。

2022年9月26日，区政协聚焦“建设杭州城市新中心”这一主题举行“请你来协商”活动。孙威、叶振华、赵昆等委员先后发言。沈昱说：区政协将继续通过数字政协“i履职”平台，引导全体委员持续关注建设“杭州城市新中心”各项工作进展情况，针对新进展、新问题，提出新思路、新建议，为建设杭州城市新中心贡献政协委员的智慧和力量。

数智融、城致新，数据资源深度利用专题“请你来协商活动” 2022年10月10日下午，区政协举办数智融、城致新，数据资源深度利用专题“请你来协商活动”。区政协主席沈昱，市数据资源管理局副局长傅卫权，副区长胡彪、区政协副主席张瑾参加，活动通过余杭数字政协系统在i履职平台开设线上直播。会上，区数管局汇报区数字资源深度开发利用总体情况，专家解读《浙江省公共数据条例》并介绍数据资源深度开发利用典型案例，区领导、区政协委员、有关单位代表和特邀行业专家就数据资源开发各个阶段规划、各类场景，遇到的困惑和难题等展开交流。沈昱指出：余杭区是数字经济高地，在数据资源深度挖掘上拥有天然优势，要利用好余杭数字企业、数字技术储备，找准切入点，将原始数据转化为更具价值的数据产品，推动数字经济向更高质量发展。要切实保护数据安全，合理合法使用，激发数据资源正向价值。国有企业发挥引领带动作用，团结区内广大企业，深耕数据，团结协作，相互支持，推动余杭在新赛道上率先发力奔跑。

建言“发展未来乡村产业”　2022年10月11日，区政协“未来乡村产业化”专题“请你来协商活动”在径山村举行。副区长吴伟强及区政协社法委、区农业农村局负责人，相关部门和镇街分管负责人，部分政协委员参加。李玉美主持活动。活动通过余杭数字政协系统在i履职平台开设线上直播，60余名政协委员在线收看并留言讨论。区政协社法委提交以“未来乡村产业化”为主题的调研报告，区政协委员围绕未来乡村产业的不同方面进行主题发言，有关部门和镇街现场进行回应。农业农村局汇报区未来乡村建设相关情况。周玲毅、忻皓、刘松，马宽等委员建言。吴伟强指出：本次区政协“请你来协商”聚焦未来乡村产业，选题切入口小、社会关注度高，有很强的现实意义，政协委员们的建言很有专业性和实用性，会后，各部门、镇街要摸清未来乡村家底、开发数字化产业平台、打造乡村品牌。在完善产业配套、培育乡村人才等方面，认真思考举措。

“打造金字招牌，复兴千年古城”“请你来协商”活动　2022年10月14日，区政协围绕“打造金字招牌　复兴千年古城”主题举行“请你来协商”活动。区委副书记、区长王华出席并讲话，区政协主席沈昱主持，区领导梅建胜、汤丽玉、黄德伟、李玉美、傅丽华、张瑾，以及相关部门、平台、镇街等负责人参加。会上，区政协文史委主任郭青岭就调研情况作主题发言。郭一波、林航、周锋、钟燕、张自恒、王未、赵海燕、季晔、胡冰、刘伟学、张建群等专家、委员分别围绕“千年古城复兴”工作发言，提出了许多切实可行的意见建议，区相关部门、平台、镇街对政协委员提出的意见建议认真作出回应。杭州师范大学人文学院副院长、教授林航提出，要通过对两座千年古城历史文化的保护挖掘，有效促进历史文化传承，支撑和涵养城市新中心的建设，再现千年古城的辉煌，持续助推余杭高质量发展。杭州市文物考古研究所余杭考古队执行领队郭一波指出，余杭古城是浙江省内目前考古发现的年代最早、结构最完整的古代县城，其南北双城的结构十分独特，对于研究中国古代城市建设和体系具有重要意义。王华强调，要明确复兴千年古城的站位。要坚持保护开发相融合理念，推动新时代新发展与千年历史文化传承共振共鸣，以“环境美、产业兴、百姓富、社会稳”的千年古城共富新图景切实回应群众新期盼、提升群众获得感。要坚持复兴千年古城的原则。坚持以传承保护为先，突出保护第一、保护多样化、保护严肃性，切实做到在保护中发展、在发展中保护。坚持以利用复兴为核，借势发力强优势，乘势而上引产业，顺势而为促集聚，在尊重古城个性特征的基础上，着力推动产业振兴、激活经济动能。坚持以群众满意为基，请群众参与、让群众监督、听群众评议，最终由群众评判和检验，打造百姓宜居乐业的标杆。要统一思想，加强领导，做精工作规划，逐年亮相成果，全力推动余杭千年古城复兴，为城市新中心建设贡献力量。

第二节　夯实履职基础

余杭区政协按照章程规定，保障委员履职权利，做好委员履职服务，加强委员履职管理。在委员的履职要求基础上，通过“委员会客厅”“委员工作室”“民生议事堂”“界别活动周”及提案项目化管理等夯实履职基础。

一、委员工作室工作

“委员会客厅”“委员工作室”是浙江省政协深入贯彻习近平总书记关于加强和改进人民政协工作的重要思想，坚持大团结大联合，创新新时代政协团结联谊工作的积极探索。委员会客厅、委员工作室按照因地制宜、重在基层、探索创新、注重实效的原则，以委员会客厅、委员工作室为载体，让政协委员更好地联系群众、服务群众，倾听民声、反映民意，促进政协履职向基层延伸，搭建履职平台，广泛团结联谊，充分发挥委员主体作用，彰显委员履职业绩。2018 年，余杭区政协开展委员会客厅、委员工作室试点工作，首批建立委员会客厅 3 个、委员工作室 7 个，走进基层、了解民情，先后开展人工智能小镇政策解答、妇女权益保障服务、楼宇经济法律咨询、社区公益等活动。

创建政协委员会客厅、委员工作室 2018 年 8 月 21 日，区政协办公室印发《余杭区政协委员会客厅、委员工作室创建工作实施意见》的通知。一个月前，区政协已经分别在南苑街道、未来科技城、工商联界别活动组创建委员会客厅，卢红梅、马洁、江小洪、孙玉英、陈树坤、郎振忠、赵爱丽、张洁、金丹文、周锋等 10 名政协委员建立 7 个委员工作室。通过委员会客厅、委员工作室，旨在充分利用委员资源和优势，打造政协团结联谊的新平台、学习交流的新载体、联系群众的新纽带、协商民主的新路径。2018 年 8 月 24 日，区政协举行“委员会客厅”“委员工作室”授牌仪式。

2018 年 8 月 24 日，区政协举行委员会客厅授牌仪式

周锋委员工作室召开社情民意信息工作例会 2018 年 10 月 30 日，周锋委员工作室召开社情民意信息工作例会。周锋介绍工作室相关工作的开展情况以及他对政协社情民意的理解。各位特约信息员围绕目前社会热点、就如何写好社情民意进行深入探讨。周锋委员工作室还是中国经济信息社浙江中心调研基地、美丽洲文化基金会、余杭新闻研究会的办公地点，是书香余杭茶为媒·喜阅的阅览室。

赵爱丽委员工作室举办企业新税法改革下的财税知识宣讲培训 2018 年 12 月 14 日，伊智汇 & 赵爱丽政协委员工作室携手浙江正淘科技有限公司，同四十几家企业举办一场围绕企业新税法改革下的财税知识宣讲培训。赵爱丽作为财税讲座的特邀嘉宾为大家讲解《高新申请财务问题和年底结账需要关注的问题》。赵爱丽是未来科技城妇联副主席、梦想小镇妇联副主席、未来科技城高促会副秘书长、伊智汇未来科技城女创客服务中心理事长、杭州市大学生创业就业导师。

陈树坤、郎振忠委员工作室开展企业服务活动 2018 年 7 月，设立陈树坤、郎振忠委员工作室。区政协委员陈树坤是杭州君磊商标事务所有限公司总经理，区政协委员郎振忠是杭州网尽信息科技有限公司总经理。工作室利用自身优势为企业和农村开展多项服务工作。陈树坤为区内国家高新技术企业、科技中小企业、科创园区、孵化器企业的知识产权负责人及工作人员作商标知识的专题讲座，指导普宁股份经济合作社开展集体商标和普通商标的申报工作。郎振忠宣讲互联网环境下企业如何利用OA平台迅速提升管理层沟通效能的重要性和必要性等。

委员会客厅开门做公益　9月16日，“垃圾不落地、科普来助力”2018年余杭区全国科普日暨杭州市第32届科普宣传周活动在临平人民广场启动，此次大型公益活动，由金丹文委员工作室承办，南苑街道委员会客厅成员参加活动。现场，向过往群众发放宣传手册，向出租车司机发放车载垃圾箱，耐心地为群众解答疑惑，讲解关于垃圾分类方面的专业知识。

南苑街道委员会客厅助力楼宇经济发展　南苑街道辖区内25幢重点楼宇，对外招商面积约52万平方米，剩余可供对外招商的面积约为5万平方米。已入住楼宇企业1472家，入住率91.6%。2018年10月22日，南苑街道政协委员会客厅与麦道大厦联合开展“法律服务进楼宇”活动。区政协常委、浙江杰嘉律师事务所主任张自杰以现场讲法和答疑释法的形式，向楼宇内30多家企业代表讲解了经济合同签订、审查，劳资纠纷，房屋租赁，就业保障等方面法律法规知识。

南苑工委委员会客厅热议“东部崛起”　2019年2月27日，政协南苑街道联络工委委员会客厅在艺尚小镇开展以推动以“东部崛起”为主题的委员会客厅活动，区政协副主席黄莉以及会客厅全部成员参加活动。与会委员围绕区两会上的政府工作报告，就“东部崛起”这一主题展开了讨论。委员郑念华、谢俊等从加强空间布局、产业体系，在城市功能上优势互补、经济协同发展等方面提出了意见建议。黄莉要求政协南苑街道联络工委委员会客厅要更好地探索创新，让政协委员更好地联系群众、服务群众，倾听民声、反映民意，促进政协履职向基层延伸。

丁列明做客委员会客室　2019年3月19日，全国人大代表、区政协常委、贝达药业股份有限公司董事长丁列明做客委员会客室。区政协领导沈昱、黄莉、陈云水、黄德伟、潘法高，办公室、委工委负责人参加。丁列明分享了他参加全国两会的心得体会。全国两会期间，他提交了《关于进一步加强与优化人类遗传资源审批流程的建议》《关于进一步优化药品审评审批制度的建议》《关于完善专利法修正案草案创新药品专利期补偿制度的建议》等10份建议，积极为民生福祉改善、经济社会发展贡献力量，充分展示了自身履职水平。他表示，这次两会提出的减税降费、健全以企业为主体的产学研一体化创新机制、实施癌症防治行动等内容，令人振奋，增强了企业加快发展的信心。沈昱表示，丁列明在两会上积极主动宣传余杭，向外界传递了余杭好声音，希望能继续扎实做好企业，继续秉承开拓创新、造福于民的发展理念，努力实现创新为民、科技惠民。

金丹文委员工作室关注热点问题　2019年3月15日，金丹文邀请区政协委员赵华、吕璨任、赵金萍、汤凌，就最近收集到的社情民意，进行汇总分析，商量解决的建议。区政协社法委负责人参与了讨论。赵金萍就城市有机改造统一标识的问题，汤凌就群众性的活动场所缺乏，赵华就群众对“亮灯工程”的意见，吕璨任针对“东部崛起”关键在于临平新城建言。金丹文就东湖开发提出了自己的意见，建议利用运河二通道开挖的有利时机，在南苑街道东湖社区重新规划建设“新东湖”。会上，还就委员工作室的2019年活动计划进行了商量，同时要求工作室的成员尽快将收集到的民情民意报送给区委、区政府及区级相关部门，供决策参考。

委员工作室助力企业申报科创板上市 2020年5月26日，未来科技城政协联络工委组织召开“科创板申报审核情况及重点关注的财务问题”主题研讨培训会。浙江杭州未来科技城（海创园）党工委委员、管委会副主任、余杭区政协委员、未来科技城政协联络工委主任徐进，政协委员赵爱丽、张洁以及20余家未来科技城上市及计划上市企业负责人及财务总监参加此次活动。会上，容诚会计师事务所合伙人李生敏，针对“科创板申报审核情况及重点关注的财务问题”从科创板申报适用条件、科创板企业申报审核情况、科创板审核问答中重点财务问题、科创板终止企业的情况及原因四个方面，以理论结合实际案例的形式为大家做详细的解读。在交流互动环节企业代表们结合企业自身发展情况，提出“股权激励如何操作会更有利于规范上市，研发费如何与被委托研发的成本进行分割，互联网公司的研发和生产费用应该如何合理分开”等问题与李生敏展开深入的探讨。

调研毛和华委员工作室 2020年5月27日，沈昱一行走访调研毛和华委员工作室，听取工作室建设情况介绍。毛和华委员工作室是区政协第三批创建的委员工作室，自被列入建设到投入使用短短不到1个月的时间里，毛和华结合自身行业特点，计划开展发挥物业和社区在老旧小区加装电梯项目中的积极作用、整治后的小城镇如何发挥最大效益、建立企业用工诚信体系建设等5个主题活动。沈昱指出，政协委员要牢记委员身份，多从委员的角度考虑问题，充分利用委员工作室等平台，积极开展“请你来协商”活动，群策群力、担当作为，共同推动新时代人民政协事业创新发展。

何林海委员工作室开展协商建言活动 2020年6月3日，沈昱、陈云水走访调研委员企业良渚麟海蔬果专业合作社，并举行座谈会，听取何林海委员工作室建设运行情况。在努力发展现代农业产业园的同时，麟海蔬果专业合作社致力于成为农业技术传播和培训基地。何林海委员工作室根据工作要求，结合自身特点，开展美丽乡村建设调研、物流中心蔬菜供应情况调研、技术培训、提案交流4个主题活动。与会委员介绍了各自企业经营情况，他们结合履职工作，就农业企业面临的困难与机遇进行交流。沈昱希望农业企业在保障农产品质量安全的前提下，积极拥抱新电商，抓住互联网时代直播带货机遇，探索新的销售形式，推进企业持续健康稳定发展，努力开创农业农村现代化发展新局面。

良渚街道委员工作室商讨良渚未来发展 2020年6月5日，良渚街道委员工作室由政协杭州市余杭区第十一届委员会第33次主席会议协商通过后设立，主要负责区政协各界别和委员的联络、区政协委员履职的服务与管理、区政协委员的协商推荐，并对街道政协委员履职服务与管理进行指导。就“打造良渚好品牌，可以‘南北结合’”“现代城市建设与美丽乡村农文旅发展相结合、碰撞，打造良渚专属品牌”“杭州农副产品物流中心园区的发展”等进行商讨。此外，委员们还针对疫情期间企业扶持政策的落实等一系列问题进行讨论。

助力区金属行业协会打造区域品牌 2021年11月9日，集体商标交接仪式在郎振忠、陈树坤、许建华委员工作室举行。交接的双方，是区政协委员、杭州君磊商标事务所董事长陈树坤与杭州市余杭区金属制品行业协会有关负责人，参加交接仪式的还有区市场监管局相关负责人。陈树坤工作室对接协会有关负责人，组织公司团队进行协会LOGO设计并协助申请注册商标，经过数十次的讨论和修改，最终确定了包含Y、齿轮、老鹰等代表余杭金属行业的丰厚底蕴的圆形平面标识，并于 2021 年 8 月 28 日完成商标注册。郎振忠、陈树坤、许建华表示：工作室将继续用活用好平台，聚焦区委、区政府中心工作，把服务发展和建言资政有机结合，发挥自身优势，整合委员资源，积极履职作为，为全区高质量发展建设共同富裕示范先行区贡献力量。

区政协举办“委员之家”首场开门纳谏活动　2022 年 9 月 2 日，余杭区闲林政协委员之家举办“委员之家”首场开门纳谏活动，商讨“和谐劳动关系创建”话题。活动现场，企业工会代表发表看法，委员们听取意见建议，并表明会后将及时认真研究、积极反馈。开门纳谏线下活动是区政协借助委员之家这一载体，发挥好委员围绕中心服务大局，联系基层、服务群众履职作用的具体实践。区政协已在瓶窑镇、良渚街道、闲林街道 3 个镇街设立了片区“委员之家”，除定期开展集中会面活动外，委员们还可随时推门入内开展交流座谈。自 8 月中旬启用以来，闲林“委员之家”成为展示政治协商制度优越性、展现委员风采、倾听群众诉求心声的主窗口。

二、“民生议事堂”工作

“民生议事堂”平台是深化“请你来协商”工作的重要组成部分，是推进政协协商与基层协商的有机衔接，丰富有事好商量、众人的事情由众人商量的制度化实践，是政协联系服务基层群众、助力改善民生福祉、助推基层社会治理的平台。其主要职责任务是：组织涉及镇（街道）事项的协商活动；以联动、远程等方式参与市、县（市、区）政协“请你来协商”等重要协商活动；为市、县（市、区）政协“请你来协商”重要协商活动开展，在课题调研、听取民意等方面提供必要的支持。

“数字经济进百丈”“民生议事堂”专题活动　2021 年 10 月 27 日，区政协副主席黄德伟，以及部分市、区政协委员代表等在百丈镇开展“民生议事堂”专题活动。与会人员走访“人人 3 小时公益加油站”调研公益建设，参观溪口集镇文化礼堂，泗溪村上凉亭美丽乡村，釜托寺、新四军休养所，了解“三个千年”文化和农文旅运营情况，调研仙岩溪整治项目、老纸厂改建项目情况。委员们围绕百丈镇的产业发展提出设立未来科技城百丈园区、进一步挖掘百丈地域特色、发展绿色农文旅经济、推动传统产业转型升级、大力发展林地、坡地经济等建议。

举办“水乡文化论坛”“民生议事堂”活动　2022 年 5 月 7 日，区政协在瓶窑镇举办“水乡文化论坛”“民生议事堂”活动。围绕区委、区政府中心工作，聚焦西部富美“1355”三年行动，积极助推北湖草荡生态修复工作。活动邀请市文化广电旅游局党组副书记、副局长赵弘中等专家和部分区政协委员参加，并在瓶窑镇召开以“北湖草荡保护共商湿地生态保护与文化融合”为主题的座谈交流会。区政协副主席傅丽华、周忠诚，区政协秘书长吴忠云，区政协城建委、社法委、文史委相关负责人，区农业农村局、区林水局、区文体局、区科协、瓶窑镇等相关负责人参加。会前，与会者到瓶窑镇水坝源鸢尾园，实地考察了鸢尾花种植及园区生态治理情况。各委员、专家从余杭湿地保护、南北湖历史作用、余杭生态治水思考、湿地保护和文旅融合等方面作主题发言，并协商交流。周忠诚指出：继续助推湿地生态保护，重新审视余杭北湖的价值和地位，进一步发掘其生态、物种、环境等价值，助力做好“余杭好地方”这篇文章。要助力固化、留存会议成果，积极与政府展开协商，将成熟的课题内容转化成实际行动，做好湿地的保护、利用和开发，丰富水乡文化，切实造福于民。

“径山茶宴保护传承”“民生议事堂”活动 2022年5月10日，区政协副主席傅丽华一行赴中泰街道、径山镇专题调研非遗工作，并在径山镇径山禅村游客中心开展了以“径山茶宴保护传承”为主题的“民生议事堂”活动。区政协文史委负责人及部分政协委员，区文广旅体局、中泰街道、径山镇、交通集团（径山分公司）、相关非遗项目保护单位负责人、非遗传承人代表参加活动。与会人员实地走访“苦竹种植资源库”、紫荆村竹笛展示馆、浙茶九宇、陆羽泉公园、陈金信非遗工坊。座谈会上，区文广旅体局汇报了全区非遗工作开展情况，各位委员和参会代表从径山茶宴的传承保护、余杭特色非遗资源挖掘、保护和弘扬利用，非遗融入农文旅产业发展，助力乡村振兴和共同富裕示范区建设等方面作主题发言，并协商交流。傅丽华指出：要进一步梳理分析存在的优势和不足，整合资源、分类施策，拓展利用范围，提升品牌效应，充分发挥优秀传统文化在增强文化自信、提升文化自觉方面的引领作用。

“西站枢纽区域路名”“民生议事堂”协商活动 2022年5月27日，区政协召开“西站枢纽区域路名”“民生议事堂”协商活动，区政协副主席傅丽华出席。区政协文史委、云城建设指挥部、杭州西站枢纽公司、区民政局、仓前街道相关负责人、部分区政协委员参加。活动还邀请了省市区相关地名研究、地域文化研究专家参加。提出了建设性的建议和解读：地名具有代表性和引领作用，西站枢纽道路命名要全盘考虑，融入本地文化，体现余杭厚重历史文化内涵和底蕴，突出鲜明的地方特色，更要彰显时代特色。要发动建设主体、地方志和地名专家、代表委员和群众广泛参与，多方听取意见，集思广益，地名委员会要充分发挥作用。

委员工作室、联络工委、“民生议事堂”工作推进会 2021年9月28日，区政协委员工作室、联络工委、“民生议事堂”工作推进会在径山镇小古城村召开。区领导沈昱、黄德伟、李玉美、傅丽华、周忠诚等参加。会前，与会人员参观了径山镇小古城村，实地了解基层民主协商及美丽乡村建设情况，并为径山镇联络工委委员工作室揭牌。推进会上，径山镇党委书记沈萍表示，径山镇小古城村是基层民主协商“两众”思想的发源地，有着民主协商的优良传统和浓厚氛围。径山镇将继续紧紧围绕全区打造“共同富裕示范先行区”的目标要求，以数字化改革为牵引，不断拓展协商内容、丰富协商形式、提升协商效率，将径山的“民主协商”金名片做得更优，擦得更亮。会上，宣布了区政协十二届委员会

2021年9月28日，余杭区政协委员工作室、联络工委、“民生议事堂”工作推进会召开

第一批委员工作室名单，并为赵海燕委员工作室、良渚街道联络工委、余杭街道联络工委，三个首批代表委员工作室授牌。4 名委员代表上台作表态发言，6 名委员代表作书面发言。沈昱强调：要创好用好委员工作室和“民生议事堂”两块牌子。聚焦区委区政府中心工作、区级部门实施的难事要事、群众关注的实事小事，针对各自领域存在的痛点难点问题开展协商讨论，把凝聚共识和建言资政有机结合，进一步畅通人民群众表达诉求、反映意愿的通道，打造余杭政协特色品牌。要以新面貌干出新样子。

三、“界别活动周”工作

余杭区政协根据自身实际情况，按照界别性质相近、委员人数均衡原则，将 22 个界别整合为 14 个界别活动组。各界别活动开展以界别组为单位进行。为了更好地发挥界别优势、提升界别意识、突出界别活动实效，从 2008 年开始，余杭政协建立了“界别活动周”工作制度，确定每年 11 月的第一周为“界别活动周”，在界别活动周期间，各界别活动组根据自身特点，紧扣活动主题，深入农村、社区、企业、学校，以个别走访、约请座谈、实地视察、调查研究、为民服务等多种形式开展界别活动。

首个“界别活动周” 2008 年 11 月 3 日至 7 日，余杭区政协开展主题为“环境立区和政协委员责任”的首个“界别活动周”。政协委员深入农村、社区、企业、学校等第一线，开展实地视察、调查研究、为民服务等多种形式的活动 20 余次，倾听和征求在打造“六个最优”环境中的意见建议。“界别活动周”参与委员达 310 人次，提出有关意见建议 30 余条。

2010 年 10 月 17 日，区政协举行“界别活动周”启动暨医卫、社会福利组送医下乡仪式

“三突出”界别周活动 2011 年 10 月 17 日，启动 2011 年度“界别活动周”。该次“界别活动周”的主题是“突出服务进企业、突出民生进社区、突出统筹进农村”，服务项目百日攻坚。活动形式以界别活动组集体组织活动为主，采取委组联合等形式，紧扣主题内容，深入农村、社区、企业、学校，组织开展个别走访、约请座谈、实地视察、调查研究、为民服务。活动周期间，区政协各界别活动组结合自身优势和委员特长，围绕“三突出”，组织开展营造重视工业经济发展氛围、加快农村高层公寓项目建设、支持生态循环农业发展、关注苕溪饮用水源区生态安全、送医下乡等 20 余项活动。各有关界别活动组走访企业 10 余家，深入了解企业生产经营状况。同时，联合国土、建设、银行等相关职能部门，为杭州金竹宝有限公司等企业解决土地证申办、融资的实际困难。委员们从促进企业发展方面提出三点建议：进一步拓宽中小企业融资渠道；加强对中小企业发展的政策支持；提升外来务工

人员素质。在完善社区管理方面，提出加强党员干部与社区工作的联系；推进社区自治管理；进一步完善社区养老的建议。在推进城乡统筹方面，提出正确引导农村民风建设；妥善解决农村建房问题；鼓励农村多高层公寓物业自治；大力发展生态，低碳，循环农业；加强农村社区食品安全监测力量的建议。此外，提出尽快解决余杭高级中学周边环境污染问题；治理余杭街道施桥河；完善体育运动中心建设的意见建议。

活动共组织走访、座谈、视察等活动20余次，收集到委员提出的各类意见建议90余条，以界别活动组名义提交的调研报告10余篇，并编撰近10期《社情民意》送区委、区政府作决策参考。调研成果，以《关于呈送区政协“界别活动周”委员意见建议函》报送区委、区政府。区委书记朱金坤批示:“区政协界别活动周围绕‘三个突出’为主题，参政议政活动很有意义，请各有关单位积极支持配合。”

“关注民生、服务发展”“界别活动周” 2012年11月5日起，区政协组织开展以“关注民生、服务发展”为主题的区十届政协首次“界别活动周”。活动周期间，区政协各界别活动组紧扣主题，围绕攻坚经济转型升级、城乡统筹发展、社会管理创新“三大重任”，走进社区、农村、企业，采取便民服务、委员走访、约请座谈、实地视察、调查研究等多种形式，组织开展各类活动20余项，深入了解全区经济社会发展情况，收集社情民意70余条，完成调研报告20余篇。

“关注发展、服务民生”“界别活动周” 2014年11月5日，区政协组织区政协宗教、少数民族、无党派界别组开展以“关注发展、服务民生”为主题的“界别活动周”活动，开展送医下乡、严控农业面源污染、规范社会组织建设等调研视察走访活动20余项，收集委员提出的社情民意、意见建议70余条，促进民生问题解决。

“界别活动周”再次聚焦“关注民生、服务发展” 2015年11月，区政协组织开展“界别活动周”。活动围绕区委、区政府中心工作，以“关注民生、服务发展”为主题，就余杭区科学编制“十三五”规划、“五水共治”等重点工作以及群众关心的热点难点问题建言献策。活动周期间，区政协各界别活动组结合自身优势和委员特长，组织政协委员与广大群众交流，开展送医进社区、推进山区林业综合开发、加快传统企业借助互联网发展、关注青少年禁毒、女性创业创新、注重企业文化建设、加快民俗旅游业发展、关注“大健康”等视察调研讲座活动20余项，收集到委员提出的社情民意、意见建议60余条，以界别活动组名义提交的调研报告20余篇，取得成效。其中，经济界别一组开展以“传统产业VS电子商务”为主题的调研活动；经济界别二组开展以“大健康产业”为主题的视察调研活动；农林界别组就加快山区林道建设、推进林业综合开发开展视察调研活动；总工会界别组与老板集团就如何发展进行交流探讨；共青团界别组就“关注青少年禁毒　关爱困境青少年”提出意见建议；医卫、社会福利界别组就社区医疗服务工作提出意见建议等。

农林界别组开展政策性农业保险调研 2016年6月，农林界别组开展政策性农业保险调研工作，区政协经科委、农业局等相关部门共同参与调研。调研组一行实地踏看杭州绿神有机茶专业合作社基地，听取合作社社长对政策性农业保险的建议和意见。区农业局副局长吴春仙就当前区内政策性农业保险举措与成效、问题与不足等进行汇报。委员建言献策主要内容：特色险种争取省市支持，茶叶保险时间适度延长；增加保险品种和范围，适度降低农户投保金额；充分利用电视、广播、报纸等新闻媒体，加大对政策性农业保险方针、政策的宣传力度，引导涉农组织自觉自愿参保等。

农林界别组调研良渚污水处理厂　2017年6月1日，区政协农林界别组政协委员参观良渚污水厂，开展调研活动，区政协副主席赵喜凯等参加。杭州余杭水务有限公司总经理陈潜就全区污水处理的情况做汇报。各委员交流意见和建议，有的是谈了自己对污水处理和环境保护的认识，有的是针对污水处理的专业问题向陈潜询问，有的是畅谈了自己对于污水处理的建议和意见。

工商联界别组调研西部山区村级集体经济　2017年9月27日，工商联界别组到结对村径山镇平山村走访调研。区政协工商联界别组一行参观了平山村文化历史展馆“径山客”以及文化礼堂“平山堂”。村民委员会主任孙浜金以及径山镇党委委员罗云丽分别向各位政协委员介绍了该村的自然文化资源及集体经济发展情况。界别组的委员们在肯定村委做法及设想的同时，提出了建设性和针对性的意见建议：以“大径山”旅游开发为依托，根据平山村的地方特色，找准定位，制订发展生态经济及旅游业的实施方案；以列入全区“美丽乡村”建设范围为契机，加大宣传推广力度，与大径山宣传形成互动；抓紧落实村级集体经济特色产品的商标注册，优化各个文化点的串接，完善村落布局、指示牌标识布置。

2017年区政协“界别活动周”启动　2017年11月9日，区政协举办“界别活动周”启动仪式，以学习宣传贯彻中共十九大精神为首要任务，以“关注民生、服务发展”为主题，“界别活动周”的主要目的是为了加强界别工作、推进界别协商，主要内容为：①认真学习贯彻中共十九大会议精神；②围绕建设“五大余杭”总体部署，组织开展助推转型升级、城乡环境、民生改善、平安建设等方面主题活动；③围绕服务基层群众，结合界别自身特点和优势，组织开展文化卫生科技下乡、捐资助学、扶贫济困等公益活动；④结合“界别活动周”主题，及早谋划大会发言和提案撰写工作。14个界别组将围绕建设“五大余杭”总体部署，结合界别特色和优势，开展多种形式的主题履职活动、公益服务活动。其中，政协经济界别一组以“构建产业生态圈，加快传统制造业转型升级”为题展开活动；医卫、社会福利组在开发区社区卫生服务中心开展义诊，16名委员医卫专家为群众开展医疗咨询、诊治服务；科技界别一组到华立集团开展“界别活动周”主题活动，就“如何助力科创园建设”这一主题进行座谈；教育社科界别组围绕建设美丽乡村、美丽学校、美丽余杭建设开展座谈交流，共话西部山区美丽建设；妇联界别组对大径山省级农业产业集聚区开展调研活动。各界别活动组组织开展协商监督、调研视察活动20余次，发挥界别特色作用，收集社情民意，形成专题调研报告10余个。

“界别活动周”热度不减　2017年11月，区政协经济界别二组一行就余杭区政府引导基金运行情况到金控集团进行调研。区财政局、区金融办、余杭经济技术开发区、未来科技城、临平新城管等相关负责人以及余杭政府引导基金参股子基金代表、企业代表参加调研座谈。委员们建议：明确基金设立的目标是扶持还是盈利，方式是直接参与还是间接参与。强化重点；加强对区重点发展产业以及小微企业的帮扶引导；对接市场。强化市场的作用，与市场对接；部门与部门之间、部门与平台之间的沟通机制，形成合力；通过如从业人员薪酬市场化、核心人员持股等方式，引得进人，留得住人。此外，宗教少数民族无党派界别组赴仁和街道开展“美丽乡村”治水剿劣工作调研，就“美丽乡村”、治水剿劣、农业面源污染治理等问题进行了深入探讨，并提出了风景田园打造、水岸一体化治理、全民治水氛围营造等一系列意见建议。区农林界别组赴四岭水库开展界别周活动，就进一步加强森林抚育、提高森林质量、提升森林景观的“升级版”建言。

界别组开展各类活动 2018年5月，区政协医卫界别组，社会福利界别组，工商联界别组，农林界别组以及教育、社科界别组分别就自己的领域，发挥界别优势，陆续开展了各类活动。5月21日，区政协医卫、社会福利界别组的专家们开展政协委员健康服务进百丈活动，义诊范围包括了内科、儿科、骨科、口腔科、康复科等，并送上了慰问金、慰问品。5月16日，工商联界别组组织政协委员赴昆山参观进交会，到江苏网进科技股份有限公司参观学习。5月18日，区政协农林界别组赴闲林街道对余杭区垃圾分类处理的体制机制、源头分类与投放以及再生资源回收利用等情况开展专题调研，并提出了有针对性的意见和建议。教育、社科界别组赴星桥街道开展“城乡生活垃圾分类处理”专项民主监督活动。5月24日，区政协农林界别组在塘栖镇开展专题活动，踏看塘超小径和参观塘栖村美丽乡村建设情况，并邀请老师就社情民意撰写进行培训授课。5月29日，区政协文体界别组、五常街道政协联络工委联合开展“城乡生活垃圾分类处理”专项民主监督活动。

2018年“界别活动周”启动 2018年11月4日至14日，各界别活动组围绕“关注民生、服务发展”主题，突出界别特色和优势，以“请你来协商”、委员工作室等为载体，开展活动。11月4日，妇联界别组到未来科技城梦想小镇，专题调研女性创新创业并开展学习沙龙，就女性创新创业在经济形势下遇到的困难、机遇及发展方向进行探讨。同日，工商联界别组委员们在区法院诉讼服务中心调研中心的各项功能、办事流程等。11月5日，科协界别活动组开展“三服务”活动，参观民生药业历史陈列馆、大容量输液药品生产线、包装车间，并围绕区域规划、产业配套、人才引进、政策落地、企业文化等内容进行座谈交流。在运河街道螺丝桥村，通过“垃圾分类”“五水共治”“食品安全”“健康咨询”等内容向村民群众宣传科学知识，发放宣传资料1000多册。11月18日，共青团界别组和星桥街道联络工委联合开展“不忘初心、牢记使命”主题教育，以委员工作室为载体学理论、谋发展、促民生。活动周期间，农林界别组赴衢州柯城区开展“谋发展，促协作”专题考察调研，参观学习衢州柯城区美丽乡村经营经验，了解余杭—柯城山海协作项目发展。11月27日，区总工会界别组参观杭州老板电器股份有限公司智能制造工厂，并围绕“大力弘扬工匠精神　助推新制造业有序推进”主题展开讨论，建议党委、政府、工会要大力开展工匠认定、技能竞赛、技能激励等活动，有效提升职工技能素质。活动周期间，教育社科界别组赴径山镇、黄湖镇开展“美丽乡村建设”专题视察活动，听取杭州市委党校余杭区分校副校长石翼飞作题为《学习领会党的十九届四中全会精神》的报告，表示应发挥界别优势、主动履职尽责，为美丽余杭建设和乡村振兴提供智力支撑。

开展“社会力量办文化”主题调研活动 2018年11月8日，区政协科技界别组开展“社会力量办文化”主题调研活动。委员们参观震弘堂美术馆、余之城城市生活广场后，提出了针对性的意见和建议。丁国英提出，震弘堂是“社会力量办文化”极好的例子，这种模式值得政府重视和推广；另外余之城在品牌推广方面，应该从“坐商”向“行商”调整，加深消费者对该品牌的认知。金明认为，坚持差异化的同时也要接地气，政府对于该类优秀项目应当进一步做好政策和服务上的导向。区政协副主席潘法高表示弘扬文化是大事也是难事，对社会力量来说实施起来更是不容易，震弘堂美术馆和余之城这两个项目虽然已经做得初见成效，但是后续还有很多需要调整和完善的地方，尤其是要突出自己的特色和亮点。妇联界别组于 11 月 9 日，组织开展公共场所母婴设施建设督查活动。督查组一行先后来到余之城、余杭区第一人民医院，实地查看 4 个母婴室的建设和使用情况，参与督查人员在检查中针对发现的问题进行现场指导，提出意见和建议。11 月 7 日，归侨台属和宗教、少数民族、无党派界别组政协委员到中泰街道开展助力乡村振兴工作视察，委员们听取村党委书记朱永兴对全域基础环境整治、“美丽乡村”创建等工作的情况汇报，并实地踏看“美丽乡村”精品村创建的重点区块、光大环境能源（杭州）有限公司，委员们围绕中泰街道的生态保护、产业振兴、环境提升、美丽乡村等方面提出自己的建议和意见。

专题调研企业“三型”职工队伍建设情况 2018 年 11 月 16 日，区政协副主席潘法高，率政协工会界别组委员到位于五常街道的浙江中博光电科技有限公司，就企业“三型”职工队伍建设情况开展专题调研活动。委员们到浙江中博光电科技有限公司车间，实地查看了企业生产流程、职工工作环境，现场感受企业文化和民主管理氛围，并听取工作汇报。座谈会上，委员们就如何充分发挥政协委员的优势，认真履行职能，引领各级工会组织和工会干部在“三型”职工队伍建设、进一步提升职工获得感，让企业和职工共同发展等方面发挥积极作用进行了交流。潘法高充分肯定了浙江中博光电科技有限公司在“三型”职工队伍建设工作上取得的成绩，表示通过本次活动，政协委员们可以在今后的提案中增加对企业发展、职工队伍建设方面的关注，为余杭民营经济的发展注入新的能量和活力。

工商联界别组、医卫社会福利界别组开展界别周活动 2018 年 11 月 9 日，区政协工商联界别组组织委员们开展“中美贸易摩擦下企业形势”专题调研活动。委员们先后到杭州旺盛服装有限公司、浙江鸿辰新材料科技有限公司参观。围绕“中美贸易摩擦下企业面临的挑战和应对策略”进行座谈。座谈会上，委员们认为：不能过分依赖美国市场，企业要搞好自身的发展，提高产品质量，注重科技创新，提高品牌意识，扩大内贸市场。同日，医卫社会福利界别组的委员调研德清养老工作，听取德清县相关负责人对于养老工作的基本情况介绍，实地考察了爱暮佳颐养中心。11 月 10 日，医卫社会福利界别组到余杭区社会福利中心调研，实地视察绿城颐养中心。

农林界别组赴浦江、富阳学习考察美丽乡村建设 2018 年 11 月 15 日至 16 日，农林界别组委员们参观富阳黄公望村，到浦江县金狮湖、同乐生态廊道、上河村、新光村等美丽乡村建设示范点，现场听取了浦江县美丽乡村建设的介绍和相关项目规划、示范效应等情况。

经济界别二组携手余杭民盟开展数字经济前沿领域调研 2018 年 11 月 15 日，政协经济界别二组携手民盟余杭区基层委员会赴浙江移动总公司参观考察，就数字经济最新科研成果、运用领域、产业发展前景进行深入调研。座谈会上，政协委员、民盟代表们交流了参观考察的体验和感受，认为发展数字经济、推动转型升级是今后长期发展的主方向，要坚定信心、绝不动摇。同时，大家就如何全面激发发展活力，打造最优营商环境，服务民营经济发展纷纷建言献策，提出了许多宝贵的意见和建议，为下一步区政协十一届三次会议大会发言做好充分准备。

科协界别组开展“全域治理”调研活动 2019 年 3 月 25 日，区科协界别组在沈昱的带领下到乔司街道开展“全域治理”专题调研活动，区政协副主席黄德伟、城建委负责人以及乔司街道联络工委委员参加调研。委员们参观时尚云村会客室、青年活动室、公用厨房、公用洗衣房、园区入驻企业以及由农民房改造的时尚单身公寓。随后，委员们参观葛家车村园区服务站。座谈会上，乔司街道党工委副书记郎毅作乔司街道“全域治理”阶段性工作汇报。参加活动的卢红梅、徐建荣、朱飞燕等委员的积极建言：政府要化解经济发展与社会治理的矛盾，找准定位，乔司街道在下一步的城市化推进中要提前规划、精准定位，要做好农村向城市管理的转型，对老百姓的理财投资进行引导防范金融风险等。沈昱对街道的社会治理工作给予充分肯定，他指出：乔司街道是出经验的地方，有很多值得推广，乔司街道的各级干部工作很出色，也很辛苦。目前乔司街道面临的最大困惑是存在很多不确定性，导致很多工作是被动式的。他希望乔司街道能主动与上级规划、发改等职能部门沟通对接，进一步找准未来优势，明确发展定位。

妇联界别组调研良渚街道“全域美丽”建设工作 2019年5月16日，区政协妇联界别组调研良渚街道“全域美丽”建设工作。区政协领导潘法高，区妇联党组书记、主席叶敏等参加活动。界别组先后到良渚街道杜城村和新港村调研，界别组充分肯定了良渚街道全域美丽建设现阶段的工作，建议下一步要紧紧围绕国家乡村振兴战略和浙江大花园建设之契机，以乡村振兴全国样板示范、全域旅游目的地和众人向往的美丽“大花园”为目标，进一步发挥示范作用，带动余杭全域美丽大花园建设。

归侨台属界别组开展美丽乡村、垃圾分类工作视察 2019年5月30日，政协归侨台属界别组赴塘栖镇开展美丽乡村、垃圾分类工作视察活动。委员们先后考察了塘栖镇丁山河村海峡两岸美丽乡村产业园、丁河村“自治、法治、德治”三治广场和杭派民居安置点等地，分别听取丁山河村和丁河村党委书记对海峡两岸美丽乡村产业园建设及丁河村美丽乡村建设和垃圾分类情况介绍。海峡两岸美丽乡村产业园于2017年12月成立，面积约2千平方米，依托丁山湖、塘栖古镇、超山等环境资源，与台湾农业专业技术服务协会合作，结合传统农业引进新产业、新技术、新模式。委员们对塘栖镇美丽乡村建设、垃圾分类工作表示高度肯定，对美丽乡村建设特别是海峡两岸产业园的定位、发展模式和方向等提出了自己的意见建议。区政协副主席戴桂香参加活动并希望委员们要高度关注美丽乡村建设、垃圾分类工作。

经济界别一组抗击新冠疫情行动 2020年2月，经济界别一组委员积极行动，各尽其责、各尽其能，战斗在抗疫一线。郑念华除个人向武汉慈善总会捐赠1万元外，还联合时尚产业公益慈善基金向余杭慈善总会共同捐赠66666.66元。傅兴法是余杭农商行行长，所在单位累计向余杭区慈善总会捐赠400万元。宋宁除组织所在企业职工积极捐款13390.32元，定向捐给余杭区慈善总会外，还组织余杭区留青会捐款12300元，定向捐给余杭区慈善总会。宋宁个人也捐款22000元。吴震华、范丹莺、周水妹、林峰亦以不同方式自觉肩负起疫情防控职责。张锋作为区经济和信息化局的一名领导，同时又是区第十一届政协经济界别一组的组长，自1月27日年初三开始，严格落实省市区疫情防控工作要求，带队赴未来科技城、余杭街道、余杭经济开发区、临平街道、运河街道等11个平台、镇街，开展疫情防控走访，严格企业疫情管控，无休奋战十余天，充分展现了政协委员的责任担当。

经济界别二组抗击新冠疫情行动 2020年1月26日，汪琏委员通过旗下全资子公司名义直接向浙江省红十字会捐款6万元专用于抗击疫情工作。在公司规定回老家过年的湖北籍正式员工直到疫情解除前，都在家全额带薪休假。同时通过浙江大学校友渠道，采购1吨巴士消毒液和500副护目镜（总价2万元），并于当天下午分别捐送到余杭区东湖街道和城区交警中队。1月23日，沈卫东在公司管理群建立“耀华防疫抗疫领导小组”和“2020年春节耀华防疫值班表”，沈卫东委员担任小组长，发动员工募捐活动，沈卫东带头捐资5000元和防护手套3000双，同时以公司名义捐资6.6万元，募集员工捐款8.4万元，累计15万元。沈卫东在政协委员工作室平台带头发起倡议，成立应急抗疫小分队。1月31日，高升在高明控股集团有限公司内部提出为战胜疫情的捐款倡议，用爱心捐款4.1万元购买医用物资，送到乔司医院。高升委员代表公司还向乔司街道和长安高新区捐款10万元及价值2万多元的防护用品给一线抗疫者及志愿者使用。另外，高升主动参与五天水景社区志愿者服务工作。郭国平是浙江富力房地产开发有限公司的投资总监，主动放弃春节假期，冲在第一线，全方位地展开防疫工作。陈定泽是浙江银保监局余杭监管组组长，全心抗“疫”，指导区内银行保险机构充分发挥基层党组织堡垒作用，快速建立疫情防控应急联动机制，主动保障疫情防控必需、群众生活必需以及复工企业生产必需等金融服务。率先组织出台全国首个金融业营业网点标准化防疫工作规范，引领辖内银行保险机构科学抗疫，形成余杭金融抗疫“标准”，在全省得以推广，被浙江之声、浙江日报视频新闻、中国新闻网、今日头条等多家主流媒体转载报道。

科协界别组抗击新冠疫情行动　科协界别组动员全体委员投身抗击疫情中，号召全区广大科技工作者迅速行动起来，动员院士工作站、镇街科协、所属学（协）会以及医院院长、学校校长、农技站站长等骨干力量，主动担当作为，积极参与疫情防控工作，做到“疫情不解除，科普不掉线”。科协界别组的委员服务企业排查，分类指导企业有序开复工；捐款捐物，如王婉芬组织发动企业员工捐款15万元，其本人捐款7000元。委员们积极撰写社情民意，如《关于推进社区抗击新冠病毒做好后期防疫工作的几点建议》《建议做好春笋交易的疫情防控工作》等。

工会界别组抗击新冠疫情行动　余杭区政协常委，区总工会党组副书记、副主席梁松英，先后担任临平新城片企业管控走访指导小组组长，调配到区防控指导组担任东湖街道、塘栖镇副组长。在做好防疫工作的同时，她和同事们还通过每日动态、余杭工会微信公众号，及时宣传疫情防控知识和开复工政策。向全区职工发出抗击疫情倡议书，号召劳模（工匠）发扬先锋模范作用，捐款捐物助抗疫，筹款95.3万余元。区总工会下拨200万元专项慰问资金，及时赴开发区健拓有限公司、南苑街道水景社区、东湖街道蓝庭社区等地走访慰问一线工作人员。杭州明云混凝土有限公司总经理杨马云，以公司的名义第一时间向余杭区瓶窑镇红十字会捐款10万元。郑夏、周琪等委员也纷纷捐款捐物，以自己的实际行动支援抗疫。瓶窑镇总工会副主席、石濑区域工建服务中心主任、市劳动模范林清勇，以社区为家，走访了出租房户203户，排查区域内小微企业80家，宣传企业开复工政策。崇贤街道总工会主席徐年松，和基层工会干部、职工积极参与一线疫情防控工作，慰问参与抗疫一线干部职工400余人，并指导企业工会要全力协助本单位做好复工复产工作。

妇联界别组抗击新冠疫情行动　妇联界别组响应区政协的号召，做好区妇联在防疫抗疫中的宣传、余杭妇联公微的发布工作等。组织引导女企业家开展防疫物资筹集，并赴镇街慰问。作为鸬鸟镇防控工作指挥部副总指挥的曹海英，每天坚守在防控第一线，走访各村、社区了解防控情况。临平街道党工委委员沈忠英，自启动疫情防控以来她深入一线，带领所联系的桂芳桥社区落实好各项防控工作，有效动员社区党员群众参与群防群控，牢牢筑起社区防控线。郑红针对疫情期间企业复工可能遇到的问题，与街道共同撰写信息《“望闻问切”开出疫情防控“新药方”——东湖街道服务企业有序做好开工准备工作》，另撰写《余杭区科技局积极响应我区疫情防控指挥部统一部署，“四个迅速”切实加强疫情防控期间我区外国人管理服务工作》工作信息，被省外国专家局采用。

各界别组委员抗击新冠疫情行动 区政协委员、杭州良渚遗址遗产监测管理中心主任郭青岭，第一时间收集民革党员们开展防疫工作的相关信息15件，及时以图文上报区委统战部和民革市委会。余杭区生态环境分局副局长张丽莉委员响应组织部门号召，在居住地新城社区东海花园，发动组建临时党支部并担任书记，组建小区党员＋志愿者群，在社区的指导下，协助物业一起排班执勤，在小区抗疫管理中发挥主要作用，她撰写《关于优化我区疫情控制卡点执勤方案的建议》等社情民意，以供相关部门决策参考。工商联界别组的委员们以个人和单位的名义向区慈善总会、医院、属地镇街及商会捐款共计46.58万元，捐赠物资折合人民币19.5万元。区政协委员封福良组织公司党员和员工奉献爱心，向余杭红十字会等总计捐款41.7606万元，他个人向余杭区慈善总会捐款2万元、向浙江慈善联合总会捐款2000元。区政协委员吕璨任向美术传媒拍卖捐赠刘江（西泠印社执行社长）四尺整张书法作品一件用于义拍，个人向余杭民建捐款5000元；马锁平委员先后两次向杭州市红十字会捐款合计5000元、向东湖街道定向捐赠医用口罩5000只；高冠敏向区红十字会和瓶窑镇政府合计捐款15万元、捐物价值5万元。教育社科界别组全体委员充分发挥自身专长，广泛发动协会、学会、研究会、科普基地等，参与单位、属地组织的志愿、支援工作。周建忠组织开展教育系统每天对学生和教职工出行情况的排查，督查运河等4个街道的学校、幼儿园抗疫工作。小博士幼儿园李君开展“抗击新型冠状病毒疫情”专项募捐，筹备疫情防控物资（口罩、体温枪、耳温计、84消毒液、医用酒精等物资及捐款），并捐赠小博士幼儿园研编的《同心彩虹》故事书1万余册（价值10余万元）。瓶窑中学张建群参与瓶窑镇爱心姐姐组织的“我为疫情出份力”的爱心捐款活动，筹集4500多元钱。区供稿中心全体人员春节期间不休息，积极向“学习强国”全国学习平台以及省、市三级平台推送录用余杭抗疫阻击战暖心故事文稿视频30余篇，其中全国和省平台录用2篇，将余杭抗击疫情暖心故事，余杭精神传递到全国各地。宗教界余杭区基督教协会，通过微信、电话等方式通知全区基督教场所及广大信众，关停场所，不举行宗教活动。政协委员包仲天和丁胜国率先带头捐款，筹得善款36.7万元。区径山万寿禅寺方丈戒兴，在第一时间向全区佛教场所发出倡议，利用自身资源，积极发动信众力量，向余杭区红十字会捐款38万余元，并向区级各部门、属地镇街捐赠口罩约3万只。此外，还有宗教界别的委员释礼敬法师、释宏传、释心皓也通过各种方式，积极参与疫情防控及爱心捐赠活动。

工商联界别组在千年舟集团举行活动 2020年7月2日下午，区政协工商联界别组2020年第二季度活动在千年舟新材料科技集团有限公司举行。区政协副主席、党组成员吴立炜等及工商联界别组10余名委员出席活动。区政协委员、千年舟集团董事长陆铜华作企业介绍。委员们围绕加快推进项目建设、发挥项目示范引领作用等方面进行了探讨。吴立炜表示，作为全国知名建材家居企业，千年舟集团在众多领域不断研发创新，走出了一条转型升级成功之路，树立了民营企业聚焦创新谋求高质量发展典范。委员们参观了政协委员陆铜华工作室，详细了解了工作室功能定位、委员构成、工作方式等情况，并就政协委员工作室工作与运行进行了交流。

文体新闻出版界别组专题调研时尚产业发展　2020 年 8 月 6 日，区政协文体新闻出版界别组的委员在艺尚小镇开展“促进时尚产业发展”调研活动，区政协副主席沈洪相参加。调研组在小镇客厅内听取了情况介绍，参观了李加林织锦馆、臻元箱包、诗简服装等企业，并在文化馆进行了座谈。委员们围绕如何完善小镇配套服务、优化运营管理、提升小镇人气等话题开展了协商建言，提出很多意见建议，如艺尚小镇需要建设更高端的艺术场馆，需要引进具有一定知名度的文化人、艺术家，时尚产业发展需要融入更多余杭文化的元素等。

2020 年“界别活动周”系列活动　2020 年 11 月 20 日，区政协“界别活动周”落下帷幕。活动周期间，区政协 14 个界别活动组以“请你来协商”、委员工作室为平台，围绕“关注民生、服务发展”主题，深入基层、联系群众、服务社会，开展了丰富多彩的系列活动，为推动全区经济社会发展建言献策。各界别活动组通过多种形式开展学习和交流，认真学习贯彻中共中央十九届五中全会精神和省市区委重要会议精神，开展读书活动，推进“书香政协”建设，强化政治引领，广泛凝聚共识。各界别活动组围绕区委、区政府决策部署，结合大会发言、提案工作，开展调查研究，提出针对性强、可操作的建设性建议。各界别活动组发挥专业特长，组织各类文化卫生科技下乡、捐资助学、扶贫济困等公益活动，服务基层群众，了解和反映民情民意。在活动中，委员们积极参与，切实发挥各界别独特优势和委员主体作用，以实际行动为余杭建设“重要窗口”排头兵添砖加瓦。

四、提案项目化管理

余杭区政协根据沈昱主席提出的提案办理要实行项目化管理的意见和要求；自 2020 年 3 月以来，按照区委、区政府中心工作，聚焦存在问题，着力补齐短板，探索创新提案办理新模式，实行提案办理项目化管理。如区政协将十一届四次政协会议立案的 314 件提案分为整体环境质量提升、基层治理能力提升、城市精细化管理、医疗卫生等 25 个项目，分别由区政协领导牵头督办，相关委办具体负责，明确任务、细化责任，形成“一个提案、一名领导、一支队伍、一抓到底”的工作机制。在提案办理全过程中实现“定人定责，销号管理”，增强承办单位提案办理的责任感、积极性和主动性。7 月，第一轮分类评价完成，其中 265 件提案办理已办结和落实，委员评价为 A 类的占 84%。在第二轮工作中（8 月至 10 月），区政协将对第一轮分类评价中确定为 B、C 类件的，进一步加大办理督办力度，进行二次分类评价，对转化为 A 类件的进行销号。8 月，杭州市政协提案委调研组专门就余杭区政协提案办理项目化管理工作开展调研。认为余杭区政协的这项探索很有效。杭州网以《提案办理项目化管理的“余杭实践”》为题、杭州政协新闻网以《提案办理项目化管理余杭区政协的这项探索很有效》为题进行了报道。省政协、市县政协栏目，引用联谊报消息撰文《余杭区政协创新提案办理模式》。

为推进提案办理项目化管理，区政协制定《关于提案办理项目化管理的实施意见（试行）》，绘制《提案办理项目化管理示意图》并上墙公示，挂图作战，构建提案办理项目化管理体系。还将把评议评价结果纳入综合考评。

区政协将协商民主贯穿提案办理全过程，充分运用“请你来协商”等平台，有序推进提案人和承办单位的沟通协商。开展同类提案集中协商，2020年委员提案由分管主席、副主席牵头、相关委办具体负责，召集提案项目相关提案人和提案承办部门进行面对面协商，就25个提案项目开展集中协商19次。对于难点提案，提升协商规格，邀请党政领导领办，和委员面对面协商。比如：针对养老专题，邀请市委常委、区委书记张振丰参加，与相关部门负责人和相关委员在协商中寻求共识，有力促进相关提案建议的落实；针对专业性强的提案，依托“委员工作室”开展专题协商，主持“委员工作室”的提案人召集关注提案内容的委员、行业代表、专家学者等，扩大协商参与面，广泛凝聚共识。同时，坚持做好重点提案督办协商，开展对口协商、界别协商、远程协商和网络协商等相关活动共计43次。通过拓展协商形式，增加协商密度，丰富协商内容，形成政协、提案人和承办单位三方合力，有力推动提案落地见效。加大提案公开力度，在余杭政协门户网站和微信公众号上公开历届全部提案内容及办理复文。依托《余杭晨报》、余杭电视台、《余杭政协》杂志、余杭政协门户网站等宣传载体和“余杭政协”微信公众号、“i履职”小程序等平台，及时公开提案项目办理的各个环节以及取得的成效，促进提案办理从“结果公开”到“过程公开”。同时，积极挖掘提案故事，加大对提案办理先进单位、典型事例和优秀提案的宣传力度，推动公众了解和监督提案办理工作，努力扩大提案社会影响。

联谊报刊登区政协创新提案工作消息　2020年6月4日，联谊报刊登《项目化办理提实效——杭州市余杭区政协创新提案工作》一文，介绍：“余杭区举行‘未来科技城’提案办理项目集中面商会，区政协主席沈昱、提案者与10多名提案办理单位负责人进行面对面协商。未来科技城管委会党工委书记梅建胜当场表示，采纳开展老15省道沿线环境整治、设立园区展厅等提案建议。区政协以提案办理项目化管理为抓手，在提案办理方式上进行了积极探索，将2020年区政协全会以来的314件提案分为‘整体环境质量提升、基层治理能力提升、城市精细化管理、医疗卫生’等25个提案项目，分别由区政协领导、相关委办牵头督办，制成提案办理项目化管理示意图，根据各阶段推进情况，对具体提案实行销号管理，推进提案办理落地见效。”

有序推进提案办理项目化管理　实行提案项目化管理以来，余杭区政协围绕多个提案办理项目召开集中面商会。区发改局等8个单位邀请提案人到杭州微策生物技术有限公司调研，了解该公司如何在相关职能部门和金控集团的帮助下破解融资难题，实现跨越式发展。区发改局等表示将对提案办理方案再讨论、再研究，尽快拿出切实可行的解决方案。为了办好“基层治理能力提升”提案项目，区政协委员到临平街道庙东社区等地调研，了解基层治理情况。区委组织部、区委政法委等提案办理部门负责人和政协委员面对面协商、一对一答复，在交流中集思广益，在共商中提质增效。十二届二次区政协全会上，针对物业管理与业委会工作中存在的问题，18名政协委员提交15件提案。这些提案组成了“加强和改进住宅小区物业管理与业委会工作的建议”提案项目。在召开集中面商会上，提案者和区住建局等5个承办单位负责人、物业公司代表交流讨论，在物业公司管理、“两金”使用、业委会作用发挥、物业管理工作监督指导等方面凝聚共识，解决问题。提案人、提案办理部门和区政协专委会“三方联动”，有利于各方全面了解提案办理情况，提高提案办理针对性和实效性。

市政协调研余杭区提案办理项目化管理工作　2020年8月6日，市政协提案委专职副主任朱国带队到余杭区调研提案办理项目化管理工作，沈昱、陈云水及部分委员，人民政协报浙江记者站站长李宏、联谊报、杭州电视台、杭州网等媒体的记者等参加座谈。自区政协十一届四次会议以来，区政协探索创新办理新模式，实行提案办理项目化管理。区政协提案委主任丁迎九介绍区提案办理项目化管理工作的推进情况。政协委员代表和提案办理部门领导谈了心得体会。沈昱指出：提案工作是人民政协的一项基础性、经常性、全局性工作。区政协总结提案工作经验，创造性地推出提案办理项目化管理，不忘初心抓本职，提高效率抓质量，用好载体抓平台，用好委员抓履职，扩大影响抓效率，使提案工作在资政建言和凝聚共识上双向发力，积极助推余杭高质量可持续快发展。座谈会上，媒体记者向提案办理项目化管理予以肯定，希望项目管理中科学严谨的态度和实事求是的作风贯彻到提案办理工作中，实现提案督办全覆盖、评议评价全流程、履职工作全推进、提案办理全公开，激发委员主体意识，压实办理部门责任，提案办理成绩明显，成效显著，值得大力推广和宣传。

市政协再次调研余杭区提案办理项目化管理工作　2020 年 9 月 30 日，市政协党组副书记张仲灿到余杭区调研提案办理项目化管理工作。沈昱、陈云水、沈洪相，区政协委员代表和部分提案承办部门领导参加。张仲灿一行参观政协委员会客室和提案办理项目化管理工作示意图。沈昱介绍实施提案办理项目化管理的工作情况和取得成效。张仲灿充分肯定余杭区政协提案办理项目化管理工作取得的实效，认为区政协创新意识强、问题切入准、系统设计优、工作推进实、实际成效好。希望区政协坚定信心，继续探索，完善提案办理项目化管理工作机制，总结提炼提案办理项目化管理工作经验，为全市、全省乃至全国政协提升提案质量和办理质量提供可操作的“余杭样本”。

提案项目化管理实现质效双提升　区十一届政协把提案办理作为人民政协协商民主的重要形式，在继承中发展，在继承中创新，完善提案办理协商工作机制，推行项目化管理，把协商贯穿提案办理的全过程，有效提高了提案工作成效。一是抓好提案办理本职。2020 年制订《关于提案办理项目化管理的实施意见（试行）》，提出区政协领导、委办负责人重点督办的具体要求，明确提案成果转化的具体目标，制定提案办理年终考评的具体办法。分管主席和专委会根据提案办理落实不同情况，开展 3 轮督办。在 3 轮提案办理中，共召开提案办理协商会 23 场次，委员参加达 300 余人次，营造了“人人参与提案办理”的良好氛围。二是抓好办理机制重塑。在提案办理过程中，将 314 个提案分为 25 个专题项目，通过同类提案集中面商，推动承办单位找出深层次、结构性的问题，提出带有普遍性、宏观性的政策措施，起到了“解决一类、影响一片”的效果，提高了部门提案办理的工作效率，增强了部门的执行力；政协专委会增强协调各方、凝聚共识的工作能力；政协委员提高了调查研究、合作共事的履职能力。三是抓好成果有效转化。区委、区政府主要领导十分重视，亲自办理“养老服务”“小区物业管理”等相关提案项目，其他分管领导多次参加相关提案办理工作。在党政领导的推动下，承办部门把提案办理工作作为“一把手”工程，列入议事日程，形成了“主要领导亲自抓、分管领导具体抓”的工作格局，提案办理实效明显增强。四是抓好创新成果推广。积极争取上级政协支持，主动报告提案办理创新成果，得到省市政协领导的肯定，也得到《人民政协报》《联谊报》《杭州日报》和杭州电视台等新闻媒体的重视，并介绍余杭政协提案办理的创新成果，省政协《浙江政协信息》和市政协《政协信息》专门刊登余杭经验，在全省、全市政协系统内推广。

人才专题提案办理工作会议 2021年9月18日，政协委员与提案承办单位面对面，围绕重点提案和人才专题办理情况开展交流讨论。该次集中面商活动选取9个围绕人才工作的提案，涵盖专业人才培养体系、人才服务数字赋能、打造人才高地等多项内容。集中面商会上，区委组织部副部长、人才办常务副主任徐来莹向与会的政协委员介绍围绕“未来之星”百千万人才引培计划的完成情况，以及成立区招才局、修订完善人才相关政策、做好人才工作数字赋能、不断完善人才特色服务等方面重点工作开展情况。委员们对提案办理单位主动联系商讨研究的办理态度和过程表示满意，认为承办单位的回复比自己的提案信息量更大，考虑更周全，点赞提案集中面商的办理形式。与会部门负责人对本部门参与的提案办理情况进行回应讲解。黄德伟表示，区政协以提案办理项目化管理的方式，促进提案办理工作，目的就是为了更好地增强人民群众的获得感和满意度，把区委、区政府的各项工作落在实处。

“请你来协商”专题提案项目化办理召开系列工作会议 2021年9月27日，区政协聚焦民生服务、空间规划、商务专题，分别召开“请你来协商”专题提案办理工作会议，区政协副主席李玉美、周忠诚、张瑾分别在各会场参加会议。李玉美主持的“民生服务专题提案办理会议”听取了区民政局民生服务工作情况汇报，并围绕重点提案和民生服务专题提案办理情况开展协商。会上，与会代表围绕居家养老、社区公益、残疾人就业等各项议题进行了交流。周忠诚主持“空间规划专题提案办理工作会议”，围绕8件由杭州市规划和自然资源局余杭分局主办的政协提案进行集体面商，内容主要涉及空间资源保障、基础设施完善、城市中心建设、蓝绿空间打造、公共服务提升等。会上，杭州市规划和自然资源局余杭分局交流汇报了提案办理情况。委员们对提案单位主动回应、周密考虑、全面答复表示满意，并赞许集中面商的提案办理形式，提升了办理成效。在“商务专题提案办理工作会议”上，张瑾一行参观考察了杭州遥望网络科技有限公司和盒马鲜生（亲橙里店），实地了解区内电商直播运营方法和新零售这一新业态的经营模式。会上，与会代表围绕新零售新业态、电商产业发展、再生资源利用等各项议题进行了交流。委员们对提案办理单位主动联系商讨研究的办理态度和过程表示满意，并与提案承办部门开展深入交流。

提案办理项目化第二轮推进人才专题面商会 2022年10月11日，区政协召开提案办理项目化第二轮推进人才专题面商会，针对首轮评价为B类的部分提案进行深化办理。区政协副主席黄德伟，区政协提案委、委工委，区委组织部、区经信局、区人力社保局、区科技局负责人和部分政协委员参加。会上，区委组织部、区人力社保局、区科技局就人才政策、“CIO”制度、“千名干部助千企”活动的最新情况做了介绍，并就两名委员的提案作出了回复。委员提出，当前余杭区的人才政策非常优秀，让更多企业感受政策温度，招引合适人才进入余杭。当前余杭区的高科技产业走在省市前列，“CIO”首席信息官岗位有望成为企业和高校、科研机构等合作的桥梁，希望将岗位设置上升到企业战略高度。黄德伟指出，人才工作是余杭区建设成为杭州城市新中心的重要工作之一，做好人才工作需以求真务实的态度和久久为功的恒心，制定有获得感的人才政策，招引符合城市新中心需要的人才。希望各部门持续秉承服务型政府的理念，学习各地的先进经验，深入了解企业的需要，为高校、科研院所、企业的沟通合作搭建桥梁，发挥人才作用，促进成果转化，推动产业升级，为余杭区建设杭州城市新中心做出应有贡献。

附：提案项目化办理的“余杭实践”

一份提案透出政企互动温度

提案办理是政协工作的重中之重，怎样把更多提案办好办出实效？区政协探索出独特的“余杭实践”。今年以来，余杭政协继续深化提案办理项目化管理，落实“一个提案、一名领导、一支队伍、一抓到底”工作机制，实现提案办理“面对面”协商、办理结果“背靠背”评价。截至 2021 年 11 月 12 日，根据提案交办会议要求，区政协十二届一次会议二审立案的 280 件提案已全部由承办单位完成办案答复，第一轮评价 A 类件比例达 97%。易文赛生物技术有限公司是浙江省唯一一家拥有省、市两级区域细胞制备中心的企业，也是浙江省标准《人类间充质干细胞库》颁布单位。当前，该公司与国内多个三甲医院合作，开展干细胞治疗急性肺损伤、膝骨关节炎、特应性皮炎等科研项目。区政协委员戴唯悠就来自这家企业。“在一行就要为一行发声。”在今年两会期间，他提交了《关于建设细胞产业发展示范区，推动余杭区细胞产业快速发展的建议》。这份来自专业人士的提案，分量很重。戴唯悠在提案中着眼于细胞治疗产业的发展前景和政策环境，阐述了余杭已具备建设细胞治疗产业基地的基础。“区经信局十分重视，有关负责同志带队考察‘易文赛’，针对提案中提出的‘鼓励企业开展细胞药物研发，给予阶段性经费补助’，表示会推进生物医药产业政策修订，适当给予补助，帮助企业克服研发难关。眼下，余杭正在筹备生物医药产业协会，更好地聚集生物医药全产业链，促进产业高质量发展。局里还鼓励企业把国内外优秀的生物医疗资源引入余杭”。戴唯悠说，生物医药与健康产业是省、市重点打造的万亿级产业，也是余杭区经济高质量发展的重要增长极。区经信局牵头相关单位，以点带面做了很多调查研究工作。一段时间以来，区经信局等部门广泛走访服务区内生物医药与健康产业重点服务平台、生物医药创新企业，及时推荐“易文赛”申报 2021 年度重点研发项目，瑞普晨创科技公司申报 2022 年度尖兵领雁攻关项目。区经信局副局长陈康说：“我们将聚焦创新药、高端医疗器械、互联网十健康三大生物医药产业链，强化对细胞产业的研究，全面分析产业发展现状与优势，结合国际、国内、区域外部机遇与挑战，提出余杭生物医药和健康产业发展思路，进一步优化空间布局、产业布局和功能布局，强化创新链、产业链双链协同，推进生物医药产业政策修订、人才引入、优化政务流程，联合区级相关部门、平台加快推进细胞产业快速发展。”“透过这份提案的办理，我们不仅看到了‘效率’，更感受到‘暖意’，作为政协委员，我要为余杭有温度的政企互动点赞！”戴唯悠说。

“金点子”撬动乡村振兴“大格局”

区政协委员、“鲁尔物联”创始人胡辉是土生土长的余杭人，当年将公司落户在家乡曾有许多疑虑，当公司一步步成长为“独角兽”，再成为安全物联网的“小巨人”。回首创业的艰辛和企业成长历程，胡辉感慨万千，在区两会期间，胡辉提交了《关于数字经济赋能美丽乡村的建议》，并作了大会发言，引发委员们广泛热议。提案中，胡辉以日本德岛神山町为例，分析了这个小山村如何在短短十年间变身“绿色硅谷”。“余杭乡村的美有目共睹，但乡村的富还在路上，让数字经济入驻美丽乡村或许是一种途径。通过村企联动，打造特色卫星实验室，让企业落地，也为乡村带来新文化、新视野”。胡辉十分感慨，黄湖镇青山村现在的模样让他意识到，把卫星实验室或创意机构放到乡村去的模式是可以实现的。在浙江高质量发展建设共同富裕示范区的大格局中，余杭如何精准发力，走出“西部富美”新路子?这也是很多委员所关心关注的。在2021年11月11日举行的“西部富美”“请你来协商”专场活动上，时任区委副书记、区长金承涛和政协委员、相关部门负责人等齐聚一堂，开展了深入协商。林丹琴、马宽、刘志鹏、刘松、李琴等委员争相发言，提出了“强化政策引导”“擦亮径山金字招牌”“深挖特色发展潜力”“做大做强我区农业区域公用品牌”“试行乡村卫星办公”“探索绿色硅谷新模式”等创新理念。其中，线上有不少委员通过数字政协“i履职”参与互动留言。胡辉说，委员们的许多观点，都给了他新启发，希望通过“i履职”平台，与大家进一步交流。“这也更坚定了我们为城市安全和未来乡村提供全域安全物联网服务的决心。”胡辉说，“鲁尔物联将继续发挥所长，以数字赋能为乡村防灾减灾贡献力量，特别是要发挥重点‘小巨人’企业的带头作用，通过设立未来公共安全研究院，加强产学研政合作，孵化合作企业、专项卫星实验室。”和“鲁尔物联”一样，未来科技城还有许多有志于为“西部富美”献计出力的委员企业。“遥望网络”“蚊子会”“魔筷科技”等一批专注于直播经济的互联网企业，为西部五镇特色农产品、农家乐、民宿等进行直播带货，提供可靠便捷高效的一站式直播电商全链路服务，推动西部农文旅产业数字化转型，催生出新经济新业态。区农业农村局对提案非常重视，迅速和相关部门进行深入分析研究，完成了第一轮办理。如今，依托“大径山·绿创中心”布局建设的西部创新创业高地已启动招商，径山长乐工业园、百丈木桥头工业园的有机更新也已提上日程。区农业农村局乡村建设科科长沈晓鸣说，该局正探索推动建立未来科技城与西部五镇产业协作机制，形成“1+5”山城协作联合体，充分发挥未来科技城现有产业优势，挖掘西部得天独厚的资源禀赋，带动五镇共同融入创业创新大环境。“有了政府部门的高度重视和各界的广泛参与，‘西部富美’的壮阔蓝图一定能够实现!”胡辉充满信心地说。

从“109号提案”看与时俱进的政策作为

在2021年余杭区两会上，区政协委员、北京志霖恒远知识产权代理事务所杭州分所所长张荣鑫提交了编号为109号的《关于加大对科技型中小企业政策支持的提案》，提案中专门对余杭科技政策优越性作了区域间的横向对比，引起科技、经信、财政等部门的高度重视。提案办理过程中，张荣鑫委员参加了区政协组织的“请你来协商”座谈会，他和多名政协委员一起，围绕余杭区创新创业生态体系、创新资源集聚、高层次人才引培、科技成果转化等提案内容，与相关部门进行了深入交流。张荣鑫从事企业科技、知识产权服务已有15年，在余杭创业的近10年时间里，事务所已服务企业2000余家次，近年来还协助未来科技城管委会、区科技局举办科技政策直播间、国家高新技术企业培训等各类专业讲座。在他的带领下，公司团队先后承担了未来科技城、青山湖科技城、滨江区等多地的创新创业服务项目，积极助力政府企业服务畅达“最后一公里”。基于多年政策研究及服务企业的经历，张荣鑫对余杭区创新创业生态体系有深刻认知。张荣鑫说：“区政府有关部门对109号提案相当重视，线上线下和我进行了多次沟通，区政协也专门邀请我参加‘请你来协商’座谈会。我坚信，今后余杭创新创业服务生态会越来越健全。从第十五次党代会到余杭‘两会’，余杭奋发有为推进经济发展的很多措施都扎实有效，比如在科技型中小企业、高新技术企业培育工作上主动出击，利用大数据筛选等手段建立培育库，对入库企业进行动员，政策宣传相对往年更到位。有关部门还根据培育库内企业的成长情况，邀请专家会诊，针对企业申报难点提出相应建议。余杭区企业培育氛围越来越浓，创新创业生态体系越来越好。”作为一名新委员，张荣鑫对相关部门的办理情况感到很满意。他表示，将继续通过提案渠道提供有价值的决策依据。“尤其是今年余杭区划调整，产业结构特征发生变化，相应的政策适应性上也发生了变化。我们应该立足自身产业特色，做好政策体系、政策路径的更新迭代，加快政策兑现速度，用政策的‘沃土’培育出更多‘专新特精’企业和上市企业”。

“山城协作”搭起协同发展幸福桥

“需要一块空地作为企业仓库”“寻求一个合作代工厂”……在区农业农村局秘书科科长钟玉良的手机里，一个名为“1＋5 山城协作产业招商工作群”的聊天群一直活跃不停，群成员来自未来科技城和余杭西部五镇。这个群的成立与一份提案有关，2021 年政协会议上，何峰、马宽代表农林界别组提出了《关于构建“山城协作”模式，打造乡村振兴新增长极，助力实现共同富裕的建议》，钟玉良是这份提案的经办人。虽然鸬鸟镇“蜜梨科技小院”、黄湖镇青山村“未来乡村试验区”和径山镇小古城村、径山村等乡村振兴样板已小有名气，但余杭西部山区依然面临发展内生动力不足等问题，尤其是乡村发展不能单纯依靠农文旅行业的支撑。为此，何峰、马宽提出应进一步拓宽“两山”转化通道，构建山城协作的发展模式。同时，他也提出了一些实施建议，比如将“山城协作”模式纳入“西部富美”行动计划，构建山城协作联合体；建立未来科技城与西部五镇产业协作机制，形成“1＋5”山城协作联合体，促进资源要素在城乡间高效配置；组建区级山城协作专班，进一步优化未来科技城与结对镇街、村社在财政、产业、土地、环保、人才等资源要素上的联动机制，打通“城镇村、产村人、农文旅”融合发展新通道，构建全域城乡融合发展推动共同富裕新模式。收到提案后，区农业农村局迅速行动，进行落实处理。区“西部富美”行动工作领导小组办公室正式组建并开始运转，办公室内设综合协调、项目督查、产业发展 3 个工作组，制定机制，定期会商。全区 41 个成员单位梳理细化明确了本单位 2021 年度工作任务清单，清单中项目实施主体明晰，责任到位。区商务局牵头拟定完成了未来科技城与西部五镇“1＋5”山城产业协作机制草案，推进西部五镇招商资源数字化，帮助西部五镇对接项目。其他相关镇街、部门也都围绕工作任务迅速启动相关工作。如今，在这个聊天群里，“小电科技”在瓶窑找到了电源生产代工厂；鸬鸟镇“竹与墅”民宿成为企业的“卫星办公室”；未来科技城的地铁公交广告站牌也正在计划放上西部五镇的宣传海报。钟玉良表示：“未来科技城和西部五镇地缘相近、优势互补，完全可以相互借力、融合发展。西部富美是我区补齐地区差距、城乡差距、收入差距，建设共同富裕示范先行区的主要抓手，山城协作又是‘西部富美’行动的重要部分，所以一定会努力把西部五镇打造成为乡村振兴样板典范、共同富裕示范窗口。”

提案催生视障人士文旅专线

2021 年 10 月，百丈镇发布全省首条视障人士旅游路线——“百丈心路之旅”。这条线路的推出离不开区政协委员忻皓为视障人士的鼓与呼。忻皓是浙江首家民间环保组织“绿色浙江”的创始人之一，20年来一直致力于环境保护和社会公益。一次在苏州考察一家为视障人士服务的旅游公司时，他发现4000多名客户中有近三分之一是浙江籍。“浙江视障人士旅游市场需求旺盛，但针对这个群体的旅游服务缺失，既没有专业的服务机构，也缺乏合适的旅游基地和路线。”忻皓萌生了利用余杭山水资源服务视障人士的想法。在区政协十二届一次会议上，忻皓联合其他三名委员提交《关于推动视障人士文旅活动组织及目的地建设的建议》，建议以有公益公社设计运营基础的百丈镇为试点，由专业机构设计具有丰富的听觉、触觉、嗅觉等感官元素，有互动体验的旅游项目，招募培训一批专业志愿者导游，为视障人士提供专业的讲解服务。这一提案引起了广泛关注，负责单位区残联多次到现场调研讨论，“百丈心路之旅计划”由此诞生。10月，作为杭州市国际盲人节的主题活动，“百丈心路之旅”推荐会举行，专为视障人士打造的省内首条文旅目的地项目正式落地。“视障人士虽然无法通过眼睛感受，但可以透过触觉、味觉、听觉甚至心灵，更深层次地感知绿水青山和历史文化。百丈心路之旅涵盖动手体验、无障碍观影等体验项目”。区政协负责人表示，该计划吸引了众多有爱的组织和乡贤参与，“志苏旅游”“视氪科技”“恩慈养老”等成为该计划的首批成员单位。未来，区残联将持续推动项目发展，注重无障碍设施建设，以镇域旅游特色IP推动视障人士旅游、培训、创业。同时，鼓励更多人成为视障人士导览志愿者，让全区乃至全国的视障人士通过旅游平等参与、融入、服务社会。

提案推动生命教育体验馆落地

健康宜居的生活环境应是共同富裕的要义之一。2021年，余杭提出实施靓城行动，计划通过三年时间，实施项目728个，实现“一年一个样、两年出形象、三年大变样”的目标，其中科技馆、图书馆、美术馆、文化馆、博物馆和青少年活动中心“五馆一中心”的建设作为余杭居民家门口的休闲、文化、娱乐中心一直备受关注。去年9月，一份领导批示文件通过政务系统下发到市规划和自然资源局余杭分局、未来科技城和梦溪水乡指挥部，要求相关部门在规划设计青少年活动中心时新增生命教育体验馆区块，为广大社会公众特别是青少年学生提供一个安全教育、防范各种灾害危险的体验式教育基地。而推动生命教育体验馆建设的是区政协委员叶凤。区政协十二届一次会议期间，叶凤提交了《关于新建生命教育体验馆的建议》。提案中说：“我和定居国外的朋友聊天时说到孩子教育，老师告诉我的朋友，孩子可以在幼儿园学会三样东西：一是学会做一名合格的社会公民，二是自救和在有条件的情况下救他人，三是对学习充满好奇心。这位老师的话让我陷入了思考，我们真正该教会孩子什么？”叶凤告诉记者，她上班所在的园区发生过员工工作时间晕倒，但同事们不知该如何急救，只能焦急等待“120”的情况。余杭高新科技企业扎堆，有很多年轻人在这里工作生活，熬夜、高压力极易出现健康问题，面对紧急情况，具备扎实的急救知识十分必要。“希望生命教育体验馆建成后，每一位参观者可以通过视觉、听觉、触觉等全方位的互动感官体验生命的过程。在那里学习各类情况下的急救技能，切实感受生命不易、生命可贵、生命伟大”。《浙江省富民惠民安民行动计划》（浙政发〔2018〕22号）“健康篇”中，将实施“生命关爱工程项目”作为重点项目，要求到2022年，在全省推动建立以“生命关爱”为主题，覆盖全生命周期，集知识展示与学习、情景模拟与体验等多功能于一体的生命教育体验馆。区红十字会党组书记、常务副会长张瑗表示：“新建一座生命教育体验馆，是余杭红十字会打造‘全生命周期救护一张网’的重要一环，也是实施全方位红十字生命关爱工程，打造温暖善城的重要组成部分，一直在我们的计划之中。”区红十字会已经明确建设生命教育体验馆，但因为场地等客观因素而无法落地。“根据文件要求，生命教育体验馆建设面积要有1500平方米，曾经物色的场地都不合适，收到提案后，我们备受鼓舞，有了政协委员的支持，红会将锚定目标、共同探讨、调研分析、沟通选址，最后确定结合青少年活动中心的建设将生命教育体验馆落地。”

第八章

专项工作与活动

第一节　团结联谊与纪念、庆祝活动

第二节　文史资料与新闻宣传

第三节　自身建设

第八章　专项工作与活动

团结联谊、纪念活动、文史资料、新闻宣传和自身建设是人民政协工作的重要组成部分，做好这些工作事关政协基本职能的履行，事关新时代政协事业高质量发展。区政协八届至十二届委员会期间，按照《中国人民政治协商会议章程》和中共中央、省、市委和余杭区委关于加强和改进人民政协工作的意见，切实把这些工作提上政协工作的重要议程，通过多种形式的团结联谊和纪念活动，团结各界人士，发挥好政协组织的桥梁和纽带作用；通过卓有成效的文史资料征编和新闻宣传工作，推出一批有社会影响力的文史成果，强化政协工作亮点和创新成果的宣传，扩大了政协工作的社会影响力；通过加强自身建设，充分发挥党组织团结各界、汇聚力量的领导核心作用，提高政协机关干部队伍和政协委员队伍的履职素养和能力，推进余杭政协事业在新时代蓬勃发展，为余杭经济和社会发展做出政协应有的贡献。

第一节　团结联谊与纪念、庆祝活动

人民政协是最广泛的爱国统一战线组织，大团结大联合是政协组织的重要特征。余杭政协通过多种形式的联谊和纪念、庆祝活动，加强与参与单位和委员的联系，增进政协与委员、委员和委员的沟通，团结社会各界人士，充分发挥政协组织的纽带作用，服务经济社会发展，促进人民政协事业发展。

一、团结联谊

区政协八届至十二届委员会期间团结联谊工作，主要是根据党的政协工作的方针政策，开展党派合作，营造民主协商、平等议事的良好氛围，保障各民主党派和各界人士在政协全会、常委会和其他场合充分发表意见建议的权利。通过各界人士迎春茶话会、各民主党派座谈会，走访慰问社会各界人士等方式，加强团结联谊工作。充分发挥政协之友联谊会、政协企业家协会、政协书画院、政协艺术团等组织的联谊作用，加强对外交流，开展多种方式的横向联系，通过外出学习考察，参加浙江省十三县（市、区）政协联谊会，长三角（县、市、区）政协工作研讨会等，加强学习交流，吸收先进经验，推进政协事业更好发展。

区政协八届委员会团结联谊　2003 年，区政协八届委员会继承和发扬历届政协的传统，始终把开展团结联谊工作作为政协履行职能的一个重要方面。3 月 11 日，区政协组织新一届政协委员联欢活动，增进委员之间了解和情谊。建立定期走访委员机制，听取委员的意见和建议，全会召开之际政协领导看望慰问部分委员。5 月至 6 月结合工作需要，走访部分民主党派、群团组织和企业界委员。8 月至 9 月由主席、副主席带领机关干部，登门走访和慰问各自所联系的100多位委员，听取他们对政协工作的意见和对发展余杭经济的建议。其间，区政协围绕区委区政府“全面建设小康和率先基本实现现代化”的基本要求，精选调研课题，先后九次组织政协委员进行专题视察和调研活动，在履职中深化与委员的联系与沟通，政协委员通过履职活动，提升参政议政能力，强化与政协的联系。政协之友联谊会、政协艺术团、政协书画院通过节日纪念等组织多样化活动，广泛邀请各民主党派、社会各界人士参与人民政协的社会活动，营造余杭区社会政治生活的团结民主氛围。6月6日，区政协召开政协之友联谊会第一次会议。区政协还参加兄弟县（市）、区政协的联谊活动。12月，余杭区政协、诸暨市政协联合发起成立浙江省十一县（市）、区政协联谊会，并与桐乡市政协共同承办第一次会议。参加杭州市城区政协主席联谊会和长江三角洲十三县（市）、区政协联谊会的各项活动。全年共接待省、市和兄弟县（市、区）政协的参观考察人员60批700多人次。

2004年，区政协坚持在推进人民政协履行职能制度化、规范化、程序化建设中切实做好团结联谊工作，加强和各民主党派、工商联和人民团体间的联系和合作，通过专门走访，召开座谈会、政情通报会等，通报区委、区政府的中心工作和相关政策措施，畅通发扬民主的渠道，营造参政议政的氛围，增进统一战线内部的团结。发挥政协的优势和作用，面对发展中的问题和矛盾，做了大量协调关系、理顺情绪、化解矛盾、促进团结的工作。规范委员走访制度，开展委员约谈、走访委员等活动，听取他们对政协工作的意见和对发展余杭经济和社会各项事业的建议，激发委员参政议政热情。区政协围绕区委区政府中心工作，组织政协委员进行调研、视察和民主监督活动，广大政协委员围绕人民群众关心的热点难点问题，运用提案履行职能建言献策，全年有187名委员提出提案，委员参与率达79.60%。通过政协之友联谊会、政协艺术团、政协书画院等组织，举办、参与新年茶话会、中秋联谊会等活动，加强同包括香港同胞、澳门同胞、台湾同胞和海外侨胞在内的各界人士的联系和交流，营造余杭区社会政治生活的团结民主氛围，宣传“一国两制”方针和政策，为促进祖国统一贡献力量。参加浙江省、杭州市、长江三角洲有关兄弟县（市）、区政协的联谊活动，当年共接待省、市和兄弟县（市）、区政协的参观考察人员70余批800多人次，增进相互间的合作与友谊。

2005年，区政协在团结联谊中加强团结和民主工作，促进爱国统一战线的巩固和发展。制定主席联系各民主党派、工商联制度，是年2月中旬，由主席带队走访民主党派和工商联机关。通过召开座谈会和政情通报会等形式，保障其知情权和参与权，充分调动各民主党派、工商联和无党派人士参政议政的积极性。各民主党派、工商联发挥自身优势，抓住事关余杭“三个文明”建设的重要问题深入调研，反映社情民意，取得一批参政议政成果。如各民主党派对余杭区发展循环经济作了大量的调研，提出一些富有建设性的意见和建议，为余杭区的工业、农业相关企业提供操作范例及方法。区政协坚持委员走访制度，采取专门走访和调研走访相结合的方法，年内主席、副主席走访各自联系的近百位委员，及时了解掌握政协委员的需求和动态，听取他们的意见和建议，组织政协委员围绕区委、区政府的重点工作开展调研视察和民主监督，利用提案履职这一重要形式参政议政，区政协还以《政协信息》简报向区党政领导和有关部门提供社情民意126条，政协之友联谊会深入开展调查研究，及时反映社情民意，尤其在关注弱势群体、倡导社会公正等方面建言献策，得到区委、

2005年9月，区政协艺术团送戏到建设工地慰问建设者

区政府领导的重视和社会的好评。区政协艺术团、政协书画院参与新春茶话会、纪念抗日战争和世界反法西斯战争胜利60周年歌咏比赛及送戏下厂矿、书画展等活动。加强同包括香港同胞、澳门同胞、台湾同胞和海外侨胞在内的各界人士的联系和交流，发挥区政协港澳委员的作用，宣传“一国两制”方针和政策，为促进祖国统一贡献力量。加强与上级政协和兄弟政协之间的联系，5月25日至26日，杭州市区、县（市）政协主席联谊会议在余杭区召开。全年共接待省、市和兄弟县（市）政协考察达800余人次，促进学习交流。

2006年，区政协坚持主席和副主席联系民主党派、工商联和各人民团体负责人的制度，凡遇重大问题的协商都邀请民主党派、工商联和各人民团体负责人参加，支持民主党派、工商联和各人民团体以组织名义在政协的重要会议和活动中发表政见。加强与港澳委员、区内港澳同胞、侨胞代表的联系，4月18日，区政协副主席方加明，莫炳法带领区政协社会法制和港澳台侨委员会全体委员和政协闲林、仓前、中泰、南苑、星桥等街道联络组的部分委员视察余杭区人民调解工作。8月24日，区政协副主席方加明带领区政协社会法制和港澳台侨委员会委员先后走访杏辉天力药业、蓝翔轴承、塘栖热电厂等企业，通过听汇报、看现场、查台账等形式，了解企业发展状况和职工权益维护情况。落实政协领导走访政协委员机制，发挥政协委员的主体作用，注重搭建政协委员参政议政平台。区政协多次组织政协委员对余杭经济开发区、重点投资项目、文体设施进行视察，为委员参政议政创造条件。委员承担各项社会责任，在捐资助学、扶贫帮困、修桥铺路、“送温暖”活动以及其他各类公益性活动中慷慨解囊，为“和谐余杭”建设作出了积极的贡献。吴王楼、周金法、何勇、俞海平等委员在开展的“送温暖”“百团结百村”“清洁余杭”等活动中，代表企业捐款都达100万元以上；开展慰问、走访、联谊等活动，宣传“一国两制”方针和政策，广泛征求各界人士对统一战线工作的意见和建议，为促进祖国统一贡献力量。

区政协九届委员会团结联谊　区政协九届委员会把2007年确定为“委员走访年”，区政协主席、副主席经常性开展委员约谈、走访委员等活动，听取他们对新一届政协工作、对余杭经济和社会发展的建议，激发委员参政议政热情。组织政协委员进行民主监督，6月18日至21日，区政协围绕“盘活存量资产，推进项目建设”开展民主监督活动。分五组对全区部分重点项目建设开展视察监督活动。委员都立足本职，为余杭区的经济和社会发展努力工作，积极奉献。在全区工业百强企业中，主要负责人是政协委员的占25%；在农业龙

2007年区政协举办各界人士中秋联欢晚会现场

头企业中，主要负责人是政协委员的占14%；在各行各业评选出的先进人物当中，政协委员也占了很大的比例。区政协在团结联谊中还通过政协之友联谊会、政协艺术团、政协书画院等组织和举办各界人士茶话会、联谊会等活动，加强同包括港澳同胞、台湾同胞和海外侨胞在内的各界人士的联系和交流，营造余杭区社会政治生活的团结民主氛围，宣传“一国两制”方针和政策，为促进祖国统一贡献力量。参加浙江省、杭州市、长江三角洲有关兄弟县（市、区）政协的联谊活动，承办长江三角洲部分县（市、区）政协工作研讨会第二十六次会议。全年接待全国各地政协的考察人员70余批600多人次，增进相互间的合作与友谊。

2008年，区九届政协团结联谊工作围绕最大程度地激发和调动各方力量，共同致力于余杭发展大局展开。区政协贯彻“长期共存、互相监督、肝胆相照、荣辱与共”的方针，提倡团结合作、同舟共济的精神，坚持求同存异、体谅包容的原则，利用庆祝改革开放30周年的时机，通过召开各界人士迎春茶话会、各民主党派人士座谈会等活动，加强与各民主党派、工商联、人民团体和无党派人士的联系和沟通，畅通发扬民主的渠道，搭建参政议政的舞台，营造民主协商、平等议事的氛围，增进统一战线内部的团结。制定《关于特聘委员的若干规定》，吸纳更多优秀的社会各界人士参加政协组织的活动。是年10月通过区政协各专门委员会推荐，主席会议协商和常委会审议的特定程序，11月25日召开首批特聘委员会议，22名来自各行业的人士被聘为余杭政协首批特聘委员。健全工作机制，根据政协委员人数及界别特点，便于开展工作等因素，将22个界别划分为14个界别活动组，形成以界别组为活动平台，以地区联络组为联络纽带的工作格局，坚持走访委员制度。2008年全球金融危机发生后，区政协深入开展调查研究，走访委员中企业经营者，了解情况，帮扶解困，提振信心，共克时艰。同年11月，区政协开展主题为“环境立区和政协委员责任”的首场界别活动周活动。区政协还通过政协之友联谊会、政协艺术团、政协书画院等组织举办迎奥运、庆祝改革开放30周年书画展，重点工程慰问演出等联谊活动，加强与港澳同胞、台湾同胞、海外侨胞及各界人士的联系和交流。注重加强与上级政协、兄弟县（市、区）政协的交流与合作，先后参加长三角、浙江省和杭州市政协工作研讨会，增进相互间的友谊。

2009年，余杭政协利用区委召开全区政协工作会议和庆祝人民政协成立60周年的良好时机，组织开展形式多样的参政议政和联谊活动。2月4日，区政协主席带队走访区各民主党派，实地查看区各民主党派办公场所，与各民主党派负责人进行座谈。3月19日召开各界人士座谈会，与会人员畅谈从事政协工作的亲身经历，对人民政协如何更好体现时代特征、政协委员如何更有效参政议政提出意见建议。通过组织政协委员履职活动，加强政协与委员，委员与委员，委员与社会政治经济生活的联系和沟通，增强了政协组织的吸引力和凝聚力。面对国际金融危机的严重冲击，面临保增长、保民生、促稳定的艰巨任务，切实加强与民主党派人士、非党知识分子、非公有制经济代表人士、港澳台侨人士宗、教界人士的联络联谊。5月15日至16日，区政协副主席方加明带队赴江苏启东参加长三角部分县、市、区政协工作研讨会第二十九次会议，并作题为《缓解融资困难，促进中小企业转型发展》的交流发言。9月21日至23日，浙江省十三县（市、区）政协联谊会会议在萧山区、临安市、余杭区召开，就新形势下如何做好政协工作进行交流，区政协副主席方加明等参加会议。10月23日，区政协主席汪宏儿出席在上海奉贤召开的长三角十三县（市、区）政协工作研讨会，并作本会发挥界别和委员作用的情况介绍。区政协领导多次走访企业、镇乡、部门，参加在外余杭人士联谊活动，组织开展外来投资企业视察活动，10月31日，区政协主席汪宏儿参加在北京创业的余杭商人和在京余杭籍学生联谊会，带去家乡党组织和政府的关爱和问候。年间参加在外余杭人士联谊活动，组织开展外来投资企业视察活动，召开各界人士迎春茶话会，协助区委、区政府做好联系沟通工作，鼓舞士气，增强信心，形成共识，增进团结，把大家的智慧力量凝聚到区委、区政府做出的各项决策部署上来，努力营造和衷共济、众志成城的良好氛围。鼓励和支持各民主党派开展调研，同年9月以专报形式刊发《关于我区农村基层民主自治实施状况的调研报告》等有关民主党派调研文章4篇。承办浙江省县（市、区）政协联谊会等，丰富政协之友联谊会、政协艺术团、政协书画院等外围组织活动，切实发挥团结联谊作用。

2010年，余杭政协密切开展党派合作，坚持民主协商，平等议事。2月21日，区政协党组书记走访民主党派机关，召开民主党派座谈会，研究并帮助解决各民主党派遇到的困难和问题，支持各民主党派、政协各参加单位的工作。组织各民主党派参与政协第九届四次全会发言，收集上报社情民意信息，切实加强与各政协参与单位的联系。6月，在南苑街道新城社区、瓶窑镇里窑社区设置社情民意联络点，为辖区政协委员广泛听取和收集各类社情民意打造平台。区政协还组织委员参与信访接待活动，落实各项工作联系制度，加强对委员的联系服务、管理考核等工作，促进委员履职的主动性和积极性，委员们以“界别活动周”为载体，开展送医下乡，关注农副产品安全，维护劳动者权益等20余项活动，提出各类意见建议70余条，提交调研报告20篇。不断加强对外交流，承办杭州市区、县（市）政协工作研讨会，参加浙江省十三县（市、区）政协联谊会等。4月15日至16日，区政协主席汪宏儿，赴江苏省南通市参加长江三角洲十三县（区、市）政协工作研讨会，并作题为《强化界别作用，推动政协工作新发展》的交流发言。与周边兄弟政协之间增进友谊，加强学习交流。进一步发挥政协之友联谊会、政协艺术团、政协书画院等作用，促进各方面的团结和谐。12月16日，区政协召开各民主党派、区政协各参加单位负责人座谈会，就区第九届政协常委会工作报告、提案工作报告等征求意见建议。

2011年余杭政协在团结联谊工作中密切开展党派合作，把多党合作的要求贯彻到政协工作的各个领域和环节，为民主党派、无党派人士履行职能创造条件，营造民主协商、平等议事的良好氛围。在政治上充分信任、尊重各民主党派，保障各民主党派在政协全会、常委会、专题座谈会上充分发表意见建议；2月11日，政协主席带队走访民主党派机关和政协各参加单位，高度重视民主党派、工商联和无党派人士的提案，抓好督办落实；与各民主党派联合开展专题调查，并以专报形式刊发民主党派调研文章，切实调动各民主党派参政议政的积极性。充分发挥政协界别、政协委员广泛联系各界群众的优势，深入实施民主民生战略，做好新时期新形势下群众工作，围绕教育、卫生、就业、收入分配等人民群众最关心、最直接、最现实的利益问题建言献策，完善群众工作机制，为党和政府了解民情、体察民意、集中民智搭建桥梁。举办各界人士迎春茶话会、各民主党派人士座谈会等活动，切实加强与民主党派人士、非党知识分子、非公经济代表人士、港澳台侨人士、宗教界人士的联络联谊。加强同上级政协和各兄弟政协的联系与沟通，广泛开展学习交流。4 月 27 日至 28 日，长江三角洲十三县（市、区）第三十三次政协工作研讨会在江苏省海门市召开。研讨会的主题是："提高政协调查研究工作质量，努力增强参政议政有效性"。区政协副主席黄莉代表本会参加研讨会，并进行交流发言。充分发挥政协之友联谊会、政协艺术团、政协书画院等组织的联谊作用。

区政协十届委员会团结联谊 2012 年，区政协十届委员会在团结联谊工作中加强与各民主党派、群众团体、无党派人士的联系沟通，鼓励和支持其开展履职活动，重视发挥他们在政协工作中的作用。通过政协全体会议、常委会会议、主席会议、调研视察、专题协商等活动，通过撰写委员提案、社情民意，广开言路。年间全区各民主党派、群众团体等组织或界别名义提交政协全会发言材料 11 篇、提案 21 件、调研报告 20 余篇。开展知情明政活动，区政协通过集中培训、专题培训、政情通报会等，在政协常委、委员层面学习传达中共十八大精神和全省、市重要会议精神，及时传达贯彻区党代会、区委区政府重要会议精神，围绕经济发展和社会民生等，先后开展"五城一基地"产业发展平台建设等调研视察活动 30 余次，帮助政协委员了解掌握经济社会发展状况和存在的问题，有利于更好参政议政。区政协还加强与港澳及海外人士的交往交流，宣传国情省情市情，推介余杭发展成就和投资创业环境。加强与宗教团体负责人和宗教界委员的沟通联系，促进宗教更好地服务和谐社会建设。完成政协之友联谊会换届工作，发挥联谊会老委员的优势，协助做好反映民意、解疑释惑等工作。发挥企业家协会的积极作用，承办市政协企业家联谊会工作座谈会，举办"创投登陆北美市场"专题讲座，鼓励创新发展，开展爱心活动，凝聚企业家委员力量服务社会。参加浙江省十三县（市、区）政协联谊会，4 月 24 日至 25 日，区政协主席阮文静、办公室负责人出席在江苏省海安县召开的长三角十三县（市、区）政协工作研讨会第三十五次会议，阮文

2012 年 10 月，区政协举办"翰墨丹心"普陀·富阳·余杭三地书画联展，庆祝党的十八大胜利召开

静代表浙江地区政协作题为《“四个坚持”助推和谐社会建设》的交流发言，加强与周边县、市、区政协的联系，促进交流，增进友谊。

2013 年，区政协十届委员会在团结联谊中密切开展党派合作，加强与各民主党派和政协参与单位的联系沟通，坚持委员联系走访制度，推进政协工作向基层延伸，拓展协商民主平台，推动政协委员主动参与政协各方面工作。2 月 16 日，区政协主席阮文静带队逐一走访政协各参加单位和民主党派。2 月 25 日，市委常委、区委书记徐立毅到区政协十届二次会议经济界别小组，与政协委员一起讨论政府工作报告，在讨论时与委员们进行积极互动和深入交流。3 月 28 日，区政协主席阮文静带队走访宗教界政协委员。阮文静一行先后看望宋国香、邵培玲、释礼敬等宗教界政协委员，实地踏看了临平基督教堂、余杭区天主教堂和南苑街道龙兴禅寺等宗教场所，详细了解委员们的工作、生活情况，仔细询问有关宗教事务发展、宗教场所建设以及面临的困难和问题。6 月 8 日至 9 日，区政协主席阮文静赴江苏东台参加长江三角洲十三县（市、区）政协工作研讨会第三十七次会议，并在会上作《完善四种机制，提高统一选派民主监督员工作实效》的发言。6 月 19 日，区政协副主席黄莉参加政协之友联谊会农业科技组考察超山综合保护工程活动。9 月 6 日，区政协召开企业家协会换届会议，选举产生第二届协会理事会，区政协主席阮文静当选为会长。会上阮文静强调政协企业家协会要进一步增进会员联谊交流，开阔企业家委员的视野，提高委员企业家的履职能力，充分发挥协会在增进联谊合作中的纽带作用，利用这一平台加强与会员的联系联络联谊。9 月 26 日，余杭、桐乡、桐庐三地政协举办“美丽家园　放飞梦想”书画联展在临平江南水乡博物馆开展。区政协主席阮文静等以及桐乡、桐庐政协领导到场祝贺。10 月 25 日，区政协召开特聘委员工作会议，刘正阳等 11 人被聘为区第十届政协特聘委员。11 月 4 日至 5 日，区政协副主席杜永林、提案委负责人参加全省政协提案工作座谈会暨华东六省一市政协第二十次提案工作座谈会，会上作题为《深化提案办理协商的实践与思考》的交流。同月 7 日至 8 日，杜永林等参加长江三角洲十三县（市、区）政协工作研讨会第三十八次会议，就发挥提案工作在民主协商中的积极作用开展交流和探讨。11 月 6 日，区政协归侨台属界别活动组开展“启动清水治污、推进美丽余杭建设”工作调研。11 月 7 日，区政协宗教、少数民族、无党派界别组赴中泰街道杭州中港绿泰房地产开发有限公司开展政协“界别活动周”活动。11 月 11 日，区政协副主席黄莉参加政协之友联谊会城建和社会法制组活动，调研区内食品流通领域的安全管理工作。

2014 年，区政协注重发挥人民政协的群众机构、统战机构作用，依托联系广泛、渠道畅通的优势，开展协调关系、团结联谊、文化交流活动。2 月 7 日，区政协领导集体走访慰问政协各参加单位和民主党派，加强与民主党派、工商联、无党派人士、群众团体的团结合作，以政协会议为平台、调研视察为载体、界别活动为纽带，鼓励和支持参政议政。全年各民主党派、工商联提交大会发言材料 10 篇、集体提案 3 件、社情民意信息 70 余件。走访慰问宗教界人士，开展宗教事务管理工作专题调研、宗教场所管理情况专题视察，重视发挥宗教界维护社会稳定的积极作用。区第十届政协在加强委员常规工作联系的同时，以协商民主为平台、调研视察为载体、界别活动为纽带，强化委员主体作用，鼓励和支持委员参政议政。区政协创新履职机制完善委员组织工作机制、镇街道联络工委考评机制，推行各镇、街道基层社情民意联系点全覆盖，支持界别活动组、镇（街道）联络工委开展协商议政活动，

2014年4月23日，余杭区第十届政协之友联谊会第三次会议召开

组织委员参与镇、街道民主协商议事，推进协商民主实践，组织委员参加省、市委党校培训，提升参政议政能力；支持委员参与市政协“我们圆桌会”电视问政和专题访谈节目，实行重点履职活动委员申报制度，建立“余杭政协”官方微信，开展委员主体作用专题调研，搭建委员活动平台，提高委员参政议政的积极性。在组织委员参政议政中加强政协与委员的联系，增强委员的归属感和凝聚力。5月7日，区政协召开界别工作交流会暨征求意见会，听取各界别的工作情况，征求对区政协党组、区政协办委开展党的群众路线教育实践活动的意见建议。5月25日，承办长江三角洲十三县（市、区）政协工作研讨会第三十九次会议，就政协群众工作主题开展研讨交流、拓展思路，宣传余杭新形象。加强与港澳台及海外人士的交往交流，分别参与组织省市政协港澳海外委员到余杭区考察未来科技城、径山寺复建工程。重视和支持区政协之友联谊会、政协企业家协会、政协书画院、政协艺术团开展活动，促进对外联谊交往工作，广泛宣传和展示余杭经济社会发展成就。

2015年，区政协在团结联谊工作中注重开展党派合作，营造民主协商、平等议事的和谐氛围。2月27日，区政协主席阮文静主持召开民主党派负责人座谈会，听取各民主党派对政协工作的意见建议，民革、民盟、民建、民进、农工党、致公党、九三学社7个民主党派负责人参加。区政协学习贯彻落实中共中央《关于加强人民政协协商民主建设的实施意见》和省、市委有关文件精神，落实协商制度，制订并实施年度协商工作计划，保障协商规范有序开展。一是动员委员参与专题协商“十三五”规划。区政协把参与“十三五”规划编制，共同描绘发展蓝图作为协商建言的重要议题，动员全体委员参与“我为‘十三五’规划建言献策”活动，收集意见建议40余件。二是组织委员开展创新驱动发展专题调研，提出转理念、定政策、抓要素、出精品等方面建设。年间，各民主党派、工商联提交大会发言材料10篇、集体提案5件、社情民意信息110余件。加强和港澳台侨、海外人士的沟通交流，发挥好对外联络的桥梁纽带作用。加强与宗教界代表人士的联系，发挥好宗教界委员在促进宗教和睦、社会和谐中的作用。重视和支持政协之友联谊会、企业家协会、书画院、艺术团开展考察调研、文化交流、联谊联络等活动。努力营造真诚交流、扩大共识的良好环境，民主协商、合作共事的良好氛围。是年9月24日至25日，长江三角洲十三县（市、区）政协工作研讨会第四十一次会议在江苏昆山召开，围绕加强人民政协协商民主建设进行探讨交流，区政协主席阮文静参加会议，在会上作题为《拓展协商民主平台，推进基层民主协商的实践和思考》的交流发言。2015年度，区政协接待任务骤然增多，年内全国政协、省市政协多名领导到余杭区考察指导，80余批次来自全国各地县、市、区政协和欧洲、港澳的政协委员考察团到余杭区学习交流。

2016年，区政协扩大团结联谊覆盖面，坚持联系走访民主党派、工商联制度，建立区政协区总工会工作联系制度，充分尊重民主党派、群众团体的民主权利，鼓励支持他们开展调研视察、积极协商议政，不断提高合作共事能力。2月15日，区政协召开各民主党派和参加单位负责人座谈会，听取对新一年政协工作的意见建议。区政协主席阮文静主持会议，阮文静表示在新的一年里，区政协将一如既往地为各民主党派和参加单位创造条件，搭建平台，提供服务，使之更好地履行职能，发挥独特优势。各民主党派在政协全会期间提交大会发言9篇，集体提案5件，提出许多真知灼见。注重与民主党派人士、党外知识分子、非公有制经济代表人士、宗教界人士、港澳台侨人士及海外人士的团结联谊，通过走访慰问等形式联络感情、增进友谊。是年，区政协加强和改进联系政协委员的方式方法，围绕区委区政府7个重大专项，搭建政协委员资政建言平台。依据打造美丽杭州建设“两美浙江”示范区、大产业转型升级、大径山旅游开发建设、社会治理联动改革、中泰开发建设、特色小城建设等7个重大专项，完善委员专项视察，专业小分队调研和民主协商“三结合”工作机制，组织7个政协委员参加有知识技能和专业特长的咨询团队，开展调查视察考察20余次，形成书面建议5个，促进重大专项落地，其中大径山旅游开发建设，社会治理大联动视察报告交区委领导批示，有关建议得到采纳。支持政协之友联谊会、企业家协会、艺术团、书画院组织开展学习考察、文化交流等活动。加强与全国各地政协的交流，4月26日至27日，区政协主席阮文静赴江苏启东参加长三角十三县市区政协工作研讨会，并作题为“加强三个保障，提升委员协商建言能力”的交流发言。年内接待来自全国各省市的兄弟县（市、区）政协、港澳和海外委员考察团共120余批次，宣传余杭的历史底蕴和现实成就，广交朋友，推动交流合作。

区第十一届政协团结联谊 2017年，区政协广泛联系、增进共识，营造大团结大联合良好局面，注重发挥团结统战功能，把巩固团结、扩大联谊作为政协的重要职责。2月5日，区四套班子领导分路看望出席区政协十一届一次会议的政协委员们，勉励政协委员要以饱满的政治热情，积极发挥政协优势，履行好政治协商、民主监督、参政议政职能，围绕余杭经济社会发展及市民群众关注的热点，为政府科学决策当好参谋，建好言、献好策，为解决好人民群众最关心、最直接、最现实的民生问题献计出力。区政协坚持区政协主席会议成员联系制度，进一步密切同区各民主党派、工商联、人民团体和无党派人士的经常性联系，深化合作共事。坚持民主协商、平等议事，畅通参政议政渠道，鼓励支持其通过政协平台反映情况、发表意见、提出建议。是年各民主党派、工商联提交政协全会发言材料11篇、集体提案6件、社情民意信息58件。密切与民族宗教界人士、非公有制经济人士、新的社会阶层人士、归国留学人员、在外创业余杭籍人士的联系沟通，加强与港澳台及海外人士的交往交流，促进各族各界代表人士在人民政协的团结合作。重视和支持政协之友联谊会、企业家协会、书画院、艺术团开展考察调研联谊活动。6月15日，区第十一届政协之友联谊会举行第一次会议，大会协商产生新一届联谊会领导班子，黄莉当选第十一届联谊会会长，区政协主席阮文静等政协领导出席会议。6月26日，区政协主席阮文静、副主席潘法高一行走访民建会员企业——杭州网尽信息科技有限公司。7月14日，区政协主席阮文静赴临平天主教堂，走访联系党外代表人士邵培玲，到诺贝尔陶瓷有限公司走访科技人士余爱民、政协委员沈建法。12 月 28 日，区政协对区内宗教场所规划建设管理情况开展视察活动，实地考察临平基督教堂、运河街道慧日寺，听取区内有关宗教场所规划建设工作情况的汇报。区政协做好考察接待和对外交流工作，全年共接待来自全国各地政协考察团 150 余批次、1800 余人次。开展“九个一”联系点走访调研、“百千万”蹲点调研、“周三夜访”等活动，了解重点企业、重点项目情况，协调解决实际问题，助力构建亲清新型政商关系。年间结合城中村改造、村社换届选举等，到联系村社开展指导，宣传政策、反映诉求，了解民情、增进感情，努力扩大团结面，画好同心圆。

2018 年，区政协汇集社会各界力量，画好最大同心圆。常委会把促进大团结大联合作为重要职责，发挥政协联系广泛、渠道畅通、代表性强、包容性大的优势，坚持平等议事，弘扬民主精神，最大限度地为余杭实现高质量发展凝聚人心、汇聚共识。1 月 30 日，市委常委、区委书记毛溪浩，区长陈如根，区政协主席阮文静等看望出席区政协十一届二次会议的政协委员，寄语委员们认真履行政治协商、民主监督、参政议政职能，为加快建设“五大余杭”，当好新时代发展排头兵贡献智慧力量。区政协密切同区各民主党派、工商联、人民团体和无党派人士的经常性联系，通过大会发言、专题调研、协商监督、走访交流等形式，拓展合作共事平台，及时沟通，真诚协商，切实发挥其参政议政的骨干作用。是年，各民主党派、工商联形成大会发言材料 11 篇、集体提案 12 件、社情民意信息 60 余件，彰显党派特色和界别优势。拓展团结联谊，加强与民族宗教界人士、非公有制经济人士、新的社会阶层人士、归国留学人员、在外创业余杭籍人士的沟通联系，开展海创企业、侨资企业、台资企业走访联系，促进社会各界人士在人民政协的团结协作。参加旅港同乡会联谊活动、珠海港澳同胞走亲、杭台邻里节活动，加强与港澳台及海外人士的交往交流。承办“溯源·烁今·追梦”——2018 杭州政协中秋雅集活动，在杭港台同胞、海外侨胞代表近 200 位嘉宾齐聚良渚共度佳节，感受千年文明的历史积淀。重视和支持政协之友联谊会、企业家协会、书画院、艺术团开展活动。10 月 24 日，区政协企业家协会举行第三届第一次会员大会，区政协主席阮文静等政协领导参加会议，会议选举产生第三届政协企业家协会理事会，区政协副主席赵喜凯当选新一届理事会会长，会上阮文静要求协会要充分发挥载体作用，助推创新发展。发挥好推进政企互动、政协履职的载体作用，为余杭经济创新发展献计出力。区政协通过举办庆祝改革开放 40 周年余杭、青田两地书画联展，承办新春团拜会文艺演出，做好团结各界、凝聚共识的工作。年内参加长三角十三县市区政协工作研讨会，协助落实省市政协委员考察视察活动，接待来自北京、上海、深圳、西藏、澳门等全国各地考察团 150 余批次，宣传推介余杭，增进合作交流。

2019 年，区政协广泛凝聚共识，在团结联谊合作上汇集新动力，区政协常委会把握最广泛爱国统一战线组织的性质定位，加强与各党派、工商联和群众团体、社会各界人士的团结合作，凝聚社会各界共识，画好最大同心圆。继承合作共事传统，完善与各民主党派、工商联、人民团体的协作机制，为他们在政协舞台上更好发挥作用搭建平台、创造条件。听取和充分吸纳他们的意见建议，营造民主和谐、共谋发展的良好氛围。与民革余杭基层委员会就社区养老服务、消防安全等开展联合视察，与农工党余杭基层委员会赴上海学习考察“夜经济”发展情况。加强与民族宗教界代表人士、非公有制经济人士、党外知识分子、新的社

2019 年，区政协举办余杭区中小学生书画大赛

会阶层人士等的交流互动。尊重和包容各界人士在信仰、观念、利益等方面的差异，增进爱国主义的共识，促进各族各界的团结。是年，各民主党派、工商联提交政协全会发言材料 7 篇、集体提案 12 件、社情民意信息 40 余篇，有 16 名民主党派人士参与委员工作室建设，彰显党派特色和界别优势。颁布《余杭区政协关于加强委员走访联系工作的意见》，区政协主席、副主席、政协委办与所联系界别委员保持经常性联系，走访中收集到政协委员的意见建议、困难问题，及时协调相关部门尽力解决。拓展团结联谊覆盖面，举办庆祝人民政协成立 70 周年图片书画展和文艺演出，与社会各界人士共庆伟大祖国 70 华诞，共绘祖国繁荣余杭篇章。开展书画进学校、书画进军营活动，成功举办系列书画创作和余杭区中小学生书画大赛等活动。重视和支持政协之友联谊会、企业家协会、艺术团、书画院等政协外围组织，开展视察调研、学习考察、文化交流等活动，以文化为纽带架起团结联谊、合作共事的桥梁。加强与港澳台同胞、海外侨胞的联系联谊，参与“浙江·台湾合作周”和“海外侨领杭州行——走进鸬鸟”等活动，增强他们的认同感和归属感。同年参加长三角十三县（市、区）政协工作研讨会第四十五次会议，架起打造杭州接轨大上海融入长三角桥头堡的联系纽带。做好 170 余批来自全国各地的学习考察团的接待工作，宣传余杭成就，增进合作交流。

2020 年，区政协把握团结和民主两大主题，注重发挥统战功能，深化合作共事，努力为各民主党派、工商联和无党派人士在政协履职搭建平台、创造条件。是年，各民主党派、工商联形成大会发言材料 8 余篇、集体提案 12 余件、社情民意信息 60 余件，彰显党派特色和界别优势。加强同党外知识分子、非公有制经济人士、新的社会阶层人士的联系交流，让他们在政协的平台上献计出力、发挥作用。密切与港澳台同胞、海外侨胞的联系，扩大政协对外交往的渠道，凝聚海外侨胞力量。拓展团结联谊空间，完善走访联系委员制度，广泛联系界别群众。建好社情民意联络站，主动参与基层治理，广泛收集社情民意，帮助化解群众内部矛盾。扎实做好“三服务”活动，帮助企业解决实际困难。连续 5 年参加长三角十三县（市、区）政协工作研讨会历次会议，架起接轨大上海融入长三角桥头堡的桥梁纽带。6 月 23 日至 24 日，区政协副主席沈洪相、文史委负责人赴江苏省海门市参加长三角十三县（市、区）政协工作研讨会第四十六次会议。区政协之友联谊会、政协书画院、艺术团和企业家协会等政协社团组织立足自身特色，广泛开展调研、视察、学习、交流等活动，为推动“三个全域”建设竭智尽力、作出贡献。做好 600 余批来自全国各地的学习考察团的接待工作，宣传余杭发展成就，增进合作交流。

区第十二届政协团结联谊 2021年，区政协坚持发扬民主、增进团结，努力做好凝心聚力这篇文章。区政协十二届一次会议以来，常委会以政协领导分工联系界别活动组和镇街（平台）联络工委为基础，全年累计走访委员1521人次，通过加强联系、沟通情况、增进了解，切实增强政协凝聚力和向心力，打造“干事创业好团队、和谐温暖大家庭”。密切与各民主党派、工商联、无党派人士的沟通联系，主动参与各党派、团体换届等重点活动，鼓励和支持他们通过政协全体会议、常委会会议、主席会议、委员提案、社情民意等平台渠道，充分发表见解和主张，共计以组织或界别名义提交大会发言材料20余篇、提案60余件、调研报告10余篇。是年，参加长三角十三县（市、区）政协工作研讨会并作交流发言，进一步加强交流、增进友谊。10月14日，余杭、稻城举行两地政协交流会。有序推进政协之友联谊会、书画院、企业家协会、茶文化研究会等政协外围组织的换届工作，认真做好上级政协及外地政协调研、考察、交流的服务工作，先后接待全国政协、中国侨联、北京市政协等多批次的调研考察团队。

2022年，区政协在团结联谊中，强化政治引领，展现责任担当，广泛凝心聚力，提升履职能力，为新时代树立人民政协新形象提供能量。坚持完善与各民主党派、工商联、群众团体的联系制度和协作机制，为其在政协舞台上更好发挥作用搭建平台。1月19日，区政协召开全会工作报告征求意见座谈会，区政协主席沈昱主持会议，区各民主党派、工商联及无党派人士代表参加，与会人员对相关报告进行研究，结合自身工作实际，就加强和改进政协工作、修改完善工作报告提出意见建议。各民主党派、工商联在政协全会期间提交政协全会发言材料25篇。开展“请你来协商”活动41次，向区委区政府提交协商意见11件，收到各部门反馈落实意见125件。举办“建设杭州城市新中心”“打造金字招牌，复兴千年古城”“推进名校集团化办学，推动优质均衡美好教育”三场重点“请你来协商”活动，分别邀请区委区政府主要领导，与委员们围桌共商，委员争相发言成为一道亮丽的风景线，相关协商成果得到了区委区政府主要领导的批示肯定。坚持委员走访联系制度，区政协主席、副主席采取专门走访和工作走访相结合的方法走访联系政协委员，听取他们对政协工作的意见和要求，对余杭经济社会发展的建议，加强了政协与委员之间的沟通联络，增强政协的聚合力。通过推动政治协商民主向基层延伸，实施“民生议事堂”、委员工作室、社情民意信息联络点“三位一体”建设，全年新建委员工作室20个，总数达到57个；建成“三位一体”镇街（平台）“民生议事堂”14个，推进村社“协商驿站”建设。在良渚、闲林和交投集团的支持下，新建两个委员之家拓展委员活动阵地。瓶窑、中泰、仓前、仁和、鸬鸟、百丈6个镇街“民生议事堂”案例列入杭州市政协系统百佳优秀协商案例，径山、鸬鸟等案例入选20个精品案例，受到市政协大会表彰，对径山小古城村作典型经验介绍。百丈镇联络工委以委员工作室为基础，由忻皓、郑芬兰等6名政协委员领衔在百丈溪口村打造“委员一条街”，加快推动乡村振兴和共同富裕；余杭街道联络工委委员工作室赋能履职，“四兴融合”提振发展等相关做法得到省市政协领导批示肯定。通过常态化开展“书香政协”、我们读书系列活动和数字政协其他活动推动与委员的联谊沟通。掀起读书热潮，委员们踊跃参与省市政协读书群发言，有百余名委员制作有声海报102张，读书氛围浓厚，参加区政协组织的委员履职能力提升主体班等各类培训，还充分发挥专业特长，担当培训主角，近20名委员主动授课，录制各类讲座视频66个，在“i履职”上架后总浏览量达12145人次，真正实现了委员学习常在线、交流互动不断线、能力提升不掉线。广大委员和政协机关积极投身疫情防控，组织参与“益起公益　共同防疫”活动，各尽其能、献计出力，彰显政协委员的社会责任感。

二、纪念、庆祝活动

区政协八届至十二届委员会期间组织历史事件纪念、庆祝活动，主要选择历史事件每逢10周年进行，内容包括辛亥革命、中国共产党成立、抗日战争胜利、人民政协成立和区政协成立等。通过纪念、庆祝活动，团结各界人士，增强政协组织的凝聚力，更好服务于政协事业发展。

余杭政协成立50周年庆祝活动　2006年2月20日，庆祝余杭区政协成立50周年知识竞赛在区广电台演播厅举行。有6支代表队参加竞赛，群团代表队获一等奖，街道代表队、联络组代表队获二等奖，镇乡、区级机关和民主党派三支代表队获三等奖。2月27日，举行余杭政协成立50周年庆祝大会，回顾50年人民政协走过的光辉历程，展望人民政协发展的光明前景。省政协副主席李青、秘书长俞文华；市政协副主席蒋福弟、曾东元；中共余杭区委书记、区人大常委会主任何关新，区委副书记、区长刘庆龙四套班子领导参加大会。区政协主席李小花主持大会。杭州市各县（市、区）政协主席、秘书长等参加纪念大会，区政协副主席、政协常委及各专委会正、副主任、各联络组组长、全体政协委员；杭州良渚遗址管理区党工委分管领导；各镇乡、街道党（工）委书记；区级机关各部门主要负责人等参加会议。各民主党派、工商联、人民团体班子成员，学生、解放军、机关干部代表参加大会。会上何关新代表中共余杭区委，向区政协组织和政协委员表示祝贺，充分肯定50年来人民政协认真履行政治协商、民主监督、参政议政的职能，特别是第八届政协召开以来，区政协围绕区委区政府中心工作，积极参政议政，为余杭经济社会发展，构建和谐社会做了大量卓有成效的工作。何关新要求区政协组织要认真贯彻中共十六届五中全会精神，全面落实科学发展观，不断提高参政议政水平，更好地为建设经济强区、生态城区、文化名区服务。各级党委和政府要认真倾听来自政协的批评和建议，自觉接受政协的监督，切实为政协开展工作创造良好条件。区政协主席李小花在会上指出，余杭政协要坚持用邓小平理论和“三个代表”重要思想统揽政协工作，要牢固树立和认真落实科学发展观，动员和团结各方面力量，聚精会神搞建设，一心一意谋发展，为构建社会主义和谐社会发挥积极作用。会

2006年2月20日，区政协举办庆祝余杭政协成立50周年文艺演出

后，与会人员一起观看由区政协艺术团主演，杭州市政协艺术团、萧山区政协艺术团友情参演的庆祝余杭政协成立50周年文艺演出。

3月9日，庆祝区政协成立50周年区政协书画院揭牌仪式暨书画雕塑展开幕式在超山大明堂举行。区政协主席李小花和区委副书记许明为余杭政协书画院揭牌。书画雕塑作品展，展出全区老中青三代60多名书画爱好者创作的110多件作品，有中国画、书法、雕塑、铁艺画四大类。柳村、董也山、吴静初等余杭籍著名画家和曾在余杭工作过的10多名画家，送来画作参展。

3月28日，公布庆祝余杭政协成立50周年征文活动评选结果。庆祝余杭政协成立50周年征文活动于2006年1月15日截止投稿，收到征文作品47件，经评选小组的评选，有10篇作品分获一、二、三等奖，其中陈烈夫的《岁月如歌往事铭心》获得一等奖；倪水友的《我与政协》、王兴辉的《参与政协工作的难忘体会》、徐煌的《难忘的历史》获得二等奖；屠再华的《人民政协离我很近》、王祖庭的《我与政协》、李雪华的《愿为旅游鼓与呼》、丁震山的《百姓的代言人》、楼科敏的《唱给政协委员的颂歌》、俞金生的《政协——我袒露心声的地方》获得三等奖。

余杭政协成立60周年庆祝活动　2016年3月16日，区政协召开座谈会，庆祝余杭政协成立60周年，回顾60年余杭政协走过的光辉历程，展望人民政协发展的美好前景。区政协主席阮文静，区委副书记张俊杰，区委常委、统战部部长沈旭微，政协副主席黄莉、杜永林、孔祥华、陈云水、潘法高、戴桂香，副区级巡视员傅樟绚以及历届政协老领导、秘书长，历届政协委员代表，区内各民主党派、政协参加单位、群众团体负责人，区政协各委办主任、副主任、调研员等参加会议。座谈会上，与会代表分别结合自身经历，满怀肺腑之情，回顾政协光辉历程和履职体会，从不同角度畅谈余杭政协60年来的变化和感受，情深意切地与大家一起分享珍贵回忆，对余杭政协今后工作提出意见建议，充分体现了浓浓的“政协情怀”。张俊杰代表中共余杭区委发表讲话。他指出，60年来，余杭政协组织和广大政协委员牢牢把握团结和民主两大主题，在全区经济建设、社会发展、民生事业等方面充分履行政治协商、民主监督、参政议政职能，为推进余杭改革发展做了大量卓有成效的工作。站在新的历史高度，区政协组织使命在肩，大有作为，祝愿余杭政协事业再上一新台阶。阮文静在会上指出，余杭政协60年的发展历程，是中国共产党与各民主党派、工商联和无党派人士荣辱与共、肝胆相照的60年，是广大政协委员建言献策、奉献才智的60年，是社会各界人士增进团结、发扬民主的60年。60年来，余杭政协始终服务大局、始终彰显特色、始终固本强基，政协工作形成了党委重视、政府支持、政协主动、各方配合的良好格局。新的历史起点赋予政协工作新的内涵、新的境界、新的任务，要以更加强烈的“政协情怀”和“政协使命”，把政协工作与余杭新时期的目标任务结合起来，主动担当有为。秉承务实创新精神，着力提高履职能力水平，助推余杭改革发展。在举行座谈会的同时，组织开展庆祝余杭政协成立60周年系列活动，举办书画作品展，以书画叙说辉煌，记载成就；通过《余杭晨报》、余杭政协网和微信公众号等载体，开展专题宣传，举办知识竞赛，传播政协声音。

3月16日，由区政协主办、区政协书画院承办的“庆祝余杭政协成立60周年书画展”在江南水乡博物馆开幕，用笔墨丹青讴歌人民政协60年辉煌历史。区政协主席阮文静等政协领导出席开幕式。该书画展是庆祝余杭政协成立 60 周年系列活动的重要组成部分，也是全区各级政协组织、政协各参加单位、历届政协委员、书画艺术家为庆祝政协成立 60 周年献上的一份厚礼。书画展以团结、民主为主题，共展出 90 余件书画作品，以书言志，以画传情，唱响时代主旋律，共同见证余杭翻天覆地的变化。

庆祝人民政协成立 60 周年庆祝活动　2009 年，为庆祝人民政协成立 60 周年，区政协组织开展形式多样的庆祝活动。6 月 30 日，区政协九届第 28 次主席（扩大）会议研究庆祝人民政协成立 60 周年活动具体方案。8 月 25 日，《杭州日报》专题刊登区政协主席汪宏儿《关注民生，真情履职》的言论文章为起点拉开庆祝活动的序幕。此后，陆续举办各界人士座谈会、人民政协成立 60 周年征文活动、长三角部分县（市、区）政协书画作品联展、专题文艺晚会、以“保增长、保民生、保稳定、促转型”为主题的“界别活动周”等活动，广泛宣传中国共产党领导的多党合作和政治协商制度，总结历史经验，展望美好未来，激发广大政协委员热爱祖国、热爱政协的政治热情。

2009 年 9 月 4 日，区政协庆祝人民政协成立 60 周年座谈会召开

9 月 4 日，区政协召开庆祝人民政协成立 60 周年座谈会，邀请历届老领导、退休干部、政协委员和各民主党派、工商联，各民主团体和各界人士代表参加座谈，抒发对人民政协事业的热爱之情，畅谈与共产党同舟共济的经历，探讨新时期做好政协工作的思路。区委常委、统战部部长白美玉代表区委致辞，区政协主席汪宏儿，副主席方加明、章福根、钱杭根、黄莉、陈云水等参加座谈会。

9 月 19 日，上海杨浦区、浙江德清县和余杭区三地政协庆祝人民政协成立 60 周年书画联展在余杭区江南水乡博物馆开展，展出的 60 余幅书画作品从不同层面、不同角度反映新中国成立 60 周年和人民政协成立 60 年来的光辉历程.

9 月 24 日，余杭区庆祝中华人民共和国暨人民政协成立 60 周年专场文艺晚会在区人民广场举行。晚会以文艺的形式，回顾新中国和人民政协走过的 60 年光辉历程，共同畅想伟大祖国的美好未来，高举旗帜，开拓创新，谱写人民政协事业更加辉煌的篇章。区四套班子领导及区政协老领导，在临平的政协委员、特聘委员，社会各界群众 1000 余人观看演出。文艺晚会在民间舞蹈《余杭滚灯》表演中拉开序幕，演员们以朗诵、歌舞、男女声对唱、小品、戏曲、杂技等多种艺术形式，唱响共和国 60 周年的赞歌，谱写人民政协发展的美好未来。

庆祝人民政协成立 70 周年活动　2019 年 9 月 26 日，区委召开政协工作会议暨庆祝人民政协成立70周年大会，出台《关于加强和改进人民政协民主监督工作的实施意见》，学习贯彻中央政协工作会议暨庆祝中国人民政治协商会议成立70周年大会精神，总结余杭区政协工作的实践经验，研究部署新时代加强和改进政协工作的具体举措。市委常委、区委书记张振丰在代表区委讲话时强调，全区各级党组织要认真贯彻中央和省、市、区委决策部署，一如既往地支持政协履行职能、发挥作用。区政协和广大政协委员要坚决扛起新时代赋予人民政协的历史使命，为推动余杭各项事业高质量发展贡献智慧和力量。区委副书记、区长陈如根主持会议，区政协主席沈昱作表态讲话。区委常委、区人大常委会主要负责人，区政协副主席、秘书长，区法院院长、区检察院检察长等参加会议。区政协编辑出版《我们一起走过——庆祝人民政协成立七十周年图述》与《不忘初心同心圆梦——庆祝人民政协成立七十周年书画作品集》。2018年3月初，政协文史和教文卫体委员会接受编辑任务后，广泛征集图片资料，多次召开座谈会研究编纂提纲，落实书画创作主题，组织人员编纂、创作。两本书于2019年9月15日出版，印刷1200册。在区政协庆祝人民政协成立70周年的系列活动、图片书画展开幕式、区委政协工作会议等重大场合，作为庆祝书籍进行发放。作为重要文史资料，分送区史志办、区档案馆、区图书馆等单位留存；作为文史资料交流，寄送省市政协文史委，杭州市内区县市、长三角地区区县市等29个政协文史委，扩大余杭政协及文史工作影响。

9月18日至25日，区政协举办“盛世华诞　同心筑梦——庆祝人民政协成立七十周年图片书画展”。在编纂70周年图片资料和组织书画创作、出版书画作品集的基础上，组织图片书画展。展览在区艺术文化交流中心举行。区政协领导、各界别组长、临平城区镇街联络工委主任，相关部门负责人、区政协参加单位及有关群众团体、区各民主党派负责人，政协外围组织负责人约120人参加开幕式。各界别组、民主党派、部分联络工委，区政协书画院、企业家协会、联谊会、艺术团等单位组织委员参观。相应展览资料移送区史志办，国庆节期间，在区方志馆同步展出。展览信息由新华社新闻端发布，浏览量高达30万人次。

9月26日，区政协举办“诗和远方　同心追梦——庆祝人民政协成立70周年”文艺演出。区政协艺术团承担演出任务。他们精心编排、表演，演出受到各方好评。其中，原创诗朗诵《那就是我们的诗和远方》集中体现余杭政协风雨兼程70载的重大履职成果，演出节目特别突出新时代余杭政协的新样子，展现余杭政协人的时代风采。整台演出全程录播，作为重要视频资料保存。

2019年9月26日，区委举行政协工作会议暨庆祝人民政协成立70周年大会

2011 年 6 月 28 日，区政协召开庆祝中国共产党成立 90 周年座谈会

庆祝中国共产党成立90 周年座谈会　2011 年6 月 28 日，区政协举行庆祝中国共产党成立 90 周年座谈会。区政协主席汪宏儿，区委常委、统战部部长白美玉，区政协副主席章福根、钱杭根、黄莉、陈云水及历届政协领导、各民主党派负责人和部分区政协常委、委员等出席会议。座谈会围绕“中国共产党与人民政协”这一主题回顾党的丰功伟绩和政协的发展历程。与会人员充分表达了对党的深刻认识和深厚感情，表示要紧紧围绕区委、区政府中心工作，在各自工作岗位上进一步发挥自身作用，用更出色的工作业绩，向党的生日献礼。

汪宏儿指出，在庆祝中国共产党成立 90 周年之际，回顾中国共产党领导下人民政协的创立和发展历程，对始终坚持党的领导，不断巩固人民政协的共同思想政治基础，准确把握人民政协的性质方向，更好地发挥政协的职能作用，都具有重要的意义。站在新的历史起点上，人民政协要始终坚持正确的政治方向，贯彻执行好党关于人民政协的方针政策，必须始终坚持人民政协的性质、主题和职能，坚持团结和民主两大主题，着力推进政治协商、民主监督、参政议政建设；紧紧围绕区委、区政府中心工作，关注社会热点难点问题，服务经济社会发展，认真履行政治协商职能，始终坚持以改革创新的精神推进人民政协事业。

余杭区纪念辛亥革命 100 周年书画展览　2011 年 9 月 30 日，由区政协联合主办、政协书画院承办的余杭区纪念辛亥革命 100 周年书画展在中国江南水乡文化博物馆开幕。市委常委、区委书记朱金坤为此次展览发来贺信，区长姜军为展览题写书法会标并提供作品参展。区领导姜军、汪宏儿、白美玉、宋福友、章福根、钱杭根、黄莉等区政协各专委会、区各民主党派、书画界人士等参加开幕式。朱金坤在贺信中指出，区政协以书画展览的形式纪念辛亥革命 100 周年，具有深刻的意义。辛亥革命在中国近代历史发展中具有重要的地位，是中国人民为改变自己命运而奋起革命的一个伟大里程碑。纪念辛亥革命 100 周年，就是要在全区人民中发扬伟大的中华民族精神，坚定不移地实施以城市化为引领的“六大发展战略”，为把余杭建设成“品质之城、美丽之洲”而共同努力。区政协主席汪宏儿在致辞中指出，章太炎是 20 世纪民主主义革命先锋、辛亥革命的重要领袖之一。为纪念辛亥革命 100 周年，区政协从年初开始筹办“辛亥百年书画展”，得到社会各界积极支持，区政协书画院和有关书画家精心创作，踊跃投稿，收到各类作品 120 余幅。时年 92 岁高龄的著名画家柳村、市书法家协会常务副主席宋涛等为该展览提供珍贵作品。经过精选，展览共展出 80 余幅优秀书画作品，区政协还将展览作品汇编成集，供市民欣赏、观摩和交流。

“国学大师章太炎与辛亥革命”图片巡展　2011 年 9 月 26 日，由区政协主办，区政协文史委、区文广新局、教育局、仓前街道办事处承办的“国学大师章太炎与辛亥革命”图片巡展，在杭师大附属仓前实验中学启动。国学大师章太炎与辛亥革命图片巡展详细介绍了章太炎的生平、家族、求学、讲学、革命等，穿插章太炎的趣味故事，设有知识问答等互动内容。该展览在全区部分中小学校和社区进行巡展，达到缅怀革命先烈的丰功伟绩，弘扬爱国主义精神的目的。

纪念抗日战争和世界人民反法西斯战争胜利 60 周年“临平桂花城杯”歌咏比赛 2005 年 8 月 10 日，区政协在临平大酒店举办杭州市余杭区政协纪念抗日战争和世界人民反法西斯战争胜利 60 周年“临平桂花城杯”歌咏比赛。在临平城区的政协委员，区各民主党派支部（社）成员，临平城区的联谊会会员，区政协机关全体工作人员参加活动。该活动还邀请区委、区人大常委会、区政府有关领导，区委宣传部、区委统战部、区人武部和有关部门负责人，抗战老战士代表参加。

《余杭政协》纪念抗日战争胜利 60 周年专辑

纪念抗日战争胜利 60 周年专辑 区政协于 2005 年初决定在世界反法西斯战争和中国人民抗日战争胜利 60 周年之际，编辑一册以目睹日寇暴行的民众和亲身参加抗日战争的老战士回忆、口述、见证等为史料的纪念专辑。在充分征集当事人亲历、亲见和亲闻即“三亲”史料的基础上，充实抗日诗词、书画、摄影图片等，在《余杭政协》刊发，该专辑 9 万余字，于 2005 年 8 月出刊。

纪念抗战胜利 70 周年活动 2015 年 9 月 2 日，区政协举办纪念抗日战争胜利 70 周年暨《余杭抗战纪实》首发式座谈会。在中国人民抗日战争暨世界反法西斯战争胜利 70 周年之际，区政协征集出版文史资料《余杭抗战纪实》，抢救收集抗战史料，回顾余杭抗战历史，弘扬爱国主义精神。全区有关部门单位、各民主党派相关负责人及部分政协委员参加座谈会。与会人员在座谈中表示，《余杭抗战纪实》一书收集资料翔实有据，通过挖掘历史史料，让余杭人民了解曾经发生在身边许多可歌可泣的全民抗战故事，不仅具有珍贵的研究价值和教育意义，更是通过史料纪实的形式，告诫我们铭记历史，团结一心，珍惜现在来之不易的生活。

第二节　文史资料和新闻宣传

政协文史工作是人民政协一项富有特色的工作，是政协委员及其所联系的社会各界对历史事件、历史人物的回忆和叙述，是当事人、见证人和知情人“亲历、亲见、亲闻”的第一手史料，具有“存史、资政、团结、育人”的重要作用。区政协八届至十二届委员会文史资料编纂工作，依靠广大政协委员和社会各界人士，开展卓有成效的文史资料征集、编纂和出版等工作，从2003年至2022年合计出版文史资料和书籍20余册，积累丰富的地方文史地情资料，扩大了政协社会影响，为开展爱国主义教育，团结社会各界人士，促进社会文化事业发展提供有效保障。

区政协八届至十二届委员会重视新闻宣传工作，加强与新闻媒体联系沟通，利用各级新闻媒体宣传政协的工作亮点和活动特色，通过新闻媒体报道政协工作创新，积极向新闻媒体投稿，宣传区政协工作和活动，提炼成功经验，展示委员风采，提升委员社会形象，扩大政协工作影响力。

一、文史资料征编和出版

余杭政协文史资料征集编纂出版工作由区政协文史委员会负责，区政协文史委依靠广大政协委员及各界人士，加强与区有关部门、人民团体和各民主党派合作，深入开展文史资料征集、研究、编纂和出版工作，在区政协第八届至第十二届期间取得一批重要的文史成果。

区政协八届委员会征编和出版的文史资料　2003年6月2日，区政协召开《杭州市余杭区政协志》编纂工作会议，成立编纂委员会和编辑部工作班子，区政协主席李小花担任编纂委员会主任。政协志真实记录50余年来余杭政协在中共余杭区（县、市）委领导下，团结各党派、团体、各界爱国人士走过的历程，为后人留下有价值的史料，以达到“存史、资政、团结、育人”的目的。2004年12月，《杭州市余杭区政协志》经编辑部编辑们一年多时间的工作，由中华书局出版。该志上限时间为1949年10月，下限断于2003年3月，区政协八届第一次全体会议止，共10编，约55万字。2005年1月18日，区政协举行《杭州市余杭区政协志》首发仪式。

2004年初区政协决定编纂《天堂绿洲》。《天堂绿洲》是反映五常湿地、闲林水乡这一区域风情的书籍，在充分征集五常湿地、闲林水乡当地政治、经济、文化、历史、地理等史料基础上，组织编辑多次到五常、闲林进行实地考察、座谈了解和现场采风，不断充实内容，提高编辑质量。《天堂绿洲》有近300幅图片，10余万字，于2005年12月底前由西泠印社出版社出版发行。同年编辑出版《余杭百事通》一书，该书于年初组建编辑部，其是反映余杭区各单位办事指南等方面内容的书籍。在充分征集各部门、单位有关资料基础上，注重广泛性、全面性、实用性。该书约35万字，于12月内部印刷。是年6月，《何思敬》一书在浙江省政协优秀文史资料图书评选中，被评

《天堂绿洲》封面

为二等奖。

2005年是世界反法西斯战争和中国人民抗日战争胜利60周年。区政协根据目睹日寇暴行的民众和亲身参加抗日战争的老战士的回忆、口述、见证等，在充分征集当事人亲历、亲见和亲闻即“三亲”史料的基础上，充入抗日诗词、书画、摄影图片等，在《余杭政协》刊出纪念抗日战争胜利60周年专辑。该专辑9万余字，于8月出刊。同年11月《余杭古桥》始编，该书由区政协文史委和区文管会合作编撰，区政协和区文管会于11月7日在江南水乡博物馆召开由各镇乡（街道）文化站负责人或承办人员参加的动员会议，进行普查动员，由区文管会文物专家对古桥年限设定、普查项目内容要求等进行讲解和辅导。各镇乡（街道）的文化部门十分重视，落实人员，进村入组，行走山水之间，通过图片拍摄、桥体测量、风物传说搜集等各种形式开展普查工作，掌握丰富的第一手资料，为《余杭古桥》的编纂打下扎实的基础。该书于2006年12月出版发行。

区政协九届委员会征编和出版的文史资料　2007年区政协文史委与区民族宗教局合作，对区境内62座佛教寺庙的历史情况和保护现状进行了一次全面详细的调查，完成《佛缘福地》一书的编纂，于12月内部印刷。区政协文史委协助省市政协完成《浙江干部支边纪实》《杭州知青上山下乡实录》等余杭部分文史资料的搜集工作。在政协网站上开通文史园地，收集余杭历代县令、历代名人、历代诗话等史料。配合南湖整治工程，充分挖掘南湖文化内涵，牵头组织开展“余杭南湖丛书”编撰工作。2008年初区政协决定编撰《天南地北余杭人名录》，6月开始征集《天南地北余杭人名录》资料，征集整理编辑工作历时半年多，该书于年底内部印刷，收录身在异乡的优秀余杭人士305人。是年，区政协文史委主任吕达飞被省政协评为省优秀文史工作者。

2007年12月，《天南地北余杭人名录》出版

2009年，区政协牵头编撰余杭历史文化研究丛书之一的“南湖文化丛书”，包括《南湖史话》《南湖胜迹》《南湖风情》《南湖文牍》《南湖文物》《南湖撷影》6册，12月由西泠印社出版社出版。开展“运河文化丛书”资料征集编撰工作。2010年，区政协根据区委统一部署，牵头编撰区历史文化丛书之一的“运河文化丛书”。区政协严格编审，确保质量，先后编辑出版《运河史话》《运河揽胜》《运河风情》《运河望族》《运河商埠》《运河梵隐》等运河文化丛书资料；牵头编纂完成《径山史话》《径山茶》《径山胜览》《径山中日文化交流》《径山著述》《径山图说》等名山禅茶文化丛书一套。建言超山综保工程建设、山沟沟古村落建设等工作，挖掘两地人文历史资料，有效地促进余杭文化旅游资源的开发和利用。

2010年区政协组织编纂《先驱者——何思敬史迹》，何思敬是从余杭走出去的革命先驱者，是中国著名的法学家、哲学家、马列主义经典著作翻译家。区政协文史委从2002年开始搜集何思敬的文史资料，经过较长时间征集研究编纂，2010 年 8 月，该书由中央文献出版社出版发行。2011 年 3 月 25 日举行的首发仪式上，该书被赠送给区地方志编纂委员会办公室、塘栖镇政府、区档案馆、图书馆、博物馆等收藏。何思敬长女、黄华夫人何理良，中国人民大学知识产权学院副院长郭禾等参加首发仪式。何理良还向区档案馆、图书馆赠送其夫生前撰写的《黄华回忆录》。

区政协十届委员会征编和出版的文史资料　2012 年，区政协文史委组织征集地方文献资料，编纂出版《余杭考略》。该书是部 15 万字的学术考据著述，共 4 章 16 节，分别从历代相传余杭地名来历的“余杭大禹说”“余杭无余说”“余杭秦皇说”入手进行考证分析，为探究余杭这一地名的来源作了有益探索。2013 年区政协文史委编纂出版《下沙围垦实录》。该书约 27 万字，通过参与者“亲历、亲见、亲闻”的第一手资料和一批历史照片，对 1971—1980 年的围垦造地运动进行回顾。结合文史资料工作抢救性的特点，提出文史工作的五年规划和每年出版一本文史资料集的工作思路，同时为市政协“三江两岸文化集萃”系列丛书征编提供相关史料。

2014 年，区政协文史委组织召开后申遗时代大运河保护和利用工作座谈会，从保护余杭传统文化，展示余杭水乡地域特色工作出发，收集整理运河船民生产生活方面历史资料，征编出版《余杭运河船民口述史》。配合市政协征集《杭州专业市场发展史》。2015 年，区政协开展非遗保护工作专题视察，提出非遗项目传承和产业化的意见建议。开展文创产业集体视察，了解全区文创产业发展情况，在推进文创产业与区域经济和特色深度融合、共生共荣等方面进行探讨。持续关注良渚文化金名片的打造，通过委员提案、政协信息等渠道，反映加快良渚古城遗址申遗的意见建议。在中国人民抗日战争胜利暨世界反法西斯战争胜利 70 周年之际，举办抗战胜利 70 周年座谈会抢救收集抗战史料，征集出版文史资料《余杭抗战纪实》，回顾余杭抗战历史，弘扬爱国主义精神。2016 年，区政协深化保护余杭传统文化，展示余杭地域特色工作，征集出版文史资料《余杭美食》，参加省、市政协文史课题《杭州记忆》《杭州旅游口述史》编写，完成各 2 篇史料编撰。调研余杭历史名人沈括遗产保护和利用工作，提出实施保护提升工程、建设纪念场馆、深化历史名人沈括研究工作等建议。

区政协十一届委员会征编和出版的文史资料　2017 年，区政协组织“文化余杭”建设建言活动，开展径山寺复建和禅茶文化挖掘、大运河遗产利用等考察研讨座谈，宣传、挖掘和保护余杭历史文化资源。开展关于构建书香余杭的调研，根据余杭历史上丝绸轻纺工业发达的情况，以该行业亲身经历人口述史的形式重温余杭丝绸轻纺业的历史，征集出版《余杭丝绸轻纺产业口述史》，协助完成《浙江古村落楹联集萃》余杭部分征集工作。2018 年，余杭政协文史委面向社会征集了数百张余杭的老照片资料，编辑出版《余杭记忆——老照片集》。开展良渚遗址保护方面口述史料的征集工作。2019 年，区政协编辑出版《我们一起走过》图片集，组织政协书画院创作出版《不忘初心·同心圆梦》书画作品集。征集整理“三亲”口述资料，编辑出版《良渚遗址保护口述史》，设立文史资料室，归类上架各类文史资料。2020 年，区政协挖掘整理政协成立以来的文史资料，重新编辑出版《余杭政协文史经典》，其中《良渚遗址保护口述史》和《余杭丝绸轻纺业口述史》分别获十一届杭州市政协优秀文史图书一等奖、三等奖。

区政协十二届委员会征编和出版的文史资料 2021年区政协努力团结凝聚各民主党派、群众团体和社会各界人士。举办以“推动文化兴盛打造新时代文化高地”为主题委员论坛，选取30多条委员建言报区委、区政府参考。开展“魅力光影 蝶变余杭——摄影师镜头下的创新发展之城”摄影存史征集活动，展现区划调整后余杭高质量创新发展瞬间。2022年区政协开展《未来有你——余杭区人才发展纪实》《杭州市余杭区政协志（2003—2022)》资料征集编纂工作，持续推进第二届“魅力光影 蝶变余杭”摄影存史工作，近2000张摄影作品记录余杭发展新气象、新变化。

二、文史资料成果选介

《杭州市余杭区政协志》 2003年6月始编，2004年12月由中华书局出版，2005年1月18日区政协举行《杭州市余杭区政协志》首发仪式。该志体裁以概述、要事系年为志书纲要统揽全志，主体结构分编、章、节、目，全志共10编30章，约55万字，图片65帧，上限时间为1949年10月，下限断于2003年3月区政协八届第一次全体会议。《杭州市余杭区政协志》是余杭政协半个多世纪的全面记录和深刻总结，也是一部资料翔实的政协百科全书，多视角、多侧面再现余杭政协的历史，客观记述历届政协委员为余杭经济和社会发展所作的贡献。该志反映人民政协的时代精神，体现余杭政协的地方特色，具有“存史、资治、教化”的作用。全志对余杭政协履行三项主要职能的情况作了重点记述。特别是中共十一届三中全会以来，政协委员怀着高度的政治责任感，深入实际，调查研究，多方听取意见，开展专题研讨，反映民意，集中民智，建言献策，提出中肯的批评和切实可行的建议，为党委政府决策的民主化、科学化提供可靠依据，也对党委政府的工作实施有效监督，充分反映余杭政协在发扬社会主义民主中，团结一切可以团结的力量，调动一切可以调动的积极因素，为余杭的事业“合力拼搏，务实争先”，做了大量卓有成效的工作，发挥特有的作用。

2004年12月，《杭州市余杭区政协志》出版

《余杭古桥》 2005年11月7日始编，该书由区政协文史委和区文管会合作编撰，2006年12月由西泠印社出版社出版发行。《余杭古桥》对于古桥概念的定位，以1949年为界线，凡1949年前建造的桥，均属“古桥”范畴；已毁坏或1949年后重建的桥，存有图片资料的以及1949年后建造但有地方特色的也予列入，使之史料翔实，数据准确。全书分

“名桥风姿”与“百桥博览”两大板块。前者对余杭区的广济桥、通济桥等12座省级文保单位、市级文保单位、市级文保点作了重点展示，后者对区内157座古桥，全面作介绍展示，较好地体现文史资料“存史、资政、育人”的特质。

《先驱者——何思敬史迹》　2010年8月，《先驱者——何思敬史迹》由中央文献出版社出版发行。何思敬是著名学者、法律学家、哲学家、马列主义经典著作翻译家。该书忠实地记录这位著名学者、法学专家、哲学家、马列主义经典著作翻译家在长期革命斗争中，为党的马克思列宁主义理论建设、政法干部和理论干部的培养、发展马克思列宁主义（法学）和制定新中国宪法、翻译马克思主义经典著作等方面作出的卓越贡献。该书收录的文章除《中共党史人物传》中的《何思敬》及追悼会、百年诞辰纪念会上的若干负责人讲话和综合性生平评述外，大部分为“三亲”资料。全书分生平综述、艰苦童年、东渡扶桑、南国峥嵘、延安伟绩、京华生涯、追悼英魂、百年纪念、悼念诗章、著述选载10个类目及何思敬著译目录、何思敬生平主要活动年表等，共105篇文章，24万字。还收录珍贵图片32张。

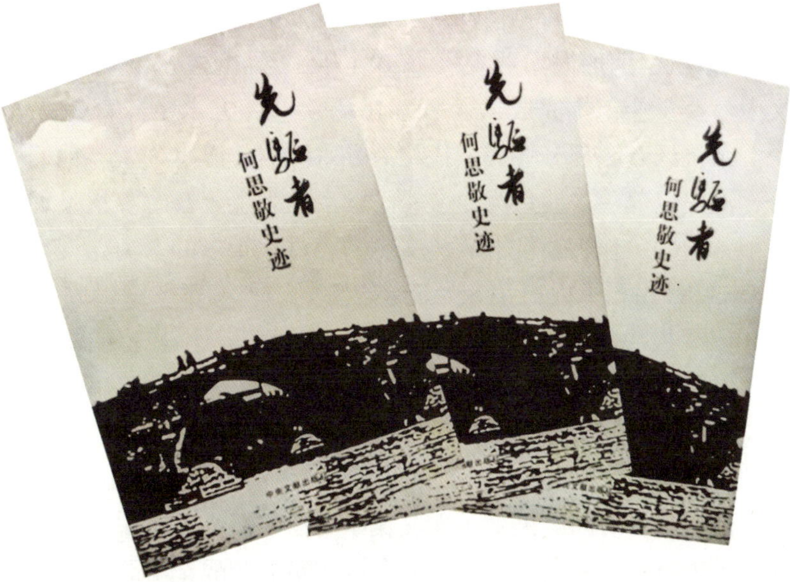

2010年，《先驱者——何思敬史迹》出版

《余杭考略》　2012年12月由杭州出版社出版发行，区政协文史委编撰，该书是一部学术考据著述，全书约15万字，共4章16节。余杭自古为江南名埠重镇，自秦设置余杭县，至今已有2200余年的建县历史。两千余年来，余杭历史的沿革，已经有了大致的脉络，而对于“余杭”地名的来历，却一直是见仁见智，诸说并存。余杭之名的来历，有“大禹说”“无余说”“秦皇说”等。本书依据史存资料，结合民间流传的内容，对上述几个主要说法，运用丰富翔实的史料旁征博引，细致地进行剖析研究，从历史地理环境中来寻找余杭地名之源，为余杭地名之由来提出新解。

《下沙围垦实录》　2013年12月由杭州出版社出版发行，该书约27万字。始于20世纪70年代的下沙钱塘江海涂围垦，是余杭历史上一项举世瞩目的重大工程。自1971年至1980年，历时10年，由当时临平地区10个公社（乡镇）的民众参与，耗去人力工时物资无数，围涂造地4万余亩，作为新中国成立后余杭历史上空前的一场大生产运动，作用和影响深远。原余杭县党委、政府组织带领余杭人民，发扬艰苦奋斗的实干精神，成功治理钱塘江水患，引江归流，围海造田，有效地遏制了洪涝潮汐对钱江北岸的侵袭，保障了余杭和杭州城区的安全，同时，缓解了本地区人多地少的矛盾，为后来设立的杭州经济技术开发区开拓了广阔的发展空间，创造了巨大的社会和经济效益。《下沙围垦实录》由钱江史实、指挥部里、我与围垦、各行各业、人物素描、下沙围垦海涂大事记组成，对这一重大历史事件存史录实，通过参与者“亲历、亲见、亲闻”的第一手资料和一些历史照片，对1971—1980年的围垦造地运动进行回顾，展示余杭人民不怕苦难的创业精神、崇尚科学的务实精神、合力拼搏的团结精神和相信群众、依靠群众的群众路线精神。

《余杭运河船民口述史》 2014年12月由杭州出版社出版发行，余杭区政协文史和教文卫体委员会编撰完成，全书约16万字。一方水土养育一方人，也涵养一方独特的人文历史。余杭区有一部分住民世代相沿卧水而居、以水为生。他们中又可分为渔民、船民两大部分，渔民以养鱼、捕鱼为业，船民以水运为生。及时收集整理这方面的历史资料，已经成为一项紧迫的工作，余杭区政协文史委经过一年多的努力，搜集编纂形成《余杭运河船民口述史》，37篇由当事人口述专人记录整理的史料文章，编辑成“水上渔家”“航运生涯”“运河船忆”三大板块呈现在读者面前。所有篇章来自原汁原味的生产和生活，源自当事人亲身感受，保留鲜活生动的乡土气息，符合政协文史资料要求，体现亲历亲见亲闻的“三亲”特性。

《余杭抗战纪实》 2015年12月由杭州出版社出版发行，全书19万余字。为纪念抗战胜利70周年，余杭区政协文史和教文卫体委员会于2014年成立《余杭抗战纪实》编撰委员会，经一年多时间的准备，通过媒体向社会征集文献史料、走访当事人、召开座谈会，广泛征求各方意见，完成内容丰富、资料翔实的抗战纪实著作。该书内容由余杭抗战图页、余杭抗战概况、余杭抗战大事记、抗战时期的杭县政务、抗战时期的余杭经济、余杭抗战史料钩沉和回忆录组成。全书分为三个部分，第一部分是概况、大事记、政务和经济，是综合介绍余杭抗战情况；第二部分是史料钩沉，记述民国时期《申报》《东南日报》《浙西日报》等报纸有关余杭战事的报道；第三部分是回忆录，基本上是当时亲历者的回忆，有几篇是采访记录。

2018年，《余杭老照片》出版

《余杭丝绸轻纺业口述史》 2017年12月由杭州市余杭区政协文史和教文卫体委员会完成编撰，2018年1月由杭州出版社出版发行，该书约25万字。余杭丝绸轻纺业起步于20世纪70年代，以知识青年上山下乡和“厂社挂钩”为契机，乡镇企业（当时称社队企业）蓬勃发展，许多企业选择从丝绸轻纺行业起步。80年代，以临平绸厂、余杭丝织厂为代表，余杭丝绸轻纺业逐步成为余杭经济的支柱产业之一，以高春花、卫有根为代表许多蚕桑、丝绸从业人士的倾情倾力，励精图治，为余杭丝绸轻纺业作出了重要贡献。余杭区政协文史和教文卫体委员会把目光注视到这个领域，以该行业亲身经历人口述史的形式重温余杭丝绸轻纺业的历史。该书由萌芽茁壮、业界劲旅、遍地英雄、各业助推、专家讲述、综述等内容组成。

《余杭老照片》 2018年11月由杭州出

版社出版发行，全书约22万字，图片350余张。余杭遗存老照片作为历史事件、社会变迁、生活状态的真实记录，是凝固的历史和文化的传承。杭州市余杭区政协文史委面向社会，征集了数百张余杭的老照片，择其精华共350多张，分为临平、余杭、塘栖、市镇、超山、古迹、桥梁、街道、商号、人物、地图、学校、岁月等内容，结集为《余杭老照片》，以影像的手段，反映余杭的历史变迁，为进一步挖掘和保护余杭历史文化资源提供素材。

《良渚遗址保护口述史》　2019年6月由杭州出版社出版发行，全书约27万字。2018年迎来“良渚古城遗址”申报世界遗产这一举世瞩目的大事。在这个特别的历史节点，区政协常委会研究决定编纂《良渚遗址保护口述史》一书。该书编纂工作始于2018年初，启动伊始区政协在《余杭晨报》刊载征稿启事，得到社会各界响应，许多热心人士致电编撰部门提供文章和线索，该书按照政协文史工作“亲历、亲见、亲闻”的“三亲”要求，以口述史的形式请方方面面的人士来讲一讲、写一写“我和良渚遗址保护”的亲身经历，让广大市民对良渚遗址保护有更生动直观的印象。该书收录参与良渚遗址发掘和保护的专家学者、杭州市良管委领导和社会各界相关人士的口述史料27篇，附录浙江省政协助推良渚遗址保护和申遗述要、余杭区政协助推良渚遗址保护和申遗述要、良渚遗址考古与保护大事记。该书在考古成果与研究方面，选择王明达、刘斌等5名专家的亲笔文章，介绍六件里程碑式的大事，提供翔实的良渚遗址发掘的第一手资料和亲历感悟。在保护和利用方面有杭州市良管委和当地镇街、村社负责人，有基层文博工作者和村民、记者的文章，体现了视角的丰富性；也有回忆施昕更、何天行两位良渚文化发现先驱者的文章，史料颇为珍贵。省政协文史委提供重要的稿件、图片和省政协关注良渚遗址申遗的档案资料，杭州良渚遗址管理委员会的领导们参与撰稿、审稿，为该书的最终成稿做出贡献。

三、新闻宣传工作

区政协八届至十二届委员会根据人民政协工作职能和特点，依据区政协常委会年度工作要点，在新闻宣传中做到有重点，有步骤开展宣传报道。加强与区内和上级新闻媒体联系合作，开展经常性地宣传，通过各种媒介及时宣传报道区政协的重要工作、重要会议、重要活动，确保政协工作和活动“报刊有文，电视有影，电台有声，网络有形”，不断扩大政协的社会影响。区政协新闻宣传的主要形式：一是加强政协全体会议的专题宣传，区政协在全体会议召开前成立专门的宣传报道组负责全会的宣传报道工作，在区内报纸、电视对上一年区政协的工作成效及委员履职情况进行报道宣传；在会议召开期间，区内主要媒体和上级相关媒体对政协全会进行全方位宣传报道，确保政协全会这件余杭人民政治生活中的大事传进千家万户。二是与媒体合作举办专栏专题，例如2008年7月与城乡导报社合作，开辟每周一期的《议政与建言》专栏，2009年6月与余杭电视台共同制作《品质之城——委员在行动系列专题节目》，2013年与杭州市政协、杭州电视台联合制作《我们圆桌会——政协视点》良渚遗址专题节目，2018年在《人民政协报》专版刊登《活力履职看余杭》，2021年开展“魅力光影　蝶变余杭”摄影师镜头下的“创新发展之城”摄影存史征集专题活动等，反映区政协在履行政治协商、民主监督和参政议政职能中的成效。三是创办《余杭政协》《余杭政协动态》、余杭政协网、余杭政协公众号、数字政协“i履职”等，全面细致宣传政协的各方面工作，及时传播政协工作好声音，宣传委员履职好故事，不断扩大政协的社会影响力。

政协全体会议宣传 政协全体会议是人民政协最重要、最集中的参政议政例会，主要就本年度的政协工作报告、区政府工作报告及其他报告进行协商讨论。全体政协委员在会议期间以大会发言、小组讨论、撰写提案和反映社情民意等多种形式，对全区经济社会发展的重大问题进行全面深入的协商讨论或建言献策。会议期间，区委、区政府领导及各有关部门负责人到会听取意见，共商改革、发展大计。区政协八届至十二届委员会高度重视政协全会的宣传工作。每年全会召开前专门召开主席会议和常委会会议，对政协全会进行精心筹划。在会议宣传方面专门成立全会宣传组，总体筹划全会宣传工作，加强政协全会期间新闻报道。具体的做法是在政协全会召开前与报纸、电视、电台等媒体合作，推出专版宣传政协常委会工作实效，开办专栏宣传政协发挥委员履行政治协商，民主监督和参政议政活动的作为和风采，为政协全会召开烘托良好氛围。会议期间，对政协全会的开幕式进行直播，组织机关、企事业单位、乡镇街道及村社区相关人员进行实时收看，与报纸、电视台推出专栏专刊，如2015年2月9日至12日政协全会期间，余杭电视台开辟《直通“两会”》专栏，对政协全会进行全方位报道，余杭广播台开设专栏对政协委员关注的民生和发展问题进行特约专访。《余杭晨报》开设专刊，对政协常委会报告、提案工作情况报告以及委员对报告讨论发言情况进行全面报道，还利用报、网融合的全新方式邀请委员与市民互动。区政协第八届、九届、十届、十一届和十二届新当选主席会后都接受报纸、电视采访，就如何做好新一届人民政协工作发表真知灼见，展示人民政协在党的领导下，与时俱进，扎实工作，以新的姿态、新的面貌、新的举措，迎接新的挑战，创造新业绩的境界。

2015年2月，《直通“两会”》专栏开辟

《余杭政协》 杭州市余杭区政协主办的机关刊物，创办于2005年，主要职责是宣传人民政协的基本职能、重大活动、创新工作、政协委员履职活动、政协文史和纪念活动等。2019年《余杭政协》杂志全面改版后，主要栏目有本期聚焦、协商建言、走进委员、文化广角、蝶变余杭和大记事等重要会议专题下设领导讲话、主席专访、协商建言和会议侧记等子栏目。本期聚焦主要记述政协一个阶段诸如重大专项调研、数字政协建设等重要工作；协商建言记述委员提案、履职创新等工作情况；走进委员介绍政协委员履职尽责，展示委员风采、发挥委员主体作用等；文化广角主要从政协的角度反映余杭人文历史、政协文化纪念活动等；蝶变余杭用光影记述余杭重大基础设施建设、杭州城市新中心建设的重大项目和创新余杭的故事等。《余杭政协》发行对象是本区范围机关、事业单位和人民团体、各民主党

派和政协委员，外埠包括杭州市辖县（市、区）、省内部分县（市、区）和长三角联谊会市（县、区）。

《余杭政协》杂志

《余杭政协动态》 2007 年 4 月 5 日创办《余杭政协动态》，是区政协组办的工作简报，每月不少于一期，分为“普刊”和“增刊”两种。设置工作要闻、工作简讯、委组活动、友好往来等栏目，及时、准确报道区政协的工作。

余杭政协网 余杭政协网创建于 2005 年，是余杭区政协重要的宣传阵地。其主要功能定位：一是宣传窗口，通过政协网站对外宣传政协工作，扩大政协履职的社会影响，为社会公众了解政协工作提供服务；二是服务平台，区政协依托政协网站，为委员和政协参加单位知情、交流、履职提供服务；三是沟通桥梁，利用网络互动交流特点，架设委员联系社会各界的桥梁，为市民解疑释惑，提供咨询服务。网站创办时设置政协动态、政协提案、社情民意、专题调研、文史资料、政协书画、委员风采、委员博客、视频点播、公告栏等 10 余个栏目。后几经改版，2018 年以来，余杭政协网站共设 27 个栏目、32 个分页面。主要栏目有“政协简介”“委员名录”“规章制度”“领导讲话”“党派团体”“两会专题”“建言献策”“重要会议”“界别活动”“委组信息”“委员风采”“媒体报道”“政协动态和大事记”“网上议事厅”“文史春秋”“他山之石”“学习园地”等。

余杭政协公众号 2012 年 7 月创建上线，政协微信公众号是区政协重要的宣传阵地，首页设政协概况、机构设置、公告栏、要闻、社情民意、提案工作、委员风采、我要议事、委员会客厅、政协期刊等栏目。政协公众号为委员和社会各界提供学习交流政协履职工作的平台，是政协及时传播履职建言和受众获取政协信息的重要途径，也是政协强化与社会各界联系沟通的桥梁。

余杭数字政协系统 数字政协系统是余杭政协高效的履职平台，也是重要的宣传阵地。该系统于 2021 年 5 月启动建设，2021 年 10 月中旬上线运行。余杭区数字政协系统由电脑端“余杭数字政协驾驶舱”和手机端“i 履职”构成。数字驾驶舱的政协核心业务为协商在线、提案在线、社情民意在线、同心在线、委员履职在线、学习在线和走访委员、委员风采等，呈现政协活动实时数据。通过电脑端驾驶舱，政协机关和政协组织实时掌握委员履职动态和情况，实现条线管理、智能展现，以数字化理念推进政协各项业务的高效运作和一体化运营。进入手机端，“i 履职”手机端功能模块，构建起“履职大厅＋应用广场＋学习平台”的基层政协委员履职模式。

2022 年，持续推动数字政协系统建设，“i 履职”不断迭代升级，先后发布上线 2.0 和 3.0 版本，作为综合性数字化政协履职平台理顺了“政协分管领导——专委会——界别活动组、镇街联络工委——委员工作室、委员”纵向组织架构，串联起“请你来协商”、提案项目化、调研视察、民主监督、社情民意等横向业务，政协各层级的组织化程度更高、业务流程更顺畅。数字政协有效激发委员履职热情，显著提升履职效率，取得了优异的履职效果，如叶振华委员承接的“数字社服，推动服务能力体系建设”试点项目获民进中央授予的信息化建设优秀案例；刘松委员在数字化管理助力订单农业生产方面的工作被央视报道，并在全省政协读书会上汇报经验做法。还有许多委员以其实际行动诠释了为国履职、为民尽责的情怀与担当，树立了政协委员的良好形象，有力助推中心工作，推动“指尖上的协商民主”。相关经验做法得到省政协主席批示肯定，在全省数字政协建设推进会上作典型发言，《人民日报》、新华社、人民网、《联谊报》等中央、省级媒体报道余杭数字政协系统取得的成效。数字政协“i 履职”已被杭州西湖区、滨江区、钱塘区，舟山普陀区，山东日照市岚山区等区县政协应用。同时为对口支援的四川稻城县、苍溪县政协免费开发并上线符合县域特点的数字政协系统。余杭政协为数字政协区县样本做出了应有的贡献。

开辟议政专栏 2008 年 7 月，区政协与《城乡导报》合作开辟每周一期的《议政与建言》专栏，委员们就余杭区经济社会发展和群众关注的热点、难点问题踊跃建言。年内刊登委员建言文章 24 篇，涉及城管交通、教育、医疗等各个方面。

2008 年 8 月 11 日，区政协委员对话新农村建设

委员对话新农村 2008 年 8 月 11 日，区政协召开拍摄《委员对话新农村》委员访谈节目工作会议。8 月 15 日，区政协提案委会同区广电台“新农村”栏目组开始了一个多月的“政协委员谈新农村建设”专题节目拍摄活动。该栏目根据中共余杭区委十二届六次全体（扩大）会议确定的“环境立区”的战略部署，更好发挥政协委员在推进余杭区新农村建设、打造“品质之城、美丽之洲”过程中的作用，邀请部分区政协委员探讨加强新农村建设的措施和建议，营造全社会关心、支持、参与新农村建设的舆论氛围。9 月下旬，完成 16 期的《委员对话新农村》节目拍摄制作，32 名政协委员走上荧屏就加强余杭区新农村建设提出自己的观点和建议。该节目于 10 月开始在余杭电视台陆续播出。

品质之城——政协委员在行动系列专题节目 2009 年 6 月，围绕品质之城建设中的难点热点问题，区政协在区广播电视台的支持和配合下，制作“品质之城——政协委员在行动”专题访谈节目，由政协委员和相关职能部门负责人就城市化推进、临平山保护、水环境保护、规范地名路名、清洁余杭长效机制建设等方面问题，面对面共同探讨。该专题共录制节目 8 期，于 9 月陆续播出，参与委员近 50 人，通过该节目拍摄也探索了委员参政议政的新形式。

2009 年 10 月 16 日至 23 日，“政协提案落实情况拾萃”系列新闻片在余杭电视台连续播出。该片集中反映相关部门的提案办理工作，展示提案落实后取得的实际成果。

2009 年 11 月，区政协在《城乡导报》开辟提案承办回头看专栏，在余杭电视台设置《政办提案落实情况拾萃》专题，重点围绕提案办理取得的实效开展宣传报道，如关于实行项目代建制、加快卫生体制改革等提案的采纳和落实，使全区人民更加深入了解区委、区政府的中心工作，扩大了政协工作的社会影响力。

“展望与思考——政协委员心中的美丽之洲”专题访谈　2010 年 12 月为贯彻实施“六大发展战略”，结合“十二五”规划，区政协与区广播电视台合作录制“展望与思考——政协委员心中的美丽之洲”专题访谈节目。20 名政协委员走上荧屏，在深入基层调研、认真分析思考的基础上，就打造“美丽之洲”的自然生态城市形态、人文素质内涵等，分清明的政治、平安的社会、体面的劳动等 10 个话题展开讨论展望美好发展蓝图，为政府部门决策提出真知灼见。

良渚遗址申遗主题宣传　2013 年，区政协发挥政协文史资源丰富的优势，联合良渚遗址管委会举办“走近美丽之洲、感知文明曙光、助推良渚申遗”主题宣传活动，组织开展“夯实良渚遗址申遗大众基础”专题调研，力促申遗工作取得新进展。协助市政协开展全国、省、市三级政协委员视察良渚遗址活动，9 月与市政协联合制作《我们圆桌会——政协视点》良渚遗址专题节目，该节目于 9 月 29 日在杭州电视台播出。

建立“网上议事厅”　2013 年，区政协加强政协网站建设，对网站栏目进行改版，打造“网上议事厅”。以政协委员为主体，发布履职信息，定期抛出话题，与网民进行互动，加强网络舆情收集，引导网民关注热点难点问题，提出意见建议。首批 4 名进入“网上议事厅”的政协委员，推出交通治堵、农村文化礼堂建设、公共自行车管理等议题，此后 15 批政协委员又推出劳动就业、农民多高层公寓建设、建立医养结合医院等 40 余个议题，形成政协信息《网络议事》3 期，受到网民的广泛关注，为政府相关部门推进工作集聚民意和智慧。

第三节　自身建设

加强政协自身建设是践行新时代人民政协承担的历史使命的客观需要，也是推动政协事业高质量发展的重要保障。余杭区政协自八届一次会议至十二届二次会议期间，按照《中国人民政治协商会议章程》和中共中央、省市委和余杭区委关于加强人民政协工作的意见，把加强自身建设摆在政协工作的重要位置，充分发挥党组团结各界、汇聚力量的领导核心作用，坚持以抓好政协党建为引领，切实加强政协党组、政协机关党组和政协机关支部建设，抓好不同主题的教育活动，切实强化机关党员干部队伍建设，充分发挥委员的主体作用。重视委员培训和制度建设，使政协组织的创造力、凝聚力、战斗力不断提升，为政协事业更好发展奠定坚实的基础。

一、自觉接受区委领导

区政协在自身建设上，首先自觉接受区委领导，认真贯彻落实区委关于政协工作的指示。

区政协八届至十二届委员会期间，中共余杭区委每届召开一次全区政协工作会议，先后于2004年7月28日、2009年10月10日、2014年9月12日、2019年9月26日召开4次会议，总结区政协工作的实践经验，区委相继制定印发一系列重要文件，2004年7月26日印发《关于进一步推进人民政协职能制度化、规范化、程序化建设的若干意见》，2005年11月24日印发《关于进一步加强中国共产党领导的多党合作和政治协商制度建设实施意见》，2006年12月28日印发《关于贯彻落实中共中央关于加强人民政协工作的意见的实施意见》，2009年11月23日印发《关于进一步加强和改进人民政协政治协商的意见》，2014年9月12日印发《关于进一步加强和改进人民政协民主监督的意见》《关于新时代加强和改进人民政协工作的实施意见》，2019年9月26日印发《区委关于加强和改进人民政协民主监督工作的实施意见》等。区政协第八届至第十二届委员会期间，历任区委书记每年都主持召开区委常委会听取区政协党组工作汇报，区委办公室不定期向各级党组织转发政协相关文件，区委对文件落实情况进行检查通报。历届中共余杭区委常委会注重把区政协工作作为党委全局工作的重要组成部分，每年安排会议研究并帮助解决政协工作中的具体问题。2003年3月8日，区委召开各界人士民主协商会议，与政协委员和各民主党派、工商联、各群众团体负责人、无党派人士，就区第十二届人民代表大会常务委员会主任、副主任、常务委员；区人民政府区长、副区长；区人民法院院长，区人民检察院检察长以及区八届政协主席、副主席、秘书长、常务委员候选人建议名单进行民主协商。区委书记何关新主持会议。是年12月30日，区委召开政协委员、民主党派和无党派人士协商会。区委书记何关新就区委工作报告征求与会者的意见，并通报余杭区经济社会发展情况、存在的问题和2004年工作思路。2010年7月7日，区委就十二届十次全体（扩大）会议关于《深入实施“民主民生”战略，共建共享美好幸福生活》的报告，广泛征求政协班子领导和委员、各民主党派人士的意见和建议。是年12月21日，区委、区政府召开政治协商会议，广泛征求政协和各民主党派对区委十二届十一次全体（扩大）会议主题报告和《区委关于制定余杭区国民经济和社会发

2019年7月3日，余杭区政协举办“请你来协商活动”，协商城乡生活垃圾分类处理工作

展第十二个五年规划的建议（征求意见稿）》的意见建议。2011 年 5 月 27 日，区政协协商讨论余杭区部分镇乡行政区划调整方案。市委常委、区委书记朱金坤，区委常委、常务副区长沈昱应邀参加会议。市委常委、区委书记朱金坤就开展撤镇乡建街道工作的酝酿背景、重大意义、必要性、可行性等方面作了重要阐述。是年 9 月 27 日，区政协专题协商“城乡区域统筹发展”问题。会议听取区政府关于全区统筹城乡区域发展工作情况汇报，听取各民主党派、专委会发言。市委常委、区委书记朱金坤等区领导参加会议。朱金坤指出，区政协对统筹城乡区域发展进行一系列的调研，真正体现了“参政参到点子上，议政议到要害处”，具有很好的参考价值。2012 年 7 月 3 日，区政协十届第二次常委会会议围绕“发展实体经济，打造产业余杭”开展专题协商。市委常委、区委书记徐立毅到会听取意见并作重要讲话。2017 年，区委常委会两次专题听取政协工作情况汇报，市委常委、区委书记毛溪浩参加区政协十一届常委会第一次会议，听情况、提要求，并多次交办重要工作任务，就政协建言材料作出批示 19 次。2018 年，区委、区政府领导多次出席政协重要会议和活动，区委重视和加强对政协工作的全面领导，专题研究政协党建工作，同意建立政协机关党组，支持政协履行职能、发挥作用。对政协协商议政成果和委员们提出的建议批示 22 次，在区委区政府出台的相关文件中充分采纳和体现，推动政协协商民主的实践和发展。

2019 年 7 月 3 日，区政协与区政府主要领导在政协“请你来协商”平台，面对面协商讨论拆迁农居安置房建设工作。区委副书记、区长陈如根与 9 名政协委员开展协商交流。是年 8 月 30 日，区政协召开“请你来协商”城乡生活垃圾分类处理工作协商会，区政协委员、居民群众代表与市委常委、区委书记张振丰等区委区政府领导面对面交流，为更好地推进余杭区垃圾分类工作共同出谋划策。2020 年 7 月 31 日，区政协以“请你来协商”为平台，专题协商《加快推进我区养老服务高质量发展的问题》，市委常委、区委书记张振丰参加会议，听取委员、市民代表发言。2021 年 11 月 11 日，区政协以“请你来协商”为平台，专题协商加快推进西部富美行动的相关问题。区委副书记、区长金承涛、区政协领导参加协商会。2022 年 9 月 21 日，区政协围绕“建设杭州城市新中心”主题开展“请你来协商”活动。市委常委、区委书记刘颖参加会议，听取发言。2022 年 10 月 14 日，区政协举行“请你来协商”活动，围绕“打造金字招牌、复兴千年古城”主题，与政协委员面对面，听取意见、查找问题、共商共促。区委副书记、区长王犇出席并讲话。

中共余杭区委坚持把政治协商纳入党政决策程序，对各级党政负责人参与政协重大活动和重要会议提出明确要求，经常向政协通报情况，支持政协组织的专题调研和各种视察活动，以民主平等、真诚的态度倾听政协意见，自觉接受政协的民主监督，认真对待政协的建议案、提案、调研报告，抓好落实，做好办理情况的反馈工作，区党政领导分工联系并参与督办政协重点提案办理，支持政协按照团结民主两大主题更好地履行职能。区委加强对政协的政治、思想和组织领导，为政协履行职能、发挥作用提供坚强保证、创造有利条件、营造良好氛围。

二、中共区政协党建工作

人民政协工作是党的全局工作的重要方面，只有坚持和强化党的领导，才能保证人民政协正确的政治方向。区政协第八届至第十二届委员会期间，充分发挥政协党组织在政协工作中的政治领导力、思想引领力、委员组织力、界别凝聚力作用，从政协实际出发，切实提高党的建设质量，以抓好各次主题教育活动为契机，落实中共中央和省市区委决策部署，贯彻全过程人民民主，团结多方人士，凝聚各方力量，加强和改进新时代政协工作，为建设杭州城市新中心、争当“两个先行”排头兵贡献政协力量。

区政协八届至十二届委员会期间，区政协党组坚持党建统揽、党组统领，强化政治建设、思想建设、组织建设、作风建设、廉政建设，有效发挥政协党组在政协工作中把方向、管全局、保落实的重要作用。在区政协党组和区直机关党工委双重领导下，区政协机关党总支结合政协工作特色和党员思想工作实际，切实做好机关党建工作，发挥机关党支部堡垒作用，强化机关支部的凝聚力、战斗力，增强服务党委中心工作、服务政协履职的能力。

政治建设 讲政治是人民政协的优良传统和优势，坚持中国共产党的领导，是人民政协方向正确、前程光明和生机蓬勃的根本保证。区政协党组始终注重加强政治建设，坚持用科学理论武装头脑，坚定正确的政治方向。区政协八届一次会议至十二届二次会议期间，区政协党组坚持优良传统，严明政治纪律，强化政治定力，自觉在中共余杭区委领导下开展政协工作，引领政协常委会认真贯彻落实区委决策部署，围绕改革发展稳定大局，做到党政工作推进到哪里，政协力量就跟进到哪里，为余杭的经济社会发展做出有效贡献。区政协党组坚持定期向区委汇报工作，重要工作、重大活动事先向区委提出请示报告。坚持每届政协换届、每年政协全会、每次重要活动都事先由中共余杭区政协党组向中共余杭区委请示报告，贯彻区委意图，在区委领导下开展各项活动。

区政协八届党组在中共余杭区委的领导下，全面贯彻“三个代表”重要思想，以科学发展观为统领，努力创建社会主义和谐社会，推进人民政协工作的制度化、规范化、程序化建设，深入贯彻中共十六大精神，围绕“融入大都市、建设新余杭”和区第十一次党代会确定的目标任务，合力推进“三大跨越”。区第八届政协党组围绕区委中心工作，履行政治协商、民主监督、参政议政三项职能，就事关全区改革、发展、稳定大局的重要问题开展协商活动。推进人民政协工作的制度化、规范化、程序化建设，推动各级地方党委把人民政协工作摆到更加重要的位置，为人民政协在新世纪、新阶段更好地发挥作用指明方向。

2013年8月6日，余杭区政协十届八次常委会会议暨2013年常委读书会召开

区政协九届党组坚持以邓小平理论、“三个代表”重要思想为指导，深入学习实践科学发展观，全面贯彻落实中共十七大和十七届三中、四中全会精神，围绕区第十二次党代会提出的“坚持发展主旋律、推进五质大提升，构建和谐创业、和谐发展、和谐生活的现代化都市新区”的战略目标，把握团结和民主两大主题，

勤勉履职，开拓创新，用科学发展观检验、审视政协工作，破除政协工作中不适应、不符合科学发展观要求的思想观念，增强坚持中国共产党领导的多党合作和政治协商制度的自觉性和坚定性，增强把握政策和服务大局的能力。区政协党组深入学习贯彻区委第十二届历次全会精神，及时传达学习区委重要会议、重大活动精神，深刻领会区委、区政府重大战略和部署，及时把握余杭正处在加快发展的黄金期、弯道超越的机遇期、跨越发展的关键期这一历史机遇，围绕构筑现代产业体系、推进经济转型升级的主题，在党委总揽全局、协调各方的格局中找准政协工作的位置和角度，依照章程认真负责、协调一致地开展工作，切实把区委的决策部署贯彻到履行职能的各个方面。五年间常委会会议、主席会议就“十二五”规划、行政区划调整、统筹城乡区域发展、政府机构改革等余杭经济社会发展的重大事项开展专题协商20余次，协同民主党派认真开展历次区委全会报告（草案）专题协商，提出意见建议，为全局工作提供广泛支持。

区政协十届党组在中共余杭区委的领导下，深入学习贯彻中共十八大和习近平总书记系列重要讲话精神，坚定中国特色社会主义道路自信、理论自信、制度自信，坚定实现中国梦余杭篇章的信心和决心，深刻领会区委、区政府重大决策部署，紧扣党政中心工作，汇聚各方力量，扎实履行政治协商、民主监督、参政议政职能，为全区经济社会持续健康发展做出应有贡献。区政协常委会按照区第十三次党代会总体部署，围绕“经济转型升级、城乡统筹发展、社会管理创新”三大重任，以创新、协调、绿色、开放、共享的新发展理念为指导，把服务发展作为第一要务，围绕余杭改革发展和经济转型升级等重大问题协商议政。如2015年围绕“十三五”规划这一行动纲领与路线图，在委员中广泛开展“我为‘十三五’规划献一策”活动，并组织开展系列调研，围绕“发展实体经济、打造产业余杭”主题开展调研协商，全年召开各类座谈会30多个，征集建议140多条，形成提升改造镇街工业园区、优化发展软环境、传统产业转型升级等7个调研报告，为促进实体经济发展建言献策。

区政协十一届党组始终把坚持和发展中国特色社会主义作为巩固政治建设基础的主轴，把讲政治、顾大局放在首位，坚决同以习近平同志为核心的党中央保持高度一致，切实增强政治意识、大局意识、核心意识、看齐意识，坚定“四个自信”、做到“两个维护”，增进政治认同、思想认同、理论认同、情感认同，夯实团结奋斗的共同思想政治基础，确保人民政协工作始终坚持正确方向。坚持“两学一做”学习教育常态化。深刻认识政治协商制度的历史必然性、伟大独创性和巨大优越性，引导参加区政协的各党派团体和政协委员不断增强政治敏锐性，提高政治站位，增进政治认同。区政

2021年3月29日，余杭区政协十一届第52次党组会议召开

协党组坚持在区委统一领导下开展工作，充分发挥把方向、管大局、促落实的重要作用。2019年，召开政协党组会议15次、主席会议10次，重大事项及时向区委请示汇报，自觉主动地把政协工作放到大局中谋划、融入全局中作为，切实把中共中央和省市区委部署要求落实到政协工作各个方面，确保政协工作与区委中心工作同向同行、同频共振。是年区委常委会两次专题听取政协工作情况汇报。区委、区政府领导多次出席政协重要会议和活动，对协商议政成果和委员们提出的意见作出批示，在决策中充分吸纳政协建议，有力推动政协协商民主的实践发展。区政协围绕区委重大决策和工作部署履行职能，做到区委工作部署到哪里、政协履职就跟进到哪里、正能量就汇聚到哪里。严格执行重大事项请示报告制度，2020年召开政协党组会议17次、机关党组会议9次，切实把党的领导贯彻到政协工作全过程、各方面。

区政协十二届党组在区划调整的新起点上，深刻领会政治建设是党的工作的生命线，也是人民政协工作的生命线，把忠诚拥护“两个确立”、做到“两个维护”作为人民政协广泛凝聚共识的首要政治任务，坚定拥戴核心、紧跟核心、捍卫核心的政治自觉、思想自觉和行动自觉。在中共余杭区委的坚强领导下，深入学习贯彻中共二十大精神，习近平总书记关于加强和改进新时代人民政协工作的重要思想，落实中共中央和省市区委决策部署，区政协常委会坚持把习近平新时代中国特色社会主义思想作为统揽工作的总纲，深入开展党史学习教育，及时学习传达习近平总书记在庆祝中国共产党成立100周年大会上的重要讲话精神。区政协十二届一次会议以来，充分发挥专门协商机构作用，坚持发扬民主和增进团结相互贯通、建言资政和凝聚共识双向发力，开展区政协党组、机关党组理论学习中心组学习13次，树牢“四个意识”、坚定“四个自信”、做到“两个确立”的忠诚拥护者、“两个维护”的示范引领者，着力以“红领履职”打造政协党建定向引航生命线，引导委员始终把好履职“方向盘”，开创政协工作新局面。

思想建设 政治理论学习是思想建设的根基，是政协组织的重要任务。区政协第八届至第十二届委员会党组十分重视政治理论学习，以政协党组理论学习中心组为引领的学习体系，坚持把加强理论学习作为思想建设的重要措施来抓。政协党组和主席会议的一项重要任务就是学习党的理论、路线、方针和政策，学习统一战线和人民政协理论、政策、规定。

区政协八届党组坚持把政治理论学习放在首位，通过举办理论学习中心组学习、委员培训班、常委读书会、专题报告会、知识讲座、情况通报会以及编发学习参考资料等方式，组织机关党员干部深入学习贯彻中共十六大精神，加深对建设和谐社会、社会主义荣辱观等重要思想的理解，深入学习政协章程、中共中央两个五号文件和统战理论知识，不断把理论学习引向深入。2003年作出《关于兴起学习贯彻“三个代表”重要思想新高潮的决议》，举办学习中共十六大精神、做好新时期政协工作主席读书会，开展打造学习型政协新形象活动。坚持把学习、实践“三个代表”重要思想贯彻政协工作始终。通过召开全委会、常委会会议、主席会议、专题座谈会和委员培训等形式，组织政协各组成单位和委员深入学习邓小平理论、“三个代表”重要思想，学习中共十六大和十六届四中、五中全会精神。开展保持党员先进性教育活动、“从严治党保先进，同心同德促发展”主题教育活动，通过集中学习、电化教育、辅导报告、自学等多种形式深化理论学习。2004年9月23日，区政协八届第18次主席会议。会议学习《中国共产党第十六届中央委员会第四次全体会议公报》精神，要求进一步提高对共产党先进性的认识，提高接受共产党领导的坚定性；切实提高学习质量；把学习教育和政协工作有机结合；提高政协尤其是政协机关的工作作风和水平，工作更为规范、服务更趋优化。

区政协九届党组以邓小平理论和“三个代表”重要思想为指导，深入学习贯彻中共十七大和十七届历次全会精神，围绕区第十二次党代会提出的“坚持发展主旋律、推进五质大提升，构建和谐创业、和谐发展、和谐生活的现代化都市新区”的战略目标，把握团结和民主两大主题，履行政治协商、民主监督、参政议政职能，各项工作取得了新的进展，为余杭经济社会全面、协调、可持续发展，为建设生活品质新余杭作出了贡献。2009 年，在学习实践科学发展观教育活动中，高度重视理论政策学习，学习中共十七大和十七届三中、四中全会精神，学习科学发展观理论，学习统一战线和人民政协理论，学习胡锦涛总书记在庆祝人民政协成立 60 周年大会上的重要讲话，举办专题讲座，开展学习讨论，把握精神内涵。通过学习加深对党的理论政策的理解，深化对人民政协性质、地位、作用和任务的认识。对照科学发展的要求，剖析自身存在的问题，用科学发展观检验、审视政协工作，努力破除政协工作中不适应、不符合科学发展观要求的思想观念，增强坚持中国共产党领导的多党合作和政治协商制度的自觉性和坚定性，增强把握政策和服务大局的能力。

2012 年 8 月 21—22 日，杭州市余杭区政协十届三次常委会会议暨 2012 年常委读书会举行

区政协十届党组始终把理论学习贯穿于政协工作的全过程，坚持把加强学习作为坚定政治方向、严肃政治纪律、增强政治定力的重要前提。通过举办常委读书会、主席集体学习会、委员培训会、政情通报会，组织委员参加全区性重要会议、全区周末课堂，编印《委员手册》，深入学习贯彻中共十八大和十八届历次全会精神、习近平总书记系列重要讲话精神，深入学习贯彻省委政协工作会议和市委、区委全会等重要会议精神，深刻领会区委、区政府重大决策部署，坚定中国特色社会主义道路自信、理论自信、制度自信，切实提高围绕中心、服务大局的自觉性。扎实开展党的群众路线教育实践活动、“三严三实”专题教育、“两学一做”学习教育，严明政治纪律、政治规矩，强化担当意识、责任意识。贯彻执行中央八项规定和省市区有关要求，改进文风会风，厉行勤俭节约，切实转变工作作风。

区政协十一届党组把坚持深入学习习近平新时代中国特色社会主义思想作为巩固思想基础的主轴，坚决同以习近平同志为核心的党中央保持高度一致，切实增强政治意识、大局意识、核心意识、看齐意识，牢固树立道路自信、理论自信、制度自信、文化自信，确保人民政协工作始终坚持正确方向。把学习好、宣传好、贯彻好中共十九大精神作为重大政治任

2016年9月21日，“两学一做”学习教育研讨会召开

务，组织举办辅导讲座、研讨交流、主题党课等活动，坚持“两学一做”学习教育常态化。把学懂弄通做实习近平新时代中国特色社会主义思想作为统揽之“纲”，把握政协工作正确方向。组织开展中心组学习、委员轮训、专题讲座、座谈交流，深入学习研讨习近平总书记关于加强和改进人民政协工作的重要思想，深刻理解其精神实质、核心要义，准确把握新时代人民政协的职责使命，明确政协工作的思路举措。及时学习传达习近平总书记在民营企业座谈会上的重要讲话精神，学习宪法修正案、政协章程修正案、中共中央办公厅《关于加强新时代人民政协党的建设工作的若干意见》，学习全国政协、省政协党建工作会议、杭州市委政协工作会议精神和区委重要决策部署，引导政协各参加单位和政协委员，增进政治、思想、理论、情感认同，切实把思想和行动统一到建设“五大余杭”、争当排头兵的战略部署上。及时传达中共十九届四中全会、中央政协工作会议和汪洋主席来杭调研时重要讲话精神，贯彻省委、市委政协工作会议要求，完善学习贯彻习近平新时代中国特色社会主义思想的制度。区政协党组充分发挥把方向重要作用，扎实推进“不忘初心、牢记使命”主题教育，为群众办一批好事实事，把初心和使命转化为推进新时代政协工作的行动指南，持之以恒改进机关工作作风，压实责任担当，提振精神风貌，增强人民政协履职为民的行动能力。

区政协十二届党组坚持把习近平新时代中国特色社会主义思想作为统揽工作的总纲，健全以政协党组理论学习中心组为引领的学习体系，深入开展党史学习教育，及时学习传达习近平总书记在庆祝中国共产党成立100周年大会上的重要讲话精神，学习贯彻中共十九届六中全会和中共二十大精神。区政协十二届一次会议以来，开展区政协党组、机关党组理论学习中心组学习26次，深入学习贯彻党的二十大精神，落实习近平新时代中国特色社会主义思想学习座谈会制度，在全面学习、全面把握、全面落实上下功夫，举办专委会党支部委员专题学习会6场，开展专题宣讲等活动。探索理论学习新形式，在数字政协“i履职”开设党建精神学习专栏，推送20余个系列的学习内容；常态化开展“书香政协·我们读书”系列活动，掀起读书热潮，政协机关干部积极参加“共话二十大”专题读书荐书活动。发挥区政协党组把方向、管大局、保落实的领导作用，完善机关党组织学习制度，抓实专委会党支部“五同”机制，机关党组“五个全程纪实法·青春修炼正当时”获评杭州市政协系统首批党建工作精品案例。

作风建设 区政协党组把作风建设摆在重要位置，以区政协党组作风建设的率先作用，把各次主题学习教育活动所激发出的工作热情引导好。引领常委会始终高度关注改革发展稳定中的重点工作，对事关经济社会发展的重大问题敢于建言，对党委政府交办的重要任务勇于担当，在难题破解、项目推进、招商引资等工作中充分展示政协的务实作风和实干精神。2004 年，在区政协机关中开展效能建设，制定《区政协机关效能建设实施意见》，实行首问负责制。委员、群众上门办事和联系工作被首问者，只要是机关工作人员就是责任人，只要对方求问，不管是否与己有关，都要负责解释、联系、引路。实行 AB 岗工作制。办公室是机关对外服务的主要窗口，每个岗位要有 2 名经办人员相互替补。2005 年，区政协八届机关党组贯彻落实区委《关于认真做好第一批先进性教育活动巩固和扩大整改成果工作并进行“回头看”的通知》精神，总结党员先进性教育活动中加强党的组织建设、加强机关作风建设、服务人民群众等方面的好经验好做法，解决好政协工作中存在的突出问题，实践“三个代表”重要思想，解决好群众最为关注的一些问题，履行政协职能，积极献计献策。组织开展“三农”问题系列调研活动、对全区科技工作的民主监督活动和“四小车”管理工作、城市管理综合执法工作调研活动，并形成《关于解决“三农”若干问题的建议案》《关于对我区科技工作开展民主监督情况的报告建议案》和五个“三农”问题系列调研报告。2006 年 3 月 26 日，制定《区政协机关关于 2006 年度开展争创满意单位活动的意见》，深入基层调查研究，增强服务意识，加强与政协委员和广大人民群众的联系，组织开展学习研究活动，召开座谈会、讨论会等，为委员提供参政议政机会；深入基层了解民意，关注民生，善于听取政协委员和人民群众的意见建议；开展企业招工、社保、教育、医疗咨询服务等活动，切实为基层和人民群众解决实际困难和问题。

2007 年 3 月 22 日，区政协党组印发《关于区政协机关开展“作风建设年”活动的实施意见》，政协机关开展以贴近实际，贴近基层，贴近委员，创学习型、服务型、创新型、和谐型机关为主题的作风建设年活动。2008 年是余杭区工业企业面临前所未有的困难和考验的一年，区政协充分发挥联系广泛、智力密集的优势，高度重视并主动帮助企业解困。一方面，区政协领导深入企业走访调研，积极参与全区“百名领导、千名干部、万名党员进企业送服务”活动，鼓励企业家振奋精神、坚定信心、克服不利因素，坚持创新创业。另一方面，区政协先后组织召开了 5 次企业界委员、重点企业经营者座谈会，分别请金融、海关、劳保等部门负责人与企业家面对面沟通，深入了解和帮助解决企业实际困难，在此基础上，形成《我区成长型中小企业发展问题研究对策》的报告，就应对全球金融危机、培育扶持成长型中小企业等方面，提出意见建议，区委、区政府就此出台了相关扶持政策。2009 年，深入开展“三力提升”活动，把提升学习力作为干好政协工作的一种基础，把提升创新力作为一种追求，把提升执行力作为一种纪律，增强机关干部职工的事业心、责任感和使命感。在区委的重视和支持下，政协机关增设“委员学习和工作联络委员会”，专委会机构设置更加完善。切实加大对政协干部的教育、培养和交流力度，确保政协队伍充满生机和活力。加强机关内部管理制度建设，加快信息化建设，切实提高机关服务质量和水平，创建“学习型、服务型、创新型、效能型、和谐型”机关。2010 年，区政协开展深入开展“创先争优”“三力提升”活动，提出“树新风、展新貌、开新局”，“高标准、争先进、创一流”的新要求，进一步加强机关思想作风建设，增强机关干部的事业心、责任感和使命感。同时，完善机关内部管理制度，加快信息化建设，切实提高机关工作效能。加大机关干部的培养、选拔、使用力度，进一步改善机关干部队伍结构，激发机关干部的工作积极性和主动性。2011年3月31日，根据区委关于深入推进“美丽洲先锋”创先争优活动的部署要求和区直党工委文件精神，区政协机关党总支印发《区政协机关党组织开展“创廉洁高效先锋”活动实施意见》，为深入推进“美丽洲先锋”创先争优活动，在区政协机关开展“创廉洁高效先锋”活动，进一步加强区政协机关党组织建设、党员干部队伍建设和“学习型、服务型、创新型、效能型、和谐型”的五型机关建设。

2013年加强机关建设，提升履职保障。执行中央八项规定和省、市、区委加强作风建设的要求，健全统筹协调机制，改进调查研究方法，制定视察工作办法，控制会议活动，厉行勤俭节约，转变政协机关学风、会风、文风、作风，增强人民政协为人民的自觉性，推动政协工作创新发展。组织开展关于推进人民政协协商民主、提案办理、政协界别工作等理论研究。2014年，区政协机关在开展党的群众路线教育实践活动中，围绕“为民、务实、清廉”主题，坚持开门纳言，广泛征求意见，深入查摆问题，制定整改措施，着力解决“四风”方面存在的突出问题，走访基层委员和群众200余人，完成改进调查研究、加强制度建设、加强提案工作等8个方面整改任务，建立健全社情民意联系点、界别群众“三联系”、统一选派民主监督员等8项制度，完善政协群众工作机制。认真贯彻执行中央八项规定和省市区有关要求，严控会议活动、精简文件简报、改进文风会风、厉行勤俭节约，切实转变政协机关作风和提升工作效能。区政协领导分赴群众路线教育联系点指导工作，赴径山镇、良渚街道、崇贤街道等地开展“基层走亲、连心解忧”活动。是年，关注支持参与省、市重点工程、重大项目的实施。在九峰环境能源项目推进中，通过各种形式做好宣传引导、释疑解惑、协调关系、化解矛盾的工作。在区委统一部署下，区政协领导班子成员带领工作组人员走访群众5000余户次，召开村干部、村民小组长和村民代表座谈会100余次，广泛听取和及时反映群众意见建议，帮助协调解决难点问题，积累了网络时代群众工作的新鲜经验，促进了社会和谐稳定，助推项目各项前期工作有序开展。2019年，区政协两级党组围绕理论学习有收获、思想政治受洗礼、干事创业敢担当、为民服务解难题、清正廉洁作表率的目标，组织集中学习研讨12次，走访服务基层260人次，领办破难课题39个，为群众办了一批好事实事，把初心和使命转化为人民政协履职为民的实际行动。至2022年，区政协持续创新工作方式方法以推动新时代作风建设，坚持从严教育、从严要求、从严管理、从严监督，持之以恒改进机关工作作风，压实责任担当，提振精神风貌，增强人民政协的生机活力。

廉政建设 党风廉政建设责任制是一项具有全局性的党风廉政建设制度，是从制度上保证各级领导班子、领导干部对党风廉政建设和反腐败工作切实负起领导责任而采取的一项重大举措。区政协党组始终注重机关党风廉政建设，自觉接受各级纪检监察、纪检组和党内外各方的监督，发现问题及时纠正、整改，切实落实党风廉政建设责任制。

区政协八届党组严格执行党纪党规，高度重视廉政建设，2004年，组织区政协机关党员干部学习贯彻《中国共产党党内监督条例（试行)》《中国共产党纪律处分条例》，对全体机关党员干部进行《中国共产党纪律处分条例》和廉洁从政知识测试。开展“立党为公，执政为民”为主题的从政道德教育系列活动。2005年，制定《区政协机关2005年反腐倡廉组织领导与责任分工》的党风廉政责任制，每半年对党风廉政建设情况作一次分析，坚持行政及党总支一把手党风廉政建设责任制情况的报告制度，对党员、干部进行经常性党风廉政建设和反腐败斗争的教育，此后根据规定每年重新订立该制度，每年 12 月向区纪委报告党风廉政建设责任制执行情况。

区政协九届党组在廉政建设方面强化建章立制工作，制定并落实区政协机关反腐倡廉组织领导与责任分工的以党风廉政责任制为核心的一系列廉政制度。区政协每年向区委、区纪委落实党风廉政建设报告三个方面内容：主要是抓好党风廉政建设、落实党风廉政建设责任制、领导干部带头执行廉洁自律的各项规定的执行情况。2009 年，根据区纪委制定印发《关于开展余杭区公职人员岗位风险廉政教育试点工作的实施意见》，建立政协机关岗位风险廉政教育工作领导小组，在政协机关公职人员中开展岗位风险廉政教育，查找风险点形成岗位职责、岗位风险点、情景案例等内容的岗位风险廉政教育台账。区政协党组班子坚持“集体领导、民主集中、个别酝酿、会议决定”的原则，凡涉及机关重大事项、重要活动、人事调整和较大数额的经费使用等问题，做到会前沟通，会上民主协商，议而有决、决而有行、行而有果。党组成员经常通过向机关干部职工、委员征求意见等形式，分析问题，开展批评和自我批评，不断提高执行党风廉政建设的自觉性。

2021 年 1 月 22 日，余杭区政协党组召开 2020 年度民主生活会

区政协十届党组把党风廉政建设作为一项政治任务摆上政协工作的重要位置，完善反腐倡廉制度建设，落实党风廉政建设主体责任，压实党建责任，明确具体责任人，对机关组织建设、队伍建设、作风建设等重点工作实施项目化管理。将党风廉政建设与政协工作同部署、同检查、同落实。按照“一把手”负总责和“谁主管、谁负责”的原则，对党风廉政建设工作实行层级管理做到一级抓一级，层层抓落实，确保党风廉政建设和反腐倡廉工作落到实处。每年制定区政协机关党风廉政建设和反腐败工作要点，确定区政协机关党风廉政建设反腐败工作组织领导及责任分工，对全年党风廉政建设重点任务、要求进行明确部署。对政协机关现行的党风廉政建设方面制度进行梳理，做好机关制度进行废、改、立工作，以健全的制度保证党风廉政建设工作规范运行。坚持民主集中制原则，落实主要负责人“五不直接分管”“三重一大”事项集体决策制度等。定期对党员进行关心关爱谈心谈话，坚持“三个必谈”，把握运用监督执纪“四种形态”，对出现苗头性、倾向性问题的党员进行提醒警示，对生活工作中发生重大事项的党员进行提醒，抓早抓小抓苗头，从源头把控机关党员干部廉政情况。建立完善机关党员干部廉政信息库，落实个人重大事项报告制度，排查重点领域、关键岗位和重要环节的廉洁风险点，制定和落实风险防控措施，确保反腐倡廉工作落到实处。

区政协十一届党组在中共十八大后，召开专题研讨会，集中学习《中国共产党章程》《关于新形势下党内政治生活的若干准则》《中国共产党党内监督条例》等中央党内法规，邀请驻政协机关纪检组成员开展警示教育，及时通报中共中央、浙江省委、杭州市委三级纪委查处的党员领导干部违法违纪典型案件。区政协党组切实履行党风廉政建设主体责任，坚持不懈贯彻中央八项规定精神和省市区委实施细则，切实查找和解决“四风”问题，推进作风建设、纪律建设和反腐败斗争，有力地促进区政协机关党风廉政建设工作深入开展。制定《区政协机关2019年党风廉政建设和反腐败工作要点》，对全年党风廉政建设重点任务、要求进行部署明确。对政协机关现行的党风廉政建设方面制度进行梳理，根据新形势、新任务、新要求做好机关制度进行废、改、立工作，制定《区政协机关党组关于建立重点监察对象廉情档案和出国境廉政预审制度》等，以健全的制度保证党风廉政建设工作规范运行。2018年共完成包括班子成员在内的24名党员岗位风险排查，谈话30人次、查找廉政风险点8个，制定防控措施10条。2019年，区政协机关党组制定《区政协机关2019年党风廉政建设工作计划》，全年按照计划开展党风廉政建设工作。机关党组书记为“第一责任人”，党组成员和其他区管干部严格落实“一岗双责”，对分管专委会和科室负直接领导责任。

区政协十二届党组加强党风廉政建设，切实履行主体责任，支持纪检监察组履行职责，邀请区纪委、监委派驻第一纪检监察组负责人列席机关党组会议，对“三重一大”及其他重要事项开展监督；开展廉政风险排查防控工作，梳理岗位责任，查找廉政风险，健全防控机制；观看警示专题片，进一步筑牢拒腐防变思想政治道德防线。在主题教育中，更加自觉地展现新风貌新样子，提振政协委员和机关干部队伍的精气神，强化担负起人民政协制度参与者、实践者、推动者的政治责任。不断强化党风廉政教育，组织机关党员干部学习《中国共产党廉洁自律准则》《中国共产党纪律处分条例》《关于新形势下党内政治生活的若干准则》《中国共产党党内监督条例》等党规党纪，观看纪委警示片，带头上廉政党课，利用各种会议强调纪律要求，经常性开展班子成员及委办负责人谈心谈话，增强机关党员干部的政治意识和廉政意识，增强党员干部的防腐拒变能力。能认真执行中央八项规定及省市区实施细则，做到思想重视、身体力行，时刻用共产党员的高标准严格要求自己，约束自己，练好自身内功，增强拒腐防变的自觉性。

机关党员干部队伍建设　区政协八届至十二届委员会期间，政协委员会党组高度重视加强机关党员干部队伍建设，以推动政协机关“三型”机关创建，为履行政协职能发挥服务保障作用。

学习型机关创建　2003年，区政协印发《关于兴起学习贯彻“三个代表”重要思想新高潮的决议》，举办学习中共十六大精神、进一步做好新时期政协工作主席读书会，开展打造学习型政协新形象活动。2005年，出台《关于加强机关工作人员学习的规定》《余杭区政协机关新闻报道奖励暂行办法》。2007年5月15日，区政协办公室印发《区政协机关政治学习制度》。2011年4月6日，区政协办公室印发《关于进一步加强学习型机关建设的意见》，对创建学习型政协机关建设作出制度规定。2012年，制定《关于在区政协机关开展“学习沙龙”的实施意见》，定期组织形式多样、生动活泼、和谐互动的宣讲学习活动，每次“学习沙龙”围绕政协履职情况明确一个主题，开展交流探讨，相互启发，提升建言献策的水平。2013年，举办机关学习沙龙，开展“协商民主之基层探索”“中国梦”“我的政协生活”

2022 年 3 月至 12 月，区政协开展“书香政协·我们读书”系列活动

等主题研讨，举办机关“学习月”活动，切实提高政协机关干部的政治素质和业务技能。2015 年加强政协机关建设，深入开展“三严三实”专题教育，结合政协工作实际，在理想信念、群众观念、工作热情、规矩意识、创新研究等方面查找差距，强化担当意识、责任意识、纪律意识，着力建设“学习型、服务型、效能型、创新型、廉洁型”机关。坚持学习沙龙、学习月活动，开展履职能力建设、智慧政协建设、“发展不能任性”等主题研讨，深入思考做好新时期政协工作的思路和方法，增强政务性服务能力和统筹协调能力，努力提高政协机关工作的科学化水平。2019 年，组织机关干部开展习近平总书记系列重要讲话精神和党中央治国理政新思想新战略专题学习；响应党中央“坚定文化自信，传承中华优秀传统文化”的号召，提炼机关人文精神。与区政协机关党支部共同做好学习活动统筹安排，建立完善的学习台账，结合工作开展集中学习或自学。形式多样，有专题讲座、观看教育片、学习研讨、交流发言等。建设“指尖课堂”线上时时学习。充分运用微信等网络工具搭建“互联网＋”学习平台。2022 年，举办“学习贯彻二十大，聚力护航新中心”委员培训班，组织专委会党支部委员专题学习会 6 场，开展专题宣讲等活动。探索理论学习新形式，在数字政协“i 履职”开设党建精神学习专栏，推送 20 余个系列的学习内容；常态化开展“书香政协·我们读书”系列活动，掀起了读书热潮，政协机关干部积极参加“共话二十大”专题读书荐书活动，委员们踊跃参与省市政协读书群发言，有百余名委员制作有声海报 102 张，读书氛围浓厚。发挥区政协党组把方向、管大局、保落实的领导作用，完善机关党组织学习制度，抓实专委会党支部“五同”机制。

服务型机关创建 区政协八届至十二届委员会党组以抓好规范化管理推进服务型机关创建，加强机关建设。以效能建设、争创人民满意单位为载体，切实加强政协机关自身建设。切实提高了机关工作人员的思想认识和业务水平。2003 年，区政协开展特色服务活动。如教文卫体委员会医卫组结合自身工作特长，开展“送医、送药下乡”活动，得到当地农民的好评和肯定。良渚联络组发挥自身优势，开展了对良渚文化保护的专题调研，提出真实反映当地实际情况的意见和建议，引起有关方面的重视。2004 年，制定《关于加强机关效能建设的若干规定》，通过抓学习、抓制度、抓考核，建章立制，严肃工作纪律和廉政纪律，增强事业心和责任心，提高工作水平，树立机关人员良好的形象，切实为委员履行职能创造条件。完善机关办文办会办事制度，以制度规范工作，明确机关办、专委及各科室工作职责，加强机关与各委组的联系，建立政协机关干部联系委组工作制度，推进机关干部服务

型机关创建。2006年3月26日，区政协印发《区政协机关关于2006年度开展争创满意单位活动的意见》，该年区政协机关干部在争创满意单位活动中深入基层调查研究，增强服务意识，加强与政协委员和广大人民群众的联系，了解民意关注民生，善于听取政协委员和人民群众的意见建议；开展企业招工、社保、教育、医疗咨询服务等活动，切实为基层和人民群众解决实际困难和问题。加强与专业组、联络组的联系，定期走访专业组、联络组，指导各专业组、联络组相关工作，开展丰富多样的活动，促进各组工作交流和取得实效。加强联系镇乡和集体经济薄弱村的帮扶工作，参与经济薄弱村结对帮扶活动，力所能及地为帮扶对象做些筹措资金、联系项目等好事、实事；做好联系镇乡结对工作，帮助解决实际问题。2007—2011年，区政协在履职过程中，要求党员干部在工作中做表率、重践行。在城市管理、人才就业、医疗保障统筹城乡等人民关心的热点难点问题上，政协机关党员干部深入基层、广泛调研、真情履职，为区委区政府提供了许多有价值的意见建议，得到了区主要领导的肯定。2008年是余杭区工业企业面临前所未有的困难和考验的一年，区政协充分发挥联系广泛、智力密集的优势，主动帮助企业解困。区政协领导深入企业走访调研，参与全区“百名领导、千名干部、万名党员进企业送服务”活动，鼓励企业经营者振奋精神、坚定信心、克服不利因素，坚持创新创业。区政协先后组织召开5次企业界委员、重点企业经营者座谈会，分别请金融、海关、劳保等部门负责人与企业经营者面对面沟通，深入了解和帮助解决企业实际困难，在此基础上形成《我区成长型中小企业发展问题研究对策》的报告，就应对全球金融危机、培育扶持成长型中小企业等方面，提出意见建议。区委、区政府据此出台相关扶持政策。2011年10月24日，区政协主要领导带领建设、国土、银行等相关部门负责人，冒雨赴杭州金竹宝地板有限公司，就该企业面临的流动资金紧缺问题举行一场银企协调会，实实在在帮企业排忧解难，共渡难关。是年，在“界别活动周”中，区政协主席会议决定重点围绕贯彻落实区委工作会议精神，结合项目百日攻坚活动要求，以“突出服务进企业、突出民生进社区、突出统筹进农村”为主题，为推进“六大发展战略”献计出力。连续多年在政协机关中组织开展“双千”“1+X”帮扶活动和“一村一社区一机关”党组织结对共建活动。每次的帮扶活动，机关党总支都要召开总支成员会议，精心组织活动，营造氛围，确保活动顺利开展。

2012—2016年，区政协在服务型机关建设中倡导“有作为才有地位”“高标准、争先进、创一流”等理念，激发爱岗敬业、勤奋奉献的工作精神。2012年，围绕区委关于发展实体经济、打造产业余杭的重要战略部署，分别就镇街工业园区提升改造、软环境建设、小微企业减负、推进农业“三化”、传统产业转型升级、集聚高端人才、强化法律服务等方面，深入开展调研。共召开各类座谈会30多个，走访企业近百家。在各民主党派和全体政协委员中开展“我为发展实体经济献一策”活动，征集建议140多条、调研文章20余篇。在深入调研的基础上，举行专题协商会议，区委主要领导、区政府分管领导到会听取情况，对调研成果给予充分肯定。同时，根据区委统一部署，区政协领导班子和机关人员开展“进村入企、服务基层”大走访、联乡结村等活动，深入了解、及时反映社会舆情。2014年，把服务经济发展作为履职重点。围绕“四换三名”工程，开展“电子商务产业发展”专题调研，并进行常委会会议专题协商，提出关于规划引领、人才支撑、优化服务和发展跨境电商、工业企业电商、农业电商等方面意见建议，在全区制定电子商务产业发展政策时被积极采纳。

按照区委统一部署，参加深化“双服务”、助推开门红、为企业“破难题”专项服务等活动，走访企业70余家，实地了解企业发展状况，为企业排忧解难。2015年，联动监督“五水共治”，实施省市区“三级政协联动、万名委员同行、助推‘五水共治’长效机制建设”专项集体民主监督，以助推城乡截污纳管、黑臭河整治和河道治理长效机制建设为重点，参与5次省、市政协联动监督、专项督查。组建7个民主监督小组，组织14个界别活动组、19名镇街联络工委有关委员，开展“清三河”明察暗访活动。动员全体委员“随手拍”，坚持以问题为导向，深入现场，摸准情况，查找问题，及时沟通，促进“五水共治”工作有效开展。2016年围绕重大专项行动这一中心任务，紧扣打造“美丽杭州”建设“两美浙江”示范区、大产业转型升级、大径山旅游开发建设、社会治理大联动、中泰开发建设、特色小镇建设、良渚遗址申遗7个重大专项，组建7个咨询团队，开展20余次调研视察考察，3次主席会议协商，形成5个书面建议，积极资政建言，促进重大专项落实落地。

2019年“不忘初心、牢记使命”主题教育期间，区政协两级党组围绕理论学习有收获、思想政治受洗礼、干事创业敢担当、为民服务解难题、清正廉洁作表率的目标，共组织集中学习研讨12次，走访服务基层260人次，领办破难课题39个，为群众办了一批好事实事，把初心和使命转化为推进新时代政协工作的行动指南，转化为人民政协履职为民的实际行动。2021年区划调整后，余杭区政协迅速进入角色，深入贯彻落实余杭区创新发展大会精神，聚焦数字产业发展、平台作用发挥、城市能级提升、公共配套完善、基层社会治理等主题，走访调研各镇街平台、职能部门，赴之江实验室、阿里达摩院、钉钉（中国）信息技术有限公司、华立集团等重点企业开展“三服务”活动。组织开展“十四五”规划专题协商，围绕乡村振兴、养老事业发展、文体设施建设区块链产业生态培育等课题开展专题调研，为余杭区高质量可持续快发展建言献策。深入开展“三服务”活动，累计走访联系镇街、村社、企业230余家，帮助协调解决闲林小学、余杭区第三人民医院新院区增加公交专线等各类问题60余个，切实为群众办实事、为企业解难题、为基层减负担。2022年，区政协经科委围绕经济高质量发展，提高土地资源节约集约利用、企业培育、数据开发利用等内容，开展“亩均楼均”论英雄、专精特新“小巨人”培育情况、“数据资源深度开发利用”等专题调研和视察活动，收集整理委员意见建议40多条，为增进职能部门与政策受众深度沟通、完善提升部门工作以及政策出台发挥了重要的参考作用。在公益服务活动中，科技界别活动组推动成立余杭政协产业生态联盟，产生合作金额近千万元，形成年度产业联盟

2021年7月22日，政协机关全体人员合影

调研报告；农林界别活动组参与农业科技下乡活动，给广大农户宣传好政策，带去好技术，解决农业生产实际问题；工商联界别活动组建立“亲清三服务”机制，开展“亲清九日谈”政企恳谈会系列活动，热忱精准助企，扎实推进民营企业纾困解难工作，相关做法得到省政协领导批示肯定。

创新型机关建设　2003—2006年，区政协八届委员会坚持与时俱进，开创政治协商新形式，以新的举措开展创新型机关建设。2003年，区政协组织、发动和激励广大委员深入实际，了解民意，体察民情，反映群众的呼声和要求，发表具有创新意义的意见和建议，为区委、区政府科学决策和推动全区各方面工作建言献策。比如范连兴委员《关于建立我区新型农村合作医疗制度的建议》的发言，对《余杭区新型农民合作医疗保险制度》的出台起到了有力的促进作用，为全区农民办了一件好事。《关于提速做大做强民营经济的建议案》，是在委员大会发言基础上形成的一个重要文件，送呈区政府后，引起区政府领导的高度重视，对《建议案》进行专门研究，提出加快发展余杭区民营经济的新举措。健全反映社情民意工作网络，从区政协各个界别中聘请30多位委员担任特约信息员，创造信息工作新局面。2004年区政协八届二次会议期间，首次开展政情咨询活动，就招商引资、工业区建设、保障失地农民利益、缓解城区“行车难、停车难”等议题进行咨询，为政协委员参政议政提供一个新的舞台和渠道。2005年，创新调研形式，开展“三农”问题系列调研活动，共分农村养老保险工作、农民增收的制约因素及对策、农村社会稳定、加强农村文化建设、推进城乡一体化进程5个子课题，分别由区政协办公室和各专门委员会负责实施。为开展好调研活动，区政协主席们带队，率政协机关工作人员、有关委员和部委办局的领导，通过召开10余个各个层面的座谈会，发放调查问卷1000余份，邀请省内和余杭区的10多名专家进行论证，以提高调研报告的质量，增强意见建议的可操作性。2006年，在首次区长和主席联席会议上，就创建节约型社会和发展“农家乐”旅游产业的议题进行协商，提出关于降低机关运行成本、促进资源节约和集约利用、加强公共投资项目管理、发展农家乐旅游产业的45项意见和建议，得到区政府和职能部门的好评。

2007—2011年，区政协九届委员会开辟政治协商新形式，丰富常委会会议协商议题，自九届七次常委会会议起，每次常委会会议都确定1—2个议题，会前组织视察调研，会上请政府领导通报工作开展协商，会后以书面形式提交协商意见，使常委会会议议政更具针对性和实效性。建立区人大常委会党组与区政协党组联组学习会议制度、区政府区政协工作联席会议制度、政协委员参加区政府扩大会议工作机制、区政协和区总工会工作联系制度、专委会对口联系制度等，形成协商议政的新形式。先后举行反腐倡廉工作、社会治安状况、安全生产情况、财政地税工作等通报会议30余次。2008年召开民主建言会，拓展民主监督新渠道。5月上旬，区政协组织召开“创建省级示范文明城区”民主建言会，部分政协委员、市民代表与区级有关部门、镇乡（街道）负责人开展面对面的交流沟通，提出意见和建议30余条。

2012—2016年以创新机制为突破口，推进协商民主建设。区政协十届常委会深刻领会协商民主建设的新要求，创新开展专题协商、对口协商、界别协商、提案办理协商，参与基层民主协商，构建多层次、全方位协商格局，推进协商民主在余杭的新实践。搭建镇街工作协商平台和基层社会事务协商平台，在经济社会发展重点区域、社会管理任务较重的11个村(社区)，建立政协社情民意联系点，拓展政协委员参与基层民主协商和了解社情民意的广度和深度。组建网络协商平台，加强政协网站建设，打造网上议事厅，以政协委员为主体，发布履职信息，定期抛出网民关注的热点难点话题，进行网民互动。首期网上议事厅邀请4名政协委员参与，推出交通治堵、农村文化礼堂建设、公共自行车管理等话题，连续举办15期，形成政协信息《网络议事》3期，受到网民的广泛关注，为推进相关工作集聚民意和智慧。2015年加强和完善统一委派民主监督员工作，60名政协委员、民主党派和无党派人士分12个小组，围绕区住建局、环保局、林水局、卫计局等12个部门的重点工作、重点项目，深入开展明察、暗访、座谈等多种形式的民主监督活动，形成12件民主监督建议书。全区统一委派民主监督员工作有重点、有主题、有成效，成功入选2015年浙江省市、县(市、区)政协工作十大创新案例。

2017—2018年，区政协助推“创新余杭”建设，持续关注创新平台建设，组织视察余杭经济技术开发区、未来科技城、临平新城、良渚文化城、仁和先进制造业基地，视察梦想小镇、人工智能小镇、梦栖小镇、艺尚小镇等特色小镇和阿里巴巴等重点企业，了解规划布局，感受发展热潮，提出改革创新发展相关建议。聚焦“最多跑一次”改革，联合市政协组织开展专题调研、明察暗访，实地视察区行政服务中心，体验改革措施落实情况，提出打通部门数据壁垒、推行跑长制、提升便民服务等建议，助推改革深入推进和余杭样本打造。2018年7月，区政协创新开展委员会客厅、委员工作室试点工作，首批建立3个委员会客厅、7个委员工作室，走进基层、了解民情，开展人工智能小镇政策解答、妇女权益保障服务、楼宇经济法律咨询、社区公益等活动，打造联系群众的新纽带、协商民主的新路径。是年8月21日，区政协办公室印发《余杭区政协委员会客厅、委员工作室创建工作实施意见》的通知。通过委员会客厅、委员工作室，利用委员资源和优势，打造政协团结联谊的新平台、学习交流的新载体、联系群众的新纽带、协商民主的新路径。

2019年起，区政协机关持续创新政协工作形式。4月4日，区政协召开党组会议，专题研究“请你来协商”工作。根据“请你来协商”协商形式的组织化程度予以分类，构建政协“2＋7＋X”的协商格局。通过构建完整的协商格局，推进建言资政和凝聚共识双向发力，促进政协工作高质量发展。4月16日，政协南苑街道联络工委委员会客厅围绕“金融风险防范”组织开展“请你来协商”，区政协委员、银行代表、区级相关部门负责人、街道相关职能科办负责人、社区、企业代表等就金融风险防范的6个话题，提出意见建议。5月15日，区委十四届常委会第74次会议专题研究，形成《区政协“请你来协商”平台建设实施意见》，规范“请你来协商”平台和活动形式。

2020年3月，区政协根据区委、区政府中心工作，聚焦存在问题，着力补齐短板，探索创新办理新模式，实行提案办理项目化管理。区政协将第十一届四次政协会议立案的314件提案分为整体环境质量提升、基层治理能力提升、城市精细化管理、医疗卫生等25个项目，分别由区政协领导牵头督办，相关委办具体负责，明确任务、细化责任，形成“一个提案、一名领导、一支队伍、一抓到底”的工作机制。

2021年3月，区政协根据省市区相关部署，会同区数据资源管理局等部门，共建余杭数字政协系统。是年10月18日，“余杭数智政协”上线试运行，以数字化改革推动余杭政协履职实现新突破。经过半年多研究、探索、建设，“余杭数智政协”系统于区政协十二届常委会第二次会议上正式上线试运行。上线试运行的"余杭数智政协"系统包括驾驶舱各场景展示、数据信息等。在手机端"i 履职"平台，主要设计 i 发布、i 参与、i 议政、i 提案等模块，通过这些应用，委员们可以发布话题、动态，开展云议政，随时随地提交社情民意信息、建议，参与讨论、点评。建立余杭数字政协系统，依托数字化改革推进政协工作机制整体重塑，是实现政协工作创新发展、开启新时期余杭政协事业新征程的重大举措。11 月 3 日，余杭区政协举办数字政协建设和提案工作专题培训会，以提升政协委员的政治协商、民主监督和参政议政能力，提高政协工作数字化水平，使余杭数字政协建设走在全省政协数字化改革前沿。同时以"i 履职"平台为载体，启动区政协十二届二次全会的大会发言、委员提案征集工作，推进数字政协建设。余杭数字政协系统自 10 月中旬上线试运行后，手机"i 履职"平台累计点击数超 1.2 万次，在余杭区数管局上架的浙政钉应用中点击率排名第四，签到委员近 4000 人次，发布履职动态 1469 个、话题 163 个，切实推进了"指尖上的协商民主"，相关做法得到省市政协的高度评价，《联谊报》头版刊发报道。2022 年 10 月 18 日，余杭数字政协"i 履职"3.0 版本正式上线。余杭政协始终聚焦一个"用"字，持续迭代升级，从 1.0、2.0 再到 3.0，"让数字化贯穿履职全场景，让每个委员都主动使用数字政协平台"逐渐变为现实。

中共党支部建设

开展"党建月"和"双争双评"活动 区政协机关党总支部按照中共余杭区委和区直机关工委统一部署，2003～2012 年继续在政协机关党总支及下属党支部中开展"党建月"和"双争双评"活动。

2003—2006 年，区政协机关党总支在每年"党建月"和"双争双评"活动中，以邓小平理论和"三个代表"重要思想为指导，与开展保持共产党员先进性教育相结合，积极发挥基层党组织和党员的作用，努力提升基层党组织的创造力、凝聚力和战斗力。2005 年，在政协机关党组织中开展保持共产党员先进性教育，开展共产党员在"岗位上发光、社会中闪亮"的系列实践活动。开展以学习实践"三个代表"重要思想为主要内容的保持共产党员先进性教育活动。区政协机关党组织和广大党员以"树先锋形象，建都市新区"为主题，通过学习动员、分析评议、整改提高，对存在的问题进行有效整改，创新实施党务公开、分类管理等教育活动长效机制，基本达到"提高党员素质、加强基层组织、服务人民群众、促进各项工作"的目标要求，群众对先进性教育活动感到满意和比较满意率达 98%以上。2006 年"党建月"政协机关党总支深化以"严教严管树形象、自觉自律健身心、干净干事创一流"为主要内容的"从严治党保先进，同心同德促发展"主题教育活动为依托，在区政协党组领导下，充分发挥机关党总支的作用，依靠理论学习中心组、党校培训、双休日讲座、周末课堂、报告会等多种学习载体，切实从坚定理想信念、加强道德修养、发展党内民主、严明政治纪律、强化制约监督、加强制度建设六个方面学习贯彻党章，不断提高本机关党员干部的整体素质，营造"讲学习、重实践、创一流、作贡献"的环境，为政协事业发展提供思想保证、精神动力和智力支撑。2007—2011 年"党建月"活动围绕机关作风建设展开，按照"走在前列、争创一流"的工作目标，全面推进政协工作符合时代发展要求。开展社区辖区单位和在职党员"双报到"活动，形成驻地单位和社区双向共建、双向服务、优势互补、互惠互利格局。在"党建月"和"双争双评"活动中，区政协机关党组织围绕区委各项决策进行部署，以深入贯彻中共十七大精神为主线，以实践“三个代表”重要思想、贯彻科学发展观为主要内容，分期分批对党员干部进行培训，使广大党员特别是党员领导干部准确把握中共十七大精神实质和内涵。围绕区委建设“美丽之洲”创新型城区和实施“环境立区”等战略，组织开展“解放思想”专题讨论，剖析基层党组织班子成员思想，消除解放思想的思想障碍，把思想统一到区委的重大决策上和改革发展建设的大局上，助推政协机关解放思想大行动的具体实践。区政协党总支被评为2011年度区直机关党建工作先进集体。2012年6月，区政协机关党组织在第20个“党建月”和“双争双评”活动中，以中共十七大“奋发有为，干在实处，走在前列”为主题的创先争优示范行动，带头攻坚“三大重任”。立足解决机关党组织存在的突出问题和薄弱环节，实施“强化基础、提升素质、健全机制、示范带动、党内关爱”5项行动，推动党组织建设取得实效。

政治思想常态化教育　2013年区政协机关党总支认真执行中央八项规定和省、市、区委加强作风建设的要求，根据区政协党组的部署，健全统筹协调机制，改进调查研究方法，制定视察工作办法，控制会议活动，厉行勤俭节约，转变政协机关党组织学风、会风、文风、作风，增强人民政协为人民的自觉性，推动政协工作创新发展。组织开展关于推进人民政协协商民主、提案办理、政协界别工作等理论研究，举办机关学习沙龙，开展“协商民主之基层探索”“中国梦”“我的政协生活”等主题研讨，举办机关“学习月”活动，切实提高政协机关干部的政治素质和业务技能。2014年区政协机关党总支以开展党的群众路线教育实践活动为契机，践行群众路线，加强作风和能力建设，创新机制，增强活力，着力加强政协机关党组织自身建设，提高履职能力水平。围绕“为民、务实、清廉”主题，坚持开门纳言，广泛征求意见，深入查摆问题，制定整改措施，着力解决“四风”方面存在的突出问题。共召开专题学习会议4次，举行专题辅导7次，走访基层委员和群众200余人。完成改进调查研究、加强制度建设、加强提案工作等八个方面整改任务。2015—2016年，区政协机关党总支深入开展“三严三实”专题教育和“两学一做”学习教育，结合政协工作实际，在理想信念、群众观念、工作热情、规矩意识、创新研究等方面查找差距，进一步强化担当意识、责任意识、纪律意识，着力建设“学习型、服务型、效能型、创新型、廉洁型”机关。坚持学习沙龙、学习月活动，开展履职能力建设、智慧政协建设、“发展不能任性”等主题研讨，深入思考做好新时期政协工作的思路和方法，不断增强政务性服务能力和统筹协调能力，提高政协机关工作的科学化水平。

2017年，把学习好、宣传好、贯彻好中共十九大精神作为重大政治任务，组织开展辅导讲座、研讨交流、主题党课等活动，坚持“两学一做”学习教育常态化。深刻学习领会中共十九大精神和习近平新时代中国特色社会主义思想，深刻认识政治协商制度的历史必然性、伟大独创性和巨大优越性，引导参加区政协的各党派团体和政协委员不断增强政治敏锐性，提高政治站位，增进政治认同。以“两学一做”常态化制度化为主线，规范民主生活会和专题组织生活会，规范党员领导干部“双重组织生活”制度，完善党内定期谈心谈话制度，推动机关支部组织生活正常化、常态化、长效化。2018年，区政协机关党总支部认真执行“三会一课”制度，坚持每月组织开展一次主题党日活动，每月召开一次支部委员会会议，党员领导干部每人上一次党课。加强党员日常管理，完善党员先锋指数考核体系，每季度对党员先锋指数进行统计，作为党员年底评先评优的重要依据。推进党员活动阵地建设，制作党建知识宣传牌、党务工作公示牌。2019—2022年，机关支部按照党章的有关规定，做好机关新一届支部委员会换届工作，并明确各自的分工。运用智慧党建系统，加强党员日常管理。运用“西湖先锋”App，对党员干部实行线上管理与服务。坚持推进支部标准化建设，建立支部党建工作责任清单，明确工作任务，按照清单推进支部各项工作。严格执行“三重一大”等党风廉政相关制度，加强党员干部廉政风险点排查，开展作风建设专题教育，推进廉政机关建设。

主题教育 组织党的队伍中骨干力量针对某一方面的主题进行集中学习教育，是中国共产党加强思想政治工作的一种优良传统，也是提高党员干部理论水平，增强干部队伍凝聚力和战斗力的一项有效措施。2003—2022年，按照党中央统一部署和省市委统一要求，在中共余杭区委的直接领导下，余杭区政协八届至十二届委员会有计划有步骤地开展具有鲜明时代特点的系列主题内容的学习教育。

保持共产党员先进性教育 2005年1月27日至6月21日，在区政协机关党组织及全体党员中，集中组织开展以学习实践“三个代表”重要思想为主要内容的保持共产党员先进性教育活动。1月27日，区政协机关党总支制定保持共产党员先进性教育活动方案，按照学习动员、分析评议、整改提高3个阶段进行。2月2日，召开机关动员会，区政协党组书记、主席李小花作动员讲话，及时传达学习区委先进性教育活动动员会精神，作出全面部署。是月下旬，区政协党组领导带头向机关全体党员干部和离退休干部党员作动员、上党课，党组成员以普通党员的身份参加机关所在党支部的集中学习。3月14日，李小花为区政协机关和联系单位的党员们上了一堂题为《做官先做人》的党课。组织机关党员赴临平山革命烈士纪念碑缅怀革命先烈。是月中旬组织全体党员开展“区政协机关党员先锋形象”大讨论活动、谈心谈话活动。3月28日，召开先进性教育活动分析评议阶段动员大会，部署分析评议阶段工作。广泛征求意见，共发放征求意见表127份，召开征求意见座谈会，各民主党派、群众团体负责人，有关无党派人士，联系乡镇有关领导和机关非党干部26人次参加会议，党组成员找党员谈心谈话57人次，征求到意见建议65条，为民主生活会要解决的主要问题打下基础。严把党性分析材料关，党组成员对照党章，按照领导干部先进性具体要求撰写党性分析材料。在党性分析材料的审核上，严格审核权限，分管主席审核办委负责人的党性分析材料，副主席党性分析材料由主席审核，主席党性分析材料由区委书记审核。4月22日，党组召开民主生活会，班子成员逐个进行自我剖析，开展批评与自我批评，相互之间坦诚相见，实事求是提出许多中肯的意见和建议。5月23日，召开先进性教育第三阶段转段动员大会，制定出台整改方案明确指导思想和整改措施，明确整改期限，以保证党组成员投入更多的时间和精力做好整改工作，加强具体指导。6月，区政协党组逐条对照征求到的意见和党组民主生活会上查摆出的问题，制定5个大项25条整改措施。机关党总支部针对自身组织建设、党员队伍存在问题等情况，制订整改方案，党员个人对自己存在的问题以及群众提出的意见和党组织的评议意见，制定个人整改措施。对党员和党组织制定的整改措施，向党员和群众公开，广泛征求党员和群众的意见，接受党员和群众的监督。扎实开展“回头看”，以巩固教育成果。

学习实践科学发展观教育 2009年3月至8月，在区政协机关党组织及全体党员中，集中组织开展以学习实践科学发展观为主要内容的教育活动。3月17日，区政协领导，政协机关办委正职负责人参加全区领导干部会议暨深入学习实践科学发展观活动动员大会。3月19日，区政协党组按区委要求制定《中共余杭区政协党组关于开展深入学习实践科学发展观活动的实施意见》，该主题教育围绕“党员干部受教育、科学发展上水平、人民群众得实惠”的总体要求，以区委提出的学习实践活动总载体“推项目保增长，共建品质之城，优环境重民生，共享美丽之洲”为依据，分为学习调研、分析评议、整改落实三个阶段。3月25日，区政协机关召开学习实践科学发展观活动动员大会。区政协党组书记、主席汪宏儿等分别作动员讲话，区委党校校长吴朝晖作了题为《全面认识科学发展观》的辅导讲座。在学习调研阶段，着重抓好组织学习培训，深入调研和深化解放思想大讨论，把学习教育摆上突出位置，组织学习中共十七大和十七届三中全会精神；学习《毛泽东邓小平江泽民论科学发展》《科学发展观重要论述摘编》，学习中央领导关于科学发展观的重要讲话精神；学习省、市、区委有关文件和会议精神；学习《科学发展观百问》《余杭区实践科学发展观典型事例》，撰写学习体会9篇。区政协领导深入到各自联系的学习实践活动联系点和蹲点单位开展调查研究，组织党员干部深入乡镇、街道、企业开展调研10余次。围绕“保增长、抓转型、重民生、促稳定”开展专题调研，召开促进工业经济发展民主建言会，形成多篇调研报告。4月3日，区政协机关第一、第二支部全体党员以及机关的非党同仁，到仁和镇西南山新四军烈士墓，举行清明祭奠革命先烈活动。4月30日，区政协党组召开会议，听取政协机关党总支关于学习实践活动情况的汇报，研究部署学习实践活动分析评议阶段工作。在分析评议阶段，5月21日，根据深入学习实践科学发展观活动安排，区政协组织全体机关工作人员旁听余杭区法院案件审判工作，区政协副主席方加明、黄莉等参加活动。5月21日至22日，区政协连续召开2次民情恳谈会。邀请区党代表、人大代表、政协委员、民主党派人士，联系部门、镇乡、企业代表和离退休干部，广泛征求关于政协领导班子和机关效能建设方面的意见和建议，发放征求意见表百余份。6月15日，区政协党组召开学习实践科学发展观专题民主生活会，党组成员及领导班子其他成员参加会议，开展批评与自我批评。6月29日，区政协领导，办委正职负责人参加全区庆祝中国共产党成立88周年大会暨深入学习实践科学发展观转段动员大会，区政协机关党总支被评为区级先进基层党组织并受到表彰。7月10日，区政协领导参加全市领导干部年度考核讲评暨学习实践科学发展观活动整改落实工作动员大会。在整改落实阶段，明确重点抓好制订整改落实方案、集中解决突出问题、建立健全体制机制、公布整改落实情况4个环节，围绕干部群众提出的36

2009年6月15日，区政协党组召开学习实践科学发展观专题民主生活会

条意见和建议，制定整改落实方案。7月23日，召开全体党员干部专题组织生活会，分析查找自身存在的问题。发放评议表，对政协党组织及党员个人进行问题查找、原因分析、落实整改措施。区政协根据区委要求实施学习力、创新力、执行力“三力”提升策略，提高科学管理的能力和水平，推进余杭政协工作科学发展。

群众路线教育实践 2014年3月至10月，在区政协机关党组织及党员领导干部中，集中组织开展以为民务实清廉为主要内容的党的群众路线教育实践活动。3月3日，区政协党组召开第13次会议。研究区政协党组党的群众路线教育实践活动实施方案。3月5日，区政协党组及区政协机关召开党的群众路线教育实践活动动员会议，对教育实践活动进行动员和部署，区政协党组书记、主席阮文静作动员讲话。会后区政协领导分赴群众路线教育联系点指导工作，赴径山镇、良渚街道、崇贤街道等地开展“基层走亲、连心解忧”活动。3月21日，区政协机关召开党的群众路线教育实践活动集体学习讨论会。区政协主席阮文静结合学习和政协履职工作作了辅导讲课。与会人员集中学习习近平总书记在党的群众路线教育实践活动工作会议重要讲话精神等材料，区政协5位干部结合活动开展以来研读5本必读书目情况、习近平总书记系列重要讲话等学习情况和“基层走亲、连心解忧”活动走访情况进行集中交流发言，谈了学习体会和“基层走亲”活动的心得。4月8日，区政协机关召开党的群众路线教育实践活动集体学习讨论会，集中学习习近平总书记兰考讲话精神等内容。4月17日，区政协机关召开老干部座谈会，征求政协老领导对群众路线教育实践活动的意见建议。4月21日，区政协机关召开党的群众路线教育实践活动集体学习讨论会，集中学习“三思三观”“我们的群众观”等内容。4月30日，区政协机关召开党的群众路线教育实践活动集体学习讨论会，集中学习“三严三实”等内容。5月7日，区政协召开界别工作交流会暨征求意见会，听取各界别工作情况，征求对区政协党组、区政协委办群众路线教育实践活动的意见建议。5月27日，区政协召开区政协第14次党组（扩大）会议，审议区政协党组教育实践活动对照检查材料。6月，根据教育实践活动统一部署，区政协领导分别开展谈心谈话活动，赴联系点指导工作。7月14日，根据中央、省市委的统一部署和区委党的群众路线教育实践活动总体安排，区政协党组召开专题民主生活会。7月28日，区政协委办班子召开专题民主生活会。在区委第八督导组的督导下，两个层次的民主生活会，紧密结合政协工作实际和特点，紧扣“为民务实清廉”的主题和“照镜子、正衣冠、洗洗澡、治治病”的总要求，深刻剖析，作出对照检查。党组书记对党组成员个人对照材料进行逐一严格审阅，秘书长对机关班子成员个人对照检查材料进行逐一严格审阅。两个民主生活会突出问题导向，查找问题做到找准找实；体现整风精神，开展批评做到见筋见骨；着眼建章立制，整改落实做到即知即改。政协机关党的群众路线教育实践活动进一步坚定班子成员和机关干部理想信念，强化为民服务的理念，促进工作作风转变，加强了制度建设，激发政协工作热情，教育实践活动达到预期目的，取得明显成效。

“三严三实”专题教育 2015年6月至2016年1月底，在区政协县处级以上党员领导干部中，组织以“三严三实”为专题内容的集中教育。该次集中教育活动的特定做法是：省地县三级统筹联动，轮训、研讨、通报有机结合。根据区委对全区“三严三实”专题教育统一部署，是年6月3日，区政协部署开展“三严三实”专题教育活动。区政协党组书记、主席阮文静为党员干部上了“三严三实”专题党课，区政协副主席黄莉、杜永林、孔祥华、陈

云水、潘法高分别结合学习体会作了专题发言，对于如何理解“三严三实”、如何落实“三严三实”进行交流。是年8月，分期参加杭州市县处级以上党员干部党章党规党纪专题集中轮训。9月29日，区政协举办“律己用权”第二个专题学习研讨会，结合《习近平关于党风廉政建设和反腐败斗争论述摘编》等重点书目和有关严重违纪违法案件反面教材的“三严三实”专题学习情况交流学习。区政协机关部分领导干部围绕“律己用权”主题，对照“三严三实”特别是“严以律己”的要求，结合重点书目的学习，结合自身实际和平时思考，聚焦严守党的政治纪律和政治规矩，分别作重点发言。通过学习研讨，找差距，剖思想，树目标，明方向，把“三严三实”作为党员干部的修身之本、为政之道、成事之要。是年11月25日，区政协机关举办“三严三实”专题教育第三个专题学习研讨会，会议集中学习了习近平总书记在中央政治局第二十六次集体学习时的重要讲话精神及《人民日报》关于践行“三严三实”4篇评论文章；政协机关委办8名领导干部结合前一阶段的学习和工作，围绕“谋事创业，真抓实干、狠抓落实，树立忠诚、干净、担当的新形象”主题，谈思想认识、谈心得体会、谈意见建议，并针对问题提出整改措施，进行了一次深刻的思想洗礼和党性教育。2016年1月14日，区政协主席阮文静参加区委常委会“三严三实”专题民主生活会。1月中旬，区政协领导开展“三严三实”谈心谈话活动。21日，区政协领导班子召开“三严三实”专题民主生活会。区政协党组书记阮文静首先代表党组并个人带头作对照检查，其他党组成员随后作个人对照检查，并相互开展批评。阮文静对党组其他同志逐个进行点评并进行会议小结。根据中央和省、杭州市委的部署要求，在区委专题教育办的具体指导下，区政协党组通过多方面征求意见、召开3次专题研讨、班子成员自我剖析、成员之间互相谈心等方式认真查找班子自身存在的“不严不实”问题，深刻分析问题产生的原因和危害，制定相应的整改措施，教育活动使政协领导班子和委办主任在党性锻炼方面取得明显成效。

2015年6月，区政协开展“三严三实”专题教育

“两学一做”学习教育　2016年5月10日至2017年6月7日，根据区委统一部署，在区政协机关全体党员干部中组织以“两学一做”为主题的集中教育活动，活动在区政协党组领导下进行。

是年5月17日，区政协机关召开“两学一做”学习教育动员会，部署机关“两学一做”学习教育。区政协党组书记、主席阮文静作动员讲话并为全体党员上了一堂专题党课。政协机关全体党员干部参加会议。会议要求区政协党组和机关党总支要把开展“两学一做”学习教育作为一项重大政治任务，切实履行主体责任，周密安排部署、精心组织推动。坚持以服务保障G20峰会为圆心，与政协年度重点工作紧密结合，聚集社会和民生热点、难点问题，组织开展重点提案督办、重大专项咨询、调研视察等活动，带着问题学，针对问题改，着力锻造政协机关党员队伍过硬作风和能力。7月21日，区政协召开第22次党组（扩大）会议暨“两学一做”专题学习会，区政协领导班子及各委办负责人以及区纪委派驻第一纪检组成员参加会议。与会人员学习了习近平总书记在庆祝中国共产党成立95周年大会上的讲话原文及《人民日报》的5篇社论，区政协领导分别谈了学习体会。8月25日，区政协机关党支部组织学习《中国共产党问责条例》。9月21日，区政协党组召开“两学一做”学习教育专题学习研讨会，以“学系列讲话”为主题开展专题研讨。10月25日，召开政协机关党总支学习会，学习贯彻《关于新形势下党内政治生活的若干准则》和《中国共产党党内监督条例》。各委办主任、副主任、调研员等参加会议。2017年1月23日，区政协党组召开民主生活会，开展个人对照检查，会后向区委呈送对照检查情况报告。

“不忘初心、牢记使命”主题教育　2019年7月至12月，根据区委统一部署，在区政协机关党组织及全体党员中，集中组织开展“不忘初心、牢记使命”主题教育。“不忘初心、牢记使命”主题教育不划阶段、不分环节，把学习教育、调查研究、检视问题、整改落实及专题讨论有机融合、贯穿始终。7月24日，区政协组织机关全体人员赴“五四宪法”历史资料陈列馆参观学习，了解宪法历史，加强法治教育。区政协党组书记、主席沈昱一行参观了陈列馆收藏的大量珍贵文物、文献资料和历史档案，详细了解“五四宪法”历史和现行宪法的宣传教育。沈昱指出：通过参观学习，深刻了解人民政协光辉历程和宪法制定实施的全过程，要不忘初心、牢记使命，共同宣传宪法，弘扬宪法精神，营造学法遵法守法用法的良好氛围。8月26日，区政协2019年度全体委员“不忘初心、牢记使命”专题培训班在市委党校开班。沈昱作开班动员，区委常委、常务副区长陈夏林通报上半年区政府工作情况及下半年工作安排。9月12日，区政协党组召开“不忘初心、牢记使命”主题教育会议，区政协领导、各委办主任、副主任、调研员，机关工作人员参加，区委主题教育第十巡回指导组到会指导。会上沈昱部署“不忘初心、牢记使命”主题教育工作，提出三方面意见：以高度的政治自觉投身主题教育，要深刻领会“不忘初心、牢记使命”的内涵实质；把握目标要求，以“头雁”标准、排头兵姿态开展主题教育；加强组织保障，确保主题教育取得实效。组织党员

2019年7月24日，区政协机关全体人员在“五四宪法”历史资料陈列馆参观学习

2019 年 7 月 6 日，区政协机关党总支三支部参观区规划馆

干部围绕八个专题进行研讨交流，并围绕“学习新思想、树立新样子”开展“新时代人民政协的新样子”专题讨论活动，把讨论成果转化为实际行动，推动学习教育走深走实。同时，丰富学习载体，组织全体机关干部参观余杭抗日纪念馆等红色教育基地，参观区档案馆“不忘初心、牢记使命”主题教育档案文献展、“辉煌 70 年·余杭”大型主题成就展，收看庆祝中华人民共和国成立 70 周年大会实况，观看电教片《不忘初心学党章》《难忘初心》《学榜样践初心》和红色电影等，接受思想洗礼，坚定理想信念。10 月 16 日至 17 日，区政协领导参加区委理论学习中心组“担当主题学习会”。10 月 24 日，区政协十一届召开第 10 次机关党组（扩大）会议，传达学习全区主题教育交流会精神，集中学习主题教育应知应会内容，听取主题教育专题党课，围绕有关专题作研讨交流，审议区政协机关和个人廉政风险清单内容利用“请你来协商”平台，聚焦党委政府中心工作与群众关心的民生实事，深入调查研究，开展专题协商，推动热点难点问题化解。围绕“10 个如何”开展新时代解放思想大讨论，针对牵头课题“如何持续优化生态环境，走出一条具有特大城市特点的‘两山’发展新路子”，组织专题研讨，深入讨论交流，形成调研报告。开展重难点课题领衔破难工作，共领衔《破解政协提案撰写质量不够高的问题》《破解委员主体作用发挥难，完善委员履职评价系统》等破难课题 25 个，撰写调研报告 19 篇，推动问题解决，增强群众满意度、获得感。10 月 30 日，区政协十一届第 32 次党组（扩大）会议暨第 29 次主席会议，听取主题教育专题党课，交流主题教育破难课题。11 月 11 日，区政协领导参加“身边榜样　前行力量”余杭区先进事迹报告会。12 月 4 日，召开区政协党组“不忘初心、牢记使命”专题民主生活会，沈昱代表区政协党组班子首先作检视剖析，并带头进行个人检视剖析，主动接受批评。其他党组成员逐一进行检视剖析，开展批评和自我批评。12 月 6 日，区政协机关党组召开“不忘初心、牢记使命”主题教育民主生活会。12 月 10 日，区政协机关召开“不忘初心、牢记使命”主题教育专题组织生活会，机关全体党员参加。一条一条找准找实问题，一项一项整改到位。各支部召开组织生活会，开展“党性体检、民主评议”。开展 10 项专项整治，建立重点监察对象廉情档案和出国境廉政预审制度。进一步改进工作作风，打造忠诚干净担当干部队伍。通过“不忘初心、牢记使命”主题教育，把牢“守初心、担使命、找差距、抓落实”总要求，把初心和使命转化为做好新时代政协工作的实际行动，主题教育取得了明显成效。

党史学习教育　2021 年 3 月至 2022 年 1 月，根据区委党史学习教育领导小组的统一部署安排，在区政协机关党组织及全体党员中，集中组织开展以“学党史、悟思想、办实事、

开新局”为主题的党史学习教育。3月22日，区政协十二届第28次机关党组（扩大）会议暨机关党组理论学习中心组（扩大）会议，传达学习全国两会精神，传达学习区委关于开展党史学习教育的实施方案、全区2021年度党建工作会议暨党的群团工作会议精神，学习《论中国共产党历史》有关篇目。3月29日，区政协领导参加区委理论学习中心组党史学习教育主题党日活动。4月25日，区政协机关开展“主题党日”党史专题学习活动。5月25日，区政协机关筹备组召开“扬帆起航再出发、创新发展勇争先”主题固定党日活动，开展“五个一”活动。机关党组克服因区划调整工作头绪多、人员少的困难，先后8次召开会议传达学习上级精神、研究部署主题教育工作，切实把党史学习教育工作与政协日常工作同部署、同安排、同落实，为主题教育开展把关定向。6月1日，区政协筹备组组长沈昱参加区党史学习教育“办实事、解难题、减负担”暨“民呼我为”专题实践活动部署大会。6月9日，区政协开展未来科技城海创园委员会客厅党史宣讲活动，沈昱上专题党课，部分省、市、区政协委员参加。7月6日，余杭区政协筹备组学习贯彻习近平总书记“七一”重要讲话精神，深刻领会精神实质，切实把思想和行动统一到讲话精神上来，筹备好区政协十二届一次会议，广泛发动和带领委员们参政议政，为余杭高水平建设创新余杭、品质之区、文明圣地贡献力量。7月30日，区政协机关各支部召开党史学习教育专题组织生活会，围绕“学党史、悟思想、办实事、开新局”主题，学习《永远把伟大建党精神继承下去发扬光大——论学习贯彻习近平总书记在庆祝中国共产党成立一百周年大会上的重要讲话》，紧密结合政协工作实际，认真检视问题，深刻剖析根源，明确整改措施，推动党史学习教育走深走实。区政协领导沈昱、黄德伟、周忠诚、陈云水分别参加所在党支部的专题组织生活会。会上，区政协机关党总支各支部书记报告了半年来支部工作情况特别是开展党史学习教育的情况，并讲了专题党课；全体党员围绕学习习近平总书记“七一”重要讲话精神和党史学习材料谈了感受体会，围绕坚定理想信念、增强历史自觉、弘扬优良传统、加强党性锤炼以及党员先锋模范作用发挥等方面进行盘点检视，开展批评和自我批评。

2021年8月12日，区政协十二届第1次机关党组会议暨第1次委办主任会议召开，结合党史主题教育，学习“意识形态”工作有关文件。9月3日，区政协召开党组理论学习中心组（扩大）会议，结合党史主题教育，学习贯彻全省政协主席暑期读书会暨宣传思想工作会议精神。10月19日，区政协举办委员履职能力提升主体培训班，政协委员听取党史学习教育讲座。11月22日，区政协党组理论学习中心组（扩大）会议，学习贯彻中共十九届六中全会精神，会议对《中共中央关于党的百年奋斗重大成就和历史经验的决议》全文进行专题学习。区政协按照省市学习贯彻中共十九届六中全会“六讲六做”大宣讲活动部署要求，全面系统学习领会全会精神的丰富内涵和核心要义，深刻把握“两个确立”这一中共十八大以来最大的政治成果，把“两个确立”真正转化为做到“两个维护”的思想自觉、政治自觉、行动自觉。区政协机关党组织坚持领导干部带头学，梳理习近平在党史学习教育动员大会上的讲话等多方面的学习内容编印成学习资料，由机关党组理论学习中心组率先垂范，采取“1名党组成员领学、若干名中心组其他成员交流发言、党组书记作中心发言”的方式开展学习，全年专题学习10次。机关党员常态学，包括《论中国共产党历史》《习近平新时代中国特色社会主义思想学习问答》《毛泽东邓小平江泽民胡锦涛关于中国共产党历史论述摘编》《中国共产党简史》等必学内容，通过专家集中授课和支部学习形式开展，全年累计集中学习 9 次。丰富抓手载体加深学，举办“丹青抒怀·礼赞百年——庆祝中国共产党成立100 周年书画艺术展”“蝶变余杭，摄影存史”等活动，在群众中广泛形成学党史、悟初心的良好氛围。

2022 年 1 月 27 日，区政协召开政协机关党组 2021 年度党史学习教育民主生活会，区政协各委办主任、副主任，区委督导组、区委党史学习教育巡回指导组、区纪委监委派驻第一纪检组负责人参加。1 月 29 日，区政协领导参加 2021 年度区政协党组党史学习教育专题民主生活会。在召开这两个会议前，区政协注重广泛听取意见，通过多轮访谈、座谈等方式，广泛征求意见建议，进一步找准找实影响和制约发展、群众最急最忧最盼，以及班子和个人在思想、政治、组织、作风等方面存在的突出问题。通过深入自查自纠、严肃批评和自我批评，让机关党员接受一次严肃的党内政治生活锤炼。区政协党组织通过深入开展党史学习教育，进一步教育引导全体党员“学思践悟”，引导全体党员坚定理想信念，传承红色基因，以实际行动推动创新政协工作。

政协制度建设　在改革开放新的历史条件下，提高政协工作整体水平，推进政协工作创新发展，必须以完善的制度作保障。区政协八届至十二届委员会期间，区政协党组、常务委员会按照中共余杭区委和上级政协要求，结合余杭政协工作实际，切实加强制度建设，先后制定完善政协工作意见、规则、通则、条例、办法等制度性文件，不断推进政协工作规范化、制度化和程序化，为区政协八届至十二届委员会工作规范有序、扎实有效、创新发展提供制度保障。

区政协八届委员会制度建设　区政协八届健全完善政协机关工作制度，2003 年 3 月以来相继制定和修改一批规则制度，3 月 25 日，区政协八届常委会第一次会议审议通过《政协杭州市余杭区第八届委员会常务委员会工作规则》《政协杭州市余杭区第八届委员会专门委员会组织通则》。6 月 26 日，区政协八届第二次常委会会议讨论通过《中国人民政治协商会议杭州市余杭区委员会提案工作规则》。12 月 8 日，区政协八届第 8 次主席会议协商通过《关于加强区政协界别小组活动的若干意见》。2004 年 4 月 21 日，区政协办公室印发《关于加强机关效能建设的若干规定》。2005 年 6 月 29 日，区政协八届常委会第十七次会议通过《政协余杭区委员会有关会议工作规则》《政协杭州市余杭区委员会关于加强委员队伍建设的意见》《区政协各专委会专业组、联络组年度工作考核办法（试行）》。

区政协九届委员会制度建设　2007 年 6 月 12 日，区政协九届常委会第三次会议召开，会议通过《政协杭州市余杭区委员会关于加强委员队伍建设的意见》《区政协开展评选“双好”委员活动的实施办法》《政协杭州市余杭区委员会优秀提案评选表彰办法》《区政协各专委会专业组、地区联络组所属小组年度工作考核办法》。2008 年 5 月 23 日，政协第九届杭州市余杭区委员会常务委员会第八次会议通过《关于进一步发挥政协界别作用的意见》《中国人民政治协商会议杭州市余杭区委员会委员管理办法（试行）》。11 月 6 日，区政协九届常委会第十一次会议审议通过《政协杭州市余杭区委员会关于特聘委员的若干规定》等各项制度，进一步规范委员履职的具体形式，提高委员履职的积极性和主动性。在加强委员服务管理工作的同时，出台《关于实行区政协领导与各民主党派工商联联系制度的通知》。2009 年 12 月 4 日，区政协九届常委会第十六次会议召开，协商通过区政协常委述职、委员报告办法（试行），决定从 2010 年开始，试行区政协常委述职、广大政协委员报告工作的制度。

区政协十届委员会制度建设　2012年3月29日，区政协制定印发《政协第十届杭州市余杭区委员会有关工作规则》《政协杭州市余杭区委员会优秀提案评选办法》《政协杭州市余杭区委员会“双好”委员评选办法》《政协杭州市余杭区委员会委员管理办法》。5月7日，区政协印发《杭州市余杭区政协界别活动组工作制度》《杭州市余杭区政协地区联络组工作制度》。2013年3月28日，区政协制定印发《余杭区政协主席会议成员常委联系委员、委员联系群众实施办法（试行）》《余杭区政协先进界别活动组、地区联络组考核评选办法》《余杭区政协委员履职考核办法（试行）》。7月12日，区政协印发《余杭区政协视察工作实施办法》。7月15日，区政协印发《政协杭州市余杭区委员会镇（街道）联络工作委员会工作规则（试行）》。2014年4月2日，区政协制定印发《政协杭州市余杭区委员会优秀政协委员评选办法》《余杭区政协先进界别活动组、镇（街道）联络工作委员会考核评选办法》。8月12日，区政协印发《政协杭州市余杭区委员会提案审查工作实施细则》《政协杭州市余杭区委员会民主评议提案办理工作办法（试行）》。2016年7月14日，区政协办公室印发《余杭区政协十届委员履职考核办法》。

区政协十一届委员会制度建设　2017年3月17日，区政协制定印发《政协杭州市余杭区委员会关于加强界别活动组工作的意见》。3月18日，区政协制定《余杭区政协视察工作实施办法》。4月5日，区政协十一届常委会第一次会议审议通过《政协杭州市余杭区委员会关于加强委员队伍建设的意见》《政协第十一届杭州市余杭区委员会有关工作规则》。2018年1月5日，政协办公室印发《政协杭州市余杭区委员会民主评议提案办理工作办法》。10月18日，余杭区政协委员会机关党组制定印发《中共政协杭州市余杭区委员会机关党组工作规则》。10月23日，区政协党组制定印发《中共政协杭州市余杭区委员会党组工作规则》。11月27日，区政协机关党组制定印发《中共政协杭州市余杭区机关党组理论学习中心组学习实施办法》。是年区政协机关总支印发《区政协机关纪检监察信访举报和作风效能投诉工作制度（试行）》。区政协办公室印发《余杭区政协委员会客厅、委员工作室创建工作实施意见》。2019年1月29日，政协办公室印发《余杭区政协委员履职评价实施细则》。2019年3月6日，区政协办公室印发《余杭区政协关于加强委员走访联系工作的意见》。2019年3月7日，区政协制定印发《余杭区政协民主评议工作规则（试行）》。2019年5月15日，区政协党组制定印发《中共政协杭州市余杭区委员会党组工作规则》。

区政协十二届委员会制度建设　2021年8月5日，区政协十二届常委会第一次会议召开，审议通过《政协杭州市余杭区委员会全体会议、常委会会议、主席会议、委办主任会议工作规则》《政协杭州市余杭区委员会专门委员会组织通则》《政协杭州市余杭区委员会界别活动组工作规则》《政协杭州市余杭区委员会镇街（平台）联络工作委员会工作规则》。

委员履职机制建设　区政协八届至十二届委员会利用委员联系广泛、有专长特长等优势，围绕固本强基传承创新，提升委员履职能力和水平。区政协八届从2003年伊始加强委员队伍建设，以界别组和联络组为阵地，夯实区政协尤其是各专业组、地区联络组的工作作风，在全区政协系统形成奋勇争先、争创一流的风尚。各专业组、地区联络组开展丰富多彩的活动，如围绕余杭发展中的重大事务，组织委员深入基层，开展调查、视察等活动，组织委员参加有关部门开展的行风评议活动，促进党政部门作风转变，涌现出一批工作扎实有效的专业组，为委员提供参政议政良好平台。

区政协九届委员会按照“突出重点，选准角度，切合实际，注重实效”的要求，组织政协委员，开展不同层次、不同范围、不同形式的专题调研和专题视察，发挥履行职能的基础作用，联络组和专业组工作更加积极。根据政协九届界别设置和委员分布情况，为有利于工作开展，全体委员划分成14个专业组和13个地区联络组，各联络组和专业组在区政协常委会的领导下，主动开展各种活动，做到年初有计划，年终有总结，各联络和专业组形成学习有记录，调研视察有报告。改进创新调研方式，注重系列调研、联合调研，整合政协委员、专委会、民主党派成员、有关部门等各方面力量，发挥好参政议政的整体优势。

区政协十届委员会研究建立界别活动组、地区联络组条块结合的组织网络及工作机制，推进条块并重发展，打造委员活动平台、建言平台、反映社情民意平台。仅首个界别活动周，以“关注民生、服务发展”为主题，开展调研视察、便民服务等各类活动20余项，收集社情民意70余条，提交调研报告20余篇。2012年，共有40余批次、近200人次委员参加全区性重要会议，30余名委员参加区领导信访接待日活动。广大政协委员还热心社会公益事业，帮助群众解决了许多实际困难和问题。涌现出一批本职工作好、政协工作好的“双好”委员。

区政协十一届委员会强化委组平台作用，完善专委会联系指导界别工作机制，加强对界别活动组、联络工委的指导，促进委组活动有特色有活力、有规范。进一步加强调研视察、委员提案、社情民意信息等经常性工作，运用好“钉钉”、微信群等信息渠道，为委员履职尽责创造条件、搭建平台。仅2018年，14个界别活动组充分发挥界别特色，结合政协重点履职任务，开展50余次协商调研、座谈研讨、学习考察等活动。21个镇街平台联络工委组织开展美丽乡村建设、城乡垃圾分类、创新创业环境等调研视察，参与基层协商民主，主动服务中心工作。2019年，区政协围绕改革发展大局建箴言，坚持把促进发展作为履职第一要务，充分发挥政协人才荟萃、智力密集优势持续精准建言，为推动全区高质量发展谋良策、出实招。参与全国“双创”活动周服务保障，持续关注重大产业平台建设，组织视察余杭经济技术开发区、未来科技城、临平新城、良渚新城、钱江经济开发区等，为“五大产业平台资政建言献计出力。

区政协十二届委员会把搭建协商议政平台作为委员履职的重要载体。2021年区政协常委会把搭建协商平台、拓宽议政渠道、丰富履职方式作为新时代加强和改进人民政协工作的应有之义，按照突出重点和彰显特色相结合的原则，有序推进以镇街（平台）联络工委民生议事堂”、委员工作室为主体的“一委一堂一室”平台建设。鼓励委员充分发挥自身优势特长，以线上线下多种渠道、多种形式积极履职，累计开展委员讲堂、委员论坛、委员E站、委员读诗等各类活动30余场，多维度展示委员风采，全方位体现履职活力，委员履职成效得到显著提升。区政协十二届一次会议至2021年12月止，共建成镇街（平台）联络工委14个，“民生议事堂”12个，集体、个人委员工作室37个，各类平台累计开展活动100余场，有力推动了政协协商民主向基层延伸。2022年，区政协常委会推动政协协商民主向基层延伸，深入基层一线，倾听民情民意。深入实施“民生议事堂”、委员工作室、社情民意信息联系点“三位一体”建设，积极搭建平台、完善机制、延伸触角，全年新建委员工作室20个，总数达到57个；建成“三位一体”镇街（平台）“民生议事堂”14个，推进村社“协商驿站”建设工作。在良渚、闲林和交投集团的支持下，新建两个委员之家，拓展委员活动阵地。瓶窑、中泰、仓前、仁和、鸬鸟、百丈6个镇街民生议事堂案例列入杭州市政协系统百佳优秀协商案例。

委员管理服务制度建设 区政协八届至十二届委员会重视抓好委员管理服务制度建设，根据政协工作需要和委员队伍状况，建立一批适应政协工作和时代需要的委员管理服务制度。区政协在优化委员管理服务工作上出台《关于加强区政协界别小组工作的若干意见》《关于加强政协委员队伍建设的意见》《区政协各专委会专业组、联络组年度工作考核办法（试行）》，深入探索委员管理办法，发挥委员履行职能的积极性和主动性，丰富活跃各专业组、联络组活动，在全区政协系统形成了奋勇争先、争创一流的风尚。

区政协九届委员会在优化委员管理服务方面进行积极探索和实践，增强政协组织的凝聚力、感召力，增强委员对政协工作的认知和认同感，发挥委员主体作用，制定出台加强委员队伍建设、“双好”委员和优秀提案评选、专业组联络组考核等一系列规章制度，使政协委员管理服务工作制度化、规范化。如2008年区政协在加强委员服务管理工作方面制定出台《委员管理办法（试行）》，对委员权利、义务、履职形式和要求等作了明确规定；专门设立委员联络科，加强委员动态管理，做好服务工作；建立和完善《关于进一步发挥政协界别作用的意见》《区政协界别活动组考核办法》《关于加强和改进政协反映社情民意信息工作的意见》等各项制度，规范委员履职的具体形式，提高委员履职的积极性和主动性。在加强委员服务管理工作的同时，制定《关于特聘委员的若干规定》，首次聘请22名社会各界优秀人士为特聘委员，进一步加强政协组织与社会各界的交流沟通。

区政协十届委员会加强委员履职能力建设，夯实履职基础，建立政协领导联系常委、常委联系委员、委员联系群众的“三联系”制度，切实加强与各界群众的联系，组织委员参加专题调研、知情视察、学习座谈，积极协商议政。建立委员履职网络管理系统，实行履职情况量化管理，健全履职激励约束机制，调动委员履职积极性，着力把委员个体作用转化为政协工作整体合力。建立委员履职服务管理平台，创建委员钉钉群，实行履职申报制，五年间共有600余人次自愿申报参加各类调研视察和协商监督活动，促进委员知情明政、有效履职。编发《政协委员手册》，健全考核评优激励机制，建立“三联系”制度，加强委员的走访联络沟通，帮助解决实际问题，增强政协组织的凝聚力和归属感。

区政协十一届委员会实行履职申报，建立健全知情明政、履职评价、评优激励、请假约谈和退出等机制，鼓励和引导委员们履行使命担当。主动做好委员工作，热情服务，科学管理，既调动积极性又增强规范性，充分发挥委员主体作用。如2020年制定出台《余杭区政协关于践行“新时代人民政协新样子”履职考评办法》，按照“担当政治责任、发挥价值作用、提升履职能力、体现为民情怀、焕发精神风貌”五个方面考核委员履职情况。

区政协十二届委员会制定完善关于界别活动组工作规则等一系列规章制度，贯彻落实省市政协关于加强委员队伍建设的有关规定，按照新时代政协委员“懂政协、会协商、善议政，守纪律、讲规矩、重品行”的要求，专门制定履职评价办法，精心组织开展委员履职能力提升主体班、政协数字化和提案工作专题培训班等各类培训活动，不断提升委员的政治素养和履职能力，促使其更好地履职担当、提质增效。数字政协系统建设，为委员日常履职构建起信息获取、观点交流、成果输出转化的工作闭环，实现政协全会闭会期间委员常态化高效履职。建设数字政协系统，切实提升政协系统各层级的组织化程度，有效拉近政协组织与党政部门、机关与委员、委员与委员间的距离，促使政协的履职更聚焦、建言更实效，职能部门的支撑更有力、参与更主动。

三、学习培训

政协委员代表各党派、各群团组织和社会各个方面参加人民政协，是政协组织、工作、活动的主体。区政协八届至十二届委员会党组着力加强常委会成员、政协委员队伍建设，注重加强委员的学习培训和考核管理。从源头上提高委员的政治理论水平和履职素养，扩大委员知情明政渠道，强化委员政治定力，切实提升委员的履职能力，从而充分发挥政协委员主体作用，促进余杭区政协事业不断取得新发展。

历届区政协委员会党组重视政协常委的学习培训，坚持为其提高知识素养、参政议政能力创造条件。区政协八届至十二届委员会期间，区政协常务委员的学习培训方式主要有两种：一是在常委会会议上组织安排相关内容学习，通过学习提高其理论素养和政策水平。二是以读书会的形式常务委员集中听取有关专家或领导的专题辅导，进行专题研讨交流、与考察学习有机结合等方式。

区政协八届至十二届委员会党组高度重视政协委员的履职素质提升，深化委员履职素养建设，深入开展委员学习培训，以多种方式提升委员的履职素养和能力；强化委员履职机制建设，以创新履职方式激发政协委员履职热情；优化委员管理服务制度建设，加强委员履职登记管理，建立委员履职考核机制，创新委组活动方式，增强委员责任意识和履职能力。

历届政协常委会读书会 2004年6月24日至25日，区政协八届常委会第十一次常委会（扩大）会议暨读书会召开，区政协主席李小花和副主席、秘书长，全体常委及各专门委员会全体成员，各界别组、联络组组长等参加会议。会议听取杭州市政协秘书长徐泉海所作的关于最新修正的《中国人民政治协商会议章程》学习讲座，听取区委党校副校长赵一文所作的关于《中华人民共和国宪法》修正案知识的学习讲座。听取区委统战部副部长、台办主任娄永强关于台海形势分析的辅导报告。2006年8月2日至3日，区政协八届常委会召开第二十二次会议（常委读书会），会议听取杭州市政协秘书长徐泉海学习《中共中央关于加强人民政协工作的意见》的辅导报告。

2007年8月2日至3日，区政协九届举办常委读书会。8月2日上午参加区政府上半年工作通报会，下午听取政协章程及有关知识辅导报告；8月3日学习传达区委十二届三次全体（扩大）会议精神，听取《中华人民共和国物权法》专题讲座；与建德市政协交流工作情况。2008年7月3日，区政协召开中共十七大精神委员读书会。听取市委常委、区委书记朱金坤所作的题为《城市化、工业化“两轮驱动”战略抉择的思考与实践》的专题报告，区政协主席汪宏儿作总结性讲话。2009年8月4日至5日，区政协举行常委读书会，学习贯彻区委十二届八次全体（扩大）会议精神，传达全省政协工作会议和全省政协主席读书会精神，部署下半年政协工作任务。区委副书记、区长姜军在会上通报全区上半年经济社会发展情况。

2010年7月29日至30日，区政协召开常委读书会，区委常委、常务副区长沈昱应邀参加会议，各民主党派负责人各界别组、联络组组长参加会议。会议学习传达区委十二届

2010年7月29日，杭州市余杭区政协常委读书会召开

十次全体（扩大）会议精神，听取区政府半年度工作通报，听取“信息化手段推进低碳经济发展”专题讲座。2011年8月23日至24日，区政协举行常委读书会，听取区长姜军关于区政府上半年度工作情况通报，学习传达中共中央办公厅转发《中共政协全国委员会党组关于〈中共中央关于加强人民政协工作的意见〉贯彻落实情况的报告》和区委工作会议精神，就贯彻落实区委工作会议精神，为加强和创新社会管理献计出力进行部署。

2012年8月21日至22日，区政协十届常委会第三次会议暨2012年常委读书会，学习贯彻区委十三届二次全体会议精神，听取省政协副秘书长李火林所作的“委员履职”专题讲座。2013年8月6日至7日，区政协召开十届第八次常委会会议暨常委读书会，学习传达区委十三届四次全体（扩大）会议精神；听取《群众路线、全球视野与党的领导》等专题辅导讲座。2014年8月27日至29日，区政协召开2014年常委读书会暨委员履职能力提升培训会，实地考察阿里巴巴淘宝城、海创园规划馆，听取区政府政情通报和区政协“五水共治”民主监督情况通报，举行《大数据时代经济转型与管理新思维》《坚持和平发展、合作共赢，为实现“中国梦”争取良好与稳定的国际环境》《国学与素养》等专题辅导讲座。2015年8月21日，区政协召开政情通报会，区长朱华到会并通报区政府上半年工作情况、区治水办通报“五水共治”推进情况。区政协领导、各委办负责人、全体政协委员参加会议。2016年8月12日，区政协举行常委读书会暨政情通报会。学习传达区委十三届九次全体会议精神，听取区政府半年度工作情况、“五水共治”推进情况、社会治理大联动工作情况通报，观看《镜鉴——衡阳、南充违反换届纪律案件警示录》，签订《“两代表一委员”严守换届纪律承诺书》，部署下阶段工作任务。区委常委、常务副区长祝振伟到会通报情况。

2017年8月18日，区政协举行政情通报会，实地考察阿里巴巴人工智能小镇、梦想小镇，听取区长陈如根通报区政府上半年工作情况，学习传达区委十四届三次全体（扩大）会议精神。2018年8月23日，区政协召开2018年上半年政情通报会暨十一届常委会第八次会议，传达学习区委十四届五次全会、全省政协主席读书会精神，区长陈如根代表区政府通报上半年工作情况。2020年8月27日，召开区政协常委会暨政情通报会，传达学习省市、区委全会精神，听取区委常委、区政府常务副区长陈夏林有关区政府2020年上半年工作情况通报。区政协常委会组成人员，各界别活动组组长、镇街联络工委主任，区政协各委办副主任、调研员参加主会场会议，其他政协委员收看钉钉视频会议。

2022年8月24日，区政协召开2022年上半年政情通报会暨十二届常委会第五次会议，区委副书记、区长王垈出席并通报工作，区政协主席沈昱主席主持会议，区政协领导、机关全体人员参加。

政协委员培训　2003年3月7日，在区政协八届一次会议开幕前，对全体委员进行人民政协理论和基本知识、履职应知应会的集中培训。2003年7月30日至31日，区政协举办政协委员培训班，对委员进行人民政协理论、统战知识和提案知识培训，提高政协委员参政议政能力。

2010年6月2日，杭州市政协和余杭区政协联合举办界别联络员培训会议，市政协副主席张鸿建，余杭区政协副主席陈云水出席会议，区政协学联委负责人参加会议。2010年11月19日，区政协举办委员培训会，届中增补的31名新委员进行集中培训。区政协副主席陈云水出席会议并提出要求，秘书长陈梅乾作专题讲座，学联委负责人参加会议。2011年4月8日，区政协组织20余名政协委员参加市政协举办的《社会不平等与科学化社会管理》专题讲座。

2013年1月22日，区政协十届常委会第四次会议暨委员培训会召开，区政协主席阮文静等出席会议。会议举行全体委员培训，听取省委党校副校长郑仓元所作的中共十八大精神专题讲座和区政协提案委负责人所作的政协提案工作辅导。要求与会全体委员提高认识，增强责任意识主体意识，做好出席全会的准备，履行好重大的政治责任。是年8月5日，区政协召开界别活动组、镇（街）联络工委联络员培训会议。2014年1月14日，区政协十届常委会第九次会议暨委员培训会召开，区政协主席阮文静及副主席、秘书长和全体常委参加会议。会议在完成既定议程后举行全体委员培训，听取上海浦东干部学院赵泉民教授关于中共十八届三中全会精神的专题讲座，区政协提案委负责人对做好提案工作进行辅导。是年8月27日至29日，区政协召开2014年常委读书会暨委员培训会，实地考察阿里巴巴淘宝城、海创园规划馆，听取区政府政情通报和区政协“五水共治”民主监督情况通报，举办《大数据时代经济转型与管理新思维》《坚持和平发展、合作共赢，为实现“中国梦”争取良好与稳定的国际环境》《国学与素养》专题辅导讲座。2015年5月，区政协在杭州市委党校举办2015年度委员培训班。培训分两期举行，分别为6日至8日、13日至15日。200余名政协委员齐聚市委党校参加学习培训。区政协主席阮文静及副主席等分别参加培训班。3天培训由市委党校、浙江大学、浙江工商大学、杭州师范大学等专家教授授课，政协委员除参加学习国际国内形势及热点问题等公共课程外，还学习有关经济管理及社会管理方面的课程。

2014年8月27—29日，区政协常委读书会暨委员履职能力提升培训班举办

2017年1月17日，区政协举办新任政协委员培训班，学习政协履职相关理论知识和工

作方法，提高委员履职能力和水平。区政协副主席潘法高参加培训会并提出要求。培训会上，全体新任政协委员观看了警示教育片《镜鉴》，区委统战部及区政协办公室、委工委、提案委相关负责人就人民政协基本理论、基础知识、政协规章制度、政协提案工作、政协社情民意信息工作等作专题辅导。是年4月5日至7日，区政协组织委员参加在省委党校举办的“不忘初心、牢记使命”主题教育培训班，200多名政协委员参加学习培训。区政协主席阮文静参加开班动员会并讲话。该培训班为期3天，邀请浙江大学、省委党校教师和市政协领导授课，课程内容为习近平总书记执政理念、政协理论、国学文化、国际形势、经济转型等方面。2018年6月4日至6月9日、8月13日至8月18日，区政协先后两次组织部分区政协委员赴延安参加“不忘初心、牢记使命”专题培训班。两次培训班以“不忘初心、牢记使命”为主题，依托延安的红色资源，通过“党中央在延安十三年”“延安精神及其时代价值”和“延安时期的民主政治及其启示”等专题教育，提高委员政治把握能力调查研究能力、联系群众能力和合作共事能力。2019年8月26日至27日，2019年度全体委员“不忘初心、牢记使命”专题培训班在市委党校举行，委员们听取区委常委、区政府常务副区长陈夏林关于区政府上半年工作情况通报，听取《何以良渚——从村居到王城》《深刻认识人民政协的历史贡献和新时代的新使命》《“不忘初心、牢记使命”专题辅导》等专题讲座，区政协机关中层以上干部参加培训。2020年7月20日至24日，区政协举办政协委员履职能力提升培训，区政协副主席陈云水、黄德伟、沈洪相，部分委办主任、界别活动组组长、镇街联络工委主任和委员参加。

2021年7月2日至3日，区政协委员培训班在省委党校举办，政协筹备组组长沈昱作开班动员并上专题党课，听取《政协知识与履职能力提升》《委员履职分享》《做好社情民意信息工作的认识和感悟》《提案撰写知识》专题讲座，开展分组讨论，组织参观政协书画展。10月18日至22日，赴淳安县举办区政协委员履职能力提升主体培训班，听取党史学习教育、宏观经济发展、政协提案和社情民意撰写、区块链与价值互联网等讲座，上线试运行“余杭数智政协”系统。区政协主席沈昱等区政协领导参加培训。11月3日，区政协举行数字政协和提案工作专题培训，沈昱、黄德伟以及有关委办负责人，部分政协委员参加。2022年9月26日，区政协主席沈昱、副主席黄德伟参加新任委员见面会及相关业务培训会，秘书长、委工委主任参加。是年11月24日，区政协举办学习贯彻中共二十大精神委员培训班，区政协领导、各委办主任参加。

2020年7月21日，区政协举办政协委员履职能力提升培训班。图为7月21日参加培训班的委员合影

第九章

名　　录

一、历届领导简介

二、省、市政协中的余杭委员名单（2003—2022 年）

三、政协“双好”（优秀）委员

第九章　名　　录

《名录》一章分历届领导简介、省市政协中的余杭委员名单（2003—2022 年）以及区政协“双好”（优秀）委员三项。收录的历届领导含政协余杭区委员会第八至第十二届党组书记、副书记，主席、副主席简历，分别按任职的先后顺序排列，计 26 人（非领导职务未入名录），并置以个人头像照。省市政协中的余杭委员名单（2003—2022 年）中有省政协委员 16 人，市政协委员 80 人；区政协“双好”（优秀）委员按年度排列，共 554 人。

一、历届领导简介

李小花　女，1947 年 10 月出生，浙江杭州人。1965 年 3 月参加工作，1966 年 12 月加入中国共产党，大专文化程度。历任余杭县下沙公社管委会副主任、中共下沙人民公社党委委员，余杭县妇联副主任，中共下沙人民公社党委副书记，中共余杭县委常委，余杭县革委会副主任（其间曾去浙江省委党校干部专修班学习），中共余杭县委常委、宣传部部长。1993 年 4 月起，任政协余杭县（市、区）委员会第六、七届主席、党组书记。2003 年 3 月至 2007 年 2 月，任政协余杭区第八届委员会主席、党组书记。

汪宏儿　1962 年 6 月出生，浙江富阳人。1983 年 8 月参加工作，中共党员，研究生学历。1983 年 7 月至 1993 年 10 月，在杭州师范学院工作，历任杭州师范学院团委书记、学生处处长；1993 年 10 月至 1997 年 12 月，任共青团杭州市委副书记；1997 年 12 月至 2006 年 12 月，任中共杭州市余杭区委常委、副书记、区纪委书记；2007 年 2 月至 2012 年 2 月，任政协杭州市余杭区委员会主席、党组书记。

阮文静　女，1965 年 1 月出生，浙江杭州人。中共党员，大学学历。1985 年 3 月参加工作，历任余杭市妇联党组成员、副主席；余杭市五杭镇党委副书记、镇长；中共余杭市委常委、市委宣传部部长；中共杭州市余杭区委常委、区委宣传部部长；杭州高新开发区（滨江）党工委委员，区委常委、宣传部部长，杭州高新开发区（滨江）管委会副主任、副区长；杭州高新开发区（滨江）党工委副书记，杭州高新开发区（滨江）管委会副主任、副区长、政法委书记等。2012 年 2 月至 2019 年 1 月，任政协杭州市余杭区委员会主席、党组书记。

沈　昱　1965年12月出生，浙江杭州人。1984年12月参加工作，1995年2月加入中国共产党，大学学历。历任余杭市（区）检察院副检察长、党组成员，余杭区纪委副书记，余杭区塘栖镇党委书记，余杭区委常委、塘栖镇党委书记，余杭区委常委、余杭经济开发区党工委书记，余杭区委常委、区政府常务副区长，余杭区委副书记、区委政法委书记，余杭区委常委、杭州余杭经济技术开发区（杭州钱江经济开发区）党工委书记、管委会主任。2019年1月，任余杭区第十一届政协主席、党组书记。2021年4月，任余杭区政协筹备组组长；2021年7月起，任余杭区政协第十二届委员会主席、党组书记。

丰章生　1947年12月出生，安徽省桐城市人，中专学历，中共党员。1965年12月入伍，历任中国人民解放军安徽省军区某师战士、班长、排长、副连长；浙江省军区某师连长、副营长，某团营长，余杭市人民武装部军事科科长、副部长、部长、政委（上校军衔）；余杭市委统战部部长，中共余杭市委第九、十届委员会常务委员，政协余杭区第七届委员会党组副书记、八届委员会副主席、党组副书记。余杭县（市）第八、九、十、十一次人民代表大会代表，政协杭州市第八届委员会委员。

董建国　1947年7月出生，浙江杭州人。大专学历，经济师，中共党员。1968年12月参加工作，历任余杭县长命抽水机站工会主席，杭州市长命气门厂动力党支部副书记（其间在浙江大学经济管理系学习2年）；余杭县瓶窑区委委员、副区长（全面负责行政工作），县经济委员会主任、党组书记兼县国营工业公司总经理、党委书记；县人民政府副县长，余杭市副市长，政协余杭市（区）第七、八届委员会副主席、党组成员，市委统战部部长。余杭县（市）第六、九、十次人民代表大会代表，中共余杭县（市）第七、八、九、十届委员会委员，中共杭州市第六次代表大会代表，政协杭州市第七届委员会委员。

章福根　1953年出生，浙江杭州人，中专学历，主治医师，中国农工民主党党员。历任余杭县（市）第一人民医院外科副主任，余杭市第三人民医院副院长（全面负责）、市妇幼保健所所长，余杭市（区）妇幼保健院院长，余杭区卫生学校校长。杭州市第九、十次人民代表大会代表；中国农工民主党余杭市（区）支部委员会主任委员；政协余杭市（区）第七、八、九届委员会副主席。

莫炳法　1946 年出生，浙江杭州人，大专学历，中共党员。1965 年 12 月入伍，历任连司务长，团后勤处干事；余杭县水产公司人事干部，县商业局党组成员、党委副书记、县水产局党总支副书记；余杭县(市、区）总工会副主席、党组成员，主席、党组书记。余杭县（市）第十届人民代表大会常务委员会委员，中共余杭市(区）第十、十一届委员会委员，杭州市工会第十、十一届委员会委员，浙江省总工会第十一、十二次代表大会代表，中国工会第十三、十四次全国代表大会代表，政协余杭市（区）第七、八届委员会副主席。

方加明　1950 年出生，浙江杭州人，大专学历，中共党员。历任中国人民解放军工程兵某部排长、连司务长、后勤部助理员；余杭县百货公司余杭商店副经理；余杭县人民法院庭长、院党组成员；余杭县人民检察院党组成员、副检察长；余杭县（市）人民法院党组书记、院长；余杭市人民检察院党组书记、检察长；中共余杭市第九、十届委员会委员，余杭市（区）第十、十一次人民代表大会代表。政协杭州市余杭区第七届委员会党组成员、第八届副主席；2007 年 2 月至 2010 年 5 月，任政协杭州市余杭区第九届委员会副主席、党组副书记。

钱杭根　1950 年出生，浙江省上虞市人，大学学历，文学学士，中学高级教师，中国民主促进会会员。1969 年 5 月参加工作，历任黑龙江省鹤立河农场三分校教师，绥化师专中文系本科班学员，浙江省上虞市教师进修学校教师，余杭市教委教研室教研员、教委副主任，余杭市人民政府市长助理、副市长，余杭区人民政府副区长。余杭区政协第八、九届委员会副主席。中国民主促进会余杭区支部主任、杭州市委员会副主委，杭州市第九届人民代表大会代表，政协杭州市第八届委员会委员，杭州市第十一届人大常委会委员。

孔祥华　1960 年 4 月出生，浙江杭州人。1977 年 9 月参加工作，研究生学历。1978 年 12 月至 1983 年 1 月，在部队服役；1984 年 1 月起，历任余杭县百丈乡人武部部长，党委委员、党委副书记、乡长；余杭县太平乡党委书记、人大主席；余杭市潘板桥镇党委书记、人大主席；余杭市委办公室主任、政研室主任；余杭市（区）建设局党委副书记、局长；余杭区人民政府副区长、党组成员；2007 年 2 月起，任政协杭州市余杭区委员会副主席、党组成员。因违纪违法，2017 年 9 月按照《政协章程》有关规定，区政协第十一届常务委员会第三次会议协商决定：同意孔祥华因个人原因辞去区政协副主席、委员职务。

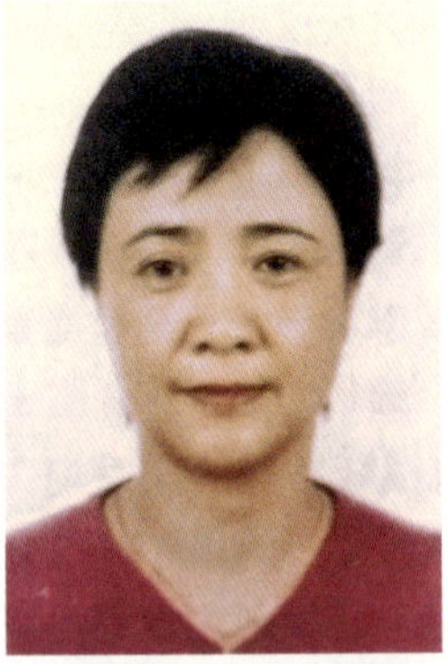

黄　莉　女，1960年12月出生，浙江杭州人。中共党员，大学学历。1977年10月参加工作，历任余杭县（市、区）区委办公室副科长、科长、办公会议成员，保密局副局长、局长，办公室副主任、主任；杭州良渚遗址管理区党工委副书记、管委会副主任、浙江省杭州良渚遗址管理局副局长；余杭区人民政府副区长。2007年2月起，任政协杭州市余杭区第九届委员会副主席。2012年2月至2020年1月，任政协杭州市余杭区第十、十一届委员会副主席、党组副书记。

陈云水　女，1961年9月出生，浙江杭州人。中共党员，大学学历。1983年12月参加工作，任余杭县彭公乡成教中心教师；1988年10月起，历任彭公乡妇联主任，彭公乡副乡长兼妇联主任；余杭市潘板桥镇副镇长；余杭市（区）计划生育委员会（计划生育局、人口和计划生育局）副主任、党组成员，局长、党组书记；2007年2月至2021年4月，任政协杭州市余杭区委员会副主席、党组成员。

潘法高　1959年10月出生，浙江杭州人。中共党员，大学学历。1978年8月参加工作。历任余杭县（市、区）人事局党组成员、副局长，编办副主任，行政干部管理学校副校长（兼），区综合考评办主任（兼）；中共杭州市余杭区委组织部副部长，区人事局党组书记、局长，编办主任。2010年3月至2019年1月，任政协杭州市余杭区委员会副主席、党组成员。

杜永林　1957年7月出生，浙江杭州人。中共党员，大专学历。1978年5月参加工作，历任余杭县小林公社管委会委员、党委委员；余杭县乾元公社（乡）党委副书记、书记；余杭县临平区委副书记、区长；余杭县（市）供销联社党委书记、主任；余杭市政府办公室党组成员、副主任（正局级）；余杭市社会保险委员会党组书记、主任；杭州良渚遗址管理区党工委委员、管委会副主任、浙江省杭州良渚遗址管理局副局长、杭州良渚经济园发展有限公司董事长；塘栖镇党委书记；杭州余杭运河综合保护开发有限公司副董事长。2012年2月至2017年2月，任政协杭州市余杭区第十届委员会副主席、党组成员。

戴桂香 女，1969 年 9 月出生，浙江杭州人。大学学历，会计师。1989 年 8 月参加工作。1989 年 12 月起，历任余杭县（市）商业局商业总公司副总经理、商业资产经营公司副总经理；余杭区塘栖镇副镇长；政协杭州市余杭区社会法制和港澳台侨委员会主任；余杭区南苑街道办事处主任。2012 年 2 月至 2020 年 1 月，任杭州市余杭区政协第十届、第十一届委员会副主席。

赵喜凯 1974 年 10 月出生，吉林榆树人，九三学社社员，大学学历，1999 年 8 月参加工作。历任余杭区发展计划局（发展和改革局）科员，余杭区崇贤镇镇长助理、教育卫生办主任，余杭区效能监督综合考评领导小组办公室副主任，余杭区政协城建和人口资源环境委员会副主任、主任，杭州未来科技城（海创园）管委会副主任（正处级）、招商局局长（兼）、常务副主任。2017 年 2 月至 2019 年 1 月，任杭州市余杭区政协副主席。

吴立炜 1961 年 10 月出生，浙江杭州人。1980 年 8 月参加工作，中共党员，大学学历。1980 年至 1984 年，在临平镇中学任教，任团总支书记；1984 年 8 月至 1999 年 3 月，在余杭县（市、区）委党校工作，历任党校团总支书记、校委委员、副校长。1999 年 3 月起，历任亭趾镇党委副书记，塘栖镇党委书记、人大常委会主任；杭州钱江开发区管委会副主任；杭州良渚遗址管理区党工委委员、杭州良渚遗址管理区管委会副主任、浙江省杭州良渚遗址管理局副局长。2019 年 1 月至 2021 年 2 月，任政协杭州市余杭区委员会副主席、党组成员。

黄德伟 1966 年 2 月出生，浙江绍兴人。1985 年 8 月参加工作，中共党员，大学学历。历任余杭市公安局塘栖派出所所长，杭州市公安局余杭区分局副局长、党委委员，杭州良渚新城党工委书记、良渚新城管委会主任、良渚街道党工委书记，杭州良渚遗址管理区党工委委员（兼）。余杭区十一届政协副主席、党组成员；2021 年 7 月起，任杭州市余杭区十二届政协副主席、党组副书记。

沈洪相　1967年9月出生，浙江杭州人，1987年4月加入中国共产党，1988年8月参加工作，中央党校研究生学历。历任余杭市委组织部党员电教中心干部、副主任、主任；余杭市（区）委组织部组织科科长；余杭区委组织部部务会议成员、组织科科长、干部一科科长；余杭区委直属机关党工委书记；余杭区委组织部副部长；余杭区委组织部常务副部长；余杭区教育局党委书记、局长。2020年1月，任政协杭州市余杭区第十一届委员会党组成员、副主席。

袁水良　1970年8月出生，浙江杭州人。1992年8月参加工作，大学学历。1999年7月加入中国共产党，历任余杭区委办公室办公会议成员，区委办副主任，保密局局长，南苑街道党工委副书记、办事处主任，南苑街道党工委书记，区委办主任、保密局局长，塘栖镇委书记、超山风景名胜区党工委书记(兼)，区政府党组成员(副区长级)。2016年12月29日，中共杭州市余杭区第十四届委员会举行第一次全体会议，当选为第十四届区委常委。现任浙江省杭州市余杭区委常委、统战部部长，2020年11月，兼任中共杭州市余杭区政协党组副书记。

李玉美　女，1965年1月出生，浙江东阳人。1988年7月参加工作，1998年11月加入九三学社，硕士研究生。历任杭州市拱墅区科技局副局长、局长、科协主席，拱墅区农业局局长，拱墅区政协副主席、九三学社杭州市委会专职副主委、杭州市政协副秘书长（兼），九三学社杭州市余杭区基层委主委，杭州市余杭区政协二级巡视员。2021年7月起，任杭州市余杭区十二届政协副主席。

傅丽华　女，1966年10月生，浙江绍兴人，1988年8月参加工作，2000年12月加入农工党，硕士研究生。历任杭州市下城区土管局副局长、区国土资源局副局长、杭州市国土资源局下城区分局副局长，杭州市下城区文晖街道办事处主任，区政府投资建设项目管理中心（东河沿线改造工程指挥部）主任（总指挥），区政府办公室调研员，杭州市下城区政协副主席。农工党杭州市委会常委、农工党杭州市余杭区基层委主委。2021年7月起，任杭州市余杭区十二届政协副主席。

周忠诚　1969年9月出生，浙江金华人，1988年8月参加工作，1988年7月加入中国共产党，大学学历。历任杭州市上城区文明办主任，区委宣传部副部长、常务副部长，上城区直属机关党工委书记，上城区委办公室主任、区委台湾工作办公室（区政府台湾事务办公室）主任、区保密局局长，上城区清波街道党工委书记、杭州市清河坊历史街区联合党委书记、管委会主任。2021年7月起，任杭州市余杭区十二届政协副主席、党组成员。

斯建刚　1970年4月出生，浙江杭州人，1990年8月参加工作，1996年9月加入中国共产党，大学学历。历任杭州市公安局余杭区分局刑侦大队副大队长、政治教导员，余杭区星桥街道党工委委员、派出所所长，余杭区政府办公室副主任、党组成员，区住房保障办公室（农民多高层公寓建设管理中心）主任、党组书记，余杭区委政法委副书记、区委维稳办主任、区大联动办副主任（兼），余杭区五常街道党工委书记，余杭区良渚街道党工委书记。2021年7月起，任杭州市余杭区十二届政协副主席、党组成员。

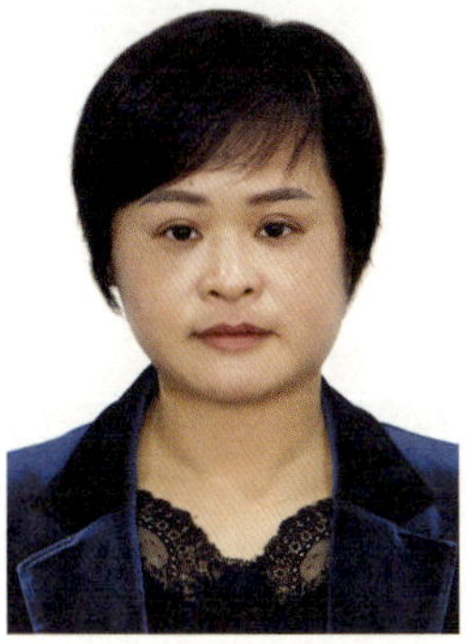

张　瑾　女，1970年12月出生，浙江杭州人，1990年8月参加工作，2018年8月加入民主建国会，大学学历。历任余杭区教育局副局长，余杭区南苑街道办事处副主任，余杭区统计局副局长，余杭区统计局局长。2021年7月起，任杭州市余杭区十二届政协副主席。

二、省、市政协中的余杭委员名单（2003—2022年）

省政协委员

徐洪林　丁敏儿　陆财良　沈月华　陈立强　童文红　袁继新　孙晓安　郑　攀
欧阳宏伟　金洪传　许玲娣　孙晓安　王　旭　许征骏　张建锋

市政协委员

汪宏儿　孙树荣　白美玉　高长虹　高天荣　姜一飞　阮文静　邱丽霞　沈旭微
马仁祥　沈培鸿　黄玉郎　朱　琼　许玲娣　沈　昱　袁水良　赵喜凯　孙树荣
王利群　郭青岭　罗建强　赵海燕　李　君　俞萍萍　邹　华　高宏亮　王春凤
王　淼　项建标　沈文芝　何崇中　卢　钢　马仁祥　杜国静　王淑翠　唐世明
周旭一　沈培鸿　释戒兴　朱　静　严从根　袁　瑾　于　涛　楼　寅　华先胜

吴晓翠 龚 娜 周 颖 夏日东 金 辰 汪思洋 忻 皓 林玥玥 林玥玥
陈政华 李 巍 宋 杰 陈志伟 薛 晖 罗建强 钱晓能 林 航 王雷杰
马 宽 吴格奇 石利群 黄建明 厉剑峰 郑芬兰 黄建明 宋 宁 薛大伟
蒋铁初 祝敏绮 沈嘉炜 朱 炜 胡建新 狄海波 陈立旭 李玉美

三、政协“双好”（优秀）委员

2003—2004 年度“双好”委员

王洪坤 王啸堤 付月仁 石连忠 朱文标 任永发 叶海云 余煜明 吴明龙
陈小英 张月龙 张洪法 张洪根 张耿虎 沈国华 吴建龙 金云中 沈跃岗
周卫列 林夕华 林会平 胡连凤 俞华松 赵增良 殷春贤 高 锋 梁水根
胡会云 葛幼良 戴园丽 黄国林 葛建平 稽掌虎

2005 年度“双好”委员

上官建荣 王官法 方彩勇 方黎明 史云岗 任永发 朱文标 张洪根 沈月华
沈国华 张志良 张耿虎 李晨初 张月龙 陈宪珠 汪增荣 周卫列 金幼群
庞法松 吴建龙 沈跃岗 倪水友 骆洪明 俞海平 郑爱文 姚大雄 姚际平
胡会云 葛幼良 葛建平 唐杏琴 崔昌培 章爱娣 章雪梅 黄国林 蓝德光

2006 年度“双好”委员

方彩勇 王贤中 方黎明 江小洪 施仙林 闻政红 俞海平 姚大雄 陈志龙
苏羽虹 许玲娣 任永发 江 筠 沈国华 范连兴 费云江 祝以芳 韩益民
张月龙 应掌虎 金云中 周黎翔 张洪根 张耿虎 庞法松 胡会云 梁水根
章雪梅 唐杏琴 倪水友 葛幼良 葛建平 戴园丽

2007 年度“双好”委员

马亚琴 王洪坤 王晓乐 王爱武 丰国需 尤恩校 白植标 冯建华 江小洪
江 筠 杨林山 杨爱珍 吴晋兰 何 勇 沈国华 张月龙 张洪根 陈朝阳
陆文宝 周前武 庞法松 项坚民 胡玲俐 俞海平 宣 桦 姜有松 倪水友
高丽娟 唐杏琴 章雪梅

2008—2009 年度“双好”委员

王伟明 王晓乐 丰国需 方海鹰 孙连法 孙维丹 刘 军 张 来 张洪根
何 平 陈永斌 陈宇光 陈朝阳 应 健 沈小英 沈月华 沈国华 孟维菁
庞法松 金丽敏 周卫列 项坚民 俞 伟 宣 桦 柴燕萍 高丽娟 常秀兰
程 栋 蔡建成 戴园丽

2010—2011 年度“双好”委员

方黎明 王争鸣 王利群 王伟明 王晓乐 左晓旭 卢红梅 江小洪 许美凤
朱红耀 刘 军 李培珠 沈国华 张 来 张 燕 张丽莉 陈宇光 陈朝阳
何月姣 何军芳 汪越春 金云中 周卫列 周文菊 赵加鑫 项坚民 胡 军
骆洪明 封福良 倪水友 康 燕 谢宇罡 释戒兴

2012 年度“双好”委员

丁 华 丰国需 王晓乐 冯建华 叶 敏 江小洪 吕仙寿 许美凤 沈小英

陈永斌　陈寿亮　郎振忠　庞法松　胡　军　倪为民　章月霞　黄晓虹　曹国兴
葛树法　滕晓芳

2013 年度“双好”委员

丁胜国　王利群　王晓乐　王朝丽　邓振华　孙玉英　张　来　张　锋　江　筠
吴　健　邹　华　应　健　陆铜华　金卫东　郑洪广　俞建锋　奚高飞　柴燕萍
康　燕　黄晓虹　葛树法

2014 年度“双好”委员

马亚琴　王利群　王晓乐　王朝丽　尤士英　方红梅　卢红梅　朱　礼　许美凤
江小洪　张　来　邹　华　沈芬芳　沈宝土　陆文宝　何月姣　林　峰　郑　红
俞荣华　俞海平　项坚民　奚高飞　曹国兴　梁松英　葛树法　楼建琴

2015 年度优秀委员

丁庆伟　马良浩　王晓乐　王朝丽　朱飞燕　江小洪　刘　军　许美凤　李雅萍
张　来　邹　华　陈宇光　陈胜葵　严中铂　沈士华　何月姣　项坚民　俞金香
赵　华　唐建强　奚高飞　葛树法　曾　敏　楼志明

2016 年度优秀委员

王晓乐　王　铮　王朝丽　丰国需　朱飞燕　许美凤　江　筠　张　锋　邹　华
杨军民　吴建龙　李　卿　李　俊　余海根　郎振忠　郑　红　俞海平　梁松英
康　燕　韩卫芳　蓝德光

2017 年度优秀委员

丁国英　马　洁　王晓乐　王邦林　朱飞燕　张　迪　张　来　李素红　李　君
吴胜平　陈晓媛　陈树坤　陈　波　陆文宝　汪　琏　汪爱娟　沈卫东　杨　佳
邹　华　金正军　金忠美　周俊良　赵　华　赵金萍　闻建明　钟伟良　高丽娟
曾　敏　蒋建萍　滕晓芳

2018 年度优秀委员

马　洁　王晓乐　江小洪　朱　礼　朱飞燕　许建华　张　来　汪爱娟　邹　华
吴芳华　陆文宝　沈建法　陈树坤　杨胜相　周　琪　周侃奇　金正军　姚永安
孟　镝　庞法松　钟　燕　俞　清　俞　宏　柯诗剑　封福良　赵爱丽　徐林娟
徐振革　曹维昌　章雪梅　蒋秀娟　蒋建萍　释礼敬

2019 年度优秀委员

马劲询　王　铮　王邦林　王晓乐　毛和华　吕璨任　朱飞燕　杨　佳　邹　华
汪　琏　汪爱娟　张　来　张　迪　张　佳　张国强　张宇挺　陈　宁　陈　波
陈树坤　陈晓媛　陆铜华　金丹文　周康明　郎振忠　胡　晓　赵金萍　封福良
莫少骅　高丽娟　唐建强　章月霞　蒋秀娟　蒋建萍　曾　敏　谢　俊　谢宇罡
傅兴法

2020 年度优秀委员

马　洁　王　铮　王　巍　王晓乐　王洪刚　毛和华　叶振华　朱飞燕　朱佳凌
许建华　孙玉英　孙荣强　吕璨任　杨　佳　杨文杰　宋国平　沈卫东　张　来
张　锋　张　瑗　张宇挺　张丽莉　张国强　陈　宁　陈文琴　陈晓媛　陈树坤

邹　华　邹湘坪　赵　华　赵金萍　周　琪　周　锋　金丹文　范丹莺　郎振忠
封福良　胡　晓　胡治国　俞建锋　徐林娟　高丽娟　曹海英　曹维昌　章雪梅
韩卫芳　韩云燕　蒋秀娟　蒋建萍

2021 年度优秀委员

丁迎九　马　宽　王　琦　王婉芬　王辉东　方　琼　卢震亚　叶　凤　叶亿龙
叶振华　吕　航　刘志鹏　许建华　孙　威　严群芳　李　巍　杨东晖　肖琪经
吴家平　汪爱娟　张　洁　陈　宁　陈　丽　陈旭丹　陈建华　陈树坤　陈梦燚
罗永明　郎振忠　郎情樱　赵艳华　赵爱丽　赵海燕　胡　辉　俞　聪　俞　珺
俞珠花　倪大炜　徐　钦　高　航　陶伟华　龚美丽　虞　洋　鲍　贝　潘天鸿
潘杨欢

2022 年度优秀委员

王玉坤　王　原　王晓平　王辉东　石翼飞　叶　凤　朱佳凌　仲秀芳　刘伟学
阳凌峰　李　丹　李世钦　杨东晖　肖　斐　沈勇敏　沈碧君　忻　皓　张宇挺
张丽莉　张　佳　张　洁　张　峰　张道静　陈旭丹　陈　凯　陈树坤　陈梦燚
郑　夏　郎情樱　赵金萍　胡　冰　胡爱秋　俞　珺　俞　聪　徐　钦　徐振革
高　航　唐立春　黄一帆　黄庆芳　龚美丽　章献明　董雪霞　韩　琪　谢育红
裘　涵

附　　录

一、报告选

二、文件选

三、区政协委员自述

附　录

一、报告选

推进“三化”建设　发展“三大”文明
为开创我区政协工作新局面而努力奋斗

——2004 年 7 月 28 日在全区政协工作会议上的讲话

区委书记　何关新

这次全区政协工作会议，是区委对全区政协工作进行全面动员和部署的一次重要会议。刚才，区建设局、卫生局、教育局介绍了他们重视支持本系统内政协委员履行职能，积极配合政协工作，自觉接受政协民主监督方面的做法和经验。小花同志代表区政协作的重要讲话，全面回顾总结了近几年来区政协工作的成功经验，并对今后一个时期全区政协工作提出了明确要求，对推进政协履行职能“三化”建设作了全面部署，针对性和指导性很强，希望各级各部门要认真抓好贯彻落实。下面，我代表区委再讲五点意见。

一、服务大局，政协工作成效显著

近年来，区政协坚持以邓小平理论为指导，全面贯彻“三个代表”重要思想，高举爱国主义和社会主义两面旗帜，紧紧把握团结和民主两大主题，充分发挥广大委员的主体作用，紧密团结全区各界群众，围绕中心，服务大局，认真履行政治协商、民主监督、参政议政职能，为我区的改革、发展、稳定做了大量卓有成效的工作。可以说，当前我区政协工作正处在历史上的最好时期。具体表现在 5 个方面：

（一）围绕中心建言献策。区政协常委会紧紧围绕区委、区政府中心工作，运用例会形式，就重大问题积极开展政治协商，取得明显成效。仅 2003 年以来，区政协先后 6 次召开常委专题会议，研究创建国家环境保护模范城市、做大做强民营经济、建立新型农村合作医疗制度、加强和提高城市交通管理、推进征地拆迁工作、缓解“行路难、行车难”等问题，并在深入调研的基础上，向区委、区政府提交了高质量的建议案，受到有关部门的高度重视。区政协围绕余杭工业集中区建设和发展、高新农业和特色农业园区发展、村规模调整、农村卫生综合整治、社区建设、农民增收、维护社会稳定、发展文化教育事业、提高市民素质、青少年思想道德建设等问题，深入调查研究，提出了许多建设性意见和建议。特别是关于农村老年人生存状态的调研，直接促成了我区农村低保政策的出台，走在了全国前列。

（二）积极开展参政议政。区政协充分发挥自身优势，听取委员意见，集中大家智慧，对我区“三大文明”建设提出了大量有见地、可操作的建议。2003—2004 年，区政协共向区有关党政部门送交委员提案 451 件，提案内容涉及改革开放、经济建设、社会发展、劳动和社会保障等诸多重大问题。从各部门反馈情况看，意见建议采纳率达 86%以上，其中不少提案的办理和落实，极大地推进了党政部门的工作，如加快“放心菜”工程建设、加快优势企业做大做强步伐、加快发展都市效益农业、建立新型农村合作医疗制度、加快高中段教育发展步伐、关于创建村级卫生所的建议、解决“三农”问题，提高农民收入、加强农民专业合作经济组织建设等提案，充分展示了政协委员较高的参政议政水平。这些提案观念超前，意见中肯，针对性、科学性、操作性强，为区委、区政府科学决策和余杭经济社会的全面、协调、可持续发展提供了有价值的参考。区政协还积极参与招商引资工作，通过请进来、走出去等方式，邀请省内外经济界人士考察余杭投资环境，组织本区经济界委员赴广东、温州等地招商引资。积极参与区委组织的结对帮扶活动，先后与塘栖镇、径山镇结成帮扶对子，为帮扶对象出谋划策，办成了不少实事、好事。

（三）增强民主监督实效。区政协常委会认真履行民主监督职能，积极探索新途径，切实加大民主监督力度，不断提高民主监督实效。依据法律法规执行情况进行监督性视察，组织委员对城乡卫生、城区交通、城市建设等工作进行连续性视察，组织委员对工业集中区、重点工程、“十件实事”落实情况等进行专题性视察，及时向区委、区政府提出整改意见和建议。另一方面，根据区委的意见，组织开展专项民主监督活动。2003 年，区政协对全区的“创模”工作开展了民主监督专项活动，通过视察、座谈、调查问卷和研讨，向区委、区政府提交了《关于对我区“创模”工作开展民主监督情况的报告》，有力地推动了全区的“创模”工作。

（四）积极反映社情民意。区政协十分重视反映社情民意工作，始终把了解反映社情民意作为政协履行职能的重要工作来抓。组织、发动、激励广大委员深入实际、了解民意、体察民情、积极反映群众的呼声和要求，以《政协信息》的形式向上级政协、同级党政部门和领导报送，为党政领导和有关职能部门提供了许多重要情况和有价值的信息。开展委员约谈会，区政协正副主席不定期地与委员进行工作和思想交流，听取委员对经济建设和社会发展的意见和建议，并形成约谈会纪要，及时向有关部门反映，委员反映的一些突出问题得到了较好的解决。近两年中，共编报各类反映社情民意的《政协信息》100 多期，其中有 5 条信息被全国政协采用，并转送国家有关部门。

（五）发挥政协委员主体作用。区政协十分注重发挥全体委员的作用，每年都在政协委员中认真开展“写一件高质量的提案，提一条合理化建议，反映一条有价值的信息，参与一次视察，为群众办一件好事”的“五个一”活动。广大政协委员积极履行政治协商、民主监督和参政议政三项职能，在调查研究，反映情况，发表意见等方面，做到尽心尽职，肝胆相照；在本职工作岗位上，做到勤勤恳恳、率先垂范；在社会生活和“春风行动”中，积极参与公益活动，踊跃捐款捐物、出钱出力。今年政协全会期间，委员们主动为区福利中心的病残孩子捐款 13.8 万元。

回顾总结 2003 年以来政协工作取得的成绩，使我们更深刻地认识到人民政协是我国社会主义民主政治的重要形式，在我国政治生活中具有不可替代的作用、要充分发挥人民政协的作用，就必须切实加强和改进党对政协工作的领导，积极支持政协履行三大职能；必须围绕中心，服务大局，紧扣时代脉搏，抓住经济社会中的重大问题，充分发挥政协的“智囊团”和“人才库”作用；必须切实加强制度建设，从机制和程序上确保政治协商、民主监督、参政议政的实效；必须充分发挥广大政协委员的主体作用，激发他们的政治热情和责任感、使命感，增强人民政协履行职能的内在动力，使政协工作不断在开拓中前进，在前进中开拓。这些都是我区政协工作的好经验、好传统，在今后的工作中要不断加以发扬光大。

二、加强学习，充分认识人民政协的性质、特点和职能

2004 年 3 月的全国政协十届二次会议通过了《中国人民政治协商会议章程修正案》。新修改的《政协章程》对人民政协的性质、职能、任务、工作原则、组织原则、委员的权利和义务以及有关制度都作出了明确规定，特别是把马列主义、毛泽东思想、邓小平理论和“三个代表”重要思想确定为统领政协工作的指导思想，对于保持政协工作的正确政治方向具有十分重要的意义。希望我们在座的各级领导干部都要好好地学一学新修改的《政协章程》，进一步了解人民政协的性质、特点和职能，更加重视政协工作，不断开拓和发展我区的政协事业。新《政协章程》明确，中国共产党领导的多党合作和政治协商制度是中国的一项基本政治制度，人民政协的性质是中国人民爱国统一战线的组织，是中国共产党领导的多党合作和政治协商的重要机构，是我国政治生活中发扬社会主义民主的重要形式。这个表述鲜明地体现了人民政协的时代特征和政治属性。在中国共产党的领导下实行团结和民主，是人民政协的两大主题，是人民政协继往开来的方向和使命。人民政协的团结与民主互相联系、互相依存。人民政协的团结，是在主基础上的团结，并通过最广泛的团结，把民主扩大到更大的限度和范围；人民政协的民主，是在广泛团结基础上的民主，它既尊重多数人的共同意愿，又照顾少数人的合理要求，从而有效地促进最广泛的团结。

人民政协的性质决定了其具有三大特点。一是广泛的代表性和包容性。人民政协不仅包括统一战线的各个方面，成为中国人民爱国统一战线的组织形式，而且成为实现中华民族大团结的一种重要方式。目前余杭区政协由党派、团体、界别和特邀四个方面、共 23 个参加单位组成，全区所有合法政党、主要人民团体、各个界别、各个民族和各大宗教团体都有其代表人物担任政协委员，代表他们参与全区大事的讨论协商。二是党派合作性。作为我国唯一的有所有合法政党参加的，并以党派名义在其中活动的政治组织，它不仅是党派性的组织，而且是各党派团结合作的组织。中国共产党领导的多党合作和政治协商制度，具有一党制和多党制不可比拟的优越性，其显著特点是“共产党领导、多党派合作，共产党执政、多党派参政”。三是民主协商性。人民政协是我国政治体制中进行政治协商的机构，民主协商是人民政协议事的基本规则。《政协章程》规定人民政协的主要职能有三项，即政治协商、民主监督、参政议政。政治协商是指对国家和地方的大政方针以及政治、经济、文化和社会生活中的重要问题在决策之前进行协商和就决策执行过程中的重要问题进行协商。参加政协的各单位法律地位是平等的，相互之间是一种“长期共存、互相监督、肝胆相照、荣辱与共”的关系，在协商讨论的过程中求同存异、体谅包容。民主监督包括两个方面：一是参加政协的各党派根据章程规定的“十六字方针”互相监督，即共产党同各民主党派及党外各界人士的互相监督。二是政协各参加单位和委员对国家或地方机关人员及其工作提出意见、建议和批评。参政议政是对经济社会发展中的重大问题以及人民群众普遍关心的问题，开展调查研究，反映社情民意，进行协商讨论。这三项职能是人民政协理论和实践发展的重大成果，拓宽了人民政协履行职能的空间，为广大政协委员及其所联系的群众参与国是、发挥专长创造了良好的条件。

在工人阶级领导的以工农联盟为基础的人民民主专政的社会主义国家中，党委、人大、政府和政协是我国政治体制的重要组成部分，是国家和各级地方的四大组织机构，具有不同的组织地位，分别承担不同的职权和作用。中国共产党作为执政党，各级党委是本地的领导核心；人大是人民代表选举产生的地方权力机关；政府是地方权力机关的执行机关，是管理地方事务的行政机关；政协是爱国统一战线的组织，是多党合作和政治协商的重要机构，是发扬社会主义民主的重要形式。这四者之间的关系，要按照党的十六大提出的党“统揽全局、协调各方”的原则来规范。党委作为领导核心，担负着对本地政治、经济、文化、社会等各项事业实行全面领导的责任，要总揽全局，把主要精力放在抓方向、议大事、管全局上，集中精力抓好带全局性、战略性和前瞻性的重大问题，把握政治方向、决定重大事项、安排重要人事、维护社会稳定；要协调各方，从推进全局工作的要求出发，统筹协调好与人大、政府、政协的关系，使人大常委会、政府、政协在中国共产党的统一领导下，分工协作，各司其职，相辅相成，形成合力。党委对人大常委会、政府、政协工作的领导，要通过人大常委会、政府、政协的党组来实现。人大常委会、政府、政协党组要自觉接受党委的领导，结合各自机关的职能贯彻好党委的决议，把党的主张分别转化成为人民的意志、政府的政令、社会各界的共识。

三、提高认识，增强做好政协工作的责任感和使命感

面对执政条件和社会环境的深刻变化，面对战略转型期的机遇与挑战，政协工作责任重大、使命神圣。要把中国的事情办好，把余杭的事情办好，必须发挥人民政协的政治优势，运用统一战线这一重要法宝，团结一切可以团结的力量，调动一切积极因素，维护大团结，推进大联合，实现大目标。

（一）*做好政协工作，是推进社会主义政治文明建设的需要。*党的十六大把发展社会主义民主政治、建设社会主义政治文明，确立为中国特色社会主义伟大事业的重要目标，为政协工作提出了一个崭新的课题。推进社会主义政治文明建设，最根本的一条，就是要把坚持党的领导、人民当家作主和依法治国有机统一起来，最广泛地动员和组织人民依法管理国家和社会事务，管理经济和文化事业，让人民群众当家作主。2003 年以来，区委、区政府在这方面坚持与时俱进，不断开拓创新，在区级机关开展了“满意不满意单位”评选活动，开通党政机关服务态度和效能监察投诉电话，完善了区长公开电话；积极推行重大事项社会公示和社会听证、专家咨询制度；努力建立了解民情、反映民意、集中民智、珍惜民力的决策机制，推进决策科学化民主化。政协工作要主动参与这一改革进程，不断拓宽人民群众参与社会政治生活的渠道，更好地满足人民群众参政议政的愿望和要求。充分运用统一战线这一法宝，加强同各民主党派、工商联和人民团体的联系，加强同各方面人士的沟通，团结一切可以团结的力量，实现大团结、大联合、大发展，推进社会主义民主政治建设。

（二）*做好政协工作，是加快社会主义物质文明建设的需要。*进入新世纪，区第十一次党代会确定了余杭经济社会发展的战略目标，提出了实施“再造工程”、推进“三大跨越”、建设现代化都市新区的目标任务。实现这些目标，需要形成广泛的团结，凝聚人民的智慧，激发强劲的发展动力。人民政协具有代表性强、联系广泛的优势，通过政协这个舞台，可以把我区各族各界群众的智慧和力量凝聚到余杭新阶段的发展目标上来，凝聚到实施“再造工程”和推进“三大跨越”上来。区政协要充分发挥优势，积极宣传党的路线方针政策和区委、区政府的重大决策，主动协助党委、政府多做统一思想、理顺情绪的工作，多做排忧解难、鼓舞士气的工作，引导广大群众关注余杭的发展、投身余杭的建设；要抓住余杭经济社会发展和群众生产生活中的重大问题，组织政协委员开展调查研究，提出意见建议，为余杭经济社会发展提供强大的智力支持。

（三）做好政协工作，是加强社会主义精神文明建设的需要。建设社会主义精神文明、大力发展面向现代化、面向世界、面向未来的，民族的科学的大众的社会主义文化，推动老百姓在共享文明中实现全面发展，是社会主义现代化建设的重要内容。精神文明建设是个大舞台，每一个余杭人都应该在这个舞台上扮演生动感人的角色。文化建设是个大载体，它紧密联系着社会主义市场经济和人民群众日常生活的方方面面。政协具有人才荟萃、智力集中的特点和优势，更应该在余杭的精神文明建设、文化建设中作出贡献。要通过政协的有效工作和政协委员的表率作用，净化人们心灵、提升城市品位、提高市民素质。区政协要组织政协委员和社会各界人士参与到创建省级文明城区、国家卫生城市先进城区等群众性精神文明建设活动、投身于扶贫帮困“送温暖”等民心工程建设，献计立言于解决群众实际困难的德政善举，不断推进我区的精神文明建设。

四、明确任务，切实履行政协职能

近几年，是实施“再造工程”、推进“三大跨越”、建设现代化都市新区的关键时期。实现这一宏伟目标，完成这一历史使命，政协责无旁贷，大有作为。

（一）围绕一个中心。发展是我们党执政兴国的第一要务，也是政协履行职能的第一要务。政协要紧紧围绕区委提出的推进“三大跨越”，建设现代化都市新区的中心工作，自觉服从服务于改革发展稳定大局，为余杭加快发展、率先发展、协调发展贡献智慧和力量。政协要充分发挥我区“智囊团”“人才库”的优势，把主要精力放在对经济社会发展大势的把握上，对改革发展稳定深层次矛盾的分析上，对宏观性、战略性、前瞻性问题的思考上，对党委和政府关注的大事、难题的对策研究上，深入调查研究、积极建言献策，拿出更多体现时代性、把握规律性、富有创造性、具有可操作性的调研成果，自觉把政协工作融入党委和政府的全局工作中。要充分发挥联系广泛的优势，加强“三胞”联谊、横向联系工作，拓宽渠道，牵线搭桥，把各党派团体、各族各界人士的注意力和力量引导到聚精会神搞建设、一心一意谋发展上来，为余杭实施开放带动战略，走以民引外、民外合璧发展新路贡献力量。

在这里，我要特别强调一下发挥政协委员主体作用的问题。在区政协围绕发展第一要务，为区委、区政府当好参谋的工作中，政协委员有着很大的作为空间，有着广阔的用武之地。政协委员身处经济社会发展第一线，在各自界别中或岗位上具有较高的知识能力和实践成就，是某个领域的带头人。所以，区政协要积极组织委员开展视察、调研等活动，引导委员为我区经济社会发展建言献策。特别是要围绕余杭现代化建设，围绕加快城市化、工业化进程，围绕以人为本，提高人的素质，提升文明程度，围绕实施“再造工程”，推进“三大跨越”等方面开展深入调查，超前研究，提出建议。我有个想法，区政协是否可以考虑建立“政协委员履行职责考核制度”，对政协委员参加活动、履行职责情况按年度考核评比。

对优秀者给予表彰奖励，对连续两年不合格者则劝其辞去政协委员职务，以促动委员主体作用的发挥。

（二）突出两大主题。团结和民主是政协工作的两大主题。政协要充分发挥团结面大、联系面广的优势，把团结各界、维护稳定作为政协工作的一个着力点。政协各个界别、各位委员首先要真诚合作、求同存异、包容体谅、和衷共济，做大团结、大联系的表率。要积极运用统一战线这一法宝，加强同各方面人士的联系，多做争取人心、凝聚力量的工作，不断延伸工作触角，扩大团结面，增强包容性，团结一切可以团结的力量，调动一切积极因素，形成浩浩荡荡的大军，为余杭的改革开放和现代化建设提供最广泛的支持。要把协调关系、化解矛盾、理顺情绪、维护稳定摆上突出位置，积极宣传党的路线方针政策和区委、区政府的重大决策，引导广大群众正确认识局部利益与整体利益、眼前利益与长远利益的关系，统一思想，增进共识，减少阻力，增加动力。要切实尊重和保障政协各个界别、广大委员充分发表意见的权利，努力营造知无不言、言无不尽、融洽和谐、生动活泼的政治氛围。要切实搞好以协商讨论、批评建议为主要形式的民主监督，广开言路，畅通人民群众参与国家事务管理和监督的渠道，落实人民群众的知情权、参与权、选择权、决定权和监督权。

（三）处理三大关系。一要处理好发挥职能作用与坚持党的领导的关系。一方面，政协要找准位置、扮好角色，自觉接受和拥护中国共产党的领导。政协的一切工作，不论是民主协商还是参政议政，不论是建言献策还是批评监督，都要从有利于加强和改善中国共产党的领导出发，真正与党政领导机关共搭一个台、同唱一台戏，多补台、不拆台。另一方面，各级党委要从政治原则、政治方向、重大方针政策上切实加强对政协工作的领导，真正做到思想上重视、政治上关心、组织上保证、工作上支持。

二是处理好发挥职能作用与加强自身建设的关系。政协要始终坚持一手抓履行职能、一手抓自身建设，以加强自身建设的实际成果推动政协职能作用的发挥。要切实加强学习教育，坚定理想信念，把牢政治方向。要健全完善各项规章制度，推进政协履行职能的制度化、规范化、程序化。要积极探索发挥政协委员主体作用的新途径、新方法，注重发挥各民主党派、各人民团体、各界别和各专门委员会的基础作用。要切实加强政协机关的作风建设，增强服务意识，提高服务质量，使政协机关真正成为“委员之家”。政协党组要充分发挥政治核心作用，保证党的路线方针政策和区委、区政府重大决策的贯彻执行。政协中的中共党员更要发扬党的优良传统和作风，做合作共事的模范、廉洁奉公的模范、发扬民主的模范。

三要处理好继承与创新的关系。创新是我们党必须长期坚持的治党治国之道。做好政协工作，同样离不开创新。李瑞环同志曾经说过：“人民政协工作如同其他各项事业一样，必须按照邓小平理论，按照‘三个代表’要求，积极倡导创新。”这些年来，我区政协在做好政协工作、履行政协职能方面作了有益探索、积累了丰富经验，开展专项民主监督活动等做法还为全省各地所借鉴。对实践证明是行之有效的宝贵经验，要继承，要发扬。同时要根据形势和任务的变化，在继承中创新，在创新中发展，创新思想观念，创新方式方法，推动政协工作继往开来、与时俱进。

五、加强领导，为政协履行职能提供有力保障

加强党的领导，是做好政协工作的根本保证。去年，杭州市委专门制定了《关于进一步推进人民政协履行职能制度化规范化程序化建设的若干意见》。根据市委文件精神，区委在调查研究、广泛征求意见的基础上，也出台《中共杭州市余杭区委关于进一步推进人民政协履行职能制度化规范化程序化建设的若干意见》（区委〔2004〕58号）。各级党委、政府要认真贯彻落实好这个《若干意见》，切实加强和改进党对政协工作的领导。

（一）规范关系。中国共产党是中国特色社会主义事业的领导核心，必须加强和改进党对政协工作的领导。人民政协必须自觉接受党的领导，维护同级党委的核心地位。政协与人大是我国政治生活中发扬社会主义民主的两种重要形式，在我国民主政治建设中互为补充、相辅相成，不能互相代替。政协和政府是互相协商关系，是监督与被监督的关系，也是协商建议和协助推动工作的关系，彼此在社会政治、经济生活中要按各自分工，履行好各自职能。政府既要自觉接受政协的民主监督，又要积极为政协履行职能创造条件。

（二）完善制度。各级各部门要按照区委〔2000〕16号和这次下发的《若干意见》的有关规定，进一步健全加强和改善党对政协工作领导的有关制度和规定。我作为区委一把手，将亲自过问政协工作。区委还确定分管党群副书记具体负责联系政协工作。区委常委会每年安排1–2次听取政协党组的工作汇报，及时研究政协工作中的重大问题。区委每届任期内至少召开1次政协工作会议。区委常委会和其他有关重要会议，应请区政协主席列席。区政府确定由常务副区长联系政协工作。区级有关部门也要确定1名领导负责与政协的日常联系。区政府召开全体会议，应邀请政协领导参加：召开其他会议，应视情邀请政协领导参加。要进一步坚持和完善政协领导参加同级党委、政府重大活动，重大问题民主协商，重大情况及时通报，以及谈心交友、部门联系、提案办理等各项制度，举荐民主党派、无党派人士担任各级政府及司法机关，包括教育、科技、卫生等部门的领导职务。每次政协常委会会议，党委、人大常委会、政府及有关部门都应安排领导参加。事关多党合作、统一战线和人民政协的一些重大问题和政协换届人事安排等，区委应听取政协党组的意见，要把统战政协工作业绩列入党政部门年度目标考核和党政领导干部述职内容。各级政府要主动支持政协发挥职能作用，自觉接受民主监督，切实为政协开展工作创造良好条件。

（三）突出重点。加强党对政协工作的领导，必须突出重点，把握关键、狠抓落实，务求实效。一要把政治协商纳入决策程序。坚持政治协商制度，是实行民主科学决策的重要条件，也是建设社会主义政治文明的客观要求。目前政治协商还存在随意性比较大、重大问题界定难、协商程序不规范等问题，一个重要原因就是政治协商没有可操作的实施细则，缺乏具体可行的程序保障。要把推进政治协商的制度化、规范化、程序化建设摆上党委、政府的议事日程，把重大问题提交政协进行协商的要求纳入党委和政府的议事规则，把政治协商作为科学决策的必要程序和重要环节。各级党委、政府要认真修改和完善议事规则，将政治协商的要求纳入其中。二要积极支持政协提高民主监督的组织化程度。各级党委和政府要积极支持区政协把政协委员的个人监督行为上升为区政协的组织监督行为，把分散的监督活动上升为集中的监督活动，把零星的批评意见上升为集体的监督建议，增强民主监督的实效性和影响力。支持人民政协组织以专项民主监督、政情咨询等近年来创新的监督形式，围绕重大问题组织政协委员开展民主监督活动。对以“民主监督专项活动情况报告”形式提出的监督意见要认真对待、及时反馈办理情况。要坚持和完善在政协委员和民主党派成员中聘请各类监督员制度，邀请他们参与有关检查、考核和评议工作。政协委员担任各类监督员应由政协与有关部门协商推荐。对抵制、阻挠政协民主监督甚至打击报复的行为，要严肃查处。三要进一步完善政协参政议政意见建议的落实反馈机制。对政协提出的调研报告、建议案，反映的社情民意信息，以及在视察中、会议上和通过其他形式反映的意见建议，不能只见领导批示而不知办理结果，也不能只有办理而没有反馈。各级各部门要高度重视政协提出的意见建议的处理和落实工作，提高办理层次，制定办理规则，健全反馈制度。对政协全体会议、常委会会议、主席会议等向区委和政府提出的重大建议，党政主要领导应亲自阅批，落实办理部门。建议案的办理情况，除书面反馈外，还应由有关领导在政协有关会议上通报。对政协委员提案要认真办理、加强督察、纳入考核，区政府领导每年应向政协常委会会议通报一次提案办理落实情况。对政协的各类调研报告，有关部门应认真研究，积极采纳有关意见建议，并给予书面反馈。对以政协社情民意信息形式反映的意见建议，也应采取适当形式予以反馈。四要积极支持政协组织建设。在推荐安排和调整政协委员过程中，区委组织部、统战部应与政协党组织密切配合、共同把关。要按照上级党委有关规定，重视政协领导班子的配备和建设，使之成为政治坚定、作风民主、结构合理、素质优良的领导集体。要将政协机关干部的培养、选拔、交流纳入干部整体计划之中，与党政机关干部通盘考虑。五要建立健全学习培训机制。各级党委理论学习中心组要把统战政协理论作为重要的学习内容。宣传部门要把统战政协理论政策列入宣传工作整体计划。组织部门要将统战政协理论纳入党政干部考试考查内容。区委党校要把统战政协理论列入各级党政干部的培训和教学计划，开设专题教学课，保证必要的教学课时。

同志们，让我们团结在以胡锦涛同志为总书记的党中央周围，全面贯彻“三个代表”重要思想，切实加强和改善党对政协工作的领导，扎实推进人民政协履行职能制度化、规范化、程序化建设，有力促进余杭“三大文明”发展，同心同德，真抓实干，为开创我区政协工作新局面而努力奋斗!

在区委政协工作会议上的讲话

(2009年10月10日)

杭州市委常委、区委书记　朱金坤

今年是中华人民共和国成立60周年，也是人民政协成立60周年、余杭区政协成立53周年。区委召开这次政协工作会议，具有特殊而重要的意义。这次会议的主要任务是：以邓小平理论和“三个代表”重要思想为指导，深入贯彻科学发展观，全面落实省、市政协工作会议精神，回顾总结余杭政协成立53年来，特别是近年来我区的政协工作，研究部署做好新形势下政协工作的目标任务，进一步加强和改善党对政协工作的领导，建立健全政协履行职能工作机制，开创我区政协事业新局面，为加快建设最适宜居住的“品质之城，美丽之洲”而努力。

区委对这次会议高度重视，将开好这次会议作为今年常委会的一项重要工作。根据工作部署，区委组成三个督查组就部门、镇乡贯彻落实区委《关于贯彻〈中共中央关于加强人民政协工作的意见〉的实施意见》，开展了专项督查，就做好新形势下人民政协工作进行了深入调研。会议召开前，区委常委会专门听取了会议筹备工作情况的汇报，研究讨论了《关于进一步加强人民政协工作的意见》，将进一步征求意见后正式发文。

1949 年 9 月 21 日至 30 日，中国人民政治协商会议第一届全体会议在北京中南海怀仁堂举行。这次会议代行全国人民代表大会的职权，代表全国人民的意志，通过了具有临时宪法性质的《共同纲领》，选举产生了以毛泽东同志为主席的中央人民政府，庄严宣告了中华人民共和国的成立。这次会议具有划时代的历史意义，揭开了新中国的光辉序幕。在此后的 60 年里，人民政协认真履行政治协商、民主监督、参政议政职能，与时代同步前行，与共和国一起成长，走过了光辉的历程，创造了辉煌的业绩，为建立和巩固新生的人民政权、促进中国革命和建设、推动改革开放和社会主义现代化建设作出了重大贡献。

和全国政协事业一样，余杭区政协事业自建立以来，特别是改革开放以来，蓬勃发展，成果丰硕。政协组织建设日益加强，委员队伍不断壮大，政协工作空前活跃，真正形成了党委重视、政府支持、政协主动、各方配合的良好局面，进一步巩固和发展了最广泛的爱国统一战线，有力地推动了人民政协事业的发展，为推进余杭经济建设、社会稳定和民主法制建设，做了大量卓有成效的工作，得到了党委、政府的肯定和社会各界的赞誉。特别是 2004 年全区政协工作会议以来，政协事业又取得了新的进展。主要表现在以下几个方面：

一是党对政协工作的领导进一步加强。区委认真贯彻中央、省、市关于政协工作的一系列重要文件精神，陆续出台了《关于贯彻〈中共中央关于加强人民政协工作的意见〉的实施意见》《关于进一步加强中国共产党领导的多党合作和政治协商制度建设的实施意见》《关于进一步推进人民政协履行职能制度化规范化程序化建设的若干意见》等，进一步建立健全了重大问题协商制度、重要情况通报制度、政协提案办理制度等，有力推进了政协工作制度化、规范化、程序化建设。同时，区委坚持把政协工作纳入全局工作之中，摆上重要议事日程。区委常委会每年都安排 2 次以上会议，听取区政协党组工作汇报，研究落实政协工作，切实加强和支持政协工作的开展。充分发挥区政协党组的作用，通过区政协党组把区委对政协工作的要求，体现到政协各项工作中，保证了党的路线方针政策和党委各项决策部署在政协工作中的贯彻落实。

二是人民政协作用进一步发挥。区政协致力发展、关注民生、履职为民，围绕全区经济社会发展中的重大问题和人民群众关心的热点难点问题，认真开展政治协商，切实加强民主监督，积极推进参政议政，在建设“品质之城、美丽之洲”中充分发挥协调关系、汇聚力量、建言献策、服务大局的重要作用。近年来，区政协紧紧围绕区委中心工作，服务大局、开拓创新、求真务实，取得了可喜的成绩。特别是九届政协成立以来，区政协进一步加大政治协商力度，提高民主监督组织化程度，开拓政协委员参政议政平台，围绕城市化建设、工业强区建设、实施“环境立区”战略、转变经济增长方式、重大项目推进等重大课题，以建议案、调研报告、视察报告、提案、社情民意、民主建言会、委员访谈等多种形式，提出了大量有见地、有分量的意见和建议，有力促进了全区中心工作的落实，为合力推进余杭各项事业发展贡献智慧和力量。

三是政协自身建设进一步提高。区政协认真学习邓小平理论、“三个代表”重要思想和科学发展观，积极组织开展保持共产党员先进性教育、新一轮解放思想大行动和深入实践科学发展观等活动，不断加强思想理论建设，切实抓好政协领导班子建设和干部队伍建设。坚持开拓创新，不断完善工作机制，积极探索并建立健全了界别工作考核制度、委员管理制度、特聘委员制度等。在政协机关、专委会机构设置及干部配备不断加强和完善的基础上，坚持“四位一体”自身建设格局，努力搭建合作共事平台发挥民主党派人士参政议政积极性，突出界别特色，发挥政协委员主体作用，提高政协机关服务保障水平，不断推动政协工作创新发展，政协的履职能力和水平上了一个新的台阶。

实践充分证明，人民政协是中国共产党领导的一支坚强的政治力量，在余杭区政治、经济、文化生活中发挥着并将继续发挥极其重要的作用，为全区经济社会发展作出了重要贡献。区委对政协工作是满意的，对政协工作取得的成绩是充分肯定的。在此，请允许我代表中共余杭区委，向全区政协委员和政协工作者，向为我区政协事业发展作出积极贡献的历届政协老领导、老同志，向关心和支持我区政协事业发展的各界人士，表示衷心的感谢和崇高的敬意!

下面，我就进一步加强我区政协工作讲 4 点意见。

一、站在政治和全局的高度，深刻认识新形势下加强政协工作的重大意义

人民政协是中国共产党把马克思列宁主义统一战线理论同中国具体实践相结合的伟大创造，是与各民主党派、人民团体和各族各界人士风雨同舟、团结奋斗的伟大成果。在人民政协 60 华诞之际，我们更要站在政治和全局高度，深刻认识人民政协在新形势下的重要地位和作用，切实增强做好政协工作的使命感和责任感。

1. 加强人民政协工作是提高党的执政能力的必然要求。加强和改善对人民政协的领导，推动人民政协富有成效地开展工作，充分发挥人民政协在国家政治生活中的作用，是加强中国共产党执政能力建设的一个重要方面。人民政协作为中国人民爱国统一战线组织，与社会各界人士有着广泛的联系。加强人民政协工作，有利于广开言路、集思广益，促进党委、政府科学民主决策，提高党的执政能力；有利于实现好、维护好、发展好最广大人民群众的根本利益，不断巩固党的政治基础，扩大党的群众基础；有利于增进各党派团体、各族各界人士的团结和接受中国共产党领导的自觉性，不断巩固党的执政地位，更好地完成党的执政使命。

2. 加强人民政协工作是发展社会主义民主政治的必然要求。人民当家作主是社会主义民主政治的本质和核心。作为政治生活中发扬民主的重要形式，人民政协在组织上有着广泛的代表性，在政治上有着最大限度的包容性，能够从不同角度、不同层面，最集中和有组织地反映各个社会阶层的意见和社情民意。加强人民政协工作，既符合社会主义民主政治的本质要求，又体现了中华民族兼容并蓄的优秀文化传统，有利于社会各界在政治生活中充分表达意见和主张，有利于扩大公民有序的政治参与，为广大人民在党的领导下依法管理国家和社会事务、管理经济和文化事务提供可靠的制度保障。

3. 加强人民政协工作是构建和谐社会的必然要求。人民政协的基本属性、主要职能、组织构成、工作原则和活动方式，与构建社会主义和谐社会的要求是完全一致的，同构建社会主义和谐社会的各项工作是紧密相连的。加强人民政协工作，重视发挥人民政协在协调关系、化解矛盾、增进共识、加强团结等方面的独特作用，有利于凝聚各方面智慧和力量，调动一切积极因素为经济社会协调发展建言献策；有利于促进统一战线各方面团结合作，保持社会长期稳定；有利于更好地兼顾各方面利益，加快和谐余杭建设，形成人民群众各尽所能、各得其所而又和谐相处的社会氛围。

4. 加强人民政协工作是加快建设“品质之城、美丽之洲”的必然要求。深入贯彻落实科学发展观，构筑“3+1”现代产业体系，加快经济社会全面发展，建设最适宜居住的“品质之城、美丽之洲”是我区当前和今后一个时期的工作大局。在国际金融危机的严重冲击下，我们面临保增长、抓转型、重民生、促稳定的艰巨任务。要实现转危为机、跨越发展，必须加强人民政协工作，充分发挥人民政协的政治优势和职能作用，把各民主党派、人民团体和各族各界人士的思想和行动统一到区委的决策部署上来，最大限度地调动一切积极因素，举全区之力，集全民之智，形成推动余杭奋力崛起的强大合力。

二、不断完善政协工作机制，积极支持政协履行政治协商、民主监督、参政议政职能

中共中央5号文件把政协履行职能制度化、规范化、程序化建设作为重点，有针对性地提出要建立健全政协履行职能的工作机制。最近，省、市政协工作会议先后召开，并制定了关于进一步加强人民政协工作的具体意见。这为余杭政协事业发展指明了方向，我们要对照中央5号文件和省、市最新出台的意见精神，紧密结合余杭实际，进一步完善政协工作机制，扎实推进政协工作“三化”建设，积极支持政协履行政治协商、民主监督、参政议政职能。

1. 完善政治协商工作机制。政治协商是人民政协的首要职能，是发扬社会主义民主的重要形式，是党和政府广集民智、科学决策的重要环节。这次区委研究制定的即将行文的具体意见里就政治协商工作的规范运作做了进一步的明确。要把政治协商纳入决策程序。切实把政治协商作为科学决策的必要程序和重要环节，科学合理地确定协商内容，凡余杭经济社会发展规划、重大项目建设的决策和调整、关系群众切身利益的重大举措等都要先协商后决策。明确列入政治协商内容但未经政治协商的做到不上会、不讨论、不决策。同时还要建立政治协商办文制度，凡进行过协商的重要议题，在提交决策讨论时，应附上政协的协商意见。要提高政治协商主动性。区委、区政府要增强政治意识、民主意识、协商意识，提高政治协商的主动性，把重大问题提交政协进行政治协商的要求写入各自议事规则，避免以通报代替协商、以个别问题交流代替重大问题协商等情况。通过广泛深入的协商和讨论，认真听取意见、建议和批评，积极采纳和运用协商成果，使党的主张和意愿成为各民主党派、人民团体、无党派人士等社会各界的共识，提高党在全社会的凝聚力和影响力。要推进政治协商规范化。区委、区政府要进一步健全政治协商的制度，使协商活动更具规范性和可操作性，杜绝出现随意性和表面化现象。要进一步明确协商各方责任，规范政治协商程序。由区委、区政府根据年度工作重点，确定协商课题，同时要为政协提供了解情况、掌握政策的必要条件；区委、区政府有关领导及有关部门负责人要积极参加政治协商活动；政治协商必须形成协商纪要并及时报送区委、区政府及有关部门；区委、区政府及有关部门要高度重视、及时研究政治协商提出的意见和建议，抓好落实。

2. 完善民主监督工作机制。人民政协的民主监督是我国社会主义监督体系的重要组成部分。完善政协民主监督机制，使民主监督落到实处，是社会主义民主政治建设的必然要求，也是党政机关改进作风、提高工作效能的现实需要。要优化民主监督环境。区委、区政府及各部门要把政协民主监督作为推进工作、改进作风、加强廉政建设、密切干群关系的重要途径，自觉接受民主监督，诚恳接受来自各民主党派、人民团体和各界人士的意见建议，努力营造广大政协委员、各民主党派人士敢于直言、敢于批评、敢于监督的宽松和谐的政治环境。要畅通民主监督渠道。积极支持人民政协以会议监督、提案监督、视察监督、政情咨询监督、反映社情民意监督等不同形式开展的民主监督活动，进一步完善知情环节、沟通环节和反馈环节。今年我区已试行开展了统一选派民主监督员工作，各有关部门在思想上要高度重视，进一步强化做好统一选派民主监督员工作的自觉性和主动性；在行动上要积极支持，进一步保障统一选派民主监督员工作的规范化和有序化，提高民主监督组织化程度。要完善权益保障机制。尊重和依法保护政协委员行使民主监督的各项权利，决不允许发生任何抵制、阻挠政协民主监督甚至打击报复的行为。

3. 完善参政议政工作机制。参政议政是政治协商和民主监督的拓展和延伸，是人民政协履行职能的重要形式。重视政协参政议政工作，有利于党和政府了解民情、把握民意，使各项决策更具有民意基础，有利于推动各项方针政策的落实。要创造知情明政条件。坚持和完善重大事项通报制度，及时向政协全体会议、常委会会议、主席会议和政协委员通报余杭经济社会发展的重要情况，为政协组织和广大政协委员知情明政创造条件。坚持党政部门与政协各专门委员会、民主党派、工商联的对口联系制度，认真落实政府和政协委员联系的相关规定，及时提供重要政务信息。对于人民政协开展的调查研究和建言献策活动，要大力支持，提供必要资料，给予积极配合。要注重信息反馈。区委、区政府及各部门要高度重视政协所提意见建议的处理和落实工作，制定办理规则，健全反馈制度。对政协提出的建议案，反映的社情民意信息，以及在视察中、会议上和通过政协社情民意信息形式反映的意见建议，不能只见批示而不见办理结果，也不能只有办理而没有反馈。对政协的各类调研报告，有关部门应认真研究，积极采纳有关意见建议，并给予书面反馈。

三、充分发挥人民政协独特优势，为余杭经济社会发展大局服务

人民政协只有围绕发展的大目标，立足建设的大格局，才能有所作为、多做贡献。我区当前的既定目标是实现弯道超越、跨越发展，当务之急是构筑“3＋1”现代产业体系，加快经济转型升级。区政协要发扬优良传统，发挥独特优势，自觉服从服务于全区中心工作，使政协工作与区委、区政府的决策部署相统一、相适应、相协调。

1. 着力在推动余杭科学发展上作出新贡献。余杭正处于推进经济转型升级，发挥累积优势，实现弯道跨越、跨越发展的关键时期。区政协要切实把政协工作与全区中心工作紧密结合起来，更加自觉、更加主动、更加有效地服务全局工作，充分发挥政协智力优势和参谋智囊作用，紧紧围绕区委确定的“六大战略”和构筑“3＋1”现代产业体系的奋斗目标，认真研究区委、区政府关注的大事要事和群众关心的热点难点问题，就产业转型升级、加快项目推进、城乡体制改革、发展文化产业等重大课题，抓住趋势性、苗头性问题进行专题调研视察，把突破点放在对改革发展稳定深层次问题的分析研究上来，力求从全局高度研究问题，从实践角度提出对策，多建发展之言，多献崛起之策，多立务实之论，使更多有见解、有分量、有价值的意见建议进入区委、区政府的决策。

2. 着力在团结合作共克时艰上展现新作为。历史经验证明，把绝大多数人团结在共产党周围，形成最广泛的统一战线，是我们战胜一切困难的强大力量源泉。区政协要坚持大团结大联合，协助区委、区政府做好非公经济人士、党外知识分子、海外侨胞、宗教界人士的工作，鼓舞士气，增强信心，形成共识，增进团结，齐心协力，克难攻坚，把大家的智慧力量凝聚到区委、区政府做出的各项决策部署上来，把全区不同党派、不同阶层、不同民族、不同宗教信仰的人团结在党和政府的周围，努力营造把握大局谋发展、众志成城图跨越的良好氛围。

3. 着力在构建和谐余杭上取得新成效。构建社会主义和谐社会是一项重大的艰巨的任务。我们正处于改革的攻坚阶段，还存在着一些影响社会和谐的矛盾和问题。政协是各界人士利益表达和民意汇集的一个平台，位置相对超脱，言路相对畅通，要坚持以人为本，更加关注民生，多做协调关系、沟通思想、释疑解惑、化解矛盾的工作，努力营造心平气顺、融洽和谐的氛围。要扩大政协工作的社会开放度，提高各界群众对政协工作的参与度，广纳群言，博采众议，掌握社会舆情，使各阶层、各界别的利益诉求在政协这个舞台上都能得到表达，各种利益冲突通过政协工作得到调和与缓解。同时，区政协要及时将广大人民群众的意愿上达区委、区政府，进入决策程序，促进决策的民主化。

四、加强和完善党对政协工作的领导，不断开创政协工作新局面

政协工作是全党的工作。我们要以全面总结回顾人民政协成立60周年光辉历程为契机，进一步加强和完善党对政协工作的领导，切实做到思想上更加重视、政治上更加关心、工作上更加支持，把政协工作纳入总体工作布局，努力提高政协整体工作水平，开创政协工作新局面。

1. 加强理论学习，提高思想认识。政协理论是推动人民政协事业的强大思想武器。目前，我们有些党政干部不大了解政协的性质、地位和作用，不大了解政协工作理论政策，对政协工作的重要性认识不足，这种状况我们一定要加以改变。我们要积极组织并大力推动政协理论的学习、研究、宣传和教育工作。党委理论学习中心组要带头学习；组织部门要将人民政协统战理论纳入党政干部考试考查内容；宣传部门要把人民政协统战理论列入宣传工作整体计划；市委党校余杭分校要把人民政协统战理论列入党政干部的培训和教学计划，保证必要的教学课时。

2. 健全检查考核机制，营造民主氛围。要坚持和完善各项政协工作制度，建立健全检查制度，把是否落实有关加强人民政协工作的重要方针、政策，是否重视和支持政协工作作为督查内容。要完善考核办法，将重大事项主动提交政协政治协商、接受民主监督、支持参政议政等工作列入区委、区政府及有关部门的年度工作考核项目，并作为党政部门主要领导和联系政协工作领导干部述职、述廉的重要内容，区纪委、区委组织部和区考评办要研究制定具体考核办法，并抓好落实。

3. 创造良好条件，提供有力保障。积极支持政协工作向基层延伸，在组团机构建立政协工作委员会，并安排区级领导联系政协工作。认真落实市委有关文件精神，进一步加强政协机关内部建设，加大政协机关干部的选拔、交流和任用力度。同时，区委、区政府要积极为区政协履行职能和开展工作创造必要条件，切实保障政协的经常性经费和其他必要的工作经费，确保政协委员活动经费到位，并充分利用现有资源，为各界人士开展团结联谊活动提供必要场所。政协委员所在单位要积极支持其参加政协活动，确保其各项待遇不因参加政协活动而受到影响。

同志们，做好新形势下的人民政协工作，意义深远，任务重大。让我们紧密团结在以胡锦涛同志为总书记的党中央周围，坚持以邓小平理论和“三个代表”重要思想为指导，全面贯彻落实科学发展观，坚定信心、群策群力，勇于创新、扎实工作，不断开创我区政协工作新局面，为加快建设最适宜居住的“品质之城、美丽之洲”而努力奋斗！

在区委政协工作会议上的讲话

(2014年9月12日)

杭州市委常委、区委书记　徐文光

这次会议，是区委继2009年政协工作会议以来，为进一步加强和改善对政协工作的领导，全面提高我区政协工作科学化水平而召开的又一次重要会议。会议的主要任务是：深入贯彻落实党的十八大、十八届三中全会和省、市政协工作会议精神，总结近年来余杭政协工作的实践经验，研究部署当前和今后一个时期的政协工作，更好发挥人民政协的职能作用，推进人民政协履职能力现代化，推动新形势下全区政协工作再上新台阶，为推动余杭在高起点上的新发展做出新的贡献。

区委对这次会议高度重视，会前，根据上级有关精神，结合余杭实际，起草形成了中共杭州市余杭区委《关于进一步加强和改进人民政协政治协商的意见》《关于进一步加强和改进人民政协民主监督的意见》两个文件。区委常委会专门听取了会议筹备工作情况的汇报，对两个“意见”进行了研究讨论，并对开好此次会议提出了明确要求。目前，两个“意见”已经正式发文实施。这是继2009年出台《关于进一步加强人民政协工作的意见》之后，区委下发的关于政协工作的两个重要文件，希望认真抓好贯彻落实。

人民政协事业是中国特色社会主义事业的重要组成部分，薪火相传、历久弥新。今年是新中国成立65周年，也是人民政协成立65周年。65年来，我区政协事业取得了长足的进步和发展，硕果丰富、成效显著。特别是2009年区委政协工作会议以后，区委认真贯彻中央和省、市关于政协工作的一系列重要文件精神，切实加强对政协工作的领导，有力推进了政协工作制度化、规范化、程序化建设，形成了党委重视、政府支持、政协主动、各方配合的良好局面，进一步巩固和发展了最广泛的爱国统一战线；区政协牢牢把握团结和民主两大主题，同心同德、和衷共济，围绕党委、政府工作的中心和重点，聚焦人民群众关注的热点和难点，广泛凝聚各方面的智慧和力量，开展了很多富有成效的工作，为全区经济健康发展、社会和谐稳定和民主法治建设作出了重要贡献。区委对政协工作是满意的，对政协工作取得的成绩是充分肯定的。在此，我谨代表中共余杭区委，向全区广大政协委员和政协工作者，向关心和支持我区政协事业发展的各界人士，表示衷心的感谢和诚挚的慰问！

下面，我就进一步加强我区政协工作讲4个方面的意见：

一、坚定制度自信，牢牢把握政协工作正确政治方向

党的十八大提出“健全社会主义协商民主制度”，人民政协作为社会主义协商民主的开创者和探索者，要进一步严明政治纪律、增强政治定力，充分认清社会主义政治制度和政党制度的巨大优越性，把讲政治的优良传统继承好、发扬好，切实做到与党委政府在政治上同向、思想上同心、工作上同步。

1. 自觉同以习近平同志为核心的党中央保持高度一致。习近平总书记在浙江工作期间，就非常重视政协工作，首次明确要求全省各级党委每届至少召开一次政协工作会议。党的十八大以来，以习近平同志为核心的党中央对新时期政协工作提出了新的更高要求，寄予了殷切期望。政协要找准定位，站在全局和战略的高度，进一步增强历史使命感和社会责任感，认真贯彻落实党的十八大关于健全社会主义协商民主制度的重大决策部署，认真贯彻落实习近平总书记关于政协工作的新思想新要求以及在浙江工作期间就政协工作提出的重要论述和观点，真正把思想和行动统一到中央关于加强人民政协工作的部署要求上来，不折不扣、一以贯之地抓好贯彻落实。

2. 始终不渝地坚持和维护党的领导。自觉接受党的领导，是确保政协工作正确政治方向的根本保证，是人民政协组织和广大政协委员丝毫不能含糊、须臾不可动摇的重要政治原则。要把党的领导贯穿于政协依法履职的全过程和各方面、始终围绕党委的重大决策和工作部署履行政协职能，开展政协工作，切实做到同党委，政府方向一致：目标一致。工作一致：无论是政治协商，民主监督，还是参政议政，都必须有利于加强和改善党的领导，有利于增强党的执政能力、巩固党的执政地位，有利于促进改革开放：科学发展和社会和谐，切实把党对政协工作的要求和任务体现到政协工作的方方面面，

3. 充分发挥政协党组在政协组织中的领导核心作用和党员委员的模范带头作用。政协党组是党在人民政协中的派出机构、肩负着实现党对人民政协领导的重大责任，区政协党组要积极履行党委赋予的职责，坚决维护党的集中统一，主动当好党委参谋助手，带头推动党的各项方针政策和决策部署在政协一贯到底，使党的主张成为社会各界的广泛共识和自觉行动。党员委员要牢固树立党的观念和统战意识，真诚做好党外代表人士的团结联合工作，结合党的群众路线教育实践活动，在践行为民务实清廉要求上带好头，努力成为勤奋学习的模范、履行职能的模范、合作共事的模范、发扬民主的模范和廉洁自律的模范。

二、发挥独特优势，围绕中心和大局履好职尽好责

区政协要充分发挥自身优势，围绕团结和民主两大主题，认真履行政治协商、民主监督、参政议政三大职能，充分发挥协商机构、监督机构、资政机构、民意机构、统战机构、群众工作机构等六大机构功能，做到尽心、尽力、尽责，敢为、善为、有为。

1. 充分发挥人民政协多党合作、民主协商的特点和优势，为推进民主政治建设贡献重要力量。要充分发挥人民政协作为协商民主重要渠道作用，完善政治协商运行机制，构建程序合理、环节完整的协商民主体系，规范协商内容和协商程序，拓展协商民主形式，增加协商密度，推进协商民主广泛多层制度化发展。各级党委、政府要善于借势借力，不断增强政治协商的自觉性、主动性和计划性，切实把政治协商放在全区发展大局中加以部署和推进。

按照党委总揽全局、协调各方的原则，由党委统一部署、协调并组织实施，确保全面统筹协调开展协商活动。要强化制度约束，严格贯彻区委《关于进一步加强和改进人民政协政治协商的意见》坚持“把政治协商纳入决策程序，就重大问题在决策之前和决策执行过程之中进行协商”的原则，切实做到协商在党委决策之前、人大通过之前、政府实施之前。政协要不断加强政治协商能力建设，完善委员推选、意见表达、讨论对话等机制，广开言路、广纳群言、广集民智，努力让各界诉求充分表达、各种意见充分交流、各方利益统筹兼顾，使政治协商成为政协委员了解党委政府决策意图、统一思想认识的过程，推动决策科学化、民主化，减少决策风险，形成理性、包容、平和的协商文化氛围和团结民主、生动活泼、安定和谐的政治局面。

2. 充分发挥人民政协位置超脱、视野开阔的特点和优势，为强化权力运行制约发挥独特作用。决策、执行、监督相互分离、相互制约、相互协调，是现代政府运行机制的主要特点。政协位置超脱，受到部门利益、局部利益的制约相对较小，能够客观公正地进行监督；政协委员中有专家、学者、经验丰富的领导干部等人士，他们视野开阔、看问题深、影响力大。这些优势决定了政协民主监督具有相对的公正性、广泛的代表性和较强的科学性，从而具有较强的权威性和影响力。因此，要充分重视加强和保证政协民主监督工作，着力提高政协民主监督的实效。党委、政府要自觉把政协民主监督作为完善权力运行制约机制的重要环节，把能否支持和自觉接受政协民主监督作为检验党政领导干部基本政治素质的一条重要标准，虚心接受批评意见，认真研究办理民主监督意见建议，及时反馈办理结果，坚决防止任何拒绝、抵制和消极应付政协民主监督现象发生。要为政协民主监督创造良好条件，及时研究并解决政协民主监督工作中的重要问题，切实尊重和保护政协委员履行民主监督职能的权利，正确对待政协各参加单位和委员提出的意见、批评和建议，营造民主监督良好氛围。政协要敢于监督、善于监督，充分运用会议协商监督、专项集体民主监督、民主监督员监督、民主评议监督、提案监督等各种有效形式，为推动重要决策部署落实、改进党委和政府工作发挥积极作用。目前，我们正在酝酿构建“大督查”工作机制，计划把区人大、政协、两办督查室、组纪宣、效能考评办、信访局等各方力量整合起来，组建一支专兼结合的督查队伍，加强督查网络体系建设，加大督查工作力度，确保各项工作事前、事中、事后贯穿始终，项目化运作、“一竿子到底”，形成工作的回路和闭环，有效改变部门之间推诿扯皮，责任主体不明确、工作落实不到位的不良风气。希望政协能充分发挥自身的独特优势，密切同其他督查主体的沟通、联系与配合，切实把全区督查工作进一步做实、做好。

3. 充分发挥人民政协人才荟萃、智力密集的特点和优势，为党委政府全局工作奉献真知灼见。党委、政府要大力支持政协参政议政工作，把政协纳入决策的信息和智力支持系统。要主动向政协通报经济社会发展情况，为政协参政议政创造知情明政条件，使政协组织和委员能够及时了解全区工作重点，把握工作动向，以增强参政议政的针对性和实效性；要大力支持政协开展调查研究和建言献策活动，给政协出题目、交任务、提要求；要重视做好政协参政议政成果的转化运用工作，建立健全政协参政议政成果办理反馈机制，对政协提交的参政议政成果，经认真研究，具备条件的及时采纳或进一步研究完善后采纳，条件不成熟难以采纳或不能采纳的，也要说明情况，增进相互理解，以充分调动政协组织和政协委员建言献策的积极性。政协要发挥好改革发展的“人才库”、党委政府的“智囊团”的作用，紧扣中央和省、市、区委决策部署，多建睿智之言、多献务实之策、多行创新之举。要聚焦重点、选好题目，紧紧围绕全区经济社会发展中综合性、全局性、前瞻性的重大问题以及人民群众普遍关注的热点难点问题，在深入开展调研基础上，提出具有可操作性的对策建议，真正体现政协咨政服务的思想性、科学性、智慧性和创新性特色。

4. 充分发挥人民政协包容各界、联系广泛的特点和优势，为促进沟通理解支持当好桥梁纽带。要把增进共识，凝聚人心、汇聚力量摆到政协工作更加重要位置，最大限度地团结一切可以团结的力量，最大限度地调动一切积极因素，最大限度地汇聚改革发展正能量。要切实当好社情民意的“直通车”、党委政府的“信息员”。积极主动开展对社会热点问题、重大民生问题的民意调查，注重了解各个界别的看法和带有普遍性、倾向性、苗头性的群众呼声、群众情绪和社会动态，切实加强界别民意的有效汇聚、综合研判，为党委、政府了解民意、掌控舆情、科学决策提供参考依据。要加强内引外联、牵线搭桥，加强与在外浙商、企业家的联系，密切与港澳台及海外有关团体、代表人士的联系。要切实当好人民群众的“代言人”、民生福祉的“贴心人”。第二批群众路线教育实践活动即将进入收官阶段，但路线教育活动的结束绝不意味着贯彻群众路线的终止。要坚持把群众路线贯穿履职全过程、始终把人民群众利益放在政协工作第一位置，把深入群众作为政协工作第一路径，把群众高兴满意作为政协工作第一标准，始终情牵民生、心系百姓。眼前，要着力做好群众路线教育实践活动第三环节各项工作，围绕前一阶段查摆出的问题和征求到的意见建议，抓好整改落实，探索长效机制，推进建章立制、务求活动取得实效，保证作风建设常态长效。要切实当好促进和谐的“助推器”、维护稳定的“减压阀”。主动了解民意、宣传政策、理顺情绪，围绕推进重大民生项目、“三改一拆”、“五水共治”等重点任务，针对群众思想的困惑点、利益关系的交织点、现实矛盾的易发点，多做协调关系、化解矛盾、活血化瘀的工作，多做减少阻力、增添助力、形成合力的工作，多做减少杂音、增强和声、形成合唱的工作，使政协委员履职的过程成为解决实际问题、促进社会和谐的过程，为改革发展稳定营造良好的社会环境。

三、增强“一线”意识，确保关键时刻顶得上起作用

2013 年以来，省委提出人大、政协同志要上“一线”，敢担当、重实干、有作为，对大家寄予了更高的期望和要求。应该说，特别是在前段时间九峰项目推进过程中，区政协的领导同志们已经充分体现出“一线”的意识和作为。区政协班子亲自上阵，奋斗在群众工作的第一线、最前线，攻坚克难、攻城拔寨，发挥了重要作用，这种良好的精神面貌和工作作风，非常值得学习和肯定，希望能继续保持、长期坚持。

当前，我们面临的宏观经济形势错综复杂，在基本面呈现向好趋稳的前提下，潜在的风险和挑战不断显现，上半年主要表现为实体经济后劲不足、消费增长后劲不足、出口增长后劲不足“三不足”，经济下行引发资金链、担保链断裂、企业债务、工资拖欠等一系列经济风险和房地产风险等“两风险”，以及企业生产经营困难的“一困难”，需要引起高度重视。重大民生项目、社会不稳定因素仍然牵扯大量时间和精力，最近我们抢抓省市大力发展信息经济、智慧经济的机遇，大力推进“梦想小镇”建设，希望以此带动城西乃至全区在信息经济发展上实现更大的超越、创新和突破。九峰项目和“梦想小镇”是省委省政府布置给我们的两大政治任务，关系稳定和发展，既是压力也是机遇。根据群众路线教育实践活动，我们还提出战略引领、宏观谋划，体制机制、关系理顺，资源要素、优化配置，导向激励、督查考核，基层基础、固本强基等一系列工作，以推动政府治理体系和治理能力现代化，促进政府自身改革发展转型。这些工作都是战略性、全局性、体制性、基础性的工作，事关余杭发展的长远和全局、基础和根本，都非常重要。希望政协今后能够一如既往地关心和支持党委、政府工作，围绕中心、服务大局，在精神上保持一线状态、在工作时保持一线作为、在实践中发挥一线作用，与党委、人大、政府一道，共同干出一流的业绩。政协委员都是全区各条战线上的杰出代表、各行各业的优秀骨干，希望大家牢固树立与时俱进的思想观念，以一流的精神状态，甘于尽责、敢于担当、善于作为，为党的事业和民生福祉充分贡献自己的聪明才智。

四、加强党的领导，支持保障政协高效履职

加强和改善党对政协工作的领导，既是加强党的执政能力建设的题中之义，也是完善治理体系的重要内容，更是推进政协工作不断创新发展的根本保证。党委要不断提高对人民政协事业发展的领导水平，更好运用人民政协这一政治组织和民主形式为实现党的总目标总任务服务。要把政协工作纳入总体工作布局并摆在重要位置。坚持一届党委召开一次政协工作会议，坚持和完善党委常委会听取政协工作汇报、党政领导出席政协会议、通报情况、听取意见等制度，切实做到思想上更加重视、政治上更加关心、工作上更加支持。要积极支持政协加强自身建设。进一步强化政协领导班子、委员和机关干部队伍建设，配强配好政协领导班子，善于通过政协党组对政协工作实施领导，支持政协党组加强对政协委员履职管理，努力造就一支政治强、作风实、业务精的高素质政协工作干部队伍。要为政协履职创造良好条件。及时研究解决政协工作中面临的实际困难和问题，为政协开展工作提供有力保障和坚强后盾。

同志们，让我们更加紧密地团结在以习近平同志为总书记的党中央周围，以同心同德的合力、砥砺前行的勇气、铁有痕的干劲，坚定信心、扎实工作、团结奋斗，不断开创我区政协工作新局面，为推动余杭在高起点上的新发展做出应有的贡献!

中国人民政治协商会议
杭州市余杭区第七届委员会常务委员会工作报告

(2003年3月9日在政协杭州市余杭区第八届委员会第一次会议上)

区政协副主席　劳伟民

我受政协杭州市余杭区第七届委员会常务委员会的委托，向大会作工作报告，请委员们审议，并请列席会议的各位同志提出意见。

一

政协杭州市余杭区第七届委员会任期的五年，是全国各族人民在中国共产党的领导下，高举邓小平理论伟大旗帜，全面贯彻“三个代表”重要思想，与时俱进，团结拼搏，克服各种困难和风险，各项工作取得辉煌胜利的五年，也是余杭经济快速增长、城乡面貌显著变化、人民生活明显改善的最好的时期之一。政通人和、欣欣向荣的全局形势，为七届政协各项工作的顺利开展，提供了良好的条件。五年来，七届政协在中共余杭区（市）委的领导下，以邓小平理论、“三个代表”重要思想为指导，依靠全体委员，紧紧围绕“融入大都市、建设新余杭”的总目标、总思路，牢牢把握团结和民主两大主题，认真履行三项职能，各项工作都上了新的台阶。

（一）政治协商日益规范

政治协商是政协的首要职能。七届政协充分运用政协会议这一主要协商形式，根据不同的协商内容，组织广大委员参与各个层面的政治协商活动。五年来，共召开了5次全体会议，33次常委会会议，56次主席会议和160多次专门委员会会议，初步形成了全体会议总体协商、主席会议重点协商、常委会会议专题协商、专门委员会对口协商的格局，充分体现了重大问题在“党委决策之前、人大通过之前、政府实施之前”进行协商的精神。

政协全体会议是人民政协最重要、最集中的参政议政例会，主要就本年度的区政府工作报告及其他报告进行协商讨论。委员们在会上以大会发言、小组讨论、撰写提案和反映社情民意等多种形式，对我区经济社会发展的重大问题，进行全面深入的协商讨论、建言献策。区委、区政府领导及各有关部门负责人到会听取意见，共商改革发展大计。

常委会会议围绕全区工作的重大部署，精心选择议题，进行了14次专题协商。通过协商，形成了加强生态环境保护、小城镇建设、农业增效农民增收、农村卫生环境整治、提高市民文明素质、发展中等教育、良渚文化遗址保护、推进国企改革和区划调整后的社区建设等建议案，为区委、区政府决策提供了重要参考。如常委会第5次会议，我们把我区“初中毕业生升学难”这一群众关注的热点问题列为协商议题，并以建议案形式把协商意见报送区政府，区政府对政协建议十分重视，召开会议专门研究部署该项工作，经过两年努力，至2001年，我区的初中毕业生升学率已从当初的54%上升到86%。常委会第14次会议建议案提出的调整优化农业结构的有关建议，被区委、区政府采纳，并吸收到相关的文件中。第23次常委会会议《关于推进社区建设若干问题的建议案》的9条建议，区政府主要领导十分重视，并作了批示，要求职能部门在具体操作过程中加以落实。

七届政协还通过主席会议、常委专题座谈会、专委会对口联系会议等形式，对区委、区政府及有关部门提出的协商课题，开展认真的协商讨论。如在专题协商关于余杭区镇乡区划调整问题时，区政协从有利于稳定和加快发展考虑，提出了5条建设性意见，为党委、政府决策提供了重要参考。委员们提出的关于保护职工合法权益、关心弱势群体、外来人口管理、放心菜工程、发展旅游业、城市长效管理、城市总体规划等方面的建议意见，得到了有关部门的重视和采纳。

（二）民主监督不断推进

人民政协的民主监督是人民监督的重要组成部分。七届政协注重提高对民主监督的认识，积极探索加强民主监督的途径，认真履行民主监督的职能。七届政协按照江泽民同志关于人民政协实行以协商讨论和批评建议为主要形式的民主监督的要求，坚持在协商讨论和参政议政中提出建议和意见，推进党委政府决策的科学化、民主化；坚持运用提案、建议案、视察、调研以及反映社情民意等已有形式，提出批评和建议，加大民主监督的力度，推进政府职能和工作作风的转变；努力营造民主氛围，鼓励和支持政协委员运用大会发言、集体提案、专题调研等多种形式开展民主监督活动，促进廉政建设，改进政府工作；积极探索民主监督的新形式，开展了对我区城建城管工作专项民主监督活动，促进了我区的城市建设和管理工作。

我们组织委员对劳动法、妇女权益保障法、残疾人保障法、食品卫生法、文化市场管理条例等法律法规的执行情况，以及农业行政执法情况进行视察；参加了政法系统以执法、执纪大检查为主要内容的集中教育整顿活动和“三五”普法教育检查，就某些执法不严现象提出改进意见，受到有关部门的重视。

我们还积极组织或委派委员，参与全区的行风建设监督活动，担任各类特邀监督员和行风监督员的40余名政协委员和民主党派、工商联、人民团体成员，积极参与金融、城建、交通、供水、民政、教育、卫生、工商、税务、邮电、公安等20多个系统和部门的行风检查及其他特邀监督活动。他们深入实际，明察暗访，对国家机关及其工作人员的工作进行广泛的监督。同时，还组织委员认真参与评选“满意不满意单位”活动，以推进区级机关的作风建设。

（三）参政议政成效显著

专题调研是人民政协履行职能的一项基础性工作。七届政协以专题调研为重点，选择本区经济建设和社会发展中的重大问题，开展调查研究，提出意见建议，积极参政议政。

各专委会发挥自身优势，关注重大问题，开展了大量视察调研活动。五年来，我们围绕保护环境、改善投资环境、加强城市建设与管理、推进高新技术产业和教育卫生事业发展、大力发展非公有制经济等热点、难点问题，坚持不懈地开展系列调研，形成了一批有质量的调研报告，其中有不少调研成果被作为政协常委会会议的建议案，所提出的许多意见建议得到区委、区政府的肯定，在决策中发挥了积极作用，如：关于防止水源污染、农村老年人晚年生活、加快调整农业结构、加强城市交通管理、解决企业转制试点中的问题、中小学校布局调整、减轻学生过重学业负担、加强城区绿化、安置下岗职工再就业等方面的调查报告，区委、区政府主要领导及时作出批示，要求有关部门认真落实。对常委会会议确定的中心议题，我们组织各专委会开展联合调研，并提出建议案。如：关于社区建设的有关建议，成为区委、区政府科学决策的重要参考；关于加快山区农业产业化建设的建议，关于实施名牌战略的建议，引起了区主要领导的关注；关于工业污染治理的建议，关于全面贯彻实施《中华人民共和国劳动法》的建议，区委区政府主要领导分别作批示给予肯定，并被区级有关部门和各镇乡党委、政府实际工作中采纳。除围绕常委会中心议题开展联合调研外，我们还与杭州市政协开展联合调研活动，由正副主席牵头，组织有关专委会、人民团体、镇乡联络组和政府部门共同参与，并邀请有关专家参加，对一些综合性的课题调研，提出一些重要的意见和建议。

（四）反映社情民意有了长足进步

反映社情民意是人民政协履行职能的重要基础和关键环节。七届政协把以反映社情民意为主要内容的政协信息工作作为一种新的工作方式，提出“选题要准、内容要实、时效要快、价值要高”的要求；建立政协委员约谈制度，开展每个委员每年至少要反映一条信息的活动；加强信息队伍建设，健全信息的报送、反馈、奖励等工作制度；畅通信息渠道，为委员反映社情民意、履行政协职能提供更为广阔的舞台。反映社情民意已成为我区政协委员履行职能的有效形式，成为党政部门掌握社会实情的重要渠道，成为促进解决一些实际问题的重要手段。

五年来，收到反映社情民意信息556条，向各级领导报送各类信息532条，其中有52条信息被省市政协采用报送省市领导和全国政协。委员反映的这些情况和建议意见，引起了各级领导的关注和重视，为党和政府了解民情、体察民意、集中民智发挥了重要作用。基层干部群众感到“急、难、愁”的一些问题，得到了合理解决，产生了良好的社会影响。区政协信息工作已连续四年被杭州市政协评为先进。

（五）提案工作质量明显提高

提案是政协各参加单位和委员履行政治协商、民主监督、参政议政职能的一种重要形式。五年来，全体委员共提出提案1071件。这些提案内容广泛，批评监督有理有据，意见建议合情合理，特别是一些重点提案，选题准确，论证客观，质量较高。七届政协重视提案工作质量，积极推进规范化、制度化建设，从而增强了提案办理的实效。为适应新形势发展的要求，我们修订了《提案工作规则》；建立了重点提案主席分工督办制度，提高了重点提案办理的运作层次和办理质量，促进了提案所提建议的较好落实；开展了优秀提案评选活动，评出优秀提案45件，调动了委员参政议政的积极性；开展了提案办理“三见面”活动，对委员提案关注较多的问题，采取承办单位、提案人和提案委共同参加的方式办理提案，取得了较好效果；开展了提案办理“回头看”活动，促进了难点问题的解决。密切与区人大常委会、区政府的联系，加大提案办理督查力度，促进了提案办理质量的提高。与区人大常委会、区政府联合下发《余杭区人大代表议案和政协提案办理工作考核办法（试行）》，并举行办案业务培训会议，努力提高办案水平。完善办案情况反馈制度，每年一次邀请区政府办公室负责人向区政协常委会通报年度提案办理情况。通过以上措施，许多重要提案得到较好落实，委员们对办案的满意率不断提高。

（六）文史工作取得新成绩

政协文史工作是人民政协具有特色的一项重要工作。七届政协在加强征集出版文史资料的同时，充分发挥文史工作存史、资政、团结、育人的社会功能，积极探索文史工作直接为经济服务的新路子，取得了明显成效。五年来，编辑出版《文史通讯》23期，编辑出版了余杭旅游丛书《良渚》《古镇余杭》《超山》《径山》，编印《肝胆相照》《委员风采》两书，编写出版了《何思敬》一书。编纂出版了本会自三届以来具有一定代表性和影响力的建议案、调研报告、理论文章及优秀提案、重要信息集——《资政建言集萃》一书，为杭州市政协文史委编纂《一百个爱国主义教育基地》一书，提供了径山、超山、余杭民营企业创业史、余杭乡镇企业发展史等稿件。各类出版物共计100多万字。

（七）团结联谊活动广泛深入

围绕大目标，促进大团结大联合，是人民政协的两大主题之一。七届政协围绕实现社会主义现代化和祖国和平统一的大目标，高举爱国主义和社会主义旗帜，拓宽工作思路开展了形式多样的团结联谊活动。

五年来，先后举办了庆祝澳门回归祖国、新中国成立50周年、庆祝人民政协成立50周年等活动，以弘扬爱国主义精神，增进各界人士的广泛团结。时刻关注国际国内大局，以召开座谈会、报告会等形式，声讨以美国为首的北约轰炸我驻南斯拉夫使馆，揭露批判邪教组织的罪行，坚决维护国家和民族的根本利益。充分发挥各民主党派、工商联、人民团体委员的作用。主动安排他们参加重大的协商调研活动，他们在座谈讨论、大会发言及提案信息中提出的意见建议，大都得到了较好的落实。加强与香港委员的感情联系，积极开展“三胞”联谊活动，广泛征求他们对统一战线工作的意见和建议。

继续开展对口帮扶活动。充分发挥政协智力人才密集和联系广泛的优势，组织有关专委会，联系各有关方面和人士，继续开展对经济薄弱村的帮扶工作。开展了为生活困难户和灾区灾民募捐和经济薄弱村筹集资金的活动，帮助修道路、建学校，开展义诊、咨询服务，为老百姓做了不少实事好事。

五年来，我们以联谊交友为目的，通过“走出去、迎进来”的办法，广泛开展与省内外兄弟县市（区）政协的联系与交流，相互沟通信息，取长补短，促进工作。积极参加或承办了浙江省十四县市（区）政协工作研讨会、长江三角洲十二县市（区）政协工作交流会、杭州市城区政协工作研讨会和杭州地区七县市（区）政协工作联谊会，广交了朋友，交流了经验，宣传了余杭。发挥政协之友联谊会、政协艺术团和政协书画社的作用，通过参观、视察、考察，举办文娱演出、书画展览和座谈讨论反映社情民意等形式，活跃和促进了我区的政协工作。我们还利用国庆、中秋等节日与区级机关有关部门进行联谊、联欢活动，以加强相互了解，增进友谊。主动与新闻单位保持经常性的联系，做好区政协的宣传报道工作。

（八）政协整体素质不断增强

人民政协的自身建设，是做好政协各项工作的基础。七届政协通过加强自身的思想、制度、作风建设，不断提高政协的整体素质和履行职能的水平。在思想政治建设方面，通过举办常委读书会、新委员培训班和一定期组织报告会、知识讲座、情况通报会，以及编发学习参考资料等方法，推动委员的理论学习，以提高全体委员的理论素养和参政议政能力。开展“双好”委员等先进评比活动，激发了各参加单位和委员履行职能的积极性。通过“三讲”教育，增进了领导班子的团结，增强了领导班子的战斗力。通过学习“三个代表”重要思想，政协领导班子、全体委员和机关工作人员的政治立场更加坚定，思想素质有所提高，服务意识不断增强。

在制度建设方面，制定了关于发挥委员主体作用、推进政治协商“三在前”制度的落实等方面的工作意见，建立了包括理论学习，履行三项职能，提案和信息征集、报送、反馈、督查等方方面面的各类制度，以进一步加强政协队伍的自身建设，推进政协工作的制度化和规范化建设。

在领导班子作风建设方面，政协领导带头下村入户，认真做好联系村、镇工作，认真做好区委布置的调研任务，积极参加抗洪抢险，积极参与招商引资工作，得到区委、区政府和广大群众的好评。

在政协理论研究方面，通过召开政协工作研讨会、兄弟县市政协工作交流会、常委专题学习会等方式，对新时期人民政协工作进行经常性研讨，对深化政协理论研究，推动实际工作，起到了积极作用。

各位委员，七届政协之所以能取得这些新的成绩和新的进展是坚持以邓小平理论为指导的结果，是中共余杭区委加强领导和区政府有力支持的结果，是各民主党派、工商联和人民团体通力合作的结果，也是广大政协委员和机关干部共同努力的结果，同时，也离不开历届政协良好的工作基础，离不开社会各界的关心和帮助。在此，我代表政协余杭区第七届委员会常务委员会，向所有为七届政协工作辛勤努力、自觉奉献和所有关心、支持政协工作的同志们、朋友们，致以崇高的敬意和衷心的感谢!

对照中央和中共余杭区委的要求，对照政协章程的规定和社会各界的期望，我们的工作还有不少方面需要继续改进。主要是：政协工作制度化、规范化不够完善，协商讨论还不够到位，民主监督力度不够，履行职能不够充分，政协自身建设还有待加强等等。所有这些，都需要在今后的工作实践中认真研究，不断改进。

二

实事求是地总结以往的经验，对充分发挥人民政协的优势，推动政协工作与时俱进，具有十分重要的意义。五年来，七届政协坚持从人民政协的性质、任务和余杭的实际出发，在继承中发展，在开拓中前进，积极探索新形势下政协工作的新路子，在工作实践中积累了一些经验和体会，主要有：

（一）坚持贯彻“三个代表”重要思想，是做好政协工作的根本保证

“三个代表”重要思想是中国共产党新世纪的执政宣言。中共余杭区委、区政府提出的“融入大都市、建设新余杭”的总体思路，是“三个代表”重要思想在余杭全局工作中的充分体现。七届政协围绕这个大局，团结各界，发挥优势，通过政协提案、专题协商、视察调研和反映社情民意等多种形式，在发展我区社会生产力、繁荣先进文化和维护人民群众根本利益等方面，都提出了不少建设性的意见和建议，为推进我区社会经济发展，作出了积极贡献。这也是政协在履行三项职能中坚持和贯彻“三个代表”重要思想最实际的体现。实践使我们体会到，坚持“三个代表”重要思想，就是从根本上坚持共产党的领导。只有以“三个代表”重要思想为指导，人民政协事业才能保证正确的政治方向，才能在围绕中心、服务大局中充分发挥作用。因此，人民政协履行政治协商、民主监督、参政议政三大职能，都要以是否有利于先进生产力的发展，是否有利于先进文化的繁荣，是否有利于广大人民群众的根本利益，作为根本标准来加以衡量。凡符合“三个代表”重要思想的，就要坚持，要完善，要发展；反之，就要坚决加以制止和纠正。

（二）坚持团结和民主两大主题，是政协工作继往开来的方向和使命

江泽民同志指出：“人民政协五十年不平凡的发展历程，可以归结为两大主题：团结和民主。”“这两大主题应继续贯穿于人民政协的全部工作中。”按照这个要求，七届政协在实际工作中，特别注意把两大主题和三项职能有机结合起来，把履行职能的全过程看成是建设社会主义政治文明的过程，看成是实现大团结大联合的过程。在协商问题、表达意见、反映情况、协调关系、化解矛盾、增进共识等履行职能工作中，坚持求同存异，体谅包容，遇事多商量的原则，既注重多数人的共同意愿，又照顾少数人的合理要求，团结一切可以团结的力

量，调动一切积极因素，注重保持一种生动活泼、宽松和谐的民主氛围。实践使我们认识到，衡量政协工作做得好不好，首先在于是否发扬民主、广开言路、营造宽松的思想政治环境；是否彼此心情舒畅、和谐相处，促进大团结大联合。我们正是在工作中牢牢把握团结民主两大主题，政协履行职能才取得了可喜的成绩。离开团结和民主，人民政协就失去了存在和发展的历史根据，政协工作就失去了方向和使命。

（三）坚持与时俱进，开拓创新，是政协工作充满生机的源泉和动力

建设有中国特色的社会主义现代化，有一个与时俱进，摒弃不合时宜的传统观念，树立合乎潮流的现代理念的问题。七届政协的五年，是国际形势风云变幻、国内改革克难攻坚的五年，是国家大事喜事不断、综合国力大幅增强、经济建设突飞猛进、人民生活不断改善的五年。面对新的形势，政协工作不能墨守成规，必须从思想理念、思维方式和工作方法上除旧布新，与时俱进。为了广开言路、了解社情、掌握民意，我们建立了委员约谈会制度；为了使更多的委员能在重要场合发表自己的意见，我们在全会大会发言中安排了即兴发言的议程；把主席会议开到基层去，也是近年来我们的一种尝试，并取得了较好效果；为了使政协建议案真正落到实处，我们开展了政协建议案“回头看”活动；为了使提案工作出实效，我们每年列出8–10件左右提案作为重点提案，认真开展主席分工督办工作，以提高提案办理的质量；为探索民主监督的新路子，我们开展了为期一个半月的对城建城管工作的民主监督活动，并取得了很好的效果。实践使我们体会到，处在新世纪新时期，只有与时俱进，解放思想，开拓创新，根据新情况，针对新问题，树立新理念，理清新思路，尝试新方法，自觉地融入新时代，政协工作才能充满活力，才能焕发新的强大的生命力。

（四）坚持实事求是，求真务实，是政协工作有所作为的前提条件

五年来，七届政协为余杭的社会和经济发展作出了一定的贡献，也为人民政协工作赢得了地位，赢得了支持。七届政协工作能够有所作为，首先在于我们坚持了实事求是的思想路线。几年来，我们坚持勤奋学习，深入调研的好传统，坚持从余杭的实际出发，注重从宏观上、全局上思考和把握政协工作中的重大问题，注重提倡求真务实的工作作风，注重与时代、与人民同呼吸共命运。我们做到了对了解掌握的情况尽可能有一个客观、科学、辩证的分析。特别是发表意见和建议，事先吃透、吃准实际情况，了解国家有关法规政策，了解社会各界群众不同的意愿，了解事物发展的新走势。我们做到了政协工作不追求表面的热闹，不单纯追求数量而不注重质量，不为追求政协的“业绩”去做对党委、政府和群众没有多少实际意义的事，去做政协本身没有力量完成的事，去做政府难以操作、条件尚不具备的事，甚至去做虚夸不实的事。实践使我们体会到，只有实事求是，求真务实，紧密结合本地实际，深入调查研究，讲真话、说实话、办实事、求真理，政协工作才能出实效、有实绩，才能有所作为。

（五）坚持发挥委员的主体作用，是做好政协工作的基础

做好新时期的政协工作，离不开政协委员的智慧和创造，离不开每个委员的积极参与。从这个认识出发，七届政协在实际工作中，十分注重发挥全体委员的作用，每年在政协委员中认真开展“写一件提案，提一条合理化建议，反映一条社情民意，参加一次视察，为群众办一件实事”的“五个一”活动。同时，我们还十分注意发挥专委会和联络组的作用，各委组都做到了“年初有计划，全年有活动，活动有成果，年终有评比”，为七届政协卓有成效

的工作充实了丰富的内容。过去的五年，广大政协委员积极履行政治协商、民主监督和参政议政三项职能，在协商问题、调查研究、反映情况、发表意见等方面，做到了尽心尽职、肝胆相照。在本职工作岗位上，做到了勤勤恳恳、率先垂范。为此，五年中，有祝维德等11人次委员被评为杭州市劳动模范，有俞庆法等16人次委员被评为余杭区劳动模范，有135人次委员被评为“双好委员”，有34人次委员撰写的提案被评为“优秀提案”，有52人次委员被评为“信息工作积极分子”。实践使我们认识到：只有全体委员“热心、尽心、用心”人民政协事业，政协的工作才能真正地开展起来，才能真正履行好自己的职责。因此，做好政协工作，必须充分发挥委员的作用，必须充分发挥各专委会和联络组的作用，离开了广大委员的积极参与和认真工作，政协工作就会一事无成。

（六）坚持依靠党委政府的重视和支持，是做好政协工作的关键所在

要做好政协工作，离不开党委的重视、政府的支持和有关部门的配合。七届政协以来，中共余杭区委下发了《关于加强和改善对政协工作领导的意见》的文件，区政府下发了《关于进一步支持区政协履行职能的若干意见》的文件，对我区进一步加强新时期人民政协工作提出了规范性要求和意见。近几年，区委常委会每年安排2次听取政协党组的工作汇报，研究解决政协工作中的问题；政协主席列席区委常委会会议，副主席分别列席区政府常务会议、人大常委会会议；政协召开的常委会会议、重要的专题研讨会、座谈会，区委、区人大、区政府主要领导或分管领导都参加会议，并通报情况，听取意见建议。区政府各部门还与政协各专门委员会建立了对口联系制度。做到了建议案有案必复，提案、信息、举报及时办理答复，如委员提案，每年办复率都在100%，采纳率达80%以上，满意和基本满意率均在85%以上。健全和坚持了区委、人大、政府、政协办公室主任（秘书长）联席会议制度。健全了对政协组织和政协委员意见、建议的反馈制度。实践使我们体会到，这几年政协工作有进步、有发展、有成效，与区委的重视，区政府的支持，各级各部门的配合是分不开的，党委和政府的重视和支持是政协做好工作的关键，只有赢得了党委政府的重视和支持，人民政协的工作才能真正发挥作用。

三

各位委员，从中共十六大开始，我国进入了全面建设小康社会，加快推进社会主义现代化建设的新阶段。区八届政协肩负着承前启后、继往开来的光荣使命，迎来了又一个新的重要发展时期。纵观国际国内形势，和平与发展仍然是当今时代的主题。我国已经成为世贸组织的新成员，这为我们进一步扩大对外开放，在更大程度上参与国际竞争提供了机遇。中国共产党余杭区第11次代表大会，确定了余杭今后五年的大政方针和奋斗目标，政协工作的天地更加宽广，前程更加光辉灿烂。为此，我们向区政协八届委员会建议：

第一，深入学习贯彻中共十六大精神，进一步开创政协工作新局面。

深入学习贯彻中共十六大精神，是人民政协当前和今后一个时期首要的政治任务。要把江泽民同志所作的报告作为学习的重点。这个报告，深刻阐明了中国共产党在新世纪举什么旗、走什么路、实现什么奋斗目标等重大问题，是党团结和带领全国各族人民在新世纪、新阶段继续奋勇前进的政治宣言和行动纲领。报告对人民政协工作也提出了新的任务和要求。要组织政协各参加单位和广大政协委员，紧密结合实际，深入学习中共十六大精神。深刻领

会、牢牢把握报告的主题、灵魂、精髓和报告总结的十条基本经验，围绕新目标，按照新要求，埋头苦干、团结奋进。要把学习中共十六大精神同学习党的基本理论、基本路线、基本纲领和基本经验结合起来，同贯彻中央经济工作会议和区第十一次党代会精神结合起来，同学习党的统一战线和人民政协理论、方针、政策结合起来，切实把握人民政协的性质、地位和作用，牢固树立贯彻落实“三个代表”重要思想的自觉性和坚定性，找准历史方位，坚持与时俱进，进一步开创我区政协工作的新局面。

第二，围绕党和政府的中心任务开展工作，进一步提高履行职能的质量和水平。

围绕中心、服务大局是政协工作的重要原则，要紧紧围绕中共十六大提出的奋斗目标和区第十一次党代会提出的各项任务，按照区委的部署和要求，认真履行政协职能。要始终把促进发展作为参政兴区的第一要务，坚持经济建设这个中心，紧紧抓住新世纪头二十年这一重要的战略机遇期，着眼于实现全面建设小康社会的奋斗目标，就完善社会主义市场经济体制，推进城市化进程，实现区域经济协调发展，加快文化、科技、教育事业发展等我区经济社会发展中的重大问题，开展专题调研，搞好协商讨论，为区委、区政府的科学决策提出前瞻性、建设性的意见建议和对策思路；要探索新的载体、运用新的形式，就政府职能转变、深化行政审批制度改革、规范行政收费和加强党风廉政建设等，切实有效地开展民主监督，努力促进我区经济社会发展环境的进一步改善。

第三，坚持团结和民主两大主题，进一步巩固和发展最广泛的爱国统一战线。

要从发展社会主义民主政治、建设社会主义政治文明的高度，坚持把团结和民主两大主题贯穿于政协一切工作的始终。建设社会主义政治文明，是中共十六大提出的全面建设小康社会的重要目标。人民政协作为中国共产党领导的多党合作和政治协商的重要机构，是发扬人民民主的重要载体，在政治文明建设中具有独特的地位。要坚持“长期共存、互相监督、肝胆相照、荣辱与共”的方针，切实加强同各民主党派、工商联、人民团体和各界人士的联系，拓宽参政议政舞台，努力营造民主协商、平等议事的浓厚氛围，积极推进决策的科学化民主化，更好地发挥人民政协在政治文明建设中的作用。注重按照政协界别特点开展活动，充分发挥各民主党派、各界别委员的优势，促进各民主党派、人民团体之间的团结协作。进一步畅通民主渠道，加强反映社情民意工作，及时了解和反映不同利益群体和各个社会阶层的各种愿望和利益诉求，帮助党和政府做好协调关系、化解矛盾的工作，把各界群众的意志和力量引导到社会主义现代化建设上来。要高举爱国主义、社会主义的旗帜，多形式、多渠道、多领域地开展联络联谊和对外交往工作，最大限度地团结海内外各方面的力量，促进我区改革开放，促进祖国统一大业。

第四，适应新形势新任务的要求，进一步加强政协自身建设。

要在继承和发扬人民政协优良传统的基础上，大力加强政协自身建设，以适应新形势新任务的需要。特别是在八届区政协的开局之初，要切实加强对新委员统战政协理论的学习培训工作。通过多种形式和途径，组织委员认真学习统一战线和人民政协的基本理论和基本知识，学习老一辈革命家和江泽民等中央领导同志关于人民政协的重要论述，学习政协章程和各项规章制度，从理论和实践上弄清人民政协的性质、地位和作用，明确新时期人民政协工作的主要任务，掌握如何当好政协委员的知识，不断增强使命感、责任感、荣誉感，努力提高参政议政水平。注重加强专门委员会和联络组的建设，充分发挥专委会和联络组在政协履行职能中的基础作用。政协常委会和主席会议要切实加强对专委会和联络组工作的领导，完善专委会和联络组的设置，调配好专委会和联络组的领导，协调好专委会和联络组的各项活动，为专委会和联络组开展工作创造良好条件。重视加强政协制度建设，认真研究推进政协履行职能规范化、制度化、程序化问题，制定完善各项制度，建立健全良好规范的运行机制。要按照“讲质量、讲效率、讲规范、讲协作”的要求，全面加强政协机关建设，提高政协机关整体水平，保证政协各项任务的完成。

各位委员，同志们！在充满希望的新世纪里，在中共余杭区委的领导下，区八届政协必将创造出新的、更加辉煌的业绩。让我们高举邓小平理论伟大旗帜，以“三个代表”重要思想为指导，在中共十六大精神指引下，解放思想，实事求是，与时俱进，开拓创新，为余杭率先基本实现现代化竭智尽力，以优异的成绩报答党和人民的厚望。

中国人民政治协商会议
杭州市余杭区第八届委员会常务委员会工作报告

（2007 年 2 月 3 日在政协杭州市余杭区第九届委员会第一次会议上）

区政协副主席　方加明

我受政协杭州市余杭区第八届委员会常务委员会的委托，向大会报告区八届政协常委会的工作情况，请委员们审议，并请列席会议的同志提出宝贵意见。

一

政协杭州市余杭区第八届委员会任期的四年，是余杭 80 万人民在中共余杭区委的领导下，高举马列主义、毛泽东思想和邓小平理论伟大旗帜，全面贯彻“三个代表”重要思想，以科学发展观为统领，努力创建社会主义和谐社会，并取得辉煌成就的四年；是余杭经济社会发展最快、城乡面貌变化最大、人民生活改善最多的四年；也是从中共中央到地方各级党委更加重视人民政协工作的四年。中共中央先后颁发《关于进一步加强中国共产党领导的多党合作和政治协商制度建设的意见》《关于加强人民政协工作的意见》这两个人民政协工作的纲领性文件，进一步丰富、完善了人民政协的理论、方针和政策，进一步推进了人民政协工作的制度化、规范化、程序化建设，进一步推动了各级地方党委把人民政协工作摆到更加重要的位置，为人民政协在新世纪、新阶段更好地发挥作用指明了方向。四年来，全区各级党组织和广大干部群众，深入贯彻党的十六大精神，围绕“融入大都市、建设新余杭”和区第十一次党代会确定的目标任务，合力推进“三大跨越”，努力建设法治余杭，乘势而上快发展，创强争优再进位，经济建设、政治建设、文化建设、社会建设和党的建设都取得了令人振奋的成就，为区八届政协各项工作的顺利开展提供了良好的条件。四年来，区八届政协全力依靠全体委员，高举爱国主义、社会主义两面旗帜，牢牢把握团结、民主两大主题，紧紧围绕建设富强、民主、文明、和谐社会主义社会的总目标，认真履行政治协商、民主监督、参政议政三项职能，各项工作都取得了显著成绩。

（一）政治协商更加规范

政治协商是政协的首要职能。区八届政协充分运用政协例会这一主要协商形式，根据不同的协商内容，组织广大委员参与各个层面的政治协商活动。四年来，共召开了4次全体会议，25次常委会会议，42次主席会议，43次专门委员会会议，初步形成了全体会议广泛协商、常委会会议专题协商、主席会议重点协商、专门委员会对口协商的格局，并严格遵守重大问题协商在“党委决策之前、人大通过之前、政府实施之前”的“三在前”原则，为协商取得实际效果提供了强有力的保障。

政协全体会议是人民政协最重要、最广泛的政治协商例会。委员们在会上以大会发言、政情咨询、小组讨论、撰写提案和反映社情民意等多种形式，就区政府年度工作报告及其他重要报告进行广泛深入的讨论协商，对我区经济社会发展的重大问题建言献策，为区委、区政府的科学决策提供了大量的、广泛的、代表社会各界的、具有很高参考价值的意见和建议，为余杭经济社会的和谐发展，作出了人民政协不可替代的贡献。

政协常务委员会会议是人民政协最经常、最集中的政治协商例会。每次常委会大多有相对集中的、经过精心选择的协商议题。会议围绕全区中心工作和人民群众普遍关注的热点难点问题，分别就提速做大做强民营经济、建立新型农村合作医疗制度、改善交通两难、依法维护征地拆迁农民利益、加强师资队伍建设、破解“三农”难题、加快农村多层住宅建设等专题提交了10个建议案，为区委、区政府决策提供了重要的参考意见。如《关于建立新型农村合作医疗制度的建议案》，对《余杭区新型农民合作医疗保险制度》的出台起到了有力的促进作用；还有交通两难问题，区政协常委会连续两年提交的相关建议案，对区政府出台缓解交通两难方面的政策措施，起到了很好的推动作用，为我区的城市化建设作出了一定的贡献。

政协主席会议是人民政协开展协商活动的又一重要的例会形式。如第32次主席会议专题协商了我区国民经济和社会发展第十一个五年规划纲要（草案），会议就发展指标、实施举措、重大项目等提出了4个方面的意见，得到区委区政府的充分肯定，为完善我区的“十一五”发展纲要作出了贡献。在首次区长和主席联席会议上，就创建节约型社会和发展农家乐旅游产业的议题进行了协商，提出了关于降低机关运行成本、促进资源节约和集约利用、加强公共投资项目管理、发展农家乐旅游产业的45项意见和建议，得到了区政府和职能部门的好评。四年来，主席会议还就其他事关全区改革、发展、稳定大局的重要问题开展了协商活动，如乡镇机关车改、乡镇机构改革、住房公积金管理等等，为区委、区政府的科学决策提供了大量的参考意见和建议。

区八届政协还通过专委会会议的形式，对区政府有关职能部门提出的协商课题，开展认真的对口协商讨论。如在专题协商“四小车”管理问题时，社会法制和港澳台侨委员会的委员们从有利于稳定和加强管理考虑，提出了“禁止非法营运、逐年减少营运人力三轮车、大力发展公共交通”等8条建设性意见，引起区城管执法局、交通局、公安局等部门的高度重视。

（二）民主监督不断推进

人民政协的民主监督是人民监督的重要组成部分。四年来，我们按照胡锦涛同志关于人民政协要通过提出建议和批评，积极发挥监督作用的要求，坚持在协商讨论和参政议政中提出建议和意见，推进党委政府决策的民主化、科学化；坚持运用提案、建议案、视察、调研、反映社情民意等形式，提出批评和建议，推进政府职能和工作作风的转变；努力营造民主氛围，鼓励和支持政协委员运用大会发言、政情咨询、撰写提案、专题调研等多种形式开展民主监督活动，促进廉政建设，改进政府工作；积极探索民主监督的新形式，开展了对我区职能部门工作的专项民主监督活动，促进了我区各项工作不断向前发展。

专项民主监督活动是我区政协工作的一项新探索，曾作为人民政协工作的创新经验，在省市政协的有关会议作过经验介绍。四年来，我们先后以全区“创模”工作、社会保障工作、科技工作和经济发展软环境建设为内容，开展过4次专项民主监督活动。如2006年开展的经济发展软环境建设民主监督活动，以调查问卷，明察暗访等形式，对区行政服务中心及其进驻的15个职能部门的工作进行了调研和评议，并就政策环境、行政审批、工作机制等问题提出了8个方面的意见和建议，引起了区政府和区行政服务中心的高度关注。

换届以来，我们先后开展专项视察活动45次，并形成了关于我区互联网服务场所、文明城区创建活动、镇乡工业园区建设、基层人民调解工作、拆违工作、背街小巷改善工程等专题视察报告，及时将视察中发现的问题和有关意见建议整理后报送区委、区政府。如区八届政协第二次常委会会议视察镇（乡）工业园区的情况报告，就工业园区建设和发展问题提出建议，为政府决策提供了有价值的参考意见；背街小巷改善工程视察报告，既高度评价了该工程对改善市民生活环境的积极作用，又就节约资金、挖掘临平历史文化内涵、加强后续管理等提出意见建议，得到区政府主要领导的重视，要求建设部门予以采纳落实。

积极组织或委派委员参与全区的行风建设监督活动，组织召开担任行风监督员的委员座谈会，并在八届三次全会上作了关于规范特约人员工作的大会发言，以充分发挥特约人员在民主监督中的作用。据统计，有53名政协委员担任了各类特邀监督员和行风监督员，积极参与公安、城建、交通、民政、教育、卫生、工商、供水、税务、金融、邮电等20多个系统和部门的行风检查及其他特邀监督活动。他们深入基层，明察暗访，对国家机关及其工作人员的工作进行广泛的监督。同时，我们还认真组织委员积极参与“满意不满意单位”评选活动，以推进区级机关的作风建设。

（三）参政议政成效明显

参政议政作为人民政协一项主要职能，内容日益延伸，成效日益明显。四年来，区八届政协把调查研究作为参政议政的基础性工作，选择我区经济建设和社会发展中的重大问题，开展专题调研，提出意见建议，提交了关于临平工业区建设、西部山区生态保护和开发、农村社会养老保险问题、专业市场现状和发展、青少年思想道德建设、四小车管理现状与对策、农家乐旅游业发展等19件调查报告，其中不少调研成果被列为政协常委会会议建议案，所提出的许多意见建议得到区委、区政府的肯定，在决策中发挥了积极作用。

为了使政协的参政议政工作更具针对性、实效性和系统性，本届政协在继续抓好提案、信息、座谈讨论、专题调研等工作的同时，精心组织了两次系列调研活动。一是“三农”问题系列调研活动，共有农村养老保险、农民增收的制约因素及对策、农村社会稳定、加强农村文化建设、推进城乡一体化进程等5个子课题，发放调查问卷1000余份，邀请省内和我区的10多名专家进行了论证，形成了相关的5个调研报告，在此基础上形成《关于解决“三农”若干问题的建议案》，为区委、区政府的科学决策和余杭经济社会的健康发展提供了有价值的意见；二是创建节约型社会的系列调研活动，形成了专题调研报告，向区委、区政府提交了意见和建议，同样得到了区委、区政府的充分肯定。

在深入调研、献计献策的同时，我们还积极参与区委、区政府确定的中心工作，力所能及做好服务工作。各位主席积极参与全区百大重点项目推进工作，为协调推进浙江南望数字视频解码芯片项目等重点项目解决有关问题；积极做好经济薄弱村结对帮扶工作，四年来，主席、副主席会同各有关联系部门累计筹措帮扶资金290余万元，联系项目45个，帮扶14个经济薄弱村实现脱薄目标；积极做好联系镇乡结对工作，帮助解决实际问题，为基层群众做了不少实事好事。

（四）提案工作日趋完善

政协提案是政协履行职能最直接、最有效的方式之一，具有全局意义。常委会切实加强对提案工作的领导，制定出台了《余杭区政协提案工作规则》，进一步推动了我区政协提案工作。四年来，区八届政协在提高提案工作质量上重点做了三个方面的工作和创新：

一是把好立案关。吸取市政协的经验，实行了提案初审制度，对一些分析不够确切、建议不够具体的提案，及时与委员沟通进行修改完善，做到不符合要求的不予立案。同时针对承办单位反映的提案立意不清、字迹模糊、语句不通的问题，我们实行了提案整理打印后交办的制度。经过努力，我们交到承办单位的提案，主题突出、格式统一、打印清晰，受到了各承办单位的一致好评。

二是突出督办工作。逐步建立和完善了主席、分管副区长联系的重点提案督办制度；每年在交办会议后，对办案大户进行逐一走访、督察，对办案大户开展联系督办；对当年已办理的提案，在下半年就落实情况进行跟踪检查；对上年度承诺解决或列入计划解决的提案，进行跨年度跟踪督办；努力做好不满意提案的沟通督办工作。

三是强化服务意识。认真做好委员的知情服务，通过各种方式，让委员了解区情、政情，引导委员围绕区委工作中心和政府重点工作撰写提案。加强与提案承办单位的沟通服务，变被动等待办理为主动上门沟通，变单纯的检查督促为与承办单位共同动脑筋、想办法，积极促进提案的办理和落实。经过努力，提案工作取得了提案质量和提案办理质量的双提高。四年来，我们共收到委员以提案形式提交的意见建议1024件，立案交办979件。这些提案批评监督有理有据，意见建议切实中肯，整体质量很高。经过承办单位的认真办理，实现了百分之百的办结率，不少提案取得了实效，委员满意和基本满意率保持在95%以上。

（五）信息工作成绩突出

政协信息是了解民情、反映民意、集中民智的重要渠道。区八届政协始终把了解、反映社情民意作为政协履行职能的基础和关键环节来抓，通过多年的实践探索，已形成了一套具有自身特色的做法。一是加强队伍建设。政协主席亲自挂帅，副主席专门分管，提案委具体负责，办公室专人落实，委员、联谊会会员、特约信息员主动撰写，反映社情民意网络健全。二是健全工作机制。除向委员发放反映社情民意信息专用笺、开展重点课题约稿、定期培训信息员外，还开展委员走访约谈，由政协正副主席带队，定期与委员开展双向交流，上门听取委员反映社情民意。三是制订奖罚制度。每年评选表彰社情民意工作积极分子，并将撰写社情民意作为考评联络组、专业组和双好委员的重要内容，对委员进行定期考核。

四年来，区政协共编报反映社情民意的《政协信息》296期，其中有46件得到区委、区政府领导批示；通过市政协信息处报送市委市政府领导和上级政协的有79件，被市政协录用的21件，被全国政协采用的8件。不少社情民意引起了有关领导和部门的重视，反映的一些突出问题得到了较好解决。如有委员反映《对福利企业政策应重新审视》的信息，通过杭州市政协信息处上报到全国政协，被采用后报送给了国务院有关领导。不少领导对政协社情民意工作也非常支持，如区委何关新书记对政协的社情民意工作就非常重视，每件必看，多次批示，据统计，何书记四年批示的政协信息件数达22件。由于成绩突出，区政协信息工作连续4年受到市政协表彰。

（六）文史工作硕果累累

政协文史工作是人民政协具有特色的一项重要工作。八届政协在加强征集出版文史资料的同时，充分发挥文史工作存史、资政、团结、育人的社会功能，以是否坚持社会主义先进文化的前进方向，是否有助于爱国统一战线工作，是否服务于经济建设大局为选题标准，积极探索文史工作直接为现实服务的新路子，在抓系列、抓特色、抓精品上下功夫，取得了丰硕成果。

四年来，区八届政协先后编辑出版《余杭政协志》《天堂绿洲》《余杭百事通》《纪念抗日战争胜利60周年专辑》《话说余杭》《余杭古桥》等共110余万字文史资料。其中《余杭政协志》全面记录了余杭政协半个多世纪的风雨历程，是一部资料翔实的政协百科全书，其作用和意义不可替代且弥久深远；《天堂绿洲》反映了五常湿地、闲林水乡等地特有的区域风情，对推进余杭的旅游和文化事业意义重大；《余杭百事通》记录了余杭区各单位办事指南等方面内容，实用性很强，老百姓非常欢迎；《纪念抗日战争胜利60周年专辑》突出了当事人的亲历、亲见和亲闻，保存了珍贵的爱国主义教育史料。

（七）联谊活动广泛深入

团结和民主是人民政协的两大主题。四年来，区八届政协把围绕大目标，加强大联合，促进大团结作为一项重要任务，不断强化主题意识，努力搭建共事舞台，形成了和谐、宽松、奋进的团结民主氛围。

充分发挥民主党派、工商联和各人民团体在政协工作中的重要作用。制定并坚持主席和副主席联系民主党派、工商联和各人民团体负责人的制度，凡遇重大问题的协商都邀请民主党派、工商联和各人民团体负责人参加，支持民主党派、工商联和各人民团体以组织名义在政协的重要会议和活动中发表政见。加强与港澳委员、区内港澳同胞、侨胞代表的联系，积极开展慰问、走访、联谊等活动，宣传“一国两制”方针和政策，广泛征求他们对统一战线工作的意见和建议，为促进祖国统一贡献力量。

区八届政协以联谊交友为目的，与省内外兄弟县（市、区）政协广泛开展联系和交流。我们认真当好东道主，圆满完成了全省政协主席读书班的承办工作；和诸暨市政协联合发起成立了浙江省十一县（市、区）政协联谊会，并与桐乡市政协共同承办了第一次会议；积极参加杭州市城区政协主席联谊会和长江三角洲十三县（市、区）政协联谊会的各项活动。四年中，共接待省、市和兄弟县（市、区）政协的客人276批3000多人次，通过联谊，宣传了余杭，研讨了工作，交流了经验，增进了友谊。

精心组织大型纪念、庆祝、慰问活动。我们充分发挥政协之友联谊会、政协艺术团、书画院等组织的作用，精心组织了余杭区政协成立50周年“八个一”纪念活动，以及纪念抗日战争和世界反法西斯战争胜利60周年歌咏比赛、新年茶话会、政协书画展等10余次大型活动，为营造我区社会政治生活团结、民主、和谐的氛围作出了新的贡献。积极引导广大政协联谊会会员关心国家大事和区情，发动会员反映社情民意，促进了一些社会问题的解决。

继续坚持开展科技、文化、医卫“下乡”活动，四年共组织委员和专家300多人次下乡服务，受惠群众达2万多人次；组织广大委员和机关干部积极参加“春风行动”，仅区八届二次全会上发动广大委员为区福利中心的病残孩子捐款就达13.8万元，产生了良好的社会影响。

（八）整体素质不断增强

加强理论学习，是搞好自身建设的首要前提。四年来，区政协始终把学习摆在重要位置，通过举办理论学习中心组学习、委员培训班、常委读书会、专题报告会、知识讲座、情况通报会，以及编发学习参考资料等方法，积极组织委员们深入学习贯彻党的十六大精神，加深对建设和谐社会、社会主义荣辱观等重要思想的理解，深入学习政协章程、中共中央两个五号文件和统战理论知识，提高全体委员的理论素养和参政议政能力。同时，我们以保持共产党员先进性教育、“从严治党保先进，同心同德促发展”主题教育、效能建设等活动为重要载体，通过广泛座谈、征求意见、查摆问题、整改落实，强化了政协领导班子的思想作风建设，加强了机关队伍建设，促进和提高了政协机关的服务水平和工作水平。

在重视思想建设的同时，我们十分重视抓好制度建设和组织建设。在制度建设上，根据政协工作需要，制订完善了常委会工作规则、提案工作规则、专委会组织通则等有关政协工作规章制度。在组织建设方面，在区委的重视和支持下，政协机关内部机构进行了调整，设立了一办五委，办公室科室设置也得到进一步健全，为开展专委会工作提供了坚实的组织保障；出台了《关于加强区政协界别小组工作的若干意见》《关于加强政协委员队伍建设的意见》《区政协各专委会专业组、联络组年度工作考核办法（试行）》，积极探索委员管理办法，充分发挥委员履行职能的积极性和主动性，丰富活跃各专业组、联络组活动，在全区政协系统形成了奋勇争先、争创一流的风尚。

区八届政协还十分重视宣传工作。我们密切与各级各类新闻媒体的联系，通过各种新闻媒体，及时宣传报道区政协的重要工作和活动，努力营造良好的舆论环境。四年来，省、市有关新闻媒体共刊登报道我区政协活动稿件59篇，专项民主监督、政情咨询等特色工作，在全省范围内创出了较高的知名度。2005年先后创办了《余杭政协》内部刊物，开通了政协网站，并以此为阵地，及时通报我区重大方针政策，宣传政协重点工作，展现广大委员风采，为更好地履行政协职能发挥了重要作用。

回顾区八届政协的工作，我们在继承中发展，在实践中探索，在开拓中前进，取得了可喜的成绩，为今后开创政协工作新局面奠定了良好的基础。四年来，我们的工作得到了中共余杭区委的高度重视，得到了区人大、区政府及其各部门的密切配合，得到了各党派团体和全体委员的大力支持，得到了社会各界朋友的热情关心。在此，我谨代表区八届政协常务委员会，向所有重视、配合、支持、关心政协工作的各级党政领导、有关方面和社会各界，致以崇高的敬意和衷心的感谢！

在肯定成绩的同时，我们也清醒地认识到，区八届政协工作中还存在一些不足之处，对照政协章程的规定和社会各界的期望，我们的工作还有不少方面需要继续改善。主要是政治协商有待进一步规范，民主监督的力度应进一步加大，委组活动需进一步活跃，与委员的联系应进一步加强，委员的主体作用需进一步发挥，视察调研的针对性和实效性有待于进一步深化等。所有这些，都需要在今后的工作实践中认真探索、不断改进。

二

实事求是地总结以往的经验，对充分发挥人民政协的优势，推动政协工作与时俱进，具有十分重要的意义。四年来，区八届政协坚持从人民政协的性质、任务和余杭的实际出发，积极探索新形势下政协工作的新路子，在工作实践中积累了一些经验和体会。

（一）坚持依靠党委、政府，政协工作才能顺利开展

要做好政协工作，离不开党委的重视、政府的支持和有关部门的配合。区八届政协以来，中共余杭区委下发了《关于进一步加强中国共产党领导的多党合作和政治协商制度建设的实施意见》《关于进一步推进人民政协履行职能制度化规范化程序化建设的若干意见》等文件，区政府下发了《关于办理人大代表议案和政协委员提案工作规则》的文件，对我区进一步加强新时期人民政协工作提出了规范性要求和意见。四年来，区委常委会每年安排2次听取政协党组的工作汇报，研究解决政协工作中的问题；政协主席列席区委常委会会议，副主席分别列席区人大常委会议和区政府常务会议；政协召开的常委会会议、重要的专题研讨会、座谈会，区委、区人大、区政府主要领导或分管领导都参加会议，并通报情况，听取意见建议。区政府各部门还与政协各专门委员会建立了对口联系制度。做到了建议案有案必复，提案、信息、举报及时办理答复，如委员提案，每年办复率都在100%，采纳率达80%以上，满意和基本满意率均在95%以上。健全和坚持了区委、人大、政府、政协办公室主任（秘书长）联席会议制度。健全了对政协组织和政协委员意见、建议的反馈制度。

实践使我们体会到，这几年政协工作得以顺利开展，与区委的重视，区政府的支持，各级各部门的配合是分不开的，党委、政府的重视和支持是政协做好工作的关键，只有赢得了党委、政府的重视和支持，人民政协的工作才能真正发挥作用。

（二）坚持围绕中心，服务大局，政协工作才能有所作为

发展是中国共产党执政兴国的第一要务，也是人民政协履行职能的第一要务。四年来，区八届政协牢牢把握发展这个根本任务，树立和落实科学发展观，紧紧围绕经济建设这个中心，自觉服务于全区改革、发展、稳定的大局，通过政协提案、专题协商、专项民主监督、视察调研和反映社情民意等多种形式，就事关全区经济和社会发展的重要问题，提出了不少建设性的意见和建议。如关于提速做大做强民营经济的调研、关于构建节约型社会的调研、关于建立新型农村合作医疗制度的调研等等，均以政协建议案或系列调研报告提交区委、区政府，有的得到了落实，有的作为决策的参考，为我区的经济和社会发展作出了积极的贡献。

实践使我们体会到，只有围绕中心，服务大局开展政协工作，人民政协才能真正发挥自身人才荟萃、智力密集的作用；只有紧紧围绕中心、服务大局履行政协职能，人民政协才能

参政在点子上，议政在关键处，才能因其不可替代的作用而获得相应的地位。

（三）坚持把握团结和民主两大主题，政协工作才能不断增强感召力和凝聚力

胡锦涛同志指出："牢牢把握团结和民主两大主题，把这两大主题贯穿于人民政协工作的各方面、贯穿于人民政协事业发展的全过程，人民政协就能不断增强感召力、凝聚力，调动各方面的积极性，更好地履行职能，不断开拓工作新局面。"按照这个要求，区八届政协在实际工作中，特别注意把两大主题和三项职能有机结合起来，把履行职能的过程看作是建设社会主义政治文明的过程，看作是实现大团结大联合的过程。在协商问题、表达意见、反映情况、协调关系、化解矛盾、增进共识等履行职能工作中，坚持想政府所想，急政府所急，不给政府出难题，碰到问题不吹毛求疵，而是寓监督于理解、支持、帮助之中。政协领导班子和机关做到团结和谐，政协委员之间坚持求同存异、体谅包容，遇事多商量、多沟通，既尊重多数人的共同意愿，又照顾少数人的合理要求。团结一切可以团结的力量，调动一切积极因素，注重保持一种生动活泼、宽松和谐的民主氛围。

实践使我们认识到，衡量政协工作做得好不好，首先在于是否发扬民主、广开言路，营造宽松的思想政治环境和人文环境，是否彼此心情舒畅、和谐相处，促进大团结大联合。我们正是在工作中牢牢把握了团结民主两大主题，使得我们生活工作在政协这个组织中的人们，既体会到了家庭般的和谐与温暖，又享受到了畅所欲言的快乐。团结和民主使我们取得了可喜的成绩，离开团结和民主，人民政协就失去了存在和发展的历史根据，政协工作就失去了无往不胜的依托。

（四）坚持与时俱进，开拓创新，政协工作才能充满生机和活力

创新是民族进步的灵魂，也是政协工作永葆生机和活力的源泉。面对综合国力大幅增强、经济建设突飞猛进、社会事业日益发展、人民生活不断改善的新形势，区八届政协从思想理念、思维方式和工作方法上除旧布新，与时俱进。为创新政治协商形式，我们举行了政府区长和政协主席联席会议，会议双方就事先设定的议题，进行面对面的、开诚布公的交流，取得了很好的效果；为探索政协民主监督的新路子，我们开展了每年一次的专项民主监督活动，并取得了很好的实际效果；为使更多的委员能在重要场所发表自己的意见，提高委员参政议政的积极性，我们在全会期间开展了政情咨询活动，得到了全体委员和政府部门双方的好评；为把调研活动做深做细，我们积极创新调研方式，一改以往专委会各自为战的做法，集中各专委会的精兵强将，开展了"三农"问题和创建节约型社会的两个系列调研活动，并请省市有关方面的专家，对调研成果进行评价和辅导，使政协的整体实力和"人才荟萃、智力密集"的优势得以彰显，切实提高了调研质量。

实践使我们体会到，处在新世纪，新时期，只有与时俱进，解放思想，开拓创新，根据新情况，针对新问题，树立新理念，理清新思路，尝试新方法，自觉地融入新时代，政协工作才能充满活力，才能焕发新的强大的生命力。

（五）坚持实事求是，求真务实，政协工作才能取得实效

四年来，八届政协为余杭的社会和经济发展作出了一定的贡献，是因为我们坚持了实事求是的思想路线。几年来，我们坚持勤奋学习，深入调研的好传统，从余杭的实际出发，注重从宏观上、全局上思考和把握政协工作中的重大问题，注重提倡求真务实的工作作风，

注重与时代、与人民同呼吸共命运。我们做到了对了解掌握的情况尽可能有一个客观、科学、辩证的分析，特别是发表意见和建议，事先吃透吃准实际情况，了解国家有关法规政策，了解社会各界群众不同的意愿，了解事物发展的新走势。我们做到了政协工作不追求表面的热闹，不单纯追求数量而不注重质量，不为追求政协的“业绩”而去做对党委、政府和群众没有多少实际意义、政府难以操作、条件尚不具备和政协本身没有力量完成的事。

实践使我们体会到，只有坚持实事求是的思想路线和求真务实的工作作风，紧密结合本地实际，深入调查研究，政协工作才能有的放矢，取得实效。

（六）坚持体察民意，关注民生，政协工作才能在构建和谐社会中发挥作用

构建社会主义和谐社会是全党和全国人民的中心任务。社会要和谐，就要维护好最广大群众的根本利益。面对这一重大课题，人民政协必须体察民意，关注民生，充分发挥自身的优势，深入了解和反映群众的愿望和要求。必须深入基层，深入群众，依托委员提案、社情民意等载体，通过委员约谈会、群众座谈会等形式，倾听民意，了解民声，及时掌握和反映全区改革发展中出现的新情况、新问题。四年来，区八届政协所提交的979件提案，所反映的406件社情民意信息，所形成的10件建议案和19件调研报告，极大部分涉及的都是关系广大群众切身利益的问题，如环境治理、就业再就业、社会保障、农民收入、失地农民利益、教育、医疗、住房、交通、安全生产、社会治安等等。体察民意、关注民生，是本届政协工作的一大特色。我们站在群众的立场上想问题，站在群众利益的得失上提建议，把区政协工作的主要精力聚集在关注群众利益的实践上。

实践证明，人民政协只有始终不渝地坚持体察民情，关注民生，充分运用人民政协这一独特的民主形式，广开言路，积极地、及时地、如实地反映各个阶层、各个方面的真实情况和不同群体的利益诉求，才能为推进和谐社会建设做出新贡献。

（七）坚持发挥委员的主体作用，政协工作才能构筑好扎实的基础

做好新时期的政协工作，离不开政协委员的智慧和创造，离不开每个委员的积极参与。从这个认识出发，八届政协在实际工作中，十分注重发挥全体委员的作用，每年在政协委员中认真开展“写一件提案，提一条合理化建议，反映一条社情民意，参加一次视察，为群众办一件实事”的“五个一”活动。同时，我们还十分注意发挥专委会和联络组的作用，各委组都做到了“年初有计划，全年有活动；活动有成果，年终有评比”。各委组的主动参与，为八届政协卓有成效的工作充实了丰富的内容。广大政协委员积极履行政治协商、民主监督和参政议政三项职能，在协商问题、调查研究、反映情况、发表意见等方面，做到了尽心尽职、肝胆相照。四年中，有一位委员仅提案就撰写了37件，还有一位委员共撰写了24条信息。同时，在本职工作岗位上，委员们也做到了勤勤恳恳、率先垂范。为此，四年中，有10名委员被评为市、区级劳动模范，有102名委员被评为“双好委员”，有35人次委员撰写的提案被评为“优秀提案”，有27人次委员被评为“信息工作积极分子”。

实践使我们认识到：只有全体委员“热心、尽心、用心”人民政协事业，真正履行好自己的职责，政协工作才能真正地开展起来。因此，做好政协工作，必须充分发挥委员的作用，必须充分发挥各专委会和联络组的作用，离开了广大委员的积极参与和认真工作，政协工作就难以取得成效。

三

各位委员，区八届政协已经光荣完成了历史使命，九届政协即将肩负起承前启后、继往开来的光荣使命。党的十六届六中全会对建设社会主义和谐社会作出了全面部署，我们迎来了构建社会主义和谐社会，开辟中国特色社会主义新境界的重要发展时期。不久前刚结束的中共余杭区委第十二次代表大会，明确提出了“坚持发展主旋律、推进五质大提升，构建和谐创业、和谐发展、和谐生活的现代化都市新区”的战略目标，为今后五年全区经济社会发展勾画了美好蓝图，为政协工作指明了方向。今后的政协工作，天地将更加宽广，任务将更加艰巨。在此，我代表区八届政协常务委员会，就今后一段时期的工作提出几点建议，供九届政协的领导和委员们参考。

第一，深入学习贯彻中共十六届六中全会精神，为构建和谐社会作出贡献

中共十六届六中全会，是在我国经济社会进入关键时期召开的一次重要会议。会议全面分析了当前的形势和任务，从中国特色社会主义事业总体布局和全面建设小康社会的全局出发，研究了构建社会主义和谐社会的一系列重大问题。深入学习、全面贯彻十六届六中全会精神是摆在新一届政协面前的首要任务。要通过多种形式和途径，组织广大委员及政协工作者认真学习《中共中央关于构建社会主义和谐社会若干重大问题的决定》，把思想高度统一到十六届六中全会精神上来，要积极营造联系实际、民主讨论、求真务实的学风，继续深入学习构建社会主义和谐社会的重大意义、指导思想、深刻内涵、目标任务、指导原则和工作部署，增强贯彻党的基本路线和方针政策的坚定性，增强做好人民政协工作的责任感和使命感。遵照区第十二次党代会的奋斗目标，政协工作要着眼发展，胸怀全局，坚持把政协工作置于全区工作大局之中精心谋划，以是否有利于促进发展、是否有利于加强团结、是否有利于服务群众作为选题立项、开展工作的取舍标准，力求在角度的选择上、力度的把握上、广度的覆盖上充分体现尽职而不越位、帮忙而不添乱、切实而不表面，全力做好加强团结、维护稳定、倡导和谐工作，为构建和谐社会作出贡献。

第二，全面贯彻落实中共中央两个五号文件，进一步开创政协工作新局面

中共中央中发〔2005〕5号《关于进一步加强中国共产党领导的多党合作和政治协商制度建设的意见》、中发〔2006〕5号《关于加强人民政协工作的意见》这两个五号文件，着眼于新世纪我国政治制度和政党制度的健康发展，全面、系统地总结和概括了多党合作和政治协商必须遵循的一些重要政治准则，强调要坚持以马克思列宁主义、毛泽东思想、邓小平理论和“三个代表”重要思想为指导，坚持中国共产党的领导，坚持社会主义初级阶段的基本路线、基本纲领和基本经验，坚持“长期共存、互相监督、肝胆相照、荣辱与共”的基本方针，保持宽松稳定、团结和谐的政治环境。学习好、贯彻好、落实好这两个推进人民政协工作的纲领性文件，是当前政协组织和广大政协委员的一项重要政治任务。要从加强党的执政能力建设的高度，认真学习、深刻领会和准确把握两个五号文件的精神实质，把思想统一到中央精神上来。要结合实际，研究制定贯彻落实的具体措施，认真总结推广好的经验和做法，及时研究解决贯彻落实过程中出现的问题。要继续做好两个文件的宣传工作，使全社会更加关心和支持中国共产党领导下的多党合作事业。要深刻把握政协章程要领和各项规章制度，切实把握人民政协的性质、地位和作用，找准历史方位，坚持与时俱进，不断增强使命感、责任感、荣誉感，努力提高履行三项职能的水平，进一步开创政协工作新局面。

第三，围绕党和政府的中心任务开展工作，进一步提高履行职能的质量和水平

围绕中心、服务大局是政协工作的重要原则，要紧紧围绕中共十六届六中全会提出的奋斗目标和区第十二次党代会提出的各项任务，按照区委的部署和要求，认真履行政协职能。要始终把促进发展作为参政兴区的第一要务，坚持经济建设这个中心，紧紧抓住新世纪头二十年这一重要的战略机遇期，着眼于实现全面建设小康社会的奋斗目标，就完善社会主义市场经济体制，构建社会主义和谐社会，推进城市化进程，实现区域经济协调发展，加快文化、科技、教育、卫生事业发展等我区经济社会发展中的重大问题，开展专题调研，搞好协商讨论，为区委、区政府的科学决策提出前瞻性、建设性的意见建议和对策思路；要探索新的载体、运用新的形式，就政府职能转变、深化行政审批制度改革和加强党风廉政建设等，切实有效地开展民主监督，努力促进我区经济社会发展环境的进一步改善。

第四，坚持团结和民主两大主题，进一步巩固和发展最广泛的爱国统一战线

要从发展社会主义民主政治、建设社会主义政治文明的高度，坚持把团结和民主两大主题贯穿于政协一切工作的始终。建设社会主义政治文明，是中共十六大提出的全面建设小康社会的重要目标。人民政协作为中国共产党领导的多党合作和政治协商的重要机构，是发扬人民民主的重要载体，在政治文明建设中具有独特的地位。要坚持“长期共存、互相监督、肝胆相照、荣辱与共”的方针，切实加强同各民主党派、工商联、人民团体和各界人士的联系，拓宽参政议政舞台，努力营造民主协商、平等议事的浓厚氛围，积极推进决策的民主化科学化，更好地发挥人民政协在政治文明建设中的作用。注重按照政协界别特点开展活动，充分发挥各民主党派、各界别委员的优势，促进各民主党派、人民团体之间的团结协作。进一步畅通民主渠道，加强反映社情民意工作，及时了解和反映不同利益群体和各个社会阶层的愿望和利益诉求，帮助党和政府做好协调关系、化解矛盾的工作，把各界群众的意志和力量引导到社会主义现代化建设上来。要高举爱国主义、社会主义的旗帜，多形式、多渠道、多领域地开展联络联谊和对外交往工作，最大限度地团结海内外各方面的力量，促进我区改革开放，促进祖国统一大业。

第五，适应新形势新任务的要求，进一步加强政协自身建设

要在继承和发扬人民政协优良传统的基础上，大力加强政协自身建设，以适应新形势新任务的需要。特别是在区九届政协的开局之初，要切实加强对新委员政协理论和统战理论的学习培训工作。通过多种形式和途径，组织委员认真学习人民政协和统一战线的基本理论和基本知识，学习老一辈革命家关于人民政协的重要论述和中共中央两个5号文件的精神，学习政协章程和各项规章制度，从理论和实践上认清人民政协的性质、地位和作用，明确新时期人民政协工作的主要任务；掌握如何当好政协委员的知识，不断增强使命感、责任感、荣誉感，努力提高参政议政水平。注重加强专门委员会和联络组的建设，充分发挥专委会和联络组在政协履行职能中的基础作用。政协常委会和主席会议要切实加强对专委会和联络组工作的领导，完善专委会和联络组的设置，调配好专委会和联络组的领导，协调好专委会和联络组的各项活动，为专委会和联络组开展工作创造良好条件。重视加强政协制度建设，认真研究推进政协履行职能制度化、规范化、程序化问题，制定完善各项制度，建立健全规范的运行机制。要按照“讲质量、讲效率、讲规范、讲协作”的要求，全面加强政协机关建

设，提高政协机关整体水平，保证政协各项任务的完成。

各位委员，同志们：区第十二次党代会为余杭的发展描绘了一幅宏伟的蓝图，区九届政协必将创造出新的、更加辉煌的业绩。让我们在中共余杭区委的领导下，高举邓小平理论和“三个代表”重要思想伟大旗帜，认真落实科学发展观和构建社会主义和谐社会各项要求，在中共十六大，十六届五中、六中全会精神和区第十二次党代会精神的指引下，解放思想，实事求是，与时俱进，开拓创新，不断开创政协工作新局面；坚持发展主旋律，推进五质大提升，为建设和谐创业、和谐发展、和谐生活的社会主义现代化都市新区，作出新的更大的贡献！

中国人民政治协商会议
杭州市余杭区第九届委员会常务委员会工作报告

(2012年2月11日在政协杭州市余杭区第十届委员会第一次会议上)

区政协副主席　黄　莉

我受政协杭州市余杭区第九届委员会常务委员会的委托，向大会报告区九届政协常委会的工作，请委员们审议，并请列席会议的同志提出意见。

一、过去五年工作回顾

政协杭州市余杭区第九届委员会任期的五年，是余杭发展不平凡的五年，是我区经济社会大发展、城乡面貌大变化、群众生活大改善的五年，也是各级党委更加重视人民政协工作、我区人民政协事业蓬勃发展的五年。五年来，在中共余杭区委的领导下，区政协坚持以中国特色社会主义理论体系为指导，牢牢把握团结、民主两大主题，把促进科学发展作为第一要务，把构建和谐社会作为工作主线，开拓创新，勇于实践，求真务实，认真履职，为共建共享“品质之城，美丽之洲”作出了积极贡献。

(一) 全面履行职能，助推余杭科学发展

五年来，区九届政协把促进发展作为履行职能的第一要务，选择关系余杭经济社会发展的综合性、全局性、前瞻性的重大问题作为履行职能的主要课题，开展各种形式的协商议政、视察调研活动，积极助推余杭经济社会科学发展。

1. 政治协商更加有效。认真贯彻落实中央和省、市、区各级党委关于进一步加强政治协商工作的要求，根据政治协商“三在前、三在先”要求，坚持全体会议全面协商、常委会会议专题协商、主席会议重点协商、专委会对口协商，推进政治协商规范化，提高政治协商实效性。每年一次的全体会议，就年度政府工作报告、国民经济和社会发展计划报告、财政预算报告等进行协商讨论，五次全体会议共提交大会发言90余件，促进党委、政府科学决策。五年来，常委会会议、主席会议就“十二五”规划、行政区划调整、统筹城乡区域发展、政府机构改革等余杭经济社会发展的重大事项开展专题协商20余次，并协同民主党派认真开展历次区委全会报告（草案）专题协商，提出意见建议，为全局工作提供广泛支持。

2. 民主监督更加有力。通过专项民主监督、民主监督员统一派驻、民主建言会、委员视察等多种形式，深入开展民主监督工作，既加大民主监督力度，又注重寓监督于支持之中，把重点放在提出富有针对性、建设性的意见、建议上，把着眼点放在解决问题、促进工作上。2007年，区政协开展“盘活存量资产，推进项目建设”专项民主监督活动，前期调查研究深入，后期跟踪督查紧密，有力地配合了全区盘活存量资产、推进项目工作的开展。2009年开始实行统一选派民主监督员工作，首批选派75名政协委员担任25个行政执法部门、政法机关的民主监督员，并逐步完善工作总结交流机制、先进评比机制。民主监督员与被监督部门不断加强联系沟通，敢于监督，用心监督，共提出意见建议150余条，大部分都得到了被监督部门的采纳和落实。积极探索民主建言会的新形式，先后举办“创建省级示范文明城区”“促进工业经济发展”“健康余杭”“低碳城区”“人才兴区”“病有良医”等民主建言会6次，形成建言材料40余份。同时，认真组织开展专项视察活动。五年来，开展关于“清洁绿化余杭”、公交一体化、保障性住房建设、“三铁”工程建设情况等专项视察60余次，向区委、区政府提交视察报告近30件，为推进政府工作积极建言献策。

3. 参政议政更加有为。围绕推进城市化建设、产业转型升级、创新社会管理等有关余杭社会发展的重大问题，精心选择课题，深入开展调研，认真履行参政议政职能。五年来，共组织开展专项调研70余次，向区委、区政府提交调研报告30余件。其中，关于加快推进老城区物业管理暨实施旧小区改善工程、加强老集镇管理和建设、加快生态区建设、推进我区节能减排工作、加快推进社会养老事业、完善城市管理体制机制等6件调研成果形成常委会会议、主席会议建议案，为区委、区政府科学决策提供了重要参考。《我区成长型中小企业发展问题研究对策》《关于撤村建居后社区管理和建设方面的调研报告》《关于整合旅游资源、建设旅游强区的建议》《关于当前我区就业与社会保障工作的调研报告》等专题调研，由于选题务实，反映及时，提出的意见建议具有较强的针对性，受到区领导和有关单位的重视。充分发挥提案作为参政议政最直接、最有效、最有力的载体作用。通过完善督办制度，建立考核机制，注重提案资源开发利用，切实增强了提案的实际效果。本届政协委员提案立案数屡创新高，提案总数达1926件，内容包含了经济、政治、文化、社会以及生态文明建设的方方面面。经承办单位的认真办理，推进了有关工作的开展和落实。

（二）充分发挥优势，促进和谐余杭建设

区九届政协牢牢把握民主和团结两大主题，充分发挥人民政协服务和谐社会建设的独特优势，为构建和谐余杭作出了积极贡献。

1. 密切开展党派合作。坚持“长期共存，互相监督，肝胆相照，荣辱与共”的方针，以组织上的广泛代表性、政治上的巨大包容性、工作上的民主协商性，把多党合作的要求贯彻到政协工作的各个领域和环节，积极为民主党派、无党派人士履行职能创造条件，营造民主协商、平等议事的良好氛围。在政治上充分信任、尊重各民主党派，保障各民主党派在政协全会、常委会、专题座谈会上充分发表意见建议；坚持每年由区政协党组书记带队走访一次民主党派机关，每年至少召开一次民主党派座谈会，研究并帮助解决各民主党派工作中的实际困难和问题；高度重视民主党派、工商联和无党派人士的提案，抓好督办落实；积极与各民主党派联合开展专题调查，并以专报形式刊发民主党派调研文章，切实调动各民主党派参政议政的积极性。其中民进支部《关于我区农村基层民主自治实施状况的调研报告》经刊发后，得到区委、区政府的高度关注和好评，并获得2006—2009年全省政协系统优秀调研报告三等奖。

2. 广泛开展团结联谊。充分发挥位置超脱、联系广泛的优势，先后举办了庆祝改革开放30周年、庆祝人民政协成立60周年、庆祝中国共产党建党90周年、纪念辛亥革命100周年等活动，凝聚共识，汇集力量。积极争取并建成余杭区各界人士活动中心，为社会各界人士开展活动创造条件。举办各民主党派人士座谈会、各界人士迎春茶话会等活动，切实加强与民主党派人士、非党知识分子、非公经济代表人士、港澳台侨人士、宗教界人士的联络联谊。加强同上级政协和各兄弟政协的联系与沟通，广泛开展学习交流。充分发挥政协之友联谊会、政协艺术团、政协书画院等组织的联谊作用。在"5·12"汶川大地震抗震救灾中，区政协迅速组织开展捐款捐物活动，委员个人和以委员为法人代表的企业为灾区捐款达到1166万元。2008年金融危机发生后，区政协深入开展调研，走访重点企业经营者，了解情况，帮助解困，提振信心，共克时艰。

3. 深入开展群众工作。充分发挥政协界别、政协委员广泛联系各界群众的优势，深入实施民主民生战略，做好新时期新形势下群众工作，围绕教育、卫生、就业、收入分配等人民群众最关心、最直接、最现实的利益问题建言献策，并不断完善群众工作机制，为党和政府了解民情、体察民意、集中民智搭建桥梁。2010年6月，在南苑街道新城社区、瓶窑镇里窑社区设置了社情民意联络点。辖区政协委员定期到社区走访，广泛听取和收集各类社情民意，并通过政协这一平台向政府及有关部门反映。高度重视社情民意信息工作，积极向党政机关反映群众呼声。五年来，共编发社情民意信息304期，其中54期得到区委、区政府领导批示；上报市政协226件，被采用74件，其中14件被全国政协采用。区政协信息工作连续五年受到市政协表彰。同时，积极参与联乡结村、信访接待、帮困扶贫等活动，注重对网络舆情的收集分析和引导，做好协调关系、理顺情绪、化解矛盾、促进团结的工作。积极组织政协委员开展免费医疗服务、结对帮扶、送戏下乡等各类社会公益活动，热心为困难群众、弱势群体做好事、办实事。

4. 积极开展文化建设工作。充分发挥人才优势，紧紧围绕"文化名区"战略具体目标和任务，积极投身文化建设。认真开展政协文史工作，先后编辑出版《天南地北余杭人名录》《佛缘福地》《何思敬史迹》以及《南湖文化》《运河文化》《径山禅茶文化》等历史文化研究丛书书目，并配合省、市政协开展知青下乡、"6·30"洪灾等史料收集，组织"兰亭杯"中小学生书法比赛等活动，做好地方文化的保护和整理工作，挖掘余杭优秀传统文化，推进文化项目建设，促进文化资源的开发和利用。团结和动员以政协委员为主的文化界人士，凝聚各方文化力量，认真探讨我区文化发展的方向、思路、举措，就深入文化体制机制改革、加强历史文化资源保护和开发利用、加快公共文化服务、推进文化创意产业发展，加快超山综保工程建设、山沟沟古村落建设等积极建言。同时，组织开展"文明之光"全国书法名家邀请展等文化交流联谊活动，加强余杭文化对外宣传，促进与外地文化的相互交流。

（三）不断完善机制，提高政协工作科学化水平

区九届政协认真贯彻落实省、市、区委政协工作会议精神，探索创新，大胆实践，切实

加强政协履行职能制度化、规范化、程序化建设，努力提高政协工作科学化水平。

1. 完善制度建设。2009 年，为认真贯彻省委、市委政协工作会议精神，深入调查研究，积极协助区委制定出台《关于进一步加强人民政协工作的意见》。该文件成为区政协履行职能的指导性文件，为余杭政协事业发展提供了有力依据和坚实保障。我们根据《政协章程》规定和区委文件要求，以加强制度建设为重点，推动履行职能制度化、规范化、程序化建设。先后制订出台《区九届政协有关工作规则》《区政协党组议事规则》《区政协提案审查办理规则》《关于进一步发挥政协界别作用的意见》《关于加强和改进政协反映社情民意信息工作的意见》等制度近 30 项，进一步规范了区政协各项工作的内容、形式、程序以及具体要求，保障政协工作有章可循，有序开展。建立了区政府区政协工作联席会议制度、区政协和总工会工作联系制度、专委会对口联系制度，加强和政协参加单位、人民团体的沟通联系，为委员知情明政创建良好平台。

2. 创新履职形式。一是推进政治协商新实践。自九届七次常委会会议以来，每次常委会会议都确定 1—2 个议题，会前组织视察调研，会中请政府领导通报工作并开展协商，会后以书面形式提交协商意见，使常委会会议政更具针对性和实效性。邀请市民参加常委会会议、专题协商会议，如关于食用农产品质量安全、养老事业、城市管理、低碳城区建设等常委会会议、协商会议，邀请社区（村）代表、市民代表列席并上台发言，创新了会议形式，拓宽了民意渠道，扩大了公民有序政治参与。二是落实民主监督新举措。在统一派驻民主监督员、举办民主建言会，不断推进民主监督工作经常化、规范化的同时，采取政协建议案督办、重点提案督办、调研视察成果回头看等多种新手段，深入开展民主监督活动。三是拓展参政议政新领域。在城乡导报开辟建言专栏，与余杭电视台合作开辟访谈专栏，分别录制《对话新农村》《品质之城—政协委员在行动》《展望与思考—政协委员心中的美丽之洲》等专题片。同时，改进创新调研方式，注重系列调研、联合调研，整合政协委员、专委会、民主党派成员、有关部门等各方面力量，发挥好参政议政的整体优势。

3. 优化委员管理服务。区政协在加强委员管理服务工作方面进行了积极探索和实践，增强政协组织的凝聚力、感召力，增强委员对政协工作的认知和认同感，积极搭建学习平台、知情平台、沟通平台、履职平台，充分调动委员履职的积极性和主动性，努力打造充满活力的政协委员队伍。制定出台《委员管理办法》，试行“常委述职、委员报告”办法，对委员权利、义务、履职形式和要求等作了明确规定，推进委员履职规范化。研究并建立以专委会为基础，以界别为特色，以联络组为服务平台的工作网络。尤其突出界别特色，为进一步发挥界别作用制定实施意见，加强对界别的考核，并确定每年 11 月的第一个周为“界别活动周”。2011 年“界别活动周”的主题为“突出服务进企业、突出民生进社区、突出统筹进农村”，各界别活动组联合专委会，组织开展走访、座谈、视察等活动 20 余次，提交调研报告 10 余篇。2010 年 8 月组建区政协企业家协会，成为服务企业家委员的平台，沟通政企的纽带。协会组织开展了困难老人爱心结对、会员沙龙、学习考察等多项活动。在协会的组织推动下，50 家会员企业发起并将在临平新城兴建“企协大厦”，促进实体经济转型升级。

4. 强化机关效能建设。以“三力提升”、效能建设、作风建设为载体，认真组织学习十七大历次会议精神，积极倡导“有作为才有地位”“高标准、争先进、创一流”等理念，激发爱岗敬业、勤奋奉献的工作热情，努力建设“学习型、服务型、创新型、效能型、和谐型”

五型机关。在机构人事上，积极争取区委、区政府重视和支持，增设了委员学习和工作联络委员会，各专委会主任担任了常委职务。加大政协干部的教育、培养和交流力度，使政协队伍充满活力，并建立特聘委员制度，进一步加强了专委会力量。在宣传工作上，加强与《城乡导报》、余杭电视台及《人民政协报》《联谊报》《杭州政协》等媒体的协作，恢复出版《余杭政协》刊物，努力办好余杭政协网、《余杭政协动态》等宣传载体，有效扩大了人民政协的社会影响。在内部管理上，健全各项管理制度，提高机关办文办会办事效率，形成规范、有序、高效的工作运行机制，并积极开展党组织和工会等群团活动，加强政协机关的统筹协调，营造团结干事、和谐创业的工作环境。

回顾区九届政协的工作，我们在继承中发展，在实践中探索，在开拓中前进，取得了可喜的成绩。五年来，我们的工作得到了中共余杭区委的高度重视，得到了区人大常委会、区政府的大力支持，得到了各部门和各镇、街的密切配合，得到了各民主党派、人民团体和全体委员的积极参与，得到了社会各界朋友的热情关心。在此，我谨代表区九届政协常委会，向所有关心、支持、配合政协工作的各级党政领导、有关方面和社会各界，致以崇高的敬意和衷心的感谢！

在肯定成绩的同时，我们也清醒地认识到，区九届政协工作中还存在一些不足之处，对照政协章程的规定和社会各界的期望，我们的工作还有不少方面需要继续改善，主要是政治协商规范化有待于进一步提高；视察调研的针对性和实效性有待于进一步加强；委员履职平台有待于进一步拓展；“三化”建设有待于进一步推进等等，这些都将在今后的实践中积极探索、认真研究、努力解决。

二、主要工作体会

人民政协事业随着历史的发展而前进，人民政协工作的职能和作用随着实践的发展而不断地被认识、探索和丰富。实事求是地总结经验，对充分发挥人民政协的优势，推动政协工作与时俱进，具有十分重要的意义。五年来，我们深刻认识到，坚持中国共产党的领导，是人民政协必须遵循的根本原则；坚持团结民主，是人民政协工作的永恒主题；坚持围绕中心、服务大局，是人民政协履行职能必须牢牢把握的要领。九届政协的实践，使我们深刻体会到，基层政协必须坚持做好以下几个方面工作。

（一）只有坚持开拓创新，政协工作才有活力

创新是时代的要求，是发展的需要，也是人民政协事业发展的活力之源。本届政协在继承和发扬优良传统的同时，大力倡导创新精神，根据新形势、新要求，不断开拓政协工作思路，在工作机制、工作领域、工作形式等诸多方面，进行了积极探索和实践。特别是在规范政治协商、加强民主监督、加强委员管理、健全界别组考核等方面进行了新的尝试，有效地促进了政协工作开展。我们深刻体会到，政协工作应该创新，也可以创新。只有坚持创造性实践，政协工作才能保持生机和活力，才能适应时代发展的要求，不断开创新的局面。

（二）只有坚持求真务实，政协工作才有凝聚力

人民政协是各党派、各团体、各族各界政协委员履行政治协商、民主监督、参政议政职能的大舞台。人民政协鼓励讲真话、讲实话，各抒己见，畅所欲言。本届政协期间，我们牢牢把握政协特色，团结各界人士，积极打造反映情况、发表意见、表达诉求的平台。在履职工作中做到“求真”，报喜又报忧，敢进诤言，不回避矛盾。同时又坚持“务实”，抓住新形

势下出现的重点、难点、焦点问题，选准角度、把握适度、挖掘深度，切中时弊提出真知灼见，为党委、政府排忧解难。我们深刻体会到，人民政协必须坚持求真务实的精神，营造敢于讲真话的氛围，共同推进政治文明建设，从而不断增强凝聚力，汇集各界人士的智慧和力量，为促进全区经济社会科学发展发挥应有的作用。

（三）只有坚持关注民意，政协工作才有动力

人民政协作为我国政治架构中的重要组成部分，无论从性质、构成或职能来看，都是一个具有重要民意功能的组织。当前社会结构变动加快，利益主体日趋多元化，公共服务需求呈现多样化，因此，畅通各界群众利益诉求渠道显得格外重要。本届政协期间，我们注重发挥政协的民意功能，在协商议政、履行职能的全过程中，都以把握民意、体现民意作为着眼点和着力点，力求紧密贴近群众，了解群众的愿望和要求，吸纳群众的合理建议。我们深刻体会到，只有充分发挥民意功能，才能切实做好促进团结、化解矛盾、凝聚人心、汇集力量的工作，在构建和谐社会中发挥重要作用。

（四）只有坚持界别特色，政协工作才有合力

政协界别是参加政协的各党派、人民团体、各民族和各界人士在政协组织中的具体划分，集中体现了政协的广泛代表性、党派合作性和民主协商性，是人民政协区别于我国政治体制中其他组织的显著特点。做好界别工作对于开创人民政协工作新局面具有特别重要的意义。区九届政协根据自身特点，强化界别工作理念、发挥界别特色作用，建立健全一整套界别工作机制，充分调动了各界别参政议政的积极性，并以界别活动为载体，为委员提供了更多知情参政的平台，有效激发了委员履职的主动性和责任心，增进了各界别的团结。我们深刻体会到，重视界别工作的做法是行之有效的，突出界别特色，不仅有利于发挥委员主体作用，还有利于增强政协整体合力，彰显政协独特优势。

三、今后五年工作建议

今后五年，是我区全面建设小康社会、率先基本实现现代化的关键期，是加快转变发展方式、推动经济转型升级、统筹城乡区域发展、加强创新社会管理的攻坚期。中共杭州市余杭区第十三次代表大会已明确了今后五年全区经济社会发展的奋斗目标和主要任务，也为政协工作指明了方向。面对新形势、新要求，政协工作领域将更加宽广，任务将更加艰巨，责任将更加重大。今后五年，我们必须坚持以邓小平理论和“三个代表”重要思想为指导，以科学发展观统领政协工作全局，深入贯彻落实中共十七大、中共十七届历次全会精神和中共中央以及省、市、区委关于加强人民政协工作的一系列要求，在中共余杭区委的领导下，紧紧围绕区第十三次党代会提出的“经济转型升级、城乡统筹发展、社会管理创新”三大重任和各项战略目标、任务，牢牢把握团结和民主两大主题，同心协力搞好政治协商，积极稳妥推进民主监督，扎实有效开展参政议政，努力开创政协工作新局面，为共建共享“品质之城，美丽之洲”，共创和谐幸福新余杭作出更大的贡献。

根据上述指导思想，我们就今后一个时期，特别是2012年的政协工作提出以下建议。

（一）注重学习、深入研究，在加强思想建设上有新成效

学习研究是人民政协开展工作的基础。要坚持和完善理论学习中心组学习、常委专题学习、委员学习培训等机制，特别是在区十届政协开局之初，切实加强新委员学习培训工作，使新一届政协委员全面了解政协知识，熟悉政协工作，提升履职能力。要深入学习统一

战线和人民政协的理论、方针、政策，特别是《中共中央关于加强人民政协工作的意见》和省、市、区委贯彻实施意见精神，深化对人民政协的性质、地位、职能的认识，明确新时期人民政协工作的主要任务，进一步增强做好政协工作的使命感和责任感；重点学习中共十七届六中全会和省、市、区党代会精神，把学习贯彻区第十三次党代会精神作为一项重要政治任务，增强贯彻党的基本路线和方针政策的坚定性，切实做到思想上同心同德，目标上同心同向，行动上同心同行；继续学习贯彻《中共杭州市余杭区委关于进一步加强人民政协工作的意见》，全面了解情况，认真提出建议，促进文件各项规定的落实。同时，加强人民政协理论研究，深入分析探讨政协工作遇到的新情况、新问题，在党委总揽全局、协调各方的格局中找准政协工作的位置和角度，锐意进取，勇于创新，推动我区人民政协事业不断向前发展。

（二）围绕中心、认真履职，在服务科学发展上有新贡献

站在新的起点，余杭区新一轮发展的目标更高、任务更重。要围绕我区今后五年经济社会发展的总体要求，带领政协各参加单位和全体政协委员，把思想和行动统一到落实“经济转型升级、城乡统筹发展、社会管理创新”三大重任上来，把履行职能体现在支持、促进我区经济社会新发展的各项工作中。进一步规范政治协商的内容和程序，丰富政治协商的形式和层次，就我区经济社会发展的大政方针、重大事务加强政治协商，为促进经济发展方式转变，促进文化事业繁荣发展和群众生活品质提升，实现富民强区、社会和谐积极出谋划策；进一步增强民主监督组织化程度，完善民主监督员派驻工作机制，深入开展专项监督，加大跟踪监督力度，把参与、服务、监督有机统一起来，努力为区委、区政府决策部署的落实，民生热点问题的解决，机关作风效能的提高发挥积极作用；进一步提高参政议政实效性，选择发展所需、群众所想、政协所能的课题，围绕余杭改革开放和现代化建设重大战略，在“三区八园”工业平台建设，九乔国际商贸城等现代物流业发展，城郊型现代农业发展，新型城市化主导下的城乡统筹发展，公共服务均等化、优质化，先进文化建设，加强和创新社会管理，体制机制改革创新等方面，深入开展调研、视察，提出切实可行或有建设性的意见和建议。

（三）协调关系、增进团结，在促进社会和谐上有新作为

人民政协的性质决定了人民政协在构建和谐社会中大有可为。要坚持“民主协商、平等议事、求同存异、体谅包容”的原则，着眼于政党关系、民族关系、宗教关系、阶层关系、海内外关系等各方面关系的和谐，注重做好各界人士的联络联谊工作，继续加强和完善社情民意联络点工作，建立健全和人民团体的联系工作机制，关注不同阶层的利益诉求，重视维护弱势群体利益，协助党委政府妥善处理好各方面利益关系，团结和鼓励各阶层人士共同致力于余杭经济社会科学发展。要把服务和改善民生作为政协工作重要职责，围绕完善社会保障和住房保障、提升教育质量、发展公共交通、深化医疗卫生改革、健全社会帮扶救助工作机制、发展老年社会福利事业、加强生态环境建设、加快新农村建设、改善农村居住环境等人民群众关注的热点难点问题，通过提案、视察、调研、社情民意信息等形式，反映群众意见建议，帮助解决实际困难，协助党委政府把群众工作做深、做细、做实，维护社会和谐稳定。要加强政协文化建设，积极开展文化交流联谊活动，助推公益性文化事业和文化创意产业发展，继续重视和支持区政协之友联谊会、政协艺术团、政协书画院、政协企业

家协会等组织的工作，营造良好的人文环境，促进余杭文化建设大发展、大繁荣，更好地发挥人民政协协调关系、汇聚力量、建言献策、服务大局的作用。

（四）突出重点、发挥优势，在开展特色工作上有新突破

人民政协最具特色的经常性工作主要是提案、文史、社情民意信息工作等。要与时俱进，突出重点，发挥优势，着重抓好。提案工作更加注重“提出、办理、服务”三大环节的创新工作，进一步提高立案标准，完善工作考核办法，健全督办机制，在讲求“量”的同时更讲求“质”，在提高满意率的同时更要提高办理实效，切实提高提案工作水平。文史工作更加注重发挥“教育、统战、资政、存史”四大功能，坚持“存真求实”的文史工作基本方针，坚持“广征博采、抢救先行、慎重编印、积极发行”，突出改革开放以来具有地方特色的文史资料收集和编撰，努力使政协文史工作更好地服务经济社会发展。社情民意信息工作更加注重把握“政治性、真实性、时效性、新颖性、深刻性”五个特性，建立健全信息网络，广辟信息来源，注重网络舆情分析，努力推行实施信息处理反馈机制，加强信息工作规范化建设，更好地适应信息时代的新要求。

（五）求真务实、开拓创新，在加强自身建设上有新提高

人民政协事业薪火相传、生生不息。要扎实推进政协工作制度化、规范化、程序化建设，积极构建促进党派合作、体现界别特点、发挥委员主体作用、搞好机关建设“四位一体”自身建设新格局。着力探索各民主党派和无党派人士参与政协活动的载体和形式，加强联系沟通，尽力支持参政议政，切实保障话语权，充分调动各民主党派和无党派人士服务全区中心工作的积极性和主动性；着力完善界别工作机制、考核机制，提高界别活动的质量和成效，体现界别的特点、优势和作用，并加强政协专门委员会与相关界别的联系，促进界别联动、委组联动，统筹协调好专委会、界别和镇街地区联络组工作，创新政协工作向基层延伸的新形式；着力完善委员管理服务工作，健全激励机制，做好组织委员、关心委员、服务委员的工作，为委员履行职责、发挥作用积极创造条件，鼓励委员深入基层、关注民生，提倡委员独立思考、敢讲真话，在履职实践中施展才华、建功立业；着力加强政协机关的思想、作风建设，建立健全各项工作规则和管理制度，保证机关工作协调统一、规范有序、精干高效地运行，并继续办好《余杭政协》《余杭政协动态》和余杭政协网站，在报纸、电视、广播、网络等媒体上办好特色栏目，切实加强政协工作宣传。

各位委员、同志们，回顾过去，我们为九届政协的工作感到欣慰和自豪；展望未来，我们对人民政协事业的发展充满信心和期待。让我们在中共余杭区委的领导下，同心同德，群策群力，开拓进取，扎实履职，努力开创全区政协工作新局面，为余杭幸福美好的明天而努力奋斗！

中国人民政治协商会议
杭州市余杭区第十届委员会常务委员会工作报告

(2017年2月6日在政协杭州市余杭区第十一届委员会第一次会议上)

区政协主席　阮文静

我代表政协杭州市余杭区第十届委员会常务委员会，向大会报告区政协十届常委会的工作，请委员们审议，并请列席会议的同志提出意见。

过去五年工作回顾

十届政协任期的五年，是余杭全面深化改革、加速转型发展的五年，也是余杭政协务实进取、创新发展的五年。五年来，在中共余杭区委的正确领导下，十届政协常委会深入学习贯彻党的十八大和习近平总书记系列重要讲话精神，认真贯彻落实各级党委关于政协工作的决策部署，牢牢把握团结和民主两大主题，紧扣党政中心，汇聚各方力量，扎实履行政治协商、民主监督、参政议政职能，充分发挥人民政协协商民主重要渠道作用，为全区经济社会持续健康发展作出了积极贡献。

一、围绕改革发展重大问题协商资政

十届政协以“创新、协调、绿色、开放、共享”发展理念为指导，把服务发展作为第一要务，围绕余杭改革发展和经济转型升级等重大问题协商议政。五年来，共召开5次全体会议、22次常委会会议，精心准备全会发言121篇，常委会发言23篇，广泛协商讨论政府工作报告、国民经济和社会发展计划报告等，积极参与事关全区改革发展稳定的重大决策。2012年围绕“发展实体经济、打造产业余杭”主题开展调研协商，召开各类座谈会30多个，征集建议140多条，形成提升改造镇街工业园区、优化发展软环境、传统产业转型升级等7个调研报告，为促进实体经济发展建言献策。2013年围绕“助推科技型中小微企业发展”开展调研协商，提出科创园区建设、扶持健康发展、提供金融担保等方面建议，助推科技创新战略和“523”计划的全面实施。2014年围绕“电子商务产业发展”开展调研协商，提出规划引领、人才支撑、发展跨境电商、工业电商、农业电商等方面建议，在我区制定电子商务产业发展政策时被吸收采纳。2015年围绕“十三五”规划这一行动纲领与路线图，在委员中广泛开展“我为‘十三五’规划献一策”活动，并组织开展系列调研，就农业农村、交通运输、金融发展、旅游产业发展等方面形成调研协商意见，为系统谋划余杭“十三五”时期经济社会发展的大政方针提供参考。针对近年来流动人口增长较快的态势，开展人口问题调研，呼吁“十三五”规划应充分考虑人口总量和结构问题。2016年围绕重大专项行动这一中心任务，紧扣打造“美丽杭州”建设“两美浙江”示范区、大产业转型升级、大径山旅游开发建设、社会治理大联动、中泰开发建设、特色小镇建设、良渚遗址申遗等7个重大专项，组建7个咨询团队，开展20余次调研视察考察，3次主席会议协商，形成5个书面建议，积极资政建言，促进重大专项落实落地。持续关注产业平台和特色小镇建设，多次组织视察并积极协商建言。围绕余杭与主城区一体化发展、新一轮财政体制改革、良渚遗址规划、余杭经济技术开发区与钱江经济开发区体制调整、良渚新城机制体制创新、生物医药高新园区建设、国有资产经营管理、政府与社会资本合作项目（PPP）试点工作等重要课题，深入研究，积极献策。开展现代农业园区建设、农业服务体系建设、美丽乡村建设、民宿发展等专题调研，助推城乡统筹发展。

二、聚焦环境建设突出问题加强监督

十届政协紧盯生态环境建设短板，积极投身治水、治气、治堵、治垃圾的攻坚战，助推改善人居环境、打造美丽余杭。2014年开始连续三年积极实施省市区“三级政协联动、万名委员同行、助推五水共治”专项民主监督，坚持以问题为导向，以截污纳管、黑臭河整治、河道治理长效机制为重点，多次参与省、市政协联动视察，组织主席会议集体视察、界别活动组和镇街联络工委“1＋1”视察、联合大督查考评办和治水办实地督查，形成视察报告、督查专报、委员提案、政协信息60余件。共有600余人次委员先后参与监督，实地查看村（社区）100余次、企业60余家、河溪230余处，向有关镇、街道及部门反馈问题190余个，反映的问题基本得到整改，全力助推“五水共治”取得阶段性成效。围绕“治气”，多次开展大气污染防治调研视察和督查，持续跟踪温室甲鱼养殖问题并督促全面关停整治，对委员们关注的海联热电厂问题，组织实地视察并建言，促进提上议事日程。围绕“治堵”，举办“提高公交分担率，缓解交通拥堵”民主议政会，开展道路交通规划建设专题调研，为加快推进交通基础设施建设出谋划策。围绕“治垃圾”，组织开展垃圾分类调研视察和督办，提出深化试点工作、完善激励机制、加强宣传教育等建议，探索垃圾收集处理和厨余垃圾末端处置模式，促进加强源头管理、实现垃圾减量。始终关注西部山区生态环境和湿地保护，助推完善生态补偿机制，对于北湖草荡拟引进光伏项目事宜，及时反映并呼吁叫停。开展老集镇改造、塘栖小城市建设、超山综合开发保护等调研视察，“三改一拆”“四边三化”“两路两侧”民主监督，为提升美化环境提出建设性意见。组织委员积极参与“西湖蓝·委员行”主题活动，以实际行动倡导并践行绿色低碳生活。

三、着眼社会治理创新要求助推实践

十届政协注重发挥在社会治理体系建设中的优势和作用，全力参与打造余杭社会治理新模式。在服务保障G20峰会这一硬仗中，深入基层一线指导督查，组织开展“办好G20，委员作贡献”文明督导活动，团结和带领全体政协委员在工作中带头尽职尽责、生活中带头文明守法、维稳安保中带头督查参与，以实际行动当好服务保障峰会的参与者、助推者和示范者。在全区综合环境专项整治大会战中，迅速行动，积极参与，发出“整治我先行，协力大会战”倡议，营造克难攻坚、决战决胜的浓厚氛围，并通过政协信息等渠道踊跃献策，有关拆违现场安全管理、维护村级集体利益、违章土地隐患等建议，得到区委、区政府领导和大会战办的重视，促进相关举措出台。在九峰环境能源项目推进中，区政协领导带领工作组同志，深入基层与群众沟通，听取和反映群众合理诉求，通过各种形式做好宣传引导、释疑解惑、协调关系的工作，积累了网络时代群众工作的新鲜经验，为化解干群矛盾、解决难点问题以及项目顺利落地、有序推进，作出了积极贡献。同时，围绕创新社会治理、建设平安余杭，召开3次专题议政会，组织16次专题视察，形成建言材料20余份，为形成社会治理大格局贡献智慧。开展“法治余杭”系列调研，举行常委会会议专题协商，提出提高依法行政水平、推进基层依法治理、完善公共法律服务、创建诚信守法企业、建立行政负责人出庭应诉制度等方面的协商意见，积极助推余杭法治建设继续走在前列。开展“平安余杭”体系建设调研，连续四年专题视察“安全生产”“消防安全”“建筑安全”“道路交通安全”，并分别形成专题报告，各次建言材料都得到区委区政府领导的批示，得到相关部门的重视和采纳。开展“培育社会组织、创新社会管理”调研并形成建议案，举办“提升城市社区服务”民主议政会，组织流动人口管理服务、宗教场所管理等调研视察，提出的一些意见建议已得到研究和落实。

四、抓住群众关心的民生热点积极建言

十届政协把履职为民作为根本宗旨，对群众感到“急、难、愁”的实际问题，持续关注跟进。连续四年调研视察养老体系建设并举行民主议政会，呼吁重视老龄化的应对和出台相关政策，形成多元化养老格局，让老年人有更多的获得感。开展农村建房、农民多高层公寓建设管理的调研视察和协商督办，促进农村建房政策优化和完善。针对群众关注的区第五人民医院搬迁后老院区用途，组织专题调研，形成《关于在原区第五人民医院场所建立医养结合老年医院的建议案》，促成综合性老年病医院投入使用。针对群众呼声强烈的区第一人民医院公交通达问题，组织专题视察，形成《关于区第一人民医院新院公交线路的视察意见》，推动完善相关公交线路。开展教育资源布局专题调研，协助破解教育资源短缺的突出问题。开展民营医疗机构发展专题调研，促进民营医疗机构扶持政策的出台。开展工疗站建设专题视察，推动残疾人康复工作规范化。重视社情民意信息的收集反映，五年共编发《社情民意》266期、《专报》105期，上报省市政协378件，区领导批示42件。关于完善地铁建设和运营、加快城市社区便民菜店建设等一批建议，及时提供了民意民智，有效服务了党政决策。探索网上议事厅平台建设，入驻委员7名，发布话题50余个，编发《网络议事》12期，结合履职重点，收集网络舆情，促进民生热点问题的反映和解决。

五、关注文化传承发展新趋势献策存史

十届政协充分利用政协文化人才众多、文化资源深厚等有利条件，助力历史文化遗产的传承保护，助推余杭文化事业的繁荣发展。持续关注良渚文化金名片的打造，开展“夯实良渚遗址申遗大众基础”专题调研，联合良渚遗址管委会举办“走近美丽之洲、感知文明曙光、助推良渚申遗”主题宣传活动，联合杭州市政协以及有关专家学者多次调研视察，为申遗工作鼓与呼。在中国大运河申遗进程中，联合省市政协多次组织视察、提出建议，申遗成功后又多次召开保护利用工作座谈会，提出挖掘文化内涵、做足水乡文章、加快构建旅游体系、打响特色旅游品牌等方面建议。开展非遗保护工作、文创产业发展等调研视察，努力挖掘名人文化、本土文化，探讨研究地域文化和文化产业发展。探索文史工作为现实服务的新路子，制订文史资料工作五年规划，先后编辑出版《余杭运河船民口述史》《下沙围垦实录》《余杭考略》《余杭抗战纪实》《余杭美食》等文史专辑，传承和弘扬余杭历史文化，并荣获多项杭州市政协优秀文史图书奖。

六、积极构建多元化协商监督新格局

十届政协认真学习贯彻中共中央关于加强社会主义协商民主建设的重要文件和省市委政协工作会议精神，2014年积极协助区委召开政协工作会议，区委制定出台《关于进一步加强和改进人民政协政治协商的意见》《关于进一步加强和改进人民政协民主监督的意见》，为政协事业发展提供了有力依据和坚实保障，不断推进政协工作创新和实践，构建多元化协商监督格局。一是专题协商更精准。建立常委会季度协商、主席会议双月协商制度，坚持区政府区政协工作协商联席会议制度，完善专委会对口协商机制，对于重点课题，形成大集体视察、专业小分队调研和主席会议协商“三结合”机制。本届政协共举行常委会会议协商20余次、主席会议协商50余次，专委会对口协商40余次，形成专题协商意见书、调研报告90余件，做到突出重点、精准建言。二是提案办理协商更扎实。建立健全承办单位、提案人、政协组织三方沟通协商机制、提案办理民主评议机制、重点提案区长领办、主席督办、相关提案人参与机制，切实加强提案办理协商，提案工作影响力进一步增强。本届政协提案立案共1845件，涉及经济、政治、文化、社会、生态各个方面，提案办理落实率逐年提高，五年平均值达到40.7%，通过各承办单位的认真办理，切实推进了党政有关工作。三是界别协商更广泛。突出界别特色，发挥界别牵头单位的作用，每年11月举办“关注发展、服务民生”界别活动周，通过专题调研、小组视察、联组协商等多种形式，积极协商议政，形成加快临平山北区域新发展、传统家纺转型升级等建言材料50余件，反映了各界人士的建设性意见。四是参与基层协商民主更深入。在区委重视支持下，全区19个镇（街道）设立政协联络工作委员会，搭建基层协商平台，主动参与镇街民主协商，探索建立委员工作室，形成农村基层治理、老小区物业管理等建言材料30余件，反映区域发展问题和民生热点问题，政协工作更接地气。五是民主监督机制更有效。不断优化委派监督工作，突出监督重点、精选监督人员、精准监督内容、健全监督机制，60名民主监督员委派到12个职能部门，形成监督建议书近40件，积极促进职能部门工作开展。此项工作2015年入选浙江省政协工作十大创新案例。深入开展专项监督，建立视察工作制度，综合运用联动监督、委派监督、提案督办、视察督办等多种监督形式，切实提高民主监督的组织化、规范化水平。

七、加强制度建设提升履职效能

十届政协根据履职能力现代化建设的新要求，着力健全履职制度，促进政协履职规范有序、特色彰显。一是激发委员积极作为。按照“懂政协、会协商、善议政”的要求，切实加强委员履职管理和服务，充分发挥委员主体作用。每年召开政情通报会、常委读书会、委员培训会，五年举办常委、委员集中培训8次，共有2000余人次参加各类学习培训，并组织460余人次参与全区性会议，及时传达学习中央、省、市、区各级重要会议精神，做到识大局、明大势。建立委员履职服务管理平台，创建委员钉钉群，实行履职申报制，五年来共有600余人次自愿申报参加各类调研视察和协商监督活动，促进委员知情明政、有效履职。编发《政协委员手册》，健全考核评优激励机制，建立“三联系”制度，加强委员的走访联络沟通，帮助解决实际问题，增强政协组织的凝聚力和归属感。五年来，涌现出一批热心政协工作、作用发挥明显、履职业绩突出的优秀委员。二是扩大团结联谊覆盖面。坚持联系走访民主党派、工商联制度，建立区政协区总工会工作联系制度，充分尊重民主党派、群众团体的民主权利，鼓励支持他们开展调研视察、积极协商议政，不断提高合作共事能力。五年来，各民主党派提交大会发言45篇，集体提案21件，提出许多真知灼见。注重与民主党派人士、党外知识分子、非公经济代表人士、宗教界人士、港澳台侨人士及海外人士的团结联谊，联络感情、增进友谊。成功举办纪念抗战胜利70周年、纪念余杭政协成立60周年等活动。支持政协之友联谊会、企业家协会、艺术团、书画院组织开展学习考察、文化交流等活动。加强与全国各地政协的交流，承办长三角十三县（市、区）第39次政协工作研讨会。接待来自全国各省市的兄弟县（市、区）政协、港澳和海外委员考察团共400余批次，积极宣传余杭的历史底蕴和现实成就，广交朋友，推动合作。三是提升履职服务效能。扎实开展党的群众路线教育实践活动、“三严三实”专题教育、“两学一做”学习教育，严明政治纪律、政治规矩，强化担当意识、责任意识。认真贯彻执行中央八项规定和省市区有关要求，改进文风会风，厉行勤俭节约，切实转变工作作风。重视政协理论研究，办好《余杭政协》杂志，开通微信公众号，充分利用各级报刊、电视、网站和新媒体，支持委员参与市政协“我们圆桌会”等专题栏目，加强新形势下的政协新闻宣传工作。建立机关学习沙龙、学习月制度，加强信息技术在政协履职中的应用，加强统筹协调和服务保障，提升政协机关工作整体效能。

各位委员、同志们，过去五年，我们的工作得到了中共余杭区委的高度重视，得到了区人大常委会、区人民政府的大力支持，得到了各部门、镇街的密切配合，得到了各民主党派、人民团体和全体委员的积极参与，得到了社会各界朋友的热情关心。在此，我谨代表区十届政协常委会，向所有关心、支持、配合政协工作的各级党政领导、有关方面和社会各界，致以崇高的敬意和衷心的感谢!

在看到成绩的同时，我们也清醒地认识到还存在一些不足之处。主要有：一是政协协商民主优势有待进一步体现。对于新时期的协商民主建设、人民政协协商民主重要渠道作用，思想认识不够到位，制度建设还有较大空间。协商计划性还不够强，有些调研视察活动质量不够高。二是界别特色有待进一步彰显。部分界别组、部分委员的界别意识比较淡薄，在提交大会发言、参与调研视察、撰写委员提案时，集聚界别智慧、体现界别优势方面比较欠缺。三是镇街联络工委作用有待进一步加强。政协委办对镇街联络工委的工作指导不够深入，联络工委工作开展不够平衡，部分联络工委工作主动性不强、工作量化不具体。四是团结联谊有待进一步拓宽。团结联谊工作的新路径、新方法不多，走出去学习交流比较少，在引导各界群众有序政治参与、加强与各界群众联系方面不够广泛。五是履职能力水平仍需提升。部分履职制度执行落实不到位，专委会基础性作用不明显，机关履职服务措施有待细化，委员履职激情有待进一步激发。以上问题和不足，需要在今后实践中积极探索、认真研究、努力解决。

主要工作体会

通过五年履职实践，我们不断深化对政协工作规律的认识，也积累了一些经验和体会，主要有以下五个方面。

一是必须坚持党的领导，体现政协工作的政治性。五年来，十届政协自觉接受和维护余杭区委的领导，切实发挥区政协党组的领导核心作用，把政协工作放到党和政府的工作大局中谋划和开展，始终做到政治上同向、思想上同心、工作上同步。在区委重视和支持下，党关于人民政协工作的方针政策在余杭得到全面贯彻落实，政协工作机制得到不断健全和完善，进一步形成了党委重视、政府支持、政协主动、各方配合、社会关注的良好格局。实践表明，政协工作是党的全局工作的重要组成部分，必须坚持党的领导，把握政协性质定位，确保正确政治方向，不断巩固共同思想政治基础。

二是必须服务发展大局，体现政协工作的实效性。五年来，十届政协努力把握大局大势，按照党政所需、政协所能、群众所盼的原则，把履职重点放在事关余杭全局性战略性前瞻性问题的研究上，放在区委区政府重大决策部署的推动落实上，放在人民群众普遍关注的热点难点问题的反映解决上，做到党政工作推进到哪里，政协工作就跟进到哪里。实践表明，围绕党政中心工作履行职能，更能彰显政协优势、提升履职成效，必须服从服务全区改革发展稳定大局，工作上主动对接，节奏上同轴运转，有效履行政协职能。

三是必须深化协商议政，体现政协工作的主动性。五年来，十届政协注重发挥协商民主重要渠道作用，突出政协委员的主体地位，完善协商机制，搭建协商平台，精心组织协商议政。对于大事要事、难点热点，持续跟踪调研视察，倡导言之有物、言之有据，力求把民意摸透，把情况弄清，把问题找准，把建议提实，不少意见建议得到区委、区政府及部门的重视和采纳。实践表明，话语权是政协最大的权力，其作用发挥很大程度上靠所提意见建议的准确性和可行性，必须切实提高协商议政能力和水平，紧紧依靠广大政协委员，用好话语权，发出好声音，充分体现政协作为。

四是必须致力团结民主，体现政协工作的统战性。五年来，十届政协坚持大团结大联合，积极引导各民主党派、群众团体和社会各界人士，通过各种政协会议活动和调研、视察、提案、社情民意信息等多种渠道，增进思想认同，共商发展大计，做好协调关系、化解矛盾、理顺情绪、鼓舞士气的工作，营造了团结协作、民主和谐的良好氛围，为余杭顺时应势实现新发展汇聚了强大的正能量。实践表明，民主和团结是人民政协性质的集中体现，必须把民主和团结贯穿于政协工作的各个方面，努力扩大社会各界的有序政治参与，不断增强人民政协的感召力、凝聚力、影响力。

五是必须发扬创新精神，体现政协工作的时代性。五年来，十届政协学习继承历届政协行之有效的做法和经验，努力探索实践新思路、新途径、新方法，在协商机制、监督机制、群众工作机制、“智慧政协”建设等方面，取得了积极进展，切实增强了政协履职制度化、规范化和程序化。统一委派监督、政协履职向基层延伸等多项创新举措，得到了省市政协的充分肯定。实践表明，政协工作领域开阔、空间宽广，必须坚持继承而不泥古、创新而不离宗，不断适应形势的新发展、实践的新变化、时代的新要求，拓展政协履职的广度和深度，永葆政协工作的生机和活力。

今后五年工作建议

各位委员，区十届政协已经圆满完成了各项任务，十一届政协即将担负起承前启后、继往开来的光荣使命。区第十四次党代会明确了今后五年全区经济社会发展的奋斗目标和重点任务，全面开启了我区“十三五”发展新征程，也为政协工作指明了方向。面对新形势、新要求，政协工作领域将更加宽广，责任将更加重大。我们必须深入贯彻落实党的十八大、十八届历次全会精神和习近平总书记系列重要讲话精神，在中共余杭区委的领导下，紧紧围绕区第十四次党代会提出的目标任务，牢牢把握团结和民主两大主题，认真履行政治协商、民主监督、参政议政职能，充分发挥协调关系、汇聚力量、建言献策、服务大局的作用，努力开创政协工作新局面，为建设高品质大都市新区，确保提前实现“四个翻一番”、高水平全面建成小康社会，成为名副其实的全省榜样作出新的贡献。

根据上述指导思想，我们就今后一个时期，特别是2017年的政协工作提出以下建议。

一、加强学习研究，在增强责任担当上有新境界

党的十八大以来，党中央确立了治国理政新理念新思想新战略。新一届常委会要保持注重学习的优良传统，特别要加强区十一届政协开局之初的学习培训工作，深刻理解把握“五位一体”总体布局、“四个全面”战略布局和五大发展理念的精神实质，进一步增强道路自信、理论自信、制度自信、文化自信，牢固树立政治意识、大局意识、核心意识、看齐意识。要学习贯彻落实区第十四次党代会精神和余杭新一轮发展战略，认清新形势，明确新任务，进一步形成万众一心共推发展的新态势。要深入学习统一战线和人民政协理论，全面了解政协知识，尽快熟悉政协工作，切实增强做好政协工作的使命感和责任感，不断提高政治把握能力、调查研究能力、联系群众能力、合作共事能力。

二、加强协商资政，在推进协商民主建设上有新作为

随着社会主义协商民主建设的深入推进，人民政协作为协商民主重要渠道和专门协商机构，必须把加强协商民主建设作为政协工作新主线。要找准新形势下政协协商民主的着力点，把握好尽职不越位、帮忙不添乱、切实不表面的原则，把协商精神贯穿于政协工作各个方面、各个环节。要贯彻落实区委关于加强和改进人民政协政治协商的各项规定，完善协商计划的制定实施，坚持区政府区政协工作协商联席会议和常委会会议季度协商、主席会议双月协商等制度，进一步规范专题协商、对口协商、界别协商、提案办理协商，建立健全协商意见的报送、督办、反馈机制，增强协商密度、丰富协商形式、提高协商成效。要紧紧围绕建设高品质大都市新区的总体部署，在推动创新驱动发展、强化重大平台支撑、推进城市国际化、加快新型城镇化和基础设施现代化、深化法治余杭建设和基层社会治理等方面，选准切入点，深入调查研究，积极协商建言，为打造充满创新活力、环境山清水秀、社会秩序井然的新余杭献智尽责。

三、加强监督助力，在推动党政决策部署落实上有新举措

民主监督是人民政协的重要职能，是政治监督体系的重要组成部分。要贯彻落实区委关于加强和改进人民政协民主监督的各项规定，进一步提高民主监督的组织化水平，创新开展委派监督、视察监督、提案督办、社情民意信息督办，融合并用多种监督形式，加强和党政监督的联系互动，带着方针政策有据监督，带着为民情怀温情监督，带着问题导向深入监督，带着真诚态度务实监督。重点组织开展好“三改一拆”、小城镇环境综合整治、城中村改造、“五水共治”、大气治理、生态保护、快速路网建设、基础教育均衡发展、优质医疗资源下沉、居家养老服务、临平新城河岸生态廊道建设等调研视察和督办评议，察实情，建诤言，求实效，为破解难题、补齐短板、只争朝夕抓落实献计出力。

四、加强团结联谊，在发挥统战功能上有新进展

坚持把团结和民主两大主题贯穿于政协工作全过程，做好协调关系、凝聚合力、增进团结的工作。坚持各民主党派、工商联联系制度，完善合作共事、协作联动机制，为各民主党派、无党派人士协商议政搭建更广阔的平台。进一步加强和党外知识分子、少数民族人士、宗教界人士、港澳台同胞海外侨胞的团结联谊，密切与非公有制经济人士、新的社会阶层人士、归国留学人员、在外创业余杭籍人士的联系沟通，重视支持区政协之友联谊会、企业家协会、艺术团、书画院开展工作，最大限度地为余杭乘势而上、加快发展凝聚方方面面的共识和力量。充分发挥政协优势，在倡导人文精神、增强人文魅力上下功夫，围绕良渚古城遗址申遗和良渚文化国家公园核心区建设、大运河遗产品牌开发利用、群众文明素质和城市文明形象提升，积极建言助推，力促更好地发挥文化的凝聚、导向、激励作用。开展沈括名人文化资源挖掘利用等调查研究，征集《余杭丝绸轻纺产业口述史》等文史资料，加强地域文化的研究整理，切实发挥存史、资政、团结、育人的功能。

五、加强自身建设，在提升履职能力上有新突破

坚持在继承中创新，在创新中发展，积极探索政协工作新思路，不断促进政协事业新进展。要充分发挥常委会的领导作用、专委会的基础作用、界别的特色作用、联络工委的平台作用。探索建立政协智库，不断加强信息化建设。坚持开展“界别活动周”，推进政协履职工作向基层延伸，提高政协经常性工作水平，努力形成一系列符合政协特点、适应时代发展、有利履行职能的工作机制。要充分发挥委员主体作用，推进委员履职规范，完善履职评估机制，提升履职服务水平，为委员履职尽责创造更好的条件，积极践行“懂政协、会协商、善议政”的要求。要巩固党的群众路线教育实践活动、“三严三实”专题教育、“两学一做”学习教育成果，持之以恒深化机关作风建设，营造正作风、敢担当、树标杆的良好氛围，努力造就政治坚定、作风优良、学识丰富、业务熟练的干部队伍。

各位委员、同志们，回顾过去，我们为十届政协的工作感到欣慰和自豪；展望未来，我们对人民政协事业的发展充满信心和期待。让我们紧密团结在以习近平同志为核心的党中央周围，在中共余杭区委的坚强领导下，以更加积极进取的精神、更加求真务实的作风、更加有力有效的举措，不断开创政协工作新局面，在实现余杭高起点上新发展的伟大征程中扬帆起航、再立新功！

中国人民政治协商会议
杭州市余杭区第十一届委员会第一次会议以来的工作总结

（2021 年 7 月 20 日在政协杭州市余杭区第十二届委员会第一次会议上）

杭州市余杭区政协筹备组

区政协十一届一次会议以来的五年，是余杭发展历史上极不平凡的五年，是余杭各项事业取得历史性成就、实现跨越式发展、走在省市前列的五年，也是余杭政协开拓创新、团结奋进、蓬勃发展的五年。区十一届政协围绕区第十四次党代会提出的“成为名副其实的全省榜样”战略定位，紧扣建设创新余杭、美丽余杭、平安余杭、文化余杭、幸福余杭“五大余杭”目标，聚焦全域创新策源地、全域美丽大花园、全域治理现代化“三个全域”建设的决策部署，充分发挥人民政协协商民主重要渠道作用，运用好各类协商平台和载体，立足政协优势，汇聚各方力量，扎实履行政治协商、民主监督、参政议政职能，努力在建言资政和凝聚共识上双向发力，全面推动政协工作提质增效，为实现余杭经济社会高质量可持续快发展、全力争当建设“重要窗口”排头兵作出新贡献。

一、旗帜鲜明讲政治，助推全面发展取得历史性成就

五年来，区十一届政协始终把政治建设摆在首位，学深悟透习近平新时代中国特色社会主义思想，自觉筑牢思想根基，提高政治站位，坚决贯彻执行区委重大决策部署，始终与区委同心同德、同频共振、同向发力。发挥政协独特优势，积极履行政协职能，促进了一件又一件大事的解决，助推余杭全面发展取得历史性成就。持续助推良渚文化保护、良渚古城遗址申遗工作，邀请省市政协委员和专家学者视察调研良渚遗址保护工作，开展主席会议集体视察和专题协商，主动编撰良渚遗址保护口述史等系列丛书，营造申遗氛围，凝聚申遗共识，为良渚古城遗址申遗成功作出积极贡献；持续助推创新平台建设，多次视察调研余杭经济技术开发区、未来科技城、钱江经济开发区、临平新城、良渚新城等产业平台和之江实验室、超重力大科学装置、中法航空大学、浙江理工大学时尚学院等重大项目，以及梦想小镇、艺尚小镇、梦栖小镇、人工智能小镇、区块链产业园等，为创新体制机制、提升经济活力资政建言；持续助推“五水共治”“五气共治”“三改一拆”“城乡生活垃圾分类处理”、海联热电厂搬迁等工作，积极开展三级政协联动专项集体民主监督、协商建言等活动，以扎实有效的监督方式促进问题整改落实；持续助推城乡面貌改善，围绕滨水绿道建设、老城区有机更新、小城镇环境综合整治、美丽乡村建设等主动作为，组织开展美丽乡村建设、美丽庭院创建集体视察，组织开展“三路一环”、高铁西站建设、沪杭高速余杭互通优化提升等调研视察，促进工作有效提升；持续助推优化服务环境，为余杭“最多跑一次”改革、打造国际一流营商环境、打造“热带雨林式”人才创新创业生态、全面实施数字化改革集智纳策。持续助推乡村振兴发展，为创建国家现代农业产业园、全省实施乡村振兴战略优秀单位献计出力。持续助推疫情防控工作，面对突如其来的新冠疫情，广大政协委员积极响应，在疫情防控、复工达产中发挥优势、贡献力量，在危难时刻尽显委员本色，捐款捐物总计近520万元。企业家委员克服疫情防控的种种困难，立足自身实际提前谋划，如期开工复产，彰显委员责任担当。

二、围绕中心强履职，协商平台建设取得突破性进展

五年来，区十一届政协深刻理解和把握人民政协作为专门协商机构的丰富内涵，在健全协商制度、规范协商程序、创新协商机制、丰富协商形式等方面下功夫，扎实推进“请你来协商”平台建设，协商民主建设取得突破性进展。创建“请你来协商”平台。牢牢把握“专门协商机构和重要平台”这一职责定位，协助区委制订出台《区政协“请你来协商”平台建设实施意见》，明确“请你来协商”平台建设的总体思路、计划安排、工作举措，构建“2+7+X”的协商格局。区委区政府主要领导和分管领导通过“请你来协商”平台与委员一起在协商中求同存异、凝聚共识。意见实施以来，共举办30余次“请你来协商活动”，取得了十分明显的协商成果，得到了区委、区政府领导的高度肯定，协商成果得到较好运用。

健全完善掌上履职平台。加快数字政协建设，以数字化建设拓展委员履职的深度和广度，创建“i履职”小程序和“委员钉钉群”，健全和完善“掌上履职”运用，委员们围绕确定的课题开展协商议政，整理协商成果。以钉钉、浙政钉和微信等社交平台为履职载体，创建网上“委员之家”，引导委员围绕党委政府工作的重点、群众生产生活的难点、社会治理的焦点问题开展网上协商。提升委员工作室平台。分别在界别活动组、镇街（平台）联络工委和委员中创建委员工作室49个，广大委员通过委员工作室开展民主协商活动，搭建了政协密切联系群众的桥梁，扩大了基层群众有序参与社会治理的途径，推动了协商民主向界别延伸、向基层延伸。在此基础上，完善协商成果办理机制，协商建议通过区委、区政府办公室分解任务，督促部门、镇街（平台）办理落实，协商成果得到有效转化。

三、守正创新抓改革，提案项目化管理实现质效双提升

五年来，区十一届政协把提案办理作为人民政协协商民主的重要形式，在继承中发展，在继承中创新，完善提案办理协商工作机制，推行项目化管理，把协商贯穿提案办理的全过程，有效提高了提案工作成效。抓好提案办理本职。2020年制定《关于提案办理项目化管理的实施意见（试行）》，提出了区政协领导、委办负责人重点督办的具体要求，明确了提案成果转化的具体目标，制定了提案办理年终考评的具体办法。分管主席和专委会根据提案办理落实不同情况，开展3轮督办。在3轮提案办理中，共召开提案办理协商会23场次，委员参加达300余人次，营造了“人人参与提案办理”的良好氛围。抓好办理机制重塑。在提案办理过程中，将314个提案分为25个专题项目，通过同类提案集中面商，推动承办单位找出深层次、结构性的问题，提出带有普遍性、宏观性的政策措施，起到了“解决一类、影响一片”的效果，提高了部门提案办理的工作效率，增强了部门的执行力；政协专委会增强了协调各方、凝聚共识的工作能力；政协委员提高了调查研究、合作共事的履职能力。抓好成果有效转化。区委区政府主要领导十分重视，办理“养老服务”“小区物业管理”等相关提案项目，其他分管领导多次参加相关提案办理工作。在党政领导的推动下，承办部门把提案办理工作作为“一把手”工程，列入议事日程，形成了“主要领导亲自抓、分管领导具体抓”的工作格局，提案办理实效明显增强。抓好创新成果推广。积极争取上级政协支持，主动报告提案办理创新成果，得到了省市政协领导的肯定，也得到了《人民政协报》《联谊报》《杭州日报》和杭州电视台等新闻媒体的高度重视，详细介绍余杭政协提案办理的创新成果，省政协《浙江政协信息》和市政协《政协信息》专门刊登余杭经验，在全省、全市政协系统内推广。

四、凝聚共识新样子，坚持履职为民取得新实效

五年来，区十一届政协坚持以人民为中心的发展理念，牢记新时代人民政协新样子使命和担当，始终把促进民生改善，作为政协工作的出发点和落脚点，使“人民”和“政协”紧密相连，在为民履职中凝聚共识、发挥作用，积极助推民生事业发展。用真情反映民生。广大委员利用密切联系群众的天然优势，深入基层，广泛听取民情民意，充分发挥自身所长，开展“送医下乡、送服务下基层”等活动，用真情服务群众。依托区综治中心民情联系点和委员工作室等载体，主动投身社会治理的方方面面，借助政协渠道，协助党政做好解疑释惑、化解矛盾等工作。以政协机关委员会客室为平台，主动加强与各党派团体、各界人士的沟通联络，定期组织党派委员走进政协机关交流情况，共同探讨社会民生问题。用真心惠及民生。围绕民生热点问题深入开展调研，为区委区政府出台“10+X”惠民新政提供了参考。视察区社会福利中心、社区照料中心、老年病医院，听取镇街、村社及老年人意见建议，重点就加快社区居家养老服务问题开展专题协商，建议合力推进居家养老服务的规范化、多元化、智慧化，解决养老服务供需矛盾。开展救助帮扶“三个不让”调研，听取了解30多户困难家庭实际情况，提出进一步提升精准救助水平的建议。政协的惠民建议，为区委、区政府制订惠民政策提供了科学依据。用实招促进民生。围绕农居安置房项目、养老服务高质量发展、提升小区物业管理等民生热点难点问题，邀请区委区政府主要领导在“请你来协商”的平台上，与广大委员和社会各界代表人士，共同查摆问题、分析原因、研商对策。围绕既有住宅加装电梯开展专题协商，提出发挥群众主体作用、保障弱势群体权益、加快前期工作、确保安全运行等意见建议，为加装电梯工作营造合力助推的良好氛围。此外，区政协聚焦民生热点问题，开展无障碍环境建设、0—3岁幼儿托育工作、老年食堂建设、5G赋能教育、文体设施建设等专题视察，建言补齐民生短板，提升群众获得感、幸福感。

五、汇集力量促和谐，团结民主两大主题更加鲜明

五年来，区十一届政协牢牢把握团结和民主两大主题，注重发挥统战功能，促进大团结大联合，努力寻求最大公约数、画好最大同心圆。深化合作共事。努力为各民主党派、工商联和无党派人士在政协履职搭建平台、创造条件。五年来，各民主党派、工商联形成大会发言材料60余篇、集体提案80余件、社情民意信息300余件，彰显党派特色和界别优势。加强同党外知识分子、非公有制经济人士、新的社会阶层人士的联系交流，让他们在政协的平台上献计出力、发挥作用。密切与港澳台同胞、海外侨胞的联系，扩大政协对外交往的渠道，进一步凝聚海外侨胞力量。广泛团结联谊。成功举办庆祝人民政协成立70周年图片书画展和文艺演出，与社会各界人士共庆伟大祖国70华诞，共绘祖国繁荣余杭篇章。不断完善走访联系委员制度，广泛联系界别群众。建好社情民意联络站，主动参与基层治理，广泛收集社情民意，帮助化解群众内部矛盾。扎实做好“三服务”活动，帮助企业解决实际困难。连续五年参加长三角十三县（市、区）政协工作研讨会历次会议，架起接轨大上海融入长三角桥头堡的桥梁纽带。区政协之友联谊会、政协书画院、艺术团和企业家协会等政协社团组织立足自身特色，广泛开展调研、视察、学习、交流等活动，为推动“三个全域”建设竭智尽力、作出贡献。认真做好600余批来自全国各地的学习考察团的接待工作，宣传余杭发展成就，增进合作交流。扩大文史宣传。挖掘整理政协成立以来的文史资料，2019年编辑出版《我们一起走过》图片集，组织政协书画院创作出版《不忘初心·同心圆梦》书画作品集；征集整理“三亲”口述资料，编撰出版《良渚遗址保护口述史》，扩大古城遗址影响力。2020年重新编辑出版《余杭政协文史经典》，有效发挥文史工作“存史、资政、团结、育人”功能，其中《良渚遗址保护口述史》和《余杭丝绸轻纺业口述史》分别获得十一届杭州市政协优秀文史图书评选一等奖、三等奖。同时，依托《余杭政协》杂志、微信公众号、政协网站等，及时传播政协工作好声音，宣传委员履职好故事，不断扩大政协组织和委员的社会影响力。

六、固本强基抓队伍，委员履职能力建设不断加强

五年来，区十一届政协始终按照“懂政协、会协商、善议政、守纪律、讲规矩、重品行”的要求，着力规范履职工作，提升委员履职水平，注重发挥委员主体作用，推动政协工作提质增效。巩固教育成果。结合“不忘初心、牢记使命”主题教育，深入开展新时代人民政协新样子大讨论，制订实施大讨论方案，紧扣“守初心、担使命、找差距、抓落实”总要求，对照“五个如何”和“六个一”，组织委员开展新样子笔谈、金点子征集等十个系列活动，巩固提升学习贯彻的理论成果、制度成果和实践成果，夯实了打造新时代人民政协的思想基础，锤炼了求真务实的工作作风，形成了蓬勃向上、活跃有序的生动局面。加强委员培训。区政协始终把委员能力提升作为一项基础性工作。五年来，围绕“政治把握能力、调查研究能力、联系群众能力、合作共事能力”4 种能力的提升，举办不同形式的委员培训活动，通过委员培训，强化了委员政治定力，提升了委员履职能力，推动了政协工作开展，使委员主体作用得到有效发挥。完善考核办法。制定出台《余杭区政协关于践行“新时代人民政协新样子”履职考评办法》，按照“担当政治责任、发挥价值作用、提升履职能力、体现为民情怀、焕发精神风貌”等五个方面考核委员履职情况。加强机关建设。深入开展“争做余杭铁军先锋、争当重要窗口排头兵”活动，完善工作制度、健全工作机制，充分发挥机关服务保障作用。严把选人用人政治关、品行关、作风关、廉洁关，注重优秀年轻干部发现和培养选拔工作，努力营造政协机关讲担当、讲奉献、讲责任的浓厚氛围。

区政协十一届一次会议以来所取得的历史性成就，主要是得益于习近平新时代中国特色社会主义思想的科学指引，得益于省市政协的关心指导和中共余杭区委的坚强领导，得益于区人大、区政府和社会各方面的大力支持，得益于区政协各参加单位、广大政协委员的共同努力。这些履职经验和实践成果，也为行政区划调整后的余杭区、临平区政协事业的高质量发展奠定了坚实的思想基础、理论基础和实践基础。

中国人民政治协商会议杭州市余杭区委员会筹备组工作报告

（2021 年 7 月 20 日在政协杭州市余杭区第十二届委员会第一次会议上）

政协杭州市余杭区委员会筹备组组长　沈　昱

我受政协杭州市余杭区委员会筹备组委托，向大会报告工作，请予审议，并请列席会议的同志提出意见。

2021 年是中国共产党成立 100 周年，也是“十四五”规划开局之年，是余杭发展史上具有里程碑意义的一年。今年 3 月经国务院批准调整余杭区行政区划。由此，余杭发展迈入了新征程、开启了新篇章。

一、精心筹备谋开篇

根据《中国人民政治协商会议章程》和《杭州市部分行政区划调整实施方案》要求，余杭区政协筹备组在市政协有力指导和区委坚强领导下，统一思想、精心谋划、迅速落实，以强烈的政治责任感和历史使命感，高标准、高质量、高水平做好筹备工作，确保按计划有序推进，圆满完成各项筹备工作任务。

（一）坚持党的领导，把准政治方向

区划调整后，余杭区政协的筹备是全区人民政治生活中的一件大事。余杭区委高度重视政协筹备工作，专门听取并研究筹备工作方案和政协全会事宜，切实加强对政协筹备工作的领导。余杭区政协筹备组认真贯彻落实省市区委有关政协筹备工作的决策部署，切实担负起组织、协调、配合、实施的责任，从完善工作机构、制定工作方案、规范工作流程、配强工作力量、加强协同联动等多方面着手，把各项筹备工作谋深谋细、抓紧抓实、做精做优。同时，充分听取各民主党派、工商联和无党派人士意见，凝聚各方共识，做好统筹协调，为余杭区政协十二届一次会议顺利召开明确了方向、夯实了基础。

（二）严格程序把关，配强委员队伍

政协委员的协商产生是政协筹备工作的基础和重点。余杭区政协筹备组会同区委组织部、统战部筹备组，严格执行中央、省、市委文件精神，严把政治关、程序关、素质关，经过摸底推荐、初审提名、综合联审、考察公示、区委审定和区政协筹备组协商等环节，协商产生了区十二届政协委员。新一届政协委员规模310名，本次安排279名，涉及20个界别。其中：中共党员委员109名，占39%，党外代表人士170名，占61%；女性委员91名，占33%。新一届政协聚集了全区各行各业、方方面面的精英，委员素质优良、结构合理，具有广泛的代表性和先进性。

（三）加快工作推进，确保筹备到位

区划调整后，余杭区政协筹备组迅速进入角色，深入贯彻落实余杭区创新发展大会精神，聚焦数字产业发展、平台作用发挥、城市能级提升、公共配套完善、基层社会治理等主题，积极走访调研各镇街平台、职能部门，赴之江实验室、阿里达摩院、钉钉（中国）信息技术有限公司、华立集团等重点企业开展“三服务”活动。组织开展“十四五”规划专题协商，围绕乡村振兴、养老事业发展、文体设施建设、区块链产业生态培育等课题开展专题调研，为余杭区高质量可持续快发展建言献策。举办“丹青抒怀　礼赞百年——庆祝中国共产党成立100周年书画艺术展”，献礼中国共产党百年华诞。深入开展“七个一”服务，助力项目推进，为企业纾困解难。有序推进全会各项筹备工作，先后10次召开区政协筹备组（扩大）会议进行专题协商，精心组织开展新一届政协委员培训，与区委和区人大、区政府筹备组及相关部门加强沟通、密切配合，切实做好全会筹备的各项服务保障工作，确保高质量高标准高效率推进。

各位委员、同志们，余杭区政协筹备工作的顺利进行，得益于市政协的关心和指导，得益于区委的正确领导，得益于区人大、区政府筹备组的大力支持和各部门、镇街的密切配合。在此，我谨代表余杭区政协筹备组，向所有关心、支持区政协筹备工作的各级领导和各界人士表示衷心的感谢，向为我区政协事业发展努力奋斗、做出贡献的政协委员和同志们致以崇高的敬意！

二、承前启后担使命

站在新的历史起点，回望过去五年，余杭区十一届政协始终坚持以习近平总书记加强和改进人民政协工作重要思想为引领，深入贯彻中央和省、市、区委政协工作会议精神，在余杭区委的正确领导下，旗帜鲜明讲政治，助推全面发展取得历史性成就；围绕中心强履职，协商建言载体平台建设取得突破性进展；守正创新抓改革，提案项目化管理实现质效双提升；凝聚共识新样子，坚持履职为民取得新实效；汇集力量促和谐，团结民主两大主题更加鲜明；固本强基抓队伍，委员履职能力建设不断加强。这些成绩的取得，为我们新一届政协在传承中发展、在发展中创新，打下了坚实基础、提供了宝贵经验。

（一）坚持党建引领，是做好新时代政协工作的思想基础

坚持中国共产党领导是中国特色社会主义最本质的特征。政协工作是党的全局工作的重要组成部分，必须坚持党的领导，把握政协性质定位，确保正确政治方向，不断巩固共同思想政治基础。余杭区十一届政协始终坚持党建引领，在余杭区委的正确领导下，切实发挥区政协党组的政治引领作用，紧紧围绕党和政府的中心大局进行总体谋划、总体布局，确保党委关于人民政协工作的方针政策在余杭得到全面贯彻落实，政协工作机制得到不断健全和完善，进一步形成了党委重视、政府支持、政协主动、各方配合、社会关注的良好格局。实践表明，只有始终坚持党对人民政协的领导，才能确保政协事业沿着正确的政治方向稳步前行。

（二）坚持服务中心，是做好新时代政协工作的根本要求

人民政协事业是中国特色社会主义事业的重要组成部分。做好新时代人民政协工作，必须主动服务中心。政协工作只有始终做到在大局中思考、在大局中行动，为中心工作使足劲、出满力，为全局工作展作为、作贡献，政协的作用才能得到有效发挥。余杭区十一届政协努力把握大局大势，按照党政所需、群众所盼、政协所能的原则，把履职重点放在事关余杭全局性战略性前瞻性问题的研究上，放在区委区政府重大决策部署的推动落实上，积极发挥协商民主重要渠道作用，完善协商机制，搭建协商平台，持续助推良渚古城遗址申遗、创新平台建设、城乡面貌改善、服务环境优化以及疫情防控等一系列中心工作，做到党政工作推进到哪里，政协协商建言就跟进到哪里。实践表明，围绕党政中心工作履行职能，工作上主动对接，节奏上同轴运转，才能彰显政协优势、提升履职成效。

（三）坚持履职为民，是做好新时代政协工作的初心使命

人民政协来自人民，人民性是政协与生俱来的本质属性。只有心系群众、为民履职，才能广泛凝聚共识，焕发政协的生机和活力。余杭区十一届政协始终不忘初心、牢记使命，牢牢把握政协工作的出发点和落脚点，紧紧围绕城乡垃圾分类、农居安置房项目、养老服务高质量发展、提升小区物业管理等民生热点难点问题开展民主协商、专题调研和专项视察，积极助推民生事业发展。同时，编辑出版《我们一起走过》图片集等一系列文史资料，努力团结凝聚各民主党派、群众团体和社会各界人士。实践表明，只有紧扣党政决策部署和人民群众最关心最直接最现实的问题，充分发挥政协优势，找准切点、倾注真情、竭诚用力，政协工作才能更好地顺应新时代社会主要矛盾的新变化和人民群众对美好生活的新期待。

（四）坚持改革创新，是做好新时代政协工作的源头活水

创新是时代进步的灵魂，也是推动政协事业发展的不竭动力。只有把握新形势新任务对政协工作提出的新使命新要求，牢牢牵住改革创新这个牛鼻子，才能以永无止境的追求、要谋新篇的作为、干在实处的作风，推动政协工作不断创新发展。余杭区十一届政协在理念思路上破旧立新，既不故步自封，也不标新立异，努力探索富有时代特征、余杭特色、政协特点的新路子，通过构建以“请你来协商”平台为核心的“2+7+X”协商格局，创造性

开展提案办理项目化管理，使政协工作切入点更精准、结合点更紧密、着力点更具实，让政协履职更好地体现时代性、把握规律性、富于创造性。相关做法得到了省市政协的高度肯定和《人民政协报》等新闻媒体的高度关注。

以上这些经验弥足珍贵，凝聚着历届政协领导班子的奋斗和心血，凝聚着广大政协委员和政协工作者的智慧和汗水，值得我们倍加珍惜，需要我们接续发扬，更好地推进余杭政协工作高质量发展，谱写新时代政协事业新篇章。

三、守正创新再出发

今后五年是开启全面建设社会主义现代化国家新征程、向第二个百年奋斗目标进军的第一个五年，在中国迈向全面现代化历程中居于承前启后的重要历史位置，也是余杭区面向未来、开创新局、加快发展的关键五年。区第十五次党代会提出以高质量可持续快发展为主题，以数字化、高端化、国际化、一体化、品质化“五化共促”为路径，聚焦打造面向世界、引领未来、服务全国、辐射全省的未来城市样板地、未来科技策源地、未来产业引领地，构建“一廊一轴、一心三片”空间新格局，持续深化“三个全域”建设，全力创建“综合性国家科学中心核心区、全国共同富裕示范先行区、全面数字化改革引领区”，高水平建设创新余杭、品质之区、文明圣地，奋力展现建设“重要窗口”和“数智杭州·宜居天堂”的排头兵、领头雁风采的目标任务。围绕这个目标，未来五年，区政协工作的指导思想是：高举习近平新时代中国特色社会主义思想伟大旗帜，全面贯彻党的十九大和十九届二中、三中、四中、五中全会精神以及习近平总书记在庆祝中国共产党成立100周年大会上的重要讲话精神，深入贯彻省市委全会和区第十五次党代会精神，按照区委十五届二次全体会议的部署，坚持团结和民主两大主题，建言资政和凝聚共识双向发力，充分发挥专门协商机构作用，奋力干出新时代人民政协的新样子。

根据上述指导思想，现就今后五年及今年的政协工作提出如下建议，重点抓好“五高五提升”。

（一）高站位强化思想引领，提升政治定力

人民政协是政治组织，旗帜鲜明讲政治是人民政协的本质要求，也是人民政协的优良传统。余杭政协要始终把坚持和加强党对人民政协的全面领导贯穿到政协工作的方方面面，不断强化政治思维、站稳政治立场、把牢政治方向，切实提升做好人民政协工作的政治自觉、思想自觉、行动自觉。一要强化理论武装。不断健全以政协党组理论学习中心组为引领的学习制度体系，认真学习贯彻习近平新时代中国特色社会主义思想，尤其是习近平总书记“七一”重要讲话精神，切实加强思想政治建设，强化思想政治引领，进一步打牢增强“四个意识”、坚定“四个自信”、做到“两个维护”的思想根基，不断提高政治判断力、政治领悟力和政治执行力。二要强化党的领导。政协党组要认真贯彻新时代党的建设总要求，充分发挥把方向、管大局、保落实的作用，使政协更好成为坚持和加强党对各项工作领导的重要阵地。政协机关党组要进一步明确职责定位，建立健全工作规则和运行机制，认真落实党建工作责任制，确保党的方针政策和决策部署在政协不折不扣贯彻落实。三要强化组织建设。继续深化政协系统党的建设，按照“两个全覆盖”要求，以专委会功能型党支部建设为载体，不断健全党建工作机制，精心雕琢支部党建品牌，发挥党员委员先锋模范作用，以深化党建促履职、强担当、作示范，引导各民主党派、群众团体和社会各界人士，深刻领悟中国共产党领导和中国特色社会主义制度的显著优势，不断夯实团结奋斗的共同思想政治基础。

（二）高要求强化责任担当，提升工作合力

围绕中心、服务大局是政协工作的主线，也是人民政协履行职能必须遵循的基本原则。余杭政协要紧紧围绕余杭高质量发展建设共同富裕示范先行区的工作部署，紧扣推动共同富裕的体制机制和工作体系基本建立、创新驱动高质量发展模式基本确立、中等收入群体为主的橄榄型社会结构基本形成、优质均衡的公共服务体系基本建成、中华文明圣地魅力更加彰显、美丽余杭生态底色更加靓丽、共建共治共享的社会治理体系更加完善等七大目标任务，为余杭在改革探索、经济高质量发展、优化收入分配、共建共享品质之区、物质精神共富、全域美丽大花园建设、全域治理现代化等工作中示范先行不断出谋划策、合力推进。一要全力以赴助力“十四五”规划实施。坚持与党委政府中心工作同频共振、同轴共转，把助力“十四五”规划实施作为今后一个时期政协履职的重头戏，充分发挥政协“人才库”“智囊团”作用，动员全体政协委员深入开展调查研究，广泛组织协商议政，认真提出意见建议，以实干实绩助力“十四五”规划深入推进、落地见效。二要凝心聚力助推高质量发展走在前。深刻领会市委市政府赋予余杭的建设成为杭州“最闪亮、最耀眼之星”的光荣使命，聚焦余杭“三个全域、三区创建”的高标准定位和“六个走在前列”的高质量发展目标，深入开展专题协商议政和重点课题调研，精准提出意见建议，努力形成一批有价值、有见地的高质量调研成果，为党委政府科学决策、民主施策提供参考。三要双向发力构建高能级城区新格局。紧扣余杭“一廊一轴、一心三片”空间发展新格局，围绕产业平台作用发挥、补强城市核心功能、统筹区域均衡发展等主题，充分发挥政协职能优势，紧扣中心环节，注重双向发力，助推城市综合能级提升中各类重大部署落地、重要工作推进、重点难题破解。四要精准献计建设世界一流中心城区。围绕建设“世界一流的现代化国际大都市中心城区”的发展目标，聚焦创新策源、产业发展、城市文化、配套支撑、综合治理五大能级提升，紧盯“翱翔计划”、“鲲鹏行动”计划、“未来之星”百千万计划、“创景计划”、靓城行动“1466”计划、西部富美“1355”行动、教育高质量发展奋进计划等重大战略举措，组织委员深入调研、同步协商、跟踪监督，建睿智之言、献务实之策。五要同心协力共建“三生”融合新生活。聚焦人民群众对美好生活的向往，对标生态、生活、生产“三生”融合的发展要求，围绕优化教育资源布局、健全公共卫生体系、完善“一老一小”公共服务配套、健全社会保障体系、完善住房保障体系、实施数字生活新服务行动以及配套大完善、交通大发展攻坚行动等一系列群众关切的热点问题，充分发挥政协密切联系群众的桥梁纽带作用，深入界别群众，反映社情民意，助推党委政府民生决策更加顺应民意、更好落地见效。六要全面助力打造文化文明高地。依托余杭历史底蕴深厚、文化资源富集的独特优势，充分发挥文史资料“存史、资政、团结、育人”的重要作用，高质量开展“摄影师镜头下的创新发展之城”摄影存史、非遗保护传承及史料保存视察、公共文体服务配套体系建设协商等系列活动，全面助力余杭打造物质文明与精神文明相互协调、历史文化与现代文明赓续传承、文化事业与文化产业共同繁荣的文化文明高地。

（三）高质量深化平台建设，提升内生动力

完善协商平台、丰富协商载体、拓宽协商渠道，是新时代加强和改进人民政协工作的必然要求，也是人民政协作为专门协商机构的应有之义。余杭政协要继续坚持众人的事情众人商量，把协商民主贯穿于政协履职全过程，努力做到商以求同、协以成事。一要深化“请你来协商”平台建设。围绕协商场所固定、协商机制完善、协商选题精准、协商流程优化的总体要求，不断深化“请你来协商”平台建设，逐步构建完善“2+7+X”的协商格局，着力把“请你来协商”平台建设纳入党政工作总体部署，把改革发展大事、民生改善实事、社会治理难事纳入协商重点，让协商选题更准、协商力量更强、协商成果更实。二要推进“一委一室”平台建设。有序推进以镇街联络工委、委员工作室为主体的“一委一室”平台建设，着力排摸创建一批基础良好、富有特色、能出实效的委员工作室，持续推动镇街平台联络工委规范化建设，不断推进协商履职向基层拓展，努力做优做强基层协商网络。三要丰富拓展各类协商载体。继续探索实践“固定+移动”的协商模式，深入推进协商履职向界别延伸、向委员延伸、向基层延伸，通过界别活动周、选派民主监督小组、流动微协商等不同载体，组织开展不同层次、形式多样的协商活动，推动协商民主常态化。

（四）高效率完善体制机制，提升创新活力

改革创新是新时代政协工作的永恒主题，也是实现政协工作提质增效的核心要义。余杭政协要进一步确立创新意识，以新视野、新思维推进协商议政，以新技术、新办法完善履职机制，以新观点、新成果提升履职质效。一要以新思维推进“数字政协”建设。加强“数字政协”建设是新时代政协事业发展的必然要求，也是以数字化改革推进履职现代化的重要举措。我们要着眼大局大势，充分认识“数字政协”建设的重要性，并以此为契机，积极探索构建“数字政协”驾驶舱、办公平台、履职平台以及面向社会的数字主题议政平台等新模式，进一步拓展政协协商民主的广度和深度，推动政协工作理念、工作机制和方式方法的全面提升，对标区委创建“全面数字化改革引领区”的目标要求，打造“数字政协”的余杭样板，努力走在全省前列。二要以新要求完善提案办理项目化管理。始终把提案工作作为政协履职的一个中心环节，在总结提案工作经验、聚焦提案办理难题的基础上，努力实现提案督办覆盖面更广、评议评价流程设计更科学、履职推进协商民主更充分、提案办理社会监督合力更强，从而使得提案办理项目化管理机制在延续中不断深化、在传承中得到创新。三要以新视野开展凝聚共识工作。充分认识区划调整后，余杭发展面临的新使命、新任务，委员队伍和党派团体产生的新变化、新调整，以新视野聚焦新特点，以新定位迎接新变化，不断建立健全联动调研、联合监督、联谊联络等工作机制，努力让各民主党派、工商联、无党派人士在政协平台上凝聚共识、献计出力、发挥作用。

（五）高水平发挥主体作用，提升履职能力

强化政协自身建设，是展现新时代人民政协新面貌、新气象的根本要求。余杭政协要深刻认识新时代政协工作的新任务新要求，不断强化政治思维、聚识思维、协商思维、质效思维、一线思维，切实加强政协自身建设。一要充分发挥委员主体作用。围绕新时代政协委员“懂政协、会协商、善议政，守纪律、讲规矩、重品行”的系列要求，坚持从严教育、从严要求、从严管理、从严监督，精准精细做好委员服务管理，深入推进委员履职评价。同时，以“书香政协”建设为载体，持续推动读书学习活动在政协系统蔚然成风，不断提升委员能力素养，推动委员建言见水平、聚识有影响、言行守规矩，塑造新时代政协委员的新样子。二要更加注重彰显界别特色。深入研究更好发挥界别作用的思路和办法，健全工作机制、增强界别意识，不断彰显界别特色优势，深入联系服务群众，开展高质量协商，推进界别工作提质增效。进一步强化政协专委会基础作用，健全完善专委会与界别活动组、镇街联络工委的联系联动机制，提升工作实效。三要不断提升服务保障水平。按照打造一流政协机关的目标要求，进一步对标新方位新使命、适应新形势新要求，加大干部培养力度，优化干部队伍结构，努力打造一支能力强、业务精、效率高、素质优的机关干部队伍，为政协事业创新发展提供服务保障。

同心共筑中国梦，携手奋进新时代。让我们更加紧密地团结在以习近平同志为核心的党中央周围，在中共余杭区委的坚强领导下，提高政治站位，拉高工作标杆，凝聚发展合力，为高水平建设创新余杭、品质之区、文明圣地不懈奋斗！

中国人民政治协商会议
杭州市余杭区第十二届委员会常务委员会工作报告

（2022 年 2 月 12 日在政协杭州市余杭区第十二届委员会第二次会议上）

区政协主席　沈　昱

我代表政协杭州市余杭区第十二届委员会常务委员会，向大会报告工作，请予审议，并请列席会议的同志提出意见。

2021 年工作回顾

2021 年是极不平凡的一年。在“两个一百年”的历史交汇点和建党百年的关键时刻，在区划调整的新起点上，区政协常委会在中共余杭区委的坚强领导下，在区人大、区政府的大力支持下，深入学习贯彻党的十九大和十九届二中、三中、四中、五中、六中全会精神，深刻领会习近平总书记关于加强和改进新时代人民政协工作的重要思想，认真落实中共中央和省市区委决策部署，充分发挥专门协商机构作用，坚持发扬民主和增进团结相互贯通、建言资政和凝聚共识双向发力，振奋精神，开拓创新，凝聚力量，服务大局，努力为高水平建设“创新余杭、品质之区、文明圣地”贡献政协力量。

一、强定力、打基础、谋长远，砥砺奋进开新局

区划调整以来，区政协常委会和全体委员，以务实高效的工作作风、奋发有为的精神状态，强定力、打基础、谋长远，在短短半年时间内，平稳、有序、高效完成了区政协机构建立和业务重塑，实现了新一届政协各项工作的良好开局。重点抓好了四件大事：

（一）旗帜鲜明讲政治，喜迎建党百年

思想政治建设是党的工作的生命线，也是人民政协工作的生命线。区政协常委会始终坚持把习近平新时代中国特色社会主义思想作为统揽工作的总纲，深入开展党史学习教育，及时学习传达习近平总书记在庆祝中国共产党成立 100 周年大会上的重要讲话精神，学习贯彻党的十九届六中全会精神。区政协十二届一次会议以来，共计开展区政协党组、机关党组理论学习中心组学习13次，组织委员赴下姜村等红色教育基地开展“学党史、悟初心、践使命”系列活动，参与省政协“万名委员线上学习”、市政协“千名委员读百年党史”等各类活动，不断提升委员的政治素养和政治定力，树牢“四个意识”，坚定“四个自信”，做“两个确立”的忠诚拥护者、“两个维护”的示范引领者，从思想上政治上打下坚实基础，喜迎建党一百周年。

（二）机制队伍两手抓，强化自身建设

加强自身建设是提高政协工作科学化水平的基础。区政协常委会认真贯彻加强和改进新时代人民政协工作的总体要求，充分发挥政协党组的领导核心作用，建立健全政协党组、机关党组、机关党总支和专委会党支部的组织体系，发挥党员委员的模范引领作用，深入推进政协系统党的建设“两个全覆盖”，着力完善政协工作各项制度规范。区政协十二届一次会议以来，通过召开5次党组会议、5次主席会议，制定完善了关于界别活动组工作规则、镇街（平台）联络工委工作规则、视察工作实施办法、专委会组织通则等一系列规章制度，确保新一届政协各项工作有章可循。同时，认真贯彻落实省市政协关于加强委员队伍建设的有关规定，按照新时代政协委员“懂政协、会协商、善议政，守纪律、讲规矩、重品行”的要求，专门制定履职评价办法，精心组织开展委员履职能力提升主体班、政协数字化和提案工作专题培训班等各类培训活动，不断提升委员的政治素养和履职能力，促使其更好地履职担当、提质增效。

（三）谋篇布局抓基础，搭建协商平台

协商议政平台是委员履职的重要载体。区政协常委会始终把搭建协商平台、拓宽议政渠道、丰富履职方式作为新时代加强和改进人民政协工作的应有之义，按照突出重点和彰显特色相结合的原则，有序推进以镇街（平台）联络工委、“民生议事堂”、委员工作室为主体的“一委一堂一室”平台建设。区政协十二届一次会议以来，共建成镇街（平台）联络工委14个，“民生议事堂”12个，集体、个人委员工作室37个，各类平台累计开展活动100余场，有力推动了政协协商民主向基层延伸。同时，鼓励委员充分发挥自身优势特长，以线上线下多种渠道、多种形式积极履职，累计开展委员讲堂、委员论坛、委员E站、委员读诗等各类活动30余场，多维度展示委员风采，多方位体现履职活力，委员履职成效得到显著提升。

（四）创新履职提效能，建设数字政协

区政协常委会全面融入省、市、区数字化改革大局，主动顺应余杭作为数字经济强区的使命担当，凝聚全体委员智慧合力，自主开发建设了“余杭区数字政协系统”。在半年多的研究、探索、实践中，我们锚定一个“高”字，高站位谋划、高标准推进政协系统数字化改革的破冰式探索；突出一个“融”字，以数字化推动政协各项业务流程重塑、条块互联，实现与公共数据平台多跨协同、资源共享；聚焦一个“用”字，立足基层政协的现实需求，致力于以数字政协促进履职常态化、现代化、高效化，提高使用体验，增强用户黏性，由此构建了PC端“余杭数字政协驾驶舱”和手机端“i履职”，实现了平台共建、数据共用、履职共推、成果共享，推动了“掌心里的参政议政、指尖上的协商民主”。相关经验做法获得省政协主席批示肯定，被评为杭州市数字化改革最佳门户场景应用，还得到了人民网等中央、省级媒体点赞报道，被“学习强国”平台录用，以数字化改革推进政协工作机制重塑取得阶段性成效。

二、议大事、促发展、惠民生，建言资政谋新篇

人民政协是专门协商机构，必须始终坚持在大局中定位，在大局下行动。区政协常委会紧紧围绕区委、区政府中心工作和发展大局，充分发挥各专委会的专业优势和基础性作用，找准位置，选好角度，全面履行职能，务实协商议政，持续助力党政科学决策、有效施政。重点抓好了六方面工作：

（一）视察调研重点突出，参政议政有担当

区政协十二届一次会议以来，短短半年时间，常委会紧扣经济高质量发展、产业能级提升、区域新中心建设等区委区政府重点工作，累计开展各类视察调研156次，其中主席会议视察3次、重点视察调研15次、专委会视察79次，向区委区政府提交视察意见和调研报告20余篇、意见建议130余条。如：重点聚焦一流中心城区建设、数字赋能基层治理、数字经济赋能美丽乡村、关心关爱干部等主题开展课题调研，为区委区政府决策提供参考。开展“靓城行动”推进情况主席会议视察，围绕交通大发展、环境大提升、配套大完善、空间大优化四大攻坚行动积极建言；紧盯教育配套短板问题，专题开展“加快校园建设，打好教育奋进之基”主席会议视察，深度分析面临形势和存在问题，精准提出对策建议，获区委主要领导批示肯定；围绕产业发展能级提升，开展“工业用地有机更新”主席会议视察，为提高我区土地资源节约集约利用水平，促进工业经济高质量发展贡献政协智慧。此外，还聚焦凤凰行动、婴幼儿照护服务、高质量养老、矛盾纠纷化解“136”格局等工作组织开展了专委会视察和调研座谈等活动，完成了杭州市交办的争创综合性国家科学中心核心区调研报告。

（二）提案办理成效显著，项目化管理有力度

按照提案办理项目化管理要求，区政协常委会将区政协十二届一次会议立案的280件提案分为数字赋能、西部富美、民生服务、社会管理、营商环境等22个专题项目，分别由区政协领导、相关委办牵头督办，明确任务、细化责任，形成“一名领导、一个委办、一支队伍、一类提案、一抓到底”的工作机制。提案办理期间，依托“请你来协商”、委员工作室等各类平台载体，共组织调研88次、集中协商26场、个别面商300余场，累计联动承办单位70余个，参与提案办理协商400余人次。经过两轮评价，提、办、督三方合力，279件提案已经解决或基本解决，提案办理过程评价满意率100%、结果评价满意率99.64%。提案办理成效不断彰显，有力助推了一批产业、人才政策的制定优化，一批基础设施、数字化项目的加快推进，一批基层治理、社会民生问题的有效解决。同时，加强对提案项目化管理的全过程宣传，在《联谊报》《余杭晨报》等媒体，挑选代表性强、关注度高、群众获得感明显的提案开展宣传，进一步促进了政协各委办、委员和承办单位的良性互动，提升工作合力。

（三）“请你来协商”主题鲜明，协商民主有作为

区政协十二届一次会议以来，常委会聚焦共同富裕示范先行区创建、文化文明高地建设、全域治理现代化推进等重点工作，累计开展“请你来协商”活动40次，并向区委区政府提交协商意见。重点围绕“西部富美”行动，深入走访调研西部五镇，举办“请你来协商”专场活动，邀请区政府主要领导、相关镇街（平台）、区级部门主要负责人与政协委员开展互动协商、提出意见建议，得到区政府主要领导批示肯定。立足余杭数字经济强区优

势，积极探索数字经济向美丽乡村延伸的路径和办法，组织开展“请你来协商”活动，相关建议内容被区委区政府采纳。聚焦文化文明高地建设，围绕公共文化体育配套短板问题，深入全区 12 个镇街和相关部门开展实地调研，专题举办体育品牌赛事打造“请你来协商”活动，并积极对接省市体育局助力体育项目落地余杭。聚焦区域治理体系和治理能力现代化建设，就防范电信网络诈骗，从十二届一次会议的大会发言入手，开展深入调研，举办专场协商，邀请区公安分局主要领导参加，并全程图文直播，针对防范电信网络诈骗中宣传的精准性、企业主体责任的落实、社会力量参与的激励机制等形成协商意见，供区委区政府参考，有力助推我区电信网络诈骗防范工作，2021 年区公安分局受理电信网络诈骗案件同比下降 7.8%。此外，还联动市政协开展“以筹备亚运会为契机，提升城市文明水平”“深化老旧小区综合改造提升”等专题民主监督活动，切实提升监督实效。

（四）数字赋能提质增效，委员履职有活力

数字政协系统建设，为委员日常履职构建起信息获取、观点交流、成果输出转化的工作闭环，大大激发了委员的履职热情，实现了政协全会闭会期间委员“聚是一团火、散是满天星”的常态化高效履职。该系统自 10 月中旬上线以来，累计点击数超 5 万次，委员签到率 100%，在余杭区上架的浙政钉应用中点击率排名第二；发布履职动态 3964 个、话题 452 个，参与讨论跟帖 19134 个；线上议政成果成功转化为大会发言材料 22 篇、大会提案 100 余个、社情民意 39 篇，其中 6 篇获区政府主要领导批示交办。此外，数字政协系统的建设，还切实提升了政协系统各层级的组织化程度，有效拉近了政协组织与党政部门、机关与委员、委员与委员间的距离，不仅打造了一个即时通信、实时感知的有温度、有内容的“朋友圈”，还促使政协的履职更聚焦、建言更实效，职能部门的支撑更有力、参与更主动。

（五）各类活动精彩纷呈，工作推进有亮点

深入开展“三服务”活动，累计走访联系镇街、村社、企业 230 余家，帮助协调解决闲林小学、余杭区第三人民医院新院区增加公交专线等各类问题 60 余个，切实为群众办实事、为企业解难题、为基层减负担。以“推动文化兴盛　打造新时代文化高地”为主题举办委员论坛，精选委员优质建言 30 余条报区委区政府参考。开展“魅力光影　蝶变余杭　摄影师镜头下的创新发展之城”摄影存史征集活动，用摄影特有的艺术形式和视角，全方位、多角度展现区划调整后余杭高质量创新发展的精彩瞬间。举办“丹青抒怀　礼赞百年　庆祝中国共产党建党 100 周年”书画艺术展，从不同艺术角度、用不同艺术语言，展现余杭改革发展的光辉历程和日新月异的巨大变化，为党的百年华诞献礼。高质量推进《余杭政协》杂志编撰工作，集中展示政协工作新起点上的新气象、新作为。

（六）凝心聚力共谋发展，团结联谊有温度

始终坚持发扬民主、增进团结，努力做好凝心聚力这篇文章。区政协十二届一次会议以来，常委会以政协领导分工联系界别活动组和镇街（平台）联络工委为基础，累计走访委员 1521 人次，通过加强联系、沟通情况、增进了解，切实增强政协凝聚力和向心力，打造“干事创业好团队、和谐温暖大家庭”。密切与各民主党派、工商联、无党派人士的沟通联系，主动参与各党派、团体换届等重点活动，鼓励和支持他们通过政协全体会议、常委会会议、主席会议、委员提案、社情民意等平台渠道，充分发表见解和主张，共计以组织或界别名义提交大会发言材料 20 余篇、提案 60 余件、调研报告 10 余篇。同时，有序推进政协之友联谊会、书画院、企业家协会、茶文化研究会等政协外围组织的换届工作，认真做好上级政协及外地政协调研、考察、交流的服务工作，先后接待了全国政协、中国侨联、北京市政协等多批次的调研考察团队。参加长三角十三县（市、区）政协工作研讨会并作交流发言，进一步加强交流、增进友谊。

各位委员、同志们，区政协十二届一次会议以来，我们着眼于打基础、强根本、起好步，圆满完成了新一届政协开局之年的各项工作。成绩的取得，离不开中共余杭区委的正确领导，离不开省市政协的关心指导，离不开区人大、区政府的大力支持，离不开社会各界的协作配合，离不开区政协各参加单位和全体委员的共同努力。在此，我谨代表区政协常委会，向关心支持政协工作的各级领导、同志们、朋友们表示崇高的敬意和衷心的感谢！

回顾过去、展望未来，对照新要求、对标新期待，我们清醒看到，政协工作还存在一些不足和问题。数字化改革推进政协工作机制重塑仍在起步阶段，面临不少制约和瓶颈；政协“两个薄弱”问题仍然存在，事多人少的困境有待破解；委员业务培训学习不足，队伍管理、激励机制有待加强等情况仍然存在。上述问题，我们将在今后的工作中着力加以改进。

2022 年工作任务

2022 年是党的二十大召开之年，是实施“十四五”规划的关键之年，也是向着第二个百年奋斗目标奋勇前进的关键之年。新的一年，区政协常委会工作的指导思想是：以习近平新时代中国特色社会主义思想为指导，深入学习贯彻党的十九大和十九届二中、三中、四中、五中、六中全会精神，按照区委十五届五次全体（扩大）会议的部署，围绕“六破六立”思想再解放、抓实“六大行动”等工作要求，牢牢把握团结和民主两大主题，坚持建言资政和凝聚共识双向发力，发挥专门协商机构作用，积极践行全过程人民民主，为纵深推进“创新余杭、品质之区、文明圣地”建设，奋力争当展示“重要窗口”和共同富裕示范区的排头兵作出新的贡献。

具体工作中，要对照“六破六立”思想再解放，常悟初心、保持定力；常思使命、激发活力；常存信念，增强效力；常念责任，注入动力；常怀民生，汇聚合力；常问差距，提升能力，全力以赴做好新时代人民政协“六强六答”新实践。

一、强思想基石，答好人民政协与党同心同向同行的政治答卷

人民政协的思想基石稳不稳，关键要始终坚持党的领导，把旗帜鲜明讲政治贯穿于政协工作全过程。新一年的工作中，区政协常委会要坚定不移抓党建，严格按照全国、省、市政协关于加强新时代人民政协党的建设工作的有关要求，深入学习贯彻习近平新时代中国特色社会主义思想，打造以党组理论学习中心组为引领，以“书香政协”建设为抓手，覆盖全体委员的经常性学习制度体系，不断提高政治判断力、政治领悟力、政治执行力，坚定不移做“两个确立”的忠诚拥护者、“两个维护”的示范引领者；要坚定不移抓落实，把学习贯彻党的十九届六中全会精神和省市区委部署要求落实到政协工作的各方面，确保政协事业不忘初心、不偏方向，确保政协工作与区委中心工作同向同行、同频共振；要坚定不移抓团结，加强与各民主党派、工商联、无党派人士的沟通联系，不断夯实共同思想政治基础，做到思想上高度信赖、政治上坚决维护、组织上自觉服从、感情上深刻认同，始终与党同心、与党同向、与党同行，合力开创余杭政协工作新局面。

二、强履职能力，答好人民政协聚焦中心服务大局的发展答卷

人民政协的履职能力强不强，关键要始终紧扣区委区政府中心工作，做到建言精准、议政到位、监督有效。新一年的工作中，区政协常委会要按照“高起点谋划工作、高质量调查研究、高水平建言献策”的要求，紧扣奋力争当展示“重要窗口”和共同富裕示范区排头兵的目标任务，围绕抓实发展大比拼、改革大攻坚、城区大提升、民生大改善、文化大兴盛、社会大平安“六大行动”，精准选择课题，深入调查研究，广泛协商议政，积极建言献策，为区委区政府科学民主决策提供参考。具体工作中，要聚焦“发展大比拼行动”，持续关注“亩均论英雄”改革、“3655”梧桐计划、重大项目招引、产业“黄金68条”和人才“黄金20条”扶持政策落实情况、专精特新“小巨人”培育、生物医药产业发展等重点工作，努力形成一批有价值、有见地的高质量调研成果，为我区在新一轮比拼中抢占先机、赢得主动提供助力；要聚焦“改革大攻坚行动”，持续关注数字化改革、“最多跑一次”改革、全国“未来乡村实验区”打造等重点工作，充分发挥政协职能优势，努力推出一批站得高、看得远、谋得准的议政成果，助力各项改革更好对接发展所需、基层所盼、民生所向；要聚焦“城区大提升行动”，持续关注区内路网建设,“‘迎亚运’城市环境大整治、城市面貌大提升”长效管理行动等重点工作，广集良策促进决策优化，广聚共识推进决策实施，助力现状产业平台向都市新中心转变。

三、强为民情怀，答好人民政协议政于民协商为民的民生答卷

人民政协的为民情怀深不深，关键要始终坚持以人民为中心的工作理念，自觉把实现和维护最广大人民群众的根本利益作为政协履职的出发点和落脚点。新一年的工作中，区政协常委会要坚持问计于民、求智于民，把基层当课堂，拜群众为老师，努力从基层和群众那里学到真招实招，做到以真心换真情、用行动获信任，实现人民政协与人民群众的良性互动；要突出问题导向、回应民生关切，积极搭建委员联系群众的平台，建好社情民意联络站，主动参与基层治理，广泛收集社情民意，对社会生活中的重要情况和群众关注的热点问题要及时了解、如实反映，做到“春江水暖鸭先知”；要坚持以民为亲、履职为民，聚焦“民生大改善行动、文化大兴盛行动、社会大平安行动”，持续助力助推共同富裕示范区建设、“西部富美”行动、名校集团化办学、千年古城复兴、历史名人文化挖掘以及家庭教育、科技助残、儿童之家建设、文体设施完善、慈善事业发展、基层治理提升等一大批民生实事，努力维护和实现群众利益，切实做到人民政协为人民。

四、强创新意识，答好人民政协数字赋能机制重塑的改革答卷

人民政协的创新意识够不够，关键要牢牢把握时代脉搏，坚持改革创新精神，着力推动人民政协履职能力的全面提升。新一年的工作中，区政协常委会要继续深入推进“数字政协”建设，秉持全局性思维，主动融入党政机关整体智治系统，努力链接全区公共数据平台资源，加强与职能部门数字应用场景的协同联动，为委员更好地知情明政、参政议政提供数据支撑；秉持一体化思维，进一步扩大平台入口，让更多职能部门参与数字政协“i履职”，让委员线上议政成果更快落地，从而将数字政协系统打造成为集信息收集、加工、输出、转化于一体的“中央大厨房”，不断构建完善委员履职闭环；秉持系统性思维，积极探索提案办理项目化与数字政协系统的深度融合，以数字化改革推动政协工作流程再造和制度重塑，形成节点可控、纵横贯通的完整链条和科学体系，推动政协工作提质增效、高质量发展，打造政协工作运行管理的闭环，形成数字政协建设的理论成果。

五、强方法手段，答好人民政协工作平台向基层延伸的效能答卷

人民政协推进基层协商民主的方法手段多不多，关键要在协商民主向基层延伸的过程中把握“难点”、找准“痛点”、疏通“堵点”。新一年的工作中，区政协常委会要着力推进基层协商平台建设，以镇街（平台）联络工委、“民生议事堂”建设为抓手，不断丰富协商议政平台载体，拓展人民政协在基层的工作空间，密切政协组织与委员间的联系，给委员在基层安个脚踏实地的“家”；要不断丰富基层协商形式，进一步完善区政协领导联系委员、委员联系界别群众制度，深入推进委员之家、委员工作室建设，组织开展界别活动周、委员接待日、民情恳谈会等活动，不断拓展基层协商民主的渠道与形式；要积极探索基层协商新途径，依托“数字政协”建设，探索建立网络民意收集机制、协商互动机制、问题处理和结果反馈机制，鼓励有特长的委员创新打造委员网上工作室，以数字化手段拓展协商民主的覆盖面、丰富协商民主的新途径。

六、强素质本领，答好人民政协尽责担当争先创优的作风答卷

政协队伍的素质本领硬不硬，关键要始终坚持把政治建设放在首位，把自身建设作为着力点，切实提升政协工作科学化水平。新一年的工作中，区政协常委会要进一步发挥委员主体作用，加强委员履职管理和服务保障，推动委员学习培训常态化、专题化、特色化，加强委员履职考核的动态管理和结果运用，更大程度激发委员履职的积极性、主动性，提升专业化水平；要进一步强化党建引领，做强专委会党支部，发挥党员委员先锋模范作用，努力实现党建带动履职、履职促进党建的“双提升”；要进一步强化专委会基础作用，健全专委会联系界别委员制度，突出专委会“专”的优势、“联”的特点、“精”的实效，带领界别委员有计划、有步骤地开展履职活动，使政协专委会工作更富活力、更具实力；要进一步凸显政协界别特色，加强对界别活动组的工作指导，健全界别工作机制，不断发挥界别功能作用、提升界别履职实效；要进一步强化政协机关建设，增强廉政意识，提高工作效能，提升服务水平，着力培养一支政治过硬、责任过硬、能力过硬、作风过硬的高素质政协干部队伍，努力把政协机关建设成为委员和社会各界的温暖之家。

各位委员，同志们，新时代催人奋进，新征程任重道远。在实现第二个百年奋斗目标的赶考路上，让我们更加紧密地团结在以习近平同志为核心的党中央周围，在中共余杭区委的坚强领导下，携手新时代，贯彻新理念，聚焦新目标，落实新部署，不断开创我区人民政协事业的新局面，为纵深推进“创新余杭、品质之区、文明圣地”建设，奋力争当展示“重要窗口”和共同富裕示范区的排头兵作出更大贡献，以优异成绩迎接党的二十大胜利召开！

二、文件选

中共杭州市余杭区委关于进一步推进人民政协履行职能制度化规范化程序化建设的若干意见

各镇乡党委，街道党工委，区级各部门党组织：

人民政协是中国共产党领导的多党合作和政治协商的重要机构，是我国政治体制的重要组成部分。根据十六大关于民主政治建设的重要目标、总体要求和中共杭州市委《关于进一步推进人民政协履行职能制度化规范化程序化建设的若干意见》精神，结合我区实际，现就进一步推进人民政协履行职能的制度化、规范化和程序化建设（以下简称“三化”建设）提出如下意见。

一、高度重视人民政协履行职能的“三化建设”

1．提高对人民政协履行职能的“三化”建设重要性的认识。

人民政协履行职能的“三化”建设是贯彻执行我国基本政治制度的客观要求。进一步推进“三化”建设，直接关系到共产党领导的多党合作和政治协商这一基本政治制度的坚持和完善，关系到社会主义政治文明的发展进程，关系到党的执政水平和领导能力的提高，关系到党和政府决策的科学化、民主化。各级党委要认真贯彻落实“三个代表”重要思想和中共十六大精神，自觉增强政治意识和民主意识，高度重视人民政协履行职能的“三化”建设，保证人民政协发挥政治协商、民主监督、参政议政的作用。

2．健全统战政协理论学习教育制度。

各级领导干部要加强对统战政协理论政策的学习，不断提高贯彻执行基本政治制度的坚定性和自觉性。各级党委理论学习中心组要把统战政协理论作为重要学习内容。区委宣传部要把统战政协理论列入宣传工作整体计划，重视宣传人民政协工作，区委党校要把统战政协理论列入党政干部的培训和教学计划，开设专题教学课，半个月以上党政干部进修班不少于3个课时。在制定教学计划和确定教学内容时，应征求区委统战部和区政协办公室的意见。

二、进一步规范政治协商程序

3．政治协商内容

政治协商是对本地区的大政方针和政治、经济、文化以及社会发展和社会政治生活中的重大问题在决策之前进行协商，就决策实施过程中的重要问题进行协商。协商的主要内容是：本区事关全局的大政方针；经济社会发展中的重大决策和重要部署；政府工作报告；财政预、决算和预算调整；经济与社会发展规划；社会政治生活方面的重大事项；本级党委提出的同级领导班子成员人选；本区行政区划的重大变动；关系群众切身利益的新的重大政策和举措；重大决策的调整变更；有关爱国统一战线的重要问题；区委、区人大、区政府、区政协以及各民主党派、各人民团体认为有必要提交政治协商的其他重大问题。

4. 政治协商形式。

政治协商一般以会议形式进行，包括政协全体会议，常务委员会议，主席会议，常务委员会专题协商会议，各专门委员会对口协商会议，以及根据需要召开的各民主党派、无党派人士、人民团体和各族各界代表人士参加的协商座谈会等。协商活动由政协主席会议根据不同的内容和要求，确定不同的协商形式和参加范围。

5. 政治协商程序。

各级党委、政府及其各部门、直属各单位要把重大问题提交政协进行协商的要求列入各自的议事规则，作为科学决策必要程序和重要环节，确保政治协商“在党委决策之前、人大通过之前、政府实施之前”制度落实。政治协商应建立的程序是：(1) 制定计划，确定议题。每年年初由区四套班子办公室主任联席会议，根据各套班子全年工作计划，从实际出发，提出年度政治协商计划的建议，由政协主席会议研究确定协商计划和议题，并形成政协主席会议纪要，报经区委同意后转发各方面共同执行；区委临时提出的协商议题，可委托政协党组向主席会议提出。(2) 充分准备，精心组织。有关协商的文件材料一般应提前5天提交区政协；临时提出的协商议题，一般应提前3天提交区政协。区政协要组织有关委员围绕协商议题，深入调研，了解情况，搜集材料，做好准备。根据会议议题，区委、区政府分管领导以及有关部门负责人将出席会议，并就提交协商的议题作出说明。(3) 认真落实，及时反馈。对协商会议中提出的意见建议，有关方面要积极采纳、认真办理、抓好落实，并及时向政协进行书面反馈。

三、着力完善民主监督机制

6. 民主监督内容。

政协的民主监督主要内容有：贯彻实施宪法、法律法规和重要方针政策的情况；国民经济和社会发展计划及财政预算执行情况；国家机关及其工作人员履行职责、遵守法纪、为政清廉等方面的情况；事关全局的重大决策贯彻执行情况；重点工程建设的实施情况；政协建议案和委员提案的办理情况；参加政协的各单位和个人遵守政协章程和执行政协决议的情况；其他需要监督的重要问题。

7. 民主监督形式。

政协的民主监督主要通过协商讨论和批评建议来进行。政协有关会议、建议案、提案、委员视察督查、重要建议专报、民主监督活动、批评举报等，是政协实行民主监督的有效形式。区委、区政府支持政协就机关作风建设和一些重点工作开展民主监督。对政协组织提出的《民主监督建议书》，有关部门要认真对待，并及时书面反馈办理情况。对委员在视察、暗访中提出的批评意见和建议，要认真听取、积极整改。完善在政协委员、民主党派成员中聘请各类监督员制度。政协委员担任各类监督员由政协与有关部门协商推荐，加强管理。

8. 民主监督保障。

各级党委、政府和各部门、直属各单位要积极支持人民政协开展民主监督活动，高度重视政协委员通过监督活动提出的批评意见和建议。切实尊重和依法保护政协委员民主监督的权利，对抵制和阻挠监督甚至打击报复的行为，有关部门必须严肃查处。区政协要适应形势的要求，加大监督力度，讲究监督实效，提高民主监督的组织化程度，切实有效地开展民主监督。

四、努力健全参政议政反馈制度

9．参政议政内容和形式。

参政议政是政协履行政治协商和民主监督职能的拓展和延伸。参政议政的内容和形式除含有政治协商、民主监督的内容和形式外，还包括政协通过深入调研提出的建设性意见、各种方式的建言献策等。

10．为参政议政创造条件。

区委、区政府坚持和完善重大事项通报制度。凡中央和上级重要会议、重要精神以及本地的重要情况，要根据不同内容和性质，及时向政协全体会议、常委会会议和主席会议通报。区委也将给政协出题目、提要求、交任务，每年安排若干重要调研课题，委托政协组织调研或请政协委员一起参与。区委、区政府召开的有关专家论证会，可邀请有关政协委员参加。区政府一般每半年向政协常委会通报一次重点工作。坚持党政有关部门与政协各专门委员会的对口联系制度，互通情况，增进联络，协调工作。

11．重视参政议政的办理和反馈。

对政协全体会议、常委会会议和主席会议建议案的办理情况，除书面反馈外，由有关领导在政协同层次会议上通报。对需要几个部门联合办理的建议案或重要提案，将由区委、区政府分管领导牵头办理。区政府每年向政协常委会会议通报一次提案办理落实情况。对政协的各类调研报告、民主监督建议书，有关部门必须认真研究，积极采纳有关意见建议，并给予书面反馈。对以政协社情民意信息形式反映的意见建议，也应采取适当形式予以反馈。

五、不断提高政协履行职能的水平。

12．加强政协党组建设。

政协党组作为同级党委的派出机构，必须始终在思想上、政治上、行动上同党中央保持高度一致，充分发挥在政协工作中的核心领导作用，把主要精力放在抓方向、议大事、管全局上，把党委对政协工作的要求和政协党组的决定，体现到政协主席会议、常委会会议和全体会议之中，保证党的路线方针政策及党委决议、决定在政协工作中的贯彻落实。要切实贯彻民主集中制的原则，完善工作机制和工作方法，逐步实现党组工作制度化、规范化和程序化。

13．发挥政协委员的主体作用。

充分发挥委员的主体作用是做好政协工作的基础。对政协委员的推荐和调整，要按照上级党委有关规定的程序办理，严格党内外比例。区委统战部要加强与政协党组的联系与沟通，及时征求政协党组的意见，共同把好委员的质量关。要充分发挥基层政协委员的作用。各镇乡人代会应邀请当地的各级政协委员列席会议。委员所在单位要保证委员参加政协组织的正常活动，邀请他们参加本单位有关会议，听取意见建议，为他们知情出力提供方便。各镇乡、街道和区级各部门党组织要积极支持政协委员小组和委员的活动，组织委员开展学习、参观及小型的视察活动。切实维护政协委员的合法权益。司法机关对有犯罪嫌疑的政协委员采取法律规定的限制人身自由措施前，应向政协通报有关情况。

14．重视政协领导班子和干部队伍建设。

按照中央有关规定，重视政协领导班子的配备和建设，使之成为政治坚定、作风民主、结构合理、素质优良的领导集体。重视政协机关干部的培养、选拔、交流和使用。根据杭州市委要求，不断完善专门委员会的机构设置，充实力量，明确职责，提高工作效率。

15．积极推进政协自身“三化”建设。

区政协要围绕中心、服务大局，全面履行三项职能，并不断提高履行职能水平。要进一步完善政协常委会会议议事规则，健全政协全体会议、常委会会议、主席会议等规章制度。注重政协工作程序化建设，逐步建立一整套科学易行的操作程序和工作规范，保证政协工作井然有序、富有成效。要从自身的特点和优势出发，积极探索政协工作的新形式、新途径，进一步发挥政协在建设“三大文明”、推进“三大跨越”中的作用。

六、进一步加强和完善党对政协工作的领导

16．加强和改善党的领导。

加强党对政协工作的领导，必须突出重点，把握关键，狠抓落实，务求实效。各级党委、政府要认真修改和完善议事规则，将政治协商内容纳入其中。区委确定分管党群副书记联系政协工作，区政府由常务副区长联系政协工作。各镇乡、街道党（工）委要有一名副书记分管和联系政协工作，区级各部门也要确定一名负责人负责与政协的日常联系。

17．坚持和完善党对政协工作领导的制度。

区委常委会每年安排1～2次听取政协党组的工作汇报。区委每届任期内至少召开1次政协工作会议。区委常委会会议和其他有关重要会议，应请同级政协主席列席。区政府召开全体会议，应邀请政协领导参加；召开其他重要会议，应视情邀请政协领导参加。政协召开常委会会议时，区委、区人大常委会、区政府及有关部门将安排领导同志参加。事关多党合作、统一战线和人民政协的一些重大问题，政协换届人事安排等，区委将听取政协党组的意见。并把统战政协工作业绩列入党政主要领导及分管领导干部述职和各镇乡、街道、区级各部门年度目标考核的内容。

18．抓好落实督查。

全区各级党组织要结合实际，认真贯彻落实本意见，区委将每年开展专题督查，切实推进人民政协履行职能的制度化、规范化和程序化建设。

中共杭州市余杭区委

2004年7月26日

中共杭州市余杭区委关于进一步加强中国共产党领导的多党合作和政治协商制度建设的实施意见

为深入贯彻《中共中央关于进一步加强中国共产党领导的多党合作和政治协商制度建设的意见》（中发〔2005〕5号，以下简称《意见》）精神，进一步推进我区中国共产党领导的多党合作和政治协商制度建设，现结合省、市《关于进一步加强中国共产党领导的多党合作和政治协商制度建设的实施意见》（浙委〔2005〕9号、市委〔2005〕15号）文件精神和我区实际，提出如下实施意见：

一、进一步统一思想认识，切实抓好《意见》精神的贯彻落实

1. 深刻领会《意见》的精神实质。中国共产党领导的多党合作和政治协商制度，是我国的一项基本政治制度，是具有中国特色的社会主义政党制度，是中国共产党和中国人民政治智慧的结晶。《意见》在认真总结历史经验的基础上，对中国共产党领导的多党合作和政治协商的原则、内容、形式和程序等作了科学规范，体现了科学执政、民主执政、依法执政的要求，是指导新世纪新阶段我国多党合作事业的纲领性文件。我们要深刻领会《意见》的重要意义，把握其精神实质，全面贯彻落实。

2. 认真抓好《意见》精神的学习培训。要把学习宣传《意见》精神作为当前和今后一个时期的重要政治任务，认真抓好党政干部、统战干部和统一战线广大成员三支队伍的学习培训。要把《意见》列入区委理论学习中心组学习内容。相关部门要从实际出发，制定学习计划，加强督促检查。

3. 高度重视《意见》精神的贯彻落实。要将《意见》精神的贯彻与构建和谐社会、落实科学发展观和加强党的执政能力建设结合起来。

要高度重视统一战线和多党合作工作，高度重视党外人士的实职和政治安排工作，高度重视党外后备干部队伍的培养选拔工作。

二、进一步完善政治协商的内容、形式和程序

4. 坚持政治协商的原则。要把政治协商作为党和政府实行科学民主决策的重要环节和提高执政能力的重要途径，把政治协商纳入决策程序、就重大问题在决策前和决策执行中进行协商。

5. 完善区委向区各民主党派支部（社）征求意见的形式和内容区委向各民主党派征求意见，主要采取小范围谈心会、座谈会等形式除会议形式外，民主党派组织可向区委提出书面建议。征求意见的内容主要包括：区党代会和区委的重要文件；区人大常委会、区政府、区政协的领导成员和区法院、区检察院主要领导成员的建议人选；关于推进我区改革开放的重要决定，我区经济社会发展的中长期规划；事关我区全局的一些重大问题，通报重要文件和重要情况并听取意见；以及其他需要向民主党派征求意见的重要问题等。

每次征求意见的议题应提前通知各民主党派和有关无党派代表人士，并提供相关材料。各民主党派组织应对议题集体研究后提出意见和建议。在征求意见过程中充分发扬民主，广泛听取意见，求同存异，求得共识。对民主党派和无党派人士提出的意见和建议要认真研究，并及时反馈情况。

6. 完善人民政协的政治协商。区委在人民政协同各民主党派和各界代表人士的协商，主要采取政协全体会议、常务委员会会议、主席会议、常务委员专题座谈会、各专门委员会会议等形式。要按照《中国人民政治协商会议章程》的要求，不断推进人民政协政治协商的制度化、规范化和程序化。

三、进一步发挥民主党派和无党派人士的参政议政作用

7. 充分发挥民主党派成员和无党派人士在国家政权中的参政作用。党外人士在区、镇人大代表候选人建议名单中的比例不低于20%；在区人大常委会委员候选人建议名单中的比例不低于30%；在区人大常委会领导班子成员中有适当数量。

积极创造条件选配民主党派成员和无党派人士担任政府及其工作部门领导职务。区政府领导班子要配备党外副职；区政府工作部门领导班子中配备党外干部不少于7名；力争在区法院、区检察院领导班子中安排党外干部任职；积极选配镇乡（街道）党外领导干部；注意选拔符合领导干部任职条件的党外干部担任政府工作部门正职。

8. 充分发挥民主党派和无党派人士在人民政协中的作用。党外人士在区政协委员中的比例不少于60%；在政协常委会委员中的比例不少于65%；在政协各专门委员会负责人中有适当数量。

9. 加强政府同民主党派的联系。区政府根据需要召开有民主党派负责人和无党派人士参加的座谈会，就拟提交人民代表大会审议的政府工作报告、有关重大政策措施和关系国计民生的重大建设项目征求意见，通报国民经济和社会发展的有关情况；政府召开全体会议和有关会议，可视情邀请民主党派负责人和无党派人士列席；政府组织的有关廉政建设、社会治安综合治理、规范市场经济秩序等检查工作，可根据需要邀请民主党派成员和无党派人士参加。

坚持和完善区四套班子成员与民主党派负责人、无党派代表人士谈心交友制度、走访联系制度；政府有关部门与相关民主党派的对口联系制度；民主党派负责人、无党派代表人士参加重要内、外事活动制度民主党派、无党派人士考察调研制度。

10. 大力拓宽民主党派和无党派人士发挥作用的渠道。支持、鼓励民主党派和无党派人士，紧密围绕全面建设小康社会开展各种形式的社会服务活动；充分发挥民主党派和无党派人士在反映社情民意、协调社会关系、维护社会稳定方面的作用；支持民主党派成员和无党派人士多渠道、多形式、多层次地开展对港澳同胞、台湾同胞和海外侨胞的联谊工作，推进经贸、科技、文化等领域的交流交往，为维护香港、澳门的繁荣稳定、促进祖国完全统一作出贡献。

四、进一步发挥民主党派的民主监督作用

11. 明确民主监督的内容和形式。民主监督的内容主要是：国家宪法和法律法规的实施情况；党和政府重要方针政策的制定和贯彻执行情况；党委依法执政及党员领导干部履行职责、为政清廉等方面的情况。

民主党派民主监督的形式主要是：在政治协商中提出意见；在深入调查研究的基础上，向党委及其职能部门提出书面意见；人大及其常委会在组织有关问题的调查研究时，可邀请民主党派成员和无党派人士参加；通过在政协大会发言和提出提案；在视察调研中提出意见或其他形式提出批评和建议；参加有关方面组织的重大问题调查和专项考察等活动；应邀担任司法机关和政府部门的特约人员等。

12. 进一步拓宽民主监督的渠道。党委主要负责人每年要定期召开会议，听取民主党派负责人和无党派人士对领导班子及其成员的意见；每年就党风廉政建设和反腐败工作向民主党派通报情况，听取意见；党委和政府开展的就贯彻执行中央、省、市、区委和政府的重要方针政策情况、党风廉政建设情况的检查，其他专项检查和执法监督工作，可邀请民主党派负责人参加。

加大聘请特约人员的工作力度。制定和完善特约人员工作制度，明确并规范特约人员的条件、职责、权利和聘任程序，进一步理顺关系。聘任单位要确定分管领导、落实职能科室，为特约人员履行职责创造条件，加强对特约人员的培训和管理，组织开展活动，及时听取他们的意见、建议，切实发挥他们的作用。特约人员的聘请由统战部与民主党派、有关部门协商确定。

13. 党委要切实完善民主监督的机制，自觉接受监督。要在知情环节、沟通环节、反馈环节上建立健全制度，及时通报重要情况和重大问题，畅通民主监督的渠道；对民主党派、无党派人士提出的批评意见要认真研究，及时反馈；党委及其领导干部要真诚接受民主党派、无党派人士的监督，鼓励和支持他们做到知无不言、言无不尽，并勇于坚持正确的意见，做中国共产党的诤友；要保护民主党派、无党派人士民主监督的正当权利。

五、进一步加强中国共产党同党外人士的合作共事

14. 加强培养选拔党外干部工作。区委要把培养选拔党外干部工作列入重要议事日程，定期分析研究、听取情况汇报，明确任务要求，抓好工作落实。组织部、统战部要按照“分工明确、配合紧密、共同负责、程序规范、便于操作、工作落实”的原则，健全完善培养选拔党外干部的机制。主要是健全完善组织部、统战部联席会议制度、共同培训党外干部制度、考察党外干部工作制度和共同督促检查党外干部工作制度。

加强党外后备干部队伍建设。要把党外后备干部队伍建设纳入整个后备干部队伍建设的总体规划，后备干部队伍中党外干部的比例不少于15%。要明确培养目标，坚持备用结合，实行动态管理，努力建立一支素质优良、数量充足、结构合理的党外后备干部队伍。加强党外干部的培养，将培训计划纳入全区干部培训总体规划，有计划、有步骤地选送他们到各级社会主义学院、行政学院、党校、高校以及国（境）外院校培训。对党外干部要实行任前培训制。进一步完善培养选拔机制，将党外后备干部输送到基层挂职锻炼，其计划纳入区管后备干部挂职锻炼的总体方案，比例不低于10%。

巩固党外干部队伍的基础。根据工作需要和有关规定，应积极做好党外干部要求加入中共党组织的劝留工作。建立一支相对稳定的无党派人士队伍，积极稳妥地培养、选拔和安排新一代无党派代表人士，推进新老交替。

15. 拓宽党外干部的选配领域。除做好人大、政府、政协及司法机关党外干部的选配工作外，重点中学、区属医院等党外知识分子比较集中的企事业单位，要积极选配一定数量的党外干部担任领导职务。要拓宽渠道，根据经济社会发展带来的人才资源分布的新变化，积极稳妥地从新的社会阶层和归国留学人员中选拔优秀党外人才担任领导职务。

16. 充分发挥党外领导干部的作用。保证党外干部在其位、主其事、负其责，对其分管的工作享有行政管理的指挥权、处理问题的决定权和人事任免的建议权。除有特殊规定外，党组会议应邀请领导班子中的党外干部列席，有关文件要送他们阅知，重大问题要向他们通报。中共党员领导干部要同领导班子中的党外领导干部建立良好的合作共事关系，互相学习，共同提高。党外领导干部要自觉服从党组织（党委）的领导，切实履行岗位职责。

六、进一步支持民主党派加强自身建设

17. 党委要把支持民主党派加强自身建设作为一项重要政治责任。支持民主党派根据各自章程规定的参政党建设目标，按照坚持中国共产党的领导、发扬社会主义民主、体现政治联盟特点、体现进步性和广泛性相统一的原则、以思想建设为核心，以组织建设为基础，以制度建设为保障，把自身建设不断提高到新的水平。

18. 支持民主党派加强思想建设。鼓励和支持民主党派学习邓小平理论和“三个代表”

重要思想，学习新时期统一战线和多党合作理论政策，不断提高成员的政治素质；支持民主党派发扬自我教育的优良传统，采取多种形式进行爱国主义、社会主义和国情教育，深化对参政党地位、性质和历史使命的认识，为巩固和发展同中国共产党的团结合作奠定坚实的思想基础。

19. 支持民主党派加强组织建设。贯彻民主集中制原则，提高班子成员的政治把握能力、参政议政能力、组织领导能力和合作共事能力着眼于多党合作事业的长远发展，采取有效措施，支持民主党派加强后备干部队伍建设。按照“三个为主”（以协商确定的范围和对象为主，以大中城市为主，以有代表性的人士为主）、注重质量、保持特色、组织发展与后备干部队伍建设相结合的原则，协助民主党派做好组织发展和成员的教育管理工作。

20. 支持民主党派加强制度建设。逐步建立一套适合民主党派自身特点、有利于促进民主党派工作规范化和科学化运行的制度，健全参政党的工作机制。

21. 办好社会主义学院。充分发挥社会主义学院在民主党派、无党派人士培训中的主阵地作用。区有关部门要进一步关心社会主义学院的建设。区社会主义学院要坚持正确的政治方向，发扬“爱国、民主、团结、求实”的校风，以政治培训为主，不断提高教学、科研和管理水平。

七、进一步加强和改善中国共产党对多党合作和政治协商的领导

22. 把多党合作工作纳入区委的重要议事日程。区委要切实加强和改善对多党合作和政治协商的领导，每年专题听取关于多党合作工作的汇报，研究解决重大问题；党政主要领导要带头做民主党派工作，模范贯彻执行民主党派工作的方针政策；分管领导要认真研究解决民主党派和无党派代表人士工作中存在的困难和问题；民主党派成员和党外知识分子比较集中的有关单位要有专人分管此项工作；要把统一战线和多党合作工作纳入区委、党政主要领导和分管领导目标管理的考核内容，促进各级党政领导增强统战工作意识，提高统战工作水平；有民主党派基层组织的单位，要明确中共基层党组织在加强民主党派工作方面的任务，经常召开座谈会，认真听取民主党派的意见，发挥他们的作用。

加强对政协的领导，及时研究并统筹解决人民政协工作中的重大问题，支持人民政协依照章程开展工作。充分发挥政协党组的领导核心作用和党员干部的先锋模范作用，贯彻党的理论和路线方针政策，贯彻党委的重大决策和工作部署。

23. 加强对多党合作理论方针政策的学习、宣传和教育。努力提高各级党委及领导干部的统一战线和多党合作理论政策水平。把统一战线和多党合作理论政策，作为党委理论学习中心组的重要学习内容。要把统一战线和多党合作及政治协商的理论方针政策纳入党校、行政学院的教学内容，作为党政干部培训的必修课程。宣传部门和各类新闻媒体要加大统一战线和多党合作工作的宣传力度，从坚持和完善基本政治制度出发，宣传多党合作的政治性、合作性和特殊性；要及时宣传报道民主党派的重要会议、重要活动，多党合作共事的经验举措，广大民主党派成员和无党派代表人士为三个文明服务的典型人物、典型事例。

24. 切实为民主党派和无党派人士履行职能、开展工作创造条件。要把民主党派的办公经费和考察调研、教育培训、成员活动等专项经费列入财政预算，并随经济和财力的增长逐步增加。因特殊工作需要，各民主党派仍可以一事一报的方式，向财政部门申请专项经费。民主党派有关成员和无党派人士参加党务工作或统战培训、活动等，所在单位应给予时间和经费上的支持。

建立健全无党派人士工作机制。统战部门要在无党派人士工作中发挥牵头协调作用。财政部门要保证无党派人士的考察调研、教育培训等专项经费，并列入预算，为无党派人士开展工作创造条件。

以上涉及民主党派的内容原则上适用于工商联。

中共杭州市余杭区委办公室
2005年11月24日

中共杭州市余杭区委关于贯彻《中共中央关于加强人民政协工作的意见》的实施意见

区委〔2006〕98号

各镇乡党委，街道党工委，区级机关各部门党组织：

中发〔2006〕5号文件《中共中央关于加强人民政协工作的意见》（以下简称《意见》），是指导新世纪新阶段人民政协工作的纲领性文件。根据《意见》和市委〔2006〕12号文件精神，现结合我区实际，就进一步加强人民政协工作提出如下实施意见。

一、进一步提高对人民政协工作重要意义的认识

1．加强人民政协工作，是坚持和完善中国共产党领导的多党合作和政治协商制度的内在要求。中国共产党领导的多党合作和政治协商制度是我国的一项基本政治制度，人民政协是实行这一制度的重要政治形式和组织形式。加强人民政协工作，认真贯彻中国共产党同各民主党派和无党派人士长期共存、互相监督、肝胆相照、荣辱与共的方针，促进中国共产党同参加人民政协的各党派和无党派人士的团结合作，是发挥我国社会主义政党制度的特点和优势，巩固共同建设中国特色社会主义的社会政治基础，完善我国基本政治制度的必然要求。

2．加强人民政协工作，是发展社会主义民主政治，建设社会主义政治文明的重要形式。人民政协是我国政治体制的重要组成部分，在我国政治生活中具有不可替代的作用。在中国共产党的领导下，对关系国计民生的重大问题与各民主党派和无党派人士进行广泛协商，体现了民主与集中的统一。人民通过选举、投票行使民主权利和人民内部各方面在重大决策之前进行充分协商，尽可能就共同性问题取得一致意见，是我国社会主义民主的两种重要形式。坚持和完善人民政协这种民主形式，既符合社会主义民主政治的本质要求，又体现了中华民族兼容并蓄的优秀传统，具有鲜明的中国特色，是我国社会主义民主政治的一大优势。

3．加强人民政协工作，是全面建设小康社会，率先基本实现现代化的客观需要。人民政协是中国共产党领导的各党派、各团体、各民族、各阶层大团结大联合的组织。高度重视并切实加强人民政协工作，充分发挥人民政协的职能作用，团结一切可以团结的力量，调动一切可以调动的积极因素，对于推进全面建设小康社会、率先基本实现现代化进程具有重要的现实意义。当前，余杭正处在全面建设小康社会、率先基本实现现代化的关键时期，各级党委要从战略和全局高度，充分认识加强人民政协工作的重要意义，进一步增强多党合作意识、民主决策意识、主动协商意识、接受监督意识、支持参政意识，切实把思想认识统一到中央《意见》上来，把中央的各项规定落到实处。

二、进一步明确新世纪新阶段人民政协工作的总体要求

4. 人民政协的任务。高举爱国主义、社会主义旗帜，在热爱中华人民共和国、拥护中国共产党的领导、拥护社会主义事业、共同致力于中华民族伟大复兴的政治基础上，进一步巩固和发展爱国统一战线，团结全体社会主义劳动者、社会主义事业的建设者、拥护社会主义的爱国者和拥护祖国统一的爱国者，同心同德，群策群力，为推进社会主义经济建设、政治建设、文化建设、社会建设，为实现祖国完全统一，为维护世界和平、促进共同发展而奋斗。

5. 人民政协工作必须坚持的原则。坚持以马克思列宁主义、毛泽东思想、邓小平理论和“三个代表”重要思想为指导，坚持中国共产党的领导，坚持在宪法和法律范围内开展工作，坚持社会主义初级阶段的基本路线、基本纲领、基本经验，坚持团结和民主两大主题，坚持科学发展观、把促进发展作为人民政协履行职能的第一要务，坚持把实现和维护最广大人民的根本利益作为人民政协工作的出发点和落脚点。

6. 人民政协工作的要求。坚持围绕中心、服务大局，自觉地把政协工作放到党和国家事业发展的全局中来谋划，紧紧围绕党委和政府的中心工作来开展，找准政协履行职能与促进发展的结合点，不断开创人民政协工作的新局面。突出团结和民主两大主题，充分发挥人民政协的特点和优势，凝聚各民主党派、人民团体和各族各界人士的智慧与力量，为余杭全面建设小康社会和率先基本实现现代化作出新贡献。认真依照政协章程规定开展工作，把握人民政协工作的特点和规律，加强人民政协履行职能的制度化、规范化、程序化建设，不断推进人民政协事业的新发展。

三、进一步规范人民政协的政治协商

7. 坚持把政治协商纳入决策程序。人民政协的政治协商是中国共产党领导的多党合作的重要体现，是党和国家实行科学民主决策的重要环节，是党提高执政能力的重要途径。把政治协商纳入决策程序，就重要问题在决策之前和决策执行过程中进行协商，是政治协商的重要原则。各级党委要高度重视人民政协的政治协商在重大决策中的作用，切实把政治协商纳入决策程序，统一部署和协调，并认真组织实施，确保重大问题协商在党委决策之前、人大通过之前、政府实施之前，努力推进决策的科学化民主化。

8. 规范政治协商的内容。人民政协政治协商的主要内容：(1) 事关本地区经济社会发展全局的大政方针；(2) 国民经济与社会发展中长期规划及年度计划；(3) 政府工作报告，财政预、决算报告和人民法院、人民检察院工作报告；(4) 本地区行政区划的重大调整；(5) 重要人事安排；(6) 涉及面广、投资巨大、影响深远的政府重大建设项目；(7) 关系人民群众切身利益的重大决策及其调整；(8) 各党派参加人民政协工作的共同性事务；(9) 政协内部的重要事务以及有关爱国统一战线的重要问题；(10) 其他需要进行政治协商的重要问题。

9. 规范政治协商的形式。人民政协的政治协商一般以会议形式进行，包括:(1) 政协全体会议;(2) 常务委员会会议;(3) 主席会议;(4) 常务委员会专题协商会议;(5) 政协党组受党委委托召开的座谈会;(6) 各专门委员会会议;(7) 根据需要召开的由政协各组成单位和各界代表人士参加的内部协商会议。协商活动由政协主席会议根据不同的内容和要求，确定不同的协商形式和参加范围。

10. 规范政治协商的程序。人民政协的政治协商按以下程序进行：(1) 协商议题的提出和确定。每年年初，由党委研究并确定政协协商的议题。由区四套班子办公室主任联席会议，根据各套班子年度工作重点，提出年度政治协商计划的建议，经政协党组、主席会议协商研究后，提交党委研究确定，列入党委、政府、政协年度工作计划。党委临时提出的协商议题，可委托政协党组向主席会议提出。(2) 协商活动的准备。政协要围绕协商议题，组织委员深入调研，做好准备。党政有关部门要为政协委员了解情况、掌握政策、知情明政提供必要条件，并由提交协商议题的有关方面提前一周提交协商材料。临时提出的协商议题，一般应提前三天提交政协。(3) 协商活动的组织。由政协党组根据党委的统一部署，按照政协章程和有关规定安排协商活动。根据协商内容，党委、政府及有关部门负责人到会通报情况、听取意见。(4) 协商意见的报送。由政协认真整理参加会议的各党派团体和各族各界人士提出的意见和建议，及时报送党委和政府及有关部门。(5) 协商意见的处理和反馈。对协商会议中提出的意见和建议，党委和政府及有关部门要认真研究处理，并及时向政协书面反馈处理情况。

四、进一步完善人民政协的民主监督

11. 增强接受民主监督的意识。人民政协的民主监督是我国社会主义监督体系的重要组成部分，是在坚持四项基本原则的基础上通过提出意见、批评、建议的方式进行的政治监督。各级党委和政府要把政协的民主监督作为推进工作、改进作风、加强廉政建设的重要手段，认真倾听来自人民政协的批评和建议，自觉接受民主监督。要切实尊重和依法保护政协委员民主监督的权利，对抵制和阻挠监督甚至打击报复的行为，必须严肃查处。党委和政府的监督机构以及新闻媒体要密切与人民政协的联系，加强工作协调和配合，提高民主监督的质量和成效。

12. 完善民主监督的内容。人民政协民主监督的主要内容：(1) 国家宪法、法律法规和重大方针政策的贯彻实施情况;(2) 国民经济和社会发展规划及财政预算执行情况;(3) 党委和政府重大决策的贯彻执行情况；(4) 涉及面广、投资巨大影响深远的政府重大建设项目的实施情况;(5) 关系人民群众切身利益的重大问题的解决情况;(6) 国家机关依法行政及其工作人员履行职责、遵纪守法、廉洁从政等方面的情况；(7) 政协建议案和委员提案的办理情况;(8) 参加政协的单位和个人遵守政协章程和执行政协决议的情况;(9) 其他需要监督的重要问题。

13. 完善民主监督的形式。人民政协民主监督的主要形式有：(1) 政协全体会议、常委会会议、主席会议向党委和政府提出建议案;(2) 有组织地对国家机关的工作开展民主评议，提出《民主监督建议书》;(3) 各专门委员会提出建议或有关报告；(4) 政协各参加单位和委员通过大会发言、提案、视察督查、重要建议专报、举报、反映社情民意或以其他形式提出批评和建议;(5) 选择人民群众普遍关心的问题开展专项民主监督;(6) 参加党委和政府有关部门组织的调查和检查活动；（7）政协委员应邀担任司法机关和政府部门的特邀监督员等。

14. 健全民主监督的机制。各级党委和政府要积极支持人民政协开展民主监督活动，畅通渠道，健全制度。（1）完善知情环节。党委和政府每半年向政协通报一次经济社会发展等情况，各部门的重要工作应及时通报。政协组织的民主监督活动，党委和政府分管领导应积极参加，有关部门应及时介绍有关情况，提供有关资料。（2）健全沟通环节。党委和政府有关部门要密切同政协专门委员会的协作和配合，坚持和完善对口联系制度，每年至少开展2次对口联系活动，沟通情况，交流工作。（3）落实反馈环节。党委和政府及有关部门要积极采纳、认真办理政协的民主监督意见，及时反馈办理情况；凡以政协《民主监督建议书》形式提出的批评和建议，应作出书面反馈。政协要进一步完善民主监督工作机制，不断创新形式，加大监督力度，提高监督实效。

五、进一步推进人民政协的参政议政

15. 积极支持人民政协参政议政。人民政协的参政议政是人民政协履行职能的重要形式，也是党政领导机关经常听取参加人民政协的各民主党派、人民团体和各族各界人士的意见和建议、切实做好工作的有效方式。人民政协的参政议政是对政治、经济、文化和社会生活中的重要问题以及人民群众普遍关心的问题，开展调查研究，反映社情民意，进行协商讨论，通过调研报告、提案、建议案或其他形式，向党政机关提出意见和建议。各级党委和政府要加强与人民政协的联系和沟通，积极支持人民政协参政议政，建立健全人民政协参政议政的各项工作制度，形成合理有效的工作机制，为人民政协参政议政创造良好条件。

16. 拓宽参政议政的渠道。人民政协参政议政的主要形式有：（1）开展专题调研、视察考察、咨询论证等活动；（2）向党委和政府提出建议案、提案、调研报告、考察报告；（3）举办专题议政会、研讨会、座谈会、通报会；（4）反映社情民意；（5）政协委员参加党委和政府的有关会议和活动。政协要围绕我区经济社会发展中具有综合性、全局性、前瞻性的重大问题，围绕人民群众普遍关心的热点、难点问题，选准角度，发挥优势，进一步拓宽参政议政渠道，积极向党委和政府提出切实可行的意见和建议。

17. 做好重要意见和建议的办理工作。各级党委、政府对政协各民主党派和委员提出的重要意见和建议，要认真研究、积极采纳、及时办理。对政协全体会议、常委会会议、主席会议建议案，党政主要领导要亲自阅批，落实办理部门，由办理部门书面反馈办理情况或由有关领导在政协同层次会议上通报；特别重要的建议案应交党委常委会会议、政府常务会议研究。对政协提案，要认真办理，纳入对部门的考核。对重点提案以及部门难以办理或需要几个部门联合办理的提案，由党政分管领导牵头办理；政府领导每年要向政协常委会会议通报一次提案办理落实情况，听取委员对办理情况的意见和建议。对政协的各类调研报告、专题议政会等形式提出的意见和建议，有关部门要认真研究，积极采纳，并给予书面反馈。对以社情民意信息形式反映的意见和建议，应采取适当形式予以反馈。

六、进一步加强人民政协的自身建设

18. 充分发挥各民主党派和无党派人士的重要作用。积极支持各民主党派和无党派人士参与党委和政府重要政策意见和重大决策部署的讨论协商及其履行职责的各种活动。尊重和保障各民主党派和无党派人士开展视察、提出提案、举报、反映社情民意以及参与调查和检查活动的权利。人民政协的重要考察活动及重大外事活动，邀请有关民主党派负责人和无党派人士参加。保证民主党派成员和无党派人士在政协委员、常务委员和政协领导成员中占有较大比例；政协各专门委员会要有一定比例的民主党派和无党派人士参加；政协机关中要有一定数量的民主党派和无党派人士担任专职领导职务。

19．充分发挥政协界别的独特作用。由界别组成是人民政协组织的显著特色。要根据界别的特点和要求，积极组织开展界别小组活动，充实界别活动的内容，广泛调动各界别参政议政的积极性。要通过界别渠道密切联系群众，努力协调关系、化解矛盾、理顺情绪，增进社会各阶层和不同利益群体的和谐，为构建“和谐余杭”服务。要认真研究并合理设置界别，扩大团结面，增强包容性，使政协界别设置更加适应我区经济社会发展实际和社会阶层结构的变化。

20．充分发挥政协委员的主体作用。政协委员是政协工作的主体，是政协履行职能的基础。政协要认真组织委员的学习和培训，加强对专门委员会工作的领导，积极指导联络组、专业组开展活动，进一步完善政协委员考核和管理制度。要充分发挥基层政协委员的作用，乡镇人代会、街道居代会应邀请当地的各级政协委员列席会议。要尊重和依法保护政协委员的各项民主权利，为他们发挥作用提供方便。政协委员所在单位要在时间、经费、工作条件上支持其参加政协活动，保障其各项待遇不因参加政协活动而受到影响，并邀请他们参加本单位重要会议，听取意见和建议。公安司法机关对涉嫌犯罪的政协委员采取限制人身自由措施，纪检监察机关对涉及政协委员违纪行为需要实施“两规”“两指”措施，应按照有关规定及时向政协党组通报情况。

21．充分发挥政协机关的保障作用。政协机关是为政协履行职能服务的政治机关。加强政治理论学习，坚持以邓小平理论和“三个代表”重要思想为指导，牢固树立和全面落实科学发展观，弘扬与时俱进和改革创新精神，大兴求真务实之风，提高全局观念、服务意识和政策水平，努力造就一支政治坚定、作风优良、学识丰富、业务熟练的高素质政协工作干部队伍。要完善政协常委会会议议事规则，健全政协全体会议、常委会会议、主席会议等规章制度。进一步规范政协机关的各项工作机制和工作方法，不断提高政协机关的工作水平和服务质量。

七、进一步加强和改善党对人民政协的领导

22．坚持和完善党对政协工作领导的各项制度。党委要按照党总揽全局、协调各方的原则，进一步加强和改善党对人民政协的领导，支持人民政协依照章程独立负责、协调一致地开展工作。要根据中央有关规定，在总结实践经验的基础上，坚持和完善以下制度：（1）党委每届任期内至少要召开 1 次政协工作会议，专题研究加强人民政协工作；（2）党委主要领导亲自抓政协工作，党委、政府都要确定 1 名领导联系政协工作；（3）党委常委会每年安排 1—2 次听取政协党组的工作汇报，及时研究并统筹解决政协工作中的重大问题；（4）党委常委会会议和其他有关重要会议，请区政协主席列席；（5）人大常委会召开常委会会议、政府召开全体会议和常务会议视需要邀请政协领导参加；（6）党委和政府负责同志在政协全体会议期间参加讨论、共商国是和在政协常委会会议期间通报情况、听取意见；（7）政协召开常委会会议，党委、人大、政府及有关部门应安排领导参加，其中党政主要领导每年至少参加 1 次；（8）各级党委要把统战政协工作业绩列入党委、政府及有关部门的年度考核目标和党政主要领导及分管领导干部述职的重要内容。党委组织部门要认真抓好落实。

23. 充分发挥政协党组的领导核心作用。政协党组在同级党委领导下开展工作，在政协工作中起领导核心作用。党委要善于通过政协党组实施对政协工作的领导，对事关人民政协事业的重要问题，应事先征求政协党组的意见。政协党组要切实肩负起实现党对人民政协领导的重大责任，保证党的路线、方针、政策和党委的重大决策部署贯彻到人民政协的全部工作中去。政协党组要按照党委统一部署和政协章程的规定，配合党委有关部门研究换届时有关界别设置、政协委员名额、人选和常务委员人选以及届中委员调整的有关问题，并提出建议。要进一步完善政协委员的产生办法，规范委员推荐提名程序。在推荐政协委员人选时，各界别要发扬民主，充分协商，实行差额推荐，切实把那些热爱政协事业、政治素质高、代表性强、社会影响大和参政议政能力强的各族各界代表人士推荐到政协委员队伍中来。对拟继续留任的政协委员人选，由政协党组根据委员平时履行职责的情况，提出建议名单。

24. 加强政协领导班子和干部队伍建设。要按照中央有关规定，从人民政协事业发展的需要出发，不断加强政协领导班子的配备和建设，使之成为政治坚定、作风民主、结构合理、素质优良的领导班子。要结合班子换届配足配强政协领导班子，优化政协领导班子的结构，保持政协工作的连续性和稳定性。要按照《中华人民共和国公务员法》有关要求，把政协机关干部的培养、使用纳入党政干部队伍建设的总体规划，注意选拔德才兼备的同志担任政协机关领导。要加大政协机关与党政机关及其他部门之间的干部交流力度，并形成制度，长期坚持。

25. 加强人民政协理论的学习、宣传和研究。党委理论学习中心组要把人民政协理论列为重要学习内容。各级领导干部特别是新走上领导岗位的年轻干部，要加强对人民政协理论政策的学习，不断提高贯彻执行基本政治制度的坚定性和自觉性。党校、行政学院（校）、社会主义学院要将人民政协理论作为干部培训的必修课，纳入教学计划，半个月以上的党政干部进修班都要安排政协理论相关课程，不少于三个课时。党委宣传部门要把人民政协理论和实践列入宣传工作计划，组织新闻媒体宣传中国共产党领导的多党合作和政治协商制度，宣传人民政协的性质、地位和作用，宣传政协组织和政协委员履行职能的情况。

26. 为人民政协工作创造良好条件。各级党委要着眼于统一战线和人民政协事业的长远发展，高度重视并切实加强政协机关建设。要适应新时期人民政协工作的需要，健全政协工作机构，并充实专门委员会力量。党委和政府要充分发挥人民政协在人民外交中的重要作用，积极支持政协开展海内外联谊、对外交往等活动。党委和政府的重要外事活动应视情况邀请政协及有关民主党派负责人参加；外事部门要切实做好政协的组团出访工作。各级政府要切实保证政协的经常性经费和其他必要的活动经费，为政协开展工作、履行职能提供必要的物质保障。

中共杭州市余杭区委
2006 年 12 月 28 日

中共杭州市余杭区委
关于进一步加强和改进人民政协政治协商的意见

区委〔2014〕32号

为进一步推进政治协商工作，促进社会主义民主政治发展，根据党的十八大、十八届三中全会精神和加强人民政协工作的一系列文件要求，结合我区实际，现就加强和改进人民政协政治协商工作提出如下意见。

一、加强和改进人民政协政治协商的重要意义和指导思想

1．人民政协政治协商是中国共产党领导的多党合作的重要体现，是党和国家实行科学民主决策的重要环节，是党提高执政能力的重要途径，是健全社会主义协商民主制度的重要内容。加强和改进人民政协政治协商工作，有利于广纳群言、广集民智。扩大公民有序政治参与，发挥社会主义协商民主的优势和作用；有利于增进共识、增强合力，形成团结民主、生动活泼、安定和谐的政治局面；有利于加强和改善党的领导，巩固党的执政地位，全面提高党的建设科学化水平。要充分发挥人民政协作为协商民主重要渠道作用，构建程序合理、环节完整的协商民主体系，完善人民政协制度体系，规范协商内容、协商程序，拓展协商民主形式，增加协商密度，提高协商成效，推进协商民主广泛多层制度化发展。

2．人民政协政治协商要以邓小平理论、“三个代表”重要思想和科学发展观为指导，坚持党委总揽全局、协调各方的原则，由党委统一部署、协调并组织实施；坚持把政治协商纳入决策程序，就重大问题在决策之前和决策执行过程之中进行协商的原则，切实做到协商在党委决策之前、人大通过之前、政府实施之前；坚持民主协商、平等议事、求同存异、增进共识的原则，发扬民主，广开言路，集思广益，鼓励和保障各种意见的充分表达与沟通，促进决策科学化、民主化。

二、人民政协政治协商的主要内容

3．纳入协商计划的内容，主要包括：

(1) 区党代会、区委全委会的报告和重要文件；

(2) 区政府工作报告、国民经济和社会发展计划报告、财政预决算报告，区人民法院和区人民检察院工作报告；

(3) 国民经济和社会发展中长期规划；

(4) 重要的政策性文件；

(5) 换届时酝酿提出的区人大常委会、区政府、区政协领导成员和区人民法院、区人民检察院主要领导成员的建议人选，以及政协界别设置，政协委员、常委人选和政协各专门委员会负责人人选。

4．根据年度实际工作安排提出协商的内容，主要包括：

(1) 区委、区政府作出的有关全区经济、政治、文化、社会、生态文明建设以及党的建设的重要决定、意见；

(2) 机构改革和重大体制改革方案；

(3) 城市总体规划、区域规划和重大专项规划的制定和重大调整，行政区划的重大调整；

(4) 涉及面广、投资巨大、影响深远的政府重大建设项目的决策和调整；

(5) 关系人民群众切身利益的重大决策及其调整；

(6) 重要人事安排；

(7) 各民主党派成员参加人民政协工作的共同性事务，政协内部的重要事务以及有关爱国统一战线的其他重要问题；

(8) 区委、区人大常委会、区政府、区政协提出的其他需要协商的重要问题。

三、人民政协政治协商的基本形式

5．政协全体会议。一般每年举行一次。听取和审议区政协常务委员会工作报告、提案工作情况报告、政协全体会议建议案；选举任免区政协常务委员会组成人员；协商讨论区政府工作报告、国民经济和社会发展计划报告、财政预决算报告，区人民法院、区人民检察院工作报告，以及协商讨论第3、4条的有关内容。区委、区人大常委会、区政府领导班子成员，区人民法院、区人民检察院主要负责同志和有关部门负责人出席会议开、闭幕会，参加会议的小组讨论、大会发言和专题议政会，听取意见，与各界代表人士共商发展大计。

6．政协常委会会议。一般每季度举行一次。重点讨论区委提出的协商议题和事关全区经济、政治、文化、社会和生态文明建设的重要建言议题，听取区委、区政府及有关部门关于所涉议题的报告或说明，提出意见和建议；审议区政协常委会工作中的重大事项，审议提交区政协全体会议的文件。与协商建言议题有关的区委、区政府领导及有关部门负责人到会听取意见，共同协商。

7．政协主席会议。一般每月举行一次。主要根据区委工作部署和区政协常委会工作计划，协商讨论第3、4条有关内容，就区委、区政府的重大决策及经济社会发展中的重大问题进行重点协商；审议提请区政协常委会协商的议题；安排协商活动，决定协商形式和内容；研究讨论区政协工作部署和内部事务。与协商议题有关的区委、区政府领导及有关部门负责人到会通报情况，听取意见。

8．政协党组专题座谈会。受区委委托并按照区委确定的专题，由区政协党组组织相关界别的委员围绕主题进行协商讨论，听取意见，提出建议。

9．政府与政协工作协商联席会议。一般每年举行两次，由区政府和区政协分别主持，区政府和区政协领导班子成员参加。双方相互通报有关工作安排及实施情况，听取工作意见和建议，协商讨论区政府拟提请区政协开展政治协商的议题、调研课题，协调解决政协履职中需要政府支持的有关问题。

10．政协专题协商会。由政协主席会议根据工作需要决定。主要协商讨论区委、区政府提出的需要区政协协商的议题，或区政协提请区委、区政府及有关部门协商的议题。与协商议题有关的区委、区政府领导及有关部门负责人到会通报情况，听取委员意见。

11．界别协商会。由区政协根据工作需要组织举行。侧重于界别代表性、领域深度性、行业专业性，重点协商相关领域中带有基本性、长远性、战略性的问题。与协商议题相关的区委、区政府部门负责人到会通报情况，参会的界别委员提出意见和建议，相互交流，协商讨论，增进共识。积极探索界别内部、界别之间协商的机制和方法。

12．对口联系协商会。由区政协专门委员会根据工作需要组织召开。重点就经济社会发展某一领域的行业性、专业性的方针政策或重要问题，区委、区政府有关部门与区政协相关专门委员会进行对口协商。协商议题一般由区委、区人大常委会、区政府有关部门提出，也可由区政协专门委员会提议。相关部门负责人到会通报情况，听取意见。进一步健全政府部门同民主党派对口联系制度，不断拓展对口联系的领域。

13．提案办理协商会。由政协组织、提案者和提案承办单位协商举行。建立健全提案预交办协商、集体面商、综合协商、专题协商等制度，完善承办单位、提案者、政协组织三方沟通协商机制，在协商中增进共识，推动工作的落实。对区政协全体会议建议案，区委、区政府主要领导要亲自阅批，并提交区委或区政府有关会议专题研究办理。对区委、区政府领导领办的重点提案和民主党派集体提案，加大办理协商力度，发挥引领示范作用。探索建立提案办理的考核评价机制和体系，促进提案的有效落实。

14．情况通报会。区委、区政府就经济社会发展的重大问题和重要工作，区纪检监察机关就党风廉政建设情况，区人民法院、区人民检察院就工作情况，每年在政协情况通报会上进行通报，并听取各民主党派、工商联、无党派人士和各界代表的意见和建议

15．政协基层民主协商。进一步推进政协工作向基层延伸，充分发挥政协在基层民主协商中的优势和作用，为基层党委政府、政协委员和各界人士搭建协商平台，着重就基层经济社会发展的重要问题和涉及基层群众切身利益的实际问题进行协商。创新政协基层民主协商的途径和方式，大力支持政协镇（街道）联络工委开展民主恳谈、民主议事、民主评议，支持联络工委组织委员参与民主协商活动，通过开展丰富多样的履职活动，发挥协调关系、解疑释惑、化解矛盾、协商建言的作用，增强基层民主协商的包容性和实效性。

16．书面协商。除上述形式外，区委、区政府及有关部门可以书面形式向区政协征求意见，区政协通过建议案、提案、调研报告、视察报告、社情民意信息等书面形式，向区委、区政府及有关部门提出协商意见。

17．恳谈协商。区委和区政府领导或部门负责人以约请座谈的形式，同区政协领导、政协专委会负责人或政协委员进行恳谈，沟通情况，交换意见。

以上协商根据需要，会后形成相关会议纪要、建议案或者意见建议摘要，报送给区委、区政府及有关部门。

四、人民政协政治协商的运行机制

18．制定协商计划。每年年初，由区委、区政府、区政协制定并组织实施协商年度计划。区委、区政府办公室组织党政各部门（单位）提出年度协商议题。区政协党组可就年度协商议题和工作计划提出建议。区委办公室根据区委、区政府的年度工作重点，有关部门的协商议题以及区政协党组的建议，综合汇总提出政协政治协商年度工作计划，经区四办主任联席会议协商研究后，提交区委常委会会议审定，列入区委、区政府、区政协及有关方面的年度工作计划并组织实施。其他临时提出的协商议题，由相关部门直接向区委、区政府办

公室提出，报区委、区政府主要负责人审定后进入协商程序。

19．准备协商活动。协商计划和议题确定后，有关单位应提前将需要协商的文件材料送交区政协。区政协应提前通知参加协商活动的委员，并提供有关协商材料。临时提交的协商议题，应提前通知与会人员。为保证协商质量，区政协要组织各专门委员会和委员开展专项调查研究，听取各方面的意见和建议，形成协商材料。与协商议题有关的党委、政府部门要支持做好与协商有关的专题调研、委员视察、咨询通报、提供资料等工作。

20．协商活动的组织。区政协党组根据区委的部署和要求，按照政协章程和有关规定安排协商活动。区委、区政府有关领导和有关部门负责人要积极参加政治协商活动，并就协商议题作出具体说明、开展双向交流，认真听取意见。区委、区政府主要领导每年应至少参加一次政治协商活动。区政协根据协商内容，可邀请新社会组织、新经济组织等社会各阶层人士参加协商活动，广泛听取意见。重要人事的协商根据区委要求和有关条例，可在区政协常委会会议、主席会议上进行。加强协商过程中的沟通交流，使参加协商的各方能够充分发表意见建议，提高政治协商的实效性。

21．整理和报送协商成果。协商成果包括协商纪要、建议案以及其他书面形式的协商意见或建议。政协的协商会议和活动，由区政协办公室、有关专门委员会和界别汇总整理意见建议，形成协商成果，及时报送区委、区政府及有关部门。

22．办理和反馈协商意见。区委、区政府及有关部门对政治协商提出的意见建议要高度重视，及时研究落实，并以一定形式向政协反馈采纳和落实情况。对区政协全体会议、常委会会议、专题协商会、主席会议形成的协商成果，应及时送区委、区政府主要领导阅批，明确办理部门，提出办理意见；其他会议形成的协商成果，由区委、区政府领导阅批。特别重要的政治协商成果要列入区委常委会会议或区政府常务会议进行研究，作为决策的重要参考和依据，并及时将采纳落实情况向区政协常委会会议或主席会议通报。经过协商的重要议题，在提交区委、区政府决策讨论时，应附上协商意见。对协商意见建议的采纳情况，区委、区政府办公室及有关部门应形成书面材料及时反馈给区政协办公室。对本年度政治协商开展情况及其成效年末应有总结，由区委、区政府在次年的区政协全体会议或常委会会议上 通报。

五、人民政协政治协商的保障落实

23．改善党对人民政协政治协商工作的领导。各级党委要增强政治协商的自觉性、主动性和计划性，切实把政治协商放在全区发展大局中加以部署和推进，全面统筹协调开展协商活动。要避免随意变更协商计划、议题和时间，不能以简单的情况介绍代替政治协商，不能以个别征求意见代替应当以组织形式进行的政治协商，不能以决策后的通报代替决策前的政治协商。

24．保证人民政协政治协商的规范性。本意见第 3 条规定的内容，都应纳入年度政治协商计划；第 4 条规定的内容，应在决策讨论之前及时提出，未经协商的原则上不上会、不讨论、不决策。

25．推进人民政协政治协商制度的有效衔接。各级党委、政府要把重大问题在决策之前和决策之中主动开展政治协商的要求纳入党委议事规则、政府工作规则，使政治协商成为共同遵守的行为准则。把政治协商过程和协商成果的采纳情况纳入各级党委、政府及其办事机构日常办文办会办事的必经程序，严格按规定的内容和程序开展协商活动，实现政治协商与党委、政府工作和程序的有效衔接。制定出台政策性文件协商工作规则，建立区人大常委会、区政府、区政协的有关部门政策性文件协商联席会议制度。建立政治协商信息公开制度，及时向社会公布协商的有关情况

26. 建立健全人民政协政治协商的督办落实机制。加强对政治协商工作的考核，把政治协商开展情况纳入对镇（街道）党委（党工委）、政府（办事处）及区直单位年度工作考核的重要内容。建立政治协商督办落实联席会议制度，由党委（党工委、党组）领导牵头，召集有关方面定期研究、沟通和协调政治协商计划的制定、协商活动的组织实施、协商成果的办理采纳等工作。区委督查室负责本意见的督促落实，每年应把政治协商工作开展情况列入督查事项，做到年初有计划，年终有检查。区政协可通过视察、调研、座谈、走访等方式，进行跟踪问效，促进协商意见建议的落实。

27. 加强人民政协政治协商的能力建设。根据经济社会发展和社会阶层结构的发展变化，进一步调整和优化界别设置，增强界别协商主体的代表性、包容性，更加充分了解和反映社会各界的愿望和诉求。完善政协委员推选制度，优化委员推荐提名程序，改进委员产生办法，委员推选的总体原则、方案、名额及具体人选等要充分听取区政协党组的意见，加强与政协专门委员会、镇街联络工委的协商。健全委员联络机构，完善委员联络制度，加强委员的学习培训、服务管理和履职情况考核，提高委员履职的整体水平。政协委员所在单位要积极支持和保障委员参加政协的各类学习培训和履职活动。强化政协专委会的基础性作用，健全专委会工作机制，进一步优化专委会设置。加强区政协机关干部队伍建设，切实推进区政协机关与党政机关、镇乡（街道）之间的干部交流使用，加大区政协机关每年对外交流力度，为区政协机关干部学习培训创造有利条件，激发政协干部队伍的生机与活力。认真研究解决基层政协组织开展工作面临的实际困难和问题。

28. 充分发挥区政协党组在政治协商中的作用。区委鼓励和支持人民政协开展制度创新和实践创新。区政协党组要在区委领导下开展工作，履行职能过程中遇到重大事项、重大问题应及时向区委请示报告，确保区委关于加强政治协商部署要求贯彻落实到政协工作中去。

区政协关于“法治余杭”建设的协商意见

余政协〔2015〕12号

区委、区政府：

为认真学习贯彻中共十八届四中全会精神，积极助推依法治区工作，区政协把“法治余杭”建设作为今年履职重点。在专题调研、集体视察、座谈走访的基础上，区政协十届常委会于2015年7月23日召开第十七次会议，专题协商“法治余杭”建设，区委副书记、政法

委书记、区法建领导小组组长沈昱到会讲话，区委常委、副区长余志三到会听取协商意见，区法建领导小组部分成员单位负责人应邀参加会议。

委员们认为，区委、区政府把法治建设作为重要战略，在全国率先制定和发布法治指数，积极推进法制建设、社会治理、依法行政、司法改革，法治创建工作一直走在全省、全国的前列，为全区经济社会全面协调可持续发展提供了有力法治保障。委员们指出，当前，区委、区政府正在着力建立健全战略引领规划布局“一张图”、资源要素优化配置“一本账”、抓人促事凝心聚力“一盘棋”工作机制，改革发展稳定任务重，矛盾风险挑战多，法治建设在全区工作大局中的作用更加突出。全面推进依法治国在余杭的新实践，必须加强党对法治工作的领导，更加注重依法治区的统一部署、统筹协调、整体推进、督促落实，切实完善法治余杭量化评估体系和考核机制，努力形成科学有效的权力运行机制和监督体系。会议重点围绕依法行政、法治理念、法律服务、基层治理、诚信守法企业创建等方面，进行协商讨论。主要建议如下：

一、进一步提升领导干部法治理念

委员们提出，要以加强法律学习为重点，以制度考核为载体，确保领导干部法治理念“内化于心，外化于形”。

（一）*增强领导干部法治理念*。领导干部手握法律戒尺，既是奉公守法的带头者，也是党纪国法的执行者，更是推进依法治国的践行者，不仅要守住思想道德防线，更要守住法律防线。一是把学法作为述职考核重要依据。在干部年度考核中，把“学法、用法、守法”情况作为干部调配奖惩的重要依据，对法治观念欠缺、法治理念不强的干部，且在实际工作中多次出现涉法涉诉问题，造成一定不良影响的，视情节轻重及时处理。二是把法治理念作为干部任用重要参考。在干部选拔任用中确立明确的法治导向，把能不能遵守法律、依法办事作为考察干部重要内容，进一步增强领导干部学法的积极性和主动性。在此基础上，保证行政部门和镇街班子成员中至少有 1 名有法律经历或资历的领导。三是把信息公开转化为领导干部法治信仰的内在动力。加强信息公开，加大对重要部门、重大事项和重要岗位的监督力度，严格决策责任追究和绩效评估制度。充分发挥社会和民主监督职能，健全社会监督工作机制，拓宽监督渠道，保障人民群众通过各种渠道对公共权力的行使进行有效监督。通过监督机制的完善，在领导干部群体中牢固树立法律至上的权威。

（二）*提高领导干部学法实效*。进一步加强领导干部法治教育，完善国家工作人员学法用法制度。一是要完善学法内容。党委宣传部门统一制定中心组学法制度，在中心组理论学习计划中，坚持学中用、用中学相结合，把宪法、法律作为党委（党组）中心组学习内容。通过学法用法经验交流会、领导干部带头宣讲法律、撰写法治调研文章、组织行政案件、贪腐案件庭审旁听、通报领导干部依法和违法的正反面典型案例等方式，让每个领导干部既做法律知识的受教者，又做施教者，在学法的过程中理解法治精神，接受法治熏陶，指导自身行为。二是完善任职法律考试制度。对任命的领导干部进行任前法律知识考试，任职资格法律考试不能走过场，要切实作为一道坎来设定，尤其是承担法律职能的区级部门，根据不同的岗位，不同的执法要求，委托相关法律院校，针对余杭工作实际，设计试卷统一闭卷考试。考试合格的任职，不合格的补考，始终不合格的降级直至免职，体现任职法律资格考试的严肃性和规范性。

二、进一步完善法治政府建设

委员们提出，以深化政府职能改革为契机，以全面推进依法行政为抓手，不断提高政府依法治理能力和水平。

（一）依法界定政府职能。政府法制部门要及时厘清政府和职能部门的职权，行政机关要坚持法定职责必须为、法无授权不可为，行政机关不得违法创设行政许可、行政处罚、行政强制、行政处分、行政收费等行政权力。梳理机关内部规章制度，推行政府权力清单制度，建立完善依法审核、发布和动态管理工作机制，依法公开权力运行流程。监察部门要加强执法监督，及时纠正不作为、乱作为，坚决克服懒政、怠政，坚决惩处失职、渎职，努力消除权力设租寻租空间。

（二）健全依法决策机制。依法界定各级政府及其部门的行政决策权，向社会公开重大行政决策事项。对重大事项的决策，尤其是涉及民生的重大决策，必须经过合法性审查，合法审查通过后，严格遵守公众参与、专家论证、风险评估、合法性审查、集体讨论决定的重大行政决策法定程序，确保决策制度科学、程序正当、过程公开、责任明确。加快建立重大决策终身追究制度，促使重大决策的制订者和实施者不敢逾越法律红线。

（三）加快执法领域探索。推进执法体制改革，改变过去部门单一执法、多头执法的弊端，强化综合执法，积极探索跨部门执法的新形式。根据经济社会发展的新常态，要加快对经济社会发展的新领域进行研究和探索，尤其是在互联网经济的监管上，行政部门和司法机关要密切配合，运用已有的法律予以规范管理，促进其健康、规范发展。

（四）加强行政应诉工作。按照《中华人民共和国行政诉讼法》的新要求，要进一步修改完善行政机关负责人出庭应诉制度，明确规定政府部门依法履行诉讼中的答辩、举证等义务，严格遵守法定时限，全面收集证据、依法出庭应诉、履行判决，支持法院工作，服从法院审判。

三、进一步加快推进基层治理

委员们提出，以基层民主自治为重点，以社会组织为补充，创新基层社会治理模式，促进基层社会的和谐稳定。

（一）逐步完善村规民约。要充分发挥社区群众的主体作用，区级相关部门和镇街要紧紧依靠群众，密切联系群众，增强社区群众依法治村（社）、民主管理的自觉性。以“村规民约”为突破口，根据当地农村社会经济发展实际情况，有效结合党政方针政策、绝大多数社区群众的总体意愿，及时清理和修订村规民约，规范社区自治组织的决策权，使社区各项事务的管理纳入健康规范的轨道，逐步实现参与有秩序、决策有程序、理事有章法、监督有成效。通过村（社）级组织把自治法规贯彻落实好，把村社自治制度完善好，把自治机制健全好。

（二）创新基层治理模式。减少对基层社区的干预，摒弃对社区自治疑虑，由注重微观、直接、强制的行政管理，转变为宏观、间接、引导自治型管理。相关部门要牢固树立服务基层意识，为基层提供尽可能多的支持、帮助与服务。支持基层群众直接行使民主权利，大力发展社区社会组织，通过社团组织的发展，化解矛盾，解决问题，满足群众对社区多元化管理的诉求，更好地为基层群众提供更加优质的服务，从而达到基层社会的和谐稳定。

（三）加强精神文明建设。针对基层群众对基层治理的实际要求，通过开展创文明小区、无毒村委会、文明家庭等活动，大力促进社会公德、职业道德和家庭美德在各行业、各层面不断形成。同时，增强村民法律意识和法律素质，使法律由外在的规范成为村民自觉自愿遵行的行为准则。通过学法、懂法、守法、用法，增强村民的法治观念，提高民主管理能力。

四、进一步推进公共法律服务体系建设

委员们提出，以打造公共法律服务为平台，以增强法律服务实效为目标，努力打造一张纵向到底、横向到边的公共法律服务网。

（一）纳入公共服务规划。以“十三五”规划制定为契机，区司法机关和相关部门要加强调研，倾听社会各界的意见和建议，结合余杭公共法律服务的实际情况，把公共法律服务体系建设纳入我区“十三五”规划和基本公共服务总体规划，明确近期、中期、远期的工作目标，加以分解落实，提出配套制定中长期规划，研究制定政府规范性文件，提请区人大常委会出台有关决定，全面提升公共法律服务的重要地位。

（二）理顺完善工作机制。我区公共法律服务体系运作还存在管理体制不畅、服务内容不多等问题，党委要加强领导，政府要加强研究、理顺机制，形成“党委领导、政府主抓、部门配合”的工作机制。不断完善行政管理与行业自律相结合的统一管理机制，充分发挥行业协会的积极作用，加强对公共法律服务机构和人员的有效管理，推动公共法律服务工作健康有序发展。

（三）加强人才队伍建设。围绕“政治坚定、法律精通、维护正义、恪守诚信”的目标，进一步加强法律服务机构建设，加强法律服务工作人员的思想政治建设、业务建设、职业道德建设，建设一批政治强、作风硬、业务精的法律服务机构，打造一支高素质的法律服务人才队伍，为实现我区高起点上的新发展，提供优质、高效、全面的法律服务。

五、进一步推进诚信守法企业创建工作

委员们提出，以规范市场健康运行为目的，以诚信守法企业创建活动为抓手，进一步增强诚信守法企业创建工作实效。

（一）发挥企业主体作用。“诚信守法”作为一种经济活动规范，对现代市场经济的健康运转有着不可替代的重要作用。从企业自身的角度来说，诚信守法是企业长期生存的内在需求，是企业在竞争中领先，在商品社会的历史长河中长盛不衰的必要元素。创建“诚信守法企业”，不仅要发挥政府的管理和引导作用，更要发挥企业的主体作用。建议由区委牵头，区政府召集相关部门具体研究，把各类对企业涉法、守信的考核和评比，统一纳入“诚信守法企业”的创建活动之中，由区政府统一出面进行公布表彰，提高“诚信守法企业”创建活动的规格。

（二）科学制定创建标准。在“诚信守法企业”评比中，政府相关部门要根据我区企业经营的实际情况，聘请专家学者，设置“诚信守法企业”的评分标准体系，对参评企业从“依法经营、遵守合同、劳资关系、社会影响”等多个方面进行评价解析，对企业诚信守法有一个全方位了解。在此基础上，通过新闻媒体，广泛告知社会公众，引导社会力量对企业违法经营情况进行投诉评价，接受社会公众对“诚信守法企业”评比工作的监督。

（三）发挥创建引领作用。对于违法企业的处罚尺度，要有比较科学的设计。经济处罚的标准，必须有严格措施，依法从重从严处理，震慑违法企业经营行为。对于屡教不改的企业，在高额罚款的基础上，吊销营业执照，直至刑事处罚。要提高诚信守法企业的含金量，在加强宣传表扬的同时，在政策扶持、土地出让、信贷支持、上门办事等方面开辟绿色通道。通过以上工作，增强企业在创建“诚信守法企业”中的积极性和主动性，由“被动”创建向“主动”创建转变，并促进和引导更多的企业参与创建活动，更好地发挥诚信守法企业创建工作在法治建设中的应有作用。

2017 年 7 月 21 日

政协杭州市余杭区委员会镇（街道）联络工作委员会工作规则

（2017 年 3 月 9 日政协杭州市余杭区第十一届委员会第 2 次主席会议审议通过）

第一章　总　　则

第一条　为加强对政协余杭区委员会镇（街道）联络工作委员会（以下简称政协联络工委）的指导和管理，推进政协履行职能的制度化、规范化、程序化建设，制订本规则。

第二条　政协联络工委是新时期政协工作向基层延伸的重要组织形式。作为政协的派出组织，在区政协常务委员会和所在镇（街道）党（工）委的领导下开展工作，主要负责政协委员开展经常性活动的联络协调。

第三条　政协联络工委以中国特色社会主义理论体系为指导，牢牢把握团结和民主两大主题，组织委员切实履行政治协商、民主监督、参政议政职能，促进当地经济社会更好更快发展。

第二章　工作机构

第四条　政协联络工委的建立和变动，应根据政协《章程》精神和有关文件规定，由区政协常务委员会协商决定。

第五条　政协联络工委设主任 1 名，由镇（街道）领导班子成员中的政协委员兼任，区政协主席会议任免。为便于开展工作，各镇（街道）政协联络工委设副主任 1–2 名，从委员中产生，协助主任开展工作。联络工委在镇（街道）现任中层干部中聘任 1 名联络员，具体人选由政协与所在镇（街道）党（工）委协商确定。

第三章　工作职责

第六条　根据区政协工作部署，制定年度工作计划并组织实施，总结工作经验。年度工作计划和总结须分别报送区政协和本镇（街道）党（工）委。

第七条　加强与镇（街道）党（工）委、政府（办事处）和人大主席团（工委）的联系，及时向党（工）委汇报工作和传达区政协全体会议、常委会会议、主席会议精神。争取党（工）委的重视和政府（办事处）的支持，努力为委员参加学习和开展活动创造良好条件。

第八条　围绕党委、政府中心工作和群众普遍关心的重点、难点问题，加强与本区域部门、企业和群众的联系，组织委员开展民主协商、调研视察、座谈研讨等活动，每年至少参加一次调研活动、提交一份提案、反映一则社情民意、提出一条好的建议、办好一件有意义的实事。

第九条　切实加强自身建设，建立和完善工作委员会学习与活动等各项制度，组织开展委员履职评价工作。

第十条　根据工作需要，联合其他联络工委、专委会、界别活动组开展活动，组织委员开展多种形式的联谊活动。

第十一条　积极探索新形势下政协工作在基层开展的新机制、新方法，充分发挥政协人才荟萃、联系广泛、智力密集特点和优势，组织委员开展政治协商、民主监督和参政议政，推进基层民主政治建设。

第十二条　完成区政协和所在镇（街道）党（工）委交办的各项工作任务。

第四章　工作制度

第十三条　政协联络工委实行主任负责制。负责制定学习计划，采取外出考察、专家讲座、专题报告、座谈交流等方式，坚持理论与实践相结合，提高委员履职水平。

第十四条　政协联络工委每半年至少开展一次活动。每次活动定时间、定内容、定形式、定要求。根据活动议题需要，可邀请区政协领导和相关专委会、镇（街道）及相关部门的负责人参加，也可以邀请省、杭州市政协委员和本区域外其他界别委员参加。活动成果要及时向区政协和本镇（街道）党（工）委报送。

第十五条　政协联络工委定期走访委员，帮助委员落实联系界别群众，密切与委员的联系，关心委员的工作和生活，维护和保障委员的民主权利，为委员履行职责提供必要的条件和帮助。

第十六条　政协联络工委主任列席区政协常务委员会会议，组织委员列席镇人代会、参加街道民主协商议事会，了解政情，知情参政。

第十七条　政协联络工委负责社情民意联系点工作，广泛吸收各界人士参与，充分发扬民主，开展协商讨论，吸纳各种意见。每年以集体名义上报的社情民意信息不少于 1 条，由主任审定并按要求及时报送区政协。

第十八条　对各项工作开展情况及时、准确地做好登记、记录，收集和积累原始资料，并及时立案归档。

第十九条　政协联络工委年度工作进行考核。考核内容主要分五个方面：计划总结、会议活动、社情民意、特色工作和综合评价，基本分值为 100 分［具体见附件《杭州市余杭区政协镇（街）联络工委年度工作考核评分表》］。区政协成立由委工委牵头、各委办主任组成的考核组，在各联络工委年终总结和自评基础上，提出考核意见报主席会议审定。各联络工委年度考核根据得分情况，设一等奖 2 名、二等奖 4 名、三等奖若干名，在政协全体会议上予以表彰。

第五章　附　　则

第二十条　本规则经区政协主席会议审议通过后实施。

附：

杭州市余杭区政协镇（街）联络工委年度工作考核评分表

考核项目	分值（100分）	考核内容	评分标准	自评	考评
计划总结	10	按时上报各类计划、总结得10分。	未报1次扣1分，扣完为止。		
协商调研等履职活动	40	每年至少组织2次活动，得40分。	每少1次扣20分。多一次加3分，加分最高不超出10分。		
社情民意，信息工作	20	每年至少反映2件集体社情民意信息，其中录用的不少于1件，得分20分。	少一篇扣10分。		
特色工作	20	有特色、创新工作，根据上报材料酌情加分，最高不超出10分。			
综合评价	10	政协领导评价5分，委办负责人评价5分。			

关于进一步完善政协基层社情民意联系点工作的意见

区政协各专委会、界别活动组、镇街联络工委：

为广泛收集反映基层社情民意，搭建政协参与基层民主协商平台，发挥人民政协协商民主重要渠道作用，经区十一届政协第2次主席会议协商决定，进一步加强和完善政协基层社情民意联系点工作，有关意见如下。

一、目的意义

通过政协基层社情民意联系点，加强政协委员与村（社区）基层群众的联系和沟通，广泛收集党委政府重视、群众关心的热点难点问题，了解反映社会各界的意见和诉求，集中基层群众的真知灼见，搭建好政协参与基层民主协商平台，拓展政协参与基层民主协商的广度和深度，推进基层决策的科学化和民主化，提高政协履职水平和实效。

二、组织形式

1. 联系点设置选择在经济社会发展重点区域、社会管理任务较重的村（社区）。每个镇街至少设一个社情民意联系点，具体村（社区）由镇街联络工委负责上报。联系点确定以后，原则上五年不变，确保工作的连续性和稳定性。

2. 政协基层社情民意联系点由所在镇街联络工委管理，各镇街联络工委主任负责组织协调工作。联系点工作情况列为镇街联络工委年度工作重要考核内容。

3. 区政协各委办根据分管主席联系镇街联络工委的分工安排，负责相关社情民意联系点工作指导。

4．每个联系点聘请一名熟悉村（社区）情况、有一定文字能力的同志担任联络员，做好联系点活动的联络服务、活动记录、信息报送等工作。联络员可以由本联络工委的委员担任，也可由组长和社区共同指定一名社区工作人员担任。

三、工作职责

1．围绕党委政府重视、群众关注的热点难点问题和本镇（街道）辖区经济社会发展重点问题，收集反映社情民意，定期或不定期接待村（社区）群众，并以社情民意信息形式向党政部门提出意见建议。每个季度确定一天为集中收集反映社情民意日，及时上报社情民意信息。

2．主动参与该村（社区）民主协商活动，根据需要举行专题座谈会，组织开展基层社会管理事务民主协商活动。

3．为政协专委会、界别活动组和广大政协委员调查研究、反映社情民意并提供服务和信息。

四、工作要求

1．建立健全工作机制。镇街联络工委要充分调动委员积极性，充分发挥政协智力优势和群众工作优势，建立健全委员联系基层群众、参与基层民主协商、收集反映基层社情民意信息等工作机制。区政协各专委会要结合本委重点工作，充分利用联系点平台，每季度至少开展一次实地指导。

2．制定实施工作计划。镇街联络工委要制订和实施联系点工作计划。结合镇街重点工作、村（社区）热点问题和政协履职活动，以座谈会、协商会、征求意见会等多种形式，定期组织政协委员开展联系点活动。确定集中收集反映社情民意日，设立社情民意收集本，指定并上报联络员名单，及时做好社情民意信息报送工作。要加强与村（社区）的沟通交流，争取支持和帮助。

3．社情民意信息实行分类报送。涉及镇街党委（党工委）政府（办事处）的社情民意信息，经联络工委主任审阅后由联络员报送当地党委、政府，交区政协办信息宣传科备案。涉及区委、区政府及职能部门的社情民意信息，由联络员报送区政协办信息宣传科。

附件：区十一届政协基层社情民意联系点名单

政协杭州市余杭区委员会

2017年3月10日

附件：

区十一届政协基层社情民意联系点名单

序号	镇街	村（社区）	联系委办	序号	镇街	村（社区）	联系委办
1	运河	五杭社区	城建委	4	崇贤	龙旋村	社法委
2	乔司	和睦桥村	社法委	5	临平	星火社区	委工委
3	塘栖	超山村	办公室	6	东湖	小林社区	经科委
7	南苑	新城社区	提案委	14	良渚	新港村	提案委
8	星桥	枉山社区	文史委	15	仁和	洛阳村	委工委
9	余杭	凤联社区	城建委	16	瓶窑	里窑社区	文史委
10	闲林	北山社区	经科委	17	径山	径山村	委工委
11	仓前	宋家山村	经科委	18	鸬鸟	仙佰坑村	城建委
12	中泰	中桥村	社法委	19	黄湖	赐璧村	提案委
13	五常	顾家桥社区	文史委	20	百丈	溪口村	办公室

关于加强和改进反映社情民意信息工作的意见

(2017年3月9日政协杭州市余杭区十一届第2次主席会议审议通过)

反映社情民意信息工作，是人民政协进行政治协商、民主监督、参政议政的重要基础，是发扬社会主义民主、促进科学民主决策的重要形式，是党和国家社会舆情汇集和分析机制的重要组成部分。为加强和改进我区政协反映社情民意信息工作，现根据《全国政协关于加强和改进反映社情民意信息工作的意见》，结合区政协社情民意工作实际，制定本实施意见。

一、总体要求

（一）明确反映社情民意信息工作指导思想。区政协反映社情民意信息工作要坚持中国特色社会主义理论体系，牢牢把握团结和民主两大主题，紧紧围绕党和国家以及地方的工作大局，通过政协渠道汇集、分析、反映情况和意见，协助党政机关分析判断形势、进行有效决策，为建设高品质大都市新区，确保提前实现“四个翻一番”、高水平全面建成小康社会作出新的贡献。

（二）切实提高反映社情民意工作质量。围绕国家和地方的大政方针、事关改革发展稳定的重大问题、事关群众切身利益的突出问题，及时反映各党派团体和各族各界人士的意见和建议；善于对零星、孤立、分散的信息进行归纳分析、加工提炼，从中发现并反映具有苗头性、倾向性的问题；所反映的信息要真实准确，保持生动鲜活，尽量原汁原味；所提出的意见和建议，既要同党和国家以及地方的大政方针合拍，又要突出新视野、新角度，富于建设性；把一事一报同综合报送结合起来，提高反映社情民意信息工作的系统性和科学性。

二、不断形成工作合力

（三）充分发挥政协委员的主体作用。反映社情民意是政协委员履行职责的重要方式。区政协组织要从制度上切实维护和保障政协委员依照宪法、法律和《政协章程》反映社情民意的民主权利，为政协委员提供有利条件。通过召开座谈会、委员约谈会、走访委员等形式，广泛收集并认真整理报送委员反映的社情民意信息。广大政协委员要把反映社情民意信息工作作为履行职责的重要工作，密切联系群众特别是本界别群众，主动了解和及时反映社情民意，每年至少反映一条社情民意信息。

（四）充分发挥民主党派、政协专委会、界别活动组的平台作用。各民主党派根据党派的特色和优势，通过政协组织积极反映统一战线内部对政治、经济、文化、社会和生态文明建设等各方面的看法和主张，包括各种不同意见。各专委会要发挥专业优势，综合运用各种履职方式，反映委员们在经常性活动中提出的意见和建议。各界别活动组要认真组织所在界别委员了解和反映社情民意信息，重视反映本界别有代表性的群众意见，反映一些涉及人数不多但需要引起关注或合理兼顾的特殊群体的合理诉求，反映一般渠道不易掌握的社会情况和群众意见。此外，发挥镇街联络工委的桥梁纽带作用，利用基层社情民意联系点搜集社情民意信息，帮助反映和解决本地经济社会发展的难点热点问题。

（五）充分发挥特约信息员的骨干作用。挑选部分责任感强、文字水平较高的政协委员、民主党派人士、联谊会员，聘为特约信息员，形成上报社情民意的重要力量。区政协办公室要加强与政协信息员的联络，定期召开信息工作分析交流会，为收集社情民意、探讨社会热点难点问题提供平台。特约信息员要围绕各级党委、政府关注的全局性问题，深入联系各自党派成员和本界别委员及群众，倾听意见和建议，积极撰写社情民意信息。

三、建立健全工作机制

（六）建立健全收集机制。反映社情民意信息的主体为区政协各专委会、界别活动组、镇街联络工委，区各民主党派，区政协委员、联谊会会员，区政协特约信息员。社情民意收集的主要内容是：对国家和地方大政方针的制定与实施的意见建议，特别是有关经济社会发展的重大决策部署出台前后的反应；对人民群众普遍关注的热点难点问题的代表性、建设性意见的反映；对重大突发事件、严重灾害实情和意见建议的反映；对一个时期内社会各界人士的一些重要思想反应，民族宗教界人士、港澳台人士、和海外华人华侨对一些重要问题的反映及意见建议等等。对政协各类参政议政所取得的成果，如提案、建议案、调研报告、大会发言等，可以转化为社情民意信息的，政协各委办和信息职能科室要及时收集整理。

（七）建立健全策划和分析机制。政协信息职能部门要准确把握党和国家以及地方的重大战略部署和社会关注的问题，及时了解党政决策的信息需求，研究信息收集报送的重点选题，制定信息收集报送计划，及时通知各有关单位和政协委员。定期组织相关人员，对社情民意信息进行综合分析，重视收集网络舆情，提出有见解、有深度的对策建议。

（八）建立健全编审和报送机制。严格信息稿件的登记、选稿、编辑、审批和报送程序。涉及市、省、全国的重要信息，以《专报稿》形式报送市政协信息处；涉及本区的信息，通过《政协信息—专报》《政协信息—社情民意》和《政协信息—网络议事》刊物报送区委、区政府领导和各有关部门。以《专报稿》和《政协信息》报送的社情民意信息，经编辑审核后，交办公室分管主任签发，对其中内容特别重要或机密程度较高的，由分管主任签署意见后送区政协分管主席或秘书长（办公室主任）签发。

（九）建立健全跟踪和反馈机制。政协机关要加强党政部门的沟通联系，努力推行实施信息处理反馈机制，加强信息工作规范化建设。对于一些重要的社情民意信息的采纳办理情况，政协信息职能部门要进行跟踪。完善工作情况通报机制，坚持信息报送和采编情况通报制度，每季度向信息提供者反馈信息采用、领导批示和处理落实等情况。

（十）建立健全评优机制。完善计分评优制度，根据《政协信息—专报》《政协信息—社情民意》和《政协信息—网络议事》的采稿情况和各级领导的批示情况，分类进行计分。

1. 被区政协《专报稿》《政协信息—专报》和《政协信息—网络议事》采用的，每篇计2分，《政协信息—社情民意》单篇采用或要目采用的，每篇计1分。

2. 以《政协信息—专报》《政协信息—社情民意》单篇形式报送，得到区委、区政府领导批示的，每篇加3分。

3. 被市政协单篇采用的计5分，其中得到市委、市政府领导批示的加5分。被市政协综合、要目采用的计2.5分，其中得到市委、市政府领导批示的加2.5分。

4. 被省政协单篇采用的计10分，其中得到省委、省政府领导批示的加10分。被省政协综合、要目采用的计5分，其中得到省委、省政府领导批示的加5分。

5. 被全国政协单篇采用的计30分，其中得到中央领导批示的加30分。被全国政协综合、要目采用的计15分，其中得到中央领导批示的加15分。

根据计分情况，每年评比信息先进集体、先进个人若干，在政协全体会议上予以表彰。

四、切实加强组织领导

（十一）加强队伍建设。区政协办公室信息宣传科是做好政协社情民意信息工作的专门机构，负责信息收集、编辑、报送、组织协调等，要切实加强自身建设，不断提高工作能力；密切与各民主党派、各委组和特约信息员的联系，不断提高服务水平；认真组织信息培训，不断提高业务素质。

（十二）加大理论研究和新闻宣传力度。对人民政协反映社情民意信息工作中行之有效的做法和经验，进行总结和理论概括，为加强和改进工作提供理论指导。充分利用报刊、电视、广播、网络等多种新闻媒体，采取灵活多样的形式，宣传反映社情民意信息工作的新成效，展示人民政协履行职能的重要成果。

本实施意见自通过之日起实施。

政协杭州市余杭区委员会关于加强委员队伍建设的意见

（2017年4月5日政协杭州市余杭区第十一届委员会常委会第一次会议审议通过）

为了进一步规范区政协委员履职行为，树立政协委员良好形象，更好地发挥委员的主体作用，不断提高人民政协政治协商、民主监督、参政议政的水平，切实推进政协工作制度化、规范化、程序化建设，根据《中国人民政治协商会议章程》和省市区有关规定，结合我区实际，制定本意见。

一、区政协委员的权利与职责

1. 区政协委员享有《政协章程》所规定的权利：（1）在本会会议上有知情权、表决权、选举权和被选举权；（2）对本会工作提出批评和建议的权利；（3）通过本会会议和组织充分发表各种意见、参加讨论区域重大事务的权利；（4）对国家机关和国家工作人员的工作提出建议和批评的权利；（5）对违纪违法行为检举揭发、参与调查和检查的权利；（6）在坚决执行会议决议的前提下，有声明保留不同意见的权利。

2. 区政协委员除遵守国家宪法和法律，模范履行公民义务外，应履行以下职责：（1）遵守和履行《政协章程》，自愿学习马列主义、毛泽东思想、中国特色社会主义理论体系，学习党和国家方针政策、法律法规，学习时事政治、统战知识、政协知识，学习社会主义市场经济和现代科技知识，增强参政议政能力；（2）遵守并履行区政协全体会议、常务委员会议的决议、决定；（3）按时出席区政协全体会议以及其他会议，严格遵守会议纪律，积极参加政协及其专门委员会组织的调研、视察、考察、学习等活动，并提出意见和建议；（4）密切联系本团体、界别的群众，了解和反映他们的愿望与要求，积极撰写提案与反映社情民意，每年至少提出1件提案、反映1条社情民意、参加1次社会公益活动；（5）密切联系群众，当好党和国家法律、政策的宣传员、依法行政的监督员、民事纠纷的调解员和为民办事的服务员，主动做好化解矛盾、协调关系、凝聚人心的工作；（6）带头遵守社会主义道德规范，文明诚信，爱岗敬业，树立良好的个人形象，在经济建设、政治建设、文化建设、社会建设和生态文明建设中建功立业。

3. 区政协要积极推进协商民主建设，完善政协履职工作制度，努力搭建委员履职平台，支持政协委员参与党政重大方针政策的讨论、协商及履行职责的各种活动。尊重和保障政协委员在政协各种会议发表意见建议的权利。尊重和保障政协委员参与调研、开展视察、提出提案、反映社情民意的权利，并及时向党政和有关部门反映委员意见建议，做到有反馈、有回复、重促进、重实效。

二、区政协委员的履职评价

4. 实行履职评价制度。不断完善委员履职评价系统，加强履职评价信息化建设。建立区政协委员履职评价工作组，由区政协分管副主席任组长，秘书长、委工委主任任副组长，各专委会负责人为成员。履职评价工作在主席会议的领导下进行，由区政协委工委负责牵头。区政协主席会议对履职评价工作组提出的审核意见进行研究，协商决定履职评价结果。委工委将评价结果收集汇总归入委员履职档案，并告知本人所在单位和界别牵头单位，作为委员留任、评优的重要依据。

5．建立委员履职档案。区政协委员任期内履行职责情况实行量化评分，纳入履职档案，实行动态管理（量化标准见附件《余杭区政协委员履职量化计分标准》）。区政协委办、界别活动组、镇（街）联络工委做好相关评价工作。

（1）参加重要会议活动、反映社情民意信息、加分情况等由区政协办公室负责。

（2）提案工作方面由区政协提案委负责。

（3）参加委组履职活动由各界别活动组、镇街联络工委分别负责。

（4）学习培训等情况由承办的专门委员会、委工委负责。

6．健全委员信息通报制度。区政协各专委会、界别活动组、镇街联络工委要关注和反映本委、本组委员信息和履职情况。区政协委工委统一受理各委组提供的委员相关情况，负责做好信息通报工作。

三、区政协委员的评优激励

7．每年开展优秀政协委员评选活动。由区政协办公室、各专委会负责人组成评选委员会，区政协各专门委员会、界别活动组按分配名额协商推荐，优秀委员名额原则上不超出全体委员人数的6%。根据推荐名单，参考委员履职评价情况，评选委员会提出初选名单，提请区政协主席会议审议通过。优秀委员评选结果，以文件形式抄送区委组织部、区委统战部和委员所在单位，在区政协全体会议上予以表彰。

8．优秀政协委员条件：

（1）热爱祖国，拥护中国共产党的领导和中国特色社会主义事业，维护民族团结和国家统一，遵守国家宪法和法律，遵守《政协章程》和政协组织的决定、决议。

（2）热爱政协事业，认真履行委员职责。自觉参加区政协和各专委会、界别活动组、镇（街道）联络工委组织的履职活动，积极参政议政、建言献策。

（3）围绕全区中心工作和人民群众关心的热点难点问题，深入调研，积极撰写提案和大会发言。深入基层，密切联系和服务界别群众，积极反映社情民意。

（4）在全区经济、科技、教育、文化、卫生、体育等方面做出较大贡献，在社会上有一定影响，受到行业主管部门表彰或得到相应荣誉称号。

（5）弘扬优良传统和作风，树立委员良好个人形象，自觉维护人民政协的良好社会形象。

9．加强委员履职宣传。充分利用各种新闻媒体，全方位展示政协委员风采，大力宣传委员履职的先进事迹和重要成果。加强对优秀提案、优秀社情民意、优秀民主监督员等履职工作评优激励，加强对委员所在党派、界别、专委会、政协联络工委的集体激励，给予关心支持，营造生动活泼、奋发有为的履职环境，推动委员自觉自愿珍惜荣誉、努力践行职责。

四、区政协委员的请假制度和约谈制度

10．区政协委员要积极参加政协的各种会议、调研、视察、考察、专题座谈等活动，不得无故缺席或迟到、早退。如因病、因事等特殊原因不能参加的，委员本人应事先履行请假手续并获批准。不请假或未准假而不到会或不参加活动的，即为无故缺席。

委员因病、因事不能参加政协会议和活动的，按以下程序办理请假手续：区政协委员因故不能全程出席全体会议的，应以书面形式事先向大会秘书处或政协办公室请假，经大会秘书长同意后方予准假。常务委员会组成人员因故不能出席常务委员会会议的，应以书面形式事先向政协办公室请假，经主席同意后方予准假。区政协组织开展的委员履职活动，委员因故不能参加的，应事先向政协办公室请假，报经政协领导同意后方予准假。区委、区政府及其各部门通过政协办邀请政协委员参加会议和活动，委员因故不能参加的，应通过政协办公室向区委办、区府办或有关部门请假。区政协各专委会及各界别活动组、政协镇（街）联络工委召开会议或开展活动，政协委员因故不能参加的，应事先向会议（活动）召集单位或召集人请假，经同意后方予准假。

11．委员有下列情况之一的，由区政协分管领导进行约谈：

（1）届内因故请假 2 次或未经批准 1 次全程不参加区政协全体会议的。

（2）一年内未经批准 2 次不参加区政协和各专委会、界别活动组、镇街联络工委组织的会议活动，或各项履职活动出勤率不足 60%的。

（3）区政协常委一年内因故请假 2 次或未经批准 1 次全程缺席区政协常务委员会议的。

（4）年度履职评价排名靠后的。

五、区政协委员的退出机制

12．认真贯彻实施省、市关于政协委员退出机制的规定，在区委统一领导下，加强和区委组织部、区委统战部及相关单位的沟通协作，规范有序做好委员退出管理工作。

13．有下列情形之一的，应辞去委员：

（1）本人主动申请辞去委员的。

（2）因工作调整不宜继续担任委员的。

（3）因身体健康原因不能正常履行委员职责的。

（4）其他应辞去委员的情形。

14．有下列情形之一的，应责令辞去委员：

（1）受到撤销党内职务、留党察看、行政记大过、行政降级、行政撤职等党纪政纪处分的。

（2）违反家庭美德、社会公德和职业道德，在社会上造成严重不良影响的。

（3）存在与政协委员身份不相符的不当言行，在社会上造成严重不良影响的。

（4）无正当理由一年内不参加政协任何会议和活动的。

（5）届内因故请假 3 次全程不参加全体会议或未经批准全程不参加全体会议达 2 次的。

（6）其他应责令辞去委员的情形。

15．有下列情形之一的，应撤销委员资格：

（1）被依法追究刑事责任的。

（2）受到开除党籍、行政开除等党纪政纪处分的。

（3）严重违反《政协章程》或区政协全体会议、常务委员会决议、决定的。

（4）届内无故 2 次全程不参加全体会议的。

（5）符合责令辞去委员的情形，经提醒、劝说后拒不提交书面申请的。

（6）其他应撤销委员资格的情形。

16．区政协委员主动辞职、责令辞职、撤销委员资格的退出程序，严格按照省市有关规定实施。区政协委工委负责将办理结果及时通知委员本人及所在单位或推荐单位、所在政协专门委员会和界别活动组、镇街联络工委，并通过新闻媒体向社会公布。

17．根据省市关于暂停委员履行职责的规定，政协委员因涉嫌严重违法违纪可能受到撤销委员资格处理的，在启动相关程序前，应暂停其履行委员职责。区政协做好相关的协商工作。

本意见经区政协常委会会议审议通过后实施。

附：

余杭区政协委员履职量化计分标准

<table>
<tr><th>组成</th><th colspan="3">内容</th><th>计分标准</th></tr>
<tr><td rowspan="7">履行职责（100分）</td><td rowspan="4">出席会议（40分）</td><td rowspan="2">全体会议</td><td>常委参加全会（20分）</td><td>常委出席全会15分，无故缺席1次扣3分，参加分组讨论5分，无故缺席1次扣2.5分。无故全程不参加0分</td></tr>
<tr><td>委员参加大会（30分）</td><td>委员出席大会10分，无故缺席一次扣1分，参加分组讨论10分，无故缺席一次扣5分。无故全程不参加0分</td></tr>
<tr><td colspan="2">常务委员会会议（10分）</td><td>无故缺席1次扣2分</td></tr>
<tr><td colspan="2">政协委员读书会、委员培训会（10分）</td><td>无故缺席活动1次扣2分</td></tr>
<tr><td colspan="3">参加履职活动（20分）</td><td>参加区政协及其各专门委员会、界别组、联络工委组织的调研、视察、座谈等活动，无故缺席扣2分，扣完为止</td></tr>
<tr><td colspan="3">提交提案（20分）</td><td>提交1件提案（包括附议），得20分</td></tr>
<tr><td colspan="3">反映社情民意信息（20分）</td><td>提交1件社情民意信息，得20分</td></tr>
<tr><td rowspan="3">加分内容</td><td colspan="3">获得先进荣誉加分</td><td>获得区级以上其他荣誉的，由工作组审定，酌情加分，最高加5分</td></tr>
<tr><td colspan="3">参加公益事业情况加分</td><td>参加捐赠、助学助残、扶贫帮困、联村结对等社会公益事业，成绩特别显著的，酌情予以加分，最高加5分</td></tr>
<tr><td colspan="3">发表理论研究文章</td><td>发表政协、统战方面的理论文章，被区级、市级、省级、全国级媒体或单位录用的，分别加2分、4分、8分、15分</td></tr>
<tr><td rowspan="4">加分内容</td><td colspan="3">提案加分</td><td>被评为优秀提案的加2分</td></tr>
<tr><td colspan="3">民主监督工作加分</td><td>被评为先进民主监督员小组的，其成员每人加2分</td></tr>
<tr><td colspan="3">社情民意信息加分</td><td>提交的社情民意超过1件加2分；被区本级、市政协、省政协、全国政协录用的信息每条分别得2分、5分、10分、15分；被领导批示的信息加5分。最高加15分</td></tr>
<tr><td colspan="3">大会发言加分</td><td>撰写大会发言文稿被采用的加5分；上台发言加3分；即兴发言加2分</td></tr>
</table>

政协杭州市余杭区第十一届委员会专门委员会组织通则

（2017 年 4 月 5 日政协杭州市余杭区第十一届委员会常委会第一次会议审议通过）

第一章　总　　则

第一条　根据《中国人民政治协商会议章程》和《政协全国委员会关于政治协商、民主监督、参政议政规定》，参照《政协全国委员会专门委员会通则》和有关规定，经政协第十一届杭州市余杭区委员会常务委员会第一次会议决定，政协杭州市余杭区第十一届委员会设置六个专门委员会：提案委员会、委员工作委员会、经济科技委员会、城建和人口资源环境委员会、文史和教文卫体委员会、社会法制和港澳台侨委员会。专门委员会是在常务委员会和主席会议领导下的工作机构。专门委员会工作是政协工作的重要基础，是政协履行职能的重要方式。

第二条　专门委员会应坚持中国特色社会主义的基本理论、基本路线、基本纲领、基本经验和基本要求，紧紧围绕团结和民主两大主题，贯彻“长期共存、互相监督、肝胆相照、荣辱与共”的方针，切实履行人民政协的政治协商、民主监督、参政议政职能，为推进我区物质文明建设、政治文明建设、精神文明建设与和谐社会建设，促进祖国统一大业积极开展工作。

第三条　专门委员会应根据《中国人民政治协商会议章程》的要求，以及政协余杭区委员会全体会议、常务委员会会议和主席会议提出的各项任务，分别组织实施，并就区内政治、经济、城建、人口、资源、环境、教育、文化、卫生、体育、科学技术、民主法制、社会生活以及台湾同胞、港澳同胞、海外侨胞及其眷属联谊、文史资料、统一战线内部等方面的重要问题，开展调查研究，提出意见和建议。

第二章　组　　织

第四条　专门委员会的设置和变动，由常务委员会决定。

第五条　专门委员会的组成，应按照有利于联系各界、各方面人士，自愿、协商和便于组织经常性活动的原则，统筹安排。

第六条　各专门委员会设主任一人，副主任若干人，由常务委员会决定；委员若干人，由主席会议决定。

第七条　根据需要可举行各专门委员会主任和副主任联席会议，讨论研究各专门委员会的重要工作。

第八条　专门委员会根据需要，可以设立若干专业组。

各专业组在各专门委员会领导下可以单独进行活动。各专业组设组长一人，由常务委员会决定。专业组成员在各专门委员会委员中选择组成。

第三章 工作制度

第九条 专门委员会开展工作应广泛联系各界人士，发扬社会主义民主，注重调查研究，在开展专题协商、对口协商、界别协商、提案办理协商中发挥基础性作用。因工作需要作决定的，遵循民主集中制原则。

第十条 以专门委员会名义形成的重要书面材料，须经专门委员会集体讨论，并由专门委员会主任审定；重大问题，提请常务委员会或主席会议审定。

第十一条 各专门委员会应根据政协余杭区委员会全体会议、常务委员会会议和主席会议的决定精神，制定年度工作计划，经主席会议审议后实施。各专门委员会每年至少召开 1～2 次会议，年度应作工作总结。

第十二条 各专门委员会应与区委、区人大常委会、区政府的有关部门，与区各民主党派、有关团体、界别活动组、镇街联络工委主动沟通情况，建立工作联系。

本组织通则经常务委员会会议审议通过后实行。

政协杭州市余杭区委员会关于加强界别活动组工作的意见

（2017 年 3 月 9 日政协杭州市余杭区第十一届委员会第 2 次主席会议审议通过）

为进一步突出政协界别特色，充分发挥界别作用，加强政协自身建设，更好地履行政协职能，依据《政协章程》和省市区委有关政协工作的部署要求，制定本意见。

一、加强界别活动组工作的重要意义和总体要求

1. 界别活动组工作的重要意义。界别活动组是为了便于界别工作开展，根据界别特色相近、委员人数相对平衡等原则设置的界别活动单位和履职平台。积极开展界别活动组工作，有利于进一步突出政协特色、发挥政协优势、活跃政协工作，提高政协履职水平和实效；有利于调动各党派、人民团体和各界人士参政议政的积极性，保障和扩大各界人士有序的政治参与；有利于推动委员加强与各界群众的联系，及时了解反映社会各阶层、各方面人士的真知灼见，推进党政决策的科学化和民主化。

2. 界别活动组工作的总体要求。以中国特色社会主义理论体系为指导，牢牢把握团结和民主两大主题，积极探索发挥界别作用的方法和途径，充分调动各界别委员的积极性、主动性和创造性，围绕党政工作中心，统筹安排协商监督、调研视察活动，协助党委、政府做好群众工作，认真履行政治协商、民主监督、参政议政职能，为推动全区经济社会科学发展贡献力量。

二、充分发挥界别活动组在政协履职中的重要作用

1. 发挥界别活动组在推进政协协商民主中的重要作用。高度重视界别协商这一民主协商新形式，针对社会各界群众普遍关心的突出问题、党政部门决策涉及本界别群众切身利益的重大问题，因地制宜地开展界别内部协商、界别间协商或政协界别与党政部门间协商，沟通情况、交换看法、传递民声，增进共识、增强合力。

2. 发挥界别活动组在政协重要会议中的重要作用。在政协全体会议上组织界别活动组开展分组或联组讨论，安排界别活动组作大会发言，充分反映本界别的意见和建议。在各种协商会、座谈会上，提倡以界别活动组名义提出主张，发表意见。各界别活动组组长列席区政协常委会会议，参与审议讨论和发言活动。

3. 发挥界别活动组在政协经常性工作中的重要作用。注重发挥界别活动组的业务专长和人才优势，发动委员积极撰写提案，加强界别活动组集体提案的组织工作，努力把委员个体智慧转化为界别活动组整体优势。根据区政协年度履职重点，精选体现界别特色的重大课题，组织开展调研视察、走访研讨等活动。注重发挥本界别组社情民意信息员的积极性，关注界别群众合理诉求，积极反映有界别特色的重要信息，及时准确地向党委和政府提出意见建议。

4. 发挥界别活动组在密切联系界别群众方面的重要作用。加强与该界别组群众的联系，及时传达党和政府的路线方针政策及有关工作部署，协助党委政府做好宣传释疑工作，理顺情绪，协调关系，为营造安定和谐的社会环境尽职尽力。

三、积极探索丰富界别活动组的工作形式和内容

1. 明确主要职责。(1) 组织专题学习、座谈研讨、外出学习考察等活动，学习党和国家的方针政策、时事政治，学习区委、区政府重要会议和重要文件精神，传达贯彻区政协全体会议、常务委员会会议、主席会议精神，学习交流政协工作经验。(2) 组织调研视察、界别协商和“界别活动周”等活动，围绕区委区政府中心工作、区政协重点履职课题和本界别群众关注的重大问题，搭建委员履职平台，开展委员履职活动，以界别或界别活动组名义提出意见建议。做好委员履职评价工作。(3) 走访政府有关部门，了解掌握政府部门工作情况，开展相关民主监督活动。(4) 密切联系界别群众，积极开展为民办实事活动。发挥自身特长和优势，送文化、科技、卫生、法律知识到基层，参与扶贫济残、帮教助学等慈善公益事业。(5) 开展联络联谊活动，加强与其他界别活动组、与政协镇街联络工委的横向联系，参与政协专委会和民主党派的活动。各界别活动组组织开展活动每季度不少于1次，每年以界别名义提出至少1件集体提案、1份调研视察报告（社情民意信息），在区政协全体会议、常委会会议或其他重要会议上作1次发言。

2. 规范工作程序。(1) 制定工作计划。各界别活动组要根据区政协年度工作要点和总体部署要求，结合本界别特点，制定年度工作计划和重点活动实施方案。(2) 做好活动准备。各界别活动组每次开展活动时，提前向区政协委工委和对口联系专委会报送活动实施方案，并与活动涉及的有关单位联系协商。(3) 组织开展活动。界别活动组活动由组长或组长委托副组长主持，要做好委员参加情况登记及讨论发言记录，并认真总结履职活动情况，及时向区政协委办报送活动信息资料，加强界别活动的宣传报道。

3. 丰富履职形式。各界别活动组根据政协工作的新任务、新要求，积极探索和创新履职方法、途径和机制，不断提高界别活动组工作实效。(1) 每年11月第一周为“界别活动周”，突出主题，集中开展协商监督、调研视察活动，并与政协全体会议履职准备工作相结合。“界别活动周”由区政协委工委统一作出部署，活动具体时间、内容和形式由各界别活动组策划组织实施。(2) 界别活动组工作原则上以政协界别活动组为单位、以委员为主体，根据履职需要，积极探索联组活动形式，加强和专委会、其他界别活动组、镇街联络工委的联系和协作，邀请村社区群众代表等参加界别活动，扩大界别工作影响力。(3) 条件成熟的界别活动组，鼓励开展"委员述职"、建设"委员之家"等创新性工作。

四、加强界别活动组工作的组织领导和服务保障

1．加强研究指导。界别活动组工作纳入政协工作重要议事日程，每年定期进行专题研究，部署工作任务，落实工作责任，做到年初有计划、年中有检查，年末有考核。区政协主席、副主席分别联系各界别活动组，负责指导界别活动组开展工作，参加所联系界别活动组的有关活动，推动界别活动组工作深入开展。区政协为开展界别活动组活动、发挥界别活动组作用提供一定的活动经费及其他必要条件。

2．加强组织协调。区政协各委办协助主席、副主席联系界别活动组，加强沟通联系，及时了解工作动态，检查督促界别活动组开展活动，提出改进界别活动组工作的意见建议。区政协办公室、委工委负责界别活动的总体联络协调，提供服务保障，创造良好条件。区政协委工委和各专委会应加强对界别活动组的联系指导。各专委会要把本委工作与开展界别活动、发挥界别作用有机结合起来，有效整合各界别的资源优势，进一步拓宽界别活动的渠道和领域。

3．健全工作制度。(1) 实行组长负责制度。为有利于开展活动，各界别活动组设组长1名、副组长若干名。组长负责本组活动的组织安排，密切与本组委员的联系沟通，做好本组委员履职考核等工作。副组长协助组长工作。(2) 实行联络员制度。各界别活动组聘请熟悉本组界别情况、有一定的组织协调和文字能力的同志担任联络员。可以由本组界别委员担任，也可由界别活动组组长所在单位或其他单位的工作人员担任。联络员应具有强烈的责任意识和服务意识，主要做好联络协调、后勤服务、会议记录、综合文字、信息报送、委员参加活动登记等工作，并在政协全体会议期间担任联络员。(3) 健全考核制度。各界别活动组年度工作进行考核。考核内容主要分五个方面：工作计划、会议活动、提案工作、社情民意、调查研究，基本分值为100分，同时设附加分项目（具体内容见附件《杭州市余杭区政协界别活动组年度工作考核评分表》)。区政协建立由委工委牵头、各委办主任参加的考核组，在各界别活动组工作年终总结和自评的基础上，提出考核意见报主席会议审定。界别活动组年度考核结果根据考核得分情况，设一等奖2名、二等奖4名、三等奖若干名，在政协全体会议上予以表彰。

附：

杭州市余杭区政协界别活动组年度工作考核评分表

考核项目	分值（100分）	考核内容	评分标准	自评	考评
计划总结	10分	按时上报各类计划、总结、报表得10分。	未报1次扣1分，扣完为止		
协商调研等履职活动	20分	每年至少组织4次活动，得20分。	每少1次扣5分；多一次加3分，最高不超出10分。以界别活动组名义提交的调研报告被录用加3分		

考核项目	分值（100分）	考核内容	评分标准	自评	考评
提案工作	20分	提案立案件数不少于人均1件，参与率不少于70%，得20分。	少一件扣0.5分，少5个百分点扣1分。有集体提案加2分，有提案被评为优秀提案的加3分		
社情民意信息工作	20分	提交的社情民意信息篇数不少于本组委员人数，其中录用的篇数不少于本组委员人数的30%，得分20分。	录用的少一篇扣1分；被全国政协、省政协、市政协录用分别加8分、6分、4分；被中央、省、市、区领导批示的加8分、6分、4分、2分		
大会发言	20分	每年至少提交一篇大会发言材料，得分20分。	在全体会议上发言的加5分		
特色工作	5分	有特色、创新工作，根据上报材料酌情得分。最高得分5分			
综合评价	5分	由政协领导、委办负责人分别给予综合评价			

关于印发《中共政协杭州市余杭区委员会党组工作规则》的通知

中共余政协党组〔2021〕1号

区政协各委办：

《中共政协杭州市余杭区委员会党组工作规则》已经区政协十二届第一次党组会议审议通过，现予印发。

附件：中共政协杭州市余杭区委员会党组工作规则

中共政协杭州市余杭区委员会党组

2021年8月9日

附件：

中共政协杭州市余杭区委员会党组工作规则

第一章　总　　则

第一条　为进一步规范和改进中共政协杭州市余杭区委员会党组（以下简称“区政协党组”）工作，加强党对政协工作的全面领导，充分发挥区政协党组在区政协工作中的领导核心作用，根据《中国共产党章程》和《中国共产党党组工作条例》，结合区政协实际，制定本规则。

第二条　区政协党组是区委在区政协的派出机构，受区委的统一领导，在政协组织中居于领导核心地位，肩负保证中央和省、市、区委的决定在政协履行职能中得到有效落实的重要责任。

第三条　区政协党组工作必须坚持以马克思列宁主义、毛泽东思想、邓小平理论、“三个代表”重要思想、科学发展观、习近平新时代中国特色社会主义思想为指导，坚决维护习近平总书记核心地位，坚决维护党中央权威和集中统一领导，切实履行领导职责，充分发挥领导作用，不断提高领导水平，确保区政协全面贯彻党的基本理论、基本路线、基本方略，确保党始终成为中国特色社会主义事业的坚强领导核心。

第四条　区政协党组履行职责应遵循以下原则：

（一）坚持旗帜鲜明讲政治，高举习近平新时代中国特色社会主义思想伟大旗帜，坚决贯彻落实党的理论路线方针政策和党中央重大决策部署，树牢“四个意识”、坚定“四个自信”、做到“两个维护”，在思想上政治上行动上同以习近平同志为核心的党中央保持高度一致；

（二）坚持全面从严治党，担当管党治党主体责任，贯彻新时代党的建设总要求，贯彻新时代党的组织路线，推动全面从严治党向纵深发展；

（三）坚持民主集中制，确保党组活力和坚强有力，推动形成良好政治局面；

（四）坚持依据党章党规开展工作，在宪法法律范围内活动；

（五）坚持正确领导方式，实现党组发挥领导作用与区政协领导班子依法依章程履行职责相统一。

第二章　职　　责

第五条　区政协党组发挥把方向、管大局、保落实的领导作用，全面履行领导责任，加强对区政协业务工作和党的建设的领导，确保党的理论和路线方针政策的贯彻落实。

第六条　区政协党组讨论和决定下列重大问题：

（一）向区委请示报告的重大事项；

（二）建议区委印发的涉及人民政协的重要文件；

（三）修改或制定重要规章制度的建议；

（四）区政协全体会议等重大会议活动的指导思想和工作安排建议；

（五）提交区政协全体会议、常务委员会会议、主席会议审议通过的有关重要事项；

（六）按照区委统一部署和政协章程的规定，协助区委研究区政协换届时有关界别设置、政协委员名额、人选和常务委员人选以及届中委员调整的有关问题，并提出建议；

（七）区政协内部机构和直属单位设置等事项；

（八）关于违反政协章程或全体会议、常务委员会会议决议委员的处分决定；

（九）关于党风廉政建设和反腐败工作、意识形态工作、统一战线工作方面的重要事项；

（十）区政协机关党组提交讨论的有关事项；

（十一）区政协党组年度工作要点和重点履职任务分解；

（十二）其他需经区政协党组决策的重大事项。

第七条　坚持党建工作与业务工作同谋划、同部署、同推进、同考核，加强对党的建设的领导，落实新时代党的建设总要求，履行全面从严治党责任，提高党的建设质量。

第八条　党组书记主持党组全面工作，负责召集和主持党组会议，组织党组活动，签发党组文件。党组副书记协助党组书记工作，受党组书记委托履行相关职责。党组成员根据党组决定，按照授权负责有关工作，行使相关职权。

第三章　组织原则

第九条　区政协党组及其成员必须始终在政治立场、政治方向、政治原则、政治道路上同以习近平同志为核心的党中央保持高度一致，坚决执行党中央决策部署以及上级党组织决定，区政协党组的任何工作部署都必须以贯彻党中央精神和省、市、区委为前提，坚决维护习近平总书记党中央的核心、全党的核心地位，坚决维护党中央权威和集中统一领导。

第十条　建立健全区政协党组向区委请示报告工作制度。每年至少向区委作 1 次全面报告，遇有重大事项应当及时请示报告。执行党中央和省、市、区委某项重要指示和决定的情况，应当进行专题报告。

第十一条　区政协党组对有关重要问题作出决定时，应当根据需要充分征求区政协机关党组和机关党员群众的意见。重要情况应当及时进行通报。

第十二条　区政协党组实行集体领导制度。凡属党组职责范围内的事项，必须执行少数服从多数的原则，由党组成员集体讨论和决定。党组书记带头执行民主集中制，党组其他成员应当对党组讨论和决定的事项积极提出意见和建议。党组成员必须坚决服从党组集体决定，有不同意见的，在坚决执行的前提下，可以声明保留，也可以向上级党组织反映，但不得在其他场合发表不同意见。

第十三条　以区政协党组名义发布或者上报的文件、发表的文章，党组成员代表党组的讲话和报告，应当事先经党组集体讨论或者传批审定。区政协党组成员署名发表或者出版同工作有关的文章、著作、言论，应当事先经党组审定或者经党组书记批准。党组成员在调查研究、检查指导工作或者参加其他公务活动时发表的个人意见，应当符合党中央以及上级党组织、区政协党组的有关精神。

第四章　决策执行

第十四条　区政协党组应当按照集体领导、民主集中、个别酝酿，会议决定的原则作出决策，实行科学决策、民主决策、依法决策。

第十五条　区政协党组作出重大决策，一般应当经过调查研究、征求意见、充分酝酿等程序，按照规则由集体讨论和决定。区政协党组讨论和决定人事任免事项，应当严格按照《党政领导干部选拔任用工作条例》等有关规定执行。

第十六条　区政协党组决策一般采用党组会议形式。党组会议一般每月召开 1 次，由党组书记或书记委托副书记召集并主持。遇有重要情况可以随时召开。区政协党组会议议题由党组书记提出，或者由党组其他成员提出建议、党组书记综合考虑后确定。

第十七条　区政协党组会议应当有半数以上党组成员到会方可召开，讨论和决定干部任免、处分党员事项必须有三分之二以上党组成员到会。党组成员因故不能参加会议的应在会前请假，其意见可以用书面形式表达。党组会议议题涉及本人或其亲属以及存在其他需要回避情形的，有关党组成员应当回避。

根据工作需要，召开党组会议可以请不是党组成员的区政协领导班子成员列席。会议召集人可以根据议题指定有关人员列席会议。根据需要，可请区委派员列席党组会议。

第十八条 区政协党组会议议题提交表决前，应当进行充分讨论。表决可以采用口头、举手、无记名投票或者记名投票等方式进行，赞成票超过应到会党组成员半数为通过。未到会党组成员的书面意见不得计入票数。表决实行主持人末位表态制。会议研究决定多个事项的，应当逐项进行表决。

党组会议由专门人员如实记录，并按照规定做好纪要和存档备查等工作。

第十九条 区政协党组决策一经作出，必须坚决执行。

区政协党组应当督促推动本单位领导班子依法依章程及时全面落实党组决策。党组成员应当在职责范围内认真抓好党组决策贯彻落实。

第五章 自身建设

第二十条 坚持以党的政治建设为统领，全面加强政治建设、思想建设、组织建设、作风建设、纪律建设，把制度建设贯穿其中，深入推进反腐败斗争，践行“干在实处永无止境，走在前列要谋新篇，勇立潮头方显担当”新期望，提高政治把握能力、调查研究能力、联系群众能力和合作共事能力，坚定在政治立场、政治方向、政治原则、政治道路上同党中央保持高度一致。党组成员必须不忘初心、牢记使命，坚定信仰，对党忠诚，严格遵守党章，严守政治纪律和政治规矩，加强党性修养与党性锻炼。

第二十一条 发挥党的优良传统和作风，建立联系无党派人士界、宗教界委员新机制，拓展联系新的社会阶层代表人士新渠道，真心实意同党外人士交朋友，做政治引领、发扬民主、合作共事、廉洁奉公的模范。

第二十二条 坚持和完善党组理论学习中心组学习制度。制定年度学习计划，建立习近平新时代中国特色社会主义思想学习座谈会制度，采取专题辅导、重点发言和集体研讨等形式，运用党组（扩大）会议、专题学习会、工作务虚会、常委会学习讲座、读书会等载体，组织开展学习，突出学习重点，理论联系实际，提高学习实效。

第二十三条 严肃党内政治生活。严格落实“三会一课”、主题党日、谈心谈话、民主评议党员、民主生活会和组织生活会等制度，增强党内政治生活的政治性、时代性、原则性、战斗性。区政协党组每年至少召开 1 次民主生活会，党组成员应在会前广泛听取意见、深入谈心交心、做好发言准备；会上认真查摆问题、开展严肃认真的批评与自我批评；会后在一定范围内通报会议情况，对存在问题进行整改。

党组成员须以一名普通党员身份分别编入党的一个支部，参加党的组织生活。

第二十四条 区政协党组成员须严格落实党中央和省市区委关于改进工作作风、密切联系群众的各项规定，坚决反对形式主义、官僚主义、享乐主义和奢靡之风。坚持求真务实、真抓实干，落实联系走访约谈委员、联系专门委员会和界别等制度，深入基层、深入群众、深入实际，持续改进调查研究。严格遵守党员领导干部廉洁从政有关规定，认真贯彻落实推进清廉余杭建设各项要求，自觉接受党组织和党员群众的监督。

第六章 附 则

第二十五条 本规则自印发之日起实施。2019 年 5 月 15 日印发的《中共政协杭州市余杭区委员会党组工作规则》同时废止。

关于践行“新时代人民政协新样子”履职评价办法

余政协〔2022〕11 号

为进一步贯彻落实新时代政协委员“懂政协、会协商、善议政，守纪律、讲规矩、重品行”的要求，深入践行“新时代人民政协新样子”。根据上级有关规定，结合政协数字化改革制度创新要求，对界别活动组、联络工委、政协委员开展年度履职评价，具体办法如下：

一、考评原则

1. 坚持客观公正、公开透明的原则。履职评价工作列入政协工作的重要议事日程，定期研究部署，依托“数字政协”实时检查反馈，提高科学性、公正性和准确性。

2. 坚持基础履职与履职质效相结合的原则。委员在完成基础履职的基础上，积极参加其他履职活动的，应充分引导和鼓励；对履职活动作用发挥明显的，应充分肯定和激励，促进委员进一步增强责任意识，更好地履职担当、提质增效。

3. 坚持线上履职与线下履职相结合的原则。顺应数字化改革趋势，着力推进“数字政协”，将委员线上履职活跃分作为评价的重要内容之一纳入考评。

4. 坚持日常工作和年度评价相结合的原则。对照政协工作新方位新使命，以日常履职工作为基础，反映真实情况，做到数出有据，进行综合评定。

二、考评方法

（一）委员履职评价

1. 全体政协委员实行履职评价。

2. 依托“数字政协”对委员履行政协职能、关心关注政协工作等情况全面记录反映。

3. 委员年度履职工作评价分“基础履职、履职质效加分、‘数字政协’加分”三个部分。“基础履职项目”总分为 100 分；“履职质效加分”实行加分量化（具体见附件 1）；“数字政协”加分总分值为 100 分，实行活跃度折合量化加分（活跃度计分办法参照“数字政协”）。

4. 按照区政协领导联系分工，各委办负责对所联系界别、联络工委委员实行建档管理，建立履职档案，实行一人一档、一年一清单的动态管理，履职情况及时上传“数字政协”；每季度末对委员进行评价计分汇总；年末，由各联系副主席牵头，各联系委办负责，对委员年度评价计分并进行综合排名，排名情况交委工委汇总，排名情况作为评优的重要参考。

（二）界别活动组、镇街（平台）联络工委年度评价

1. 按照“以条为主、条块结合”原则，加强委员履职阵地建设，强化组织协调，完善

评价机制。“条”是以界别为基础的界别活动组，“块”是以镇街（平台）辖区划分的联络工作委员会。

2. 界别是人民政协的基本单元，界别活动是委员协商建言的重要载体。界别活动组要加强工作规范，体现界别特色，调动界别委员的积极性、主动性和创造性，在建言资政和凝聚共识上双向发力。镇街（平台）联络工委是政协工作向基层延伸的重要载体，是基层委员参与基层协商民主的重要平台，要积极探索工作机制和办法，为委员参与协商、开展活动创造良好条件。

3. 界别活动组、镇街（平台）联络工委年度工作分“担当政治责任、发挥价值作用、提升履职能力、体现为民情怀、焕发精神风貌”等五个方面予以计分，基本分均为100分(具体见附件2、3)。

4. 按照区政协领导联系分工，年末由各联系副主席牵头，各联系委办负责，对所联系界别活动组、联络工委进行综合评价计分并进行综合排名，排名情况交委工委汇总。排名情况作为评优的重要参考。

三、结果运用

1. 年度评优。优秀委员名额为全体委员的15%左右，有其他突出表现、特殊成绩的参与评选的，需要五人以上联名推荐、说明事由。优秀界别活动组为总数的30%，优秀镇街（平台）联络工委为总数的30%。以年度排名情况作为重要依据，进行评优。

2. 委员履职评价计分由区政协委工委向区委组织部、统战部实时通报，并负责落实视情分线提醒、约谈。

3. 届末，对每年度委员履职评价情况综合汇总形成当届委员履职汇总表，作为留任建议名单的重要依据。

四、组织实施

在区政协主席会议领导下，成立由分管委员工作的副主席为组长，秘书长、委工委主任为副组长，各专委会主任参加的评价工作小组，全面负责评价工作。具体工作由委员工作委员会负责，各委办配合参与。

区政协各委办及办公室各科室要全面收集、登记委员的履职信息。具体分工是：全会考勤情况由大会秘书处联络组负责统计；常委会会议考勤情况由秘书科负责统计；参加学习培训情况由委员联络科、秘书科负责统计；参加区政协重点履职活动由牵头委办负责统计；参与撰写文史资料情况，由文史委负责统计；提交提案情况及评优情况由提案委负责统计；报送社情民意信息、录用批示情况及在各级政协刊物和网站发表文章情况，由信息宣传科负责统计；参加界别活动组、政协联络工委活动情况由各界别活动组、联络工委统计；“数字政协”活跃度计分由综合科负责统计；参加政协以外部门活动情况等由委员联络科负责收集统计。

本办法自2022年1月1日起实施。原区政协履职评价办法自本办法实施后废止。

附件：1. 余杭区政协委员履职评价评分表

2. 余杭区政协界别活动组年度工作评价评分表

3. 余杭区政协镇街（平台）联络工委年度工作评价评分表

政协杭州市余杭区委员会办公室

2022年4月26日

附件 1　余杭区政协委员履职评价评分表

类别	履职内容	计分标准	评价部门
基础履职100分	参加全体会议（40分）	参加全会的预备会议、开幕式、大会发言、闭幕会，遵守大会纪律并积极履职的，每次出席10分，请假不计分，无故缺席扣10分	全会秘书处（办公室）
	参加区政协履职活动（20分）	参加常委会会议、学习培训、调研视察、应邀参加党政部门活动等；参加1次得5分（学习培训超过1天的，每天计5分），达满分20分后转入履职活动积极加分	牵头委办
	参加界别活动组、联络工委活动等（20分）	参加1次得4分，达满分20分后转入履职活动积极加分	各界别活动组、联络工委
	提交提案、反映社情民意（20分）	每年至少提交1件提案或社情民意信息，含提案、社情民意信息附议人，集体提案主要执笔人、以集体名义提交的社情民意信息主要执笔人	办公室
履职质效加分	履职积极	参加基础履职活动达满分后加分，每人每次加4分，最多不超过30分	各牵头单位
	提案优秀	被评为优秀提案的提案人和优秀集体提案的主要执笔人，每人每件加10分	提案委
	协商建言好	在区政协全会大会发言，以个人名义或代表集体名义口头发言的每人每次10分；撰写大会口头发言稿或书面发言的主要执笔人每人每篇加10分。专题议政性常委会、专题协商会议、面对面“请你来协商”等重要协商监督活动中作口头发言的每人每次10分，书面发言每人每次5分。发言质量高且取得突出成效的再酌情加分。被区政协录用的调研报告等建言材料的主要执笔人，每人每件加10分	协商活动承办委办
	社情民意采用	被全国、省、市、区政协采用的，每条分别加30、15、10、5分；其中得到区级以上领导批示的按采用分加倍加分；被评为区政协优秀信息员加10分	办公室
	热心政协宣传	参加各级政协组织的理论征文、在市级以上媒体发表新闻稿件、撰写政协相关文史资料、以委员个人身份应邀在区内外进行政协知识专题辅导讲座等，每篇（次）加5分，最多不超过30分	牵头委办
	特色工作	参与省政协委员会客厅、市政协委员工作站等特色工作，每次加5分；牵头建立个人委员工作室的加5分，参与个人委员工作室活动的每次加2分；获评为相关工作先进的加10分。最多不超过30分	牵头委办
		完成政协交办的其他任务，酌情加分	
数字政协加分		积极参与数字政协工作，按照活跃度评价折算得分，总分为100分	综合科

（各评价单位负责日常履职记录，各委办每季度对所联系委员履职情况进行审核计分，委工委汇总。）

附件2　余杭区政协界别活动组年度工作评价评分表

评价项目	分值100分	评价内容	评分标准	自评	评价
担当政治责任	20分	围绕区委区政府中心工作和区政协重点履职工作安排，谋划工作思路，制定工作计划，上报工作总结。认真组织大会发言材料	及时上报计划、总结，各5分，共10分。撰写大会发言材料，得10分；上台发言的加10分；特别有影响力的再酌情加分，不超过10分		
发挥价值作用	20分	突出界别特色，组织开展请你来协商、调研视察等履职活动，每年度不少于4次	开展1次活动，得5分，共20分。多1次加3分，加分不超出10分。以界别活动组名义提交的协商调研报告被录用加10分		
提升履职能力	10分	及时学习传达中央、省市重要会议精神以及区委重点工作部署	每年最少组织开展1次得10分。多1次加5分，加分不超过10分		
体现为民情怀	30分	积极组织本组委员撰写提案，提案立案件数不少于人均1件，参与率不少于70%，计15分	少1件扣0.5分，少5个百分点扣1分。有集体提案加2分，有提案被评为优秀提案的加3分		
		加强和本界别群众的联系，积极组织撰写社情民意信息，录用篇数不少于本组委员人数的30%。计15分	录用1篇开始计分，每少1篇扣1.5分；被全国、省、市政协录用分别加8、6、4分；被中央、省、市、区领导批示的加8、6、4、2分		
焕发精神风貌	20分	组织委员政协履职活动，保障参与率	组织活动规范，得10分；重要活动委员参与率高于80%以上，得10分。委员工作室建设等工作成效明显的；组内委员数字政协活跃度高的；酌情加分，加分不超过20分		

附件3　余杭区政协镇街（平台）联络工委年度工作评价评分表

评价项目	分值100分	评价内容	评分标准	自评	评价
担当政治责任	20分	围绕区政协重点履职工作和本地区域中心工作，谋划工作思路，制定工作计划，上报工作总结	及时上报计划、总结，各10分，共20分		
发挥价值作用	20分	每年度至少组织开展协商、调研等履职活动2次。以联络工作名义提交的协商调研报告被录用加10分	组织1次得10分，多1次加5分，加分不超出10分		
提升履职能力	20分	积极组织所属委员参加民主议事会、通报会等，促进知情参政	组织参加1次，得10分，多1次加5分，加分不超过10分		
体现为民情怀	20分	组织委员积极撰写社情民意信息，每年至少反映1件集体社情民意信息	提交1件得10分，录用10分。多1篇录用加10分，加分不超过20分		
焕发精神风貌	20分	提升组织凝聚力，积极探索政协工作向基层延伸，创新开展委员工作室、民生议事堂等履职活动	组织活动规范，得10分，创新履职工作，得10分。创新工作成效明显的，根据上报酌情加分，加分不超过20分		

三、区政协委员自述

谈谈当政协委员的体会

沈国华

如果把政协当作一个大舞台，我们这些委员就是这个舞台上的演员。政协的这台大戏唱得是否精彩，靠的是每位委员对自己角色的准确定位。没有这样的基本认识，是难以尽心尽力履行好政协委员的职责的。我担任政协委员已经第十一个年头了，我看重这个角色，因为这个角色是一种荣誉、一种信任，更是一份责任。回顾这些年担任政协委员的经历，感受颇深，可以概括为二十个字，即加强学习、热心关注、积极思考、广泛积累和善于表达。

加强学习。学习应该是我们一生的课题。人的心理成长应贯穿一生，保持健康积极向上的心理状态离不开学习。学习不仅可以使我们站得更高看得更远，也让我们能比较理性地面对周围的问题和矛盾。学习的内容是多方面的，法律法规和国家的方针政策，经济社会发展的理论，还有各种重要的专著，如经济的、政治的，等等。学习的渠道也是多种多样的，可以向书本学，通过网络学，向学有所长的人学。有了丰富的知识储备和理论涵养，我们就能够把握正确的政治方向，就能够进行冷静的分析判断，也才会有充足的底气提出真知灼见。

热心关注。作为社会的一员，作为一个公民，应当有一种勇于担当的责任，而不应当做一名旁观者。这就需要我们怀着满腔热忱去关注经济发展和社会进步的各种情况，既关心宏观的，即整个国家的发展，更关注自己生活和工作的这一方热土的建设和发展；既关心和自己所从事的工作相关方面的变化发展，也关注其他方面事务的动态；既看到问题所在，又对解决问题和矛盾充满信心和期待。做一个积极的参与者，而不是在一旁冷眼旁观的无关者，就需要保持热情、敏锐和积极主动的状态。

积极思考。积极的思考会变成一种力量，积极的思考是要努力去探寻解决问题的办法。当我们将通过细心观察和调查了解到的各种情况汇集起来，就需要对所掌握的情况进行一番去伪存真、去粗取精的加工过程，通过思考，让我们既全面把握问题的产生过程，又对其负面因素有一个正确的判断，经过反复的思考，能够就某个问题和矛盾提出自己的看法，并将自己的观点和解决问题的办法形成系统的意见和建议。这些年本人政协提案和社情民意信息的撰写就是这种积极思考过程的一种成果。自 2003 年至 2007 年，我有四则信息被民盟中央采用，反映的问题都是在实际工作中反复遇到的，所提建议都是经过不断思考后形成的。

广泛积累。积累既涉及思想理论和各方面的知识，还有平时观察了解到的各种事实和情况的积累。这种积累可以帮助我们拓宽视野，看清真相，起到触类旁通的效果，又能够让我们全面地把握各类事物发展方面的联系，避免思考的褊狭和判断的失误。经济社会的发展是一个复杂的过程，从管理的角度看，它是一个宏大的系统工程。我们所处的地位客观上会影响我们全面掌握各种信息，但如果我们有一种强烈的责任感，就会促使我们主动地想方设法来了解和掌握相关的各种事实材料和目前的状况。同时，这个过程需要我们做好相应的文字记录，包括当时头脑中闪现的思想火花，都应当及时记录下来。这种积累的过程，最终会形成比较系统完整的素材，当我们经过认真精心的思考，就能将这些素材串起来，然后，就可能有了对某一问题的比较全面的认识。如果我们不能拥有比较全面充分的信息，根据一时一地的情况，甚至是道听途说，就不可能进行深入的思考，也就失去了全面把握事物发展方向的基本条件，更遑论积极的建言献策了。

善于表达。有了上面这些过程，我们还需要适时地表达，不是简单的陈述，而是将已经加工过的材料，以一种积极且易于让人接受的方式表达出来。这种方式可以是书面的，但更多的是口头的。那就不应该是随便说说，因为你不是在闲聊，你在表达的一种声音里包含着对事实的把握，对民意的关注，对解决问题的审慎思考，对化解矛盾的热切期待。所以，这种声音切忌空洞的泛泛而谈，切忌不着边际不痛不痒的务虚之言，因为我们的责任是为民代言，是表达民意，是通过这种声音表达一种真诚的善意的批评，同时又提供实实在在的建设性意见和建议。政协的三大职能在很大的程度上是通过表达来体现和实现的，而善于表达是政协委员必须努力践行的重要课题。人民赋予你的话语权，应当慎用、善用、勤用。

在政协的平台上丰富自己

王晓乐

我与政协结缘，要从当年在嘉兴一中读中学时说起，那时我每天都路过的卖牛肉包子和羌饼的小店，后来那里建起了政协元老沈钧儒故居纪念馆。大学毕业后辗转来到余杭，当了记者，再续前缘，专跑政协线。

2004年，我差点当了政协委员，虽然失之交臂，我却依然欢快地跑着我喜欢的这条政协线，政协对我的喜爱已经达到了出去考察都要带着我的地步。而每次出去考察我都能写出好几篇报道，因为了解政协，所以能找到更多的政协工作的亮点。

2006年，我离开报社到当时的余杭区国土局工作。年底，政协再次将推荐名额给了国土局，指定要推荐我做政协委员，这一次终于来到政协大家庭中，2007年我成为一名政协委员，原本狭隘的空间终于打开了——不再是讨论一个部门的局部的工作，而是放眼区域发展看问题、出主意。在政协可以尽情发挥自己，献出一点点小智慧，可以对社会有点贡献，这比单纯在机关单位强了不知多少!

我只是一个很普通的政协委员，有幸在这里找到了实现自我的地方。要向其他委员学。要建好言献好策，必须了解很多情况和知识才行。政协里汇聚了各行各业的人才，随处都可以找到解决疑问的人，随时可以学新知识，这对于提高履职能力实在太重要了。常常有人说我是“三脚猫”，什么都懂一点，其实很多知识是向委员朋友们那里了解来的。即使是聊天、谈话，都是一种学习。比如，作为住建局的民主监督员，不仅仅要监督其行风效能，还要全面监督它的各项工作，没有一点业务知识是不行的。为此，我向历届住建局的政协委员学习，向规划、建设专家学习，向涉及住建行业的企业家委员学习，即使这样还会犯一些专业上的错误，就厚着脸皮说我是外行，纠正了，继续学习。通过委员朋友们的帮助，我们监督小组年年都获得政协一等奖。

要在调研中学。政协为委员们提供了很多调研的机会，比如今年的全域美丽调研组，政协主席带队去成都天府新区考察，大大开阔了眼界，提高了对问题的认识高度。通过参加政协一系列的调研，给我提供了很多专业的知识和现实的认识，没有这些调研，根本写不出有效的建议。

要向领导学。我是一个出了名的“直性子”，也不会和领导“套近乎”但是，随着跟不同的领导们接触多了，发现还是有很多可以学习的地方。比如那些比较谦逊的领导、有情怀的领导，他们不断地学习，而且接触的层面比较高，眼光和眼界不一样，我们如果要给这样的领导提建议，一定要了解他们的想法，学习他们所接触的东西，从他们身上去学一些有用的东西，获取一些更高层面的信息。比如一些城市规划和产业发展方面的知识，我就是从一些区级和处级领导那里获得的。参加杭州电视台的《我们圆桌会》栏目，有时能接触到一些市级部门的领导和给领导做咨询的专家，也可以了解和学习到很多情况。

要在履职中学。通过参加一些座谈会、论证会和提案的答复件，也可以学习到一些新的东西。2014 年，我撰写了社情民意《开展外来人口对余杭经济社会影响评价分析在此基础上做好全人口经济社会发展计划》和提案《建议做好 190 万人口经济社会发展计划》。通过当年有关部门的答复和座谈，我要来了近一年外来人口的相关统计数据，进一步分析后又撰写社情民意《建议在制定“十二五”规划时要充分考虑人口迁移因素》。

2015 年初，再次通过座谈会等获取有关数据的分析，又进一步写了提案《“十三五”规划要充分考虑人口容纳问题》，得到了区委书记的批示。区发改局请浙江大学博导做的《余杭区“十三五”时期人口与社会经济协调发展研究报告》出台，里面的数据被“十三五”总规和各部门的专项规划，尤其是教育、卫生、交通、建设等部门广为采纳，使得余杭的各项新的规划不再仅仅按照 120 万人口来制定。

人是生活在学习的环境中，只是不喜欢被强制学习。我很高兴能有政协这么一个学习的平台，不仅让我学到了很多，而且还交了很多朋友，这让我有机会不断丰富自己。

我在政协当委员

周　锋

当年在体制内、党委、人大、政府、人武部、群团的部门走马灯似的干了一圈。内心最向往的，还是政协机关那种宽容和谐的氛围。等我离开体制，再一次当了政协委员，又有机会走进政协。

初当委员，我还是报馆的小记者。因为年轻，界别组里“派活”我在当年的大会上发言。也因为年轻，就不管大会发言的常规“套路”，径自将界别组“一把手”执笔的很有深度又很有长度的稿子痛删大半。大概是因为讲了短句，说了白话，听众觉得耳目还有点新，就不吝掌声。

后来，又一次代表文化界发言。这回稿子自己写，发挥就灵活些，讲得也放松。来听会的区长，是公认的开明的领导，很客气地表扬了几句。会议散场，一位局长拉住我：你倒蛮敢讲真话的。我说，领导到政协听发言，不就听真话吗？再看对方的眼神，仿佛透出些许羡慕。

有段时间，我在某部任职“部务会议成员”。下岗后，基本不开会，就颇有些珍惜通过两会建言的机会。

我跟公务员朋友聊天，总是提醒他们，用手中的权力善待“两老”（老百姓和老板）。这也是我向政协会议建言的方向。每年入冬，流感滚滚，人心惶惶。余杭是财政收入全省第一的“财神区”，民生实事办得多，但为市民免费打疫苗这件事却落后许多地区。为这事，我建了次言。现在听说，70 岁以上的老人，可以免费打流感疫苗了。又一年，余杭大张旗鼓提出要打造世界一流营商环境。原以为企业家欢欣鼓舞，没想到和本地几位创业者聊天，有人“呵呵”两声，言下之意，“外来和尚好念经”，但政府对扎根本土的小企业“清”上加“亲”还可以更用情用心用力一点。就又建一次言。这次，主管部门的分管领导专门约我去听他们正委托某某大学做的打造一流营商环境的课题，对我提出的建议，一条一条解释回应。就是为表达一层意思：手心手背都是肉，对本地企业，也是蛮好的，当然，将来会做得更好。

当委员的年头一长，与政协的感情就往深里走，感想也多：

第一，政协就是政协。原话出自当年政协系统的最高领导。这句话，定位准，用意深，值得品。

第二，政协要开短会。这是本地一位政协领导同志说的。他说，到政协工作的同志，担任政协委员的人士，大多见多识广，少讲假大空，少故弄玄虚。政协聪明人多，开短会，才见水平。

第三，政协委员要有政协委员的样子。“委员”的“委”，是“禾＋女”，就是要温和地对待种田人，要脚踏实地，心系群众；“员”是“口＋贝”，说明开口的机会很珍贵，要懂得珍惜，好好发声。

这是我眼中政协委员的样子。

抓好政协文史工作

钱杭根

政协文史工作，是人民政协最具特色的工作之一，是一项搜集文史资料，荟萃历史精华，有益当代、惠及后人的文化事业。余杭区政协文史工作者在杭州市政协文史委的关心指导下，在区委、区政府的支持帮助下，在区政协领导的重视下，努力工作，开拓创新，在文史资料的征集出版和组织委员履行政协职能等方面，均取得了一些成绩。文史工作形成了特色鲜明、动静结合、内容丰富、形式活跃的良好局面，为我区构建和谐社会和创建文化名区竭尽绵薄之力。

我在区政协这些年，分管政协文史工作，我有以下一些体会和做法。

一、体现地方特色，地域史料征编工作有所突破

每个地区的历史都有其特点，文史资料必须体现地方特色，服务地方中心工作，否则，就是无源之水，无本之木，就不能发挥“存史、资政、团结、育人”的作用。我区政协在文史资料征编出版工作中，坚持突出地方特色，立足做好特色文章，大大拓宽了文史资料的征集面，使其内容更加丰富多彩。

在余杭历史文化事件中，杨乃武与小白菜一案曾轰动朝野，一度成为街谈巷议的热门话题，其影响至今余音未绝。余杭作为该案的发生地，有责任向关心此案的社会各界提供详细可靠的史料。为此，我们本着“求实、存真”的宗旨，编辑出版发行了《余杭杨乃武与小白菜冤案》一书，该书史料丰富、全面，是接近历史真实的一本史料文集，受到各界人士好评。

又如：我们编纂出版的《文明曙光—良渚文化》，综合介绍了余杭良渚文化五千年的历史，突出其中华文明曙光发祥地、实证地的特点，特别是总结了我国良渚文化研究60年来取得的重大成果，全书收录了中国良渚文化研究著名专家、学者的专业论文32篇，共30万字，以及大量的图片资料。该书具有一定的权威性，对良渚文化研究具有重要的参考价值。

此外，还有以“三亲”为主要内容的《沧海桑田录——余杭下沙围垦纪实》，该辑记录1971—1980年10年间钱塘江边的下沙围垦活动，当时共围地4万余亩，形成了余杭历史上空前的大生产运动。该书的史料意义重大，不仅及时抢救和保存了这一段很有价值的历史，而且今天这片美丽土地已成为杭州经济技术开发区和高校园区，是余杭人民肩挑背扛的辛苦劳作为杭州经济社会的快速发展打下了坚实的基础，这是一部很好的历史教科书，它激励着子孙后代学习先人，艰苦创业、发奋图强，建设美好家园。这也是我们征编的反映建国

以后史料的第一书。

二、顺应发展趋势，文史资料专题化出版有所加强

文史资料的专题化，是文史资料整理研究工作的深化。最初时，积累资料往往目标不甚明确，资料积累到一定数量，看看可以集成某个专题，就编纂成一个专题出版。后来发展到先召集有关人士讨论专题，制定计划，然后围绕专题开展史料征集工作。这些年，我区政协文史资料专题化的趋势不断加强，先后征集、编辑、出版了一批各具特色的和高质量的文史资料专题图书，从各个层次、各个侧面集中记述了近现代以来的重大事件和在余杭生息过的重要人物，突出反映了当地经济、社会、文化建设的成就和杰出人物的贡献。这些书成为研究历史和进行爱国主义教育的重要教材。

我区政协文史委先后编辑出版了反映伟大的民主革命先驱者一生的《章太炎》；记述了西泠印社创始人、伟大的书画家、仙逝后执意安息在余杭超山梅园的《吴昌硕》；介绍了曾有“北齐南姚”之誉的《画家姚虞琴》；记录了跟随毛泽东、周恩来赴重庆参加国共谈判、伟大的马克思主义法学家的《何思敬》以及《余杭近代医林人物集萃》《余杭历代人士选录》等书，都以专辑的形式较翔实地反映了近现代文化名人在余杭这块土地上所留下的历史印记，记录了他们为余杭的文化事业所作出的重大贡献。

我区有中华五千年文明的历史佐证，有建县两千多年的悠久历史，又是隋朝京杭大运河南方端点所在区域，有着深厚的文化底蕴，可谓钟灵毓秀、人杰地灵之圣地。为了使古老的文化为当今经济社会建设服务，尤其是为旅游事业服务，我们编辑出版了余杭旅游专题系列丛书《径山》《超山》《良渚》《古镇余杭》等，以导游的形式，侧重乡土性、知识性、实用性，既向区内外游客介绍余杭的主要旅游胜地，又弘扬了余杭的经典文化。

三、拓宽征集渠道，文史资料质量有所提高

鉴于时代变迁，运动交叠，大量文史资料散落于各个角落和各界人士中，有的濒临消失。如何及时地抢救、收集、整编和出版一流文史精品，是我们当前文史工作面临的一个难题。我们认为只有与时俱进，创新机制，多方面开拓史料征集渠道，才能不断丰富和补充文史资料的内容，才能突破经费的制约，从而出版高质量的文史图书。

我们采取与有关单位协作，有效利用社会资源的做法来保证文史资料图书的编辑出版质量和水准。如：《杨乃武与小白菜》一书是与浙江省政协文史委协作的。省政协文史委收集资料渠道广，专家学者水平高，编辑出版经验丰富，与他们合作可大大提高文史图书的档次。与区卫生局合编的《余杭医林人物集萃》专辑，记载了自鸦片战争至新中国成立前的40余位医学界名人名医。卫生系统资料比较全，医药术语精通，可避免不必要的差错，也提高了图书的质量，同时此书发给医疗单位、医务人员，充分发挥了文史资料的应有作用。与区林水局、杭州市经济技术开发区协作的《沧海桑田录》，与区风景旅游局合编的《天堂绿洲》，与区文管办协作的《余杭古桥》等书籍，由于拓宽了征集资料渠道，解决了政协文史资料图书编纂出版人手少、经费少、质量上不去的难题。今年我们正在与区民族宗教局协作，编辑出版《佛缘福地》文史图书，经费也是由协作单位为主落实的。

四、发挥文史优势，服务文化建设有所起色

政协文史资料征编和出版，从“存史、资政、团结、育人”诸方面看，都起到了较好的社会效应。首先，我们不失时机地抢救和保存了一些在本区有价值、易散失的资料，成为人

们全面深入了解区情的一种可依赖的乡土特色资料。有的资料还被区、镇有关单位作为赠送外来嘉宾的礼品。第二，在征编文史资料的基础上，政协文史和教文卫体委及广大文史工作者通过大会发言、提案、社情民意反映等各种途径，时常向区领导和有关部门提出各类有参考价值的意见和建议，特别是许多有关文化和旅游方面的意见和建议，成为制订政策与规划的重要参考和依据，如西溪保护及三期开发、塘栖广济桥保护和维修，章太炎纪念馆周边环境保护等意见建议。第三，有的资料成为进行爱国主义和革命传统教育的生动教材，如《纪念抗日战争胜利60周年》专辑，我们在充分征集余杭当地抗战老战士、老同志、老民众的回忆、口述、文章、见证的基础上，充入一些当地人士创作的抗日诗词、书画、摄影图片等，使专辑形象生动，紧贴余杭实际，受到广大读者的好评。第四，通过文史资料的征编工作，凝聚起一支文史撰稿员队伍，结识了一批区外知名人士，促进了政协团结联谊工作，扩大了政协的社会影响。

我在余杭政协这些年

钱夏莲

2006年8月，经组织部门调动，我到余杭政协办公室工作。其实我和余杭政协的缘分非常深厚，在2001年2月至11月，我曾在余杭政协办公室短暂工作过10个月，当年12月因工作调动离开了政协。时隔五年，重新回到余杭政协，担任办公室副主任一职，主要负责文字材料和《余杭政协》杂志的编辑工作。退居二线后，文字材料这一块工作是卸下了，但《余杭政协》这本杂志的编辑工作一直在做。在政协领导的具体指导下，和同事们一起努力编杂志的种种过往，也是让人难忘。

具体的编辑过程，就不多说了。文字工作，做过的都知道，总之很枯燥很乏味，要耐得住寂寞，出不得差错，守得住枯灯长夜。所以把自己弄得老眼昏花未老先衰，有时还会很急躁。我们杂志的主编吴秘书长，经常说我性子太急了。但我想，不急又怎么能做好事情呢？不急又怎么能让每期杂志如期出版呢？我们的主编吴秘书长，八年前刚来政协时，腰板笔挺，头发乌黑茂盛，温文尔雅中带着一点书卷气，让人赏心悦目。一转眼八年过去了，有天我们开工作碰头会，末了他说：时间过得真快啊，我也老了。我望着他斑白的两鬓、因发际线后移而露出的油光光亮闪闪的大脑门、有点暗黄的脸色，呀，看起来还真有点老了呢。但咱也不能实话实说呀，不要看我单纯幼稚不懂人情世故，但这点情商还是有的。于是嘴上虚情假意地安慰他说：你看上去一点都不老，正当年。因为言不由衷，说这话时心里其实在发虚。工作中，我们配合比较默契，遇到问题能够坦率沟通交流，彼此间合作愉快。政协沈主席，对杂志工作也非常重视，同时在杂志编辑方面有着丰富的经验，偶尔指点我们一下，顿觉出其不意茅塞顿开，就像一位武林高手，手指轻点，即中穴位。沈主席对我们的工作也充满了理解和支持，每次去他办公室把编好的样稿请他审核时，都会说几句鼓励的话。这让我们工作热情更加高涨，干劲十足，以至于杂志越编越好更上层楼（笑）。都说良禽择木而栖，在一个人漫长的职业生涯中，若能遇到好的领导，是生命中的一份善缘，遇见即是上天恩赐，珍惜复珍惜。

我有时想，《余杭政协》这本杂志，对于余杭政协来说，到底是一种什么样的存在？值得我们付出如此心力精力和脑力？今年以来，政协机关工会组织大家空闲时间学打太极拳，还请了一位太极师傅来教，这让我想到了关于太极的一句话。太极称“腰乃全身之主宰”，以柔克刚时的发力，前后腾挪时的闪避，全仗腰部的力量。我想，如果说办公室对于政协机关来说，就像一个人的腰部，起着承上启下、协调联络各方的作用，那么，《余杭政协》杂志，就像腰带上的扣子，既是连结，又是门面。所以我们一定要把这个扣子擦得锃亮，让它成为政协的一个金扣子、一张金名片。这么多年来，我们就是带着这样一种使命感在工作的。

人民政协是政治协商机构，是最讲政治的地方。《余杭政协》这本杂志，也是一本政治性的严肃的杂志，编辑内容要严格把关。但我们在编辑过程中，会尽量让文字有趣一点，表达方式多样一点，以至于弄得自己都有点神经质了。有一次办公室的老罗正在为杂志写一篇总结性文章，有天在走廊上见到他，忍不住对他说：老罗老罗你把总结写得活一点有趣一点啊，不要写得像年度总结啊。老罗一脸蒙圈，翻了我一个大白眼，懒得搭理我，嘴里咕咕哝哝转身下楼去了。

编杂志虽然严谨枯燥又乏味，但我们政协办公室的全体人员，不为其苦，反以为乐。大家互相帮助，共同努力。偶尔说个笑话抖个包袱，竟使得这项枯燥的工作也变得不那么乏味无趣甚至有味有趣了。我非常赞同这样一句话：有趣，是一个人最大的才情，是一份工作最大的魅力。但有趣的灵魂万里挑一，有趣的工作万里存一，都是可遇而不可求。既然如此，那么，何不先让自己变得有趣一点呢？努力让自己成为一个能够自省自嘲自黑自趣的人；其次再想办法让自己的工作变得有趣，这样才不会心生厌倦。如果在自趣的同时身边还有几个像老罗这样有才又有趣的同事，那就最好不过了。最近在看李银河的自传《活过，爱过，写过》，里面有一段话这样写道：“我只想在世上结交一些有趣的灵魂，偶尔交流一下，剩下的时间就一个人待着，自娱自乐，自说自话，自由自在。”感同身受。上周六见到李杭育老师，他说一个人只要自食其力，自得其乐就好。深表赞同。

看着眼前一堆《余杭政协》杂志，居然也生出一点小小的成就感。这里，既有我们的拼搏努力，也有我们的欢声笑语。那些珍藏在记忆深处的片段，一定会如陈年美酒，越酿越醇。

人这一辈子，除了家人，就是和同事相处的时间最长久了。从某种意义上说，同事就是家人。所以，即使各自分别，也请多多珍重。因为，所有的遇见和告别，都是为了让我们对未来充满希望和期待。

写在编辑《余杭政协》杂志十五周年暨余杭区划调整之际。

信息员不是荣誉称号，更是一份社会责任

倪水友

深入调研，积极反映社情民意，是政协委员、政协信息员履行职能的重要内容和基础环节，也是帮助党委和政府掌握情况，了解人民群众意愿的重要载体。我就如何履行政协信息员职责、认真当好政协特约信息员简要谈点体会：

首先是做好政协信息工作，靠的是政协领导的重视、关心与指导。政协聘任我当了十几年的政协信息员，现在我退休了，还是信任我并继续聘任，因为我是乐意干信息工作，并能认真对待和履行信息员工作职责。政协对信息工作建立了一系列保障制度。如考核、奖励、评优、定期学习、交流、考察、研讨等。每年都要组织信息员学习交流，及时为信息员提供资料，对报送信息进行精选修改并及时报送反馈，提高了信息的质量和信息员的积极性。

其次是做好政协信息工作，要有一份责任心。我认为政协信息员不是一种荣誉，应该是一种社会责任。因为社会各界对信息工作很重视、关心、鼓励、支持，期望通过我们信息员，通过信息工作，发挥积极作用，助推我区经济社会各方面的发展。特别是在关注民生，了解民情，为民排忧解难方面，有利于促进社会稳定。我是来自基层的信息员，又是民主党派成员，而作为民主党派成员本身负有参政议政职能，更要以极负责的态度当好政协信息员。在担任政协信息员的十几年来，我始终以强烈的社会责任心和高度负责的态度，紧紧围绕党委政府中心工作，根据区政协的工作要求积极建言献策，针对事关广大群众的热点、难点民生问题，深入调研，掌握实情，及时撰写社情民意报送上级民进组织和政协。每年撰写的社情民意信息少则七八篇，多则十几篇，质量也不断提高。截至 2018 年底我所撰写的社情民意信息通过上级党派组织和政协渠道上报信息中，共有七篇分别被中共中央办公厅、中央统战部、中央民进等采用，其中有两篇被民进杭州市委会选送为当年全国两会政协提案；有 15 篇分别被省政协、省委办公厅、省委统战部、省委宣传部、省民进等采用；有一篇被省委领导批示；30 篇被市政协、市委办、市委统战部、市委宣传部、市民进等采用。

再次是做好政协信息工作，必须掌握实情，及时撰写。作为政协的特约信息员，需要弄清楚如何进行履职，怎样来主动积极地获取信息，特别是怎样起到帮助政府排忧解难为民办实事的作用。二十几年来我总是这样做的：平时多关注民情，经常进社区、市场了解情况，这也是写好社情民意的基础环节。以随意、无意、有意相结合的方式收集信息第一手 材料。

所谓有意，是带着问题去走访、调研，倾听群众呼声，把民意、民情、热点、难点问题中捕捉到相关情况及时整理撰写成社情民意信息，上报给政协办公室及上级党派组织。区政协又及时报送党政相关领导和相关部门，促使问题得到及时与较好的解决。如临平梅堰社区部分居民楼自行车库长期积水，积水深达 50 厘米，积水发臭并滋生蚊虫，严重影响居民生活，居民与社区领导多次向有关部门反映，因住宅楼产权问题而数年来被搁置。我通过

多次走访相关政府部门、社区及居民住户，详细了解分析，总结问题的节点：住宅楼住户大多数是旧城改造的拆迁户，企业转制下岗工人等，是弱势群体。这些房子都是二十世纪八九十年代建造的老房子，居民分配或购买时尚未提取维修基金，而现在这些企业已大多不存在，再说当时规划与现在的使用已不匹配，加上年久失修，下水管道严重堵塞。当时住户们都积极配合并承担了政府的困难，目前政府从以人为本、高度关注民生出发，理应承担维修责任。我及时撰写成信息，得到了区政府领导及建设部门的重视，及时进行规划制定维修方案并出资 400 余万元，使得这一问题得到了较好的解决，政府为民排忧解难办好实事也得到了广大群众赞颂，政府的公信力得到了提高。有意收集信息，还包括设定社情民意征集表，邮寄到各社区了解社情民意。由此我了解到临平老城区大园弄没有安装路灯，给弄里住户居民生活带来了不便。当时我区连农村都纷纷实施了亮灯工程，老城区却滞后了。我及时撰写社情民意，得到了时任区委书记朱金坤的批示，不到一周政府相关部门就安装好了路灯。又如通过征集表了解到临平罗庄社区一居民老住宅楼当时地下污水管道堵塞，造成粪便外溢，居民出行困难。居民及社区领导多次反映，当时因小区部分地块建设改造而得不到及时维修，社区又无资金维修，只得叫人临时疏通，可几天后又问题照旧。我为此撰写的社情民意，得到了区政府相关领导及街道的重视，也及时进行规划维修方案并出资进行维修，事后社区负责人专程前来找我表示感谢。所谓无意或随意获得的信息，同样可以及时撰写成社情民意，让政府为民解决问题办好实事，反过来也能体现我们信息员的作用。例如，一次我坐车经过乔下路，汽车在其中一路段颠簸不堪，路面坑坑洼洼，落差二三十厘米的大坑在近五百米长的路面上到处都是，造成车行和人行都困难，且现状已达数年，而破损现象越来越严重。经了解，这路段是余杭、下沙、乔司农场“三不管”地段。我及时撰写了社情民意并附上了照片报送政协，记者还把我的信息和照片刊登在《钱江晚报》上，后经市政府相关领导和部门牵头协调，加固和修复了路面。

此外是在关注社情民意时还要从大处着眼思考问题，从小处着手撰写，有利于政府决策。如蔬菜小门店管理问题，这一方便市民就近买菜、增加就业人员、激活市场竞争的小产业，却存在着环境卫生、蔬菜安全监测、蔬菜进货渠道、门店合理布局、市场竞争纠纷、无证不达标营业等诸多问题。蔬菜小门店虽小，但涉及面广。于是我通过思考分析，提出各级政府应关注和能有序管理的建议，以有效发展蔬菜小门店的建设。此信息被民进中央采用。

一名基层“老委员”的履职心声

封福良

1998 年初，我有幸当选余杭市第七届政协委员，这委员一当就是二十多年。

二十多年政协委员的经历，让我深刻地感受到：政协就是一个温暖的大家庭。在这里，意见可以自由表达，观点可以交流碰撞，风采可以尽情展示。政协不仅给了我们委员充分的尊重，也给了我们为群众服务的资源和平台。我自己，也在政协履职的二十多年中，收获了创业的春华秋实。这段时间，看到许多委员在畅谈“新时代人民政协的新样子”，我也心生许多感慨。我最大的感受是，现在的政协在好传统上又有了新气象。今年以来，我们欣喜地看到，区政协在履职工作方式上，守正创新。比如“请你来协商”等政协履职品牌建设，让委员和党政领导面对面，共同协商余杭经济社会发展的重大事项，进一步增强了委员政治责任感和历史使命感。比如委员工作室、社情民意联系点的建设，让委员更能贴近群众，直面基层社会的方方面面，了解群众的所思所盼，为委员精准建言提供了第一手的资料。今年政协成立了委员会客室，区政协领导和政协委员济济一堂，像老朋友一样促膝长谈，深入交流，谈工作、谈生活、谈履职，鼓励政协委员干好本职工作，履好委员职责，极大地增强了委员的荣誉感和归属感，让委员强烈地感受到，政协就是一个“家”。

政协不“官僚”，政协很温暖。这也是人民政协的“好样子”。我本人有真切的体会，历届的政协领导，无论是退休的政协老领导，还是在职政协领导，他们在履职上帮助我、在事业上支持我，在成长上关心我。这些关心和爱护，凝聚成我事业发展的力量，委员履职的动力！二十年来，我先后撰写提案23件、反映社情民意18件，这些提案和社情民意，在政协的支持下，在党政部门的努力下，都得到了较好的解决。当政协委员这些年，常有朋友对我说：“这件事情，你帮我们向政协反映一下。”我总是乐意为之。因为社会上许多人知道，政协高度关注民生实事，愿意帮助群众解决实际困难。正是因为受政协好风气的影响，我当选政协委员以来，也有一个“初心”，就是多关心老百姓关注的“身边小事”。前些年，我看到学生校服“形式单一，面料单薄”，在走访相关学校，征求部分家长和老师的意见，及时撰写了提案，得到了教育部门的重视，在办理过程中，教育部门表示要根据余杭的实际，校服的制作和设计要体现余杭的精神风貌，体现余杭的特色。我撰写的《注重社区居家养老服务水平》社情民意，也引起了区领导和有关部门的高度重视。

现在参加政协的会议，我发现，政协主要领导提倡讲短话，说实情。我想，这也是政协应该有的“新样子”。当委员，就是要讲实话。2019年，针对我区实体经济发展中的一些问题，部分企业经营中遇到的困境，我就陈了“实情”，并建议政府拿出优化营商环境、全面降低中小企业的税负，切实解决中小企业融资难的“实招”。当委员是荣誉，当委员也是责任。新的时代，赋予政协委员新的使命、新的任务。我非常赞同沈昱主席提出“一图一表”履职图，只有认准我们的努力方向，找准我们的用力路径，我们才能更好发力作为。

20年很长也很短。政协委员的荣誉，值得我珍惜，值得我感恩，也值得我加倍努力。

后　　记

2022年1月，杭州市余杭区政协十二届三次常委会按照当年重点工作安排的要求，并经区政协第7次主席会议审议通过，决定开展《杭州市余杭区政协志（2003—2022)》编修工作，作为2003年编纂出版的《杭州市余杭区政协志》的续编。它的编纂出版，将忠实记录新时期政协工作不断开拓创新的历史足迹，对推动余杭区社会主义民主政治建设、促进人民团结、社会稳定、经济发展，加速高水平建设创新余杭、品质之区、文明圣地发挥重要的作用。

2022年3月，《杭州市余杭区政协志（2003—2022)》编纂委员会设立，由余杭区政协主席沈昱任主任，副主席黄德伟、李玉美、傅丽华、周忠诚、斯建刚、张瑾、吴忠云任副主任。聘请地方志专家、区史志办原主任王庆为执行主编，余杭区政协文史委原主任吕达飞为副主编，余杭区史志办原副主任陶贤德、临平区史志学会副理事长吕伟刚为编辑。区政协主任科员李学锋负责编纂具体事务和协调工作，任副主编。

编纂《杭州市余杭区政协志（2003—2022)》，对积累和保存区政协20年的资料，资政育人，推动余杭区经济社会可持续发展都具有重要意义。我们能参与其中，深感责任重大而谨勤于业。该志编纂委员会广泛搜罗资料，召开座谈会，走访老干部等相关人员，力求入志资料完整、准确，并按志书体例、体裁编纂各章节。

2023年5月，完成该志征求意见稿，呈送编委会各成员及老干部并听取意见。在此基础上，编辑进行认真细致地梳理、归类、修改。8月，形成送审稿。12月，经领导审阅，内行修正，形成《杭州市余杭区政协志（2003—2022)》终审稿，报送区地方志研究室审阅。2024年1月，据出版社意见再次认真修改。

《杭州市余杭区政协志（2003—2022)》按组织及其活动设组织机构、重要会议、政治协商、民主监督、参政议政、提案工作、创新履职、专项工作与活动、名录，志首设概述、大事记，志末设附录、后记，全志约119万字。在不到两年时间内得以完成，时间虽短，却也三易纲目，五改其稿。

在《杭州市余杭区政协志（2003—2022)》付梓前，余杭区政协主席沈昱审稿并作序，区政协历届老领导、老干部给予鼓励、指导，各委办、科室落实专人负责收集相关资料，并提供具体指导帮助。在此，表示由衷感谢！

编　　者

2024年3月